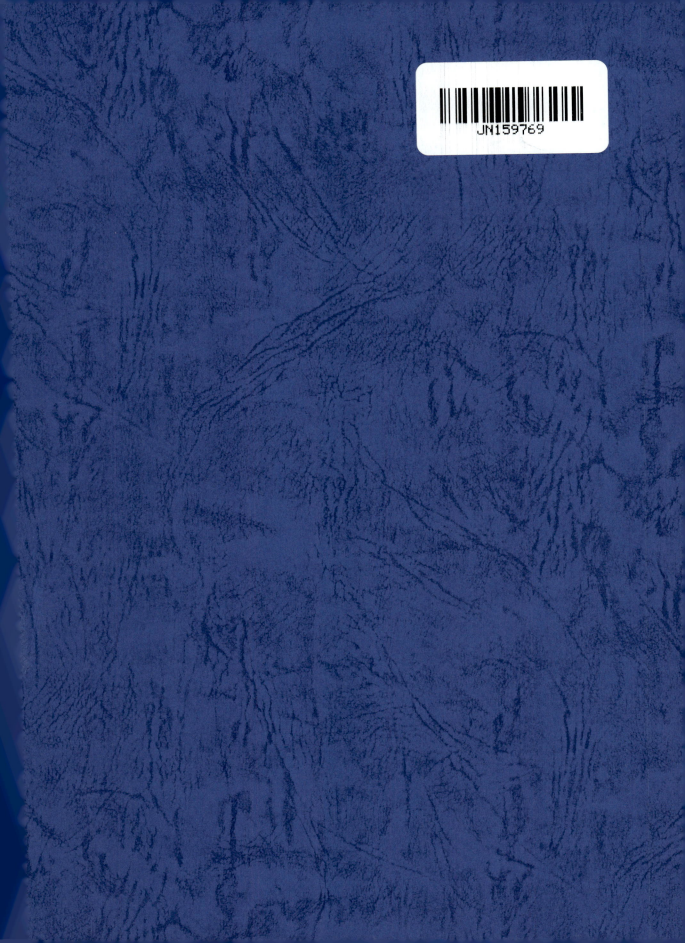

北海道 民具事典 I

生活用具

北海道民具事典編集委員会［編］

北海道新聞社

発刊にあたって

　人と他の動物との違い、それは人が道具をつくり、使うことから始まったといわれる。その後、さまざまな道具が人々の暮らしや社会を変え、さらに、社会の変化の中から次々と新しい道具が生み出されて現在に至っている。人々の暮らしが、地域と時代によって異なるように、道具もまた地域と時代によって異なる。では一体、我々の住む北海道ではどのような道具がつくられ、使われてきたのであろうか。それを明らかにすることは、とりもなおさず北海道に住んだ人々の暮らしや社会を明らかにすることにつながる。

　道具についての調査研究を振り返ってみると、文字のない先史（原始）時代については早くから考古学の分野で研究が進められ、先住のアイヌ民族が用いた道具（アイヌ民具）については、近世以来外国人を含む多くの人々が関心を持ち、主に民族学・文化人類学の分野で研究されてきた。一方、本州から移住してきた日本人（以下、アイヌ民族と区別して用いる場合は、和人と称する）の道具については、それが身近なものだったこともあって、一部の道具をのぞくと、研究の対象になったのは比較的新しい。昭和初期に、日本の伝統的生活文化を研究する民俗学の分野で、常民・民衆が「日常生活の必要から技術的に作り出した身辺卑近の道具」（民具）の研究が始まったが、民具研究が盛んになるのは戦後のことである。特に北海道では、1960年代から急激に進行した生産技術や産業構造、生活様式の変化に伴い、古くから使われてきた生活・生産用具が次々とその姿を消す一方で、開拓時代の歴史や民具に関する関心が高まり、北海道開拓記念館（現・北海道博物館）をはじめ各地に博物館・郷土資料館などが開設されるに至った1970年代から、ようやく調査・収集・保存・展示・研究などが盛んになったのである。こうして、約40年の間に先史時代から1960年代に至る民具（道具）の研究は著しく進み、多くの成果が蓄積されるに至った。

　北海道の民具の幅はかなり広く、広義では北海道で使われた民具を指すが、少し狭く考えると、北海道でつくられ、北海道で使われた民具となり、さらに限定すると、全国的に見て北海道的特色を持つ民具を指す。北海道の民具は一般の生活文化と同じく、本州を含む周辺地域の影響を受けて成立・発展してきたので、他地域と共通するものが多い。特に、北海道が日本列島の北端に位置することから、早くから北方地域（シベリア、アムール川中・下流域、サハリン、千島列島など）との文化交流の過程で多くの道具が流入した。また、幕末・明治維新以降、国の北海道開拓政策などにより欧米諸国、特にアメリカから多様な生活・生産用具が導入されて北海道の民具に大きな影響を与え、さらに、1920年代（大正後期）からは、全国的な生活文化の洋風化の中で、洋式民具が普及した。

　一方、本州の民具との関わりは、先史時代から極めて深く、アイヌ民具（文化）も本州の和人民具の影響を受けて成立した。和人の民具は、近世においてはその使用地域が主として道南の和人地・松前地に限られ、津軽・下北・秋田など東北地方北部のものと共通するものが一般的だっ

たが、明治以降、開拓が本格化して移民の出身地が全国に拡大すると、全国各地の伝統的な在来民具がもたらされた。これらの民具には、その後北海道で長く使用されたものと、定着しなかったものとがあり、さらに改良が加えられたものもある。このほか、当然のことながら、先史時代の民具が次のアイヌ民具に継承され、アイヌ民具と和人の民具が相互に影響を与え合うこともあった。

　北海道的特色を有する民具（北海道的民具）、あるいはそれに準ずる和人の民具には、温暖な本州・府県から移住した人々が、寒冷な気候・雪氷など北海道の厳しい自然環境に適応すべく工夫・改良を加えた民具と、北海道の主要産業の発達過程で改良・考案された民具が多い。後者にはロシア・アメリカなどから導入された外来系の民具も含まれる。以上のように、北海道の民具は、北海道の歴史的特色を反映して、極めて多種・多様である。

　このように、民具を扱う博物館などの施設が著しく増加し、研究も分野により差異が認められるものの、著しく進展した。さらに、道民の民具に対する関心が高まる一方、古い民具についての知識を持たない若い世代も増加した。また、生涯学習の気運が高まり、学校教育においても郷土学習の一環として博物館などの民具を活用する機会が増加した。しかし、これらの活動の場において広く利用できる総合的な解説書は乏しく、事典も出版されていない。調査研究の成果を地域社会に還元することは、博物館などの学芸員を含む研究者の責務であり、事典の執筆・編集を通して研究成果を振り返り、今後の課題を明らかにすることは、学術的にも極めて有益である。

　このような認識の元に、近年の考古学・民族学・文化人類学・民俗学・民具学・歴史学など関連諸科学の研究成果を生かして、先史時代以来、北海道で使用された生活・生産用具を集大成し、「もの」から見た北海道の生活文化の変遷とその特質を明らかにし、学術的研究はもとより、広く道民の歴史・文化理解に役立てようということになり、この事典の編集・出版が計画されるに至った。

　本事典の特色の一つは、その構成、すなわち項目（収録した民具）の分類別配列にある。この事典の目的が、個々の民具についての理解を深めるにとどまらず、民具を通して北海道の生活文化史を明らかにしようとしたことによる。個々の民具の検索のためには五十音順の索引を設けた。第二の特色は、収録する民具の時代的範囲をアイヌ民族と和人に限定せず、先史時代の考古資料まで広げ、3分野・3時代に大別して配列したことで、これにより、時代・民族による民具の相違と共通性を鮮明にしようと試みた。第三の特色は図・写真・参考文献を多く載せ、利用者の便宜を図ろうとしたことである。

　収録した民具の選定にあたっては、当然のことながら、道具・用具・器具などいわゆる「民具」を原則としたが、やや範囲を広げて民家や特色ある施設・建造物も含め、さらに、部分的には工業製品である機具・機械も含めている。また、北海道的特色を有する民具を優先的に取り上げ説明字数も多くしたが、それ以外の一般的民具については、道内で生産されているものや一般に広く使用されているものを取り上げた。

初めての試みだっただけに、編集には予想以上に長期間を要した。項目の選定や解説の内容など不備な点も少なくないが、本事典が広く利用され、今後の研究成果をふまえて、将来より充実した事典が編まれることを期待したい。

　最後に、執筆者、図・写真の作成・撮影者、掲載した諸資料の所蔵・提供者らは別に記載させていただいたが、ご協力いただいた多くの関係者に心からお礼を申し上げたい。特に、ご多忙中にもかかわらず、早くに玉稿をお寄せくださった方々、さらに、本事典の刊行を待つことなく鬼籍に入られた執筆者の皆様に、刊行の遅れをお詫び申し上げます。また、出版事情の厳しい状況にもかかわらず本事典の出版に理解を示された北海道新聞社および長期間にわたり多大なご苦労をおかけした同事業局出版センターの方々に敬意と謝意を表する次第である。

2018年12月

北海道民具事典編集委員会

代表　関　秀志

凡　例

■編集方針

1．項目の選定規準

（1）「民具」の範囲については諸説あるが、本事典では主として先史時代から1960年代に至る北海道で用いられた手づくりの生活用具、生産用具、交通・運搬・通信用具を対象としたほか、一部近代的な機械工業製品も含め、さらに住居などの特色ある建造物や施設も取り上げた。

（2）対象民具を製作・使用者の性格により、①先史時代の民具、②アイヌ民具、③和人（中世以来、本州・府県から渡って来た日本人）民具の3種に大別した。

（3）選定にあたっては、全国的に見て北海道的特色を有すると思われるものを優先的に取り上げ、解説の分量を多くした。それ以外では、道内で多く製作・生産されているもの、一般に広く利用され重要と思われるものを対象とした。

2．項目の構成と配列、その他

（1）本事典編集の目的の一つが、「もの」から見た北海道の生活文化の変遷と特質を明らかにすることにあることから、分類別配列の方法を採用した。

（2）分類は目次の通り大・中・小分類とし、さらに大・中・小項目に区分して配列した。

（3）大項目は①考古資料、②アイヌ資料、③和人資料とし、それぞれの最初に小分類の民具群についての総合的な解説文をつけることを原則とし、中項目ではその中の主要な民具群について見出しをつけ、必要に応じて解説を付した。また、例外的に中項目と小項目の中間的項目を設けた。

（4）小項目を個々の民具の名称とした。

（5）大・中・小分類は目次に載せ、中・中間・小項目の民具名などについては、それぞれの末尾に大項目を示す〔考〕＝考古、〔ア〕＝アイヌ民族、〔和〕＝和人を記した五十音順の索引をつけた。

（6）複数の分類・項目にまたがる民具の配列については、最も関係の深いと思われる分野に配列し、他の関連分野では、文末に（→　）と記したが、例外的に同一の民具名（項目）が複数の分類にまたがる場合もある。

（7）アイヌ資料の解説文については、道具の作り方などの一部で難解と考えられる記述があっても、その記録性を重視し、あえて文章の削除や簡略化を最小限にとどめて掲載した。

■本事典の利用法

1．見出し語（民具名）の表記

（1）見出しの民具の名称は原則として、ひらがなの呼称・呼び名と［　］内に漢字の表記を併記し、漢字が特定できないものは、ひらがなの呼称のみとした。ただし、外来語の場合はカタカナ表記とし、適宜、［　］内に漢字、原語などを併記した。

（2）アイヌ民具の場合は、見出しに続く説明文の冒頭にアイヌ語名をカタカナで表記した。アイヌ語の表記については、筆者が直接、アイヌ民族の人々から聞き取った道具名の発音などに基づいたカタカナ表記もある。

（3）漢字表記は、可能な限り送り仮名を略した。

2．解説文

（1）解説の内容は、①呼称（地方名・アイヌ語名を含む）、②用途、③使用方法、④種類・分類、⑤形態（大きさ・色などを含む）、⑥由来（起源・変遷・終末・現状など）、⑦素材、⑧製法、⑨分布・伝播などとした。

（2）本文中の用字・用語は原則として「常用漢字表」「現代仮名遣い」「送り仮名の付け方」（内閣告示）によったが、民具名・民俗用語・学術用語・引用資料・熟語・接続詞・副詞・動詞などで特殊なものは、必ずしもこの限りではない。また、特殊・難解な漢字にはふりがな（ルビ）を付した。

（3）本文中の民具名・民俗用語などで漢字表記以外のものは、カタカナ表記を原則とし、適宜、（　）内に漢字を記した。

（4）外来語・動植物名はカタカナ表記を原則としたが、「常用漢字表」に記載されているものや、北海道の歴史上、特に重要な農産物・水産物・林産物などは漢字表記も採用した。

（5）本文中の民具名で、別に立項（解説）しているものには※印、▼印を付した。
　　　［記号の意味］※…Ⅰ巻（本書）に項目あり　　　　▼…Ⅱ巻（別本）に項目あり

（6）本文中でカタカナ表記であっても、見出しでは、原則としてひらがな・漢字表記とした。また、道具のなかには地域や時代によって呼び名、表記の異なる場合があるため、同じ道具の名前であっても本文中に漢字、カタカナ、ひらがななどの表記が混在している場合がある。

（7）その項目と関連の深い項目が他に立項されている場合は、文末に（→　）で示した。

（8）年代表記は原則として西暦を用い、適宜、（　）内に年号を記した。

（9）数字は算用数字（アラビア数字）を基本的に用い、引用文は原則として原文のままとした。

（10）度量衡は、和人民具の場合は原則として尺貫法を用い、適宜、（　）内にメートル法換算数値を入れた。ただし、民具の計測数値などはメートル法も用いた。考古資料・アイヌ民具については、メートル法の数値を用いた。

（11）人名の敬称は省略した。

（12）執筆者名は、大項目では姓名を、中・小・細項目では姓のみを文末に記した。ただし、中・小・細項目の執筆者が大項目の執筆者と異なる場合は、姓名を記した。

（13）北海道の先史文化の時期区分については諸説あるが、本事典ではおよそ次の通りとした。
　　　①旧石器文化：紀元前3万年頃～紀元前1万年頃
　　　②縄文文化：紀元前1万年頃～西暦紀元前300年頃
　　　③続縄文文化：西暦紀元前300年頃～6世紀末頃
　　　④オホーツク文化：5世紀～9世紀頃
　　　⑤擦文文化：7世紀初め～13世紀初め

3．図・写真

（1）民具の説明では図・写真の必要性が特に高いことから、北海道的民具、その他重要と思われる民具には図・写真を付し、巻末にそれらの一覧を掲げて所蔵機関・出典・その他の付随情報を記した。

（2）図・写真には小分類の大項目ごとに通し番号を付した。

4．参考文献

　　一般利用者および今後の調査・研究の便宜を図るため、巻末に、執筆に際し直接参考とした文献および関連する主要文献を載せた。

編集・執筆者等一覧

■編集委員（＊は執筆者）

氏家　等＊（和人資料－Ⅰ生活用具担当、前㈶北海道開拓の村）

関　秀志＊（編集委員代表、和人資料－Ⅱ生業・生産用具・Ⅲ交通・運搬・通信用具担当、日本民具学会、前北海道開拓記念館）

野村　崇＊（考古資料担当、㈶北海道北方博物館交流協会）

藤村久和＊（アイヌ資料担当、前北海学園大学）

矢島　睿＊（故人、和人資料－Ⅰ生活用具担当、前北海学園大学）

北海道新聞社事業局出版センター

■編集協力委員（＊は執筆者）

丹治輝一＊（和人資料担当、前北海道開拓記念館）

平川善祥＊（考古資料担当、前北海道開拓記念館）

舟山直治＊（和人資料担当、北海道博物館）

山田　健＊（和人資料担当、前北海道開拓記念館）

宮内令子＊（故人、和人資料担当、前札幌国際大学）

■執筆者

會田理人（北海道博物館）

青木隆夫（夕張地域史研究資料調査室、前夕張市石炭博物館）

池田貴夫（北海道博物館）

太田敏量（前北見市教育委員会、前北網圏北見文化センター）

木村光夫（前旭川工業高等専門学校）

小林孝二（前北海道博物館）

小林幸雄（前北海道開拓記念館）

紺谷憲夫（前㈳北海道ミュージアムフレンズ）

杉浦重信（前富良野市博物館）

園部真幸（前江別市教育委員会）

土屋周三（前小樽市総合博物館）

中浦皓至（故人、前北海道札幌工業高等学校）

中田裕香（北海道教育委員会）

林　昇太郎（故人、前北海道開拓記念館）

福士廣志（前留萌市教育委員会、前留萌市海のふるさと館）

三野紀雄（前北翔大学）

宮坂頌子（前北海道立文学館）

明珍武康（明珍鉄工所）

村上孝一（北海道博物館）

矢崎一人（前北海道恵庭北高等学校）

矢野牧夫（前道都大学）

■図作成・写真撮影者

朝木俊一（札幌映像プロダクション、アイヌ資料解説文中の図作成）

為岡　進（写真家、前北海道開拓記念館、主として北海道開拓記念館所蔵資料＝民具＝の撮影）

■資料・編集協力者

山際秀紀（北海道博物館）

■装丁

佐々木正男（佐々木デザイン事務所）

※利用資料の所蔵者は巻末の「図・写真一覧」に記載
※肩書きの学校・施設名などは、現職者を除き執筆・撮影当時の名称

目　次　　北海道民具事典　Ⅰ

発刊にあたって……………………………………………………………………… i
凡　例……………………………………………………………………………… iv
編集・執筆者等一覧……………………………………………………………… vi

Ⅰ．生活用具

1．衣　服
（1）被物類……………………………… 1
（2）着物・洋服類……………………… 16
（3）下着類……………………………… 37
（4）帯・前掛類………………………… 48
（5）履物類……………………………… 55
（6）小物・携帯品……………………… 76
（7）仕事着……………………………… 79
（8）防寒着……………………………… 84
（9）装身・着装具……………………… 88
（10）結髪・化粧用具…………………… 99
（11）洗濯・裁縫用具………………… 104
（12）寝具類…………………………… 113

2．飲食用具
（1）炊事用具………………………… 117
（2）食器……………………………… 142
（3）食事用具………………………… 159
（4）携帯用食器……………………… 166
（5）行事・嗜好用具………………… 170
（6）貯蔵・加工用具………………… 190

3．住生活用具
（1）住居……………………………… 203
（2）建築習俗用具…………………… 225
（3）建具……………………………… 231
（4）家具・調度品…………………… 237
（5）灯火具…………………………… 247
（6）暖房具…………………………… 252
（7）家屋防護具……………………… 272

4．年中行事・信仰用具
（1）年中行事具……………………… 283
（2）信仰用具………………………… 294
（3）郷土芸能用具…………………… 340

5．通過儀礼用具
（1）産育用具………………………… 346
（2）婚礼用具………………………… 358
（3）年祝い用具……………………… 362
（4）葬送用具………………………… 364

6．民俗知識用具
（1）薬・医療用具…………………… 389
（2）占術用具………………………… 395

7．教育・娯楽用具
（1）教育用具………………………… 400
（2）遊具・玩具……………………… 405

参考文献……………………………… 440
図・写真一覧………………………… 464
索　引………………………………… 472

Ⅰ. 生活用具

1. 衣　服

(1) 被物類

アイヌ資料

てぬぐい［手拭］

　テノンコイ、テヌンクイ、タクネテパなどと称す。顔、手、体を拭く木綿製のもので、江戸期に描かれた絵や伝承によると、多くは白布であり、古着の端切れを裁断して用いていた。明治期に入ってからは染め抜き、型押し、色染めなど、種類も増え、利用度も高まったが、すべて本州からの移入品であった。

　用途は、屋内やその近辺での作業時に、ばらつく髪をまとめるためのもので、開いた手拭の中央部を額の上部や髪の生え際に当て、左右の端を後頭部から首の後ろの付け根に回しながら、髪を包み込み、そこで一重結び、あるいは玉結びにする。また、髪の生え際か、それより上の部位に開いた手拭の中央部を当て、左右の端をしぼりながら髪の毛の下を通して襟首で一重結びにする。頭や髪の毛に問題のある女性は、屋内外でも、そこを手拭で覆うようにしていた。

　別の結びは、手拭を横長に半分・4等分・8等分に折り曲げ、それを開いた手拭同様に、2様の結び方をする。そのほかには、しぼった手拭をうなじの中ほどまで通し、左右の端を両耳の脇から前頭部へ持っていき、そこで一重結び、あるいは玉結びにしてとめる。これは女性の間で盛行した。男性の多くは首に巻いて汗拭きや手拭きに使い、被り物としてほっかむりで顎下か、その左右にずれたところで一重結びをすることもあるが、盗人に似ているとして敬遠された。特殊なかぶり方としては、吹雪や向かい風、短髪にした人が吸血虫の飛び交う中を通過するときには、開いた手拭の中央部を前頭部にあてがい両端を顎下まで持ってきて、片端を顎に沿わせ、もう片方をその上に重ね、重ねた布を顎に沿わせた片端と皮膚の間に挟み込む。左右の耳脇にぶらついている布の先端をつまんで反対側の頬に渡し、もう一つの布の先端も同様にして重ねて、その先端を先の頬の皮膚との間に挟み込むと目の部分を除いて頭と顔を覆うことができる。男女ともに急場の被り物として手拭を使用する。

〈藤村　久和〉

ぼうし［帽子］

なつようぼうし［夏用帽子］　エパウシと称す。明治期以降に広く使用されるようになった夏用の＊麦藁帽子（カンカン帽）を容易に購入できなかった人たちは、自家製のものを使用した。素材はハマニンニクを採取してやや乾燥させ、しんなりした状態になったら縦に細く裂いて乾燥させて保存しておき、冬の間、水に浸して水分を含ませる。それらのなかから3～5本くらい選び、端から別の1本で全体を隙間なく巻いていく。適当な長さになると端から螺旋状に巻き、針の目の大きな布団針・毛糸針などに裂いた細身のハマニンニクを通し、重なる部分を縫い目が外に出ないようにして縫い綴る。

　平たいカタツムリのようなものができると、3～5本くらいの軸を継ぎ足しながら別の1本で全体を隙間なく巻き、適当な長さになると再び針で縫い合わせる。帽子の平面ができると胴部に鍔をつくり、最後の部分は、軸を徐々に細くして縫い目が分からないように綴る。

　次に全体の形の調整に入る。陰干しをして生乾きになったら、平面を下にして筒の中へ乾燥した砂を入れた晒木綿の袋を重石の代わりに置き、鍔の部分には角材の端材をあてがって上下に挟み、日が当たり、風通しのよい場所で乾燥させると出来上がる。

　ハマニンニクの代わりにヤナギでつくる帽子もある。ヤナギの木質部を刃物で削って＊削掛をつくり、それらを水にくぐらせて湿り気を与える。

それらを数本手にとって時計回りに捩って引き、それを軸として、ハマニンニクと同様に木綿針と白糸で縫い綴って作製する。乾燥したハマニンニクの帽子は黄金色であり、ヤナギの削掛のものは白色である。綴り方を丁寧にしたものは、市販のものと何ら変わることはなく、軽く、通気性もよいうえに、手づくりなので、頭に落ち着いて実によく似合う。この帽子は、外出や他家を訪問する際の正装として使った。
〈藤村〉

図1　夏用帽子

こどものぼうし［子供の帽子］　ヘカチコンチ、ヘカチハハカなどと称す。北海道における子供の帽子は、夏よりも、秋末から早春にかけてかぶるものが多い。厳寒期とそれ以外では、帽子の厚さを変える程度で、形態は女性の丸袖や*防空頭巾風のつくりに紐をつけて顎下で蝶結びにするものがほとんどである。素材は樹皮布、木綿布、獣皮などで、木綿の2枚合わせには、その間に犬の抜け毛やガマ、ワタスゲの穂先、シナノキやオヒョウニレの糸屑などを綿の代わりに入れて厚さを手で調整したあと、糸で大きく刺して仕上げる。樹皮布とともに色布や刺繍を施してある。獣皮製のものは、小動物や毛皮の端切れを縫い合わせ、形は丸袖風で、紐は無毛皮を細く切って顎下で結ぶように取り付ける。

房飾りは個人の目印として男女ともにほとんどがつける。色布片や毛皮片のほかに魔除けとして、ウサギの耳や足、鳥の尾羽、イケマ（魔除けに用いる植物）の玉やショウブの根、ホタテやエゾキンチャクガイの稚貝、サメの歯、猛禽類の爪、薬草類の入った小袋などを取り付ける。
〈藤村〉

さんかくぼうし［三角帽子］　ポンコンチと称す。古くは反物に織った樹皮布の端切れの布端から縫いしろの3㎝ほど上の部分を起点とし、そこから50°くらいの角度で斜めに切って長辺と斜め辺とを糸、針で縫い合わせ、ひっくり返して布端を内側に折ってかがる。長辺の縫い目を額の真ん中に当てるので、斜めの縫い目は背筋に合うことになる。とんがりの先は背筋の方に垂れ下がる。人によってはとんがりの先に色の鮮明な羽や鮮やかな布片、染めた毛皮片でつくった房飾りを縫い合わせ、遠くからでも誰であるかを特定できるようにした。

多様な布が古着や端切れとして本州から移入され、素材が変わると、さらに色彩豊かなものになっていった。成人男性が里やその周辺で作業をするときに、ばらつく髪をとめるためにかぶることがあり、日除けや風除けにもなったほか、食材を偶然に見つけたときは、脱いで臨時の採集袋にもした。男の幼児用のものは母親が手間をかけて端切れを組み合わせて縦縞や横縞、螺旋縞、あるいはそれらを組み合わせて縫い上げる。とんがりの先に目印となる色布や触れると音の出るササの茎、貝殻・鈴やエゾシカの爪でつくったガラガラなどを取り付けた。また、子守に乳幼児を預ける際にかぶらせて日除け、風除けともした。

図3　三角帽子
〈藤村〉

ふくろぼうし［袋帽子］　ポンコンチと称す。端切れを二つ折りにして両端を糸で縫い、ひっくり返して袋の口を内側に折ってかがると出来上がる。縦の縫い目の片方を額の中央に当てると、袋の角が手前に折れる。この袋帽子は成人男性が、里やその周辺で作業をする際、ばらつく髪をとめ

図2　子供の帽子

図4　袋帽子

るためにかぶることがあり、日除けや風除けにもなったほか、食材を偶然に見つけたときは、脱いで臨時の採集袋にも利用した。〈藤村〉

ふじゅつしゃのぼうし［巫術者の帽子］ トゥスクァハハカ、イナウキキ、トゥスイナウルなどと称す。かつては巫術者のなかで男女を問わず巫術行為をする際に、髪の乱れを防ぎ神との交信を密にするための道具として使われたものである。素材は一房ごとにつくった※削掛を幅8～12cm、長さは巫術者の頭の鉢の大きさに合わせ、編み始めと編み終わりとを重ね合わせ、白や同系の色布端を内側に折り込んで針とイラクサ糸で縫いとめる（この部分が後頭部に当たる）。額や両耳の上に当たるところには、短いが幅広につくった削掛を配置したり、直径5mmほどのナナカマド、イチイなどの小枝に小さな削掛や刻み目を入れたものを2～4cmくらいの長さに切って糸で縫いとめたりする。また、はめた頭頂部へは、網代に編んだ平紐を十文字や「キ」「井」のように渡し、交差する箇所には、別の削掛を添えることもある。帽子の内側は、はめやすいように、また頭髪が削掛に絡まないようにするため裏面に布を当てる。色布や※刺繍糸が手に入ると、そうした素材に取って代わり、ガラス玉などもつけてきらびやかになったものは、特定の女性巫術者に限って使われた。

〈藤村〉

図5　巫術者の帽子

かんじゃようけずりかけのぼうし［患者用削掛の帽子］ イテムハハカと称す。頭痛や眩暈、耳鳴りや肩こりなど、頭を中心とする痛みやつらさを治すために完治するまで使用する。巫術者からの託宣に基づいて、それを聞き取った者が、指示の通りに作製する。

事前に素材となるヤナギなどを採り集め、お膳にまとめて火の女神に差し出し、巫術者からの託宣の内容を報告するとともに、作製に取りかかることと、その見守りを祈願する。ヤナギから削り取った※削掛を幅4～5cmくらいに網代に編む。長さは患者の頭の鉢の大きさに合わせ、編み始めと編み終わりとを重ね合わせて、指示のあった色布の端を内側に折り込んで針とイラクサ糸で縫いとめる（この部分を後頭部に当てる）。人によっては、網代編みの上下に削掛に撚りをかけて紐状にしたものを1周させ、頭頂部へは、網代に編んだ平紐を十文字や「キ」「井」のように渡す。この帽子には託宣で指示のあったものや、様々な形の削掛を配置し、出来上がると火の神に報告して早期の完治を願う。痛みや苦しみが治まり、よくなった段階で経過を再び火の神に述べて、帽子を解体して感謝をし、戸口を回って祭壇の裏手へ納める。

〈藤村〉

図6　患者用削掛の帽子

かさ［笠］

カサと称す。北海道の古老が言うカサは、江戸期の和人の陣笠を想定する人が多かったが、陣笠は高級武士だけが着装し、しかも家紋入りであることから破棄されることは稀で、伝世品にもみられない。形態は、浅い円錐形で、和人の※菅笠と変わらない。

笠の骨組みはヤナギの細枝の外内皮を刃物できれいに削り落として輪をつくり、両端を斜めに削って合わせ、合わせ目をイラクサの糸でしっかりと固定する。次いで輪の三方、または四方から中心に向かって三脚や四脚をつくって輪と結び、その近くにも小さな輪をつくってそれぞれの脚と結ぶ。骨格ができると、乾燥させたスゲの小束の根元側を下の輪に紐で絡めながらとめ、小さな輪にも糸で絡める。スゲは笠の最頂部でまとめ、その

図7　笠

根元を糸で締めたところから数センチの部分を切り落とすと雪洞のようになる。下の輪に残るスゲを編み込んでとめると、笠が出来上がる。

次に笠の内側にある脚と上の輪が交差する付近に、笠をかぶって顎下で結ぶ紐を結びつけて、適当な長さに下げると完成する。この笠は外出や他家を訪問する際の正装として使う。 〈藤村〉

けずりかけのかさ［削掛の笠—北海道型］ イナウキケカサ、イナウルカサなどと称す。北海道地方で、*削掛を覆いの素材として作製される笠。形は浅い円錐形で、骨格は*菅笠と同様であるが、輪の数や脚の本数は多い。寄せ集めた脚材が笠の頂きから突出するのをいとわない人はそのままの状態で使う。それを好まない人は、長めの脚材の真ん中あたりをゆっくりと折り曲げ、それを3～4本を重ねて糸で結んで使用する。輪は3～4段ほどつくり、下の大きい輪の一端からヤナギの木質部を刃物で削った削掛糸で絡めながら、とめていく。

削掛は、水にくぐらせて湿り気を与えたあと、数本を手にとって時計回りに捩って引く。それを覆い材として、イラクサ製の糸と縫い針で綴り、笠の頂きまで上に向かって削掛の紐を加えながら螺旋状にとじていく。削掛の終わり部分は、わずかな隙間から笠の内側へと差し込んで、内側から引っ張り、余分は刃物で切り取る。

笠の縁はそのままでもよいが、輪と脚部を隠すためにヤナギの外皮を細く裂いたものや、削掛をとった残り材を刃物で割ってつくった板籤を糸で綴り、笠の縁取りとする。板籤は煙で黒く染めたものを使うこともある。中段あたりの輪と脚が交差する付近から、カサをかぶって顎下で結ぶ紐を結びつけて、適当な長さに下げると完成する。この笠は外出や他家を訪問する際の正装として使う。 〈藤村〉

図8　削掛の笠（北海道型）

けずりかけのかさ［削掛の笠—サハリン型］ イナウキケカサ、イナウルカサなどと称す。サハリン（樺太）地方でつくる削掛の笠の形態は、円盤状の平鍔にお椀を伏せたような頭部、その上に径5～6cmの円盤がのり、その中央からは逆U字形で長さ5～6cmのつまみが数本突出している。この笠の源流は、清朝の官僚たちが着装していたものであり、それを模倣して作製されたものである。イタヤ、シラカバ、ナナカマド、クワなどの木を割って幅5mm、厚さ3mmくらいの板籤をつくり、乾燥と色つけのために*火棚に上げて煙をかける。十分に黒い色がつくと、布きれや端皮でしごいて表面に光沢を与える。この板籤を直径40cmくらいの輪にして両端を重ね糸でとじ合わせ、輪の内側から水で濡らした*削掛を数本とって撚りをかけては引く。それをつなぎ合わせながらイラクサの糸と針で縫い目が見えないように縫い合わせ、頭にかぶってみて鍔の大きさを決めていく。鍔が出来上がると、そこから立ち上げて円墳状につくり、頭にかぶりながら形を整え、頭頂部に直径1cmくらいの穴を残す。削掛の終わり部分は笠の内側に折り込み、内側でとめ、残りは刃物で切り取る。

次いで補強と模様をかねて、笠穴から鍔先までやや左向きに曲げながら鎖縫いで各段をとめる。次の糸は笠の穴から少し下がったあたりから始めて鍔先まで、その次の糸は笠の中ほどから鍔先までとめ、次は再び笠穴から鍔先までを鎖縫いをしながら、笠の全体を糸で綴っていく。

笠が出来上がると、笠の形を整え、いつまでも椀を伏せた円墳状が保持できるように、円墳の形に合わせて湾曲した板籤の両端や中ほどを、鍔には平らな板籤を糸で縫いとめる。形を保持する板籤の数は人によって2～8本を縫いつけ、透かし彫りを施すこともある。さらに笠の上部につける小円盤を同じようにつくる。

次は、笠のつまみで、板籤を片手の4指に4～5回巻きつけたあとに、指から抜き、残りの板籤をその中央に巻きつける。最後に板籤を巻きの間に通して引き抜き、残りを刃物で切り捨てる。笠のつまみは小円盤の穴と笠穴に挿入し、つまみの

図9　削掛の笠（サハリン型）

下辺を笠の内側に糸で縫いとめる。笠の内側の2～4カ所から顎下で結ぶ紐を取り付けると完成する。この笠は外出や他家を訪問する際の正装として使う。〈藤村〉

ふきがさ［蕗笠］　コルコニカサと称す。日差しが強く照りつけ、あたりに木陰などもない野原や畑への道を歩いていくときに、直径60～100㎝のフキの葉を見つけると、太い茎の下部から刃物で切り取って茎を柄に、葉を笠にして差していく。逆に雨の中を行くときは、直径1ｍくらいの葉の付け根から刃物で切って、葉の開いた分かれ目を額に、葉の表を髪の上にのせてかぶり、左右に開いたフキの縁を左右の手で持ち、頬に当てるようにして歩く。

荷物をかついでいる場合には、まず着物の背中にある縫い合わせ目の裾を帯の下から上へ差し挟み、着物の左右の裾角を腹の帯の下から上へ差し挟み込む。それから直径80～100㎝くらいの葉を2枚付け根から刃物で切って、葉の表を体に当て、その付け根を脇腹の帯下から上へ差し挟み込み、尻に当たる葉は重なるようにする。さらに2枚の葉を採って、両肩にあてがう。葉の重なった部分は荷物への覆い加減を見ながら糸や紐の代わりとしてフキの茎の皮で縫い合わせて首や肩にはめる。頭にはフキの笠をかぶることで、荷物も体も濡れずにすむ。〈藤村〉

図10　蕗笠

じゅひがさ［樹皮笠］　ヤルカサ、タッカサ、カリンパニカプサ、ピンニヤルカサなどと称す。素材は、ほとんどシラカバを用いるが、人によってはサクラや、ヤチダモも使う。

作り方は、節や傷のない樹皮の45㎝四方に刃物を入れて丁寧に剥がす。次に長さ30㎝ほどの紐の片方に＊小刀を結びつけ、もう片方の端を左手の人差し指と親指で挟んで樹皮の中央に置く。右手で小刀を握って回しながら円を描いたあと、それに沿って小刀の先で円形に切り抜き、その8分の1弱を切り取る。切り面を重ねてイラクサ糸と針で縫い合わせて背中側とした。次いで、板籤やヤナギ、クワの細枝を曲げて直径40㎝くらいの輪を二つつくり、笠の縁をその間に挟みながら糸と針でとじ合わせ、笠をかぶった左右の耳に当たる縁から顎紐を縫いつけると完成する。樹皮笠は外出や他家を訪問する際の正装として使う。〈藤村〉

図11　樹皮笠

かぶと［兜］　カサ、パイェカサ、パイカサ、カンブトなどと称す。物語のなかに登場する。鎧の上にのったものを指してカサと言い、その音からは陣笠を想像する人もいるが、人によっては空ろな目鼻を表現することから、面覆いのある兜ともいえる。しかし、北海道内から出土する鉄製の兜は5世紀（古墳期）の眉庇付冑があるので、この庇や庇を含む冑がカサであった可能性は考えてもよいと思う。〈藤村〉

図12　兜（眉庇付冑）

みみおおい・くちおおい・めおおい　［耳覆い・口覆い・目覆い］

みみおおい［耳覆い］　キサラセシケプ、キサラセシケへなどと称す。本来の用途は、耳の治療手当として耳を覆っていたものを、厳寒期の防寒に応用したものらしい。耳の全体を覆うように2～3枚の布を重ねて円盤状にし、両耳の間は頭頂を通して結んだ細帯と、耳覆いからは顎下で蝶結びにする細紐が20㎝くらいの長さで、つけ下げら

れている。　　　　　　　　　　　　〈藤村〉

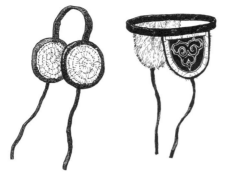

図13　耳覆い

みみかけ［耳掛］　キサラポプテプと称す。柔らかいウサギの毛皮を3〜4cm幅に裁断し、毛のある側を内側にして重ねる。針先で毛を内側に押し込めながら筒状に縫い上げてから、ひっくり返して毛を外面に出す。それを耳にあてがい、立てていくぶんすぼめた耳にはめてもはずれない程度の大きさに切断したあと、それをドーナツ状に縫い上げ、両耳の間は頭頂を通してごく細い紐でつなぐ。　　　　　　　　　　〈藤村〉

図14　耳掛

くちおおい［口覆い］　パロセシケプ、チャロセシケプなどと称す。口を覆うマスクで、作り方は二つある。その一つは、布の端切れを縦に細く裂いて、耳から口あたりまでの長さを計って玉結びにした輪を二つつくる。次に木綿地、特に藍染めの古いものを20cmくらいに切って四つに折って横長にし、その両端から5cmくらいのところに輪の結び目を置き、両端を内側に折って輪を隠すようにする。それをそのまま口に当て、輪を左右の耳にかけると簡便なマスクができ、布が汚れたら洗い、別布を同様に折って使う。

　もう一つの口覆いは、使い古した樹皮布や藍染めの端切れを10cmくらいの幅に切る。三つ折りを想定して真ん中の部位に、イヌの抜け毛を薄く敷き、よければ上下辺の端を内側に織り込み、左右の端から飛び出している毛を針で中へ押し込みながら左右の辺を糸でかがっていく。次に再度、犬の抜け毛の厚さを均等にし、粗く糸で刺して毛の移

動を防ぎ、上辺の角から長い細紐を縫いつけると出来上がる。イヌの抜け毛の入ったものの中央部を鼻先近くの上にあてがい、左右に伸びる細紐を後頭部で蝶結びにする。予備もつくっておいて、汚れたら取り替える。　　　　　〈藤村〉

図15　口覆い

ひおおい［日覆い］　シカハカハと称す。外見的に目の障害があったり、年齢とともに白内障や緑内障が進んで、まぶしさを感じたりするようになると、日覆いを締める。縦10cm、横15cmくらいの布を数枚重ね合わせ、表には色布や※刺繍糸を使って模様を描く。横全体には2cm幅の細布や鞣革紐を縫い合わせるが、覆いの部分を庇のようにするために支え布を加える。支え布は幅1.5〜2.0cmくらいで、いくぶん布を重ねて厚くしてあり、覆いの上部3〜4cmくらいから斜め方向に、少し弛みを持たせて細紐に縫いつける。

　本体は額の中ほどから少し上に当て、紐は後頭部で玉結びに結ぶ。人によっては紐を輪状のものに変えて頭にはめる。また、視力の快復を願って悪い方の目のあたりに穴のある銅銭と透明なガラス玉（硝子玉）とを組み合わせ、あるいは金属製のボタンや、光沢のある金属板、指輪、小さな金輪、穴あきの小石などを縫いつけた。　　〈藤村〉

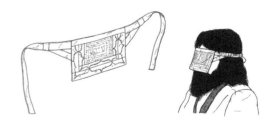

図16　日覆い

かんむり・はちまき［冠・鉢巻］

はちまき［鉢巻］　パシナプと称す。屋内外や里付近で活動する際、髪の乱れを防ぐために、無毛皮を5mm幅に細く裂いてから、頭を二回し半する

くらいの長さに切ってそれで頭をしばる。これは高齢の男性が好んで締めるもので、イラクサの糸の組紐や布の細紐を使うこともあり、そのときには、紐端に鮮やかな色布を縫いつけて紐のほつれを防ぐとともに飾りとする。締め方は紐の中心を後頭部に当てて額で交差させ、後頭部で蝶結びにする。また、数本の皮や紐を組んで幅1～2cm、長さ40cmくらいの平帯をつくり、編み終わりからは細紐様に細くし、平帯の中央部分を額に当て後頭部で紐を蝶結びにする。〈藤村〉

図17　鉢巻

へいかん[幣冠]　サパウンペ、パウンペ、イナウルなどと称す。儀礼用の冠。幣冠の作り方の一つは、まず節がなく、木に歪みのないまっすぐな状態で、*削掛を長く削ることができる直径3～4cm、長さ1mくらいのヤナギを採取する。根元を向こう側にし、梢から一握りの長さを左手で持つ。次に根元側から左手元へ刃物を引き、材の左右双方に可能な限り多くの削掛をつくったあと、削り残った材を削掛の根元から刃物で切り落とす。左右の長い削掛を整え5～8cmごとに別の木から取った削掛で結束したあと、自分の額から真横にあてがい、後頭部で一つに合わせて削掛でしっかりと結ぶ。左手に握った一握りの部分の上下面に家紋を刻み込むと完成する。

二つ目の作り方は、ブドウヅル、ガマ、削掛などを使って幅5～8cm、長さ70cmほどの組紐で扁平な板状のものをつくり、真ん中から二つ折りにし、イラクサ糸や腱をほぐしてつくった糸で縫ってとめる。それを額の真ん中に当てて左右の耳上を真横に通して後頭部で両端を合わせ、いくぶんの余裕をもってとじ合わせる。合わせたところから5cmくらいを手で持ち、不要な部分を切り捨てる。この下地に無毛皮を同じようにして使うこともある。

二つ折りにした先には木彫の陸獣や鳥類などを取り付け、輪になった内側の下辺には明るい色の布切れや金糸・銀糸入りの刺繡布片を片側に2～4枚縫いつけ、その上を別布で覆ってはめ

る。このときに髪が絡まないようにする。木彫の脇からは7～8枚の削掛を一房としたものを5cmの幅に詰めて並べ、イラクサや腱糸で縫いとめる。さらに約5cmごとに、削掛に撚りをかけて詰め並べて糸でとじていく。次に木彫の左右の脇に、削掛に撚りをかけたものを1～2度回してきつくしばり、これに長く削った削掛の頭を引っ掛けて詰め並べ、それの撚りをきつくして途中3～4カ所を別の削掛でとめると完成する。

もう一つの作り方は、削掛8～10枚を一房としたものを二つに分け、撚りをかけて強く引くなどして削掛を撚り合わせた縄のようなものをつくる。撚りが解けないように、イラクサの糸で3～4cmくらいを隙間なく巻き上げてとめる。こうしたものを二房つくってまとめ、二等辺三角形状にとがった削掛の房先を内側に折り曲げて合わせ、先の方からシナ皮やイラクサの糸などで巻いていく。糸を巻いてくぐらせるなどの作業を繰り返したあとに糸を切る。こうしたものを6～8本用意し、上下に並べてイラクサの糸を1本おきにかけ、下まで行くと返して上に向かうなど8の字を描くように糸を隙間なくかけて1枚の板のようにする。先には長さ8～10cm、直径5mmほどのヤナギの小軸に小さな削掛を全体につくったものを差し込む。

二房をまとめた先の部分が固定すると、撚った二房を左右に分け、片側4～5本ずつにする。鉛筆ほどの太さの棒をつくり、撚った削掛が抜け落ちないようにして、下から上へ5cmぐらいごとに撚り目の間を突き刺し通して、その根元の周囲に小さな削掛をたくさんつくる。こうした作業を左右の削掛にすることで徐々に輪状となっていく。頭にはめて後頭部で合わせ大きさを調整すると、額先と同様にイラクサの糸を隙間なくかけて1枚

図18　幣冠

の板のようにする。

　これで幣冠の完成とする人もいるが、頭にはめて頭頂部へ十文字や「キ」「井」のように撚りをかけた削掛を渡すこともある。また、削掛15〜30枚の削った房を一つつくり、房先を長さ2〜3cm、幅1cm、厚さ5mmと少し大きく厚く削って、そこに*小刀の先を使って穴をあける。削掛は4等分したものを二つに分け、撚りをかけて縄状のものを2本つくる。また、6等分して三編みを2本つくるなどし、それぞれの端は撚りが解けないようにイラクサ糸を隙間なく巻いてとめる。時には、房先の大きいものの穴から別に撚った削掛を吊り下げることもある。この大房は輪状の後ろの部分から紐で結び、頭にはめた人の背中に垂れ下がるように工夫されている。

　こうした幣冠は本来、儀式の一切を取り仕切る司祭者だけがかぶり、それ以外の人はかぶることなく、司祭者の指示を忠実に実行し、儀礼の遂行を補助した。幣冠は儀礼の責任を司祭者が一身に負う象徴でもあったが、今日では誰彼なく頭にはめるようになった。〈藤村〉

ぎしきようはちまき（じょせいよう）[儀式用鉢巻（女性用）]　チエパヌプ、マタンプシなどと称す。古い時代の女性用儀礼鉢巻に共通することは、幅広い布を三〜四つ折りにしたものを鉢巻にすることである。幅広い布は紺染の布であったが、古着物の移入が増え国内で多種多様の布地が生産されると、黒の木綿布、無地で黒や紺の繻子や綸子、ビロード、ベッチンというように広がり、あわせて*刺繍糸の入手によって様々な模様が描かれるようになった。鉢巻の長短は結び方をも複雑にしたが、多くの地域では一重結びを凶事に、玉結びや複雑な結びは慶事として使い分けており、これは儀礼用鉢巻の原点を示唆している。〈藤村〉

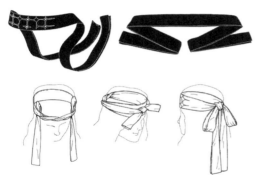

図19　儀式用鉢巻

しゅりょうようはちまき[狩猟用鉢巻]　マタンプシ、ワタンプシ、サタンプサ、ヘパーカラ、ルーカラリヒなどと称す。海洋では大型の海獣や魚、山野では中型以上の陸獣や大型の鳥類を捕獲する際に、男たちが髪の乱れを防ぐために用い、神との出会いには必要不可欠なものであった。形は一部が突出して膨らむように布を断ち、その裏に中芯を入れて型崩れを防ぐ。膨らみを中心に刺繍をし、それが終わると裏面に布を当てて糸でかがる。出来上がった膨らみの中心は、鼻筋を通って額に結ばれる。鉢巻は一重結びや玉結びにするほか、両端に細紐をつけ、後頭部で交差させ、額の位置で結んだり、挟んでとめたりすることもある。冬季にあっては頭巾の上から締める。また、夏季にあって、紐を結ぶのがわずらわしい人は、輪状に縫い上げてはめることもあり、里にあっては毛皮製のものもはめるが、これらは略式のものである。なお、前頭部の膨らみの形は半円形、緩い弧状、台形などがある。〈藤村〉

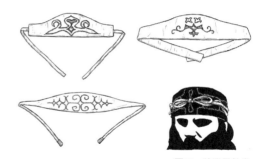

図20　狩猟用鉢巻

ずきん[頭巾]

　コンチ、ハハカ、イカムハハカなどと称す。防寒や埃よけのために頭にかぶる布。女性の場合、行動範囲は比較的狭いが、男性はその3〜5倍の行動半径を持つので、頭部を覆う頭巾も、男女で作り方が少し異なる点もある。

　頭巾には庇布がついており、まず、これをつけるために、頭の形に合わせて少々深くかぶることのできる鉢形の布を2枚縫い合わせ、その間に犬の抜け毛やガマの穂先、シナノキやオヒョウニレの糸屑、古綿などを入れて厚さを手で調整する。次に頭頂の部分から同心円状に、返し針を使って黒*木綿糸で1.0〜1.5cmくらいの幅で鍔口ぐらいまで縫い進める。この部分は吹雪などにあっ

たときや、晴天時の照り返しによって雪目になるのを防ぐためのものであり、庇のように折り目から下へ下ろして用いる。普段は折り上げているときに見栄えのするように、頭巾の内側に黒布をつけ、鉢よりも5cmほど長くして、鉢形の下辺と庇部分の布端とを、儀式用の輪状髪留めと同様に縫い上げる。

ここまでは男女とも同様であるが、男性のつくりは庇の端が鋭角に後方へ突出する。うなじの部分には飯箆状のものが取り付けられる。これは雪水が背中に入り込むのを防ぐ役割を持っている。また、この飯箆状のものや庇に子犬、テン、カワウソなどの毛皮を貼りつけ、濡れた顔面の温度が下がるのを防ぐ。男性用の頭巾には、鉢の内側のあたりから結び紐がつけられており、顎の下でちょう結びをしてとめる。

女性用は頭頂に8〜10cm四方の黒布を、鼻先や両耳に布角が来るように縫いつける。さらに、それに映える別布を1〜2枚外側に貼りつけ、縫い目を隠すように鎖縫いをする。庇の部分も同様にし、*刺繍糸で要所に適切な刺繍を行う。黒または紺色の布を筒状に縫って、そこに鉢と同じ素材（犬の抜け毛やガマの穂先、シナノキやオヒョウニレの糸屑、古綿など）を押し込めた太綱をつくり、それでトンボ結びをする。残りを頭頂に縫った角布の対角線の長さに測って切り、それに鮮やかな色布を縫いかぶせる。布をひっくり返して縫い目を隠してから、両端をとじ合わせる。これを頭頂から下辺に向かって斜めに置き、針目が見えないように糸で綴って固定する。

さらに、トンボ結びの末端も、同じように色布をかぶせたものをまたがせて固定する。この結び目は、帽子をかけて乾かすときに便利なうえ、かぶるときのつまみともなる。ひと通り出来上がると、さらに鮮やかな色のガラスの小玉を縫いつけ

ることで、いちだんと華やかな頭巾となる。

サハリン（樺太）地方では、児童以上になると、親や大人に交じって外での作業を行うので、頭巾のつくりも大きく様変わりする。〈藤村〉

いぬぞりのぎょしゃのずきん［犬橇の御者の頭巾］ ヌソハハカ、スマリハハカ、トノホペなどと称す。サハリン（樺太）地方の男性用頭巾のつくりに加え、御者として風をまともに受けることから、鉢の内側下部に*耳覆いをつけ、さらに顎下で結ぶ紐がつけられている。さらに、庇には冬毛の長いキタキツネの毛皮を三つ（首から鼻先までと、背割りした左右の手足）に大きく切って縫いつけてある。〈藤村〉

図22　犬橇の御者の頭巾

しゅりょうようずきん［狩猟用頭巾］ ワタンブシ、ワタンブサ、ワタボッチなどと称す。伝世品は、東北地方のミノボウシなどで、夏用の狩猟頭巾はシナノキ、オヒョウニレの内皮を粗く裂いたものを同じ素材からつくった糸で編み込んだものをいう。しかし、その由来となるワタンブシ、ワタンブサ、ワタボッチは、むしろ綿帽子という語源に基づくものと考えられるが、綿製の狩猟用帽子は、明治中期以降に誕生した古老の話や記憶にはないようである。冬季に使用する樹皮布製のものは、長さ90〜100cmのものを二つ折りにして首の付け根くらいまでを縫い合わせ、それからは左右の肩へ開くようにする。人によっては鼻の下から胸にかけての部分と、背中の割れ目に差し輪を入れることもある。この場合、口元は布で覆われているのでよいが、風が入って開きやすい部分は額なので、そこに細紐をつけ、額で交差して後頭部の上部で蝶結びにする。この紐以前にしばっていた細布が頭巾と組み合わせになっていたことから、その名称も同じく、ワタンブシ、マタンブシと言っていたが、後世にこの細布が独立して、鉢巻の名称へと変化していった。なお、後頭部の

図21　サハリンの頭巾

上にあたる隅角には、色布や※削掛、魔除けのイケマ（植物）などを飾り房としてつける。

　布地でつくる狩猟用頭巾は、夏用であれば、長さ90～100㎝のものを二つ折りにして首の付け根くらいまでを縫い合わせ、それからは左右の肩へ開くようにする。冬用のものは、みぞれや雪に当たって濡れやすいので、裏切れをつけるほか、布の間に犬の抜け毛やガマ、ワタスゲの穂先、シナノキやオヒョウニレの糸屑などを綿の代わりに入れる。それらの厚さを手で調整し、糸で大きく刺し止めたうえに、色布や刺繡を施し、紐は顎下で結ぶように取り付け、房飾りも縫いつける。また、人によっては、黒や縞柄、あるいは茶系の色や白布を組み合わせて裏表を袋縫いして縫い目が見えないようにする。このほか、3～4色の布を組み合わせることもあり、3色の場合、黒を外側とすると、その内側の片面に白と茶を縫い、真ん中に白と茶を縫い合わせ、下辺の角に小さな輪を縫いつけ紐通しの穴とする。全体の形は女性の丸袖のように一隅を丸く仕立て、この部分を後頭部に当て、長さは顎くらいまでで、黒の両下辺角には顎に結ぶ紐を縫いつける。

　狩猟の現場に着くまでは、遠くからでも誰かを判定できる目立つ面を外にするが、狩猟場に近づくと、頭巾をひっくり返し、付近の景色の色合いに合わせ、保護色になる色に変え、茶色がよいとなったら、茶色の面を表にし、片方の紐を中の紐穴に通して顎下に結ぶ。　　　　　　　　　〈藤村〉

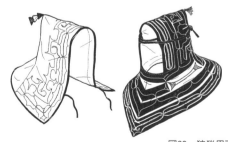

図23　狩猟用頭巾

ふろしきずきん［風呂敷頭巾］　フルシキ、エパコチュプなどと称す。風呂敷は明治以降になって入手が容易になったが、それ以前は、本州からの古物や、大陸からもたらされる方形のロシア更紗を使い、物を包むほかは主に、女性が冬季の簡便な外出用の被り物として使用した。小型のものは4辺に端切れを足してかぶりやすい大きさにし、対応する角隅を重ね合わせ、長辺の中央部分を額や前頭部より少し前に出してかぶり、顎下で結ぶほかに、顎下で交差させ、うなじのところで結ぶ。　　　　　　　　　　　　　　　　〈藤村〉

あたま・くびまき［頭・首巻］　エパコカッカリと称す。幼児・児童から大人まで厳寒期の簡便な外出用の被り物として使う。成長に応じて長さが異なり、一定の布幅に対し、長さ80～160㎝と差があった。布の真ん中か、やや中心をはずして前頭部に布端を当て後頭部を包み、右布を左へ、左布を右へ回し、垂れ下がりの余分があると胸元で一重に結ぶ。また、成年男子は、布端を片方の頬に当て残りをグルグルと頭や首に巻いて布端を巻いたところへ差し挟む。　　　　　　　〈藤村〉

図24　頭・首巻

和人資料

ずきん［頭巾］

　寒気を防ぎ、砂塵や埃を避け、また人の目を避けるために用いられた布製の被り物。頭巾は室町時代に僧侶や山伏が使用したといわれているが、一般に広く用いられるようになるのは近世になってからである。

　近世以降に使われてきた頭巾にはいろいろなものがあるが、頭巾の形態をみると大きく五つの種類に分類される。一つ目は袋状円形の布巾に縁などをつけた頭巾で、主に老人らが使用した大黒頭巾、丸頭巾などである。二つ目は丸頭巾の後ろ側に布をたらし、首を覆ういわゆる錣をつけた形式の頭巾で、僧侶らの用いる錣頭巾、歌舞伎の沢村宗十郎が使いはじめて武士の間で流行した宗十郎頭巾などである。三つ目は頭巾が袋状で目の部分だけ出して使うもので、どもこうも（供薦）と呼

ばれた覆面頭巾や火事装束の猫頭巾などである。四つ目は着物の袖に似た形の頭巾で袖頭巾とも言われているが、古くは杣夫（木こり）や猟師が用いた苧などの繊維で編んだ苧屑頭巾が原型で、この形を布でつくり武士が広く用いた山岡頭巾などである。なお、太平洋戦争中に広く国民が用いた*防空頭巾はこの形式で、山岡頭巾に綿を入れたものである。五つ目は風呂敷のような布で頭を包む形式の頭巾で、女性が用いた*御高祖頭巾や農漁村で用いたフロシキポッチなどである。

これらの頭巾は木綿、縮緬、麻布、苧屑、紬、印伝（鹿革）などでつくられ、麻頭巾、革頭巾、縮緬頭巾、紫頭巾、紅頭巾など材質や色が頭巾名となることもあった。

近世の松前地は冬の寒気が厳しいところであったため、このような頭巾が広く使われており、近世の記録類にも記述が多くみられるが、冬季には、男は目だけを出すような覆面頭巾や綿入れの山岡頭巾、女性は御高祖頭巾、働く者や子供は風呂敷頭巾が多かったと考えられる。

また、明治以降も同様であり種々の頭巾が使われたが、農漁村では三角風呂敷と言われた風呂敷被りが多く、女性は御高祖頭巾が広く使われ、都市部では明治後期ごろになると頭巾に代わり洋風の帽子が普及した。〈矢島　睿〉

ともこうずきん［ともこう頭巾］　近世の松前地で広く使われた防寒頭巾。近世後期の松前地の風俗を記した『松前方言考』（1948年ごろ）に「トモコウ・これは雪中の道中などをする時に用ふる大きやうなる頭巾にして、かしらより胴中までもかゝるをいふ、三十年以前迄は大人小児ともに常に用ひしが、今はやゝすたれたり」と、頭巾付きの合羽のように形容されている。また、『東遊記』（1784年）には「雪の中を往来するには、木綿の頭巾、ゑりまき縫付たるをかぶり、紐にて頭をつゝみ」とある。これらの記述からみると、「ともこう」は雪中の歩行などに使われた綿入れの木綿の頭巾で、胴にまでかかる長い布がついており、着用するときは頭巾を頭からかぶり、両側の布を合わせて紐で結び、目の部分を出す形式の頭巾であった。目だけを出すいわゆる覆面頭巾の一種であるが、胴までかかる布のついた頭巾は他の地方には少なく、この時代、おそらく松前地特有の頭巾であったといえる。

また、『松前歳時記草稿』（19世紀初期）の「年始礼の図」には、年始に向かう武士3人と従者2人が描かれていて、武士は目だけを出した覆面頭巾であるが、布は肩ぐらいまでの比較的短い頭巾である。当時の江戸では、布が肩までの顔を隠すことを目的とした覆面頭巾を「どもこうも」と呼んでおり、松前地の「ともこう頭巾」は言葉も形もこの頭巾の流れを汲むものであるが、土地柄から防寒を重視した頭巾に変化したと考えられる。

〈矢島〉

おこそずきん［御高祖頭巾］　主として女性が使用した防寒頭巾。縦50cm、横100cm程度の長方形の布の上部に二つの糸の環がついており、着用するときはこの環を両耳にかけ布をかぶるようにして頭部を覆い、両端に垂れた布を後ろで合わせてしばった。黒や紺の縮緬が使われることが多く、晴れ着用として家紋を入れたものもある。近世から女性用として用いられてきたが、明治に入ると都市・農漁村を問わず広く普及し、明治後期ごろになると、足に藁靴（*深靴）を履き、身に*角巻をまとって頭に御高祖頭巾をかぶった女性の姿が定着し、北海道の冬の風物詩のようになった。〈矢島〉

写真1　御高祖頭巾

図1　ともこう頭巾（『松前歳時記草稿附図』〈部分〉函館市中央図書館蔵）

ふろしきずきん［風呂敷頭巾］　防寒頭巾の一種。風呂敷状の布を三角に折り、これを頭にかぶる風呂敷頭巾あるいは三角頭巾と呼ばれる被り物が、近世の松前地から昭和初期の農漁村に至るまで、北海道の冬の防寒頭巾として男女ともに使われてきた。近世松前の風呂敷被りについては松浦弘（武四郎）『初航蝦夷日誌　巻之三』（1845年紀行）に「此風呂敷と云は、惣而此邦の人冬分（ぶん）ニは、風呂敷を冠り歩行く也。其は則寒風強敷して手拭に而はしのぎがたき故なるべし。其

ニならひて此辺りの者夏冬ともに手拭はかぶらで、皆風呂敷かぶりて歩行こと也」と記述している。

　この記述にもみられるように庶民の被り物であり、特に冬季の外出や労働には欠かせないものであった。また、この記述には老若2人の女性の風呂敷頭巾の絵が添えられているが、若い女性は黒と思われる濃い布の風呂敷を、年老いた女性は白っぽい布に小さな模様の入った風呂敷を頭からかぶり、顎のあたりで結んでいる。

　その後、風呂敷頭巾は鰊漁場など漁村に受け継がれ、黒地の布で頭を包み額のあたりに手拭で鉢巻きをする姿が漁村の男の代表的な習俗となったが、1862（文久2）年、松浦武四郎の『西蝦夷日誌』には風呂敷頭巾の上に鉢巻きをした鰊漁場の漁民の姿が描かれており、この習俗が近世からのものであったことを物語っている。

　さらに明治以降の農村においても、昭和初期ごろまで被り物として三角風呂敷が広く使われ、外出、労働、子供の通学など冬の生活に欠かせないものであった。風呂敷頭巾は50cm程度の正方形の布を三角に折って頭にかぶり、顎の部分で結ぶか紐でしばるのが着装法であり、古くは木綿布が使われたが、明治以降は保温性の高い綿ネルが広く普及した。なお、大正・昭和期の農漁村では女性が屋外で働くとき、キャラコなど白い布の三角風呂敷をかぶったが、これは日除けのためであり、北海道で唯一定着した夏用頭巾といえる。〈矢島〉

写真2　風呂敷頭巾

ぼうくうずきん［防空頭巾］　太平洋戦争中に空襲に備え、主として女性、子供、老人がかぶった頭巾。綿入れの木綿布の頭巾で、長方形の長短の2辺を縫い合わせた形で、近世後期に武士が使用した山岡頭巾に似た形式である。この頭巾は主婦の手で家族の年齢や性別に合わせてつくられた。カーキ色や灰色など地味な色が指導された

写真3　防空頭巾

が、絣無地や縞木綿が多く、女の子には花柄のモスリン地でつくられることもあった。空襲の爆風から頭や耳を守るため綿を多く入れた。綿入れで着装するときには頭からかぶり首のあたりを紐で結んだが、防寒性も高く、北海道では空襲のときばかりではなく冬季の防寒頭巾として戦後も使われた。〈矢島〉

かさ［笠］

　雨や雪を防ぎ日光の直射を避けるために用いた被り物。笠の歴史は古く『日本書紀』（720年）にも笠蓑の記述がみられ、平安時代や中世の※菅笠や女性の市女笠は有名であるが、これには雨除け、日除けのほかに女性が顔を隠すという使い方があったと考えられている。職業や用途によって異なる様々な笠が一般に普及するのは近世に入ってからで、笠の名称は材質や製作法によって分類される場合が多い。笠の素材には藺草（藺草笠）、菅（菅笠）、竹（竹笠）、檜の経木（檜笠）が多く、また製作法によって編笠、組笠、縫笠、押え笠、張り笠、塗り笠などがある。

　編笠は藺草や稲藁を編んでつくられた笠で、武士が用いた深編笠、熊谷笠、一文字笠などがあった。組笠は竹や檜、杉などの経木を組んでつくった笠で、網代笠や檜笠があり、軽くて雨にも強いため屋外の作業に広く使われていた。縫笠は菅や麦藁などを糸で縫い綴ってつくった笠で、飛脚の用いた※三度笠や、一般に菅笠と呼ばれた菅の平笠があり、男女を問わず広く普及していた。押え笠は、竹の皮やシュロの皮などを竹の骨組みの上にかぶせ糸や竹籤で螺旋状に押さえてとめた笠で、竹子笠や駕籠屋笠などがある。また、張り笠は竹の骨組みの上に布や紙などを張った笠で、近世の下級武士のかぶった陣笠や明治時代の車夫や郵便配達夫の使用した※饅頭笠がある。さらに塗り笠は組笠や張り笠などの上に渋や漆を塗ったもので、近世末期に武士に用いられた韮山笠が有名である。

　近世の松前地では※風呂敷頭巾など頭巾をかぶるものが多く、笠の使用は少なかったといえるが、1855（安政2）年に弘前の文人平尾魯僊が著した『箱館紀行』には農民の風俗を記したなかに「笠は竹皮笠、又藺笠なり。竹皮笠は白布の緒、藺笠は手巾を緒にして、顔を包んで端を笠の外に

結ふ」とあり、竹の組笠や藺草の編み笠などが使われていた様子がうかがえる。また、明治時代の開拓農村でも笠は主として作業時の雨具として使われており、五十嵐重義『或る開拓者の記録　鍬と斧』（1965年）に「雨のとき蓑に菅笠」と記述されている。　　　　　　　　　　　　　〈矢島〉

すげがさ［菅笠］　近世から明治にかけて庶民の間に普及した笠。菅の茎を木綿糸などで縫い綴ってつくった縫い笠で、近世には円形で平たく傾斜のない円盤型の一文字笠などの平笠や山形の傾斜を持つ円錐型の菅笠があった。

文化年間（1804〜18年）の『箱館問屋儀定帳』の産物蔵鋪には「杉型笠」の記述がある。古くから北前船で杉型菅笠がもたらされていたと考えられる。また明治以降の農漁村においてもこの形式の菅笠が多く使われた。　　　　　　　　　〈矢島〉

写真4　菅笠

さんどがさ［三度笠］　近世に庶民が旅行や遠出のとき使用した笠。三度笠は菅を材料とした円形の縫い笠で、かぶる部分が丸く深いのが特徴である。三度笠はもともと三度飛脚が馬上でかぶった笠で、落馬をしても顔を打たないように深くつくったといわれている。近世後期には一般の旅人もかぶるようになったといわれ、『箱館問屋儀定帳』（1804〜18年）の産物蔵鋪に「小三度」と記述されていることからみると、松前地でも小型の三度笠が使われていたと考えられる。　〈矢島〉

写真5　三度笠

まんじゅうがさ［饅頭笠］　主として明治時代に郵便配達人や人力車の車夫が用いた笠。饅頭笠は竹の骨組みに紙をかぶせた円形の笠で、内側の上部につけた輪についている紐を顎にかけて結んで固定した。明治期の北海道でも郵便配達人らの制帽として使われていた。明治中期に上川郡永山村（現・旭川市永山町）の郵便局で使用された饅頭笠は、径40cm、高さ10cmの円形の笠で、竹の骨組みに黒の羅紗布をかぶせて縁を黒糸でとめ、正面に赤い布で「〒」マークが縫いつけられている。（→Ⅱ巻　郵便用具［饅頭笠］）　〈矢島〉

ぼうし［帽子］

帽子という言葉は日本でも古くから使われ、近世にも綿帽子・紫帽子などの帽子があったが、今日では和風の*頭巾、*笠に対する言葉として洋風の被り物を意味している。洋風の帽子の歴史は安土桃山時代にヨーロッパの宣教師がもたらした南蛮帽子が初めであるが、一般への定着は明治維新以降の文明開化に伴う洋服の普及からである。

明治政府は1870（明治3）年に陸海軍の軍服を制定したのをはじめ翌71年に兵部省の官員服、巡邏のポリス服、郵便夫服、さらに1872年には太政官布告をもって有位者の大礼服と一般の通常礼服（燕尾服）の洋式の制服・制帽を制定している。また、1871年には「散髪制服略服脱刀とも勝手たるべき事」と、いわゆる断髪脱刀令が出されている。

これによって官吏・軍人・会社員ら都市生活者を中心に洋風の帽子が次第に普及するが、断髪令によって髷を落とし、帽子が必要となったことが普及の大きな要因となっている。初期の帽子は「帽子は舶来せしものより新形を取るといえども、舶来品は価格高きに居るをもて、小石川製帽会社などにて、其形の通りに製作し、以て多くの需用に応ずるなり」（『日用百科全書　第六編　衣服と流行』1895年）と記述されているように、外国からの輸入品やこれを模した帽子であった。また、女性の帽子も輸入品であったが、この時代は礼服以外の着用は稀であった。

明治中期以降になると*山高帽、*中折帽、*鳥打帽、学生帽、*パナマ帽など洋風の帽子が急激に普及するが、それは洋服の普及と一致するものではなく、多くは和服に洋風の帽子という和洋折衷の風俗が明治後期まで続いた。全国的に洋服と帽子の組み合わせが庶民の服装となるのは、大正時代以降のことである。

北海道では1869（明治2）年に開拓使を設置し、欧米文化の導入による開拓計画が立案されると衣食住に関する洋風化が奨励され、開拓使関係

の役人や屯田兵、札幌農学校生徒らの洋服着用が進められるとともに洋服仕立職人の島田兼吉や靴職人の岩井信六が雇用されている。これに伴い洋式の帽子が徐々に普及するが、初期には舶来の帽子が使われていたようで、1872（明治5）年に開店した開拓使用達の3店の仕入品のなかに「シャッポ」「西洋キャッポ」の品名があり、また、『開拓使事業報告 第三編 物産』の外国輸入表のなかに帽子の品名がのせられている。

明治20年代（1887～96年）に入ると、札幌・函館などの都市部を中心に商人や会社員ら一般にも帽子が普及し「紳士風山高帽子も格をつけ官吏とさへも見擬ふなり」（『札幌繁昌記』1891年）と、山高帽が紳士の代表的な帽子であり、中折帽・鳥打帽・パナマ帽などをかぶる人々が次第に増えている。その後、中折帽は主として会社員らサラリーマンの帽子となり、鳥打帽は商店の従業員や職人らの帽子として使われた。また、明治後期ごろになると、毛皮の帽子や毛糸の防寒帽も使われるが、防寒帽といえばもとはスキー用の帽子としてつくられた羅紗地でフードのついたものが大正時代から昭和初期にかけて、一般の防寒帽として普及し、冬季の生活に欠かせないものとなった。さらに農村では大正時代以降になると夏季の農作業の日除けとして*麦藁帽子が普及し、シャツに綿ズボン、麦藁帽子姿が北海道農民の代表的な服装となった。　　　　　　　　　　　　〈矢島〉

やまたかぼう［山高帽］　本来は*フロックコートまたは*モーニングコートに合わせて礼装用として用いられた帽子。日本には幕末から明治初期に移入されたが、1867（慶応3）年に片山淳之助（福沢諭吉）が著した『西洋衣食住』に「高帽子は身分ある人の冠るものにて、丸帽子は軽き者の用ゆるものなり」と記述されている。高帽子はシルクハットであり、丸帽子は山高帽であるが、明治20年代（1887～96年）に入ると東京・大阪などの都市部を中心に紳士の礼服あるいは盛装としてフロックコートに山高帽姿が流行し次第に地方にも波及している。

当時の山高帽の記録には「山高は官吏又は紳士向なり、色は黒にして、本年は山の高さ昨年よりも少しく低く、頭角は丸みにして縁の広きかた流行、我国にてはシルクハットを被る場合にも、これにて間に合わすもの多し」（『日用百科全書 第六編 衣服と流行』1895年）と記述されている。これによると定着期においても山高帽に年ごとの流行があり、また、当時の日本では本来シルクハットをかぶるべき盛装のときも山高帽で間に合わせる風習が定着していたことがうかがえる。

その後、山高帽は紳士の礼装の帽子として全国的に普及し、明治後期以降、広く使用されるが、地方では洋服の普及が遅れ、長く礼装が和服の*紋付着物と*羽織であったこともあり、紋付着物に山高帽という姿がかなり後まで見られた。山高帽は黒のフェルトを用い、山を丸く仕上げる。イギリスではボーラー・ハット、アメリカではダービー・ハットと呼ばれている。

北海道における山高帽の定着もほぼ同様であるが、幕末から開港地であった函館や新開地の札幌では洋品・洋服の普及は他の地方より早く、明治20年代に入ると、官吏や大会社の社員ばかりでなく一般人の一部に至るまで洋服と山高帽が普及していたことが『札幌繁昌記』（1891年）など当時の記録に残されている。また、農漁村では高齢者の礼装として紋付着物に山高帽姿が昭和10年代（1935～44年）まで見られた。　　　　〈矢島〉

なかおれぼう［中折帽］　幕末から明治初期にかけて外国から輸入され、明治中期ごろから広く普及した男性用の帽子。軟らかいウール・フエルトを使用していることからソフト・フエルト・ハット、一般にソフトと呼ばれている。この帽子が流行した明治20年代（1887～96年）の記録には「中折　これは出ず入らずといふ帽子なり、官吏も、紳士も、商人も、学生も、職人もかぶる。其色は濃茶、黒、濃鼠の三色に限るがごとし」（『日用百科全書 第六編 衣服と流行』1895年）とある。このように、このころにはもう中折帽の名称が定着しており、官吏から職人に至るまで広く使用されていたことがうかがえる。その後、中折帽は全国的に普及し明治・大正・昭和と主としてサラリーマンの制帽のような形で長く使用された。

中折帽は北海道でも明治後期ごろから普及したが、特に大正期以降は官吏・会社員・教員らサラリーマンの帽子として広く使われてきた。農漁村

写真6　中折帽

では*山高帽と同様に晴れ着の帽子として和服に中折帽という姿が長く続いた。　　　　　　〈矢島〉

とりうちぼう［鳥打帽］　主として商店の従業員や労働者らが使用した平たくて丸い庇のついた格子柄で羅紗地などの布製帽子。鳥打帽（ハンチング）の名称から分かるように、本来はヨーロッパなどで狩猟の際に用いた帽子である。日本には明治初期に輸入され、明治20年代（1887〜96年）に「鳥打　これは略帽なり、二三年前より非常の流行、孰れの社会へも向く、霜降の羅紗、縞スコッチ又は天鵞絨に最も人望多し」（『日用百科全書　第六編　衣服と流行』1895年）とあるように1892〜93年ごろから一般男性の日常の帽子として普及したと考えられる。

北海道でも明治30年代にはかなり普及していたようで、当時の洋品店などの新聞広告などに他の洋品類とともに鳥打帽子の品名がみられる。例えば函館区の関川洋品店の広告に「舶来鳥打帽子」（『北海道名所案内』1901年）とあり、この時代には輸入品が多く、舶来物は質のよいものであったことがうかがえる。その後、鳥打帽子は一般に普及するが、大正時代以降になると商店の従業員や工場労働者の間に広く普及し、昭和20年代ごろまでこのような人たちの制帽のように使われた。
　　　　　　　　　　　　　　　　　　〈矢島〉

パナマぼう［パナマ帽］　南米に生ずる棕櫚科の通称パナマ草の繊維で編まれた紳士用の夏帽子。エクアドルなど南米各地でつくられたが、パナマが集散地となり欧米に輸出したためパナマ帽と名付けられたといわれている。日本では明治20年代（1887〜96年）から紳士の夏用帽子として流行したと考えられる。だが、パナマ帽は輸入品であり「本年に至りてパナマ帽子の需要稍や多きを加へたれども何様一個七、八円以上の品なれば絶えて売口もなく」（「時事新報」1892年）ときわめて高価で、この時代は上級官吏や大会社の社員ら一部の普及に限られていたようである。

北海道でも同様の傾向にあったが、明治後期になると都市部を中心にかなり普及したようで、新聞広告に「パナマ帽子輸着御披露　帽子専業　東京京橋　田村商店」（「北海タイムス」1906年6月28日付）といった宣伝が多くみられるようになる。大正・昭和初期の古写真を見るとパナマ帽をかぶった人物が見えるが、その多くは官吏、実業家、会社員といった上流階層で、裕福な者に限られていたようである。　　　　　　　　〈矢島〉

むぎわらぼうし［麦藁帽子］　麦藁で編んだ夏用の帽子で、鍔の広い帽子（麦藁帽）と鍔の狭い帽子（カンカン帽）がある。欧米から移入された帽子をもとに日本で麦藁帽子がつくられるようになるのは明治初期といわれているが、一般への普及は明治20年代（1887〜96年）と考えられている。

明治20年代の麦藁帽子については1895年に出版された『日用百科全書　第六編　衣服と流行』（1895年）に「鍔狭」と「鍔太」の2種の記述がみられる。鍔狭は「紳士にも、書生にも、商人にも向くものにして、鬼あみ七分菱編三分の形勢、鉢巻は其人々の嗜好に任すといへ、黒か、お納戸のリボン又は琥珀、若しくは白羽二重、若しくは同品浮摸様、若しくは縮子の珍摸様なり、縁は一寸五分乃至二寸位」とあり、のちに紳士の夏用帽子として広く普及したカンカン帽である。また、鍔太は「鍔の大きさは二寸五分より三寸四五分まで支那麦藁製、鉢巻は紺又は白の縮子なり、これは重に書生用なれば価も亦廉なることは言を俟たず」とある。鍔の広さが鍔狭と比較するとかなり広く、材料、製造法も雑であるため値段が安く、主に経済的に貧しい書生（学生）らに使われていた。

麦藁帽子は早くから国産品がつくられたこともあり、パナマ帽と比較すると安価であったため、北海道でも明治30年代（1897〜1906年）になると、鍔狭（カンカン帽）・鍔太（麦藁帽子）とも普及する。特に鍔太は値段も安く、鍔が広く軽いため夏の作業の日除けに適していたことから農漁村で広く普及している。したがって開拓地の農村などに大きな需要が生まれ明治30年代になると北海道で麦藁帽子の製造をする者もあり、「麦藁帽子製造及販売　旭川町六条通八丁目右一号　山本商店」（『上川便覧』1902年）といった広告もみられる。　　　　　　　　　　　　　　　　　　〈矢島〉

写真7　麦藁帽子

I．生活用具

1．衣　服

(2)　着物・洋服類

考古資料

　現在よりも寒冷な気候の下で暮らしていた旧石器時代の人々は、主に動物の毛皮を衣服の材料に用いていた。縄文時代には植物繊維が生活の様々な場面で利用されるようになり、それらを素材にした衣服も発達したと考えられる。

　1本の緯糸に2本の経糸をねじってからませる編布は、本州では縄文前期、北海道では縄文後期中葉以降に出土例があり、それらのなかには赤と黒の縞模様に彩色がなされたものもある。最近では、渡島半島の縄文早期中葉の墓から、編布とは断定できないが、よく似た組織を持つ漆塗りの繊維製品が検出されている。

　函館市著保内野遺跡から出土した縄文後期後半の中空土偶(国宝)は、首から腕にかけての部分と、下半身に衣服様の文様が描かれるが、実態は不明である。石狩低地帯では縄文後期後半以降の遺跡から魚皮をなめすのに使われた可能性のある槌状木製品が出土している。なめした魚皮を縫い合わせて衣服や靴がつくられたのだろう。

　恵山文化（続縄文文化前期）の時期には、噴火湾沿岸から紡錘車が出土している。このころには機織の技術が本州から伝えられ、織布で衣服をつくることが始まっていたのかもしれない。

　オホーツク文化期の遺跡からは骨製の*帯留具や*青銅製帯金具などが出土している。飾りのついた帯をしめる習俗は大陸に由来するものだろう。また、シャーマニズム信仰とかかわりの考えられる*牙製婦人像はワンピース状の衣服を身にまとっている。オホーツク文化の人々は大陸や本州への交易品として毛皮を供給していたが、道東地方では洞窟内の7〜8世紀ごろの遺物包含層から紡錘車が出土し、8世紀の*竪穴住居から織具の可能性の高い木製品が検出された例もあり、機織も行ったようである。

　擦文文化期には竪穴住居などから紡錘車の出土することが多く、撚りをかけた糸で布を織ることが一般的であった。底面に麻布と思われる圧痕のついた10世紀の甕形土器が石狩低地帯の遺跡から出土しており、麻の衣服の存在が示唆される。なお、擦文文化の人々も交易品として本州に毛皮を供給していたと考えられる。

　道東地方では、トビニタイ土器の出土する遺跡からも紡錘車や綾織の布の出土した例がある。織布による衣服はオホーツク文化の伝統をひく人々の間でも、移入品も含めて普及していったのだろう。

　11世紀中葉以降には道北地方や道東地方で樹皮を素材にした平織の織物が検出されているが、それらのなかには絹布などで切り伏せが施されていたと考えられるものもある。石狩低地帯ではこのころ以降の土器に紡錘車が伴った例は確認されず、樹皮衣の発達や本州などから古着が持ち込まれていた可能性も想定すべきであろう。

〈中田　裕香〉

アイヌ資料

はれぎ［晴着］

　シユクペ、チトムテレプ、ヤイコトムテレプなどと称す。晴着は、本州からの移入品である*紋付、*小袖、*羽織、*陣羽織、*半天や、中国からの*官服などを、物々交換や労働の報酬として入手したものや、手づくりの*儀式用刺繡衣をはじめ、*獣皮衣、*魚皮衣、*鳥皮衣なども、ことあるごとに、*普段着の上に各人がそれぞれに工夫して着合わせていたので、物持ちは、2〜3枚も重ね着することになる。晴着を持たない人は、普段着を代用した。

〈藤村　久和〉

もんつき[紋付] ノカオチミㇷ゚、ノカオアミㇷ゚などと称す。紋付は、江戸期にあっては、古着として移入したものを求めてそのまま着用したり、洗い張りした古布を仕立て、刺繍を加えて晴着として用いたりした。明治以降には礼装用として注文するようになった。(→25頁 和人資料[紋付着物]) 〈藤村〉

図1 紋付

ふりそで[振袖] タンネトゥサコロと称す。振袖は、江戸期に古着や古切れとして移入したものを求め、多くは解体して裂き布とし模様を構成する素材として使った。明治以降には晴着として注文するようになった。(→26頁 和人資料[振袖]) 〈藤村〉

図2 振袖

こそで[小袖] コソンテ、コソントなどと称す。小袖は、江戸期には古着として移入したものを求め、そのまま男性が着用し、後世には女性専用のものとなった。このなかには、金襴緞子、綸子、能衣装、歌舞伎や芝居の衣装も含まれている。着用できなくなったら、解体して裂き布として模様を構成する素材や、房飾に使用した。(→26頁 和人資料[小袖]) 〈藤村〉

図3 小袖

はおり[羽織] チオパネレプと称す。羽織は、江戸期に古着として移入したものを求め、そのまま男性が着用し、古くなったものは解体して普段着に仕立てて着た。さらに古くなると、再び解体して子供用に縫い直して着せた。明治以降には晴着として注文するようになった。(→27頁 和人資料[羽織]) 〈藤村〉

図4 羽織

じんばおり[陣羽織] ジンパオリと称す。陣羽織は、江戸期に商人が古着として移入したものを買い求め、儀式や公式の場で男性が着用した。それが定着して需要が増えると、素材の似た大柄の帯を解体して陣羽織に仕立てて着るようになり、今日でも継続されている。 〈藤村〉

図5 陣羽織

ぎしきようししゅうい[儀式用刺繍衣] チカルカルペ、チカラカラベ、カパラミㇷ゚、チンチリ、チニンニヌㇷ゚、ルウンペ、イヨアミㇷ゚、サクリなどと称す。素材は本州や大陸との物々交換によって入手した木綿布、絹布類と、*木綿糸、絹糸、鋳物の飾り板、ボタンや鈴、ガラス玉などに、採集した植物繊維や樹皮、獣皮、鳥皮を組み合わせて作製された。今日に伝えられている刺繍衣のほとんどは和服仕立で、わずかに中国の*官服に似せた仕立がみられるだけである。18～19世紀にかけて行われた外国人の調査から洋服仕立のものを散見することができ、かつては、それが盛行していたようである。

刺繍衣の形態は、ほぼ本州の農作業用衣である衽なしの捩袖を踏襲している。それへ刺繍するものと、裂き切れを組み合わせて模様を構成したり、切り込みを入れた布を広げて模様とし、さらに刺繍をしたりするものとの2種がある。また、なかには本州からもたらされた古着を仕立て直したり、そのままの状態へ刺繍したりすることも行われていた。サハリンでは、ガラスの小玉や鋳物

図6 儀式用刺繍衣

の金属小板を縫いつけることもあった。〈藤村〉

かんぷく［官服］ マンチウコソント、サンタンチミㇷ゚などと称す。中国製の官服は、大陸との交易を通じて入手し、多くは儀式や公共の場へ、晴着や正装用として着用した。着古して使用に耐えなくなったものは、解体して別の着物へ転用したり、その素材にしたりした。〈藤村〉

図7　中国の官服

ふだんぎ・しごとぎ［普段着・仕事着］

　ヘㇽチミㇷ゚、ヤヤンイミなどと称す。明治中葉以降に生まれた古老たちの話では、1枚の着物が与えられたなら、それが使用に耐えなくなるまで常時着用し、2～3年に一度、新しい着物が得られればよい方であったという。日々の生活を支えるための労働や食材の採集では、激しく身体を動かすのと、社会的な行動に合わせて新しい丈夫な着物を作製した。そのお下がりは子供に回り、あるいは仕立て直して子供に着せるが、すでに着古しのために肌にはやさしいが、繊維は弱っており破れやすくなっていた。素材は、獣皮・樹皮・魚皮などがあるものの、仕事着には木綿が最適であった。〈藤村〉

どうぎ［胴着］ トゥササㇰ、ポンルシ、ハチコルシなどと称す。胴着は本来、獣皮製で特に幼児や児童の上着として愛用されていた。＊羽織やそれに似た古着、端切れを労働の報酬として入手可能になると、それらを刺し合わせて胴着をつくり、素材が多くなると女性も愛用するようになった。（→29頁　和人資料［胴着］）〈藤村〉

図8　胴着

こしきり［腰切］ アルケイミ、ポンイミ、ハチコイミなどと称す。上半身に着用する袖付の衣類の総称で、本来は、鞣革、樹皮布、草皮布などで作製され、早春や晩秋の寒い折に着用するものであった。後世に木綿布が入手できるようになると、それに替わった。袵がないので、みぞおちのあたりを紐で結んだ。〈藤村〉

はんてん［半天］ ハンテンと称す。江戸期に商人が古着として移入したものを買い求め、＊羽織より価値は数段低いが若年の男性が外出時に着用する上着として盛んに利用された。使用に耐えなくなると多くは＊胴着につくり替えられた。（→30頁　和人資料［半天］）〈藤村〉

図9　半天

さしこ［刺子］ チンチリ、チニンニヌㇷ゚、サクリ、モンコイミ、モンライキイーミなどと称す。木綿布が相当に生産されて以後、薄布を袷にすることで丈夫さを増すだけでなく、暖かさもあることから、激しい労働の作業衣として利用された。また、冬季や厳寒期の衣類として重宝なものであった。特に絣地・縞地・格子地、無地の黒や紺地を表に、裏は柄のない紺・浅黄、丹前裏地などを縫い合わせたもので、江戸期中葉末以降に、和人から刺子や仕立てを依頼された。明治末期生まれまでの女性のほとんどがこの作業に携わり、労賃を稼ぐほかに、余剰布端や刺し糸などももらった。縫いや仕立ての上手な人は注文も多く、家中の女性が手がけることで対処していたので、いつしか誰もが運針や布立ち、袵つけ、襟つけ、覆輪などの技を習得し、のちに自分用、または家族用衣類の仕立てに応用していった。（→81頁　和人資料［漁民の仕事着］）〈藤村〉

みの［蓑］ ルヤンベユㇷ゚ケㇷ゚と称す。江戸後期にやって来た幕府の下役、あるいは、各地域で就労した和人の蓑を見て、古く傷んだものをもらって使用した。このほか、それを手本にオヒョウニレ、シナノキ、ハルニレ、若いナラなどを晒してぬめりを落として裂いた内皮、スゲ、ガマ、ミクリなどの素材を活用して作製した。

　作り方は、まず首筋から膝までの経糸を10～16

本くらい用意し、それぞれの両端を短い棒に結んで5cm間隔に張る。この経糸に緯糸の素材を撚りながらそれぞれの経糸を挟むようにして端でとめ、これを20cmくらいの間隔にして大きな網目状のものをつくる。着用したときに腕を通すことができるようにあけ、中央の胸前は大きな弧状に縁をつくる。両肩に当たる部分の経糸は三つ編みにして結び合わせて襟首にかける部分とし、あるいは、前身頃と後ろ身頃の経糸を編み合わせて肩掛けをつくる。全体が割烹着のような網状に出来上がったら、その下辺の緯糸にシナノキやオヒョウニレの内皮、ガマ、スゲなどを徳利結びやヒバリ結びにして、長さを25〜30cmくらいに切りそろえる。上段も同様にする。完成したものは割烹着の要領で着用し、胴部に帯を締めることで雨雪具となる。〈藤村〉

わたいれきもの［綿入着物］ キシキオイミ、ワタオイーミなどと称す。本来は、樹皮布、草皮布2枚を使い、犬の抜け毛や、シカの折れ毛、ガマの穂綿を薄く延ばして▼木槌などでたたいてフェルトをつくり、それを間に挟んで縫い合わせていた。木綿布や綿が豊富に入手できるようになると、素材は、薄くてしなやかなものが取って代わった。また、布の間に挟んだものが動作で移動しないように、粗く糸で格子状に刺しとめるものもつくられ、主に体温の調整が難しい乳幼児や、風邪を引いた児童などの保温用に着せた。〈藤村〉

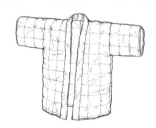

図10　綿入着物

そうい［草衣］

ケラと称す。素材はガマやフトイ、オオカサスゲ、ミクリ、ヤマアワ、ハマニンニク、ウシオスゲなどを採取して乾燥させたものを使う。素材をもう一度水に戻して細く裂き、▼茣蓙編機で目幅を決めて茣蓙を編む要領で、左前身頃、腋の下、背中、腋の下、右前身頃というように身体を横から1周するように編み上げる。背中に続く両肩の部分は、前身頃と縫い合わせができるように別糸を加えながら長めに編んでとじる。編み上がったものは、不用な部分を切り取り、肩の部位は背中から前身頃の上へ重ねて糸で縫い合わせ、あるいは綴紐を少し長めに切って、それで前身頃の編み糸に引っ掛けて綴り、とじ合わせると一応完成する。

長さは腰までで、形は袖なしと同じ。襟や袖口には、無毛の獣皮をあてがう。5cm幅に切った獣皮の端を左外側の編み始めにあて、前合わせの下角から襟へたどり、さらに右外側下の前合わせ下角まで1cmくらいの幅で、糸と針で粗く縫う。それが終わると、皮を内側に折り曲げてから、さらに縫いしろを内側に折り曲げる。今度は逆に、右内側下の前合わせ下角から襟、前合わせの下角までを掬い縫いをして糸をとじる。

左右の前合わせの中ほどには、20cmくらいに切った革紐を縫って、それを結んだり、ループ式の掛けボタンにしたりすることもある。主に夏季に男子や青少年が着用する仕事着である。〈藤村〉

図11　草衣

ふきみの［蕗蓑］ コルウルと称す。雨に出合ったときは、フキ葉の茎下あたりを刃物で切り取り、何枚かを集めたら、葉の付け根の部分へ1本の短い紐を通し、首に結ぶ。余分に紐があれば、同様にして腰に結ぶ。フキの1葉の天地を逆にして頭にかぶり、さらに額と後頭部に回して結ぶ。フキ蓑に利用する葉は、できるだけ大きいものを選ぶ。使用後は近くの大木の根元にフキの葉をま

図12　蕗蓑

とめ、謝辞を添えて再生を願う。　　　　〈藤村〉

じゅひい　[樹皮衣]

アットゥシ、アトゥシ、アハルシ、カナオアットゥシ、ニカパットゥシ、オピウアハルシなどと称す。素材は、シナノキ、ハルニレ、オヒョウニレの内皮で、若葉が出始めるころに採取する。水に漬けてぬめりを落とし、内皮が一枚一枚に剥がれたら水洗いをして干し上げる。

内皮を縦に細く裂いて丈夫な長いものを男結びでつなぎ合わせて経糸をつくりながら、*囲炉裏端に刺した糸掛け棒に8の字にかけていく。長くないものや少々弱そうなものは、別の人が男結びにして緯糸にしながら糸掛け棒にかける。特に細く長く裂けて丈夫なものは、大切な神事用具や男性のものの作製用に別の糸掛け棒にかけ、それが一杯になったら、臍巻きをして大きな糸玉にする。粗い屑は綿代わり、細かな屑は生理や赤子の尿尿受けとする。

経糸は▼アットゥシ織機にかけるが、幅は日本の反物に合わせているので、糸が細ければ経糸の数は多く、太ければ数は少ないが、400～600本と大差がない。現存する樹皮衣のほとんどは、オヒョウニレのものであるが、ハルニレやシナ製のものもあり、なかには緯糸にハルニレやシナノキの糸を用いたものもある。

出来上がりは無地と縞物があり、縞は織り手の感性で決まり、大名縞、千筋、万筋、棒縞、滝縞、子持ち縞などで、紺*木綿糸、白木綿糸、浅黄糸、白木綿糸を草木染めにしたものを組み合わせて織り上げる。この縞柄は、柄物として楽しむほかに、個人の識別に役立ち、家を離れた山や沖合での行動を他者が認知するうえで大きな手がかりとなる。

無地は村から大きく離れることのない年長者や乳幼児の衣服に仕立てられた。両袖口、襟周り、裾周り、胸元などに紺、黒、茶色などの裂き布を当てて擦り切れないように覆輪を施すとともに、余部には木綿糸で刺繍をしてその部位からの侵入を防ぐ魔除けとした。ほかに、背中や腰下にも裂き布と刺繍を施して飾りとしたが、それはまた個人を後ろ姿から特定するのに役立っていた。また、縞の有無にかかわらず、布地の出来具合がよく、裂き布や刺繍を加えているうちに、気に入ったものが出来上がっていくと、普段着に予定していたものを*晴着へと昇格させ、さらに裂き布や刺繍を加えて豪奢なものへと変えていった。

子供用の上着は成長を考えて大きめにつくり、両肩や両袖、あるいは胴に大きく上げを取って、成長状況に応じて、上げをつけ直して着せた。上げは、外側と内側につけるが、これは母親の考え一つで決まるようである。(→Ⅱ巻　衣料品製造用具[アットゥシ織機])

〈藤村〉

図13　樹皮衣

そうひい　[草皮衣]

テタラペ、レタラペ、アットゥシ、アトゥシ、カナオアットゥシ、カパイアットゥシ、カーアハルシなどと称す。素材は、ツルウメモドキ、ムカゴイラクサ、アサ、オオバイラクサなどであるが、圧倒的に収量の多いものがオオバイラクサであったことから、現存資料はそれに限られる。採集時期は夏の終わりから霜が降りる寸前まで。霜が強く当たったものはその部位が壊死して黒ずむだけでなく、内皮はその箇所で切れてしまうので、糸にするために無駄な時間をかけなければならない。

▼鎌で刈り取ったオオバイラクサは、生のうちに内皮を採集する場合と、乾燥後に行う場合とがある。刈り取ったもののうち、枝が何本も伸びているものは枝のところで内皮が切れるので、多くの人は枝下までの内皮をとるか、廃棄する。サハリンでは、生のうちに茎の下部から上部に向けて皮を剥ぐ。それから木舞状の平板の上にのせ、貝や小さな鉄板を直角に置いて、茎の下部皮から上部に向けて数回しごいて外皮を取り除く。茎の下部は手前にしごく。外皮を除いた茎は、まとめて3～4cmくらいの小束をつくって乾燥させる。内皮の長さは30～50cmくらいで、干し上がったものはさっそく糸撚りもするが、本格的な作業は秋末

以降である。

　干した内皮の束は、水に浸して湿らせ、水を切ってから細く裂いて糸を緩く撚る。糸は直径2cm、長さ100〜120cmくらいで先が二股になったまっすぐなサクラやナナカマド、クワなどの木を用意し、根元側を利き手ではない方で持ち、糸端を握って人差し指を横に差し出して曲げる。糸は棒先の二股にかけてから手前に引き、人差し指を回して二股との間を行き来する。糸束が1〜2cmくらいになって撚り糸がなくなったら、糸端で束をくくり、戸外の棒にかけて風と太陽に昼夜晒す。雪が降ると雪をまぶし、払っては下げ、束をくくっていた糸端を反対側に移しながら晒していく。春先には純白の糸となる。

　この糸は紡錘車にかけて撚りを軽くかけてから、▼アットゥシ織機にかけて布に仕上げる。それを和服仕立ての上着に縫い上げる。両袖口、襟周り、裾周り、胸元などへ紺、黒、茶色などの裂き布を当てて擦り切れないように覆輪を施す。さらに色布を重ね合わせ、その余部も含めて多色の刺繡糸で刺繡をして、その部位からの侵入を防ぐ魔除けとした。ほかに、両肩や背中、腰下にも裂き布と刺繡を施して飾りとしたが、それは個人を後ろ姿から特定するのにも役立っていた。また、縞の有無にかかわらず、布地の出来合いがよく、裂き布や刺繡を加えているうちに、気に入ったものが出来上がると、普段着の予定を晴着に変更し、さらに裂き布や刺繡を加えて豪奢なものとした。

　北海道にあっては、刈り取ってきた材料を上下、あるいは上中下の3カ所を軽く紐でしばって風で干し上げて保存する。それを冬季に取り出し、1本の茎下を左手に持ち、右手に※箸様のものを持って茎の節を可能な限り先端まで突き刺しながら茎を左右に開いていく。左手を前進させながら箸先がそれ以上左右にあけられないところまで開くと、茎の下から二つ目の節のあたりを人差し指の上に広げて左の親指で軽く抑えるようにする。右手で茎の節上の部分を折って下に向けて滑らせると、内外皮はその方向に曲がりながら剝ける。下の節のところまで内外皮が剝けたらとめる。次にその茎下の1〜2cmのところを折って茎を右手の親指と人差し指でつまむようにして下から上へめくりあげる。繊維が付着しているので、次に節の上から手前へ引くと茎を上手に取ることができる。こうしたことを上の方まで繰り返すことで、長さが1m以上の内外皮を茎からきれいに取り去ることができる。

　茎から剝いだ内外皮は直径が5cmほどにまとまったら根元を束ね、軒下や高床の倉庫などに吊るす。こうして太陽と風に当てることで、自然と外皮が剝がれ落ち、純白の繊維が現れてくる。適当に束の外側の部分の外皮が剝がれてきたら、束の内部を外側にひっくり返したり、束ね直したりして外皮を剝がれやすいようにする。状態によっては両手で束を揉むようにして外皮をはずす。およそ外皮がとれた段階で、内皮を細く裂いて緩い撚りをかけながら糸をつくり、織機にかけて布とし、仕立てて着物とする。

　また、子供の成長はきわめて早いので、上着はそのことを考えて多少大きめに仕立てた。両肩や両袖、あるいは胴部に大きく上げをとっておいて、成長に合わせて下ろしたり、つけ直したりした。上げは簡便な外側につくる場合が多いが、親によっては内側につけることもあり、上着が小づくりの場合には、縫い目を解いて差鋲や下つけを加えることもあった。（→Ⅱ巻　衣料品製造用具［アットゥシ織機］）　　　　　　〈藤村〉

図14　草皮衣

じゅうひい［獣皮衣］

　ルシ、セタルシ、イソルシ、カムイルシなどと称す。獣皮衣は、陸海獣の中型以上の獣皮を使って仕立てるが、出来上がったもののつくりを見ると、ほとんどは洋服仕立てになっている。夏用は無毛皮を使い、春秋の涼しいころには、有毛を内側にして肌に向け、厳寒期には有毛を外側に向けて寒気を防ぐ。子供服用に仕立てる毛皮の裁断は、1枚の裁断した紙を織り込んで箱を組み立てるように、不要な部分を切り取って縫い合わせて

つくる。青少年から大人までは人体の部位ごとにつくって、それらを縫い合わせて全体を仕上げる。アイヌ民族の人たちは、部位を測定することで、運も成長もとまってしまうという発想から、決して寸法を計ることはしない。常に目測で、幼児を抱いたときに、自分の腕や手、肩、腿、脛、足の長さや太さと比較してどの程度かを把握し、それらを基に服を縫い上げる。多少大きくつくっても、幼児の成長が早いので、大きな問題とはならない。青少年の場合には、手をつないだり、並んで歩いたりする過程で寸法を推し量り、夫の場合は夫婦生活のなかで記憶する。また、女性には行わないが、狩漁や激しい活動をする少年や男性には、体の動きを考えて、あえてそれに合ったように皮を切って再び縫い合わせる。

皮の厚さは幼獣ほど薄いので、大人に準じて労働する少年や成人男性用に使った。高齢の獣の皮は厚く重たいので、あまり体を使わない高齢者や女性用と使い分けるが、動きの多い膝、肘、袖口、襟首、前身頃などには、丈夫な厚い皮を部分的に、あるいは全体に縫い合わせて仕立てることもある。こうした適材適所に皮を配置することにより、毛色や模様を組み合わせて美しさを表現するほかに、その模様から着用者が誰であるかを判定することもできる。

獣皮衣は前を重ね合わせて帯で結ぶほかに、ループを使って合わせ目をとじる。獣皮衣の長さは、胴、腰、太腿、膝、脛、足首と、用途に応じて長さを変え、人によっては、帽子を縫いつけたり、必要に応じてループで脱着を可能にしたりすることもある。　　　　　　　　　　〈藤村〉

は裏打ちをして仕立てることもある。仕様は、冬用の*外套で、前を重ね合わせて帯で結ぶほかに、ループを使って合わせ目をとじる。長さは腰や腰下くらいで、人によっては、帽子を縫いつけたり、必要に応じてループで脱着を可能にしたりすることもある。外套には細かな模様はなく、背中や胸のあたりに遠距離からでも御者を判断しやすいように、毛色で大柄な模様を描いたり、肩口などに目立つ色彩の房飾りをつけたりすることもある。　　　　　　　　　　〈藤村〉

図16　犬橇用外套

かわをぬいつけたうわぎ［皮を縫いつけた上着］

ルシ、ルシコロアットゥシ、ルシウシイミなどと称す。春秋の冷気が強いころや、降雪の少ない地域では、*樹皮衣の上に陸海獣皮、鳥皮、なめした大型の魚皮も縫いつけて着用した。暖気になると縫糸をはずし、皮類は次回の使用まで虫の入らない漆器などに入れて保存した。大型の皮は成人男性に、小型のものは女性や子供用とし、中型以下の皮は、縫い合わせて大型化せずに、隙間を埋めるように縫いつけるだけであった。　〈藤村〉

図15　獣皮衣（女性用）

いぬぞりようがいとう［犬橇用外套］

ルシ、セタルシなどと称す。獣皮衣の素材は、もっぱら幼獣の毛皮を使う。幼獣ほど皮が薄く軽いので動作が自由にできるうえに、毛が濃密で暖かいためである。多少、動きの多い膝、肘、袖口、襟首、前身頃などには、丈夫な厚い皮を部分的に、あるい

図17　皮を縫いつけた上着

がいしゅつようじゅうひい［外出用獣皮衣］

オホコ、ソユンオホコ、ハチコオホコなどと称す。獣皮の端切れを駆使して模様を構成し、女性や幼児らが着飾って外出する際に用いる脛または足首までの長さの正装用の*外套である。毛皮が持つ色合いや模様を巧みに組み合わせて縫い上げたもので、着用者を特定するほか、美の感性を伝えることにもなる。　　　　　　　　〈藤村〉

図18　外出用獣皮衣

ちょうひい［鳥皮衣］

　チカプル、チカプウルなどと称す。素材は、全長が約30cm以上の鳥類の胸から下腹にかけて、羽毛が密集した部位を使う。鳥類を捕獲すると両翼を付け根から取り去り、首や足を刃物で落としたあとに背中を割って腹の皮を剝き、硬い路面上や河原、岩場で、平坦な大型の石を利用して乾燥させる。生皮は内側を天に向け、皮の上下左右を両手で引き伸ばし、周辺の要所要所に小石を置いて固定して、天日と風で干しあげる。干した皮は夕方までに集め、腰かけた片方の腿の上に、首側を膝に向け、尻側を手前に、内側を上に向けて置く。不要な脂や肉の残りを刃物で切り落とし、乾きつつあるところににじみ出た脂は刃を皮へ直角に当てて手前にしごいて削ぎ、取り集めたものは犬のおやつとなる。

　皮全体がまだ生っぽいうちに、1枚の皮ごとに、踵を皮の端に置いて押さえ、両手で手前に皮を引いてさらに大きくする。次に翌日の天候を考える。快晴になるとすれば、皮を重ねて重石を置いて湿り気を均一にし、翌日に天日干しを終えるようにする。翌日が曇天・雨天の場合には、皮を土間に広げたり、屋内の天井裏に渡してある棒を使って＊簾を広げ、そこに羽を下にした生皮を並べたりして干す。いくども天日に干しながら脂を取り去った皮は、天井裏の簾に羽を上にして並べ、あるいは状態に応じて重ね、煙をかけて防虫すると同時に余分な脂を滲み出させる。

　一通りの作業が終わると、皮は屋外の倉庫にまとめて格納する。衣服に仕立てる際は、取り出して滲んだ脂を刃で削ぎ、炉灰や腐れ木の乾いた粉末を散布して滲む脂を吸い込ませ、数日放置してから、炉灰などを払い、風に当てて臭いも飛ばす。

　仕立ては、前身頃、背中、腕など部位ごとに色合いを考え、羽を表にして重ね合わせる。不要な部分を切り取った皮は裏を重ね、針先で羽毛を中へ押しやるようにして縫い合わせる。また、不要な部分を切り取らずに、そのままの配置でよい場合は、重ねの部分を針と糸で縫い合わせ、裏返しにして、浮いている部分を針で掬い縫いをしてとめる。部位が出来上がったら、それらを縫い合わせると衣服が完成する。鳥皮は薄いので、なめすことがない。このため柔軟さには欠けるが、着用しているうちに、次第に軟らかくなる。鳥皮衣の長さは、胴、腰、太腿、膝、脛、足首と用途に応じて長さを変え、人によっては、帽子を縫いつけたり、必要に応じてループで脱着可能にしたりすることもある。裾周り、前合わせ、襟、袖口には、有毛皮を幅5cmくらいに細長く切って縦に二つ折りにし、それを鳥皮の裏側に当てて絡み縫いをしてとじる。鳥皮1枚のものは、直接肌に着ることはなく、粗いつくりの樹皮布や、木綿布を裏にあてがうほか、同じ鳥皮を裏に縫い合わせた2枚重ねのものもある。

〈藤村〉

図19　鳥皮衣

はねつきのうわぎ［羽付の上着］

チカプル、チカプウルなどと称す。鳥の翼や▼矢羽にも使用できない尾羽類は抜き取って貯えておく。目の粗い樹皮布や草皮布でつくった衣服は、腰下や脛くらいまでのものを着用していても、寒い時期には体温が下がる。そこで寒い時期がくる前に、貯えていた羽を取り出し、長さや色別に仕分ける。次に着物の裾から8〜10cmくらいのところの糸に、羽軸の先をぶら下げる。このままでもよいが、羽が容易に抜けないよう表にする羽の羽軸にわずかな切り込みを入れておくと、それが鉤となって横糸に引っ掛かり抜け落ちることはない。1列目が羽で埋まったら、羽の長さと重なり合いを見て3〜4cmの上部に2列目の羽を埋めていく。色変わり

の羽や光沢のある羽も同じようにして埋めると、そこにきれいな模様が浮かび上がる。人によっては、裾周り、前合わせ、襟、袖口に、幅5㎝くらいに有毛皮や木綿布を細長く切って縦に二つ折りにしたものを、鳥皮の裏側に当てて絡み縫いをしてとじる。
〈藤村〉

図20 羽付の上着

ぎょひい［魚皮衣］

　チェプル、カヤなどと称す。河川に遡上したサケやマスを捕獲すると、さっそく鱗落としを行う。刃物の刃を皮に対して直角に立て尾から頭の方へ向かって削ると鱗が剥がれる。次に首の付け根から頭を切り落とし、腹側を切り開いて腸や中骨を取り去って一枚ものの干物をつくる。串を何本か打って干し上げ、その身をむしって食べ、残った皮をなめし、それを縫い上げる。しかし、1枚の上着には100〜150枚もの皮が必要なので、それを溜めておいて作製するころには、皮が酸化して脂焼けを起こしているので、皮の質はあまりよくない。そこで、上着を作製する予定がある場合には、捕獲した魚を開きにすると、手や木の箆で身を皮から剥ぎ取り、背鰭、腹鰭、脂鰭、尻鰭、尾鰭を刃物で切り取って1枚の皮をつくる。皮は裏側を下に、表側を上にして水で板などに貼り、数日後に板からはずすと立派な魚皮ができる。これをなめして軟らかくし、背鰭の穴へ白っぽい腹皮を当て、縫い目に染色した糸や毛糸で隠すように絡めてとめると、模様が出来上がる。

　なめした皮は、頭に近い部位は着用する人の肩や腕の付け根の方に向け、尾鰭の方は足先・手先に向ける。皮はおよそ二等辺三角形をしているので、縫い合わせで生じた隙間には、別皮を当てて縫い合わせる。また、所々に皮から飾り模様を切り抜いて、貼りつける皮の色合いと対比させ、背鰭の穴を埋めるときの要領で模様を構成する。横列に縫い上げた皮を縦に継ぎ足すところには、1〜2㎝幅で細長く切った皮を挟んで庇のように出す。あるいは縦に粗く、あるいは細かく切れ目を入れて房のようにもする。背中、左右の身頃、両袖と、それぞれを作り上げると一気に綴って1着を仕上げる。次いで、裾周りや袖口、襟首、襟から前合わせには、幅5〜10㎝くらいの重ね布を継ぎ足して色布をつけ、さらに刺繍を加える。これらの外輪には有毛皮を1〜2㎝幅に細く長く切ったものを縫いつけて水除けにしたり、体温が抜け出るのを防いだりした。外出用の魚皮衣は、もっぱら女性用のものが伝世されているが、江戸期の絵画には、男性が着用した魚皮衣が描かれており、同じ仕様で作製されていたことが分かる。
〈藤村〉

ぶぐ［武具］

よろい［鎧］　ハヨクペと称す。口承文芸のなかで、少年が主人公となって展開する英雄の物語（英雄詞曲・英雄叙事詩）に登場する鎧は、胴部が胸元から臍下にかけてループ状、またはホック状になっていて、腕から手の甲へ、股から足の甲までも同様のつくりになっているように語られる。鎧の部品は多いが、伝世品は国内に2点だけで、鎧は語りのなかに登場する神や少年が、戦場へ赴くときに着用するものとして表現される。
〈藤村〉

図22 鎧

くさりかたびら［鎖帷子］　クサリと称す。帷子にごく小さな鉄鎖を綴り、*鎧の下や、衣服の下に着用した。*襦袢状のものであり、伝世品は皆無だが、ごく小さな鉄鎖は破片として残っていた。
〈藤村〉

図21 魚皮衣

和人資料

もんつき［紋付］

もんつききもの［紋付着物］　家紋を入れた着物類。明治維新以降、日本人男性の和服の礼服として、黒羽二重の背に一つ、両袖の後ろと両胸にそれぞれ一つずつ染め抜いた五つ紋の着物、*羽織に仙台平の*袴が使われてきた。女性は紋付羽織を着ることは少なかったが、既婚の女性は家紋を入れた*留袖が広く普及した。衣服や調度品に紋所を入れるのは平安時代の絵巻物などにも見られ、古くから貴族を中心としたしきたりであったが、武士の台頭とともに戦場などにおける自己顕示のため鎧、兜などに家紋をつけるようになった。また、武士の礼服である素襖（袍）、狩衣、大紋、布衣などにも家紋をつけたが、特に大紋は袖、背中、袴の両側、腰などに白抜きの大きな家紋をつけたことからそう名付けられたといわれている。

近世に入ると武家服制が定められ、直垂、大紋、布衣などが武士の正式な大礼服となり、肩衣・袴のいわゆる*上下姿が中礼服、さらに黒羽二重などの紋付着物、紋付羽織、袴が日常的な正服となっている。着物や羽織につける紋の数は一つ紋・三つ紋・五つ紋があるが、正式には五つ紋で、略式には場合に応じ一つ紋・三つ紋の着物が使われてきた。また紋のつけ方は生地に染め抜いた染抜紋、紋の布を張りつける張付紋、着物に刺繡する縫紋があった。

近世中期以降になると富裕な町人や村役人らも紋付着物、羽織、袴が礼装として普及した。交易や漁労を背景に富裕な商人が多かった松前地では「衣服は清廉を好み、各礼服を具ざる者なし」（市川十郎『蝦夷実地検考録』安政年間＝1854～1860年ごろ）と、幕末には一般に至るまで冠婚葬祭や行事には礼服を着用していた様子が記されている。年中行事関係の記録によると、「正月元日には主だったものは上下着用、小前のものでも紋付着物、羽織、袴姿で年始廻り」（『箱館風俗書』1855年ごろ）、また商家の帳祝には「右招待を受けたる人はいずれも正服（黒の紋付袴着用）にて宴席に連なり」（『箱館風俗書　附函館月次風俗書補拾』）とあるように、黒の紋付着物、羽織、袴が広く用いられていた。

明治以降の新開都市や開拓地も同様で、礼服として紋付着物、羽織、袴姿が普及し、経済的に厳しいなかでもそろえるものが多かった。だが、大正時代中期以降になると道民生活のなかで洋服化が急激に進み、礼服も紋付着物から燕尾服に変わり、高度経済成長期以降は婚礼の衣装として着られる程度である。　　　　　　　　〈矢島　睿〉

かみしも［上下］　近世に武士が礼服として*紋付着物の上に着用した上（肩衣）と下（*袴）。肩衣と袴を同じ生地で仕立てたため上・下お揃いの意味で「上下」と呼ばれるようになったといわれる。肩衣は鎌倉時代に使われた手無が起源で、動作に便利なため室町時代には武士の日常的な服装となり、江戸時代の武家の服制によって狩衣・大紋など大礼服に対する中礼服として肩衣・長袴（半袴は略式）が定められた。本来、上下は麻布でつくることから一般に麻上下と呼ばれ、色は花色、褐、海松茶などが多く、小紋形に染めて家紋をつけるのが正式である。上下は武士の服装であり紋付着物の上に着用したが、近世中期以降になると裕福な商人や町人が年中行事や冠婚葬祭のときに礼服として着用するようになっている。

松前地でも近世中期以降になると上下は、町の年中行事などに広く着用されていたようで、盆の墓参には「町人、百姓といえどもみな麻上下を着し、拝礼厳重なり」（『東遊記』1783年）と記述されている。また、この時代の町人社会における礼服としての上下の着用と紋付着物、*羽織、袴姿の区分は「主だったものは上下着用、小前のものは紋付着物、羽織、袴姿で年始廻り」（『箱館風俗書』1855年ごろ）ということからみると、上下姿の方が格は上であったといえる。明治時代になり士農工商の身分制度が廃止されると、一般に紋付着物と羽織、袴が礼服として広く普及し、上下姿はせいぜい神社の祭礼の世話役が着用する程度となった。　　　　　　　　〈矢島〉

図1　上下（『松前歳時記草稿附図』〈部分〉函館市中央図書館蔵）

うちかけ［打掛］

近世の女性用礼服。*小袖に帯を締めて上からかけるように着用したので、この名がついたといわれている。かいどり、かけなどとも呼ばれ、武家の女性の礼服としてばかりでなく遊女の盛装などに使われていた。小袖と同種の衣類であり種々の布地で同じようにつくられたが、近世後期の記録『守貞漫稿』（1853年）によると、「うちかけの製は衣類より長けおほむね五寸も長くす。幅もこれに准じ広くするのみ。形および染色・繡等、衣類と異なることなし」と、小袖より少し大きくつくったと記述されている。礼服であり裾模様を刺繡で縫い出したり、箔置きしたりした豪華なものもつくられたが、略式として縮緬の染模様の打掛が普及し、服紗の打掛と言われていた。明治以降は礼服として使われることもなく、婚礼の花嫁衣装として用いられ、今日に受け継がれている。〈矢島〉

きもの［着物］

身に着ける衣装または服の総称。現在では洋服に対して、*小袖普及以降の和服の総称として使われている。今日に伝わる着物の源流は、平安時代に公家や武家が着用した大袖と言われる装束の下に着用した下着の小袖である。鎌倉時代になると表着として小袖に*袴を着用することが広まり、さらに袴や裳を着けず小袖を細帯で腰をしめる着流し形式の着物が生まれ、近世以降の小袖になったといわれている。小袖の普及はその後の和服の発達に大きく影響し、袖や身頃の変化を伴いながら*振袖、*留袖、*紋付着物などの礼服や晴れ着と帯類の発達、季節による綿入れ、袷、単衣、帷子の種類、さらに丹前、どてら、浴衣、仕事着などの分化を進め和服の形式を完成させた。〈矢島〉

こそで［小袖］

近世以降に広く普及した着物。着物の項でも述べたように、もともと小袖は、礼服である袿の大袖の下に着用する小さな袖の衣服であったが、中世末期の安土桃山時代になると小袖が上着となっている。近世に入ると武士・町人を問わず普及し、幕府のたびたびの禁令にもかかわらず大商人ら裕福な町人の間で華やかな粋な着物として発達した。商業・交易が盛んであった松前地でも小袖は晴着として着用したが、淡斎如水『松前方言考』（1848年ごろ）には「コソデ　松前にては総じて紗、綾、倫子、羽二重、紬の類をもみなおしなべて小袖といひならはせしことにて、まこと衣類の制さしていふにあらず」とある。この記述からみれば、松前では江戸などと同様、小袖は絹の着物（呉服）の総称で、晴着であり、木綿の布子と言われた着物と区別して呼ばれていたといえる。〈矢島〉

ふりそで［振袖］

未婚女性が着用する和服の第一の盛装。*小袖は近世に主として女性の晴着として発達し、今日のような着物の形式に達したが、特に袖の変化は顕著で、万治年間（1658～61年）ごろには1尺5寸（約57㎝＝鯨尺換算）の袖を六尺袖と呼び、袖の袂が長いことから、「振袖」という着物の名称が生まれたといわれている。その後、袖は次第に長くなり、享保年間（1716～36年）ごろになると2尺5寸（約95㎝＝鯨尺換算）にまで長くなり、地を引きずるものまで現れた。振袖は江戸の町娘の間で流行し変化したため、成人前の娘の衣装となり、未婚の女性の晴着となっている。現在も未婚女性の晴着として正月や婚礼に用いられているが、大振袖（袖丈2尺8寸ぐらい）、中振袖（袖丈2尺4寸ぐらい）、小振袖（袖丈2尺ぐらい）の3種に分けられ、大振袖は芸能の衣装など、中振袖は成人式・卒業式など娘時代の最高の盛装として、小振袖は中振袖と訪問着の中間に位置する正式な晴着となっている。〈矢島〉

写真1　振袖

とめそで［留袖］

黒無地裾模様に染め抜き五つ紋をつけた既婚女性の礼服。近世に*振袖を晴着としていた娘が18歳で成人すると、振袖の長い袖を断ち切って、脇あけを縫いつめて留袖としたことから名付けられた着物であるといわれている。現在では既婚女性の和服の礼装といえば江戸褄模様の留袖であるが、着物としての留袖の形式と、模様としての江戸褄模様は異なった経緯を持っている。江戸褄というのは近世の女性用の紋付着物の模様の置き方であり、総模様、裾模様に対する

言葉である。明和・安永のころ（18世紀後半）になると、それまでの総模様がすたれ、また倹約令で総模様が禁じられた時代もあり、次第に裾を中心とした模様の置き方が流行するようになり、襟から前身あるいは後身の部分にかけて斜めに模様を置いた形式を江戸褄模様と呼ぶようになった。留袖形式の着物に江戸褄模様を置いた着物が広く使われた近世の記録はなく、今日の留袖のような着物が既婚者の礼装となったのは明治以降の衣服風俗と考えられる。

〈矢島〉

写真2　留袖

ゆかた［浴衣］　夏用のくつろぎ着。古い習俗では男女ともに衣服を着て入浴し、これを「湯帷子」と称した。近世初期になると着物を脱ぎ、男性は下帯、女性は*湯文字姿で入浴することが広まり、湯帷子は湯上がりの衣服として使われるようになり、名称も浴衣と呼ばれるようになった。浴衣は古くは麻でつくられたが、近世になると白地晒木綿や真岡木綿でつくられるようになり、白地に紺、紺地に白の注染中形などの浴衣が普及し、次第に一般庶民の夏の衣服となった。

〈矢島〉

はおり［羽織］

着物の上に羽織る衣服。道中着に用いられていた道服が起源といわれ、将軍足利義量の時代（1424年ごろ）、道服に鳥の羽を織り交ぜたものが流行し、「羽織」という名称になったとの説や、帯を締めず着物の上から羽織るように着るためこの名称になったという説などがある。羽織の形式的な特色は、襟が折り返しになっていることと、胸の前を別に誂えた羽織紐で結ぶことである。なお、似たような形態の衣類に*半天があるが、半天には襠がなく、胸の紐を結ばず、襟を折り返さないで着用するという違いがある。したがって用途も、羽織は正装あるいは晴れの衣服であり、半天は普段着あるいは仕事着として使われることが多かった。

羽織は丈の長い長羽織と丈の短い羽織があり、また時代によって種々の羽織が流行したが、近世後期ごろの羽織については『守貞漫稿』（1853年）に「江戸も文化の初めは長きを着す。文政以降今に至りて、短きを好とす、けだし中人にておおむね長さ二尺五寸あるいは二尺一寸。身幅五寸背八寸、まち下にて幅二寸あるいは一寸八分、襟幅二寸あるいは一寸八分、袖長け衣服より長くす。肩行衣服と同じきなり。乳付（紐を付くるの用なり）上より八寸下る」とあり、今日に受け継がれている羽織と大きく変わらないものとなっている。

また、羽織の布地や使用の別については「今世、羽織に用ふる所の物および染色小紋縞等、三都大同小異あり、大名以下専ら黒縮緬家紋付、武家は平士等は小紋縞等をもこれを用ひ、市民も巨戸の主等は黒縮緬紋付、中以下は小紋竜紋を用ふこと三都相同じ。（略）江戸も上下には鮫小紋を用ふれども、羽折には細密の他形を用ふ。（略）略服の羽織は三都ともに縞を専用とす」（『守貞漫稿』）とある。もともと羽織は正式な服装でないため、それまで上級武士はあまり着用せず、せいぜい目見以下の下級武士が着る程度であったが、これによると近世後期ごろには上級武士や大商人は黒縮緬の紋付羽織、下級武士や町民は小紋、縞などの紋付羽織を正式な衣服として着用することがかなり普及していたことがうかがえる。なお、幕府は近世後期の天保年間（1830～44年）に女子が羽織を着用することを禁じていたため、深川芸者らを除くと羽織の使用が少なく、このため今日でも女性の羽織は礼装には入っていない。このほか用途・形態・材質などによって*蝙蝠羽織、*打裂羽織、*火事羽織（革羽織）、陣羽織（袖無羽織）な

写真3　羽織

どがある。

　近世の松前地でも武士階級は江戸と同様であり、幕末近くになると松前の商人や漁業者らも＊紋付着物、羽織、＊袴姿が礼装となったようで、正月年始の御礼や冠婚葬祭に着用していたことが多くの記録に残されている。例えば『箱館風俗書』(1855年)には「正月元日には主だったものは上下着用、小前のものは紋付着物、羽織、袴姿で年始廻り」とあり、庶民に至るまで紋付着物、羽織が正装として普及していたことがうかがえる。明治維新以降、礼服として直垂や＊上下が廃止されると、和服としては紋付着物、羽織、袴が一般的な礼装となり、その後長く受け継がれてきた。　　　　　　　　　　　　　　　〈矢島〉

かわほりばおり［蝙蝠羽織］　動物の蝙蝠の形に似ていることから名付けられた羽織。近世初期に流行した袖丈の長い羽織で、袖の長さが身丈より長いのが特徴であった。昭和初期に流行した長袖の羽織は蝙蝠羽織の流れを汲むものであった。
　　　　　　　　　　　　　　　〈矢島〉

ぶっさきばおり［打裂羽織］　背中の縫い目の下方が大きく割れている羽織。主として近世に武士が使用した羽織で、刀を差したときや乗馬のときに便利であるため、外出や旅の際に着用した。略装なので木綿の縞や黒、浅葱の無地などが多かった。　　　　　　　　　　　　　〈矢島〉

かじばおり（かわばおり）［火事羽織（革羽織）］

　火事装束として着用した羽織。羅紗地の羽織もあったが、鹿革など革製が多かった。近世の江戸は大火が多く大名火消しが活躍したが、足軽を含め士分以上の者は茶色や黒の革羽織を使用した例が多い。また、町火消しなどでも革羽織を着用する者が増え、一般の町人にも普及し、火事場ばかりでなく防寒着としても利用した。革は燻革などが使われたが、羽織の背中に定紋を大きく染め抜いたほか、襟や裾回りに屋号・記号などを白で染め抜いたものが多かった。このほか下級の町人が着用した＊革半天もあった。

　寒冷地であった近世の松前地では一部の武士や商人の防寒着として利用され、幕末には北方警備のため奥地に派遣された東北諸藩の武士たちが使用した例がある。さらに明治初期に北海道開拓のため移住した旧藩の武士たちが来道する際に防寒用として持参した例も多い。
　　　　　　　　　　　　　　　〈矢島〉

はかま［袴］

　和服における上衣と下衣の二部構成形式の衣服の下衣。日本の服装史をみると、袴は古代から存在し古墳時代の衣袴に始まり平安時代の奴袴、指貫、さらに鎌倉時代以降、武家社会となってからの水干、直垂、素襖、肩衣の袴などがある。だが、今日に受け継がれる袴の起源は、近世に入ってから武士の社会を中心に成立し普及したものである。近世の袴の形式は武家の着用した＊上下の下であったと考えられている。上下は武士の正装であり、長上下（肩衣と長袴）・半上下（肩衣と半袴）とも上下一対が同じ共切でつくられたが、享保年間（1716〜36年）ごろになると継ぎ上下と称し、肩衣と半袴を別布でつくることが増え、袴が独立した衣服として使われるようになったと考えられている。

　本来、上下は小紋地の共切でつくられたが、継ぎ上下が一般化すると、袴には縞が多く使われるようになり、また、肩衣をつけない場合も縞の袴を着用することが多く、袴地として仙台平などが多く使われるようになった。これ以降、肩衣をつけずに着用するときの半袴を、普通の袴という意味で平袴と称し、＊紋付着物、＊羽織、袴が広まり、次第に町人の間にも普及した。このほか、近世に普及した袴には用途によって＊馬乗袴、＊野袴、＊軽衫、＊裁付袴などがあり、明治以降に受け継がれた。　　　　　　　　　　　〈矢島〉

うまのりばかま［馬乗袴］　武士の乗馬用として襠を高く仕立てた袴で、江戸時代に8代将軍吉宗が乗馬などに着用した襠が高い袴を、御番衆がまねてつくるようになって広まり、一般に馬乗袴と言われるようになった。だが、乗馬だけに使われたわけではなく、近世中期以降日常的な衣服の袴として普及し、今日では男子の和服礼装の男袴として使われている襠高袴に受け継がれてい

写真4　火事羽織

る。近世松前地の商業関係資料にみられる「平物仕立袴、小倉仕立袴」(『箱館布屋幸右衛門諸品値段書』1868年)などの記述は、馬乗袴であったと考えられる。　　　　　　　　　　　　　　〈矢島〉

図2　馬乗袴

のばかま[野袴]　主として近世に武士が旅に用いた袴。仕立ては*馬乗袴とほとんど変わらないが、裾に幅の広い黒ビロードの縁がついている。武士が旅をするとき、身分などによって▼駕籠に乗る場合と、歩行の場合があった。歩行では*股引、*脚半、*草鞋姿であるが、駕籠に乗る場合は野袴を穿くのをしきたりとした。また、大名火消など武士の火消装束の袴にも使われた。野袴は上級武士が使用することが多かったこともあり、錦や緞子など贅沢な布地も使われたが、縞木綿も多かった。特に藩の御用商人らは、武士と区別するため縞の野袴を穿いたといわれている。フンゴミと呼ばれる踏込袴も同じ形式の袴である。
〈矢島〉

あんどんばかま[行灯袴]　襠もなくスカートのように両足を分けずに穿く形式の袴。枠に紙を貼った*行灯の寸胴のような形からの連想で、俗に行灯袴と呼ばれた。男子の礼服の袴に用いられることもあるが、洋服が普及する以前の明治大正時代の小学校に通う年齢の男の子は、晴れの日も日常も絣の着物に行灯袴姿であった。また、女子用は明治時代から女学生が制服として矢絣の着物にえび茶の行灯袴を穿いた学校が多く、今日の卒業式の晴着に受け継がれている。　　〈矢島〉

写真5　行灯袴

かるさん[軽衫]　裾を細く*脚半のようにした*袴で、「calção」(ポルトガル語)に由来するといわれている。伊賀袴とも言われ、近世中期ごろに大工、料理人、髪結い、大店の下男などの仕事着として広く使われていた。*股引の普及ですたれたが、山仕事などの袴として明治以降に受け継がれた。　　　　　　　　　　　　　　〈矢島〉

たっつけばかま[裁付袴]　*軽衫に似た袴で、裾の*脚半にあたる部分にコハゼがついたものが多い。活動を重視した袴で、下級武士の調練などに使われたが、一般には農民の山仕事や野良仕事で使用され、開拓期の北海道でも移住者が開墾作業のときに着用した例もある。　　〈矢島〉

そでなし[袖無]

　一般に袖のない衣服を手無あるいは袖無と呼んでいる。袖無が一般の衣類として普及するのは近世中期以降であると考えられるが、当時の記録類をみると、単に「袖無」と記述したものは少なく、袖無羽織、袖無胴着、袖無半天など、袖があった元の衣服の名称がついている。これは、袖無が仕事の活動性などの理由から元の衣服の袖を除いた衣類で、種々の袖無があったことを物語っている。例えば袖無羽織については『守貞漫稿』(1853年)に「今世の袖なし羽折、麻布、単木綿、また袷綿入の二品には木綿あり。絹縮緬等も用ふ」とあり、近世後期の江戸では麻や単木綿の夏用袖無と袷や綿入れの冬用の袖無羽織が庶民の間に普及していたことが記述されている。また、袷や綿入れの袖無胴着もあり、袖無羽織が着物の上に着用したのに対し、袖無胴着は保温用として着物の下に着用する衣類という違いがあった。

　近世の松前地でも後期ごろになると袖無が広く使われていたようで、古い記録にもその名がみえているが、『松前方言考』(1848年ごろ)には「ソデナシハンテン　はんてんは胴服の袖のなきものにして多くは婦女子の着するものなり、又男子も着する事あり」と、袖無半天の記述がある。胴服の袖のないものと説明されているところからみると、防寒のための衣服であり、その後、明治以降の北海道で防寒着として広く使用された綿入れの袖無半天の原形であったと考えられる。　〈矢島〉

どうぎ[胴着]　冬季の防寒用として着物と*襦

袢の間に着用した衣類。また着物と*羽織の間に着る袖無胴着がある。多くは綿入れであるが、普段着には木綿地に木綿綿が使われ、晴着や盛装には絹地に真綿の胴着が使われた。北海道では伐木など冬の屋外作業の防寒着として犬、狸などの毛皮の胴着が使われ、また、冬季に乳幼児に着せた*亀の子半天なども胴着の種類に入るが、明治以降は同じものでも和服の装いでは胴着、洋装では*チョッキと呼んでいた。　　　　　　　　　〈矢島〉

写真6　胴着

はんてん［半天］

　着物の上に羽織って着る衣類。*羽織に似ているが、半天には羽織のような襠がなく、また胸の紐を結ばず、襟を折らずに着用するところに特徴がある。近世の風俗書『守貞漫稿』（1853年）に「半天　古よりあることを聞かず。近世、民間の極めて略服なれども、小民専らこれを用ひて寒風の禦ぎとし」という記述や「半天は三都男女ともに小民賤者の略服なり。京坂天保前よりこれをも用ふれども、天保中、女子羽折禁止後いよいよこれを用ふ」とある。これによると半天は近世後期ごろから男女を問わず町人の間に広まった防寒着で、特に女子の羽織の着用が厳しく禁止された天保年間（1830～44年）以降に広く普及した衣類と考えられる。当時の記録によると長半天、*革半天、*綿入半天、*印半天、*亀の子半天、*刺子半天、*ねんねこ半天などがあり、布は縞木綿、紬、縮緬などが使われ、襟は黒繻子が多かった。なお、同系統の衣服として武家の中間や火消しなどが用いた*法被がある。

　近世の松前地でも半天が使われていたことが記録類に残されているが、寒い土地柄から綿入半天が普及し、「黒繻子の襟をかけたる半チャといふを穿るものあり」（『箱館紀行』1856年）とあるように「はんちゃ」といった名称で使われ、明治以降に受け継がれた。また、明治以降の開拓に始まる農村でも半天は冬の仕事着兼防寒着として広く使用されたが、やはり綿入れが多く、ハンチャと呼んだ地方が多い。　　　　　　　　〈矢島〉

さしこばんてん［刺子半天］　木綿布を数枚重ねてカナ糸で刺した刺子布でつくられた半天。北海道では農漁村とも使用したが、ともに丈は腰程度の短い半天で、ハンチャと呼ばれていた。生地は紺色や花色の木綿地が多く使用され、昭和初期ごろまで家庭の主婦が夜業仕事としてつくった。仕事着と防寒着を兼ねた衣類であるが、刺子半天は仕事着の性格の強いものであった。袖は平袖、もじり袖が多く、舟底袖のものもみられる。このほか近世の火消しや明治以降の消防団が使用した火消半天の多くも刺子半天であった。　　〈矢島〉

わたいればんてん［綿入半天］　表地と裏地の間に綿を入れてつくられた半天。防寒着として近世から昭和20年代ごろまで都市・農漁村を問わず広く使われていた。これも主に家庭の主婦がつくり、古くから絣や紺無地の木綿が使われることが多いが、都市部では紬や銘仙でつくることもあり、また、女性や子供用として花柄のモスリンなども使われた。　　　　　　　　　　〈矢島〉

写真7　綿入半天

かわばんてん［革半天］　黒革、革色染などの革を用いた半天。近世の風俗書『守貞漫稿』（1853年）に「また江戸市民、寒風の日および火場には革半天を用ふ。黒革あるひはふすべ革、あるいは革色染等なり。背一所に記号・定紋等を描く」とある。近世の松前地では、*火事羽織（革羽織）の項でも述べたように一部で防寒着として使用され、さらに明治初期に北海道開拓のため移住した人たちが故郷から持参した例もある。　〈矢島〉

図3　革半天

ねんねこばんてん［ねんねこ半天］　綿入れ広袖の防寒用半天。近世末期ごろから江戸などの庶民の間で広まった家庭用防寒着であり、*羽織のような広袖の*綿入半天で、主婦が子供を背負ってその上から着用したことから「ねんねこ半天」と名付けられたといわれている。　　　　　〈矢島〉

かめのこばんてん［亀の子半天］　子供用の防寒着。近世後期ごろから使われるようになった袖のない*綿入半天で、腕を通す部分がチャンチャンコと比べると狭く、座布団のように綿を多く入れた形が亀に似ていることから亀の子半天と名付けられたといわれている。近世の記録には「四、五歳以下幼児専らこれを用ふもの、緋縮緬の絞り染あるいは形染等」と記述されている。〈矢島〉

しるしばんてん［印半天］（→82頁　仕事着［印半天］）

はっぴ［法被］　主に武家の中間（侍と小者の中間に位置する召使い）が着用した半天形式の衣服。紺や縹色の木綿地を使い背中に主家の家紋や模様が白地で染め抜かれたものが多く、商店の*印半天に似ているので「看板」とも呼ばれていた。半天は胸の前を紐で結ばないが、法被は共地の紐がついており結んで着用した。なお、同じ形式の法被は火消しや講などの構成員の共通の衣服として使用された。　　　　　　〈矢島〉

ようそうれいふく［洋装礼服］

　日本人の本格的な洋服の着用は明治初期から始まる。欧米文化の導入による日本の近代化を進める明治政府は1870（明治3）年に陸海軍の軍服を制定したのをはじめ翌71年には兵部省の官員服、巡邏のポリス服、郵便夫服を制定し、さらに1872年には太政官布告をもって有位者の洋装大礼服と通常礼服を制定する。また、1884年には勅任官や奏任官の大礼服と通常礼服を定めた。ただし洋装が高価なものであったこともあり、一般官吏である属官は黒羽二重五つ紋の*羽織*袴に仙台平の袴が礼服であった。

　礼服や制服の洋服化は東京や大阪など都市生活者の服装にも大きな影響を及ぼし、民間においても次第に礼服として*フロックコート、*モーニングコート、*燕尾服などを着用する人々が増える。さらに全国的に洋服が普及する大正時代以降になると、農漁村でも礼服としてモーニングの着用が増え、昭和に入ると代表的な礼服となるが、そのきっかけは各地で開催された大正天皇御即位の祝賀行事に参列する多くの人々が着用したためといわれている。

　なお、女性の洋装礼服に関しては1886（明治19）年に皇族、大臣ほか高官夫人に対しても「西洋服装随意に相用うべし」と布告が出され、大・中・小礼服および通常礼服が示され鹿鳴館の舞踏会などで着用されたが、着用はごく一部の階層に限られ、すぐには女性の洋装の普及にはつながらなかった。　　　　　　　　　　〈矢島〉

フロックコート［フロックコート〈frock coat〉］
　男子用洋装の通常礼服。幕末の『西洋衣食住』（1867年）や明治初期の洋服に関する記述にフロックコートが紹介され、和名で「長羽織」と書き長マンテルとルビがつけられている。明治初期には長マンテルは通常礼服となったが、黒羅紗地で丈が膝くらいまであるダブルの上衣と同じ色のチョッキ、ズボンは縞で、白と黒の縞のネクタイを結び黒の革靴を履くのが正式であった。明治政府の洋服着用の布告で上級官吏の執務服や通常礼服として着用され、北海道でも開拓使の役人が着用していたが、1877（明治10）年12月12日達、「官吏通常礼服着用ノ場合黒若クハ紺色ノ上服英語ブロックコートヲ以換用ノ義本年第六十五号公達相成候ニ付テハ当使判任以下黒若クハ紺色ノ上服所持無之向ハ羽織袴ヲ以テ代用苦カラス」（『開拓使事業報告附録　布令類聚』1885年）という記述からみると、まだフロックコートを所持しない者も多く、黒紋付、*羽織*袴で代用する場合が多かった。　　　　　　　　　　　　〈矢島〉

モーニングコート［モーニングコート〈morning coat〉］　洋装の男子用通常礼服。19世紀の中ごろヨーロッパにおいて、当時の礼装であった*フロックコートを朝などの訪問に着用するのは大げさすぎるので、裾の部分を切って簡素化したため、モーニングコートと呼ばれるようになったといわれている。明治初期には政府の上級官吏や実業家ら一部の人々が着用し、半マンテルなどと呼ばれたが、1890（明治23）年代ごろになると、地方を問わず都市部の紳士の間にも普及したようで、例えば『札幌繁昌記』（1891年）には紳士の姿として「本羅紗小絡のモーニングに縦縞当世流風の細袴も重々しく、剝製仏蘭土皮の護謨靴に」とあり、札幌のような新開地では着用する者も多

かったと考えられる。また、当時のモーニングの形式について『日用百科全書 第六編 衣服と流行』(1895年)には、図入りで「モーニング、コート・黒の綾羅紗、ズボンは茶又は鼠の堅縞、襟開は矢張広きかた流行」と記述されている。だが、モーニングが礼服として全国的に広く普及するのは大正時代以降で『事物起源事典・衣食住編』(東京堂出版、1970年)によると、大正天皇御即位のときに、府県ごとに有資格者を賜饗場にお召しになった。そのとき、お召しを受けた者たちが一斉に新調し、着用して以来だといわれている。その後、黒*紋付、*羽織*袴姿に替わって日本人の代表的な礼服となり今日に受け継がれている。

〈矢島〉

えんびふく [燕尾服]　洋装の男子用礼服。上衣の背の裾の部分が燕の尾のように割れているためイギリスで"swallow-tail coat"と名付けられた礼服で、夕刻からの宴会や儀礼的な訪問の際に着用したためイブニング・コートともいわれていた。幕末から明治初期にかけて日本に導入されたとき直訳して燕尾服となった。礼服であり明治政府が1872(明治5)年に太政官布告で大礼服と通常礼服を定めたとき、無官の者の通常礼服とされたのが燕尾服である。その後1890年の帝国議会開催で国会議員は大礼服制によって燕尾服を着用することとなった。太平洋戦争の敗戦により大礼服が廃止されたのちは国民の最高の礼服となった。

〈矢島〉

じょせいようれいふく [女性用礼服]　皇族や政府高官夫人らが儀式などで着用した礼服。明治初期に男性の礼服が制定されたのに伴い1886(明治19)年に皇族、貴族、大臣ほか高官夫人に対しても女子の洋装礼服の着用が布告される。これには礼服の形式と着用の場面が決められており、新年式には大礼服マント・ド・クール(manteau de cour)、夜会晩餐などには中礼服ローブ・デコルテ(robe décolletée)と小礼服ローブ・ミデコルテ(robe mi-décolletée)、さらに宮中における昼の御陪食などのときに着用する通常礼服ローブ・モンタント(robe montante)であった。これらの礼服は当時のフランスなどヨーロッパの社交界の礼服を導入したものであるが、限られた女性の限られた場所での着用であり、また日本人の体形に適さなかったことからも、その後の日本女性の洋服の普及にはつながらなかった。

〈矢島〉

しんしふく [紳士服]

　明治維新以降の日本の近代化において洋服は新しい時代の服装として奨励され、1870(明治3)年に陸海軍の軍服を制定したのをはじめ政府関係機関の制服、官吏の制服を制定するとともに一般にも洋服を奨励している。初期には国内における洋服の価格や製造に関する問題もあり、官僚ら一部の階級の着用に限られるが、1890(明治23)年代以降になると都市部の男性を中心に*背広など洋服が普及する。また農漁村においても*シャツや*ズボンと和服の*着物類を組み合わせた和洋折衷の服装が増えている。農漁村を含めた国民一般の洋服の普及に関しては、工業の発達、全般的な生活の変革もあるが、「徴兵令」(1873年)によって召集された兵たちが軍隊生活で洋服を体験してきたことが大きく影響したと考えられる。大正時代に入るとさらに洋服化は進むが、家庭生活を中心とした女性の洋服化は都市部でもなかなか進まず、女性や幼児の服装が洋服化されるのは1920年代、昭和に入ってからである。

　欧米文化の導入により、開拓が始まった近代の北海道は、さらにこの傾向が強く洋服の普及も早かった。政府の洋服の奨励に基づき開拓使は1871(明治4)年、東京出張所に裁縫所を設け、1875年に札幌に移し札幌学校裁縫所とする。このとき札幌に赴任したのが裁縫御用掛島田兼吉で、生徒の制服や官吏の制服、背広などをつくるとともに修業生に洋裁を教授している。島田は1878年ごろ独立して札幌の南二条通に洋服店を開き弟子を育てるなど、北海道の洋服の普及に大きな役割を果たした。その後1890年ごろになると、官吏、実業家、会社員、教師らを中心に洋服を着用する人々も増え、『札幌繁昌記』(1891年)には、洋服仕立てを生業とするものは本籍8人、寄留24人となっている。北海道で洋服が一般に広く定着するのは大正中期ごろからである。1918(大正7)年は、開拓使が置かれ蝦夷地を北海道と改称してから50年目にあたる。開拓の時代は終わり、札幌の街には電車が走り、札幌、小樽を会場に開道50年を記念する「北海道博覧会」が開催されるなど、新しい時代の到来であった。古老の懐古談などによると、近郊の農村などでは、少年や若者で、初めて洋服をつくってもらい博覧会を見に行った人が多

かった。　　　　　　　　　　　　　　〈矢島〉

せびろ[背広]　洋装の男子用平服。幕末の『西洋衣食住 衣之部』(1867年) には西洋の服装の説明が図入りで詳しく記述されているが、このなかに「ビジ子スコート　丸羽織」とあるのが背広である。説明には「丸羽織は一体職人などの衣服なれども、高貴の人にても自宅に居るときか、又は外へ出るときにも着ることあり」と、業務用服あるいは上流の人も着る日常の普段着としている。当時のアメリカでは鉄道関係者らが着用しbusiness-coatと呼んでいたといわれる。この形式の洋服を初めて「背広」と記述したのは『絵入知恵の環』(1870年) であるといわれているが、洋服関係の種々の出版物を見ると、1890 (明治23) 年ごろには都市部を中心にかなりの普及をみせ、背広の名称が定着していたと考えられる。例えば『日用百科全書 第六編 衣服と流行』(1895年) には「背広　淡鼠或は淡茶の格子縞三揃、新形は二行釦(ぼたん)、上衣の前角形、夏向は薄地羅紗或は [セル] 紺の [子ルトン] 地大に冬向に流行す」とあり、もうこの時代には生地、色、柄、形などに流行があったことを物語っている。

　札幌など北海道の都市部では洋服の普及も早く、1897 (明治30) 年ごろになると官吏や実業家らのなかに背広を着用する人々も増え、同年に発行された『札幌沿革史』に「洋服類に当今流行するものは背広にて地は無地紺の綾羅紗、鼠地柄の極小なる縞あるも、総て目立たざるもの流行せり、品物は夏は薄せる、冬は厚せるを重とす」とあり、背広が住民の服装として定着していく様子がうかがえる。だが、羅紗など舶来の布地を使い、数少ない裁縫師が仕立てる洋服は、仕立代だけにしても「裁縫賃は背広一揃四円内外」と価格が高く、一般に広く普及するのは、大正時代中期以降であった。　　　　　　　　　　　〈矢島〉

ズボン[ズボン〈jupon〉]　主として男子洋装の下半身につける衣服。幕末に欧米から武器などとともに軍服が導入され、洋式調練に洋服のズボンをまねた「だんぶくろ」と呼ばれる陣股引(ももひき)が使われたのがズボン普及の初めといえる。また、『西洋衣食住』(1867年) には「ヅローセルス」「ブリーチス」とズボンが紹介されている。ズボンという名称については、フランス語で下着を意味する「jupon」の転訛という説もあるが、今日では、幕臣の大久保誠知が「これをはくときズボンと足が入るからズボンだ」と言ったことから名付けられたという説が有力である。その後、軍服や礼服の採用、洋服の奨励によって官吏ら日常的にズボンを使用する者も増え、1890年代になると都市部を中心に一般にも普及している。ズボンは保温性が高く活動的であるため、北海道では1900年代になると、都市生活者ばかりでなく農漁民のなかでも*仕事着や防寒着として着用する者が多く、ズボン、シャツに*刺子半天(さしこばんてん)といった和洋折衷の姿を定着させた。特に仕事着や普段着として乗馬ズボン、ニッカズボン、コールテンのズボンに人気があった。　　　　　　　　　　　〈矢島〉

きせいふく[既製服]　個人の注文服に対する大量生産の出来合い服。庶民の洋服普及の過程で、1877 (明治10) 年に起こった西南戦争や1894～95 (明治27～28) 年の日清戦争は大きな意味を持っている。兵士の軍服の需要は洋服産業を大きく発展させるとともに庶民の洋服着用の慣習を促し、さらに戦後における軍服の売却や大量払い下げによって古着屋が安価な洋服を販売したことが一般への洋服の普及につながった。このようなことから、洋服の普及に伴い、東京神田柳原町の岩村吉兵衛、塚原元兵衛らが安価な新品の既成服を大量につくり販売するようになる。1880年代の不景気のころ、塚原と島村友三郎が北海道に渡り函館に店を開いて正柳組を組織し各地に販路を拡大した。『北海道毎日新聞』(1891年8月12日付) の広告に「東京正柳組洋服店出張、洋服類大安売広告、夏冬マンテル、全モーニング、全セビロ、新柄セール単物(ひとえ)、全フランネル、全ラシャ、新形トンビ(だるま)、其他各種」とある。マンテルとは達磨と呼ばれた脇をつめた洋服であり、当時高価であった*背広(せびろ)や礼服の*モーニングコートも含まれている。このような正柳組の出張販売は北海道各地で行われ、その後、ほかの業者も加わって庶民にも手の出せる安価な洋服を提供するなど、北海道の洋服普及に大きな役割を果たした。　　　〈矢島〉

チョッキ[チョッキ〈jaque〉]　洋服の上着の内側に着る袖(そで)のない*胴着。チョッキは日本語の名称で英語ではウエイスト・コート (waist coat)、ヴェスト (vest)、フランス語でヴェスト (veste) である。幕末から明治初期にかけて洋装の衣服の一つとして導入され、『西洋衣食住』(1867年) には「チョッキ、ウストコート」、『絵入知恵の環』(1870年) に「ちょっき」と説明され

ている。ちょっきの名称の由来については英語のジャケット（jacket）、フランス語のジャック（jaque）が訛ったものといわれるが、これらの記述からみると、日本に導入された初期からチョッキという名称で呼ばれていたようである。上着、チョッキ、ズボンを一組にしたのが三つ揃で、紳士服の基準であったが、1920年代以降、洋服の全国的な普及により工場労働者らの間に*シャツ、チョッキ、*ズボンの組み合わせの労働服が広まった。 〈矢島〉

セーター［セーター〈sweater〉］ 毛糸編みの防寒用上着。本来は欧米でスポーツのトレーニングのとき、汗をかき風邪をひかないように汗取りとして着用した上着であるため「スエーター」と呼ばれたが、日本では訛って「セーター」と呼ばれるようになった。日本における編物の歴史は、明治初期の文明開化に伴い洋服などとともに導入されたが、『時事新報』（1886年）に「近来毛糸編物の流行しきりにして舶来品の染直し又白地の毛糸を染分けるが為毛染屋云々」という記述からみると、外国から羊毛の輸入も多く、毛糸が工場生産され、都市生活者の間で手編毛糸の普及があったと考えられる。その後1900年代以降になると手編みの編物が全国的に広まり、*靴下、*手袋、肩掛け、*帽子、腹巻などがつくられるようになる。

北海道では開拓使による緬羊の導入も早いが、毛糸の編物が広く防寒着に利用されるのはさほど早くはない。それでも明治後期の1900年代になると商店の広告類に綿、糸などとともに毛糸の宣伝（『後志国要覧』1909年）や、毛糸細工の商人の存在（『最近の札幌』1909年）がみられるようになり、家庭でも編物がつくられていた様子がうかがえる。だが北海道に毛糸の編物が広く普及するのは1921（大正10）年に国が札幌・月寒と滝川に種羊場を設け、オーストラリアなどから種緬羊を輸入し、改良増殖のうえ飼育奨励事業を進めたあとである。この時代の北海道は開拓期を脱し、衣食住全般にわたる生活文化が大きく変わる時代でもあった。道民の服装は防寒衣を含めて洋服化が進み、スキー、スケートをはじめウインタースポーツが盛んになるなど、冬季の屋外での活動の時間が飛躍的に伸びている。このような中都市・農漁村を問わず毛糸の編物が盛んとなり、セーター、毛糸帽子、毛糸の手袋、靴下が家庭でつくられるようになった。（→Ⅱ巻 衣料品製造用具［ホームスパン製織用具］） 〈矢島〉

写真8　セーター

ふじんふく［婦人服］

日本における明治以降の洋服の普及の過程をみると、男性用が早く、1890年代（明治23〜32年）になると都市生活者を中心に普及し、大正時代になると農漁村を含め全国的に定着しているが、女性の洋装はかなり遅れている。例えば男性の洋装が大きく伸びる1890年代の記録を見ると、「男子の着服は洋風四分和服六分位の割合なり、女子の洋服は貴族の一部を除の外余り見受けず」（『風俗画報』1889年）、あるいは「婦人の洋服は殆ど不流行」（『日用百科全書　第六編　衣服と流行』1895年）と、洋服は上流階級の一部の女性だけに着用されていた。その後も女性の洋服は看護師の制服など職業婦人の一部を除くと進まず、特に家庭夫人は普段着、外出着とも和服の生活であった。女性の洋装が普及するようになるのは1920年代（大正9〜昭和4年）、大正後期から昭和初期にかけてである。全国的な洋服普及の先駆けとなったのはモガ（モダンガール）と呼ばれた都市部の若い女性の流行的な洋装と下町の主婦らが夏に着用した木綿の*あっぱっぱと言われる簡易服である。特にワンピースのあっぱっぱは全国的に広まり、一般女性の普段着が洋装化する先駆けとなった。

明治以降、欧米文化導入による開拓が始まった北海道は洋服の普及が早いといわれ、明治中期ごろには都市生活者を中心に男性の洋装が普及したほか、女性や子供の洋装も日本各地に比べると早かったといわれている。例えば『自然と人文趣味の北海道』（1926年）には「先づこゝで見られるのは婦人の洋装の多いことだ、殊に小学生女学生の洋服は、其量に於て内地の都会地に見られないほど多い」と大正時代後期には女性、子供にかなり洋装が普及していた様子が記述されている。1930

年代になるとさらに洋装は進むが、太平洋戦争が始まった1941年には戦時体制下の服装として標準服甲型（洋服）、乙型（和服）が制定された。さらに戦後の復興が進む1950年代以降になると、アメリカなど外国の影響を受けた新しい流行を伴う婦人服が普及し、また化学繊維の出現により、種々の普段着の洋装や防寒衣が広く普及している。　　　　　　　　　　　　　　　　〈矢島〉

あっぱっぱ［―――］　1920年代（大正9～昭和4年）に流行した夏用簡易洋服で、女性の洋装普及の先駆けとなった。木綿製ワンピース形式の簡易洋服で、夏の暑さをしのぐためゆったりしたつくりとなっており、頭からかぶって胸のボタンをかければよいという実用的な衣類であった。「アッパッパ」という名称は裾が広くパァーッと開いているからという説がある。大阪や名古屋の製造業者が全国的に売りさばいたが、家庭内の労働に適しており値段も安価であったことから急激に普及した。生地としてギンガム、スフ、浴衣地などが使われたが、のちにはジャージや毛織物の生地も使われ、襟やベルトなどをつけた冬用の室内着までつくられるようになって、女性の洋装を大きく進めた。日常着としての洋服の普及をみると、男性は官吏や上流階級の礼服から始まり一般庶民に広まったのに対し、女性は下町のおかみさんなど庶民から広まり中産階級・上流階級に普及したという経緯を示している。　　　　　　　　〈矢島〉

スカート［スカート〈skirt〉］　婦人服の下体衣。ヨーロッパの婦人服は中世までワンピースであったが、16世紀の半ばごろから胴衣と下体衣を分離させるツーピースが始まり、イギリスでスカートが生まれたといわれている。19世紀後半、幕末から明治初期にかけて婦人服やスカートも導入されるが、初期には外国から帰国した女子留学生や政府高官の女性ら一部の着用に限られ普及は遅かった。女学生や都市部の女性にスカートが普及するきっかけは、1902（明治35）年に井上阿久利が考案した体操袴であり、さらに1908（明治41）年に東京の白木屋が発売した「大和スカート」であった。大正時代中期ごろになると北海道でも都市部を中心に若い女性の洋装化が進み、教員、記者、タイピスト、看護師ら職業婦人の制服が洋装となり、私服の普段着もブラウスにスカート姿が増えている。初期のスカートを古写真などからみるとフレアのロングスカートが多いようである。

〈矢島〉

シャツ［シャツ〈shirt〉］

日本人が初めて洋装のシャツを見たのは、16世紀の中頃にポルトガル人ら南蛮人が来てからであり、江戸時代にも長崎出島のオランダ人の服装からその存在は知られていたが、日本人の着用は1860年代の幕末・明治になってからである。このころのシャツについては『西洋衣食住』（1867年）には図入りで「ショルツ」と紹介されており、「ショルツノ方ハ晒金巾又アサニテ製シ平生用ユルモノナリ」「フランネルショルツハ旅中マタハ船中ナドニ用ユ」と記述されている。明治政府の洋服の奨励で1870年代になると官吏を中心に洋服の着用が進み、横浜などで日本製のシャツがつくられるようになるが、ショルツは通常礼服や背広の着用のときに用いられるホワイトシャツ（ワイシャツ）の原形であり、フランネルショルツはその後、普段着や仕事着として一般に普及したネルのシャツなどに受け継がれたと考えられる。〈矢島〉

ワイシャツ［ワイシャツ〈white shirt〉］　洋装の礼服や*背広を着用する際に用いた*シャツ。白地のシャツが正式であり、明治初期の舶来品も白地のショルツ（ホワイト・シャツ）であったため、ワイシャツという名称で呼ばれるようになったといわれている。官吏らの間で洋服の着用が進む1875（明治8）年ごろになると、日本でもワイシャツがつくられるようになるが、特に横浜の大和屋石川清左衛門が草分けであったと伝えられている。なお、当時のワイシャツは、襟のカラーと袖のカフスは取りはずしのできるつくりとなっていた。その後、洋服の定着とともに襟および袖つきのワイシャツが普及したが、*燕尾服など礼服を着用するときにカラー、カフスのワイシャツが最近まで使われていた。

〈矢島〉

ベルト［ベルト〈belt〉］

洋服を着用するには*ズボンや*スカートを腰に締めるベルトや*ズボン吊が必要である。ベルトはバンド［band］と同意語であり、皮革、布、織物、金属など種々の材質でつくられる。平たい帯状や紐状のものなどがあり、バックルと呼ばれる金具でとめる形式が多い。1870年代初期の洋服の

導入の時代に軍服や礼服とともにベルトももたらされたと考えられる。また、同時にズボン吊ももたらされているが、洋服普及の初め、特に礼服にはズボン吊が多く用いられ、洋服が一般に広く定着する大正・昭和になると、背広や普段着のズボンにはベルトの使用が習慣となったと考えられる。〈矢島〉

ズボンつり［ズボン吊〈suspenders〉］ ＊ズボンや＊スカートの吊り紐。『西洋衣食住』(1867年)には、図入りで「ズボンツリ」「ブレーシス」「ソスペンドル」と記述されている。この図によると、Y字形のゴム入りの紐である。使用については、Y字の底にあたる部分をズボンの後部に金具でとめ、上の2本の紐を両肩にかけて端につけた金具をズボンの前身の部分2カ所でとめる形式である。明治・大正と洋服の定着に伴い普及したが、次第に扱いやすいバンド（ベルト）の使用が習慣となった。〈矢島〉

Ⅰ. 生活用具

1. 衣　服

(3) 下着類

アイヌ資料

したぎ［下着］

じょせいようぜんしんしたぎ［女性用全身下着］　モウルと称す。素材は、獣皮、樹皮布、草皮布、木綿布、絹布、メリンスなどである。形態は、ほぼ本州の農作業用衣である袵なしの捩袖形であるが、前襟はみぞおちのあたりから前合わせの裾角までを縫い合わせた湯文字形やワンピース形をしている。胸元には左右の襟に紐を縫いつけ、あるいは、ループ式のかけボタンにしている。また、女性の体の動きや授乳の有無、あるいは体形によって裾回りや胴回りに違う形態が求められる。そういう場合には、両脇、背、前合わせなどに、長方形、二等辺三角形、長台形などの差鍬を適宜加え、裾広がりにつくる。素材の薄地のものは夏用に、獣皮などは厳寒期用としたり、ありあわせの素材を組み合わせて仕立てたりすることもあった。女性用の下着は、初潮の前後に、母親、祖母、伯母、叔母たちが仕立てて着用させ、人によってはイケマ（魔除け用の植物）の輪切りを襟首や胸元に十文字に縫いつけたり、無地や染色した糸で簡単な記号を入れたりして魔除けとした。少女にはきれいなガラス玉を縫いつけてそれに換えた。なお、暖かい季節や屋内、家の周囲では、これ1枚を常服、普段着とした。

〈藤村 久和〉

だんせいようじゅばん［男性用襦袢］　オッカイモウル、チパン、ラウンチミㇷ゚などと称す。素材は、獣皮、樹皮布、草皮布、木綿布などで、形態は、袵なしの捩袖形半襦袢である。人によっては、熱気・湿気抜きの身八つ口をつけ、あるいは捩袖がない形にし、それらに襟をつける。長さは、腰か腰下までで、襟には紐がない。男性の体の動きや体形に合わせ、両脇や背中に、長方形や二等辺三角形、長台形などの差鍬を適宜加え、裾広がりにつくる。素材の薄地のものは夏用に、獣皮などは厳寒期用にし、場合によってはありあわせの素材を組み合わせて仕立てる。男性用の下着は、思春期の前後に与えられ、人によっては、イケマ（魔除け用の植物）の輪切りを襟首や胸元に十文字に縫いつけたり、無地や染色した糸で簡単な記号を入れたりして魔除けとした。なお、真夏の労働にはあまり着用しなかった。

〈藤村〉

図2　男性用襦袢

とりかわせいしたぎ［鳥皮製下着］　チカプル、チカプウルなどと称す。中型以上の鳥類を捕獲すると、両翼の付け根にある骨を刃物で折って翼を取り、首や足も切り落とす。それから、背中の皮を首から尾にかけて切り、次に左右に開いて腹の側を剥く。剥いた皮は天日に晒し、乾きつつあるところに滲み出た脂は丹念に刃物で取り去る。最後に炉灰や腐れ木の乾いた粉末を散布して滲む脂を吸い込ませ、数日放置してから、炉灰などを除

図1　女性用全身下着

去し、風に当てて臭いを飛ばす。上半身の下着なので、形態は胸元が開いて袖のないベスト風や丸首シャツ風で、羽を内側にして縫い合わせ、首や襟、裾回りへは、獣皮、樹皮布、草皮布、木綿布などを細く切ったもので覆輪をつけ、シャツと同じように脱着する。小型の鳥皮なので重ねの部分が多く、そこを針と糸で適宜縫い合わせ、裏返しにして、浮いている部分は掬い縫いをしてとめていく。鳥皮は薄いのでなめすことがなく、柔軟さには欠けるが、着用しているうちに、次第に軟らかくなる。　　〈藤村〉

図3　鳥皮製下着

だんせいようシャツ［男性用シャツ〈shirt〉］
ヌチャイミ、トノイミ、ニシパイミ、シャッチなどと称す。明治以前は、外国船の到来で目にすることがあったが、サハリンが流刑地になるに及んで、物々交換で入手できるようになり、それを模して木綿布で仕立てて着用していた。明治期以降は本州で生産され、移入して市販するようになると大いに流布し、以来、成人男性の上半身の下着として立ち襟や、折襟に関係なく愛用された。
〈藤村〉

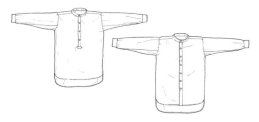
図4　男性用シャツ

こどもようしたぎ［子供用下着］　ヘカチラウンペ、ヘカチミプなどと称す。素材は獣皮、樹皮布、草皮布、木綿布など。形態はベスト、開襟シャツ、丸首シャツ、半袖シャツのほか、裄なし前開きの袖無、裄なしの捩袖つき半襦袢、半袖つき半襦袢の形に襟をつけたものなどで、長さはたいてい、腰か腰下までである。獣皮のものは主に冬季や厳寒期に用い、布類は形態を問わないが着用期間は夏季に集中する。また、素材の特性から、獣皮は活発な行動と体温調整に疎い幼児に、布類は体温調節を必要とする乳児や、発汗を伴う作業を行う児童にと使い分けて仕立てる。また、

体の動きや体形に合わせて、両脇や背中に、長方形、二等辺三角形、長台形などの差襞を適宜加えるほか、裾広がりにもつくる。場合によっては、ありあわせの素材を組み合わせて仕立てもする。常に成長し続ける子供のことを考え、下着は少し大きめにつくる傾向にある。あまりにも大きすぎた場合には、上げを取り、さらに、襟首にはイケマ（魔除け用の植物）の輪切り、胸元には無地や染色した糸で十文字や簡単な記号を差し入れて魔除けとした。
〈藤村〉

図5　子供用上半身下着

にゅうようじようしたぎ［乳幼児用下着］　ヘカチモウル、ラウンペなどと称す。主に冬季、厳寒用の下着で、つなぎ風と、猿股風仕立てのものとがある。素材は獣皮、樹皮布、草皮布、木綿布などである。共通するところは、大小便をする部位が横長の穴になっていて、便意・尿意を催したとき、すぐに用を足せるうえ、体を冷やさないという利点がある。つなぎ風のものは、幼児の成長過程、男女、作り手の考えなどによって、袖や脛膝の覆い部分の有無や取り付ける長さがすべて異なるほか、素材の組み合わせにも違いがある。襟は丸襟で、前は臍くらいまであけ、合わせ目は2〜3ヵ所がループ式である。獣皮を除き2枚合わせの中にイヌやシカの抜け毛、ガマの穂やフトイの裂き屑、樹皮の綿状の糸屑などを詰めて3〜5cmくらいの間隔で差し縫いをして仕上げる。襟や胸、脛や袖口に覆輪をつけ、それらの付近には、簡単な刺繍を施し、胸元や襟首には魔除けの植物や房飾り、ガラス玉などを取り付ける。乳幼児

図6　乳幼児用下着

は屋内では、これ1枚で過ごすことが多い。
〈藤村〉

したおび［下帯］

えっちゅうふんどし［越中褌］　テパ、チホッキ、チョッキなどと称す。成人男性の一般的な褌は、いわゆる越中褌で、幅30～33cm、長さ1m前後の布端に紐（胴一回り分と余裕で結びができる長さ）の中央部分を縫いつける。布を尻に当て、紐の両端を臍下で蝶結びにし、尻から垂れ下がる布端を股の下から掬い上げ、紐と肌の間を通して余分を前に垂らす。素材は、獣皮、樹皮布、草皮布、木綿布などである。近世にはほとんどが木綿布で、白地を好んだが、汚れ目を気にする人は縞柄や藍染つけのものも用いた。明治期以降、貨幣の通用に伴って、硬貨を褌の端に紐状にして包んだ。タバコなどの嗜好品の購入には、ここを解いて使用し、つり銭などは、また、同様にして包んだ。大便のときは、前の垂れを手にとり、紐と肌の間を通してはずし、腿の付け根に置く。用を足し終わったら、つけるときの要領で覆う。（→44頁　和人資料［越中褌］）
〈藤村〉

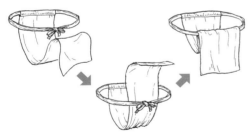

図7　越中褌

ろくしゃくふんどし［六尺褌］　テパ、チホッキ、チョッキなどと称す。成人男性が締める褌の一つに、六尺褌がある。幅30～33cm、長さ170～180cmの布端を下腹に当てて左手で抑え、右手で後ろ股から布をとって下腹の布端の上を通して尻の合わせ目に持っていく。次に右手で脇腹から前へ回し、尻から脇腹へ斜めになっている部位の下をくぐらせて引き上げる。締めた残りを折り返し、そこにできる輪へ、布端を下から挿入して引き上げる。後ろの締めが終わると、下腹に当てた布の幅を広げながら引き上げ、2～3cmほどを前に垂らす。布に余裕のある人は、前の垂れを長くするが、こういうときは、布端を口にくわえて、若干前かがみになり、両手を使って褌を締め、口にくわえていた布端を離すと、それが前の垂れとなる。素材は、獣皮、樹皮布、草皮布、木綿布などであるが、近世には、ほとんどが木綿布で、特に白地を好む。汚れを気にする人は、縞柄や藍染つけのものも用いた。前の垂れに小銭を包む要領は*越中褌と同じである。大便のときは、前の垂れを手にとって、紐と肌の間を通してはずし腿の付け根に置く。用を足し終わると、つけるときの要領で覆う。（→44頁　和人資料［六尺褌］）
〈藤村〉

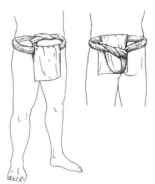

図8　六尺褌

きゅうしゃくふんどし［九尺褌］　タンネテパ、ポロチホッキ、ポロチョッキなどと称す。成人男性のうち、地位の高い人が締める褌。*六尺褌と同じ要領で締めるが、長さの余分を腹に巻く方法で、体形やその人の好みで、腹に巻く回数は異なる。したがって、素材は晒木綿1反を上限として使い、最低でも270cmは必要となる。〈藤村〉

しょうねんようふんどし［少年用褌］　モッコ、ヘカチテパ、ハチコテパなどと称す。思春期を迎える男性には、母親や祖母が褌をつくっておき、父親が伯父・叔父らと相談し、仕事の状態を見計らって思春期の祝いを行うが、それに合わせて褌を与える。締め方・使い方についておじたちがひそかに教える。素材は、獣皮、樹皮布、草皮布、木綿布などで、仕立ては、幅20～33cm、長さ80cm

図9　少年用褌

のものを用意し、両端を内側に1〜2cm織り込んで縁を針と糸で縫う。これを股間に当て、それへ別につくった120〜140cmくらいの紐を横Uの字に通し、右脇または左脇で紐を蝶結びにするが、紐の結び方は個人の好みに任せる。いわゆる和人の※畚褌と呼ばれるものである。大便のときには紐を解き、紐の結びとは逆の方へ褌と紐をたぐり寄せる。人によっては、紐通しは前だけにし、腰に当たる部位の布端に、調整して紐を縫い合わせることもあった。　　　　　　　　　　〈藤村〉

きょくしょおおい［局所覆］　チヌイナプ、ホセシケプなどと称す。成人の女性は、広く下着を身につけることはなく、正座や片膝立ての座り方が一般的であった。ところが、女性の座り方の一つに腰を下ろし両膝を立てることがあり、あるいは、肢体が不自由であったり、高齢で容易に膝を曲げられないなどの理由から、股間を晒すことがあった。そういう場合には、幅15〜20cm、長さ30cmくらいの布端に紐（胴一回り分と余裕で結びができる長さ）の中央部分を縫いつけ、その布を前に垂らし、紐は後ろや脇で結ぶようにして身につける。なお、素材は、獣皮、樹皮布、草皮布、木綿布のほかに、内皮を粗く裂いて編んだものもある。　　　　　　　　　　　　　　　〈藤村〉

図10　局所覆

にゅうようじょじようまえおおい［乳幼女児用前覆］　チャハチャンキ、チャハチャンカなどと称す。サハリン地方では一人歩きができるようになると、活発な動きに合わせて乳幼女児に前覆をあてがう。素材は、獣皮、樹皮布、草皮布、木綿布、ビロード、玉や※刺繍糸を使い、垂れの形態は、幅と長さがそれぞれ10〜15cmで、上から見た形は、半月、半楕円、正三角、隅丸などと様々であるが、どちらかといえば円形に属する。形が決まると、それに対照的な色合いの別布を置いて裏をつけ、表には刺繍で模様を構成するほか、小さなガラス玉を所々に縫いつける。胴を一回りする

ほどの長さの紐をつくり、その中ほどに垂れを縫いつけて前に当て、後ろで結ぶ。これは、最低でも2枚を拵え、小便で汚れたら取り替え、汚れたものは洗って陰干しにする。乳幼女児が続いて複数いる場合には、形を変える。

獣皮製のものは、なめした有毛皮の色違いの端切れを縦横、斜めと縫い合わせ、縁に細く切れ目を入れて房とし、所々を二つに折って半月や、くの字に切り込みを入れる。さらに丸や四角、菱形などの模様をつけることがある。濡れたものは風に当てて乾かす。乳幼女児の前覆の役割は、母親から離れても尿意を自覚して用を足すことができるための準備期間に着用させ、濡らすことで、不快感を味わわせるとともに、失態を反省し、尿意の感覚を定着させる。また乳幼女児を飾るものでもある。　　　　　　　　　　〈藤村〉

図11　乳幼女児用前覆

にゅうようだんじようまえおおい［乳幼男児用前覆］　チカウンベと称す。サハリン地方では乳幼男児が一人歩きするようになると、活発な動きに合わせて乳幼男児に前覆をあてがう。素材は、獣皮、樹皮布、草皮布、木綿布、ビロード、金属板や※刺繍糸を使い、垂れの形態は、幅・長さともに10〜15cmぐらいで、上から見た形は、方形、やや長方形、台形、隅落としと様々であるが、どちらかといえば方形に属する。仕様や役割は、乳幼女児のものと同じである。　〈藤村〉

図12　乳幼男児用前覆

せいりたい［生理帯］

マチテパ、メノコテパなどと称す。素材は、獣皮、樹皮布、草皮布、木綿布などで、形態は、現在医療現場で使用されているT字帯と変わりない。幅15〜6cm、長さ70〜90cmで、布製は布幅を

縦長に折って2枚とし、胴を一回りさせて結ぶ長さのある紐を用意して、その中央部分に針と糸で片方の布端を縫いつける。もう片方の布端も糸で縫い合わせる。人によっては、縦長に合わせた部分も糸で縫い合わせることもある。

締め方は、紐の真ん中を尻に当て、紐の両端を臍下で蝶結びにする。尻から垂れ下がる布端を股の下から掬い上げ、紐と肌の間を通して余分は前に垂らす。

かつては、獣皮で同様につくられたが、獣皮の使用部位は胸から下腹にかけてのごく薄い皮で、長さは、体形によって違いがあるので縫い足した。下血を受けるものには、ミズゴケ、オヒョウニレやシナノキ、ワラの糸屑、襤褸布、イヌの抜け毛などがあり、これらは水洗いをして乾燥させては再利用した。使い捨てのものは、縦20cm、長さが25cmくらいで、目の粗い縦縞の布を用意し、そこへ灰、火山灰、腐った木質を手で揉んで粉状にしたものなどを適当な厚さに敷く。左右の端を内側に折って当てた上から生理帯を締め、汚れたものはトイレや畑の隅の捨て場所に捨て、布だけは洗って利用した。 〈藤村〉

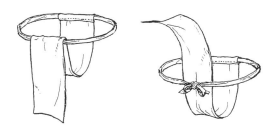

図13 生理帯

おうきゅうようせいりたい［応急用生理帯］
コルコニテパ、メノコテパ、メノコイワンケプなどと称す。家から遠くに離れ生理の準備ができない場合には、川辺から太いフキを3〜4本採ってきて、葉を落として根元から葉の付け根まで刃物を入れる。両手で左右に切り開き、さらに左手の4指の上にやや開いたフキの先を置いて親指で押さえ、右手でフキの先をつかんで左手の小指の方へフキの身を折るようにしごくと、一枚皮のようになる。次に一枚皮になったフキを左手に持ち、右手の親指と人差し指で割れ砕けたフキの身をつまんで取り除いていく。できるだけフキの外皮を傷めないようにし、残ったものは歯で取り除き、さらに刃物の刃を皮に対して直角に当て、皮に沿ってしごきながら不要なものを取り除く。フキの葉は焦げるくらいに火にあぶって軟らかくして3〜4cm幅に裂く。不十分であれば*火棚に置いたり、急ぎのときは*火箸に挟んだりして火にあぶり脱水を早める。頃合がよければ、裂いたフキの葉を手でつまんでひねり、出来上がったら左右に引いて伸ばす。それを膝下に入れて押さえ、残りの葉も同様にひねり、4〜7本くらいつくる。次にフキの帯紐を前で結び、股下からフキ皮を掬い取って左手で軽く持って弛ませ、膝下に押さえていた棒状のフキの葉を、そこに並べる。具合がよければそのまま当てて、フキの皮を上に上げ、フキ紐と肌の間を通して残りを前に垂らす。

残りのフキの葉は捩って別置し、濡れた葉は捨て、フキの帯紐やフキ皮が使えそうであれば、また活用した。傷んでしまったら、それらをまとめて人の行かない場所の立ち木や岩陰などに納め、ひとつまみの穀類やタバコなどを供物とし、感謝の言葉とともに再生と、応急時の救済をこい願う。 〈藤村〉

したひも［下紐］

ラウンクッ、ポンクッ、イシマ、ウプソルンクッなどと称す。女性の守り紐。素材は、オオバイラクサ、ムカゴイラクサ、ツルウメモドキ、アサ、オヒョウニレなどで糸を撚り、それを数本から十数本使って組紐を編む。組紐の断面は扁平、丸、四角、菱形などと多様だが、組紐の本数、必要な長さ、締め方などを含め、女系の母娘はつくりが同じで、父方の祖母やおばたち、母方父親の母や姉妹とは出来合いを異にする。これは、その女系ごとの祖先神を象徴するものであって、作り方、締め方とともに神話が女系で伝承されているので、近親婚を防ぐ役割もあった。作製は他人に見られると運が落ちるといって、他人の目の届かない*高床式倉庫内で行われることが多かった。数日をかけておよその長さの組紐ができたら、1本の長い紐を仮に胴へ巻きつけて、よければそれでとめる。輪と紐端は、組紐の端を通すので、すり切れたり、解けたりしないように紺や黒色の布片を縫いつけて覆う。さらに地方にあっては、紐端に1辺が4〜6cmくらいの正三角形や正方形などの布片を二つ一対にして縫いつけて房飾りとする。これらの覆いや房飾りは、かつては獣皮片で

つくられたが、のちに本州から移入された木綿布などに代わり、＊木綿糸、凧糸、綿糸なども単独で、あるいは組み合わせても使われた。

下紐は、初潮の前後に母がつくって娘に教え与え、母がいなければ、母の姉妹や母方の祖母がつくって与える。下紐は切れたり、落としたり、あるいは、そういう夢を見ると本人や家族、結婚後は夫や子供によくないことが起こるとして大切に保持した。切れる以前に新しいものを作製し、新月から満月に向かう途中に下紐を交換する。古いものは、刃物でいくつにも切って、わずかな穀物やタバコなどを添えて、人目につかないように、これと思う樹木の根元に置いて、感謝の言葉を述べるとともに、再生と、再活用した際の加護を願う。

終わると上へ草をかけたり、初めに樹下の土を軽くよけて浅い穴をつくり、そこへ納め、土を手で少し寄せたりすることもある。

生理、出産などの際には、人によっては体からはずして別置したり、このときこそ身を守るものとして、腹の上部に引き上げたりした。生理にあっては房を紐の間に挟み、生理痛のある場合には紐を全体に引き締めることで痛みを緩和させた。また、道に迷ったり、やむをえず野宿をしたりする際、身に不安を覚えると、体からはずして紐端を結んで大きな輪をつくってその中で寝た。ヒグマには紐を揺すって嫌いなヘビに見せかけ、板綴船（▼漁猟用板綴船）が破船しそうなときには、船に渡して結束して難を免れるとし、急な津波に襲われたときには、さっそく地上へ伸ばした紐端に棒を突き刺すと、津波はそれ以上に近づかず、地震では地割れもしないという威力のあるものとして伝承されてきた。

図14　下紐

〈藤村〉

ももひき［股引］

だんせいようももひき［男性用股引］
オモンペ、オポンペなどと称す。腰下から左右の足首までを覆う成人男性用の下着で、なかには膝あたりまでの短いものもある。素材は、本来、獣皮でつくりもっぱら厳寒期用であったが、漁場での労働が盛んになるにつれて、屋外での作業量が増えたことから、樹皮布、草皮布、あるいは移入された木綿布などでも仕立てるようになると、季節を問わず礼式用の下着とし、古物は普段でも履くようになった。

履くときは前幅の両端を両手に持ち、足を入れたら前の紐を後ろに回して結ぶ。尻の下に垂れ下がっている後ろ側の紐を手で掬い上げ、後ろの布を腰に当ててから紐を腹へ回して締める。大便をするときには後ろ側の紐を解き、紐端を両手に持って後ろ側を下げ下ろし、紐を太腿にのせる。

また、人によっては後ろ側を股上のところ、つまり尻下から布を縫い、尻の覆いがない作り方もある。

〈藤村〉

図15　男性用股引

じょせいようももひき［女性用股引］
メノコオモンペ、メノコオポンペなどと称す。腰下から左右の足首までを覆う成人女性用の下着で、なかには膝あたりまでの短いものもある。素材は、本来、獣皮でつくりもっぱら厳寒期用であった。漁場での労働が盛んになるにつれて、樹皮布、草皮布、あるいは移入された木綿布などでも仕立てるようになると、季節を問わず礼式用の下着とし、古物は普段でも履くようになった。腰周りの大きい人は腰骨のところに二等辺三角形や縦長の台形の差皺を入れて履きやすくした。また、前幅の両端へ小さな紐の輪をつけ、後ろ側の紐をそこに通して前で結んだ。用を足すときは、紐を解いて紐

図16　女性用股引

端を軽く結わえて下ろし、用を足し終わると腰まで上げ、軽く結んだ紐端を解き、あらためて締め直した。後世になってゴムが市販されるに及んで紐に代わると、厳寒期用の下着も農作業や外出用の*もんぺへと変わっていった。〈藤村〉

いぬぞりのぎょしゃようももおおい［犬橇の御者用腿覆］ ヌソオポンペと称す。素材は獣皮や魚皮を使うが、獣皮の方がはるかに丈夫である。毛皮は年老いたものほど、雌よりも雄の方の皮が厚く重量があり、あまり機敏な行動は取りにくいので、素材は幼獣に限られる。しかし、幼獣の皮はせいぜい30cm四方くらいの大きさなので、素材を貯えるのに期間がかかる。その点、魚皮は量的な問題がなく、なめした皮は薄いので使い方にも支障はないが、上物は幼獣製に限られる。

仕様はいくつかある。一つはズボン式で、両脇が5cmほど開いていて、前側と後ろ側には折込がある。そこに前幅よりも少し長い皮製の紐がついていて、その紐端には穴のあいた貨幣や金輪、鳥管骨を輪切りにしたものなどを取り付けて紐が容易に抜けないようになっている。身につけるときは前後に通した紐端を、左右それぞれに結んで締める。また、*男性用股引のような仕立てや、尻下から皮をあてがって縫い、尻の覆いのない作り方もある。

最も簡単なつくりは、大きなアザラシの首あたりの皮を横に切り、その左右に革紐をつけて前かけのようにする。腰から足首あたりまでの長さに切って、皮の下の中央からまっすぐに股間くらいまでを切り開く。左右の縁に小さな切り込みを入れ、そこへ幅2cm、長さ30cmくらいの革紐をつける。左右に垂れ下がった革紐を太腿と脛の真裏に回してそこでしばる。〈藤村〉

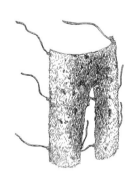
図17　犬橇の御者用腿覆

おとなようおむつ［大人用襁褓］

ヤル、ソマ、カプヤㇻ、カハソマなどと称す。怪我人や病人、障害者や高齢者が着用する成人用の襁褓（おしめ）は、無毛の獣皮を刃物で幅30cm、長さ60cmくらいに切って使用する。しかし、排尿量を考えて、吸水性のものをあてがうことになっている。後世になって木綿布が容易に入手できるようになると、皮のおしめはカバーの替わりとなり、古布でおしめをつくったり、*吸水物の代用に使ったりした。（→348頁　産育用具［襁褓］）〈藤村〉

図18　大人用襁褓（毛皮製）

きゅうすいぶつ［吸水物］ ペークルペ、ヤル、ソマプなどと称す。排尿を吸い取るものは、皮膚に柔らかく、保水性があり、処置がしやすく、再利用が可能な素材であることなどを考慮して、サルオガセ、ミズゴケ、シナノキやオヒョウニレの屑繊維を、おにぎりやソフトボール大にまとめたものであった。汚れたものは容器にとった水の中で2〜3度しぼり洗いをし、汚れ水は家の下手にある畑の一角に掘った穴に捨てた。汚れがひどいと容器に漬けておき、においや汚れが取れるときつくしぼり、太陽が直接見えない木陰に広げて干し上げる。雨や雪が降るときには、屋内の戸口近くに*茣蓙を広げて干す。干し上がったものは、手で丸めて▼編籠などに入れ、内壁の高みに刺した棒や木鉤にかけておく。また、人によっては、カツラ、ハルニレ、オヒョウニレ、サクラなどの腐れの部分を採取し、手で揉んで木の粉末をつくる。樹皮布の端切れで紐つきの袋をいくつもつくり、中に木の粉末、裁断した干し昆布、砕いた木炭、軽石などを混ぜ合わせて8分目ほどに詰め紐をしめてあてがう。使用後は、袋ごと器にとった水でしぼり洗いをし、きつくしぼったあと、小さい古茣蓙にあけて広げ、袋は木の枝にかける。ふやけた昆布だけは取り出して畑に捨て、残りは風に当てて干し上げ、粉や昆布は不足分を加え再び袋に詰め直して利用する。〈藤村〉

図19　吸水物

和人資料

じゅばん［襦袢］

　和服の下着。襦袢はポルトガル語のgibaoが語源といわれているが、実際には純然たる和服の下着であり、ポルトガルの衣類の系譜を受け継ぐものではない。近世に入りそれまで肌着として使われていた*小袖が表着（長着）となったため、新たに上半身用の単衣の衣類が肌着として使用されるようになり普及したのが襦袢であったと考えられている。その後、近世中後期ごろになると女物は着物類の発達に伴い、上半身にだけ着用する*半襦袢、上半身の半襦袢に下半身の*湯文字、裾よけ（けだし）と組み合わせた二部式の襦袢、さらに長着形式の*長襦袢が普及している。また、男物として半襦袢・長襦袢があったが、表に長着の着流しのときは長襦袢、袴をつける場合は半襦袢を使用した。

　近世には衣類に関する禁令が多く、特に表着に制約があったため、江戸などの庶民は襦袢などの下着にこることが粋という風潮が生まれ、緋縮緬など上質な生地が使われていた。この傾向は明治に入っても変わらず、『日用百科全書 第六編 衣服と流行』（1895年）には長襦袢について、「衣服の内、これを最も派手なるものとす、緋縮緬、友染等、や、ふけたる婦人にてもなほ密かにこの花やかなるを着けて思出とするなり」と記述されている。なお、今日襦袢は着物の下に着る下着で、直接肌の上に着る白晒木綿などの肌襦袢とあわせて着用する場合が多い。　　　　　　〈矢島　睿〉

はんじゅばん［半襦袢］

　和服用の短い下着。身丈が腰ぐらいの裾のないつくりで、袖は着物と同じ袖丈の広袖である。身頃と袖が違う生地の場合が多く、女性は藤色、ピンク、水色など友染・縮緬などの襦袢地、男性は縮緬・羽二重などの無双袖（裏表同布）が多い。また襟には半襟をかけて着用する。男性は*袴を着用する場合に用いた。
　　　　　　　　　　　　　　　　〈矢島〉

ながじゅばん［長襦袢］

　和服用の長い下着。身丈が足首ぐらいまである長い襦袢で、*半襦袢と同じように裾がない仕立てで、半襟をつけて着用した。身頃と袖が違う生地でつくられることもあるが、女性は白羽二重・緋縮緬・友染などが使われ、男性は全身に模様の描かれた絵羽染が多く用いられた。　　　　　　　　　　　　〈矢島〉

ふんどし［褌］

　男性が腰部の下着として用いた帯状の衣類。褌、犢鼻褌などと表記され古代から使われてきたが、形態の異なる褌が使われるようになるのは近世になってからである。近世に使用された褌には*六尺褌、*越中褌、*畚褌があったが、最も広く使用されたのは長さ6尺の六尺褌であった。褌は近世には下帯、下紐とも言われ、民俗学的にみても重要な衣類である。例えば男の子が9歳になると「褌祝い」があり、赤い羽二重を6尺の布に切って、祝儀の品とともに親戚・知己に配り、子供の成長を祝う行事があった。この日から正式に褌を締める一人前の男としての祝いであったと考えられる。

　近世の松前地でも当然ながら褌が使われており、古記録に「越中」や「もこ褌」などの記述が見られ、また江差の商家の家訓のなかの奉公人の衣服類の記述に「褌帯ハ年ニ両度」とあり、年に2度、おそらく正月と盆のころに新しい褌を支給していたと思われる。　　　　　　　　　　〈矢島〉

ろくしゃくふんどし［六尺褌］

　晒木綿などの布を6尺（約2m27㎝＝鯨尺換算）に切った褌。布の端の一方を持って腰に巻きつけ、もう一方は後ろから股下を通して前に回し、腰に巻きつけた輪の下をくぐらせて後ろに回してしばり、前の方の余り布を三角に折って挟むという着装法である。六尺褌が一般に普及したのは慶長年間（1596～1615年）以降といわれている。近世の風俗を記述した『守貞漫稿』（1853年）に「今世、ふんどし、貴人は白羽二重、士民は白晒木綿を本とす。長け六尺、呉服尺なり。士民白木綿を本とすれども、中以上は白加賀絹を用ひ、また美を好む者は大幅あるひは小幅織の縮緬、または白龍紋等をも用ふ」とある。これによると町民ら一般庶民の多くは白晒木綿が多く、上級武士や富豪の者は白羽二重を使用、中流程度の者や洒落者らは絹物や縮緬を使用していた。　　　　　　〈矢島〉

えっちゅうふんどし［越中褌］

　長さ3尺の白木綿の一方の端に細い紐がついており、これを腰の

後ろから前に結び、もう一方の端を後ろから股の下を通し前に回して余った布を前に垂らす形式の褌。越中褌の由来については、布が※六尺褌の半分ですみ経済的なことから、寛政の改革の松平定信（越中守）と結びつけた話が古くから伝えられている。だが、『守貞漫稿』（1853年）には、「また一種越中褌と云ふあり。松平越中守執政の時、倹約を専らとしてこれを製すと云ふは非なり。大坂新町の妓、越中と云ふ者、片袖を裁て鄙客に贈りて餞とす。客これを褌に製して家に帰る。これ褌の始めとす」と記述されており、大坂の遊女が遠くから来た客に着物の袖を餞別として贈り、客がその袖を褌にしたのが起源としている。

近世の松前地でも越中褌は使われていたようで、古い記述にも残されているが、『松前方言考』（1848年ごろ）では、越中褌を同形式の※畚褌と同じものと混同して記述している。この褌は六尺褌と比較しても経済的で使いやすいため明治以降に受け継がれ、都市・農漁村を問わず広く普及し、昭和20年代ごろまで男性の下着として使われた。〈矢島〉

もっこふんどし[畚褌]　3尺の白木綿布の両端に紐を通す部分を縫い、ここに1本の紐を通し、両端を上に持ち上げるようにして片足を布と紐の間に入れて装着し、紐の両端を腰の横でしばる形式の褌。この褌は※越中褌の改良型であり、その形が土木工事などで土砂を運ぶ「畚」に似ていることから名付けられたといわれている。

近世後期の『松前方言考』（1848年ごろ）には、「常の褌の半はの丈なるものを紐を端に通ふして用るをモコフンドシといふ、この品を他国にて越中ふんどしとよぶよし」と記述している。この記述では、越中褌とモコフンドシを同じものとしている。同じ形式の褌であり松前地では区分けをしなかったとも考えられるが、当時の江戸などでは「もっこふんどしと云ふ。形簣に似たる故なり」（『守貞漫稿』1853年）といわれ、越中褌とは別のものであった。〈矢島〉

ゆもじ[湯文字]　湯巻とも言われ主として近世に普及した女性用の下帯。近世中期ごろまでは男女ともに入浴のときは下帯をつけていたため、湯巻、湯具、湯文字と呼ばれるようになったといわれている。木綿などの布を幅2枚縫い合わせてつくったことから二幅ともいわれ、赤い色の布が多かったため「あかね」とも呼ばれていた。『守貞漫稿』（1853年）などによると、宝永年間（1704～11年）ごろから入浴のときに下帯をつけなくなり、それ以降は女性の下着となった。近世の松前地では、『松前方言考』（1848年ごろ）に「ユマキ　婦人の二布をさして湯巻といふ」とあり、松前地でも広く使われ湯巻と呼ばれていたようである。

〈矢島〉

こしまき[腰巻]

女性が下半身につける肌着。近世末期に※湯文字の上にもう一枚柄物の湯文字をつけることが流行し、江戸では腰巻、上方では裾よけと呼んでいた。明治以降は女性の和服の肌着として木綿、メリヤス、縮緬、毛糸など種々の生地でつくられたものが使用されたが、赤い布に白い紐がついた腰巻が普及し、俗信に火事場で腰巻を振ると風向きが変わり延焼をまぬがれるといった言い伝えもあった。〈矢島〉

みやここしまき[都腰巻]　純毛のメリヤス地を用い筒状につくられた腰巻。1910（明治43）年1月3日発刊の「北海タイムス」にのせられた札幌五番舘の広告に、都腰巻について次のような説明がある。

○都（こしまき）は舶来上等の毛糸にて此絵の様に丸く筒形に製したもので下腰巻用として衛生、防寒に適し、殊に冷性の婦人や子宮血の道には（ナクテナラヌ）品物です。

○此品は毛糸製ですから（ノビチヂミ）自在で能く体につき歩行にも差支ありません。

最上等　一円二十五銭　　上等　八十五銭

寒冷な気候の北海道では女性の防寒下着として普及し、中高年の女性を中心に昭和20年代（1945～54年）まで使用された。〈矢島〉

ももひき[股引]

主として男性が両足を通して下半身に装着した衣類。近世から町人や農民ら庶民を中心に広く使用されたが、古くは「ももはばき」と呼ばれていたようで、『貞丈雑記』（1843年）に「もゝはゞきと云ふは今の股引のことなり」とある。「はばき」とは※脚半のことであり、脛までかくれる長い下ば

きという意味であったと考えられる。また、同じ形式の衣類にパッチがある。語源は朝鮮語の「ぱっち(袴)」であるとか英語の「pants」(ズボン)であるといった説もあるが、衣類の形式は股引と大きくは変わらないものであった。だが、『守貞漫稿』(1853年)によると、近世後期の江戸と京・大坂では、股引とパッチに材質や用途による違いがあったようで、「京阪にては縮緬、絹、毛綿ともに股脚全きの長きをのみぱっちと云ひ、旅行に用ふる短き物を股引と云ふ。江戸にては縮緬および絹の物をぱっちと云ひ、木綿は長短を択ばず股引と云ふ」とある。関西では脛までかくれる長い形式が材質にかかわらず「ぱっち」であり、旅行などで使う短い形式が股引である。これに対し江戸では材質によって名称が変わり、絹・縮緬など上質なものが「ぱっち」と呼ばれ、木綿でつくられたものを股引と呼んでいた。

写真1 股引

　近世の松前地では仕事着や防寒着として股引が広く使われていた。例えば箱館(函館)付近の農漁民の姿について『箱館紀行』(1856年)には「男女はみな紺の腿曳脚佩に同じ色の足袋を穿き」と記述されているように、紺色木綿の腿曳(股引)が普及し、江戸と同様に「ももひき」と呼ばれていた。また、股引は明治以降の農漁村でも使われたが、特に開拓時代の男性の仕事着および防寒着として欠かすことのできない衣類であり、「筒っぽ袖に尻を端しをり毛繻子の股引艶やかなるを自慢に」(『札幌繁昌記』1891年)、「綿ネルの股引広く売れ」(『札幌沿革史』1897年)などの記述が多く見られる。寒冷な気候の北海道では毛のフランネルや綿ネルの股引が明治中期ごろから普及していたことがうかがえる。洋服、ズボンの普及によって、大正時代を過ぎると次第に衰退するが、冬季の下着として用いられ近年まで受け継がれている。　〈矢島〉

ようそうしたぎ［洋装下着］

　和服の下着といえば男性は*褌に*襦袢、女性は*腰巻や裾まわし(けだし)に襦袢が基本であったが、明治初期の1860年代以降、軍服・制服の採用や洋服の普及によって、次第に洋装下着が使われるようになる。欧米で使用されていた当時の下着を含め、洋服類を本格的に日本に紹介したのは『西洋衣食住』(1867年)で、洋装の下着として「オンドルショツ」(肌襦袢)、「ヅローワルス」(下股引)、「ヅローセルス」、「ブリーチス」(股引)が図入りで紹介されている。このほか『開化往来』(1873年)など当時の啓蒙書にも記述があり、オンドルショツはメリヤスやフランネルの長袖肌着シャツ、ヅローワルスは軍隊の制服では袴下とも呼ばれた*ズボン下であったと考えられる。明治中期以降、洋服の普及とともに洋装下着の使用が広がり、下着のパンツや新しく考案された猿又も普及するが、農漁村など郡部では、洋服が普及したのちも、下着として褌が広く使われていた。一方、洋服の普及が遅かった女性の洋装下着は1910年代、大正中期以降になってようやく*シュミーズ、ブリーフ、ドロワーズ(*ヅロース)などが洋服とともに普及した。　〈矢島〉

はだぎシャツ［肌着シャツ〈shirt〉］　肌着用の*シャツ。日本に導入された初期の洋装肌着は『西洋衣食住』(1867年)や『開化往来』(1873年)にオンドルショツ(肌襦袢)と紹介されている。その図によると、丸首、三つボタン留めの長袖のシャツで「大抵莫大小(メリヤス)ニテ製シタルモノ多シ又ハ[フラ子ル]モノモアリ冬分ハ先ツ[フラ子ル]ノ方ヲ用ルコトナリ」と記述されている。これらによると初期にはメリヤス製のシャツが多く、冬季には保温性の高いフランネルのシャツが防寒着として用いられたようである。肌着シャツやその上に着用したフランネルの上衣シャツが一般へ普及する経緯を見ると、従来の和服の*襦袢に比べると活動的で保温性が高く、比較的値段が安いことから洋服より定着が早く、1870年代には都市を中心に書生など若者の服装としてシャツ、*着物、*袴という和洋折衷の組み合わせの風俗がみられた。寒い地方である北海道にはこの傾向が強くシャツ類の普及が早かったが、特に安価な国産の綿ネルが生産されるようになると、広く普及し北国の衣類として欠かせないものとなった。　〈矢島〉

ズボンした［ズボン〈jupon〉下］　男性が下半身に着用した下着。西洋*股引あるいは袴下とも

呼ばれていた。日本に導入された経緯や普及の過程は*肌着シャツとほぼ同じであり、『西洋衣食住』(1867年)や『開化往来』(1873年)にも、下着としてオンドルショルツ（肌襦袢）とともにズロワルス（下股引）が図入りで紹介されている。これによると前をボタン留めする長ズボンの形式で足首の部分がゴム編みとなっている。メリヤスやフランネルでつくられたが、主として冬季の防寒下着として普及したと考えられる。その後、女性用は別に発達普及し、男性用は、洋服の普及に伴い一般に定着するが、もう一方で、日本で古くから仕事着などとして使われてきた木綿の股引が、若干の改良を加え*ズボンの下に着用する下着として用いられるようになり、これもズボン下と呼ばれるようになった。軍服など制服の下着として着用された白木綿の袴下も同様の衣類である。　　　　　　　　　　　　　　　　〈矢島〉

シュミーズ［シュミーズ〈chemise〉］　女性・女児用の肌着。語源はフランス語で、和服の下着の肌襦袢、*半襦袢に相当する丈の短い白キャラコなど木綿布の下着。女性の洋装が進む大正・昭和初期から普及した下着であるが、今日ではシュミーズの名称は使われなくなり、同形式のものはスリーマーと呼ばれている。これに対し丈が長く和服の*長襦袢に相当する洋装の下着がスリップ（slip）である。洋服のすぐ下に着用する下着であり、着装の際の布の滑り具合や着用する服の形を整える目的から、洋服に合わせクレープ、デシン、キュプラ（ベンベルグ）など種々の布でつくられた。シュミーズ、およびスリップは、女性の洋服が普及する1930年代、昭和初期からの第2次世界大戦後の1950年代ごろまでの代表的な下着であった。一般にこの二つの下着の名称については、俗に*スカートの裾からシュミーズが出ていることの表現として「シミチョロ」という言葉が使われていたが、丈の短いシュミーズがスカートから出るわけもなく、スリップと混同して使われていたためであろう。　　　　　　　　　〈矢島〉

ズロース［ズロース〈drawers〉］　女性用の下穿。語源は英語で、今日では単にパンティと呼ばれている。女性の洋服の普及に伴い昭和初期ごろから着用する者が増えるが、1932（昭和7）年に東京の白木屋で火事があり、女子店員や女性客の多くが*腰巻など従来の下着であったため、高い場所からロープで避難するのをためらい、多数の焼死者を出したことが、ズロース普及のきっかけになったといわれている。『婦人家庭百科事典』(1937年)に「男子の（さるまた）に相当するもの。いろいろの形があるが、普通上部にゴムテープを通し、裾にはレースを飾ったものが多い」と、当時の形態が説明されている。生地はメリヤス、キャラコ、ネルなどが使われていた。なお、これに続けて「運動用または防寒用としてこの上にブルマースを着ける」と記述されている。　　〈矢島〉

ブルマース［ブルマース〈bloomers〉］　女性の下着の一種。女学生など若い女性の運動用下穿としても使用された。*ズロースの裾を縮めた形式のもので、アメリカの婦人服改良家ブルーマー夫人が広めたといわれている。一般への普及はズロースとほぼ同時と考えられる。下着用のブルマーはメリヤス、キャラコ、ネルなどでつくられたが、運動用のブルマーズは『婦人家庭百科事典』(1937年)に「黒毛繻子または紺サージ等を用ひる」と記述されており、サージでつくられた紺の運動ブルマーは1920年代から1950年代ごろまで女児や女学生に広く用いられた。　　　　〈矢島〉

I．生活用具

1．衣　服

(4) 帯・前掛類

アイヌ資料

おび［帯］

　クッと称す。素材は、獣皮、魚皮、樹皮布、草皮布、木綿布などで、形態は、幅5〜12cm、長さは体形と締め方によって異なるが、100〜380cmもあり、老女や幼児、病人、あるいは略式として、両脇までの帯の左右に細紐を取り付けて結ぶこともある。また、帯端には房飾りのあるものとないものとがあって、ないものは、端糸のほつれや切り口を別布で覆い、房飾りは、帯端から布紐、紐束、切り抜きの革紐などをつける。このほか、舌状、瓢箪状、半円状、角状などに伸ばした部位に刺繍を施し、周縁にガラスの小玉を連ねて並べ、あるいは、鈴や金輪、小形の金属板をつけることもある。獣皮や魚皮は、なめしたあとに幅を切りそろえて縫い合わせ、上下左右辺に覆輪をかけると完成する。樹皮布、草皮布、木綿布類も同じ作り方であるが、専用の織機があるので樹皮布と同様に織り上げるほか、縦糸を横糸2本で組んだり樹皮を編んだりして使用する。帯の結び方、締め方は、地方、性別、年齢、使用する場により異なる。〈藤村　久和〉

おとこおび［男帯］　オッカヨクッ、オホカヨクッ、ウッククッなどと称す。男性用の帯は、女性に比べて丈夫な素材を使い、ていねいなつくりで、刺繍も、小さいがよくまとまった模様が採用されている。帯の正式な締め方は、中央部分を下腹部に当て、左右を腰に回して交差させ、残りを前へ回し、下腹部のところで蝶結びにし、帯端を下へ垂らす。年少の幼児や翁のなかには、短めの帯の中央を腰に当て、両端を下腹にもってきて、そこで蝶結びにする略式もある。また、遠隔地への旅行、狩漁など外での作業や冬季間の外出には、前がはだけないように、房飾りのない帯の右端を左脇腹近くに当てて、時計回りで胴に回して帯の右端に重ね、さらに2周させる。残った帯は左腰のあたりで、重なった帯の下から斜め上に引き上げる。飛び出した部分を内側に折り、さらに横へ引いて帯の下へ隠す。凶事には、蝶結びを片蝶結びにしたり、帯の回しを時計とは逆に巻いたりして示すこともある。

　帯には通常、食事と物切り兼用の*小刀を下げるほかに、労働によってはタシロと呼ばれる*山刀、作業用の小刀や草刈鎌（▼除草鎌）、嗜好の*煙草入などを吊り下げたり、差し込んだりして移動するのに便利な役割も果たしていた。遠隔地への旅行には、*発火具、修理用の*針入、絡まった際の紐解き、▼砥石入れなども帯に通して腰から下げた。〈藤村〉

図1　男帯

おんなおび［女帯］　メノコクッと称す。女性用の帯は、男性用に比べて普通の素材を使い、刺繍も多く、ガラス玉、鈴、小形の金属板などを組み合わせて華やかである。女性用の正式な締め方は男性と変わらないが、地方によっては、正規な男性の帯の締め方に対して、女性は遠慮すべきであるといって、締め方は同じでも蝶結びを左脇にずらし、蝶結びは畏れ多いとして凶事用の片蝶結びにする人もある。年少の幼児や老女のなかには、少し短い帯の中央を腰に当て、両端を下腹に

持ってきて、そこで蝶結びにする略式もある。また、遠隔地への旅行、冬季の水汲み、*薪運びなどの屋外作業や近村への外出には、前がはだけないように帯の左右に細紐を縫いつけたものを下腹に当て、左右の紐を腰で交差させ、前で蝶結びにする。帯には通常、食事と調理、物切りなど兼用の*小刀を下げていた。また、明治以降に和服を着用する際に用いた日本帯をメノコクッ、パラクトゥと称した。
〈藤村〉

かわおび［革帯］ ルシクフ、クッ、カニクッ、ウエオッカニなどと称す。本来は、5〜8cm幅の獣皮製の帯や、細く切った革紐を組んでつくった帯類の総称で、革帯の中ほどを腰に当て、両端を下腹部へ持ってきて前で蝶結びにする。あるいは、一回りより少し長い革帯の片方へ、3〜5cmの長さに切った木や骨、あるいは輪切りにした骨を結び、もう片方には20cmくらいの革紐をつける。それらを前で合わせ、木や骨を結んでいる根元へ革紐を引っ掛けてグルグルと巻く。余りは革紐へ押し込んだりした。大陸から銅製のバックルを物々交換で入手するようになり、さらに明治以降になって、こうした金具が本州から移入されたり、市販されたりするようになると、それを活用した。千島列島（クリール諸島）では、バックルの移入が遅かったためか、金輪、骨輪と革紐を下腹でくくる帯が盛行した。また、銅の針金を曲げてつくったフックや布、*刺繍糸を入手するようになると、一気に華やかな刺繍入りの帯がつくられるようになった。
〈藤村〉

図2　革帯

ちしまのかわおび［千島の革帯］ クックルケシと称す。千島列島（クリール諸島）の女性が普段着用にしたものは、まず、クジラの肋骨から直径8〜12cm、厚さ0.5〜0.8mmの円盤状のものを切り出し、それに組紐やアラベスク模様を彫り込み、中央部分に0.5〜0.8mmの穴をあけたバックルをつくる。次に胴を一回りして余る革紐を用意し、革紐の片方の端を結んだり、玉をつくったりしてバックルの穴を抜けないようにする。それからバックルを下腹に当てる。革紐は胴を1周して前にくると、バックルの穴から出た革紐の付け根へかけ回し、横に引いて締め、さらにグルグルと巻いて、余りを胴と革紐の間へ下から押し込んだりしてとめた。
〈藤村〉

図3　千島の皮帯

サハリンのかなおび［サハリンの金帯］ カニクッ、ホスイェカーニ、ホニカリシなどと称す。この帯は、サハリン（樺太）の女性が晴着として着用した獣皮や魚皮製の*外套の上から、前がはだけないように、また飾り帯として締めるもの。腰に帯の中央を当て、下腹のところで帯の左右につけられた革の紐束を蝶結びにしたり、フックに革紐を引っ掛けて結んだりして、紐の余りを垂れ下げる。この帯は、胴を1周して若干の余裕があるほどの長さで、幅が6〜10cmほど。あまりなめしていない固めの獣皮や魚皮を用意し、それに大陸から流入した鋳流しの銅板を配置する。この金属板は本来、馬具の革紐に縫いとめて晴れ用の装具を飾るものであったが、量産されたことから、馬を使用しない地区では装身用飾りとして珍重された。飾り金具は円形の外縁と、その中に十字形を基本にした様々な透し彫りとを組み合わせた形で、外縁の上部には縫いとめる弧状の部分も鋳流しでつくられている。本来は、縫いとめて吊り下げたものを、サハリンでは吊り下げる部位を革帯の縁から下へ出す。馬具の飾りとして鋳流した金輪、あるいは3mmくらいの太さの真鍮の輪など、大きさの異なる金輪を同心円状に三〜五つほど並べてとめていく。

装着の仕方は用意した金輪を革で綴ってとめたあと、この一群を革帯に取り付けた鋳流しの銅板（飾り金具）と銅板の間に穴をあけ、綴った皮を挿入して裏で固定する。金輪を下げ終わったら、垂れ下がる金輪の中心にある最小の金輪だけに革

紐、鎖などを通して革帯の両端に結び、金輪の落下を防ぐ。革帯の真ん中には、Ｊ字形の*小刀の鞘を革紐で吊り下げ、会食用の小刀を刺しておく。幼児や腰の悪い老女などは正規の金帯は重たいので下げ輪・綴れ紐や鎖、会食用の小刀もはずし、わずかに鋳流しの銅製金属板だけを間隔をあけて配置した軽量のものを用いた。　　　　〈藤村〉

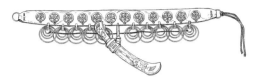

図4　サハリンの金帯

なわおび［縄帯］　ハリキカクッと称す。▼縄の多くは、本州からの物資の包装用として使われ、その後、梱包を解く際に廃棄された藁縄がほとんどで、ほかにシナノキなどの樹皮で編んだ縄なども用いた。縄帯は主に、海浜での漁労に携わる際に、締めている帯の汚れを防ぐほかに、藁は水に漬かることで強度を増すことに関連させて、各自を危険から守り、魔除けにもなるとして広く活用された。使い古された縄帯は、解いてよいものを集めて綯い、再利用をするほかに、柔らかい屑は生理用に使った。　　　　〈藤村〉

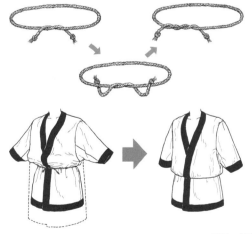

図5　縄帯

こしひも［腰紐］　アネクッ、ホニクフ、タクネクッ、オタハコンクフなどと称す。素材は、獣皮、樹皮布、草皮布、木綿布などで、これらを細く裂いたり、縫い合わせたりして一回しの細紐をつくるが、もっぱら成人が使用する。毎日のように、山菜採集、*薪取り、狩漁などと、山野を駆けめぐる暮らしでは、足首までの長さの*着物は裾が草露に濡れて汚れ、すり切れやすく、早足で歩けば足にまとわりついて歩きにくい。このため、着物は男女を問わず膝下までの長さに合わせ腰紐を結んで重なりを下げ、その上に*帯や*前掛を締める。家に戻り、荒い仕事がなくなったときに腰紐を解いて、着物を足首までの長さに戻す。児童であれば、両親の手伝いをするような年齢に達しても、腰紐を大人が締めてやらなければならないことから、着物を大きめに作製した。そこで、子供の背丈に合わせ調整するために、腰の部分や背幅や腕の長さを重ね縫いし、揚げをとることが一般的であった。　　　　〈藤村〉

ごふつきのおび［護符付の帯］（→322頁　信仰用具［護符付の帯］）

はらがけ・まえかけ［腹掛・前掛］

はらがけ［腹掛］　ラムセシケプ、ラムカンペなどと称す。乳幼児や若年の児童が身につけるもので、その後の年齢時に必要であれば*腹巻になる。素材は、獣皮、樹皮布、草皮布、木綿布など。形態は、長方形の上角の両方を切り落とした六角形、菱形の一角を横に切った五角形、下向きの五角形、長楕円の上辺を横に切ったものなど、作り手によって多様である。乳幼児や若年の児童は裸でいることが多かったので、夏季はよいとしても、春秋の冷えや寒さは、腹を冷やし、風邪を引きやすいことから、腹当てや腹掛を着用させるよう気遣い、誕生日や季節に応じて、忙しい母親に代わり周囲の者が贈った。女の子用は下が円か尖り型で、男の子用は横切り型になっている。紐は首と胴にあって、首の紐は、頭からすっぽりかぶる輪状のものと、左右の角に紐をつけるものとがあり、紐は襟首で結び、胴の紐は背中で結ぶ。

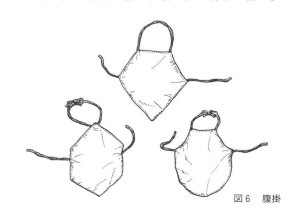

図6　腹掛

木綿布が容易に入手できるようになると、染色したり色布を裂いて重ね合わせたり、刺繡をした上に、ガラスの小玉・金属片・貨幣・鈴などを縫いつけたりして飾った。これはまた、＊涎掛や前汚しを防ぐ効果があった。汚れると水に浸して洗い、干しては次々と換えて利用した。必要がなくなる年齢になると、次に誕生する子供用にするか、近所の子供に贈ることもあった。〈藤村〉

はらまき［腹巻］ ホネユプケプ、ホニカリシなどと称す。腹巻は胃腸が弱い人や、病気や肥満で下腹が突き出している人たちが着用した。素材は獣皮で、仕様は幼児や児童は有毛の毛皮を幅10～15cmくらいに横長に切ったあと、胴の太さに合わせて多少の隙間を見込んで輪状に縫い合わせ、これに両足を入れて獣皮を腹まで上げる。腰からずり落ちるようであれば腹巻の上から紐で結んでとめる。普段は毛を外にしているが、冷える場合には毛を内側にして腹を温める。成人用の腹巻きは、胴を1周して、なお、15～20cm長くし、その端に同じ長さの紐を取り付ける。時代が新しくなると木綿布を用いることが多くなったが、昔は紐も無毛革を細く切り、短ければ縫い合わせ、紐端には房飾りをつける。

　紐飾りは、革を二つ折りにして、折り目を半月、楕円、くの字、Vの字、レの字に切り取ることで模様ができ、房の縁に深い切り込みを入れるなどしてつくる。腹帯の巻き方は、腹を若干へこませて革帯を腹に巻き、1周させて胃部で重ね、さらに伸びる紐を1周させて、紐の下側から差し込んで抜き出す。再度同じことを繰り返し、余った紐は巻いた紐の間に挟んでとめる。また、胴を一回りする獣皮の左右に紐をつけ革を交差させ、紐も交差させたところで結ぶ方法もある。〈藤村〉

図7　腹巻

のどまき［咽喉巻］ ポンレクチコカリプ、ポンレクトゥンペなどと称す。風邪を引いて咽喉が痛いときや、喘息持ち、気管支の弱い人らには、咽喉巻をして保護する。素材は有毛の獣皮、鳥皮、綿状の植物種子など。獣皮は、毛が長く柔らかいウサギの冬毛、タヌキやキタキツネの尾、毛は短いが密なシマリスやネズミの皮などを縦長に切って軽く撚るなどしてつくる。小さい皮は丸めて両端に紐をつけてうなじで結ぶ。鳥皮も同じ仕立て方で、タンポポ、ガガイモ、イケマ、ガマ、ワタスゲ、ヤナギ類の花など綿状の種子を集め、それらを横長の布に包み、あるいは布を細長い袋状に縫って、その中に詰めることもあった。また、植物種子の代わりにイヌの抜け毛やシカの毛を使うこともあった。〈藤村〉

図8　咽喉巻

えりまき［襟巻］ レクチコカリプ、レクトウンペなどと称す。素材は獣皮か木綿布で、幅10～15cm、長さ60cm前後のマフラー様に獣皮を縫い合わせ、人によっては円柱形に縫い合わせて仕立てる。両端には皮の覆輪や舌状の房をつけたり、刺繡やガラスの小玉を縫いつけたりする。中央部を首にあてがい両端を胸元に寄せて重ね合わせ、全体を細紐で結んだり皮の合わせ目に紐を縫いつけ、それで結ぶこともあった。木綿布は、幅30～33cm、長さ150～180cmくらいもあるので、たいていは、布端を胸元近くに置いて頭を覆い、布を後ろから前へ回したままにするか、両布端を一重に結び、あるいは団子に結ぶこともある。〈藤村〉

図9　襟巻

よだれかけ［涎掛］ ノンピリパプ、ノンピルプなどと称す。素材は、獣皮、樹皮布、草皮布、木綿布などを使う。仕立ての形態は、女の子に半円や半楕円、男の子には方形、台形、長方形で、それぞれの端には細紐が縫いつけられ、うなじで蝶に結ぶ。縁には覆輪を兼ねて裂いた色布を使い、刺繡をしたり、ガラスの小玉や飾り金具などを下げたりすることもあった。涎掛は、よだれが胸に流れ込むのを防ぐとともに、口回りの魔除け

としての役割も備えていた。濡れると代わりのものをあてがい、汚れたものはつけ洗いをしては干して、繰り返し使用した。乳幼児が成長して涎掛が不要になると、供物や簡単な*木幣を添えて感謝の言葉を述べ、再生して次に誕生する子の守りとなることを願った。 〈藤村〉

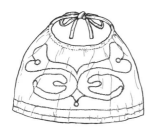

図10 涎掛

まえかけ [前掛] マイタレ、マインタリ、マンタリ、マンタレ、マイダリなどと称す。素材は、獣皮、樹皮布、草皮布、木綿布など。形態は、幅30〜90cm、長さ45〜70cmと差がある。30〜33cm幅の布を用途に応じて縦長に縫い合わせ、二幅や三幅に仕立て、すり切れを防ぐために覆輪をつけ、いくども糸を刺して丈夫にした。かつては男性も、家の内外における作業で前の汚れを防ぐほか、胡座をかいて座った際に、着衣がはだけるのを隠すために着用したが、女性は常に前掛を締めていた。普段締める前掛は、汚れの目立たない紺や黒色系で無地や縞柄が多く、晴れの場に着用するものは裂き布を伏せ、刺繡を施して豪華に飾り立てている。結びの紐は、胴を二回しして結んだ余りを考えて、紐の左右を袋縫いにしてひっくり返し、その紐の中央部を前掛の前側（表側）の外側中央と重ね合わせて運針してとめて内側に織り込む。さらに縫いしろを内側に折り込んで、合わせ目を掬い縫いでとめると紐は完成する。前掛を下腹にあてがい、両端の紐を腰で交差させ、前へ持ってきて蝶結びにする。凶事の際には片結びとした。 〈藤村〉

図11 前掛

いぬぞりようあおり [犬橇用泥障] ヌソカリシ

と称す。犬橇の御者が腰につける*スカート風の衣類。素材は、たいてい、毛の短い有毛皮を使うが、人によっては無毛の獣皮片を彩りよく組み合わせて製作した。仕立ては、膝を前後する短めのスカートで、下辺には布で覆輪をつけ、上辺には細長い布をそのまま二つ折りにして縫いつけ、二つ折りの中へ細紐や、やや幅のある組紐、なめした皮紐などを通して腰のあたりで結びとめる。 〈藤村〉

図12 犬橇用泥障

和人資料

おび [帯]

衣服を着用するときに結束のために結ぶ服飾用具。帯は古代に「たらし」と呼ばれ、服装に帯が使用されていたことが記紀の記述にみられる。その後、革製の帯や織物の錦帯などが使われたが、室町時代、応仁の乱（1467〜77年）のころから服装の変化により帯が重要な服飾用具となっている。だが、この時代の帯は細く幅1寸5分程度のものであったといわれている。帯が大きく発達するのは近世に入ってからである。初期には糸を縄のように丸打ちにして両端に房をつけた形式の帯で名護屋帯とも呼ばれていた。また、布を縫い合わせた細帯もあり、帯の結び目は前、横、後ろと自由であったが、元禄時代（1688〜1704年）になると、後ろ結びは娘、前および横結びは主として既婚者の結び方となっている。さらに女帯の幅が次第に広くなり、文化年間（1804〜18年）ごろになると幅1尺5分にもなっている。

女帯は普段は名護屋帯、半幅帯、単帯などが使われ、*丸帯は礼装、*袋帯が盛装で、帯の結び方は『都風俗化粧伝』（1813年）などによると、

立結び、吉弥結びなど20種ほどの結び方があった。その後、長く女性の帯の代表的な結び方となった「お太鼓結び」は、もとは芸者が結びはじめた形であったが、文化年間に江戸亀戸天神のお太鼓橋の再建があり、これにちなんでお太鼓と名付けられ広まったといわれている。また、近世後期になると一般にも帯を着装するとき*帯揚、*帯締などの付属品が使われるようになり、次第に装飾的に美しく豪華なものが普及するようになる。

また、男帯は丸打紐のような帯や三尺など簡単な平帯が使われ、近世中期には緋緞子などでつくられた赤帯が流行し「腹切帯」などと呼ばれたが、中期以降になると正式な服装として*角帯が使われるようになる。角帯は博多織が最上のものであったが八王子や桐生でもつくられるようになり、次第に一般にも普及し、羅紗やビロウドの角帯も使われていた。さらに明治維新前後には薩摩の兵士が用いた*兵児帯が流行し、明治以降の若い男性の帯として広く受け継がれた。なお、男帯は実用的で装飾性に乏しく、女性のように帯揚や帯締、*帯枕のような付属品を用いないのが特徴である。

近世の松前地の服装風俗の基本は江戸などと変わらず、帯類も商品として種々のものが移入されたことが商家の記録に残されている。例えば『箱館布屋幸右衛門諸品値段書』（1867年）には博多男帯、朱子女帯、五郎服男帯、小倉男帯などの記述がみられる。また、江差の商家などでは使用人の帯は比較的安価な小倉帯を使用していたようで「帯ハ小倉ニ限ル」（『礎日記』江差町史 資料編第三巻）といった記述がみられる。なお、帯の形式や着装法については、近世には時代や地方によって大きく異なり今日のような和服帯の形式に統一されるのは明治以降である。しかも今日の帯の代表といえる袋帯や新たに考案された*名古屋帯などの多くは、昭和に入ってから広まったものである。　　　　　　　　　　〈矢島　睿〉

かくおび［角帯］　男性用の幅6〜9cm、長さ4m程度の和服用の正式な帯。もとは袴下の紐であったといわれているが、*小袖など長着の発達で正装の帯となった。慶長年間（1596〜1615年）に筑前博多でつくられた博多織が幕府に献上され「献上博多」と呼ばれ、近世には博多織が最上の品であった。これをまねて八王子や桐生などでもつくられるようになり広く普及したが、繻子織、つづれ織、打紐などもあった。〈矢島〉

へこおび［兵児帯］　長さ3m70cmぐらいの布をそのまま巻いて使う普段着用の帯。明治維新前後に薩摩（鹿児島）の兵士たちが用いていた白木綿の扱帯が明治以降に広まったものといわれ、男性用および男女児用の帯として使われてきた。今日でも浴衣を着るときなどに使われ縮緬や羽二重、絞りの布地の帯が多く、子供用にはメリンスなどが用いられている。〈矢島〉

なごやおび［名古屋帯］　昭和初期に広まった晴着および礼装用の帯。締めやすいようにお太鼓結びになる部分以外は半分に折って縫い合わせてある。塩瀬羽二重や縮緬、綸子などの生地に手描きや型染めした染名古屋帯と吉祥文様などを織り込んだ織名古屋帯がある。なお、近世の元禄時代（1688〜1704年）には普段着用として、糸を縄のように丸打ちにして両端に房をつけた帯があり、名護屋帯と呼ばれ普及していた。〈矢島〉

まるおび［丸帯］　広幅に織った一枚の帯地を縦に二つに折って仕立てた帯。礼装用の格調の高い帯で、昭和初期ごろまで正式の和服の帯は丸帯に限られていた。多くは帯地全体に吉祥文様などを織り出した唐織、金襴、綴錦であるが、塩瀬羽二重、縮緬などに染めや刺繍を施したものもある。現在では婚礼の花嫁衣装や花柳界の芸者の衣装として使われている程度である。〈矢島〉

ふくろおび［袋帯］　昭和初期に考案された二重の袋織りの帯。帯の表裏を続けて織り、袋状になっていることから名付けられた。帯地が厚く硬く織っているため、帯芯は用いていない。*丸帯に次ぐ正式な帯であり礼装や盛装に用いられ、古典文様の金襴や錦織りなどが多い。女性用一般の袋帯は幅30cm、長さ4m10cm程度のものが多い。〈矢島〉

おびあげ［帯揚］　太鼓結びなど女帯を結ぶ際に帯の形を支え、結び目が下がらないように用いる布。せおいあげ、しょいあげとも呼ばれる長さ

写真1　帯

1m50cmほどの布で、帯の後ろの形をつくる*帯枕を包んで回し前で結ぶのが使用法である。薄地の縮緬、倫子、夏は絽などが用いられ、絞り染め、ぼかし染めなどが多く、礼装用には白無地が使われてきた。　　　　　　　　　〈矢島〉

おびまくら［帯枕］　帯を結ぶ際に後ろの帯の形をつくるために入れる枕。厚紙の上におが屑などを盛って布で包んで枕とし細い紐がついている。大小があり帯の形によって使い分けるが、一般に若向きは大きく、年配の人は小さいものを使っている。また、帯の前に皺が寄らないように帯の中に入れる厚紙製の帯板も使われた。〈矢島〉

おびじめ［帯締］　帯が解けないように帯の上から締める紐。色や種類は多く高麗、鹿の子など美しい色の打紐や組紐が使われ、単に帯の小道具としてばかりでなく装飾的な意味が強いものである。盛装の場合、帯締の紐の中央に宝石、貴金属、陶器などでつくられた帯留を用いた。〈矢島〉

まえかけ［前掛］

　衣服の汚れを防ぐため着物の前に装着する布。古くは前垂とも言い、家事、労働、祭りなどいろいろな場面で広く使われてきたが、近世以降は木綿布を用いたものが多い。和服の時代、農漁村では腰の全体を覆うような三幅の前垂も使われていたが、都市部の主婦の家事では麻の葉の模様などを施した紺や茶の一幅（約38cm）の布の紐つき木綿前掛が使われ、茶店・小料理屋の女性などは赤染めの赤前垂を使用した。〈矢島〉

しょうてんまえかけ［商店前掛］　商家の店内では、番頭ら使用人は花色木綿の一幅（約38cm）の前掛をつけるのがしきたりであり、商品運びなどの労働では商店名や屋号を白く染め抜いた紺の雲斎地の前掛が使われた。〈矢島〉

ほまえかけ［帆前掛］　鰊漁場の漁民らが使用した前掛。〈矢島〉

I．生活用具

1．衣　服

(5) 履物類

考古資料

　北海道から出土した、足先の表現された*土偶を見ると、本州以南のものと同じく素足の状態である。続縄文文化期に入って、履物の沓をかたどった小型の土器が知床半島斜里町内から出土している。本州では、下駄が5世紀から出現し、奈良時代にはつま先や足の甲を覆う短靴形の木履も出土している。擦文文化期には、8世紀後半の石狩低地帯の遺跡からかかとを覆うタイプの草履や単輪型長形の*橇が検出されている。石狩低地帯では10世紀ごろの層から瓢箪形をした単輪型の橇が出土した例もある。　〈中田　裕香〉

くつがたどき[沓形土器]　足にまとった履物の土製品は、古くは長野県伊那市手良出土と伝えられてきた縄文中期末ごろの長靴形土器（のちに長野市大久保遺跡の出土品と判明）が知られており、近年には千葉県内野第1遺跡出土の縄文晩期のサンダル風の土製品が知られるくらいで、非常に類例が少ない。斜里町宇登呂出土の沓形土器は高さ5.3cm、長さ8cm、幅4cm。赤褐色の焼きのよい土器で、長靴とも短靴ともいえない中間の長胴部からつま先に移行する部分に一周する隆起帯がめぐり、甲の部分と先端部にも隆起帯がめぐる。また甲の部分からつま先にかけて縦に隆起帯が入る。これは、アイヌ民族の防寒靴である鹿の膝皮を用いたユクケリの模様に似る。なお、この土器は、工事現場から採集されたため所属時期は判然としないが、続縄文時代もしくはオホーツク文化の所産と考えられる。　〈野村　崇〉

わらじ[草鞋]　植物繊維を素材とした紐を編んでつくられた履物で、北海道では、石狩低地帯の擦文文化の遺跡から出土した8世紀後半のものが最も古い。この草鞋はかかとを覆うタイプのもので、ブドウの内樹皮で編まれた可能性が高く、長さは29.5cmである。4本の芯縄がみられ、横編みの状態が良好に残っている。（→56頁　アイヌ資料[草履・草鞋]）　〈中田〉

かんじき[橇]　1本の輪材を結束したり、2本の輪材を組み合わせたりしてつくられた雪上歩行具。乗り緒（足をのせる部分）と考えられる植物性繊維は、縄文時代晩期のものが東北地方北部から出土している。北海道では、石狩低地帯で擦文文化期の遺跡から検出例がある。8世紀後半の資料は広葉樹の輪材を先端で結んだ単輪型長形

図2　草鞋（札幌市K39遺跡）

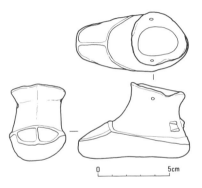

図1　沓形土器（斜里町宇登呂）

図3　かんじき（札幌市K39遺跡）

で、サキリ（滑り止めの横棒）がつき、さらに釘の類を輪材に打ち込んでアイゼン状の滑り止めとしていた可能性がある。乗り緒はブドウ科内樹皮の組紐でつくられている。10世紀ごろの資料は瓢箪形をした単輪型のもので、アイヌ民族の橇や東北地方でも南部地方に分布する橇に類似した形態をしている。（→63頁　アイヌ資料［橇］）〈中田〉

アイヌ資料

げた［下駄］

ピラッカと称す。素材となるマツ、ホオ、シナノキ、イタヤ、サクラ、クルミ、ハン、ヤナギなどを小割りにした際、よい柾目の木に当たると割板をつくり、1.5～2.0cmの厚さにしてよく乾燥させる。それを使用者の足の幅や長さに合わせて切り取り、さらに隅丸の長方形、卵型や楕円形など、足の形に合わせて削り形を整える。足の親指と人差し指の間と、土踏まずの真ん中あたりの左右辺に穴をあけて*鼻緒を立てる。穴は足をのせる面に小さく、外側を大きくあけ、鼻緒の端を玉結びにして抜けないようにするほか、人によっては、後ろの2穴間に溝を彫って結んだ紐がすり切れないように工夫する。主に、とがった小石のある場所や泥の岸辺、ぬかるみなどを歩行するときに便利である。江戸期には、地域によって異なるが、役人から呼び出しを受けた際に携帯して、役所の近くになってから履くのが礼儀とされた。
〈藤村　久和〉

図1　下駄

あしだ［足駄］　シサムピラッカと称す。差歯のある本州産の下駄を言い、それに似せてホオ、シナノキ、イタヤ、サクラ、クルミ、ハンなどでつくった下駄も使用した。しかし、刃物（工具）が十分ではなかったので、歯は凸型よりは、台形型に削り、のちに▼鋸や▼錐、糸鋸などが容易に入手できるようになると、凸型の歯の下駄を、木の塊から引き割ってつくるようになった。　〈藤村〉

図2　足駄

はなお［鼻緒］　ピラッカアトゥフと称す。下駄の鼻緒の素材は、獣皮、ブドウヅル、ヤナギ、ハルニレの内皮、シナノキやオヒョウニレの内皮の外皮に近い厚手の部分を使って直径1cm、長さ40cmぐらいの細縄をなう。その真ん中あたりに、別に用意した20cmくらいの細縄をUの字に挟んで、足の親指と人差し指の間に引っ掛ける鼻先の部分とする。鼻先の2本はまとめて穴を通し、裏側から引いて2本を片結びにしてきつく締め、もう一度締めて本結びにする。後方の2穴を通した細縄は、足の大きさや甲の厚さを考えて、履いたときにややきつめに感じるくらいにして、下駄の裏側で2本を本結びにする。細縄に余分があれば裏側に引いて、撚り目に挟み込む。鼻緒を立てたら、足底をのせる表側を手前にして、片手で下駄を押さえ、利き手で鼻緒の先を引き、次いで後方の2穴の細縄を手前に引いて足に履きやすいようにする。　〈藤村〉

ぞうり・わらじ［草履・草鞋］

わらじ［草鞋］　シトケリ、シトゥケリ、シュトゥケリ、シトゥカプケリなどと称す。素材の多くはブドウヅルの内皮を使うが、ほかに、獣皮、ヤナギやハルニレの内皮、シナノキやオヒョウニレの内皮（外皮に近い厚手の部分）を細長く裂いたもので、それらを交ぜ合わせても利用する。草鞋の芯に使う細縄は直径1cm、長さ60cmくらいのものを用意し、本州以南で使用される草鞋とほぼ同じ手法でつくられる。異なる点は足の外縁と内縁に3～4の穴をつくること、*鼻緒がないこと、爪皮の長さに足の前半分を覆い、草鞋の後ろに伸ばした細紐を左右のくるぶしを通して足の甲で結

ぶことである。(→67頁　和人資料［草鞋］)〈藤村〉

図3　草鞋

かわらじ［皮草鞋］　ルシケリ、カパルチウシペなどと称す。なめさないままの有毛の硬い皮に左右の足をあてがい、やや大きめに切り抜く。次いで、足の親指と人差し指の間に引っ掛ける＊鼻緒の先を取り付けるため、2ヵ所に縦長の切れ目を入れる。＊下駄と同じように足の土踏まずの真ん中あたりの左右にも鼻緒を立てるために、やはり、縦長に1cmくらいの切れ目を入れる。別に幅0.8～1.0cmのなめし皮を60cmくらいの長さに切り、その端を鼻緒の先に当たる2ヵ所の切り込みを通して上に抜き、左右の紐端をそろえて一重に結ぶ。さらに、中央部の左右の切れ目へ上から下へ抜き、外側からそのまま後方に伸ばす。履いたとき、左右の紐端をアキレス腱のところで交差させ、紐を前に回して足の甲で結ぶ。

つま先をいくぶん長めにしておくと指先全体を保護するので、傷になったり生爪を剝がしたりすることがない。また、有毛であることから、夏場に川中や、潮の引いた磯を歩いても滑ることはない。この皮草鞋は長距離用のもので、遠ければ遠いほど皮の切れ目も多く、足に合わせて覆う面を多くしているのが特徴である。〈藤村〉

図4　皮草鞋

くつ［靴］

つまご［爪甲］　カパルチウシペ、ポンケリ、ポンキロなどと称す。サンダル風の靴で、素材はなめさない魚皮や獣皮を用いる。履く人の足より一回り大きく切り抜いて底皮とし、それに、なめしの有無にかかわらず獣皮や魚皮で、作り手の好みに応じて様々な爪皮をつける。踵には正三角形の皮を縫いつけ、そこからなめし革製の細紐や布紐を取り付け、左右の紐端を内外のくるぶしを通して足の甲で結ぶ。人によっては皮を紐状に切ってU字に曲げ、その両端を踵に縫いつけ紐かけとして、そこに結び紐を通して足の甲で結ぶ。ほかに、底皮の踵に1cmくらいの切れ目を入れて、そこから紐を通す人もいる。この靴は、中秋から初冬に履かれることが多い。〈藤村〉

図5　爪甲

たんぐつ［短靴］　チウシペ、ケリ、キロ、タクネケリ、オタハコンキロ、チェプケリ、ユクケリ、ブタケリ、ウンマケリ、チライケリ、チライキロなどと称す。広く普及した冬季用の靴である。靴の高さは15cm前後で、たいていは靴底、足の先から甲と足首の前を覆う舌状の一枚皮、足首後部の覆いの三つの部位を縫い合わせてつくり、魚であれば2匹で片方をつくる。

同一種の素材でつくり上げる場合と、複数の素材を適宜、組み合わせてつくる場合とがある。違いがあるとすれば、舌状の一枚皮を足の甲のところで縫いをとめるか、上まで縫い合わせるかというくらいである。前者は足首の皮を寄せ、残りの浮いた皮を覆って紐で結束するため、足首に隙間ができず雪が入りにくいだけではなく、足と一体

図6　短靴

になっていて深雪でも動きやすい。後者は足首がやや広いので履きやすいが、足首に締まりがなく、隙間から雪が入りやすく、脱げやすい。こうしたことから、前者は児童の高学年から大人が、後者は児童の低学年向きである。また、前者は靴の中に草を内側に丸く敷き詰め、さらにその内側に※編袋様の中敷きが入っているので、素足のまま履くが、後者は足にゲートル（西洋風の巻脚半）様の布を巻いてから履く。　　　　　　　〈藤村〉

じょせいようたんぐつ［女性用短靴］　タヶネチウシペ、タヶネケリ、オタハコンキロなどと称す。素材は、中型のサケ、マス、イトウなどの魚皮2枚を1足分として用いる。魚は胸鰭の下から切り落とし、腹側を尾まで切り開き、中骨を刃物で削いで尾の付け根から折り取る。身を削ぎ落として一枚皮に干したり、身を干して食べ残した皮を利用することもある。皮は硬くなっているので、縫う部分を水に漬けたり、水を含んだ布で包んだりして軟らかくしたあと、木綿針に動物の腱を細く裂いて撚り合わせた糸や、イラクサの内皮を裂いたものなどを通して縫い合わせる。

　まず、背鰭を足底とし、胸鰭直下の切れ目を内側から縫って踵の部位にする。次いで、履く女性の足の大きさに合わせ、不要な尾を含む全体を内側に折り込み、左右の腹鰭を寄せてとめる。これで履き口の大きさが決まり、履いたあとでは、尾が足の甲全体を保護することになる。足先は、指幅の部分を除いて内側に寄せる。正面から見ると片仮名の「ム」のように合わせ、下腹鰭を挟むように上辺を縫い合わせる。こうすると、足先から水が入らない。人によっては、踵の部位に切った皮をV字状などに折って挟み縫いをし、踵から水が入るのを防ぐこともある。

　おおよその形ができたら全体を水に浸して皮を軟らかくし、履く人の足の形に合わせ、付近に生育する草を中に詰めながら形を整えて干し上げる。乾燥したら詰めた草を取り出し、軟らかいスゲ草を靴の内部に貼りつけるように敷いてから履く。早春や晩秋の水が冷たいころの山菜採集や海浜での海草採取、降雪後の家の周りや、近所の歩行に使用される。この短靴は、なめさない獣皮でつくることもある。　　　　　　　　　〈藤村〉

つっかけぐつ［突掛靴］　オユプチウシペ、オユプケリ、オユプキロなどと称す。素材は通常の大きさのサケ、マス、イトウなどの魚皮2枚を使って作製し、労働に従事する男女や、通学する高学年の児童が簡便に履く短靴である。魚は胸鰭の下から切り落とし、腹側に切れ目を入れて尾まで開き、中骨を削いで尾の付け根から切り取る。身は削ぎ落として一枚皮に干す。干し魚の食べ残した皮を利用することもある。皮は硬くなっているので、縫う部分を水に漬けたり、水を含んだ布で包んだりして軟らかくし、木綿針に動物の腱を細く裂いて撚り合わせた糸や、イラクサの内皮を裂いたものなどを通して縫い合わせる。

　作り方はいくつかあり、それぞれで仕上がりの形状などが異なる。出来上がると背鰭が足底になるように皮を裏返しにし、つま先や足の甲の部分の皮を引き寄せたり、折ったりしながら縫い合わせて仕上げていく。足を入れるところなどは大きく口をあけているので、靴先を中心に形を整える。内側に軟らかいスゲ草を靴の内部に貼りつけるように敷いてから、足先から靴中へそのまま送り込む。次に開いた皮を寄せ、別に用意した細紐の真ん中を足の甲に当て、左右の紐端を後ろへ回して交差させ、再び前に回して蝶結びにする。人によってはアキレス腱にあたる部分に、縦に1cmの切れ目を2本入れ、それに細紐を通しておいて、紐の左右を後ろから前へ回して結ぶ。〈藤村〉

図8　突掛靴

ながぐつ［長靴］　チウシペ、タンネケリ、オターネキロなどと称す。素材は獣皮と魚皮。長さは膝下までで、たいていは靴底、足の先から甲と脛

図7　女性用短靴

の半ばまでを覆う舌状の一枚皮、踵からひかがみ（膝の後ろの窪み）、またはふくらはぎの上あたりまでを覆う一枚皮、膝下から脛の上部を覆う皮、の４部分を縫い合わせてつくり、魚であれば３匹で片方をつくる。この長靴は縫い目から水が入らないように皮の縁を折り曲げて縫ったり、１～３cm幅の皮を縦長にV字またはM字やW字状に折って挟み縫いをしたりするなど、ていねいなつくりであることから、よそ行き用の靴の一つである。靴中は草を内側に丸く敷き詰め、さらにその内側に長めに編んだ*編袋様の中敷きが入っていて、素足のまま履くことができる。　〈藤村〉

図9　長靴

じょうとうながぐつ［上等長靴］　チウシペ、タンネケリ、ニシパケリ、チョンパキロなどと称す。素材は獣皮を使い、長さはほぼ膝下までである。獣皮はほとんどが有毛で、無毛の場合は先の長靴と同様につくるが、簡単でも刺繍を入れることが多い。有毛の場合は毛の色合いを考えて縦長に切って色違いに縫い合わせ、靴先には小さなひだや皺をつくってきれいな曲線を描き極上の品質になっている。村長や長老の履物にふさわしいつくりである。靴中は草を内側に丸く敷き詰め、さらにその内側に長めに編んだ*編袋様の中敷きが入っていて、素足のまま履くことができる。

〈藤村〉

図10　上等長靴

きゃはんつきながぐつ［脚半付長靴］　チウシペ、ホシコロケリ、オシコッケリ、ホシコロキロなどと称す。素材は獣皮と魚皮。長さは、脛半ばまでが女性用、膝下までが男性用、膝上までは犬橇の御者や狩猟の巧者が着用する。下から15～18cmまでは*長靴風のつくりなのが共通点で、それから上を、古くは獣皮や魚皮、樹皮布、草皮布、新しくは帆布、毛布、麻布、木綿布などを筒状にして縫いつけた。暑ければ筒状の部位を下へ折り曲げ、寒いときや深い雪中を歩行するときには上へ引き上げる。犬橇や狩猟用の靴は、雪が入らないように靴の口に毛足の長い犬の毛皮を縫いつける。ていねいなつくりでは、靴の口端を逆U字に折り曲げて紐通しの部分をつくり、紐を締めることで、より保温効果を高めるよう工夫されている。靴中は草を内側に丸く敷き詰め、さらにその内側に長めに編んだ*編袋様の中敷きが入っていて、素足のまま履くことができる。〈藤村〉

図11　脚半付長靴

にゅうようじようくつ［乳幼児用靴］　ノカンケリ、ハチコキロなどと称す。素材は、使い古した獣皮、魚皮、樹皮布、草皮布。新しくは、帆布、毛布、麻布、木綿布などである。二つ折りにして足底を約２倍の大きさに描いて全体をL字型に切り抜く。次に糸と針で踵から口、つま先から口までを縫ってひっくり返すと出来上がる。靴の中には軟らかい草を内側に敷き、あるいは犬の抜け毛を使う。また、ウサギの毛を内側にし、靴よりもやや小型につくった靴下様のものを挿入する人もいる。

〈藤村〉

図12　乳幼児用靴

くつのなかじき[靴の中敷] ケロルンペ、キロオホなどと称す。素材は、シナノキ、オヒョウニレ、ハルニレ、ガマ、スゲなどで、5mmくらいの糸を、足の幅に合わせて8～12本縦糸として用意する。別に用意した糸を二つ折りにして横糸とし、縦糸を横糸で挟むなどして組んでいく。縦糸・横糸が短くなると、糸材を足しながら、靴の大きさに合わせ30～40cm、時には60～70cmの長い*編袋をつくる。これは、靴の内部に敷いた草をそれぞれの部位に固定する役割と、履いた足が草と絡まることを避けるためのもので、雪が溶けて靴が不要になるまで靴中に入れておく。

春になって靴が不要になると取り出し、汚れがひどければ水に漬けて揉み洗いをし、少なければ風に当て天日で干し上げ、修理などして靴とともに保存する。また、幼児ややんちゃな子供には踵のない軍足のようなものを縫い合わせて、靴中にはめることもある。後世に布が自由に入手できるようになると*乳幼児用靴と同様に、布を切り抜いて縫合し靴下として履かせるものへと変化した。　　　　　　　　　　　　　　　　〈藤村〉

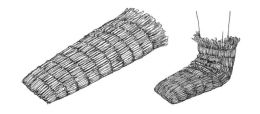

図13　靴の中敷

あしのまきぬの[足の巻布] ケマカリシ、ウレカリプなどと称す。靴を履く際に主に子供たちが足先から足首にかけて巻く布。古くは、使い古した獣皮や、樹皮布、草皮布などを足の大きさに合わせて5～10cm幅に切り裂き、靴の大きさに合わせて30～60cmの長さに切る。靴を脱いで巻布をとり、濡れていたら干し、濡れていなければ靴の口に置いておく。不定期ながら、汚れがひどくなれ

ば漬け洗い、絞り洗いをしてから干して使う。春になって靴が不要になった時点で巻布を点検し、汚れがひどければ洗い、少なければ風に当て天日で干し上げ、修理などして靴とともに保存する。　　　　　　　　　　　　　　　〈藤村〉

おくないようくつ[屋内用靴] チェオルンキロと称す。寒気の強いサハリン(樺太)地方では、保温のために屋内でも靴を履く。屋内に泥が持ち込まれない厳寒期は、雪を払って拭くだけなので、屋外用の靴を共用することもあるが、靴の濡れや湿りの度合いによっては、屋内専用の靴に履き替える。屋内では室内外の温度によって履く靴を*短靴、*突掛靴、*長靴、*脚半付長靴や長靴などに代え、子供に限らず、靴を履いたまま眠ることもある。屋内用の靴に特別な作り方はないが、屋内用が外用になることはある。　　　　　〈藤村〉

図15　屋内用靴

くつのしきくさ[靴の敷草] ケロムン、キロムン、ポンキなどと称す。8月中旬から秋風が肌身にしみるころまでに多量の谷地坊主の草を刈り取って家の付近でよく乾燥させる。一抱えをひとまとめにして2～3カ所を紐でくくり、屋内の戸口に近い梁に渡した幾本かの棒や、割板の上にのせて湿気を除き、必要に応じて靴の中に穂先から螺旋状に敷き詰める。水が靴の縫い目からしみ込んだり、水に落ちて濡れたりすると、草を引き出して外や土間で乾燥させ、その間は、別の草を梁から下ろして靴中に詰める。春になって靴が必要なくなれば、靴中の草を出して畑で焼いて肥料とする。　　　　　　　　　　　　　　　　　〈藤村〉

たび[足袋]

かわたび[皮足袋] ルシケリ、チェオルンキロなどと称す。素材は獣皮、魚皮、樹皮布、草皮布など。作り方には、足底と甲の覆いとを縫い合わせるものと、一枚皮からつくるものとがある。組

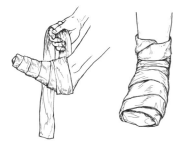

図14　足の巻布

み合わせ型は、足底に獣皮や魚皮を使い、覆いは肌に優しい素材を用いることもある。覆いの部分は、①履いた内側と外側とを別に切り抜いて縫い合わせるもの、②素材を横長の二つ折りにし、折り目を踵の部位に当ててから足先の部位を斜めに切り落としたもの、③幅広の素材を二つに折り、踵とつま先を想定しながら緩い弧状に切り取ったもの、ほかに④浅い釣針状やローマ字のＪの形に浅く切り取るものなどがある。切り取った部分が足の甲に当たる。また、一枚皮を使う場合には、足底とつま先、左右に外縁を覆うように切り抜く。　　　　　　　　　　　　　〈藤村〉

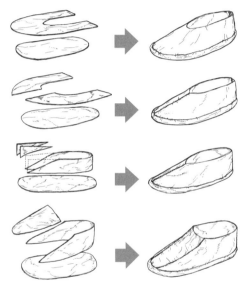

図16　皮足袋

たび［足袋］　タンビと称す。小鉤がついた布製の足袋は商店で購入が可能になったほか、小鉤が補修用の部品として販売されるようになると、自前で足袋をつくるようになった。（→72頁　和人資料［足袋］）　　　　　　　　　　　　〈藤村〉

さしこたび［刺子足袋］　チニンニテパケリ、チニンニヌキロなどと称す。本来の*足袋は*皮足袋であるが、後世には入手が可能になった帆布、毛布、木綿布、ビロードなどを使ってつくられた。全体は粗く刺すが、踵、つま先、小指の付け根などは細かく刺して仕事用に仕立てる。形は親指と残りの４指に分けた足袋のほかに、補修もしやすく長く使用できるように、踵なしの軍足に似せたものもある。また、なかには本来の皮足袋のように、足底に無毛の獣皮を用い、上部は刺子と組み合わせてつくるものもある。ほかに、完成した刺子足袋を丈夫にするために、足底やつま先に無毛の獣皮を絡み縫いしたものもある。　〈藤村〉

きゃはん［脚半］　ホシ、チェヘカハホシ、ルシホシ、テパホシ、センカキホシなどと称す。素材は、獣皮、魚皮、鳥皮、樹皮布、草皮布、木綿布などがあり、単品でつくる以外に素材を組み合わせても製作する。厳寒期には風や湿り気を通さない獣皮、魚皮、鳥皮が珍重されたが、獣皮の需要が伸びて高価になると、次第に簡便な木綿布が主流になった。

脚半の形は、筒型（袋型）と一枚づくりのものとがあり、筒型は女性用に多く、結び紐は履き口と、人によっては裾につける。履き口紐は脛かひかがみ（膝の後ろの窪み）のどちらか１カ所にあって、ひかがみに縫いつけた紐は、後ろから左右のふくらはぎを通って脛骨のところで蝶結びにする。脛に縫いつけた紐は、前から左右のふくらはぎを通ってひかがみで交差させ、再び前に回して蝶結びにする。脚半の裾に紐を縫いつけた人は、履き口に紐同様にして結ぶ。

一枚づくりのものは成人男子の狩猟用で、体格やふくらはぎの発達状況にも違いがあるうえに、濡れた脚半を容易に脱ぐためには、筒状よりも平ものの方が便利であることから、脛に脚半を当てたあと、四隅につけられた紐をすべてひかがみやアキレス腱で交差させて前に回して脛骨の上で蝶結びにする。着物の裾を揚げて屋外で仕事する人にとっては、脛が無防備の状態になることから、脚半が必需品であった。　　　　　　〈藤村〉

図17　脚半

すねあて［脛当］　キナホシ、ニカハホシなどと称す。素材は、オヒョウニレやシナノキ、ブドウヅルの内皮のほかに、ガマやスゲ、ミクリ、フトイ、ホソイ、ハマニンニク、ショウブ、ヤマアワ

など。これらを編んでつくるが、脛に当てることから四隅に結び紐が取り付けられていて、その紐をひかがみ（膝の後ろの窪み）やアキレス腱で交差させて前に回して脛骨の上で蝶結びにする。着物の裾を上げて屋外で仕事する人は、脛が無防備の状態になり、さらに朝露、夜露、雨などで熱を奪われやすい。脛当の素材は水分に強く、見た目以上に保温効果があるため、早春から晩秋にかけて長期にわたって重宝された。

〈藤村〉

図18　脛当

てっこう・てぶくろ［手甲・手袋］

てっこう［手甲］　カスベコテ、テクシベ、テッカシケプ、テッコなどと称す。手の甲や手首を保護するために覆う布。素材は、獣皮、鳥皮、魚皮、樹皮布、草皮布、木綿布など。形態は、大きく分けて二つあり、手の甲および手首を覆うものと、手のひらと手の甲、それに手首を覆うものとである。前者は、方形や凸形に切った一枚ものに裏や覆輪をつけ、手首の付け根あたりに手を2周するほどの細紐を1本取り付けてある。

凸形の片端から手首の内側に紐を回しながら、もう一方の端の上を締めるようにしてさらに1周する。紐端を2周した紐の下に通し、手のひらから肘の方にU字状に抜き出して手前に引いてとめる。細紐は、濡れた手甲を*囲炉裏の近くで干すときに、紐尻を結び合わせて炉棚（*火棚）から吊り下げる。また、後世になって金属製のフックや*足袋の小鉤を入手すると、紐をとめて、それで手首をとめるようになる。

手甲をはめるときは、方形や凸形の先端に小輪を縫いつけ、そこに中指を通すことが多いが、人によってはこの紐をつけないこともある。その場合は手甲の先端がこすれて手首側にめくれる。もう一つは*手袋の指を付け根から切ったようなつくりで、人によっては親指をつけたりつけなかったりする。4本の指をはめる部分に、仕切りを真ん中に1本つける場合と、3本入れて仕事中に手から浮かないようにする場合もある。厳寒期には裏に鳥皮を縫いつける。木綿布や*縫糸、*刺繍糸が入手できるようになると、柔軟な木綿布が素材の中心となった。

〈藤村〉

図19　手甲

てぶくろ［手袋］　テクンベ、テクオルンペなどと称す。素材は、獣皮、樹皮布、草皮布、木綿布など。形態は、大きく分けて二つある。指の袋が5指分あるものと、親指と4指分の二つ（2袋）になっているものである。厳寒期には、5指に分かれているよりも2袋になっている方が温かいので、作業をする場合には2袋型が好まれる。作業を伴わない外出時にはおしゃれを兼ねて5指のものをはめることが多く、無毛の獣皮で仕立てている。

2袋型は4指をそろえ、親指を外側に反らせた状態で手の甲側と手のひら側の2枚を用意し、縫いしろを合わせて外縁に沿って縫い合わせ、出来上がったらひっくり返すと完成する。縫い合わせるときに、手のひら側の縫いしろを少し多くとり、手甲側を少し狭くして縫い合わせると、拳闘のグローブのように手の動きになじんだつくりとなる。手袋の口は幼児は手首くらいまでであるが、年齢の上昇に合わせて徐々に長くなる傾向がある。幼児や児童用は首から紐で吊り下げて、脱着を便利にするとともに紛失を防止した。成人用に紐はないが、片方の手首のところに直径1㎝、

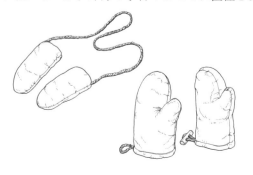

図20　手袋

長さが2〜3cmほどの木や骨の胴に横穴をあけたものや、皮や布で玉をつくって縫いつけた。もう片方の手首のところには紐輪を縫いつけ、紐輪を玉などにはめることで紛失を防ぎ、乾燥を容易にした。 〈藤村〉

わたいれてぶくろ［綿入手袋］ キシキオテクンペと称す。本来は、樹皮布、草皮布の端切れを使う。指の袋が5指一つのものと、親指と4指分の二つに分かれているものがある。幼児用につくり、犬の抜け毛や、シカの折れ毛、ガマの穂を薄く伸ばして▼木槌などでたたいてフェルトをつくり、それを間に挟んで縫い合わせていた。木綿布や綿が豊富に入手できるようになると、素材は薄くてしなやかなものに替わった。また、布の間に挟んだものが動作で移動しないように、粗く糸で格子状に刺しとめたものもつくられた。 〈藤村〉

図21　綿入手袋

さしこてぶくろ［刺子手袋］ チニンニヌテクンペ、チウカウカテクンペなどと称す。本来は、樹皮布や、草皮布で作製した手袋に端切れを当てて修繕したものであったが、激しい労働に耐えるように、2枚重ねて刺し綴るようになった。指の袋は5指のものと、親指と4指分の2種類で、後世になって木綿布が豊富に入手できるようになると、素材は薄くてしなやかな木綿に替わった。 〈藤村〉

いぬぞりようてぶくろ［犬橇用手袋］ パトゥウェレ、マトゥメレなどと称す。素材は、獣皮、樹皮布、草皮布、木綿布など。仕立ては、親指と4指分の二つの袋になっていて、▼犬橇用に限らず、成人男性が厳寒期に外仕事をする際に大いに着用された。特徴は、手首を覆う部分が普通の手袋よりも若干長いことと、親指の付け根に当たる金星丘の横一文字に切れ目が入っていて、そこから手先を外へ出せるようになっていることで、脱いだ部分は手の甲の上にくる。なお、この部分には寒気や雪が容易に入り込まないように半月形の蓋がつけられている。細かな作業には素手を使わなければならないことが多いが、冷えた手を温めるときには、手を手袋に戻せるようになっている。 〈藤村〉

図22　犬橇用手袋

いぬぞりよううでまき［犬橇用腕巻］ モイシナハ、モンシナハなどと称す。成人男性の厳寒期の外仕事、特に▼犬橇を使用する際に＊手袋の口から寒気や雪が入り込まないように締めるもの。素材は、獣皮、樹皮布、草皮布、木綿布など。仕立ては、幅8〜10cm、長さ70cm、その先に30cmくらいの細紐がつき、形は長方形で、先端は半月や、くの字状になっている。使用方法はゲートル（西洋式巻脚半）を巻く要領に似ていて、長方形に仕立てた端を手袋の口に幅の半分または全部を重ね合わせ、長い方を向こうに回しながら少しずつ巻いていく。本来は獣皮で作製されていたが、木綿布を入手するようになると軟らかいそれに替わっていった。 〈藤村〉

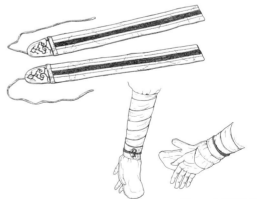

図23　犬橇用腕巻

かんじき［樏］

テシマ、チンル、ストーなどと称す。積雪期に靴に装着して用いる歩行具。素材は木、蔓、竹、鉄などで、＊輪樏、＊楕円形樏、＊爪樏、＊稜付樏、＊瓢箪型樏、＊金樏、＊竹樏などがある。

（→69頁　和人資料［樏］）　〈藤村〉

わかんじき［輪樏］　チエイワンケテシマと称す。積雪期に安全に歩行するための道具。多くは木を輪状に曲げたものに紐をかけて靴に装着し、歩行の助とする。最も簡単なつくりのものは、容易に曲がる木（クワ、ツリバナ、イタヤ、イチイ）や蔓（ブドウヅル、コクワヅル、マタタビヅル、ツルマサキ）、竹（ネマガリダケ、ササ）などを必要な長さに切り、枝を払って円状に曲げ、合わせ目を紐でくくってとめる。次に円状の輪に紐をかけるが、そのやり方はいく通りもある。最も簡単な方法は、丸い輪をおよそ8等分し、そこに紐で長方形の枠を縦型と横型につくる。上から見ると方形の枠が縦に三つ、横に三つできるので、縦と横の枠が交差する4点に別紐をかけて絞りとめる。そこへ靴の中心をのせて紐の余りの部分で靴をしばって歩行する。しばり方は樏に靴をのせ、靴先の脇に延びる2本の紐を靴の先の方を二回し、人によっては三回しして横に紐を引く。その紐を靴の後ろで交差させ、前に回して脛下の部分で結ぶと雪山の歩行が容易となる。

　この樏は緊急時に代用品として作製するもので、下山したあとは丁重な言葉を添え、樏の紐を切ってその霊魂を昇天させることが多く、2度以上使用することはない。　〈藤村〉

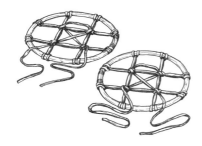

図24　輪樏

だえんけいかんじき［楕円形樏］　テシマと称す。楕円形の樏の多くはクワの木を素材とする。クワは節目のない素性のいい部分で、直径が5cmくらいのものだと長さ70〜80cmくらいのを2本、直径10cmくらいだと1本採ってきて、木芯を挟んだ両側から2〜3cm幅の長材と、厚さが1cmほどの板を割ってつくる。長材も、厚さ1cmの板も外皮に近い部分（通称白身）は木質が軟らかいので不要な部分を削り取る。

　クワ材がおおよそできると、これを*囲炉裏に埋めて蒸し上げ、全体をU字状に曲げる。両端にボロ布や皮を巻いて両手で握り、板材の中央部分に足をかけて徐々に曲げていき、U字状になると両端を紐で締めて乾燥させる。曲げるのが困難な場合は、内側となる板の中央部の側面に刃物で数カ所V字状に刻み目を入れたり、湯に浸しながら曲げたりする。もう1枚の板も同様に曲げる。次にU字状に曲げた材を左右に広げ、突っ張り棒を挟んで形を固定したり、紐でしばったりして形を調整する。

　乾燥すると、しばった紐は解き、挟んでいた棒を取り去り、刃物を使ってさらに形を整える。次に足先の方の材を逆U字に向けて置き、その内側に踵の方の材をU字に置く。二つの部材の先端部分十数cmが一致するよう横並びにし、使用者に合わせて全長を調整する。横並びにした内側と外側などに、V字またはコの字のように浅く切り込みを入れて、革紐で結束して楕円形の*輪樏をつくる。それに革紐で足の乗せ場、靴先や足首を結ぶ紐をつけると完成する。この樏は積雪時期の狩猟に山歩き用として使われる。　〈藤村〉

図25　楕円形樏

つめかんじき［爪樏］　アミコロテシマと称す。1〜2月の暖気や降雨によって表面の雪がとけ、夜間の寒気によって凍結した氷状の傾斜面を歩行するときに使用する。*楕円形樏に硬質の木や鹿の角を取り付けることで、氷上面での滑りをとめることができる。U字形に曲げた材を楕円形に組み合わせたときに、横並びの合わせ目を跨ぐ真ん中あたりに縦長のロの字型に浅く切り込みを入れ

図26　爪樏

ておく。爪の長さは6〜8cmほどで断面がやや楔型で上部が狭く、少し下が膨らみ、それから下は細くなって、全体が下駄の歯状である。爪は木や骨角で製作し、取り付け方は様々である。〈藤村〉

りょうつきかんじき［稜付樏］　ソンパオテシマ、ソンパオチンルなどと称す。＊爪樏を使う状況より少しはよい状態の雪山で使用するもの。素材は棒状の木でも蔓類でもよい。上から見た形態はU字状の素材を組み合わせた＊楕円形樏で、横から見ると足先の先端部に加熱して、やや上向きに反らせてある。上部と下部の輪を横並びにして重なった部分の内側と外側に、V字またはコの字のように浅く切り込みを入れて、軟らかくした革紐で結束して楕円型の＊輪樏をつくる。靴をのせる足場の紐のかけ方や、靴を結ぶ紐のつけ方などは楕円形樏と同じである。〈藤村〉

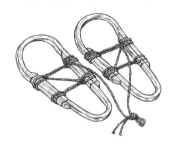

図27　稜付樏

ひょうたんがたかんじき［瓢箪型樏］　チンルと称し、足型樏とも呼ぶ。＊稜付樏を履くような雪山で使用され、木や蔓類で厚さ1cm、幅3cmくらいの1本の薄板をつくり、それを加熱して瓢箪型に曲げたもの。合わせ目は、足でいえば内くるぶしや足先のところで結ぶが、結んだ紐がずれないように、浅いえぐりを片方または両側に入れる。樏の上から見た形態は、足の後ろの輪よりも足先の輪の方が1.5倍ほど大きく、横から見ると足先の先端部はさらに加熱してやや上向きに反らせてある。靴をのせる足場の紐のかけ方や、靴を結ぶ紐のつけ方などは、ほかのものと同じである。

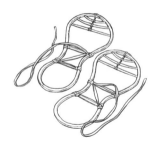

図28　瓢箪型樏

る。樏の板材の断面は縦長であるので、厚みのある稜付樏よりも曲げやすく軽量だが、材に厚みがないので傷みやすい。それを補うために反り先の部分と、できれば後ろ足の部分にも、ゆがみに耐えるような細い棒状の突っ張り木を2〜5本くらいはめる。〈藤村〉

かなかんじき［金樏］　鉄製の樏でカニテシマ、カニカンチキなどと称す。氷結した海浜の岩場や河川を渡るのに便利で、もっぱら和人の役人らが使用し、のちに入手したものである。幅が狭く細長い楕円形の先と後に半月の輪が45°の角度で取り付けてある。＊草履や＊草鞋を履いたままで使用することが多かったらしく、鉄輪の幅は狭いもの、多様な足裏の長さに対応できるように半月の輪のつけ方に工夫がみられる。鉄輪の下には左右の前側に2本、後ろ側に2本と、4本のとがった爪が取り付けてある。別紐を樏に結んで足を固定するが、紐のかけ方は多様である。

また、樏の前半分の形が異なるものもある。長めの半月型の輪の先に、短めで小さい半月の輪が45°の角度で取り付けてある。長めの半月型の下には、先端に1本、後方の左右に2本のとがった爪がつけられる。〈藤村〉

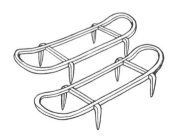

図29　金樏

たけかんじき［竹樏］　竹（ササ）製の樏で、メノコテシマと称す。主に女性が使うことからその名前がつけられた。素材はネマガリダケやササで、質のよい細くそろったものを使う。素材が3cmと太ければ半切することもある。足の長さよりも10cmほど長い素材を左右の足の分4本を切って、残った材は20cmくらいにそろえて切る。長い棒の根元側と梢側の先端近くに浅い半月のえぐりを2カ所入れ、根元側のえぐりに短く切った材を直角にあてがい、紐でしっかり結ぶ。材に紐をかけたり結んだりして、ささら状になっている短い材に長い材を紐で絡み終えると出来上がる。次に、靴先が納まる部分を考えて、左右の長い材と短い材との隙間に紐を通し、靴先が入るようにた

るみを調節して余りを長材にしっかりと結ぶ。左右に延びた2本の紐は足の甲で交差させ、後ろ足を回って足首の前で蝶結びにする。竹橇は家近くの山歩きや、川端への道つけなどにきわめて重宝である。
〈藤村〉

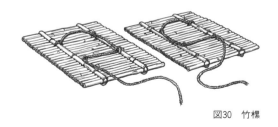

図30　竹橇

スキー［スキー〈ski〉］

　ストーと称する。シラカバ、ヤマザクラ、ナナカマドなど、節目もなく質のよい直径20〜25cm、長さ2mくらいの木の外皮を剥き、おおよその目安で厚さ2〜3cmの板を2枚割りとる。柾目の板がとれると、*山刀や▼手斧で板面を粗く削り、表面を平らにしてきれいに調整する。次に反対側を粗く削って徐々に薄くしていき、均質の薄板を完成させる。2枚の板が出来上がると、履いたときに根元側が後ろに、梢側が足先になるように木炭でおおよその形を描き、不要な部分を削り取り、*小刀で仕上げる。利用者の性別・体重などによって違いはあるが、長さは1.6〜2.0m、幅は18〜23cmほどである。

　木部の先端の曲げ方は、お湯に浸けたり、*囲炉裏の熱い灰の中に水で湿らせた先端を差し込んで蒸かして曲げる。上向きに反らせたら、先端部と後方の突起との間に紐を張って反りを固定する。

　次に雪に接する面を合わせ、先端および後方から20cmくらいの部分2カ所を紐で結ぶ。2枚の板が重なるほぼ中間部分の、ちょうど足をのせるところに、直径10〜15cmほどの丸太片を板の間に差し込んで、緩い中膨らみ型をつくる。先端部と後方の反りを調整し、紐を締め直したり、反りの根元に楔を打ち込んだりして一定の反りになるようにする。

　乾燥すると紐を解き、靴をのせる位置を決め、靴が滑らないように、靴底と同じかやや大きめの皮を切り抜き、魚皮でつくった膠で接着する。皮の形は長方形、隅落としの長方形、楕円形などである。履いた靴先をとめるための抑えとして、板の表面2カ所に小さな革の輪を取り付けたあと、切った革紐をその二つの輪に通し、靴の足先を挿入できるだけのたるみを残して結ぶ。

　次に縦長のアザラシの生皮の端を反りの先端にきつく紐でしばり、反対側の皮端を引っ張りながら後ろ側の突起部に紐でくくる。板の両側にはみ出した余り皮は表側に折り曲げる。皮端の左右にいくつかの穴をあけて別紐を通したあと、足先の方から紐を引き寄せながら締めつけて板に生皮を張りつける。自然乾燥させ、皮が硬くなると紐をはずし、板の端から1.0〜1.5cmほどを残して不要な部分の皮を切り落とすと完成する。

　山の斜面が緩やかであれば、九十九折に登り、急な斜面であれば体を横に向けて登る。下りは斜面を利用して一気に下り、平らなところでは軽く走る。急斜面では加速して危険なこともあるので、*ストックを股の間に挟んで下りる。勢いを緩めるときは股に挟んだクワ（*ストック）を手前に引き寄せると、それが制御棒となってとまるので、調節をしながら下山する。
〈藤村〉

図31　スキー

ストック［ストック〈stock〉］

クワ、ストクワと称す。*スキー用のストックは、本来1本であり、それもかつては先端が二股になっている狩猟用の▼山杖であったが、時代とともに二股の山杖は先端が細い1本棒となり、ついには2本棒、さらには輪付きのストックへと変容していった。直径は3cm、長さは120〜140cmほどある。2本棒やストックは握りの部分が決まっているので、握手の部分の片面や左右面を浅く削って握りやすくし、人によっては▼革紐をつけることがある。

図32　ストック

ストックの輪はスキーをつくった共木（ともぎ）の破片から、幅4cm、厚さ0.7cm、長さ40cmくらいの板を輪状に曲げてつくる。輪と棒にいくつかの穴をあけ、それらに革紐を通して固定する。　〈藤村〉

和人資料

わらはきもの［藁履物］

　日本における伝統的な庶民の履物といえば、*草鞋（わらじ）、*草履類（ぞうりるい）、雪国の*爪甲（つまご）（爪子・爪護）、*深靴（ふかぐつ）など主として藁（わら）でつくられた履物と、木の台に*鼻緒（はなお）をつけた*下駄（げた）類である。特に近世においては藁製の履物は都市・農漁村を問わず広く使用され、農村地帯ではその地方の気候、自然、産業などに合わせて種々の自家製の履物がつくられ使われていた。だが、近世の松前地では稲作農業が定着せず、食料や生活物資のほとんどを他領に仰ぎ、北前船（きたまえぶね）など大型の船で大量に移入する生活であった。したがって米はもとより藁もない松前地では「草履、草鞋、奥羽、越佐の諸国より」（『東海参譚』1806年）と、商品として移入された草履、草鞋、爪甲、深靴などを購入し、あるいは空俵を解いて藁にして草履などをつくるという生活であった。

　明治以降の北海道も近世同様、藁製品は船で本州各地から移入した時代が長く続いた。『殖民公報』第90号（1916年）の「本道に於ける藁製品の需要」によると、草鞋は越前、佐渡、秋田より、草履は越中、佐渡から、爪甲は岩手、青森から移入されたと記述されている。このような藁の履物の移入は、ほかの記録からみても明治初期から同じように続けられてきたと考えられ、北海道の農漁村に定着した生活様式の系譜を知るうえで重要な要素となっている。明治後期から大正時代になると北の上川地方にまで稲作が普及し、農村において藁が豊富に使えるようになり、草履、爪甲など藁製の履物が自家製としてつくられるようになった。昭和に入ると*ゴム靴など靴の普及で藁の履物を使用する人々も少なくなるが、戦争で物資が不足した1943年から46年にかけて再び使用された。　〈矢島　睿〉

わらじ［草鞋］

稲藁などで編んだ履物で、足をのせる台部のソコ（底）、踵（かかと）を受けるカエシ（返し）、足に結びつけるヒモ（紐）、ヒモを通すため底につけたチ（乳）の四部から構成される。日本では古くから使われ「わらくつ」「わらんづ」などの名称で古文献にも見えており、近世に入ると労働や旅行の履物として広く普及し、今日に受け継がれている形式の草鞋が使われるようになった。

　日常的に漁労、交易、檜（ひのき）山造材などの仕事に従事し、また、蝦夷地など遠方への出稼ぎの多かった近世の松前地の領民は草鞋が主要な履物であった。だが、稲作農業が定着しなかった松前地では藁がなく、商品として北前船などで移入されたものが使用されていた。明治時代に入っても北海道では稲作が定着せず、開拓移住者たちは本州各地から移入された草鞋を買ったが、貧しい生活のなか、菅（すげ）など草で編んだ草鞋をつくった地方もある。本州からの移入品については『殖民公報』第90号に「草鞋は越前、佐渡、秋田より移入し」とあるように、近世の松前地と同様に佐渡、秋田などから送られてきたものが多かった。北海道の農民が自家製の草鞋や*草履（ぞうり）を履くようになるのは、地方によって異なるが、稲作の定着する明治後期ごろからである。　〈矢島〉

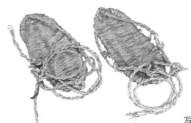

写真1　草鞋

ぞうり［草履］

稲藁（いなわら）や藺草（いぐさ）で編んだ履物。*草鞋（わらじ）は紐で足に結んで着装するのに対し、草履は*鼻緒（はなお）がついており、鼻緒の根元に足の親指と人差し指を入れて使用した。草履の起源は草鞋とほぼ同様であり、特に室町時代に武士が使用した足半（あしなか）はその後も長く農山村で使われてきたが、草鞋が主として労働や旅に使われたのに対し、草履は日常生活に使われたため、近世になると粗末な藁草履（わらぞうり）のほかに外出や晴れの日に使用する上等な草履もつくられている。

　近世の江戸など都市部で使われた藁草履について近世末期の風俗書『守貞漫稿』（1853年）に「江俗、冷飯草履と云ふ。米藁の袴も去らず、これを

製す。緒は藁に白紙を巻き二条を捻じたるあり。そのたきをおぶとと云。あるひは極くほそきくご縄五条を合せたるあり。千筋の草履と云ふ。江戸市店、丁児、平日これを専用す」と記述されている。これによると、藁の草履は冷飯草履などと呼ばれ店の丁稚や貧しい者の履物で、町人の多くは*雪駄（雪踏）を使用したと述べられているが、地方の郷村部では藁の草履が日常の履物であった。また、この時代の草履には藺草や竹皮を編んで2枚、3枚、5枚と重ねた重ね草履や草鞋の台の上に藺草や竹皮で編んだ畳などを張った表打草履などが広く使われていた。

近世の松前地では、藁草履は草鞋とともに船で奥羽や越後、佐渡などから運ばれ、重ね草履や表打草履は江戸や大坂などでつくられたものが商品として移入されていた。明治以降の農村部でも草履と草鞋が日常的に使われたが、稲藁の草履や草鞋は稲作農業が広く発達する大正時代に至るまで東北・北陸地方から移入されていた。〈矢島〉

せった［雪駄（雪踏）］ 藺草表などの*草履の裏底に皮を張り、踵の部分に尻金を打った近世の代表的な履物。この履物の由来については近世の風俗を記した『守貞漫稿』（1853年）に「『世事談』に曰く、雪踏は千の利久（休）、初めてこれを作らしむ。雪中の露次入りにしめり通るを忌みて、草履に草履を重ね、これを裡付草履と云ふ。なほ湿り通らぬことを計りて、裡牛皮をもって造る。雪の上を踏むと云ふ理に因って、雪踏と名付けたり」とある。これによると雪駄は茶人千利休が雪の日の茶会で足が濡れないように草履の裏に牛の皮を張ったものを用いたことに始まるといわれ、近世中期以降になると「今常にこれを用ゆ」と下級武士や町人の間で広く用いられるようになった。踵の部分に尻金を打ったため歩くとチャラチャラと音がしたが、これがイキだといわれ雪駄は江戸町人の生活に欠かせないものとなっている。

近世の松前地には北前船などの海運によって大量の生活物資が運ばれ、そのなかに履物も多く含まれている。例えば文化年間（1804～18年）ごろの『箱館問屋儀定帳』（『函館市史』史料編 第二巻）には草履、*草鞋、塗下駄、草履下駄などとともに「雪駄 拾足 五文」といった記述がみられる。明治以降も「雪駄は滅茶苦茶の流行なり、雪駄の鼻緒は絹、羅紗、珍色の鹿革面白し」（『日用百科全書 第六編 衣服と流行』1895年）と和服のときの履物として広く使われ今日に受け継がれている。〈矢島〉

写真2　雪駄

つまご［爪甲］ 近世の松前地から昭和初期の農漁村まで広く使用された藁製の冬の履物。爪子・爪護・爪籠とも書く藁製の沓であり、下駄の爪皮と同じようにつま先を覆う意味が語源となっている。近世後期の松前地の風俗を記した『松前方言考』（1848年ごろ）に「是も藁にてつくりたるものにして足のさきへかけてはくものなり。考るにツマゴとは爪藁ならん」とあり、近世の松前地で広く普及していたと考えられる。また、明治以降の農漁村においても日常、労働ともに冬の履物として用いられた。例えば開拓期の上川郡鷹栖村では冬の履物として「つまご（爪子ナルベシ）ト称スル、草鞋ノ前半ヲ袋トナシタモノ、及ヒ藁靴ト称スル足袋形ノ防寒用具ヲ用キ」（『鷹栖村史』1914年）と記述されている。

だが、稲作が広く定着する明治後期ごろまでは*草鞋などの藁製品とともに本州各地から送られてくる爪甲が使用されていた。例えば『殖民公報』（第90号　1916年）の「本道に於ける藁製品の需要」によると「爪甲は岩手県及青森県より多く移入し、百足四円八十銭乃至五円八十銭にして」とあり、岩手や青森から移入されたものが多かった。爪甲は*足袋をつけて履き紐で結わえたが、明治中期ごろから防寒衣料として毛織物の*赤ゲットが普及すると、赤ゲットの切れ端を足に巻いて爪甲を履いた。昭和に入り*ゴム長靴の普及で姿を消した。〈矢島〉

写真3　爪甲

つまごがた［爪甲型］ *爪甲をつくるときに使用する木型。北海道で稲作が定着する明治後期ご

ろになると藁製の履物をつくる農家が増え、冬の副業として爪甲や*深靴づくりが奨励された。爪甲や深靴は藁で編んで製作したが、藁でつま先から*靴の形に編むには型が必要であり、先を丸く削った爪甲型を用意した。コブシやカツラの材でつくった自家製のものが多い。　〈矢島〉

写真4　爪甲型

ごんべ［――］　主として冬季に用いられた藁製の履物。近世後期の松前地の風俗を記した『松前方言考』(1848年ごろ)に「ゴンベ　雪中にはくものなり。藁ひとたけにて編立る。はじめはわらのもとを丸けてあみはじめ、末にいたりて藁を増し二筋にわけ折かへし、終は真中にて結ひとむる也」とある。これによると、ゴンベはつま先の方から編みはじめ、途中から二手に分けて編み、最後に踵のあたりで結ぶという製作法でつくった爪掛つきの藁沓で、冬季に家の近くで使われた*爪甲に近い藁の履物である。なおゴンベの名称については民俗学研究所編『綜合日本民俗語彙』(1955年)によると「ゴベ　青森県上北郡野辺地町付近では、ツマゴに似た雪中の履物」とあり、おそらく名称も製作法も履物自体も対岸の南部や津軽からもたらされたものと考えられる。　〈矢島〉

ふかぐつ［深靴］　冬季の雪の歩行に使われた脛の部分まである藁の*靴。雪靴とも呼ばれ北海道では*爪甲とともに古くから使われてきたが、特に雪深い開拓農村では除雪など屋外の仕事、外出、子供の通学と、冬の生活に欠かすことのできない用具であった。初期には爪甲などとともに青森県や岩手県などから移入されていたが、稲作の定着する明治後期以降は自家製の深靴をつくった家が多い。大きさは使う人に合わせてつくったため種々のものがみられる。女性や子供の深靴には、はき口に絣や花柄の飾り布をつけることも多い。　〈矢島〉

写真5　深靴

かんじき［樏］

　北半球の積雪地帯に分布する雪上歩行具。日本では主として山陰地方から北海道まで広く分布する。これらを分類すると、1本の輪材で円形、楕円形、瓢箪形に構成するものを単輪型、前輪と後輪の二つの輪で構成する複輪型、板あるいは竹を横に並べて固定する*梯子状・簾編型である。複輪型は前輪の先端が上に反っているもの、左右に滑り止めの爪がつくものがみられる。単輪型で円形、楕円形のものは縄や針金でネッティングしたものが多く、山陰・北陸地方を中心に、複輪型は東北地方、北海道、北海道アイヌに分布する。単輪型で瓢箪形は東北地方北部、北海道アイヌに分布するが、東北地方ではエゾカンジキと呼び、アイヌ民族との関連性が注目される。また、このカンジキは先端部で結束し、輪材内部の前と後の部分にそれぞれ数本のサキリ（横棒）が差し込まれているのが特徴である。梯子状・簾編型は主として雪踏みに使用する。また、北陸地方には大型でスカリと呼ばれるカンジキが分布するが、雪踏みに使用するもので、単輪型のカンジキを履き、さらにこのスカリを履いて使用する独特のものである。

　これらカンジキの形態や構造の違いは、用途、場所、さらには雪質の相違によるものと考えられる。足を固定する紐は主にトラル、トナリなどと呼ばれ、海獣皮、動物の皮を使用することが多い。輪材は竹、クワの木、クロモジなどである。製作技術は輪材に熱湯をかけるなど熱して曲げ、固定するのが一般的である。北海道アイヌのカンジキは複輪型をテシマ、瓢箪形をチンルと呼ぶが、地域によっては逆の場合もある。これらカンジキ以外に鉄製で*靴に直接滑り止めとして装着するカナカンジキがある。北海道の遺跡からは擦文文化期、アイヌ文化期に単輪型で瓢箪形とこれに類似するカンジキが出土しているが、世界的に見ても古い時代のものであろう。とりわけ、札幌市K39遺跡から出土しているものは瓢箪形ではないが、先端部で結束し、サキリつきであり、9世紀から10世紀ごろのものと推察される。

世界的に見て北アメリカにはネッティングが施された単輪型と複輪型が多く分布するが、なかでもラケット形が特徴的なものである。また、北アメリカとシベリアには外側に膨らんだ2本の輪材を先端と後端で結束した2枠型が分布している。（→63頁　アイヌ資料［樏］）　　　〈氏家　等〉

写真6　樏

げた［下駄］

木製の台部に*鼻緒をすげた履物。日本では弥生時代の遺跡から田下駄が出土し、奈良時代の平城京の遺跡から下駄類が出土しており、古くからの存在が認められている。だが、室町時代ごろまでは一般には*草履など藁製の履物が好まれていたようで、男女ともに広く下駄を用いるようになるのは近世になってからと考えられている。下駄は台部の歯の有無により、大きく無歯下駄と有歯下駄に分けられ、さらに有歯下駄は、台と歯が一本の木によってつくられた連歯下駄と、別の材の歯を台に差した差歯下駄がある。

江戸、京、大坂を中心とした近世の風俗をまとめた『守貞漫稿』（1853年）に、「昔の下駄は、山樵らこれを製して、江戸等に出す。故に山下駄と名す。麁製なり。桐製にて、歯を挟まず、一材をもって台・歯ともに備へ製す」とある。このように近世初期には山村でつくられた山下駄などと呼ばれた粗末な一木造りの下駄が多く、*鼻緒も「専ら自製を用ゆ。男子は縄になひ、婦女は木綿絎なり」と自家製のものが広く使われていた。だが、このころの庶民の履物はまだ藁製の草履類が多く、下駄は雨の日や湿地などでの履物という傾向が強かった。その後、元禄時代（1688～1704年）以降になると下駄の歯を取り替えることのできる差歯下駄や塗物の下駄が使われるようになり、外方下駄、中切下駄、高下駄、*堂島下駄、*駒下駄などが流行し、男女ともに下駄が広く普及するようになる。なお『守貞漫稿』によれば、近世後期ごろの江戸では下駄の歯の高いのを*足駄、低いのを下駄と呼び、男子用は足駄、下駄ともに角形で、女子は丸形であると記述している。

松前地でも近世中期以降になると種々の下駄が広く普及したようで、商店の書類にも商品として移入された下駄類として、*草履下駄、塗下駄、ぽくり下駄、*雪駄（『箱館問屋儀定帳』函館市史 史料編 第二巻）、表付下駄、中折、駒下駄、若狭同、足駄、大坂堂島、雪踏（『関川家文書』〈蔵鋪定〉1853年、江差町史 第四巻 資料編）などの記録が残されている。だが、雪駄、塗下駄などは高価なもので、商家の使用人らは「奉公中雪駄表附下駄不相成、其外下駄足駄迚も猥リニ履捨相成不申候事」（『礎日記』江差町史 第三巻 資料編）と使用を禁じた家が多かった。また、冬季には「下駄足駄の類は街上の氷雪鏡の如きが上に而辷ること甚しき故用ひがたし」（松浦弘『初航蝦夷日誌』1845年紀行）と、下駄類は滑って危険なため*爪甲や*深靴など藁製の履物が使われていたようである。明治以降の農漁村でもほぼ同様で、*靴が普及する昭和初期まで夏季は下駄類、冬季は藁製の履物が使われていた。特に札幌など都市部では下駄を使用する人々が多く、『石狩国寄留職業調』（1877年）には7人の下駄職人があげられており、『札幌繁昌記』（1891年）には、本籍2、寄留3の下駄職人がのせられている。

〈矢島　睿〉

どうじまげた［堂島下駄］　丸みを帯びた連歯下駄で、桐材や杉材をくり抜いたものが多い。この下駄の由来については『守貞漫稿』（1853年）に「大坂堂島は米賈多く住す地名。その米賈より始まり、かれこれ専用せしか、故に名とすなるべし」とあり、大坂堂島の米市で働く人々が履いていた下駄が、名称とともに江戸にも広まったといわれている。だが、江戸では「今は中切下駄等を専用す。江戸にては中切を堂島と云ふ」とあり、中切下駄も堂島下駄と呼んでいたようである。中切下駄とは「無歯の桐台を半ばより二つに切り分け、革をもってこれを継ぐ」と記述されているように、台を半分に切って革などでつないだ下駄である。主として男性用であるが女性用としても使われ、白木や塗物の下駄があった。　〈矢島〉

こまげた［駒下駄］　角形の歯の低い連歯下駄。『守貞漫稿』（1853年）などによると、古くは雨の日や湿地用として使われたが、近世後期になると、庶民が晴れた日にも履く日常の日和下駄とな

った。また、江戸府内は犬が多く、*草履や*雪駄で犬の糞を踏むのを嫌って駒下駄が普及したともいわれている。近世の松前地でも使われていたようで、江差の商家関川家の扱い商品のなかに、ほかの下駄とともに「駒下駄」と記録されている。近世には羽根虫などと呼ばれ白木台が多かったが、近世末期から明治時代になると畳表張の下駄となり、特に女物は塗下駄が多かった。　〈矢島〉

写真7　駒下駄

あしだ［足駄］　丈の高い差歯を台にはめ込んだ差歯下駄。近世の江戸では歯の高い下駄を、特に足駄と呼んでいた。高歯下駄などの名称で明治以降も使われたが、もとは雨の日のぬかるみの道や湿地で歩くための下駄であった。積雪量が少なく道が凍結しない雪国では冬の履物としても使用した。　〈矢島〉

写真8　足駄

ほおばげた［朴歯下駄］　厚手の朴歯を入れた足駄。大型の白木の台に朴歯をはめた下駄で、明治から昭和にかけて学生ら若い人の履物として流行した。和服ばかりでなく洋服のときも履いたが、どの地方でも角帽に朴歯下駄は明治から昭和初期にかけてバンカラ学生のシンボルとなっていた。　〈矢島〉

ぽっくり［―――］　女の子や舞妓らが用いた、主として塗物の無歯下駄。下駄の台部の底をくり抜いて空洞にしているため、歩くとポコポコと音がすることから名付けられたといわれている。『守貞漫稿』(1853年)によると、近世には幼い女の子や傾城街の禿が用い、こっぽり下駄の名称であったが、「江戸ではぽっくり下駄という」と記述されている。　〈矢島〉

ぞうりげた［草履下駄］　下駄の台に草履表を重ねた履物。『守貞漫稿』(1853年)によると、「表は麻裡草履と同物を用ひ、台松材にて狭く、緒はばら緒、木綿真田紐緒、鼠染、草色、紺染木綿緒なり」とある。近世後期ごろになって流行した履物で、やはり台の上に草履表などを張りつけた「吾妻下駄」も同種の履物であったと考えられる。近世の松前地にも移入されており、文化年間（1804～18年）の箱館の商家の記録に「草履下駄」の名称がみられる。　〈矢島〉

写真9　草履下駄

はなお［鼻緒］　*下駄や*草履の台につけて足の指で挟む紐。『守貞漫稿』(1853年)に「昔は、下駄・足駄の緒は専ら自製を用ゆ。男子は縄になひ、婦女は木綿紵なり、その後、田舎よりこれを製して売る」とある。近世初期には自家製や近郷の農村でつくられたものが多く、縄紐のようなものや木綿製の粗末なものが多かったようである。近世中期以降になると、*雪駄や塗物の上等な下駄が使われるようになり、鼻緒も麻、棕櫚などを芯に革、縮緬、ビロードなどでつくられ、近代に受け継がれた。　〈矢島〉

つまがけ［爪掛］　*下駄を履くとき泥などでつま先を汚さないため覆った爪皮。近世から使われており『守貞漫稿』(1853年)に、「下駄、足駄にこれを用ふ。下駄台・鼻緒ともに前の方よりこれを覆ひ、後歯の背に紐を結ぶ」と図入りで説明されている。北海道では冬季に使用した「*雪下駄」には必ず爪掛をつけた。　〈矢島〉

ゆきげた［雪下駄］　*ゴム長靴など防寒靴が普及する以前の北海道の冬の履物は、藁の*深靴や*下駄が使われていた。特に近世からの歴史を持つ道南地方の町や、明治以降の札幌などの都市部の女性は冬の外出に下駄を使用することが多い。下駄は歯の薄い高下駄であったが、道が凍結する極寒期の使用はきわめて危険で、歩行中に転倒して腰の骨を折るなどの大怪我をすることもまれではなかった。このようなことから明治中期以降になると、下駄の歯に滑り止めの金具をつけることが普及する。初期には町の鍛冶屋などでつくって

もらい、履物屋で下駄を購入して取り付けたといわれている。金具の大きさは幅1cm、長さ7cm程度で数本の突起があるものが多い。男女の下駄とも使用したが、足が濡れないように下駄の前方を覆う爪皮（*爪掛）をつけたものが多い。また、北海道では雪に埋まらないよう歯が逆台形状のものも多い。女性の晴着用の雪下駄は、朱塗り畳張りの台に毛皮つきの爪皮と、豪華なものであった。　　　　　　　　　　　　　　　〈矢島〉

たび［足袋］

　防寒あるいは足の保護のために履く衣類。足袋は古代から存在し、古くは皮でつくったものが多かったため単皮という名称になったといわれている。初期のものは*靴のような指の股のあいてない韈であったが、中世に入ると*草鞋を履くために今日の足袋のように親指と他の四本指に分かれたつくりになったといわれている。近世初期ごろまでは皮製が多かったが、中期以降になると木綿など布類の足袋が使われるようになり一般にも広く普及するようになった。さらに後期になると皮足袋は全くすたれ、身分を問わず木綿の足袋が使われた。『守貞漫稿』（1853年）によると、色は白、紺、千草、鼠などが多く、礼装には男性・女性とも白に限られ、旅や歩行のときは紺を使用することが多かったといわれている。

　近世の松前地は冬の寒さの厳しい地方であり古くから足袋が使用されてきたが、近世後期ごろになると、江差・箱館などの呉服太物の店には紺色木綿の足袋などが売られており、日常に広く使われていたことが記録に残されている。例えば1855（安政2）年に松前、箱館に渡航した弘前の文人平尾魯僊が著した『箱館紀行』（1856年）にはこの時代の松前地の服装など暮らしぶりが記録されており、「男女はみな紺の腿曳脚佩に同じ色の足袋を穿き、紙緒の草履」と、庶民の足ごしらえが記述されている。だが、松前地の商家や漁家では「足袋ハ十月朔日より三月朔日まで」（『磯日記』江差町史　第三巻　資料編）と江差の増田家の家訓に残されているように、足袋を履く季節が厳しく守られていた。また、漁場や檜山造材などで働く人々で、鷹匠といわれる刺子足袋や自家製の*草鞋掛と呼ばれる刺子足袋が使われ、明治以降の漁村に受け継がれた。さらに明治以降の開拓農村で

は防寒用の足袋のほか開墾作業に使用する自家製の*開墾足袋が広く使われていたが、昭和初期になるとゴム底の*地下足袋が普及した。〈矢島〉

かいこんたび［開墾足袋］　北海道の開拓時代に移住者が開墾作業に用いた足袋。開拓は原野に生えている木を倒して根を切り、周囲のクマザサを払って農地を造成することから始められるが、ネマガリダケやクマザサの根は危険であり、厚手の作業足袋を必要とした。開墾足袋は自家製で、定まった形式があるわけではないが、木綿布を何枚も重ねて刺した足袋底に、刺子の木綿布の甲を組み合わせ、上部を紐でしっかり結ぶ形式が多い。このほか木の板を足袋底にして帆布を甲に使用した開墾足袋もあった。〈矢島〉

写真10　開墾足袋

わらじかけ［草鞋掛］　刺子布でつくった作業用の足袋。近世の漁場や屋外で働く人々は自家製の足袋を用いることが多く、「女はさし物いたりて上手なり。五つ六つの頃よりさしならひ、足袋などは美しくさし」（『東遊記』1784年）と、主婦たちが刺した刺子足袋を履くことが普通であった。作業のときはこの足袋を履いて*草鞋をつけたが、小鉤を用いず紐でしばる形式が多い。明治以降の漁村に受け継がれて広く使用されたが、内陸部の農村や炭鉱などでも使われた。〈矢島〉

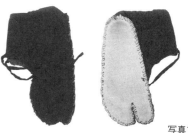

写真11　草鞋掛

じかたび［地下足袋］　作業用足袋として昭和初期ごろから広く使われたゴム底の足袋。〈矢島〉

きゃはん［脚半］　旅や労働の際に脛を保護するため着装する衣類。脚半、脛巾、ホシなどと呼ばれ種々の形態がある。（→80頁　仕事着［脚半］）
〈矢島〉

くつ［靴］

イノシシや鹿など動物の毛皮でつくられた革履は日本にも古代から存在し、近世においても江戸の見回り役人が冬季に用いた足袋沓などがあるが、西洋風の靴が日本で使われるようになるのは幕末になってからであり、『守貞漫稿』(1853年)に「文久頃より、横浜在勤日本炮卒ら、往々西洋革履を用ふ」と記述されている。幕末、横浜などの開港によって多くの外国人が来航し、西洋の新しい文物や技術が伝えられたが、革靴に関しては1861（文久元）年に来日したオランダ人のF・J・レマルシャンが横浜で靴店を開業し、日本の革靴製造に大きな役割を果たしている。明治時代に入り陸海軍の整備に伴い兵士の軍靴を国内で製造することとなり、1870（明治3）年に御用商人西村勝三が東京築地入船町に伊勢勝製靴工場を設立したのが日本における西洋靴製造の始めといわれている。翌年には巡邏や兵部省の官員の制服が洋服となり、1872年に官吏の礼服が洋服となると西洋靴の需要が増大し、各地で靴店が開業するなど製靴工業が大きく発展している。その後、巡査、教師、地方官吏らに靴が普及し、明治20年代（1887～96年）に入るころから一般にも普及するようになる。

北海道でも明治時代になると、開拓使の官吏らを中心に西洋靴が使われ、靴の製造も行われるようになる。札幌における靴製造の始めは、1876（明治9）年に札幌農学校の靴職として来道した岩井信六である。岩井は1857（安政4）年に長岡藩士の五男として生まれている。長岡藩が戊辰戦争で賊軍となったこともあり、明治になると旧藩士の生活は厳しく、岩井も新しい技術で身を立てることを志し靴職人となったといわれている。『開道五十年記念北海道』(1918年)によると、「十四歳から東京の製靴業の泰斗たる伊勢勝の徒弟となり、和蘭人レマルシャンに師事して製靴の研鑽を為すこと四ケ年後明治五年より同十年に至る迄西村勝三の経営に係る桜組に入りて靴製造の奥義を極む我邦に於て当初の製靴業者たりとす」とある。これによると岩井は日本で初めて靴工場を設立した西村勝三経営の伊勢勝の徒弟となり、レマルシャンに師事したという当時の先端をいく靴職人であった。札幌では札幌農学校の雇いとして靴を製作したが、1878年独立して南3条西2丁目に北海道で初めての本格的な靴店を開業し、その後多くの弟子を育てた。

明治20年代以降になると、官吏・会社員ら都市部の男性を中心に西洋靴が徐々に普及する。例えば、『札幌繁昌記』(1891年)の戸口職業の欄には「靴工　本籍　七、寄留　五」とあり、札幌だけでも岩井信六をはじめ14人の靴職人がいたことが記録に残されている。また、靴を販売する靴店については1904（明治37）年の『北海道実業家営業案内』に、札幌には岩井商会など5店、小樽3店、旭川1店となっている。

この時代に北海道でつくられ、使われていた靴については『札幌沿革史』(1897年)に、「三四年前は編上靴流行せしも、今はごむ靴（俗云深ごむ）広く流行し、半靴之に次ぐ」とあり、まだ靴が一般に普及しない時代においても流行があったことを物語っている。この文には編上靴、ゴム靴、半靴があげられているが、編上靴は軍靴に代表される深めの革靴で、前方を紐で編むように着装する靴である。深ゴム靴はゴム製の靴ではない。『札幌繁昌記』に「剥製佛蘭士皮の護謨靴」とあるように、当時、革靴の原料としてフランスから輸入した油革でつくった足首が隠れるほどの深めの革靴で、側面にゴムの帯をつけたため「ごむ靴」といわれていた。また、半靴は*短靴ともいわれ、のちに最も普及した革靴であるが、つま先の形により丸形・角形などと呼ばれていた。なお、この短靴に対し、長靴があるが、北海道では原野や牧場の仕事が多く、また乗馬の機会が多かったこともあって、革製のブーツも早くから使われていた。その後、明治後期から大正ごろになると、都市部を中心に次第に靴が普及し、ズック製の靴やゴム製の靴もつくられるようになるが、女性や子供が靴を履くようになるのは昭和に入ってからである。

〈矢島〉

写真12　双六に描かれた靴（革靴など洋物を扱う商店「札幌区実業家案内双六」＝明治36年）

たんぐつ［短靴］　半靴と同様、足の踝が出る程度の深さの革靴。明治以降に最も普及した靴で、明治中期ごろには「目下の流行の靴は其爪頭の格好、細形有り、丸形あり、又ぶち切たるような角形あれど、丸形第一の流行にして、角形これに次ぐ」(『日用百科全書　第六編　衣服と流行』1895年)とある。これによると靴のつま先の形によって、細形・丸形・角形があり、また靴の甲の縫い方の文様、履き口の形、靴紐の有無など、今日の皮靴の基本が確立していたと考えられるばかりか、つま先の形や踵の変化による毎年の流行があったことが分かる。初期の革の短靴はフランスから輸入された油革が最上とされ、ほとんど牛革が使われたが、礼服などに用いる高級な靴にはキッド（子山羊）や鰐革などが使用された。北海道でも大正中期以降になると、都市部ばかりでなく農漁村部にも普及した。　　　　　　　〈矢島〉

ゴムぐつ［ゴム〈gum〉靴］　日本におけるゴム靴の記録は『玉虫日記』(1860年)に「護謨を以て靴を作る、是朝夕或は曇天の節用ゆるなり」とあり、外国からの輸入品であろうが、幕末には一部で使われていた。明治に入り洋服化が進むと、革靴とともにゴム靴も輸入されるが、当時の記録によると、輸入ゴム靴はオーバーシューズと長靴であった。わが国のゴム靴の製造は、1908（明治41）年に三田土護謨会社が長靴とオーバーシューズを試作したが、技術が伴わず失敗に終わっている。その後、国内で製造技術の研究が進み、1919（大正8）年ごろに神戸を中心にゴム靴製造が始まり、大正末から昭和初期にかけて全国に広まった。北海道でも小樽、函館、札幌などにゴム工場が設立され、長靴、オーバーシューズ、澱粉靴と言われた短靴などを製造するようになった。昭和初期におけるゴム靴の普及により、それまでの*下駄類、*爪甲、藁靴の時代を脱し、道民の冬季生活が大きく改善された。　　　　　〈矢島〉

ゴムながぐつ［ゴム〈gum〉長靴］　大正時代ごろまでの道民の冬の履物といえば、都市部の官吏や会社員の一部に革靴の使用はあったが、一般には藁の*深靴や*爪甲であった。これらの履物は、寒さや水に弱いため凍傷やしもやけになることも多く、道民の冬季生活の大きな制約となっていた。また、*ゴム靴も外国から輸入されていたが、高価なため庶民に普及するに至っていなかった。だが、大正中期ごろになると、ゴム工業の発達に伴い北海道でも小樽、札幌、函館などにゴム工場が設立され、ゴム靴、ゴム合羽などが製造されるようになるが、なかでも冬季の履物としてゴム長靴の需要が大きく、昭和に入ると大量に生産されるようになり一般に普及した。水に強く保温性の高いゴム長靴の普及は、衣服の改善と相まって、道民の冬季の屋外での活動の時間を大幅に延ばすなど冬の生活を大きく変えたといわれている。

　ゴム長靴の規格は、太平洋戦争前は足の文数、戦後は主としてセンチで表示された。初期のゴム長靴は丈が長く膝の関節ぐらいまであるような深雪用が多かったが、戦後になって丈の短い活動性のあるものが多くなった。戦時中は、物資統制によってゴム長靴の製造は制約され、粗悪な合成ゴムの長靴もつくられた。戦後には再び冬の生活の必需品として広く使用されるようになるが、昭和30年代に始まる生活様式の変化に伴い種々の防寒靴が普及し、ゴム長靴の需要は昭和40年代以降になると急激に減少する。最近では形を変えたり様々な色のカラー長靴などがつくられ、家の近くへの外出や仕事用として根強い人気を保っている。　　　　　　　　　　　　　〈矢島〉

写真13　ゴム長靴

ぼうかんぐつ［防寒靴］（→87頁　防寒着［防寒履物］）

うわばき［上履］（→403頁　教育用具［上履］）

うんどうぐつ［運動靴］（→403頁　教育用具［運動靴］）

くつした［靴下］

　*靴を履くときにつける袋状の衣類。日本に初めて靴下がもたらされたのは16世紀で、南蛮船による移入であったが、一般への普及は幕末からで、当然ながら洋靴の普及と大きく関連している。幕末から明治初期にかけて靴や*洋服とともに*ソックスや*ストッキングが輸入されている

が、靴下という名称はなく1895（明治28）年に刊行された『日用百科全書　第六編　衣服と流行』など多くの書物に「靴足袋」と記述されている。日本における靴下の製造は、1870年に西村勝三がアメリカから編み機を輸入して製造したのが初めといわれている。明治初期に靴足袋、足套、韈と記されていたが、明治20年代に洋服や靴の普及に伴って次第に広まり、靴下の名称が一般化するのは明治後期ごろからである。　　　　　〈矢島〉

ソックス［ソックス〈socks〉］　ふくらはぎの下までの短い靴下。靴下の歴史からみると、欧米では1830（文政13）年ごろから*ズボンの裾が長くなり短い靴下が普及したといわれている。明治期文明開化の時代においても女性の洋服化が遅れた日本では、靴下も男性用がほとんどであった。明治後半には、「靴足袋はスコッチ、毛絲、夏は木綿メリヤス織継目なきもの好し」（『日用百科全書　第六編　衣服と流行』1895年）と記述されており、ソックスは靴足袋と呼ばれ、羊毛を用いたイギリス製のスコッチツィードでつくられた。その後、羊毛スコッチや木綿メリヤス製ソックスの国内生産も始まっている。洋服および革靴の普及に伴い大正から昭和初期ごろになると広く定着した。　　　　　　　　　　　　　　〈矢島〉

ストッキング［ストッキング〈stocking〉］　膝の上までの長さの長靴下。日本では主として女性用の長靴下の名称。ヨーロッパにおいてストッキングの歴史は古く、14世紀ごろから靴下編み機による製造と使用の記録がある。日本には16世紀後半に南蛮人によってもたらされたが、普及に関しては明治以降であり、鹿鳴館時代の上流婦人や女学校教師・生徒らの使用に始まる。その後、洋服や*靴の普及に伴い昭和初期になると都市を中心に女性用や子供用が普及するようになったが、絹製のストッキングは高価なうえに破れやすく貴重品であった。戦後の昭和20年代になると、化学繊維・ナイロンの丈夫なストッキングが広く普及し、「戦後強くなったのは女性と靴下」といわれた。　　　　　　　　　　　　　　〈矢島〉

Ⅰ．生活用具

1．衣　服

(6) 小物・携帯品

アイヌ資料

こもの［小物］

おうぎ［扇］　アウンギ、アオンギ、アワンギなどと称す。名称からは宮廷などで使用されていた「あふぎ」の中古品の移入に始まると思われる。物語のなかでは扇子のように広げ、表裏には夏と冬、あるいは朝と夕など全く異なる絵が描かれていたように表現しているが、現存するものは扇子よりも団扇風で、柄に15cm前後の横棒を十字架状に組み合わせ、その横棒に鳥の中羽を植え、その根元や中ほどを押さえたものになっている。

〈藤村　久和〉

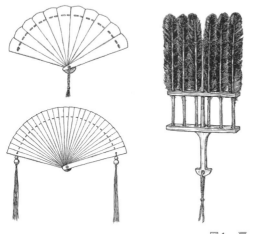

図1　扇

こものいれ［小物入］　カロマハ、ポンサラニプ、ポイサラニプ、ポイサラリプ、ポンケトゥシ、ポンプクルなどと称す。外出用に小物を入れて携帯する入れ物。種類は、獣皮、魚皮、樹皮布、草皮布、木綿布、オヒョウニレ、シナノキ、スゲやガマなど植物繊維をそのまま編んだ鞄、細い糸や紐にして組んだ網袋、布袋、手提、買物袋など様々で、刺繡や模様も多様である。中に入れる小物は喫煙道具が中心であるが、個人差が大きい。

〈藤村〉

くちふき［口拭］　チャロピリパプ、パロピリパプなどと称す。古い時代の素材は、使い古した獣皮、樹皮布、草皮布などの切れ端を利用し、後世には木綿布がそれに代わる。食事したあとの口ぬぐい、手に食べ物を受けてなめたあとの手ぬぐいにも使われる。また、目の不自由な人は目拭きとしても使い、汚れたら容器に水を入れ、*囲炉裏の灰を半握りくらい入れた中に漬けておき、のちに水洗して干してまた使う。

〈藤村〉

たんいれ［痰入］　ラトプ、トホセキーペなどと称す。素材は、フキ、オオバコ、イタドリ、ヨブスマソウなど、身近に生育する葉の広い若い植物。それらの葉をすぐり、時間があれば日陰に干して全体をしんなりとさせたものを、懐や手提、小袋などに入れて持参し、それに痰を吐き出す。時間がなければ天日に晒すほか、急の場合には葉を火で炙って萎えさせて使う。使用後は家に持ち帰り、家の下手にある生ごみの置き場に感謝の念をこめ、再生を祈って納める。後世には新聞紙、雑誌などが使われたが、紙面にみられる人物、貴重な物品、食材、薬品広告などはよけて使用した。

〈藤村〉

はなふき［鼻拭］　エトゥピリパプ、エトゥーピリパハなどと称す。素材は、フキ、オオバコ、イタドリ、ヨブスマソウなど、身近に生育する若い植物。それらの広い葉をすぐり、時間があれば日陰に干して全体をしんなりとさせたものを懐や小袋、*小物入などに入れて持参し、それで鼻をかむ。時間があれば天日に晒すほか、急の場合には葉を火で炙って萎えさせて使う。使用後は家に持ち帰り、家の下手にある生ごみの置き場に、感謝の念をこめ再生を祈って納める。常時鼻汁が垂れている場合は、古い獣皮、樹皮布、草皮布などの切れ端で拭いたり、鼻をかんだりする。汚れがひどくなると、容器に水をとり、*囲炉裏の灰を半

握りくらい入れて攪拌した中に漬けておき、のちに水洗いして干して再利用する。木綿布が入手できるようになるとそれが取って代わり、さらに、新聞や雑誌が普及してからはそれらが破棄されるものを使ったが、紙面にみられる人物、貴重な物品、食材、薬品広告などはよけて使った。使用後は家の下手にある生ごみの置き場に、感謝の念をこめ再生を祈って納め、量が多い場合は畑に穴を掘り、そこで、ほかのごみと一緒に燃やし肥料とした。　　　　　　　　　　　　　　〈藤村〉

けいたいひん［携帯品］

けいたいようこがたな［携帯用小刀］　マキリ、チェイキキリ、エピッケヘ、メノコマキリなどと称す。年齢が10歳前後になると、男女を問わず各人に刃物が渡される。渡し手は、親、祖父母、おじ、おば、身内親戚が多いが、時にはその子の働きの状況によって、他人からもらうこともあり、数丁を手にする子もいる。一般的に、地金のよいものは男子の刃物に多い。山菜や魚獣類の処理、調理加工、食事の際の肉塊切り、作業時の*鋏や▼鎌代わり、ちょっとした細工をするなど用途が広い（→Ⅱ巻　木工品製作用具［小刀］）
　　　　　　　　　　　　　　　　　　〈藤村〉

けいたいようといし［携帯用砥石］　ルイと称す。川岸で採集した▼砥石のなかに、まれに石質の異なるものが一つの石片に共存するものがある。最高のものは中砥と仕上砥の組み合わせであるが、粗砥と中砥、粗砥と仕上砥であってもかまわない。万一合わせ砥を得たら、それに紐穴を穿ち、あるいは角の一部を欠いて紐で結び、携帯用の砥石として帯から吊り下げる。合わせ砥でなくても、良質の小片であれば、それらを皮の袋に入れて帯に挟んで持つ。（→Ⅱ巻　木工品製作用具［砥石］）　　　　　　　　　　　　　〈藤村〉

和人資料

こもの［小物］

明治初期の日本の近代化に伴い洋服が導入されると、*洋装礼服やビジネスコートと呼ばれた*背広など洋服を着用する場合、着装の付属品として、*ワイシャツの襟につける*カラー、袖の*カフス、首に巻く*ネクタイ、*ズボンの*ベルト（バンド）、*ズボン吊などを必要とし、欧米から輸入された洋装小物が使われた。1870年代後半になると日本でもカラー、ネクタイなどを製造する者も出てくるが、同時に西洋洗濯（クリーニング）がシャツ、カラー、カフスなどの洗濯から始まり洗濯業が大きく発展した。大正時代、1920年代以降に洋服が女性や子供を含め広く普及するころになると、洋服の着装法も次第に簡素化され、これ以降、カラーやカフスはシャツについた形式が多くなったため使用が減り、ベルトが普及しズボン吊の使用はきわめて少なくなっていった。
　　　　　　　　　　　　　　　　　　〈矢島〉

カラー［カラー〈collar〉］　洋装のときに用いる*ワイシャツの替え襟。『西洋衣食住』（1867年）には絵入りで「首巻　コラル」と説明され、『日用百科全書　第六編　衣服と流行』（1895年）には「カラ　襟は折襟、立襟流行すれど巾の広きもの評判宜し」とある。固く糊を効かせた白地の襟で、明治時代に丈の高いカラー（ハイカラ）が流行し、モダン（近代的）な人の代名詞となった。カラーと*カフスは汚れやしわのないものをつけるのが紳士の身だしなみであり、着用後は取りはずして洗濯店でクリーニングさせた。　〈矢島〉

カフス［カフス〈cuffs〉］　洋服着用のときに用いる*ワイシャツの袖口につける布。明治初期の東京茅場町の柳屋店の洋服類の広告には「襦袢袖口　カフス」と楕円形および亀甲形に近いカフスの図がのせられている。また『日用百科全書　第六編　衣服と流行』（1895年）には「カフス　縁の角ある前後両様につかへるもの面白し」とある。糊を効かせた折返しの白地の布で、着用時に袖口を合わせるためにとめたのがカフスボタンである。　　　　　　　　　　　　　　　　〈矢島〉

ネクタイ［ネクタイ〈necktie〉］　*シャツの襟に結び飾りとした紐状の布。幕末から明治初期にかけて洋服とともにわが国に導入され、洋服の普及によって定着した。『西洋衣食住』（1876年）には絵入りで「子ッキタイ、襟締ヲ結イタル形」と説明がつけられている。この絵のネクタイ（襟締）は、前に結んで胸元に垂らす形式のネクタイではなく、正面で交差させて結ぶクロスタイある

いはボウタイと考えられる。なお、明治初期のネクタイの図については東京茅場町の柳屋店の広告が有名であるが、これは「襟締　子キタイ」として端から端まで布幅が同じストライプの紐の図がのせられており、「襟締　クラヴット」として襟に回し胸に垂らす今日のネクタイのような図がのせられている。また、都市部で男子の洋装が普及しはじめたころの『日用百科全書　第六編　衣服と流行』(1895年)には、「子ック・タイ　襟飾は長形、蝶型流行、品は博多、琥珀、繻子等にして冬向は濃き色宜けれど、夏は成るべく淡色」と記述されている。　　　　　　　　　　　〈矢島〉

ハンカチーフ［ハンカチーフ〈handkerchief〉］

ポケットやハンドバッグに入れておき顔や手を拭くために用いられる布。また、*背広の胸ポケットなどに差し装飾用としても用いられている。明治初期には手巾などと呼ばれ日本人の洋服の着用とともに普及した。普及初期のハンカチーフについて1890年代の『日用百科全書　第六編　衣服と流行』(1895年)には、「手巾は模様なし、麻地第一等にして木綿之に亜ぎ、絹のヘム縫もよし」と記述されている。この説明にもみられるように、飾りのハンカチーフには白の麻（リネン）が正式であり、絹や木綿を用いるものも多かった。女性用は刺繍を施しレースで縁取りしたものもあった。また、実用は白の木綿製が多く、のちに柄物が広く使われるようになった。　〈矢島〉

ハンドバッグ［ハンドバッグ〈handbag〉］

主として女性が外出の際に財布や化粧品などを入れた小型のかばん。都市部を中心に女性の洋装が進む1910年代に、女性用の袋物として活動写真やオペラの流行に影響を受けた「オペラバッグ」が販売されたのが、日本におけるハンドバッグの始めといわれている。1920年代、昭和初期になると、山羊皮、ワニ皮、エナメル、ビーズなどの材質に留め具として口金のほかファスナーを使ったハンドバッグが現れて全国的に普及し女性の外出時の必需品となった。　　　　　　　　　　〈矢島〉

Ⅰ．生活用具

1．衣　服
(7) 仕事着

アイヌ資料

16頁「(2)着物・洋服類」を参照。

和人資料

　近世の松前藩は漁業と交易を藩政の基盤とした藩であり、領内では蔬菜類などわずかな農業が行われたのみで、純然たる農民は存在しない。しかし、領民のなかには野菜などをつくり町に売りにいく者もあり、これらの服装について平尾魯僊は『箱館紀行』(1856年)のなかで「男女はみな紺の股曳脚絆に同じ色の足袋を穿き、紙緒の草履にて、着たるもの結城の柳条綿布に、肩と裾に蝦夷縫を飾り、世に云ふアツシといふ制にして、丈四尺二三寸、筒袖の物なり」と記述している。ほかの記録や絵などにも同様の姿が描かれており、下半身には、紺木綿の*股引と*脚半をつけ、上着にはアイヌ模様のついた縞木綿に筒袖の丈の短い着物という服装が、近世松前地の庶民の仕事着であり、日常の衣服でもあったと考えられる。

　一方、明治の北海道開拓の大きな目的の一つは原野を開墾して農業を定着させることであり、日本各地から多くの人たちが移住し農業開拓に従事した。これらの人たちの多くは故郷でも農民であり、移住のときに故郷の仕事着を持参するとともに、開拓地でも同様の衣類を製作している。近世に成立した日本各地の農民の仕事着の基本は、下半身に股引かタッツケなどの*野袴類、上半身に*みちか、はんちゃなど丈の短い*半天形式の衣類の二部構成である。1898(明治31)年に岐阜から中士幌に入植した移住者の仕事着の例を五十川重義著『或る開拓者の記録　鍬と斧』(1965・66年)からみると、男は筒袖の半天、股引に頭に手拭の頬かぶり、女は丈が膝ぐらいまでの筒袖の着物に*手甲、脚半、頭に手拭のアネサンかぶり、足はともに刺子木綿のハダシ足袋(*開墾足袋)であり、このような衣服が移住当初の農民の代表的な姿であったと考えられる。その後、明治後期以降になると*シャツの普及で、シャツと股引、ハンチャといった和洋折衷の組み合わせとなり、大正から昭和にかけて洋服が普及するとシャツ、*ズボン、*麦藁帽子、*地下足袋が北海道農民の一般的な仕事着となった。

〈矢島　睿〉

のうみんのしごとぎ［農民の仕事着］

みちか［―――］　主として農民が使用した仕事着の上衣。近世からの日本の代表的な野良着であり、普通の着物より丈が短く腰のあたりまでしかないため、みちか、こしきり、はんちゃなどとも呼ばれていた。北海道の農民がこの形式の仕事着を用いるようになるのは明治以降で、東北地方や北陸地方からの開拓移住者が故郷から持参したものが原形であると考えられる。北海道の農村で使用されたみちかは、紺無地の木綿布を少し粗い目の刺子布にして仕立てたものが多い。おそらく北海道の寒さや開墾作業のときにクマザサや灌木から身を守るため厚手の刺子布を用いたのであろう。昭和に入り*シャツ、*ズボンの普及に伴い、次第に姿を消した。なお、同系統の衣類として*刺子半天がある。

〈矢島〉

写真1　みちか

もんぺ［―――］　主として女性が仕事などのとき用いた紺無地や絣、縞木綿などの山袴形式の

下衣。太平洋戦争当時の1942（昭和17）年に婦人標準服が制定された際、乙部二部式和服の下衣に「もんぺ」が採用され、改良が加えられて全国的に普及したため新しい衣類と思われているが、近世からの日本の伝統的な衣類の一つである。北海道では、開拓時代の農村の開墾作業などに適していたため、広く使用されていた。例えば上川管内の『鷹栖村史』（1914年）に開拓時代の移住者の衣服として「奥羽地方（主ニ山形県）ヨリノ移住者ハ、一種ノ寒国服ナル『もんぺい』（股引キノ転訛シタル方言ナルベシ）ト称スル袴ノ裾ヲ緊縮シタル袴股引折衷様ノモノヲ労働用トシテ着用セリ」と、故郷から継承した仕事着としてもんぺの記述がみられる。足の部分は細くなっているが全体にゆったりしたつくりの*袴形式で、長着物を着た場合でも裾をもんぺの中にたくしこむと活動的となることから、商家や一般家庭でも家事仕事に使われていた。

写真2　もんぺ

〈矢島〉

てっこう［手甲］　野良仕事や山仕事、さらに旅に使用した手および腕を保護する衣類。山仕事などでササや灌木による傷やブヨ・蚊を防ぐために生まれた衣類と考えられている。紺無地の木綿でつくられたものが多いが、藍染めの紺は蛇除けや虫除けになるという言い伝えがある。北海道では近世の松前地の時代から旅や労働に盛んに使われており、古い記録や江差・箱館の商家の扱い商品のなかに手甲の記述がみられる。明治以降の開拓地の開墾作業や山仕事では欠かすことのできない衣類であり、広く使われた。手甲は紺木綿が多く、布を裏表に重ね山の形に一枚の布状に仕立てたものが普通であるが、冬山の山仕事では筒状に仕立てた腕貫も使われていた。　〈矢島〉

きゃはん［脚半］　山仕事や旅行に使われた脛の部分を保護する衣類。古くは脛巾と言われ、平安時代ごろからの使用が記録に残されている。浅黄木綿などの裏地をつけた紺無地木綿の布で、脛に密着させるように内側を曲線につくり、小鉤留めにして上部は紐でしばって装着した。近世には全国的に広く普及し、『守貞漫稿』（1853年）による

と、江戸と京坂では形や使用する布地に違いがあり、特に東海道の主要な宿場町の大津でつくられた大津脚半が有名であった。

近世の松前地でも使用されており、当時の記録類に残されているが、平尾魯僊『松前記行』（1855年）に「男女ハみな紺木綿の股引に同じく脛巾、足袋を穿き」と紺無地の脚半が広く普及していた様子が記述されている。また、明治以降の開拓地や農村でも野良仕事や山仕事に広く使用された。1898年に十勝管内中士幌町で開拓移住者の子として生まれた五十川重義が記録した『或る開拓者の記録　鍬と斧』（1965・66年）の「脚半、黒の木綿を二枚合わせて作ったもので、上半分を模様縫いにしたもので、その模様には山型と浪型があった。この脚半は大人ばかりでなく、女子供まではいた。きれいに模様をした脚半にハダシ足袋姿で子供達は学校へも通った」という記述などをみると、仕事のときばかりでなく、冬季の外出や通学に使われており、防寒着としての役割も大きかったと考えられる。開拓時代にはこのほか蒲の葉や菅でつくられた脛穿も使用されたが、昭和に入ると*ズボンや*長靴の普及で次第に姿を消した。（→72頁　履物類［脚半］）　〈矢島〉

写真3　脚半

ふくろきゃはん［袋脚半］　袋ホシとも呼ばれた筒状につくられた脚半。明治から大正時代にかけ農漁村を中心に広く普及していた。*赤ゲットなど厚手の布地でつくられることが多く、労働の活動性より防寒性を重視したものであった。1950年に刊行された『札幌村史』の古老座談会の「赤ケットの脚半を用いるようになったのは日清戦争後からでしたね」という記述などからみると1890年代ごろから広く使用されるようになったと考えら

写真4　袋脚半

れる。山仕事や馬追いなど冬の作業や外出、通学などで使われ、上部を紐でしばって使用した。
〈矢島〉

ももひき［股引］（→45頁　下着類［股引］）
かいこんたび［開墾足袋］（→72頁　履物類［開墾足袋］）

ぎょみんのしごとぎ［漁民の仕事着］

　日本における漁民の伝統的な仕事着の形式をみると、農民の仕事着が*みちかなど丈の短い上衣を着て下半身に*股引や*野袴をつけるという二部構成であるのに対し、漁民は暖かい季節の漁が多いため、*下帯*褌姿の上にシオバレなどと呼ばれる刺子の長着物1枚という一部構成が基本となっていた。近世から鰊漁や鮭漁が盛んであった北海道では、主な漁である鰊漁などは早春のまだ寒い季節の漁であったことから刺子着物1枚というわけにいかず、*茂尻など刺子の着物や綿入着物など防寒になる種々の衣服を組み合わせた独特の形式が成立し、明治以降に受け継がれた。

　明治以降になり漁業が大型化する西沿岸の鰊漁場などでは*どんざと言われる刺子着物を中心とした漁民の服装が広く普及していたが、北海道教育委員会編『ニシン漁労』（1970年）や北海道開拓記念館（現・北海道博物館）の調査資料によれば、漁に携わる漁民の仕事着の構成はおおよそ次のようなものである。体には上半身に綿シャツあるいは*襦袢を着て下半身に木綿の股引をつけ、その上からどんざなどと言われる紺木綿刺子の長着を着て三尺帯を締める。頭には黒の綿ネル三角フロシキをかぶり、額の部分に手ぬぐいで鉢巻きをする。足は*脚半をつけ刺子足袋（*足袋）に*草鞋を履くという姿である。どんざなど刺子着物や刺子足袋などは、漁期の前に漁家の主婦や女たちが木綿布を丹念に針で刺して刺子布をつくり、仕立てるのが普通である。また、作業用の衣類として網起こしのときに手につける刺子の*手掛やつかみこて、身欠鰊をつくる鰊つぶし作業に使う*指袋なども漁期の前に大量につくっておくのが近世からの漁場のしきたりであった。鰊漁場ばかりでなく他の漁場でも同様で、大正時代ごろまで*シャツ以外は刺子着物を中心に和風の衣類の組み合わせだった。昭和に入ると次第にシャツ、*ズボン、*ベルト、*ゴム靴などの使用が多くなるが、上着はどんざなどの刺子着物か木綿の*半天を着る人々が多く、戦後の1950年代まで続いた。
〈矢島〉

どんざ［―――］　鰊漁場など漁業労働者が使用した和服形式の仕事着。地方によって、どんざ、どんじゃ、刺子、*茂尻などと呼ばれている。紺無地あるいは紺絣の布を重ね、黒のカナ糸（木綿糸）で3mm程度の間隔で丹念に刺した布で仕立てた丈1m20cm程度の着物である。労働の活動性から丈が普通の着物より若干短く、袖は捩袖か筒袖（鉄砲袖）である。どんざ、どんじゃという言葉は全国的に「ぼろ」あるいは「ぼろ布」でつくった着物の名称であり、鰊漁場でももとは古くなり何回も補修した仕事着のことであったが、次第に新しいものを含め刺子着物の総称となったと考えられる。どんざの製作は主婦や娘の冬季の仕事であり、一枚のどんざを仕上げるのに20～30日もかかったといわれている。昭和に入ると鰊漁場の漁民の仕事着も*シャツ、*ズボン、ゴム合羽（*合羽）に変わり、次第に姿を消したが、年配の漁民はこの仕事着に愛着を持ち1950年代後半ごろまで使用していた。
〈矢島〉

写真5　どんざ

てがけ［手掛］　鰊漁など漁労で使用された手袋。白地木綿布と刺子布で5本指につくった手袋が多く、網入れ・網起こしなどの作業に用いられた。鰊漁の場合、手掛など漁労に使用する衣類は漁期前に大量に用意するのがしきたりで、漁場の主婦や娘たちの冬季の重要な仕事であった。手のひらの綱などを握る部分が刺子状となっていた。

写真6　手掛

このほか寒いときの作業に綿入れのミトン状のテッカエシ、コテなどが使われた。(→Ⅱ巻　水産製造加工用具［指袋］)　　　　　　　　　〈矢島〉

ゆびぶくろ［指袋］　鰊漁場で使われた指を保護するための袋。身欠鰊をつくる鰊つぶしの作業は、鰊の腹を指で裂き数の子や白子を取り出すが、骨で指を痛めないようにするため指袋をはめた。＊手掛と同じように漁期前に女たちが用意し、白木綿を刺子に縫って親指、人差し指、中指などと指に合わせてつくった。なお、漁場によっては指袋を使わず手掛を使用した場合も多い。(→Ⅱ巻　水産製造加工用具［指袋］)　　〈矢島〉

ももひき［股引］(→45頁　下着類［股引］)

さんかくふろしき［三角風呂敷］(→11頁　被物類［風呂敷頭巾］)

さしこたび［刺子足袋］(→72頁　履物類［足袋］)

しょくにんのしごとぎ［職人の仕事着］

　大工、左官、建具、指物、鳶職ら職人の服装は＊腹掛、＊股引に＊印半天、足に麻裏草履という定形が広く普及していたが、このような服装が定着するのは、近世末期の風俗書『守貞漫稿』(1853年)などによると、近世中期以降と考えられる。近世の松前地には多くの職人が居住しており、また商売や交易を手伝う日雇なども仕事着兼普段着として腹掛、股引を着用することが多かった。商店の記録類にも腹掛、股引、半天などの記述がみられるほか、平尾魯僊『箱館紀行』(1856年)の商家の餅つきの図には、腹掛、股引姿の出入りの職人が描かれている。明治以降になると札幌、旭川など新しい都市の建設に携わった職人、商売を始めた職人や日雇ら町で働く者の多くがこの服装であり、『札幌沿革史』(1897年)の商況・呉服太物の項に「盲地の腹掛、脚半、双子盲地及綿子ルの股引広く売れ」と記述されている。その後、大正から昭和にかけて洋服化が進み股引は＊ズボンに

写真7　職人の仕事着

変わるが、腹掛は戦後の1950年代まで使用された。　　　　　　　　　　　　　〈矢島〉

はらがけ［腹掛］　近世中期から明治・大正・昭和にかけて職人が制服のように着用した衣類で、腹当とも言う。腹の部分を覆った前身の肩から背にかけて十文字に紐がけにした紺木綿の仕事着。前方の腹の部分にどんぶりと呼ばれる小物を入れるポケット状のかくしがあるのが特徴である。『守貞漫稿』(1853年)に「京坂も諸工は左図の紺木綿腹当を専用とす。(略)江戸にてただに腹掛と云は、左図の物を云ふなり。けだし江戸にても工人雇夫等これを用ふこと京坂よりはなはだしく、必ず皆これを用ふ」とあり、近世中期以降になると職人や雇夫らに広く普及したと考えられている。北海道でも職人や日雇らの服装として近世の松前地から明治・大正・昭和と長く使用された。
　　　　　　　　　　　　　　　　〈矢島〉

しるしばんてん［印半天］　職人や商人が着用した半天形式の衣類。近世後期ごろから職人らが着用した紺木綿の半天で、襟、背、肩、裾回りなどに紋、屋号、文字などが白で染め抜かれている。腰ぐらいの長さで、衽のない筒袖あるいは捩袖の衣類である。大きな商店や旧家では、その家の家紋や屋号を染めた印半天をつくり出入りの職人や顧客に配った。染め抜かれた大きな家紋や屋号のため一般に印半天と呼ばれたが、看板と言う地方もある。北海道でも近世から使われ、明治以降も職人ばかりでなく、行商人、漁民、炭鉱員、馬追い、農民らも着用したが、新しいうちは外出着とし、古くなると仕事着とした。　　〈矢島〉

じかたび［地下足袋］　職人、労働者用のゴム底の＊足袋。足の甲の部分は雲斎などの太い木綿地を使用、底はゴム底となっている。日本でゴム工業の発達する1922(大正11)年に考案発売され、特に関東大震災復興を契機に全国で広く使われるようになった。足袋と同じように指は親指と他の4本の部分に分かれ、小鉤掛けでとめた。大きさは足の文(1文≒2.4cm)数で各種あった。

　　　　　　　　　　　　　　　　〈矢島〉

しょうにんのしごとぎ［商人の仕事着］

　商人の服装として唐桟など縞木綿の着物に博多帯を締め＊前掛をするのが、全国的に定着するのは近世中期以降である。商売は顧客があって成り

立つものであり、商人は顧客より質素なものを着用するという考えに基づく服装であった。冬季でも*羽織などは番頭以上でなければ着ることを許されず、年齢・階級による厳しい決まりがあり、店掟書などを決めていた店も多い。近世の松前地の大店でも同様で、江差の商家増田家の『礎日記』には奉公人の衣服に関する条目もあり、「七ヶ年無滞奉公相勤候まてハ、休日ニても羽織ハ相成不申候。各七ヶ年中仕着せハ荒倉縞か大和しま之類ニ而単物壱枚つゝ、(略)帯ハ小倉ニ限ル」と羽織の着用の禁止、帯の品種の指定など種々の決まりがあった。

このような商人の服装は明治以降の商家にも受け継がれ『札幌繁昌記』(1891年)に「二子唐桟に博多の帯を厳格にしめ、黒綸子の前垂れを華美と心得、如何にも口軽く傍の人に話かけるは丁稚上がりの番頭」と唐桟の着物に博多の帯、黒綸子の前掛をした当時の商人の姿が記述されている。その後、洋服の普及に伴い大正時代以降になると商人の多くが洋装になったが、呉服商や履物商など古くからの商売では昭和に入っても着物、帯、前掛を店員の制服とした店も多い。　　　〈矢島〉

写真8　商人の仕事着

こうふのしごとぎ［鉱夫の仕事着］

明治以降の北海道では、日本の近代化や工業を支える石炭鉱業が大きく発達し、石狩炭田を中心に多くの炭鉱が開かれる。各地の炭鉱では多くの人々が採炭、運搬、選炭などの仕事に従事し、ヤマと呼ばれる独特の生活習俗を持つ炭鉱社会を形成した。炭鉱労働の中心であった採炭夫(当時の呼称)の服装は、大正時代ごろまでは頭に手ぬぐい、上半身に*シャツと*腹掛、下半身に*股引と*脚半、腰に▼あてすこをつけ、足は刺子足袋(*足袋)に*草鞋であった。腹掛は職人が使用したものと同じ形式で紺無地が多く、基本的には職人に準じた服装であった。大正中期以降になると採炭法の変化もあり、次第に服装も鉱山帽(▼坑内保安帽)、シャツ、*ズボン、▼保安靴に変わっている。また、手による選炭は女性の仕事であり、服装は頭に手ぬぐいの頬っ被り、上半身に筒袖か捩袖の丈の短い着物に*半天、下半身に*もんぺか厚手の*帆前掛をするのが一般的な姿であり、寒い季節には綿入れや刺子の着物であった。戦時中は絣のうわっぱりにもんぺが奨励されたが、手による選炭が終わるまでほぼ同じ服装であった。さらに運搬夫(当時の呼称)らは近くの農村からの出稼ぎが多く、基本的には農民の服装であった。　　　〈矢島〉

写真9　鉱夫の仕事着

はらがけ　[腹掛]（→82頁　仕事着［腹掛］）
あてすこ　[―――]（→Ⅱ巻　採炭用具［あてすこ］）

Ⅰ. 生活用具

1. 衣　服

(8) 防寒着

和人資料

　近世松前地の領民の冬の衣服は、寒冷な気候の土地であったにもかかわらず刺子着物、綿入着物が主流で、東北地方などの農漁民の服装とあまり変わらず、独自といえる防寒着の発達はみられない。冬季の外出でも「小寒大寒ノ節ニ到りては市四隣渾而雪にうもれ、市中往来ノ者は皆、ケリ、簑、帽子ニ身堅め歩行せずんばあらじ」（松浦弘『初航蝦夷日誌』1845年紀行）と、刺子や綿入れの着物で身を固め、頭に帽子をかぶり、体に簑をつけ、足にケリ（アイヌ語で「靴」の意→56頁　アイヌ資料「履物類」）という姿であり、基本的には当時の日本各地の雪国と変わらないものであった。それでも松前地の風習として、アイヌ民族の衣服である厚司（*樹皮衣）の*外套としての利用や、旅行着としての鹿皮（印伝）の革羽織の使用、防寒着として狐、狸、熊などの毛皮の*胴着、*袖無の多用といった面がみられた。

　明治時代に入り北海道の開拓が本格的に進められるようになると、開拓使は欧米文化の導入による開拓および道民生活の改善を計画する。これによって開拓使関係官吏、学生、屯田兵ら一部に冬用洋服、革靴、外套などが導入されるが、開拓地に入った移住者たちは当初、故郷から持参した従来の着物類で極寒の冬を越さなければならなかった。そのようななか多用されたのが綿入れと刺子であるが、特に*茂尻と呼ばれる刺子着物が仕事着兼防寒着として広く普及していた。茂尻は捩袖の木綿の刺子着物で、近世の松前地や鰊漁場でも広く使われたものであるが、明治中期ごろまで札幌など都市部でもこれを着る人々が多かったのは、北海道の冬の寒さに対する防寒性と、労働時の活動性のよさが大きな理由であったと考えられる。1890年代になると庶民の防寒着として*赤ゲットと呼ばれる毛織物の毛布の利用が広まっていく。明治初期に軍隊用毛布として英国から輸入された赤いブランケットが東北・北海道の冬の衣服として普及し、そのまま身にまとうほか外套、*脚半、*手袋、*足袋などにつくられている。また、明治後期ごろになると全道的な開拓の進展に伴って衣生活が安定し、都市部を中心に晴着や外出着を着用する人々が増えるが、これに合わせ和服の防寒着として*角巻、*二重回し、*雪下駄が普及する。

　さらに大正時代になると道民の生活が大きく変化する。この変化は衣食住全般にわたるものであったが、日常的な衣服でいえば和服から洋服への移行である。それまでにも都市部の会社員や官吏を中心に洋服の普及はある程度みられたが、農漁村を含めた道民一般の洋服の普及は、大正中期から昭和初期にかけて進んでいる。これに伴い防寒着も*オーバーコート、冬物洋服、*ズボン、毛糸の*セーター、手袋、*靴下などが普及し、冬靴としてそれまでの藁靴、*爪甲に替わって*ゴム長靴が導入されるなど、冬の服装が大きく改善されている。

　その後、太平洋戦争の戦中・戦後の混乱期の物資不足の時代を経て、昭和30年代に入ると、経済復興が進んで電気洗濯機（*洗濯機）や*電気釜など家電製品が家庭に導入されるなど、道民生活が大きく変化する。衣服も化学繊維の発達により防水性・保温性の高いナイロン、ポリエステルなどを使用した防寒衣服、防寒靴、防寒帽などが普及し、冬の衣生活が確立されている。〈矢島　睿〉

がいとう［外套］

もじり［茂尻］
　近世から明治期にかけて都市、漁村、農村を問わず仕事着兼防寒着として道民に広く使われた刺子木綿着物。1901（明治34）年に刊行された『殖民公報』第4号の「北海道住民の衣服」には「本道人民は昔時重にムジリと称する筒袖の衣服を着用せしが、其後諸府県より移住す

るもの増加し、其移民は皆一通りの衣服を携え来たりて当分の内は郷国の風をなせしも実用にはムジリの方便利なるを以て、多くは漸次之に改めたり。唯都会地は次第に華美に傾き、ムジリを廃し却て広袖の衣服を用ゆるに至れり」とある。この記述にもみられるように、各地からの移住者は、入植当初は故郷から持参した衣服を着ていたが、北海道の寒冷な気候や労働に適したものでないため、近世松前地の時代から使われてきたムジリと呼ばれる紺や絣の刺子木綿着物を着用する人々が多く、それが当時の道民の一般的な服装となっていた。ムジリは刺子木綿の丈の少し短い長着物であるが、茂尻と呼ばれるのは、着物の袖が労働や防寒に適した捩袖であったことに由来している。だが、北海道博物館などに収蔵されている実際に使われた資料を見ると筒袖や鉄砲袖も多く、鰊漁場で広く使用された*どんざと言われる仕事着も同じ系統の着物である。　〈矢島〉

あかげっと［赤ゲット］　明治初期に英国から輸入された毛布。赤地に黒の線が入った縦180㎝、横140㎝程度の毛織物毛布で「ブランケット（blanket）」の名称であるが、赤いブランケットを略して「赤ゲット」と呼ばれるようになった。初期には軍隊用の毛布として輸入されたが、それまでの日本の布にない保温性の高いものであり、東北・北海道など雪国に住む人々の防寒着に利用された。明治中期ごろになると広く普及し、これを身にまとって上京する人々が多かったため、赤ゲットは「お上りさん（田舎者）」の代名詞として使われた。赤ゲットは冬にそのまま身にまとうほか、捩袖の外套、*半天、*脚半、手袋などの防寒衣服の布地として使われた。また、藁製の履物（*藁履物）である*爪甲を履くときに赤ゲットの端切れを足に巻くことが多かった。

明治中期以降の北海道の都市部の呉服店では、冬になると農民を相手に赤ゲットや毛布を大量に販売したが、農漁村では村々を回る行商が赤ゲットを切り売りした場合も多い。　〈矢島〉

写真1　赤ゲット

かくまき［角巻］　主として東北・北海道の女性に広く使用された外出用防寒着。約1.5m四方の厚手の毛織物を三角に折って、背中から羽織るように着用し、前で合わせて大きなピンでとめた。この防寒着の起源については不明な点も多いが、前項の*赤ゲットの防寒着としての利用や外国から輸入された肩掛けをヒントに、日本で毛織物工業が発達する1900年代に商品として生産されるようになったと考えられる。矢島・氏家ら『北海道における防寒衣と仕事着』（1972年）などによると、初期の角巻は角型の花柄模様で周囲につけた房が長かったが、次第に角が丸く茶色や紺無地で房が短くなったといわれている。昭和初期ごろまで毛織物の衣類は高価で、角巻も大切に使われていた。明治・大正・昭和と農村に生きた女性の場合、角巻は二つあり、一つは二十代の前半の嫁入り道具の一つとして藤色の角巻を購入し、もう一つは五十代になってから年に合わせて地味な鼠色のものを購入したと話している。

なお、角巻の値段については、大正時代後期ごろに東京の問屋から札幌の呉服店に送られてきた値段表をみると、毛布が一番高いものでも17円50銭であるのに対し、角巻は一番安い物でも42円、高いものになると225円である。角巻は日常的な防寒着であるが、高価であったため冬の外出着や晴着として扱われることが多かったようである。北海道では明治後期から1950年代まで広く使われており、頭に*御高祖頭巾をかぶり、足に*雪下駄あるいは*深靴を履き、角巻を着て雪道を歩く女性の姿は冬の代表的な風景であった。　〈矢島〉

写真2　角巻

にじゅうまわし［二重回し］　明治中期ごろから普及した男性用の防寒外套。黒羅紗地の*マント形式の外套で上半身の部分が二重となっていたため二重回しと呼ばれている。二重回しは羅紗製の冬物であるが、春・秋に着るセルやサージなどの生地を用いた同形式の外套があり、インバネスあるいはトンビなどと呼ばれていた。インバネスは明治初期に日本に来た欧米人が着用していた外套である。また、トンビはインバネスを模倣してつくられるようになった日本製の外套で、『日用

百科全書 第六編 衣服と流行』（1895年）に図入りで「白木屋形と称する襞附 鳶形外套赤此流行の好位地にあり」と記述されている。二重回しは、防寒外套として厚手の羅紗地などでつくられた。和服・洋服を問わず使える利点があり、当時防寒着の種類が少なかった東北・北海道などの紳士用の外套として広く普及した。呉服屋や洋品店でも販売されたが、高価なものであり、官吏や都市部の紳士らは日常的に着用していたが、農漁村部では年始回りや婚礼などの晴れの場の外套であった。襟に狐や狸の毛皮をつけることが流行し、明治30年代から昭和20年代後半まで年配者を中心に広く使用されたが、1955年以降の生活様式の急激な変化で姿を消した。　　　　　　　　　〈矢島〉

写真3　二重回し

かっぱ［合羽〈capa〉］　雨具や防寒着として用いた外套。16世紀後半に来航したスペイン、ポルトガルの宣教師など南蛮人（外国人）が着用していた外套（ポルトガル語の「capa」）をまねてつくった雨具を「合羽」と称したのが起源であるといわれている。初期には羅紗やビロウドの舶来ものを大名・武将らが好んで使用したが、雨具として和紙で成形し油を引いたものがつくられ、俗に坊主合羽と呼ばれた。袖のある布製の合羽がつくられるようになるのは近世の風俗書『守貞漫稿』（1853年）に「寛文中、江戸富民始めて袖のある木綿合羽を着す」とあり、近世前期の寛文年間（1661～73年）からと考えられる。この衣服が南蛮人のもたらした合羽の系統をひくものか否かについては疑問があるが、ともかく「合羽」の名称で雨具・防寒着として広く普及した。

合羽には丈の長い長合羽と丈の短い半合羽がある。半合羽は初め武家の従者らが使用したが、雨具や防寒ばかりでなく、旅や遠出の道中着としても適していることから、広く用いられるようになった。寒冷地である近世の松前地でも合羽は武士・商人・一般領民を問わず広く使用され、「雨の日などは青漆の合羽を着て」（平尾魯僊『松前記行』1855年）といった記述がみられる。また、幕末の『箱館布屋幸右衛門諸品値段書』（1868年）には、商品である衣類の種別と値段が記されているが、このなかに「丸合羽　五貫文、茂尻合羽　壱枚　弐貫五百五十文、赤袖合羽　壱枚　弐貫五百五十文」とある。合羽は雨具、道中着として日本各地で広く使われたが、松前地の場合、丸合羽はともかく茂尻合羽や赤袖合羽は冬季用の防寒着であったと考えられる。　　　　　　　　　　〈矢島〉

オーバーコート［オーバーコート〈overcoat〉］
洋服の上に着る毛織物の外套。幕末から明治にかけて急激に欧米文化の導入が図られ、服装に関しても外国から洋服や靴が輸入されるとともに洋服類の解説書も出されるが、このなかにオーバーコートの説明がある。例えば、片山淳之助（福沢諭吉の筆名）『西洋衣食住』（1867年）には図入りで「上衣（おわこーと）は極寒の時重ね着に用ゆ」と、防寒の衣類として記述されている。また、官服として洋服を早くから導入した陸・海軍の将兵、警察官、官員らに冬季用の「外套」として一部に支給されている。明治中期ごろになると東京など都市部の上流の紳士の間で普及し「洋服の上に着るオバア、コートは、丈短き方にて無地、いろは淡茶、淡鼠の類最流行、玉羅紗にて裏に縞セル、袖裏に縞甲斐絹、両前ハンドウ（帯）をつくもはやる」（『日用百科全書　第六編　衣服と流行』1895年）とあり、淡茶や淡鼠色の羅紗地バンドつきの外套が流行であったと記述されている。明治後期ごろになると大学や旧制高校、中学校などで生徒用の外套として黒か濃紺のオーバーコートを制服に定める学校もあり、「オーバーコート」という名称とともに広く普及し、大正・昭和・平成と受け継がれた。

初期の外国産の羅紗は高価であったが、寒冷地の北海道ではかなり早くから開拓使の官吏らが使用していたほか、1886（明治19）年以降は屯田兵にも防寒着として支給されていた。なお、屯田兵に支給された外套について「明治19年3月内閣達14号」には図入りで「外套　品質、緋絨、色紺　釦　黒角　大径八分、小径五分五厘、胸部及側部七ヶヲ大トシ後裂及覆面ノ二ヶヲ小トス」と記述されている。　　　　　　　　　　〈矢島〉

マント［マント〈manteau〉］　フランス語が語源の袖のない洋風の外套。16世紀後半にポルトガルなどの南蛮人によってもたらされた合羽もマントの一種であるが、今日に受け継がれるマントの起源は、幕末から明治初期にかけてフランスの

影響を強く受けた日本の軍服が始めである。明治政府は軍隊外套の一種としてマントを採用し、フランス軍の外套をまねて羅紗地の雨具兼防寒着を制定している。だが、正式にはマントと呼ばず陸軍は「雨覆(あまおおい)」、海軍は「二種外套」とし、和名で「引廻合羽形(ひきまわしかっぱがた)」と注釈をつけていた。洋服が次第に普及する明治後期から大正時代になると、中学・高校・大学など学生を中心に防寒着として紺または黒羅紗地のマントが流行し、昭和に入ると「マント」の名称とともに全国的に普及した。また、マントは*着物(きもの)・*袴(はかま)姿の上に着用することができたこともあり、女子学生や女権拡張運動の若い女性たちなど新しい女性のシンボルのようなかたちで着用された。　　　　　〈矢島〉

ぼうかんはきもの［防寒履物］

　近世の松前地において冬の履物（*藁履物(わらはきもの)）として使われたのは、*下駄(げた)、*雪駄(せった)、*爪甲(つまご)（爪子）、*深靴(ふかぐつ)などである。だが下駄について、初冬はともかく寒さの厳しい季節には、「彼地少したりとも冬日に至りて下駄を用ゆることなし、下駄足駄の類は街上の氷雪鏡の如きが上に而辷(てすべ)ること甚しき故用ひがたし」（松浦弘『初航蝦夷日誌』1845年紀行）と、滑って危険であるため真冬には使用することができず、住民の階層を問わず深靴や爪甲など藁製の履物が広く使われていた。明治時代に入っても初期にはこの傾向は大きく変わらない。開拓使の官吏や札幌農学校生徒ら一部に革靴を履く者もあったが、移住者ら一般の人たちは冬の履物として深靴や爪甲を使用する時代が長く続いている。だが、開拓期の北海道では稲作が定着しておらず、どの地方でも深靴や爪甲をつくる藁(わら)がなかったので、藁を購入したり、菅(すげ)やトウモロコシの皮で代用してつくるなどの苦労があった。また、札幌・函館などの都市部では和服の晴着を着る機会も多く、冬季でも下駄を履く人々が多かった。寒冷な土地では下駄の使用は危険で、歩行中に転んで腰の骨などを骨折することも多く、明治中期ごろになると、下駄の歯に滑り止め金具を取り付けた*雪下駄(ゆきげた)が普及する。

　大正中期から昭和初期にかけて道民の冬季生活に大きな変化がみられる。特に冬の履物として*ゴム長靴(ながぐつ)の普及は、防寒衣服の改善とあわせ冬の生活や屋外労働を大きく変える革新的な変化で

あった。また、この時代には新しい革製の防寒靴も一部に普及している。だが、1941（昭和16）年に太平洋戦争が始まるとゴムは軍需物資として統制され、粗悪な代用ゴム靴が使用されたり、前の時代に戻って深靴、爪甲が使われたりしている。さらに戦後の混乱期が過ぎ1955年ごろになると、経済復興、工業の発達に伴い道民生活が大きく変化し、衣服、特に本格的な防寒着が普及する。防寒靴としては改良されたゴム長靴が主流であったが、1960年代になるとナイロン、ビニロン系の合成皮革や化学繊維の発達による防寒靴が普及するようになる。　　　　　〈矢島〉

つまご［爪甲］（→68頁　履物類［爪甲］）
ごんべ［―――］（→69頁　履物類［ごんべ］）
ふかぐつ［深靴］（→69頁　履物類［深靴］）

ぼうかんてぶくろ［防寒手袋］

てっかえし［―――］　「くらてっかえし」とも呼ばれる防寒用の*手袋(てぶくろ)。鰊(にしん)魚場では網起こしや雪割りなどの作業に使用された。雪国の手袋には寒さを防ぐため、親指と他の4本の指を入れる二つの部分に分ける、いわゆる「ぽっこ型」のものが多く見られる。この手袋は、端切れを何枚も重ね、木綿糸で丹念に刺したり、布と布との間に綿を入れたりして製作する。また、手のひらの部分には、丹念に刺した別の布をあて、丈夫になるよう工夫したものが多い。子供たちにとっては防寒用として使用するだけでなく、キャッチボールやボクシングなどのグローブとしても利用されていた。西洋式手袋の使用は役人か軍人、あるいは都市の一部の住民に限られていた。軍隊で使用されていた手袋は、その後作業用として一般に普及し、利用されるようになった。また、大正期ころから毛糸の手編み手袋が普及し始める。

〈舟山　直治〉

写真4　てっかえし

Ⅰ．生活用具

1．衣　服

(9) 装身・着装具

考古資料

　様々な色・形・素材の*玉類を身につけ、飾りや邪悪なものを遠ざける呪具とすることは、後期旧石器時代から行われていた。旧石器時代の装身具は北海道から出土した例が多く、かんらん岩や琥珀製の玉が墓（*葬送用具）などから検出されているが、前者は中国大陸からもたらされた可能性が高い。琥珀は北海道内またはサハリンの南部で採取されたと考えられる。
　縄文時代の人々は緑色の石に孔をあけた玉を好んだ。道東地方では縄文時代早期前葉～中葉の遺跡から蛇紋岩製の平玉や日高町産の軟玉（ネフライト）製の垂飾などが出土している。早期中葉の石刃鏃石器群を出土する遺跡からは各種の玉類や日本最古と考えられる玦状*耳飾が出土したが、これらは中国大陸から伝播した可能性がある。縄文前期後半には新潟県糸魚川でヒスイの玉の生産が始まり、製品は道南地方にもたらされた。中期から後期には様々な形をしたヒスイの玉やそれらと滑石や蛇紋岩製などの玉を組み合わせたものが墓などから出土している。晩期から続縄文文化期の前半にかけての道央地方以東の墓には琥珀製の平玉が大量に検出されたものもある。
　縄文時代には粘土で形をつくったものを焼成した土製の装身具も出土し、貝塚や低湿地、墓などでは骨・角・歯牙、貝、木、木の実、植物繊維など有機質のものも遺存することがある。貝製の装身具は前期から出現するが、南西諸島以南の海に生息する貝を含む、暖海産の貝類でつくられたものも出土している。植物などを素材にした装身具のなかには漆塗りのものもあり、最近、石狩低地帯中部の後期後葉～晩期初頭の墓から*櫛など各種の製品が遺体に着装された状態で多数検出された。

　各種の装身具がどのように着装されていたかは墓の中での出土状況や*土偶にみられる表現から推定することができ、着装の部位によって*髪飾、耳飾、*首飾、*腕輪などに分類される。
　続縄文文化期の装身具は地域や時期によって素材や形態に違いが大きい。恵山文化（続縄文文化前期）の墓には佐渡猿八産の碧玉製*管玉や南海産の貝を素材にした腕輪のように、弥生文化の人々との交易によって入手されたと考えられるものがある。石狩低地帯以東では、続縄文文化期の前半の墓や*竪穴住居からクマの頭部や全身を表現した有孔石製品が出土し、垂飾または額飾と考えられている。これらの地域では続縄文文化期の後半の墓からガラス玉（*硝子玉）や滑石製の平玉が検出された例もある。
　異なる文化を持つ人々との交易によって装身具を入手することは、オホーツク文化期や擦文文化期にも引き続いて行われた。飛鳥時代以後、装身具を身につける習俗が東日本以西で姿を消したのとは対照的な状況である。
　7世紀から8世紀にかけてのオホーツク文化の遺跡では、墓などから銀・青銅・錫などの金属製耳飾、軟玉製の環飾、ガラス玉、*琥珀玉、青銅製帯飾、骨製の*帯留具、動物の歯や牙に孔をあけた垂飾などが検出されている。これらのうち、金属製品や玉類は大陸で製作され、威信財としての性格を持つものが多いと考えられる。
　道南地方や道央地方では、6世紀後半から9世紀にかけての擦文文化の墓から水晶の切子玉・小玉、ガラス玉、青銅・錫・軟玉製の耳飾、琥珀やかんらん岩製の垂飾、土玉、ヒスイ・メノウ・琥珀製の勾玉など様々な材質や形の装身具が検出されることがある。これらのなかには東北北部の末期古墳やオホーツク文化の墓から出土する装身具と同種のものも少なくない。10世紀以降、擦文文化の末期に至るまで、道央地方以北・以東では墓や竪穴住居などからガラス玉や琥珀玉、様々な形状をした鉄・銅・錫製の垂飾、錫製の腕輪、凝

灰岩製の垂飾などが出土している。石製品以外のものは大陸やサハリン島から持ち込まれた可能性が高く、アイヌ文化の装身具の原形になったと考えられる。擦文土器にトビニタイ土器が伴う、道東地方の11世紀の竪穴住居には、土製やタヌキの犬歯製の垂飾が出土した例がある。〈中田　裕香〉

みみかざり［耳飾］

耳たぶにあけた孔にはめこんだり、ぶらさげたりして装着する装身具で、石、粘土を焼成したもの、骨・木などに漆を塗ったもの、金属など様々な素材でつくられている。

道東地方では縄文時代早期中葉の遺跡から玦状耳飾の破片と考えられる、1カ所に切れ目を持つ環状の石製品が出土しているが、これは日本最古の資料の可能性がある。玦状耳飾は縄文前期には墓（*葬送用具）や*竪穴住居などから検出され、中期ごろまで用いられた。新しい時期のものは平面形が三角形ないし台形状である。縄文後期前葉には道南地方の貝塚からサメ類の椎骨を整形した耳飾が出土している。

土製耳飾は東日本では中期中ごろから流行するが、北海道では後期前葉〜晩期後葉の遺跡から出土し、後期末葉〜晩期前葉にかけて盛行した。形態は円柱状のものと円盤状のものがあり、前者は耳栓、後者は滑車形耳飾と呼ばれることがある。中央に孔のあるものとないものがあり、側面の中央部はくびれるものが多い。透かし彫りや沈線による文様の施されたものや、赤く塗られたものもある。径は2〜10cm程度で、小型品と大型品があることから、通過儀礼の際などにまず小型品を挿入し、徐々に大きな耳飾に替えていった可能性が考えられている。

後期末葉には石狩低地帯の墓から樹皮などを胎にした可能性がある漆塗りの環や小さな球状の漆の塊が検出され、出土位置から耳飾と考えられている。前者は耳から紐状のもので吊るしたと推定される。縄文晩期末葉から続縄文文化期にかけては琥珀製のものが道北地方から出土している。

オホーツク文化期の7〜8世紀の遺跡からは、銅・青銅・錫・銀製の環状の耳飾が出土し、それらのなかには軟玉製の環飾と組み合わせになったものもある。擦文文化期の道央地方では、馬につける鈴を耳飾に転用したものが6世紀後半ごろの墓から、軟玉製の環飾や錫製の環状の耳飾が7世紀ごろの墓から検出されている。

これらの金属製や軟玉製の耳飾は大陸からもたらされた可能性が高いと考えられている。耳飾のように直接体に着装される装身具は、律令国家が服飾に関する唐の習俗を導入するなかで東日本以西では姿を消しており、東北地方北部から北の地域の独自性を示すものといえよう。〈中田〉

図1　左：玦状耳飾（芽室町小林遺跡）
　　　右：土製耳飾（苫小牧市柏原5遺跡）

くびかざり［首飾］

首飾の日本列島における出土例は後期旧石器時代にさかのぼる。道南地方の墓（*葬送用具）から検出されたかんらん岩製の玉や琥珀製の玉・垂飾は最古の首飾を構成していたと考えられるもので、それらの*玉類は、中国大陸やサハリン（樺太）島南部からもたらされた可能性が高い。首飾には玉をいくつも連ねたもの（ネックレス）と垂飾を胸元に垂らしたもの（ペンダント）があるが、石や骨・牙などを素材とした垂飾は各種の玉類と組み合わせて用いられることもあっただろう。

縄文時代には道内各地の遺跡から様々な素材でつくられた首飾が出土している。縄文前期後半の道南地方では貝塚に埋葬された人骨に伴ってサケ・マス類の椎骨に孔をあけたものが出土しており、後期中葉の道北地方の墓には貝製平玉を連ねたものやヒスイの鰹節形大珠の検出された例がある。道央地方の低湿性遺跡では穿孔されたトチの実がまとまって出土し、孔の中には撚り糸状の繊維も残っていた。後期中葉から晩期初頭の石狩低地帯の墓からは勾玉・丸玉・臼玉・平玉・小玉など様々な形をしたヒスイの玉で構成された首飾が多数検出されている。晩期には蛇紋岩や滑石などの小玉や勾玉を連ねた首飾の出土例が多い。

縄文晩期後半から続縄文文化期にかけては首飾の素材や形に地域差が大きくなる。晩期末葉から

続縄文文化期の前半にかけての道央地方以東の墓には様々な形をした*琥珀玉が副葬されているが、それらのなかには平玉を何連も連ねた首飾も多い。道東地方では続縄文文化期の初頭の墓からイノシシの犬歯の両端に孔をあけたものを組み合わせた首飾が発見されている。続縄文文化期の前半には、碧玉・鉄石英・滑石などでつくられた*管玉を連ねた首飾が墓などから検出されている。前二者の石材の管玉は弥生文化の人々との交流によって北海道に持ち込まれたもので、道南・道央地方から出土する。

道北地方の続縄文文化期後半の墓からは琥珀製の小玉や管玉などからなる首飾と安山岩製の環飾が出土しており、出土状況から被葬者は2種類の首飾を着装していたと想定されている。擦文文化期には、6～7世紀の道南地方の墓からヒスイの勾玉や水晶の切子玉・小玉、ガラスの小玉を組み合わせた首飾、8世紀ごろの*北海道式古墳からメノウや琥珀などの勾玉からなる首飾の検出された例がある。これらに類似したものは東北地方北部の末期古墳から検出されており、この地域からもたらされたものと考えられる。　〈中田〉

図2　首飾をつけた土偶（新ひだか町御殿山遺跡）

かみかざり［髪飾］

髪に挿す挿物と、髪を束ねたり頭に巻きつけたりする結束物があり、骨・繊維・木・石などでつくられている。挿物には髪針（ヘアピン）、竪櫛、かんざしなどがある。縄文早期以降の遺跡から出土する骨角製の髪針には頂部が彫刻で飾られたものがある。後期の石狩低地帯の墓（*葬送用具）では遺体の頭部と考えられる部分から赤漆塗りの髪針が発見されている。

竪櫛は縄文時代から続縄文文化期にかけて用いられている。縄文中期末～後期初頭の道南地方の貝塚からは頭部に彫刻の施された刻歯式の骨製品が出土し、後期中葉から続縄文文化期には歯を束ねる結歯式の漆製品が用いられた。縄文時代の漆塗りの竪櫛には頭部に透かし模様の施されたものも多い。道東地方の続縄文文化期中ごろの墓から出土した竪櫛は本州から持ち込まれたものである。続縄文文化期前半の石狩低地帯の遺跡からは木製で脚が2本に分かれたかんざしが出土しており、それらのなかには頭部にクマの頭の形をした装飾が彫られたものもある。

結束物にはヘアバンドや髪留などがある。北海道では、縄文早期末以降、紐状の繊維を束ねたヘアバンドとみられるものが用いられており、後期末から晩期にかけては漆塗りのものやサメの歯・環状漆製品などを縫いつけたものもあった。石狩低地帯では後期末の墓から径10cmほどの漆塗りの環が出土しており、束ねた髪をとめるなどの用途が想定される。

石狩低地帯以東の続縄文文化期前半の遺跡からは、クマの頭部や全身を表現した有孔の石製品や鹿角製品が出土しており、垂飾またはアイヌ民族の儀式用の冠につけられたクマの彫刻と同じような用途の額飾と考えられている。（→7頁　アイヌ資料［幣冠］）　〈中田〉

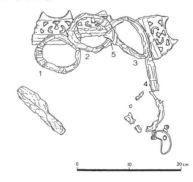

図3　環状漆製品（1～4）やサメの歯（5）が縫いつけられたヘアバンドの出土状況（恵庭市カリンバ遺跡）

くし［櫛］　骨角や木、竹を素材としてつくられ、髪飾にする挿櫛と整髪用具の梳櫛がある。形態からは縦長の縦櫛と横長の横櫛に分けることができる。

縄文時代の櫛はすべて縦櫛で、骨角製などの素材に4～5本の歯を刻んだ刻歯式の櫛は前期から、歯になる竹籤類や串状の木製品を10～20本程度並べて頭部を紐などで結束し、漆で固めた単純

結歯式の櫛は後期から出土例がある。北海道では、中期末から後期初頭の道南地方の貝塚から長方形や山形の頭部に線刻や透かし彫りの施された刻歯式の櫛が出土している。後期中葉から晩期初頭には道央地方を中心に道東地方や道南地方でも単純結歯式の漆塗り櫛が出土し、台形状の頭部に角状の突起や透かし模様を持つものも多い。晩期の単純結歯式の櫛には頭部が方形のものがある。

弥生時代には竹籤類を中央で曲げ、湾曲した部分を頭部にして漆で固めた湾曲結歯式の縦櫛が出現し、古墳時代に盛行する。板状の材に鋸で歯を挽き出した挽歯式の横櫛は古墳時代中期、5世紀ごろから用いられるようになる。北海道では道東地方で続縄文文化期の中ごろの墓やオホーツク文化期の*竪穴住居から湾曲結歯式の縦櫛が検出されており、本州との交易で入手されたと考えられる。挽歯式の横櫛は、石狩低地帯から長方形のものが出土している。いずれも擦文文化期の竪穴住居からで、8〜9世紀のものは肩に丸みがあり、12〜13世紀のものは角張っている。　　〈中田〉

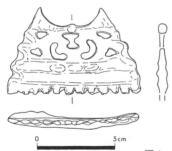

図4　竪櫛（恵庭市カリンバ遺跡）

うでわ［腕輪］

手首や腕につける装身具で、繊維や木などに漆を塗ったもの、貝、粘土を焼いたもの、石、金属など様々な素材でつくられている。北海道では、道南地方の縄文時代早期中葉の墓（*葬送用具）から漆塗りの糸を環状にしたものが被葬者の腕の部分で検出され、最も古い資料と考えられている。

貝製の腕輪は縄文前期から出現し、後・晩期に多く出土するが、恵山文化（続縄文文化前期）の時期まで使用された。二枚貝の殻背の中央部をくり抜いた環状のもの、二枚貝の腹縁部や巻貝を切断したものに孔をあけて紐で結ぶ組み合わせ式の

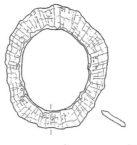

図5　貝製腕輪（礼文町船泊遺跡）

もの、二枚貝製の平玉を多数連ねたものがある。貝種は現在、道南地方以南を生息域とするベンケイガイが大多数を占めている。縄文中期末以後は、北海道には生息しない暖海産の貝を素材にした腕輪も出土するが、それらのなかにはオオツタノハガイなど南西諸島以南産の巻貝もある。恵山文化期の墓から出土した、イモガイなど南海産の巻貝を素材とした組み合わせ式の腕輪は、九州などの弥生文化の人々との交流によって日本海経由で北海道に持ち込まれたものだろう。

土製の腕輪は道東地方から押引文の施された、縄文前期の可能性のあるものが出土している。道東地方の縄文晩期の墓から検出された腕輪には沈線で曲線的な文様が描かれていた。縄文後期末葉の石狩低地帯の墓からは漆塗りの腕輪や滑石・*琥珀玉で構成された腕輪が被葬者の上腕部や手首に装着されたと考えられる状態で検出されている。漆塗りの腕輪は晩期前半の道央地方の墓にも出土例がある。擦文文化期の腕輪には石質不明の石製品や錫製品があり、前者は石狩低地帯で8世紀ごろの土坑から、後者は道央地方以東で11世紀以降の墓などから出土している。　　〈中田〉

たまるい［玉類］

くだたま［管玉］　円筒形の玉で長軸方向に貫通した孔があり、孔に紐を通して連ね、装身具にする。縄文時代前期には、道央地方以南でツノガイ製や、鳥骨を切断し切り口を整形したもの、道東地方では石製品が出現している。後期前葉には道南地方の盛土遺構や墓（*葬送用具）から土製品が出土し、道北地方の後期中葉の遺跡では鳥骨製や石製のものが被葬者の首や足首に装着された状態で墓から検出されている。二枚貝の腹縁の最も厚い部分を利用し、貝の成長線と平行に孔をあけ

た貝製の管玉も同じ遺跡から出土している。

　続縄文文化期の前半には碧玉・鉄石英・滑石などの石材で製作された管玉が墓から検出されている。前二者の石材の管玉は道南・道央地方から出土し、径6mm以下の細形が多い。弥生文化の人々との交流によって道内に持ち込まれたものであり、碧玉製品のなかには佐渡猿八産と同定されたものがある。滑石製の管玉は道央・道東地方に分布し、道内産の石材でつくられた可能性も考えられている。これらには直径6mm以上の太形のものもある。同じころ、道央地方以東の墓から大量に出土する琥珀製の平玉は大きさや形がきわめて均質であり、管玉状に加工したものを薄く切断して一度に大量生産を行っていたのかもしれない。

　続縄文文化期の後半、3〜4世紀ごろには何らかの粘性のある物質を練り固めたと推定される管玉が道央地方の墓から検出されている。5世紀ごろの石狩低地帯の墓からは滑石製の平玉が出土しているが、これらは続縄文文化の前半期から伝世されていた管玉を分割して製作された可能性もある。道北地方では続縄文文化期の後半の墓から琥珀製の管玉が検出されている。〈中田〉

こはくだま[琥珀玉]　琥珀は松柏類の樹脂の化石で、黄・褐・赤色など様々な色のものがある。半透明で光沢があり、軟らかく加工しやすい反面、もろい。北海道内では厚田、雨竜川流域などに産地があるが、サハリン（樺太）島南部などからもたらされたものも少なくないと考えられている。後期旧石器時代から装身具に利用され、道南地方のこの時代の墓（*葬送用具）からは垂飾が検出されている。縄文時代早期には道東地方の太平洋側の遺跡で*竪穴住居などから出土した例があるが、前期の資料は確認されておらず、中・後期のものもわずかである。石狩低地帯では後期末の墓から小玉を連ねた連珠が出土し、*首飾や*腕輪などに使用されたと推定されている。

　晩期末葉から続縄文文化期の前半にかけては、道央地方以東の墓に様々な形をした琥珀製の玉が多数副葬されている。なかでも平玉は数が多く、一つの墓からの出土点数が1,000点以上という例もある。数珠つなぎ状の状態で検出されるものと埋土中に散在しているものがあり、後者は墓を埋め戻すときに散布されたか、あるいは被葬者の衣服に縫いつけられていたことが考えられる。これらが出現した背景には貝製の平玉との関連が想定

されている。琥珀製の平玉は大きさや形がきわめて均質であり、*管玉状にした琥珀を薄く切断して一度に大量の平玉を製作していたのかもしれない。続縄文文化期の後半になると、道北地方以外では遺跡から出土する琥珀製の装身具は激減した。擦文文化期の石狩低地帯では、8世紀ごろの*土坑墓や*北海道式古墳から垂飾や勾玉、11世紀以降の竪穴から垂飾が出土している。道北地方では11世紀の竪穴住居から琥珀の礫が検出された例がある。それらのなかには、孔のあけられたものもあるが、不純物が多いなど装身具には適さない品質のものであり、遺跡に比較的近い場所で採取された可能性がある。〈中田〉

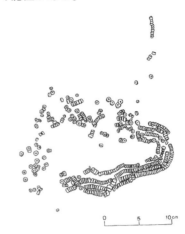

図6　琥珀出土状況（芦別市滝里4遺跡P-5底面から）

ガラスだま[硝子〈glass〉玉]

　ガラスは素材や玉などの製品の形で弥生時代前期以降に中国・朝鮮半島から本州以南に伝来し、それらを加工することも弥生・古墳時代を通して行われた。7世紀末から8世紀の本州以南では鉛ガラスが原料の段階から製造されるようになった。北海道では、石狩低地帯や道東地方で続縄文文化期の中ごろ以降の墓（*葬送用具）からガラスの小玉が検出されている。5世紀ごろの石狩低地帯の墓では丸玉の出土例もある。オホーツク文化期には墓などから丸玉や小玉が出土し、大陸系の遺物と考えられている。擦文文化期には、6〜7世紀ごろの道南地方の墓から*首飾を構成する玉類の一部として被熱した小玉が発見されている。類似した首飾りは東北地方北部の末期古墳から検出されることがある。9世紀後半以降には道

央地方や道北地方の日本海側の遺跡で墓などから丸玉や小玉の出土が報告されている。

　続縄文文化期のガラス玉（硝子玉）には一つの遺構から10点以上が出土した例もあるが、オホーツク文化期や擦文文化期の遺跡からは3点以下の出土が大多数である。ガラス玉の色は青色系のものが多い。成分分析の行われたものはわずかだが、石狩低地帯から出土した12～13世紀ごろの資料は、中国で製造されたカリ石灰ガラスが伝来したものと推定されている。　　　　　〈中田〉

おびどめぐ［帯留具］

　オホーツク文化期の遺跡から出土する骨製または石製の円盤で、径5.0cm前後、厚さ0.5cm前後、中央には孔が穿たれている。無文のものと同心円状や鋸歯状の刻線文、円形の刺突文などの文様を持つものがあり、文様は片面に施されることが多い。これらは千島アイヌのクックルケシと呼ばれる帯飾を兼ねた帯留具に形態が類似することから、同様な用途を持つと考えられてきた。最近、奥尻島の墓（*葬送用具）で被葬者の腰のやや下方から検出された例は、この推定を裏づけるものといえよう。　　　　　　　　　　　〈中田〉

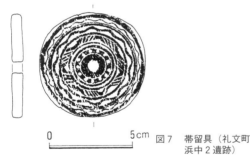

図7　帯留具（礼文町浜中2遺跡）

せいどうせいおびかなぐ［青銅製帯金具］

　オホーツク文化期には、墓などから骨製のバックルや*帯留具、青銅製の帯金具が出土している。飾りのついた帯を締める習俗は大陸に由来し、青銅製の帯金具のようにシャーマニズム信仰と関係を持つと考えられるものもある。道北地方のオホーツク文化の遺跡や道央地方の擦文文化の遺跡からは、帯につけられる数や大小によって官人の身分の上下を区別した、丸鞆や巡方と呼ばれる8世紀の青銅製帯金具が単品の状態で出土している。これらは本州の人々と交流を行うなかでもたらされ、装身具などに使用されたと考えられるが、オ

ホーツク文化の遺跡から出土した例については、大陸から伝来した可能性も考慮すべきだろう。
　　　　　　　　　　　　　　　　　〈中田〉

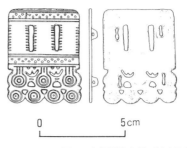

図8　青銅製帯金具（枝幸町目梨泊遺跡）

アイヌ資料

あたまかざり・かみかざり［頭飾・髪飾］

　サパエウシペ、パケエウシペ、カンチャシなどと称す。本来は冠の止め具であったというが、いつしかそれが独立して簪となり、商品として移入されて頭飾、髪飾となったようである。伝承のなかでは前頭や側頭の髪にさし、金属製、石製のものもあるという。

〈藤村　久和〉

図1　頭飾

びんどめ［鬢止］　イニヌと称す。幅0.5～1.5cm、長さ8～10cm、厚さ3mm程度の手ごろな樹種の板をつくり、その中ほどを刃物で抉ってU字や山様に仕上げた。とめたい髪のところに直角にあてて地肌を滑らせ、3～4cmを挟んだところで横にし、その先の髪を大きく運針するようにし

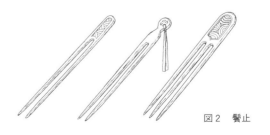

図2　鬢止

てさし込む。素材は、骨角や竹、針金なども用いていた。〈藤村〉

ぎしきようかみどめ［儀式用髪止］　ヘトムイェへ、サパムイェへなどと称す。幅10cm、長さ60cmくらいの紺や黒布、ビロードや黒繻子を用意し、はめたときに形が崩れないように、その裏に中芯を入れ、高さ8〜9cmの横長のものをつくる。出来上がると、二つ折りにした布の真ん中を額に当て、真横にはめて頭の大きさに合わせて後頭部で抑え、上下部を糸で仮どめとする。次に地の色に合わせて明るい横長の色布を上に重ねて綴り、あるいは刺繍糸を数種使って横長の枠をつくる。それへ波線や山形、×、点線、千鳥などの模様を構成し、さらにガラスの色小玉を縫いつける。一通り表面が出来上がると、裏面に布を当てて糸でかがり、両布端を合わせて、残りの部分もまとめると完成する。ほかに毛並みのよい毛皮を1色、または数種を縫い合わせたものもある。〈藤村〉

図3　儀式用髪止

うでかざり［腕飾］

てくびわ・うでわ［手首輪・腕輪］　テクンカネ、テクンカニ、テクルンカーニなどと称す。素材は、銀、白金、白銅、真鍮などが多く、幅1cm、厚さ1〜4mm、横断面の形はローマ字の「C」がほとんどで、まれにO形もあるようである。大部分は大陸から交易により移入されたものであるが、後世には、本州の金細工師のものが多くなる。〈藤村〉

図4　手首輪

てくびだま・うでたま［手首玉・腕珠］　テクンタマ、テクルンターマなどと称す。素材の多くは色ガラス玉で、手首を1周する程度の数を紐で綴って手首にはめて飾りとする。人によっては、鉛、白金、鉄などの合わせ玉、算盤珠、数珠球、象牙珠、陶珠、瑪瑙珠、珊瑚珠、木の実や小動物の牙、魚の脊椎、穴のあいた貝殻などを組み合わせることもある。〈藤村〉

ゆびわ［指輪］　アシケペッカネ、モンペへカーニなどと称す。素材は、銀、白金、白銅、真鍮などで、断面は幅広の薄いものか、平金を螺旋状に巻いたものが多く、断面がナマコ型をしたものはない。古いものはほとんどが大陸産であり、本州産は皆無に近いが、明治以降は本州産の18金、24金などのナマコ型指輪が盛行した。〈藤村〉

図5　手首玉

図6　指輪

おまもりのてくびだま［お守の手首玉］（→322頁 信仰用具［お守の手首玉］）

あしかざり［足飾］

ケマカーニ、チキリカネ、チキルンカーネなどと称す。素材はおよそ銀、白金、白銅、真鍮などで、本来は*手首輪であったものも、やや大きめのものは足首用にも応用している。幅1cm、厚さ1〜4mmぐらいの扁平なもののほかに、断面が丸や楕円をした鉄、銅線などを適宜切断し、螺旋状または「C」の形状に加工したものも利用した。本来の生産地は大陸方面であったと思われるが、後世には本州の金細工師のものが加わったようである。〈藤村〉

くびかざり・むねかざり［首飾・胸飾］

のど・むねかざり［喉・胸飾］　レクトゥンカーニ、レクトゥンペなどと称す。女性用装飾品の一つで、喉の前部から胸元あたりを飾るものの総称である。古くは獣皮、樹皮布、草皮布などでつくり、ガラス玉、金属板、貨幣、玉石などを縫いつけて喉を飾る。人によっては、さらに下房をつけて、それも同様に仕立てていた。後世になって、飾り具が手元になくなり木綿布や刺繍糸が入手できるようになると、色布と刺繍などを組み合わ

せるものが多くなった。　　　　　　　〈藤村〉

図7　喉・胸飾

くび・むねかざり［首・胸飾］　レクトゥンペ、タマサイなどと称す。おそらく中近東方面で製造され、シベリアの南縁を東進して黒竜江沿いにサハリン（樺太）経由でもたらされたガラス玉を、動物の腱や植物繊維を撚ってつくった紐に通して輪状に結んだ。首から下腹にかけて下げ、儀礼や様々な葬祭の際に女性の正装用として身につけた。輪の大きさや玉数は、着装する人の年齢・体力などによって異なり、少女や老女は軽量のものを、成人女性は重量のあるものをかける。玉の綴り方は、襟首から腹に向かって徐々に玉の直径が増し、最下の玉は一際大きなものになる。輪は1連のほかに、物語のなかでは最大6連までもかけるとあるが、サハリンでは各連が重ならず、各玉がぶつかって傷め合わないように、要所を横につなぐ仕切り板を玉紐に通し、胸元で玉簾状になるよう工夫している。北海道ではその代用に大き目の玉を使い2〜4連を10㎝ごとに入れて締める。

また、玉はガラス製のほか、不足分を、本州から交易によってもたらされた*数珠、根付、*簪、算盤などの中古品を解体して、瑪瑙、水晶、珊瑚、象牙、算盤などの玉、陶製の玉、鐚銭や鈴、鉄、銅、鉛、合金の玉などで補い、それらと彩りよく組み合わせたものもある。また、余分に所有している*耳輪も玉を通した紐に結んで垂れ下げる。

ガラス製の玉は、最小8㎜、最大10㎝もあるが、首飾としては5㎝くらいまで。形は様々あるが多くは丸玉で、次に多いのが平玉である。ガラス製の玉色も多様であるが、トルコ石のような青色が圧倒的に多い。　　　　　　　〈藤村〉

くびかざりのしきりいた［首飾の仕切板］　カータサハ、カータサカーニなどと称す。サハリン地区だけで使用された玉飾の仕切板は、どの首飾にも使われているわけではない。素材として木、骨、石、竹、金属などがあり、幅6〜8㎜、長さ2〜8㎝、厚さ2〜3㎜、紐の通し穴は2・3・4・6穴の4種くらいである。　　〈藤村〉

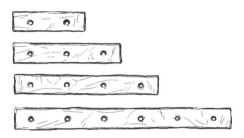

図10　首飾の仕切板

かざりいたつきくびかざり［飾板付首飾］　レクトゥンペ、シトキウシタマサイなどと称す。中心の紐で綴った首飾の最下につける大玉のガラス玉の代わりに、直径7〜10㎝の円形の*飾板を取り付けたものである。時には襟首の部位にもつけることがある。　　　　　　　〈藤村〉

かざりいた［飾板］　シトキと称す。本来の飾板は丸い和鏡を使用し、光を反射させて魔性の目を眩しくさせることで魔除けとしていた。しかし、和鏡は高価であったことから、同様のものを木でつくり、それに銅板や銀板を貼って▼木釘、▼竹釘、銅釘、鉄釘（▼釘）などでとめて利用していた。後には容器の蓋や底板、皿状の盃、時計の大型歯車、刀の鍔、廃品の金物などまでも利用することになったことから、その需要に対処し、白銀・赤銅などでそれらに似た飾板を本州で製作して交易品とした。　　　　　　　〈藤村〉

おまもりのくびかざり［お守の首飾］（→322頁信仰用具［お守の首飾］）

図8　首・胸飾

図9　首飾

みみかざり［耳飾］

みみのふさかざり［耳の房飾］　サランペニンカリ、センカキニンカリなどと称す。幼少時に耳へ耳輪を通す穴をあけたままにしておくと、穴が塞がってしまう。それを防止するために、絹や木綿布の鮮やかな赤布片を縦長に裂いて撚り、穴へ通して本結びにし、両端を広げ下げて耳の房飾とする。少年期に達すると様々な儀礼に参加することが多くなるので、その際には、布を解いて親や親族から贈られた*耳輪を下げ、儀礼が終われば再び布片の房飾りに取り替え、耳輪は大切に保管する。なお、家からあまり遠くに出向かない老人は、青、黒、茶、緑などの落ち着いた色布を用いる。屋内やその周辺で耳輪を下げていても支障はないが、海に出かけたり、山野を歩いたりするときに貴重な耳輪を落とすことがあるうえに、蔓、枝、穂などが耳輪に絡まるので、たいていは房飾を利用した。

布が色あせ古くなって交換する際には、新旧の房飾をお膳にのせて炉辺に供え、古いものへはこれまでの感謝と再生を、新しいものへは古いものの活躍を受け継いで十分な役割を果たしてくれることを祈願する。新しいものは火炎上を2～3度往来させて、火の女神（*火の女神への木幣－サハリン型）のお払いをしたあとに房飾とする。古いものはお膳ごと*幣場に持参し、*幣棚を掌握する女神の前に置いて着座し、重厚な拝礼をしてから両手で掬うように持ち上げ、別れの言葉と再生を祈って女神の脇や後に収める。〈藤村〉

図11　耳の房飾

みみのつるわ［耳の蔓輪］　プンカゥニンカリ、プンカルニンカリなどと称す。青年期を過ぎた人たちは、少年などと同様に赤布片の*耳の房飾をすることに精神的に抵抗があるために、*耳輪に似たヤマブドウの細い枝蔓を利用する。枝蔓は前年のものを採取して加工し、「C」の形や輪状、螺旋状になったものをはめるが、これはあくまでも代用品であるから、正規の儀礼には取りはずして耳輪をつけて臨む。数年を経て体の油脂が沈着して色艶がよくなるころには両耳のどちらかの蔓輪が傷んでくる。山中であれば新しい蔓輪を用意し、新旧の両方を焚き火の脇にそろえ、お膳がなければ草や木の葉にのせて置く。古いものへはこれまでの感謝と再生を、新しいものへは古いものの活躍を受け継いで十分な役割を果たしてくれることを祈願する。新しいものは火炎上を2～3度往来させて、火の女神（*火の女神への木幣）のお払いをしたあとに耳にはめる。古いものは葉ごと近くのヤマブドウの女神の前に置いて着座し、重厚な拝礼をしてから、両手で掬うように持ち上げ、別れの言葉として、これまでの感謝と再生を祈願し、ヤマブドウの根元に収める。〈藤村〉

図12　耳の蔓輪

みみたぶのせん［耳たぶの栓］　キサルタンプ、キサルシタンプなどと称す。長さ1～2cm内外で、太さは様々であるが、片方が先細に削った円錐形や、断面が台形になる円柱形にする。素材は軽い木製のものがほとんどである。*耳の蔓輪は、形のよいものを一対入手することが容易ではない。それに比べて木製は手軽につくれることから品格は低く見られたが、数年を経過すると体の油脂が沈着して色艶がよくなってくる。また、耳栓（耳たぶの栓）はあけた穴を大きくし、時には塞がりかけた穴を広げる効果があったので、広げたい穴の大きさの耳栓を太さ順につくって徐々に太いものに変えていった。耳栓はいつも耳たぶによって軽く締めつけられているので、耳から抜け落ちることはない。細いつくりの耳栓は用途が終わっても*幣場に収めずに、布片に包んで*耳輪を保管する袋などに入れ、あるいは、包まずに入れることもある。片方を失っても、その霊を送らずに新しいものをつくって一対として使用する。〈藤村〉

図13　耳たぶの栓

みみわ［耳輪］　ニンカーリ、ニンカリ、ヤヤンニンカーリ、キサルシペなどと称す。正装時に身

を装うものの一つとして耳たぶから下げた。素材は、銀や合金の真鍮・白銅であるが、現存する耳輪のほとんどは後者に属する。銀製のものの形態は、ほとんどが輪状であるが、ごくまれにギリシャ文字「Ω」の形状のものもある。輪の直径は3～6cmくらいで、銀棒の太さは最大4～5mmもある。両方の先を扁平にして小さな穴をあけ、あるいは一方に穴をあけ、片方の先を鉤状にして、両端を糸や針金でとめて耳からはずれないように工夫したものもある。直径5mmぐらいのガラス製小玉2～4個を輪の片方にまとめたものもある。銀製の耳輪は大陸産のものを入手していたが、供給が十分でなくなると、本州の金銀細工師の手になる白銅製の耳輪に代わった。

本州産の耳輪は輪の直径が5～8cmとやや大型で、白銅棒の太さは3～4mmと細く、断面は丸形のほかに、一部を重ねた螺旋状と「？」状のものとがある。耳たぶの穴へは耳の前から耳輪の端を挿入する。穴が大きい場合には、さらに2～3個下げたり、一つの耳輪へ数個の耳輪をかけ下げたりすることもある。また、*首飾にはめ下げることもある。　　　　　　　　　　　　〈藤村〉

図14　耳輪

おおがたみみわ[大型耳輪]　ポロニンカリ、カムイニンカリなどと称す。素材は、銀や合金の真鍮・白銅で、直径10～14cmと大きく、形態は、一部を重ねる螺旋状と「？」状のものとがある。白銅棒の断面は丸形と扁平な板状で、玉は棗形や丸形のほか、上下半球の合わせ無地玉、筋玉、透かし玉、表面に七宝風の刻紋などがつけられたものもある。玉の上下や左右には菊の萼形の

図15　大型耳輪

座金がはめられている。大型の耳飾は、器物の把手や、穴などにかけ下げて飾ると、物質としての力量をさらに増加させる護符ともなりうる。また、動物の霊送りの際に布で結び、頭骨の耳のあたりから左右に下げて耳飾とする。
　　　　　　　　　　　　〈藤村〉

和人資料

装身具とは身体につけて装飾するものであり、古代から儀礼などにおいて重要な意味を持つと思われる装身具としては*首飾、*耳飾などの存在が認められている。だが、中世以降の日本の服装習俗においては装身具の普及発達の形跡はみられない。わずかに近世の女性の*指輪や帯留、男性が腰にさげた印籠などをとめるための根付などが飾りとして一部の人に使われた程度である。しかし、明治時代になると洋装の導入に伴い女性の首飾（ネックレス）、襟止（ブローチ）、耳輪（イヤリング）、指輪（リング）、男性のネクタイピン、カフスボタンなどが外国から移入され次第に普及する。洋装定着の過程において日本人は欧米の服装を正確に模倣するのが文明化と考え、特に紳士用装身具は洋服の組み合わせでそのまま取り入れた。装身具普及の過程をみると、初期には上流階級にとどまっていたが、1920年代になると、都市部を中心に庶民の洋服の普及によって装身具は生活に欠かせないものとなった。また、洋服の普及が遅れた女性の場合は装身具も1930年代になると都市部の女性の洋服化により一部に普及がみられるが、農漁村部を含む一般女性の装身具の普及は戦後の1950年代以降である。　　　　　　〈矢島　睿〉

そうしんぐ[装身具]

くびかざり・ネックレス[首飾・ネックレス〈necklace〉]　首にかけ首および胸元を飾る装身具。古代から首飾は儀礼などにおいて重要な意味を持つものであったが、その後衰退し、日本人が装身具として広く首飾をつけるようになるのは明治以降である。明治初期の洋服の導入とともに外国からネックレスも導入されるが、上流階級の女性の礼服における首飾の着用を除くと、女性の洋装化が遅れたこともあり一般の習俗としての

普及は昭和に入ってからである。ダイヤモンド、金、銀、水晶、翡翠など宝石や貴金属類の玉を糸で貫いて*数珠のような形につくったものが多い。明治時代、日本の女性の礼服には、中央の大きな親玉を中心にだんだん小さい玉を連ねる形式の真珠の首飾を用いることが多かった。これが伝統的となって、冠婚葬祭などの礼服や盛装には真珠の首飾をつける風習が今日に受け継がれている。
〈矢島〉

ブローチ［ブローチ〈brooch〉］ 洋服の襟元やショール、スカーフなどの合わせ目をとめる装身具。襟止とも言う。ヨーロッパで発達したブローチは古くは安全ピンのようなものが多かったが、次第に装飾が施され飾りの要素が強くなったといわれている。ネックレス（*首飾）が胸の部分を大きくあけた洋服の胸飾として発達したのに対し、ブローチは洋服の襟元など、とめる部分を引き立てる装身具として発達した。ネックレスと同様に明治初期の洋装の導入によって外国から移入され、女性の洋服の定着とともに普及した。金メッキの金属の台などにガラス、七宝、瑪瑙、珊瑚などの細工物をとめたようなものが多いが、高級品には貴金属の台に宝石をちりばめたものもある。
〈矢島〉

ゆびわ［指輪］ 指にはめる装身具。近世の風俗書『嬉遊笑覧』（1830年）によると、「唐山より渡りて近年ここにて多くもてはやす」と記述されており、江戸時代には白銅や銀の指輪がごく一部の女性の間で使われていたようであるが、単なる飾りで大きな意味はなかったと考えられている。明治時代に入り欧米文化の導入に伴い西洋の指輪および習俗も移入され、明治中期ごろになると東京など都市部の上流の人たちの装身具として定着するが、当初は婚約指輪や結婚指輪として使われた場合が多い。金、銀、プラチナなどの貴金属を輪としたものや、金鍍金の輪にダイヤモンド、エメラルド、ルビー、真珠などの宝石をはめこんだもの、さらに珊瑚や珠玉などを輪につくったものなどがある。1930年代になると都市部の女性に普及するが、今日のように女性が広く日常的に指輪をするようになるのは、戦後の昭和30年代以降である。
〈矢島〉

みみかざり［耳飾］ 耳につける装身具、イヤリング。宝石などの飾りがついた環を耳たぶに挟むか、耳たぶに穴をあけて通す形式が多い。東洋・西洋を問わず古代から装身具として使われ、日本でも縄文時代からその存在が知られている。だが、*首飾などと同じように中世・近世の日本において発達はみられず、明治以降の洋装の普及に伴い女性の装身具の一つとして欧米からもたらされている。だが、女性の洋装化が遅れたこともあって明治・大正・昭和初期においてその使用はごく一部に限られ、一般に広く普及するのは1950年代以降である。なお、耳飾には、宝石などを揺れるように下げるイヤドロップ、金・銀などの大きな環を耳たぶに下げるフープ・イヤリング、細い金属を簾のように下げるタルス・イヤリング、宝石や貴金属を耳にぴったりつけるイヤボタンなどの形式がある。（→89頁　考古資料［耳飾］、→96頁　アイヌ資料［耳飾］）
〈矢島〉

I．生活用具

1．衣　服
(10)　結髪・化粧用具

考古資料

かがみ［鏡］

　石、青銅などの金属、ガラスなどを円板形に加工し、磨いて光を反射させるもので、呪術・祭祀具として朝鮮半島から九州地方に伝わったのは弥生時代の前期末である。中期中葉以降には中国鏡が伝来し、それらを模倣した仿製鏡も製作された。中国鏡は、本来は姿見ないし化粧用具だが、弥生・古墳時代の遺跡での出土状況からは、仿製鏡と同様に呪術・祭祀用と推定できる。遣唐使らによる唐鏡の導入を契機として鏡は貴族の化粧用具の一つとなり、平安時代の後半には背面に花鳥など日本風の意匠を持つ和鏡が出現したが、これらは経塚への埋納や寺社への奉納など信仰にかかわる道具としても用いられている。

　北海道から出土した最古の鏡は、銘文を持つ方形の湖州鏡である。道東太平洋沿岸の擦文文化後期の火災にあった*竪穴住居跡から、壁と床面の間に斜めに置かれた状態で鏡面を上にして検出された。湖州鏡とは宋代に浙江省湖州付近で鋳造された鏡で、本州では12世紀の経塚などに埋納された事例が多い。北海道へはサハリン（樺太）を経由して大陸から、あるいは太平洋ルートによる東北地方北部との交易を通して持ち込まれた可能性がある。

　道央部の日本海沿岸の遺跡では、伸展葬の中世墓に和鏡の副葬されることがあり、鏡箱や櫛が伴っ

図1　湖州鏡（釧路市材木町5遺跡）

た例もある。石狩低地帯では中世から近世のころに屈葬の状態で埋葬された女性の墓から鏡箱に納められた和鏡や渡来銭などが出土しており、被葬者は和人と考えられる。　　　　　〈中田　裕香〉

かみかざり［髪飾］

（→90頁　装身・着装具［髪飾］）

くし［櫛］

（→90頁　装身・着装具［櫛］）

アイヌ資料

かみそりるい［剃刀類］

　アンチ、マキリ、カミスリなどと称す。顔や襟足を剃るには、古くは天然のガラスである黒曜石片を使い、*小刀の刃もよく研いで剃ったが、本州から剃刀の中古品を交易で村長が入手すると、その1本を同族が借用して使い回しをした。剃るにあたっては洗顔をし、水を含んだ布を当てて産毛に湿気を与え、石鹸の代わりに唾を人差し指で塗りつけながら剃り、布で拭き取っては唾をつけて剃る、ということを繰り返した。〈藤村　久和〉
せいようかみそり［西洋剃刀］　レプンカミスリ、フレシサムコロカミソリなどと称す。明治期以降になって西洋剃刀が購入できるようになると、その切れ味のよさから相当に普及した。
　　　　　　　　　　　　　　　　　　　〈藤村〉
つめきり［爪切］　アミトゥイェプと称す。乳幼児の爪は親が舌を上手に利用して歯で噛み切るが、その後は*小刀の刃先を使って削ぎ取るのが

普通であり、家によっては使い減って利用度の少ない小刀を専用にしていた。＊鋏が手に入るようになると、それも使い、西洋爪切が市販されるとそれに変わったが、名称はそのまま使われた。

〈藤村〉

こがたな［小刀］　イトゥイェプ、パケカラペ、サパカルペ、オトプカラマキリ、エトゥプカルカミスリなどと称す。散髪の多くは小刀を使って仕上げていたが、家によっては調整や仕上げには中古の＊剃刀類が用いられた。髪容は男女を問わずお河童（禿風）であったから、長く伸びた髪を口に寄せて歯で嚙み切ることもあった。　〈藤村〉

くし［櫛］

　キライ、ポネキライ、ニーキライなどと称す。神への祈りの前には、身だしなみを繕い直すのに合わせて必ず髪も整えたが、屋外では櫛を持参していないことが多いので、たいていは手の指を使って手梳を行っていた。屋内では櫛を使ったが、櫛の歯は縦長で、骨製と木製とがあった。〈藤村〉

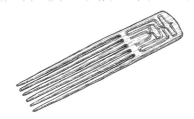

図1　櫛

えだぐし［枝櫛］　シケレペキライと称す。果実を取り除いたキハダの小枝を十数本集めて、その根元を糸やごく細い紐でぐるぐる巻いてとめたものを手に持ち、小枝の先を櫛の歯にして髪を梳く櫛である。キハダが胃腸の調整薬であるほかに、その煮詰めた汁が虫除けになるため、頭虱を追い払うことも兼ねて利用された。数ヵ月を過ぎて、木に特有の香りがなくなると効果が薄いとして、近くに生育するキハダの根元に持参して、再

図2　枝櫛

生と感謝の祈りを捧げた。　〈藤村〉

すきぐし［梳櫛］　ホコムイキライと称す。頭虱の除去には、相互に髪の毛を手で分けながら、親指と人差し指の指先や爪を使って取り出し、親指の爪を返して潰すのが一般的であった。髪の毛の根元近くに産みつけられた虱の卵は、親指と人差し指を使って探り出し、親指と人差し指の爪先を合わせて髪の毛を扱いて取り出し、同様に爪で潰した。しかし、子供の虱は手先に引っ掛かりにくいので、その際には梳櫛を使って取り出した。

　作り方は2様あり、どちらも素材はササで、長さ8〜10cmの薄く幅のある竹籤をつくる。その片方を、軽石などを使って研いでとがらせ、それらを数本〜十数本にまとめ、片端を糸やごく細い紐でぐるぐる巻いてとめる。これを片手に持って髪束へ深く刺し、その下を利き手で握ってゆっくりと梳くと、潜んでいた子虱はもちろん、大人の虱も梳き出すことができる。人によっては櫛束を手先でひねりながら梳くこともある。もう一つの作り方は、ネマガリダケの節の上部5cmくらい、節の下を8〜10cmくらいの長さで切り出し、節下の切り口に薄い刃の＊小刀を当て、節を目指して割れ目を入れる。可能な限り薄く割れ目を入れると出来上がる。梳き方は竹籤を束ねたものと同じである。　〈藤村〉

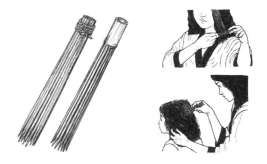

図3　梳櫛

いれずみようぐ［入墨用具］

　シヌイェカラペ、パナイェカルペなどと称す。入墨に用意する用具は小鍋、刃物、シラカバの外皮、出血を拭き取る布片、薬湯をつくる植物などである。母屋の入り口に近い＊囲炉裏の下手に＊燠を移し、きれいに洗った小鍋に水を半分ほど入れて＊炉鉤で燠の上にかける。小鍋にアオダモ、ヤチダモ、ミズキ、クロウメモドキ、クワなどの内

外皮を削って適量入れ、さらに出血を拭き取る布片を入れて煮立てて消毒用の薬湯をつくる。地域によってはヨモギの茎葉やハマナスの根を煮立てることもある。刃物は前もって※砥石で刃先だけをよく研いでおく。薬湯が出来上がると燠を引いてシラカバの皮に火をつけ小鍋の下で少しずつ燃やして油煙を小鍋の底に付着させる。

　油煙の量がよいとなったら、施術者は入墨が上手にいくように火の神に祈ったあと、刃物の先を火にかざし、あるいは薬湯に浸して消毒をする。次いで被施術者が上を向いて座の下手に寝る。顔が動かないように施術者が両股で挟みつけ、手足はほかの人が握り、時には被施術者に馬乗りになって押さえることもある。施術者は、刃先が深くならないように刃先以外を布で巻き、被施術者の上下の唇およびその周囲の皮膚を2〜3mmの間隔をあけながら2〜3mmあてに切りつける。北海道の東部からサハリン(樺太)にかけては、潰れたドーナツ状に、北海道の西部では口脇が左右に太い筆のような形にする。ほかに指・甲・前腕にも入れるが、地方や施術者によって形に違いがみられる。なお、噴火湾地域では、眉の上に平行に1〜3本の横縞を入れる。

　刃先による出血は小鍋に入れた布で拭き取り、そこへ鍋底に付着している油煙を人差し指で拭い取って、傷口にすり込む。数日は腫れと痛みに寝ることもままならないが、数日間冷えた薬湯で洗浄するうちに傷が癒え、瘡蓋が張って取れると入墨は完成する。

　なお、更年期を迎えると体調を整えるために再度入墨を施す。若いときは鮮血が流れ出るが、更年期になってからの入墨では、黒いタール状の血が出る。人によっては数度、あるいは部分的に入れ直すことがある。入墨に用いた燠や灰、薬湯の素材や薬湯、血液を拭き取った布、シラカバの燃えカスなどは、一括して女子用便所の脇に穴を掘って埋める。便所の女神に、あとの処理を依頼する祈りを上げ、供物としてタバコ、ヒエやアワなどを添える。　　　　　　　　　　〈藤村〉

せんぱつぐ ［洗髪具］

　オトゥウライェプ、ェトゥフライェプ、オトゥフライェプ、オトホフライェヘなどと称す。洗髪は常時行うものではなかったが、頭髪の汚れがひどいときや、頭が皮膚病になっている場合には頻繁に行った。汚れが最悪の場合には、まず※囲炉裏の灰や灰汁を水で適度に薄め、頭皮を揉んでいくども洗い流す。中程度であれば粒子の細かい粘土を沼や川から採取し、軽度であればヤマヨモギを手揉みして頭皮にこすり込みながら脂を浮かせる。洗い落としたあとに、陸ではノリウツギ(サビタ)、海浜ではコンブ、トロロコブなどをリンス代わりに利用する。頭虱がひどいときにはニガキの煎じ汁で頭を洗うほかに、タール状に煮詰めたものを水で薄めながら皮膚にすり込む。

　さらに、無風のときに屋外に※燠を持ち出し、それに生のヨモギをくべて煙を立て、その脇に台や箱を置いて仰向けに寝て首を出す。目や顔を布で覆い、垂れ下がった髪の毛をヨモギの煙でいぶすと、虱が煙に耐え切れず燠の上に落ちる。相当に煙を吸った毛髪はしばらく虱も付着しないので、折を見て洗髪する。煙による薫蒸は大人よりも子供に多いが、これは、子供がほぼ密着して寝ているために、虱の感染率が高かったからである。　　　　　　　　　　　　　　　〈藤村〉

かがみ ［鏡］

　ヤイコヌカルペ、ヤイコヌカㇻペ、カンカミなどと称す。大陸や本州方面から中古品を交易で入手したが、金属製の鏡類は化粧用というよりも魔性を反射させ、自分を防御するものであった。したがって、男女に限らず自身を見るのは容器に汲んだ水を利用する水鏡が主流であった。これも身だしなみを整えるよりも、人間の目には見えにくい魔性の容姿を水神の力を利用して確認しようとすることに重点が置かれていた。また、水汲みの際には川面を使い、海浜では海面を利用して身繕いや髪の乱れを直すような素振りをしながら、実は物怪の有無を探っていた。物語のなかでも鏡を見つめ、合わせ鏡を使って魔性の素性を暴く表現がみられる。　　　　　　　　　　　〈藤村〉

和人資料

　古代において化粧は神事など儀礼において人の顔に施されるものであったといわれているが、日

本では平安時代ごろになると中国から紅、白粉、眉墨などによる化粧がもたらされ、公家を中心に広まるが、男子も白粉で薄化粧したのが公家社会の特色であった。さらに鎌倉時代、室町時代には武家社会にも化粧の習俗が広がり、近世には武家社会の安定、商業の発展、町人文化の台頭、花柳界の隆盛などを背景とした化粧品、化粧道具の発達があり、化粧をする女性が多くなる。しかし、町人や農民ら庶民が紅・白粉で化粧することは、冠婚葬祭や祭りなど晴れの日の特別な身支度であった地方が多い。

漁業と交易が領民の生活の基盤であった近世の松前地では、土地柄から水商売に携わる人々や遊女が多く、一般女性のなかにも派手な化粧をする女性が多かったことが当時の記録に残されている。したがって紅、白粉などの化粧品が北前船で大量に運ばれ商品として売られていたことが商家の記録に見られる。明治時代なると、次第に洋風の化粧品や化粧道具が普及し、1930年代以降になると女性の洋風化による化粧が一般化した。

一方、近世以前の日本人の髪形は男女とも単純で髪を結うことが容易であったため、結髪用具も*櫛、*鋏、*元結の紐ぐらいで、さほど大きな発達はなかった。だが近世に入ると男子は月代を剃る習俗が定着し、女性の髪形も階層、年齢、生業などによって種類が増え結い方も複雑化した。その結果、髪結いを職業とする人々が現れるとともに化粧・結髪用具が発達し広く定着した。さらに明治時代に入ると、日本の近代化に伴い男子の斬髪が進み、洋風の*理容鋏や*剃刀、*バリカンなどが広く普及する。女性は男性に比べると洋装、洋髪が遅れ、丸髷、島田髷の従来の髪形や和服に合う流行的な和洋折衷型の髪形が続くが、1920年代に入ると都市部を中心に髪にパーマネントをかけることが流行し、農漁村を含め全国的に洋髪が急激に普及した。　　　　　　　　〈矢島　睿〉

けしょうようぐ［化粧用具］

きょうだい［鏡台］　主として女性が化粧するときに用いた*鏡つきの台。木製朱塗りなど塗を施した台にガラス鏡を取り付け、台には引き出しをつけたものが多く、中に化粧用具や化粧品を入れた。古くから日本の鏡は青銅製で、近世には化粧用として柄のついた柄鏡を鏡懸（鏡立）に立てて使用したほか、懐中鏡も使われていた。家具形式の鏡台は明治以降にガラス鏡の製造が可能になってから女性の化粧用具として急激に普及、嫁入り道具の一つとなった。初期には小型のものが多かったが、1920年代、昭和に入るころになると庶民の家庭も含め生活に欠かせない調度品となった。　　　　　　　　　　　　　　　〈矢島〉

おはぐろどうぐ［お歯黒道具］（→361頁　婚礼用具［お歯黒道具］）

けっぱつようぐ［結髪用具］

かみそり［剃刀］　髪、髭、眉毛を剃る刃物。日本に伝わったのは6世紀ごろとされ、仏教徒の頭髪を剃る道具として使用されていたようである。近世に入ると、男性は髭剃りのほか髪形に月代を剃る習俗が定着して剃刀が広く使われるようになり、また女性も産毛や襟足を剃るなど化粧に欠かすことのできない用具となった。明治に入ると洋髪の普及で西洋剃刀が使われるようになり、安全剃刀も明治時代からあったが、広く普及するのは大正時代以降である。　　　　　　　〈氏家　等〉

りようはさみ［理容鋏］　髪を切る道具。*鋏自体は6世紀ごろギリシャから中国を経て日本に伝わったとされている。国内で生産されるのは近世であるが、明治期には理髪用鋏が生産されるようになり、次第に庶民にも普及した。　　〈氏家〉

もとゆい［元結］　日本髪を結うのに使用した細い和紙の糸。近世末期の風俗書『守貞漫稿』（1853年）には、享保年間成立の『近世世事談』を援用して、「（同書によれば）紙を捻りて髪の元を結ふにより元結と云ふ」「摺元結　同書曰　寛文の頃より起こる」と記述されている。元結は古くからあるが、今日に伝わるものは寛文年間（1661～73年）ごろから使われるようになったもので、文七と呼ばれた純白の和紙などを、細く切って撚りをかけ、布海苔と胡粉で糊をつけてつくったものである。細い糸で、日常の結髪には白および黒が用いられたが、髪の飾り用として金、銀、赤、青、紫、黄などがあった。近世の松前地にも古くからもたらされ、商家の扱い商品のなかに元結の記述が見られる。明治の断髪令以降も女性の多くが日本髪であったため、小間物などを扱う店では昭和に入るまで商品として置いていた。　　〈矢島〉

バリカン［バリカン〈――〉］　洋風の理髪用

具。洋鋏の先に櫛形の刃を2枚重ねたような形の道具で、把手を動かすと重なり合った刃が往復して髪を切る形式となっている。明治初期にフランスのバリカンマルル製作所の理髪用具が輸入されたため、この種のものをバリカンと呼ぶようになったといわれている。その後、国産のバリカンがつくられ広く普及する。歯の種類によって五分刈用・三分刈用・一分刈用・五厘刈用などがある。理髪店で使われたほか、1960年ごろまでは家庭用として備え、自宅で子供の理髪をした家も多い。現在は電動バリカンが使われている。

〈矢島〉

くし［櫛］　髪をすいたり、整えたりする道具。髪飾としても使用する。日本では縄文時代から使用されているが、北海道においても縄文晩期にすでに出土している。漆塗りのものが多く、縦長のいわゆる縦櫛である。近世の後半以降、結髪方法の変化や使用方法・用途によって解櫛、梳櫛、毛筋立、挿櫛（飾櫛）などが普及した。また、材質も漆塗り、ツゲなどの白木、鼈甲、象牙、金属製などが用いられている。（→90頁　考古資料［髪飾］）

〈氏家〉

こうがい［笄］　元来は髪をすくための道具であったが、近世以降女性の髪飾として普及した。細長い棒状の先端に松竹梅模様などの飾りつけがされたもの、同じく棒状の中央で差し込むような構造で二分されるものなどがあり、一般的には髷にさして使用する。材質は木製で、漆塗りのものや金属製、鼈甲で製作されたものなどがある。

〈氏家〉

かんざし［簪］　近世後半から普及した髪飾。棒状の先端がスプーン状、あるいは動物や草花などの模様を細工し、反対側の先端を髷にさし込むようにとがったもの、先端が二分されたものなどがある。材質は漆もの、鼈甲、金属製などで、髪型や年齢によって様々なものが使用されている。

〈氏家〉

かがみ［鏡］　ガラス製の鏡は近代以降に、また、昭和期には＊鏡台が嫁入り道具の一つとして普及した。それ以前の銅製の鏡は化粧用具の一つ、あるいは神鏡として使用され、中国から伝えられたとされている。北海道でも擦文文化期に中国製の鏡が出土している。また、道内には大型で漆塗りの箱に収納され、鏡立てのあるもの、あるいは携帯用の小型のものなど移住とともにもたらされたものが残されている。

〈氏家〉

Ⅰ．生活用具

1．衣　服

(11) 洗濯・裁縫用具

考古資料

　北海道先史時代の裁縫用具で明確なものは、縫針と針入れである。管状骨を縦割りにして先端をとがらせた縫針は、縄文時代早期から用いられている。頭部には針孔のあるものが大部分だが、糸を刻み目にかけるものもわずかにある。また、7世紀以降のオホーツク文化や擦文文化の墓や*竪穴住居からは鉄針も検出されている。

　オホーツク文化の骨角器のなかには、鳥管骨を利用した針入れがみられる。縫針を使わないときには、鳥管骨を数cmの長さに切って両端をあけたままにしたものに革紐を通し、それに刺して納めることがあった。このような針入れは縄文時代からアイヌ文化期にいたるまで用いられ、線刻や列点文が施されることもあった。オホーツク文化期の針入れには、捕鯨の情景が刻まれたものもある。（→107頁　アイヌ資料［針入］）〈中田　裕香〉

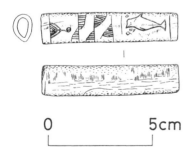

図1　針入れ（礼文町香深井1遺跡）

アイヌ資料

せんたくようぐ［洗濯用具］

せんざい［洗剤］　イミピピリカレプ、シャポンなどと称す。洗濯は、日常的に行うものではなかったが、汚れやすい下着類は頻繁に洗濯した。洗濯の基本は漬け洗いであり、汚れが浮上した段階で、手揉み洗いをし、水を取り替えて洗い上げる。汚れのひどいものや脂汚れには*囲炉裏の灰を洗剤として振りかけておく。ほかに、灰を容器に入れて撹拌し、その上水を容器に掬い水を加えて濃度を調節する。それから再び漬け置き、漂白をしたのちに真水で洗い流す。また、地域によっては泥や粘土、特に白・黄土の粘土を採取して、容器に入れて水で溶く。汚れの状態によって上水、沈殿した上部に浮かぶ粒子の細かな粘土、沈殿した下部の粗い粘土などを塗りつけながら手揉み洗いすることもあった。明治以降になって石鹸が市販されるようになるとそれを利用したが、第2次世界大戦で物資が不足すると、伝統の手法で洗濯が行われた。〈藤村　久和〉

せんたくおけ［洗濯桶］　イミピフライェプと称す。洗濯専用の*盥や*桶はなく、炊事に用いたものを利用した。家によってはマカバ、サクラ、ヤチダモなどの樹皮で盥状の広く浅い容器を拵えて使用するほか、漁場での廃品や海浜に漂着する桶や*樽を活用することもある。〈藤村〉

せんたくきづち［洗濯木槌］　イタタニと称す。手に怪我をしている、生地が厚い、幼い子が親に代わって洗濯をするなど、手揉み洗いがうまくいかないときには、砧状のものをつくって叩き洗いを行う。人によっては古くなった▼杵を半切りにして使い、下の台は海浜に漂着した木の根を利用する。〈藤村〉

ものほしざお［物干竿］　イサッケニと称す。洗濯物は洗浄してきれいになっても、その多くは下着なので、直射日光に晒すのは神々が不快であろうと配慮して、木陰や家の裏手、*便所の陰などに干す。また、家族が多い家では洗濯物が多いので、木の葉の茂る2本の木に竿を渡し、枝に紐で結びつけて干す。材料は、太さが均一で長いヤチダモ、タラ、シウリザクラなどを最上とするが、

利用できる材であれば樹種を選ばない。洗濯物は日が傾き始めるころには屋内に取り込む。魔性は夜や闇に強いので悪さを避けるためであるが、臭気の強い*襦袢や汚れのひどいものは夜干しをすることもある。水気が多ければ土間の角隅を利用して二つの壁に適当な竿を斜めに渡してそれにかける。　　　　　　　　　　　　　　　〈藤村〉

図1　物干竿

ものほしひも［物干紐］　イサッケトゥシ、イサッケハリキカなどと称す。母屋の出入り口がある壁上の屋根は、屋根材を葺きとめるために細い横棒が縦の垂木に直角に交差している。この横棒に床まで届くぐらいの紐や細綱を通して輪状にする。紐端は結んで戸口にある左右の家壁のどこかに挟んでおく。生乾きの洗濯物がある場合には、この輪状の紐をU字状に引いて、そこに洗濯物の一部をまとめて片結びにする。量がある場合には間隔をあけ、あるいは別の紐に結んで、旗を上げる要領で下から目で確かめながら天井裏へ高さを調節して上げ、紐端を家壁の横木に結びつける。*囲炉裏から上昇する暖気で洗濯物を乾燥させ、頃合いを見計らって紐を回転させて洗濯物の結び目を取りはずし、紐は再び家壁に挟んでおく。
〈藤村〉

図2　物干紐

ぬのじ［布地］

たんもの［反物］　セプと称す。ここでいう反物とは、本州で織り上げられた絹、麻、カラムシ、木綿などの布地や、中国産・ロシア産の長い布地である。特に江戸末期以降に織った布を、幅40cmくらいに巻いて上下辺2カ所を白糸でとめ、その左右辺を内側に折って商品に仕立てたもの（いわゆる反物）や、布巻き軸の有無にかかわらず巻いた布のことも言う。普通1反とは鯨尺で幅9寸（約34cm）、長さ2丈7尺（約10.23m）前後の布を指すためにアイヌ語は、そのまま「反」と同じ布地の単位ともなっているが、1匹（2反）のものは、明治以降になってから購入した。なお、本来の意味は「幅広い」ということだが、継承された織機（▼アットゥシ織機）で織り出す布地の幅は綿布と同じである。このことから、それよりも「幅広い」布地とは、中国やロシアで生産された幅50〜80cmの布地を指していたことが推察できる。明治以降は国内にあってもシングル幅（約71cm）・ダブル幅（約140cm）で生産され、それが市場に出回ると同様に扱われたが、衣類の仕立ては和服仕立てなので、主に和布の利用が盛んであった。
〈藤村〉

あさぬの［麻布］　カラムシ、アサンカラなどと称す。語源は日本語の「麻幹」「麻殻」（大麻の皮を剥いだ茎）によるが、植物の麻や、その繊維から織り出した布も言う。江戸期には、反物よりも端切れ、麻や麻交じりの糸で紡いだ中古の衣類（例えば*上下＝裃、十徳など）として入手していた。
〈藤村〉

けんぷ［絹布］　サランペと称す。絹布類の総称で、江戸期では反物の移入はないが、中古品の*小袖、能衣装、芝居衣装などを指すほか、中古品を解いて使用可能な部位を集めた古ぎれ、端ぎれとして交易で入手した。無地、絞染、蝋染、型染、刺繍、金糸・銀糸の綾織など様々な種類があり、紅絹、羽二重、富士絹、甲斐絹、銘仙、絽、縮緬、綸子、紬などの絹布類が利用されていた。また、サランペ、レプンサランペ、マンチュウサランペ、サンタンサランペなどと呼ばれる中国産の絹布類は、巻き布や端切れのほかに中古の*官服の移入もある。
〈藤村〉

ビロード・ベルベット［ビロード〈veludo〉・ベルベット〈velvet〉、天鵞絨］　サランペ、レプンサランペ、ヌチャサランペなどと称す。主にヨーロッパからの渡来布類の総称で、巻き布や端切れのほかに、中古の軍服、上着などの移入もあ

ようもうぬのじ［羊毛布地］

イポプテセンカキ、イポプテサランペなどと称す。毛斯綸、フランネル（ネル）、セル、メリンス（唐縮緬）など、明治以降に国内で生産された毛織物布地の総称であり、市販された幅広の布地を購入して、冬用の肌着、子供の晴着などを仕立てた。余り布は刺繍衣の裂き布として利用された。 〈藤村〉

めんぷ［綿布］

センカキ、テパなどと称す。名称のセンカキは、経糸を「千本かける」。つまりは細い経糸をたくさんかけて織った織物に由来する。明らかに本州から持ち込まれたものであり、当初から反物として移入したもののようである。だが、江戸中期から綿の生産が盛んになるまでは高級素材であったから、計り売り（尺売り、尺切りなど）で入手し、後世には、生産に比例して、安価で長いもの（4分の1反、3分の1反、半反）を得ていた。このほかに、古着、解体した布団地、夜着、掻巻、*丹前、▼風呂敷や*暖簾などもある。特に量の多かった紺地は、藍による防菌・防虫作用があるとして衣服の仕立て地として使われ、自他を区別するのに縞柄、特に縦縞や子持縞が好まれ、色合いとしては浅黄色が好評であった。 〈藤村〉

ぬいいと［縫糸］

カーと称す。古来、衣服に関する一般的な縫糸は、イラクサの内皮を使う。細く裂いて針穴に通し、数cmを折り曲げ、糸端に糸玉をつくって運針し、絡み縫いやチェーンステッチ、千鳥掛けなどを行う。しっかりと縫い上げる場合には、撚り糸にして使う。皮などには撚り糸の太いもののほかに動物、特にエゾシカやトナカイの腱を乾燥させてから、硬いものでたたいてほぐし、細い繊維状になったものにする。それをそのまま針穴に通して折り曲げ、糸玉をつくって縫うか、繊維を撚って糸にして縫う。すなわち、縫糸は素材や作製するものによって自在に対処した。 〈藤村〉

もめんいと［木綿糸］

ヌイト、ニウトなどと称す。本州でつくられた晒の木綿糸や染糸類を指す総称で、和名の縫糸の転訛である。糸束は手で巻いて糸玉にしておくほかに、*糸巻にも巻いて小出しで使うことが多かった。また、染糸も黒、紺、緑、赤などがあったが、必要なときに使えないとして、晒の白糸を草木染、泥染、斑染などにして使い分けることもあった。 〈藤村〉

図3　木綿糸

ぬきいと［抜糸］

チエタイェヌイト、チエタイェニウトなどと称す。*反物の切り端から出る糸や、正確に布を切るために針先を使って緯糸を切って抜いた糸は、布の素材に関係なく捨てずに溜めておく。短いものは*仕付糸の代わりに使い、長いものは撚り合わせて縫糸とし、さらに量が多ければ綿の代用品としても利用した。 〈藤村〉

しつけいと［仕付糸］

ハウケヌイト、リテンニウトなどと称す。仮縫いや、縫い上げたあとの形を保持するために粗く縫ってとめる糸を言う。多色に染められていることから、本来の目的以外に撚り合わせて縫糸や色の取り交じった糸にし、*刺繍糸の代用品としても使った。 〈藤村〉

めんし［綿糸］

アンジョ、アンジョカなどと称す。本来は網修理用の細い綿糸のことであるが、後世には凧糸をも含む名称になった。結束や撚り合わせ用の紐のほかに、撚りを解いて縫糸としても利用された。 〈藤村〉

ししゅういと［刺繍糸］

イカㇻカㇻヌイト、イカㇻカㇻニウトなどと称す。古い時代の刺繍糸は中国産の絹糸でつくられたものを交易で入手していたが、明治以降には本州産のものが大勢を占めるようになり、さらに欧米産のものも使われるようになった。また、縫糸、ガス糸、*布団の綴糸、*綿糸なども部位によって使い分け、今日みられる特有の刺繍文が出来上がった。 〈藤村〉

いとまき［糸巻］

カサイェプと称す。素材は、あまり樹種を選ばず、厚さ0.3～0.6mm、長さ5～8cm四方の板の4辺を内側に緩い弧を描くようにやや菱形に削り、その表裏の中央部分にかわいらしい彫刻を彫り込んだものが多い。これに1種類の糸を縦と横の十文字にかける。また、糸巻を一～三つ横長に足したような、横幅が10～15cmのものもあり、上下辺

に二〜四つほどの抉りをつけ、2〜4種類の糸を縦に巻きつけた。糸巻は使い手からの依頼や、作り手の思いでつくられ、時には年ごろの娘への手土産ともなる。　　　　　　　　　　　　　〈藤村〉

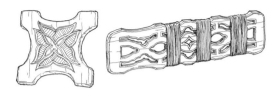

図4　糸巻

はりいれつきいとまき［針入付糸巻］　ケモプウシカサイェプと称す。＊糸巻の一部に1cm幅くらいの長方体をつけ、その部分を箱状に抉り出す。そこに薄板の蓋をして出し入れできるよう溝を彫って、縫針（＊針）を入れる。上辺と左右辺は、緩い弧を描くように内側を削り、＊針入に並行して横に糸を巻くようにする。その糸は最もよく使用する黒または紺の＊木綿糸であることが多い。こうした針入付糸巻が使われるのは、針が容易に購入することができ、季節ごとに住居を替えて移動していた時代よりも遥か後世のことである。特に観光客の来道が多くなると、土産品としての生産が盛んになった。　　　　　　　　〈藤村〉

図5　針入付糸巻

はりさしつきいとまき［針刺付糸巻］　ケムシウシカサイェプと称す。横長板の一部に穴をあけ、ここに別につくった針刺をはめ、残りの部分は糸巻として使えるようにつくった。この糸巻の使用も、＊針入付糸巻と同じように、針の種類や数量を自由に購入可能になった後世のことであり、針刺や裁縫道具を入れる針箱の盛行とともに

図6　針刺付糸巻

つくられ、土産品としても生産されるようになった。　　　　　　　　　　　　　　　〈藤村〉

はり［針］

　ケム、タンネケムと称す。古い時代の針は、骨、ササ、ネマガリダケ、木などを細く削って串状のものをつくり、これに糸通しの穴をつくるほか、抉りをつくって糸を引っ掛けるものもあった。また、ソイなど魚は背鰭に長い棘があるので、汁物にして食べたあと、付け根にある神経孔から左右に突出した部分を仕上砥（▼砥石）でこすり減らしても使った。こうした縫針を一変させたのは銅針や鉄針の出現で、江戸中期以降に生産された安芸針は当時、かなりの貴重品として取り扱われた。針1本を村中で使い回し、見失ったときは村人が総出で捜したほどで、その1本のために裁判を行うこともあったという。裁縫に使用されたのは木綿針に限られていた。　　　　〈藤村〉

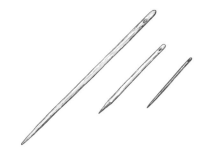

図7　針

きぬばり［絹針］　ケム、タヶネケムなどと称す。明治以降に道内の学校教育で和裁を教えるようになると、木綿針よりも短くて細い絹針で裁縫を習ったことに伴って普及し、木綿針に対して「短い針」との名称が与えられるようになった。　　　　　　　　　　　　　　　〈藤村〉

まちばり［待針］　エパウシケム、タマコロケムなどと称す。裁断する際に、布がずれないよう刺してとめたり、目印として刺したりする針。明治以降に学校教育で和裁を教えるようになってから利用しはじめた針で、針の頭に紙製の把手やつまみがついていることから、当初「縫えない針とは何だ」という謎掛けが流行したという。　〈藤村〉

はりいれ［針入］　チシポ、ケモホ、ケモプなどと称す。針は貴重品であったから、紛失しないために、筒の中に保管した。筒の長さは12〜13cm、太さは1〜2cmくらいで、素材は、大型鳥類の鳥

管骨、小鹿の頸骨、ネマガリダケ、ノリウツギ（サビタ）、ツリバナ（エリマキ）、クルミ、＊煙管の吸い口、適当な口径の銅管や鉄管、銅板を丸めて筒状にしたものなど。それに通す30～40cmの布や紐、その紐につける古銭、金輪、玉、小さな木の瘤や木片、穴のあいた貝殻や小石などを用意する。

使い方は、紐の片端を古銭の穴に通して二つ折りにし、その重なった紐端を鳥管骨などの筒に通す。古銭のない方の紐端を肌着の前襟に縫い込んでとめる（筒は古銭が滑り止めとなって、下に落ちることはない）。筒を上の方に上げ、そこに現われた紐に、糸つきの針を下から上に向けて一針刺し、糸が8の字を描くよう紐にかける。それから上方に上げていた筒を下ろすと、縫針を筒が覆い隠すので、針を身につけていても危険はなく、肌着を脱ぐ機会も少ないので針を見失うこともない。また、季節ごとに食材を求めて転居する生活では、必要なときにいつでも使用できることから便利なものであった。人によっては前襟の左右に縫いつけて、片方に縫針、片方に皮針を刺していることもあった。　〈藤村〉

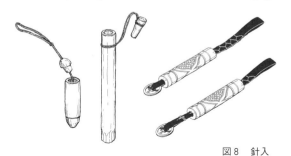

図8　針入

はさみ［鋏］

イトゥイェカーニ、イチャカネなどと称す。古い時代の鋏についてはよく分からないが、江戸期以降のものは、日本鋏あるいは握り鋏と言われた片刃でU字状のものである。片手で握ると、離れた両刃が交差する鋏のことである。（→111頁　和人資料［鋏］）　〈藤村〉

はさみふさ［鋏房］　イトゥイェカーニプサ、イチャカネプサなどと称す。握り鋏の柄はU字状につながっているので、この部分にきれいな模様のある端切れを三角や正方形に縫い合わせ、その中に抜糸屑、古綿、犬の抜け毛などを詰めて膨ら

せる。こうしたものを1～2個つくって、糸の残りで吊り下げたり、紐の残りを使って柄をまたがせたりして、それに房を縫いつけることもあった。また人によっては小鈴をつけて飾りとし、心地よい音色を楽しんだ。海浜では1～2cmくらいの二枚貝に色違いの色布をかぶせて縫い合わせ、二つの貝を5cmほどの糸で結び、その糸を鋏の柄にかけ

図9　鋏房

て二回ししてから本結びにして房飾りに替える人もいた。物にまぎれても鋏のある場所が分かりやすく、物への愛着心をも示していた。　〈藤村〉

せいようばさみ［西洋鋏］　レプンイトゥイェカーニ、レプンイチャカネなどと称す。左右の刃と握り手の中央部分に留め金がある。現在、普及している鋏も明治以降は本州各地で生産され商店を通じて購入したものであり、多様な使われ方をしているが、握り鋏のように房飾りをつけたものはごくまれである。　〈藤村〉

ぬのきりこがたな［布切小刀］　セプトゥイェマキリと称す。左右対称の模様をつくる際、布を二つ折り、四つ折り、六つ折り、八つ折りなどに重ねて板の上などに置き、その上から一気に刻んだり、布や皮を裁断したりするときに使う専用＊小刀。多くは男が＊木幣削り用に使っていた小刀で、使い減って刃先まで2～5cmくらいになったものを鋭利に研ぎ出して使うが、切れ味のよいものである。＊剃刀が手に入るようになると、それの古いものを活用する人もいた。　〈藤村〉

さいほうどうぐいれ［裁縫道具入］

さいほうかばん［裁縫鞄］　ケメイキポマレプと

図10　裁縫鞄

称す。幅30〜40cm、長さ50〜60cmくらいにガマやスゲで*莫蓙を織りあげ、それを三つ折りにする。2枚の間に差し輪を縫いつけ、物を入れる部分をつくり、残る1枚を鞄の蓋とする。織り上げたときの残り糸を、三つ編みにしたり撚り合わせたりして紐をつくり鞄の胴部に巻き、紐端を挟んでとめる。この鞄の左右に紐をつけて壁から吊り下げるほかに、専用の*荷縄をつくって結ぶ人もいる。〈藤村〉

さいほうかご［裁縫籠］　ケメイキポマレテンキ

と称す。ハマニンニクの茎葉を細く裂いて天日で乾燥させ、鉛筆くらいの太さにする。これらを糸で結びながらカタツムリの殻のような形に巻いていき、鍋敷きのような平たいものをつくる。やや斜め上に重ねて積み上げて筒籠、球状籠などに仕上げる。それに合う蓋も同じ要領で仕立て、細紐でつないで蓋が自由に開閉するよう工夫してある。〈藤村〉

図11　裁縫籠

さいほうあみかご［裁縫編籠］　ケメイキポマレ

サラニプ、ケメイキポマレサラリプなどと称す。ガマ、スゲ、オヒョウニレ、シナノキなどの素材で編んだ籠を裁縫道具入とする。底には布を重ね敷き、その上に細々とした裁縫道具を晒の袋に入れて置き、その上には端切れなどをまとめて詰め込む。編籠には肩掛け紐があるので、それを家壁の*木鉤などから吊り下げておく。〈藤村〉

図12　裁縫編籠

さいほうばこ［裁縫箱］　ケメイキポマレスポプ、ケメイキポマレシポプなどと称す。明治以降、土地を取得して営農をし、定住化が進み、やがて学校教育で裁縫実習を受けるようになると、薄板を張り合わせた箱を製作した。あるいは厚紙箱や金唐箱など、市販のものを購入して使用するようになった。〈藤村〉

ものさし［物差］

イパカリプと称す。人が着用するものを作製するにあたっては、絶対に計測をしてはならないことになっている。これは数値を計ることで、それ以上の成長を不要としているとして、神が成長をとめるか、成長しても伸びが鈍くなるとして嫌ったためである。それまで着装していたものを目測して若干大きめにつくり、早い成長を促す。したがって、大きすぎる場合には、*着物であれば上げをとり、履物であれば紐でくくるなどしていたが、学校教育で裁縫実習を受けるようになると、市販品を購入して使用するようになった。〈藤村〉

和人資料

近代になると、*洗濯板や石鹸、*アイロンの普及、さらには*ストーブや風呂場の設置など住宅の改善により、冬季の洗濯にお湯を使ったり、あるいは洗濯物が早く乾燥できるようになるなど、主婦の仕事内容が次第に変化した。また、*ミシンなどの洋裁道具が普及したが、なかでも毛糸編みの普及は、冬季に着用する*帽子、マフラー、*セーター、*手袋、*靴下などの製作を可能にし、昭和40年代まで主婦の冬支度の仕事として重要であった。〈氏家 等〉

せんたくようぐ［洗濯用具］

洗濯には古くから足踏み洗い、叩き洗い、揉み洗いなどの洗い方があり、*桶の発達とともに浅い桶が*盥として使用されるようになると、洗顔、手洗い、洗濯、入浴用など用途によって使い分けられるようになった。また、明治期以降、*洗濯板と石鹸が普及するが、石鹸は高価なため、汚れ物を洗う際には灰に一晩浸したり、米の研ぎ汁で洗ったりするのが一般的な洗濯方法であった。しかし、第2次世界大戦後は石鹸が普及し、さらには電気洗濯機が家庭で使用されるよう

になるとともに粉末石鹸が普及し、近年では手洗いから脱水、乾燥まで機械化することとなった。

〈氏家〉

たらい［盥］ 顔や手、物を洗う容器。木製で挽物、刳物、近世には曲物、さらには*桶状の盥が多く用いられた。なかでも挽物の漆器で左右にそれぞれ2本の突起がついた角盥は中世に使用されたものとして、あるいはアイヌ民族の宝物としても知られているが、この突起を取っ手として、さらには袖が濡れないように、これにかけて洗顔したと伝えられている。また、桶の底の浅いものを盥としたものが普及すると、洗顔用盥のほか鬚盥、沐浴用盥、洗濯盥など様々な盥が製作されるようになった。近代になると、洗面器が普及するとともに、材質も銅製、ブリキ製、真鍮製、アルミ製、プラスチック製のものが普及する。

〈氏家〉

写真1　盥

せんたくいた［洗濯板］ 一般家庭で使用する*俎板よりもやや大き目の形態で、表面に凹凸状の刻み目をつけた板。日本では明治期から普及するが、凹凸状の部分で布をこすりつけ、揉み洗いをして汚れを落とす。*洗濯機が普及し、全く使用されなくなった。

〈氏家〉

写真2　洗濯板

ものほしざお［物干竿］ 洗濯物を干すための竹竿。真竹を利用することが多いが、北海道では真竹がなく、すべて本州からのものであり、紐や針金、細い木を利用していた。また、冬は家の中で干すことが多く、やはり竹や針金を利用していた。

〈氏家〉

はりいた［張板］ 着物を仕立て直すため、ほどいてから洗い、糊をかけて乾かすときに張りつける板。この作業を洗い張りと呼ぶ。張板の形態は、長さ約2m、幅約40cmと細長い板で、数枚所有するのが一般的であった。

〈氏家〉

写真3　張板

しんしばり［伸子針］ 着物類を仕立て直すため、ほどいてから洗い、乾燥するために使用する針。細い竹籤の両端に小さな針を取り付けたもので、布の両端を張り木に挟んで引っ張り、布の左右の端に等間隔に針をかけてしわの寄らないように張って乾燥させる。

〈氏家〉

写真4　伸子針

せんたくき［洗濯機］ 1861（文久元）年に動力による洗濯機、1900（明治33）年に電気洗濯機がアメリカで開発される。日本では手回しの洗濯機・脱水機が大正期に洗濯業で使用され、1930（昭和5）年に電気洗濯機が国産化するが、一般家庭に普及するのは昭和30年代以降である。

〈氏家〉

ひのし［火熨斗］ 洗濯物、裁縫の仕上げなど、熱で布のしわを伸ばす道具で、平安時代にはすでに使用されていた。柄杓（*杓子）型で先端の器部分に炭火を入れて底部を熱し、底部を布に当ててしわを伸ばす。*アイロンの普及とともに使用されなくなった。

〈氏家〉

写真5　火熨斗

アイロン［アイロン〈iron〉］ 熱と重みで布などのしわを伸ばし、整える鉄製の道具。語源は英

語の「iron」に由来し、日本には幕末に伝わった。底部を炭火で熱するものと、中に炭火を入れて底部を熱する炭火アイロンとがあり、いずれも鉄の重みでしわを伸ばす。炭火アイロンは明治中ごろから普及した。これらは電気アイロンの普及とともに使用されなくなるが、電気アイロンは1915（大正4）年に国産化、さらにスチームアイロンが1958（昭和33）年に国産化され普及した。
〈氏家〉

写真6　アイロン

さいほうようぐ［裁縫用具］

　衣服を仕立てるため布を裁断したり、縫ったりする道具の総称。明治期以降、洋服の仕立て技術が導入されると、それまでの伝統的裁縫を和裁と呼び、新たな洋裁と区別するようになった。しかし、洋裁の技術が普及するのは、昭和20年代以降で、各地に洋裁専門の学校が設置されるようになってからである。したがって、それ以前の洋服の入手は商店や古着屋から購入することが多かった。また、羊毛の普及は寒冷地である北海道の衣服に大きな影響を与え、大正期以降、ホームスパン（*ホームスパン機織機）製の*背広や*オーバーコート、毛糸編みの*手袋、*靴下、マフラー、*セーターなどが普及した。

　一方、和裁は針仕事とも言われ、娘たちは嫁入りの準備として刺子仕事や仕立てを母親や上手な人から学ぶのが一般的な習慣であった。また、近代になると学校教育が整備され、女子は学校で裁縫を学ぶようになった。しかし、近年では消費経済の影響もあって、家庭で裁縫をすることも少なくなり、家庭のなかから裁縫道具が徐々に消え、花嫁道具の一つであった*ミシンも使用されなくなってきた。
〈氏家〉

はり［針］　布や毛皮などを縫い合わせたり、刺したりするための道具の総称。裁縫には和針と洋針とがあり、布によって絹針、木綿針、紬針、さらに用途によって縫針、絎針、躾針などがある。行事としては2月8日あるいは12月8日に針供養が行われる。また、戦時下には出征兵士の武運長久を願い、女性によって千人針が盛んに行われた。
〈氏家〉

いと［糸］　繊維質のものに撚りをかけて細く長く丈夫にしたもの。編物や織物、紐・刺繍糸など広範囲に使用される。種類には代表的な麻糸、木綿糸、絹糸、毛糸などのほか、シナノキ、オヒョウなど樹皮や紙の糸などがある。北海道では編物が縄文時代晩期、あるいは糸をつくるための道具、紡錘車が続縄文時代から出土していることから、早くから糸が使用されていたことが理解できる。（→Ⅱ巻　考古資料［衣料品製造用具］）
〈氏家〉

はさみ［鋏］　物を切る道具で、大きく2種類に分けられる。一つは和鋏と呼ばれ、U字型の両先端が刃で、バネを利用し、刃先を交差させて生地や糸を切る。もう一つは断鋏とも呼び、別々の刃先をX型に組み合わせ、組み合わせる支点をピンでとめ、刃先を交差させて切る構造で、洋服生地の仕立てが盛んになるとともに普及した。また、屋根葺や植木職人が使用する鋏もX型である。北海道で最も古い鋏は上ノ国町勝山館跡（15～16世紀）から出土した和鋏である。〈氏家〉

写真7　和鋏

たちいた［裁板］　裁台とも呼び、生地に篦つけをしたり、裁つときなどに使用する板。裁台は板に低い脚が取り付けられている。近年では自家で着物を仕立てることもなくなり、裁台もほとんどみられなくなった。
〈氏家〉

写真8　裁板

くけだい［絎台］　衣服を仕立てるときに、縫いやすく、しかも縫い目がきれいに仕上がるよう、

生地を張っておく道具。台板と棹をL字状にし、台板を膝下にいれて固定し、棹の掛け糸で生地を張って使用する。棹の先端には針山が設けられている。この絎台には、折りたたみ式のものと、棹を台板の先端に固定して組み立てて使用するものがある。　　　　　　　　　　　　　　〈氏家〉

写真9　絎台

はりばこ［針箱］　裁縫道具を入れる箱。紙製箱、セルロイド製箱など様々な形態・材質のものがあるが、最も一般的なものは木製で、＊鋏や箆、＊針、糸巻き、指貫、ボタンなどの小物を入れるいくつかの引き出し、あるいは針山が設置されたもので、嫁入り道具の一つであった。〈氏家〉

写真10　針箱

こて［鏝］　着物の仕立てに使用する鉄製の焼鏝。火鉢などの燠に鏝先を入れて熱し、温度を確かめ、熱で布が焼けないようあて布をし、その上から縫い代を割ったり、仕上げに使用したりした。しかし、電気アイロンの普及とともに使用されなくなった。　　　　　　　　　　　〈氏家〉

写真11　鏝

ミシン［ミシン〈sewing machine〉］　18世紀末、ヨーロッパで発明され、日本には幕末に伝わった。明治初期、軍隊、役人、警官、鉄道員、郵便集配人らに洋服を導入、さらには上流階級に洋服が普及すると、ミシンを使用する洋服裁縫業、縫製業が進出した。また、シンガーミシンが1902（明治35）年、横浜に出店するとともに徐々にミシンが普及した。第2次世界大戦後はいっそう洋服が普及するとともに、国産のミシンが普及した。この間ミシンは、手回しから足踏み、さらに電気ミシンから電子ミシンへと発達した。〈氏家〉

写真12　手回しミシン

Ⅰ. 生活用具

1. 衣　服

⑿ 寝具類

アイヌ資料

ふとん［布団］

　ホッケワタ、チモコレㇷ゚、イポㇷ゚ケキナなどと称す。ガマや、スゲ、オオカサスゲなどで等身大の*茣蓙を2枚つくり、両端と長い1辺を細紐で縫い合わせ、そこへよく乾燥したガマ、スゲの端材やオオカサスゲ、ヤマアワなどを適宜詰め込んで、残る1辺を撚り合わせると敷布団が出来上がる。同じ要領で掛布団をつくることもある。木綿布が容易に購入できるようになると、布団地を購入して綿の代わりに伝来の草を詰めることもあった。また、厳寒期には寝部屋にオオカサスゲ、ヤマアワをそのまま厚く敷いて、その上に布団を敷くこともあり、暖かくなるまではそのままの状態で寝る家もあった。　　　　　　〈藤村　久和〉

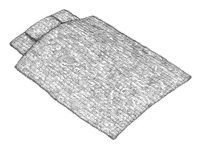

図1　布団

だいようふとん［代用布団］
　　ホッケキナ、ホッケルサ、ホッケヤットゥイなどと称す。ガマや、オオカサスゲなどで一重、または二重にして編んだ*茣蓙を何重かに折りたたんで敷布団や掛布団の代用とした。ガマやオオカサスゲなどは、茎葉の細胞が大きく、その中に蓄えられた空気が外気を遮断し、自分の体温で温めた空気が体を寒気から保護する役割を果たしていた。　　　〈藤村〉

図2　代用布団

まくら［枕］

ござまくら［茣蓙枕］
　　ムフル、エニヌイペ、チェニヌイペなどと称す。草製の枕には2種類があり、一つはガマで幅30〜35㎝、長さ130〜160㎝の*茣蓙を織り、それを巻いて円柱形にし、端を*糸でかがったものである。もう一つはガマ、スゲ、ハマニンニクなどの素材を細く裂いて、幅30〜35㎝、長さ50㎝の薄身の茣蓙を織り、それを二つ折りにして両端を糸や細紐で撚り合わせて袋状とし、その中にガマやオオカサスゲを3㎝くらいに切って詰めて口を糸で塞ぐものであった。地方や人によっては、オオイタドリ、エゾノギシギシの種子を詰めることもあった。　　　　　〈藤村〉

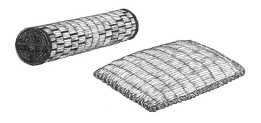

図3　茣蓙枕

はこまくら［箱枕］
　　イヌモロホ、マチスポㇷ゚、マチシポㇷ゚などと称す。割板を組み合わせて直方体の箱をつくる。それに引き出しを取り付け、あ

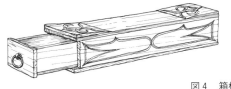

図4　箱枕

るいは蓋と本体に穴をあけて、両者を紐で結んで開閉式にし、あるいは蓋を扇のように横に開き、本体に溝を切って箸箱（*箸入）のように蓋を引くなど、様々なつくりの箱枕があった。この中には当人が常時使用するものなどが入れられていた。主に成人男性、戸主、長老らが使用した。
〈藤村〉

きまくら［木枕］ ニームフル、ニエニヌイペ、ニェニヌイペなどと称す。厚さ2cm、幅5〜7cm、長さ22〜25cmで木目のきれいなイタヤ、サクラ、バッコヤナギ、ハンノキなどの板でつくる。板の中央あたりから下を断面が縦長のワイングラス風に抉り、縦長の溝を彫り抜いたり、板を削ったりして可動できるように加工する。ワイングラス風の足の部分を左右に開いて引くと高さが8〜9cmの木枕ができる。不要なときは開いた足を合わせることで、元の一枚板に戻る。小型で携帯に便利なので、広く利用された。
〈藤村〉

図5　木枕

いしまくら［石枕］ スマムフル、スマエニヌイペ、シュマエニヌイペなどと称す。春先の融雪期や夏秋の出水後、川の流れや崩落箇所、木詰まりの状態を巡視する際に、夏の暑い盛りに寝心地のいい石枕を探す。適当な石を発見すると持ち帰り、必要なときに利用し、不必要なときは重石にするか、そのまま放置して翌年に使う。形のよいものがあれば、知人への土産にもするほか、家族分をそろえる人もいる。
〈藤村〉

図6　石枕

ほおんぐ［保温具］

もうふ［毛布］ ヌマ、チカハヌマ、チカプヌマなどと称す。犬は春秋に毛が生え替わるので抜け毛を溜め、これにガマやワタスゲの穂、エゾシカやトナカイの毛などを混ぜてたたき、フェルト様のものをつくる。大きさは座布団の1〜1.5枚分で、主に肩かけ、膝かけ、体かけとして利用した。また、麻製の中古衣をほどいて毛布の半分くらいの大きさの袋をつくり、その中へ鳥の羽毛を平均に入れて升目、菱目、格子目などに粗く縫い合わせたキルティング風のものも利用した。柔らかい羽だけでは量が少ないので、大きな羽は羽軸から引き千切って混ぜ合わせた。
〈藤村〉

けがわ［毛皮］ ルシ、ヌマ、ウルなどと称す。なめした革は様々なものに加工できるだけでなく、寝床の敷き革や、体を覆う*毛布の代わりにもなった。また、上衣や肌着に縫い込み、乳児を包んで体温の低下を防ぎ、夜尿症の子供には保温と尿漏れを防ぐための敷き革として利用した。濡れた場合には家の外壁にかけて乾燥と臭気の拡散を行い、幾度も使用した。また、老人の床ずれや爛れの予防にも敷いた。
〈藤村〉

ゆたんぽ［湯湯婆］ ユタンポ、イポプテトックリ、イポプテプ、イセセッカプなどと称す。江戸末期に移入された焼酎の*徳利（貧乏徳利・三杯徳利・がべ徳利など）は、多様に活用されたが、その一つが湯湯婆である。水や薬草を煎じた汁を8分目ほど入れ、夕食後から半時ばかり焚き火の側の熱灰にいくぶん底部を埋めて温める。それを就寝の際に取り出して木栓をして体の冷える部位に置いて寝た。栓の口が甘ければ襤褸布などを巻いて湯漏れを防ぎ、さらに布を厚く巻いたり、専用の袋をつくって、生の昆布などを巻いて漏れを防いだ。
〈藤村〉

図7　湯湯婆

おんじゃく・やきいし［温石・焼石］ イポプテシュマ、イセセッカスマ、チシケシュマ、チポプテスマなどと称す。厳寒期に、焼いて体の保温に用いる石。春先の融雪期や夏・秋の出水後、川の状態を巡視するときに使用する。楕円形をした10×20cm、またはその半分くらいの大きさで、厚さ3〜5cm程度の硬い石を採集して持ち帰る。寒さが身にしみるようになると、*囲炉裏の熱灰に穴

を掘って石を埋め、寒気の度合いにもよるが、就寝の30〜60分前に取り出し、襤褸布などを厚く巻き、さらに専用の袋をつくって入れる。それを寝床の中央部に入れて床を温め、床に入ってからは足先に押しやり、あるいは背や腹などに回した。よい石が見つかると家に持ち帰り、時には知人や年寄りへの土産とし、家族分をそろえる人もいる。　　　　　　　　　　　　　　　　〈藤村〉

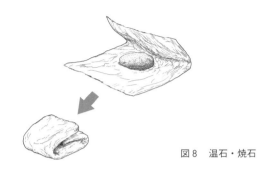

図8　温石・焼石

和人資料

　寝るときに使用する*蒲団類が庶民に普及するのは近代になってからで、それまでは藁・スゲ・イグサなどで織った*茣蓙・▼筵を敷き、*着物などをかけて寝ていたとされている。北海道内陸部の開拓が進められた明治・大正期の移住民の寝具も粗末なもので、板の間にスゲやササの上に筵を敷く程度であったと伝えられている。また、蒲団が用意できても家族全員が使用できないため、*行火の上に置いた炬燵櫓にかけた1枚の蒲団に何人もが足を入れて寝るのが一般的であった。現在のような蒲団類が庶民に普及するのは昭和期になってからのことである。また、1792（寛政4）年、幕府が宗谷場所で実施した御救交易に同行した串原正峯が書き残した『夷諺俗話』には、越年時の寝具として会津地方に残存していた床箱（寝るための木箱）と同様のものをつくり、笹や毛皮の上に蒲団を敷き、夜具にくるまって寝たと記している。しかし、この床箱で寝る習慣は北海道には定着しなかった。　　　〈氏家 等〉

ふとん [蒲団]　現在のような綿入れの敷蒲団、掛蒲団が普及しはじめるのは、綿、木綿生地が普及する近世以降のことで、家族全員分の蒲団を用意できるようになるのは昭和期になってからのこ

とである。一般的に元禄期から寛政期（1688〜1801年）に掛蒲団、関東で夜着、あるいはかいまき蒲団が普及したとされている。最も寒さの厳しい北海道では、冬を迎える準備として綿を打ち直したり、蒲団を製作したりするのは、近年まで主婦の重要な仕事の一つであった。　　　　〈氏家〉

ざぶとん [座蒲団]　*蒲団は、元来蒲の葉を編んで製作した円座・座具の名称であった。現在のように四角い綿入れの座蒲団が普及するのは近世からのことである。綿の入手が容易になり客用の座蒲団をそろえられるようになるのは、明治期以降のことである。　　　　　　　　　　　　〈氏家〉

まくら [枕]　*箱枕、*木枕、夏用の陶製枕、籐製枕、さらには布袋の中に蕎麦殻などを入れたもの、熱を下げる際に使用するゴム製の水枕などがある。また、寝ると、魂が枕に宿るとされ、枕を投げたりまたいだりすることが禁じられた。　　　　　　　　　　　　　　　　　　〈氏家〉

もうふ [毛布]　防寒用寝具として使用された毛織物。14世紀、イギリスで生産され、幕末には日本に伝えられ、フランケン、ケット、*赤ゲットなどと呼ばれ、明治期には次第に庶民に普及した。移住民にとっても重要な防寒衣類の一つで、ケットで*外套や*ズボンなどを製作することも行われた。また、雑貨屋や古着屋ではこの赤ゲットの端切れを売っていたが、これは*爪甲（爪子）や*深靴を履く際、寒さを防ぐため足先などに巻きつけるものであった。現在のように毛布が庶民に普及するのは昭和30年代以降のことである。　　　　　　　　　　　　　　　　〈氏家〉

たんぜん [丹前]　どてらとも呼び、男ものの冬の和服で、広袖で綿入れのものが多い。また、冬季には浴衣と重ね着、あるいは裏地にして縫いつけ、寝具としても使用した。冬の衣服、寝具として欠かせないものであったが、家族全員の丹前をそろえられるようになるのは、生地や綿を入手できるようになった昭和30年代以降である。　　　　　　　　　　　　　　　　〈氏家〉

かや [蚊帳]　夏、涼しく過ごし、しかも蚊を防ぐため、寝床の上から吊り下げるもので、『日本書紀』（720年）に蚊帳の名が出てくるが、庶民に普及するのは近世からである。蚊帳の素材は麻で、のちに木綿製のものも出回った。形態には大小、幼児用などがあるほか、食卓用のものも普及した。しかし、住宅や生活様式が洋風化する1965

（昭和40）年ごろから次第に使用されなくなった。　　　　　　　　　　　　　　　　〈氏家〉

写真1　蚊帳

ゆたんぽ［湯湯婆］　陶製・ブリキ製のもので、中に熱湯を入れ、寝床や*蒲団の中に入れ、体を温めるもの。湯湯婆が入手できないときは焼酎徳利、*酢徳利などを利用するほか、石や瓦を温めて利用することもあった。いずれも直接触れると火傷をするため、専用の袋、あるいは襤褸布や▼風呂敷に包んで使用した。また、湯湯婆の中のお湯は、朝の洗顔に利用した。　　〈氏家〉

写真2　湯湯婆

あんか［行火］　*炬燵の中に入れる火入れで、素焼きのものが多い。櫓の中に行火を入れるため、どの部屋にでも簡単に移動できる。*蒲団が普及するまでは、冬の期間、櫓の上に蒲団をかけ、何人もその中に足を入れて暖をとり寝ることが一般的であった。（→265頁　暖房具［行火］）
　　　　　　　　　　　　　　　　〈氏家〉

写真3　行火

Ⅰ．生活用具

2．飲食用具
(1) 炊事用具

考古資料

　食物類の煮炊きには、土器や金属製の鍋、釜を用いるが、先史時代にあっては、もっぱら土器が使用された。北海道の縄文時代、続縄文時代、擦文時代ならびにオホーツク文化においては、口径より深さの大きい深鉢が煮炊きに使われる。深鉢のなかには口縁部に煮こぼれ汁が付着して炭化したものも多くみられる。オホーツク文化に属する網走市二ツ岩遺跡出土の土器口縁には、煮こぼれ状の炭化物が厚く付着する例が多くみられた。同遺跡からヒグマ、トド、アザラシなど動物性遺存体が多く出土したので、これら動物性タンパク質に起因するものかもしれない。包丁、クッキングナイフなどに相当する炊事にかかわる利器は存在すると考えられるが、特定することはできない。
〈野村　崇〉

ふかばちがたどき［深鉢形土器］　口径の3分の2以上の高さを持つ土器を深鉢（古くは甕）と呼ぶ。下半部に火にかけた痕跡のあるものがあり、多くは煮炊き用の土器として使われた。　〈野村〉

図1　深鉢形土器（新ひだか町御殿山遺跡）

こしきがたどき［甑形土器］　本州の古墳時代末から奈良時代に相当する時期の道南部や石狩低地帯の*竪穴住居からは長胴や球胴の甕とともに甑や杯、高杯が出土する。岩見沢市由良遺跡や千歳市丸子山遺跡では、小型鉢の底部や胴部に数個の孔があけられている。これは甑として使われたもので、カマドに長胴形の甕をかけて湯をわかし、その上にのせた甑の中の穀類を蒸したものである。（→136頁　和人資料［甑］）　〈野村〉

図2　甑形土器（岩見沢市由良遺跡、口径15cm）

ないじどき［内耳土器］　口縁部の内面に耳をつくりつけ、火にかけたときに耳につけた紐が燃えないようにした煮炊き用の鍋形の土器。東北地方北部で11～12世紀ごろに内耳鉄鍋を模して製作されたものが初現で、次第に北海道、サハリン（樺太）、千島列島、カムチャツカ半島南部へも流入した。器形や耳の数は地域や時期によって様々である。北方へ拡散した背景には本州や大陸からもたらされる鉄鍋の量の少なさがある。中世以降に東北地方の南部以南で盛行した内耳土器とは別系統のものである。

　北海道の内耳土器は平縁で口縁部が外反し、縦耳2個を向かい合う位置につけたものが多い。擦文文化期の末期に南西部の日本海側などで出現し、渡島半島から出土した資料には擦文土器の文様に類似した沈線文の描かれたものもある。13世紀ごろに擦文土器の甕が製作されなくなり、内耳鉄鍋が煮炊き具の主体になってからも、オホーツク海沿岸部などでは無文で粗雑なつくりの内耳土

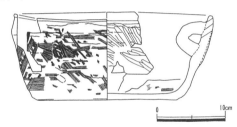

図3　内耳土器（上ノ国町ワシリ遺跡）

器が用いられていた。北海道内で内耳土器の製作・使用が停止するのは、本州から供給される鉄鍋の量が増加した15世紀以降と考えられる。

〈中田　裕香〉

いしこがたな［石小刀］　縄文時代の打製石器の一種で、頁岩などの細長い素材の一端を、両側辺からえぐるように打ち欠いてつまみ状の突起をつくり、紐で結ぶようにした石器。つまみから身が長く伸びる縦型と、横に広がる横型がある。江戸時代の木内石亭が『雲根志』後編（1779年）に「天狗の飯匙」などの俗称があることを紹介してからは、石匙と一般に呼ばれるが、北海道では、大場利夫が礼文町船泊遺跡出土（1952年）の同例を石小刀と呼んで以来、この名前で呼ばれることが多い。捕獲した鳥獣魚類の皮剥ぎなどにも使用された。

〈野村〉

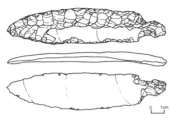

図4　石小刀（礼文町船泊遺跡）

アイヌ資料

なべ［鍋］

スー、カニスー、ポロスー、サヨスー、オハウスー、ポンスー、カムイスーなどと称す。鍋は本州からの移入品であるが、一般家庭では、最低でも粥用の小鍋と汁用の大鍋の二つを所持し、ほかに大型陸海獣を捕獲する家では、ヒグマやアザラシ、トドなどの肉や骨を煮る大型で専用の鍋を所有していた。多くの鉄鍋は鋳物であったが、なかには鉄板を打ち出したものもあったという。鍋にひびが入ると銅線や鉄線で箍をはめてひびの進行を食い止めたが、亀裂が大きくなり、鍋底が抜けて煮炊きが不能になると、鍋に*木幣を添えて感謝の辞を述べて魂を送ったあとで、鋳物のかけらを使いやすい大きさにたたき割って形成し、▼砥石で研ぐなどして▼鏃や▼鎌、*小刀、▼鑿などをつくった。後世になって購入が可能になると、使用しているもののなかから女性の必需品、副葬品の一つとして転用された。

〈藤村　久和〉

図1　鍋

なべのつりて［鍋の釣手］　スーアッ、スーアハなどと称す。鍋の取っ手は後世には、鍋と組み合わせて市販されていたが、当初は鍋と別売りであった。また、現代の鍋の取っ手は鍋の口唇部に釣手の耳を立ててあり、同じ鉄製の釣手を取り付けてあるが、それ以前の鍋は、口の内側に釣手の耳がある内耳鍋であり、獣皮や植物繊維で撚った紐や▼縄をかけて釣手とした。また、大型鍋のなかには外耳の片方に耳を二つつけて取っ手を渡し、鍋の上げ下げに安定を持たせた鍋があり、それを三つ耳鍋、外耳を双方に二つつけた鍋を四つ耳鍋などと言い分けていた。

〈藤村〉

なべぶた［鍋蓋］　スープタ、スーセシケヘなどと称す。鍋の蓋は後世になって鍋につけて市販されているが、当初は別々に購入していた。それ以前は蓋そのものがなく、フキ、ミズバショウ、ホオなどの広がりのある葉を、蓋や落とし蓋の代わりに利用した。臭いのきつい獣肉には、ササ、トドマツ、エゾマツ、サクラ、ヨモギなどの枝葉や葉で覆って灰汁や臭みをとり、その植物の香りを移して味覚を楽しんだ。また、人によっては割板を丸く削り、中央に小穴をあけて取っ手のようなものをつけて蓋とし、使用に耐えなくなると、小さな*木幣を添えて謝辞を述べ魂を送った。

〈藤村〉

どうなべ［銅鍋］　カパラス、フレカネス、フーレカニスーなどと称す。銅板をたたき延ばしてつくった鍋で、すべて本州からの移入品であった。鋳物の鉄鍋に比べて薄く熱効率がよいうえに軽量であることから、遠地への旅や山猟には欠かすことのできない鍋とされた。

〈藤村〉

やくとうなべ［薬湯鍋］　クスリスー、クスリポイスなどと称す。銅板をたたき延ばしてつくった*片口つきの小型鍋で、本州からの移入品であ

った。用途は、薬湯やお茶を煎じるほかに、入墨の施術（シラカバの樹皮を燃やしての煤取りや、消毒薬湯づくり）にも活用され、ひとり暮らしの古老にとっては煮炊きの量にもちょうどよく、衰えた体力でも自在に使用できたので珍重された。
〈藤村〉

図2　薬湯鍋

ほうろうなべ［琺瑯鍋］　ピンドロウシスーと称す。1,000℃以内で溶かしたガラス質の釉薬を鍋の内側にかけた鉄鍋のこと。錆びないことから、明治期以降に各地の商店を通じて購入して珍重した。
〈藤村〉

どなべ［土鍋］　トイス、トイスーなどと称す。今日でも鍋物用につくられた土鍋を指すほかに、内耳鉄鍋、外耳鉄鍋を模倣して粘土でつくった土製の内耳鍋や外耳鍋類をも言う。金属製の鍋が入手できるようになると製作は中止されたが、各地域にこの名称が残っていることから、ほぼ全地域でつくられていたことが推察できる。製作過程は定かではないが、およそ土器と同じもので、使用できなくなると、謝辞を述べ魂を送ったと思われる。
〈藤村〉

ゆきひら［行平］　アハクスーと称す。取っ手・蓋・注口のついた陶製の平たい鍋。幕末期からの移入品で、豆などを炒ったり、1人用の粥鍋として利用されたが、薄手で壊れやすいので、銅線で鍋の首をしばり、人によっては、薄手で目の細かな金網で底面を覆って大切に使用した。使用できなくなると、小さな*木幣を添えて謝辞を述べ、その魂を送った。
〈藤村〉

じゅひなべ［樹皮鍋］　タッスー、タハスーなどと称す。シラカバの外皮を1周、または節や瘤などのない部分を切り取る。製作したい鍋の大きさを考えて方形に切る。それを火に炙るとスルメのように軟らかくなるので、4辺を折り曲げて壁のように立ち上げ、重なる2辺の端を合わせて角状にし、それを外側に出して横に折り曲げる。人によっては角状を鍋の内側に折り曲げ、方形鍋の口唇部が裂けないように、外側または内外に薄木を当て、細く撚った糸でかがってとめる。対となる2辺にへの字状の棒を渡し、両端に抉りを刻んで糸で結び、*炉鉤から吊り下げる。鍋の中に水や煮炊きするものが入っていれば燃えることはないが、空鍋状で火にかけると乾燥の度合いによっては燃える。長時間の使用は可能だが、物にぶつかると底や脇に裂け目ができやすいので注意が必要である。使用できなくなると、小さな*木幣を添えて謝辞を述べ、その魂を送った。
〈藤村〉

かいなべ［貝鍋］　セイスーと称す。素材はイタヤガイ（ホタテガイ）の貝殻で、深みのある直径20cmほどの貝を使う。*囲炉裏の尻などに*五徳の代わりに小石を3～4個置き、その上に煮物を入れた貝をのせ、貝の下へ熾火を入れて煮立てる。また、銅線や針金などを貝殻に巻きつけ、あるいは穴をあけて通して貝鍋の弦として*炉鉤から下げることもあった。貝鍋の周縁は砕けやすいが、長期にわたって使用すると貝鍋はきわめて丈夫なうえに、貝のだしも出て味がいちだんとまろやかになる。容易に壊れないため、必要な人に譲渡されるほかに、個人が愛用した貝鍋は副葬品として埋葬することもある。
〈藤村〉

図3　樹皮鍋

図4　貝鍋

ふきのはなべ［蕗の葉鍋］　コルハムス、コルコニハムスなどと称す。穴のあいていない大きめのフキの葉5～6枚を、付け根から切る。それらを水で洗って交互に重ね、石を円状に粗く並べた中央に置く。持参した米や稗、粟、黍などを水とともに手で握りながら研ぐ。研ぎ終わった穀粒をフキの葉の中央に入れ、水を加える。フキの葉の周縁を中央部に寄せ集め、水が漏れないように、また中に空気があるように調整して口を紐で結ぶ。残りの紐を*炉鉤にかけ、あるいはY字型の棒2

図5　蕗の葉鍋

本に横棒を渡した中央から吊り下げ、または、釣竿のようにしなりのある1本の棒先にくくりつけるなどしてぶら下げる。下で火を焚くとフキの中で穀類が炊け、最も圧力がかかるとフキの袋がしぼみ、膨らみを繰り返す。このとき、その様子におかしくなって笑うと、フキ鍋が、笑われたことに腹を立てるという。また、鍋を裂き、あるいは破裂させるなどして炊いた穀類を食べさせないようにするともいわれる。このため、笑い声を立てそうなときは、離れた場所で笑う。炊き上がるころには外側のフキの葉2〜3枚は火で焦げて黒ずむが、紐を解けばフキの葉の中で飯が炊き上がっている。穀類と水を調整すれば粥もつくることができる。〈藤村〉

くさはなべ［草葉鍋］　ハムス、ハンス、ヤムスなどと称す。汁物をつくる一方法として、草葉鍋を利用する。焚き火の近くに直径20cm、深さ10cm程度の穴を掘り、土を周りに盛り上げて深さを増す。次いでイタドリ、フキ、ハナウド、ミズバショウ、ゴボウ、ヨブスマソウ、ミミコウモリなどの大きい葉を何枚も採取し、水洗いしたのち土穴の中に貼りつけるように重ねて敷く。葉が堅いときには焚き火の脇に置いてちぢれさせるなど軟らかくしてから敷く。次いで水を入れて漏れ具合を見たあと、具を刻んで入れる。そこへ焼けた硬い石を*火挟で挟み、あるいは転がして入れ、余分な葉で上を覆う。焼けた石は大きな音を立てながら煮立ち、石の熱で具に火が通る。音が静かになったら草蓋を取り容器に盛りつける。塩や味噌があれば、それで味を調えて汁を飲む。残ったら草蓋をして次の食事用とし、食べ切ったら冷えた石を取り除く。再度使うことがなければ、鍋にした草の葉を土穴の底にまとめて土を寄せて埋め、最上部に加熱した石を寄せてのせ、簡単な謝辞を述べて立ち去る。何度も利用するなら、先の草葉鍋の内側に別の葉を重ねて利用し、耐えなくなった葉は鍋の脇に置いて、穴を埋め戻す際に穴底に入れて埋める。

蒸し物をつくるには、食事をする場所の近くに直径30cm、深さ15cm程度の穴を掘り、土を周りに盛り上げて深さを増す。この穴で焚き火をして*燠をつくり、汁物の場合と同様に大きい葉を何枚も採取して水洗いする。また、食材となる魚は腸を出して洗ってぶつ切りし、山菜やオオウバユリの球根などを洗って適宜の大きさに切りそろえる。燠の上に草の葉を敷き、それに食材を入れ、上を葉で覆い、さらに周りの土を盛って火を通す。十分に火が通ると、盛った土がやや沈んだ状態になる。上の土を除け、覆いの葉をあけると、蒸された具の味がお互いに移って美味い蒸し焼きができる。残っていた葉を皿代わりにして食べる。残りが相当あれば次の食事にし、食べつくしたら、皿や覆いに使った草の葉を土穴へ入れて埋める。量が多い場合は、覆いの葉の上に焼いた石をのせて上下から火を通す。〈藤村〉

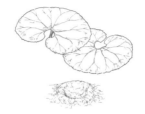

図6　草葉鍋

はもの［刃物］

こがたな［小刀］　マキリ、エピリケヘ、イピリケヘ、イベマキリなどと称す。物々交換や交易などで入手した刀身に木製の柄と鞘をつけ、8〜10歳ごろになると、親が各自に携帯させる。柄と鞘の素材としてはイタヤ、カツラ、エリマキ、センノキ、クワ、クルミなど、丈夫で彫刻のしやすい木を使う。たいていは、彫り物上手な男性に依頼し、刀身に合わせて柄と鞘をつくり、個人に似合う彫刻を施す。結婚相手の女性へ贈り物とすることもある。携帯する小刀は男女ともに日常生活全般にわたって使う。例えば炊事の調理のほか、捕獲した獣類や魚の解体、山菜採集、紐類の切断、細かな細工、散髪、顔剃り、外科の手術、さらに男性であれば*木幣づくり、鬚切り、食事用のナイフ、女性であれば衣服を仕立てる布や皮類の裁断、糸切り、出産時の臍の緒切り、入墨の傷

つけと、用途は幅広い。

　労働や物々交換で入手した刃物には鋼が入っておらず切れ味が悪いので、*囲炉裏や焚き火で焼いたものを水に入れて硬くし、刃を研ぎ、切れ味をみて、それ専用の小刀とする。工夫や加工をして使いやすい刃物に替えることもある。一般に男性用の小刀は暇があればよく研ぎ、使い分けることもあって、切れ味のよい刃物が多い。女性は1本の小刀を連日の炊事と山菜採集などで用い、使用頻度が男性に比べて高い割に研がないので、切れ味は悪いとされる。刃物を研ぐのは父親、夫、息子たちの仕事であり、あまりにも切れ味が悪ければ、親や夫が自分の所持するものから選んで下げ渡すこともある。折れたり、減ったりして使用できなくなった刃物には、その使用に応じて立派な木幣をつくり、場合によってはタバコや酒造りに使う穀類や麹、小型の団子を添え、謝辞を述べて丁重にその魂を送り、再生を願う儀礼を行う。
〈藤村〉

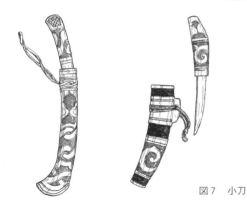

図7　小刀

ほうちょう［包丁］　ホイチョ、ホウチョなどと称す。菜切り包丁、薄刃などがある。当初は、江戸中期に蝦夷地の各所に設けられた物々交換の場所である会所や*運上屋などでアイヌ民族の女性が炊事の下働きをしたことから鋼入りの切れ味のよい包丁を知り、中古の包丁を村長が払い下げを受けて村で共同利用したことで需要が高まった。しかし、松前藩が抗争を恐れて鋼材の刃物の物々交換を禁止したために入手できなかった。明治以降に市販されると多くの家庭で購入して使用した。
〈藤村〉

さばさき［鯖裂］　イヤサマキリ、チェプカルマキリ、チェヘカラマキリなどと称す。多量のサケ・マスを捕獲し処理をする労働者がアイヌ民族であった江戸期には、鋼の入っていない刃物で良質の商品である乾魚を加工するのには無理があった。そこで、漁場の支配者である場所請負人は鋼の入った直刀状の刃物を用意して魚の処理を行わせた。年月を経て錆びついたものは廃棄され、就労者に供与したので、それに革や木製の鞘をつくり労務専用に携帯した。明治期以降、今日もなお魚の処理に利用されている。（→138頁　和人資料［鯖裂］、→Ⅱ巻　水産製造加工用具［鯖割］）
〈藤村〉

図8　鯖裂

みがきようこがたな［身欠用小刀］　ヘロキカルマキリ、ヘロホキカラマキリなどと称す。春に群れて岸辺で産卵するニシンのうち、早いころのニシンは数が多くないので、腹を手で裂いて数の子（鯑）と白子を取り、鰓と内臓を取り除いたのち、鰓から口あるいは目を藁縄で通して20匹を1束として干し上げる。さらに背中側の身を尾の付け根まで削いで干し上げ、乾燥したものは背肉の部分だけを身欠鰊という商品にした。これは江戸中葉末からニシンが回遊する各地で生産された。*物干棚から下がる1匹のニシンの尾を持ち、刃物を頭部の付け根にあてがって中骨に沿って尾のつけ根まで切り裂くのには、鋼の入らない身の厚い*小刀では効率が悪い。さらに、商品にならない失敗ものが多くなることから、身が薄く、断面が逆くの字に曲がり、先の鋭くとがった小刀は、身欠鰊の生産に画期的であった。年月を経て錆びついたものは廃棄され、就労者に供与したので、それに革や木製の鞘をつくり、身欠づくりの労務専用に携帯した。また、各戸におけるサケ・マスの身卸しにも利用された。
〈藤村〉

図9　身欠用小刀

ちょうりだい・まないた［調理台・俎板］

ちょうりだい［調理台］ イタタニと称す。丸太を輪切りにした低い円柱状のもので、材質はエゾマツ、トドマツ、グイマツ、カツラ、イタヤ、シナノキ、サクラ、シラカバ、ナラ、ヤナギなど身近な木を使用している。直径は家族構成や使用頻度により、15～30cmと幅がある。木目が縦になっている調理台は、刃物で物を切るのに押す・引く・たたく動作に適していて、魚や獣肉などを細かにたたき合わせる料理においても、木目が横の調理台に比べて木屑の混入はきわめて少ない。調理台は床に置くほか、片方の木口から斜めに穴をあけ、それへ紐をかけて壁の*木鉤にかけ下げる。また調理台の製作時に枝のある部分を切り、その枝を数cmの長さに切る。それに１周した溝をつけ、レ状の枝と紐で結び、その枝を壁の横木にかけて吊るすこともある。　　　　　　〈藤村〉

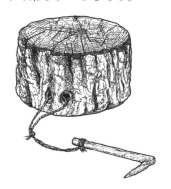

図10　調理台

まないた［俎板］ マナイタ、ナマイタなどと称す。木目を横にした板状の俎板類の総称。物々交換の場所である会所や*運上屋などでアイヌ民族の女性が炊事の下働きをすることで覚え、それを各戸に取り入れて活用した。素材はヤナギ、バッコヤナギ、カツラ、シナノキ、センノキ、クルミ、サクラなど身近なもので刃物を傷めにくいものを利用している。　　　　　　　　〈藤村〉

図11　俎板

あしつきまないた［脚付俎板］ ケマコロマナイタ、チキリコロナマイタなどと称す。間隔をあけた２本の台木を平行に置き、その上に*俎板材をのせ左右両端近くに台木がくるようにしたスケートボード風の俎板。屋内で使用するが、ほかに高さ50～70cmもある厚い木材に、幅30～50cmもある板をのせ、若干向こう側に傾けて水切りをよくしたΠ状のものもある。これは家の戸口に近い屋外に設置されていて、立ったままで、多量の物を処理するためのものである。なかには、直径30～50cmの丸太を半割り、あるいは３分の１割りにし、Y字の股木の上にのせたものもある。〈藤村〉

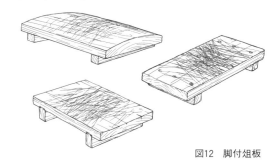

図12　脚付俎板

あわせばちつきまないた［合鉢付俎板］ メノコニマ、ニマコルマナイタ、ミマウシマナイタなどと称す。屋内で使用する*脚付俎板の１脚の後方に直径25～45cmの合わせ鉢を組み合わせ、刻んだ素材を鉢に入れ終わってから和えて味付けをすることができるようになっている。素材はカツラ、センノキ、ヤナギ、シナノキ、クルミなどで、全体の幅は30～45cm、長さは60～80cm、高さは10～15cm。　　　　　　　　〈藤村〉

図13　合鉢付俎板

ざる・かご［笊・籠］

ざる［笊］ イチャリと称す。竹笊も、物々交換の場所である会所や*運上屋などでアイヌ民族の女性が炊事の下働きをすることで覚えた。ネマガリダケのように長く太いものは、竹籤をつくって笊や笊形様のものに仕上げる。ササ類では、希望する大きさの輪をつくり、ササの茎を中心部より少し伸ばし、余分を輪に紐で仮にとめて次々と同じようにする。それから中心部に伸びたササの茎

を組み合わせて編みながら中心へ向かい相互に交差させ、余分に長いものは刃物で切り捨てる。次いで輪の仮どめを解き、不要部を刃物で切り落として別の紐で絡ませ終わると出来上がる。また、同じ作り方だが、ササの茎数を少なくして半球にし、そこに粗いシナ布を縫いつけたものや、和人の笊の廃品を補修して活用した例もある。後世になって、市販されると各戸で取り入れて活用した。(→134頁 和人資料［笊・籠］)　〈藤村〉

図14　笊

じゅひぬのざる［樹皮布笊］　ペヘトゥイェプ、イヌンパプ、イヌンパハなどと称す。直径2cm程度のコクワやブドウヅル、クワの茎などを曲げて50〜70cmの輪をつくって乾燥させる。これとは別に、シナノキの内皮を灰で煮立て、すっかり滑りをなくしたものを細く裂いてやや太目の糸を撚り合わせる。この糸を布織機(▼アットゥシ織機)にかけて目の粗い布を織り、それを適当な長さに切って縫い合わせ、さらに蔓輪を覆うように巻きつけて糸で縫い合わせると出来上がる。人によっては、蔓やクワを半割りにして、その間に樹皮布を挟んで縫いつける。　〈藤村〉

図15　樹皮布笊

かご［籠］(→Ⅱ巻　人力運搬具［籠］)

ふるい［篩］

　コトシと称す。粉などの細かいものと粗いものを分別する道具。篩も物々交換の場所である会所や*運上屋などでアイヌ民族の女性が炊事の下働きをすることで覚え、廃品を補修して活用もしたが、後世になって市販されると、各戸で取り入れて活用した。(→Ⅱ巻　脱穀・調整・収納用具［篩］)　〈藤村〉

じゅひぬのせいのふるい［樹皮布製の篩］　コホクシペ、コークシペなどと称す。直径1cm程度のコクワやブドウの蔓、クワの枝などを曲げて直径20〜30cmの輪をつくって十分に乾燥させる。これとは別に、シナノキの内皮を灰で煮立て、すっかり滑りをなくしたものを細く裂いて糸を撚り合わせる。それを糸布織機にかけて布を織り、それを適当な長さに切ったあと、蔓輪を外側から覆うように巻きつけて糸で縫い合わせると出来上がる。人によっては、蔓やクワを半割りにして、その間に樹皮布を挟んで縫いつける。　〈藤村〉

図16　樹皮布製の篩

はち［鉢］

きばち［木鉢］　ニマ、ミマなどと称す。皿より底の深い食器。素材はカツラ、シラカバ、ヤナギ、シナノキ、センノキなどの丸太を半割りにして▼鉞や▼斧などで粗取りをしたのち十分乾燥させる。木炭などでおよそを描き、木鉢の内側にあたる不要な部分に*熾を適量のせて燃やし、焦げて軟らかくなった部分を削り取りながら深さを増していく。▼もったが入手できないころは、*小刀の古いものをよく研いでから火で焼いて刃先を内側に緩く曲げ、それを削りたい部分にあてて▼木槌で小刀の背をたたきながら湾曲した傾斜面を削っていく。大きさは、家族数や使用頻度によって異なり、小さなものでは直径30cm、大きいものは1mを超える。用途によっては浅いものから深いものまであり、形態も素材の材木によって角形・楕円形・円形と多様である。底面が緩い球形や平面状のものは、団子をこねるのに用い、底

図17　木鉢

が深く曲がりがやや立つものは和え物専用の鉢として使われる。　　　　　　　　　　　　　〈藤村〉

すじこつぶしばち［筋子潰鉢］　チポロニナパッチ、ホマニナパハチなどと称す。河川に遡上する魚、および海洋を回遊する魚の身や卵、白子など料理で混ぜ合わせる素材をほぐし、つぶす鉢で、大きさは直径30cm、高さ10〜13cm。素材はセンノキ、カツラ、グイ、ナナカマド、シラカバ、シナノキ、バッコヤナギなどである。製作の手法は木鉢に同じ。つぶし専用の器ではあるが、量が少ない場合には、和える鉢や、料理の盛りつけ鉢としても使われる。　　　　　　　　　　〈藤村〉

図18　筋子潰鉢

おおがたつぶしばち［大型潰鉢］　オトカ、ホリマハなどと称す。素材はイチイ、グイ、キハダ、ナナカマド、バッコヤナギ、シラカバ、シナノキなどで、大きさは長さ1〜2m、幅30〜40cmもあり、全体の形態は1〜2翼つきの長椀や、逆凸形をしており、上から見ると、細長い楕円や長方形で底面まで抉ってある。大型の容器だけに、様々な儀礼に集う多人数用の食材の潰鉢であり、各人に料理を盛りつけるまで入れておく器でもある。各戸では1〜2個を所有しているが、儀礼のときはそれらを集めてかなりの料理がつくられる。　　　　　　　　　　　　　〈藤村〉

図19　大型潰鉢

つぶしぐ［潰具］

イオッケニ、イニナハ、チポロニナプなどと称す。北海道では、生の魚卵やゆでた魚肉や白子などをつぶすので、TやYの字を逆にした形の細身の長柄のついた面の大きい潰具を使うが、サハリン（樺太）では水に漬けて戻した数の子を素材とするためか、重量のある短めの杵棒（▼杵）の上に取っ手がついている。つぶし面はほぼ同じである。素材はイタヤ、カツラ、ナナカマド、イチイ、ナラ、グイ、マツ、キハダなどが使われる。　　　　　　　　　　〈藤村〉

図20　潰具

いもつぶし［芋潰］　イモチョッケニ、エモニナプなどと称す。筋子や果実などと、ゆでたてのジャガイモをつぶして和えて料理をつくる際の潰具で、竪杵（*小杵）の握り部分から杵先までおよそ30cm、直径5〜8cmである。芋のつぶし方は、わずかなものから完全につぶすものまであるが、これは各家庭や料理する人の考えによってすべて異なる。また、すっかりつぶしたあとから、さらにつぶし続けて空気を多量に含ませると、つぶした芋が餅状になる芋餅が出来上がる。〈藤村〉

図21　芋潰

やきぐし［焼串］

イマニッ、イマニシなどと称す。素材は魚の大きさによって異なる。サビタ（ノリウツギ）、ヤナギ、クワなどは、サケ、マスなど中・大型の魚の切り身を焼く串の材となり、串を*囲炉裏に刺した際、木の根元を下に向けてつくる。串の長さは30〜45cm、幅1.5〜2.0cm。串の断面はレンズ状で、正面から見て縦に長いレンズ状に削るほか、縦長の涙形につくる人もある。魚の切り身に対し串先で身の下端を刺し、一度、身の外へ串先を出し、再び身の中に刺し、身側を火の方に向ける。火が十分に通ってから串を返して皮側をキツネ色に焼くと出来上がる。串を抜くときは、焼けた身を囲炉裏の杭に置き、身全体を何かで押さえ、串の下方を手で握って軽く左右に起こし、串から身が離れたら、左右に起こしながら串を引き抜いて

いく。人によってはヤナギの青臭さや、内皮が残っていると多少の苦味が身に移るといって嫌う反面、それが胃腸や体にいいと好む人もいる。

　魚の全長が20〜30cmの場合には、腸や鰓を取り除いてから、魚の口から串先を背骨に沿って、まっすぐ尾の方へ刺し、魚の腹を火に向けて焼いたのち、背側を焼く。この場合の串は細棒状につくり、人によってはハギをはじめ、似たような木の細枝を串に加工する。魚の全長が10〜20cm以内の場合には、枯れヨモギやササの茎で串をつくる。串の数は一家で太・中・細の串を20〜30本は用意してあり、使用後は水に漬けておいて*束子で魚の身をすり落とし、水を切ってから天日や*火棚で干す。表面が乾いたら、紐で中央部を結んで火棚に揚げて乾燥する。串の半分以下はいつも火に晒されているので、時間とともに焦げ目がつき、徐々に使用に耐えなくなってくると、新しい串に更新し、古いものはほぼ一括して１本の*木幣を添え、謝辞を述べタバコや米、麹など若干の供物をつけてそれらの魂を送る。　　〈藤村〉

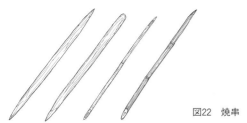

図22　焼串

おおがたいっぽんやきぐし［大型一本焼串］　ポロイマニッ、オンネイマニッ、ルウェイマニシ、ポロイマニシなどと称す。この串は、多量に捕獲したサケ、マスなどを一匹のまま焼く串で、長さ１ｍ、太さ３〜４cmもあり、断面は縦長の涙状に、また、串を*囲炉裏に刺した際、木の根元が下に向くようにつくる。エゾマツ、トドマツ、ヤナギ、ミズキ、シナノキなどの枝を払ってつくられる。サケ、マスの腸や鰓を取り除き、口から串先を背骨に沿ってまっすぐ尾の方へ刺し、魚の腹を火に向けて焼いて火が十分に通ったら、背側を焼く。串を抜いたあとは、日差しや風があれば外の*物干棚に並べて干し、雨天であれば屋内の*火棚や、内梁に木を渡し、芦簾を敷いて、その上で干し上げる。漁場が家から遠距離であれば、▼燻製小屋に入れて焚き火で干し上げる。串が太いので長期使用が可能であるが、串を刺す部分が次第に丸みを帯びてくるので、刺すことが容易で

なくなると、刃物で削るので徐々に短くなって使用に耐えなくなってくる。漁期が終わった段階でそれらをまとめ、１本の*木幣を添え、謝辞を述べタバコや米、麹などの供物をつけてそれらの魂を送る。　　〈藤村〉

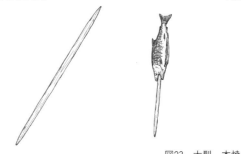

図23　大型一本焼串

おおがたはさみやきぐし［大型挟焼串］　チヤサポロイマニッ、ルウェチペレイマニシなどと称す。この串は、捕獲するサケ、マスなどの最盛期に大量処理する際に使用される。長さ120cm、太さ４〜５cmもあって、根元の方を*囲炉裏に刺しやすいように削ってあるが、上の方は二つ割りにし、その割れ目は70〜80cmも入っている。なお、木が二つに割れないように、割れ目の下端に節や木の枝がある材を選び、木の根元が下に向くようにつくる。素材はエゾマツ、トドマツ、ヤナギ、ミズキ、シナノキなどの枝を使う。サケ、マスは頭を切り落として腸を除き、中骨に沿って腹側から皮を残したまま身を尾まで下ろして腹開きにする。身の胸・腹・尾へ３〜４本の小串を身の中をまっすぐに刺して、身を一枚物にし、頭側を下に、尾を上になるように串の割り口から身を入れ、背筋の薄皮を挟むようにする。次いで、割り口を紐で締めてとめ、魚の身側を火に向けて焼き火が十分に通ったら、次に背側を焼いて割り口の紐を解き、身を引き出す。

　串を抜いたあとは、日差しや風があれば外の棚に並べて干し、雨天であれば屋内の*火棚や、内梁に木を渡し、芦簾を敷いて、その上で干し上げる。漁場が家から遠距離であれば、▼燻製小屋に入れて焚き火で干し上げる。串が太いので長期にわたって使用が可能であるが、割れ目が入っているので、使っているうちに割れ串が多くなる。新たに製作する余裕がない場合には、割れた部分を紐で結んで漁期をしのぐので、不足のないように、普段から適当な木を見つけては製作を怠らない。漁期が終わった段階で使用に耐えなくなった

串をまとめ、1本の*木幣を添え、謝辞を述べタバコや米、麹などの供物をつけてそれらの魂を送る。　　　　　　　　　　　　　　　　〈藤村〉

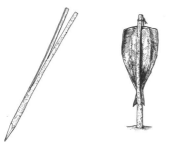

図24　大型挟焼串

はさみやきぐし［挟焼串］　チヤサイマニッ、チペレイマニシなどと称す。魚の大きさが10cm以下の場合には、1匹に1本の串をつくるのがたいへんなので、長さ60cm、太さ1.0～1.5cmのハギ、ネマガリダケ、ヤナギ、クワなど周辺に生育する樹種の細枝を刃物で3分の2ほどを二つに割り、魚を丸ごと挟んで割り口を紐で結び、片面を火に向けて焼き上げる。魚体や魚種によっては一串に10～30匹くらいも挟むことがある。なお、木が二つに割れないように、割れ目の下端に節や木の枝がある材を選び、木の根元が下に向くようにつくる。焼き上がった小魚は広げた芦簾（*簾）に散らして風や日差しに当てて干し上げ、雨天であれば屋内の*火棚の上で乾燥する。主に子供たちが川や河原での遊びに合わせて捕獲した小魚用の挟焼串は各家庭で2～3本もあれば十分であり、使用後は水洗いしたのち串の置き場である火棚の上にのせておく。折れたりゆがんで使えなくなったものは、物の送り場で、感謝の言葉を添え、再生を願ってその霊を送る。　〈藤村〉

図25　挟焼串

ふたまたやきぐし［二股焼串］　ニアウイマニッ、ナウイマニッ、ニアウイマニシなどと称す。海や河川、湖沼などの漁で、15～20cmと大きさがそろった魚体の魚を捕獲し、内臓を取り去って姿焼きにする場合に使う。串の全体がY字状の二股の枝部を加工し、2本の枝先と根元を斜めや円錐状にとがらせ、一匹の魚の胸や腹尻のあたりを、腹側から背中へ向けて串を打って片面ずつ焼く。焼き上がった小魚は串からはずして、広げた芦簾（*簾）に散らして風や日差しにあてて干し上げ、雨天であれば屋内の*火棚の上で乾燥させる。乾燥した焼き魚は、紐で編んで火棚から吊り下げておき、汁物を炊くときのだしにしたり、煮付けにして、空腹時のおやつにしたりもする。串の上部はV字よりもU字状のものを選んでつくる。この串も各家庭で2～3本もあれば十分で、使用後は水洗いしたのち串の置き場である火棚の上にのせておき、折れたり裂けたりして使えなくなったものは、物の送り場で、感謝の言葉を添えて再生を願ってその霊を送る。　〈藤村〉

図26　二股焼串

しょっきあらいぐ［食器洗い具］

たわし［束子］　スーフライェプ、スーフライェヘなどと称す。主に鍋を洗う。素材は使い古しの藁縄、シナノキやオヒョウニレの粗皮、トクサ、ブドウヅルの外皮などがある。形は2種類あって、一つは素材を三つ編みや、綯って縄綱にし、端の7～8cmから折り曲げ、隙間のないよう時計回りにグルグルと巻く。端に到達したら一巻きをわずかに緩めてその隙間に挟み込んで強く引く。これを2～3回繰り返してとめる。

もう一つの方法は、素材を各人の手の大きさに合わせ、使いやすい6～10cmの長さに切りそろえる。太さも4～8cmに整え、切り端の1cmくらいから別に用意した細紐できつく締めながら時計回りにグルグルと巻き、適当な箇所で一巻きをわずかにゆるめてその隙間に挟み込んで強く引いて締める。これを繰り返しながら巻き上げ、反対側の切り端から1cmくらいのところで紐を結び終える。前者は主に物の表面全体を洗い、後者は手に握って前後に動かして部分的に付着している焦げをこすり落とすのに効果があるとして、使い分けることが多い。また、後者は作製したものの表面

に光沢を出すときにも使用する。利用しづらくなったものは、結び目を解いてもとに戻し、物の送り場で感謝の言葉を添えて、再生を願ってその霊を送る。〈藤村〉

図27　束子

かるいし［軽石］　イシルシルプと称す。火山の噴出物の一つである軽石は、河原、海浜に流出したもの、土壌や崖の中から、堅さがあって手になじむ適当な大きさのものを採取し、主に※鍋を洗うのに利用する。最後に砕けるまで使いきることが多いが、使用してみて、形はよくても使用に耐えないものや、途中で不要になったものなどは、物の送り場で、感謝の言葉を添えて、再生を願ってその霊を送る。〈藤村〉

けしずみ［消炭］　パシ、パシパシなどと称す。日々の炊事に使う※囲炉裏に散在する消炭の破片のうち、イタヤなどの堅いものを選んで軽石と同様に使用する。最後まで使い切る。〈藤村〉

とぎすな［研砂］　イシルオタ、オタなどと称す。河原や海浜などに打ち寄せられている小粒の砂を取って水辺の近くで※鍋の中へ入れ、手のひらを使って内面をなでつけて汚れを落とし、外面も同様にする。砂の大方を手で取り除いたら、海や川のほとりに行って、水を掬いながら鍋の外面についている砂を流し落とす。次いで鍋に水をわずかに汲み入れ、鍋を回しながら内面に残っていた砂を鍋底に集めて一気に砂上へあける。洗い終わったら砂に謝辞を述べる。〈藤村〉

とぎつち［研土］　イシルトイ、トイトイなどと称す。汁には必ずといってもよいくらいに油を加えるため、※鍋には油が付着している。このため、川辺に溜まった泥や土、粘土を取るなどして鍋の中へ入れ、利き手の手のひらで内面をなでつけて油汚れを落とし、外面も同様にする。次いで、水を掬いながら鍋の外面についている泥を洗い流し、鍋の中へ川水を適量に汲み入れ、鍋の内面に付着している泥を鍋底に洗い集めて一気に川辺へあける。こうしたことを2～3度繰り返す。帰りには利用した泥などに謝辞を述べて家に向かう。〈藤村〉

かざんばいのとぎすな［火山灰の研砂］　シピルプと称す。土崖などで火山灰を見つけたら、容器に入れたりフキの葉などに包んで家に持ち帰り、汚れのひどい物を磨く※束子につけ、あるいは皮に取り分け、そこへ磨くものを挟んで汚れを落とす。皮内に残った火山灰は※囲炉裏の塵などと合わせて、家の上手にある灰の送り場に納める。〈藤村〉

いろりばい［囲炉裏灰］　ウナ、ウイナなどと称す。1日も休みなく焚き続ける※囲炉裏は、灰も徐々に増えることから、洗い物を入れた※鍋に炉尻から灰を掬い入れ、洗い場で研ぎ粉として利用する。〈藤村〉

たる・おけ［樽・桶］

あらいおけ［洗桶］　イフライェオンタロ、イフライェオンタルと称す。海浜に漂着した樽や、使用ずみで廃棄された樽などを、小型のものはそのままに、大型のものは半切りにして、そこへ銅線などを箍の代用にしてしばり、洗樽や※桶の代わりに使用した。また、漂着した帆前船に使われた孟宗竹の帆桁や、ネマガリダケ、ササの茎などを加工して、物を収納するための※籠を製作した。形も鉢型、筒型、角柱型、コップ型など様々で、大きなものは直径60cm、高さが80cmもあった。こうした籠のほとんどは特に日常に使用しない※食器、酒盃（※酒器）や※天目台、※膳、小型の※湯斗（湯桶）や片口などを収納した。（→140頁　和人資料［洗桶］）〈藤村〉

図28　洗桶

ておけ［手桶］　シサムニヤトゥシ、シーサンハンカタなどと称す。使用ずみで廃棄された古い手桶をそのまま、あるいは手直しなどして再利用し、市販されると購入して水の運搬に利用した。（→141頁　和人資料［手桶］）〈藤村〉

こくるいあらいづつ［穀類洗筒］　アマムオロオクトゥ、アマムオロクッタラなどと称す。旅での野宿や、早春や晩秋の山猟の見回り、夏場の川釣りなどで、数日山中で暮らす際に、その付近でシ

シウドやイタドリなどの太い枯れ茎を見つけたら、根元に近い部分にある節下から横に切り、すぐ上の節下から切って必要な数量の筒をつくる。この筒に炊く分量の穀類を入れ、水を張って倒れないように置く。やや放置したのち、左手で底を持ち、右手の手のひらで筒の口を塞ぎ、筒を左右、または上下に強く振って、穀粒同士をぶつけ合って研ぐ。あるいは、付近から細棒を見つけて筒中に入れて撹拌したり、やや太い棒であれば底の節が抜けない程度に搗いて研ぐこともある。使い終わった筒が不要であれば、近くの太い立ち木の根元へ寄せかけ、謝辞を述べ、その魂の再生を願って送った。　　　　　　　　　　〈藤村〉

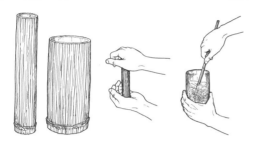

図29　穀類洗筒

じゅひせいみずくみ［樹皮製水汲］　ヤラニヤトウシ、ハンカタ、ニヤトウシなどと称す。素材や製作法は、▼樹皮製手籠と同じである。日没前に翌朝に使う水量を考えて、樹皮製水汲二〜三つに水を汲んで、戸口に向かって右手前の壁際に並べ、虫やゴミが入らないようにフキの葉を切って伏せて置いた。　　　　　　　　　　〈藤村〉

図30　樹皮製水汲

その他

おろしがね［卸金］　イシルカーニ、イシルカネなどと称す。使用ずみで廃棄された卸金を利用するほかに、銅板に▼釘で適当に穴をあけ、Y字状の開き枝の部分や、方形、長方形の枠に張って釘でとめて利用した。用途は夏や初秋に採集したジャガイモを※樽に入れて洗ったあと、皮ごとすりおろすときに使った。ジャガイモは一晩水を張って灰汁を出し、翌日に袋で水を漉して、残った粕と澱粉をこね合わせて一口大の芋団子をつくり、ほかの具材とともに汁の実とし、初芋を賞味した。使用に耐えない卸金は釘をはずし、あるいは枠を壊して物の送り場へ持参し、感謝の言葉を添え、再生を願ってその霊を送った。（→139頁和人資料［卸器・卸金］）
〈藤村〉

図31　卸金

むしすだれ［蒸簾］　スオマレサルキ、スオクテキなどと称す。※鍋の中間でとまるように工夫した蒸簾は、細身のヨシの袴をとり、あるいは、ササやネマガリダケを割って簾をつくる。細糸で鍋の差し渡しを測って織るべき簾の幅を決めてからイラクサの細糸、綿糸などを使って▼茣蓙編機で簾をつくる。次に、細糸の端を簾の真ん中あたりにあてがい、もう一方の糸端に※小刀を手で添えて持ち同心円を描く。小刀の傷を頼りに不要な部分を切り取り鍋に合わせた簾をつくる。簾の下に細板や簾を１〜２本あてがい、要所要所を細紐で結んで１枚の張った簾にし、中央部分に取っ手用の紐をつけて、鍋へ入れるときや取りはずしを簡便にする。

　この蒸簾は、病人、乳幼児や古老への温野菜づくり、ササの葉の肉粽、葉で包んだ魚粽などをつくる際に用いる。落とし蓋にはフキ、ホオ、ミズバショウなどの大葉を使うほかに、臭い消しとして松葉やヨモギの茎葉を加えて味を楽しむ。蒸簾は、通常洗って下座の壁などに吊り下げておき、使用に耐えない蒸簾は、物の送り場へ持参し、感謝の言葉を添え、再生を願ってその霊を送

図32　蒸簾

った。　〈藤村〉

にくさしぐし[肉刺串]　チサカンケニッ、サカンケニッなどと称す。素材はイタヤ、ナラ、カツラなどのほかに、捕獲した動物の霊を送るために山から伐採してきた*木幣材を記念に使う場合もある。直径は1.5～2.0cm、長さ70～80cmで、円柱や角柱につくった串である。串の先端はゆでた肉を刺しやすいようにやや細くとがらせ、手で持つ側には1～3カ所に小さな*削掛をつけ、さらに祖印を刻むこともある。ヒグマ、エゾシカなどの肉を大鍋の熱湯でゆで、表面がすっかり白くなり、凝縮した肉の内部から血がにじみ出てくるころに、串で刺して*鍋から上げ、用意された容器に入れて冷ます。冷めた肉は同じ串にわずかな間隔をあけて突き通して*火棚や梁から吊り下げて乾燥させる。表面をゆでることでハエが卵を産むこともなく、肉の旨みも中に閉じ込められる。乾燥した肉はお土産として配分するほかに、汁の具となる。この串は肉塊をゆでる専用の鍋とともに上座に置かれる。猟運のある家では必需品として製作され、保存されるが、猟運にあまり恵まれない家では所持されることはない。使用に耐えなくなると長年の功に報いて、タバコや、米、麹、*木幣を添え、物の送り場で再生を祈願して謝辞を述べ、その霊を送る。　〈藤村〉

図33　肉刺串

和人資料

　北海道における食文化をみると、近世松前地の食生活の系譜をひく食習と、明治以降の開拓に始まる都市および農村の食生活の系譜を持つ二つの食習が認められる。近世の松前藩は幕藩体制のなかで唯一稲作を中心とした農業を藩政の基盤としなかった藩であり、藩の成立以降アイヌ民族との交易と鰊・鮭・昆布を中心とする漁労をもとに、いわゆる蝦夷産物の日本各地での取引によって藩の財政および領民の生活が支えられていた。したがって松前藩領である松前地では、わずかな蔬菜類をつくる以外本格的農業は発達せず、主食とする米はもとより生活物資のほとんどを他領に依存する生活であった。稲作が盛んであった地方の農村においても、庶民が米飯を常食とすることが少なかった時代であるが、松前藩領には米が大量に移入され、庶民の日常の食生活にいたるまで米の飯に魚菜という、当時としては豊かなものであった。このような食生活を可能にしたのは高い商品価値を持つ松前・蝦夷地の産物と、日本各地の港と江差・箱館・福山など松前地の港を結んだ北前船に代表される海運の発達であった。

　このような事情から米、味噌、塩、酒、酢はもとより、当時貴重であった砂糖、菓子類、さらに*鉄鍋、*釜、*笊、*包丁、*擂鉢などの炊事用具や食器類が大量に移入され、松前地ではかなり早くから伝統的といえる和食の食習が定着し、これに加え豊富な魚介類が食膳にのぼり、飯鮓、三平汁、鮭鍋などの料理が生まれ、明治以降の漁村に受け継がれた。

　また、明治時代に入ると開拓使は欧米文化導入による開拓計画を立案し、畑作牧畜農業の定着と移民の生活を洋風に改善することを目的に家畜・洋式農具・西洋野菜の導入、家屋の改良、米飯にかわる主食としての洋食の奨励などを一部実施に移している。しかし、この計画は開拓使の予算不足による実施体制の不備があり、また故郷での古い生活に慣れた移住民の生活になじまなかったこともあって、開拓使の時代には十分な成果をあげるに至らなかった。

　だが、この時代に導入された玉葱、キャベツ、玉蜀黍、馬鈴薯、トマトなどの西洋野菜やリンゴ、サクランボなどの果実、さらに馬、牛、緬羊などの家畜、プラウ、ハローなどの畜力農機具などはその後の農村に受け継がれ、畜耕手刈という和洋折衷といえる北海道農法や、西洋野菜・肉類を用いた洋風的な家庭料理を早くから定着させ、道民の食生活に大きな変化を与えることになった。さらに明治中期以降になると、北海道の農村にも稲作農業が広く定着する。明治40年代（1907～16年）には、北海道のなかでも特に寒冷地といえる上川地方にまで直播による稲作が定

着し、1921（大正10）年に札幌と東京で北海道産米百万石祝賀会を開催するまでに至っている。

このようなことから移住農家は、開拓期には本州から移入された米を、稲作定着後は自家米を主食としたが、移入米は高価で、経済状態の厳しい移住農家では十分に購入できなかった。また、稲作定着後も寒冷地の不安定な営農ではたびたび冷害・凶作に悩まされ、米飯を三度の食事とすることができず、1918年に内務省衛生局保健衛生調査室が行った『全国主食物調査』には次のように記述されている。

市部	札幌・旭川・小樽ハ白米飯。函館ノ一部ニ米七挽割三ノ混食。
市街地郡部	白米飯ト米麦ノ混食ガ半々。一部ニ薯粥（いもがゆ）。
村落部	九月－四月は馬鈴薯又ハソノ澱粉ノ団子、馬鈴薯ノ塩煮、玉蜀黍ヲ煮タモノヲ一日一食シテ米麦ヲ補ヒ、粟・稗・玉蜀黍・挽割麦ト米ノ混炊等季節ニヨリ異ル。漁村ハ漁季ハ米飯。

昼食にゆでた玉蜀黍（とうきび）や馬鈴薯の塩煮、また一食は野菜類や挽割麦（ひきわり）、玉蜀黍、稗（ひえ）、粟（あわ）などを混ぜて炊くカテ飯を常食とする家が多く、その後昭和20年代まで続いていた。

このように北海道では、米飯だけではなく雑穀や薯を炊いていたのである。したがって*鍋（なべ）、釜のほか、擂鉢、包丁、*桶（おけ）、笊（ざる）、*蒸籠（せいろう）などの炊事用具や食事に関する用具も各時代において日本各地から移入されたものが多く、地元でつくられた地方的な特徴のある食生活用具は少ないといえる。

〈矢島　睿〉

なべ［鍋］

　鍋（なべ）は主として食物を煮炊きするのに用いる金属製あるいは陶製の炊事用具で*釜（かま）より底が浅く、口径が大きく開いている。材質によって*土鍋（どなべ）、*鉄鍋（てつなべ）、*銅鍋（どうなべ）、*アルミ鍋、*琺瑯鍋（ほうろうなべ）などがある。鍋は*竈（かまど）などや炉の*炉鉤（ろかぎ）（自在鉤（じざいかぎ））にかけられるように、鍋の上部の両側に耳をつけ、鉄や藤蔓などの弦（つる）をつけた弦付鍋、両側に把手（とって）をつけた両手鍋、片手で持てるように棒状の把手を1本つけた片手鍋などの形式がある。土鍋は重要な炊事用具として古くから使われ、本州の農村では近代に入っても飯炊きに大型の土鍋を使用していた地方もあるが、都市部では近世に入ると鉄鍋の普及によって大型の土鍋は次第にすたれ、粥（かゆ）をつくる行平鍋（ひらなべ）（*行平（ゆきひら））や鍋焼き・柳川・湯豆腐・寄せ鍋などの料理鍋として使われている。

日本では鉄鍋が中世後期から近世にかけて都市を中心に広く普及したと考えられているが、近世の松前地ではアイヌ民族との交易品の一つとして鉄鍋が移入されており、当然ながら和人の生活のなかでもかなり早くから鉄鍋が普及していたと考えられる。特に北前船による交易が発達する近世中期以降になると、陶磁器・漆器製の食生活用具とともに種々の鉄鍋が大量にもたらされ、福山、江差、函館などの商店で扱われていたことが商家の蔵鋪帳（くらしき）など商業記録に残されている。

また、家財道具などほとんどそろわなかった明治時代の開拓生活において、最も重要であったのは鉄鍋であった。北海道開拓の先兵的な役割を果たした屯田兵が開拓地に入植したときに支給された生活用具は鉄鍋、*飯碗（めしわん）、*汁椀（しるわん）、*桶類（おけ）であるが、鉄鍋は1892（明治25）年まで大・中・小の3個である。一般の入植者においても北海道移住案内書などに、開拓生活で必要なものの1番目に鉄鍋がのせられており、移住者の多くは鉄鍋を携えて開拓地に入っている。したがって札幌などの都市ではかなり早くから鉄鍋が売られており、どの地方でも開拓期の食生活といえば鉄鍋による煮炊きが中心であった。

大正時代に入ると琺瑯鍋やアルマイトの鍋が急激に普及する。特に軽くて使いやすいアルマイトなどアルミ製品の鍋は大正時代から昭和の初期にかけて起こった生活様式の変化、台所の近代化を端的に物語るものであった。

〈矢島〉

てつなべ［鉄鍋］　日本で鉄鍋（てつなべ）が一般に普及するようになるのは中世後期から近世初期にかけてと考えられている。漁労・交易が生活の基盤となっていた近世の松前地には早くから商品として鉄鍋が入り、他藩の農村のような*土鍋（どなべ）の使用は少なく、鍋といえば鉄鍋がほとんどであった。鉄鍋は銑鉄鋳物製（せんてつ）で、鍋の縁の両側に耳をつけ、それに鉄の弦がついている形のものが多い。*囲炉裏（いろり）や炉で使用するときは弦を*炉鉤（ろかぎ）（自在鉤（じざいかぎ））にかけて使い、*竈（かまど）で使用するときは弦を倒して使用していた。蓋（ふた）は木の蓋を用い、鍋の大きさには厳密

な規格はないが、大鍋・中鍋・小鍋・薄鍋の区分があった。また産地や形式による名称もあり、加賀鍋、越中鍋などと呼ばれているが、必ずしも統一された名称ではなかった。明治初期の開拓地では鉄鍋の入手も難しく、十勝開拓の先駆者である晩成社の依田勉三の句に「開拓の初めは豚と一つ鍋」とあるように、一つの鍋で飯を炊きそのあと汁をつくるという生活であった。その後、北海道では都市・農漁村を問わず飯、汁、煮物などすべての炊事に鉄鍋が使われてきた。　〈矢島〉

写真1　鉄鍋

どうなべ［銅鍋］　銅を原材料とする鍋には、銅をそのまま使った銅鍋（赤金鍋）と唐金鍋がある。銅（赤金）は延性が大きい金属で、木槌などでたたいて延ばして形をつくり出したのが銅鍋であり、銅と錫の合金を鋳型をつくって鋳造したのが唐金の鍋である。銅鍋は打ち出しでつくるため大型の鍋はなく、近世には江戸など都市部の生活で少人数の調理用（小鍋仕立て）として使われていた。近世の松前地の生活は都市的であり軽くて小さい小鍋を必要としたようで、江差、岸田三右衛門文書の1849（嘉永2）年の仕切書のなかに「赤かね薄なべ　七寸五、八寸五、尺五」といった記録がみられる。銅鍋は軽く使いやすい鍋であるが、そのほとんどが手づくりの打ち出しでつくられたため、鉄鍋やアルマイトの鍋などと比較すると高価なものであり、明治以降の北海道の農漁村では持つ家も少なかった。都市部では小鍋のほか天麩羅鍋などが使われた。　〈矢島〉

写真2　銅鍋

ほうろうなべ［琺瑯鍋］　琺瑯鍋は、鉄に釉薬を塗って焼き、ガラス質で表面を覆った鍋である。錆を防ぎ焦げつきも少ないという新しい鍋で、明治時代にも外国からの輸入品があったが、大正時代（1912～26年）中期ごろになると日本でも生産量が増え一般家庭にも普及するようになる。琺瑯鍋とアルミ鍋の出現によってどの地方でも台所の近代化が進んだといわれているが、この時代、肉料理、シチューなど洋食が家庭料理となりつつあった北海道では特に需要が大きかったといわれている。琺瑯鍋で多く使われたのは中型の木蓋つきの両手鍋であるが、柄つき鍋、シチュー鍋、牛乳を沸かす牛乳鍋などもあった。また、従来の鉄鍋の内側だけを琺瑯引きとした鍋もあり、錆や焦げつきが少ないことから重宝がられ、農漁村で使用する家庭が多かった。　〈矢島〉

写真3　琺瑯鍋

アルミなべ［アルミ〈Aluminium〉鍋］　アルミニウムが食器や鍋など台所用品として使用されるのは大正に入ってからで、特に腐食を防ぐため表面を酸化アルミニウムに加工したアルマイトの出現によってアルミ鍋が普及する。丈夫で軽く扱いやすいアルマイトの鍋は都市部を中心に急激に普及し、昭和に入ると4～5人用の家庭料理鍋として直径24cm程度の中型蓋つき両手鍋、18cm程度の小型の両手鍋と柄つき鍋が家庭の必需品として定着している。だが、家族や使用人の多い農漁村の家庭では昭和20年代まで鉄鍋が主流で、アルミ鍋は補助的な用具であった。煮しめ、鯨汁など時間をかけ大量につくる料理は薄いアルミ鍋では熱の伝わりが早く味がしみこまないといわれている。また、アルミ鍋は底が薄く当時の農漁村に多い囲炉裏や竈の直火を使用した煮炊きには適していなかったといえる。　〈矢島〉

写真4　アルミ鍋

どなべ［土鍋］　土鍋は一般に陶製などの鍋を言う。日本人の食事において古くは土鍋の使用が一般的であったが、近世に入るころになると次第に鉄鍋が普及する。近世の松前地では飯、汁、菜とも炊事には鉄鍋が使われ、土鍋の使用は湯豆

腐、粥、鍋焼きなどに限られていた。近世松前の鍋焼きについては文化・文政年間（1804～30年）の『松前歳時記草稿』に「鮭と豆腐を賽の目にして漬味噌あり。これを鍋焼と云伝ふ」とあり、江戸で流行っていた小鍋仕立ての料理である。これが浜で働く者が大勢で食べる石狩鍋や浜鍋など漁村の料理に受け継がれ、明治以降は北海道の代表的な郷土料理として普及し、主として陶製の土鍋が使われるようになった。今日でも家庭で使われる最も一般的な土鍋は鍋物用で、陶製蓋つきのものが多い。〈矢島〉

ゆきひら［行平］ 取っ手と注ぎ口がついた蓋つきの*土鍋で、古くから粥をつくる鍋として使われている。その起源は近世後期といわれ、在原行平にちなんで名付けられたという説がある。栗色の艶のある釉薬がかかった陶製の鍋で、厚手なので粥などをとろ火でゆっくり煮るのに適しており、北海道でも近世松前地の時代から今日まで、病人や高齢者の食事づくりに欠かせないものである。〈矢島〉

写真5　行平

かいなべ［貝鍋］ 漁村など海に近い地域では、古くから貝殻を鍋とする貝焼き料理があり、1784（天明4）年ごろの松前の風俗を記述した『東遊記』に「帆立貝十人前ほどありて、貝焼を製して菜にす」とある。貝焼は*七輪（七厘）の上に置いた帆立貝の殻で魚介類と野菜を煮る料理である。近世中期ごろから流行った少人数の小鍋仕立ての料理で、帆立貝の殻はあくまでも鍋の代わりであった。このため大きくて形のよい帆立貝の殻を何枚も用意した家が多く、明治以降の都市や農漁村に受け継がれている。また、近年にいたって

写真6　貝鍋

料理店などで鍋料理の1人前の鍋や皿として使われている。〈矢島〉

ジンギスカンようなべ［成吉思汗用鍋］ ジンギスカンは羊肉の焼き肉料理で、大正時代に道民に羊肉を普及させるため、中国料理の「烤羊肉」を参考につくられた料理が起源という。初めのころは専用の鍋がなく、*七輪（七厘）に*ストーブのロストルのような隙間のある鉄板をかけて肉を焼き、醤油、砂糖、生姜、酒などを合わせたタレで食べていたが、1923（大正12）年に農商務省月寒種羊場分場長の長崎渉が現在に受け継がれるジンギスカン鍋の原形を考案している。一般に普及したジンギスカン鍋は、浅い兜の形をした円形30cm程度の銑鉄鋳物製の鍋で、中央が山形に盛り上がった形をし、全体に肉を焼いたときの脂を流す溝がついており、裾には脂を溜める折り返しのついたものである。鍋は、岩手県などのほか、道内においてもつくられている。〈矢島〉

フライパン［フライパン〈frying pan〉］ 明治に入り日本に西洋料理が紹介されると同時に調理器具や食器も導入されるが、そのなかで最も早く日本の家庭に広く普及したのはフライパンである。日本に伝わったフライパンの形式の鍋は、欧米では本来ハンバーグや魚の切り身を焼くための柄つきの*鉄鍋であった。だが、鍋底が平らで広く、熱がむらなく伝わることから種々の料理に使える利点があり、西洋料理ばかりではなく、天麩羅や卵焼きなど和食にも使えることから、北海道でも都市部を中心に明治後期から大正時代にかけて普及した。さらにコロッケ、トンカツなどが家庭料理となる昭和初期以降は、台所用品として欠かせないものとなっている。〈矢島〉

てつかぶとなべ［鉄兜鍋］ 1945（昭和20）年、太平洋戦争の敗戦により、日本国内は極度の食糧難と物資不足の状態に陥り国民生活が困窮する。このようななかで食生活においても種々の工夫があった。その一つが敗戦で不要になった軍隊用鉄兜を*鉄鍋につくり変えたことである。この時代には北海道のどの地方の都市や村にも板金加工店や鉄工場があり、鉄兜を持っていくとわずかな工賃で鍋に改造してくれた。鉄兜の頭の先の部分をつぶし平らにして鍋底をつくり、縁の2カ所に取っ手をつけるという簡単な加工であった。その後1947（昭和22）年ごろになるとジュラルミン製の鍋が出回るようになり、鉄兜の改造鍋が使われた

のはごくわずかな期間であった。　　　〈矢島〉

かま［釜］

　日本の食文化において※鍋とともに重要な役割を果たしてきた釜は、古くから水を沸かす用具、米など穀類を炊く用具として使われてきたが、釜が飯炊きの用具として一般家庭に普及するのは遅く、明治以降になって使われるようになった地方が多い。飯炊き釜の普及には、炊事の火および飯の炊き方の変化に関連があるといわれている。近世における農村では、日常的に米飯の食事は少なく、米に雑穀や野菜を混ぜて炊くカテ飯が主食であり、これをつくるには炉の火の上の※炉鉤（自在鉤）に吊るした※鉄鍋や※土鍋が適していたといえる。また米の飯の炊き方には炊き干し法と湯取り法があるが、近世ごろまでは飯を炊くときに煮汁として出るおねば（重湯）を掬い取って炊く湯取りを行う地方が多く、この方法では炉に吊るす鍋で炊くのが便利であった。だが、江戸など都市部の町屋の生活では米の飯を常食とし、今日の炊き方と同じ炊き干し法で飯を炊く家が多くなり、また炊事の火は台所に備えた※竈を使用するようになった。このような炊事に合わせて竈にかけるため釜の中央に鍔をつけた※鍔釜が使われるようになり、明治以降各地に受け継がれた。

　近世の松前地は稲作農業が定着せず漁労・交易の土地であり、米や味噌など食料を他領に仰ぎ、江戸などに近い都市的な食習であった。したがって、食料ばかりでなく炊事用具なども北前船で運ばれている。近世の商業関係の文書、例えば江差、関川家文書の1853（嘉永6）年の蔵鋪帳に「鍔釜　弐尺　金高　三分」といった記録があり、鉄鍋や陶磁器類などとともに多くの鍔釜が移入されていた。近世から明治初期にかけて、釜は大量のお湯を沸かす用具で、飯は鍋で炊くことが一般的であったが、松前地の大きな商家や漁家では竈を持つ家も多く、一部には早くから鍔釜による炊き干し法の炊飯が行われていたと考えられる。また、明治中期には札幌などの金物店の主要な取り扱い商品のなかに炊飯釜が含まれており、このころから都市を中心に釜で飯を炊くことが普及したと考えられる。　　　〈矢島〉

つばがま［鍔釜］

飯炊きあるいは湯を沸かすために用いられる用具で、胴の中央に※竈にかけるための鍔をつけた形式を鍔釜あるいは羽釜（歯釜）と言う。釜に鍔がつくようになった理由としては、飯などを炊く場合、ふきこぼれた汁によって火を消さないようにするためと、下の火の煤煙が釜の上部に上がらないようにするためといわれている。鉄製の鍔釜が飯炊きの釜として普及するのは比較的遅く、全国的にみると近世後期から明治にかけてと考えられるが、近世の松前地では鍔釜の使用がかなり早くからみられる。明治に入るとさらに漁村の家庭での使用も増えるが、開拓期の北海道の農村では飯炊きにも※鉄鍋が使われている。例えば北海道開拓の先兵的役割を果たした屯田兵に支給された家具のなかの炊事用具には、釜はなく、鉄鍋大・中・小の3個（1892年まで）である。また、各府県の北海道移住希望者に配られた移住案内書などにも開拓地で必要な炊事具の一覧に釜はなく※鍋となっている。これは開拓初期の生活が炉の火の炊事で、飯も雑穀や野菜類を混ぜて炊くカテ飯が多く、釜より鍋が適していたと考えられる。鍔釜の普及が竈の使用や米飯の炊飯と大きく関連するものであったことを物語っている。

　それでも開拓初期の札幌の町の古道具屋などで「膳、椀、箱物、鍋、釜、鉄瓶等」（『札幌沿革史』1897年）とあるように、釜が売られている。また、明治初期に函館港、小樽港、室蘭港などに本州各地の港から移入された生活物資の一覧が『開拓使事業報告』（1885年）にのせられている。これによると鍋・釜がかなり移入されているが、函館支庁扱い物品の説明のなかに「［金物類］鉄器は大阪、釜は南部、鍋は越中、越後ヨリシテ東京ヨリハ稀少ナリ」という記述がみられる。　〈矢島〉

写真7　鍔釜

でんきがま［電気釜］

電熱で飯を炊く電気炊飯器の試みは大正時代からあったが、これが実用化され一般家庭に普及するようになるのは1955（昭和30）年からである。太平洋戦争後の混乱の時代が過ぎ日本経済が大きく発展する昭和30年代に入ると、国民生活の豊かさを求める時代となり、急

激に家庭電化が進められるが、その先駆けとなったのが電気釜であった。

1955年に東京芝浦電気株式会社（現東芝）から電気釜ER・4型が発売される。この電気釜は、本体の熱を発する釜の部分と米を入れる内鍋の部分からなる二重構造で、釜と内鍋の間に水を入れ、水が蒸発してなくなると炊き上がり、スイッチが切れるという自動方式であった。価格は3,200円で、当時としては高価であったが爆発的な売れゆきを示し、1958年の『週刊朝日』1月19日号には「電気炊飯器はすでに百万を売りつくし、月産十万台でも不足だという。このブームで困ったのが金物屋さん。お釜が全然売れない」という有様であった。

電気釜の普及は、それまで※竈にかけた※鍔釜で火の調節をしながら時間をかけ炊いていた飯がスイッチひとつで自動的に炊け、主婦の炊事にかける手間や時間を短縮したばかりでなく、伝統的な食生活に欠かすことのできない炊事用具であった竈と鍔釜を台所から駆逐するという、きわめて大きな変化をもたらした。〈矢島〉

写真8　電気釜

ざる・かご［笊・籠］

竹を使った日本の伝統的な台所用品である笊と籠には厳密な区分がないが、形態から見ると細い竹籤を使い笊編みで口が大きく開いた浅いものを笊、種々の籠目模様を持つ複雑な編み方によって深く大型につくったものが籠と考えられている。また、その用途からいえば笊は主として洗った野菜、麺類のゆで上げ、洗米などの水切りの道具、籠は料理する食材や※茶碗などを入れる容器という区別もあった。籠類は縄文時代の遺跡からも出土しており、古代から使われてきたことが確認されているが、笊という名称が一般に使われるようになるのは近世に入ってからである。それ以前においては「いかき」「したみ」「そうり」「せうけ」などと呼ばれていたため、このような名称がその後も日本各地で地方名として使われていたようで、『物類称呼』（1775年）では、「畿内及奥州にていかき、江戸にてざる、西国及出雲・石見・加賀・越前・越後にてせうけと云」と記述されている。笊の材料には苦竹、孟宗竹、淡竹などが使われ、平籤または丸籤にして、上級品は外皮を、下級品は中籤を使って笊編みで編み上げた。なお、近世以降に広く普及した台所用品としての笊には、※米揚笊、※目笊、※掬笊、※亀甲笊、※味噌漉笊などがある。だが、用途や形態から名付けられたこれらの笊は全国的に統一された名称ではなく、地域によって大きく異なる。例えば、亀甲笊一つをみても「かめのこざる」と言う地方、「いかき」と言う地方、「米あげ笊」と言う地方などまちまちである。籠は笊と同じように材料として多くは竹が使われたが、そのほか柳、藤、あけびの蔓などが用いられている。籠編みの基本は笊編み・四つ編み・六つ編み・八つ編み・網代編みであるが、これをもとにして麻の葉、松葉、青海波、筏編み、鎧編み、鬼編みなどの籠目模様を持つ籠がつくられていた。籠は日本の伝統的な生活のなかで種々のものがつくられ広く使われてきたが、食生活用具として魚籠、塩籠、飯籠、洗いもの籠、茶碗籠などがある。（→Ⅱ巻　製造加工用具［竹細工道具］、→Ⅱ巻　人力運搬具［籠］）

近世の松前地での笊・籠の使用については、松前・蝦夷地に竹は自生しなかったことから地元の製造品はなく、北前船で本州から運ばれたものが使われていた。1848（嘉永元）年ごろの『松前方言考』に「竹にてくみたる笊にて、其かたちも一ならねども、大抵竹笊にて水を透すものをさしてザルといふ」と記述されており、他国の笊と変わらぬものであった。また、籠や笊がどの地方からもたらされたかについては、1806（文化3）年ごろの『東海参譚』に「竹細工（略）奥羽、越佐の諸国より」という記述や、同年代の『箱館問屋儀定帳』の「佐渡笊　十枚　十文」という記述からみると、その多くは新潟や佐渡から運ばれてきたものであった。しかし、北海道においても積丹竹は近世から知られており、ネマガリダケを利用した▼背負籠などの製作も近年まで行われていた。このような台所用具としての笊は明治時代以降も都市・農漁村を問わず広く使用されてきたが、生

活様式の変化、特に昭和30年代のプラスチック製の笊の普及によって姿を消した。　　　　〈矢島〉

こめあげざる［米揚笊］　研いだ米や麦を揚げて水を切るのに用いた竹製の笊。深くつくった円形の笊で、洗った野菜などの水切りと併用することも多い。なお、北海道の漁場などでは*亀甲笊を米の水切りに使用した例も多く、これを米揚笊と呼ぶ地方もある。　　　　　　　　　〈矢島〉

写真9　米揚笊

かめのこざる［亀甲笊］　洗った野菜類の水切りやゆでた野菜類を水に浸し灰汁をとるのに用いた竹製の笊。形が亀の甲に似ていることから名付けられた楕円形の笊である。大きさは種々あり、大人数の農家や漁家では大きなものを使い、都市部では小型のものを使用した。　　　　　〈矢島〉

写真10　亀甲笊

めざる［目笊］　少量のゆでた野菜類や豆腐、こんにゃくなどの水切りに使用した笊。小型で浅く目を粗くつくった円盤形の笊で、調理した魚の水切りに使用した家庭も多い。　　　　〈矢島〉

すくいざる［掬笊（柄笊）］　うどん掬笊あるいは「すいのう」とも呼ばれ、ゆでたうどんや野菜類を鍋から掬い上げるのに用いた笊。近世末期の松前地の風俗を記した『松前方言考』（1848年ごろ）に「すくい網に似て柄あるもの」と記述されているように、掬網に似た*目笊に柄をつけたような笊である。

〈矢島〉

写真11　掬笊

みそこしざる［味噌漉笊］　味噌汁をつくるとき味噌を漉して混雑物や味噌滓をとるのに用いた笊。形態は*掬笊に似ているが、小型で深く目を密にした笊である。北海道でも古くから広く使われていたようで、1869（明治2）年の熊石番所で購入した物品の記録に「味噌漉　壹ツ　弍百四拾文」と記されている。　　　　　　〈矢島〉

写真12　味噌漉笊

めしかご［飯籠］（→156頁　食器［飯籠］）
ちゃわんかご［茶碗籠］（→164頁　食事用具［茶碗入］）

むしき［蒸器］

　日本の伝統的な食事には古くから蒸す料理が多くみられる。古代においては米など穀類を蒸すという食べ方も広く行われており、*甑と言われる底に孔のある甕形の土器が使われている。中世になると蒸器として丸形の曲物製の*蒸籠が使われるようになり、米や野菜を蒸すほか種々の蒸し料理がつくられている。さらに近世に入ると曲物の蒸籠や檜の厚板を井桁に組んだ角形の蒸籠が地域を問わず広く普及し、赤飯、餅、団子、饅頭、茶碗蒸しといった料理がつくられ、蒸籠は重要な調理用具となっている。

　近世の松前地では日常の食料や生活物資のほとんどは北前船で本州の各港から運ばれており、食事は飯を中心とした和食であった。年中行事や祝いの料理は当時の江戸のそれに近いもので、正月の餅、祭りの赤飯をはじめ祝い膳の茶碗蒸しや饅頭などをつくるのに使う蒸籠は必需品であった。例えば1856（安政3）年に平尾魯僊が著した『箱館紀行』には、箱館の商家の餅つきの図がのせられている。この図には*竈にかけられた大きな*鍔釜にのせられた木製角形四段の蒸籠が描かれており、当時この形のものが松前地で広く普及していたと考えられる。このような食習は明治時代以降も受け継がれ、特に鰊漁で栄えた漁村では料理も松前地と同じように餅、赤飯、茶碗蒸しなどをつくる機会が多く、蒸籠は漁家で欠かすことのできない用具であった。また、明治初期からの開拓に始まる北海道の農漁村においても重要な炊事用具である。開拓が進み村の年中行事や冠婚葬祭が盛んに行われるようになると、餅や赤飯などをつくるため一般の家庭にも普及し、農漁村では

蒸籠、都市部では*御飯蒸が広く使われている。
〈矢島〉

こしき［甑］ 甑は古くは穀類を蒸すのに使われた用具である。底に数個の孔をあけた甕形の土器で、竹簀を敷いて穀類を入れ、湯をたぎらせた鍋の上に重ね、蒸気を通して蒸している。また、甑には木製のものもあり、平安時代の古記録には「木曾」「木甑」と書いて「こしき」と読ませており、木をくり抜いてつくった甑が使われていたと考えられている。北海道での甑の使用は近世以前からの歴史を持つ。考古資料のなかに陶器製甕形の底に数個の穴のある甑が収蔵されている。（→117頁 考古資料［甑形土器］）
〈矢島〉

せいろう［蒸籠］ 蒸籠は穀類や食品を蒸すのに使う用具で、今日ではステンレスやアルミなど金属製のものもあるが、木製の丸形蒸籠と角形の蒸籠は、中世以降普及し、つい最近まで使われてきた。丸形蒸籠は檜などの薄板を円形に曲げて桜や樺の皮でとめた小型・中型の曲物で、曲物職人から手持ちの鍋釜の径に合わせて購入した場合が多い。これに対し角形は檜などの厚板を井桁に組んで目釘でとめたつくりで、店で購入したものもあるが、農家や漁家では自家製のものを使用していた家も多い。角形は台が鍋釜と蒸籠をつなぎ、台中央の穴から蒸気を通す。丸形・角形とも底に桟木があり竹簀を敷き、湯をたぎらせた*釜の上にのせて蓋をし、蒸気によって中の穀類や食品を蒸している。蒸籠の大きさは種々のものがみられるが、角形蒸籠は四段重ねが多く、ハレの日の赤飯や餅つきに使われることが多いため大型である。蒸籠を三升炊きの釜にのせ、一臼3升分の糯米を蒸す蒸籠を備えた家が多いといわれている。（→Ⅱ巻 木工品製作用具［曲物製作用具］）
〈矢島〉

写真13　角型蒸籠

ごはんむし［御飯蒸］ *蒸籠による蒸しものは調理に時間がかかりすぎるため、都市生活者ら少人数の家庭で手軽に使える蒸器として、明治末期ごろから御飯蒸、ご飯ふかしなどといわれる金属製の蒸器が使われるようになる。角形あるいは円形の底の深い蓋つきの*鍋で、中の3分の1程度の深さの部分にたくさんの孔をあけた金属盤の敷居を置き、下に入れた湯の蒸気で上のご飯が温まるという構造であった。初めのころは琺瑯製（瀬戸引）やブリキ製が多かったが、昭和に入るとアルマイト製の御飯蒸が売られるようになり、一般家庭に欠かせない調理用具となった。名称のとおり冷たくなったご飯を温める蒸器であったが、饅頭、シュウマイ、茶碗蒸しなどの料理の蒸器としても使用され、さらに当時の都市部の家庭ではこのような底の深い鍋を重宝し、野菜のゆでものや湯沸かしとしても利用されてきた。
〈矢島〉

すりばち［擂鉢］

擂鉢は内側に刷毛目の刻みを設けた鉢形の陶器で、食材をすりつぶすのに用いる調理用具である。擂鉢の歴史は古く、6世紀の遺跡から擂鉢状の須恵器が出土している。古代には穀類の製粉に使われていたようであるが、中世に入ると種々の食材をするための調理用具として次第に定着したと考えられている。

近世になると庶民の家庭に広く普及し、『台所道具いまむかし』（小泉和子著、平凡社）によると、「江戸時代の家財道具について調べていましたら、最上級から、江戸の裏長屋の住人や逃亡したつぶれ百姓といった最下層まで、すべての階層が持っている厨房具は、桶、樽、鍋、釜、包丁、まないたとすり鉢でした」と、台所になくてはならない調理用具の一つになっている。近世の料理をみると、味噌汁に使う自家製の粒味噌すりをはじめ、胡麻よごし、田楽、木の芽和え、豆腐和え、とろろ汁、つみれなどかなり多くの料理に擂鉢が使われている。

近世の松前地でも擂鉢が広く使われていたようで、江差の商家関川家の商業文書や『箱館問屋儀定帳』などに商品としての擂鉢の記述があり、商家の行事料理の献立などをみても摺豆腐、つみれ、ごま和えなど擂鉢を使う料理が多くみられる。また、魚介類が豊富であった松前地では鮭やほっけを蒲鉾にして食べることが多く、魚肉をすりつぶすのに擂鉢が使われている。さらに明治以降の農漁村の食事においても擂鉢は重要な調理用具で、日常の調理に使われている。特に開拓期の

農漁村では米飯の食事は難しく、馬鈴薯などを代用食とした地方が多く、ゆでた馬鈴薯をつぶして芋団子や芋餅をつくるのに擂鉢が必要であった。擂鉢の大きさは、使う家の職業や家族構成によってまちまちである。　　　　　　　　　〈矢島〉

写真14　擂鉢

すりこぎ［擂粉木］　*擂鉢で食材をすりつぶすのに使用する木製の棒が擂粉木である。擂粉木は擂鉢の大きさに合わせてつくるため形態・材質とも種々のものがあるが、多くは山椒の木の枝からつくり、先端のすり面以外は皮を残すのが普通で、横枝の突起の部分を残し、擂粉木を横に置いてもすり面が床などに触れないように工夫したものもある。山椒の木は木肌が堅いうえに細やかで樹脂も少なく、また殺菌性を持つといわれているのが擂粉木として使われる理由である。　〈矢島〉

写真15　擂粉木

こねばち［捏鉢］　主食の米飯を補うため粉食が多かった北海道の農漁村では、捏鉢と言われる直径50cm、深さ12cm程度の木鉢を備えていた家庭が多い。これと同様のものは古くから日本各地で使われている。その名称のとおり、そば、うどん、団子などをつくるときに粉をこねる用具であるが、ゆでた馬鈴薯や南瓜をつぶして団子をつくるときや、行事食のべこ餅や粽などをつくるときにも用いられている。特に開拓当初の農村では欠かすことのできない調理用具で、入植のとき故郷から持ってきたものや入植後に店で購入した場合もあるが、多くの場合は開墾のとき切り倒したナ ラ、イタヤなどの木を*臼つくりで使う道具のもったでくり抜くなど、自家でつくっていた。
〈矢島〉

べんばち［紅鉢］　和え物や団子をつくるときに使われた陶製の鉢。円形の鉢で、古くから北海道の農漁村で広く使われてきたが、その多くは乳白色の厚手の陶器である。丈夫で壊れないが重いという欠点があり、昭和初期に琺瑯やアルマイトのボウルが普及すると、使用する家庭が急激に減少した。　　　　　　　　　　　　　　　〈矢島〉

かたくち［片口］　片口は円形の鉢に注ぎ口がついた容器で、陶製のものが多い。酒や醬油など液状のものを大きな瓶から小さな容器に移すときに用いられる。片口から直接移す場合もあるが、容器の口が小さいときには漏斗が使われている。漏斗はラッパ型で細い注ぎ口部分が瓶に差し込むようになっており、古くは銅などでつくられ、明治後期以降はアルマイト製が多い。片口の大きさには一合・五合・一升などがあるが、一升の片口は口から水が捨てやすい利点があり、大きな片口は豆類を浸すときや一夜漬けなどをつくるときにも使われた。酒、醤油、酢、油などを枡で量って売る量り売りが行われていた昭和20年代まで、台所に欠かせない用具であった。　〈矢島〉

ほうちょう・まないた［包丁・俎板］

包丁は調理に用いる刃物で魚貝、野菜、肉など調理する食材に応じて種々の包丁が使われてきた。近世の風俗を記した『貞丈雑記』（1843年）では包丁について「魚鳥野菜を切る刀をば包丁とばかり云ふはあやまりなり。古は魚鳥を切る刀をば包丁刀と云ひ、野菜を切る刀をば菜刀と云ひしなり。包丁と云ふは本は料理人の事なり。」と記述している。この文にもみられるように、もともと「包丁」とは料理人のことで、野菜を切る菜刀と魚や鳥肉を切る包丁刀があったが、近世になって調理に用いる刃物をすべて包丁と呼ぶようになったといわれている。

　江戸など都市型に近い食習であった近世の松前地には、調理用具として包丁も北前船で運ばれていた。その後、用途に応じて各種の包丁が使われるようになる。家庭に普及した包丁には、魚調理用の*出刃包丁と野菜調理の*菜切包丁（薄刃包丁）があり、明治以降の洋食の普及によって*肉

写真16　捏鉢

切包丁やナイフ形式の牛刀が使われるようになる。大きな漁家や商家では、家族・従業員が多く来客も多いため、刺し身用の柳葉包丁、*蕎麦切包丁を用意した家もある。さらに1960年代以降になると、家庭電化による台所革命が進み、古くからの台所道具が姿を消していくが、包丁も出刃・菜切・肉切に代わって、この三つの用途を兼ねる*三徳包丁が家庭用包丁として広く使われるようになっている。
〈矢島〉

写真17 包丁

でばぼうちょう[出刃包丁] 魚類の調理に用いる和包丁で、峰の部分が厚く刃先がとがっているため魚肉を割いたり、包丁の重さを利用して魚骨を断ち切るのに適している。 〈矢島〉

なきりぼうちょう[菜切包丁] 別名を「薄刃包丁」と言うように、刃が薄くて幅広く、柄の部分を除くと長方形の包丁で、野菜用として使われている。洋包丁が両刃であるのに対し薄刃など伝統的な打物の和包丁は片刃であるため、きれいに切れた食材が右側に溜まる性質があり、胡瓜の薄切り、大根の千六本（せんぎり）など日本料理の美しさを助けている。最近では両刃の菜切包丁が広く使われているが、かつらむきなどは難しく、別にかつらむき専用の包丁もある。今日では包丁の名称の菜切と薄刃が混同して使われているが、本来、薄刃は片刃、菜切は両刃である。 〈矢島〉

さしみぼうちょう[刺身包丁] 刺し身専用の包丁であり、刃は薄く細身で、刃先がとがったものととがらないものの2種類ある。先のとがったものが柳刃包丁の名で呼ばれ、一般家庭で多く使われた。 〈矢島〉

にくきりぼうちょう[肉切包丁] 肉切包丁は刃先がとがり、形は*出刃包丁に似ているが、刃は薄く大型なものが多い。一般家庭への普及は、洋風の肉料理が家庭でもつくられるようになる昭和初期からであるが、多くは洋包丁の牛刀が使われた。 〈矢島〉

さんとくぼうちょう[三徳包丁] 出刃（魚）・薄刃（野菜）・肉切の三つの調理を1本で行えるようにした改良型の洋包丁で、国民生活が大きく変化する1960年代から広く普及した。スーパーマーケットの出現などによって魚菜類の売り方が変化したため家庭で大きな魚をさばくこともなくなり、今日では三徳包丁を使う家がほとんどである。 〈矢島〉

そばきりぼうちょう[蕎麦切包丁] 蕎麦を打つときに使用する包丁。米が貴重であった北海道の開拓地の農村の生活では、古くから日常食において蕎麦を食べることが多く、漁村でも家庭の祝事などの食膳に蕎麦が出されることが多かった。このため片刃の蕎麦切包丁を所有していた家が多い。 〈矢島〉

さばさき[鯖裂] マキリ包丁とも言う。ニシン漁場などの漁民が漁労で使用した鋭利な小刀で、魚をさばくときや浜の食事をつくるときにも使用された。両刃の小刀で鞘に入れて腰などに下げて使用したが、漁家の主婦も*出刃包丁の代わりに魚をさばき、刺し身をつくるときなどに使用した例が多い。 〈矢島〉

写真18 鯖裂

まないた[俎板] 俎板は魚菜を調理するときに使う板である。古くは魚の調理用の板であったらしく『東雅』（新井白石、1717年）に「マナとは魚也、イタとは板也、その魚を割く板なるをいふ也」とあるが、近世になると江戸など都市部を中心に魚菜共通の調理用板として使われるようになったと考えられている。俎板の寸法・材質・形態については、室町時代の四条流・大草流など包丁式を伴う料理の流儀では『四条庖丁書』（室町時代後期）などに詳細な規定が定められており、大名家や高級料亭などにその一部は受け継がれるが、一般の家では決められた形式もなく檜、桐、朴などの板が使われていた。

北海道では近世松前地の時代から俎板、菜板と呼ばれ使われてきたが、その多くは桂、イタヤ、ヤチダモ材などでつくった自家製で、大きさもまちまちである。地方的な特色のあるものは少ない

写真19 俎板

が、西沿岸の鰊漁場の番屋（*鰊番屋）では大勢の漁民の食事の支度をしなければならず、大形の俎板が使われていた。
〈矢島〉

おろしき・おろしがね［卸器・卸金］

大根やわさびをおろすときに使用する用具。日本でわさびや生姜をすりおろして食べる食習は古くからみられ、古代の遺跡から卸器の原型と考えられる縦横の筋のついた皿が出土している。また、中世後期には大根おろしを魚の上にかける料理もあり、卸器が使われていたと考えられる。近世になると、庶民階級に至るまで大根おろしや生姜おろしなど卸器を使う料理が普及し、種々の卸器が使われるようになる。古い形としては木の板にとがらせた割竹を埋め込んだ鬼おろしがあり、近世中期以降になると、銅や鉄板に爪をつけた金属の卸金、備前焼などの陶磁器製の卸器、板に鮫皮を張ったわさびおろしなどが広く使われていた。

近世の松前地や漁場の料理をみると、大根おろしを使うみぞれ煮などの料理のほか、焼き魚に大量の大根おろしを添えたり、山わさびで食べるなど卸金を使うことが多い。特に漁期の鰊漁場の食事では大勢の漁民の大根おろしをつくるため、ブリキなどの鉄板に▼釘で穴をあけて両側に木の枠をつけた手製の鬼おろしを用意した番屋（*鰊番屋）も多い。釘であけた穴の裏側の突起した部分で大根おろしをつくったのである。この鬼おろしは馬鈴薯をおろして芋団子をつくるときにも使われた。
〈矢島〉

写真20　卸器

やきものようぐ［焼物用具］

やきあみ［焼網］
魚や餅などを焼くときに使用する金属製の網。焼網が一般家庭に普及するのは近世後期ごろといわれているが、これは*七輪（七厘）や焜炉の炭火の普及との関連が大きいと考えられている。七輪など炭火で魚などを焼く用具として使われたのは鉄灸と金網である。鉄灸は細長い鉄の棒を火の上に渡して魚などを焼く道具で、料理店や奉公人の多い商家などで広く使われ、家庭用として柄のついた小型の鉄灸もあった。また、後世に開閉式の上下2枚の金網の間に魚を挟んで焼く魚焼器もつくられ、魚を裏返す必要もなく重宝がられたが、これは鉄灸の改良品といえるものであった。

だが、明治以降、全国的に広く普及したのは焼網である。焼網は形に丸形と角形があり、用途としては魚焼網と餅焼網がある。丸形は餅焼きに、角形は魚焼きに使うという家も多いが、厳密な区別はなかったようである。焼網は鉄の枠に針金を編むようにしてつくられたものが多く、丸形のものと角形のものがあり、ともに長さ10cmほどの柄がついている。

北海道では料理店や大きな商家を除くと鉄灸の使用例は少なく、焼網が広く普及していた。焼網はほとんどの家が金物屋で購入したが、農漁村ではブリキ店や鉄工場に注文したり針金を購入して自分の家でつくった例も多い。
〈矢島〉

やきぐし［焼串］
*囲炉裏の火で魚などを焼くときに使用する串。日本の農漁村において囲炉裏の火が炊事および暖房の主流であった時代には、魚などを焼く用具として焼串が広く使われていた。竹や杉などの材を幅1〜2cm、厚さ1cm、長さ30〜40cm程度に削り、これを魚の口から尾にかけて串刺しして、口の方の余った部分を囲炉裏の火に近い場所に差して魚を焼いた。小魚や鰊、鰈などの中型の魚は丸ごと焼いたが、鮭など大型の魚は輪切りあるいは切り身にして串を差して焼いた。

北海道では古くから鰊などの串焼きが盛んであったが、横からの熱で焼くため、魚から出た脂が下に落ちて燃えないのでおいしく焼けるという利点があった。また、開拓地の農村では、近くの小川や沼で釣ったフナ、ウグイなどの川魚を大量に焼いて保存食や味噌汁のだしにした地方が多いが、川魚を焼くときにも焼串が使われていた。昭和に入ると*七輪（七厘）やガスコンロの普及によって*焼網で魚を焼くことが一般的となり、さらに*ストーブの普及によって囲炉裏を持つ家が減少し、これに伴い焼串も消えていった。だが、小型の細い串はその後も種々の料理に使われ、豆腐料理の田楽、鰻など魚の形を整えてきれいに焼くときの串、揚げ物をまとめる串、さらに、肉

料理、餅、団子などにも使われている。　〈矢島〉

べんけい［弁慶］　*焼串を保管する用具。炊事用具として焼串を大量に必要とした鰊漁場では、焼串用の収納箱を用意していた漁家が多いが、一般では俗にベンケイと呼ばれる焼串を保管する用具を使用した家もある。北海道では径20cm、深さ40cm程度の竹籠に藁やスゲを詰めて*火棚などから吊るし、これに焼串を差しておく場合と、藁束に焼串を差しておく場合がみられる。ベンケイの名称については、源義経の家来の弁慶が衣川の戦で無数の矢を身に受けて立ち往生した姿に似ていることから名付けられたといわれている。

写真21　弁慶

〈矢島〉

てんぴ［天火］　西洋料理に使う蒸焼器（オーブン）。大正時代後期から昭和初期にかけて「文化」という言葉が流行的に使われた。文化住宅・文化鍋・文化天火など、この言葉には舶来品を好み、欧米の生活文化に憧れを持ち、新しい生活を求めた当時の国民の夢が託されていた。北海道でもこのころになると、都市部を中心に市民生活のなかに洋食が取り入れられるようになり、*フライパンや*ナイフ、*フォーク、*スプーンなどの洋食器が家庭に普及する。当時売り出された文化天火もこのような事情を物語るものである。天火（オーブン）は鳥の蒸し焼きや肉料理をつくるときに使用した調理用具であり、これ以前にも西洋料理店などで石炭や薪を燃料とする大型の天火が使われていたが、この文化天火は家庭用である。鉄板製の角形で、前方にのぞき窓のある扉がついている。内部は調理する食材をのせる台があり、下には大きな穴があいている。この穴の部分をガスコンロや*七輪（七厘）の火の上にかけて使用

写真22　天火

したのである。　〈矢島〉

おけ［桶］

桶は木製円筒状の液体を入れる容器の総称で、古くは輪切りの丸太を彫って容器とした槽や、檜などの薄板を曲げて桜の皮や樺の皮でとじ、底板をつけた曲物の桶があった。今日みられるような細長の木片を円筒状に組み、各木片を竹釘でとめ、外側を竹皮の箍で締め底板をつけた構造の桶が普及するのは、室町時代の後期ごろからといわれている。桶の発達には室町時代末期に大きく発展した酒造や醬油製造の容器としての*樽製作技術の確立と職人の発生が大きなかかわりを持っている。桶と樽の製作方法はほぼ同じであるが、樽は主として液状のものを入れ固定した蓋をつけるのに対し、桶には一般的に蓋がないという違いがある（→Ⅱ巻　製造加工用具［桶・樽製作道具］）。近世になると桶は生活用具として広く使われるようになり、用途によって様々なものがつくられるが、炊事用具として広く使われてきたものに*米研桶、*洗桶、*手桶、*半切桶（▼酛半切・▼垂半切）、*飯櫃、漬物桶などがある。

近世の松前地でも桶は重要な生活用具として使われ、北前船で種々の桶・樽類が運ばれてきたが、松前地にも古くから各地に桶をつくる職人がいたようで、古記録に桶屋の記述がある。例えば安政年間（1854〜60年）の箱館の記録『内澗町、会所町、大工町人家並家業書上』によると「桶屋職三軒」となっている。生活用具のほか漁業や交易に使う桶・樽など松前地では多くの桶類を必要としていた。また、開拓期の農村生活でも桶は欠かすことのできない用具で、例えば屯田兵に支給された官給品のなかにも*鍋、*茶碗、*汁椀とともに「手桶　一荷、小桶　一組、担桶　一荷」が含まれていた。北海道移住案内書などでも開拓地に入ってすぐ必要とする生活用具のなかに桶類がのせられている。したがって開拓農村で早くから開業した職種の一つが桶屋であった。その後も道民生活のなかで広く使われてきたが、大正時代以降のアルミニウム容器の普及、1960年代からのプラスチック容器の出現、さらにステンレスの容器の普及によって台所から姿を消した。　〈矢島〉

あらいおけ［洗桶］　野菜や食器を洗うための円筒形の桶。都市・農漁村を問わずどの地方の家庭

でも使用したが、食器を洗う中型の洗桶と、馬鈴薯、大根、キャベツなどの野菜類を洗うための大型の洗桶を組として使用した家が多い。また、鰊漁が盛んであった時代の番屋（＊鰊番屋）では大勢の漁民の食事を用意したことから大型の洗桶が使われていた。　　　　　　　　　〈矢島〉

写真23　洗桶

こめとぎおけ［米研桶］　米を研ぐときに使用した桶。米かし桶とも呼ばれ、家族や使用人の数によって桶の大きさは異なる。米研桶は野菜類の＊洗桶と比べると桶の胴板が薄く、胴を締める箍の竹も細いものを使用したものが多い。また、鉄の針金や銅の箍を使用した。　　　　〈矢島〉

写真24　米研桶

ておけ［手桶］　水など液体を汲み容器に移すときに使用した手付きの桶。円筒形の胴に片手のついた桶で、家庭では水瓶などから＊鍋や＊洗桶、＊盥などに水を移すときに使用した。また、大勢の人を使う鰊漁の番屋や、人手を借りる稲刈りのときの農家などで手桶に味噌汁を入れて食事の場所まで運ぶという使い方もあった。　〈矢島〉

写真25　手桶

はんぎりおけ［半切桶］　ちらし寿司などをつくるときに使用した底の浅い円形の桶。深さが普通の桶の半分程度であるため「半切桶」という名称となったといわれている。家庭で使われた半切桶は、檜や杉の桶である。寿司をつくるとき飯に酢を混ぜ冷やすのに使用したほか、餅つきのとき搗き上がった餅を受けるのに使用した例も多い。
（→Ⅱ巻　食品製造用具［酛半切］［垂半切］）

〈矢島〉

I. 生活用具

2．飲食用具

(2) 食 器

考古資料

　先史時代において食事の際に用いられた器具である。1879（明治12）年、日本近代考古学の創始者E. S. モースが東京都大森貝塚の発掘調査報告書で縄文土器を「鍋・シチュー鍋等に対応する煮炊き土器、鉢や茶碗のような手にもつ土器、水入れに用いた頸のすぼまった土器、装飾的な深鉢・鉢」に分けた。本項ではこの分類に加え長谷部言人が分けた口径3分の2以上の高さを持つ土器を深鉢、3分の1以上2分の1未満の土器を浅鉢、3分の1未満を皿と呼び分け、さらに＊注口形土器、＊高杯形土器を加えた。　　　　〈野村 崇〉

あさばちがたどき［浅鉢形土器］　口径の3分の1以上2分の1未満の高さを持つ土器を浅鉢とした長谷部言人の分類に基づく。縄文前期以来、浅鉢は各期で用いられた。用途は食事などの盛りつけに使われたのであろう。　　〈野村〉

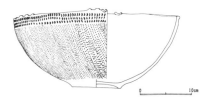

図1　浅鉢形土器（木古内町札苅遺跡）

さらがたどき［皿形土器］　口径の3分の1未満の高さの土器で、板状またはそれに近い形で、低い口縁部がめぐる浅い器の土器である。縄文時代晩期の青森、秋田、岩手諸県と北海道南部に広がる亀ヶ岡文化に典型的な皿がある。また北海道中央部のタンネトウL式土器、同東北部の幣舞式土器に舟形を呈する皿形土器がある。〈野村〉

たかつきがたどき［高杯形土器］　鉢、椀、杯、皿に長手の台脚がつく土器。縄文時代中期に出現するが、北海道で盛行するのは擦文時代で、特別な食事・祭事用などに用いられたと考えられる。　　　　　　　　　　　　　　〈野村〉

図3　高杯形土器（釧路市北斗遺跡）

ちゅうこうがたどき［注口形土器］　胴部の側面に注ぎ口がついた土器で、北日本では縄文後期中ごろ以降に発達し、縄文晩期の亀ヶ岡文化において著しく発達する。東北・北海道南部の縄文後期末には、注口部を男根に見立て、その付け根両側に睾丸のふくらみを表現した土器もある。飲み物を注ぎ分けるための器であろう。〈野村〉

図2　皿形土器（木古内町札苅遺跡）

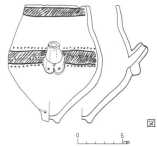

図4　注口形土器（新ひだか町御殿山遺跡）

つぼがたどき［壺形土器］　胴が丸く、頸がすぼまり、口が広がる容器。北海道では縄文晩期、続縄文期（恵山式）、擦文時代初期などにある。北

海道南部の縄文晩期の亀ヶ岡文化には小型で赤塗りの精巧なものが多い。水や液体を保存するためのものであろう。
〈野村〉

図5　壺形土器（木古内町札苅遺跡）

アイヌ資料

1年のほとんどを食材の採集・集荷に労を費やし、そのために季節によって海浜、海洋、河川、里山などを移動していた関係上、きわめて新鮮な食料に恵まれてはいたが、その大部分は保存食用に向けられ、保存できない部分や素材は捨てることなく、その日のうちに調理をして食べるのが日常であった。出来上がる料理の中心は、雑物を取り混ぜた汁や、煮物が中心であった。
〈藤村　久和〉

わん［椀・碗］

めしわん［飯椀］　イタンキ、アマンイタンキ、アマムイタンキなどと称す。ハンノキやクリなどをくり抜いた茶碗状の木椀。本州で生産されたもので、直径が12〜15cm、高さが8〜10cmある。本来は寺の什器として使用されていたものが廃棄されたもので、古くは室町期以降に流入している。椀の内面は赤漆、表面は粗く黒い漆の上に赤で井桁、×印、三つ巴、丸に十字、山に十字や二の字などの簡単な模様が描かれているが、特に江戸期以降にアイヌ民族の使用を想定してつくられたものには、黄色の漆で笹りんどう、巴、井桁などが描かれているが、漆は薄塗りで、形も歪んだ粗悪品が目立つ。家庭用食器として初期には粥椀、のちに汁椀として広く用いられ、使用後は漆塗りの※行器に入れて収納する。集落単位で行う祭事の際に、家同士で相互に貸し借りをすることがあるため、所有者が表面や底に刻印を入れることがある。食器としての利用のほかに、穀類の計量や、占い（頭上に持ち上げた木椀を床に落とし、その向きによって吉兆を判断する）にも使われた。

欠けたりひびが入ったりすると、7〜8歳以上の男性用食器には使わず、補修して女性や子供用に、または祖先供養で料理を供える際の食器や葬儀の際の死者に持たせるものとして使用する。補修を重ねたあと、修復不能になると、春秋の一定の時期に行う儀礼のなかで、破損した他の道具とともに魂を天界に送り届ける儀式を行う。アイヌ語の原義は律令期の「板木」で、もとは四角い箱状、駅弁様のものであった。（→153頁　和人資料［飯碗・茶碗］）
〈藤村〉

あかうるしぬりわん［赤漆塗椀］　ウッシウシイタンキ、ルルイタンキ、フレイタンキなどと称す。外側が黒く内側が赤い一般的な木椀と異なり、椀の内外や底面までも赤漆一色を使ったやや大振りな椀で、口径15〜20cmに比べて高さが6〜9cmと低い。かつては宿坊のある大きな寺の僧侶用の什器を更新した際の中古品を商人を通じて入手したもので、底面には黒漆や赤漆で旧蔵寺の印や記号や氏名らしきものが書き込まれたものもあり、中世ごろの古い根来塗、春慶塗なども含まれる。それだけにほとんどが良質の赤漆を厚く塗った出来栄えも上質のもので、形が茶碗様の木椀が流入する以前には、汁椀として使われていたほか、平取地方では、言動の真偽を問うために人に塩水を入れて飲ませるための容器としても使われ、地域によっては訴状による和解の椀や、償い用の椀として使われた。
〈藤村〉

あか・くろうるしぬりのまだらしるわん［赤・黒漆塗の斑汁椀］　ケシオイタンキ、ケソイタンキなどと称す。寺の什器で、椀の外側の下地に黒漆を塗り、その上に赤漆を塗り、赤漆の所々を擦り研ぎで下の黒字を斑に磨きだした椀、または、赤色の濃淡を重ね塗りして擦り研いだものもある。この斑紋の椀は、通常は汁椀として使うが、

図1　飯椀

場合によっては先の*赤漆塗椀と同様に使用された。椀の大きさは直径15〜20㎝、高さ6〜9㎝である。 〈藤村〉

しらきわん［白木椀］ レタライタンキ、ウッサクイタンキなどと称す。白木で無地の小振り刳り椀は、生気や血の気を失った椀として、もっぱら葬儀用に使用され、通常は、葬具類をまとめた*行器や*桶、*箱などに収めてあった。 〈藤村〉

図2　白木椀

くろうるしぬりしるわん［黒漆塗汁椀］ クンネイタンキ、イチゴイタンキ、イセポイタンキ、イセポトゥキなどと称す。会席膳の内外黒一色漆塗りの蓋つきの汁椀や、煮しめ入れなどは、祖先供養用の酒杯や葬儀の枕膳用の容器としても使用された。大きさは、直径10〜14㎝、高さ6〜9㎝もある。呼称の由来の一つは、米が1合入ることから名付けられたといわれるが、実際の大きさは1合の米を入れるには小さすぎる。(→153頁　和人資料［汁椀］) 〈藤村〉

くろうるしぬりにものいれわん［黒漆塗煮物入椀］ ウタサシロシオイタンキ、マラプトイタンキ、アサマリイタンキなどと称す。割菱に交差紋と金箔片で特徴のある椀の類を言い、高台がやや高いこともあって、上質料理の盛り合わせや、上客への盛りつけに使用する。大きさは、直径12㎝、高さ6〜8㎝もある。 〈藤村〉

そこだかのもくわん［底高の木椀］ アサマリイタンキと称す。木椀のなかで、やや大ぶりで底が高く小鉢様のものを言う。内面が赤漆、表面は黒地の漆で、全面に詳細な模様を、赤や柿色で描いたものが多い。極上の上客用食器として使うほかに、特に隣家などへ珍しい料理を分け届ける際に使う。椀に料理を盛り、その上に小さな*燠をのせたまま運ぶことで、火の神の加護を受けることになり、魔物などが悪戯をするのを防ぐという。受け取る側では椀ごと預かり、自宅の炉の中へ燠を取って入れ、少量の料理を*箸などで取り分けて火にくべながら、火の神を通じ屋内外の神に、隣家の料理を賞味されるように伝える。また、儀礼の際に神々に団子を盛り供える容器としても使われる。 〈藤村〉

いちよくつきしるわん［一翼付汁椀］ ニパポ、ニポポ、チェペニパポ、チョイネヘ、ニマ、オハウニマなどと称す。直径20〜30㎝の樹木の幹を二つ割りにし、長さ30〜40㎝に切って十分に乾燥させたものを、舟形の容器にえぐり、片方に翼様の取っ手をつけた汁椀のことを言う。翼様の取っ手には、個人用の模様が彫刻してあり、持ち手が片側だけのものは成人男性が使う。素材の樹種は、サクラ、ナナカマド、シラカバ、イチイ、グイマツ、イタヤ、バッコヤナギ、ホオなどと多様である。 〈藤村〉

図3　一翼付汁椀

によくつきしるわん［二翼付汁椀］ エラープシと称す。握力の弱い幼児や児童、女性や高齢者らが、両手で持つことができるようにした舟形の容器で、両端に翼様の取っ手をつけ、そこに個人用の模様が彫刻された楕円形の汁椀を言う。素材の樹種と形態は*一翼付汁椀と変わらないが、小型のものが多く、年少者用の椀はさらに小さい。小ぶりのものは女性や子供用、やや大ぶりのものは高齢の男性用である。 〈藤村〉

図4　二翼付汁椀

たまつきしるわん［玉付汁椀］ タマコロニパポ、タマコロチョイネヘなどと称す。一翼または*二翼付汁椀の口唇や取っ手などに小粒のビーズ玉、きれいな小石、赤銅や、真鍮片などを象嵌

図5　玉付汁椀

した木椀類の総称で、神に食事を供えるのに使うほかに、特に愛児への思いを込めたものが多い。素材の樹種は*一翼付汁椀と変わらないが、大きさは一〜二回りも小さい。　　　　　　〈藤村〉

もくせいさらじょうしょっき［木製皿状食器］

ニマ、オハウニマなどと称す。北海道では、本州から漆器椀を移入する機会が多く、木製の食器使用は圧倒的に少ない。したがって一、二翼の楕円形木椀よりも円形のものが多く、持ち手も紐通しの穴をあける程度の大きさになっている。粥用には小ぶりで浅いものを、汁用にはそれよりやや大ぶりで深いものを使う。シナノキ、クルミ、サクラ、イタヤ、ナナカマドなど様々な材質を用いる。　　　　　　〈藤村〉

図6　木製皿状食器

かいがらわん［貝殻椀］

チオイペセイ、チョイペセイなどと称す。ホタテを採取し、食用にしたのち、その貝殻を汁椀に利用する。現在の養殖したものと異なり、天然のホタテ貝殻は深みがあり、成長すると直径20cmほどにもなり、食器として利用するのに適している。二枚貝のうち深い方を汁椀とし、使い捨てにすることはなく洗って何度も使い、薄手で破損したものは、謝辞をそえてその魂を送る。　　　　　　〈藤村〉

図7　貝殻椀

てせいのめしわん［手製の飯椀］

ニーイタンキ、シカリンパハ、アマンイタンキ、アマムイタンキなどと称す。直径20〜30cmの樹木の幹を二つ割りにし、20cmくらいに切って十分に乾燥させてから、半球状の丸形容器にえぐった飯や粥用の木椀。素材の樹種はサクラ、ナナカマド、シラカバ、イチイ、グイマツ、イタヤ、バッコヤナギ、ホオなどと多様である。直径15〜18cm、高さ10cmくらいもある。　　　　　　〈藤村〉

たまつきめしわん［玉付飯椀］

タマウシイタンキ、タマコロシカリンパハなどと称す。飯や粥用の木椀の口唇に小粒のビーズ玉、きれいな小石、赤銅や、真鍮片などを象嵌した木椀類の総称で、賓客や神に食事を供えるのに使うほかに、特に愛児への思いを込めたものが多い。素材の樹種は、*一翼付汁椀と変わらないが、大きさは一〜二回りも小さい。　　　　　　〈藤村〉

きんぞくわん［金属椀］

カニイタンキ、カネイタンキなどと称す。銅や真鍮でつくられた椀で、本来は寺の仏具や什器として使用されていたものが廃棄されて、江戸の末期ごろから移入された。形状は木椀と同じであるが、木椀に比べて圧倒的に少ない貴重品であったことから、用途も賓客や位の高い神への食器、あるいは賠償品として使用された。　　　　　　〈藤村〉

めしぢゃわん［飯茶碗］

スマイタンキ、シュマイタンキなどと称す。市販の陶磁器の飯茶碗類の総称で、その生産地は本州である。古くは、航路の寄港地であった日本海側の伊万里焼、有田焼、九谷焼などであるが、明治期になってからは全国に及ぶ。漆器の木椀が少なくなると、時代とともに陶器や磁器の碗が日常的な食器として使われるようになったが、入手量が少ないころは賓客や神への盛りつけ、賠償として用いられた。（→153頁　和人資料［飯碗・茶碗］）　〈藤村〉

じゅひわん［樹皮椀］

タッイタンキ、タハチョイネヘなどと称す。シラカバの瘤や節のない部分の外皮を適宜剝ぎ取り、厚いものは2〜4等分して薄皮に分け、その1枚を折り曲げ、*縫糸や*針を使って方形や長方形の容器に綴じて樹皮椀とする。人によっては、2枚重ねにすることもある。　　　　　　〈藤村〉

図8　手製の飯椀

図9　樹皮椀

さら［皿］

とうきざら［陶器皿］　シュマサラ、スマサラなどと称す。市販の陶製・磁器製の＊飯茶碗類の総称で、本州各地域からの将来品であった。古くは、航路の寄港地であった日本海側の産品で、伊万里焼・有田焼・九谷焼などであるが、明治期になってからは全国に及ぶ。　　　　　　　　〈藤村〉

いたざら［板皿］　ニソス、ニーサラ、ラシサラなどと称す。樹木を倒伐した際に、幹が大きく「く」の字に曲がっている部分を利用して、その部位を▼鉞などで厚目に外側を割ると中央部分が窪んだ木皿様のものを剥離することができる。外皮を削ぎ形を整えて盛りつけ容器としたのが始まりであったようだが、後世に▼鋸やえぐりの刃物を入手すると、割板からでも容易に加工されるようになった。大きさは、小さなもので10㎝×15㎝、大きなもので30㎝×60㎝もあり、小さなものは銘々皿、大きなものは盛りつけ皿となる。　　　　　　　　〈藤村〉

図10　板皿

きんぞくざら［金属皿］　カーニニソス、カネサラなどと称す。適当な大きさの銅板を、つくりたい皿用に切り分け、端を硬い石を使って研ぎ落とす。さらに内側に折り曲げ、おおよその形が出来上がると、中央部分を打ちたたいて全体を窪ませて皿用にしたもので、後世には金属製の皿も同じ名称で呼ばれた。大きさは得られた金属板によって異なるが、小さなもので20㎝×30㎝、大きなもので30㎝×60㎝もあって、ほとんどは盛りつけ皿となる。後世に入手した金属皿は銘々皿や、菓子皿としても使われた。　　　　　　　　〈藤村〉

図11　金属皿

こぶいたざら［瘤板皿］　トコムニソス、ニラシ、ニラシサラララなどと称す。大木になって年月を経るうちに木質部が朽ちながらも、外皮が腐るのを防ぐために栄養を残った木質部に送り続ける。すると、その部位は硬質の板状となって外皮を保護する。年月とともに外皮が朽ちると、硬質化した板だけが残る。外皮の曲がりに合わせた板は適度な盛りつけ容器となる。時には、周縁に瘤山ができて自然の味わいを持つものもある。大きさは30㎝×60㎝もあって、盛りつけ皿として利用した。　　　　　　　　〈藤村〉

図12　瘤板皿

じゅひざら［樹皮皿］　ニカプサラ、イペオニカプなどと称す。シナノキ、オヒョウニレ、ヤチダモ、クワ、クルミなどの外皮を適宜、縦に裂き、横長にしたものをぶつ切りにして皿をつくる。多くは儀式などで人が大勢集まるときの盛りつけ皿とし、形のよいものは洗い残して使い続けた。大きさは、小さなもので10㎝×15㎝、大きなもので30㎝×60㎝もあり、小さなものは銘々皿、大きなものは盛りつけ皿となる。　　　　　　　　〈藤村〉

図13　樹皮皿

はざら［葉皿］　ニーハムサラ、イペオムンラサラなどと称す。山での狩猟や、河川流域での植物採集や湖沼での魚釣り、旅での野宿などの食事の際の盛りつけには、ホオやオオカメノキ、ヤマブドウ、フキやオオイタドリ、ミズバショウ、ヨブスマソウ、ミミコウモリの葉などが使われる。食後に余ったものは、包んで宿泊した場所に置くか、吊り下げ、次の食事に食べてしまう。葉を多

めに巻くことで水分を保ち、ハエもつかず、それぞれの葉の防菌作用により食品の保存にも効果がある。使用後はまとめて近くの木の根元に持参して、感謝と再生の祈りを捧げる。　　　〈藤村〉

図14　葉皿

くきざら［茎皿］　ルサ、キナルサなどと称す。素材はヨシ、フトイ、イ、ハマニンニク、ガマなどで、軸木にヨモギ、ハギ、オギ、クワ、ヤナギ、ササなどを、必要とする大きさの直径に合わせて切る。形は方形・六角形・八角形で、軸木も2〜4本を用意する。軸木は交差部を紐で結束し、茎（稈）はそのまま使うほかに、裂いて撚ることもある。軸木の交差する1カ所に茎の材をかけ、1〜2度強く巻いて固定する。それから次の軸木へかけて一巻きし、また次の軸木へかけて一巻きする。これを繰り返しながら時計回りにとめながら巻いていって仕上げる。出来上がったものは、天日にあてて乾燥させ、汚れたら水に漬けて洗い流し、十分に乾燥させてまた使う。大きさは、15〜40cm四方や多角形で、小さなものは銘々皿、大きなものは盛りつけ皿とした。　　　〈藤村〉

図15　茎皿

ひんきゃくようわんうけざら［賓客用椀受皿］　ニーソス、シカリニソス、イルラニソスなどと称す。サハリンで、家に迎えた神々や賓客用の粥椀に合わせてつくった受皿（盆）。形状は角形に近いものから円形・隅丸方形などで、粥容器の底面を除いた内面には器に合わせた模様が隙間なく彫刻されている。通常は食器盆に*箸や*匙、肉切りの*小刀などを添えて出し、料理が多い場合には、食器の受皿に盛りつけて出すこともある。使用後は、きれいに洗って拭き、食器を伏せて上座の*宝物台の下方に置き、上を布で覆って塵が入らないようにしてある。家によっては、食器や食器盆に銀や銅板、ガラス玉やアワビの貝、動物の骨などを象嵌したものもある。　　　〈藤村〉

図16　賓客用椀受皿

ひんきゃくようしるわんうけざら［賓客用汁椀受皿］　シカーリネーノニソス、イルラニソスなどと称す。サハリンでは、家に迎えた神々や賓客用として、*一翼付汁椀、*二翼付汁椀に合わせてつくった受皿（盆）で食事を勧める。上から見た盆の形は、楕円・多角（六〜十二角）形などがあり、横から見れば皿であって、高台の有無は作者や注文主の希望によって決まる。大きさは、多角皿の直径が25〜35cm、楕円は25cm×40cmもあり、汁容器の底面を除いた内面には器に合わせた模様が隙間なく彫刻されている。数が多ければ、家長や年長者の食器として使われていた。したがって、*椀と皿は組み合わせて製作されるが、どちらかが破損した場合には、適宜、在庫品と合わせて用いる。　　　〈藤村〉

図17　賓客用汁椀受皿

かいがらざら［貝殻皿］　セイサラと称す。ホタテやホッキガイを採取し食用にしたのち、その貝殻を皿や小鉢に利用する。現在の養殖したものと異なり、天然のホタテやホッキガイの貝殻は深みがあり、二枚貝のうち深い方は汁用、浅い方には焼き魚や練り物料理などを盛りつける。使い捨てにしないで洗って何度も使い、破損した場合は謝辞を添えて物送り場でその霊を天界に送る。
　　　〈藤村〉

はし［箸］

イペパスイ、パスイ、サハカなどと称す。素材はイタヤやクワ、ミズキなどの木や、動物の骨、金属などがある。一般的な木製の箸は、手で持つ

方がモト、先端がウラになるように木を縦割りにし、箸の形に削って先端部をややとがらす。手で持つ部分は角形から丸みを帯びたものまで多様で、表面には彫刻を施すこともある。子供用にはやや小さいものをつくり、男女の性別で形状を変えることはないが、手の大きさによって大小の差はある。箸は使用者個人の所有物で、家庭内でも区別するための印をつけることがある。食事時以外は、後述する専用の*箸入に収めて、子供用は壁にかけ、大人用は*火棚の上などにのせておく。片方が折れると、2本ともその魂を送り場から天界に旅立たせる。外出する際に持ち歩くことはなく、山猟など遠出のときは、現地で材料を調達しその場でつくったものを使用する。人が箸を携えて遠くへ行くのは、葬儀の副葬品として箸を持たせるときだけである。 〈藤村〉

のよいクワの幹を切って箸用に割り、通常の箸よりもやや長めに調整し、全体が出来上がったら、まだ生木のうちに熱湯に浸して材を温める。十分に軟らかくなったところで浅い受けを彫った2本の棒で箸の中ほどと、頭の部分の2カ所を固定し、時計回りに2～4回捻ると、容易に螺旋状になる。2カ所の挟み木の上に重いものをのせて、そのまま乾燥する。乾いたあとに箸先の部分を少しとがらせ、彫り物が得意な人は模様を刻み込むと完成する。この箸は、高齢者や長寿者の土産用、全快祝いの品として、男性にはやや太めの、女性用にはやや細めの箸をつくり、祝い箸としてさっそく食事をする。クワ製の箸は丈夫で折れにくく、一度乾燥すると戻ることもない。クワには魔除けの力があり、さらには食中毒をも避けるといって珍重した。葬儀の際に本人愛用の箸として副葬された。 〈藤村〉

図18　箸

かざりつきはし［飾付箸］　トコムシパスイと称す。イチイやカツラなど細工のしやすい木でつくられる。一般的な木製の箸よりやや長めに形を仕上げてから、箸の手元側の端をくり抜いて細工する。2連または3連の鎖状の飾りを施し、箸の面や鎖状の飾りにも模様を丁寧に刻み入れ、出産・結婚・長寿などの祝いごとの贈り物にし、神々の霊送りの土産用などにもつくられる。祖父が幼少の孫につくって与える場合は、孫が鎖状の飾りをちぎるのを見て、力がついた成長の証として喜ぶ。大人は作り手の思いを受けて大切に使うが、使用に耐えなくなった場合には、長年の功に報いて、タバコや、米、麹、小型の*木幣を添えて、物の送り場で謝辞を述べ、再生を祈願してその霊を天界に向かわせる。 〈藤村〉

図19　飾付箸

よじればし［捩箸］　チノイェパスイと称す。質

図20　捩箸

よもぎばし［蓬箸］　ノヤパスイ、ノヤイペパスイなどと称す。山猟や海漁などで遠出をした際の箸。ヨモギを折ってきて2本の箸をつくって食事をとる。ヨモギには魔除けの力があるとされ、持参した食物の安全性を高める。その香りには食を進ませる効果もある。食事の際には火を焚くので、使用後の箸は簡単な謝辞を述べて、火の神に処置を任せてくべ、その魂を納めてもらう。また、日高南部地域では祖先供養の際に使用するヨモギ製の*棒酒箆を、やはりノヤパスイと言う。 〈藤村〉

たけばし［竹箸］　トプパスイと称す。漂着した帆前船の帆桁に利用した孟宗竹を採集する際に、それを割って箸に加工し模様を入れることもあるが、ほかの箸に比べて汚れが目立つので長期使用しない。使い飽きたら折り、送り場で謝辞を述べ、再生を願ってその霊を天界に送る。北海道産

図21　竹箸

のネマガリダケは太さが不十分なので、あまり適しているとは言いがたいが、スズダケ（通称シノダケ）で箸をつくることもある。　　　　〈藤村〉

こっかくばし［骨角箸］　ポネパスイ、ポニパスイなどと称す。素材はエゾシカの脛骨や漂着したクジラの肋骨を使う。動物を解体したあと、骨を*山刀や▼斧で20～23cm程度の長さに切り、若干の肉付きのまま*鍋でよく煮ると、付着していた筋肉が剝がれ落ちる。それから*囲炉裏の隅に小鍋や小樽、樹皮容器に水を張ってその中に骨を漬けて軟らかくしながら、気長に作製していく。おおよその形ができると、目の粗い▼砥石を使って成形し、骨の表面に*小刀で模様を刻み込む。出産・結婚・長寿・全快祝いなどの祝いごとの贈り物にし、時には神々の霊送りの土産用としてもつくられる。男性にはやや太めに、女性用にはやや細めにつくる。祝い箸としてさっそく食事をする。骨製の箸は丈夫で折れにくく、減りも少ない。食事中に魚の小骨が喉に刺さったときに、箸を使って喉の表面を上から下へなで下ろすと骨が降りていく。それは、クワ材の箸よりも効果的だといわれる。めったに折れることはないが、折れた場合には片方にも傷をつけて、小さな*木幣や米、麹、刻みタバコを一つかみ添え、謝辞を述べて一膳ごとの霊を送り場から再生を願って旅立たせる。折れたり割れたりした場合は木製の箸と同じように魂を送る。長期にわたって活用した箸は、葬儀の際に本人愛用の箸として副葬される。
〈藤村〉

図22　骨角箸

かやばし［茅箸］　サルキパスイ、キーパスイなどと称す。飼育した子熊の霊送りの儀式や、結婚式、葬式、凶事などで大勢の人が集まり、食事に大量の箸が必要な際に、使い捨ての箸として使われる。秋末や春先に箸に適した太さで堅くて丈夫なオニガヤを採取し、はかまを手で取り除いてから、▼鉈や*山刀で長さを切りそろえ、*小刀で面取りや調整をして箸を完成し、束ねて天井裏で乾燥させ、家前の倉庫に収納しておく。使用後は一括して火の神に謝辞を述べ、再生を願って火にくべて、その魂を火の神にゆだねて昇天を依頼する。秋の遅い時期のオニガヤは乾燥して固くなっているので、その時期に箸の材料として多めに刈り取って保存し、いつでもどこへでも持参して対処できるように準備しておく人もいる。〈藤村〉

きんぞくばし［金属箸］　カニパスイ、カネパスイなどと称す。真鍮箸、銅箸、白銅箸、銀箸などがある。古くは中国東北部で生産されたものを、黒竜江、沿海州、北サハリンの諸民族を通じて入手していたが、毛皮と物々交換していただけに、相当の狩猟巧者でなければ所持していなかった。やがて本州からの中古品や*火箸も使い、後世になって各地に鍛冶屋が入植すると発注して所有することもあった。その際に、自分の祖印を刻ませたものもある。通常は家の主人が使用するが、賓客や家に迎えた神々の*膳に添えて使わせ、自慢の品を披露することも行われた。〈藤村〉

はしいれ［箸入］　パスイオプ、サハカオホなどと称す。素材は板、竹、動物の骨、植物繊維などで、普通は1膳用だが、まれに2膳用もある。板材でつくるものにはいくつかの種類があり、二重箱の引き出しでも、外箱が凵、内箱の断面が凵となるほかに、外箱の断面が冂、内箱が凵となるものもある。また、外箱凵の上部内側に柄を彫って、それへ物差状の板（蓋）を挿入する。作り手のなかには物差状の板の代わりに*捧酒箆をはめるものもあり捧酒箆の先端は箱より飛び出る。ほかに、外箱凵に箱幅の板（蓋）をのせ、蓋の片側中央部に▼金釘、木釘を打って固定し、もう片方の端を横方向に可動させるものがある。骨や竹の場合は中空の部分を利用し、節を底にして、上口は木栓で蓋をする。多くは上口近くに穴をあけ、そこへ紐、皮紐などを通して壁から吊り下げるようになっている。植物繊維の箸入はイラクサ、オヒョウ、シナノキ、ナラなどから採った内皮や、

図23　箸入

ガマの草縁などを撚って細紐をつくり、それを基に細長い袋状に編み、さらに吊り下げの部分もつくる。

大人の箸入は、通常*火棚の上に置き、子供たちの箸入は各自が就寝する壁の*木鉤にかけ、子供の成長に伴って、箸入の位置を少しずつ高くする。これは親にとって子供の確かな成長を知る手がかりとなり、箸入の高さを楽しめるという。箸箱や箸入が使用に耐えなくなった場合には、長年の功に報いて、タバコや、米、麹、小型の*木幣を添えて、物の送り場で謝辞を述べ、再生を祈願して、その霊を天界に向かわせる。　　　　〈藤村〉

さいしようはし［祭祀用箸］　カムイパスイ、カムイサハカなどと称す。素材は神々に捧げる*木幣をつくった残り材で、ヤナギ、ミズキ、キハダなどである。箸は円柱状で、人の箸よりも長めでやや太いつくりにし、上から5〜8㎝の場所へ、下から削って2㎝くらいの*削掛を1周させる。地域によっては、箸の上部に家紋と神紋を表裏に刻むこともある。飼育した動物をはじめ、山海で捕獲した動物の霊を送る際に、神々に供える料理を食べる箸として、まず汁に箸先を浸し、用意された料理名を言いながら、箸先で各料理に触れる。最後に高盛にした飯の中央にそろえて突き刺し、神が食べることを想定して神の右手側に箸を傾ける。人々の食事に合わせ、差し出した料理を先と同様にし、頭蓋骨を股木に挿入して*幣棚に納めたあとは、この箸をその股木に添えられた木幣の削掛に結びつけ、神への土産として霊とともに送る。　　　　〈藤村〉

図24　祭祀用箸

ししゃようはし［死者用箸］　ライクルパスイと称す。死者があの世に行って間もないとき、準備が整わないことから、日常生活に最低限必要なものを副葬品とするが、死者が生前に使用していたものがあれば、それを活用する。特定の箸がない場合には、葬具類を製作した残り材のなかから適当な材を選んでつくる。臭気が強く魔除け材とされるニワトコ、エンジュ、ヨモギなどを使うこともあるが、イタヤ、ヤナギ、クワ、ミズキなどの一般材でもつくる。箸の形は日常使用の箸と同じ円柱形や角柱形で特別なものはない。作製に時間を要しないので、死者用装束のように生前から用意することはない。製作された箸は死者に供えられる料理を食べる箸として、葬儀中に出される食事の際に、まず汁に箸先を浸し、用意された料理名を言いながら箸先で各料理に触れ、最後に高盛にした飯の中央にそろえて突き刺す。葬儀の進行に伴って人々に出される食事に合わせ、差し出した料理を先と同様にする。最後の食事が終わると箸を洗い、*膳、*飯椀、*汁椀などとともに紐で巻きつけて墓地へと持参し、鎌（▼耕墾用鎌）などで傷つけたのち、墓穴の中に納める。死者用の箸は、新たにつくったものも生前に使用していたものも名称は同じである。　　　　〈藤村〉

さいばし［菜箸］　イサカンケパスイと称す。素材はイタヤ、イチイ、カツラ、ナラなど、丈夫で曲がりの少ないものを選び、やや大ぶりで円柱形や角柱形にする。長さは約30〜45㎝で、箸の上部から2〜3㎝のところに浅く細い溝を彫り、オヒョウニレやシナノキの内皮を撚った細紐で15㎝くらいの間隔をあけて2本の箸を結ぶ。菜箸は多量の和え物を混ぜ合わせるほかに、多量に採取した山菜をゆでるのに使う。したがって*囲炉裏の上や近くの壁に下げておくことが多い。折れたり破損した場合は、長年の功に報いてタバコや、米、麹、小型の*木幣を添えて、物の送り場で謝辞を述べ、再生を祈願して、その霊を送った。　　　　〈藤村〉

図25　菜箸

へら・さじ［箆・匙］

きべらじょうさじ［木箆状匙］　エチペヘと称す。シラカバ、ナナカマド、サクラなどの木で長さ約20㎝、幅2.5〜3.0㎝、厚さ0.5㎝くらいの薄板をつくり、さらに1〜2㎜の厚さに薄く削る。人差し指と親指の股合いに挟むことから、持ち手側は幅を狭くし、端は水平に切るほかに、台形や

「∧」形・「{」形・「∩」形などに削り、その表裏へ若干の模様を入れて使用者が誰であるかを示す個人の模様を刻む。手の大きさに合わせ、男は大きく、女はやや小ぶりで、子供は成育に応じた大きさにつくられる。この篦状の匙は、大切りにして煮た魚から身を割り、その身を掬い取って食べるもので、魚の側線に沿って切れ目を入れ、骨に沿って身を取り出す。この篦は各自の*箸と一緒に保管しておく。たいていは直径1.5cmくらいの皮紐の輪に篦を通し、隙間に箸を差し込んでとめる。先端が裂け、あるいは捩れて使用に耐えなくなると、若干の米、麹、タバコと謝辞を添えて、物の送り場からその霊の再生を願って送る。
〈藤村〉

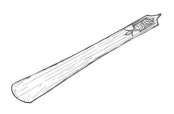

図26　木篦状匙

もくせいしょくべら［木製食篦］　パラパスイと称す。エリマキ、シナノキ、ナナカマドなど軟らかく細工のしやすい木を材料に、直線状または大きいスプーンのような角度にした長さ20～25cmの匙。柄の部分の断面は薄板状、角柱・円柱や楕円柱を半割りにした状態で、匙の部分は幅3～4cm、長さ3～5cmで、篦状や、やや浅いスプーン風にもつくる。上から見た形は「∪」「∏」「д」「△」などと様々で、これは作り手が使用する人のことを考えての結果であり、篦や柄の部分に思い思いの模様を刻み込んで個人に提供する。主に女性や子供が使い、祖父や叔父が作り手であることが多い。毎日の食事に使うので、子供はかじる、折るなどして壊すことが多いが、逆にそれだけの力がその子についたのだといって喜び、さっそく別の匙をつくってあてがう。破損したものは謝辞と再生を願って、物の送り場でその魂を送る。
〈藤村〉

図27　木製食篦

こつせいしょくべら［骨製食篦］　ポネパラパスイと称す。シカやクジラなどの骨を利用してつくるが、出来上がったものは*木製食篦と同様のものであり、やはり婦女子用で、幼児のものは年齢を思わせるように小さい。欠けたり破損したものは、謝辞と再生を願って物の送り場でその魂を送る。
〈藤村〉

かざりつきしょくべら［飾付食篦］　トゥムシパラパスイと称す。イタヤ、カツラ、エリマキ、イチイなど、しっかりした材で*木製食篦をつくる。柄の部分を長めにし、柄の先をくり抜いて2～4連つながった鎖状の飾りをつくり、ほぼ全面に細かな彫刻を施す。祝い事の贈り物や土産用で、特に病人に対して完治を祈ってつくることが多い。受け取った方では心のこもった贈り物に感謝をするとともに、自らも回復を祈りながら食事をとる。多少のことでは捨てがたい食篦であるが、使用に耐えなくなった場合には長年の功に報いてタバコや、米、麹、小型の*木幣を添えて物の送り場で謝辞を述べ、再生を祈願してその霊を天界に向かわせる。
〈藤村〉

図28　飾付食篦

ひしゃく［柄杓］

ヤラピサク、コロピサク、カックムなどと称す。形態は長柄と水を入れる器を組み合わせていて、水を入れる器の部分の素材と製法は*樹皮製水汲とほぼ同じであるが、大きさは小井くらいに小さく、40～50cmの長い柄を器に渡し、2カ所

図29　柄杓

を細紐でくくる。長柄には使う人への思いを寄せて、取っ手の端に木鈴を細工することもある。水を汲む際には、柄杓の底で水面を2～3回軽く回し、ポンとたたいてから汲む。水の神に飲料水を汲むことを知らせ、水を汲んでいる最中に柄杓の中に余分なものが入らないよう、水神に見守ってもらうためである。水に濁りがある場合には、「濁り水よ、流れ去れ、去れ、清水よ、流れ来よ、来い」などと、思い思いの呪文を唱えながら水を汲む。流れの速いところほどゴミや水生昆虫などがいないので、そういう場所で飲み水を汲む。
〈藤村〉

ふきのひしゃく[蕗の柄杓] コロピサク、コロカックムなどと称す。家を離れた場所で水を汲んだり、掬って飲んだりするときの手軽な方法として、フキの葉を使った。穴のあいていないフキの葉を茎の部分からとって、両手で茎の反対側の葉のところに葉の端を寄せると、半球形の器ができる。片手で寄せ集めた葉を握り、次に長い茎を手前に軽く折り曲げて、一緒につかむとフキの葉の水汲みが出来上がる。水を汲み、空いている部分から水をあけ、そこに口をつけて飲む。使用後は「(フキの神様、どうも)ありがとう」などと、感謝の言葉を添えて、周りに散らす。この柄杓をつくる際に、葉の表面をそのまますぼめる人と、葉を裏返しにしてすぼめる人がいるが、後者の方が多い。
〈藤村〉

図30　蕗の柄杓

きゅうすいとう[吸水筒] ヨブスマソウや、フキのストロー、チ(イ)クレプ、チヌンヌンペ、チヌンクッタラ、チヌンクトウなどと称す。水を掬うものがないときには手で掬うが、簡便な方法としてヨブスマソウやフキなどの茎を長く切り取って、その中をのぞいたり、筒の中に息を吹きかけたりしてから、流れの速いところに筒の根の方を差し込み、一方に口をつけて水を吸い込む。使い終わると「(ヨブスマソウの神様、どうも)ありがとう」などと、感謝の言葉を添えて、あたりに立てかける。
〈藤村〉

和人資料

　炊事用具の項でも述べたように、北海道の食習は、近世松前地の時代から米飯を中心とした和食が定着している。米・味噌はもとより調味料、果物、菓子など多くの食物が本州の各港から船で運ばれ、料理の基本は江戸などとさほど変わらない状態であった。例えば近世松前地の料理をみると、豊かな海産物を背景に鯡、鮭、帆立貝、北寄貝、鰈など季節の魚介類の刺し身や焼き物はもとより、「あげだし(てんぷら)、うおのすし、ひずなます、かまくらやき、せわたつけ、まくりしる、そばこかけ、けいらん、ぎぼしのすあえ、やまほや、かゆのしる、でんぶ」(『松前方言考』1848年ごろ)などの料理が食膳にあがっていた。また、正月、祭り、盆などの年中行事や婚礼・葬送など冠婚葬祭につくられる料理も行事ごとに形式があり、煮しめ、鍋焼(豆腐と鮭の味噌煮)、鯨汁、鰊漬などがつくられており、漁期の鰊漁場の三平汁やまくり汁など地元の料理もあった。

　このように松前地の食事は、米飯、味噌汁、漬物に魚を中心とした料理という和食であり、食器類も日本各地の港から北前船などで運ばれてきたものを使用したため、江戸などと変わらない状態であった。有田や瀬戸の*飯碗や*皿などがもたらされ、*汁椀などの漆器も「多くは能州輪嶋の塗物を用ゆ」(『東遊記』1784年)と、輪島塗などの*椀や*膳が広く用いられていた。

　明治以降の開拓に始まる北海道の農村では、初期には食器類もそろわぬ変則的な耐乏生活であったが、それでも屯田兵には官給品として家族分の飯碗・汁椀などの食器類が支給されていた。開拓が進むにつれ農村部でも次第に商店が発達し瀬戸物や漆器類の入手が容易となり、特に稲作農業が

図31　吸水筒

定着する明治後期以降になると、日本各地の農村とほとんど変わらぬ食習が普及した。都市部においてもほぼ同様であったが、明治初期に開拓使が欧米文化の導入による開拓を計画し、家畜や西洋野菜を移入し畑作牧畜農業の定着と移住民の食生活の改善などの事業を進めた経緯もあり、他の地方より早く明治後期ごろから大正時代にかけて一般家庭に洋食的な料理や西洋皿、*フライパン、*スプーン、*フォークなどの洋食器が普及している。　　　　　　　　　　　　　　〈矢島　睿〉

わん［椀・碗］

　食物を盛るわん（椀・碗）には用途によって飯わん、汁わんのほか、伝統的な料理である本膳に使用される坪と平などもある。また、材質により木器、漆器、陶磁器、ガラス器、金属製品、石製品などがあるが、今日では一般に飯には陶磁器の*茶碗、汁には漆器の*汁椀が使われることが多い。飯茶碗は口径12cm、高さ5cm程度の大きさが標準で、食事中手に持つことが最も多いことから軽くて薄手のものが好まれ、磁器製の茶碗が普及している。また汁椀は漆器を使用する家庭が多い。これは、熱い汁には熱の伝わりやすい陶磁器より漆器が適しているためであると考えられる。本膳などハレの日の食器の汁椀や吸い物椀は蓋つきの椀であるが、日常の食事に使う汁椀には蓋をしないのが普通である。　　　　　　　〈矢島〉

めしわん・ちゃわん［飯碗・茶碗］　今日では飯碗といえば瀬戸物の茶碗が当たり前となっているが、陶磁器の茶碗が普及するのはさほど古い話ではない。瀬戸、唐津、信楽など窯業の発達によって、江戸時代中期以降には都市部を中心に普及する。しかし、明治に入っても漆器の椀を使用していた地方も多かった。茶碗の由来に関して『古事類苑』（1879〜1907年）には「茶碗ハ始メ茶ヲ盛ルニ由リテ名ヲ得シモノナレドモ、後ニハ汎ク陶器ヲ称スルコトトナレリ。其一転シテ飲食具ニノミ称スルニ至リシハ、恐ラク近在ノ事ナルベシ。而シテ此ニ飯ヲ盛ルハ極メテ後世ノ慣習ニ出ヅ」とあり、飯碗を茶碗と称することも、陶器の碗に飯を盛ることもきわめて後世の慣習としている。

　近世の松前地は、北前船交易によって日本各地の産物が商品として船でもたらされ、食生活なども都市的性格がみられた。その結果、地方としてはかなり早くから飯碗に陶磁器の茶碗を使用していたといえる。例えば『東遊記』（1784年）には「肥前唐津より瀬戸物商人毎年来り、坪、平など揃たる茶碗をひさぐ」とある。また、江差や箱館の問屋の蔵鋪帳などにも商品として茶碗の記述があることから、近世後期ごろには唐津、湊などから入手した陶磁器の茶碗が広く使用されていたと考えられる。

　だが、明治初期の開拓地では移住者の多くが士族の入植者を含め東北地方の郷村の出身者であったこともあり、持参した食器は古い形式のものが多く、飯碗に漆器の椀を使用した例がみられる。また、北海道開拓の尖兵的な役割を果たした屯田兵には入植と同時に兵屋と農具、生活用具などが給与され、食事用具のなかに飯椀・汁椀が含まれているが、1876（明治9）年に札幌郡山鼻村に入植した屯田兵などに支給された飯椀は黒塗りの漆器であった。その後、開拓の進展とともに商業が発達し、日本各地から生活物資が移入され商店の店先を飾るようになると、各地の陶磁器類がもたらされた。例えば『札幌沿革史』（1897年）には、「当地にて販売する陶器の種類は、肥前焼、美濃焼、尾張焼等、最多く、清水焼、伊勢焼、会津焼、淡路焼、伊予焼等、之に次ぐ、売捌の最も宜しきは肥前焼にて」と、当時の日本を代表する産地の陶磁器が売られるようになっている。「売捌の最も宜しき」と記述されている肥前焼の産地は唐津と有田などであり、なかでも近世から北海道で最も多く使われてきたのは唐津焼の茶碗であった。　　　　　　　　　　　　〈矢島〉

写真1　茶碗

しるわん［汁椀］　一般庶民の生活で汁椀は木地のままの剝椀が使われていた時代が長く、漆器の汁椀が普及するのは明治時代になってからという地方も多い。だが近世の松前地では北前船の交易によって漆器が多く移入されたため、庶民の家庭においてもかなり早くから朱塗り・黒塗りの椀が普及していた。当時移入された漆器類には南部塗、会津塗、輪島塗などがみられるが、『東遊記』（1784年）に「椀、家具、重箱の如きものも会

津はいやしとて不用、多くは能州輪嶋の塗物を用ゆ」とあるように、会津塗よりも輪島塗の漆器を好んで取り寄せることが多かったようである。このような風潮はその後鰊漁場にも受け継がれ、大漁家のなかには*膳、椀など塗物を輪島に注文し家紋を入れた漆器類をそろえる家も多かった。

明治以降も漆器の移入は多く、明治初期の開拓使の時代にも函館・室蘭・小樽などの港に船で運ばれてきたが、『開拓使事業報告 第参編』（1885年）には「漆器 能登ヲ最トシ南部之ニ次キ、秋田津軽又之ニ次ク。多ク函館ニテ販売シ各郡輸送僅少トス」とあり、近世と変わらぬ状態であった。しかし開拓時代の札幌では「塗物類の六分通は越後産にて、会津、大坂、尾州等より仕入るゝも其数少なし」（『札幌沿革史』1897年）と、越後産が六割を占めると記述している。輪島塗や会津塗の技法の影響を受けて漆器が発達した越後（新潟、長岡、高田、柏崎など）は明治初期において日常生活漆器の主要な生産地の一つであるが、当時、札幌など新しく開けた地方の商業の中心的役割を果たしたのが新潟出身者であったことから、故郷からの商品の仕入れが多くなったとも考えられる。

また、近世から1950年ごろまで鰊漁の盛んであった漁村では、漁期に大勢の漁民を雇うため*茶碗、汁椀、*三平皿など漁民用の食器を大量に購入した。汁椀には俗に「くり椀」あるいは「くわ椀」と呼ばれる椀が使われたが、言い伝えによると、その椀は東北地方から仕入れた木地椀に漆を一度塗りした椀だといわれている。なお、農漁村を中心に汁椀に陶磁器製の椀が使われており、特に太平洋戦争の戦中・戦後において美濃焼の飴色や鶯色の釉薬をかけた粗磁器の汁椀を使った家庭が多い。 〈矢島〉

写真2　汁椀

どんぶり［丼］

丼には丼鉢と丼碗があり、丼鉢が大勢の人に供するための煮物や漬物を盛りつける食器であるのに対し、丼碗は飯丼とも言われるように1食分の飯を入れる大型の*茶碗であり、今日では丼といえば主として飯丼をいう場合が多い。飯丼は古くから仕事中の食事や外食と大きなかかわりがある。近世の江戸などでは労働者の食事として丼に飯を盛り焼き魚などを上にのせて売る屋台があり、鰻丼などもこのような屋台から生まれたといわれている。丼鉢・飯丼とも大半は磁器で、飯丼は飯が普通の茶碗の2杯分入るのが標準で、蓋がつくものとつかないものがあり、口径16cm、高さ10cm程度のものが多い。また丼鉢は規格・形態がまちまちである。なお、小鉢・小丼と言われる食器も広く使われてきたが、これは小型の丼鉢であり、個々の和え物や酢の物、煮物を盛る器で、本膳に使う漆器の平や坪にあたるものである。

〈矢島〉

さら［皿］

皿は*碗や鉢より大きく口の開いた平らな食器で、古くから木製、漆器製、土製、金属製などが使われたが、近世中期以降は広く陶磁器の皿が普及するようになる。皿には主として魚菜が盛られるが、特に刺し身や焼き魚を盛ることが多く、その材質や形からみても木地や漆器の皿より陶磁器が適したものであった。また、磁器皿は染めつけなど絵皿が多く料理の盛りつけに美的な効果があり、さらに形態も漆器にはない角皿・菱形皿などがつくられ伝統的な和風料理に欠かせない食器として発達した。

皿は種類がきわめて多く、名称も形態によって大皿・中皿・小皿・角皿・平皿、用途によって刺し身皿・焼物皿・膾皿・煮染皿・菓子皿・果物皿、また使い方によって手塩皿・銘々皿、産地や由来によって*三平皿など種々の呼び方がされている。また、皿の大きさは様々であるが、一説によると大皿・中皿・小皿の規格は鍋島焼が基準となったといわれている。近世に佐賀の鍋島藩は熟練した職人を集め肥前西松浦郡に藩窯を設け、色鍋島と言われた染め付け・色絵の磁器皿を多く生産し、各地の窯に大きな影響を与えている。この製造において大皿の規格を直径1尺（約30.3cm）、中皿は直径5〜6寸、小皿は直径3寸としたのが、その後の皿の規格となったといわれている。

近世の松前地では*飯碗（*茶碗）の項でも述べ

たように『東遊記』(1784年) に「肥前唐津より瀬戸物商人毎年来り、坪、平など揃たる茶碗をひさぐ」とあり、毎年唐津から来る商人によって陶磁器類がもたらされている。当時の唐津は染め付け色絵の皿を多く産出しており、松前地では近世中期ごろからかなり上質な陶磁器皿が武家や商人の家庭を中心に普及していたといえる。また、江差・松前などの町の小間物屋の店では陶磁器が売られ、1860（安政7）年箱館の『内間町、会所町、大工町人家並家業書上』には「瀬戸物商内」の存在があり、各地の陶磁器が豊富に売られていたことがうかがえる。明治時代となってもこの傾向は変わらず、北海道開拓の中心となった札幌はもとより、新しい町の商店でも生活の必需品として瀬戸物類が売られている。これは、開拓者が北海道に移住した際、瀬戸物類は重くて壊れやすいため故郷から持参できず、入植後の生活で必要としたからである。　　　　　　　　　　〈矢島〉

さんぺいざら［三平皿］　北海道では三平汁、石狩鍋など汁物・鍋物を食べる際に使用する直径15cm、高さ4cm程度の中型で深めの磁器皿を一般に三平皿と呼んでいる。一般には、生盛皿あるいは膾皿とも言う。手書き染め付けや色絵の皿もあるが、ほとんどは明治に入ってからの技法である印判染付の皿で美濃焼が多く使われてきた。「三平」という名称については、主として近世松前地の時代から北海道の郷土料理である三平汁を食べるときに多く使われた食器であることから三平皿という説のほか、三平汁を初めてつくった鰊漁場の漁民三平に由来するという説、松前藩（南部藩説もあり）の賄方斉藤三平に由来する説、さらに近世初期に朝鮮から渡り有田焼の磁器製造を助けた李参平に由来するという説など、多くの説がある。

なお、三平汁は『東遊記』(1784年) に「サンヘイといふものは塩漬の魚の汁にて菜大根を煮たるをいふ、朝夕の菜の物に用ゆ」とあり、古くは塩漬けした魚の

醤で野菜を煮た料理で、秋田のしょっつると同じ系統の料理である。このほかにも多くの記述が残されており、近世中期ごろには松前地の一般的な料理となっていたと考えられるが、三平皿に関する記述はなく、料理と皿の名称の由来は不明である。
　　　　　　　　　　　　　　　　　　〈矢島〉

ようざら［洋皿］　日本で外国から輸入された西洋食器が使われはじめたのは、幕末の開港場となった横浜、長崎、箱館などが嚆矢で、居留外国人が使用した。箱館などでは関係した日本人によって洋食店が開店するなど、洋食の魁となった例も多い。だが、本格的な洋食器の使用と国内生産は明治維新以降で、明治政府が日本の近代化を図るため積極的に欧米文化の導入を進めたことに起源を持っている。例えば開拓使は北海道開拓の指導者として1871（明治4）年からアメリカ人を中心とした御雇外国人を雇用し、これらの外国人の食事の世話をする日本人のコックを雇い、さらに札幌農学校（現・北海道大学）では生徒の食事の一部を洋食としている。洋食に使用した皿など食器は外国から輸入したものであるが、例えば『開拓使事業報告　第参編』(1885年) の貿易の項によると、外国輸入表のなかには、煮炊炉、洋酒、コーヒーなどとともに陶器や金銀器の項目があることから、西洋皿や炊事用具が含まれていたと考えられる。

洋皿は最初、洋食店で使われる程度であったが、日本でも生産されるようになると、明治後期から都市部を中心に洋皿を使う家庭が増える。カレーライス、トンカツ、ハヤシライス、コロッケなどの洋食的な料理が全道的に一般家庭に普及するのは大正から昭和初期である。このころに洋皿、＊フライパン、＊ナイフ・フォーク・スプーンなどの洋食器が家庭用としても普及したといえる。　　　　　　　　　　　　　　　〈矢島〉

めしびつ［飯櫃］

炊きあげた飯を＊鍋や＊釜から移して食卓まで運びまた短時間保存する容器。日本では、飯の容器として古くから曲物や刳物のいいびつ（飯櫃）、めしつぎ（飯次）が使われてきたが、近世には竹や銅の箍をかけた杉材などの蓋つき＊桶が広く普及している。近世の飯櫃には大きく円形と楕円形の二つの形があるが、一般に円形の飯櫃は江戸を

写真3　三平皿

中心に「オハチ」の名称で使われ、楕円形の飯櫃は京都や大坂などで「オヒツ」と呼ばれたともいわれている。楕円形の飯櫃については近世後期の風俗を記した『守貞漫稿』(1853年)に「今世諸国楕円ヲ俗ニ飯櫃形ト云、是古来楕円ヲ本トスル故ナリ」と記述されており、楕円形の飯櫃が本来の古い形としている。

近世の松前地でも円形および楕円形の飯櫃が使われていたことが絵図などから知られ、道南地方や早くから開けた漁村を中心に明治以降に受け継がれるが、大きな商家や鰊漁家などの旧家の生活では、日常の食事には円形桶形の飯櫃を使い、祭りなどの年中行事や婚礼などの祝事には楕円形の飯櫃に赤飯を入れた家が多い。楕円形の飯櫃はハレの日の調度品で、輪島などに注文して屋号や家紋入りの漆器の飯櫃をつくらせた家もあることから、各地の博物館資料として今日に残されている。また、北海道内陸部の都市や農村ではほとんどが丸形の飯櫃が使われてきたが、大きな商家などでは赤飯入れとして楕円の飯櫃を使用した家もある。飯櫃の名称については楕円形のものをオヒツ、円形をオハチと呼ぶ家が多いが、全道的にみると、混同して使われる場合が多く一定ではない。1955(昭和30)年ごろから始まった家庭電化により電気炊飯器や炊飯ジャーが普及し日常生活で見られなくなったが、吸水性に優れており好んで使われることもある。　　　　　〈矢島〉

写真4　飯櫃

めしかご［飯籠］

夏季に飯の腐敗を防ぐために使用した*籠製の飯入れ。夏に高温多湿の日が多い日本の各地で古くから使われてきた夏用の*飯櫃で、台所や井戸端の風通しのよい場所に置いた。北方地域といえる北海道でも夏至を過ぎると気温が上がり、同時に農村では田畑の除草や病害虫の駆除作業に追われ、漁村でも昆布漁など忙しい季節となる。したがって1960年代までの農漁村において主婦たちは三度の食事の支度もままならず、飯は1日に1度大量に炊いておくのが普通であった。しかし、夏に飯を*釜や飯櫃に入れておくと腐敗するため、竹製の飯籠に入れて保存した家が多い。円形の竹で編んだ蓋つきの籠で、竹のない北海道には商品として本州から移入されたものである。　〈矢島〉

めしいずこ［飯いずこ］　北海道や東北地方などの寒冷地で冬季に飯の凍結を防ぐため*飯櫃を入れておいた藁製の用具。自家製のものが多く、飯櫃に合わせてつくったため大きさは様々である。円筒形の本体に蓋をかぶせたものが多い。飯いずこの編み方はいろいろあるが、底となる藁の円座をつくり、さらに径3cmほどの藁の束で輪をたくさんつくり、円座の上に次々に重ねて編んで円筒形に仕上げ、別につくった蓋をかぶせた形式のものが多い。近世の松前地でも使われていたと考えられ、その後農漁村を中心に明治・大正・昭和と広く使われてきたが、1960年代の生活様式の変化で姿を消した。なお、子育ての用具として藁製の*いずこを使用した地方が多いが、この用具の起源は飯いずこであるといわれている。(→355頁産育用具［いずこ］)　　　〈矢島〉

しゃくし・しゃもじ［杓子・杓文字］

飯を盛り、汁を掬うのに用いる食事用具で、シャモジ、あるいはカイとも言う。カイと呼ばれるのは、古くから貝殻に柄をつけた杓子が使われてきたためと考えられている。粥状の飯を除き炊いた飯を盛る杓子は、檜などの白木や竹で頭部を広く柄を細くつくった箆で、飯箆とも呼ばれている。近世になると日本各地でつくられたが、特に安芸の宮島(広島県)でつくられる檜の滑らかな杓子は有名で、飯杓子のことを「宮島」と呼ぶ地方もある。

また、汁を掬う杓子は、貝殻のほか檜やブナの木などを用い頭部を丸く中を窪みにして細い柄をつけた形につくるが、塗物の杓子や銅製などの金属器の杓子も使われてきた。汁杓子はおたま杓子とも呼ばれる。これは江州(近江)多賀の里でつくられる杓子が有名で、お多賀杓子と呼ばれていたのが訛っておたま杓子となったといわれている。なお、杓子は日本の古い民俗風習にとって重要で、主婦権を象徴する用具として嫁に主婦権を譲渡するときの「しゃもじ渡し」の習俗があるほ

か、山の神の信仰や呪術の用具でもあった。

近世の松前地でも古くから杓子が使われており、その多くは北前船で運ばれてきたものが商品として売られていた。近世の制度を受け継いだ明治維新直後の『明治二年巳年六月中より御収納請払惣目録　熊石御番所』の「御番所置付御道具諸品御買上代書」に、番所で買い上げた道具のなかに次のような杓子の記述がみられる。

　　銭五拾文　　　塗杓子　　　壱本
　　銭七拾五文　　竹杓子　　　弐本
　　銭六拾五文　　飯杓子　　　壱本
　　銭百弐拾文　　汁杓子　　　弐本

明治以降の都市や農村でも食事用具としてこのような木製・竹製の杓子類は広く使われてきたが、大正時代以降になるとアルマイトの汁杓子が普及し、さらに1960年代以降はステンレス製の汁杓子、プラスチック製の飯杓子が普及した。

〈矢島〉

写真5　杓子

めしべら [飯箆]（→156頁　[杓子・杓文字]）

にしんばんやのめしべら [鰊番屋の飯箆]　鰊漁が盛んであったころの漁村の番屋では、大勢の漁民の食事のため大鍋で大量の飯を炊いたが、飯を*鍋から角おはちに移すときに大型の飯箆（*杓子）を使用した。この飯箆は、春先の漁の準備期に雇い漁民が檜やカツラの残り材でつくった自家製である。

〈矢島〉

はし [箸]

日本における箸の起源は、古代の祭祀などに使われた細く削った竹をU字型に二つに折り曲げた箸である。当時、日常の食事には木の匙が使われていたといわれ、今日使われているような食物を挟む一対の細い棒の箸の風習は7世紀ごろに中国から渡来したもので、もとは仏教の食事作法によるものであったといわれている。

箸は主として食事をとるときの用具であるが、調理には真魚箸や*菜箸が使われ、一皿に盛り合わせた料理を取り分ける取り箸もある。また材質は用途によって異なるが、竹・杉などの木の箸が多く、銀・銅・鉄などの金属、象牙や骨角、さらに漆を施した塗箸など種々である。特に白木の箸は古くから広く使われてきたもので、材質により杉箸、檜箸、一位箸、南天箸、石南箸などがあり、近世後期には各地で商品としてつくられていた。しかし、白木の箸は汚れやすく高温多湿の日本では衛生上にも問題があり1～2度しか使えない。もともと日本では木椀などを含め白木の食器は一度しか使用しないのが原則であり、信仰的な面もあるが、箸は一度使うと折って捨てるという風習が長く続いていた。

このようなこともあり、近世中期以降になると日本各地の漆器業の発達により塗物の箸が使われるようになる。塗箸は洗えば何回も使えるため江戸などの飲食店では箸立に入れて客が使い、家庭においても広く普及する。同時に箸が個人専用の食事用具となり高級な塗箸がつくられ、これを納めておく箸箱（*箸入）も使われるようになる。食糧や食器のほとんどを他領から北前船で移入していた近世の松前地では、箸の使用も江戸などと変わらないものであり、明治以降も同様である。

〈矢島〉

写真6　箸

わりばし [割箸]　一対とする箸の先の方から半ばくらいまで割れ目を入れた杉材の角箸で、使用の際に割って用いる。近世において江戸などの飲食店では竹箸や塗箸が使われたが、経営上から一度の使用で捨てることもできず、箸を洗って使うことが多かった。だが他人の使った箸を嫌う人も多く、また衛生上にも問題があり、近世後期から使用後は捨てる割箸が使われるようになったといわれている。『守貞漫稿』（1853年）によると、「此箸文政以来比より三都ともに始め用ふ」とあり、このころには広く使われていた。なお、割箸は酒樽づくりの盛んな奈良県吉野地方で*樽づくりの杉材の残り材を利用してはじめられたといわれている。明治以降も主として飲食店用の箸として使われ、店名や屋号を印刷した袋入りの上質なものも使われるようになる。なかには割箸に爪楊枝を

添えたものもあり、俗に子持箸と呼ばれている。また、北海道ではエゾマツ材を利用した箸が生産されている。〈矢島〉

さいばし［菜箸］ 調理用の箸で、魚に用いる真魚箸や野菜などに用いる菜箸がある。白木や竹の箸が多く食事用の箸より若干太くて長く、料理店などでは金属製の菜箸も使われてきた。家庭では種類も多くなく煮物、焼き物、揚げ物、茹で物も同じで、長さの違う白木箸や竹箸が2〜3組用意されていた。〈矢島〉

はしいれ［箸入］ 飲食店や家庭で食卓の上に置き箸を入れておく容器。何本もの箸を立てて入れておく場合が多く、竹の節の部分を底にして輪切りにしたものや、円筒形の陶器製のものが多い。また、蕎麦屋などでは箸を横にして入れておく塗物の箸入も使われている。箸入はおそらく近世の江戸などの飲食店で使われはじめたものが最初であると考えられる。〈矢島〉

さじ［匙］

飯や汁物などの料理を各自の食器に取り分けたり、粥や雑炊など汁の多い食物を食べたりするときに使う用具で、木製、竹製、陶器製、金属製などがある。細い2本の棒を一対とする*箸が食事に使われるようになるのは7世紀ごろからで、それ以前には木製の匙のようなものが食事に使われていたといわれている。しかし、その後の日本では匙で食物を口に運ぶという食事法は発達せず、料理を取り分けたり、粥などを食べたりするとき、さらに幼児や病人の食事などに使われてきた。粥などを食べる匙は竹製や塗物匙、鍋物などを取り分ける匙は陶製が多い。〈矢島〉

ちりれんげ［散蓮華］ 中華料理やスープ状の料理を食べるときに使う陶製の匙。散蓮華という名称は、蓮の花びらに似ていることから名付けられたといわれている。江戸時代初期に黄檗宗の開祖である隠元和尚が来日しているが、このころに普茶料理などの中国料理がもたらされ飲食用具なども移入されている。散蓮華もこの時代にもたらされ、その後、広く普及したと考えられている。〈矢島〉

ナイフ・フォーク・スプーン［ナイフ〈knife〉・フォーク〈fork〉・スプーン〈spoon〉］ 日本に西洋料理が本格的に取り入れられるのは幕末から明治初期にかけてであり、一般に普及するのは明治後期以降である。したがって、西洋料理に使われるナイフやフォークなどの食事用具も幕末以降に輸入され、1867（慶応3）年に福沢諭吉が片山淳之助の名義で出版した『西洋衣食住』食之部に日本で初めての洋式食事用具の説明がある。

「西洋人は箸を用ひず、肉類其外の品々、大切りに切りて平皿に盛り、銘々の前に並べたるを、右の手に庖丁を以てこれを小さく切り、左の手の肉刺に突掛て食するなり。庖丁の先に物を載せて直に口へ入るるは、甚不行儀のこととせり。汁ものも矢張り平皿に入れ、匙にて吸ふなり」（注：読みやすくするため原文に読点などを加筆）

ナイフを庖丁（*包丁）、フォークを肉刺、スプーンを匙と翻訳し、使い方を含めきわめて簡潔明瞭な説明で紹介している。その後、都市を中心とした洋食店の開業に伴う洋食の普及、明治後期から大正時代にかけての全国的な洋食料理の家庭への普及によって次第にナイフ、フォーク、スプーンの需要が増加し、国内各地で洋食用具の製造が発達する。特に近世から和釘の製造を行っていた新潟県の燕は、明治以降も*煙管、▼鑢、銅器などの生産が盛んであったが、大正に入るとナイフ、フォークなどの製造をはじめ日本有数の洋食器の生産地となった。ナイフ、フォーク、スプーンなど食事用具は錆びやすいため、銀製品や銀メッキ製品が多いが、昭和30年代以降はステンレス・スチールに変わっている。〈矢島〉

Ⅰ. 生活用具

2. 飲食用具

(3) 食事用具

アイヌ資料

ぜん・ぼん［膳・盆］

　オッチケ、オッチキなどと称す。寺院で使われていた中古品であるが、平均3cmくらいの立ち縁を持ち、▼竹釘でとめて組み立て、木地の上に膠を混ぜた砥粉を厚く塗った上に漆を塗っているので丈夫なものが多く、形は方形、隅落としの八角形がほとんどである。膳の脚はあるもの・ないもの（脚が取れたついでに残りを取り去ったものも含む）、長脚・曲脚などである。現存するものの多くは脚なしか、あったとしても低いものばかりであるが、古い絵に描かれた膳は長脚や曲脚が中心になっている。なお、塗った漆の色で、黒膳、赤膳、刷毛目膳、木目膳、膳面に模様のある膳などと使い分けることもある。ほかに手製の膳で方形、隅落としの八角形もあるが、そのほとんどは脚を欠く。使用に耐えなくなった場合には、長年の功に報いてタバコや、米、麹、小型の*木幣を添えて物の送り場で謝辞を述べ、再生を祈願してその霊を天界に向かわせる。　　　〈藤村　久和〉

図1　膳

はこぜん［箱膳］　イペポスポプ、イペポシュオプなどと称す。箱膳は、箱の上蓋を裏返してお膳とし、箱の中の布巾を除いて粥椀や汁椀、*箸や*匙を出して、粥や汁を盛りつけ、ほかにおかずなどを入れて食事をする。それが終わるころに、主婦は粥鍋に水を入れ薬草を加えて煮立てる。食後はその薬湯を食器に注ぎ菜の細片などで容器の内面を洗い、椀の薬湯を飲みほす。その後、食器や箸、匙なども布巾で拭き、箱の中に伏せ、上に布巾をかけて蓋をする。箱膳はそれぞれの寝台の下に収め、主婦は時折布巾を集め、灰汁の上水で汚れを漂白して水洗いをし、乾燥させてから各箱膳に戻す。また、箱膳には引き出しの取っ手のついたものがあり、それを引いて食器を出すものもある。こうした箱膳があるのは、細工巧者の家か物持ちの家に限られていた。　〈藤村〉

たんきゃくぜん［短脚膳］　ケマコロオッチケ、ケマウシオッチキなどと称す。短脚の高さは2～5cmで、そのなかにはクルミの殻を貼り付けたもの、断面が直角三角形状の木を四隅に取り付けたもの、薄板を2枚合わせてL字状にしたものや、薄板を3枚合わせて〔〕状にして取り付けたものなどがある。使用に耐えなくなった場合には、長年の功に報いて、タバコや米、麹、小型の*木幣を添えて物の送り場で謝辞を述べ、再生を祈願してその霊を天界に向かわせる。　〈藤村〉

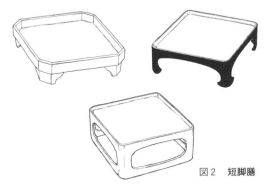

図2　短脚膳

ながあしぜん［長脚膳］　ケマリーオッチケ、ケマタンネオッチキ、アサマリオッチケなどと称す。長脚の高さは15～25cmで、脚の断面が薄板を2枚合わせてやや緩いL字状にしたものや、薄板を3枚合わせて〔〕状にして取り付けたものなどがある。2枚合わせのものは垂直型、3枚合わせのものは、やや外への張り出し型となっている。使用に耐えなくなると、長年の功に報いてタバコや米、麹、小型の*木幣を添えて物の送り場で謝

辞を述べ、再生を祈願してその霊を天界に向かわせる。　　　　　　　　　　　　　　　　〈藤村〉

図3　長脚膳

きょくきゃくぜん［曲脚膳］　ケマレウケオッチケ、ケマコモオッチキなどと称す。曲脚の高さは20〜30cmで、脚の断面はやや緩いL字状か、〔 〕状にして外側に大きく弧を描き、床につく部分には物差状の薄板でそれぞれをつなぎとめてある。使用に耐えなくなった場合には、長年の功に報いてタバコや、米、麹、小型の*木幣を添えて、物の送り場で謝辞を述べ、再生を祈願して、その霊を天界に向かわせる。　　　　　　　　　　〈藤村〉

図4　曲脚膳

いたぜん［板膳］　マサオッチケ、マサオッチキなどと称す。割板1枚または2枚に立ち縁を回し、上から見て方形または隅落としの八角形にする。膳面に同心円、円形と方形の組み合わせ、1〜3の巴とする簡単な本州の家紋や紋章を浅く彫ったものがほとんどであった。素材は割りやすく彫刻しやすいカツラ、ヤチダモ、クルミ、センノキ、サクラ、シナノキ、イタヤなどである。また、彫刻のないものは木目のきれいなイチイ、グイ、マツ材などが好まれた。使用に耐えなくなった場合には、長年の功に報いてタバコや、米、麹、小型の*木幣を添えて物の送り場で謝辞を述べ、再生を祈願してその霊を天界に向かわせ

図5　板膳

る。　　　　　　　　　　　　　　　　〈藤村〉

ぼん［盆］　イタ、ニーイタなどと称す。素材はカツラ、センノキ、クルミ、シラカバ、ヤチダモ、サクラ、シナノキ、キハダなどで、膳代わりに使われる盆は直径20〜30cmで、上から見た形は円形、正方形、長方形、半月形、菱形、台形などと様々である。15cm以下の小さいお盆は盛り皿や盛り付け容器として使われる。盆は一枚板で適度の厚みがあり容易に長期使用に耐えるが、火に焼けるなどして使うことが難しい場合には、長年の功に報いて、タバコや米、麹、小型の*木幣を添えて物の送り場で謝辞を述べ、再生を祈願して、その霊を天界に向かわせる。　　　　　　　〈藤村〉

図6　盆

はんだい［飯台］

イペダイと称す。早い家では大正期以降に購入し、一家の食事の場としたが、工作のできる人は板材を購入して手づくりの食卓をこしらえて使用した。　　　　　　　　　　　　　　　〈藤村〉

ちゃわんいれ［茶碗入］

イペポプと称す。明治以降になって茶碗類が市販されると、容器の美しさと丈夫さからさっそく購入し、あわせて茶碗籠も用意するようになる。なかには上蓋つきの箱をつくり、あるいは祖先伝来の*行器、合わせ蓋つき一貫張りの筐を利用し

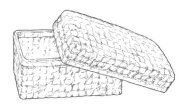

図7　茶碗入

て、それに洗った茶碗類を収納する家もあった。これらの容器が使用不能になると*木幣に米、麹、タバコを添え、送り場で謝辞と再生を祈って、その霊を送った。

〈藤村〉

図8　茶碗籠

和人資料

　食事用具は食事をするときの飯台（*卓袱台）や*膳、料理を入れる*重箱、給仕をしたり料理を運ぶときに使用する*盆、食器を入れておいたり運ぶのに使用する茶碗籠などである。近世の松前地において、日常の食事には膳が使われ、武家や大きな商家では本膳と言われる漆器の宗和膳を使う家庭が多いが、庶民では折敷と呼ばれる白木の方形の盆や各自の食器を納めることのできる自家製の*箱膳が広く使われていた。

　また、松前地ではほかに娯楽が少なかったこともあり、年中行事や冠婚葬祭が盛んで季節の行事ごとに料理をつくり祝っていた。したがって正月・祭礼・盆などの年中行事、婚礼・年祝い・普請などの冠婚葬祭には料理の種類も決められていた。例えば年越しの料理を当時の記録からみると、武家や大きな商家では祝膳の基本となる御飯、汁、坪（壺）、平、皿のほか、この地の料理として荒巻鮭、塩引鮭、なます、鰊漬、魚のすし（飯鮨）などが祝膳に出され、漁家など庶民の家でも塩引鮭の焼き物、煮しめ、なます、魚のすし、鰊漬などのほか、椀物として野菜類と塩蔵の鯨の脂身を煮た鯨汁を用意した家が多い。なお、このような料理は正月料理として重箱に入れておいた。さらに祭礼の料理として赤飯に煮しめ、10月20日のえびす講には「此調理鮭一色を多く用ゆ」（『松前歳時記草稿』19世紀初頭）と鮭の切り身の焼き物、鮭の蒲鉾、鮭と豆腐の味噌味鍋焼などの料理で祝っていた。

　このような行事や祝事の食事のために用意されたのが*会席膳である。会席膳は朱塗りが多く本膳・二の膳・三の膳の三つの膳と、*飯碗、*汁椀、坪（壺）、平の食器、飯次（*飯櫃）、湯次（湯斗）、飯筥（*杓子）など5人前を一組として木箱に入れたものが多く、松前地の中程度以上の商家や漁家では会席膳を5組・10組とそろえておく家が多かった。また、会席膳をそろえることのできない家では婚礼などの祝事に、日ごろ懇意にしてもらっている大店などから借りるのがしきたりであった。なお、会席膳、重箱、盆などの漆器は北前船で運ばれてきたものを購入したが、「輪嶋の朱椀、朱膳はいたりて見事にて、価も廉なるよし」（『東遊記』1784年）と、輪島塗が多く用いられていた。この風習は明治以降の漁村に受け継がれている。

　一方、明治以降の開拓地の農村では、初期には生活も厳しく膳を用意することもできない状態であったが、自家製の膳や家族全員で使用する座卓のような飯台（卓袱台）を使った例も多い。開拓が進むと村の商店で購入した胡桃足膳など塗物の膳や箱膳を日常の食事に使ったが、冠婚葬祭には会席膳が使われた。だが、会席膳を一般家庭でそろえることは難しく、婚礼のときに商家など裕福な家から借りる場合も多く、また、その集落の各家が金を出し合い共有の財産として購入し、必要なときに借り出して使ったという地方も多い。地方によって異なるが、明治中期以降になると、都市ばかりでなく農漁村でも市街地に荒物店や指物、籠編みを商売とする店が定着し、食事用具の入手が容易となった。

〈矢島　睿〉

ぜん［膳］

　日本の伝統的な食事用具。かつては家族各自が膳を用いて食事をした。『守貞漫稿』（1853年）など近世の膳に関する記述をみると、食事にはどの階層も膳を使用し、武家では主として三方、長足、蝶足膳などを用い、町方では蝶足膳、宗和膳、猫足膳、飯台（*卓袱台）などを用いていた。

　三方は本来、白木の膳で、一度使ったら二度と使わぬ（『貞丈雑記』1843年）というのが古来のしきたりであり、白木の*椀も*箸も二度は使わなかった場合が多い。蝶足膳はチョウが羽を広げたような形の脚であることから名付けられ、外側は

黒塗り、内側は朱塗りの立派な四脚膳で、特に町方では婚礼などの祝膳として用いられていた。宗和膳は「惣輪」とも書き、全体が朱塗りの四隅を丸くした膳で、本膳と呼び、客のもてなしや正月などの祝膳に用いられていた。また、猫足膳は黒塗りが多く、脚が猫の足に似ていることから名付けられたが、略式の四脚膳である。このほか略膳には、胡桃を脚にした胡桃足膳、塗物の角形の縁付き盆に2枚の中抜きの板の脚をつけた略膳、さらに円形縁付き塗物の高足膳、脚のない角形の盆のような折敷などがある。日常の食事には主として略膳が用いられていた。さらに庶民一般の食事には別の項で述べるように*箱膳や飯台が広く普及していた。

近世の松前地では種々の塗物膳が古くから広く使われていたことが記録類からも知ることができる。例えば『東遊記』(1784年)には「椀、家具、重箱の如きものも会津はいやしとて不用、多くは能州輪嶋の塗物を用ゆ。夫より吟味する物は京都にて調へ下す。輪嶋の朱椀、朱膳はいたりて見事にて、価も廉なるよし。船便にて塗物商人色々の物を積来りて売る」とある。ここに書かれている家具というのは膳類であると考えられるが、北前船で塗物商人が松前地を訪れ膳類をはじめ椀、*重箱など種々の漆器を売りさばいていた様子がうかがえる。なかでも質のよい輪島塗の漆器が多く移入され、この傾向は明治以降の鰊漁などで栄えた漁村部に受け継がれている。

また、一般の家庭での日常の食事には脚のない角形の折敷が広く使われていたと考えられ、1812（文化9）年の『箱館問屋儀定帳』の店舗のなかには「折敷一束六文」の記述がみられる。さらに、開拓に始まる内陸部の都市や農村において明治30年代（1897〜1906年）になると、膳は欠かすことのできない生活用具となっていたようで、『札幌沿革史』(1897年)には「塗物類の六分通は越後産にて、会津、大坂、尾州等より仕入るゝも其数少なし、売行宜しきは膳、椀、会席道具、重箱、本膳等にして十一月、十二月頃最も捌方宜し、特に婚礼道具を然りとす」とある。だが、宗和膳などの本膳の使用は大きな商家や裕福な農家、漁家に限られ、一般には箱膳や胡桃足膳など粗末な略膳が普及した。しかし、大正後期以降になると都市部を中心に日常の食事には卓袱台など食卓が普及し、お膳は正月などの行事や冠婚葬祭の食事の用具となった。　〈矢島〉

はこぜん[箱膳]　庶民の日常の食事に使われてきた個人専用の箱形の膳。近世の風俗を記した『守貞漫稿』(1853年)に図とともに「蓋ヲフセタル所也。食スル時下ノ如ク仰ケテ、其上ニ碗ヲ置キ、食テ後拭テ台ニ碗ヲ納ム、（略）春慶ヌリ或ハ黒カキ合セヌリ也、京坂市民平日専用之、江戸ニテハ是ヲ折助膳ト異名ス」と記述されている。京坂では一般に広く使われ、江戸では折助（武家の家僕）膳と呼ばれていたことからみると、庶民の飯台であったと考えられる。箱膳は縦40cm、横40cm、高さ15cm程度の木地や粗い塗物の蓋つきの箱の中に*飯碗、*汁椀、*皿、*箸を納めておき、食事のときには蓋を逆さ（裏返し）にして膳として用い、食事がすむと、茶碗などに湯や茶を入れて箸で掻き回して飲み、布巾で拭いて箱に納めていた。

北海道でも古くから都市、農漁村を問わず広く普及し、大きな商家などで使用した春慶塗の抽斗つきの立派な箱膳や、都市部では町の指物師がつくった箱膳が使われていた。だが、漁村や開拓地の農村では自家製のものが多く、例えば明治期の空知地方の農村では家の主人が家族の箱膳をつくったが、幼児のうちはなくて、子供が小学校に入ると父親がつくって与えたという例もある。
　〈矢島〉

写真1　箱膳

かいせきぜん[会席膳]　主として正月・婚礼など行事や冠婚葬祭の祝事に用いた膳。本膳・二の膳・三の膳、*飯碗・*汁椀、平・坪などの食器類、飯次（*飯櫃）・湯次（*湯斗）などの漆器ひとそろい5人前を木箱に入れ組物としたものが多い。会席料理などが確立した近世には、膳部として本膳・二の膳・三の膳をそろえることが正式とされ、本膳に飯、汁、刺し身、二の膳・三の膳には煮物、焼物、吸物、さらに八寸といわれる酒の肴などが出された。このような正式な膳料理は近世後期から明治時代にかけて一般家庭に普及し、祝事や客に出す料理となり、組物の会席膳が使わ

れるようになった。

　北海道でも近世の松前地から明治以降の農漁村まで冠婚葬祭に欠かせぬ道具として使われてきた。近世の松前地では塗物の多くは輪島塗で北前船で運ばれてきたが、商家の記録のなかに塗物のうち「家具」と記されているのが会席膳であったと考えられる。また明治中期の札幌の漆器の商況に関する記述のなかに膳、*椀、*重箱、本膳のほか会席道具があり「十一月十二月頃最も捌方宜し、特に婚礼道具を然りとす」（『札幌沿革史』1897年）と、婚礼道具として会席膳が広く使われていたことを裏付けている。会席膳は貴重なもので、杉の木箱に5人分を一組として納めて入手年代と製作地を墨字で記録してあるものが多い。膳は本膳・二の膳があり、それぞれ朱塗り・宗和膳である。一人前の食器は朱塗りの飯椀、汁椀、坪（壺）、平、腰高、手塩皿が組となり、このほかに飯次、飯篦（*杓子）、湯次が各1個である。だが、会席膳は高価なため各家がそろえることもできず、農漁村では祝事のとき商家や網元の家など会席膳を持っている家から借りることが多く、集団移住の農村では講をつくり金を出し合って会席膳を購入して共同使用した例もある。

〈矢島〉

写真2　会席膳（本膳＝宗和膳）

はんだい［飯台］

ちゃぶだい［卓袱台］　座敷や茶の間など和室で用いられた脚の短い食事用の座卓。明治後期まで家庭での食事には個々の*膳類が使われていたが、大正時代に入ると都市部を中心に卓袱台と呼ばれる飯台が普及する。卓袱台の原型は近世に中国から料理とともにもたらされたシップク台で、長崎や江戸の料理店などで使われていたものを日本の家屋や食習に合わせたと考えられている。しかし、卓袱台の普及は日本における家族制度や生活様式の変化に伴うものであり、膳による食事の時代には家族の座る場所の序列や食事中の作法も厳しく守られていたが、卓袱台の食事では家族一同が対等の立場で食事をとり団欒の場となるなど、食事慣習を大きく変えた。卓袱台は欅などを材とした木製でニスで塗装したものが多く、円形・楕円形・正方形・長方形などがあるが、円形で脚が折りたたみ式となっている卓袱台が地域を問わず広く普及している。大きさは家族の人数によって異なる。なお、卓袱台の折りたたみ式の脚については、岩井宏實編『民具の世相史』によると、狭い日本の家屋の事情を考え、1891（明治24）年に大分の後藤友六が考案したものという。昭和30年代以降の*食卓テーブルの普及によって姿を消した。

〈矢島〉

しょくたくテーブル［食卓テーブル〈table〉］
日本で本格的に洋風の食卓テーブルが使われるようになるのは明治に入ってからである。だが、その使用はホテルや洋食店、あるいは上流階級のごく一部に限られ、一般家庭では*膳による食事が続き、大正時代になると生活改善運動により食卓テーブルが奨励されるが、あまり普及せず主に卓袱台が使われてきた。椅子・食卓テーブルが一般家庭に普及するのは家庭電化など生活改善が大きく進む昭和30年代に入ってからである。同時に北海道では農漁村部を含め家屋の改善が進み、家を新築した際に食卓テーブルを入れたという家庭が多い。このころの食卓テーブルにはデコラなど化学合成材を使用したものが多く、電気炊飯器や*冷蔵庫とともに新しい台所の象徴であった。

〈矢島〉

ぼん［盆］

　主として食事のときに飯や汁の給仕に用いたり、料理や食器類を運んだりする用具。*膳とともに古くから食事用具として使われており、こびる（間食）など簡単な食事のときは盆を用いた地方が多い。また菓子などを個々の人に取り分ける銘々盆もある。盆には種々のものがあり、形状も大きさも違う。一般には角形・丸形が普及し、多くは縁付きの漆器が多いが、白木の薄い片木を用いたへぎ盆も使われてきた。盆の名称については一般に形で丸盆、角盆と呼び、漆器に塗り方や色で春慶盆、黒塗盆、朱塗盆などと呼ばれているが、広蓋、硯蓋という名称の盆もある。広蓋、

硯蓋はその名のとおり、もとは衣類箱の合わせ蓋と硯箱の蓋であったが、近世に食物や食器を運ぶのに使われ、次第に食器専用となったと考えられる。

　北海道でも近世から盆が使われており、大きな商家や漁家などの家庭で使われていた盆類が今日に残されている。これらをみると丸盆は小型のものが多く主として飯・汁の給仕用として使われ、角形は長方形の盆が多く、ともに高さ２cm程度の縁があり、料理や食器を運ぶときに使われていた。大正時代以降にはアルマイトなど金属製の盆が普及し、1960年代以降はプラスチックの盆が広く使われている。　　　　　　　　　　〈矢島〉

写真3　盆

ちゃわんいれ［茶碗入］

　一般家庭の日常の食事に使う食器を洗って入れておき、食事の際に食卓まで運んだ容器。茶碗入には竹や蔓などを編んだ※籠状の茶碗籠と木製の容器があるが、家庭では竹製が多く、木製の茶碗入は東北地方の農漁村などで、ゴカゴ、ゴキカゴなどと呼び、人数の多いときの食事や繁忙期の農家が野良で食事をするときに食器を入れて運ぶのに使用した例が多い。おそらく茶碗入の原型は近世から使われてきたといえるが、一般家庭への普及は、都市部を中心に※卓袱台などが使われ、家族が一緒の食卓で食事をとるようになる明治時代後期からと考えられる。北海道の家庭で広く普及したのは竹やアケビの蔓で編んだ円形の茶碗籠であったが、1960年代以降の食習の大きな変化に伴い、使用する家庭が少なくなった。　　〈矢島〉

写真4　茶碗入

にしんぎょばのちゃわんいれ［鰊漁場の茶碗入］

　漁期に雇い漁民や浜作業の出面（手間取の人）を多く雇う鰊漁場では、大勢の人の食事を用意しなければならず、※茶碗・※汁椀・※三平皿などを大量にそろえている。これらの食器を食事場所に運び、食後に洗い場まで運ぶのに、竹製の大型の茶碗籠とともに木製の茶碗入が使われている。茶碗入あるいはゴカゴなどと呼ばれるこの食器入れは縦40cm、横60cm、高さ30cm程度で、木枠に桟木を組んだ形式のものが多く、底板には水切りをよくするためいくつもの穴があけられている。竹籠の茶碗入と違い、取り扱いが多少手荒でも食器類を壊すことは少なく、忙しいときには近くの小川につけて洗ったといわれている。なお、漁場で使用した茶碗入のほとんどは自家製であり、漁の準備期に雇い漁民がつくったという漁場が多い。
　　　　　　　　　　　　　　　　　〈矢島〉

写真5　鰊漁場の茶碗入

じゅうばこ［重箱］

　正月、節句など行事食の料理を入れて保存し、祝事のときの赤飯などを入れて近所に配るときに使用した漆器の容器。方形の箱を重ねる形式の容器で、種類の違う料理を入れて３段・５段と重ねて上に蓋をする。また、贈答のときは一段に蓋をして使用する。一般には内側が朱塗り、外側が黒塗りであるが、梨子地や春慶塗のものや文様を施した豪華な蒔絵の重箱もある。輪島や会津などで製造され商品として売られたため大きさには規格があり、６寸（18.18cm）・７寸・８寸・１尺（30.3cm）などの種類があるが、一般家庭では８寸（24.24cm）の重箱が多く使われてきた。

　このような形式の重箱が広く使われるようになるのは近世中期ごろからと考えられている。松前地でも古くから移入されていたようで、『東遊記』（1784年）には「椀、家具、重箱の如きものも会津はいやしとて不用、多くは能州輪嶋の塗物を用ゆ」とあり、近世中期から輪島塗の重箱が商家などに普及していたと考えられる。また、幕末の1854（安政元）年に箱館に来航したペリー提督が

率いるアメリカ艦隊に関する記録のなかに「ヘロリ買物ノ図」があるが、このときの買い物の品として重箱が描かれている。これによると黒地金蒔絵花鳥模様の４段重の重箱であり、当時の箱館の店ではかなり豪華な重箱が売られていたと考えられる。さらに、明治初期からの開拓に始まる内陸部の都市や農村においても1900年代に入ると、漆器の*膳や重箱は欠かすことのできない用具となっていたようで、「売行宜しきは膳、椀、会席道具、重箱、本膳等にして十一月十二月頃最も捌方宜し、特に婚礼道具を然りとす」(『札幌沿革史』1897年)とある。特に、重箱は商家や大きな農家の婚礼では嫁入り道具として持参した例が多い。　　　　　　　　　　　　　　　〈矢島〉

ねの蓋つき食物容器で重鉢とも言う。用途は*重箱とほぼ同じであるが、陶磁器製で重いため贈答や行楽などの行事で使うことはなく、日常的に家庭内で使用した。夕食などの残った料理の詰め替えや佃煮など比較的長く保存できる副食物を入れ食卓に出した。陶磁器製の円形が多く４〜５段重ねて使用する。　　　　　　　　　　〈矢島〉

写真6　重箱

きりだめ［切溜］　春慶塗など漆塗りの一組５個あるいは７個の長方形箱形の蓋つきの食物容器で、使わないときは小さい箱から大きな箱へ順々に納める入子状となっている。蓋も同様に収納するが、蓋を*盆の代わりに使用することもある。*重箱より少し深く、箱に大小の差があるため重ねて使用することはできないが、餅や赤飯のほか種々の料理をそろえる行事料理などの収納には便利であった。また、重箱のように祝事贈答の餅や料理を、切溜を使って近所に配ることも多い。
　　　　　　　　　　　　　　　〈矢島〉

くみふたもの［組蓋物］　陶磁器製の３〜５段重

写真7　組蓋物（重鉢）

Ⅰ. 生活用具

2．飲食用具

(4) 携帯用食器

アイヌ資料

チトゥライタンキ、チルライタンキなどと称す。狩猟や魚釣り、数日をかけての旅行などで野宿をする場合、粥はフキの葉などに盛りつけても食べることはできるが、汁物を入れる容器は必要不可欠なものであった。それで、食器は必ず1個は持参することになっていて、粥椀よりもやや小ぶりの椀をそれにあてていた。宿泊する▼猟小屋などがある場合には、所定の場所に置いて帰り、次回以降も利用した。〈藤村 久和〉

じゅひせいしょっき［樹皮製食器］ ヤライタンキ、ヤルイタンキなどと称す。人によっては、樹木の外内皮から凹凸のない平面を見つけて幅20cm、長さ30〜35cmの長方形に刃物を入れ、皮が裂けないようにていねいに起こしながら剝ぐ。外皮が厚ければ削ぎ適当な厚さに調整して箱のような形の食器に仕上げる。

次いで横面に切れ目を入れ、用意したネマガリダケやササ、あるいは乾燥したら硬質となるサビタ（ノリウツギ）、エリマキ（ツリバナ）などの小枝や細枝を串状にして刺し、形を固定する。串や折り曲げた不要な部分は、切り取って調整し食器とする。携帯用には同じくらいのものを2個つくり、二つ重ねにして小さい方を粥椀に、もう一つを汁椀にあてた。シラカバの*樹皮椀に亀裂が入って使用に耐えなくなると、宿泊した場所や持ち帰った家の物送り場で謝辞と再生を願って霊を送った。宿泊する▼猟小屋などがある場合には、所定の場所に置いて帰り、次回以降に利用した。

どうせいこなべ［銅製小鍋］ カパラポイス、フレカネポンス、フーレカニポイスーなどと称す。銅板をたたき伸ばしてつくった鍋で、銅板の吊り取っ手が鋲でとめてある。鋳物の*鉄鍋に比べて薄く軽量で熱効率もよいことから、遠地への旅や山猟には欠かすことのできない鍋とされた。（→118頁　炊事用具［銅鍋］、→130頁　和人資料［鉄鍋］）〈藤村〉

じゅひなべ［樹皮鍋］（→119頁　炊事用具［樹皮鍋］）

べんとうばこ［弁当箱］ ハルオプ、メシオプなどと称す。食事は自宅でとるのが普通であったが、江戸中期以降に和人との就労上、遠出や山中での長時間作業が行われるようになると、それまでは空腹を満たすために干魚を食べていたが、次第に粟や稗で濃い粥をつくり、それを椀やシラカバの*樹皮椀に入れて持参するようになった。さらに粟・稗も徐々に米に替わり、握り飯などはまだ熱いうちにフキの葉で包んで持参していた。また、ジャガイモの栽培が普及すると、それも弁当としたので専用の容器が必要となり、和人の使用しているヤナギ行李の弁当に合わせて、ヤナギの細枝の皮を剝き、内皮を扱き取り、行李弁当箱をつくったほか、杉板の曲物の弁当箱（*曲物の弁当入）を見て、シラカバの樹皮やクワやイタヤ、マツ板を削って薄板にしたあと熱湯で曲げて楕円形の弁当箱とし、人によっては薄板を組み合わせて箱形にして用いた。明治以降では市販のものを購入して使用し、使用に耐えなくなると、麹、

図1　樹皮製食器

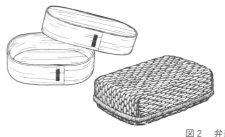

図2　弁当箱

タバコに小さな*木幣をつくり、送り場で謝辞と再生を祈りその霊を送った。(→167頁　和人資料[弁当箱])　　　　　　　　　　　〈藤村〉

すいとう [水筒]　ワッカオプと称す。水の豊富な地域では、特別に水入などの用具は必要なかったが、江戸中期以降に和人との就労上、遠出や水のない山中での長時間作業が続くようになると、水入が必要となってくる。最も水が入る容器は直径が10cmにも及ぶシシウドの茎を利用する。茎を見てほどよい部位を決めると、節の上を切り、その下の節の下を切って筒を得る。上の節の端の1カ所に直径5mmくらいの穴をあけてから、*火棚に上げてよく乾燥させる。十分に乾燥したら、水入と水呑の穴に合わせて木栓を削って締めると水入は完成する。人によっては海浜に漂着する孟宗竹を利用するが、シシウドの方が軽い。使用できなくなった場合には、長年の功に対し米・麴・タバコに小さな*木幣をつくり、送り場で謝辞と再生を祈りその霊を送った。

飲料水の乏しい場所(火山灰地、針葉樹林、海洋など)に出かける場合には、あらかじめ水を容器に入れて携帯した。後世には陶器の*徳利、ガラス瓶を使ったが、最も古い容器は、動物の胃袋や膀胱で、次いで中空木に底や蓋をつけたもの、海浜に漂着する真竹の帆桁を切って加工し、*水樽はそのまま利用した。なお、水質の変化を防ぐために、ササの葉やヨモギなどをまとめ栓とした。山中での俄水筒は、イタドリやシシウドの太い茎を切り、下の節を底に、上の節を蓋に利用し、一部にあけた穴から水を入れて運んだ。怪我人に飲ませる水を運ぶのに、適当なものがないときには、*手拭や衣服、苔などに水を含ませて運び、あるいはフキを探して茎に溜めてある水を飲ませた。　〈藤村〉

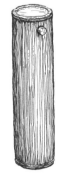

図3　水筒

和人資料

携帯用食器は、仕事場や出先で食事をとるために携帯する弁当を入れる容器で、これに付随する*水筒とともに古くから使われてきた。近世の松前地は漁労・交易が専業の土地であり、領民の多くが屋外での労働や遠方への出稼ぎに携わっていたため、弁当入は生活に欠かせないものであった。道中や遠方での昼食の弁当は握り飯が多く、筍の皮に包んだり、竹で編んだ破子に入れて▼風呂敷で包み、腰に結びつけて持ち歩いた。また、伐木・造材に携わる杣夫らは*曲物の弁当入に飯とおかずを入れて道具とともにかつぎ、竹の水筒を腰にさげ仕事場に持参している。だが、徒歩での遠方への出稼ぎでは、宿や茶店のない場所もあり米・味噌とともに小鍋を携帯し飯を炊くことも多かった。

また、鰊漁場の建網(▼建網類)など大網を使用する漁では、漁民の多くが▼起し船で沖泊りして鰊が網に入るのを待つため、▼沖弁当箱(角おはち)と呼ばれる白木角形の*弁当箱に飯、味噌、野菜、*茶碗・*汁椀を入れて▼水樽とともに運び、船の中に設けられた炉に▼鍋をかけ味噌汁をつくって食事をしていた。このほか松前地の大きな商家や漁家に限られるが、花見や芝居見物のときにご馳走を入れる行楽用の弁当入として*提重箱を使用した家もある。一方、明治以降の農村では弁当箱の使用はさほど多くはなく、遠出のときなどには握り飯を熊笹の葉で包んだり破子に入れたりしたが、冬季には新聞紙などの紙に包むと飯が凍らないといわれていた。さらに都市部の労働者は初期には破子・曲物などの弁当入、官庁・会社などの勤め人は塗物の弁当箱などを使用したが、明治後期から大正期になるとアルミニウムの弁当箱と水筒が普及するようになった。

〈矢島　睿〉

べんとうばこ [弁当箱]

弁当箱は外出先で食事をするため食物を入れ携帯する容器である。弁当の名称は古い時代に食品を一人一人に盛り分けるために使われた面桶に由来するといわれている。日本における弁当の歴史をみると、飯を乾燥させた「かれいい」に始まり、茗荷、朴、笹の葉などで飯を包み、また、握り飯を筍の皮に包むことが行われてきた。近世に入ると旅行・遊山・労働など外で食事をする機会が多くなり、竹や柳の枝で編んだ*弁当行李や曲げわっぱの弁当箱、さらに塗物の弁当箱が広く普及するようになる。

近世の松前地でも弁当箱の使用はみられ、当時の記録に「飯筒」などと記述されている。また、遠出や旅行の道中には握り飯を昼食の弁当とした例も多く、筍の皮や笹の葉に包んで携帯している。明治時代に入ると軍隊制度や学校教育の普及、役人や会社員ら新しい職種の給与所得者の出現によって弁当箱の使用が急激に増加する。一般には弁当行李や*曲物の弁当入、上級の役人らは塗物の弁当箱を利用したが、明治末期から大正時代ごろになると琺瑯引きの弁当箱やアルミニウムなど金属製の弁当箱も次第に普及した。昭和に入ると小学校の子供から大人の労働者まで*アルマイトの弁当箱を使用するようになっている。さらに、1960年代以降になると化学工業の発達によりプラスチック製の弁当箱が普及するが、同時に学校給食の普及や社員食堂などの設備の増加、外食産業の発達などによって弁当箱の使用が急激に減少した。　　　　　　　　　　　　　　〈矢島〉

べんとうごうり［弁当行李］　割り竹や杞柳（コリヤナギ）で編んだ弁当入。飯を入れる容器本体と、同形であるがこれより少し大きくつくった蓋となる部分からなり、二つを合わせて使用した。衣類を収納する行李に似ていることから弁当行李と呼ばれているが、使用するとき本体と蓋を割るようにしてあけるので、俗に破子とも呼ばれている。弁当行李には種々のものがあり、なかには飾り金具のついたようなものもあって、大きさもまちまちであるが、庶民が昼食1食分として用いた標準的なもので縦20cm、横10cm、高さ6～7cm程度である。　　　　　　　　　　　〈矢島〉

写真1　弁当行李

まげもののべんとういれ［曲物の弁当入］　檜や杉などの薄材を円く曲げて桜皮などでとめてつくった弁当入。ワッパ、メンパなどと呼ばれ古くから使われてきたが、形には円形のものと楕円形のものがある。これも弁当を入れる本体の容器と同形で、少し大きい蓋の部分を合わせる破子形式となっている。曲物の弁当入には種々のものがあり、なかには漆塗りの上等なものもあるが、多くは木地を生かした素朴なものである。また、大きさは食事の摂り方に合わせ大小あるが、土木や山林伐採に携わる労働者らは2食分も入る大型のものを使用した。なお、別に一回り小さい菜入れワッパもあった。　　　　　　　　　　　〈矢島〉

写真2　曲物の弁当入

にしんぎょばのおきべんとうばこ［鰊漁場の沖弁当箱］　近世から1955年ごろまで盛んであった北海道の鰊漁では、多くの漁民を雇い建網（▼建網類）などによる大規模な漁が行われてきたが、網を仕掛けたあと鰊が網に入るのを待って▼起し船で沖泊りをしている。このときの食事用に持っていったのが沖弁当（おはち）であり、杉などの白木でつくられ、飯、沢庵、味噌、葱などの野菜、*飯碗、*汁椀、飯箆（*杓子）などを入れていた。この弁当箱は*鰊番屋の食事で使用したおはちを少し小さくした形で、白木の長方形である。弁当箱に納める飯や食器を分けるため仕切り板を施したものもある。　　　　　　　　　　〈矢島〉

写真3　鰊漁場の沖弁当箱

アルマイトのべんとうばこ［アルマイト〈Alumite〉の弁当箱］　大正時代（1912～26年）ごろになると、それまでの*曲物の弁当入や*弁当行李に代わりアルミニウムや琺瑯引きの弁当箱が普及するようになる。北海道でアルミニウムの弁当箱が使われるようになるのは明治末期ごろで、当時の新聞にアルミニウムの弁当箱の広告がみられる。初期のアルミニウム製品は腐食しやすいものであったが、表面を酸化アルミニウムに加工したアルマイトが用いられるようになり、昭和に入るとアルマイトの弁当箱が急激に普及している。学

童、学生、サラリーマン、労働者ら多くの人々がアルマイトの弁当箱を使い、種々の形の弁当箱がみられるが、主として作業現場の労働者が使用した俗にドカベンと呼ばれる2食分も入る大型の弁当箱や、学生が使用した本と同じ規格にしたブック型弁当箱などがあった。なお、一般のサラリーマンらが使用した弁当箱は縦20cm、横10cm、深さ5cm程度である。　〈矢島〉

写真4　アルマイトの弁当箱

はんごう[飯盒]　主として旧陸軍で使用されたアルミニウム製の弁当箱。明治時代中期ごろまで軍隊で使用した兵士の弁当箱は*弁当行李や*曲物の弁当入のようなものであった。だが、1894〜95(明治27〜28)年の日清戦争の野戦の際、多くの兵士の食事の補給に困難をきたし、兵士が自分たちで炊飯のできる飯盒が必要となり、当時新しい金属として実用化が進められていたアルミニウムを用いて1898年に完成させたのが軍隊用の飯盒であったといわれている。兵士が腰につけて携帯することから、体に当たる側に曲線をつけた長径15cm、短径7〜8cm、深さ15〜20cmの楕円形の弁当箱で、蓋を取ると内部に深さ2cmの菜入れがついている。弁当箱であるとともに炊飯が可能であったことから一般にも普及し、登山やハイキングなど野外の食事用として広く利用されてきた。

写真5　飯盒

〈矢島〉

さげじゅうばこ[提重箱]　花見など行楽に使用した弁当箱。近世になると庶民階層まで花見や磯遊びなど四季の行楽を楽しむことが盛んに行われ、料理や飯を*重箱に詰めて持参したが、大きな商家や裕福な家では行楽専用の提重箱をそろえていた。多くは美しい金蒔絵を施した重箱と酒器や茶器を組み合わせて手提げのついた塗箱に納める形式のものである。近世の松前地においても花見や芝居見物などの行楽に提重箱が用いられていたようで、大きな商家や漁家などの旧家に今日でも種々の提重箱が残されている。例えば明治時代に鰊漁家で使われた提重箱は黒塗り4段の重箱と酒器が収まるものである。　〈矢島〉

すいとう[水筒]

野外労働や旅行・行楽などに携帯する飲料水を入れる容器。日本では古くから竹が水筒として広く利用されてきた。太い竹の節の上下2節を切って下の節を底にし、上の節に穴をあけて水を入れ、穴に木栓をさして携帯した。野良仕事などの場合はそのまま用いたが、武家や商人が遠出や行楽に用いる竹筒には漆を施し、紐で腰につけるものもみられた。

近世の松前地では竹が自生しないため商品として竹製品が移入されたが、古い絵などには腰に竹筒をさげた人物像が描かれている。また、多くの漁民が携わる鰊漁場では漁労の飲料水用として水樽が使用されていた。明治時代に入ると外での仕事や行楽が増え、竹筒のほかに陶製の水筒やガラスの水筒が使われるようになるが、重いうえに壊れやすいという欠点があり、一般には竹筒が用いられていた。だが、明治後期から大正時代にかけてアルミニウムが家庭製品に使われるようになり、アルミニウムの水筒が出現する。特にアルミニウムの腐食を防ぐため表面を酸化加工したアルマイト製品が大量生産された大正期以降は、軍隊をはじめ一般にも広くアルマイトの水筒が普及した。　〈矢島〉

まほうびん[魔法瓶]　湯水の保温用容器。ヨーロッパで考案された湯水の保温容器が日本に輸入されたのは、ドイツ製の真空瓶で、1912(明治45)年ごろといわれている。大正時代に入ると日本でも製造が始められ、第1次世界大戦でヨーロッパの製造が中断されたのを機に国内生産が大きく発達したといわれている。大正中期から各地で発売されるが、高価であったことから、初めは都市部の裕福な家庭しか使えなかったが、昭和に入ると次第に一般家庭に普及した。北海道でもこのころに都市部を中心に普及したと考えられ、当時の新聞に魔法瓶の広告がのっている。　〈矢島〉

Ⅰ．生活用具

2．飲食用具

(5) 行事・嗜好用具

アイヌ資料

ちゃき［茶器］

中国産の発酵・乾燥させた固形のお茶は、大陸との交易を通じ、薬品としてサハリン（樺太）で珍重され、北海道でも本州産の緑茶や番茶を物々交換で、ビタミンＣの補給剤・薬剤として入手した。それに伴い様々な茶器が使われるようになった。もともと薬湯を常用していたことから、風味や色合いを楽しむ一品としても取り入れられ、接客にも使用された。　　　　　　　　　〈藤村 久和〉

やかん・ゆがま・てつびん［薬罐・湯釜・鉄瓶］
カーマと称す。喫茶用にお湯を沸かすための蓋つき容器。古くはすべてが本州や大陸との交易を通じて入手した中古品であったが、明治期以降は市販のものを購入して使用した。使っているうちに穴のあいたものは、底であれば穴の大きさに合わせて鉄や銅の釘先を内側から外へ向けて出し、釘先をたたいてつぶす。さらに大きければ銅板を丸めて穴に詰めてつぶした。火に直接当たらない部分の穴には▼松脂を塗り込め、▼木釘を刺し、綿や布片を詰めて水漏れを防ぐ。使用に耐えなくなったときは、使用期間によってそれなりの供物や＊木幣を用意し、＊囲炉裏の傍らに＊膳に合わせてのせ、丁重な謝辞を述べてから＊幣棚へ持ち運んで霊をあの世へ送り再生を願った。（→187頁　和人資料［薬缶］、→133頁［釜]）　　〈藤村〉

どびん・きゅうす［土瓶・急須］　チャイオマレヘ、チャオマレプなどと称す。茶葉は当初、薬湯鍋で煮立てたあと、＊囲炉裏の炉尻に下ろして、葉の沈殿を待って上湯を容器に入れて飲んでいたが、交易で土瓶や急須を入手するようになると、それに茶葉を入れるようになる。土製品だけに欠けやすく、壊れやすいので自分専用に使うことが多い。個人用の土瓶や急須は、晩年に大事に使用する人へ形見分けをしたり、死後には愛用品として副葬されることが多かった。（→187頁　和人資料［土瓶］、→187頁［急須］）　　〈藤村〉

ゆのみぢゃわん［湯呑茶碗］　イクイタンキ、ポイスマイタンキなどと称す。本州産の湯呑茶碗は、明治以降に市販のものを購入し、壊れると使用期間に応じた供物を用意して茶碗の霊をあの世へ送り再生を願った。（→153頁　和人資料［飯碗・茶碗]）　　〈藤村〉

たけせいゆのみ［竹製湯呑］　トプイクイタンキと称す。海浜に漂着した帆桁用の孟宗竹の節の下と上部を切り取ってつくった。表面には思い思いの模様を刻んで使い、ひびが入ってお湯が漏れると▼松脂を火で軟らかくして隙間を埋め、使用に耐えなくなると供物を用意してその霊をあの世へ送り再生を祈った。

図1　竹製湯呑

〈藤村〉

もくせいゆのみ［木製湯呑］　ニーイクイタンキと称す。直径8～10cmの乾燥した木を用意し、梢側の表面に彫り抜くおおよその輪郭を描く。熾火を置き、息を吹きかけて焦がしたり、燃やしたりしたあと、刃物の先でその部分を削り取り、窪みへ何度も熾火を置いては焼きながら時間をかけて彫り抜いていく。表面には使い手のことを考えて模様を彫り込む。使用に耐えなくなると供物を用意してその霊をあの世へ送り再生を祈った。

図2　木製湯呑

〈藤村〉

きんぞくせいゆのみ［金属製湯呑］　カネイクイタンキ、カニイクイタンキなどと称す。本州産の

金属製湯呑茶碗は、市販のものを購入して使い、壊れると使用期間に応じた供物を用意して霊をあの世へ送り再生を願った。　〈藤村〉

ゆざまし[湯冷まし]　ウセイヤムテプと称す。当初は別の茶碗にお湯を注いで、適温まで冷ましてから*急須に移したが、湯冷ましが市販されるとそれを購入して喫茶を楽しんだ。他人に触らせることもなく大切に使ったため、多くは形見分けや愛用品とともに副葬された。　〈藤村〉

ちゃづつ[茶筒]　チャイオマレへ、チャハムオマレプなどと称す。当初は気密性の高い小型の*行器を使っていたが、茶筒が市販されるとそれを求め、大切に使った。多くは形見分けとし、愛用品とともに副葬された。（→188頁　和人資料[茶筒]）　〈藤村〉

ちゃたく[茶托]　チャイサラ、イクイタンキサラなどと称す。自らの喫茶に茶托は用いないが、接客時には受け皿として、手製のものや雅な模様を彫り込んだものに茶碗をのせて茶を勧めた。めったなことでは壊れないので、多くは形見分けとし、愛用品とともに副葬された。　〈藤村〉

図3　茶托

ちゃしゃく[茶杓]　チャイニセへ、チャハムニセプなどと称す。当初は*茶筒の蓋に茶葉を適量受けていたが、茶杓の存在を知ってからは、木彫の端材を使ってそれに似せてつくり、長柄をくり抜いて鎖状の木鈴を1～2個つけたものもある。木鈴のつなぎ目は壊れやすく、たいていは木鈴を失ってもそのまま使いつづけるが、杓子の部分がだめになった場合には供物を用意してその霊をあの世へ送って再生を願い、長期間にわたって使ったものは形見分けにし、人によっては愛用品とともに副葬された。　〈藤村〉

きつえんぐ[喫煙具]

煙草はタバコ、タンバク、タンバコなどと称す。煙草は葉煙草で入手し、*小刀で刻み、芳香のある草や甘みのある草、薬用植物などを加えて各個人が作製し、正式なあいさつののちに*煙管交換をして、お互いに組み合わせの味をたしなんだ。後世になってタバコの種子を入手するようになると、除虫を兼ねて畑で栽培されるようになり、市販の煙草は貴重品として珍重された。　〈藤村〉

たばこきざみだい[煙草刻台]　イフンパニ、チフンパニなどと称す。素材は樹木や硬い菌糸類が多く、樹種は香りのあるエゾヤマザクラ、コブシ、シロザクラなどが好まれ、サルノコシカケ、カバノアナタケ、ホクチダケ、エブリコなどであるが、刻みやすいように扁平で落ち着きのある形のものが珍重された。　〈藤村〉

たばこいれ[煙草入]　タンパコオプ、タンパコオホなどと称す。煙草は香りが逃げないように、また湿り気を呼ばないためにも気密性の高い小型の漆器である*行器、曲物、樹皮の合わせ用器、獣皮・魚皮などの袋物があてられる。人によっては皮袋の口を閉め、さらに容器に入れることもある。獣皮や魚皮製の袋は縦長に縫い合わせてひっくり返し、底の方に刻み合わせた煙草を入れ、空気を抜くように手などで押しながら底の方から三～四つ折りにして紐で結ぶ。紐は袋の口に縫いつけてある場合と、別になっているものとがある。刻んだ煙草は吸いたいときに吸えるように小分けして、身近な場所に蓋つきや引き出しのある小箱あるいは樹皮、獣皮、魚皮、木綿布でつくった小袋などに入れておく。ほかに、木を彫って組み合わせた楕円形の蓋つき胴乱（*胴乱型煙草

図4　茶杓

図5　煙草入

入）に入れる人もいる。小袋は、紐締めの巾着型、二〜三つ折りの縦長の袋型、カバン型などと様々であり、作業を行う際の喫煙や、供物として山野に持っていくときには小袋を利用するが、公式な儀礼への参加や、外出用には胴乱を持参する場合が多い。 〈藤村〉

どうらんがたたばこいれ［胴乱型煙草入］ タンパコオプ、タンパコオホなどと称す。素材はイタヤ、バッコヤナギ、サクラ、クルミ、ホオなどで、厚さ１〜２cmの蓋と８〜10cmの胴部、１〜２cmの底板を、真上から見て、やや横長六角形、または、それに近い楕円や小判型に整える。胴部を筒型にくり抜き、蓋や底板を合口で合わせ、それぞれの表面に各様の模様を彫刻する。また、ガラス玉や金属の細棒、彫刻した上に着色した骨片などを象嵌する。こうして組み合わされた胴乱本体の底板の両端から、蓋の両端に貫通する穴をあけ、これへ凵状に紐を通して蓋を見失わないように工夫してある。２本の紐は緒締によって蓋上でまとめられ、さらに*煙管差の２穴を通して結ばれ、紐端は*煙管の*吸口を押さえてとめる役割を持つ。 〈藤村〉

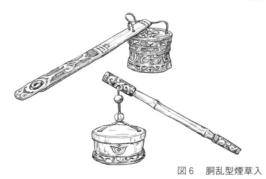

図６　胴乱型煙草入

たばこいれのおじめ［煙草入の緒締］ カーユプフ、プタラリプなどと称す。最も簡便な緒締は、直径1.5〜2.0cm前後で紐の通し穴が大きい丸形、平たいガラス玉や木の瘤、ユキノカサのような笠状の貝などを利用することもある。だが、各戸に伝世された*煙草入には、一様にシカ角の枝部から彫り出し、横から見て「人」の字状の緒締がは

められている。これは煙草入の胴乱から伸びる２本の紐を緒締によって一つにまとめるほかに、胴乱の蓋を押さえる役割も果たす。 〈藤村〉

きせる［煙管］ キセリ、セリンポ、セレンポ、セルンポ、チャンタキセリ、スマイセリ、シーサンキセリ、カーニキセリ、ピンドロキセリ、トプキセリ、スマキセリ、スマセリンポ、スマセレンポ、スマセルンポ、チャンタキセリ、チャンタセリンポ、チャンタセレンポ、チャンタセルンポなどと称す。刻み煙草を吸う道具。素材には木製、竹製、金属製、石製、陶製、ガラス製などがあり、移入先も本州や大陸が多く、本州産は完品での販売であるが、大陸産のものには部品の販売も含まれ、ほかに手製のものもある。自作の煙管はもっぱらサビタ（ノリウツギ）を使うが、直上する枝ではなく垂れ下がった枝脇から生育したL字状やJ字状を選ぶ。直径1.5〜2.5cm、長さ30〜50cmの枝を根元から切り取り、外皮を取り去る。付け根の部分を火皿に、梢側を*吸口とし、コルク状の髄を太さに合わせたササやミズキ、エリマキ（ツリバナ）、イタヤなどの乾いた棒で押し出す。

煙草を詰める火皿はできるだけ大きくつくり、吸口が細ければ、そのままとするが、太すぎて口にくわえられないようなら、ササや銅板を丸めた筒状のものを差し込んで、それに代える。大陸産の火皿は、直径が1.5〜2.0cmと大きく、火皿の断面は丸い椀型で、その直下から*雁首が急にすぼまって緩い「〜」状になっており、それに*羅宇を挿入する。全体は銅製の鋳流しで、ものによっては模様が彫られている。本州産の火皿は直径が１cmと小さいうえに、その断面は漏斗状が多く、途中から直角に曲がり中膨らみになっている。ここへ羅宇を挿入するが、灰落しのための中膨らみの部分は煙草盆にたたきつけることから次第につぶれる。このため、たたきの部分は銅や真鍮の延べ金で補強されている。大陸産のものは、羅宇を奥まで挿入できる。このため、灰落しでたたく部分は金属と羅宇で２重になっており、いくらきつくたたいてもつぶれることはない。

大陸産の吸口は、長い二等辺三角形で、長めの扇型の銅板を曲げている。このため、使っていくうちに接合部分が離れて開いていく傾向にある。その点、本州産の吸口は、火皿と同様に中膨らみで吸口の方へすぼみ、口にくわえる部分からは再

図７　煙草入の緒締

び外側へ開く。吸口は打ち出しのために丈夫で、大陸産の火皿と本州産の吸口を組み合わせたものも存在する。

石製の煙管は火皿や吸口が玉でつくられたもので、火皿はL字のパイプ型。吸口は筒状になっているが、急に細くなり、口にくわえる部分からは再び大きく外へ開くつくりになっている。往時には玉の煙管は相当高価なものであったらしく、粘板岩、砂岩などを加工して作製し、ササやホソダケの羅宇を組み合わせて使用した。陶製・ガラス製の煙管は本州や大陸からの移入品である。

〈藤村〉

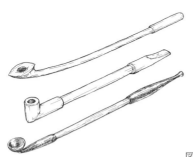

図8　煙管

ぎしきようきせる［儀式用煙管］　イソキセリ、カムイキセリ、カムイセレンポなどと称す。木や石を使って作製した手づくりの*煙管で、火皿が一つに*吸口が2～3あるものを言う。サビタ（ノリウツギ）の枝木を使い、石は砂岩や粘板岩を選んで火皿をつくる。*羅宇にはホソダケ、ササ、銅管、鉄管、真鍮管などを利用し、吸口も必要に応じて加工して付け加えた。

〈藤村〉

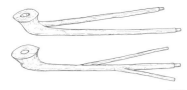

図9　儀式用煙管

じはくようきせる［自白用煙管］　サイモンキセリ、エイパカシヌセレンポなどと称す。ソフトボール大の煙草を詰められる*煙管のこと。煙管屋の看板用の超大型の煙管を使うほか、銅板で火皿をつくって手首くらいの太さのブドウヅル、タラノキ、ウコギ、クルミなどに据え付け、髄を通し、ササなどで*吸口をつけたものなどがある。本人が非を認めず、白を切っている際にこのキセルに詰めたものをすべて吸い終われば、本人の主張を正しいものとするが、そうでなければ非があるとして、すべてを自白させるのに有効とされている。火皿に詰める煙草は様々な混ぜ物をするが、真っ正直な人には神が応援して、むせることもなく平気で吸い続けるものとされている。

〈藤村〉

図10　自白用煙管

もくせいパイプ［木製パイプ〈pipe〉］　ニーキセリ、タクネキセリ、オタハコンキセリなどと称す。紙巻タバコの生産に伴って作成された。素材はヤナギ、ノリウツギ、エリマキなどを主とし、新材のなかからも適宜選んだ。形を整え、中のコルク状の髄を細棒や籤状のもので突き出して抜き、あるいは針金を真っ赤に焼いて*焼錐のように使って穴を通す。次いで*吸口や紙巻タバコの挿入口を広く調整し、表面に思い思いの模様を刻み込むと完成する。長さや太さなどは、素材のほかに男女の性別や年齢など使用者を考慮して決める。のちに観光用の土産品として多量に生産された。個人使用のパイプは、晩年に形見分けや、愛用品として副葬された。

〈藤村〉

図11　木製パイプ

たけ・ほね・きんぞくせいパイプ［竹・骨・金属製パイプ〈pipe〉］　ポネキセリ、ポニキセリ、トプキセリ、カニキセリなどと称す。人によってはネマガリダケの節間や鳥の長管骨を使い、*吸口にはヤナギ、オギなど細いものを挿入し、赤銅などの管は、吸口をたたきつぶして利用することもあった。表面には可能な限り模様が刻み込まれ、使用中に壊れたものは謝辞を述べてその魂を供物や幣（*木幣）で送り、死後には故人の愛用品として副葬された。

〈藤村〉

がんくび［雁首］　キセリサパと称す。*煙管の頭部。金属製、木製、骨製、石製などがある。金属製のものは大陸や本州からの移入品で、木製はエリマキ（ツリバナ）、サビタ（ノリウツギ）、イタヤ、それに堅い木の瘤などを利用する。骨はエ

ゾシカの角をはじめ、大型の陸海獣の肋骨、背骨、腰骨などを割って製作するほかに、特殊なものとしては陰茎の骨製もある。石製は、玉を加工した中国製以外に、粘板岩や滑石、軽石など加工しやすい素材を利用した。人によっては模様を刻み込んだ。使用中に壊れたものは供物や謝辞を述べてその魂を幣（*木幣）で送り、死後には故人の愛用品として副葬された。　〈藤村〉

図12　雁首

ラオ［羅宇］　ラウ、ラオ、キセリトゥマム、キセットゥマムニなどと称す。*煙管の火皿と*吸口の間の竹の管。本州産の煙管は羅宇が装着されているが、大陸産の煙管は部品売りもするので、羅宇は自前で用意する必要がある。また、踏んで折れたり、灰落しのたたき方が悪くてひびが入るなどして、取り替えなければならないことから、各自各様に羅宇を調達した。羅宇にはホソダケ、ササ、スズタケ、シャコタンチク、アジサイ、ホザキシモツケ、ハギ、銅管、鉄管、真鍮管、鳥管骨などを利用した。特に、天然に模様の入ったシャコタンチクは、本州の文人にも珍重されるほど著名であった。使用中に壊れたものは供物や謝辞を述べてその魂を幣（*木幣）で送り、死後には故人の愛用品として副葬された。　〈藤村〉

すいくち［吸口］　キセリケシ、タンパクイクウシなどと称す。*煙管の吸口には金属製、木製、ササ製、骨製などがある。金属製のものは鉄、銅、真鍮などの廃品のなかから直径3〜5㎜の細い管状のものを選び、長さ2〜5㎝に切って*羅宇に挿入する。木製はサビタ（ノリウツギ）やヤナギの細枝を、ササは節間を、骨は小鳥の鳥管骨を同様に使用する。使っている途中で欠ける、折れる、曲がるなどして使い勝手が悪くなると取り替え、供物や謝辞を述べてその魂を幣（*木幣）で送り、死後には個人の愛用品として副葬された。　〈藤村〉

きせるいれ［煙管入］　キセリオトプ、キセリオマプ、オトホコホペなどと称す。本州産の*煙管は火皿が小さく短いものが多いので、小型の煙管を見失わないためにも煙管入が必要であった。獣皮、魚皮、鳥皮、樹皮布、草皮布、木綿布を縫い合わせ、樹皮を巻き、草の繊維や紐を編んだもの、竹筒、金属筒、骨筒、角筒などがあり、単品でつくる以外に素材を組み合わせたものもある。布や皮は袋状に縫い、筒物は栓をする。いずれも紐で携帯用の*煙草入に結んであった。また、人によっては、板で*箸箱様のものをつくり、蓋を引くもの、蓋の片端だけを左右にずらすもの、引き出しのついたものと、実に様々である。故人の愛用品は死後に副葬された。　〈藤村〉

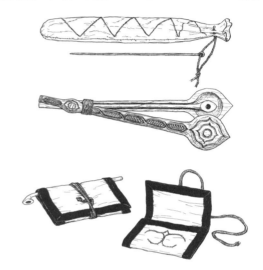

図13　煙管入

きせるさし［煙管差］　キセリオマプと称す。大陸産の*煙管は火皿が大きく、*雁首から急にすぼまって緩い「〜」状になっている部位は最も折れやすく、全体が30〜35㎝と長いことから、保護と収納のために考案された。素材はイタヤ、エリマキ（ツリバナ）、イチイ、ホオ、サクラ、センノキ、クルミなど彫刻に向く木で木目がきれいなものを選び、幅4㎝、長さ35〜40㎝の板を、断面が薄い半月形や台形に整え、表面に模様を彫刻する。この板の片端近くに火皿が抜けない程度の穴をあけ、煙管を当てて*吸口の端より1〜2㎝内側のところに一対の紐穴をあける。煙管の吸口を彫刻面から差し込み、紐も彫刻面の上から下へ、再び上に抜くことでU字になる。板と紐の間に煙管の吸口が挟まることで煙管は煙管差から抜け落ちない。なお、板の裏面は無地であるが、本州産の雁首は首が短く、それを使った煙管は板を薄くするには限度がある。そこで、雁首が収まりやす

いように浅い半円形の溝を4～6cmほど彫り込むことがある。外出の際には刻んだ煙草の入った胴乱（*胴乱型煙草入）と煙管差とは紐で結ばれているので、煙管差を締めている帯の右側後ろに深く差し込んでいく。故人の愛用品は死後に副葬された。
〈藤村〉

図14　煙管差

たばこのひだねいれ［煙草の火種入］　アペオプ、ウンチオホなどと称す。屋内に人数が少ないときには、*囲炉裏の*燠を手前に寄せて火種とするが、儀礼などで大勢の人が集った場合には囲炉裏の火が遠くなる。そこで、日ごろから*火鉢の代用となりそうな石に気をつかいながら、適当に窪んだ石をあてがう。また、加工しやすい軽石、粘板岩、砂岩などからつくり出し、粘土をこねてつくることもある。大きめのものは煙草の火種のほかに、厳寒期の手炙りにも併用される。後世には漂着した*桶、底の抜けた*擂鉢、ひびの入った*鉄鍋、腐食で穴のあいた洗面器なども再利用された。
〈藤村〉

図15　煙草の火種入

はいざら［灰皿］　タンパクウナオプ、タンパコウナオホなどと称す。素材は木、石、金属、骨などを使う。木は洞木や木の枝が朽ちて抜けたものなどに底板や金属板を貼りつけて煙草盆状にする。石も中央部がえぐれたように窪んだ自然石を活用するほかに、軽石や粘板岩を加工することもあった。金属は古物の再利用や、銅板を折り曲げてつくるほかに、*槌で打ち出す手法もあった。骨は大型のクジラの脊椎を穿って仕上げたものなどがあった。
〈藤村〉

きせるのやにとり［煙管の脂取］　キセリチャチウペ、イポイェカネなどと称す。素材は金属で、銅や鉄の細棒、針金などを焼いて熱くなったものを、*煙管の*吸口から*雁首の付け根まで差し込んで引き、それに付着した脂をシナノキやオヒョウニレの繊維の屑やぼろ布などで拭き取る。これを繰り返し、煙管を掃除する。木製の煙管や*羅宇の太い煙管は詰まりにくいが、本州産の煙管は羅宇が細いので詰まりやすいことから、短い針金を携帯用の*煙草入に備えつけている人もいる。
〈藤村〉

しゅき［酒器］〈神事・祭祀用酒器〉

さかずき・しゅわん［盃・酒椀］　トゥキヌム、トゥキ、カパラトゥキ、カパルトゥキ、カパラペトゥキなどと称す。素材は不明だが、直方体に切った材を年数をかけて乾燥させる。その材を轆轤で極薄に挽いて大きめの楽茶碗のようにし、その表面に上質の砥子を塗って木目を消し水管を埋めて漆の乗りをよくしたうえに、上質の赤や黒の漆を重ね塗りする。そこへ多様な色漆や金銀泥を使って家紋や花鳥風月などの金蒔絵、宝尽し、なかには螺鈿も組み合わせるなど、豪華絢爛なものが多い。
〈藤村〉

つるもんようのさかずき［蔓紋様の盃］　プンカラウシトゥキ、プンカラコロトゥキなどと称す。忍冬唐草紋や蛸足唐草紋のある*盃。たいていは*天目台と組になる場合が多いので、本来的には組物として製作されていたと思われる。江戸の終末期には、くり抜いた木地に上質ではない黒漆をかけ、その上に赤、黄または黄土、緑色の漆を使って蛸足状の唐草に葵などの紋を組み合わせた粗

図16　灰皿

図17　蔓紋様の盃

雑なものが取って代わる。　　　　　　　〈藤村〉

あつでのさかずき［厚手の盃］　イセポトゥキ、イロンネトゥキなどと称す。木地のくり抜きが浅いために厚く重い。それへ黒漆を薄く塗り、彫刻刀で牡丹と唐草、サクラやウメの花と唐草などを2〜3連続させて口唇部に彫る。そこへ金泥を塗り込んで沈金風としたもので、欠けやすく、ひびが入りやすい。この*盃のほとんどは*天目台と組み合わせて製作されていて、*盃の高台を受け入れるホオズキも皿も分厚い。皿には盃に合わせて模様を向かい合わせに一対二つ、または3等分して彫りつけたものがある。　　　　　　〈藤村〉

図18　厚手の盃

じゅうようきしんへのさかずき［重要貴神への盃］　マラプトトゥキ、カムイトゥキなどと称す。動物の魂を送る祭事に、その動物に醸造したお神酒を捧げる専用の*盃で、直径だけでも20cm前後はある。大きいだけに木地も厚く、模様も黒や緑漆の上に網目、宝尽し、巴、橘などの模様を描く。対になっている*天目台もそれに合わせて厚く大きい。この盃も終末期の製作で*砥子も使わず、漆も薄く極上のものは使われておらず、金蒔絵や螺鈿もない。本来の重要貴神への盃は、所有するもののなかから極上の金蒔絵や地肌も見えないほどに絵柄が描かれたものをあて、天目台も盃に見合ったものを所有品のなかから組み合わせて使用していたが、盃と天目台のそろった大ぶりの盃が交易品として作製されると、重要貴神への盃として求め、それを専用品とする傾向になった。　　　　　　　　　　　　　　　〈藤村〉

あかうるしのしゅわん［赤漆の酒椀］　フレトゥキと称す。器の内外が赤漆で塗られた*酒椀の総称。古いものは普通の酒椀よりもやや大ぶりで、蕎麦丼や口の開いた丼様のものもある。地の漆も朱色系が多く、なかには色違いの朱漆を重ねて補修し、黒漆の上に朱漆を塗って研ぎ出しのようになっているものもある。高台の内側は朱または黒漆を塗り、そこに朱漆で所蔵先の寺名や所有者名のような文字を見ることがあるが、これらは本来的に*天目台はなく、修行僧の食器であった。古手の朱塗りの酒椀は祭る最重要の貴神、例えばシャチなどの海獣や、ゆでると赤くなるカニの雌雄神、ヒグマ、タヌキ、エゾリス、シマフクロウなどの雌神への酒椀とした。また、少量であったために、賠償時には品物によっては通常の酒椀の数個分に該当させて譲渡した。同じ名称を持ちながら、後世の酒椀は、赤漆の上に金蒔絵が施されているものを指す。模様に派手さがないものの、どこか気品のあるものは、同じ赤色に似せて火の女神専用の酒椀とする場合が多い。また、見込み（椀の内側）にヒグマの絵があれば雌のヒグマに、ウサギの絵があれば雌ウサギの霊送り専用とした。　　　　　　　　　　　　　　　〈藤村〉

くろうるしのしゅわん［黒漆の酒椀］　クンネトゥキと称す。器の内外、特に外側が黒漆で塗られた*酒椀の総称で、ほとんどの酒椀がこれに属する。黒漆の表面には金蒔絵が施されているが、終末期にはやや大ぶりで地が厚く沈金風につくったものもある。だが、極上の漆は使われておらず、木地には欠けやひび割れのある品がみられる。黒塗りの酒椀は祭る神々のほとんどに使い、陸獣・鳥類の雄神などへの酒椀ともする。　　　〈藤村〉

なしじのさかずき［梨子地の盃］　カニペトゥキ、カネペトゥキ、カネペウシトゥキなどと称す。オパール様の微少粒の金粉を交え、ナシの外皮のような感じの地色に金泥で家紋や宝尽くしなどを描いたものが多く、量が少ないせいか群を抜いて高貴な*酒椀として珍重される。この酒椀は必ず*天目台が組となっているが、そのどちらかを所有していなくても、火の女神用の酒椀として使用する。　　　　　　　　　　　　　〈藤村〉

きんぱくのしゅわん［金箔の酒椀］　コンカネイタオトゥキ、カニペオトゥキ、カネペオトゥキな

図19　重要貴神への盃

どと称す。普通の*酒椀よりも一回り大きく、つくりはていねいで和紙・絹布などの布着せを口唇や高台などに貼りつける。上質の砥子や漆を何度も塗った上に、正方形やわずかに潰した菱形の金箔を貼る。さらに金箔よりも細長く大きめの銀箔を「×」状に貼って、四つ目や四つ割菱状にし、その余白部には3〜5mm正方の金箔を貼りつけている。本来的に*天目台は存在しないが、江戸終末期になると椀と天目台を組としたもののなかにも、この手の酒椀がある。酒椀や天目台は普通の大きさであるが、出来合いには粗悪品が目立つ。
　　　　　　　　　　　　　　　　　　　〈藤村〉

きんぞくせいしゅわん［金属製酒椀］　カニトゥキと称す。銀・真鍮・銅製の*酒椀で、なかには茶碗蒸しのように縦長でやや口の開いたものもある。外面には忍冬唐草紋に巴紋を配しているが、同じ金属製の*天目台はきわめて珍しい。
　　　　　　　　　　　　　　　　　　　〈藤村〉

こがたのさかずき［小型の盃］　ニセウトゥキ、ノカントゥキ、ハチコトゥキなどと称す。*酒椀も*天目台も普通のものよりも一回り小さく、断面がピーマンやパプリカ風のものを言う。大祭には用いず、屋内での個人的な祈りや子供たちだけの祈り、あるいは子供を交えた家族内での祭事に用いる。江戸終末期の製品で、組み合わせになっている天目台も木地が厚く、緑や黄、黒漆の一色塗りに松笠、竹に雀、雲と竜などの簡単な模様が入っている。
　　　　　　　　　　　　　　　　　　　〈藤村〉

図20　小型の盃

かけたしゅわん［欠けた酒椀］　チメシケトゥキと称す。高価なものだけに大切に扱われるが、自然に状態が悪くなっていく。ひびが入り割れ、漆もはげ、粗相すれば欠けることもある。使用に耐えなくなったもののうち口唇部が大きく欠けた*酒椀類は、あるものは補修をして使用するが、補修できないものはまとめて取っておいて、補修材や祖先供養、死者への副葬品とするなど用途も広い。さらに量が多くなれば、量に見合った*木幣を作製し、一括してその霊をあの世に送って再生を願う。
　　　　　　　　　　　　　　　　　　　〈藤村〉

こうだいのたかいしゅわん［高台の高い酒椀］　アサマリトゥキ、ポンパッチ、ノカンパハチなどと称す。椀の高台が普通のものに比べて高く2.0〜2.5cmもあり、酒椀も茶碗蒸しのように縦長や、やや口の開いた大ぶりのものが多い。酒椀としてよりも重要貴神への盛り付け椀、*木幣へ盛りつける醸造した酒糟や、祖先供養用の酒糟を別置する際などに使われることが多く、本来的に*天目台はない。
　　　　　　　　　　　　　　　　　　　〈藤村〉

図21　高台の高い酒椀

こだいさかずき［古代盃］　トゥキ、フシコトゥキなどと称す。古い*盃は浅い小皿様のもので、直径10〜13cm、高さ3〜4cm、高台の直径3〜6cmで、地に黒、その上に赤漆を塗り、高台の裏面には文字や草花が朱漆で書かれてあることから、本来は修行僧の惣菜盛りつけの小皿であった。後世にはそれをまねて内赤外黒漆に仕立て、外には金泥で忍冬唐草や家紋、草花を組み合わせた盃も出現する。また、なかには汁物入れの椀蓋を加工して利用したものもある。
　　　　　　　　　　　　　　　　　　　〈藤村〉

図22　古代盃

もくはい［木盃］　トゥキ、サカントゥキなどと称す。素材は不明だが、本州で製作されたいわゆる木杯のこと。江戸中期の接待に清酒を飲む器として本州産の中古品を物々交換で入手するようになり、古い*盃の代用品としても利用した。明治期以降に清酒が市販され、和風の婚礼普及や軍役

図23　木盃

などによって需要がさらに増すことになった。
〈藤村〉

こうだいのたかいさかずき［高台の高い盃］ アサマリサカントゥキと称する。高台が2.0～2.5cmもある。素材は不明だが、本州で製作された漆塗りの木盃で、江戸中期の接待に清酒を飲む器として本州産の中古品を物々交換で入手するようになり、古い*盃の代用品としても利用した。明治期以降に和風の婚礼普及や軍役などによって、高台の高い盃は夢をかなえる器として人気があった。
〈藤村〉

せともののさかずき［瀬戸物の盃］ シュマトゥキ、シュマサカントゥキなどと称す。明治期以降に地酒が醸造市販され、さらに軍役などにより和風化の風潮によって、安価な瀬戸製*盃を購入し接客用として利用した。だが、友人仲間での一般的な清酒の容器は*湯呑茶碗が多かった。〈藤村〉

さかずきとてんもくだいのくみあわせ［盃と天目台の組み合わせ］ トゥキ、ウクシペなどと称す。本来は茶道の高価な茶器と*天目台とを組み合わせて貴賓に献茶していたが、不要な天目台を中古品として*酒椀とともに物々交換で得た往時の人たちが、それらを組み合わせて祭祀に活用した。このことから、後世には酒椀と天目台を組み合わせて製作して交易品とすることになった。いずれもつくりはていねいで、和紙・絹布などの布着せを口唇や高台などに貼りつけ、上質の砥子や漆を何度も塗った上に螺鈿や金蒔絵を施したものであったが、江戸末期には粗悪品がそれに代わった。
〈藤村〉

図24　盃と天目台の組み合わせ

てんもくだい［天目台］ タカイサラ、タカンサラ、オユシペなどと称す。*酒椀と組み合わせて製作された天目台は厚さ3～4mmとごく薄い中空で、高さ4～10cmくらいもある。やや円筒形で裾広がりの筒台に、上反りで直径14～17cm、厚さ5～8mmの皿の中心を円形に切り取ってドーナツ状にした皿、それと直径が6～8cm、高さが3～5cmくらいで横から見ると括弧形になったホオズキの3点を▼膠で組み合わせる。場合によっては内側から▼竹釘などでとめ、その上から上質の砥子、赤や黒漆を塗り、その上に金蒔絵で家紋や花鳥風月を組み合わせて描いている。なお、皿を花弁風に仕立てたもののなかにはそれ用の雛型をつくり、それへ和紙を何枚も貼り合わせて乾燥させる。その上に麻布を貼って膠で固め、上に上質の砥子、黒漆を塗る。さらに赤、緑、金泥で唐花や唐草を組み合わせて描いたものもある。〈藤村〉

図25　天目台

こしきのてんもくだい［古式の天目台］ フシコタカイサラ、フシコタカンサラ、フシコオユシペなどと称す。古い*天目台は一木からやや縦長で円錐形の上部を輪切りにしたような台と、その上にわずかに上反りのある小皿とを轆轤で削り出したもの、*茶托のように高台がわずかにはまる程度の窪みを持ち、そこに茶器をのせて貴賓に献茶していたものがある。それらを物々交換で入手後は、その皿の部分に*酒椀の高台が入るように刃物で窪みを広げている。

なかには皿の上に厚さ3mm、高さ1cmくらいの円筒形のものを輪切りにして▼膠でとめたり、赤漆で塗りとめて茶器をはめるようにしたものもある。また、厚さ4～5mmの中空で、やや円筒形の筒台、上反りで直径15～17cm、厚さ5mmの皿の中心を円形に切り取ってドーナツ状にした皿、上にやや開いた大ぶりで*茶碗様のホオズキの3点を膠で組み合わせたもの。さらに、それの内側から▼竹釘などでとめ、木口や皿の縁に和紙、絹布、

図26　古式の天目台

麻布などを貼りつけ、その上から上質の砥子、黒漆を塗り、さらに朱漆を何度となく塗り重ねた模様なしの天目台もある。これらの天目台は天目茶碗をのせて献茶したために、酒椀はいっさい組み合わされていない。　　　　　　　　　　〈藤村〉

ほうしゅひ［捧酒箆］　イクパスイ、イクニシ、トゥキパスイ、パスイなどと称す。神に祈りを捧げる際に、酒をつけて神に捧げるための箆。素材はイタヤ、イチイ、エリマキ、サビタ（ノリウツギ）、ミズキ、キハダ、サクラ、マツ、グイマツ、ヤナギなど身近な材を使い、人によっては、タケや、エゾシカの角、海獣の肋骨を利用することもある。丸材は縦に半割りにして木芯をはずした柾目や板目材を使い、長さは肘から握り拳の先までを標準とし、幅は2～3㎝、火の女神用のものは4㎝くらいとする。

　材の根元側を利き手の右に持ち、梢側を捧酒箆の先とし、先が上反りのものを最上とし、下に反るものは捧酒箆自身が相手の神に対する威力に低い状態にあるとして、重要な祈りには避けた。半割りにした材の木芯はきれいに削り落とし、断面が緩い半月状または舌状につくり、先と後の両端に3㎝くらいの間隔をあけ、表面の3㎝幅に多様な地域紋を刻み、その間には自由奔放な模様が彫刻される。また、表面の凹凸や瘤・節、あるいは材の厚みを利用して陸海獣の動物や祭祀用具、▼矢や＊刀、宝刀、鍔、刀子、小柄、沖猟舟、家屋などを立体的に彫る。材によっては透かし彫りをし、木の小玉を転がし、木鈴を下げ、金属片、角片などを象嵌するものもある。こうした浮き彫りや抽象化した模様などは、それぞれの家において祭るべき神々専用のものとして製作され使用された。

　祭りには身内親戚はむろんのこと、他人を迎えることもあるので、それらの人々が使用するものも暇々につくりだめをしておく。これによって彫刻の腕を磨き、ひいては手にとって利用するときに作者の優技という無形文化の内容を、他者に対し無言のうちに語り伝えて感銘を与え、それがまた人品の評価や風評の基となった。したがって、どの家も余りある捧酒箆を所有していた。他者にとってどの捧酒箆を使うかで、家の主人が自分をどう位置づけているかを知ることにもなる。捧酒箆の先は爪型、二等辺三角形、「∩」「∧」「<」「[」「(」などと地域差や個人差があり、後方も「∩」「(」「<」「[」などと多様で、先端の部分の表面に「・」、裏面に「∧」「×」を刻んで鼻の穴や舌を表す刻みや穴を穿つ地域もある。また、裏面には製作者や個人蔵の刻印・所有印を刻み、誰のものかを判定する手がかりとする。　　〈藤村〉

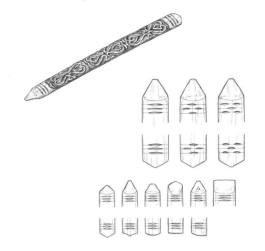

図27　捧酒箆

うるしぬりほうしゅひ［漆塗捧酒箆］　ウッシウシパスイ、ウッシパスイなどと称す。漆塗の＊捧酒箆の総称であるが、大きく分けると、本州産のものと、地元で生産されたものの上に漆を塗ったものとがある。本州産のものは素材がスギ、上反り・下反りのない平らな棒状で、断面がやや高めの半月形、上から見ると胴部が膨らみ、地域を表す刻み目もなく、すべてが漆で描かれている。模様も黒漆を下地に茶漆でササリンドウ、赤漆で三巴、赤、緑、黄、または黄土漆で蛸足唐草などを組み合わせている。後者には2様あって、彫刻の巧者が依頼されて報酬を得ていたものは漆をかけて逆移入され、それが誰に渡るかが分からない場合には、地域を表す刻み目を増減し、あるいは模様の構成に和人には分からない程度の手抜きを行っている。自作の捧酒箆に漆塗りを依頼したものはそうしたごまかしはなく、明治期になってから漆の上がけや補修をする職人が各漁場を巡回し、漆器を豊富に所持するアイヌ民族の集落を巡った際に、宿泊や食事を提供するかわりに安価で全体または一部に漆をかけてもらったものがあるが、名称に違いはない。　　　　　　　　〈藤村〉

けいたいようこがたほうしゅひ［携帯用小型捧酒箆］　ポンパスイ、イクニシポなどと称す。漁狩猟、農耕、山菜採集など目的地が前もって分かっ

ている場合には、出かける際にタバコ、穀類、麹、乾燥野菜などの供物を用意し、お神酒や買いだめの酒、それに*酒椀と*捧酒箆なども持参する。あくまでも少人数で行うことから、大祭用の酒椀や捧酒箆ではなく、普段は使用しない小型のものを携帯する。小型の捧酒箆は主に数日以上の宿泊をする場合や、長雨や吹雪などの余暇に思いや心を込めてつくる場合が多い。往来の途中で落としたり作業にまぎれて見失うことが多いため、紐通しの穴や引っ掛けをつくって持参する用具に結びつける工夫をしたものもある。同じ河川流域で落とし物を見つけた場合には、同族のなかから見当をつけて持ち主を探して手渡すが、持ち主がいなければ良運を神が授けたとして大切に使用した。誤って折ったりした場合には、長年の使用に見合った供物を添えて自宅の*幣棚で霊を送るほか、帰宅が遅い場合には、山中であれば巨木の根元で、海であれば海上に流して供物とともにまずは霊を送り、自宅へ戻ってから*木幣をつくって捧げ、あらためて謝辞を述べ再生を願って祈る。

〈藤村〉

図28　携帯用小型捧酒箆

けずりかけつきほうしゅひ［削掛付捧酒箆］　キケウシパスイ、キケコロパスイなどと称す。ヤナギ、ミズキ、キハダなど祭事に用いられる*木幣材を使って*捧酒箆をつくり、先と後に地域の刻み目を入れる。このあと、刻み目の間に木幣削りの*小刀を梢側から根元側へ、あるいはその逆にして10cmくらいの長さに見立てて刃物を引いて*削掛を8～16枚くらいにまとめ、これを1翼として（家系によって4翼まで）削りたてる。削掛の向きは、10種の組み合わせがあり、地域によっては翼の間に多様の家紋を刻む。この捧酒箆は重要な動物の霊送り、祖先神や氏神、恩義のある重要神などの祭事にだけ製作し、それで祈ったあとは、その神へ捧げた木幣の削掛2本で結んで奉納する。

〈藤村〉

そせんくようのほうしゅひ［祖先供養の捧酒箆］　ライクルパスイ、イチャラパパスイ、イヤレパスイ、シンヌラッパパスイ、シヌラッパパスイなどと称す。ヤナギ、ミズキなど祭事に用いられる*木幣材の残り材を使ってつくる。先と後に地域の刻み目を入れただけの*捧酒箆で無文であるが、なかには簡単でわずかな模様を入れたものもある。不祝儀の出産、怪我、葬儀や祖先供養などに、大祭用の捧酒箆に遠慮して用いる。使用後は火にくべ、祖先供養に幣（木幣）に納めることもするが、供養は頻繁に行うことが多いので、それ専用とする場合もあり、家や祈り祭る内容に応じて対処方も異なる。

〈藤村〉

図30　祖先供養の捧酒箆

みみだらい［耳盥］　トコムシパッチ、キサラコロパッチ、キサルシパチ、アカムコロパッチ、テクシパチなどと称す。大祭用の料理、陸海獣の肉塊、お神酒などの容器として用いられた漆塗りの耳付き鉢。大木を半割りにし、さらに大切りの立方体にして十分乾燥したものを轆轤で引いて胴部を「（　）」状にする。底部は横から見て台形の筒台にし、高台の厚さは0.8～1.0cmくらいある。本体の直径は15～60cm、高さは10～30cmと多様である。胴部と口唇部の中間には厚さ1.0～1.5cm、幅6～12cmの横長の柄を向かい合わせに切り込み、その幅や長さに合わせた板を、上から見ると、「）」を三つ連ねて耳状にした板木をはめ込む。また、木質部の腐れにはその部位を削り、埋め木を

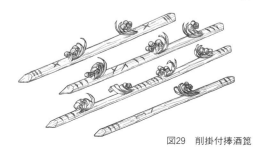

図29　削掛付捧酒箆

図31　耳盥

した上に、口唇や高台の底の縁にも麻布をかけて、割れを防ぐ。漆がのりやすいように上質の砥子を塗り込め、漆を塗り重ねた上に金泥・銀泥を駆使して家紋や蒔絵を描く。なかには螺鈿もある。漆の工程が完了すると、取っ手や、高台、口唇部に金メッキをした銅板の飾り板を小さな銅釘で打ちつけたものもある。〈藤村〉

かなわつきみみだらい［金輪付耳盥］ ニンカリコロパッチ、ニンカリウシパッチ、カニアカムコロパッチなどと称す。用途と製法はほぼ*耳盥と同じ。高台の厚さは0.8～1.0cmで、本体の直径は50～60cm、高さ30cmくらいの大きなものが多い。木質部の腐れにはその部分を削り、埋め木をした上に口唇や高台の底の縁にも麻布をかけて割れを防ぐ。漆がのりやすいように上質の砥子を塗り込め、漆を塗り重ねた上に金泥・銀泥で家紋や蒔絵を描いてある。取っ手は胴部の膨らみと口唇部の中間に箪笥の取っ手のような赤銅のC状金具をあて、その下に金メッキをした座金をはめ、取っ手の両端を金鋲と小さな銅釘で打ちとめてある。〈藤村〉

図32　金輪付耳盥

つのだらい［角盥］ キラウコロパッチ、テクシパッチなどと称す。大祭用の料理、陸海獣の肉塊、お神酒などの容器として用いられた取っ手（角）付きの鉢。製法と形態は*耳盥とほぼ同じで、高台の厚さは0.8～1.0cmある。本体の直径は30～60cm、高さは30cmくらいで、胴部の張りと口唇部の中間には、4カ所に耳盥と同様に柄を向かい合わせに切り込み、そこへ幅10cm、厚さ2cm、長さが30cmくらいの板を4枚加工してはめ込むようにする。板の先は直径3～4cmの円柱状にして2人が両手で持ち運ぶようになっている。木質部の腐れやぼけには、その部分を削り取り埋め木をした上に、口唇や高台の底の縁、取っ手口などにも麻布をかけて割れを防ぐ。漆がのりやすいように上質の砥子を塗り込め、漆を塗り重ねた上に金泥・銀泥で家紋や蒔絵を描く。その後、取っ手口に金メッキをした銅板の飾り板を座金としてはめて膠でとめ、取っ手の先には銅板を曲げ、あるいに打ち出した冠をかぶせ、要所に小さな銅釘を打ちつける。〈藤村〉

図33　角盥

たらい［盥］ タライ、タラウと称す。大祭用の料理、陸海獣の肉塊、お神酒、諸味漉しの容器として用いられ、洗濯盥（*盥）に似ているので、この名がつけられた。直径60cm、高さ30～35cmはある。素材は杉板を▼鏟（銑）で削って平底の盥をつくり、底板は5mmほど浮かせて挟み、底板と口縁部には三つ編みした竹製の大小の箍をはめる。口唇部や箍、底口に麻布や和紙を貼り、その内外の全面へ上質の砥子を厚くかけて、黒漆を何度も塗り重ね、金泥・銀泥で流水に浮橋やアヤメなど風月の蒔絵が描かれている。〈藤村〉

図34　盥

はち［鉢］ パッチ、パハチと称す。大祭用の料理、陸海獣の肉塊、お神酒などの容器。大木を半割りにし、さらに大切りの立方体にして十分乾燥したものを轆轤で引く。胴部を鉢状にし、底部は横から見て台形の筒台にする。高台の厚さは0.8～1.0cm。本体の直径は30～60cm、高さは30cmくらいで、木質部の腐れやぼけには、その部分を削り取り埋め木をした上に、口唇部や高台の底の縁などにも麻布をかけて割れを防ぐ。漆がのりやすいように上質の砥子を塗り込め、漆を塗り重ねた上に金泥・銀泥で家紋や金蒔絵を描いている。江戸終末期には木芯を残して轆轤で引いたもの

図35　鉢

に、墨汁と粗悪な黒漆を塗り重ね、そこへ赤、緑、黄または黄土の漆で葵紋と蛸足唐草を組み合わせた粗悪品が流布する。 〈藤村〉

ふたつきはち［蓋付鉢］ プタウンパッチ、プタコロパッチ、プタカムパッチなどと称す。製法と胴部・高台の形態は*鉢と同じだが、口唇部に弧状の合わせ蓋がはまるように内側面に高さ１〜２cmの突起部を轆轤で立てるので、口唇近くの厚さは２cmもあり、全体として鉢よりも重量がある。直径30〜60cm、高さ30cmくらいで、木質部の腐れやぼけにはその部分を削り取り、埋め木をし、合わせ蓋も全体が緩い弧状・円状に仕上げ、口唇や高台の底の縁などにも麻布をかけて、割れを防ぐ。漆がのりやすいように上質の砥子を塗り込め、漆を塗り重ねた上に金泥・銀泥で家紋や金蒔絵を描いている。これが江戸末期には木芯を残して轆轤で引いたものに、縁高のお盆のような合わせ蓋をはめて、墨汁と粗悪な黒漆を塗り重ね、そこへ赤、緑、黄または黄土の漆で葵紋と足唐草を組み合わせて描いた粗悪品が取って代わるようになる。

用途は大祭用の料理、陸海獣の肉塊、お神酒などの容器。ほかに、気密性に富んでいるため、普段は食材の粉類、穀類、小魚の焼き干し、ドングリ、キハダ、クルミ、ホシブドウなどの木の実、ヒシ、コウホネ、イタドリなどの種子類、ヒメザゼンソウ、アマニウ、ハナウド、ワラビ、フキなどの乾燥山菜など、少量の食材を身近に保存する貯蔵庫にも活用する。 〈藤村〉

図36　蓋付鉢

こがたのふたつきはち［小型の蓋付鉢］ プタウンポンパッチ、ポンプタコロパッチ、プタカムポンパッチなどと称す。製法と胴部の形態は普通の*蓋付鉢と同じであるが小型で、高台の厚さが５mmくらい、本体の直径は20〜30cm、高さも20〜30cmくらい。合わせ蓋の上部は平面または緩い波状で、中央には帽子様のつまみを彫り出し、蓋の内面の内側に高さ0.5〜1.0cmくらいの突起部を轆轤で立て、これが身の内側にはまるようにできている。口唇部や高台の底の縁などにも麻布をかけて割れを防ぎ、漆がのりやすいように上質の砥子を塗り込め、漆を塗り重ねた上に金泥・銀泥で家紋や金蒔絵を描いている。用途は、蓋付鉢と同様に使われることが多い。 〈藤村〉

図37　小型の蓋付鉢

かたくち［片口］ エトゥヌプ、エトゥヌフなどと称す。漉した酒を*酒椀に注ぐために片方にだけ注口を持つ容器。大木を半割りにし、さらに大切りの立方体にして十分乾燥したものを轆轤で引いて、口縁部の開いた鉢状にする。口径は10〜40cm、底部は横から見て台形の筒台にし、高台の厚さ５mmほど、高さ５〜13cm、直径５〜15cm、全体の高さは８〜30cmもある。片口をつけるために、口縁の一部を大きく切り取り、厚さ５〜10cm、長さ10〜15cmくらいの直角三角形をした別材の直角部分を樋状に削り取り、本体とともに柄を切ってやや上向きにはめ込む。口唇部や高台の底の縁、はめ込みの部分などに麻布を貼って割れや汁漏れを防ぎ、漆がのりやすいように上質の砥子を塗り込め、内外ともに赤漆を幾重にも塗る。後世には柿渋色の漆に黒漆で、あるいは内赤外黒漆の上に黄漆引き線や括弧紋をつけたものが出現する。破損して使えなくなったときは*木幣をつくり、長年の労を誉め、謝辞を述べてその霊をあの世に送り、再生を願って*幣棚に納めた。 〈藤村〉

図38　片口

きんぞくせいかたくち［金属製片口］ カニエトゥヌプ、カネエトゥヌプなどと称す。銅、赤銅、白金などの金属製で、多くは厚手の金属板１枚を打ち出して、底は平底かいくぶん緩い丸底に、上

はやや開いた筒状にし、注ぎの片口や取っ手の耳をつくる。半円状の取っ手を別に仕立て、金属鋲で耳と取っ手とをつなぐ。多くは断面が括弧型の*鉄瓶のようである。ただし、蓋は同じ金属を使う場合と、別金属あるいは木製のものがある。金属の蓋は鋳流しの重いものと、銅板を切り抜き、表面に▼鏨で模様を描き共金でつまみをつける。木製の蓋は円盤状に切り抜き、それに赤や黒漆を塗り、簡単な蒔絵を金泥や銀泥で描き、つまみにはガラス玉、金属玉、木製の双六玉、十四面玉などを取り付ける。用途はいずれも漉した酒を*酒椀に注ぐための容器として使う。破損した場合は極力補修するが、金属だけに修理はきわめて難しく、使用が不可能になったときは*木幣をつくり、長年の労を誉め、謝辞を述べてその霊をあの世に送り再生を願って*幣場に納めた。〈藤村〉

ゆとう [湯斗]　エチウシと称す。漉した酒を*酒椀に注ぐための容器。大木を半割りにし、さらに大切りの立方体にして十分乾燥したものを轆轤で引いて筒状のものをつくり、底を平面にする。また、高さ3～5mmの高台をつくる場合もある。口唇部は注口を取り付けるために大きく削り取り、*片口と同じように別木でつくった注口に柄を切って、やや上向きにはめ込む。注口は片口のように上部のない樋のほかに管状にくり抜いたものもある。注口の付け根とその反対側の口唇には、取っ手をつけるための耳と呼ばれる板材を取り付ける。耳は雲形に切ったり、透かし彫りを組み合わせたりしたものもあり、▼膠でそれらを付着させる。弧状の取っ手も薄い杉板を曲げてつくり、上蓋は1枚もののほかに2枚を漆で仕上げたあとに、1～2の金属性蝶番でつないで蓋とする。

おおよそ出来上がると、口唇部や注口の先、注口や取っ手の耳などのはめ込み部分、高台の底の縁などへ絹布を貼って、割れや汁漏れを防ぐ。漆がのりやすいように上質の砥子を塗り込め、内外ともに赤漆や黒漆を塗り重ねる。後世には柿渋色の漆に黒漆で引き線したものも出現する。板材のすべてに金泥・銀泥で家紋や花鳥風月の蒔絵を描く。漆を塗り終えたものに金メッキの銅板を打ち抜いた飾り筒を注口の先にはめ込み、取っ手と耳を銅製の鋲でとめる。

また、節のないスギを引き割った厚さ2～3mm、幅15～20cmの薄板を、熱湯や熱気を利用して時間をかけながら曲げて円筒状にし、合わせ目を膠などでとめる。それから厚さ5mmくらいの杉板を円盤状に切り抜いて筒の底に差し入れ、平底や3～5mm浮かしたようにする作り方もある。筒の口縁部には、別木で彫り抜いた注口をやや上向きにはめ込み、さらに別木をC字状に削って取っ手とし、筒の注口とは反対側の部分に穴を切ってはめ込む。上蓋は杉板を轆轤で引いて、合わせ蓋の上部は緩い弧波状にする。蓋の内面は平らになっているが、内側に高さ3～5mmの突起部を轆轤で立て、これが身の内側にはまるようになっている。

このほか、正方形あるいは長方形の杉板を5枚貼り合わせて正方形または縦長の升をつくり、一隅を切ってそこに別木でつくった注口をやや上向きにはめ込む。升の上には大きさに合わせた上蓋を置き、角や菱に切った木片をつまみとする。全体を上質の砥子に黒漆を幾重にも塗り、わずかに注口の先や柄の一部に赤漆を塗って綾とする。破損して使用できなくなったときは*木幣をつくり、長年の労を褒めそやし、謝辞を述べてその霊をあの世に送り再生を願って*幣棚に納めた。

〈藤村〉

きんぞくせいゆとう [金属製湯斗]　カニエチウシ、カネエチウシなどと称す。漉した酒を*酒椀に注ぐための容器。鉄、銅、赤銅、白金などの金属製で、形の多くは断面が括弧型の*鉄瓶のようである。ただし、蓋は同じ金属を使う場合と、別金属あるいは木製のものがある。金属の蓋は鋳流しの重いものと、銅板を切り抜き表面に鏨で模様を描き、共金でつまみをつける。木製の蓋は円盤状に切り抜き、それに赤や黒漆を塗り、簡単な蒔絵を金泥や銀泥で描き、つまみにはガラス玉、金属玉、木製の双六玉、十四面玉などが取り付けてある。破損した場合は極力補修するが、金属だけに修理はきわめて難しい。使用が不可能になったときは*木幣をつくり、長年の労を褒めそやし、

図39　湯斗

謝辞を述べてその霊をあの世に送り再生を願って*幣棚に納めた。　　　　　　　　　〈藤村〉

ひしゃく[柄杓]　ピシャク、ピサック、ピシャッコなどと称する。漉した酒を▼酒樽から*鉢や*片口、*湯斗、*双口杓などへ汲み入れたり*酒椀に直接酒を注ぐための容器。木製の場合には乾燥した木塊を轆轤で引いて大きなコップ状にくり抜き、胴部の真ん中よりやや上の方を正方形またはやや長方形に切り抜いて、その穴へ斜め上から底に向けて長柄を差し込む。口唇部、底、差込口などへ和紙や絹布を貼って割れや汁漏れを防ぎ、漆がのりやすいように上質の砥子を塗り込め、内外ともに黒漆を幾重にも塗り、金泥で家紋や忍冬唐草などを描いてある。また、薄く削った杉板を熱湯で曲げて筒状にしてサクラ皮で縫いとめ、それにスギ材を円盤に切ってはめ込み、長柄をつけ、砥子・漆を塗り蒔絵で仕上げたものもある。さらには、杉板5枚に柄を切ってかみ合わせてやや細長い台形の升状にしたものへ長柄を取り付け、砥子・漆を塗って金泥などで唐草を描いたものもある。破損して使うことができなくなったときは、*木幣をつくり長年の労を褒めそやし、謝辞を述べてその霊をあの世に送り再生を願って*幣場に納めた。　　　　　　　　　〈藤村〉

図40　柄杓

じゅひせいひしゃく[樹皮製柄杓]　ヤラピシャク、ヤルピサック、ヤラピシャッコ、ヤラカックム、ヤルカックムなどと称す。漉した酒を▼酒樽から*鉢や*片口、*湯斗、*双口杓などへ汲み入れたり、*酒椀に直接酒を注ぐのに用いる。シラカバ、マカバ、シナノキ、オヒョウニレ、ヤチダモなどの外内皮の凹凸のない平面を見つけて幅20cm、長さ30〜35cmの長方形に刃物を入れ、皮が裂けないように丁寧に起こしながら剥ぐ。外皮が厚ければ削ぎ、適当な厚さに調整する。この皮で箱状の柄杓を製作する。整えた皮を水やぬるま湯に浸して軟らかくし、長辺の左右を内側に折り、さらに縦長の皮を3等分くらいにして内側に曲げて、底面や縁をつくる。それから縁を起こして立ち上げたり、曲げたりなどして箱の形を整える。

次に箱面2カ所の中央部分をやや深めにV字状に削り取る。短い細棒を2本と、柄とする直径2cm、長さ30〜50cmの棒を1本用意し、それぞれの外内皮を削って白木の棒にする。箱面をV字状に削り取った部分に柄の棒を差し込み、短い細棒で固定する。人によっては柄に模様を刻み、柄の端に木鈴をつけて飾りとする。底面にひびや割れが入って使用が不可能になると、簡単な*木幣をつくり、米や麹、煙草などを添えて労をねぎらい、謝辞を述べてその霊をあの世に送り再生を願って*幣棚に納めた。また、柄が十分に使える場合には、樹皮だけを送り、新しい樹皮を得て箱をこしらえ、柄を再利用する場合もあった。〈藤村〉

図41　樹皮製柄杓

そうこうしゃく[双口杓]　クンダリと称する。左右両側に注口のある杓。銅または赤銅製で、1枚の厚い銅板をたたき伸ばす。底は平底あるいはやや緩い丸底で、胴部を筒状に立ち上げ、口唇部は内側に3〜5mm幅で折り曲げ、全体を巾着風に仕上げる。筒状の口唇左右に双口をつくり、底径15cm、高さ11cm、双口の幅は27cmくらいにする。本体が出来上がるとその表面や内側、底面に▼鏨を使ってツル、カメ、松竹梅、鳳凰、ハスの花、忍冬唐草、点唐草などを配し、余白は5mm径くらいの丸鏨で加工する。別の小さな銅材で取っ手の受けをつくり、この表面にも忍冬唐草と丸鏨で模様を打ち出し、銅製の鋲でとめる。

さらに短い取っ手を本体の受けに差し挟んで取り付けたあと、ここに幅2cm、長さ30cmほどの長柄を合わせて鋲でとめる。長柄や受台にも松竹、

図42　双口杓

点唐草、波紋などを描き、全体を金メッキする。この器には蓋はないが、漉した酒を入れ、左右の双口を自由に傾けて*酒椀に注ぐ。簡単には壊れないので伝世品として継承されたが、底面に亀裂が入るなどして支障をきたした場合には立派な*木幣をつくり、長年の労を褒めそやし謝辞を述べてその霊をあの世に送り再生を願って、*幣棚に納めた。

〈藤村〉

和人資料

　日本人の食生活に関連する嗜好として酒、茶、煙草があり、近世になると一般庶民の嗜好品として普及し*酒器、*茶器、*喫煙具が生活に欠かせない用具となっていた。近世の松前地は、領民のほとんどが漁労・交易に関する仕事で生計をたてていたため暮らしぶりに派手な面があり、また、北前船で諸国の産物がもたらされたこともあって、飲酒、喫茶、喫煙はきわめて盛んであった。酒は庄内、秋田、津軽など奥羽の酒ばかりでなく伏見や灘の酒が移入され、茶も宇治や静岡など多くの産地の茶が入り、さらに煙草も国分、阿波、豊後、仙台などの刻み煙草が移入されていたことが記録に残されている。それと同時に酒器、喫茶具、喫煙具も移入され、武士や裕福な商人らは上質な用具をそろえるとともに江戸や京坂の流行にも敏感であった。

　明治時代以降の開拓期の北海道でも都市建設などの労働者、鰊漁場の漁民、開拓地の農民らに酒や煙草の需要は多く、「酒、酒田ヲ第一トス、新潟、大阪之ニ次キ、敦賀、直江津ハ僅少ナリ」「烟草、敦賀、大阪、阿波ヲ第一トス、東京之ニ次ク」（『開拓使事業報告 第参編』1885年）、「茶は専ら山城、近江、北越等より輸入せり」（『札幌沿革史』1897年）などの記録からみても、日本各地から大量の酒、煙草、茶が移入されていたことがうかがえる。

　この時代、北海道では煙草や茶の生産はほとんどないが、酒造が大きく発達する。例えば、1890年ごろに本格的な開拓が始まる旭川では、都市建設、鉄道敷設、陸軍第七師団建設のための労働者の流入、上川地方の開拓移民の増加、さらに留萌、増毛など鰊漁労の隆盛によって酒の需要が増大し、1891年に設立された笠原合名会社をはじめとして続々酒造会社が生産を開始し、1914（大正3）年の新聞広告に出された酒造組合員の名簿には14の酒造会社が名を連ねるに至っている。このような酒造業の発達や商業の発展に伴い、日本各地から多くの商品が移入され、明治後期以降になるとかなり上等な酒器、茶器、喫煙具などを扱う店も増えている。

〈矢島　睿〉

しゅき［酒器］

　日本における酒の歴史は古く、古代から神事・祭祀において土器の杯で酒が酌み交わされてきたが、中世以降になると、個人の飲酒も広く行われるようになり、種々の酒器が使われるようになる。だが、今日に伝わる酒器の原型は近世初期ごろからのもので、この時代に日本酒の製法や貯蔵法が大きく変わり、新しく生まれた飲酒に関する慣習とともにその後に受け継がれた。近世以前の酒はほとんどが濁酒（どぶろく）であり、甕に入れて貯蔵されたが、元禄年間（1688～1704年）になると清酒が大量に醸造されるようになり、輸送および一時貯蔵のため杉材などでつくられた酒樽が使われている。だが、酒樽は新しいうちは木の香りを楽しむという利点もあるが、古くなると臭気が強くなり酒の品質が落ちるという欠点がある。このようなことから、酒は陶磁器製の*徳利で購入して保存するという風習が生まれている。また、清酒の普及は酒を温めて飲む燗酒の習慣を生み、燗徳利や酒を温めるちろりなどが広く使われるようになっている。

〈矢島〉

とっくり［徳利］　主として酒を入れる陶磁器の容器で、同種の徳利が酢、油、醤油などの貯蔵にも使われた。近世に入り日本酒（清酒）の生産が増加し醸造元から木樽で酒が出荷されるようになると、時間の経過とともに木の臭気が酒に移らぬように、酒屋や家庭には陶磁器製の徳利が普及する。これは日本各地で陶磁器の製造が発達し、近世初期以降に*茶碗、*皿など陶磁器の食器類が全国的に普及したことにも大きくかかわるものであり、酒器類もそれまでの木地の器や漆器に代わり陶磁器製が広く使われるようになっている。酒徳利には、草花模様などを染めつけた、口が小さくて首が長く、胴が大きくふくらんだものと、口が小さくて首が短く胴があまりふくらまないもの

の2種が普及した。胴のふくらんでいない徳利は俗に貧乏徳利と呼ばれ、その多くは表面に酒屋の屋号や店名が入れられ、酒屋の通い徳利（貸徳利）として使われてきた。徳利には容量によって5合・1升・3升など各種があり、代表的なものとして備前焼、丹波焼、瀬戸焼などが広く使われてきた。近世の松前地や明治時代の鰊漁場、さらに開拓地でも酒屋の通い徳利や大徳利が使われてきたが、例えば鰊漁場の番屋では草花模様を染め付けた3升入りの徳利が数本常備されており、大勢の人を集めて漁の始まる前に祝う「網おろし」の祝いなどでは、この徳利で燗をして酒宴で用いていた。なお、今日使われている*銚子は、近世には燗徳利と呼ばれていたが、明治以降に銚子と呼ばれるようになった。〈矢島〉

写真1　徳利

ちょうし [銚子]　酒を*盃に注ぐ容器。日本で古くから銚子として用いられた酒器は、注口のある銀や銅製の鍋形の容器に弦をつけた提子や、漆器あるいは銅に金・銀の鍍金を施した注口のある容器に長い柄をつけた長柄銚子であった。だが、近世に入ると清酒を温める燗酒による飲酒の定着と、陶磁器の発達によって陶磁器の*徳利が広く普及する。特に料理店や家庭では1〜2合の酒を温める小型の徳利が使われ、酒席に欠かせない容器となっている。近世にはこの徳利を燗徳利と呼んでいたが、明治時代になると銚子という名称に変わり、今日に受け継がれている。なお、提子や長柄銚子はその後、婚礼の三三九度（固めの盃）に用いられるようになり、これも今日に受け継がれている。近世の松前地でも徳利は古くから使われ記録にも残されているが、例えば文化年間（1804〜18年）ごろの『箱館問屋儀定帳』（『函館市史』史料編第二巻）に「徳り　壱個　拾文、ひさげ　十捨文」といった記述がみられる。ここに書かれた「徳り」は日常に使用した酒徳利あるいは燗徳利のことのようだが、このほかに提子が使われていた。明治以降の都市や農村部においても銚子などの酒器は近世とほとんど変わらないが、明治中期以降になるとガラスが生活用具として普及するようになり、ガラス製の銚子も使われるようになる。〈矢島〉

写真2　銚子

さかずき [盃]　酒を飲むときに使用する器。さかずきの名称は、さか（酒）つき（坏）であるといわれている。古代においてはかわらけ（土器）が使用され、中世になると主として朱塗りの漆器の盃が用いられたが、近世に入ると陶磁器が普及し、*徳利とともに陶磁器の盃が用いられるようになる。近世の風俗書『守貞漫稿』（1853年）には「盃モ近年ハ漆盃ヲ用フコト稀ニテ、磁器ヲ専用トス、京坂モ燗徳利ハ未ダ専用セザレドモ、磁坏ハ専ラ行ハル、也、磁坏三都トモニ『チョク』ト云」と記述されており、広く陶磁器の盃が使用されていた様子がうかがえ、磁器の盃を「チョク」と記述している。陶磁器製の小型の盃いわゆる猪口（おちょこ）であり、その名称は猪の口に似ているからなどといわれている。その後、猪口は広く普及し近世の松前地でも種々のものが使われてきたが、幕末ごろの箱館の絵師早坂文嶺の『酒宴の図』にも、燗徳利と猪口で酒を飲む姿が描かれている。また、漆器の盃については近世中期以降になると主として正月などの行事や婚礼などに用いられるようになり、北海道でも商家や大きな漁家の蔵には朱塗り蒔絵の台付き3枚重ねあるいは9枚重ねの豪華な盃を所蔵した家も多い。また、開拓地の農村でも団体移住者らが冠婚葬祭用の共有の財産として大きな3枚重ねの漆器の盃台を所有した例も多い。さらに明治以降漆器の盃は、商店や団体の創立記念、日露戦争などの戦勝記念の記念品として配られることが多く、実用品としてではなくハレの道具として、また飾ることを目的とした用具となった。〈矢島〉

写真3　盃

はいせん [盃洗]　酒席で*盃を交わすときに盃を洗うための容器。日本では酒席で上位の者が下位の者に酒をすすめるときに自分の盃を渡し、受けた者は返杯するときに盃洗で洗って返すのが礼

儀とされた。したがって酒席には水を張った盃洗が用意された場合が多い。盃洗は陶磁器製や漆器のものもあるが、脚の長い円形の陶磁器製が多い。〈矢島〉

どうこ［銅壺］　銅製で湯を沸かす用具。炉や長火鉢で使用する小型のものは長方形で箱形のものが多く、湯の中に*徳利（*銚子）を入れて酒を温めることにも使用した。北海道でも古くから使われていたようで、近世の生活を色濃く残す1878（明治11）年に北海道南部を旅行したE.S.モースの記録『日本その日その日』（1917年）には、室蘭郡札幌通（現・室蘭市）の旅館の*囲炉裏の説明のなかに「熱い湯を充した銅の箱には、酒の瓶を入れてあたためる」（石川欣一訳、東洋文庫172、1929年）とある。また、日本人の生活ぶりをまとめた『日本のすまい・内と外』（上田篤など訳、鹿島出版会、1885年）には、「四角い銅の箱は、酒をあたためるもので、この箱に水をくみ、火を入れ酒をあたためる」と詳細な説明がなされている。このような銅壺はその後も都市・農漁村を問わず広く使用されたが、1955年代以降の生活様式の大きな変化で、家庭から囲炉裏や*長火鉢が消えるとともに姿を消した。〈矢島〉

写真4　銅壺

ちゃき［茶器］

精製した茶の葉に湯を注いで飲む煎茶法は中国の明代に始まったもので、日本には1654（承応3）年に来日し黄檗宗を開いた隠元禅師によって伝えられたといわれている。それまでにも茶の湯と呼ばれた抹茶法は中世から盛んで、千利久によって茶道が確立されていたが、あまりにも格式にとらわれていたため、もっと簡単に日常的に茶を楽しみたいという人も多く、文人や絵師らの間で煎茶が流行し、文化・文政年間（1804～30年）になると京を中心に一般にも普及している。その後、近世後期から明治にかけて宇治（京都）や静岡の良質な煎茶の生産に伴い全国的に普及し、また番茶の生産によって農漁村にも茶が広がり、*急須、*薬缶、*土瓶、*茶筒など煎茶道具が家庭用品として欠かせないものになった。〈矢島〉

きゅうす［急須］　茶の葉を入れて湯を注ぎ、茶を煎じ出すのに用いる陶磁器製の容器。「急焼」とも呼ばれている。日本では中国の茶器を模倣して急須がつくられたが、このもととなったのが中国福建地方のキヒシャオ（急焼）であったため、きびしょと呼ばれたといわれている。急須は中国の影響を受けて朱泥のものが多く、万古焼の急須が有名であるが、釉薬をかけた急須、絵付をした急須など様々なものがあり、小型のものが多い。〈矢島〉

写真5　急須

どびん［土瓶］　主として番茶を煎じるために用いた注口を持つ球形に近い形の陶磁器製の容器。古くは湯を沸かすのにも使われ、手で持つため上部に籐や竹などを編んだ弦がついたものが多い。土瓶は古くから薬草などを煎じる容器として使われていたが、広く一般に喫茶の習慣が普及すると、もっぱら番茶を入れるのに使用されるようになった。近世の松前地でも古くから使われており、古記録に断片的であるが土瓶の記述がみられ、明治以降の農漁村においても欠かすことのできない用具であった。近世から瀬戸焼、相馬焼、京焼などの土瓶が有名である。〈矢島〉

写真6　土瓶

やかん［薬缶（罐）］　主として茶を入れる湯を沸かすための用具。形態は*土瓶と同じように球形で注口と手で持つための弦がついているが、材質には胴や真鍮の薄い金属板が使用されてい

る。薬缶はその名称が示すようにもとは薬草を煎じる用具であったが、鉄瓶と比較すると湯が早く沸くのが特徴で、近世には湯茶を沸かす用具として普及する。近世の薬缶は打ち出しでつくる銅製が多く、京都や山城の薬缶が有名である。江戸などでも多くつくられたが、近世後期の風俗書『守貞漫稿』(1853年)には真鍮の広島薬缶の記述もみられる。その後、薬缶は全国的に使われるようになるが、明治後期以降はアルミニウム、アルマイト、琺瑯引きなどの薬缶が普及し、ガスや電熱器で使うため底が平たくなるなどの変化があり、今日のステンレスの薬缶に受け継がれている。

〈矢島〉

写真7　薬缶

ちゃづつ［茶筒］　煎茶類が湿気らないように入れておく容器。茶は、長い時間空気に触れて湿気ると極端に風味がそこなわれる。このため大量の輸送には密封性の高い茶壺や茶箱が用いられ、家庭では茶筒に入れて保管した。一般に茶筒と呼ばれたのは円筒形のものが多かったためで、密閉性を高めるため蓋の合わせを深くするなどの工夫がみられる。錫など金属製の茶筒が普及するまでは漆器などの容器もあったが、桜皮細工の茶筒が広く使われていた。煎茶は1斤、2斤と袋に入れて売られていたが、茶筒は2斤ぐらい入るものが多い。

〈矢島〉

きつえんぐ［喫煙具］

日本に煙草が渡来したのは1549 (天文18) 年の宣教師フランシスコ・ザビエルの来日に始まるといわれ、慶長年間 (1596～1615年) には国内で煙草が栽培され喫煙も広まったようで、1605年には煙草栽培禁止令が出されている。初期の煙草の喫煙法は、煙草の葉を巻き、のみ口に紙を巻いたり、竹の筒を使用したといわれている。近世になると喫煙の習慣が広まり、葉を細かく刻んだ刻み煙草が普及すると、これに伴い*煙管、*煙草入、*煙草盆などの喫煙用具が生活用具のなかに定着した。近世の松前地は、交易・漁業専業の地であり、場所柄から煙草を吸う者が多く、江差、箱館港などの本州からの移入物資のなかに「仙台葨、国分葨、阿波粉、豊後粉、南部切粉」(『箱館問屋儀定帳』函館市史史料編第二巻) と、各地の煙草が記述されている。さらに幕末になると欧米人によって紙巻き煙草が大量にもたらされ、日本人のなかでも喫煙する者が増え、1869 (明治2) 年には東京で国産初の紙巻き煙草が製造されている。その後、明治中期以降になると、都市を中心に紙巻き煙草やパイプ煙草が急激に普及し、パイプ、シガレットケース、ライターなどの洋風の喫煙具が次第に使われるようになった。　〈矢島〉

きせる［煙管］　刻み煙草を喫むのに用いた器具で、*雁首・*羅宇・*吸口の三つの部分によって構成される。雁首は金属製で、煙草を詰め火をつける部分であり、先端が直角に曲がり煙草を詰めやすいように穴が広がっている。羅宇は雁首と吸口をつなぐもので、細い竹の管でつくられている。また、吸口は金属製で、煙を口で吸う部分である。煙管に使用された金属は、上質なものは銀、普通は真鍮や鉄であるが、旅行などの携帯用には、全体が真鍮などの同じ材料でつくられたものもあり、これを「のべきせる」、略して「のべ」と呼んでいた。　〈矢島〉

写真8　煙管

たばこいれ［煙草入］　煙草を入れる用具。明治時代以降になると紙巻き煙草やパイプ煙草が普及し、シガレットケースや煙草缶なども使われるが、日本の古くからの煙草入といえば、刻み煙草を入れる携帯用の袋物あるいは筒物である。煙草入は、刻み煙草を入れるラシャ地の布や革製の袋と*煙管入の筒を組み合わせたものが多く、携帯するときには着物の懐に入れる場合と腰につける場合がある。懐中用は二つ折り・三つ折りの煙草入の叺に煙管筒がついたものである。腰につける煙草入には腰差し用と腰さげ用があり、煙草入だけのものと煙草入と煙管筒をつないだものがある。これを帯に差したり、根付で帯からさげて使用した。特に農漁村では腰からさげることが多

く、煙草入れも桐や桜材をくり抜いてつくった筒形、桜や樺の皮でつくった印籠形、鹿革などを用いた巾着などが使われてきた。　　　　〈矢島〉

たばこぼん［煙草盆］　主として座敷など室内で喫煙するときに使う用具。火入・灰吹き・*煙草入を一つの箱に納めたもので、近世には武家や大きな商家では来客があると煙草盆に*煙管を添えて茶とともに出すのを礼儀とした。煙草盆は初期には火入・灰吹きを盆にのせて出したのが始まりであるが、次第にこれら一式を塗物の箱に納めるようになったといわれている。火入は煙草に火をつけるための小さい火鉢で銅製・真鍮製・陶磁器製が多い。灰吹きは竹筒が使われ、これに煙管の*雁首を打ちつけて吸い殻を落として煙が上がらぬように蓋をした。また、煙草入はつくものとつかないものがあるが、真鍮製・鉄製の*箱形のものが多い。　　　　　　　　　　　〈矢島〉

写真9　煙草盆

Ⅰ. 生活用具

2. 飲食用具

(6) 貯蔵・加工用具

考古資料

　先史時代において食料や飲料水を貯えるための容器は、木製の箱や桶、それに*深鉢形土器（甕）、*壺形土器、鉢形土器などが考えられる。しかし木製品は一般に土中においては腐蝕してしまうため、ここでは土器について述べる。縄文前・中期において津軽海峡沿岸部に展開した円筒土器文化では、高さが50cmを超える大型の深鉢形土器がしばしばみられる。これらは水や食料などの貯蔵具としての役割を担ったものであろう。縄文中期以降においても、粗製深鉢が多くみられるが、これらは煮炊きを目的とした煮沸用の用途とともに貯蔵のための機能を持っていたことが考えられる。

　続縄文時代の北海道東北部に展開した宇津内Ⅱa式土器のなかにも高さ50cmを超える深鉢があるが、これらも食料・飲料などの貯蔵に用いられたと考えられる。　　　　　　　　　　〈野村　崇〉

ふかばちがたどき［深鉢形土器］（→117頁　炊事用具［深鉢形土器］）

つぼがたどき［壺形土器］（→142頁　食器［壺形土器］）

せっかん・ほっかいどうしきせっかん［石冠・北海道式石冠］　扁平で底の平らな台部と、にぎりやすくするため握部にえぐりを入れた安山岩などでつくられた縄文時代の磨製石器。形状が冠帽に似ているところからの名で、江戸時代から注目された。北海道では縄文前中期の円筒文化に盛行し、特に北海道式と区別する場合もある。食物などを磨ったり、砕いたりするのに用いた。〈野村〉

いしざら［石皿］　石冠とセットで使用される植物質食料を圧砕・粉化するための石器。安山岩などの扁平な一面に浅い窪みがつくられる。

〈野村〉

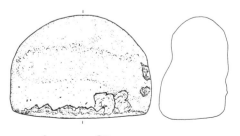

図1　石冠（洞爺湖町入江遺跡）

図2　石皿（洞爺湖町入江遺跡）

アイヌ資料

ちょぞうようぐ［貯蔵用具］

おおがたあみぶくろ［大型編袋］　ポロサラニプ、トッタなどと称す。シナノキやオヒョウニレ、オオバイラクサなどの内皮や繊維を素材として撚り合わせた糸を編んでつくった。（→Ⅱ巻　脱

図1　大型編袋

穀・調整・収納用具［大型貯蔵用編袋］、→Ⅱ巻 人力運搬具［編袋］）　　　　　　　〈藤村　久和〉

かご［籠］（→Ⅱ巻　人力運搬具［籠］）

しおいれ［塩入］　シッポオプ、キナパッパなどと称す。海浜で生活をしている場合には、塩は海水を汲んできて利用したが、河川や山奥での暮らしでは塩がないので、海浜で暮らす際に確保した。夏に晴天、高温日が続くころ、使用していない*樽や*桶を日の当たる場所に置き、海水を汲んで天日で蒸発を促し、量が減ったところで*鍋に入れて焚き火で煮詰め、さらに空鍋で炒って水分を飛ばす。それを気密性の高い蓋物漆器や火口入のように、サクラの細枝をくり抜き、合わせ蓋をつけたものに貯めて利用した。冬に塩分が必要な場合には、*囲炉裏の灰を適量取って蓋物容器に入れ水を加えて掻き混ぜ、その上水を汲み取って利用した。

　また、スゲ、ハマニンニク、ガマの茎を5mmくらいの太さにし、これにイラクサ、シナノキ、オヒョウニレを細く裂いた糸で絡めて、直径5～10cm、高さ6～12cmで断面が「（）」状の*籠をつくり、この中に交易で得た塩を入れた。この容器は、海水を煮詰める鍋に入れて塩分を吸収させたあと、炉棚（*火棚）に吊るして水分を蒸発させ、汁鍋の味が薄ければこの容器を汁鍋に入れて塩味を調整した。木製の容器は半永久的に活用できたが、草製の塩入は止め糸が切れて使用に耐えなくなると、小さな*木幣をつくって長年の労をねぎらい、穀類や麹などを添えてその霊を*幣場で送り、再生を願う祈りを捧げた。　〈藤村〉

図2　塩入

はこ［箱］（→Ⅱ巻　人力運搬具［箱］）
たる［樽］（→127頁　炊事用具［樽・桶］）
おけ［桶］（→Ⅱ巻　人力運搬具［桶］）

せいふん・もちつきようぐ［製粉・餅搗用具］

　製粉には、精白したアワやヒエを軽く水で研いで*笊にあけて水を切る。米が新米ならアワなどと同じであるが、古米になればなるほど水を吸わせる必要があるので、製粉前に使う米を歯で噛んで、水に浸す時間を変えるが、せいぜい20～30分のことである。早く水を吸収させたいときには、海水で研いだり、研いだ米を海水が混ざった水に浸したりした。適当に水を吸ったら、笊に入れて水を切る。干したトウキビなどの外皮取りは、軽く水打ちするだけで十分である。わずかな湿り気が残っている穀類を臼（▼竪臼）に入れて▼杵で搗き、粉の状態を見て臼から*箕にあけてふるい分ける。粉は*木鉢に入れ、粒は臼に戻し、まだ搗いていない穀類と合わせて搗き続ける。〈藤村〉

図3　竪臼

もちつきうす［餅搗臼］　シサムニスと称す。餅米（糯米）を搗いて餅をつくる取っ手つきの臼類の総称。（→Ⅱ巻　脱穀・調整・収納用具［竪臼］）〈藤村〉

こうす［小臼］　ポンニスと称す。素材はカツラ、ナラなど▼竪臼と同じだが、ほかの樹種も使われる。形態は竪臼の小型化したもの（30cm×40cm）で、竪臼との違いは胴部にくびれがない筒状のほかに、胴部に模様や彫刻の入ったものが多い。くびれがないのは小型で移動に苦労がないためで、模様を入れるのは、魔除けのほかに小さい物への愛着の表現と思われる。用途は、1～3人の小家族が少量のものを手軽に加工する作業に限られる。例えばドングリ、クルミ

図4　餅搗臼

図5　小臼

の殻を割る、オオウバユリの円盤を粉砕する、ジャガイモをつぶす、ゆでたヨモギと残り飯を混ぜる、などである。調理には重宝な道具で、ほかの炊事用具と一緒に置かれる。(→Ⅱ巻 脱穀・調整・収納用具[竪臼]) 〈藤村〉

よこうす[横臼] サマッキニス、アムニス、ニスなどと称す。素材はカツラ、ナラなど▼竪臼と同じだが、製作にあたって材木を横にし、年輪の密な北側を平らに削り落として底面にする。南側で年輪の粗い方は表面にし箱型に中を彫り抜き、*小臼同様に使用する。彫り抜きを上から見ると、方形と円形、楕円形などがあるが、方形のつくり方が古く、▼もったの入手によって円形、楕円形が容易となった。大きさは、長さが50～60cm、幅が30～40cm、高さが30～40cm、深さが15～25cmくらいあり、横から見た断面は逆台形をしている。胴部には模様がない。用途は小臼と同じほかに、つぶしたものと煮たもの、焼いたものなどを混ぜ合わせる役割もする。 〈藤村〉

図6 横臼

いしうす[石臼] シラㇻニスと称す。明治政府の勧農政策によって支給された石臼は、栽培した蕎麦の製粉用に使われ、農業の定着化とともに、必需品として石屋(当時の呼称)に製作を依頼、購入もした。すり減った目は、石屋に目立てをしてもらったり、旅人の石工に頼んだりした。(→Ⅱ巻 和人資料[石工道具]) 〈藤村〉

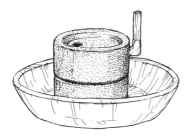

図7 石臼

いしうすうけ[石臼受] ニスニマと称す。*石臼につきものの木製の粉受けは、販売はしていたが高価だったため、多くの家では専用の*茣蓙をつくって粉受けとした。使用後は石臼にゴミが入

らないように、その茣蓙で上を覆った。〈藤村〉

いしうすのおおい[石臼の覆い] ニスカムㇷ゚と称す。ガマを半分に割り、目幅も狭い二重編みをした無地製で、大きさは各戸によって異なり、畳半分から1枚の大きさまで様々である。後世になると、帆布やズックなども使われた。 〈藤村〉

うすぐちをおおうござ[臼口を覆う茣蓙] ニスパロセシケプと称す。ガマやスゲ材などで幅60～70cm、長さ90～100cmの専用の*茣蓙を織り、表面を下に向け、その中央部分で臼の口を覆い残りを両端に垂らす。茣蓙の地に模様はないが、両端付近には臼の女神に合わせて赤色に染色した樹皮を多めに織り込む。人によっては食物を扱うことから、使用できなくなった古茣蓙のよい部分を切り取って覆いとする場合もある。 〈藤村〉

もちつききね[餅搗杵] シサムイユタニと称す。*餅搗臼に使われる▼杵、および、それに類する¬型杵の総称。(→Ⅱ巻 脱穀・調整・収納用具[杵]) 〈藤村〉

図8 餅搗杵

こきね[小杵] ポンイユタニ、ポンユイタニなどと称す。素材はイタヤなど▼竪臼の▼杵と同じ樹種で、形態も竪臼の杵の半分くらいで、全長は50～60cmと竪杵を小型化したものである。握手の中央部分は直径が3.0～3.5cm前後、長さが10cm、それからは急に太く(径8～10cm)なり、両端に向かって細く、搗き部は径5～8cmくらいにつくられている。(→Ⅱ巻 脱穀・調整・収納用具[杵]) 〈藤村〉

図9 小杵

よこうすようこきね[横臼用小杵] ポンイユタニ、ポンユイタニなどと称す。*横臼用の竪杵は*小臼用のものと同じつくりで、所有者の説明が

なければ、区別は難しい。　　　　　　　〈藤村〉

しゅぞうようぐ［酒造用具］

しゅぞうだる［酒造樽］　サケカラオンタロ、サケカルオンタルなどと称す。たいていは厚さ１cmの杉板を組み合わせてつくった直径80～100cm、高さ80cmくらいのコップ状の*樽。その上下に数段の竹箍をはめてとめ、下から２～３cmのところに底板がある。樽の上部には杉板と竹箍でつくった∏状の上蓋があり、樽の直径よりもやや大きめにこしらえてある。樽や蓋の表面は質の悪い黒漆を塗ったうえに、樽の胴部や蓋の中央部には赤漆で左右の二つ巴や、三つ巴などを大きく描き、残りの部分に黄土や茶漆で忍冬唐草模様を施してある。こうした本州産の樽のほかに無地の▼酒樽や、*味噌樽、*醤油樽をこれに応用することもあった。（→Ⅱ巻　和人資料［酒樽］、→199頁［味噌樽］［醤油樽］）　　　　　　　〈藤村〉

図10　酒造樽

こがたのしゅぞうだる［小型の酒造樽］　ポンサケカラオンタロ、ポンサケカルオンタルなどと称す。厚さ８mmくらいの杉板を使って、直径30～40cm、高さ50cmくらいのコップ状にした*樽の上下に数段の竹箍をはめてとめ、下から１～２cmのところに底板がある小型の*酒造樽。杉板と竹箍でつくったやや大きめの∏字状の上蓋がついている。樽や蓋の表面は質の悪い黒漆や赤漆を塗った上に、樽の胴部や蓋の中央部には一～三つ巴を大きく描いている。本州からの移入品である。　〈藤村〉

しゅぞうおけ［酒造桶］　コンカと称す。２cmもある杉柾目の厚板で、直径100～120cm、高さが１mくらいの大桶をつくり、下から３cmくらいのところに底板をはめ、蓋は中央部で二つを合わせるようにつくってある。桶や蓋の表面は上質の黒漆地に赤漆で牡丹を、緑漆で葉を描いている。本州からの移入品である。　　　　　　　〈藤村〉

図11　酒造桶

かゆさまし・こうじあえ［粥冷まし・麹和え］　サカエナムテプ、サケヤムテプなどと称す。酒造りのために炊いた粥を人肌にさましてから麹と合わせる作業に用いる容器。素材はイタヤ、カツラ、センノキ、クルミ、シラカバ、ヤチダモの丸太を十分に乾燥させてから二つ割りにし、中を穿って浅く平たい舟形容器にする。出来合いの大きさは長さ60～130cm、幅35～45cm、高さ15～20cmで、なかには片口をつけたものもある。粥と麹を十分に合わせたものは、*酒造樽に空け移すため、幅広の片口がつくと作業に便利であった。祭事の多い家では常備すべきものの一つで、村長の家では３～５枚も所有していた。　〈藤村〉

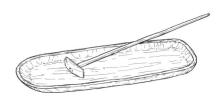

図12　粥冷まし・麹和え

もろみこしき［諸味漉器］　マトゥンキ、イヌンパニマなどと称す。醸造した濁り酒を粗く漉して残った酒糟を容器に入れておいて、酒漉しが終わると諸味漉器に酒糟を入れ、そこへ*酒造樽や*酒漉笊、酒汲み柄杓（*柄杓）などの洗い水を加える。さらにぬるま湯を足し、向かい合って座った２人が一組となって手のひらで諸味を器の底面で磨りつぶし、二番酒をつくる。器の大きさは幅50～60cm、長さ200～250cm、高さ30～40cmくらいもあって、▼丸木舟を３～４等分した大きさで、片方に流し口がつけられ、反対側には取っ手がつけられている。素材は丸木舟を製作する樹種と同じであるが、丸木舟よりも短いので、太さのあるイチイ、ナラ、カツラ、センノキ、ヤチダモ、アサダ、サクラ、シナノキ、ハルニレ、ハンなどを用いる。二番酒は量によって酒造樽や*行器などの容器に入れて保温して発酵を促し、あまりにも酒の気が弱ければ一番酒を加えてつくる。この酒は一番酒に比べてアルコールが淡く、婦女子用の酒となる。諸味漉器の底に残った粗い糟粒は行器

などの蓋にあけて天日干しにしたのち、麹をつくる基にしたり、発酵が遅いときの追い麹として利用する。諸味漉器を用意していない家では、捏鉢や*粥冷ましを利用し、酒造量が少ない場合にもそれらを代用することがある。 〈藤村〉

図13　諸味漉器

こうじおり［麹折］　カムタチカラペと称す。縦30～40cm、横50～80cm、高さ5～10cmくらいの箱を板材で組み立て、▼木釘・竹釘・鉄釘（▼金釘）などでとめ、人によっては底板を生のウドン玉を入れる箱のように、細幅の板を間隔をあけて打ちつけたものもあった。底板が隙間なく張ったものには、やや堅めに炊いた穀類を冷ましたあと底面に撒き散らし、そこへ麹を少量散布する。次にヨモギやフキの葉で上面を覆い、薄暗くやや温度の高くなる*物置や棚の上に置いて発酵させて麹を量産していた。底面に隙間のあるものはヨシで編んだ芦簾（*簾）を敷いた上に同様の処置をした。村長の家では、麹折を3～10箱くらい所有し、それらを一～二まとめにして縄や細引きの端で十文字に結び、屋根裏の木などを利用して梁よりも高い位置に吊り上げて、多量の麹をつくった。 〈藤村〉

図14　麹折

えんとうけいほかい［円筒形行器］　シントコ、ケマウシペ、ケマウシシントコ、ケマコロペ、ワカサシントコ、オッカヨシントコなどと称す。多くは*酒造樽で醸造したお神酒を神事儀礼の場へ汲み出し入れる容器のほかに、お神酒を醸造する際にも使い、気密性が高いことから穀類、澱粉、乾燥野菜などの収納具としても用いられた。本州の寺社や貴族などが用いた中古品や廃棄品を交易で入手していたが、江戸期の後半になってからは各藩が召し抱える工芸家に作製させ、北海道の産物との交易品として生産された。厚さ2～3mm、幅40～50cmの節のない杉の薄板を、熱湯や熱気を利用して曲げて円筒状にし、合わせ目には▼膠を接着剤として塗る。このあと乾燥させ、サクラ皮を紐状にして合わせ目のあたりを縦に縫ってとめる。

次に、この筒の外側には上辺から4～5cmくらい幅の狭い薄板で同様の筒をつくって重ね合わせ、二重になった円筒の底部内側には杉板を円盤状に切り取って膠で接着して底とする。

行器の蓋と身ができたら、砥子を丁寧に塗って漆がのりやすいようにする。場合によっては薄手の和紙や絹布を合わせ目に膠で貼って砥子や漆が隙間ににじむのを防ぐ。何度も塗られた漆は磨きをかけ、その上に金泥、銀泥、各種の色漆を組み合わせて家紋や花鳥風月などを様々に組み合わせて表面や蓋を模様で飾り、螺鈿を施したものもある。次に銅板を切り抜き、多様な模様を組み合わせた飾り板を部分に合わせて小さな胴釘で打ちつけ、蓋と身をからげる真田紐や組紐、編み紐などを取り付けると完成する。 〈藤村〉

図15　円筒形行器

さけこしざる［酒漉笊］　イヌンパプ、イヌンパイチャリなどと称す。醸造の酒漉笊は本州で生産された竹製の丸笊や、片口笊を物々交換で入手した。明治以降は市販のものを購入していたが、それ以前は機織機（▼アットゥシ織機）で織り上げた目の粗い樹皮布や草皮布を縫い合わせて▼風呂敷状にしたものを井桁に組んだ木枠に縫いつけ、笊状につくって酒漉しを行っていた。酒を漉したあとの笊は酒粕をできる限り手で取り去ると、そのまま戸口へ持ち出し、戸口の神に酒気を頼って

くる神や迷える死人などへ酒糟をふるまう。よい気分になって、この家やこれから執り行われる儀礼に悪戯(いたずら)することなく、ふるまわれた酒糟に恩義を感じて味方してくれるように言い含め、退散するように依頼の言葉を述べる。それから、重厚な三拝をしたのち、戸口の柱に打ちつけて酒糟を戸の周辺に散らす。笊(こし)は戸口の脇壁に刺してある串にかけて一夜そのままにしておき、翌日の午後、笊を取りはずして洗って日に当てて干し、日暮れには屋内の壁に取り入れてさらに干す。干し上がった笊は主人が*囲炉裏(いろりばた)端へ下げ、火の神の協力に感謝を述べる。笊へも労をねぎらい、次の出番まで所定の上座にある大型の*酒造樽(しゅぞうだる)の中で十分休息されるように話しかけて納める。(→134頁 和人資料・炊事用具[笊・籠])　〈藤村〉

さけこしざるのうけだい[酒漉笊の受台]　イチャリオマニ、イチャリアマニなどと称す。丸棒または半割棒を3～4本用意し、酒漉し容器の直径よりも4～5cm長く切り、交差する部分を、人によっては受けをつくって紐(ひも)で結束して市販の丸笊や片口笊などをのせて酒漉しを行った。使用に耐えなくなったものは、*囲炉裏(いろり)辺に供え物をそろえ置き、謝辞を述べたあと、*幣場(ぬさば)で結び目を解き、漉し布もはずし、ともに再生を祈って魂を送る。酒漉笊(さけこしざる)の受台(うけだい)も付着した酒糟を手でぬぐいとり、*酒漉笊(さけこしざる)とともに大型の*酒造樽(しゅぞうだる)の中で十分休息されるように話しかけて納め入れる。　〈藤村〉

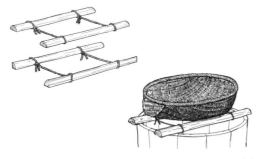

図16　酒漉笊の受台

おき[燠]　ウサッ、ウサハなどと称す。酒造のために煮た穀類を冷まし、用意した麹(こうじ)と合わせたあと、*酒造樽(しゅぞうだる)に仕込んだ表面に酒造目的を告げ、美酒の醸造に協力を求めて祈り、燃え盛る火の中から*燠(おき)をいくつか*火箸(ひばし)に挟んでもらい受け、酒造樽のほぼ中央部に安置する。ジュッと水分を吸って消える音を聞き分けて希望の叶(かな)い方を知ってから酒造樽に蓋(ふた)をする。燠火は酒の女神を

始動させ、酒造樽にひそんでいた魔や雑菌を火の燃焼力で焼却し、蒸発するわずかな湯気は追い討ちをかける様相を人が目で確認できるものと考えていた。　〈藤村〉

しゅぞうだるをつつむござ[酒造樽を包む茣蓙(ござ)]　キナ、トマなどと称す。醸造の時期にもよるが、発酵を促進するために*酒造樽(しゅぞうだる)を*茣蓙(ござ)で巻く。現在では茣蓙の長さや模様の有無は関係ないが、古くは醸造が頻繁に行われていたので、樽を二回しする長さにし、酒の神は女性であるとして、可愛らしい模様をわずかに入れた専用の茣蓙を用いた。これは酒の女神の下着としている。なお、気温が低いときには座を用意するといって別の茣蓙を樽底に当てたが、後世には*座布団がそれに代わった。

また、仕込んだ樽の位置は*囲炉裏(いろり)の下手から見て上座の右側と決まっているが、屋内の温度があまりにも低く発酵がとまっている場合には、囲炉裏端(いろりばた)へ下げて発酵を促す。耳を近づけてプツプツという音が聞こえると、囲炉裏から徐々に遠ざけた。茣蓙は酒を漉す前に取りはずされ、囲炉裏端へ下げおろし、三拝をしてから火の神を通じて今回の働きを褒めそやす。次回の出番まで十分な休息をされるように話しかけ、再び重厚な拝礼をしてから所定の場所である上座の吊り棚の上に戻される。　〈藤村〉

図17　酒造樽を包む茣蓙

しゅぞうだるをつつむおび[酒造樽を包む帯]　クッ、クフなどと称す。古い*酒造樽(しゅぞうだる)を専用の*茣蓙(ござ)で二回しし、その重なりの部分を着物の合わせ目に見立てて腹側として、そこへ男用の帯を二回しして前で蝶(ちょう)結びにして残りを前に垂らした。酒の女神に女性用の帯を締めないのは、神に対して生理のある女性の帯を遠慮したことによる。帯は酒を漉す前に取りはずされて*囲炉裏端(いろりばた)へ下げおろし、三拝をしてから火の神を通じて今回の働きを褒めそやし、次回の出番まで十分な休息をされるように話しかける。再び重厚な拝礼をしてから所定の場所である衣装鞄(かばん)に戻される。　〈藤村〉

しゅぞうだるのきもの[酒造樽の着物]　チミプ、アミプ、コソンテ、コソントなどと称す。酒

の神は女神なので、その家の主婦が*晴着としている着物を2枚重ねて茣蓙の上から着せ、内側は樽の底周りへ寄せ、外側は羽織ったように樽の周りへ広げる。遠くから見ると酒の女神が上座に座っている感がある。着物は酒を漉す前に取りはずされて、*囲炉裏端へ下げおろし、三拝をしてから火の神を通じて今回の働きを褒めそやし、次回の出番まで十分な休息をされるように話しかける。再び重厚な拝礼をしてから持ち主である主婦へ手渡し、主婦は元の場所である*行器へたたんで戻す。 〈藤村〉

さけのめがみのまもりこがたな［酒の女神の守小刀］ マキリと称す。仕込んだ酒が発酵する過程は子供が成長するのと同じであるとし、幼いうちは魔性に弱く、悪にも弱いとして守刀をあてがう。非常時に使用できるように計らい、抜き身や、鞘に収めた*小刀を利用するが、家主の判断でどちらかにする。なお、小刀の柄には*削掛1本を片結びして蓋の中央部や酒の女神の右手側に置く。小刀は酒を漉す前に取り出され、*囲炉裏端へ下げおろし、三拝をしてから火の神を通じて今回の働きを褒めそやし、次回の出番まで十分な休息をされるように話しかける。再び重厚な拝礼をしてから家の主人が所定の場所としている*小物入や小箱に戻す。 〈藤村〉

さけのめがみのまもりがま［酒の女神の守鎌］ イヨッペと称す。地域によっては*酒の女神の守小刀の代わりに草刈鎌（▼除草鎌）を持たせることがある。鎌は思いをもってすればどんな魔性でも神でも、再生が難しいほどの抑止力があるものとし、仕込んだ酒が発酵する過程で魔性が近寄り、生真面目な神であっても酒気には弱く、蓋をあけて覗き見や味見をする傾向があるので、それらへの対処のために草刈鎌を持たせる。なお、鎌の柄には*削掛1本を片結びして、酒の女神が帯をした腰へ柄を差し込む。人によっては*酒造樽に巻いた*茣蓙の上部を手で絞り寄せ、紐でくくり、細く絞った中央部に刃先を前方に向けて差し込む。草刈鎌は酒を漉す前に取り出され、*囲炉裏端へ下げおろし、三拝をしてから火の神を通じて今回の働きを褒めそやし、次回の出番まで十分な休息をされるように話しかける。再び重厚な拝礼をしてから家主の主婦に手渡し、所定の場所である土間の壁に削掛のついたまま柄を差し立てて置き、その後の使用中に自然と砕け散るのをよしとする。 〈藤村〉

じょうぞうようもくへい［醸造用木幣］ トノトセレマッコレイナウ、トノトシユプテクペなどと称す。素材はヤナギ、ミズキ、キハダなど。直径2～3cm、出来上がりの長さ40～60cmで、節があまりない材を山辺から採取する。屋内の戸口から見て上座の左側に敷物を敷き、そこで材の根元側を手前にし、節の有無を改めて見ながら梢側から40～50cmの部分の外皮を▼木幣削り小刀または切り出し小刀の刃を向こうへ向け、手前から向こう側へ刃物を滑らせながら外皮を削ぎ取る。また、人によっては逆に、梢側を手前にし、脚の削りを考えて根元側から30～40cmの部分から木幣削り専用小刀の刃を体の方に向け、手前に引いて40～50cmの部分の外皮を削り取る。木質部に付着している内皮や甘皮も削るが、水分が刃物にまつわるようであれば、夏場なら太陽や風にあて、冬場なら焚き火のそばや*火棚に上げて干す。

ほどよい水分であれば根元側を手前にし、外皮のついた上部の向こう10～15cmあたりから手前に引いて*削掛を何枚も掻き立てる。かつては直径4cmくらいのものを削ったので1カ所に50枚もの削掛を掻き立てたものである。次いで、その反対面にも削掛を掻き立てて一対とする。それから向きを変えて一対をつくり、そのわずか上部から下へ向けて斜め20～30度に刃物を入れ、そこに膝頭を当て、材を手前へ引いて折る。本格的な儀式では、この部分に酒糟を円錐状に盛り上げる。地方によっては2段目のすぐ上に1段目と同じ向きに一対の削掛を立てる。次に根元側の外皮を木質を含め、中心の髄を越えて斜めに削り、その両脇を削って三角錐や四角錐に削り落として刺せるように加工する。人によっては同じものを2本つくって*酒造樽の蓋上に置き、樽が壁に近ければ壁に刺すこともある。 〈藤村〉

図18 醸造用木幣

にごりざけようもくへい［濁酒用木幣］ サケイナウと称す。素材はヤナギかミズキで、直径3～4cm、出来上がりの長さ60～80cmで節が全くない材を利用する。屋内の上座に敷物を敷き、そこで材の根元側を手前にし、切り出し小刀の刃を向

こうへ向け、ごく近い部分から梢側へすべての外皮を削ぎ落とす。おおよそできたら逆向きにして根元側に残っている外皮を削り取る。全体の外皮を取り除いたら、梢側を手前にして▼木幣削り小刀で木質部の表面に残っている内皮の一部や甘皮を削る。水分が刃物にまつわるようであれば、夏場なら太陽や風に当て、冬場なら焚き火のそばや*火棚に上げて干す。

ほどよい水分であれば梢側を手前にし、小刀の刃を手前に向けて、木質部を滑らせるようにして長い*削掛を6〜12枚1カ所につくっていく。削掛に撚りをかけたり、折り曲げたり、ひとまとめにしたりして*木幣の腹や心臓にあたる部分を仕上げる。出来上がったものは壁に立てかけて風に当てて乾かす。これにより、1周する削掛の付け根が外に張るが、それを木幣の肩とする。しばらく木幣を乾燥させたら脚になる部分を円錐状に削り、梢側の不要部を切り落とし平面部や木口の面取りをすると完成する。

木幣は醸造したお神酒を漉す段階に入る前に*囲炉裏端の灰に突き刺し、酒が漉し終わった時点で酒糟を梢側の面に円錐形に高盛りする。すべての儀礼が終わる最後の祈りの後半で、家主が木幣に向かって三拝をし、両手を揉み摺り左右にゆったりと動かしながら、今回のお神酒を持って盛大かつ厳粛なうちに儀礼が終わったことを報告する。酒の女神の威徳を祈念して長く保存することを報告したのち、再び三拝し両手で木幣の胴部へ手をかけ、ゆっくりと引き抜き、足先で穴へ3方から灰を掻き寄せて埋める。さらに三拝して、宝物の列の戸口寄りの桁と屋根の隙間に差し込み、削掛をそろえて下向きに垂れ下げ、また三拝して、その場を去る。外来の人は木幣の数でこの家で何回酒造が行われたか、煙のかかり具合でいつ醸造が行われたかを判断し、神とのかかわりの濃淡を知る。〈藤村〉

図19　濁酒用木幣

さけこしようもくへい［酒漉用木幣］
イヌンパイナウと称す。素材はヤナギ、ミズキ、キハダなど*木幣を製作する材であればどれでもいいが、祝い事には、多くは香りがあって、出来合いが黄色や黄金色になるキハダで作製する。材の直径は4〜5cm、出来上がりの長さが40〜50cmになるような部位を使う。切り出し小刀や木幣削り専用の*小刀を使い、内皮と外皮の間へ刃物を入れて長さ5〜10cm、幅3〜4cmに外皮を削り、チューリップの葉のように翼を立てる。木幣は4本そろえ、脚は根元側の外皮を斜めに削り、その両脇も削って三角錐や四角錐に削り落として、刺せるように加工する。1本ができるとその長さに合わせて残りの脚を削る。

4本が出来上がると*囲炉裏を囲むように配置した*炉縁の中央部分に立てる。このとき一番太いものは戸口から見て上手の炉縁前、次に太いものは左側の炉縁前、次は右側の炉縁前、残る1本は炉尻に立てる。いずれも反りを腹と見立てて火の方向に向け、太さに差が全くなければ、最初に手にしたものから順に立てていく。人によっては上手の炉縁の左右端と、左右の炉縁下手の計4カ所に立てる。醸造したお神酒を漉す段階に入る前に囲炉裏端の灰に突き刺すと、酒漉用の木幣となり、酒を漉し終わった時点で酒糟を梢側の面に円錐形に高盛りする。

火の神へ酒漉しが終了したことを告げる儀式が無事に終わると、下手の2本または炉尻と右側の炉縁前の2本を、家主に指名された1〜2人が家主に代わって木幣に向かって三拝をし、両手を揉みすり、左右にゆったりと動かしながら無事に酒漉しが終わったことに感謝する。これから戸口へ移動する旨を述べ、酒の女神の威徳を祈念して長く保存することを報告する。その後、再び三拝し両手で木幣の胴部へ手をかけ、ゆっくりと引き抜き、足先で穴へ3方から灰を掻き寄せて埋める。さらに三拝して、屋内側の戸口を構成する左右の柱脇の高みに刺し立て、戸口の神に、屋内の酒気を頼ってやって来た神や迷える死人などがこれ以上屋内に入らないように酒糟をふるまう。よい気分になってこの家やこれから執り行われる儀礼に悪戯することなく、ふるまわれた酒糟に恩義を感じて味方してくれるように言い含め退散するように依頼の言葉を述べ、重厚な三拝をして去る。2本の木幣口に高盛りした酒糟は、寄り集まる子どもたちの手のひらへ少しずつ取り分ける。子供たちは手のひらを重ね、三拝しながら酒の女神のおすそ分けを食べ、手のひらをきれいに舐めて終わりとなる。

囲炉裏に残った2本は、家主が木幣に向かって三拝し、両手を揉みすり、左右にゆったりと動かしながら、無事に酒漉しが終わったことはひとえに火の女神のおかげであるとしたが、事の成就には陰ながら火の女神に直接・間接に応援した神々も多いはずである。人間には分からない神々のかかわりに感謝して、この2本の木幣と酒糟を捧げるのである。木幣や酒糟をもれなく分配してほしい旨を火の神に託したのち、再び三拝し両手で木幣の胴部へ手をかけゆっくりと引き抜き、足先で穴へ3方から灰を掻き寄せて埋める。2本を合わせ持ってさらに三拝して、炉尻側から燃え盛る火の女神の手のひらへ渡す。やがて煙を立てて燃えることで、火の女神が人の願いを確かに了承した証として再度三拝して儀礼が終了する。外来の人は、戸口の両柱内側に立つ木幣の数で、この家では何回酒造が行われたか、色あせ具合でいつごろ醸造が行われたかを判断し、神とのかかわりの濃淡をも知る。　　〈藤村〉

図20　酒漉用木幣

にわのかみへのもくへい[庭の神への木幣]　ミンタルコルカムイイナウ、ミンタラフチイナウなどと称す。素材はヤナギやミズキが多く、直径2～4cm、出来上がりの長さが40～100cmで節があまりない材を使う。上座の左側に敷いた敷物の上で、＊醸造用木幣と同じ一対2段4翼、地方によっては一対3段6翼のもの、または脚が長いもので4翼、6翼を削ったものを製作した。酒漉しの前、戸口前の目立つところに差し立てる。酒漉し後は木幣口に酒糟を円錐形に高盛し、家主に指名された人が1杯の＊盃と＊捧酒箆をもらい受け、庭の神の女神とした木幣の前に向かう。捧酒箆で酒盃のお神酒を時計回りに混ぜたあと、捧酒箆についたお神酒の雫を＊削掛やその根元にたらす。家主に代わって無事に酒漉しが終わったことと、酒気を頼ってきた神や迷える死人などが、これ以上家屋に近づかないように濁り酒や酒糟をふるまい、よい気分や心で、この家やこれから執り行われる儀礼に悪戯することなく、ふるまわれた酒や酒糟に恩義を感じて味方してくれるように言い含め、退散するように依頼の言葉を述べる。重厚な三拝をしてからお神酒の一部を庭の女神のお流れとしていただき、残りは庭の女神とした木幣の上部からかけ注ぎ、盃に残ったわずかな量を一気に吸って祈りを終え三拝ののち屋内に入る。外を往来する人は、外庭の目立つところに立っている庭の神への木幣の数で、この家では何回酒造が行われたか、色あせ具合でいつごろ醸造が行われたかを判断し、神とのかかわりの濃淡をも知る。

図21　庭の神への木幣

〈藤村〉

その他

やきぼしのあみひも[焼干の編紐]　チェプテシカルカ、チェヘカラカーなどと称す。シナノキ、オヒョウニレ、イラクサなどの内皮を細く裂いて撚ったものを使う。60～100cmのものを二つ折りにして、焼いて乾燥した1匹の魚の胴部を折り目に置いて1度結び、2本の紐が交差したところへ別の魚を置いて挟むように1度結ぶ。これを繰り返しながら編み、紐の残り部分は吊り下げるように輪状に結ぶ。また、紐3本を使って編む場合もあり、これも紐の残り部分を輪状に結んで吊り下げられるようにする。　　〈藤村〉

図22　焼干の編紐

和人資料

ちょぞうようぐ[貯蔵用具]

　代表的な貯蔵用具は＊桶・＊樽類・＊箱類・陶磁

器類などである。近世末期に桶職人が松前地にいたことが確実で、桶・樽の需要が多かったことが予想され、それ以前から職人がいたものと考えられる。明治期になると、一般家庭用の需要が高まるとともに、酒・醤油・味噌の醸造業者の進出によって、職人がいっそう増加した。また、陶磁器類の製作が道内でも始まるが、良質の粘土がないため、いずれの窯も長続きしなかった。したがって、貯蔵のための容器は本州産の陶磁器類が移入され、使用された。また、ガラス瓶が普及するまで輸送用として使用された酢瓶（*酢徳利）、焼酎徳利などの容器は、塩辛など様々なものの貯蔵に再利用された。一方、生ものの冷凍保存に影響を与えるとともに、食生活を大きく変えた電気冷蔵庫の普及は昭和30年代以降のことであるが、それまでは氷式冷蔵庫が食堂や商店、上流階級などで使用されていた。　　　　　　　　〈氏家　等〉

みそだる[味噌樽]　味噌を輸送する*樽、あるいは仕込む（漬ける）樽。農家や漁家では味噌を自家で製造することが多く、とりわけ大きな漁場では多くの出稼ぎ者が働いていたため、大きな味噌樽を用意していた。味噌は大豆を一晩浸し、煮てから*臼に入れて踏んだり、ついたりしてつぶし、塩と麹を入れて漬ける方法と、味噌玉にして陰干ししてから漬ける方法がある。一般的には三年味噌が旨いと伝えられている。　　　〈氏家〉

しょうゆだる[醤油樽]　醤油を輸送する*樽、あるいは醤油を仕込む（漬ける）樽。一般的に、醤油は購入することが多く、ガラス瓶が普及するまでは陶製の*徳利類が利用された。また、味噌を製造する家ではそのたまりを醤油として利用していた。　　　　　　　　　　　　　〈氏家〉

写真1　醤油樽

つけものだる[漬物樽]　漬物は冬期間や野菜が収穫できるまでの重要な副食・保存食であり、鰊の糠漬け・山菜の塩漬け・たくあん・鰊漬け・飯鮨などの漬物用の*桶・樽はどの家庭でも必需品であった。したがって、大根干し・樽洗い・漬物を仕込む仕事は、どの家でも年中行事の一つであった。　　　　　　　　　　　〈氏家〉

写真2　漬物樽

すどっくり[酢徳利]　明治・大正期を中心に酢の遠距離輸送には、*樽による船輸送では気が抜け味が落ちるとされ、ガラス瓶が普及するまで陶器が使用された。したがって、産地には残らず、主要な消費地である北海道に最も多く残存している。現在、道内に残存している酢徳利は大阪・尾道・鞆・鳥取・秋田などのものである。また、この酢徳利は熱湯を入れ*湯湯婆代わり、種物や塩辛の貯蔵などにも後利用された。〈氏家〉

写真3　酢徳利

あぶらどっくり[油徳利]　油の保存・購入に使用された*徳利。陶器が多く、形態は様々だが酒徳利とほぼ同様のものである。アイヌ民族は動物・海獣・魚などから油をとり、海獣の胃袋などに保存した。また、鰊、鮫などからとる蝦夷地の魚油は早くから本州との交易品の一つで、樽詰めされていた。しかし、菜種類・胡麻などの植物油は本州から移入され、瓶類が普及するまで徳利などが使用された。（→190頁　アイヌ資料[貯蔵用具]）　　　　　　　　　　〈氏家〉

しおつぼ[塩壺]　塩は俵で輸送した。家庭での塩の保存には、一般的に陶製の壺が使用された。また、この塩壺には、湿気を防ぐため蓋のついたものが多い。　　　　　　　　〈氏家〉

写真4　塩壺

うめぼしつぼ[梅干壺]　梅干しの仕込み、保存に使用した陶製の壺・甕。北海道ではもともと梅を産しなかったため、梅干しは本州から移入しているが、流通が整備されると、梅を購入し、自家

でつくることが多くなり、常滑産の甕などに漬ける事例もみられる。　〈氏家〉

さとうつぼ［砂糖壺］　近世・明治・大正期において砂糖はきわめて高価で、貴重なものであった。したがって、甘みには塩を用いることが多かったと伝えられている。砂糖の輸送・保存には主として陶製の壺が使用されていた。　〈氏家〉

こめびつ［米櫃］　米を保存していた木製の収納容器。一般的には蓋のついた長方体の箱が最も多い。米を取り出すときの計量には、▼枡や*椀などが使用されていた。また、米櫃の管理は主婦の重要な仕事の一つであった。　〈氏家〉

写真5　米櫃

れいぞうこ［冷蔵庫］　国産の氷式冷蔵庫（木製）は、1908（明治41）年、東京・銀座の岩谷商会が製作販売したのが最初とされ、当時、アメリカに留学していた岩谷松蔵が製作技術を習得して帰国し、製作したものと伝えられている。この冷蔵庫は上部に氷を入れ、その冷気で下部に収納した生ものを保存する構造で、1955（昭和30）年ごろまで使用されていた。また、昭和初期には札幌など道内でも製作された。一方、国産の電気冷蔵庫が生産販売されたのが1930（昭和5）年で、一般家庭に普及するのは昭和30年代（1955～64年）以降のことである。　〈氏家〉

写真6　冷蔵庫

かめ［甕］

みずがめ［水甕］　飲料水を貯えておくため、台所の流し付近に置いていた焼物の容器。家庭では「三斗入」（約54L）から「四斗入」（約72L）までの水甕を使うことが多い。水甕は、口径が広く、底径が狭く不安定であるため木製の台を設置し、埃よけの木製蓋、水汲みの*柄杓を組み合わせた。底部には、容量や産地を示す墨書きや刻印がみられる。道内には、常滑（愛知県）や石見（島根県）で生産された水甕が多くみられる。なかでも日本海沿岸地域は、江戸時代からの北前船の航路のつながりで、温泉津焼などの石見焼が用いられた。

手押しポンプが利用されるまでは、井戸など屋外の水汲み場から、水を▼天秤棒と水桶（*桶）で台所の水甕へ運搬していた。また、水甕は手押しポンプとの組み合わせでも使われていたが、蛇口をひねると水が出る電動ポンプや上水道の普及により、台所で必要のないものとなった。

〈舟山　直治〉

写真7　水甕

かこうようぐ［加工用具］

代表的な調理加工用具の一つは*臼である。臼類は搗く機能のものと、磨る機能のものに大別できる。搗く機能のものは主として粉はたきに使用する*竪臼・*餅搗臼・*米搗臼、さらに漁村を中心に*蒲鉾臼、農村を中心に分布する*薯餅臼がある。磨臼としては*石臼（挽臼）・製粉用石臼・茶臼・豆腐臼などである。近世から開けていた道南地方には竪臼・餅搗臼・米搗臼をそろえている家が比較的多くみられる。一方、明治期以降に北海道に移住者が入植した内陸部の農村では主として餅搗臼・米搗臼を所有していた。また、石臼は入植当時の食生活が糧飯（混ぜご飯）や粉食が多かったことから、欠かせない食生活用具の一つであった。しかし、これら臼類をすべてそろえている家庭は限られていたため、餅搗臼がない家庭では、借りたり、共同で餅つきをしたりすることが一般的であった。　〈氏家〉

たてうす［竪臼］　水稲稲作の伝播とともに大陸から伝わったとされている。形態的には*臼の外側中央から下部にかけてくびれているものが多く、くびれ臼・おなご臼とも呼ばれる。中の窪みは細長い円錐状で、竪杵を使用する。主として米や稗・粟・小麦など穀物類の脱穀から精白、さら

には製粉に使用した。北海道内におけるこの臼の使用は、擦文文化期からアイヌ文化期、近世後半にかけて徐々に普及したものと考えられる。(→191頁　アイヌ資料［製粉・餅搗用具］)　　〈氏家〉

写真8　竪臼

もちつきうす［餅搗臼］　餅をつくための*臼で、木製と石製がある。臼の窪みは*竪臼、あるいは*米搗臼よりも浅く、三升搗・五升搗などがある。*杵は横杵が多いが、竪杵を用いることもある。近世末期の松前地において、餅搗囃子や餅搗踊りの様子を描いたアイヌ絵や18世紀末から19世紀初頭の旅で見聞した臼をまとめた菅江真澄の「百臼之図」に蝦夷地の臼と杵が描かれていることなどから、このころには餅つきが普及していたと考えられる。　　〈氏家〉

写真9　餅搗臼と横杵

こめつきうす［米搗臼］　精白・精米用の*臼で、横杵を使用するものと、臼を埋め、柄を支柱で支え、柄の先端の臼をつく方に杵をつけ、その反対方向を足で踏んで杵を上下させて米をつく唐臼（踏み臼）とがある。横杵を使用する臼の窪みは、米が外にこぼれないように窪みの上部が内側に湾曲している。また、つく際には米の上に縄で編んだ輪を置き、輪の中を搗き米が飛び散らないように工夫した。鰊漁場では家庭用や漁期の漁民の食料として大量の米を購入して米蔵に収納していたが、その多くは玄米であり、精米のための米搗臼が必要であった。(→Ⅱ巻　脱穀・調整・収納用具［木臼］［臼］［ばったり］)　　〈氏家〉

きね［杵］　杵の種類には竪杵と横杵がある。竪杵は棒状で、杵の中央を握り、その重量を利用してつくもので、世界的に見ると、最も多く分布し、舟形臼などにも使用するが、多くは*竪臼に使用する。用途はきわめて様々だが、日本には稲作の伝来とともに大陸から伝わったとされ、主として脱穀から精白・製粉・餅つきに使用し、北海道でも同様で竪臼・アイヌ民族の座臼、さらには*薯餅臼に使用した。また、横杵は柄の先端に杵をつけたもので、分布は米作地帯と密接に結びつき、朝鮮半島・中国・タイ・台湾・日本などで、西はインドのナガランド地方までである。日本では近世に普及したとされ、餅つき、精米に使用した。精米用の横杵は餅つき用よりも大型の杵である。道内で最も古い杵の出土例は、札幌市K39遺跡の竪杵で9世紀前後のものである。(→191頁　アイヌ資料［製粉・餅搗用具］)　　〈氏家〉

いしうす［石臼］　製粉用の石製挽臼。その発生は紀元前とされ、西アジア、ヨーロッパから東アジアへ伝わったとする説が有力である。日本で庶民に普及するのは近世である。北海道では上ノ国町の勝山館（15世紀ごろ）から茶臼が出土している。挽臼の機能としては、下臼の中央に取り付けた軸棒を中心に上臼を回転して穀物を粉砕し、製粉する。挽臼には水車臼も含め製粉場、豆腐製造などに使用した大型のものと家庭用の小型のものがある。これら挽臼は目の刻み方から反時計回りに回転するが、佐渡では時計回りに回転させる。しかし、佐渡では近世末から大正期にかけて大量の反時計回りの挽臼を北海道向けに出荷したが、なぜ佐渡だけが時計回りなのか、いまだに明らかになっていない。また、岐阜県・三重県出身者が持参した挽臼は挽木を箍で固定しており、出身地の特徴を表している。挽臼で製粉する穀物と食物は、蕎麦（蕎麦・蕎麦がき・蕎麦団子）、小麦（うどん・団子）、米（団子）、大豆（きなこ・豆腐）、凍み薯（団子）、トウモロコシ（糧飯）などである。したがって、移住当時にはもちろんのこ

写真10　米搗臼と横杵

と、昭和20年代の食糧難時代においてもきわめて重要な食生活用具の一つであった。また、道内には挽臼を台座にした墓が釧路市と苫前町にあり、いずれも先祖の労苦をしのぶものであった。
〈氏家〉

写真11　石臼

かまぼこうす［蒲鉾臼］　主として漁村に分布し、蒲鉾づくりに使用された小型の臼で、石製のものが多い。蒲鉾は蒸してつくるが、この臼は最初の作業として魚をすりつぶすために使用した。使用する*杵は堅杵である。
〈氏家〉

写真12　蒲鉾臼

いももちうす［薯餅臼］　主として内陸部農村に分布した、薯餅をつくるための小型の臼。馬鈴薯を蒸かしてから人肌に冷まし、臼でついて餅状にし、ビート糖や砂糖醤油につけて食したり、油炒めや団子汁にして食す。使用する*杵は小型の横杵もあるが、堅杵が一般的である。
〈氏家〉

写真13　薯餅臼

いもすりき［薯擦器］　家庭で澱粉を製造するため、馬鈴薯をする道具。薯擦器として販売されているものもあったが、自家で製作したものが多い。形態は長方形の枠木に▼釘で穴をあけたブリキを固定したもので、あけた穴の突起で馬鈴薯をする。すった薯は*樽で受けるため、薯擦器の長さは使用する樽の直径よりも長く製作し、すりつぶす力で動かぬよう樽に固定して使用した。鰊番屋では大量の澱粉を製造したため、大きな形態の薯擦器が使用されていた。
〈氏家〉

写真14　薯擦器

のしいた［伸板］　餅や蕎麦、うどんなどの麺類を伸ばしたり、成形し、切るための作業台。餅は伸板に打ち粉をし、つき終えた餅をのせ、餡餅をつくったり、伸ばして切り、角餅などをつくる。麺類はこね鉢などで練り、伸板でのしてから細く切り、麺にする。
〈氏家〉

のしぼう［伸棒］　餅や蕎麦、うどんなどの麺類を*伸板の上で伸ばす円筒状の棒で、餅や麺類の厚さや太さ、量などによって太さや長さが異なるものがある。麺類は打ち粉をしながら伸棒で徐々に薄く伸ばし、さらにそれを細く切る。
〈氏家〉

にくひきき［肉挽機］　手動式の挽肉製造機。日本製と外国製のものがあるが、チョッパーと呼ばれていたことからも、輸入していたことが理解できる。いずれも台に固定し、上部から肉を入れて、ハンドルを回し、肉を細かい穴のあいた部分から押し出してミンチ状にする構造である。
〈氏家〉

ミキサー［ミキサー〈mixer〉］　主として果物や野菜などを撹拌したり、粉砕したりする道具。国産の電気ミキサーは1948（昭和23）年に製造販売されたが、昭和30年代以降、一般家庭に普及した。
〈氏家〉

写真15　ミキサー

Ⅰ．生活用具

3．住生活用具

(1) 住居

考古資料

　先史時代の住居については、柱や梁、貫などの上部構造が長い時間の経過により腐食してほとんど残っていないため、その詳細を知るのは非常に困難で、住居の形態は、主に平面形、柱穴、炉の位置や地中に掘られた付属的な施設などからその全体を推定せざるをえない。また、洞窟などの自然地形を住居として利用したり、平地式の住居もあったと考えられるが、その実態はよく分かっていない。さらに、旧石器時代の住居については、北海道東部で、住居の可能性が示唆されている遺構が報告されているが、いずれも住居であるかどうかは疑問を残している。
　約8,000年前の縄文時代早期から約700年前の擦文時代までの基本的な住居は、地面を掘り下げてつくった半地下式の*竪穴住居と呼ばれるものである。
〈平川　善祥〉

たてあなじゅうきょ［竪穴住居］

　縄文時代早期の住居は、平面形が多角形のものが多いが、円形、楕円形のものも存在する。*炉は、竪穴の中央部付近に設置され、石組み炉もみられる。函館市中野B遺跡では、650軒余りの竪穴住居跡が確認されているが、そのうちの大型住居は、平面形が隅丸方形あるいは隅丸長方形で、竪穴中央部にほぼ長方形の掘り込み炉を持ち、炉の対角線延長上の四方に主柱穴が配置された規則性のあるものがみられる。縄文時代前期・中期の住居は、早期の伝統を受け継ぎ、隅丸方形、多角形、円形や楕円形のものがみられる。中期になると五角形を呈し、壁側に床面を2段にしてベンチ状の床面を持つ住居もある。北海道西南部では、土器を埋めた埋甕炉や石組み炉を持つ住居も多く、壁際に周溝を持つ住居もみられる。また、大型のものが増加する傾向にある。特に円筒式土器を伴う北海道西南部の竪穴は、長さが10m、深さが2mを超える大型で深い住居も存在する。縄文時代後期・晩期の住居は、円形や楕円形のものが多いが、隅丸方形・多角形のものもある。晩期の北海道東北部では出入り口と考えられる舌状の張り出し部を持つものが現れる。
　続縄文時代前半の住居は、縄文時代晩期に出現した出入り口と考えられる舌状の張り出し部を持つ竪穴住居が全道に広がる。平面形は円形あるいは楕円形が基本である。この張り出しを持つ竪穴住居は、千島、カムチャツカでも確認されており、カムチャツカから伝播した住居様式の可能性が指摘されている。続縄文時代後半の住居は、発見される墓（*葬送用具）の数に比べ竪穴住居址の数がきわめて少ないのが特徴である。
　5～9世紀のオホーツク海沿岸では、これまで

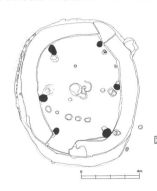

図1　縄文時代前期の住居跡（函館市ハマナス野遺跡）

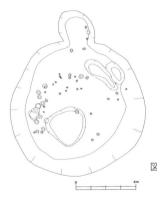

図2　続縄文時代の住居跡（瀬棚町南川1遺跡）

図3　オホーツク文化期の住居跡（枝幸町目梨泊遺跡）

のものと全く異なる文化が栄えた。この文化をオホーツク文化と言う。オホーツク文化期の住居は、平面形が六角形ないしは五角形で、非常に大型の住居が多く、長軸の長さが10mを超えるものもある。住居中央部には石組みの炉を持ち、それを囲むようにコの字形の粘土貼床を持つものもある。壁際には周溝がめぐり、奥壁近くにはヒグマの頭骨や海獣骨などを積み上げた*骨塚を持つ。

　擦文時代の住居は、本州文化の影響を受け住居の形態は大きく変化する。平面形は一辺4～5mの四角形になり、住居中央部に炉、壁際に煙道を設けた*竈を持つ。柱は基本的に4本であるが、大型住居のなかには6～8本持つものもある。住居の上部は、4本の柱を垂直に立て、その上に側桁をめぐらし屋根構造を支えたと考えられるものが多いが、竪穴外側の四隅から対角線上に4本の扠首材を斜めに架け渡し、屋根構造の主体をつくったと考えられる例もある。いずれにしても擦文時代の住居は、竪穴式で上部構造は四角錐状の方形屋根あるいは寄棟屋根が一般的であったと思われ、のちのアイヌ文化の家屋に影響を及ぼしたと考えられる。（→205頁　アイヌ資料［本宅］）

〈平川〉

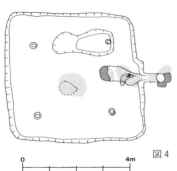

図4　擦文時代の住居跡（雄武町雄武竪穴群遺跡）

じゅうきょないしせつ［住居内施設］

ろ［炉］　住居のほぼ中央部には炉が存在する。縄文時代、続縄文時代の炉は、床に直接焚き火をした地床炉、床をわずかに窪めた炉、こぶし大程度の礫を円形、正方形あるいは長方形に囲んだ石組み炉、床に土器を埋めた埋甕を炉として利用した埋甕炉などがあり、暖房用や炊事用として使用した。オホーツク文化期には、石組み炉がみられる。

〈平川〉

かまど［竈］　擦文時代になると、本州文化の影響を受け、住居中央部付近に存在する暖房用の*炉とは別に、壁際に煙出し用の煙道を持つ炊事用の竈が設置されるようになる。　〈平川〉

ベンチじょういこう［ベンチ〈bench〉状遺構］

　縄文時代前期から中期には、住居の柱穴を結んだ線より外側に、床面をやや高くするベンチ状あるいはベッド状遺構と呼ばれる構造を持つ住居がみられる。柱穴を結ぶ線を境に居住空間と寝床あるいは物置などに空間を分けた住居と考えられる。また、擦文時代には木製のベンチ状遺構を持つ例が火災住居で確認されている。　〈平川〉

うめがめ［埋甕］　*竪穴住居内の出入り口に近い床面に埋められた深鉢ならびに埋められた施設を言う。北海道南部の縄文中期終末の「大安在B式土器」期に顕著で、尖端部がとがった舟形住居の中央部に小ピットが掘られ深鉢の底を打ち欠いて、口縁部を上にして、あるいは逆置される場合もある。内容物の分析などにより胎盤（*胞衣・後産入）が収容されたとみる説が有力である。

〈野村　崇〉

こつづか［骨塚］　オホーツク文化期の住居内において、*炉の奥などにクマの頭骨を数十個～100個以上を積み重ねて動物祭祀を行った場所である。クマ形彫刻品が出土することもある。〈野村〉

じゅうきょのふぞくしせつ　　　　［住居の付属施設］

　先史時代の住居付帯施設については、よく分かっていないというのが現状である。*竪穴住居周辺には様々な形、大きさの土坑（地表面を掘りくぼめた穴、*土坑墓）が存在する。そのほとんどは住居に付帯するものかどうかは不明であり、ま

た、上部構造が不明なため、その機能や用途が分からないものがほとんどである。特殊なものとして、＊フラスコ状ピットと呼ばれる土坑がある。

〈平川　善祥〉

フラスコじょうピット［フラスコ〈flask〉状ピット〈pit〉］　北海道南西部の縄文時代早期から後期にかけて住居の近くでみられる遺構で、その断面がフラスコを逆さまに置いたような入り口が狭く末広がりの土坑（どこう）である。住居の中につくられることもあるし、住居外にもつくられた。食物などの貯蔵を目的としたものと考えられるが、墓として使用された例もある。〈平川〉

アイヌ資料

大自然の摂理に合わせて成・生育する動植物を食材とし、その調達にほぼ1年をかけながらの自給自足の生活では、早春は海浜へ、春から初夏にかけては河口からやや上流部へ、夏は河川の中流域へ、晩夏から初秋にかけては下流域へ、中秋から晩秋にかけては再び河川の中流域へ、初冬からは越冬する場所へ、中冬は河川の中・上流域へ、晩冬から早春にかけては再び河川の中・上流域へと、季節によって、あるいは食材の量によって居所を変えていたことから、一家族が所有する家の数は7～10戸にも及ぶ。したがって、滞在期間の長さや常用するか否かによって、家のつくりは簡素なものから本格的なものに及ぶ。〈藤村　久和〉

ほんたく［本宅］

チセ、サハチセ、サクチセ、シロマチセ、ケンル、エカシケンル、タテ、ヤカタなどと称す。平地式の住居の母屋（おもや）の最小面積は、2間に3間の12畳間を一間（けん）と、1～2坪（2～4畳）の物置を合わせた大きさで、家の人数や用途によっては、母屋だけで5間に7間というものも存在した。小型の家は、両手を広げるごとに柱の位置を決め、歩幅では3歩で1間の長さに主柱を立て、その間に間柱（まばしら）を1本置くようにした。窓や出入り口など場所によっては間柱を2本にした。柱の長さなどは、すべて手を左右に広げた長さを1尋（ひろ）とし、胸の真ん中から中指の先までを半尋、手の親指と人差し指を広げた長さ、親指と中指を広げた長さ、肘（ひじ）から握り拳（こぶし）、肘から中指の爪（つめ）先までの長さ、拳、指の第二関節の長さ、腰、乳、肩、立って腕を伸ばしたときの体の長さを駆使し、またヤチダモや、タラの若生（わかばえ）を物差しにするなどして計測する。

柱の梢（こずえ）側は、可能であれば二股（ふたまた）を利用するが、無理であれば▼鉞（まさかり）でV字状に削って桁（けた）の受けとする。柱の根元側は鉞で切り倒した際にできるV字状の削り面を可能な限りn字状に削って、家の重みで柱が地中に刺さり込むのを防ぐ。人によっては河原で採集した厚みのある扁平（へんぺい）な石を柱穴の底に入れて柱の沈下を防ぐ。また、腐食防止のために柱根の表面を焚き火で焦がし、のちに酸化して食用に耐えない油を柱の根元に流し込んで防腐剤ともする。立てる柱の調整は、物差しのほかに四隅の柱の側に臼（うす）（▼堅臼（たてうす））をひっくり返して台とし、それを基にして見通し、多少の凹凸は土や小石を挟んで調整する。

小型の家は屋根の2本の桁に2本の外梁（はり）や、2～3本の内梁を組み合わせ、ブドウヅルやシナノキなどの皮を撚った縄で結束する。これに棟木（むなぎ）の高さを固定する三脚を二つ立てる。三脚の根元はV字状に削り、梢側は紐輪で結んでまとめる。梢側に刻み目や溝をつけると輪はより固定される。地域によっては紐輪のほかにブドウヅルの外皮を取ったものを火に炙って軟らかくし、紐輪と同様にする。一つの三脚の根元を、桁2カ所、外梁1カ所の屋内側に刻んだ受けの溝に挿入して紐で固定する。もう一つの三脚も同様にし、二つの三脚に棟木を通すと屋根の外形ができる。

二つの三脚の内側に桁と外梁と平行に2～3段の棒を渡して紐で結束し内枠をつくる。これは三脚が多くの垂木（たるき）やそれに交差する横木、その上に厚く葺（ふ）くヨシの重量、さらには冬季の積雪の重みにより三脚が内側にゆがまないようにするためである。人によっては外枠にする場合もある。棟木にかける垂木の根元はV字状に削る。垂木はほぼ半尋（ひろ）ずつ立てかけるが、梢側は上方へ行くにしたがって狭くなり、最上部の30～40cmは開いたままとし、ここを煙出（けむりだし）とする。外梁側の垂木は三脚の内外に組んだ枠木に結束し、次に垂木に交差する横木はほぼ半尋ずつの間隔をあけ、交差する部分を紐で結ぶ。

屋根組が出来上がると、おおよその重さを指揮

者が手に持って量り、持ち上げる担ぎ手の人数を勘案する。担ぎ手の数が少なければ、屋根組の片方を全員で持ち上げ、両隅に伏せた臼の底面にのせ、反対側も同様にする。次いで、先に担いだものを持ち上げ臼を二つにしてそこにのせ、反対側も二つ目の臼底にのせる。さらに臼を三つにしてそこに屋根組をのせたら片方の柱列をやや内側に傾け根元を土で埋め、掛け声とともに一気に柱の二股にのせ上げる。もう片側の柱列も同じ手法でのせ上げる。こうすると、家の断面は将棋の駒のように、いわゆる外踏ん張りの形となる。家の形の歪みを調整したら、柱の根元に寄せた土を足で踏み、棒で突き刺し、石でたたき込む。

屋根組の担ぎ手が多ければ、屋根の全面をヨシ束で葺き、場合によっては半分、3分の1〜3分の2までを葺いて持ち上げることもある。棟木に垂木を寄せかけると、棟木の中央部分が積雪でたわんで棟木の両端が上向きになるが、これは口承文芸に聞かれる「棟の上手と下手が反る」という表現と一致する。屋根の構造としては弱いので、道東北地域では棟木の下の地表から棟持ち柱を1〜2本立ててある。屋根の勾配は地域によって異なり、積雪地域で「へ」状とすれば、豪雪地域や内陸部では勾配がきつく「∧」状となり、積雪の少ない太平洋沿岸などは、「へ」状よりも緩い角度となる。

大型の家は屋根を持ち上げられないので、足場を組んで柱を立て桁や梁を並べ、さらに足場を上げて屋根を組む。次いで、*前小屋の大きさに合わせて、主柱・間柱を立て桁や梁を渡す。垂木は緩い片流れであれば、母屋の外梁に梢側をかけて前小屋の入り口の方へ渡す。傾斜をきつくしたい場合には、母屋の外梁の中上あたりに梢側を結ぶ。母屋や前小屋の壁は隅柱・間柱に半尋の半分間隔で、戸口や窓などを除き、全面に横木を交差させ紐で結束する。

母屋や前小屋の外壁はヨシ束の根元を下に穂先を上にして立て並べ、地表から10㎝程度の高さに横木を当てる。針の使い手が屋内側から針を外へ出すと、紐の結び手は針穴に紐を通す。次に針の使い手が針を引いて、横木をまたいで針を外へ出す。紐の結び手は針穴から紐を抜き、横木をまたいで紐を結び、隣のヨシ束を引き寄せてたたきながら詰めて、30〜40㎝の間隔をあけて結んでいく。最下段が結び終わると、その上段を同様に結ぶ。ヨシ束を重ね合わせ、軒のヨシ束との間に隙間ができないようにし、最上段を結び、その中間へも横木を当てて結束する。ヨシ束は、屋根の軒に当たる最下段は太く、上段になるにしたがって束を細くする。束は大中小の3種くらいにつくるが、壁用のヨシ束はできるだけ長いものを使い、束の太さは同じものである。

屋内の内壁は、柱間が凹状になっているところへ外壁と同じようにヨシ束を並べる。外側と違って張り莫蓙（*莫蓙）の下になり人目には見えないので、短いヨシ束を使っても問題ない。凹間に横たわる横棒の端に紐を結び、ヨシ束を床に立て紐を束に斜めにかけて横棒の上から下へ抜いて手前へ引きしめながら、ヨシ束を並べ紐で絡めていく。内壁を葺き終わると、内壁に芦簾（*簾）を張って串で要所要所をとめ、さらにその上に莫蓙を張りめぐらす。床は地表の凹凸をならし、刈り貯めておいた敷き草を厚く敷き、その上に芦簾の一部を重ね敷いて要所要所を串でとめ、さらにその上に莫蓙を敷き延べ、一部を重ねて両端を串で刺しとめる。　　　　　　　　　　〈藤村〉

しゅちゅう [主柱]　トゥントゥ、イクシペ、チセシッケウ、チセシシケウなどと称す。母屋を2間に3間の12畳間とした場合、柱の太さは直径20㎝、長さは両手を広げた二つ分の2間とし、梢側に桁や梁を受けるための緩い二股がある立ち木を選ぶが、そのような木がなければ、梢側の木口に緩いV字状の受けを▼鉞で彫る。この主柱は、戸口から見て左右の壁に4本ずつ、正面の窓と、母屋の入り口を構成する左右の柱と合わせ12本を用意する。素材は、居住する地域に生育す

図1　本宅

る樹種のうち、できる限りまっすぐで木質部が硬く腐りにくいものを選ぶ。イチイ、ハリギリ、ヤナギ、ドロ、シラカバ、シナノキ、オヒョウニレなどは除外する。また、適当なものが入手しづらい場合には、太いものを二～四つ割りにして使うこともある。用意された主柱のうち、最も太い順に4本を選び、戸口に立って、左奥、右奥、左手前、右手前の順に隅柱を決める。残る柱のうち最も細いもの2本は窓の脇柱、次に細い2本は母屋の戸口の脇柱とし、2本を比較してわずかに太いものを川上に向かって左側に据え、残りの4本も隅柱と同じように配置する。柱の先はすべて内側にやや傾けて外踏ん張りにし、全体はやや台形の鐘楼のように立てる。柱は埋めたあと、地面と接する部分が最も腐食しやすいので、根元から地表に出る約20～30cm分を焚き火で焼き焦がしてから立てる場合がある。　　　　　　　　　　〈藤村〉

どま［土間］　モセム、モセン、アサンド、ウサントなどと称す。＊前小屋と母屋の炉尻は建築時の地表そのままであるが、箒で清掃をするうちに徐々に低くなってくるので、減った分は砂や川砂利を撒いて平坦にする。人によっては、山や川岸から粘土を多量に取ってきて、硬くなった土間に4～10cmも厚く敷いてつき固め、箒も使いやすい、立派な土間・内庭につくり替えることもある。　　　　　　　　　　　　〈藤村〉

ひじょうぐち［非常口］　オヤアパと称す。家屋では火を使うが、燃えやすい素材で建設されているので、火の不始末による火事が起きやすかった。火の元となる＊囲炉裏が母屋の戸口付近にあり、屋外への避難が容易ではないので、各戸に非常口が設けられている。たいていは窓下の壁をはずすようになっていて、家によっては別に設けることもあるが、いずれも屋外からは開けにくく、屋内からは開けやすいつくりになっている。

例えば、屋外のヨシ束を押さえて紐で結束したあと、屋内側の柱間の横木を切断。手前にヨシ束を2本の棒で押さえたものをはめ込む。非常時にははめ込みをはずし、ヨシ束を結ぶ紐や横木を切って外へ出る。家によって様々な工夫がこらされているが、それを知っているのはこの工作に参与した2～3人の身内だけで、他人には分からない。こうした非常口は、人が避難するだけでなく、宝物類も容易に屋外へ持ち出せるようになっている。　　　　　　　　　　　　　　〈藤村〉

まえごや［前小屋］　モセム、モソンなどと称す。母屋の入口を含む川下側の部分の全体を覆う小屋を言い、母屋の建築時に合わせてつくられる。柱材や外覆いの素材は母屋と同じである。前小屋の大きさは、母屋とのかかわりで大小あり、狭いものは1坪（3.3㎡）、大きいもので3坪くらいもある。前小屋の空間は薪や使用頻度の高い用具、屋外で乾燥中のものの一時置き場となる。また、雨天や降雪の際には▼杵搗き（脱穀、精白、製粉）、機（▼アットゥシ織機）織り、＊茣蓙織り、刺繍など日常生活を支えていた女性の作業場として活用し、子供の遊び場ともなる。また、地面には穴を掘って低温収納も行った。　〈藤村〉

かみまど［神窓］　神窓は通常は主に神事の際に開き、動物神やその肉骨・内臓類、製作した小型の＊木幣、祭祀用具などを出し入れするが、普段は閉じている。　　　　　　　　　　　　〈藤村〉

べったく［別宅］

オヤチセと称す。別宅には二つの意味がある。一つは本宅に対するもので、かつては同じ河川流域を早春から晩春は海浜に食材を求め、初夏から仲夏までは山菜採集をし、仲夏から盛夏まではマス漁、盛夏過ぎから晩秋まではサケ漁、晩秋からは越冬用の半地下式住居の整備や食料の集荷、＊薪の移送などのために利用した。早春に暮らす海浜の家も同じように手当てして、降雪のころになってから半地下式住居に移る。このような季節の変化に合わせて移動していたために、現在居住する家以外はすべて別宅といえた。もう一つは第二夫人の居宅などのことである。第二夫人を迎えるには、第一夫人の同意が条件で、第一夫人と同居することが多いが、性格が合わなければ別宅を建てることがある。また、未亡人を第二夫人とした場合にはその先夫の家が別宅となる。これは第一夫人が認知しない場合も同様である。　〈藤村〉

かりごや［仮小屋］

まるごや［丸小屋］　トマカシ、カシなどと称す。仮に住む小屋の総称で、つくりは様々である。最も簡単なものは、舟を漕いできた櫂3本で三脚を立て、それに持参した＊茣蓙を適宜巻きつけ、上辺や端を紐で結び三角錐の形にする。また

図2　丸小屋

は櫂4本を使って四角形の小屋をつくる。人によっては三角錐に棒を何本もかけて多角錐にもする。山中では茣蓙の代わりに松の枝の切り口を上向きに、葉先を下に向けて立てかけ要所を木の内皮などで結ぶ。滞在期間は最大で1カ月くらいであり、軽症の治療小屋や出産の小屋としても使用される。　　　　　　　　　　　　　　　〈藤村〉

かたやねのかりごや［片屋根の仮小屋］　カシ、アルケカシと称す。この仮小屋は、*拝小屋の半分の形で、柱材は径2～4cmくらいの細木を使って組み立てたものである。場所は、水辺を第一とし、人数も1～2人の小さな空間で、冬季を除く時期に使われる。主柱は上が二股になった長さ2m強の棒。その根元を円錐状に削って川上と川下側に立て、その間に根元を川上に向けた1本の棒を横にしてのせ棟木とする。川上と川下側の柱からそれぞれ1mくらいの間隔に根元を円錐状に削った2本の棒を立てかけて紐で結び、壁を兼ねた屋根とする。棟木の中央から真下に向かって*木鉤を吊るして炊事ができるようにするが、屋根を補強するために、棟木の中央に1本加えることもある。屋根や壁を覆う素材は、拝小屋と同じである。床のつくりも拝小屋と同じで、集めた焚

図3　片屋根の仮小屋

き木は川下の壁に積んで置く。また、時間的な余裕がある場合には、30～60cmの壁を立ち上げ、それに屋根を組み合わせることもある。　〈藤村〉

おがみごや［拝小屋］　カシ、クチャなどと称す。小屋の断面が「∧」「ヘ」、あるいは「∩」状の屋根型小屋類の総称で、構造は叉手と棟木1本でつくり、丈夫さと、長期利用を考えて棟木の手前側と後ろ側に棟持ち棒を添えることもある。里では仮屋として、出産や長期・重度の治療小屋、葬用に送る家の代用として使い、山野や海では狩猟や漁労、畑作、山菜採集用の小屋となる。後者は長年の使用に耐えるように拝小屋、合掌小屋よりも丁寧につくられる。(→Ⅱ巻　狩猟用具［猟小屋］［拝小屋］)　　　　　　　　　〈藤村〉

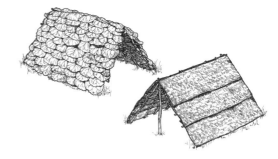

図4　拝小屋

かべつきごや［壁付小屋］　クチャチセ、カーアマチセなどと称す。しっかりしたつくりの*拝小屋（合掌小屋）に四壁を備えた本格的な家屋に近い。場所によっては狩猟、漁労、畑作、山菜採集用の小屋となり、時と場合によっては永住することもある。　　　　　　　　　　　　　　〈藤村〉

図5　壁付小屋

えっとうようのいえ［越冬用の家］

トイチセ、マタチセなどと称す。冬の厳寒期を過ごす、いわゆる半地下式の*竪穴住居。寒風が直接当たらない山陰で日当たりのよい南向きの平地や緩い斜面を選び、2～5間四方の穴を掘ってその土で周囲や低い部分の壁面を高める。壁面の

崩れを防ぐため幅20〜25cm、長さ50〜70cmの割板を刺し込み、適当な間隔に杭を打つ。この杭の上または、上下に横棒を渡して紐で結び、割板が土圧で内側に倒れないようにする。＊竈や出入り口の位置を決め、中央に＊囲炉裏を設ける。内壁から1.5m内側の四隅に、床から立った人が手を伸ばした高さの柱を立て、その柱の二股のところに桁を渡す。

それから長い垂木を地表から桁を通して１点に交差するように立てかけたり、木舞材を垂木に交差させて紐で結んだりして、家の骨組みをつくる。このあと、＊前小屋の柱を立てこれに桁を組み、垂木をのせる。その端は同じくらいの高さかいくぶん高い木舞に結束し、脇壁も木組みする。

こうして家の骨格が出来上がると、ヨシで編んだ芦簾（＊簾）を１周させ、上辺の数カ所を紐で木舞にくくりつける。芦簾を張り終えると、下辺からヨシ束を木舞に沿って出入り口の部分を除いて一列に並べ、ヨシ束の上方に押さえの棒を渡す。次いで細長い棒の先を削って穴をあけ、縫い針と同じようにしたものを使って紐で結束し、上方へ葺いていく。

床に立って手の届くあたりに小窓を設け、冬猟で得た陸獣の頭蓋骨を出し入れする。最上部は煙抜きと採光のために、少しあけて葺く場合と、全体を覆う場合とがある。前小屋も同様にヨシで葺き終えると、越冬用の家は出来上がる。この家へ周囲から土を寄せ上げ、上層部には表土を剝いだときに除去した草の根株や木の根の切れ端などを土止めの代わりに並べ、その隙間に土を上げる。最上部に煙抜きを設ける場合にはその近くまで土を搔き揚げ、塞いでいる場合には最上部も土で覆う。

〈藤村〉

図6　越冬用の家

かおくのふぞくせつび［家屋の付属設備］

べんじょ［便所］　ルー、エソイネル、オソマウシ、チルムンカ、トゥイマルーなどと称す。排便は屋外で行い、場所は、ほとんど家屋の下手に設けられた。家に付属した畑の一角であることが多い。まずは便を溜める穴を掘るが、家族数や女性の多少によって穴の深さが決まり、また、水分の吸収が大きい砂地や粒状の火山灰土と、粘土地などの土壌によっても深さに違いがある。下肥の汲み取りをするようになると、穴の深さは人の肩くらい、浅くても腰くらいまでとなる。それ以前は50〜60cmであった。掘った土は穴の周囲に盛る。これで穴の深さを増すほかに、周りからの水の浸透や流入を防ぎ、満杯になって埋め戻す際にも作業は容易となる。上から見た穴の形は楕円形が多く、円形の場合は直径60〜100cm、楕円形であれば60cm×100cmくらいであるが、場所によっては周囲から崩れ落ちて、穴は大きく埋まって浅くなる傾向にある。この穴の周囲に三脚を立てて周りを芦簾（＊簾）やヨシ、ササ、ヨモギなど身近にある素材を使って葺き上げて三角錐状にする。その１面の上方からヨシ、ヨモギ、ハギ、オギなどで粗目の簾を編んで吊り下げる。また、三方に壁を立て、後方に片流れの屋根をかけ、手前に芦簾や＊板戸を持つ形式がほとんどで、まれに３壁に∧型の屋根をかけたものもあった。

信仰心があつく妻女に気を配る家では男女別に便所を建て、家に近い手前を男性用、少し離れて女性用とし、洗濯した＊生理帯などは女性用便所の陰に干すのが通常であった。芦簾や板戸は左から右へ開くことが多いが、時間的余裕があれば、５cmほどに開いている芦簾を下から上げてくぐって入ることもする。入るときには一声かけて使用中か否かを確認し、使用中であればその旨を告げたり、咳払いしたりする。返事はないが、人の有

無を確かめたいときは、足先で芦簾の裾を軽く上げ、衣類や足先が見えたら足を引いて芦簾を下ろす。入ってからはそのままかがむ場合が多いが、向きを替えることもある。

　排泄物が穴を覆うくらいになると別の場所に穴を掘って小屋を移動させ、元の穴は周りの土を寄せて埋めた。季節によって住居を替える暮らしでは、常設の家には便所が併設されていたが、短期間の滞在では仮住まいの下手に穴を掘って用を足し、帰りには埋めるのが常であった。1～2泊であれば場所を決め、周囲の草を刈り取って脇にまとめておいて、使用後には刈った草で覆うこともした。乳幼児には便所を使わせず、家の下手の畑に軽く穴を掘り、乳幼児の後方から両腿を両手で抱え上げて排便させた。〈藤村〉

図7　便所

だんせいようべんじょ［男性用便所］　ルー、エソイネル、オコイマウシ、オクイマウシ、オコイセシ、ハンケルー、チルムンカなどと称す。男子専用の排尿場所は家屋の下手で、一般の*便所より近くに設けられている。尿を溜める穴は人数や土壌の質によって掘る深さに違いがあり、穴の深さは30～50㎝くらいである。上から見た穴の形は円形で直径30～50㎝、または楕円形で100㎝くらいとし、周囲に石を配して場所を区画し、中へは吸水しやすいように砂や小砂利、小さな火山灰塊を敷き詰める。後世には漂着した*樽や*桶を埋めるようになる。〈藤村〉

だんせいようべんじょのかこい［男性用便所の囲い］　ルーカキ、エソイネルーカキ、チルムンカカキなどと称す。家屋の周辺一帯が見通しのよい畑の場合は、三方を高さ1mくらいの囲いで覆う。囲いは要所に杭を打ち、杭の間に横木を2本上下に組み、ヨシ、ササ、ヨモギ、オギ、ススキ、オオイタドリなどの茎を小束にし、紐で上下の横木と束を絡めながらとめると完成する。人によっては雨除けに傾斜の屋根をつけることもあ

る。また、場合によっては女子もここで立小便をする。排尿の臭気が漂うようになると、別の場所に穴を掘って新しい排尿所（*男性用便所）を設ける。季節によって住居を替える暮らしでは、常設の家に排尿所が併設されていたが、短期間の滞在では下手に穴を掘ってそこで用を足し、帰りには埋めるのが常であった。1～2泊であれば場所を決め、周囲の草を刈り取って脇にまとめ、使用後には刈った草で覆うこともした。〈藤村〉

図8　男性用便所の囲い

べんじょのまたぎいた［便所の跨板］　ルーイタ、ルーコルイタ、ルーコルカムイパスイなどと称す。便所には排泄物を溜める穴の上に2枚の板を渡し、それをまたいで腰を下ろして用を足す。板は後世になってからは、もっぱら漁業や林業で使用する歩み板や、製材の端材を利用した。かつては質がよく割れやすいタモ類材を*鉞と*矢を使って直径30㎝の丸太なら2～4枚割りにし、15㎝程度なら上下面を削って太鼓状にしたものを使用していた。また、直径5～10㎝程度の丸太であれば、シナ縄で3～4カ所を*茣蓙編みの要領で編んで板代わりとした。昔は排便用の穴を便所の女神の食器とし、それに渡した2枚の板や丸太は2本の*箸と連想して、そこに痰や唾を吐くことは厳禁であった。したがって、難産の際には女便所の神に酒杯（*盃）を持っていって事情を話し、跨板の左右の幅を広げ、同様に産道を広げるように祈願して跨板の上にのせてから、その酒杯を産婦に飲ませて出産を早める呪いとした。〈藤村〉

図9　便所の跨板

べんじょのしりなぎ［便所の尻な木］　ホヤイケニと称す。素材は、オオイタドリの枯れた茎の節を切り取り、残りの茎を太さに合わせて二〜八つ割りにして溜め、適当な太さになったら中央部分を紐で結び、たいていは*便所に入って右隅の柱に結びつけて吊り下げる。使用するときは1本を引き抜き、利き手で握って肛門を削るようにする。便がとれたようであれば、残りの茎の表面を端まで肛門に当てて滑らせて拭い取る。それで十分でなければ2本、3本と使う。使用した尻な木は、便所を出た左手の壁より1mくらい離れた場所に収め、雨や雪に当てて汚れを洗い流し、春秋の日に*棒状木幣を1本添えて、謝辞と再生を祈って焼却する。家によっては壁から2〜3m離れた場所に1mくらいの棒状木幣を1本立てて、そこに尻な木をまとめ、そのまま焼くこともある。なお、尻な木材となるオオイタドリは、風雪除けのため秋末に刈り取って立てたものを大束にして便所の裏側に立てておき、日和を見て尻な木をつくり、残り屑も尻な木置き場にまとめて置いた。

〈藤村〉

図10　便所の尻な木

しりふき［尻拭］　ホヤイケヘ、ホヤイケプなどと称す。身近でたくさん採取できるオオイタドリ、ウラジロイタドリ、フキ、オオバコ、エゾノギシギシ、ヨブスマソウなどの葉を20〜30枚摘んできて、太陽に裏面を当ててほどよくしんなりしたらまとめて重ね、*便所に入って右隅柱に吊り下げた*木鉤に葉の中央を刺す。使用後はそのまま下に落とす。地域によってはサルオガセや、シラカバの薄皮も使用する。山野では排便した付近に生育する草の葉をちぎって使う。

〈藤村〉

しりあらい［尻洗］　オソロフライェ、ウシクイヘフライェヘ、オトンプイフライェプなどと称す。シラカバ、マカバ、サクラ、ヤチダモなどの樹皮を折り曲げて、20cm方形で深さ10〜15cmの浅い容器をつくる。これに水を入れて肛門を手で洗い、その水を下に落とす。容器は出口の左右壁に結ばれた*木鉤から吊り下げる。洗い水は漂着した*樽や*桶、使い古しの水汲み容器、水入れ容器などに入れておくが、水が凍る冬期間は利用できない難点がある。

〈藤村〉

べんじょのめがみへのもくへい［便所の女神への木幣］　ルーコロカムイイナウと称す。簡略な場合には2本の*削掛を便所の入り口の脇上に刺して、小屋の神に捧げて*護符にするだけですませるが、便秘や痔、下痢性の家族がいると、*棒状木幣を1本つくって、入った左隅柱の手前に立てて快便を願う。

棒状木幣の形態は地方によって異なる。

〈藤村〉

図11　便所の女神への木幣

だんせいようべんじょのだんしんへのもくへい［男性用便所の男神への木幣］　ルーコロカムイイナウと称す。簡略な場合には*削掛を2〜4本つくって、便所の両端や曲がり角の杭のあたりに刺して、囲いの神に捧げて*護符にするだけですますが、夜尿症や頻尿・残尿があったり排尿に勢いのなくなった家族がいると、*棒状木幣を1本つくって、垣に向かって左隅柱の手前に立てて快尿を願う。棒状木幣の形態は地方によって異なる。

〈藤村〉

図12　男性用便所の男神への木幣

ものおき［物置］　イオマチセと称す。屋内に収納できないものを一時的、あるいは一定の期間保管し、さらには常設の場所とするもので、明治政府の勧農政策による農機具の置き場、農耕馬の関係用具、林業用具、漁業の自営化などによる漁具

図13　物置

類を収納した。当初は※前小屋（まえごや）の土間や、▼畑小屋（はたけごや）、舟囲い小屋などを利用していたが、徐々に専業化が進み、貨幣経済に組み込まれていくと、収入の増加を見込んでそろえた器具や用具類の収納に迫られ、別棟を小さな家屋と同じ要領で建てて物置とした。それもやがては馬小屋へと変容した。 〈藤村〉

たかゆかしきそうこ［高床式倉庫］ プー、オッカヨプー、イコロオプー、メノコプーなどと称す。床面を地表から高くすることにより積雪があっても容易に食料を取り出せること、湿気を除き通気性をよくすること、食料を獣虫害（ネズミ、昆虫ほか）から防ぐなど、いろいろと対応したものと考えられている。したがって、床の高さは積雪の少ない地方でも1.5mくらいはあり、豪雪地帯では2mを超えることはなかったが、明治政府による勧農政策によって馬の飼育が始まると、倉庫の下を馬小屋に利用することから2mを超えるものも存在した。雨の日には子供たちの遊び場にもなっていた。床面積は1～4坪と差があり、柱もそれに合わせて4本、6本、8本、9本と多様である。かつては主人用と夫人用とを別々に建て、物語のなかでは収納物（漆器、穀類、乾魚干肉、干菜、毛皮、家具調度など）に応じて家の前に6棟、家の背後に6棟も用意されていたという。

倉庫は収納物の関係上、周りに建物がないため日当たりもよく通気性に富んでいて、母屋（おもや）に近い場所に建てられる。土台となる柱は近くの山で用意するが、エンジュなどの腐りにくい樹種を選定し、できれば倉庫の床面を受けやすい、股状になったところを利用できるように切り出す。股状でない柱は上部をV字に削って受けとする。柱穴は貝殻（ホタテ、ホッキなど）を利用して彫る。柱は長すぎる場合を除いては切らず、根元全体を細く削ることもしない。それは、削ることで重量による沈下を早めるからである。また、いくぶん短いときには、下に石を入れたり上部に木を挟んだりして柱の高さを調節する。柱の根元は腐食を防ぐために火で表面を焦がし、埋めたあとには、不要になった油脂を根元に塗って防腐剤とする。柱はいくぶん内側に傾斜するように立てることで重量の安定を図り、強風や豪雪による倒壊を防止する。立てた左右列の柱の上辺に通しの桁（けた）として2本の横桁を渡し、それに丸太や半割りの材を交差させてのせ床面とする。

床面が出来上がると、床材をとめるために2本の長い棒を左右に配置し、下の床材の受け木と紐で結束したり、紐を各材の間に絡ませたりして固定する。次いで、この2本の長い棒に、短い2本の棒を交差させて置き、長方形の枠を組む。この大きさが倉庫の床面積となる。枠の四隅と短い棒（長方形の短辺）の中央に、倉庫の柱材6本を紐でくくりつける。この柱も股状の部分を使用することで木組みを簡便にできる。短い2本の棒の中央に立てられた柱は高くし、それに渡した横木は倉庫の棟となり、その両側の低い柱は軒となる。出入り口を除く3面の壁には、床と軒とに筋交（すじか）いを入れて壁枠を固定する。床面と軒との間には等間隔に、出入り口の部分を除いて2～4段の貫（ぬき）（水平材）を入れる。出入り口側と突き当たり側の両軒間にも横棒を渡す。屋根は両端に長い横棒を何段か渡し、棟木と左右の軒には横棒に交差する何本もの垂木棒（たるきぼう）をかけ、それぞれを結んで木組みを完成させる。

壁や屋根は、地域によって違いがあるが、いずれも手軽に入手可能な素材（ヨシ、オニガヤ、ススキ、雑草、ササ、樹皮など）で葺き、貫材に直接紐を絡めたり、抑え木を当てて貫との間に平均して敷き並べ、要所要所で貫と抑え木を結ぶ。屋根の最上段は反対側の屋根に折り曲げ、抑え木の上の各所を紐で結ぶ。最上部には雨水が入らないように棟木の上をヨシ束や樹皮で覆う。倉庫の造り方は精粗はあるが、家のつくりとほぼ同じといえる。出入り口は、※簾（すだれ）、筵（むしろ）、※茣蓙（ござ）などを吊り下げた簡単なものから、外し戸、開き戸、引き戸があり、枠に簾や樹皮などを張ったもの、割板による※板戸（いたど）と、種類は豊富である。

また、倉庫の床面から上の部分を造る簡便な手法として長さ3～4mのシラカバやヤチダモなど

図14　高床式倉庫

の材を切り出し、それらを木組みして全体を半球状にする。さらに横木を組み、その上をヨシなどで葺き上げた丸屋根風の倉庫がある。簡便なつくりから「女倉」とも呼ばれる。〈藤村〉

はしご[梯子] ニカラ、サンリなどと称す。*高床式倉庫の上り下りには梯子が必要であり、一般的には、丸太を倉庫に斜めにかけ、それに沿ってL字様に刻み目をつけた丸太梯子のほかに、木を組んだ梯子も使われていた。いずれも用事がないときにははずし、出入り口の前や左右の壁下に横たえておく。丸太は女性でも取り扱える重さの木（直径12〜20㎝）を使い、多少の曲がりは梯子をかけたときに安定するとして喜ばれた。枝や節があまりないものがつくりやすかった。〈藤村〉

図15　梯子

ねずみがえし[鼠返し] エルムホシピレプ、エルムエホシピヒ、エリモショモアルキイタなどと称す。食料の詰まった倉庫に柱を伝ってネズミが登ってくるのを防ぐために、柱の中ほどから上部にかけて設ける仕掛け。最も簡単なものは、秋になってゴボウの種子をはじける前に集めて、大きな塊にして取っておき、倉庫の柱にドーナツ状に巻きつけておく。ネズミの体毛にゴボウの種子が絡みつくと、ネズミは次の毛代わりまで取れないことを知っていて、それ以上は登らない。一般的には、シラカバ、マカバの樹皮を柱の幅よりも広い長方形にして、柱の上に樹皮の外側を上にしてあてがい、その上の柱を通した横棒で鼠返しを固定する。樹皮の端が内側に曲がる癖を利用し、曲がりが少なければ、樹皮の端を火に当てて曲げる。なお、この樹皮による鼠返しは、柱の上部が平らかV字状に刻み目を入れたときに使う。柱より一回りも大きい割板をつくって当てるのには2様あって、柱の上部が平らなときにはそこにのせるだけでよく、柾目の板よりも板目の板の方が後ろに湾曲するので好まれる。柱の上部が股状である場合には、股よりも下方に板の厚さの幅の溝を深めに4面つくる。次に長方形の板を2枚用意し、それぞれの長辺の中央にV字状の刻み目を入れる。その2枚の板を柱の溝に左右からはめ込む、手の込んだつくりである。〈藤村〉

図16　鼠返し

つちむろ[土室] トイプーと称す。地下の温度が一定していることを利用した保存法。*前小屋の土間や、屋外に面積4分の1坪くらい、深さ1mくらいの穴を掘り、掘り上げた土は周囲に高く積んで雨水の浸入を防ぐ。砂や火山灰のように水はけのよい土壌であれば、割板で底板のない正方形や長方形の箱枠をつくって地中に入れ、そこへ海水をたっぷりふくんだ魚を詰めて上から重石をのせる。穴の上に割板を並べ、古い*茣蓙を敷いて上に残りの土を厚くかけて物を蓄える。樹皮容器にはゆでた山菜を冷ましてからイタドリの葉を差し挟んで漬け、重石を置いて貯蔵をする。また、海浜では海水が浸透する場所に穴を掘って魚を入れて埋め、その場所を示す石や棒を立てるほかに、目標となる流木などからどちらへ何歩と記憶しておき必要時に掘り出す。河川流域では川水が地中を流れている場所に穴を掘って同様に埋め、天候や気温の高低にもよるが、短期間の保存が可能となる。こうしたものも土室に含まれる。〈藤村〉

ひみつのくら[秘密の倉] キムシプーと称す。貴重品を秘蔵するために本人だけにしか分からない場所に設けた倉。なかには伝承されないまま地中に埋もれ、偶然発見されることも少なくない。こうしたお宝を埋蔵した場所のほか、秘密の隠れ家を指すこともある。〈藤村〉

ものほし[物干] クマと称す。採集した山菜や漁獲した魚などを竿にかけて干し上げる施設。簡単なつくりでは、2本の柱材とその間に掛け渡す何本かの横棒を組み合わせる方法がある。柱は最上部が二股になり、途中にある枝の付け根から5〜10㎝を片面または両面に残すように2本をそろえ、硬さと表面の滑らかな感触から、タラノキの枯れ茎を横棒にして物干をつくる。また、これだけで不足な場合には、左右の柱を2本にして、それぞれに横木を組み合わせる。さらに多い方がよければ、左右の柱を三脚にして横木を組み合わ

せることもある。　　　　　　　　　　〈藤村〉

図17　物干

ものほしだな［物干棚］　チェプクマ、チェヘクマなどと称す。鰊など多量の魚を捕獲した場合には普通の物干だけでは乾燥しきれない。そこで、シラカバなどの細長い材を多量に切り出し、1間ごとに根元側を削った材を5本地中に埋め、それを3〜4列に立て、それに横木を人の肩くらいに合わせて縦横に結んで格子状にし、その上にも横木を人の肩に合わせて同様に格子状に組んで2段とし、この横棒を利用する。処理した魚は1間あまりの棒を1間四方の升目に何本も掛け渡して、そこから多量に吊り下げ、乾いたものは上段にかける。こうした作業を効率よく行うために*梯子を各所に取り付けることもある。（→Ⅱ巻収穫・乾燥用具［物干棚］）　　　　〈藤村〉

図18　物干棚

ぬさだな［幣棚］　チパ、イナウチパ、ヌサ、カムイヌサ、ヌササンなどと称す。神を祭るためにつくられる脚つき*木幣1本を、祭る神の分だけ並べた集合体を幣棚、祭壇、幣、*幣場、神垣、神籬、幣帛などと言う。地域や家系によって祭神の数に違いがあるが、いずれも生活に関与する神々で、貢献の度合いやかかわりの濃淡、生活環境の変化などにより、近距離に祭られた神々も合祀するようになる。本来の幣棚は2種あり、一つは村落に共通する神々を祭る祭壇および動物の霊魂などを共同で送る祭壇で、もう一つは共通する

神々以外に各戸で祭る神や、各戸での物の霊送りなどを行う幣棚であった。江戸後期末に集落共同体の構成員である男性が長期の漁場労働に従事し、明治期の入植で広大な生活領域が分割・分断されるに及ぶと、共同の祭壇の維持が不可能になり、それを心ある各戸が自分の幣棚へ併合することで共通祭神の消滅は免れた。しかし、共通祭神に各戸が独自に祭っていた神が加わったので、同じ集落でも種類や数量に違いが生じたものと思われる。また、祭壇の数も祖先供養の祭壇、祭壇を掌握する神の祭壇、集落の周囲で加護する神の祭壇、集落より遠隔地に鎮座する神の祭壇、祖先神の祭壇などを個々に分けるか、いくつかに融合させるかは各戸によって違いがある。（→327頁　信仰用具［幣棚・幣場］）　　　　　〈藤村〉

ろはいのおさめば［炉灰の納場］　ウナクタウシと称す。*囲炉裏の清掃に伴って、灰や囲炉裏に溜まった塵、灰の塊などが出る。これらは火の女神の垢として除去され、家の上手に設けられた祭壇に向かって右端側にまとめて置き、ここには1本の*棒状木幣が立てられている。相当量が溜まり、1年を超したものは、畑の除菌や除魔剤として耕作時に散布される。栽培植物が生育すると病魔に侵されないように根元に灰とともに撒くことで、施肥や追肥にもなる。また、病神が屋内に侵入しないように水で溶いた灰汁を家の周囲や屋根などに、灰とともに撒く。　　　　　〈藤村〉

ぬかのおさめば［糠の納場］　ムルクタウシと称す。畑で栽培された穀類は穂切りのままで*高床式倉庫内の大きな*編袋に入れて保存し、精白時には適量を*火棚に上げ広げて乾燥させ、*臼にごみが入らないように口を覆っている*莫蓙に移し、顆粒が剥がれやすいイナキビやヒエなどは両足で踏みながら穂からはずす。不要な茎などを取り除いて臼に入れ、▼杵で搗き、*箕で篩い分けながら精白を行う。取り除かれた不要な茎や殻、糠などは先ほどの莫蓙に入れ、家の上手に設けられた祭壇に向かって左端側にまとめて置き、ここには1本の*棒状木幣が立てられている。相当量が溜まり1年を超したものは、灰と同様に畑の除菌や除魔剤として耕作時に散布する。栽培植物が生育すると病魔に侵されないよう根元に灰とともに撒くことで、施肥や追肥にもなる。　　　〈藤村〉

ごみのおさめば［塵の納場］　コムヌシ、コムンクタウシなどと称す。屋内外を掃いて家の戸口や

家の下手に掃き集めた塵は、家の下手にある畑の一隅にまとめ、魔性が寄りつかないように見張り役の*棒状木幣を目印も兼ねて1本立てておく。塵が燃やせる程度に溜まったら、火をつけて棒状木幣に塵の浄化と、その霊をあの世に送り届けるように依頼し、燃えた灰は浄化されたものとして畑にすき込んで肥料とする。次回塵を出すときには新しい棒状木幣を別の場所に立てて、そこへ塵を納める。なお、調理に伴う生塵は家の下手にある畑に深さ20～30㎝幅の溝を1列に掘って入れ、土を寄せて埋め、日を置いてからその列の両脇に作物の播種を行う。　　　　　　　　　　〈藤村〉

図19　塵の納場

ながし［流し］　イフライェウシと称す。家屋は生活用水が供給しやすい場所に建てられる。水は湧水を最上として、沢水や川水と流れのある水を利用する。そこには丸太で幅30～40㎝、長さ90～100㎝、高さ80～90㎝の棚を組み、最上部へは割板を渡す。そこを流しとして水を汲んで水洗い、食材などの下洗い、下ごしらえなどをして、あとは煮炊きをできるばかりに調理の支度をした。汚水は直接水流に流れ込まないように岸と反対側に溝を掘って流し、大地を通じて濾過した。水洗い後に*物干に吊り下げたり、ゆでるなどの処理量が多い場合には、家屋に近い方が便利なので、家の脇に設置した流しを利用した。食器、炊事用具洗い、洗髪や沐浴、洗濯なども行われた。

汚水は家と逆側に溝を掘って流していた。冬季の吹雪や寒風の日には、*前小屋の土間を使って汚水を屋外の下手に場所を決めて捨て、やがて調理場を母屋の戸口から見て右壁隅の下手に移すと、採光のために小窓をつくり、そこから汚水を屋外に投げ捨てるようになる。こうしてこの場所に流しを設け、脇に使い水を入れる*桶や甕を置き、壁に*木鉤で炊事用具をかけ、床面に*箱膳や小棚を置いて食器を納めるようになる。

流しも古いものは、半割り丸太の内部をえぐり、底に小さな穴をあけ、棚を組んで上にのせ、棒でシシウドの節を抜いた茎を穴にあてがって紐で固定する。さらにシシウドの茎を樋として外壁を貫き、屋外に排水した。樋の下には穴を深く掘って流し溜めとし、穴の上方には浅い溝を切って家から遠くへ流した。流し溜めが埋まると、貝殻などで掘り上げ畑に散布した。また、幅のある割板の長辺を富士山状に削り落とし、板が厚ければその内側を深く掘り、下に樋を取り付けて壁から屋外に排水した。板が薄ければ富士山状に削り落とした縁に3～5㎝の板を打ちつけて、水を樋に流すように工夫したものもあった。　　　　〈藤村〉

図20　流し

みずたる［水樽］　ワッカオプ、ワハカオホなどと称す。屋内外で多量の水を貯水するには、海浜では漂着した*樽類を拾って再利用したり、酒樽や曲物容器を使ったりしていた。古くはシラカバやマカバなどの樹皮を使い、エゾシカの干した腱をたたきほぐして撚った糸で縫い合わせて、筒型の大きな水桶をつくって蓄えた。水漏れの部分には松脂や天然のタールも利用した。サハリン（樺太）では縫合にマツの枝根を使った。日没後の水の使用や、雨後の増水による汚濁水を飲用しないためにも、屋内外に貯水が必要であった。火災の初期にも活用された。（→127頁　炊事用具［樽・桶］）　　　　　　　　　　〈藤村〉

図21　水樽

ながしとい［流樋］　イクレプ、ペヘチッカプなどと称す。川水が濁るなどで水が飲めず、たまたま崖の表面にうっすらと水の流れを認めたときは、イタドリなどの枯れた植物の茎を手で割って

細長くしたものを、その流れの途中に、窪みのある方を上にして差し込む。手前をいくぶん下げておくと、きれいな水が流れ始める。この水をすすり、飲み終わると水の神に感謝し、流れに差し込んだ茎片をとって、周りに散らす。　〈藤村〉

てあらい［手洗］　テケフライェプと称す。手づくりの*樹皮製水汲や海浜に漂着した*樽を軒下に置いて天水を溜め、片手で水を掬って容器の外で手の汚れを洗い流した。水が古くなると捨てて新たに溜めたが、炉灰を入れると水は腐りにくく、ボウフラがわくこともないので長期間使用できた。　〈藤村〉

ふろ［風呂］　トンブリ、ニードンブリなどと称す。語源は東北地方の方言「ドンブリ」（風呂）と考えられる。古代から利用したものではなさそうである。つくりには2様あり、一つは▼丸木舟の端材を使って丸木舟のように内部を深くくり抜いて、下半身が入るくらいの大きさにする。もう一つは洞木の底に厚い板を合わせて底板とし、水漏れの隙間にはミズゴケやオヒョウニレ、シナノキなどの屑を詰め込み、▼松脂や天然の▼タールを塗り込めた。水は日向で温めたり*鍋で沸かしたり、焚き火で熱くした石を中に入れて加熱したりして入浴した。大人は半身浴、幼い子は全身浴をすることが可能であった。　〈藤村〉

図22　風呂

かまぶろ［釜風呂］　カーニドンブリ、カネドンブリなどと称す。不要になった▼鰊釜や鰯釜を、*竈をつくって設置し、あるいは石を5〜6個下にあてがって周囲から火を燃やして沸かす。　〈藤村〉

むしぶろ［蒸風呂］　イセセッカチセと称す。地表に直径150〜200㎝、深さ40〜50㎝の穴を掘り、内壁が崩れないように割板を壁に沿って打ち込む。次いで、穴の掘り口から50〜60㎝外側に、直径3〜4㎝、長さ200㎝の棒を何本か用意し、根元を削ってとがらせる。棒を1周するように配置し、上をすぼませて円錐形の小屋をつくる。これに直径2㎝くらいの横木を取り付け交差するところを紐で結び、50㎝くらいの間隔で上方へ段を組む。円錐形の骨組みができたら戸口を除いて芦簾（*簾）を回し、その上へヨシの大束を立てかけ、屋根を葺く要領で押さえ木を当てる。屋根の梁を使って紐で結束し、人がかがんで入る口を除きヨシで覆う。入り口には大きな獣皮を数枚重ねて吊り下げ、内側にも下げて外気が入らないようにする。元の地表面は腰をかける面になるので、ガマやスゲの*茣蓙を敷く。中央部分で火を焚いて石を焼き、内に入る人は水の入った容器を持参する。先頭の人はシラカバの*松明に火をつけ、焼けた石に水をかけて蒸気を立てる。体が熱くなってくるころには火も消えるので、男は中で褌（*下帯）を解き、女性は肌着を脱ぐ。十分に発汗したら、体を手でこすって垢を出し、背中は相手にこすってもらう。垢を出し切ったら容器の水に布を浸して体を拭き褌や肌着を着て屋外に出る。蒸風呂は入浴よりも風邪の治療に利用したため、冬期間に集中し、何家族も利用した。〈藤村〉

図23　蒸風呂

みずくみば［水汲場］　ワッカタウシと称す。湧水、沢水、川水などから直接汲むほかに、汲みづらい場所や足場が悪いところでは樋を使って水を引く。湧水や小流には木枠や漂着した*樽、洞木を埋め、ごみを取り込まないように汲み穴を深くつくり、石を積むなどして貯水し、泥などを沈殿させ、上水を汲んで使用した。家との比高がある場合には、溝を家の近くにまで掘って流し、水溜めをつくって利用した。時には二つ割りの丸木を穿って樋をつくり、それをつないで給水した。貯水した樽のある家の前庭に洗い場を設けることもあった。川の場合には岸から川中へ桟橋を組んで割板を敷き並べ、▼縄などで固定し、流れのある水を汲めるようにしてある。水汲場には戸別や共同で利用する棚が木で組んであり、この棚は*流

しも兼ねている。棚は、幅30〜40cm、長さ90〜100cm、高さ80〜90cmの大きさに丸太で組み、最上部には割板を渡してある。そこへ水入れ容器や※水樽を置き、水を汲み終わると水樽に※荷縄をかけて額にあて、樽の底角を腰に乗せて運ぶ台にもなっている。この台には※樹皮製水汲を伏せ、※柄杓を吊り下げておく。 〈藤村〉

図24 水汲場

かきね [垣根] チャシと称す。家屋の周囲には両手を左右に広げた間隔で杭を打ち込み、入り口の部分を除いて、その杭の間を横木でつなぎ、高さ70〜200cmの簡便な柵や垣根を設ける。これは※物干のほかに腰掛け、馬繋ぎにも使い、冬には風除けの設営にも利用した。 〈藤村〉

図25 垣根

いぬのつなぎさく [犬の繋柵] セタクマと称す。サハリンでは子犬の成長過程を見て、▼橇を引く犬として採用することが決まると、橇を引く▼引綱の左右に配列される順に、犬を引綱に見立てた※物干の竿に結ぶ。配列は走力、牽引力の強弱を考慮して御者が決める。老化や怪我などで大きく交代することもあるが、先の方にいる犬ほど能力が高い。犬の繋柵は牽引する頭数によって

図26 犬の繋柵

長さが違い、3〜5頭であれば2間くらいで、およそ120cmで左右の2頭分になる。したがって、10頭以上になれば柱を中に1〜2本立て、その上方に直径10cmくらいの丸太を紐で結束する。▼犬の首輪から伸びる繋ぎ紐（▼犬繋ぎ紐）は、丸太に刻んだ各犬の位置する場所の溝に結んで前後に移動しないようにする。この柵の前後に立つ柱の上には、犬を加護する※木幣が取り付けられている。 〈藤村〉

いぬのひよけ [犬の日除] シクシセシケへと称す。一般に犬は放し飼いであり、寝床は土間とほぼ決まっていたが、猟に貢献のあった犬の寝所は※囲炉裏の客座で、夜間は家族を警備し、非常時に救助犬の役割も果たした。熱さに強くない犬には、夏場に割板を竿に立てかけて日除けとした。 〈藤村〉

図27 犬の日除

和人資料

北海道の住まいの特徴の一つとして、近世以前から定着していた道南地方の一部地域を含めて、本州以南からもたらされた建築文化の影響を大きく受けたことがあげられる。薄い下見板の壁や土塗り壁、紙障子や※板戸の開口部などに代表される本州以南で形成された伝統的な日本の住宅文化は、東北・北陸地方を中心とする降雪地帯において積雪に対処するノウハウを蓄積していたものの、北海道の冬季、特に内陸部における厳しい寒冷な気象条件には対応できないものでもあった。特に、近代以降、開拓が内陸部へと進展するなかで、移住者が郷里から持ち込んだ住宅様式には、基本的に入植地の気候風土条件に適合しないものが多かった。北海道における住宅改良、居住条件改善の歩みは、このような防寒性を欠いた「欠陥住宅」と向き合うことから始まったといえる。

一方で、広大な土地（東北6県よりも広い）に

散在する集落、地域により大きく異なる気象風土条件や産業基盤と経済力など、居住者が住まいに求めた条件も一様ではなかった。多様な条件の下で、結果的に大きな役割を果たした最初のものが開拓使による洋風建築技術、なかでも板ガラスと暖房具の導入で、その普及は北海道の住宅を特徴づけるものである。洋風デザイン・技術の普遍的な広がりは、漁村の鰊漁家における上げ下げ窓や洋風デザインの採用（小平町の旧花田家、小樽市の旧田中家など）、農村の茅葺農家における上げ下げ窓の採用（栗山町の旧泉家）などに今日も見ることができるものである。

第2次世界大戦後の住宅改良もまた官主導の形で展開する。戦後の住宅政策の目的の一つは戦災者・引揚者の受け入れであり、それは新たな開拓移民政策でもあった。このような社会的要求のなかで、かつての洋風建築技術の定着過程にならうかのように防寒住宅の研究開発・行政主導による普及が図られる。近年建築される住宅の冬季の室温は本州以南の住まいに比べてはるかに高いともいわれ、厳冬期でも薄着で過ごすことができるほどになった。北海道における住宅改良の歩みは、防寒性能の向上という室内環境改善の点では一定の水準に到達したといってよい。

一方、住文化の面では、炉や*ストーブを囲んだ団欒の場の喪失、寒さを利用した貯蔵場所の消失がある。屋外環境では、北海道における住宅地の特徴といわれてきた比較的ゆとりのある敷地と塀や門構えを飾らない開放的な配置などが、本州基準の宅地開発の進展のなかで失われつつあり、夏場の景観では道外と見分けのつかない住宅団地も多くなってきている。昭和初期にみられた住まいの中央指向と類似する現象といえるのかもしれない。北海道の住まいは100年あまりの短期間に劇的な変化をとげたが、その過程で失ってきたものもまた多い。

〈小林　孝二〉

ぎょかじゅうたく［漁家住宅］

うんじょうや［運上屋］　北海道の近世建築を代表するものとして運上屋（運上家）があげられる。運上屋は場所請負人が各場所に設置した交易所で、当初はアイヌ民族との交易を、その後はアイヌ民族を使役し漁業を行った。同時に▼駅逓所などの業務も担っていた。運上屋の出先として番屋（番家）・番小屋も建てられた。後述する*鰊番屋の語源ともいわれる。請負場所は北海道沿岸の主要な場所に置かれ、八十数カ所に及んだ。各場所は孤立した自然環境を反映して運上屋をはじめとする多数の倉庫群、漁小屋などが建てられ、自己完結的な施設群を構成するものが多かったと考えられる。

運上屋の実相を知る資料は限られる。余市町に所在する旧下ヨイチ運上屋は現存する唯一の遺構で、梁間8間・桁行18間半、切妻屋根・平入の大規模な建物で、内部は、左手に土間・板の間・帳場、右手が居室部分となっている。さらに『蝦夷紀行図』（1799年）には、平屋で寄棟、茅葺屋根、平入、土塗り壁と思われる「運上屋図」と土間、板の間を描く「運上屋之図」が確認でき、18世紀末の運上屋の様相を垣間見ることができる。これらの資料から、大規模な運上屋施設と、のちの鰊漁家住宅につながる平面構成をうかがうことができる。

〈小林〉

写真1　旧下ヨイチ運上屋外観（余市町）

図1　旧下ヨイチ運上屋平面図

にしんばんや［鰊番屋］　幕末期、北海道の産業の主体は鰊漁で、明治の鰊漁獲量の増加は著しかった。鰊漁は日本海沿岸を中心に、春3月上旬から5月下旬までの短期間に行われる事情を反映して、短期的に大量の出稼漁民が雇用された。その数は大規模経営の場合、数百人にのぼり、これらの漁民を収容する施設として番屋が生まれた。「番屋」の語源は*運上屋時代の出先としての番屋と考えられ、鰊漁以外でも鮭・鱒漁の番屋など漁期の間だけ使用する宿泊施設を現在も広く番屋

と呼んでいる。運上屋時代と同様に当初は漁期だけ漁場に居住していた経営者は、開拓の進展のなかで次第に漁場に定住する者が増加し、漁場の好況に支えられて番屋建築の形態を徐々に整えていった。

番屋建築の大きな特徴は、経営者の居住空間と雇漁民の収容空間の結合であり、多くの場合、中央に土間を設けその左右にそれぞれの空間を配置した。さらに短期集約型の漁業労働を支える様々な工夫もなされた。雇漁民の収容空間には広い板間と同時に「たな」「なかだな」「ねだい」などと呼ばれる1人あたり奥行き1間（1.8m）、幅3尺（90cm）ほどの立体的な就寝施設が設けられた。食事は土足のままでとることができるように台所や板の間の上がり框を延長したり、床板の一部を揚板床とし食事時に板を取り払い土間の通路を設けることも行われた。

このような鰊番屋は、明治30年代（1897～1906年）になると鰊漁の盛況とともに大型化し、幕末期の運上屋に匹敵する規模のものも現れた。さらに有力な漁業主は、雇漁民の収容施設とは別に住まいを建て、建築費を惜しまず用材や大工を東北・北陸に求めることも行われ、豪壮な鰊漁家建築が建てられた。また多くの漁業主は日本海廻りの海運を利用して、屋根瓦や石材、畳、建具などの建築資材の入手も容易で、外国製の家具調度品も驚くほど早く取り入れている。経営者の居住空間と雇漁民の収容空間が結合された例として

は、小樽市祝津に移築された旧田中家（泊村照岸、1897年完成、1958年現在地に移築）、小平町鬼鹿の旧花田家（1905年、重要文化財）などが大規模な例としてあげられる。付属施設が整った例としては、北海道開拓の村に移築された旧青山家（小樽市祝津、明治20年代～大正8年、1980年現在地に移築）、留萌市礼受の旧佐賀家漁場（明治前期～同30年代、国指定史跡）などが現存する。

〈小林〉

しょうきぼぎょかじゅうたく［小規模漁家住宅］

鰊漁業者の大部分は▼鰊刺網漁を営んだ小規模漁家であったが、その事例としては旧秋山家住宅（羽幌町焼尻白浜、1919年建築、1987年北海道開拓の村へ移築）があり、外観は下見板張り、寄棟屋根の両端に洋風の棟飾りを持ち、内部は正面右手にニワ・台所、左手に田の字形4室を持ち、前記の大規模番屋建築とは趣が異なる住まいである。

〈小林〉

写真3　旧秋山家漁家住宅外観（北海道開拓の村）

写真2　旧花田家番屋外観（小平町）

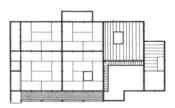

図3　旧秋山家漁家住宅平面図

のうかじゅうたく［農家住宅］

現在、明治期以前の農家住宅を実見することはむずかしい。近年の調査としてわずかに1860（万延元）年ごろの建築とされる函館市・永田家住宅の調査記録が残るほかは、近世期の文献資料からその姿を探ることになる。菅江真澄は『えぞのてぶり』（1791年）のなかで主に道南地域の記録を残し、そのなかに茅葺き寄棟、土壁、平入の農家住宅と思われる建築を描くが、他の文献資料と同様に類型的な農家の域を出ないもので、現状では近世の農家住宅について不明な点が多い。

図2　旧花田家番屋平面図

明治期以降の農業移住は士族、結社などによる団体移住や個人による移住、屯田兵など多様で、さらに広域な内陸部に散在し、入植の年代、開発の度合いや気象条件の違いなどから、住まいの変化も一様ではなかった。屯田兵や一部の団体移住の例を除けば、未開の開拓地への入植者は仮小屋（*開墾小屋）を建てて雨露をしのぎ、開拓を進めた。生活の安定に伴って本格的な住宅を建てる人々のなかには、移住前地（母村）の伝統的な住宅形式を継承する者も多かった。これには積極的な意味での伝統文化の継承と同時に、母村文化以外の取り入れるべき新しい文化技術の欠如という側面もあったことや、建て主ばかりでなく、大工の持ち合わせていた技術の限界としての側面も見逃せない。このことは、住宅の再更新（3軒目）以降にあたって、母村の建築文化継承への意識が希薄である事例が多いことからもうかがえることである。

北海道農業の重要な位置を占める酪農業にかかわる施設も見逃せない。開拓使以来の酪農を重視した施策によって、▼酪農畜舎、▼サイロ、各種の倉庫などで構成される景観が北海道の農村地帯を特徴づけるものとなった。　　　　　　　〈小林〉

写真4　旧樋口家農家住宅外観（北海道開拓の村）

図4　旧樋口家農家住宅平面図

しょうか・まちや［商家・町屋］

明治期以前の商家・町屋を知るためには、*農家住宅の場合と同様に近世資料からその姿をみることになる。「松前江差屏風」（18世紀後期）には江差と松前の街並みが描かれ、それぞれの町の町屋・商家の外観をうかがうことができる。屏風には多様な外観の商家・町屋が描かれるが、通りに平面を向ける板葺き石置き屋根で切妻平入形式の町屋が多く描かれている。明治期の特色ある商家建築としてあげられるのが廻船問屋の遺構である。江差に所在する横山家（1884年ごろ、道指定有形民俗文化財）、旧中村家住宅（1889年ごろ、重要文化財）はともに鰊漁業を背景として、近世の商家の特徴をよく残す建物である。また、函館の廻船問屋太刀川家（1901年、重要文化財）は洋風建築の要素を取り入れた代表的な建物である。

北海道の特徴的な洋風商家としては、函館では旧金森洋物店（1880年、道指定有形文化財）、旧遠藤吉平商店（1882年）、旧金森船具店（1911年）などがあげられ、伝統的な塗籠土蔵造の形式を受け継ぎながら、レンガ積みやアーチ窓の採用などによって洋風の意匠を見せている。一方、小樽では同様に伝統的な塗籠土蔵造の形式を受け継ぎながら、木骨石造の構造形式による岩永時計店（1896年）、旧金子元三郎商店（1887年）、石ケ守商店（1897年）、旧名取高三郎商店（1906年）などや、伝統的な木造和風住宅を併せ持つ川又商店（1905年）など、多くの商家建築を見ることができる。いずれにせよこれらの現存する商家・町屋建築は1880年代以降に限られ、近世末から明治初期の商家・町屋の実像は必ずしも明らかではない。明治初期（1870年代）の函館元町周辺を写した写真や、1871（明治4）年の札幌市街を写した写真からは、軒が低く、ゆるい勾配の切妻柾葺屋根、妻入、板壁、障子戸といった、同時代の東北・北陸の民家に共通する町屋の連なりが確認でき、明治初期の北海道の街並みを知ることができる。　　　　　　　〈小林〉

写真5　横山家（江差町）

たんこうじゅうたく［炭鉱住宅］

北海道における炭鉱の開発は、未開の奥地を切り開くことから始まった。このような状況のなかで、開坑に従事した人々の住まいは、他の開拓地

の住まいと同様に、粗末な笹葺の仮設的な開拓小屋（*開墾小屋）や、丸太小屋のようなものから始まった。明治初期の代表的な炭鉱である幌内炭鉱の開坑初期の住宅の状況を知ることのできる資料がある。「幌内炭山建物払下登記請求書」である。官営であった幌内炭鉱が北海道炭礦鉄道会社に払い下げられた1889（明治22）年から97年までの８年間の建物登記関係書類、図面を綴った資料で、官営期から払い下げ後の明治中期の北海道炭礦鉄道会社の所有した幌内炭鉱の建物を知ることができる。

「幌内炭山建物払下登記請求書」には95棟の建物を登載している。これらの建物を用途別にみると、以下のとおりである。

　　住宅関係（獄舎・合宿を含む）27棟、生活・厚生施設関係12棟、交番所（高見張所を含む）11棟、庁舎・事務所施設５棟、工場・機械設備置場14棟、倉庫・貯蔵庫関係12棟、火薬庫６棟、石炭庫５棟、その他３棟

住宅関係の建物の内訳は、官舎13棟、坑夫長屋５棟、職工長屋４棟、合宿３棟、獄舎２棟で、その概要は次のとおりである。

(1)**かんしゃ[官舎]**　１棟２戸ないし１棟３戸の共同住宅形式ではあるが、各戸の規模は現在の戸建て住宅に匹敵し、複数の居室、縁側、押入、内便所を持つなど、整った住宅である。

(2)**こうふながや・しょっこうながや[坑夫長屋・職工長屋]**　１棟３戸から１棟６戸までの共同住宅形式で、板敷きの１室形式、それぞれ１帖大の玄関（踏込）、流しを持つ程度の小規模な住宅である。

(3)**がっしゅく[合宿]**　前面および背面に３尺幅の通路（廊下）を持ち、通路に挟まれる形式で居室を並列に配置している。裏面の通路には、１居室に１カ所の便所を配置している。

(4)**ごくしゃ[獄舎]**　幌内炭鉱の囚人労働を象徴する建物である。官営期から払い下げ前後の幌内炭鉱における労働形態の大きな特徴の一つは、囚人労働に大きく依存したことで、全国的にみても特異な労働形態を前提とした「炭鉱住宅」の一形態である。

このような、幌内炭鉱に建設された住宅関係の施設は、前述したように、獄舎という北海道にお

ける初期の炭鉱開発の特徴を示しつつ、その後に全道各地で開発された炭鉱あるいは鉱山における住宅建設の祖型となり、炭鉱住宅の建設とその変遷にも大きな影響を与えることとなった。

1929（昭和４）年、炭鉱・鉱山住宅の改良を目的として「鉱業警察規則」が公布され、炭鉱・鉱山住宅について「鉱夫住宅設置届」の提出が義務づけられた。これは、設置場所、建物の種類、棟数および名称、天井または屋根裏の構造および天井高、１棟の建築面積、１棟の戸数および出入り口の数、１棟の寝室および居室の数ならびに定員、１棟の寝室および居間の総面積ならびに採光面積、便所の個数、建物の設計概要、各階平面図、断面図、立面図、配置図、工事完成年月日、などを記入・提出させるもので、行政による建築規制、住環境改善の動きであった。

昭和10年代になると、政府は戦時体制づくりのなかで、石炭の増産に伴う炭鉱労働者の確保と労働者収容のために、住宅建設を奨励する労働者住宅供給計画を進め、採炭事業にかかわる住宅・施設に対する規制を緩和した。また、炭鉱住宅用の資材確保を目的とし、「労働者住宅建設資金」の融資を行った。さらに、1942年には、生産を促進するため、優秀炭鉱員を優遇する報償措置の一つとして、上級の社宅を貸与することも行われた。

〈小林〉

図５　十戸続坑夫長屋平面図

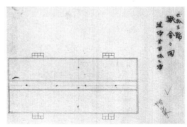

図６　獄舎平面図

はんば[飯場]　明治期から大正期における炭鉱住宅のなかで、特徴的な形態の一つとして、飯場があった。飯場は、会社の許可を得て、労働者を収容する施設である。飯場は飯場主と称する請負人が、会社の下請けとなり、炭鉱員の募集、労働

管理など一切を行った。炭鉱員は飯場主に所属していたため、様々な手数料や賄い料、掛け売りなどによる中間搾取が行われ、飯場によっては過酷な労働を強いられることもあった。このような形態を反映して、飯場の炭鉱員が起居する建物は、多くの場合、大広間に雑居する劣悪なものであった。　　　　　　　　　　　　　　　　〈小林〉

むねわりながや［棟割長屋］　北海道の炭鉱住宅を思い描くとき、切妻屋根の棟を境に、背中合わせに住戸を配置する棟割長屋の存在を除くことができない。1棟に16戸あるいは20戸の住宅が入り、1戸の規模は、8畳大の居室にそれぞれ1畳大の玄関（踏込）と台所（流し）がつく程度の狭い住戸が集合した長大な長屋が大量に建設された。棟割長屋は、幌内炭鉱における長屋にもその祖型が見え、比較的初期から、炭鉱住宅として、全道各地の炭鉱・鉱山に大量に建設され、その長大な長屋が密集して配置される景観は、北海道における炭鉱集落の景観を特徴づけるものとなった。しかし、これらの棟割長屋は、前述したように、住戸が極端に狭かったうえに、質的にも劣悪で、屋根は松材を割って葺き重ねた柾葺、壁は隙間だらけの下見板張り、隣家との境の壁も羽目板1枚だけで、天井は張られず、屋根の下地の小舞や柾がそのまま見えるといった建物であった。冬季には暖気が直接屋根に伝わることによって起こる「すがもり」に悩まされ、便所は外便所がほとんどであった。

このような劣悪な住環境は、昼夜3交代制の勤務が常態であった炭鉱では、昼間の就寝もままならず、必然的に、労務管理のうえからも問題となった。そこで、すでに述べたとおり、1929（昭和4）年、棟割長屋などの不良住宅を禁止し、住宅の改良を目的として「鉱業警察規則」が公布され、棟割長屋は禁止となるが、実態は、新規建築の住宅に対する規制が主であり、ストックされた棟割長屋の改善にはなお時間を必要とした。
　　　　　　　　　　　　　　　　〈小林〉

写真6　棟割長屋（模型外観）

きょうわりょう［協和寮］　第2次世界大戦の戦時体制下の炭鉱住宅を象徴する建物として、戦争の進展に伴う日本国内の労働者不足を背景に、強制連行され、炭鉱での過酷な労働を強いられた朝鮮人・中国人を収容するための寮がある。これらの建物は、「協和寮」などと名付けられ、既存の炭鉱住宅を改造などしたほか、大規模な建物も建てられた。　　　　　　　　　　　　〈小林〉

せんごのたんこうじゅうたく［戦後の炭鉱住宅］
1945（昭和20）年に戦争が終結すると、戦後復興という新たな石炭需要の増加のなかで、炭鉱住宅の多量な建設が必要となった。政府は石炭産業をいわゆる「傾斜生産方式」によって優遇し、労働者確保とその住宅の建設のために住宅建設資金を復興金融金庫から融資し、1947年「臨時炭鉱労務者住宅建設規則」を制定し、炭鉱に優先的に建設資材を配給した。この融資は2年あまり行われ、全国で12万戸あまりの炭鉱住宅が建設された。その後、1950年からは、「住宅金融公庫法」により地方公共団体に建設資金を融資することにより炭鉱労働者の住宅を建設した。

1953（昭和28）年には、直接、事業所・企業に融資する「産業労働者住宅資金融通法」が施行され従業員の社宅建設に融資を行った。さらに翌年には厚生年金還元融資制度が制定され、地方公共団体に建設資金を融資することにより炭鉱住宅の建設に活用された。今日まで北海道の産炭地に残る、2階建コンクリートブロック造共同住宅や、中層建の鉄筋コンクリート造アパートは、これらの融資により建設されたものが多いが、炭鉱の閉山によって急速にその姿を消している。　〈小林〉

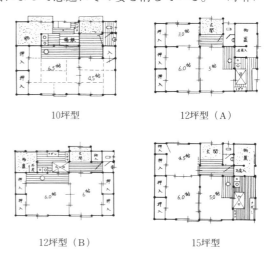

図7　戦後の炭鉱住宅（平面図）

としじゅうたく・かんちじゅうたく　[都市住宅・寒地住宅]

　明治（1868～1912年）後半以降の産業の発達は、都市の人口増加を生み、新興の都市生活者の求める新たな住宅型式も生まれた。住宅平面のほぼ中央に廊下を通し、これに居室を並列的に配置する「中廊下式」と呼ばれる住宅形式もその一つで、従来の続き間の多い間取りから個室化を図るなど、新たな生活スタイルに適応する工夫がみられた。

　住宅の寒地適応とは異なる住宅改良もまた進行した。諸産業の発達とともに日本国内における北海道の位置づけが高まるなかで中央との同質化を求める動きが活発化し、伝統的な日本建築の様式が根強く支持され建築された。このことに連動して、北海道の住宅の象徴でもあった上げ下げ窓は少なくなり、昭和期（1926～89年）には引き違い窓が主流になっていった。いずれにせよ、広大な地域に散在し、開発の度合いや産業基盤も異なる北海道では、その住まいの変化は一様ではなかった。華やかな都市住宅とバラック同様の*開墾小屋、ペチカや*ストーブの暖かな生活と炉の裸火で寒気に耐える生活の、どちらもが長く併存した。

　戦後の北海道における住まいの改良は、公的組織・研究機関による寒地住宅の研究・普及活動によって進められた。1947（昭和22）年、初代の民選知事となった田中敏文は、「住宅の改善なくして生活文化の向上はなく、生活文化の確立なくして総合開発は期し得ない」として、重要政策の一つとして住宅の性能向上を掲げた。1948年、北海道に建築部が、北海道大学工学部に建築工学科が設置され、52年には、寒地住宅の研究開発や普及を目的に、北海道立ブロック建築指導所が設置され、戦前から散発的になされていた住宅改良に関する提案や研究が、行政の主導によって本格的に始まった。コンクリートブロックによる住宅建設は、戦後の建築資材不足を背景に、木材資源の節約、耐火性・防寒性などの利点からその普及が強力に進められた。そのため、53年には防寒・防火住宅としてのブロック住宅の普及を目的に補助を行う「北海道防寒住宅建設等促進法」（寒住法）が成立した。

　1955（昭和30）年、北海道立ブロック建築指導所と北海道工業試験場住宅改善部を統合し、北海道立寒地建築研究所が設立される。同年、田中知事は、これら一連の「寒地住宅の普及」に関する業績で日本建築学会賞を受賞する。一地方自治体における住宅の性能向上に関する施策に対しての画期的な評価であった。これらの一連の政策を背景にコンクリートブロック住宅の建設は、北海道内で広く普及していった。しかしながら、初期のコンクリートブロック造住宅では、ブロックの強度不足や寸法の不統一、冬季における外壁や屋根裏面などにおける断熱・防湿処理の不備から来る結露などの問題が頻発し、ブロック住宅の押入は冬場には布団が湿って使えない、天井から結露水がしたたり落ちる、壁にかびが生えるなど、実際に居住する住民の評価は必ずしも高くなかった。

　一方で従来の籾殻、炭殻などの断熱材料に代わるグラスウール、発泡スチロールなどの高性能の断熱材の開発や、外付アルミサッシュ、長尺カラー鉄板、外壁モルタル塗などの木造住宅の防寒化工法の開発も進み、次第に一般住宅に普及していった。これらの木造住宅にも対応する断熱材、建築部品の開発や、建築用木材の供給改善が進むなかで、1969（昭和44）年には「寒住法」の改正が図られ、補助対象が木造住宅にも拡大され、木造の防寒住宅化も急速に普及していった。

　1960年代になると、政府のエネルギー政策転換による石炭産業の斜陽化と石油消費の拡大を背景として、石炭ストーブに代わって石油ストーブが急速に普及し、住宅の断熱性能向上と相まって、真冬にも室内では薄着で、*ストーブの火を見ながら冷たいビールを飲む、といった北海道の冬の生活スタイルが生まれていった。　〈小林〉

写真7　三角屋根住宅（戦後寒地住宅のさきがけ）

とんでんへいおく　[屯田兵屋]

　屯田兵制度に基づいて、1874（明治7）年から98年まで全道37カ所で屯田兵村が整備された。屯

田兵は1875年の琴似兵村を皮切りに、当初、札幌周辺に設置したが、その後室蘭や根室などの東海岸、空知・上川、北見・天塩へと展開し、1899（明治32）年の南・北剣淵、士別兵村で打ち切りとなり、全道で約7,000戸の兵屋が建設された。兵村はおよそ200戸の一戸建て兵屋と将校・下士官用の一戸建てまたは二戸建て数棟の官舎、中隊本部と付属施設などで構成した。

　兵屋は琴似兵村のものを原型として、その後の建設にあたって細部の変更がみられる。琴似兵村の兵屋は、17.5坪（57.75m²）ほどの規模、切妻柾葺屋根、洋式のトラス小屋組を模した構造で、土壁塗り、外壁下見板張り、開口部は紙障子窓、板戸、平入で、正面から見て右手から左手へ土間、板の間、8畳・4.5畳の和室が並ぶ。便所は土間の奥に設け、一度外に出てから入る形式、流しは座り流しで、井戸と浴室は共同で使用する別棟であった。

　琴似兵屋は同時代の一般開拓民や町屋に比べて見劣りするものではなかったが、開拓使の寒地住宅の導入方針などから、1878年には江別太にアメリカ風の洋式兵屋を10戸、80年には篠津にロシア風丸太積の兵屋20戸を試作している。両者ともに田の字型間取りのほぼ中央に暖炉を設け、江別太のものは時計台（旧札幌農学校演武場）でも採用されているバルーンフレームを採用し、後者はいわゆるログキャビンの構造形式である。これらの試作兵屋は、当時の緊縮財政のなかで、建設費がそれぞれおよそ2倍・4倍を要したこと、洋風の間取りになじみが薄かったこと、施工の不備により丸太に隙間ができるなど、必ずしも防寒性能を生かせなかったこと—などから本格的な導入には至らなかった。

　開拓使の廃止後、陸軍省においては兵屋の改良努力は行われず、基本的に琴似兵屋型を踏襲したが、変更点として、土間の拡大と和室の縮小（8畳を6畳へ）、道路の両側への建設を考慮した左右反対平面の追加、内壁を土壁から板壁へ変更、座り流しから立ち流しへの変更などがあげられる。海岸部から未開の内陸部へと兵村が拡大するなかで、建設資材の現地調達、囚人労働による建設などの条件によって、より自然環境の厳しい兵村ほど兵屋の質が低下することとなった。また、屯田兵の入居後にたびたび改修がなされた。

〈小林〉

かいこんごや ［開墾小屋］

　屯田兵村や一部の団体移住を除いて、多くの入植者は自力で入植地に雨露を防ぐ仮小屋を建てた。これらの開墾地に最初に建てられた仮設的な住宅を開墾小屋、拝み小屋、仮小屋などと呼ぶ。入植者にとって最も重要な課題は入植地の開墾、作物の栽培であり、非生産的営為である住まいには、当初は必ずしも多くの労働力を割くことはできなかった。したがって、仮小屋の建設にあたっては、丸太材を左右から建てかけ頂部で結束する合掌構造に草を葺き上げるといった粗末なものが多かったといわれ、その主体構造が手を合わせて拝む（合掌する）形に似ていることから「拝み小屋」と呼ばれる。しかしながら、これらの仮小屋の形態は、入植者の能力（大工技術の有無）、入植地の条件（建築資材の入手など）などによって大きく異なり、雨露を防ぐだけの粗末なものから、柾屋根・板壁を持った本格的なものまで多様であったのが実際で、開墾初期の住宅がすべて拝み小屋であったかのような認識には注意が必要である。

〈小林〉

写真8　旧納内屯田兵屋の外観（北海道開拓の村）

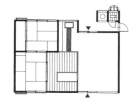

図8　旧納内屯田兵屋平面図

Ⅰ．生活用具

3．住生活用具

(2) 建築習俗用具

アイヌ資料

　住居の建設は、仮設であれ、常設であれ、場所の選定から始まる。暮らしに不可欠な水が確保できる距離内であること、地滑りや山崩れ、あるいは崩落のおそれのある崖から遠いこと、河川などの増水時の水位より高所であること、沢口や川の合流点など悪気が強まる場所でないこと、宅地の部分は平坦で十分な敷地面積が確保できることなどを勘案して決定をする。次に建築の儀礼を行い、一夜を通し神からの吉凶の啓示を夢やまどろみのなかで受け、人も冷静になって実際の可否を考え、翌日になって何事もなければその場が宅地として適当であると判断して家屋の建設に取りかかる。完成後は建築に協力してくれた村人らを招いて新築の祝いを行い、神々を祭り、祖先を供養する。〈藤村　久和〉

きかぎ［木鉤］　ニアウと称す。素材の樹種にこだわらないが、身近にある木の枝をレ状に切り、縦棒の上部に刻み目や溝を彫り、あるいは、外皮をそこにだけ残し、そこへ紐をとっくり結びやヒバリ結び、すごき結びなどで吊り下げる。人によっては縦棒の上部にあるY字状の木の股を利用することもある。この木鉤は*囲炉裏の上部にある*炉鉤を象徴しているが、これに*鍋を吊るすことはない。地域によっては木鉤の替わりに鎌（▼耕墾用鎌）を吊り下げることもある。〈藤村〉

さんきゃく［三脚］　レケマ、レプシペ、レヌシペなどと称す。*木鉤を吊るすためのもので、素材は身近に成育する、太さ5～10cm、長さ150～200cmの木を3本用意する。梢側を3本合わせて紐で結び、あるいは3本をまとめた大きさに拳を一つ分足した大きさにして2～4重に巻いて結ぶ。その輪へ3本の梢側を挿入して真ん中の1本だけ、梢側をそのままにして、根元側を反対側に回転させる。それに輪を引っ掛けると輪は「§」状になり、梢側に刻み目や溝をつけるとより固定できる。また、この三脚を、人によっては「桁と梁に棟木の高さを決める三脚」とも言う。これは全体の形が*仮小屋の一種である*丸小屋そのものであることから、仮家を建てて本屋の建築の是非を神にうかがうものとする解釈が妥当と思われる。〈藤村〉

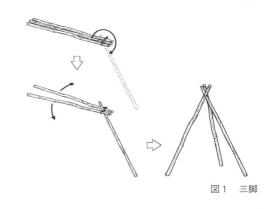

図1　三脚

ぬさだな［幣棚］

　ヌサと称す。仮屋の*三脚よりも川上側で家屋が建つと、祭壇となる場所に、祭壇を掌握する女神、集落を加護するシマフクロウの女神、人の生活に欠かすことのできない水の女神、家屋を建設する大地の女神、家屋の建築材を提供してくれる森林の女神、人によっては食材を提供してくれる女神、家の女神などの神々に家屋建築の認可と建築への絶大な応援を祈願して祭壇を設ける。それぞれに*木幣を製作し、加えて左右に従者や先導者を立てて祈願する。地域や建て主の意向によって祭る神に違いはある。

ぬさだなのめがみにささげるもくへい［幣棚の女神に捧げる木幣］　将来にわたって神祭りの棚を掌握する*幣棚の女神に捧げる木幣は、直径3cm、長さ50～80cmの材の皮を丸剥きにして木質部を乾燥させる。*木幣削り小刀で根元側から削った*削掛6～10枚を1房として撚ったものを1

周させ、削掛の撚りから上15㎝くらいの部分を切り、根元側は斜めに削ぎ取る。地域によってはコの字状の切れ目を入れ、結束に使用する樹皮の止めに小さな削掛を何枚かつける。この*木幣の脚部には直径4〜8㎝、長さ120〜150㎝の材を用意し、梢側を斜めに削ぎ、残った樹皮の部分に小さな削掛を樹皮の止めに何枚か削りつける。根元側は三角錐や多面体に削って地中に刺す。脚部材は1〜3面を細長く皮を削り取ったり、左右にチューリップの葉のように斜め上向きに削掛一対を3〜4段つける地方もある。祭壇に祭られる主神へ捧げる木幣の形態は皆同じであるが、木幣を受ける神と、祈りの内容は異なる。　　　　〈藤村〉

図2　幣棚の女神に捧げる木幣

ぼうじょうもくへい［棒状木幣］　イナウ、チェホロカケプ、シュトゥイナウなどと称す。家の平面や使用範囲を明示する*木幣。素材は地域によって異なるが、北海道内のほとんどではヤナギを使い、一部ではミズキを用いる。長さ30〜50㎝、直径2〜3㎝で樹皮をつけたままのもの、樹皮を一部残したもの、樹皮を剥いだものなどがあり、

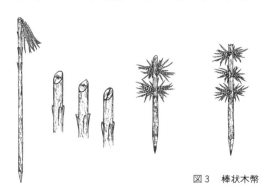

図3　棒状木幣

*削掛も一対2翼を2段、あるいは3段にし、根元側を地表に刺せるように、三角錐、多角錐に削る。この棒状木幣は母屋の四隅、母屋に付属する*前小屋の二隅、屋根の川上と川下側の両棟端の2カ所に立てる。川下側の棟端は*囲炉裏とほぼ重なる。（→304〜305頁　信仰用具［棒状木幣］）

〈藤村〉

しんじようぐ［神事用具］

カムイノミエイワンケプと称す。使用する道具は着座用の敷物*茣蓙、酒器類を載せる神事用の茣蓙、*膳、酒杯（*盃）、または*天目台つきの酒杯、*捧酒箆、お神酒を入れる*行器、酌する*片口または*湯斗、行器からお神酒を汲みだす*柄杓などであり、膳には酒杯が四〜五つ入ったものを1膳として、参加する人数によって2膳・3膳と用意する。土地の選定儀礼では、何もない地表であってもこれくらいのものを使用するが、新築の落成式は屋内で行うために*晴着や正装の着装具、*木幣、*削掛、様々な供物、食器類などが加わる。　　　　〈藤村〉

はまや［破魔矢］　チセチョッチャアイと称す。新築の落成式に魔除けのために射る矢。素材は、ヨモギの枯れた茎を20本近く採ってきて、根元側を斜めに削ってとがらせ、60㎝くらいの梢側のところをV字状に両面から浅く切って矢筈とし、コルク状の髄に弓弦を当てて射る。根元側に矢先をつくるのはヨモギの葉の付け根が指に引っ掛からないための工夫である。削り屑は*囲炉裏にくべてヨモギの煙で魔性を追い払う。射るところは屋根を構成する垂木が最も集中する棟の両端の真下。垂木が込み合った場所は魔性の隠れ場となるとして垂木の隙間に破魔矢を射込む。一の矢は東または川上側に、二の矢は西または川下側というように、交互に人を替えて射る。打ち損じた人は何度か挑戦し、うまくいかなければ屋根裏の壁に射込むこともある。大きな家では垂木が太いために重なってほとんど隙間がないので、一抱えもある大きな俵風のヨシ束を吊るして射込むが、破魔矢は抜かず、むしろ床に落ちると凶事の前兆として、酒杯（*盃）をもって火の女神を通じ、加護を依頼する。順調に式が終われば、神々のおかげとして改めて*木幣をつくり、酒杯を捧げて感謝の意を述べる。川上・川下に6本ずつ射て残り

矢があれば、子や孫にも大人が手を添えて射させる。

〈藤村〉

図4　破魔矢

はまゆみ［破魔弓］　チセチョッチャクと称する。＊破魔矢を射る弓。素材は身近に生育する弾力のある木を選び、直径2㎝、長さ80～100㎝で、樹皮を剥いて白木にする。次いで上にした梢側の木口から5㎝くらいを指のようにやや細く削り、下の根元側の木口から2～3㎝に刻み目や溝を彫って▼弓弦をかける。弓は5～6本から12～16本と新築の落成式に集う人数を考えてつくり、削った樹皮や削り屑は、＊囲炉裏で燃やし、立ち上る煙で魔性のものを追い出す。使い終えた弓は、記念に持ち帰ることもあるが、残ったものは＊幣棚にかけ、あるいは中央から折って感謝と再生を願って幣棚の裏手に納める。

図5　破魔弓

〈藤村〉

はまやのゆづる［破魔矢の弓弦］　チセチョッチャクーカと称する。後世になって丈夫な素材を入手する以前は、イラクサの内皮を撚って▼弓弦とした。糸を撚って弓弦が出来上がると、＊破魔矢の弓の上木口を加工して指のようにやや細く削った部分へ輪をはめる。輪が大きければ、輪を2～3重にしてかけることもある。次いで根元側の先を足先で押さえ、輪をかけた上部の木口を左手で押す。右手で弓弦の端を持ち、根元側の刻み目や溝にかけて引き揚げ、左手を上下させながら弓の張り具合をみる。よいとなったら、引き揚げた糸を張った糸に絡めて引くと弦の張りがきつくなる。残った糸は弦に巻いて結び、弓の形を両手で調整し、祭日の朝に弦を引いて張り具合を調整する。

〈藤村〉

たくさ［手草］　タクサと称する。新築の家の落成式や増改築・修築などの神事が行われる前に、ヨモギやササを交ぜ合わせて両手に握れるほどの量を2～4人分用意する。屋内外の＊神窓を起点として＊前小屋の戸口からやや下の道路までを打ち払って清め、魔を追い払う。2～4人分の手草を1人が胸に抱え持って人気のない草むらに「清め払った手草ですから、善良な神はこの場を去ってください」と短く唱えて放り投げる。後ろも振り返らずに儀礼の行われる家に戻り、家の近くで上着を脱いで風下にはためかせる。衣類に余裕があれば、立ち木などに引っ掛けて風や太陽に晒す。また、病人や死者を送ってからの補修後には、ハシドイ、エゾニワトコ、エンジュ、ナナカマド、棘のあるキイチゴ、タラ、センノキなどの樹種を状況に応じて加えたもので打ち払うこともある。

〈藤村〉

図6　手草

いえのかみ［家の神］

チセコルカムイ、チセコロカムイ、シセコロカムイ、チェーコロカムイなどと称する。素材は、ヤナギ、ミズキ、ハシドイ、エンジュ、サクラ、ハンノキ、ナナカマドなど一定していない。また、北海道日高北部から以西では、家の神を一神とするが、日高南部以東・クリール・サハリンでは男女神または夫婦神とする違いもある。直径4～10㎝、長さ60～120㎝と地域や家によって数値が異なる。北海道では、樹皮をつけたままの材の梢側を斜めに削いで楕円形の面をつくり、上端を額、下端を顎に見立てて女顔とする。地域によってはその上方をハの字に削って、顔にかかる髪形に似せてつくる。また、上方の全体をもう一度斜めに削いで男の月代に見立てて男顔とする。

顔の中央部またはその下方に横一文字に線を引いて口とし、人によっては、その線の上下を斜めに削り、横から見るとVの字を横にしたようにつくって上下の唇とする。顎下の真裏にも同じような刻み目を入れて首の付け根を表す。顎下から

5～10cm下方の外皮を上から下へ削ぎ、ここへ*燠を水に入れて消炭をつくり、2cm立方より大きな塊にする。それを*削掛で包んで、削った外皮と木質部の間へ挿入し、外皮の上部を長めの削掛で一～二回しして結ぶ。これは家の神の心臓とし、固定することで家の神の心臓が備わり、神事により鼓動を開始すると考えられている。この斜め後方2ヵ所にも同じように外皮を剥ぐが、心臓とこの2ヵ所は等間隔になるようにする。さらにその下方へ上の3皮と重ならないように3翼2段を削り、合計3翼3段にする。根元の方は多角錐または円錐状に削る。正面から見て顎下、首下の部分に長めの削掛を一～二回しして結んで肩とし、ここに長めの削掛の先端（二等辺三角形になっている部分）を刺して1周させて着物とし、全体の中ほどへ長い削掛を1本締めて帯とする。

　こうしてできた家の神は、母屋の戸口の左壁奥隅に、直径15cm、長さ50cmくらいのヨシ束の中央に差し立てて体を壁に寄せかけ、2～3の*膳をつくって盛大に祭る。主人の加護や守護を依頼する儀礼を行ったあと、月並祭や各種行事には長めの削掛を6本くらいつけ足し、別に*棒状木幣を1本添えて能力を高めることもする。この家の神は、その家の主人が亡くなったら1週間くらいの間に2～3の膳をつくって盛大にこれまでの労苦を褒めたたえ、今後は亡くなった主人の加護や守護を依頼する儀礼を行って削掛を解く。製作時に挿入した消炭などをすべてばらすことで、家の神の霊魂があの世へ旅立ち、指示された任務を果たすとされている。〈藤村〉

図7　家の神

ねどこのしゅごしん［寝床の守護神］　ソッキパエプンキネカムイと称する。この神は寝所を守る神で、寝心地が悪い、眠りが浅く疲れがとれない、悪夢に悩まされる、夫婦生活がうまくいかない、子供が授からないなどの諸事情を解消することが役目である。それぞれの要因によって*木幣の樹種や形態を変えて枕辺に安置する。癒やされるまで毎月の祭りには欠かさず酒杯（*盃）を捧げ、春秋の大祭には*削掛や棒状木幣を添えていっそうの加護を願う。〈藤村〉

にわのかみ［庭の神］　ミンタルコロカムイと称す。家の周囲を加護する神である。母屋の中央部分から上手を守る翁と、下手を守る嫗の夫婦によって家の周囲の安全が保守されているとし、月参りには酒杯（*盃）をあげ、春秋の大祭には家の出口から2～6mくらい離れた場所に*棒状木幣を1～2本つくって立てる。長さは地域によって違いがある。家の下手に立てるのは往来の頻度が高いために、事故に遭う確率も高いほかに、女神から男神へよろしく取りなしてもらうためでもある。地域によっては*囲炉裏の下手へお神酒を添えて祈ることもあり、祖先供養の供物の一部をここに置くこともある。また、庭から他地域に連なる道の神ともごく近いとして、道の神への依頼を兼ねることもある。〈藤村〉

図8　庭の神の木幣

おもやのとぐちのかみ［母屋の戸口の神］　アパチャウンカムイ、アパチュンカムイ、アパカムイ、アフンアパコルカムイ、アウンアパコロカムイなどと称す。母屋の出入り口を見守る神である。母屋の戸口に立って、左柱の上部にいるのは男神、右柱の上部にいるのは女神とする夫婦神。人の出入りや性悪のものを検問する役割を担っているとし、毎月の祭りには欠かさず酒杯（*盃）を捧げ、春秋の大祭には*削掛や*棒状木幣を添えていっそうの加護を願う。〈藤村〉

図9　母屋の戸口の神

いえのとぐちのかみ［家の戸口の神］　ソユンアパコルカムイ、アパチャウンカムイ、アパチュンカムイ、アパカムイなどと称す。家の出入り口を見守る神である。*母屋の戸口の神と同様の夫婦神で、人の出入りや性悪のものを検問する役割を担っているとし、毎月の祭りには欠かさず酒杯（*盃）を捧げ、春秋の大祭には*削掛や*棒状木幣を添えていっそうの加護を願う。また、お神酒をつくった場合に*囲炉裏に立てるお神酒搾りの補助神に捧げた*木幣とお神酒に搾り粕を受け、屋外を往来する神々や死霊、魔性などへお神酒と搾り粕をふるまって、この家の加護を依頼する役割も持っている。地域によっては*前小屋の土間は犬が寝る場所にもなっていることから、第一の戸口を見守る神の正体は犬として、その家に貢献した犬の頭蓋骨を戸口の裏側上方部に安置して、知らずに入りこんだ魔性を後方から噛みつく役割を持たせ、毎月の祭りには欠かさず酒杯を捧げ、春秋の大祭には削掛や棒状木幣を添えて、いっそうの加護を願う。　〈藤村〉

まどのかみ［窓の神］　プヤルコロカムイと称す。屋内からそれぞれの窓（*神窓、家の中央部分にある窓、炊事用の小窓、煙抜きの天窓など）に向かって、左側の柱や枠の上部にいるのは男神、右柱の上部にいるのは女神とする夫婦神。屋外からの採光や空気の流れにまぎれて魔性などが屋内に侵入しないように検問する役割を担っているとし、毎月の祭りには欠かさず酒杯（*盃）を捧げ、春秋の大祭には*削掛や*棒状木幣を添えていっそうの加護を願う。　〈藤村〉

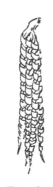
図10　窓の神

みちのかみ［道の神］　ルーコロカムイ、ソユンミンタルコロカムイなどと称す。家から屋外の野山へ通ずる道路全体の神を、身近な屋外に集約して祭る神である。外出や旅の際には心中で行き先とそこまでの安全を祈って赴き、帰宅の際には無事に戻れたのは道路の神のおかげと感謝する。月参りには酒杯（*盃）をあげ、春秋の大祭には家の出口から2～6mくらい離れた場所に*棒状木幣を1～2本つくって立てるが、長さは地域によって違いがある。家の下手に立てるのは、往来の頻度が高いために、事故に遭う確率も高いほかに、女神から男神へよろしく取りなしてもらうためでもある。　〈藤村〉

和人資料

むなふだ［棟札］

建物の棟上げのときに、建物名、建設年月日、工事の内容、施主名、建物建設にかかわった大工等の職人の名前、神々や仏の名称、願文、経文などを書き込み、棟木や棟束に打ちつけた木札。新築時だけではなく改修工事や部分修理工事を行ったときにも作成されるので、建物によっては何枚もの棟札が残されていることもある。また、多くの内容（情報）を記載するために大きくしたり、複数枚にしている場合もある。形態は多くの場合長方形の上部を山形に切り落とした五角形の板であるが、長方形のままの板や上部を円弧状にしたものなどもある。神道の場合、棟札と一緒に*御幣が打ちつけられていることがある。

〈村上　孝一〉

じょうとうしきのようぐ［上棟式の用具］

建物を建築するなかで棟木を上げるときに行う建築儀礼に伴う用具。この儀礼は棟上、棟上式、上棟祭、上棟、建前などと呼ばれる。大地をつかさどる神に感謝し、家屋の棟をつかさどる神々に事の成就を願う祭事。屋上と屋下、または屋下のみに祭場を設け、神饌、墨刺（▼墨壺）、曲尺、▼鉌を神前に供えて神祭の儀を行う。屋根に破魔弓、*破魔矢、扇子車を立て、棟木と博士杭を綱で結び「千歳棟、万歳棟、永々棟」の発声、槌打ち、散銭、散米、引綱の儀が行われる。このときに、*棟札がつくられ棟束に打ちつける。現在では簡略化して神祭の儀のみを行う場合が多い。　〈村上〉

はまや［破魔矢］　伝統的な上棟式に使われる祭具で、2本の破魔弓と破魔矢で構成される。弓は角材でつくり、弦は白い麻布や木綿布を使い、破魔矢を天と地に向けて添え屋根に立てる。仏式の場合は、弦に紅布・白布を用いる。（→336頁　信

仰用具［破魔矢］）〈村上〉

せんすぐるま［扇子車］　伝統的な上棟式に使われる祭具で、角材の先端に天地金の3本の白扇を三車状に取り付け、左右に3本の荒苧（あらお）と五色絹を取り付ける。仏式の場合は日の丸扇を使う。三棒、扇車、矢車、幣束（へいづか）とも呼ぶ。〈村上〉

Ⅰ. 生活用具

3. 住生活用具
(3) 建具

アイヌ資料

ござ［茣蓙］

　スゲ、ガマ、フトイ、ヤマアワ、ミクリなどを編んだ敷物。主にその地域に多く生育するものを素材とする。その年の雨量や気温・日照度は生育・品質を大きく左右する。最上の素材は、一つ一つの細胞が大きく、中に空気を取り入れているために弾力も優れたガマであるが、量的にはスゲの群落にはかなわない。しかし、雨量の少ない年はどちらも穂をつける量が多く、生育するすべてが穂を持つこともある。穂を持つ茎は高く太く中に髄を持ち、葉も硬いうえに茎から直接生えているので使いにくく、硬質で折れやすいので利用せず、次世代の生育に期待する。これに対し、穂がなく葉だけがまとまっているものは、若芽を中心にして葉が周りを覆うように生育しているので、根元を刈ることで中心の若芽を除く葉を利用することができる。それを区別して穂のある草を雄、ないものを雌とし、雌を中心に刈り取る。葉は薄く裂けやすいが茎は厚く裂けにくく、水分が十分にある。気温が高くない年は葉が軟らかく、水に浸かっていた茎も白く長く軟らかくて、茣蓙に加工しても持ちがよい。雨が少ない年は茎が短く薄い葉が長いので持ちが悪い。また、冷気の強い年も全体に硬くて折れやすい。

　採取したガマは、一〜二抱えの大束にして持ち帰るほか、付近の水辺へ持ち運び、親指の腹を利用して真ん中から裂いて葉をばらし、茎のぬめりを親指と人差し指の腹を使って水洗いする。次いでに茎から切れた茎の襞を洗い水の中から掬い取って別置し、茎をあたりの河原や川岸に広げて天日で干す。日暮れには乾いたものを集めて家に持ち帰り、翌日から通いつめて作業を続ける。持ち帰ったものは、気温が高く雨が降らなければ夜干しをし、葉先が乾きはじめたら、40〜50枚の葉先をひとまとめにして扇面状に広げ、夜露に当てず、蒸れないように気遣って干し上げる。スゲなどは現場で葉先を束ねて両手に持ち、茎の方を足の内側や踝などに打ちつけて枯れ茎やごみを払い落とす。それを扇面状に広げて干し、再び束ねた葉先を両手に持ち、茎の方を足の内側や踝などに打ちつけると、重なっていた茎が自然とばらけてくる。これを2〜3度繰り返し蒸れないように気遣って干し上げる。干したガマやスゲなどは、表面が乾いていても中まで乾燥するには時間がかかるので、屋内の梁に板や棒を渡し、そこへ積んで乾燥を速め、茎に生育している小虫を燻蒸する。乾燥と除虫がすんだ草は、雨天を利用して茎の長さ別、軟らかさ別、色合い別、中芯別、虫食い別におおよそを分類して紐で束ね、*前小屋内壁の上梁から下のヨシ束の押さえ木に紐を弓なりに張って、壁と紐の間に束を差し込んで積み上げて保存する。

〈藤村　久和〉

ゆかござ［床茣蓙］　キナ、レタルキナ、レタラキナ、トマ、ヤットイ、ルサなどと称す。この茣蓙は、採集した素材の最も質の劣るもので織りあげる。目幅は人差し指の第2関節の長さ約3cmとし、素材が悪ければさらに狭い2.5cm幅にし、厚く編み上げる。人の歩きの最も激しい*囲炉裏の周縁に敷く。子供の多い家では半期ごとに行われる春秋の大掃除の際に敷き替え、年によっては3枚消費することもあった。囲炉裏から離れた場所に敷く茣蓙は目幅も次第に離れ、5cmの幅があれば、中質の素材であり、囲炉裏から奥側の上座に敷き、*神窓から手前2枚は神事を行う*木幣づくりの場、山から神を迎える座として最上の素材を使ったものを敷いた。

　茣蓙の編み始めと終わりには、樹皮を煎じた汁に浸して赤や黒、茶、灰などに染めたオヒョウや、シナノキの樹皮を数段に折り込む。編み始めを茣蓙の足として右に向け、編み終わりを頭とし

て左に向け、家幅に合わせ、*炉縁から下は母屋の入り口までの長さに編むことを原則とした。囲炉裏の下手では戸口から見て右壁側に敷いた茣蓙の左縁に、左側に敷く茣蓙の右縁を重ねる。囲炉裏の上手では、下手の茣蓙の上へ敷いた茣蓙の上辺の縁に、さらにその上手に敷く茣蓙の下辺の縁を重ね合わせて神窓の下まで敷き重ねる。これは掃除での掃き方と関係し、塵は上座が母屋の左壁から右壁に掃き、上手から戸口に向かって塵を取りながら掃き下がり、左壁は炉縁から下手に掃くので、これに合わせて塵を取りやすいように敷く。 〈藤村〉

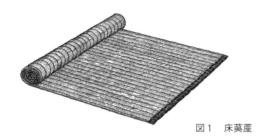

図1　床茣蓙

うわじきござ［上敷茣蓙］　チタルペと称す。来客の際に床の上に敷く茣蓙。接客などの際には、迎える人数や客とのつき合いなどによって着座を主人が決める。母屋の戸口から見て*炉縁の上手を最上客の席とし、炉縁の右隅から戸口に下がるほど位が下がる。最も懇意であれば炉縁の左側下手に座を決める。したがって、上敷茣蓙は炉縁の左右は中以上の素材、上座には上質の素材で編んだ茣蓙を敷く。茣蓙の編み始めと終わりには、樹皮を煎じた汁に浸して赤や黒、茶、灰などに染めたオヒョウやシナノキの樹皮を数段折り込み、編み始めを茣蓙の足とする。炉縁の左右へ敷く場合には戸口側に向け、編み終わりを茣蓙の頭として上手の炉縁よりも奥に向けて敷く。最上座へは編み始めを茣蓙の足として戸口から見て右側に向け、編み終わりを左側に向けて敷く。　〈藤村〉

ざぶとん［座布団］　ポンキナ、ニシパソーなどと称す。敷茣蓙で、大きさは約70㎝四方で上質の素材を使う。*上敷茣蓙の上に敷き並べ、人数が少なければゆったりと間隔をとり、人数が多ければ重ねるように敷く。また、家によっては何人も座れるように、上敷茣蓙よりやや短い縦長の茣蓙を敷くこともある。　〈藤村〉

図2　座布団

かべござ［壁茣蓙］　チセトゥマムキナ、ニカプンペ、オニカプンペ、アトルンペ、オキタルンペなどと称す。屋内の壁はヨシを束ねて柱の外側につくるが、内側の柱間にもヨシ束を立て並べ横棒を3段に渡し、柱と紐で結んだ上に壁幅に編んだ芦簾（*簾）を立てる。母屋の入り口から見て左壁奥や正面の*神窓の左壁を中心に、その上へ模様入りの茣蓙を張り、残りは無地の茣蓙を張る。素材は最上のものを使用する。茣蓙の編み始めと終わりには樹皮を煎じた汁に浸して赤や黒、茶、灰などに染めたオヒョウやシナノキの樹皮を数段折り込み、編み始めを茣蓙の足として戸口に向け、編み終わりを茣蓙の頭として神窓、または母屋の戸口から見て左壁奥隅の柱に向けて張る。したがって戸口の左右の壁から、茣蓙の編み始めを串（*壁茣蓙の木串）でとめ、編み終わりに別の茣蓙の編み始めを重ね、その上段の茣蓙も同様に張る。よい素材に恵まれた場合には、全面に模様を入れて張り、茣蓙の位置を並べ替えて、屋内の壁を模様入りの茣蓙で埋め尽くすように努力する。　〈藤村〉

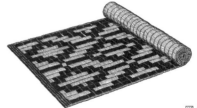

図3　壁茣蓙

ぬさだなのござ［幣棚の茣蓙］　ニカプンペ、オニカプンペ、アトルンペ、オキタルンペ、イナウソ、ポロイナウソなどと称す。最上の素材を使い、幅100～120㎝、長さ200～400㎝の全面に模様が入った茣蓙である。用途は儀礼に伴って祭壇（*幣棚）の前に立てて飾り、串（*幣棚の茣蓙の木串）を打って用意した供物を掛け下げる。

〈藤村〉

まどのござ［窓の茣蓙］　アフンプヤルオロッペ、アウンピヤラキナ、アフンプヤラセシケプなどと称す。最上の素材を使って厚く編み、窓の大きさより一回り大きくし、*神窓には模様を入れ、他の窓は無地が多い。平常は下からまくり上

げて窓上の壁に串を打って下で止め支え、日暮れや冬などは下ろして外気を遮断する。　〈藤村〉

いたど［板戸］

アパ、アパウシイタ、アプシタなどと称す。出入り口が敷居と鴨居で枠を組み、引き戸や車入りの引き戸になるのは和風住宅が普及してからのことである。それまでにつくられていた板戸は、入り口の左右の柱に木枠を結び、この枠に板戸を1～2枚取り付け、片開きもしくは両開きの戸とした。この戸も木枠に割板を取り付けたもので、内外に取っ手をつけたほか、屋内側から閂や戸枠の下と敷居、戸枠と戸口の柱に直径2cmくらいの穴をあけ、紐つきの丸棒を差し込んで容易に戸が開かないように工夫してある。なかには複雑に木を組んだものもある。　〈藤村〉

図4　板戸

しきいた［敷板］

イタンチキ、イタソーなどと称す。春の大掃除で地表の床面まで敷き草を取り除くと敷き草についていたノミやイエダニ、あるいはネズミを追い出せる。かつては夏季に食材を求めて移動することもあって、あえて敷き草を敷かず、質のいい丸太の樹皮を剥ぎ取り、それを半割りや、太さに合わせて三～四つ割りにして片面を*山刀や▼槍鉋風に加工した刃物で調整し、その面を上にして地表の床面に敷き、家の長軸に合わせて、砂を入れて高さを調節した。冬季はこの上に敷き草を敷くこともあった。また、直径10cm程度の丸太であれば両面だけを落とした和太鼓風の断面のものを敷き並べることもある。半年ごとに顔を出す敷板は、どの家でもほぼ毎日雑巾がけをしたので黒光りしていたという。夏は涼しく、足元が冷えると*床茣蓙を何枚も敷き重ねた。儀礼を行う場合には床茣蓙を所定の位置に敷いていった。　〈藤村〉

すだれ［簾］

アプッキ、ルサ、カマルサなどと称す。素材は、ヨシ、オギ、ヨモギ、ヤナギ、ヤチダモ、シナノキの若枝、ハギ、スズタケ、ネマガリダケなどを使う。葉や袴、樹皮を取り除いたものを用途に応じて使い分け、軽量のものは縦にして戸口や窓の外覆いとして掛け下げるが、重いものは横に広げる。屋根をヨシ束で葺く際に骨組みの上に敷く簾の素材はヨシが圧倒的に多い。簾を骨組みの上に敷くのはヨシの穂から種がこぼれ落ちたり、それへクモが巣をつくり、塵などが付着し火の粉が移って火事になったりするのを防止する策である。経糸の幅は素材の質にもよるが15～20cmの間隔をあけて編む。　〈藤村〉

おもやのとぐちのすだれ［母屋の戸口の簾］　アフンアパオロッペ、アウンアパロッペ、アフンアパセシケプなどと称す。中上質の素材を使って厚く編み、戸口の大きさよりも一回り大きくする。編み始めと編み終わりにやや模様を入れ、平常は下から捲り上げて戸口の上方の壁に串を打って止め支える。日暮れや冬などは下ろして外気を遮断する。　〈藤村〉

図5　母屋の戸口の簾

ふるあみ［古網］　フシコヤと称す。海岸地域では、屋根を葺く際に、骨組みの上に敷く芦（*簾）の代わりに古網を使用する場合もある。　〈藤村〉

まどのすだれ［窓の簾］　ソユンプヤルオロッペ、ソユンピヤラオロッペ、ソユンプヤラセシケプなどと称す。素材の葉や袴、樹皮を取り除いたものを、太い材なら二～八つ割りにして目幅を10cmくらいの間隔をあけて編む。大きさは窓より一回り大きくし、平常は下からまくり上げて窓上の外壁に串を打って止め支え、日暮れや冬などは

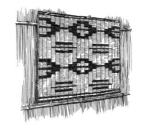
図6　窓の簾

下ろして外気を遮断する。なお、*神窓は使用時以外、いつも閉じたままにする。〈藤村〉

とぐちのすだれ［戸口の簾］ ソユンアパオロッペ、ソユンアパロッペ、ソユンアパセシケプなどと称す。素材の芦の葉や袴、樹皮を取り除いたものを、太い材なら二～八つ割りにして目幅を10cmくらいの間隔をあけて編む。大きさは戸口より一回り大きくして外へ立てかけ、平常時は屋内側から見て左辺を外側に巻いて右柱へ寄せ、夕方や日が落ちてから、その簾を外側から巻きほぐして戸口の左柱へ引き寄せる。したがって、そのときの取っ手代わりに、簾の編み始めと終わりには、直径1.5～2.0cmくらいの棒やネマガリダケを2～3本織り込む。〈藤村〉

しきりすだれ［仕切簾］ チラッキレプと称す。内壁に備えられた*回廊型寝台を囲うように、内梁やそれに渡した棒から吊り下げる*茣蓙。空気の流れを抑止することで保温効果が大きく、プライバシーもある程度守られる。茣蓙の長さは、専用のものは寝床の面を越え、ありあわせの茣蓙を使う場合にも短ければ他と撚り合わせる。茣蓙の幅にもよるが、頭部、足部、胴部を囲うのに4～5枚は必要である。〈藤村〉

しんだい［寝台］

セッ、チトゥイェアムセッ、セヘなどと称す。口承文芸では、英雄である主人公専用の寝台であり、独立した寝台の周辺からは風鐸状の飾りが下がり、風にたなびいて涼しい音色を奏で、平常時にはそこで彫刻にいそしむように語られる。こうした寝台には未確認であるが、家の柱と寝台となる横木に穴をあけて木栓でとめ、寝台の脚も同様にし、寝台の縁を起こし上げて壁から吊るしたような折りたたみ式もある。狭い空間を工夫したものである。〈藤村〉

かいろうがたしんだい［回廊型寝台］ セッ、セヘなどと称す。床面から高さ30～50cm、幅150～200cmの回廊状に棚を組んで割板を敷き並べて紐で結束し、その上に*簾や*茣蓙を敷く。さらに毛の粗い夏毛皮を延べて下布団にして枕を置き、ガマの茣蓙や毛皮を上布団として就寝した。この寝台は家族数と構成する男女数、時代によって違いがあり、神が出入りする*神窓を中心に左右へ「ロ」、「コ」の下向き、「ハ」、「Γ」、「I」と縮小し、ついには消滅してしまう。越冬用の半地下式の*竪穴住居にも存在することから、酸欠状態に陥らないための工夫とも考えられる。平地住居の場合はノミ除けのためであるとされてきたが、地下からの冷えを遮断し、体熱による発汗を避け、快適な睡眠を得られるように工夫したもののようである。（→240頁　家具・調度品［宝物台］）〈藤村〉

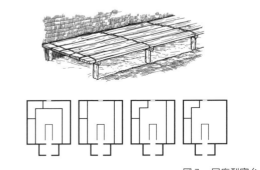

図7　回廊型寝台

とめぐし［止串］

ゆかしきすだれのとめぐし［床敷簾の止串］ アプッキラリプ、キーラリプなどと称す。クワ、ネマガリダケなどを、直径2～3cm、長さ25～60cmに切って二つ割りにし、中央部分を緩い括弧状に削り、その部分を火や熱湯に漬けて徐々に折り曲げ、「∩」や「η」状にしたのち、輪状の紐で結んで乾燥させて固定する。両方の先端はV字状に削って、敷き草の上に敷いた*簾の両壁端に深く刺してとめる。簾も*茣蓙同様に重ねるので、2枚の簾をまとめて刺しとめる。〈藤村〉

図8　床敷簾の止串

ゆかござのとめぐし［床茣蓙の止串］ ソーラリプと称す。家材として切り出した樹種の小枝木の股を利用する。魔除けに用いる材の小枝が最良で、枝の分かれ目の下を切って面を取り、脇枝は3～4cmを残して切り、全体を円錐形に削る。枝

図9　床茣蓙の止串

先は10～20cmで切って円錐形に削り、屋内に敷き並べた*床茣蓙の両壁端や重ねた部分へ深く刺してとめる。 〈藤村〉

かべござのきぐし［壁茣蓙の木串］ キナラリプと称す。*木幣をつくった余り木を幅1.5～2.0cm、長さ15～25cmに割る。全体は扁平で梢側の先端は横から見て薄身に、正面は緩いV字状に削って刺しやすくする。根元側はやや厚身に、正面は「ⅠⅠ」「∩」「∧」状、あるいは波頭のように削る。串は屋内では*茣蓙の上から斜めや縦、横に深く刺すほか、平面では一掬いしてとめることもある。

図10　壁茣蓙の木串

〈藤村〉

ぬさだなのござのきぐし［幣棚の茣蓙の木串］ キナラリプ、キケウシキナラリプなどと称す。*木幣をつくった余り木を幅1.5～2.0cm、長さ20～25cmに割る。全体は扁平で梢側の先端は横から見て薄身に、正面は緩いV字状に削って刺しやすくし、根元側はやや厚身に、正面は「ⅠⅠ」「∩」「∧」の形状あるいは波頭のように削る。次いで根元側の端から3～4cmのところへ梢側から10cmほどの*削掛を6～10枚削って房飾りとし、それ以上刺さらない止めともする。屋外の祭壇（*幣棚）を飾るように立てた*幣棚の茣蓙の木串は、茣蓙の上から斜めや縦、横に深く刺すほかに、立てた茣蓙の上辺では横に一掬いして供物、飾り物などを掛け下げる。儀礼に用意された供物、飾り物は床面に敷いた茣蓙に置かれるほか、屋内の*神窓の左右辺の壁にこの串を横に一掬いに打って吊り下げる。祭りの対象となる神や参集者への披露、過不足品の点検のしやすさ、参集者の座の確保と、たった1本の串ながら役割は大きい。 〈藤村〉

図11　幣棚の茣蓙の木串

ものつりのきぐし［物吊りの木串］ イチウニッと称す。イタヤ、ミズキ、クワ、ハン、シラカバなど、身近にあり乾燥すると硬質の樹種を使う。木質部を小割りにして長さ20～35cm、厚さ0.5～1.0cm、幅が最大で2～3cm、上から見た形は凸レンズを横長にした形で、両端をとがらせ、やや上反りにする。横から見た形は緩い丸括弧のようになっている。串は屋内外の壁の必要な箇所へ打つが、湾曲面を手前にして利き手に持ち、串の片端を刺して掬うように手前へ出す。ほとんどの場合、横長に差すが、まれに縦長にすることもある。左右の串先と壁の間に掛け紐を渡すことで下げ物は安定する。縦長の串の場合は上の串先へ紐をかけて吊るすが、横長に比べて不安定である。 〈藤村〉

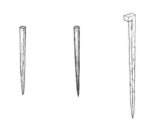

図12　物吊りの木串

和人資料

建具は*戸、*障子、*襖などの総称である。外気を防ぐためや部屋の仕切りのために出入り口や窓につけて開閉する可動部分で、開閉の形式によって開戸、扉、引戸、引違戸などがあり、仕上げ材や作り方によって*板戸、*帯戸、*格子戸、鎧戸（*がらり戸）、ガラス戸（*硝子戸）、障子、襖などがある。 〈村上　孝一〉

と［戸］

いたど［板戸］ 板張りの開き戸や引き戸などの総称。框と桟の枠に板を張ったものや、框がなく板に桟を取り付けたものなどがある。 〈村上〉

おびど［帯戸］ 帯桟戸とも言い、戸の中間に見付の幅広い帯桟のついた*板戸。一般的に引き戸や押し板を取り付ける高さに帯桟を設けたものが多い。 〈村上〉

こうしど［格子戸］ 格子を組み込んだ戸。竪框、上框、下框の間に何本かの縦横の組み子を用いて格子状にした戸である。 〈村上〉

しょうじ［障子］ 竪框、横框、組子で構成された間仕切り用の建具。現在では障子紙を貼った明かり障子のことを一般的に障子と呼ぶが、表

面の仕上げの違いにより襖障子、唐紙障子、透かし障子、板障子などがある。　　　　　　〈村上〉

ふすま［襖］　木で骨組みを組み、両面に紙や布を貼って縁と引手をつけた建具で襖障子とも呼ぶ。唐紙を貼って仕上げたものを唐紙障子とも呼ぶ。　　　　　　　　　　　　　　　　〈村上〉

がらりど［がらり戸］　鎧戸とも呼ばれる。通気、換気、日照調整、目隠しなどの目的で、羽板を平行に取り付けた、いわゆる「がらり」のついている建具。開き窓の外側に*雨戸代わりに使われることが多い。　　　　　　　　　　　〈村上〉

ガラスど［硝子〈glass〉戸］　板ガラスをはめ込んだ建具の戸。北海道は日本で最も早くからガラス戸（硝子戸）が普及した地域である。北海道では半紙判と呼ばれ、14×10インチのサイズの板ガラスが使われた。このサイズは市場品の最小規格寸法で価格も最も安かった。縦長に3枚並べると建具の幅にちょうどよく収まることから、半紙判6枚（縦長に3枚2段）、半紙判9枚（縦長に3枚3段）を入れた建具が定型化し、既製品として売られ、広く北海道に普及した。サイズの単一化は広い北海道において供給面でメリットが大きく、規格サイズをそのまま使うため補修も容易で、価格が安いため農・漁村部にも広く普及した。

　北海道では、板ガラスを四分一と呼ばれる一辺6㎜ほどの極小断面の二等辺三角形の木で建具にとめる。四分一をとめる釘はガラス釘と呼ばれ、長さ8㎜の小釘を使う。この四分一、ガラス釘を使ってガラスをとめる方法は北海道独特のものであるが、いつごろから使われたのかははっきりしていない。　　　　　　　　　　　　　〈村上〉

写真1　半紙判ガラス6枚入建具

あまど［雨戸］　和風建築で開口部の外側に使われた建具。防犯、防雨、防風などのために用いられた*板戸で、開放したときには戸袋に納める。北海道では開拓期の移住者が建築した出身地の住様式の住宅において雨戸が取り入れられたが、ガラス戸（*硝子戸）の普及などにより使われなくなった。　　　　　　　　　　　　　　　〈村上〉

カーテン［カーテン〈curtain〉］　室内の窓などの開口部に、防音・吸音・光量の調節などの機能を目的として、主に外部からの遮断や、日光を受ける場所に多く用いられる幕類の総称。また、室内のインテリアとしての機能も備える。洋風建築の導入や、生活の欧米化によって広く用いられるようになった。北海道では*雨戸のある建物が少なく、雨戸の代わりに外部との遮断・遮光用として広く使用されてきた。　　　　　　　〈村上〉

たたみ［畳］

稲藁を縫い固めてつくった畳床に畳表をかぶせてつくる床材。現在では、部屋の床一面に敷き詰めて使うが、古代・中世においては人の座るところだけに使われ、畳床の厚さや畳縁の色や文様で身分を表すことが行われていた。床一面に敷き詰めるようになるのは鎌倉時代からで、室町時代以後一般化し、江戸時代以降一般庶民にも広がった。畳の寸法は地方によって異なっているが、北海道では大きさが長辺5尺8寸（約176㎝）、短辺2尺9寸（約88㎝）の五八間、いわゆる田舎間と呼ばれる寸法の畳が使われている。（→Ⅱ巻　その他の製作製造用具［畳職道具］）　　〈村上〉

I. 生活用具

3. 住生活用具

(4) 家具・調度品

アイヌ資料

しゅうのうぐ［収納具］

からびつ［唐櫃］ カラウトと称す。蓋つきの収納箱。4～6脚がつき、合わせ蓋で、白木のほかに無地漆、黒漆に金蒔絵を施したものなど多様である。祖先伝来の*晴着や貴重な品物を収納することが多い。本来は結び紐がつくようであるが、ほとんどが本州からの中古品なので共紐は失われている。また、後世に道具がそろい、板を購入できると、煤に油脂を加えて模様を描いた者もいた。幅40～70cm、長さ100cm、高さ40～60cmの大きさで、*宝物台に置かれる。　　　〈藤村 久和〉

はこ［箱］ スポプ、シポプなどと称す。宝物として継承された文箱は、5～15cmの正方体で、長さも20～40cmと違いがある。小さなものは守護神や*護符類を納め、大きなものは、紐で綴った玉類を入れる。一貫張りや乾漆の箱などは縦40cm、横50cm、高さ25cmくらいもあって、気密性が高いので錆を防ぎ、和鏡、鉄・銅製の飾り盤、玉を連ねた首飾（*首・胸飾）や、刀鍔などを入れた。小型のものは吊り棚に、大きなものは*宝物台に置かれる。　　　〈藤村〉

かたなばこ［刀箱］ エムシスポプ、タムスポプ、エムシシポプ、タムシポプなどと称す。母屋の入り口に立って、左壁の中ほどから奥壁に吊り下げる太刀や刀剣類は、普段は刀身、刀鞘、太刀鞘、刀柄、太刀柄など部品別に箱へ収納する。短刀、脇差、鎧通、小柄、柄や鞘の飾金具の部品類も箱別に入れる。これらの刀箱類は、いずれも木を割って薄板をつくり、受けや柄を切って組み合わせる。形は25～30cmの長方体で、長さは90～120cm、蓋には合わせ蓋、被せ蓋、引き蓋などがある。ほとんどは吊棚に置かれる。　〈藤村〉

ほかい［行器］ シントコと称す。円筒形もしくは4～8角筒形で、4～6脚をつけた小型の*唐櫃風容器。多角筒形の容器には受け台がつく。蓋は容器の形に合わせてつくる。円筒はスギの薄い柾板を曲げて何枚も重ね合わせ、サクラ皮で縫い止める。多角筒はスギの薄板を▼膠などで貼り合わせ、和紙や絹布を漆で塗り止める。さらに胡粉を重ね塗りした上に漆を塗り重ね金泥・銀泥などで家紋や多様な模様を描き、沈金や螺鈿なども施し、手打ち金具を▼金釘でとめた。往時は豪華で高価な品物であった。貴族や武家の上流社会で使用されたものの中古品だが、日本の伝統工芸技法を知るには不可欠である。つくりが精巧で気密性に富んでいるので、粉状食材（各種澱粉、米の粉、胞子など）、各種果実（クルミ、ドングリ、ヒシの実、キハダの実、ムカゴイラクサのムカゴ、ハマエンドウの豆、イタドリの種子など）、乾燥植物（ワラビ、フキ、各種のキノコ、エゾノリュウキンカの根茎など）、お神酒入れなど、食材の保存に不可欠であった。食料の保存に耐えなくなると、神事用具の入れ物、葬具類入れとして幅広く利用し、死者への副葬品や賠償時の品物ともした。これらの行器は、*宝物台の上に大きいものから小さなものへ順に積み上げ、切り立った断崖が畔をなして続く状

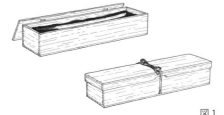

図1　刀箱

図2　行器

況であると語られたりする。　　　　　　〈藤村〉

くりぬきがたえんとうけいほかい[刳抜型円筒形行器]　シントコ、チクニシントコ、チクニシシントコ、オッカヨポシントコなどと称す。素材は不明だが、轆轤を使って円柱の丸太の内外を刃物でくり抜いて筒状にし、3～5cm幅に横溝を入れ、その間は「）」状に削って高度な技術を駆使した*行器に似せてつくる。底面には内側に緩く湾曲している脚が3カ所に取り付けてある。脚は横幅12cm、高さ5～6cm、厚さ2cmほどで丸括弧を重ねたような形をしており、その上部には底面の柄内へ挿入する「]」状の突起がつき、これは高さ2cm、幅7cmくらいもある。蓋も浅い「]」状に別木からくり抜いて合わせ蓋とする。全体ができると砥子の上に粗い黒漆を塗り、その上に、赤、黄、緑、橙などで忍冬唐草紋に葵を組み合わせ、胴部や蓋の中央部には三つ巴を描いた簡単な模様が描かれているだけの粗悪品が、江戸期終末以降に出現する。これらは丸太を使っているために木目に沿ってひびが入り、割れたり欠けたりしやすいので、多くは副葬品として利用された。
〈藤村〉

図3　刳抜型円筒形行器

こがたえんとうけいほかい[小型円筒形行器]　ポンシントコ、ポンケマウシペ、ケマウシポンシントコ、ポンケマコロペ、ワカサポイシントコ、オッカヨポイシントコなどと称す。円筒形の*行器の小型のものを言い、高さが15～35cmまでのもので、男性が使用する用具や貴重な刀鍔、耳輪(*耳飾)、腕輪(*腕飾)、足輪(*足飾)、製毒用具(▼矢毒製造具)、毒矢(▼矢)、*盃などを収納し、傷んだものは副葬品となった。〈藤村〉

すみおとしせいほうけいほかい[隅落し正方形行器]　シントコ、インネソンパオシントコ、イネシッケウヌシントコ、イネシッケウウシントコなどと称す。厚さ2～3mm、幅40～50cmの節のない杉の薄板を、熱湯や熱気を利用して曲げ、隅落しの正方形(八角形状)にし、合わせ目には▼膠を接着剤として塗る。筒よりも長くやや厚みのある2本の木の片方を紐で結んでから隅落し正方形の内外を挟み、合わせ木の片方も紐で固定して乾燥させ、サクラ皮を紐状にして合わせ目のあたりを縦に縫ってとめる。筒の外側には4～5cm幅の狭い薄板で同様の隅落しの正方形の筒をつくって重ね合わせ、下面をそろえる。外側上部には5～6cm幅の材で浅い筒をつくって重ね合わせる。二重になった八角形状の筒の底部内側には杉板をそれに合わせて切り取り、膠で貼りつけて底とする。蓋は一枚板から切り抜いたり、八面を緩やかに削り落としたりして形を整えたあと、筒の上部がはまるように溝を彫る。4脚は筒の内側からやや太めの竹釘を要所へ打ち込んで、その境目を削り取る。

*行器の蓋と身ができたなら、砥子を丁寧に塗って漆がのりやすいようにする。場合によっては薄手の和紙や絹布を合わせ目に膠で貼って砥子や漆が隙間ににじむのを防ぐ。何度も塗られた漆は磨きをかけ、その上に金泥、銀泥、各種の色漆を組み合わせ、家紋や花鳥風月などを様々に組み合わせて表面や蓋を模様で飾る。次いで銅板を切り抜き、多様な模様を組み合わせた飾り板を部位に合わせて小さな胴釘で打ちつけ、蓋と身をからげる真田紐や組紐、編み紐などを取り付けると完成する。

この行器も本州の寺社や貴族などが用いたものの中古品や廃棄品を物々交換で入手していたが、江戸期の後半になってからは、各藩が召し抱える工芸家に作製させ、北海道の産物との交易品として生産された。江戸時代末期には、板材を貼り合わせて隅落し正方形の八角形状の蓋と4脚のついた身をつくり、全体を1色で塗り、それに大きな4面と蓋上に簡単な巴や三ツ星などを1色で描いた粗末なつくりのものも出現する。　〈藤村〉

図4　隅落し正方形行器

すみおとしせいほうけいおおがたほかい［隅落し正方形大型行器］　ポロシントコ、インネソンパオポロシントコ、イネシッケウヌポロシントコ、イネシッケウウシポロシントコなどと称す。「*隅落し正方形行器」の大型のもので、1辺が50～70㎝、高さも60～70㎝に及ぶものである。これは*酒造樽がない場合には醸造にも用いるが、多くは漆器の*盃、*膳、*盆、*湯斗、*片口などの祭祀用具が収納された。　　　　　　　〈藤村〉

すみおとしせいほうけいこがたほかい［隅落し正方形小型行器］　ポンシントコ、インネソンパオポイシントコ、イネシッケウヌポンシントコ、イネシッケウウシポイシントコなどと称す。「*隅落し正方形行器」の小型のもので、高さ15～35㎝。男性が使用する用具や貴重な刀鍔、耳輪（*耳飾）、腕輪（*腕飾）、足輪（*足飾）、製毒用具（▼矢毒製造具）、毒矢（▼矢）、*盃などを収納し、傷んだものは副葬品とした。また、所有点数が多い場合には主婦用の貴重品である首飾、耳輪、腕輪、咽喉飾、*指輪、*鉢巻や*帯、*前掛などの小物入れとして活用した。　〈藤村〉

ろっかくけいほかい［六角形行器］　シントコ、イワンソンパオシントコ、イワンシッケウヌシントコ、イワンシッケウウシシントコなどと称す。節のない杉板から正六角形の底板を切り取る。厚さ5㎜ほどの薄板の端をハの字状に削り取って、それらを底板の6面に▼膠で貼り合わせ六角筒をつくる。上辺から3～4㎝までを3㎜ほど削って上蓋がかぶさるようにする。上蓋の枠は6枚で組み、それよりも1.5㎝ほど大きい正六角形の上板を切り抜いて膠で貼りつける。容器が出来上がると全体を1色で塗り、それへ脚のない3面と蓋上に簡単な巴や三ツ星などを1色で描いた粗末なつくりのものも幕末期には出現する。また、板の外面を波状に削ったつくりのものもある。　〈藤村〉

図5　六角形行器

せいはっかくけいほかい［正八角形行器］　シントコ、トゥペサンソンパオシントコ、トゥペサンシッケウヌシントコ、トゥペサンシッケウウシシントコ、マッネシントコ、メノコシントコ、カパラシントコ、カパラペシントコなどと称す。節のない杉板から正八角形の底板を切り取る。厚さ5㎜ほどの薄板の端をハの字状に削り取って、それらを底板の8面に▼膠で貼り合わせ八角筒をつくる。上辺から3～4㎝までを3㎜ほど削って上蓋がかぶさるようにする。上蓋の枠は8枚で組み、その枠木よりも1.5㎝ほど大きい正八角形の上板を切り抜いて膠で貼りつける。蓋板は八角筒に合わせた厚さ2㎝ほどの板の内側を浅い皿様に削り、外側もそれに合わせて八角皿をつくり八角枠と膠で貼りつける。

　この*行器には台があって、八角筒が緩く入るほどの高さ4㎝くらいの八角枠をつくり、それに合わせた形の底板と8脚をつくって取り付ける。

　行器の蓋と身ができたら砥子を丁寧に塗って漆がのりやすいようにする。場合によっては薄手の和紙や絹布を合わせ目へ膠で貼って砥子や漆が隙間ににじむのを防ぐ。何度も塗られた漆は磨きをかけ、その上に金泥、銀泥、各種の色漆を組み合わせ、花鳥風月や忍冬唐草を様々に組み合わせて表面や蓋を模様で飾る。なお、終末期には板材を貼り合わせて隅落し正方形の八角状の蓋と身、それに8脚のついた台の全体を1色で塗り、それへ大きな4面と蓋上に簡単な巴や三ツ星などを1色で描いた粗末なつくりや、底面にやや厚めの板を4隅に接着させて台の代わりとした粗雑なつくりのものも出現する。これは、酒造や祭祀用具の収納にも使われるが、主に貴重な絹製の*小袖、中国の*官服入れなどに利用された。　〈藤村〉

図6　正八角形行器

まさせいまるどうほかい［柾製丸胴行器］　ワッチレウェプ、マサシントコなどと称す。厚さ2～3㎜、幅40～50㎝もある節のない幅広の杉の薄板を、熱湯や熱気を利用して曲げて円筒状にし、合

わせ目には▼膠を接着剤として塗る。それを乾燥させ、サクラ皮を紐状にして合わせ目のあたりを縦に縫ってとめる。この筒の外側には幅15〜20cmの薄板で同様の筒を三つつくって、先の筒の上辺から8〜10cmをあけたところと、下辺面にそろえて二つを重ね合わせる。底面は杉板をはめ込むほか、板を合わせて蓋をつくり、その裏面に筒を差し挟む溝を彫ってはめ、竹釘を打って固定する。表面には黒や柿渋色の粗い漆の上に赤漆や黄土漆で三巴、忍冬唐草、牡丹、熨斗、波状紋などを描いている。　　　　　　　　　　　　〈藤村〉

図7　柾製丸胴行器

まさせいあしつきまるどうほかい［柾製脚付丸胴行器］　ケマコロワッチレウェプ、ケマウシマサシントコなどと称す。作り手によっては底板に合わせて2本の長い角棒の間隔をあけて打ち止め、あるいは、厚さ3cmくらいの角板を底板に打って台とする場合もある。*酒造樽同様にお神酒を醸造することもあるが、多くは漆器の*盃と*天目台、木椀（椀）、*湯斗や*片口、*膳などの祭祀用具のほかに穀類、乾燥野菜、場合によっては*晴着、葬具などを収納することもある。〈藤村〉

いこう［衣桁］　カケンチャ、カケンチャイなどと称す。戸口から見て左側壁の半ばから戸口側の柱の間に、外皮を剥がして手や布などでしごいて光沢を出したタラの枯れ木を、柱間の長さに合わせて紐で結束し、刺繍を施した衣類などをかける。物語のなかでは2〜3段に及び、焚き火の明かりが増し、あるいは上昇して布地や刺繍に当たる光が揺れ映ることで、模様や色の濃淡が暗さのなかで多彩に変容するように語られる。〈藤村〉

ほうもつだい［宝物台］　イコロセッと称す。一般的には、母屋の戸口から見て正面にある*神窓の左右につくられた*回廊型寝台のうち、神窓の左側から左壁の奥手にわたる部分を宝物台にした。後世に回廊棚がなくなると、その位置に宝物を床面から積み、あるいは板を敷いてその上に積み上げるようになる。物を豊富に所有する人は神窓の右側にも積み上げたといわれる。〈藤村〉

図8　宝物台

つるしかぎ［吊鉤］　ニアウと称す。素材の樹種にこだわらず身近にある木の枝を切って、レの字状の*木鉤をつくり、縦棒の上部に刻み目や溝を彫る。あるいは外皮をそこにだけ残し、紐を徳利結びやヒバリ結び、すごき結びなどで吊り下げる。縦棒の上部にあるY字状の木の股を利用することもある。木鉤に*鍋の弦をかけたり、*杓子や盛りつけ器などを下げたりする。*箸類や*箆類、掻き回し棒などは小枝が込み入って生えている部分を利用し、それぞれの小枝に掛け下げ、四方に伸びる枝を利用することもある。〈藤村〉

図9　吊鉤

しょっきだな［食器棚］　サンと称す。丸太を割って薄板をつくり、それに柄を切り、あるいは釘類（▼金釘）を使って「田」「円」の字型に棚をつくり、床に置き、あるいは壁に吊り、重ね置きなどして、各種の容器や炊事用具の整理・収納に使用する。〈藤村〉

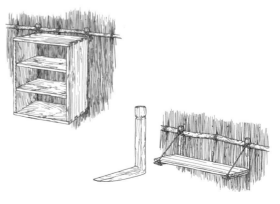

図10　食器棚

ものいれ［物入］

ケトゥシと称す。幅70〜90㎝、長さ100〜150㎝の*茣蓙を編み、編み始めに少しと、全体の残り3分の1には染色した樹木の内皮や柄物、色布の端布を細く裂いて織り込んで模様とする。それをおおよそ三つ折りにし、編み終わりの3分の1を鞄の蓋に見立て、残る二つ折りの両脇に幅20〜30㎝、長さ30〜50㎝の布を、茣蓙の表裏を逆にして縫い込む。縫い終わって全体をひっくり返すと横長の鞄風のものが出来上がる。この中に衣装を畳んで入れ、蓋先の中央部分に60〜100㎝の細紐を縫いつけ、それを手前下から向こうへ回し、蓋上から回しながら閉め、紐端を巻いた紐の間に挟み込む。人によっては蓋先の2カ所に紐を取り付けることもある。また、床面に置くと部屋が狭くなり、歩行の邪魔にもなるので、両方の差し輪の間に幅2〜3㎝の内皮製の組紐や布を縫い合わせた小幅の紐を縫い合わせて吊手とし、屋内の壁から吊り下げる。　〈藤村〉

図11　物入

ものいれのになわ［物入の荷縄］

ケトゥシタルと称す。*物入や、衣装入に使う*荷縄類の総称で、儀式に参加のための正装品、嫁入り・婿入りの際の衣類搬送、長期にわたる狩漁などへ持参する衣類類の移動に用いられる。衣装入を作製した時点で専用の荷縄をそろえた場合には、蓋の閉め紐や壁からの吊り下げ紐を物入や衣装入に縫いつけず、この荷縄1本で二役を代行させる。〈藤村〉

たくといす［卓と椅子］

いす［椅子］

チモナワハ、チモナワプなどと称す。椅子には、大別して一定の形をとるものと携帯用に折りたたむものがある。前者には1人用から4〜5人座れる長椅子まで、背もたれのあるもの、ないものもある。1人用の座面は方形かやや長方形で、脚は4柱の立方体や、底部がやや開いた台形があり、4柱の低位には柄を切って薄手の角材を通し、叉手状の木を組み合わせるなどして固定する。長椅子は縁台風のつくりが多い。携帯用の椅子は背もたれのない1人用で、2組の叉手状にした木の中心に穴をあけ、そこへ直径1㎝または1㎝角材の軸を通してとめる。携帯用の椅子は腰や膝関節に支障のある人が屋内外や他家で使用するほか、子供らも利用する。　〈藤村〉

図12　椅子

さぎょうだい［作業台］

チェイキセタイ、チェイペセタイなどと称す。脚柱の長さや太さ、天板の厚さなどは、使用する場所や家庭によって異なり、座り作業台、立ち作業台、椅子と併用する作業台に大別できる。座り作業台や椅子付作業台は食卓としても利用する。　〈藤村〉

図13　作業台

和人資料

つくえ［机］

机はもともと食物を入れた食器類をのせる台のことで、「杯据」が語源であるといわれている。これが後世に種々の器物をのせて使用する台となり、さらに読み書きに用いる机に発達したと考えられている。特に読み書き用の机は文机と呼ばれ、寺社、役所、商家などで使われ、近世に入ると寺子屋などでも手習い机として使われるようになり、生活の用具として定着している。文机のほか経文などをのせる経机や、仏前において仏具を

のせる前机などが使われていた。明治時代になると官庁、会社、銀行などで事務用のデスクが使われるようになり、家庭でも都市部などで徐々に食卓用あるいは応接用としてテーブルが使われるようになる。これに付随して椅子も使われるようになるが、一般庶民の生活に*食卓テーブルが広く普及するのは昭和30年代以降である。

〈矢島　睿〉

写真1　机と椅子

おうせつセット［応接セット〈set〉］　来客をもてなすためのソファー、椅子とテーブルのセット。北海道では生活の洋風化が進み、床に座る生活から椅子の生活が中心となる。特に居間の洋風化が進み、応接セットを居間に置き、来客に応対するという生活が昭和40年代ごろから一般の家庭にも普及した。

〈村上　孝一〉

びょうしょうぐ［屏障具］

　部屋の中に置いたり、窓にかけたりして寒気や暖気を防ぎ、また人の目を遮るために用いられた*衝立、*簾、*屏風、*暖簾などの総称。なお、*障子、*襖も屏障具に分類する場合が多いが、本書では建具の項で扱うことにする。北海道では、近世松前地の武士・商人らは和風の家に住み、家具・調度品の多くは北前船で本州各地の港から運ばれてきたものを使っていた。近世中期ごろの松前地の風俗を記した『東遊記』(1784年)には「居宅、諸道具などは不自由なき様につくり、江戸などの目にても奢と思はる、事多し」と、江戸と変わらないような生活であったと記述されている。このような生活は鰊漁などで発達した漁村部に受け継がれる。また、明治以降の開拓地では初期には家具もないような貧しい生活であったが、開拓が進み農村が発展すると次第に家具・調度品などもそろえられ屏障具が使われるようになる。しかし、冬の寒さが厳しい地方であったため屏風などは実用的なものが多い。特に漁村部や開拓地に始まる農村では就眠のときに枕屏風が使われたが、手づくりのものを使用した例も多い。

〈矢島　睿〉

ついたて［衝立］　玄関の上框の近くや部屋の入り口に置き、風や人の目を遮るために用いられた用具。平安時代に使われた衝立障子が起源といわれている。絵や模様の入った布や紙を貼った方形の板に足をつけたような形式の衝立が多いが、近世以降には竹の網代や簀子などいろいろな材料を使った種々の衝立が使われるようになった。近世、近代の庶民の狭い家では主として間仕切りを目的に使用された。

〈村上　孝一〉

すだれ［簾］　細く割った竹を糸で編んでつくったもの。窓や入り口などに下げて日除けや目隠しとして使う。日光を遮り風通しを確保することができる。葦や茅を編んでつくったものもある。

〈村上〉

びょうぶ［屏風］　座敷などに置き風を避けるための用具であるが、室内装飾の役割も大きい。平安時代から宮中や公家で種々の屏風が用いられ、室町時代に入ると住居様式の変化に伴い六曲一双の屏風が生まれ、安土桃山時代には金箔をちりばめるような豪華な屏風がつくられるようになった。近世に入ると一般の町家でも使われるようになり、特に冠婚葬祭には欠かせない道具となった。貧しい町人でも婚礼には大家などから金屏風を借りての祝言が風習となっている。近世の松前地でも大商人はもとより中程度の商家でも「左右の町屋、表をひらき、床に花を生入れ、金銀の屏風を立、毛氈を敷きならべ」と、屏風を使用していた様子が1788(天明8)年に幕府巡見使に随行した古川古松軒の『東遊雑記』に記述されている。また、明治以降に鰊漁が盛んであった地方の漁家では、自分の漁場の漁の様子を画家に描かせ屏風をつくった例もある。また、寒冷地でありながら家屋が粗末であった漁村や開拓地の農村では、就眠時の風除けとして枕屏風を使用した例が多い。

〈矢島　睿〉

のれん［暖簾］（→Ⅱ巻　商業用具［暖簾］）

しゅうのうぐ［収納具］

　家具として使われる収納具には大きく櫃、*戸棚、箪笥、*箱、*籠の形式がある。最も古い収納具は唐櫃に代表される櫃と呼ばれる大型の箱で、

衣類や調度品を納めていた。また、板を組んでつくった棚とこれに戸をつけた戸棚も食器や家財道具の収納具として使われてきたが、近世になると戸棚に抽斗をつけたような簞笥が普及し、衣裳の簞笥ばかりでなく種々の簞笥が使われるようになる。近世の松前地は農業の定着は少なく、漁業と交易が藩政および領民の生活の基盤であった。このため江差・箱館などの湊を中心に北前船による交易が盛んで、簞笥など家具類も船で運ばれてきたため、商家などの家庭では本州各地と変わらない家具類が使われていた。　　　　　　　　〈矢島〉

ほんばこ［本箱］　書籍類を納めておく箱。近世中期以降、書籍の大衆化によって本箱も家庭の家具として使われるようになる。本の収蔵は表紙の薄い和綴本は立てて収納することが難しく、重ねて木箱に納める方法がとられた。桐・檜・杉などの材で本の大きさに合わせた竪型の箱をつくり、中に2～3段の棚をつけて納め、蓋は堅貪蓋と呼ばれる上げ下げの蓋を使用した場合が多い。この形式の本箱は明治時代も使われ、下部に抽斗のついたものが流行したが、明治中期以降になると洋書形式の本が普及し、竪型でガラス戸（*硝子戸）のついた戸棚形式の本箱が普及した。

〈矢島〉

写真2　本箱

とだな［戸棚］　物品を並べて収納する備え。家屋の設備の一つとして備えつけとなっているものと大型の箱状個体となっているものがある。近世の風俗書『守貞漫稿』（1853年）に「古は家の端に棚閣（たな）をまうけ、その上に万の売り物をおきならべ」とあるように、店などでは商品を並べたのが棚であり、これに戸をつけたのが戸棚であるといえる。近世以降の家庭では衣類や貴重品などは簞笥に収納したが、食器類は抽斗を必要としないため食器棚に収納した場合が多い。　〈矢島〉

いしょうだんす［衣裳簞笥］　衣服を収納する簞笥。衣裳簞笥が使われるようになるのは近世に入ってからである。それまで貴族ら上流階級の衣裳は唐櫃や長持など箱型の収納具に納められていた。近世になると個人の所蔵する衣裳の種類や数が増え、収納具として整理のしやすい抽斗のある簞笥がつくられるようになり、一般に普及したと考えられる。古い形式としては大きな抽斗が5段の桐製の簞笥や上下二つ重ねにしたものが多かったが、大正時代以降になると都市部を中心に上中下からなる三つ重ねの簞笥が流行し、嫁入り道具として欠かせないものとなった。なお、簞笥は近世から商品として製造されたものが多く、仙台簞笥などが有名であった。このほか用途により、刀簞笥、▼帳場簞笥、▼船簞笥などがあり、洋服の普及とともに洋服簞笥も使われるようになった。

〈矢島〉

ちゃだんす［茶簞笥］　お茶の道具や菓子器を入れておく簞笥。茶の間に置くのが普通で、近世後期ごろから広く使われるようになった。古い形式の茶簞笥は欅、桑の木などの銘木が使われ、下の段には茶櫃などを入れる場所と小物類を入れる4～5段の抽斗があり、上段には違棚や袋棚がつくという手の込んだつくりのものが多い。近世中期ごろの松前地の風俗を記した『東遊記』（1784年）に、「何れの家にも台子とて、高さ五尺程の違棚、水瓶、茶抽斗しなど丁寧にしたる茶棚あり」と武士や大商人の家で立派な茶簞笥が使われていたことが記述されている。このような傾向は明治・大正と受け継がれるが、庶民生活が大きく変化する昭和初期ごろになると茶簞笥も変化し、上段の違棚や袋棚を省くなど構造を簡素化し、さらに模様の入った曇りガラスの引き戸を付した新しい形式の茶簞笥が普及し、多くの家庭で使われた。

〈矢島〉

写真3　茶簞笥

ちょうばだんす［帳場簞笥］（→Ⅱ巻　商業用具［帳場簞笥］）

ふなだんす［船簞笥］（→Ⅱ巻　商業用具［船簞笥］）

ながもち［長持］　衣類や大切な調度品などを保存するための蓋つきの大型の木箱。非常時の持ち出しや嫁入りのときなどの運搬に使用するため、両側に棹を差し込む金具がついているものが多い。また火災などに備え運びやすいように底に車

をつけたものもあり、車長持と呼ばれている。北海道でも近世松前地の時代から武家や商家を中心に使われて、江差や松前の旧家には古くから使われてきたものが今日に受け継がれている。明治以降の開拓地では移住のときに持参する荷物の大きさや重さに制限があり、移住時に故郷から長持など大型の家具類を運ぶことはできなかった。したがって北海道の農村に残されている長持は、開拓が進み生活に余裕が生まれてから近くの都市の家具店で購入したものが多く、指物師や大工につくらせたものもある。　　　　　　　　　　〈矢島〉

写真4　長持

つづら　[葛籠]　衣類を収納するための*籠。古くは葛藤で編んでつくったので「つづら」と呼ばれている。近世になると、竹や檜の薄皮で本体をつくり、その上に紙を貼り、柿渋や漆を塗ったものがつくられるようになり、これを万年葛籠といった。箪笥が普及すると葛籠は衣類や布製品の中・長期の保存用として使われることが多く、衣替えのあとなどの衣類は葛籠に入れて土蔵や納戸で保存した家が多い。近世の松前地や漁村でも広く使われていたが、明治以降の開拓地では持ち運びがしやすい*行李が使われていた。　〈矢島〉

こうり　[行李]　旅行または日常に衣類や身の回りのものを入れた収納具。行李の原形は古く正倉院の御物にある文庫だといわれている。近世に入ると各地で広く使われるようになるが、行李柳の枝を麻糸で編んだ柳行李と、メダケなどの竹を網代に編み縁にマダケを使った竹行李がある。柳行李は兵庫県の豊岡のほか、岐阜県や高知県などで多く生産された。竹行李は福井県、静岡県、長野県などが産地であった。このほか藤の蔓でつくられたものもある。また行李は衣類などの収納ばかりでなく、弁当を入れる弁当行李、薬や小間

写真5　行李

物を入れる行商の行李としても使われている。北海道でも行李の製造が行われていた。　〈矢島〉

げたばこ　[下駄箱]　玄関に置いて*下駄や*草履を収納する戸棚。古い形式は杉材などを使用した戸棚で、内部は棚板で仕切り、引き戸となっているものが多い。大正時代中期以降、*靴が普及すると当然靴も収納するようになり、昭和に入ると洋風のデザインを取り入れたものもつくられるようになる。大正・昭和の時代の嫁入り道具のなかに下駄箱が入っていた場合が多い。　〈矢島〉

写真6　下駄箱

ちょうどひん　[調度品]

家の中の生活で使われる用具を一般に家具・調度品と呼んでいる。正式な分類はないが、部屋に置く*収納具や*屏障具などが家具であり、日常的に部屋で使う身の回りの品は調度品として区別している。したがって調度品は固定的なものではなく、時代や地域によって種類が大きく異なっている。特に生活様式に大きな変化のあった時代には調度品の性格も大きく変わり、例えばテレビ（*テレビジョン）は家具か調度品か、あるいは娯楽用具なのかという問題もある。ここでは、伝統的な和風の生活で使われた調度品として、床の間に飾る*掛軸、*置物、鴨居の上に掲げる*額、日常的な和服の整理収納に使う*衣桁、*乱箱、さらに新しい調度品としてテレビなどを取り上げたい。　〈矢島〉

かけじく　[掛軸]　床の間や壁にかけて鑑賞あるいは礼拝などに用いる表装された書や絵。掛物、掛幅とも言う。日本の家の伝統的な室内装飾品であり、中世以降に禅宗の影響を受け床の間のある書院造が普及し、近世に入ると床の間の飾りとして掛軸が広く用いられるようになった。紙や絹に書いた書や絵画を掛軸として表装した。掛軸は、婚礼など冠婚葬祭用、正月・節句など年中行事用のほか、山の神・庚申など信仰にも使われ、日本人の生活様式を最もよく表す用具であった。

がく［額］ 紙、布、板などに書いた絵や書を額に表装し、鴨居の上などに掲げたもの。装飾用として座敷に飾る。北海道でも古くから和風住宅では座敷に額を掲げた家が多いが、道南地方を中心とした旧家などには高名な書家や政治家の揮毫が残されている。 〈矢島〉

写真7　額

おきもの［置物］ 床の間や室内に置く飾り物。置物という正式な分類はなく、彫刻、工芸品、器物など種々の用語が使われるが、器物には花瓶、香炉、壺などの正式な名称と分類があるため、一般に置物から除外することが多い。したがって置物は木彫り、鋳物、石彫り、やきものなどの神仏像・人物像・動植物が主となっている。特に座敷の床の間では※掛軸に合わせて置物を選ぶ場合が多く、鶴・亀・七福神など年中行事や冠婚葬祭用の置物を用意した旧家も多い。 〈矢島〉

いこう［衣桁］ 衣服をかけておく用具。衣架とも言う。脱いだ※着物をかけておくもので、今日でも呉服売り場などで着物を展示するために使われているが、通称「鳥居形」と呼ばれるものが古くから広く使われてきた。台付きの間をあけた2本の柱の上部に横木（鳥居木）と貫を入れた形で、横木の幅が7尺（約212㎝）、柱の高さが5尺1寸（約155㎝）程度であり、黒漆や蒔絵を施したものが多い。戦前の家庭では片づけやすい折りたたみ式の屏風衣桁を使った家が多い。 〈矢島〉

みだればこ［乱箱］ 日常に着用する※着物類を入れておく浅い箱。今日でも和風旅館などでは宿泊客の※浴衣や※丹前を入れるのに使用し、桐や杉などの材でつくられたものが多い。このほか風呂場では衣類入れとして、竹や籐などで編んだ乱籠を使った。 〈矢島〉

かみだな［神棚］ 家の中で神を祭る棚。小さな宮形（社）を置き、中に神符や神札を納めている形式が多い。一般に神棚は茶の間の鴨居の上に祭られることが多く、日本の古い言い伝えによれば、神棚を足の下にしないように神棚を設けた部屋の上には2階をつくらず、天井を張らないといわれていた。このため茶の間の上に大きな煙出しを設けた家もあった。北海道でも各時代、各家庭に設けられていたが、特に、鰊漁が盛んであった漁村の番屋建築（※鰊番屋）の親方の家の茶の間には、幅1間（約180㎝）以上もあるような大きな神棚を設け、鰊の神様である稲荷社のほか、航海や漁の神である金比羅社、恵比寿社などの神符を祭るのが普通であった。また、明治以降の開拓地に始まる都市部や農村の商家などでも立派な神棚を設けた家が多い。 〈矢島〉

写真8　神棚

ぶつだん［仏壇］ 先祖、故人の位牌や仏像などを納める壇。仏壇が家庭で祭られるようになるのは近世以降である。中世の武家の屋敷では庭の隅に持仏堂が建てられたり、仏間が設けられるようになるが、仏壇はこの風習が町人層にも広まったもので、仏間が縮小され、さらに家具となったものと考えられている。仏壇は宗派によって形式が異なるが、浄土系の宗派では阿弥陀如来の極楽浄土を表現するため、きらびやかで荘厳な仏壇・仏具が使われている。北海道でも近世松前地の時代から武家・商家を中心に使われていたが、古い記録を見ると、当時、大きな商家や漁家では大金を使って立派な仏壇を大坂や輪島から取り寄せたと記述されている。また、明治時代の開拓地では当初は何もない生活であり、木箱を仏壇代わりにした話も伝わっているが、開拓が進み家具・調度品をそろえることができるようになると、まず仏壇を購入したといわれている。 〈矢島〉

写真9　仏壇

ラジオ［ラジオ〈radio〉］ 放送局から音楽や報

道などの音声を電波で放送し、聴取者に聞かせるもの。音声放送の受信機。日本のラジオ放送は、1925（大正14）年7月12日から東京放送が本放送を開始した。北海道では、1928（昭和3）年に放送が始まった。　　　　　　　　〈村上　孝一〉

テレビジョン［テレビジョン〈television〉］
1926（昭和元）年に高柳健次郎博士が「イ」の文字をブラウン管に映し出す実験に成功し、日本のテレビ研究は世界的にも高いレベルであったが、太平洋戦争により研究は中断した。1953（昭和28）年2月1日にＮＨＫ東京テレビジョン局が開局し、テレビの本放送が始まった。北海道では1949（昭和24）年9月23日に北海道普及協会と北海道新聞社が共催して、札幌の丸井今井百貨店でテレビが初公開された。次いで、ＨＢＣが1954年7月に函館で開催された北洋博覧会で試験放送を行い、本放送はＮＨＫが1956年12月22日に開始した。この年には、札幌の大通にテレビ時代の象徴となる高さ147.2ｍのテレビ塔（塔体）が完成している。1957年にＨＢＣ、1959年にＳＴＶがテレビ放送を開始し、多局化が進んだ。　　〈村上〉

ちくおんき［蓄音機］　音波を記録したものから音を再現させる道具。ゼンマイを動力としてレコード盤を回転させ、盤の溝に記録された音を針で振動板を振動させて音に変える。　　〈村上〉

Ⅰ. 生活用具

3. 住生活用具
(5) 灯火具

アイヌ資料

屋内外の照明は焚き火の明かりであり、それを大きくしたければ焚き木を追加する。また、屋内では*灯明と*松明、屋外では松明や薪の燃え残りを使い、火を照明の基にした。　〈藤村 久和〉

とうみょう［灯明］

ラッチャクと称す。語源は中国語の蝋燭に由来するが、実際は灯明で、*灯明台、*油皿、油、*灯心の4品で構成され、主に屋内で使用する。焚き火は結構明るいが、火力が下がると照度も下がるので、細かな作業をする場合には、焚き火よりも安定した光を放ち、手元に近づけやすい灯明の方が有用である。　〈藤村〉

とうみょうだい［灯明台］　ラッチャクニッと称す。灯明をのせる台。片手で移動させやすいように、直径3〜5cm、長さ50〜70cmである。素材の樹種は限定せず、全体にまっすぐで、一節のところから放射状に開いた3〜4枝ある若木の節から上、さらに5〜10cmくらいを残した枝先から切り捨てるが、外皮は剥がさない。根元側は*囲炉裏の灰に突き立てられるように緩い三角錐や円錐形に削ることが多く、節の切り口には*油皿の底をのせても傾かないように削り、その節から放射状に伸びた枝は油皿を受け止めるように加工する。放射状や逆円錐状に伸びた枝のある若木は入手が困難なので、梢側の切り口から下方15〜20cmあたりに、割れを止める節がある若木から10〜20cm長めに切り取る。梢側の切り口から節近くまで4等分に割る。次に、*割箸より一回り大きめで、灯明台の直径より1cmほど長くした不要材を2本用意し、縦横の割れ目に挟みながら節の方へ押し込むと、4等分された木質部が四方に開くので、油皿がのる程度までに広げて止め、*小刀で不要部を削り取って油皿を安定させる。常設の場所は囲炉裏の下手両隅のあたりで、必要に応じて炉内を移動する。　〈藤村〉

あぶらざら［油皿］　スモプと称す。灯明用の油は食用の魚油のうち、1年を経過したもの、酸化し油焼けして食用に耐えないものを利用した。容器は古くからイタヤガイ（ホタテ）、ウバガイ（ホッキ）、ビノスガイなど二枚貝の貝殻に限られていたが、時代が新しくなるにつれ、使い古しの陶器、磁器の小皿類、*三平皿、缶詰めの空き缶なども加工して利用した。　〈藤村〉

とうしん［灯心］　アペアッ、アペトゥ、アペアトゥフなどと称す。灯心は古布を幅1cmほどに裂いて、2本を撚り合わせ、長さ10〜15cmにする。人によっては網の糸屑数本をまとめて2本撚りにするほか、長さ40〜60cmを2本撚りにし、それを中央部から二つ折りにして撚り合わせ、さらに半折して灯心とする。2本撚りでは細く4本では太すぎる場合、2本撚りに1本を加える場合もある。そのときには2本撚りを少し指先で戻し、その間へ1本を挟み、螺旋状に糸を回しながら挟んでいくと、3本撚りの灯心が出来上がる。灯心は二枚貝であれば、貝殻をつないでいる靱帯の窪みへのせて、いくぶん外へ出して点火し、明かりを大きくしたければ灯心をさらに外へ伸ばす。　〈藤村〉

図1　灯明台

図2　灯心

とうみょうけし［灯明消］　ホカウシカプと称

す。*灯心を挟んで明かりを消す道具。素材がネマガリダケ（チシマザサ）の場合、*箸の長さほどに切ったものを縦半分に割り、両端を緩く斜めに削って挟む面をつくり、両端の中央内側の3cmほどを皮近くまで削り取って静かに曲げる。曲がり目から1～2cmにあたる両面縁の一部をV字状やU字状に削り取り、ここに紐をかけて曲がりを固定すれば出来上がる。また、イタヤ、シラカバ、クワなどで箸状のものを長さ10cmくらいに切って、2枚の間に1cmくらいの端材を挟み、▼松脂、▼膠で接着する。クワは火や湯で加熱すれば容易に曲がるので、U字状のものをつくることもある。灯明消は*油皿を支える枝などにかけておき、明かりを消すときに、灯心を挟んで消す。

〈藤村〉

図3　灯明消

たいまつ［松明］

スネ、シュネなどと称す。棒の先に燃えそうなササ、柴、ガマの穂、襤褸布を巻きつけ、不要になった皮紐で結束し、それに酸化して使用できなくなった魚の古油、地上に滲み出て溜まっている原油などをたっぷりと浸し、点火して使用する。ほかに、*松明棒の先を割ってシラカバの皮を挟んで使用する場合がある。主に屋外で利用することが多いが、屋内でも暗がりの屋根裏や、*火棚の上などでの物探しには欠かせない。夜間に繊細な工作を行う際には、明るく一定して強く燃える松明は手元に近づけやすいこともあって、*灯明と同様に活用される。（→Ⅱ巻　その他の通信具［松明］）

〈藤村〉

かばかわ［樺皮］　チノイェタッ、タムイェなどと称す。大きく太いシラカバの樹皮に、採取したい幅の上下に1周、または半周の切れ目を刃物で横に入れる。縦にも1カ所入れ、その切れ目から刃先を利用して外皮を起こし、次いで木箆を差し込んで外皮を剥ぐ。家に持ち帰ったカバ皮（樺皮）は、4～5cm幅に割いたあと、火に炙って軟らかくし、それを重ねて螺旋状に細長く曲げ、重石をかけて扁平にする。多くは作り手の尻に敷いて体重をかけるが、カバ皮は冷えるとそのままの形になる。半片状になったものはまとめて中央部分を紐で結んで壁から吊り下げるか、梁に渡した板や、何本か並べた棒の上に置く。

使用する場合には、向かう先までの距離、風の有無、暗さの度合い、明かりの使用時間によって、持参するカバ皮の本数を決める。紐で束ね、小出しに入れて背負い、尻上の帯の間に挟むこともある。カバ皮の端を*松明棒の先割れに挟み、反対側の先に火をつけると、黒い油煙を上げながら燃える。松明棒の延長上にカバ皮を立てるようにすれば、火は細く、カバ皮の燃えも遅いので長持ちはするが、暗い。逆にカバ皮の点火部分を下に向けると、カバ皮は勢いよく燃えて明るいが、照明時間が短くなるので操作をしながら使う。捩ったカバ皮による照明の弱点は、燃焼時間が短いために取り替え操作を行わなければならないことである。カバ皮は捩って使うほかに、重ねて使うこともある。大きな皮を裂いて捩ったカバ皮をつくろうとすると、皮によっては切れ端が生じるので、幅5～10cmのカバ皮の間に切れ端を重ね入れ、厚さ5～10cmに一定させ、要所要所をカバの細皮できつくしめる。あるいは*火挟に挟んで火に炙り、挟んだ両端を重ねて捩り、端を重ねた樹皮の間に挟みながら1m前後の横長のものにする。量が多いだけに明るく、長時間燃えるため、漁労作業に集中できるので、保存食のマス、サケ

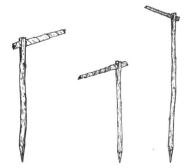

図4　松明

図5　樺皮

の捕獲最盛期には、重ねたカバ皮を主に利用する。
〈藤村〉

たいまつぼう［松明棒］　スネニと称す。松明のカバ皮（*樺皮）を挟む棒。使い手が片手で握りやすいように直径3～4㎝、長さ50～70㎝のものが多いが、漁労用のものは120～150㎝もある。素材の樹種にはこだわらないが、まっすぐで、挟む部分の下方15～20㎝の位置に割れをとめる節があるものを切り出す。梢側を下にして斜めに削り、さらに梢側を上にして真ん中に刃物を入れて左右に割り、その間に捩ったカバ皮の端を挟む。カバ皮の端につけた火を消す場合には、この割れ目へ燃えている部分を挟む。松明棒は樹皮を剥ぐことはあまりしないが、柄の長いものは地表に立てることがあるので、根元側を緩い三角錐・円錐形に削ることが多い。それは、使用後に土間の隅に立てかけることもあるが、土間の内外壁に突き刺すことで目につきやすく、使用するときにも手にしやすいからである。なお、厚みのある重ねたカバ皮を挟む棒は太い棒を割るよりも、梢側で2本の枝が幅狭く生育しているのを利用し、挟む幅に若干の余裕を持って枝先を切り捨て、挟んだ枝の上部を紐で結んで固定することが多い。
〈藤村〉

ランプ［ランプ〈lamp〉］

　ランプと称す。ランプは江戸末期に移入され、明治期に量産されるものの、一般家庭に普及するのは大正期中葉から昭和20年代で、▼猟小屋や炭焼き、▼造材飯場など電気の配線がない地域では、その後も活用された。ランプは、石油が高価で容易に購入できないので、使用時間は最小限にしていたが、ストーブを活用するようになると、それまでの照明は焚き火であったから、暗い屋内ではランプの利用が普及した。
〈藤村〉

和人資料

　松の根には樹脂が多いので、これを掘り出し乾燥させて細かく割ったのがヒデ、シデなどと呼ばれ古くからの灯の燃料であった。また、エゴマ、アブラナ、ツバキなどの植物油も古くから使用されてきたが、近世になるとアブラナなどが栽培され、菜種油や綿実油が灯の油として広く使われるようになり、灯火具として*灯台や行灯が普及する。さらに出雲、宇和島など各地で蝋燭が製造されるようになり*燭台・*提灯など蝋燭を燃料とする灯火具が発達する。さらに、明治時代になると石油を燃料とする*カンテラや*ランプが使われ、明治中期以降、都市部を中心に次第に電灯が普及する。
〈矢島　睿〉

とうだい［灯台］　油を用いる灯火具。台の上や三つ又に組んだ木の上に置いた油皿で灯芯を燃やして明かりとした。日本で古くから使われてきた照明の方法で、近世の松前地でも庶民の明かりとして用いられたが、北前船で運ぶ菜種油や椿の油などは高くつくため、鰊油など魚油を使用した例も多い。『東遊雑記』（1788年）などによると、鮫の油は煙も少なく上等と記述されている。油皿は陶製の皿を使ったが、帆立貝の貝殻で間に合わせる家も多かった。なお、明治以降の開拓地では、石油のカンテラと石油ランプが早くから普及したため、灯台の使用例はほとんどない。
〈矢島〉

あんどん［行灯］　油を使用する灯火具の一種。油皿を台の上にのせてともす*灯台が裸火であるのに対し、行灯は光源となる油皿が紙を貼った立方形あるいは円筒形の枠の中に納められている形式で、風で火が消えるのを防ぎ、光を一定に保つようにした灯火具である。「行灯」を「あんどん」と読ませる言葉は中国の宋代の音で、中世に禅僧によって広められたもので、"持ち運びのできる灯火"として、近世に広く普及した。

　近世の松前地でも武家や商家を中心に広く使われたことが種々の記録に残されている。手製のものもあったが、北前船で運ばれてきたものが多かったようである。行灯は使用する場所によって名称も形態も異なるが、室内で使う行灯は長方形のものが多く、武家や商家の寝室で使われる塗物などの上質なものを有明行灯と称した。このほか家の入り口などにかける掛行灯、店先や道の辻に置く辻行灯などが使われていた。明治時代、移住者が入植した当初は掘立小

写真1　行灯

屋（*開墾小屋）の炉の火を明かりとしたが、開拓が進むと徐々に自分たちの手で生活用具をそろえている。灯具の行灯は自分たちの手で製作した家が多い。角型あるいは六角形の木の枠に底をつけ障子紙を貼った粗末なものであるが、火をつけるときに蝋燭立の金具を手で引くと上にあがるように工夫したものもある。光源には蝋燭が使われ、油を使用した例はほとんどない。　〈矢島〉

しょくだい［燭台］　蝋燭を立てるための灯火具。主として座敷など室内の照明に用いられたほか、仏前に供える燭台として広く用いられた。庶民が蝋燭を使えるようになるのは近世中期以降で、木製、銅製、鉄製などの燭台が使われるようになった。このほか柱や壁にかける掛燭、持ち歩きのできる手燭も普及した。さらに蝋燭の火は風に弱いため*行灯と同じように覆いである火袋をつけたものがつくられるようになったが、これを雪洞といった。したがって火袋をつけた手燭を雪洞手燭といった。　〈矢島〉

ちょうちん［提灯］　蝋燭を用いる携帯用の灯火具。紙を貼った*籠状の火袋の中で蝋燭をともす形式の提灯は、室町時代の後期ごろから使われはじめたといわれている。初めは折り畳むことのできないものであったが、近世に入ると折り畳み式の提灯が普及する。特に小田原提灯（懐中提灯）は旅の必需品となっている。主として夜間の外出や屋外の作業に使われたが、灯火用具に限らず、祭りなど町の行事や冠婚葬祭などでも目印として大きな役割を果たした。提灯は用途や型式によって種々のものがみられるが、代表的なものとして、外出のときに用いるぶら提灯、祭りや冠婚葬祭のときに門口に立てる高張提灯、人の出迎えや捜し物のときなどに使用した弓張提灯などがある。　〈矢島〉

写真2　弓張提灯

ランプ［ランプ〈lamp〉］　石油を用いる灯火具。本体はガラスでつくられ、その構造は油を入れる油壺、灯芯を覆うホヤ、光を反射させるための笠からなる。もともとランプは灯火を意味する英語であるが、幕末に西洋から石油ランプが輸入され、明治維新とともに文明開化の明かりとして広く普及したため、日本ではガラス製の石油を用いる洋灯をランプと呼ぶようになった。北海道では明治初期から大正時代ごろまで都市・農漁村を問わず広く使われたが、電灯の普及が地方によって異なるため、遅い地方では昭和20年代（1945～54年）まで日常的に使用した地域もある。ランプは用途によって作業用・室内照明用があり、形式によって吊ランプ・置ランプに分けられる。ランプの灯芯には平芯と丸芯があるが平芯が多く使われ、明るさは油を燃やす木綿製の灯芯の幅によって二分芯・三分芯・五分芯ランプと呼ばれている。ホヤは煤ですぐ汚れる欠点があり、ホヤ磨きは小さな手の方が都合がよいため子供の仕事とした家が多い。　〈矢島〉

写真3　ランプ

カンテラ［カンテラ〈kandelaar〉］　石油を用いる灯火具。カンテラはオランダ語のカンデラ（*燭台）などが転訛したものといわれている。北海道ではコトボシとも言う。カンテラは近世から使われてきたが、近世には鉄、銅などの金属製や陶製で土瓶の口のような部分から灯芯を出して火をともし、油は植物油が用いられた。明治に入ると石油が用いられるようになり、ブリキ製の容器に灯芯を立てる口金があり、綿糸の一分芯に火をともす形式の灯具がカンテラであった。北海道でも明治初期から都市・漁村・開拓農村を問わず広く使われていた。特に経済的に厳しい生活が長く続いた農村ではランプが手に入るようになっても石油の消費が少なく、経済的なカンテラの小さな火が長く使われた。小さな火なので消えやすいため、これに石油缶を利用した覆いをつけて使用した例も多い。　〈矢島〉

写真4　カンテラ

でんきスタンド［電気スタンド〈stand〉］　机や床の上に置く台つきの電灯。地域によって異なるが、明治後期から大正時代にかけて都市部を中心に電灯が普及し、家にも工場にもそれまでの蝋燭の光や石油ランプに代わって電球がともされるようになる。工場などでは、初めのうちは裸電球

で直接光が目に入るとまぶしいという欠点があったが、次第に光を反射させる笠をつけ、光を和らげるとともに明るさを一定とする工夫がなされる。これを応用し手元の作業や勉強に使う電灯としてつくられたのが電気スタンドだといわれている。また昭和初期に学生の近視が増加し、この原因が勉学の際の照度の低さであることが判明して電気スタンドが規格化されたこともあり、急激に普及した。 〈矢島〉

Ⅰ. 生活用具

3. 住生活用具

(6) 暖房具

アイヌ資料

いろり [囲炉裏]

　アペソ、アペオイ、ウンチコホ、ウンチオホ、アペソコッなどと称す。屋内の床または土間を方形に仕切って火を焚き、炊事や暖房に用いる場所。家の大きさにもよるが、小さな家では一つ、大きな家では二つ設ける。一つの場合の位置は、母屋のほぼ中心から戸口側である。二つの場合は、家が縦長のつくりであれば、母屋の中心から、手前側と奥側の真ん中にあり、横長の家であれば、母屋の中心から左側と右側の真ん中につくられる。囲炉裏はやや大きめにつくられる。その周囲には可燃性の素材が多く、火の神への*木幣群や*作業台がある。一隅は調理した*鍋の置き場であり、火の周りは串を打った魚を焼く場となり時には別火を焚き、就寝前には燃えていた*薪を炉灰に埋めるなど、多面的に利用される。

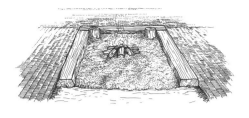

図1　囲炉裏

　囲炉裏へ長めの薪をくべるときは、通常は炉尻から火の中心に向かって根元側を延ばして燃やすが、就寝前には薪の燃え残りを火から引き抜いて燃えている部分を灰の中へ斜めに次々と差し込む。残り火の*燠は掻き寄せ、周囲の灰をその上に掻き集め、全体を富士山の形のようにするが、火口の部分は灰を覆わずに酸素の取り入れ口とする。翌朝には盛った灰を周囲に拡散させながら燠を掻き出して十分に酸素を吸わせ、燠が燃え立ったところへ前夜に埋めた燃え残りをその上に重ねて大火にする。十分に乾燥した薪はよく燃えるので、日没後に近所や近村へ出かける場合には、簡便な*松明の代わりに使用する。松明と違って燃えが悪いので、無風のときは軽く揺り動かしながら使わないと、途中で火が消える。また、燃え残りは、畑の草や塵などを燃やす際のつけ火や、別火を焚く場合には格好のものとなる。

〈藤村　久和〉

おき [燠]　ウサッと称す。木質部の芯まで火が回って炎を上げる燠は、火の女神の分霊としての力があるとして、酒を仕込んだ際に最上部にのせて魔除けとする。それは、日暮れに近所へ出来上がった料理を搬送するときや、各種儀礼に使用する火種とする。

〈藤村〉

かたいけしずみ [硬い消炭]　ニシテパシ、ニシテパシパシなどと称す。よく燃えている火床の中心部で、全体の形をそのままに真っ赤になっている*燠を*火箸で取り出し、火床よりも離れた灰に火箸や灰ならしで穴を掘り、その中に燠を入れ、灰をかけて消炭をつくる。イタヤやナラなどの堅木は堅い炭ができるので、木炭として広く利用するほかに、砕いても節の部分は崩れにくいことから、目に見える物の魂として、心臓の代わりともする。また、つぶして粉末をつくり、*火打石からのつけ火を受ける素材ともする。

〈藤村〉

やわらかいけしずみ [軟らかい消炭]　ハウケパシ、ハウケパシパシなどと称す。木質が軽量な木からつくった軽い消炭は、筆記用具や物をつくる

際の墨つけに使う。指先で押すだけでも崩れる消炭はきれいにすりつぶし、水を少量加えて炭汁とする。それを白木に塗りつけて表面を黒く染め、乾燥させてから表面を襤褸布などで拭き取り、その布で刷り込んで光沢を出し、*小刀を使って模様を彫り上げる。また、染める量が多い場合には炭汁を多量につくり、それに漬けて染色する。火はものを焼却するので、炭粉を火の神の召人として、時によって畑の除虫や肥料、多様な除魔の儀礼にも使用する。

〈藤村〉

すみつぶしぐ[炭潰具]　パシコネレプ、パシパシコネレプなどと称す。河原でやや窪みのある石か扁平で硬い石、一面が平らで摺りやすい石、あるいは、つぶしやすい丸い面のある硬い石を採取して炭をつぶすのに利用する。使いやすいものは大切に倉庫で保管し、不要になったものは謝辞を添えて家の川上にある*幣棚に収める。〈藤村〉

ふんまつすみいれ[粉末炭入]　コネパシオマレプと称す。粉末にした炭粉は、*火打石からのつけ火受けとする場合は*火口入に入れる。染色用のものは蓋付きの漆器、割板製の箱、樹皮でつくった入れ物などに蓄えて倉庫などで保管する。

〈藤村〉

ろぶち[炉縁]　イヌンペと称す。素材の樹種は限定しないが、多種を組み合わせることはあまりなく、多くて2種類までである。一般的に、エンジュ、サクラ、マツ、イチイ、キハダ、ヤチダモ、ナラ、シラカバなどが多い。一つ炉の場合、炉縁はコの字形の三方であることが多く、二つ炉ではロの字形の4辺に炉縁を回すことが多い。後世になると材の端を斜めに切って額縁のように合わせるようになったが、かつては切り口よりも組み合わせを重視し、戸口から見て「п」「ロ」の字に見える奥の横材は、左側に木の根元側が、右側には梢側がくるようにし、左右の縦材は奥へ根元側、手前に梢側を向け、手前の横材は、奥の横材とは逆に、左は梢側、右は根元側に並べた。炉縁材の組み方はこれを原則とし、時にはそれぞれの場所で臨機応変に対処して、根元側と梢側を時計回りに並べることもあったが、原則と逆方向に配置する場合は、凶事・不祥事などに限られていた。

〈藤村〉

ひだな[火棚]　トゥナ、パラカ、アペサンなどと称す。*囲炉裏の上に設け、煙で魚などを薫蒸したり、乾燥したりするのに使われる。直径3〜8㎝の木を田や囲の字の形、あるいは格子状に組んで交差する箇所を紐で結び、四隅を内梁間に渡した2本の棒と綱で高さを調節してぶら下げる。こうして組んだ棚の上に▼茣蓙編機で編んだヨシズを敷くと出来上がる。薫蒸・乾燥するものによって煙と熱を使い分けるために、高さを変えて二重、時には三重の棚を設ける場合があり、棚は上ほど大きくつくる。それぞれの棚は、内梁に渡した棒と綱や*木鉤で結ぶ。

　こうした簡便な火棚のほか、直径10〜15㎝の丸太を使って柄を切り、穴を穿って組み合わせ、▼木釘・骨釘などでとめる複雑な手法もある。火棚はよほどのことがない限り、取り替えることはない。

〈藤村〉

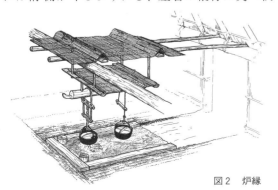

図2　炉縁

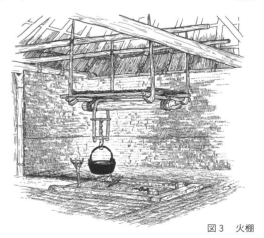

図3　火棚

ろかぎ[炉鉤]　スワッ、スニ、スーアッテプなどと称す。炉鉤は、その語源からは、家の内梁や棟木、あるいは*火棚から細目の綱を下げ、それに木の枝を利用した*木鉤を結び合わせ、その鉤から炊事用の*鍋を吊り下げるものである。縄や綱の長さを一定にしてあるものは、火力を調整するときに薪のくべ方を加減し、溜まった*燠を中心から引き離す。しかし、この操作を細目の綱で

行う場合には、幅7〜10㎝、長さ30〜40㎝、厚さ1.5〜3.0㎝の板の両端近くに綱の太さよりもやや大きめの穴をあけ、片方の穴へ通した綱の端を団子に結んで抜けないようにし、綱を火棚などにかけて下げ、もう片方の穴に通して、その先に鍋をかける木鉤を結ぶ。この止め板と綱の長さを操作して鍋の高さを調節する。鍋をはずしたあと、下がったままの木鉤が火で焦げ、燃えるのを防ぐため、木鉤を板や板脇の綱に引っ掛けて火から遠ざけることもできる。板の形は上から見ると長方形、瓢箪形、数字の8、三角を向かい合わせにした形、自然木の利用など、厚さもあわせて様々なつくりがある。この板を2枚重ね入れて微調整することもある。

　さらに、直径2〜3㎝、長さ70〜80㎝のコクワ、ブドウヅル、クワなどの外皮を粗く取り除いて∩状に曲げ、それに加工した薄材や角材などの部品を組み合わせた巧妙なつくりのものもある。こうした巧妙な炉鉤には全面に彫刻を施し、木鎖や木鈴などを下げ、小さな金属片やアワビの貝片を象嵌する場合もある。こうした手の込んだものはお神酒をつくるときの粥づくり、ヒグマなどの肉を炊いたり、それで汁をつくるとき、神々への供物づくりなど、特別なときに使用する。

〈藤村〉

図4　炉鉤

ひばし［火箸］　アペパスイ、カニアペパスイなどと称す。主に※囲炉裏の塵を挟んで運び、あるいは祈りや火力の増減、※燠を寄せたり挟んで取り出すのに使う※箸。本来は木製で、樹種は限定されないが、身近でよく使用される樹種の端材のなかから適当なものを選んで、※山刀や▼鉈で四つ割り、二つ割りなどにする。さらに全体を先細りに削り、長さ30〜40㎝、太さは握りの部分が最大1.0〜1.5㎝のものであるが、太い方の先から1〜3㎝くらいの部分に1周する溝を※小刀で削って、双方を15〜20㎝の細紐で結ぶこともある。こうした火箸は、一つの囲炉裏に対し二つ三つ用意する。短くなり、使用に耐えなくなると、新しいものを作製し、※削掛をつくってともに炉辺に供え、火の神の食べる箸として十分な活躍をしたことをたたえ、心おきなく昇天することを伝えて

もらい、新しい箸が取って替わり役割を全うするように願う。新旧の引き継ぎを終えると、結束していた紐などを解き、火に添わせて燃やし魂送りを終え、燃え上がる炎に対し両手を揉みすりながら霊の昇天を見送る。また、後世には本州から金属製の火箸を中古品で入手し、あるいは鍛冶屋に注文するほかに、銅線を加工してつくる手製のものも次第に増加し、木製の火箸は姿を消していった。

〈藤村〉

図5　火箸

ひばさみ［火挟］　ウンチキシマニ、ウサハキシマニ、ウサッウイナニ、ウンチキシマカーニ、ウサハキシマカーニ、ウサッウイナカネなどと称す。主に※燠を別容器に取り移す際に使われる。素材は、直径3〜4㎝、長さ70〜80㎝のクワ、ヤチダモ、イタヤ、クルミなど。枝を切り取り、外皮を粗く取り除き、二つ割りにして膝と両手で緩く∩状に曲げ、曲がり部分の内側20〜25㎝の幅をさらに0.5〜1.0㎝ほど薄く削って曲がりやすくする。人によっては火や熱湯で∩状にして、両端の間を紐で巻いて十分に乾燥する。紐を解いても戻らないことを確認して∩状になった下辺を切りそろえ、内側の下から10〜15㎝を、0.5〜1.0㎝ほど薄く削って燠の挟み面をつくる。外側も削ることもある。

　中央の曲がりの部分を※火棚に引っ掛けたり、紐を結んで吊り下げるが、日常的に使用しないので、※炉縁の端に置くことが多い。素材の丸棒を半割りしたあと、丸みの残る外側を削って薄板にして、それを曲げてつくることもある。さらに別の薄板を2等分して3㎝くらいの立方体や円柱状にし、それらと火挟の端を重ね▼錐で穴をあけて▼木釘・▼骨釘を打ってとめる方法もある。

　火挟が火で焼けて、使用に耐えなくなると、新しいものを作製し、※削掛をつくってともに炉辺に供え、火の神の食べる箸として十分な活躍をしたことをたたえ、心おきなく昇天することを伝えてもらい、新しい火挟が役割を全うするように願う。新旧の引き継ぎを終えたころに、結束していた紐などを解き、火に添わせて燃やし魂送りを終え、燃え上がる炎に対し両手を揉みすりながら霊の昇天を見送る。また、薄板をとめた火挟は、板

を新たにつくって取り替え、短くなった古い板だけを火に添えて再生を願い、その霊を見送る。後世に本州から金属製の火挟を中古品で入手し、さらに広く市販されるようになると、木製のものは次第に姿を消していった。(→265頁　和人資料[火挟])　　〈藤村〉

図6　火挟

ろせん[炉扇]　アペキライ、ウナキライ、ウイナキライなどと称す。*囲炉裏の灰をならし、灰の塊や塵などを搔き寄せる道具。素材の樹種は限定せず、身近に存在する直径10〜20cmの太材を1cmくらいの厚さに割る。下辺は大きめの連続山形に削り、上辺は握りやすいように細く削り、取っ手には穴を穿ち、あるいは括れなどをつくり、細い端切れなどを結ぶこともある。また、長さ25cmくらいに切りそろえたハギやヤナギの小枝を5〜10本ほどまとめ、片方を紐でくくってササラ状にしたものや、中間あたりを紐で組んで扇の骨のように広げたものもある。

炉扇は、一つの囲炉裏に対し1〜2個を用意し、その平面を利用し炉内の塵を*火箸でつまみ寄せて、*塵取の代用とすることもある。また、大きな灰の塊を灰から掘り出すときにはスコップのように使い、就寝前に残った*燠を火箸で寄せ集め、そこに四方から灰を搔き寄せ最上部をわずかにあけるときにも使う。さらに、大勢の人が儀礼などで集まり、食事のお代わりをするときに、盛りつけ椀の授受にお盆の代用として使われる特異な事例もある。

囲炉裏の灰をならす方法は、家屋内の箒(*内箒)と同様で、戸口から見て、火の左辺は左奥から手前に、火の奥は左から右へ、そのまま火の右辺を通って手前に搔きなで、塵を取り出す。火の周囲は可燃物がきわめて多いことから、点火しないよう常に囲炉裏内の清掃に努め、頻繁に炉扇で搔き、塵や灰塊を炉尻に寄せる。炉扇が利用に耐えなくなると新しいものを作製し、*削掛をつくってともに炉辺に供え、火の神の敷地内を清掃する箒として十分活躍したことをたた

図7　炉扇

え、心おきなく昇天することを伝えてもらい、新しい炉扇が役割を全うするように願う。新旧の引き継ぎを終えると、結束していた飾り紐などを解き、火に添わせて燃やし魂送りを終え、燃え上がる炎に対し両手を揉みすりながら霊の昇天を見送る。　　〈藤村〉

まき[薪]　チクニ、チクンニ、ニーなどと称す。燃料用木材。薪は水分を含んでいると、火つきが悪く、水分を木口から沸騰させて燃えるので温度が低く温かさが弱い。また、立ち上る煙は目にしみるが、目をこすると眼病になりやすい。特に海浜に漂着した流木は、無煙でも目を刺激するので、薪材は十分に乾燥したものを用いる。山中の枯れ木・枯れ枝・風倒木、河川の流木、海浜の漂着木が中心であり、あえて山林の立木を切り倒したり、根元の皮を剝いで立ち枯れさせたりして薪材を得るようになったのは、生活の周辺から森が失われた幕末期以降のことである。春は雪解け水に流された木々が川をふさぐことが多く、河川交通の妨げになるほかに、水を止めることから思わぬ災害が発生し、魚群の遡上を止めるので、各村落では仕事のない春先に、協力して河川の流木を引き上げて乾燥させ、海浜でも同様にした。

乾燥方法は、太くない長木を中心に立てそれに円錐形に寄りかける方法と、長木を平行に並べ、その上に短い木を交差するようにし、さらに長木を交差させて垣根状に積み上げる方法があった。夏までに乾燥した木は縦長に▼鉞で割れ目を入れ、必要に応じて▼楔を使いさらに乾燥させ、秋に入ってから両手を広げた長さに切断して家の近くに運んで垣根風に積み上げ、風除け・雪除けにも応用した。海浜から河川の中流域に建て季節ごとに利用する*別宅や*仮小屋の周辺にも薪が豊かに蓄えられていた。旅での野宿は、午後3時過ぎごろから乾燥した薪を拾い集め、冬山での宿泊には生木でも燃えるアオダモ、ヤチダモを伐って暖を取った。　　〈藤村〉

あんか[行火]

ウサッオプ、ウサハオホ、ウンチオホ、ウサトホなどと称す。*燠(炭火)を入れて手足を温める石製の道具。大勢の人が集まった場合、*囲炉裏から遠くの人が暖をとるために利用する。素材は、直径20〜35cmもある大型の軽石や火山灰が固

まった軟石、軟らかい泥岩など。出来合いを考えながら、まず一面と底面を平らに粗く削り落とす。次いで燠入れの中心部分を刃物の刃先と▼木槌などを使って掘り込みながら、その周辺の不要部を削り落とし燠入れの部分を3～4cmの厚さに仕上げる。完成した*火鉢の外形は最大30cmの正方体、あるいは、上から見て長方形や楕円形の浅い火皿形で内径は20～25cmである。わずかに突出した取っ手や、窪みをつけて運びやすいようにし、断熱のために短い脚を掘り出すこともある。製作は▼猟小屋に長期の宿泊をする際や、マスやサケの遡上に合わせて▼漁小屋、▼燻製小屋に滞在する期間の余暇を利用することが多い。加工の原石は、採取現場で不要な部分を粗く削ぎ落とし、宿泊所に運んで手をかける。

製作の途中で壊れてしまうことが多いが、製作途中のものはできる限り細かく砕いて形をなくし、それに詫びと再生の言葉を添えたのち、周辺に撒き散らす。完成後に使用の過程で破損し、使えなくなった場合には、*削掛や小さな*木幣をつくってともに炉辺に上げ、火の神を通じてこれまでの労苦をたたえ、心おきなく昇天することを伝えてもらう。次いで家の上手にある*幣棚に向かって左端の幣前に運び、小さな木幣を地表に刺して、行火を脇に置き、もう一度感謝を述べるとともに、再生を祈願して魂送りを終える。行火は冬季の儀礼や厳寒期に使用するので、夏場は母屋の梁上に差し渡した割板などの上に置く。降雪期に入ったら下ろして上座に置く。土間や母屋の中でも上座あるいは*囲炉裏からやや離れた場所での作業には燠を入れて利用するし、大勢が参集する場合には、各戸で所有する行火を持参して用いる。
〈藤村〉

図8　行火

かまど［竈］

カーマと称す。石や土で築き、*鍋をかけて煮炊きに利用する施設。竈は*煙筒が出来上がってから製作に取りかかる。煙筒の壁とその前の床面に出来合いの竈を想像し、木の棒で線を描く。あるいは短い小柴を主要な位置に刺すこともある。次いで水と練り合わせて軟らかくした粘土を土壁に塗り込め、たたきながら中の空気を抜き、その両端から手前に伸びる竈の両翼を10～15cm幅に想定して積み上げ、乾燥に数日を置いてまたたたき積む。増量と接合材を兼ねて草の葉を適量に刻んで混ぜることもある。両翼は上方に向かって幅を狭く、いくぶん内側に傾けながら積み上げる。

左右翼が竈の上辺に近づいたら、立ち上がった両翼の間に石を積み上げ、その上に剝いだ樹皮を緩い半円状に置いて天井部へ粘土を貼りつけ、備えつけの*釜の直径分を丸くあけてたたき込む。数日乾燥し、両翼を手前にすぼめるように練り合わせた粘土を積み上げ、やや下開きの∩状に焚き口をつくる。上部は竈の天井部とつなぎ、水分の蒸発具合を見ながら天井を支えていた積み石を取り出し、竈の内面の状態を確認する。しっかりと固まると鍋を据えつけ、隙間を粘土で埋め、さらに数日乾燥させたのち、鍋にわずかに水を入れ、乾燥した草に火をつけて燃やし、火や煙の通り具合を見る。悪い部分は水解き粘土で補修して完成させる。
〈藤村〉

図9　竈

えんとう［煙筒］　エンド、エントーなどと称す。北海道内での使用は、江戸中葉末までに途絶えたが、サハリン地方では、第2次世界大戦まで必要に応じて作製され使用された。煙筒は半地下式の家の壁と床面がほぼできると、壁から1m前後離れた箇所につくる。直径10cm前後、長さ1.0～1.5mの丸太を用意し梢側の先をとがらせる。それを入り口近くに▼掛矢で垂直（または家壁に向かって斜め）に打ち込む。次に内壁側から丸太のある場所の見当をつけ、壁の中間やそれより下方の部分の壁土を殻の厚いホッキガイや、カ

キ、アワビなどの貝殻で手前へえぐり出す。打ち込んだ丸太に突き当たると、横穴の内面を貝殻で引っ掻きながら穴の径を大きくし、煙が通りやすいようにする。横穴ができたら、打ち込んだ丸太の周辺の草を除去し、丸太を前後左右に何度も動かして抜き取る。丸太の径に合わせて小さめの貝殻で穴の内面を引っ掻いて横穴の太さにそろえる。出来上がった穴は、土の湿気が多ければ数日乾燥させる。そうでなければ、粘土に水を適量に注いで混ぜ合わせ、適当な軟らかさになったものを穴の内面に厚さ1～2cm塗りつける。外穴の周りにも土止めを兼ねて30cmくらい塗る。その後2～3日間自然乾燥させ、ひび割れた部分に水に溶いた化粧粘土を重ね塗る。乾燥するとさらに枯れ草を燃やし続け、内穴の表面の水分を蒸発させて固める。また、数日を置いて、内面の固まり状態がよければ、木の小枝に火をつけ、火力を上げて粘土を焼き固める。

　穴の口は、打ち込んだ丸太を抜く際、前後左右に動かして抜き取ったことで大きくなっている。しかし、それを狭めることをせずに、ヨシやヨモギ、木の小枝などを束ね適当に紐でしばって70cm～1mの円柱をつくり、その端を穴に垂直に刺して立てる（あるいは草の葉をまとめ要所要所を紐で結んで使う）。次に水と練り合わせて軟らかくした粘土を貼りつけ、たたきながら中の空気を抜き、高さ30cm、厚さ3cmくらいになると、芯になっている円柱を時計回りに回して内面を調整する。外側に凹凸や亀裂が生じたら手のひらでたたき、わずかに粘土が残っていたら、それも塗り込める。数日乾燥させたあと、前と同様にして高さを増し、残りの粘土は前につくった部分に塗り重ねる。これを3～4度繰り返しながら縦煙筒をつくる。高さが70cm～1mになり、水分がほどよく抜けると、芯を抜き取らずに縦煙筒の周りに草を寄せ、小柴を立てて風のない日を選んで火をつけ、表面を適当に焼き上げる。次に煙筒の上から火をつけた草玉を下に投げ入れ、小柴や木の枝を適宜投げ落として燃やし、内側を焼くと外の縦煙筒は出来上がる。

〈藤村〉

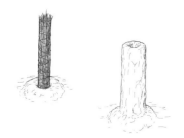

図10　煙筒

ひばち［火鉢］

　アペコッ、アペオプなどと称す。灰を入れ、*熾火をおこして手あぶりや湯沸かしに用いる暖房具。大勢の人が儀式などで集った際に、*囲炉裏から遠い人たちが暖を取るには*行火を利用するが、熾の量が少ないために、不十分なときには、容積の大きい火鉢が使われる。灰がたっぷり入っていて火持ちもよく、消炭を加えることで暖房の機能は高まる。火鉢は割板5枚に柄を切って組み立てる。素材・制作方法、使用後の儀式などは行火とほぼ同じである。

〈藤村〉

図11　火鉢

たばこようひばち［煙草用火鉢］　タンパクアペオプと称す。儀式でたくさんの人が集まったとき、炉に近い人は煙草へ火をつけることは容易であるが、遠くの人は煙草を吸えないし灰を落とすものもないので、人が動くまで待つしかない。そこで、割板で15～20cm四方、高さ8～15cmの箱をつくり、炉灰を入れ、*囲炉裏の*熾を1～3個盛りつけて屋内の各所に配った。ほかに軽石や火山灰が固まった軟石、軟らかい泥岩などを単体または地層から切り出し、先に熾入れの部分を刃物の刃先や▼木槌を使って彫り込み、その周辺や底面の不要部を削り落として完成させる。また、上から見て長方形や楕円形に彫り、取っ手をつけたり、逆に窪ませて持ち手をかけられるようにした。断熱のために短い脚様のものを彫り出すこともある。製作場所の多くは、狩猟に出かけて▼猟小屋に長期の宿泊をする際や、マスやサケの遡上に合わせて▼漁小屋、▼燻製小屋に滞在する期間の余暇を利用する。加工用の原石は、採取したその場で不要な部分を粗く削ぎ落として軽量化を図り、宿泊所に持ち帰ってから細かなつくりに取りかかる。

製作途中で使用に耐えなくなってしまったものは、できる限り細かに打ち砕いて形をなくし、その石に対して、詫びと再生の言葉を添えたのち、周辺に撒き散らす。また、河原や海浜で自然がつくり出した天然の窪み石を使う場合もある。使用の過程で煙草用火鉢が壊れて使用できなくなった場合には、＊削掛や小さな＊木幣をつくってともに炉辺に上げ、火の神を通じてこれまでの労苦をたたえ、心おきなく昇天することを伝えてもらう。次いで家の上手にある＊幣棚に向かって左端の幣前に運び、小さな木幣を地表に刺して燠入れを脇に置き、いま一度感謝を述べ、再生を祈願して魂送りを終える。

燠入れは冬季の儀礼や厳寒期に使用するので、夏場は母屋の梁上に差し渡した割板などの上に置いておく。降雪期に入ったら下ろして上座に置く。土間や母屋の中でも上座あるいは囲炉裏からやや離れた場所での作業には、男女に関係なく燠を入れて利用し、大勢が参集する場合には、各戸で所有する煙草用火鉢を持参して用い、厳寒期の手あぶりとしても利用する。　〈藤村〉

図12　煙草用火鉢

はっかぐ［発火具］

カルペ、カラペ、ピウチ、ピチウ、チケンキなどと称す。発火の古い手法は、発火しやすいハルニレ、アスナロの＊火鑽板に＊火鑽棒（手揉棒）、またはササやネマガリダケを薄く剝いだ幅のある籤などを摩擦し、その熱で発火させていた。江戸期に入り＊火打金と＊火打石が各地域に普及すると発火は簡便化した。さらに、明治に入ってからはマッチが盛行する。　〈藤村〉

はっかぐいれ［発火具入］　ピウチョプ、ピウチオプ、ピチョプ、カロホなどと称す。屋内では年中火種を絶やすことはないが、主に家を離れた遠隔地で用いる発火具を入れる。素材は、湿気を防ぐ獣皮・魚皮・鳥皮で、蓋つきの鞄をつくり、蓋端に長めに紐をつけ、その紐でぐるぐる巻きにしてとめるものが主であった。しかし、素材が相当軟らかい場合には、巾着や紐締めの袋状のものもつくった。また、器用な人は金属板でやや扁平な箱や、楕円形の筒に合わせ蓋をつくったり、使用ずみの空き缶を転用することもあった。なかには漂着した孟宗竹を切って蓋をつけた筒状のものもあった。　〈藤村〉

図13　発火具入

ひきりいた［火鑽板］　カルソ、カラソ、カッソ、カライタ、カルイタなどと称す。ハルニレやアスナロを厚さ１cm、幅２〜５cm、長さ20cmくらいに割ってつくる。発火するときには、火鑽板の表面を火で焦がし、さらに＊火鑽棒を手揉みする箇所には＊燠を置いて少し燃やして窪みをつくり、発火を早めるようにしておく。人によっては、火鑽板の全面にすることもある。〈藤村〉

図14　火鑽板

ひきりぼう［火鑽棒］　カルチ、カラチ、カッチ、カルニ、カラニなどと称す。ハルニレやアスナロを削って、直径0.5〜1.0cm、長さ20〜30cmの棒をつくる。その先は鈍角状に削るか、火にくべて角を落とし、摩擦面を広くする。〈藤村〉

図15　火鑽棒

ひきりゆみ［火鑽弓］　カルクー、カラクーなどと称す。弓状の発火具。屋内では専用の▼弓をクワやイチイなどで作製することもあるが、屋外では狩猟用の弓、子供の遊び用の弓、小魚を捕獲する弓などが使われることが多い。▼弓弦を＊火鑽棒に掛けるには、火鑽棒に、左回り右回りに関係なく１回転させ、＊火鑽棒押えの上を手で押さえ、弦楽器の弓のように弓端を利き手で前後に押し引

くことで火鑚棒を急速に回転させ発火させる。もう一つの掛け方は火鑚棒の上端近くに横穴をあけ、それに弓の弦を通し、弓を下括弧状にする。
〈藤村〉

図16　火鑚弓

ひきりぼうおさえ［火鑚棒押え］　カルチラリプ、カラチラリヒ、カッチラリプ、カルニラリプ、カラニラリシュマなどと称す。*火鑚棒をまっすぐに立てて急速に回転させるには、棒の上辺を軽く固定する必要がある。手ごろに窪んだ小石を利用することが多いが、それがなければ身近に存在する▼矢筒や*煙草入の蓋、*薪の破片、食器の高台、*炉扇の柄にあけられた紐穴なども活用する。
〈藤村〉

図17　火鑚棒押え

ひうちがね［火打金］　ピウチカネ、ピウチカーニなどと称す。*火打石に打ちつけて発火させる鉄製の道具。大部分は大陸や本州からの移入品で、形は様々である。木や角などに金属を埋め込んだもの、板金状のもの、扇面状のものなどがある。
〈藤村〉

図18　火打金

ひうちいし［火打石］　ピウチシュマ、ピチウスマなどと称す。*火打金と打ち合わせて発火させる道具。素材は石英が主であるが、ほかの石質の場合もある。多くは海浜や河川、岩石の露頭などからほどよい大きさの石を採取し、火花が多くできるものを採用する。
〈藤村〉

図19　火打石

ほくち［火口］　ピウチカスイペ、ピチウカスイペなどと称す。*火打石で出した火を移す材料。イタヤやナラなどの硬い消炭、ホクチダケと呼ばれる菌糸類、ぼけたハルニレの木質塊、硫黄塊などをそれぞれ粉末状にしたものを単品で使うほか、着火をよくするために複数調合して使うこともある。
〈藤村〉

図20　火口

ほくちいれ［火口入］　カロプシントコ、カラペオホなどと称す。*火口を入れる容器。木や骨などでつくり、木であれば直径2〜3㎝、長さ5〜8㎝の木の枝の髄を中心に*小刀の先を利用してえぐり、鉄棒などを焼いて中に差し込みながら穴を広げる。加熱することで木質部を軟らかくしながら彫りつづけ、筒型の容器をつくる。えぐった口に合わせた木栓や合わせ木蓋をつくってはめ、本体と蓋または栓を細紐で結ぶ。骨製のものは大型鳥類の鳥管骨の片方を切り取り、その中を細い木の棒や鉄棒などでつついて不要部を落とし、切り口に合わせた木栓をつくってはめ、双方を細紐で結び合わせる。ほかに、エゾシカの脛骨の前

図21　火口入

後を切り落とし、下方に底板をはめ、上方には栓をすることもある。　〈藤村〉

マッチ[マッチ〈match〉、燐寸]　チケンキと称す。もともとは発火後の火を、*灯明や蝋燭、あるいは*竈へ移す木片のことを指していたが、明治期に入って旧来の火付木(*付木)がそのままマッチの名称に移行した。　〈藤村〉

ちゃっか・てんかぐ[着火・転火具]

アペルトゥプ、ウンチルラハ、タッカプ、タハカハなどと称す。燃えている火から別火を焚くときには、同じ*囲炉裏の中であれば*火挟で*熾を取り出して寄せるが、ある程度距離がある場合には熾を運ぶほか、シラカバの外皮に火を移して持参する。　〈藤村〉

つけぎ[付木]　アペルトゥプ、ウンチルラハ、チケンキなどと称す。*火打石、*火打金を使って得た火種や*囲炉裏などの火を、*薪や他の燃料に移すのに用いる木片。マツ類の太い枝根部でつくる。木芯から出る枝の回りは、枝が太くなるにつれて木目が圧縮され、枝根部を取り囲むように0.5〜1.0cmの木質部が堅く弧状になっていて、そこには油脂が多く含まれている。薪割りをした際にも、枝根部は割れにくいが、よく乾燥した枝根部の周りの木質部を魚の身を剥がすようにすると、薄さ0.5mm、長さ6〜10cm、幅1cm前後の木質部を得られる。幅は0.5mmくらいに割りそろえ、中ほどを紐でくくって小束をつくり、火打袋に入れておいて必要に応じて使い、灯火であれば火を移したあとに火を消して再び使い、焚き火であればそのままくべてしまう。　〈藤村〉

たきつけ[焚付]　アペポクンペ、アペアレプ、ウンチアーレへなどと称す。発火した火を安定させるためには、燃えやすい焚付が必要である。太い*薪に火を移すには、少なくても2種の焚付を常時用意する。小火や*熾火を大火にするには、燃えやすい木の小枝や小柴があればよい。たいていは薪用に伐採した樹木の小枝や小柴などを適当な長さに切り、それを小束にして薪とともに持ち帰る。枝や柴を小束にまとめるには、付近に生育している草やスゲなどを刈り取ってきて、焚き火があれば、青草を火にあぶってちぢれさせる、焚き火がなければ天日にさらし、しなやかになった草を数本引き抜き結束する。

火が大きくなっても薪に燃え移りにくいときには、小枝や小柴よりも太い焚付を柾目に小割りにして蓄えておいて追加する。また、河川や海浜の寄木場には、直径1〜3cm、長さ3〜10cmの小さな木片が寄り集まっているので、大きな*編袋を持参して、拾い集めて土間に運んで利用する。海浜のものは塩気があり、火にくべると目にしみるので、屋外に放置し、雨ざらしにして塩気を抜いて用いる。ほかに、小割りした焚付の表面を削って*削掛をいくつもつくったり、太い薪の稜部に削り花をたくさんつけたりして火つきをよくしたものもある。野宿では付近から枯れた小枝や植物の枯れた茎などを採取して用いる。　〈藤村〉

ひふき[火吹]　アペウクプ、ウンチフクイペなどと称す。着火した火を大きくするには、まず口をすぼめて息を吹きつけることから始まるが、少し燃えてきたら種火に小柴や小枝、あるいはシラカバの外皮屑をのせ火吹きをする。さらに大きな火にするには火吹具が必要となる。長期居住する自宅や▼猟小屋や▼漁小屋には、ネマガリダケ、スズタケ、太いササなどを30cmくらいの長さに切って節を抜き、*火吹竹と同様に最後の節に小さな穴をあけ、それを火に向けて息を吹きかけ風を送る。野宿などをした場合には、イタドリの茎を利用して火吹をつくり、使用後は火を埋めた脇に折ったり、縦に割って添え、感謝の言葉とともに再生を祈願する。　〈藤村〉

和人資料

夏季には高温多湿となる日本列島では、暑さに対応することを重視した開放的な性格の生活文化が成立し、近世までは冬の寒さに対する防寒・暖房といった文化はあまり発達していない。したがって家あるいは部屋全体を密閉して暖めるという暖房法はなく、古くから燃料を薪とする炉や炭火を使う火桶、*火鉢、*行火、*炬燵などによって身体を温めるのが日本の伝統的な採暖法であった。

近世の松前地は本州各地と比べると寒冷な土地であったが領民の冬の生活は東北地方とあまり変わらず、暖房も一般には部屋の中に切られた炉の焚き火が主流で、商家などの座敷では炭火の*囲

炉裏、火鉢、炬燵、行火などが使われていた。このように松前地では特有といえる暖房法の発達はみられないが、寒い地方であったため火を大切に扱うという考えが強く、商家や漁家では、立派な細工の*炉鉤（自在鉤）や五徳、*火箸などの火の道具をそろえ、囲炉裏の火の近くに浜辺で拾ってきた美しい小石を磨いて並べるという風習なども明治以降の漁村に受け継がれている。また、幕末の1856（安政3）年に北方警備のため宗谷に派遣された幕吏の越冬の暖房具として、日本で初めてのカッヘル（*ストーブ）を箱館で製作するという試みがあったが、一般への普及にはつながらなかった。

1869（明治2）年に開拓使が設置され、本格的な北海道開拓が始まる。開拓使は寒冷地である北海道の開拓には寒さに強い欧米の農法や生活様式の導入が不可欠と考え、道民の冬の生活に欧米型の堅牢な家屋とストーブ暖房を奨励している。このため開拓使は外国から取り寄せたストーブをもとに開拓使工業局の工場でストーブを製造し、札幌農学校など開拓使関係の建物に設置するなど普及に努めている。しかし、開拓当初の家屋事情や経済状態、さらに移住者の新しい生活への取り組みの遅れによってストーブは一般には普及せず、粗末な家屋の中で踏込炉、囲炉裏、火鉢、炬燵の生活が続いていた。

ストーブ暖房が一般家庭に普及しはじめるのは1900年代に入ってからである。まず都市部を中心に鉄板製*薪ストーブが普及した。大正時代に入ると農漁村部にも普及するが、大正末期ごろに薪ストーブから石炭ストーブへの転換が図られる。開拓が進み燃料とする薪の入手が難しくなり、炭田の開発、鉄道輸送網の発達によって家庭で石炭の利用が容易になったためである。これに対応して新しい石炭ストーブの製作が全道的に行われるが、1925（大正14）年に札幌で、国産初の本格的なストーブとしてフクロク型*貯炭式ストーブが完成発売されてから急激に普及し、北海道の冬の生活を確立させたといえる。

なお、この時代は道民の生活文化が大きく変わる時代であり、暖房とともにトタン、ガラス、ベニヤ板などの普及で家屋の改善が進んでいる。これに合わせ暖房の改善が進み貯炭式ストーブばかりでなく、*寸胴ストーブ、*達磨ストーブ、*ルンペンストーブ、*客車用地球型ストーブ（地球型ストーブ）、コークスストーブ、*ローランドストーブなど種々のストーブの製作や改良が行われ、また、明治初期から試みられたオンドル、ペチカなどの室内暖房も文化住宅など一部で採用されるようになっている。

その後、太平洋戦争（1941〜45年）の時代には戦時の物資統制で石炭の入手が難しくなり、泥炭、おがくず、籾殻などを燃料とするストーブを使用した地方もある。戦後は再び石炭ストーブが主流となるが、昭和30年代に入ると、石炭から石油へのエネルギーの転換に伴い石油ストーブが普及した。

〈矢島 睿〉

いろり ［囲炉裏］

囲炉裏は炊事および暖房のため、土間あるいは部屋の床の一部を切って設けた炉である。土間やこれに続く板の間に設け薪を燃やす炉を地炉、踏込炉などと呼び、居間や座敷に設けられた炭火の炉を囲炉裏と区別している場合もある。炉の形と大きさについては一律ではないが、座敷や居間の囲炉裏は3尺（約90cm）四方程度の正方形が多く、土間や板の間の踏込炉は3尺×6尺程度の長方形が多い。近世の松前地の囲炉裏については、『松前方言考』（1848年ごろ）に「ゆるり」の名称で「松前ハ至て寒国なれハ家々にて畳一帖ほとに火を焚く処をまうくるなり。た、火を焚処ほとに鍋などを入れて其ぐるりにハこまかき砂をならして敷く。又其尻に板などを敷たる所をハ簀の子といふ。この火床をさして炉と云ふなり。又囲炉裏ともいふ」と記述されている。これによると畳1畳程度の長方形の囲炉裏で火床には*炉鍋を埋め、火の近くには細かい砂を敷き詰めた炭火形式の炉である。寒冷地であった近世の松前地では古くから火を大切に扱う風習があり、『東遊記』（1784年）に「囲炉裏には灰を置かず、見事なる小砂を敷き、銅の灰かきありて筋を引ならし、立派なる事なり」という記述がある。この傾向は明治以降の東西沿岸の漁村に受け継がれている。

また、明治時代の開拓地の農村でも初期には踏込炉や囲炉裏の暖房であった。移住者の多くは開拓地に入ると着手小屋（*開墾小屋）などと呼ばれる掘立小屋をつくり開墾を始めた。炊事・暖房は小屋の中央に設けた炉の焚き火である。また、屯田兵のように家屋（兵屋）を与えられた移住者

もいた。最も標準的な兵屋の間取りは6畳と4畳半の和室に9畳程度の板の間と土間を持つ建物であり、土間から板の間に切り込むような形で炉が設けられている。炉の大きさは3尺×6尺で土間から続く焚き火の踏込炉であり、作業の途中でも*靴を脱がずに体を温めることができた。(→223頁 住居［屯田兵屋］)

北海道の農村では土間などに仕切った踏込炉や座敷の囲炉裏が使われていたが、大正後期から昭和初期に*ストーブの普及によって減少し、次第に姿を消した。どの地方、いつの時代においても炉辺は家族や客の座る場所が厳しく守られていた。北海道では鰊漁が盛んであった漁村で厳しく、例えば*鰊番屋の親方の居間では*神棚を背にした囲炉裏前が横座で、主人以外は座ることができず、もし間違って家族でも座ると、「お前が米を買うのか」と怒鳴られたという話が伝わっている。　　　　　　　　　　　　　　　　〈矢島〉

写真1　囲炉裏

ろかぎ（じざいかぎ）［炉鉤（自在鉤）］　*囲炉裏の上に梁などから吊るした鉤で、*鍋や鉄瓶をかけて煮炊きするのに用いた。古くは綱や鎖など紐状のものに鉤をつけた単純な形式のものが多く使われたが、近世中期以降になると、上げ下げを自由に調節できる炉鉤が普及し、自在鉤と呼ばれている。自在鉤は竹と鉄棒を組み合わせた簡単な構造のものや、鉄製、真鍮製で美しい装飾を施した複雑な構造のものなど種々の形式があった。装飾は蔵の鍵や火消しの纏い飾り、竜、魚など商売繁盛や防火に関したものが多い。

北海道でも古くから炊事や暖房は炉の焚き火と囲炉裏の炭火であり、炉鉤、自在鉤が使われてきたが、例えば近世の生活様式を色濃く残す1878（明治11）年に北海道南部を旅行したE.S.モースの記録『日本その日その日』（石川欣一訳、1929年）には室蘭郡札幌通の旅籠屋の台所と一番立派な部屋（座敷）の囲炉裏が図入りで説明されている。これによると台所の炉鉤は鉄の鎖に鉤をつけた形式のもので*薬缶をかけている。また座敷の自在鉤は「薬缶を吊す装置は真鍮で出来ていてピカピカと磨き上げてあった」とあるように、蔵の鍵や纏い飾りなどの装飾を施した立派な自在鉤である。この傾向は、鰊漁が盛んであった地方の網元ら大きな漁家も同様であった。その後、開拓地の農家や新開地の商家などでも囲炉裏の生活が長く、種々の自在鉤が使われていたが、一般家庭では粗末なものが多く、自在鉤はその家の経済状態を表すといわれていた。　　　　　〈矢島〉

写真2　炉鉤

ひだな［火棚］　炉や*囲炉裏の上に吊るす正方形あるいは長方形の木製の格子状の枠で、これに鮭や鱒などの魚をかけて炉の煙で保存用の燻製に仕上げたり、冬季にぬれた手袋や*足袋などを干したりしていた。特に明治時代の開拓地では秋に川を遡上する鮭を捕らえ越冬用の食料とした地方が多い。鮭は背開きにして干し、さらに火棚に吊るし燻製状にして保存したが、この方法は近くに住んでいたアイヌ民族の人々に習ったといわれている。火棚は自家製のものがほとんどで炉の大きさに合わせて木材でつくったが、正方形の火棚は60㎝四方、長方形では縦60㎝、横90㎝程度のものが多い。　　　　　　　　　　　　〈矢島〉

ろなべ［炉鍋］　*囲炉裏の火を整えるとともに防火のために埋めた鉄製の*鍋。底の壊れた煮炊き用の*鉄鍋を利用することもあった。北海道でも古くはどの地方でも室内暖房および炊事は炉の焚き火であった。だが台所はともかく居間に焚き

写真3　炉鍋

火は適さず、木炭の普及とともに囲炉裏を焚き火から炭火に変えている。この際、焚き火用の炉が大きすぎるため、この中に鉄製の炉鍋を埋めて炭火用に変えた家が多い。

〈矢島〉

かまど［竈］

家庭において＊鍋、＊釜をのせて煮炊きする火所の設備あるいは用具。クド、ヘッツイともいわれる。近世に入ってから一般に普及したといわれ、どの地方も大きな家では台所に続く土間に設けられた場合が多い。竈の形態は石材や泥・粘土などで周囲を築き、一方に焚き口をつけ、上部に鍋、釜をのせる竈口（釜掛け）を設けている。竈の大きさや焚き口の数はその家の家族や使用人の人数によって異なるが、近世の記録をみると、京都など関西では焚き口が五つ、七つと多いのに対し、江戸の焚き口は三つぐらいが普通であった。

近世の松前地でも商家や大きな漁家には古くから竈が設けられていたようで、例えば1856年の『箱館紀行』の餅つきの図には、当時の箱館（現・函館市）の商家の竈の図が載せられている。これによると、焚き口が三つありその一つに大釜が備えられている大型の竈であり、表面を漆喰などで固めた立派なものであったと考えられる。また、近世松前地の家庭の一部では市販の小型の竈も使っていたようで、1853（嘉永6）年の江差・関川家の蔵鋪定には「竈　大　五拾文、小　三拾文」という記述がある。いわゆる出来合いの竈であり、当時江戸などで使われていた瓦竈や瓦製＊焜炉、＊七厘のたぐいと考えられる。

また、近世から鰊漁が盛んであった漁村の番屋（＊鰊番屋）建築には、大勢の漁民たちの食事をつくるために大きな竈が設けられていた。例えば檜山地方の熊石町の場合を北海道教育委員会編『ニシン漁労』（1970年）からみると「かまど、この地方ではヘッツイといい、通し庭の裏口の近くに流し場（炊事場）と一緒につくった。材料は粘土または越前石（水成岩）で部落の経験者が粘土とわらくずを入れてつくった」とある。焚き口が一つの竈を数基、または焚口が三つの竈を1基つくる場合もあるが、材料の粘土には1寸（約3.03cm）ぐらいの長さに切った藁と塩を混ぜよく練って塗り、1週間で完成させた。石の竈には越前石を使った場合が多いが、この石は北前船の航行を安定させるためバラスト兼商品として船底に積んだものであった。このような竈は明治以降の移住農家の一部でもつくられるが、明治中期以降になると竈の本体にレンガを使用することが増え、煙出しとして煙筒をつけるようになる。また都市部でも昭和初期ごろまでは市販の文化竈やタイル張の竈を使用する家庭が多かったが、＊ストーブやガスコンロの普及によって次第に減少し、1955年ごろの電気炊飯器の普及と住宅の改善によって全く姿を消している。

〈矢島〉

写真4　竈

ひふきだけ［火吹竹］

竈や＊囲炉裏の火をおこすとき息で風を送る道具。特に火打道具で発火した小さい火を大きくするために必要であった。径1寸（約3.03cm）、長さ1尺5寸（約45cm）程度の丸竹の節を抜いてつくったものが一般的であった。

〈矢島〉

写真5　火吹竹

しぶうちわ［渋団扇］

竹の骨に和紙を張り柿の渋を塗り、柄がついた大型の団扇で、主として＊焜炉や＊七厘の火をおこすために使われた。讃岐（香川県）の丸亀団扇が有名で、近世初期に金刀比羅宮の参詣客の土産として、金の印を入れて売り出した団扇が全国的に広まったといわれている。

〈矢島〉

ひばち［火鉢］

温暖な地方で育まれてきた日本の伝統的な文化のなかには寒さに対応する生活法が少ない。家屋の構造は開放的で、部屋全体を暖めるという暖房法は育たず、寒くなると火に手足を近づけ温める

のが暖房であった。このため古くから*囲炉裏と火桶、火鉢が暖房用具として発達した。火鉢は灰を入れた容器の中で炭火をおこし暖をとる用具である。名称は形態から角火鉢、丸火鉢、*長火鉢など、用途からも座敷火鉢、店火鉢、*手焙などと呼ばれている。火鉢の材質をみると木製、鉄製、銅製、青銅製、陶製、磁器製などがあり、木製には正方形・長方形の箱型や木をくり抜いた丸形などがあるが、内側に銅板や鉄板を張ったものが多く、木箱に銅製あるいは陶磁器の火桶を入れた形式のものもある。古くから囲炉裏は台所や居間に設けられ炊事・暖房兼用であるのに対し、木炭を燃料とする火鉢は座敷用暖房具としての性格が強い。江戸などの庶民の家庭に広く普及したのは、近世の生活において木炭の供給が豊富となったことと、陶磁器や銅器の生産が大きく発達したことによると考えられている。

　火鉢は近世の松前地の冬の生活には欠かせないもので種々の火鉢が使われていたが、そのほとんどは北前船で商品として運ばれてきたものであり、箱館や江差の商家の古記録に「火鉢　金高三分」といった記述がみられる。また、開拓期の農村においても火鉢は重要な生活用具であったが、開拓初期の貧しい生活のなかでは商店から購入することができない家も多く、開墾のため倒した巨木の根に近い部分をくり抜き火鉢をつくった例もある。写真の火鉢は直径70cm、高さ35cm内側に銅板を張った自家製の丸火鉢で、明治後期に帯広の商家で使われていたものである。〈矢島〉

写真6　火鉢

ながひばち［長火鉢］　長方形箱形の居間用火鉢で、近世後期から広く普及した代表的な暖房具。ケヤキ、ナラ、センノキなど美しい木目模様の板を用い、長さ2尺（60.6cm）、幅1尺2寸（36.4cm）、高さ1尺1寸（33.3cm）程度のものが多い。火鉢の右側に小物を入れる3〜4段の引き出しを設け、その上に猫板を置いた形式が多い。火鉢の内側は銅板を用い、灰を入れて炭火を焚くが、火の上に*五徳を据えて鉄瓶をかけ、火鉢の

道具として*火箸、灰慣らし（*炉扇）をそろえる場合が多い。また、酒を温める*銅壺を置くこともあった。長火鉢を前に座るのが家長の権威となっていた。〈矢島〉

写真7　長火鉢

てあぶり［手焙］　主として来客用として座敷で用いた個人用の小型の火鉢。銅製・陶製の円筒形や丸形が多いが、桐などの木製もある。暖房として手をあぶるだけでなく*煙草盆の役割を持たせ、夏季でも火を入れて客に出した場合が多い。なお、商店では同形のものを店火鉢と呼んでいる。〈矢島〉

写真8　手焙

すみいれ［炭入］　座敷の火鉢や*囲炉裏に使う木炭を入れておく容器。竹や籐で編んだ炭籠や木箱に取っ手をつけた炭入が広く使われていた。近世の松前地や明治以降の都市部では炭籠や大きな瓢箪でつくられた炭入を使用した例もあるが、農漁村では木箱形式の炭入を使った地方が多く、ほとんどは自家製であった。取っ手がついており、内側にブリキ板を貼ったものもある。〈矢島〉

写真9　炭入

ごとく［五徳］　*囲炉裏や火鉢の火の部分の中央に置き鉄瓶や*鍋をかける道具で、鉄輪とも言う。銅製や陶製のものもあるが、鉄製の輪に脚の

ついた形状のものが多く、脚は三脚か四脚である。大きさは火にかける鍋や鉄瓶の大きさによって異なる。　〈矢島〉

ろせん［炉扇］　炭火の*囲炉裏や火鉢の火に灰をかけて火力を調整し、また火の周りの灰をきれいにならすための用具。北海道では松前地の時代から火鉢や炉辺をきれいに保つ風習があり、商家や大きな漁家では炉扇で常に灰をならし筋模様をつけていた。銅や真鍮製が多く、先端に小さな歯のある扇状の金属板に柄のついた形式である。
〈矢島〉

写真10　炉扇

ひばさみ［火挟］　*囲炉裏に薪や炭火を補給し火力を調節するための用具。鉄など金属製で幅2〜3cm、長さ80cmほどの鉄板を中央から曲げたピンセットのような形をしており、薪や炭を挟んで使用した。北海道では明治中期になってから使われるようになったといわれているが、*薪ストーブが使われるようになって広く普及した。
〈矢島〉

ひばし［火箸］　火鉢や*囲炉裏の炭火を調節するための金属製の箸。近世松前地の時代から使われてきたが、囲炉裏や火鉢の大きさなどによって種々の火箸がある。鉄や真鍮製が多く、台所の囲炉裏で使う鉄棒のようなものから、座敷の火鉢で使用する美しい装飾を施したものもある。火箸は2本一対であるが、1本を紛失することが多かったためか、2本の箸の上部を鉄輪でつないだものも多い。このため使い方が難しくなった不思議な用具である。　〈矢島〉

こたつ［炬燵］

　古くは床に切った小さな*囲炉裏の上に格子状の四角のやぐらを置き、*蒲団をかけて数人の人々があたる暖房具。町の生活では*行火と同じような土製の用具に火を入れてやぐらを置き布団をかけて四方から暖をとった。炬燵やぐらは木製で、町では大工や指物師に製作を依頼し、農漁村では主として自家製であったが、普通の家庭では

50cm四方、高さ45cm程度のものが多かった。
〈矢島〉

あんか［行火］　行火は土製の火入れに土製の覆いがついた暖房具で、行火の「行」には*行灯と同じように「持ち運べる」という意味があり、ともに室町時代に禅僧が中国からもたらしたものといわれている。土製素焼きの円形の火入れに炭火を入れて使用するが、安全のためと保温性を高めるため角形や丸形の覆いをかけた形式が多くみられる。北海道でも古くから使われてきたが、その多くは直径20cm、高さ15cmほどの土製の火入れに、土製の覆いがついた行火であった。道内では行火の製造はなかったため、商品として移入されたものが各地で使われていた。　〈矢島〉

こんろ［焜炉］

　焜炉は持ち運びのできる小型の*竈で、近世中期ごろから江戸など都市部の家庭に普及している。普及の経緯をみると、江戸の瓦製造の発達と大きなかかわりを持つといわれている。江戸では隅田川岸の今戸で屋根瓦とともに多くの瓦器が量産されるようになり、都市生活者の炊事用の炉として焜炉がつくられている。近世の松前地では北前船で運ばれて商品として売られ、江差の関川家文書に「竈　大　五拾文、小　三十文」と記述されている竈は、おそらく瓦器か素焼きの焜炉であったと考えられる。　〈矢島〉

しちりん［七輪（七厘）］　家庭用*竈の焜炉の一種。近世中期ごろから江戸では瓦器の七輪（七厘）が使われていた。七輪の特徴は内部に簀子（ロストル）を入れて空気の流れをよくしたため熱効率が高く、飯を炊くのに木炭代が七厘しかかからないということから名付けられたといわれている。のちに珪藻土の七輪がつくられるようになり、軽くて使いやすいものとなったが、壊れやすいという欠点があり、鉄の帯で補強した形のものが普及した。主として木炭を燃料としたが、炭の

写真11　七輪

粉を固めた炭団や良質の石炭の粉を固めた練炭が使われるようになり、特に明治以降、都市生活者の家庭の炊事に欠かせない用具となった。

〈矢島〉

ストーブ［ストーブ〈stove〉］

日本で初めてストーブがつくられたのは1856（安政3）年の箱館（函館）である。近世後期以降、対ロシアを中心とした対外政策から幕府が蝦夷地経営に着手すると、寒冷地での生活が問題化する。幕府は東北の諸藩に北方警備を命じ、幕吏や諸藩の武士が北部や東部などに派遣されることになる。十分な防寒法もなく、それまで全く経験のない蝦夷地での越冬を余儀なくされた武士たちは、寒さと野菜不足から水腫病に罹り命を落とす者が多く、たとえば1807（文化4）年に斜里で越冬した津軽藩士の場合を『松前詰合日記』からみると、警備の藩士100人のうち大半が死亡するという悲惨な結果となっている。このようなことから箱館奉行は1856年に蝦夷地での防寒法の意見を求めている。これによって宗谷詰調役梨本弥五郎と五稜郭の設計者として有名な武田斐三郎がわが国初めてのストーブを製作することになる。オランダ語でカッヘルと呼ばれたこのストーブは、当時箱館港に入港していた英国船のストーブを模したものといわれている。当時の記録である『北蝦夷地御用留』（1856年）の記述によると、円筒形の胴に椀形の蓋をかぶせたような形のもので、直径1尺5寸（約45㎝）、高さ2尺3寸（約70㎝）の鋳鉄製のストーブであった。箱館の鋳物職人に24個つくらせ、北方警備で越冬する幕吏の役宅に配る計画であったが、製作が遅れたことと、23貫（約86㎏）という重量のため、奥地には送られず奉行所の役宅で使用されたといわれている。幕末に日本で初めてつくられたストーブは暖房史上特筆すべきことであるが、試みに終わり、その後のストーブ製造や暖房の改善にはつながっていない。

1869（明治2）年に開拓使が設置され北海道の本格的開拓が始まる。開拓使は、寒冷地である北海道の開拓には寒さに強い欧米型の農法や生活法が有利と考え、お雇い外国人の指導のもと開拓計画を立案する。移住者の生活の中心となる家屋と暖房については、石材やレンガを多用した防寒住宅とストーブの使用を奨励している。このようなことから開拓使関係の建物はその模範とすべく洋風建築が建てられ、室内暖房としてストーブが設置されていた。例えば札幌農学校で使用されていたストーブは農学校2期生の宮部金吾の自伝によると、開拓使工業局の工場で製作されたもので、薪を燃料とする鉄板製のストーブであり、開拓使関係の建物の多くで同様のものが使われていたといわれている。なお、お雇い外国人ホーレス・ケプロンの日記には、赴任のときアメリカから鉄板製のストーブを持参し、札幌でもつくられているといった記述があり、その原形はケプロンの持参したストーブと考えられる。だが、経費や技術の問題から一般家庭には普及せず、開拓使の廃止とともにこの計画は試みのまま終わっている。

北海道の一般家庭にストーブが普及するのは1900年代からである。都市部が早く農漁村は少し遅れるが、まず最初に鉄板製の*薪ストーブが定着する。薪ストーブは町のブリキ店に注文してつくることが多く、広く用いられたものに丸型・達磨型・時計型・角型などがあり、改良型として*ローランドストーブや亀の子ストーブなどがあった。また、石炭ストーブの普及は大正時代後期以降である。このころになると全道的に開拓が進み、それまで豊富であった燃料の薪の入手が難しくなった反面、炭山の開発、鉄道輸送網の発達によって、家庭でも石炭の入手は容易となっている。それまでにも石炭を燃料とするストーブはあったが、燃焼効率が悪く煤煙や灰で部屋が汚れるという欠点があった。したがって燃焼効率のよいストーブの製造は大きな需要を伴い、企業としても有望であり、全道各地で新しいストーブの開発が進められた。このようななかで国産初の*貯炭式ストーブを完成させたのが札幌の鈴木豊三郎で

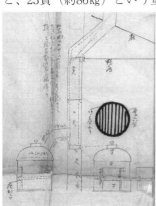

写真12　箱館で製作された初期のストーブの図面（『北蝦夷地御用留』北海道立文書館蔵）

あり、1925（大正14）年に「フクロクストーブ」の商標で売り出している。これに続きカマダ、アタリヤ、センターなどの貯炭式ストーブが発売され、都市部を中心に急激な普及をみせる。また*寸胴ストーブ、*達磨ストーブといった従来の投げ込み式のストーブの改良も進み、さらに*ルンペンストーブと呼ばれる北海道独特の鉄板製石炭ストーブも普及し、1930年代になると全道的に石炭ストーブが定着し、冬の生活を安定させたのである。

だが、1941（昭和16）年に太平洋戦争が始まると、戦時の物資の統制により一般家庭で石炭の入手が難しくなり、大鋸屑、籾殻、泥炭などを燃料とするストーブを使用した地方も多い。戦後になると再び石炭ストーブ全盛の時代となるが、1960年代になると石炭から石油へのエネルギーの転換に伴い石油ストーブが普及し、石炭ストーブは急激に衰退した。　　　　　　　　　　〈矢島〉

まきストーブ[薪ストーブ〈stove〉]　燃料に薪を使う鉄板製のストーブ。開拓使のストーブ奨励に起源を持つストーブ暖房は、明治中期に至って「店内ではドンドン燠炉に薪を焚き」と、『札幌繁盛記』(1891年)の記述にみられるように、ようやく札幌などの都市部を中心に普及が始まる。初期のストーブは、薪を燃料とする鉄板製のストーブで、多くは町のブリキ店が客の注文に応じてつくったものであった。薪ストーブの普及に伴い札幌・旭川・函館など各地の町工場で大量生産されるようになり、明治末期ごろになるとブリキ店の広告に「ストーブ製造、販売」といった文句がみられるようになる。

北海道で使われた薪ストーブには丸形・小判形・だるま形・角形・時計形などがあったが、これはストーブを真上から見た形からの命名である。初期には小判形や角形が多かったが、構造は簡単なものであった。例えば小判形ストーブは、長径40cm、短径30cm、高さ40cm程度のものが多く、正面に焚口扉、反対側に煙筒口、下部に4カ所脚を取り付けるが、ストーブの内部は仕切りのない空洞で、使用するときは熱が床に伝わらないように木灰を厚く敷いて用いた。したがって、製作工程も簡単で、上部・底部・胴部と裁断した鉄板の両端を合わせて折り曲げるようにしてとめるハゼ止めで組み立てられ、焚口扉や脚をつけている。なお、鉄板が薄すぎると熱ですぐ焼き切れ、厚すぎると熱が伝わりづらいという欠点があり、普通は厚さ1分の鉄板の5分の1の5マイリ（2厘＝約0.6mm）の厚さの鉄板が使用されていた。また、のちには胴部の焼き切れを防ぐため内部に中子をつけ2重としたストーブも登場した。薪ストーブは明治後期から大正にかけて北海道の家庭暖房の主流であった。だが、開拓が進み各地の樹林地が拓かれた大正中期以降になると、燃料とする薪が高騰し一般家庭で入手が難しくなり、石炭ストーブが普及すると次第に衰退したが、薪は石炭と比べると煤煙も少なくきれいなことから、客間など座敷用のストーブとして1960年代まで使われた。(→Ⅱ巻　金属・土石品製作用具[鉄板ストーブ製作用具])　　　　　　　　　　　　〈矢島〉

写真13　薪ストーブ

ローランドストーブ[ローランドストーブ〈Roland stove〉]　改良型の*薪ストーブである。普通のストーブは本体に直接煙筒をつなぎ煙を外に排出する形式が多いが、このストーブは本体の上に2重の煙室を設け、煙と熱を循環させることによって放熱効率を高めている。煙室は厚さ10cm程度の楕円形で、小判形薪ストーブの上に二つの煙室をのせたような形の鉄板製薪ストーブである。このストーブの名称と製造については、1896（明治29）年から1925（大正14）年にかけて札幌に在住したアメリカ人の宣教師ジョージ・ミラー・ローランドによるものといわれている。札幌に赴任したローランドは、冬の室内の暖房具を改良するため、故郷のニューヨーク州の農村など

写真14　ローランドストーブ

で使われていた薪ストーブと同じ形式のものを札幌のブリキ店につくらせている。煮炊きのできない暖房専用のストーブであったため、広く一般家庭に普及したとはいえないが、煤煙(ばいえん)で部屋が汚れるという心配もなく、上流階級の家の客間や座敷用として1960年代まで使用されていた。写真のストーブは大正から昭和にかけて札幌の旧家の座敷用として使われていたもので、楕円形(だえん)である。

〈矢島〉

ルンペンストーブ[ルンペンストーブ〈Lumpen stove〉] 両側に取っ手のついた直径30cm・高さ40cm程度の鉄板製円筒形の石炭ストーブで、正面の上と下に小さな空気調節口があるが、燃料補給の焚(た)き口(ぐち)はない。詰め込み取り替え式のストーブで、2台を一組として使用する。あらかじめ1台のストーブに付け木と石炭を詰めておき、煙筒につないで火をつけ使用するが、中の燃料を燃やし終わると煙筒から取りはずし、もう1台のストーブと取り替えて使用するという形式である。このストーブの成立に関しては、その名称と由来にいろいろな説がある。例えば後志管内の岩内町のブリキ店が近くの茅沼炭鉱の粘結炭を焚くために考案したとか、のちに北見市で粉炭ストーブを製造した藤木松右衛門が夕張の炭鉱で働いているとき、炭鉱員たちが空き缶に石炭を入れて焚いているのを見てストーブの改良を考え、1914(大正3)年ごろにルンペンストーブを考案したともいわれている。

また、ルンペンという名称については、昭和初期の不況の時代に、当時ルンペン(ドイツ語)と呼ばれた浮浪者たちが、寒さをしのぐため石油缶を利用して拾い集めた石炭を焚いて暖をとっていたのをヒントに、ストーブがつくられたので、ルンペンと名付けたという説がある。さらにこのストーブは2台一組で使用するため常に1台が遊んでいることになり、遊んでいるのがルンペンだという説もある。いちいちストーブを取り替えなければならない煩わしさはあったが、粉炭を除くと質の悪い石炭でも使用できることから庶民に人気があり、1960年代まで使われていた。なお、コークスを燃料とするコークスルンペンストーブもあった。

〈矢島〉

ずんどうストーブ[寸胴ストーブ〈stove〉] 投込式の石炭ストーブ。北海道の家屋暖房具として広く用いられたストーブには貯炭式(横向通風式)と投込式(上向通風式)の二つの形式があった。貯炭式が複雑な燃焼構造を持ち石炭を長時間ためておく貯炭胴を備えているのに対し、投込式のストーブの多くは円筒状の燃焼胴とそれにつく灰取台からなり、構造も簡単で燃焼胴の中のロストルの上で石炭を燃焼させ灰を下に落とす形式である。簡便で使いやすいという利点はあったが、特に初期のものは燃焼効果が悪く、熱量のほとんどを煙とともに煙筒から逃がし、さらに風向きの悪い日などには煙が逆流するといった欠点があり、座敷では使えず台所や土間で使用した場合が多い。

大正後期以降、炊事に適しているということから広く一般家庭に普及した投込式のストーブが寸胴(ずんどう)ストーブである。特に豚など家畜を飼育している農家では冬季に大量の飼料を煮る必要があり、この点でも農家生活に適したストーブであった。このストーブは銑鉄(せんてつ)製であり川口・布施・高岡などの鋳物の産地で製造されたが、ストーブの規格が燃焼胴の径の長さで決められ、8寸・9寸・1尺と寸きざみでつくられたため、寸胴(ずんどう)と呼ばれるようになったといわれている。なお、このストーブの胴が太く脚(灰取台)が短い姿から、のちに寸胴といえばスタイルの悪い不格好な様を意味する言葉として使われるようになった。写真の寸胴

写真15 ルンペンストーブ

写真16 寸胴ストーブ

ストーブは昭和初期に札幌の一般家庭で使われたものである。〈矢島〉

だるまストーブ[達磨ストーブ〈stove〉] 投込式の石炭ストーブ。北海道で普及した投込式石炭ストーブには*寸胴ストーブと達磨ストーブがある。ほぼ同じ燃焼形式の鋳物製の石炭ストーブであるが、寸胴ストーブは家庭の炊事暖房兼用として普及したのに対し、達磨ストーブは学校、駅、会社、工場といった多くの人のいる場所の暖房用具として使用された。「達磨」は愛称である。寸胴ストーブより燃焼胴が太く、ふくらみ下の灰取台との間のくびれた形がだるまに似ていることから、この愛称が生まれたといわれている。このストーブも川口や高岡でつくられたが、寸胴ストーブより大型のものが多い。特に燃焼胴の径が1尺5寸(約45.5cm)のストーブは俗に「尺五のだるま」と呼ばれ、北海道各地の小学校の暖房具として使われたものである。寒い朝に登校してきた子供たちは、まずストーブに集まり、凍えた手を温めてから勉強を始めたが、ストーブの上には水を入れた大きな蒸発皿がのせられており、周りには濡れた手袋や*靴が並べられ、煙筒の近くの台には昼の弁当が冷たくならないように並べられていた。〈矢島〉

写真17 達磨ストーブ

ちょたんしきストーブ[貯炭式ストーブ〈stove〉] 大正末期から昭和初期にかけて全道的に広く普及した石炭ストーブで、このストーブの普及が北海道の冬の生活を大きく変えたといわれている。北海道におけるストーブの変遷をみると、大正中期に*薪ストーブから石炭ストーブへの変化がある。その理由は、開拓の進展によりそれまで豊富であった薪の入手が難しくなり、石炭を燃料とするストーブへの転換が求められたためである。それまでにも石炭ストーブはあったが、燃焼構造が悪く煤煙や灰のため部屋が汚れるという欠点があった。したがって、道民は新しい形式の石炭ストーブの出現を望み、座敷でも使える燃焼効率のよい清潔なストーブの開発が全道的に進められた。このようななか、1925(大正14)年に国産初の貯炭式ストーブを完成させたのが札幌の鈴木豊三郎である。元鉄道技師で内燃機関にくわしかった鈴木は、それまでの国産ストーブの構造を調査するとともに、ドイツ製ユンケルストーブなど外国製のストーブを取り寄せて燃焼構造を調べながら試作を重ね、同年に貯炭式ストーブを完成させている。鋳鉄製貯炭式のこのストーブは、それまでの簡単な構造の投込式のストーブと異なり、上部の貯炭胴に石炭を詰めておくと長時間石炭を補給する面倒もなく、燃焼の形式も石炭から発生する炭化水素の燃焼を重視した効率のよい、座敷でも使える清潔なストーブであった。

ストーブの製造に関しては、当時の札幌では大量の鋳物製造ができないため、埼玉県川口町(現・川口市)の小林鋳物工場において初めて2万台の製造が開始され、その後、川口町に直営の工場が建てられている。商品名をフクロクストーブと名付けられたこのストーブは、1925年の第2回札幌ストーブ展覧会に陳列され、大々的に宣伝されたのち一般に発売され、たいへんな売れ行きを示したといわれている。なお、この年発売のストーブは暖房専用の柱形であったが、1928(昭和3)年には消費者の要望を入れて炊事ができるように釜掛を取り付けた形式に改良され、その後、北海道の家庭に広く普及した。このストーブは、部屋の広さに合わせて6畳間用の零号、10〜15畳間用の1号、14〜24畳間用の2号、20〜40畳間用の3号、大広間・工場用の4号といった規格で販売された。

このストーブは当時の道民の期待に応えるもので冬の生活に欠かせない用具となり、1年遅れて発売されたカマダストーブとともに北海道家庭暖房の主流となった。その後アタリヤ、センター、センロクなど種々の貯炭式ストーブが発売され、1955年ごろまで道内や東北地方で広く使用されるが、1960年代以降の石油ストーブの普及によっ

写真18 貯炭式ストーブ

て、今日ではほとんど姿を消している。　〈矢島〉

きゃくしゃようちきゅうがたストーブ［客車用地球型ストーブ〈stove〉］　鉄道客車に暖房用ストーブが設置されるようになるのは1900年代といわれている。初期には寸胴型投込式の石炭ストーブ（*寸胴ストーブ）であったが、次第に球形の地球型ストーブに変わっていくという経緯があった。この変化については、寸胴型のストーブを使うと、乗客がストーブの上で餅や干し魚を焼き客車内が汚れるため、防止策として球形のストーブを採用したといわれている。製造年代の初めは不明であるが、大正時代には使われており、旭川鉄道局などの鋳物工場で製造されていた。鋳物製直径約35cmの球形胴体が高さ15cm程度の灰取台の上にのった形のもので、客車の屋根に出した煙筒から煙を出していた。「客車用地球型ストーブ」が正式名称であるが、愛称としてタコストーブと呼ばれていた。なお、今日では*達磨ストーブと混同されているが、ダルマは小学校などで使用されていた円形大型ストーブの愛称である。列車暖房としてスチーム暖房が普及していたにもかかわらず、このストーブは1970年代まで支線を中心とした列車で使用されていた。北海道の鉄道では古くから貨物輸送が大きな比重を占めており、貨車と客車を連結した混合列車が多く、貨車の入れ替えを容易にするため、機関車の次に何両もの貨車をつなぎ最後部に客車を置くという配列であった。このため機関車の蒸気を客車暖房として使用できず、石炭ストーブを暖房に使ったのである。（→Ⅱ巻　鉄道関係用具［地球型ストーブ］）　〈矢島〉

写真19　客車用地球型ストーブ

せきたんばこ［石炭箱］　室内用石炭入れ。大正時代末期から昭和初期にかけて石炭ストーブが一般家庭に普及すると、石炭をストーブに補給するための室内用石炭入れとして石炭箱が使われるようになる。初期には古くからあった柄つきの木炭入れが利用されたが、木炭に比べると石炭は重く、底が抜けたり柄が折れたりすることも多く、木製の石炭箱が使われるようになる。のちに金属製の石炭入れも出るが、昭和20年代までは自家製が多く、写真のような木箱に広口をつけた形のものを使用した家庭が多かった。　〈矢島〉

写真20　石炭箱

じゅうのう［十能］　石炭ストーブの普及によってストーブに石炭を補給する十能も欠かすことのできない道具となった。炭火や*囲炉裏の時代にも、燠火を他の暖房具や*竈などに移すために柄のついた幅の広い十能が使われていたが、次第に石炭ストーブの焚き口に合わせ、柄が長く幅の細い鉄製の十能が普及した。柄も鉄製のものが多い。　〈矢島〉

写真21　十能

デレッキ［―――］　石炭ストーブの燃焼中、燃え滓の灰を落としたり、石炭の燃え具合の調整に使う先端を鉤状に曲げた細い鉄製の火掻棒。握りの部分は針金を螺旋状に巻いた形式のものが多い。石炭ストーブの専用の新しい道具で、*薪ストーブや*囲炉裏には使用しない。デレッキの名称や由来については不明であるが、英語のザ・レーキ（火掻棒の意）がなまったものであるとか、起重機（英語でデリック）の形に似ていることから名付けられたといった説もある。石炭ストーブ

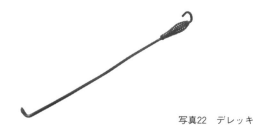

写真22　デレッキ

には欠かせないものであり、大正から昭和初期に輸入されたドイツ製ユンケルストーブの広告には、付属品として先端のまっすぐな火掻棒の図が載せられており、「鑓(やり)」と説明されている。このようなことから考えるとデレッキの名称が一般的に使われるようになったのは、石炭ストーブが全道的に普及する1930〜31（昭和5〜6）年以降で、その原型は外国から輸入されたストーブの付属品であったといえる。　　　　　　　〈矢島〉

ゆわかし［湯沸］　ストーブの煙出しの部分に連結し余熱で湯を沸かす銅製の器具。北海道の冬の生活において温水設備が整っていなかった時代、手の切れるような冷たい水での洗い物など水を使う主婦の仕事は大変な苦労であった。したがって近世の松前地のころから商家や大きな漁家では、冬季には＊竈(かまど)にかけた＊釜(かま)や大鍋(おおなべ)で常に湯を沸かしておくのが普通であった。だが開拓期の農家や新開地の町家の生活では、本格的な竈を備えた家も少なく、炉の火で沸かした鉄瓶(びん)の湯ぐらいしか利用できなかった。明治後期以降のストーブの普及、特に火力の強い石炭ストーブが普及すると、一般家庭でも比較的大量の湯を沸かすことが可能となり、さらに余熱の利用としてストーブから煙筒につなぐ煙出しの部分に連結する湯沸(ゆわかし)が普及するようになる。銅製のものが多く直径30cm、高さ40cm程度の円筒形の容器の内部の中央を煙筒が貫く構造となっており、煙筒を通る熱によって湯を沸かした。　　　　　　　　　　〈矢島〉

写真23　湯沸

Ⅰ. 生活用具

3. 住生活用具
(7) 家屋防護具

アイヌ資料

じょせつ・ぼうせつぐ［除雪・防雪具］

ゆきぼうき［雪箒］ ムンヌイェプ、ムンムイェプ、ソユンムンヌイェプ、ソユンムンカラペなどと称す。雪掃用の箒。降雪量が少なく、履物を履いて歩くと足が濡れる程度であれば、家の外庭前と外便所、ごみ捨て場、村の通り道までなど、暮らしに必要な屋外の通路の清掃に使用する。＊外箒の柄を間隔をあけて両手で持ち、利き手を左右に動かしながら、箒の先に当たる雪をこまめに通路の左右へ跳ね飛ばす。 〈藤村　久和〉

図1　雪箒

ゆきかき［雪掻］ ウパシケプ、オパシケヘなどと称す。＊篦状の除雪具。素材は樹皮と割板で、直径3〜4cm、長さ150〜180cmの握りやすい丸棒を用意し、時には棒先の40〜50cmが若干J字状に曲がり、そこに割れ目止めの節があるものを使うこともある。柄の材は丈夫で軽く、使いやすい、身近に生育する樹種から選ぶ。樹皮製の雪掻は、柄先から刃物と▼木槌などで割れ目を入れ、節で割れ目がとまったら、上向きになった部分を割れ目の先に向かって斜めに削ぎ、その裏の先も急角度で削る。次いで割れ目に縦30〜35cm、横50〜60cmくらいの厚くて丈夫なウダイカンバ、マカバの樹皮を挟み込み、柄先には幅10〜15cm、長さ40〜45cmの薄板を差し込む。板がやや厚めであれば、板幅の上下端を斜め方向に削り、雪の抵抗を少なくするとともに、樹皮との重なり面を密にする。板を挟み終えたら、材の薄い方から要所要所に、▼木釘、▼骨釘、▼竹釘、銅釘（▼金釘）、鉄釘（金釘）などを打ち込んでとめ、出すぎた釘先は柄にたたき込んでとめる。板幅に合わせ、やや太目のコクワ蔓、またはヤマブドウの蔓の全体をU字状に曲げる。板との接面を若干削り、柄と交差する部分には軽くえぐりを入れる。板や柄を釘でとめ、樹皮の部分は蔓を巻き込むようにして刃物の先で穴をあけ、縫い針（＊針）に通した糸や細紐で綴ってとめる。

木製の雪掻は、板を貼る30〜40cmの部分を柄先に向かってやや斜めに削ぎ、雪を掬う面も同じように削る。次いで薄板を何枚か用意するが、板によって雪の掬い面をやや長方形や広口の台形にし、不要な部分は切り落とす。板がやや厚めであれば、板幅の上下端を斜め方向に削り、雪への抵抗を少なくするとともに、板の重なり面を密にする。板は骨釘、竹釘、銅釘、鉄釘などでとめ、出すぎた釘先は柄にたたき込んでとめる。次いで、それぞれの板を固定するために、板の左右端へ幅の狭い薄板を当て、穴をあけて紐や皮紐で綴ったり、膳の縁のようにL状に板を打ちつけたりすることもある。

雪掻は降雪以前に点検・補修するが、使用に耐えなくなると、＊削掛や小さな＊木幣をつくってともに炉辺に上げ、火の神を通じてこれまでの労苦をたたえ、心おきなく昇天することを伝えてもらう。次いで家の上手にある＊幣棚に向かって左

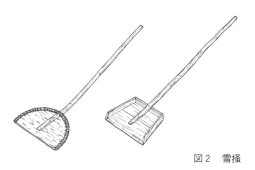

図2　雪掻

端の幣前に運び、小さな木幣を地表に刺して、翼箒を脇に置き、もう一度感謝を述べるとともに、それを証明する削掛を片結びして再生を祈願する。その後、結束していた紐を切り、板や樹皮を打ち割り、柄は*山刀や▼鉈で折ってまとめ、魂送りを終える。降雪期に入ると雪掻は土間の内側に立てかけたり、握り手を下にして、土間の壁に刺し立てておくこともある。夏場は土間の梁に差し渡しておくが、柄の部分はものを吊り下げるのに利用する。〈藤村〉

ゆきみ［雪箕］　ウパシルラプと称す。本来は雪を運ぶのに用いる*箕。農耕用に使用していた箕の古くなったのを転用したものがほとんどで、余裕があれば板や樹皮で専用のものを製作することもある。たいていは大雪のあとの処理に使うので、ほかに有り合わせの*箱、*樽、*桶、大きな叺、ヨシズや*簾、古*茣蓙なども一時的に利用した。〈藤村〉

ゆきふみ［雪踏］　ウパソニシテカ、オパシニシテカなどと称す。雪を踏み固めるのに用いる履物。積雪量が多くなると、雪運びが過重になるだけでなく、路つけのために*雪掻をした分、通路が下がり、そこに新雪が溜まると、いっそう作業量が増えるので、路つけは積雪の上を踏み固める方法に切り替える。雪がさらさらした状態であれば、古*茣蓙を30〜50cmの幅にし、あるいは大きな叺を雪の上に置いて体重をかけて踏み、重い雪であれば古いヨシズや*簾、硬くしまりそうな雪であれば20〜30cmの板を雪上に置いて踏む。こうして路の中央部分ができるとシナノキやオヒョウニレ、ヤマブドウヅルの皮で編んだ小出し（▼編籠）を履いて道路に対し横向きになり、中央部分の両脇の雪を狭い間隔で踏み固め、往来に可能な道幅を確保する。その後、冬用の魚皮・獣皮製の*長靴でさらに踏み固める。雪が降り止むと、運動と気分転換を兼ねて雪踏みを行う。〈藤村〉

ゆきみちのめじるし［雪道の目印］　ルートウラシプと称す。雪を踏み固めた道筋は、吹雪になったり地吹雪で道が埋まり、さらに視界が悪いときには、道をはずして転倒するだけでなく、間違った方向に歩いて行くこともある。それで、踏み固めた道をはずさないように、その両側や片側に、不要な枝を取り払ったイタドリの枯れ茎を4〜5mの間隔で立て並べて道標とする。それはまた、吹雪で埋まった道を踏み固めるときの目印ともなる。積雪量が多くなれば埋まりかけた枯れ茎を引き上げ、量が減ると枯れた茎を雪に刺して高さを調節し、歩行の安全を確保する。（→Ⅱ巻　その他の通信具［道路の目印］）〈藤村〉

ゆきがこい［雪囲］　レラセシケプ、ウパシ、セソケプ、オパシセシケヘ、カキ、カーキなどと称す。寒風が雪を伴って屋内に吹き込むのを防ぐために、家の周りに雪囲や風除けを立てる。主に風が吹いてくる方角で、家から2〜3m離れた箇所に、両手を広げた幅に柱を立て、地表から30cm、1m、160cmくらいの3カ所ほどに横棒を当て交差する部分を紐（▼丸紐、▼平紐）や▼縄で結束し、その横棒にイタドリの小束を立てる。柱の下段の棒よりもやや上部に結んだ紐や縄を手前の束にかけて横棒に通したあと、それを引き出して締め、束をくくる。下段を結び終えると中段をくくることもあるが、人によっては上段を先に葺く。その際に束の天地を逆にして結び、最後に交差する中段を結ぶと完成する。

素材はイタドリのほかに枝葉のついたヨシ、ススキ、オニガヤ、ノガヤ、ササ、ネマガリダケ、ヨモギなどを使うが、割板を使うこともある。春が来て風除け・雪除けが不要になった段階で、縄や紐を解き素材をはずし、束ねてくくって家の近くに立てた柱に寄せて結ぶ。上面には古*茣蓙をかけて雨除けとし、晩秋まで保存する。数年を経て傷みが激しくなると、使用可能なものを取り除き、残りを畑に運び、たいていは口頭で謝辞を述べ、畑から引き抜いた草類などと合わせて燃やして魂を昇天させる。灰は貴重な肥料となった。燃やす際には、もう一度感謝を述べ再生を促した。

人によっては春の雪解け水がもたらす流木を▼斧や▼鉞で切り取って家屋の周辺で乾燥させ、その*薪を冬季に寒風が吹いてくる方に積み上

図3　雪踏

げ、風除け・雪除けとする。最上部には樹皮や板を敷き、さらに石をのせるなどして乾燥した薪が濡れないようにする。徐々に屋内に取り込んで燃やすと、寒風が弱くなってくるころには、ちょうど、蓄えた薪も残り少なくなる。したがって、季節的に食材を求めて移動する海浜や、沢・谷など先々で、余暇に薪を積んで乾燥させ、秋末に集荷して風除け・雪除けを築く。〈藤村〉

図4　雪囲

ふゆのでいりぐち［冬の出入り口］　アパタサレ、オヤアパカラなどと称す。家の出入り口は、家の長軸に合わせて川下に位置するのが普通であるが、その方角からの風をかわすために、通常の入り口を冬期間閉鎖し、本来の戸口の左右の壁を開いて冬用の出入り口とする。ほかに、玄関フードを別に増築して利用することもある。暖かくなって風向きが変わると元の入り口を使い、冬季用の部分を壊さずに、別な使い方をしながら、冬季に再び冬用の出入り口とする。〈藤村〉

いえのほしゅうざい［家の補修材］

　チセウタプケフプと称す。家を点検して補修や修繕を行うのは、厳しい冬を迎える前で、特に小春日和の期間を利用する。本来はこのときに屋内の大掃除を行い、敷物の*茣蓙や*簾、その下に春に敷き詰めた断熱材の敷き草を出し、畑へ運び出して地表をきれいに掃除する。ごみも一緒に焼却するか、あるいは野積みにして腐敗させ翌年の肥料にする。清掃後、地表の凹凸に付近から土壌や海川の砂を運び込んで居住部分を高くして排水や湿気を防ぎ、次いでネズミの通り穴に小石を流し込み棒で突いて詰め、最後に石で口を防ぐ。また、ネズミを捕獲しようと犬が広げた壁穴にも、ヨシや粘土を詰める。屋根も雨漏りする場所へヨシの小束やシラカバの皮を差し込む。こうした作業を半日ほど行い、手直ししながら表面を乾燥させる。夏を過ぎてから乾燥させた敷き草を厚く敷き、その上に芦簾を張り、敷莫蓙を敷く。〈藤村〉

いえのささえぼう［家の支え棒］　チセユプテクニと称す。家が土台の腐食や地震・台風などで傾くと、補修として屋内外に支え棒をあてがう。樹種は選ばないが、十分な長さと丈夫さが必要となる。〈藤村〉

そうじぐ［掃除具］

そとぼうき［外箒］　ムンヌイエプ、ムンムイエプ、ソユンムンヌイエプ、ソユンムンカラペなどと称す。屋外の塵、ごみを掃くのに用いる道具。素材は、ハギ、ネマガリダケ、ササ、ヤナギをはじめとする各樹種のうち、細長い枝を数日天日に当てて葉を枯らし、あるいは不要な小枝を取り除き、枝先をそろえて丸束にする。数カ所を*紐で仮にしばって全体を調節し、柄の部分の上下を紐で結んでとめる。残りの紐を切り落とすこともあるが、紐が無駄になると判断したときは、素材の1本おきに残り紐を通すなどして結びを強める。
　凹凸になっている柄の先を切り落とし、箒の先も切りそろえる。中腰がきつい人や、太い柄を手余しする年少者には、握りやすい1mくらいの棒を箒の柄の部分に取り付ける。市販の竹箒と同じく、棒の先を箒の束が覆うように巻き、数カ所を紐で結び止めることもある。この新たに取り付ける柄は、まっすぐで硬く、しかもごく軽量のタラの枯れ枝が最良とされる。土間の内壁や外壁のあたりに立てかけておく。
　箒の先が曲がったり折れたりして凹凸がひどくなると先を切りそろえ、使用に耐えなくなると、近くの立ち木へ持っていき、結束していた紐を解いて、素材を木に立てかけ、これまでの謝辞を述べて再生を祈願する。柄つきの箒も同様にするが、使用可能な部分はまだ使命があるものとして再利用を試みた。外箒は戸口の手前に立って家の左壁から手前へ掃き、戸口の右側にごみを寄せ、次いで家の右壁から手前へ掃いてごみを合わせ

図5　外箒

て、家の下手のごみ捨て場へ捨てる。風などでごみが飛散したり量が多い場合には、少量ずつまとめてごみ捨て場へ捨てる。　　　　　〈藤村〉

うちぼうき[内箒]　ムンヌイェプ、ムンムイェプ、アフンムンヌイェプ、アウンムンヌイェプ、アフンムンカラペなどと称す。屋内の掃除に使う箒。形態は縦長と横長のものがある。縦長箒は、ヨシやススキ、フトイ、ガマ、トクサなどを丸く束ね、数カ所を紐（▼丸紐、▼平紐）で仮にしばり、先端を扇のように広げる。そこにやや太めにした穂先や葉先の小束を加えながら別紐で一重に結び、箒の先が10〜15㎝の幅になったら紐をしっかりとしばる。その下から端の小束の真ん中を一重に結び、次の小束の半分と合わせて、やはり一重に結び、編み始めに戻ると同様に1往復し、その下の段は小束をさらに半分に小分けし2往復というようにして徐々に扇状に広げる。箒の先が30〜40㎝になったらそこで結んで、残り紐を切る。残り紐で小束をさらに結ぶこともある。

箒の先が出来上がると、仮にしばっていた柄の部分の紐を解き、差し挟んだ小束の頭を柄材とともに別紐で大きく一重に結ぶ。端まで行ったら、そこで本結びにし、そこの上から端束の真ん中を一重に結び、次の束の半分と合わせて大束にしながら、次第に1本にまとめ上げ、そこから5〜7㎝おきに別紐でしばる。柄の端までしばったら、残り紐を輪状にして＊木鉤などから吊り下げられるようにする。不要な柄や箒の先を切りそろえたら完成する。

出来合いの長さが短く、中腰がきつい人は、市販の座敷箒のように、握りやすい70㎝ぐらいの棒先を巻くように箒の束で覆って、数カ所を紐で結びとめる。この柄には、まっすぐで硬く、しかもごく軽量のタラ、ミズキ、ヤナギ、ホオ、クルミなど身近にある素材が使われる。

横長の箒は、長さ40〜50㎝、太さ2〜3㎝の棒の梢側から3分の2くらいまで割るが、割れをとめやすいように、そこに節のあるものを使う。割れ目へはブドウヅルの皮、シナノキ、オヒョウニレの糸として使えない内皮などを、幅1〜2㎝に裂いて二つ折りの「∩」状にしたものの中央部を奥まで挟む。

編み込みは別紐で割り木の木口から裂いた内皮を挟み込んではひねり、また挟んではひねることを繰り返す。端まで行ったら、2本の紐で割れ目止めの節の根元で本結びにする。次に内皮を細く裂いてから、紐2本で再び挟み込みながらひねり、割れ目の先へ向かい、割れ口で本結びをすると、また節の方へと挟み込みながら割れ目止めの節の根元で本結びにする。細く裂いた箒の先を切りそろえると完成する。

柄の端に溝を1周させ、それに紐を2重に巻いて締めて結び、残りで輪をつくり、それを室内の戸口近くの木鉤にかけて吊るす。箒の先が折れるなどして凹凸がひどくなると先を切りそろえ、使用に耐えなくなると、近くの立ち木へ持っていき、結束を解いて素材を木に立てかけ、これまでの謝辞を述べて再生を祈願する。柄つきの箒も同様にするが、使用可能な部分は、まだ使命があるものとして再利用する。なお、土間の掃き方は、屋外の戸口に立って左から右へ掃く。また、＊囲炉裏の両側からの掃き方は、戸口のところへと下げ、そこでごみを取ってごみ捨て場へ持っていく。　　　　　　　　　　〈藤村〉

図6　内箒

かみざぼうき[上座箒]　ソーカヌイェプと称す。屋内の＊囲炉裏より上手を掃く箒。＊内箒（座敷箒）のほかに鳥の翼を利用したものがある。特に大型のタンチョウヅル、ハクチョウ、トビなどが重宝された。翼の羽は部分の構造に合わせて羽軸が曲がっているうえに、左右羽の長さに違いがあり、しかも肉がほとんどないことから▼矢羽として利用するほかに、翼を付け根から取りはずして、割板などに▼木釘、▼骨釘、▼竹釘、銅釘、鉄釘などを3〜4カ所の要所に打って一直線状にとめる。1週間もすると、翼の筋が固定するので、釘を抜いて翼の付け根あたりの羽を20㎝ほどむしって握り手の部分にシナノキやオヒョウニレなどで撚った糸を丁寧に巻き、先端に余分な糸で輪をつくって家内の壁に取り付けた＊木鉤から吊り下げる。1羽からは翼箒が2本取れるが、右利きの人は右の翼箒を、左利きの人は左の翼箒を使うことが多い。上座用の箒は、戸口から見て

左から右へ掃き、塵は右端にまとめて取るが、量が少なければ、そのまま戸口に向かって下げる。翼箒の先が減って凹凸がひどくなると羽先を切りそろえて用いるが、使用に耐えなくなると、*削掛や小さな*木幣をつくってともに炉辺に下げ、火の神を通じてこれまでの労苦をたたえ、心おきなく昇天することを伝えてもらう。次いで家の上手にある*幣棚に向かって左端の幣前に運び、小さな木幣を地表に刺して、翼箒を脇に置き、もう一度感謝を述べるとともに、それを証明する削掛を片結びして再生を祈願する。その後、結束を解いて折り曲げ、*山刀や*鉈の峰で骨を折ってまとめ、魂送りを終える。　　　　　　〈藤村〉

図7　上座箒

こぼうき［小箒］　ポンソーカヌイェプと称す。中型・小型の鳥類の翼を付け根から取りはずし、割板に翼の付け根から▼木釘、骨釘、▼竹釘、銅釘（▼金釘）、鉄釘（金釘）などを3〜4カ所打ってとめる。1週間後に取りはずして翼の付け根あたりの羽を10cmほどむしり、握り手の部分にシナノキやオヒョウニレなどで撚った糸を巻き、端の余分な糸で輪をつくって*宝物台の下手の壁に取り付けた*木鉤から吊り下げる。器物類の塵落とし、物の隙間や寝床に溜まる塵出し、彫刻、内皮からの糸作り、*茣蓙編みなど、様々な手仕事に伴って出る塵集めに使われる。翼箒の先が減って凹凸がひどくなると羽先を切りそろえる。使用に耐えなくなってからの扱い方は、*上座箒と同じである。　　　　　　　　　　　　〈藤村〉

図8　小箒

ほうきぐさ［箒草］　ホウキグサ、ムンヌイェプキナなどと称す。箒の素材となる植物。江戸後期には、ホウキグサの種子を得て、家や畑などの周囲に栽培した。秋末に刈り取って乾燥させ、不要な枝を切り取って形を整え、形態に応じてそれぞれの用途に振り分けて使った。使用に耐えなくなると、たいていは口頭で謝辞を述べ、畑から引き抜いた草類などと合わせて燃やして魂を昇天させ、その灰は貴重な肥料となった。燃やす際には、もう一度感謝を述べ再生を促した。　〈藤村〉

はねはたき［羽叩］　ラペピルペと称す。屋内や器物の塵やほこりをたたく道具。大型の鳥類の羽で、同じ曲がり具合のものを4〜5枚合わせて下方で結んだものを10〜20束用意する。直径1cmくらい、長さ30〜50cmの棒の先端から5mm、その手前5〜7cmの間を先の方に向けて細く削る。先端部に糸を数回巻いた上から、魚皮でつくった▼膠を塗り込めて固定する。膠が十分に乾燥したら、羽の小束を花びらのように内側に向け、その根元を糸で押さえながら小束を隙間なく並べると、その全体を糸でグルグル巻きにし、その上へ膠を塗り込めて固める。このように数段にわたってとめることで、羽叩が出来上がる。最後の段を巻き終え膠が固まったら、露出している羽軸をその糸で丁寧に巻いて隠し、糸端を止めると完成する。なお、膠のほかに▼松脂・桜脂を併用することもある。羽叩は主に、宝物の掃除や手入れに使うことが多いので、握り手の部分にシナノキやオヒョウニレなどで撚った糸を巻いて端で輪をつくって*宝物台の下手の壁に取り付けた*木鉤から吊り下げる。使用に耐えなくなると、*削掛や小さな*木幣をつくってともに炉辺に下げ、火の神を通じてこれまでの労苦をたたえ、心おきなく昇天することを伝えてもらう。次いで家の上手にある*幣棚に向かって左端の幣前に運び、小さな木幣を地表に刺して、羽叩を脇に置いて、もう一度感謝を述べるとともに、それを証明する削掛を片結びして再生を祈願する。その後、結束を切り解き、柄は折り曲げてまとめ、魂送りを終える。

〈藤村〉

図9　羽叩

ちりとり［塵取］　コポンチウイナプ、コムンオ

マレプ、チルムンオホなどと称す。箒(*外箒、*内箒)で掃き寄せた塵やごみを取り集める道具。素材は樹皮や割板、銅板など。樹皮は木の筋に合わせ、左右辺と根元側の幅5～10cmを内側に折るようにして立ち上げる。2辺が重なる部分は辺の方へ横に折り曲げ、そこに穴をあけて細紐を通し綴ってとめる。樹皮が裂けるのを防ぐことと合わせて、外側や内側に薄板を添え糸でとめることもある。塵受けの箇所の樹皮は内側を削って薄くするが、樹皮の裂けるのを防ぐために外側に薄板を糸で綴ることもある。樹皮製の塵取には、取っ手をつける人もいるが、箱形や*箕形の方が多い。

　割板製の塵取も樹皮製のものとあまり変わらず、板の止めには▼木釘、▼骨釘、▼竹釘、銅釘(▼金釘)、鉄釘(金釘)を使う。銅板製の塵取も樹皮製と同じだが、取っ手はなく、銅板の重なる部分へは釘先で穴をあけ、樹皮、動物の腱や筋で撚った糸、針金などでとめると完成する。樹皮製の塵取は土間や外庭用で、割板製は屋内、銅製は上座や*宝物台、寝台用と使い分け、その近くに紐で吊り下げるが、家によっては一つの塵取を兼用することもある。補修しながら使用するが、使用に耐えなくなったら、*削掛や小さな*木幣をつくって添えることもある。たいていは口頭で謝辞を述べ、畑から引き抜いた草類などと合わせて燃やして魂を昇天させ、燃やす際に、再度感謝を述べ再生を促した。金属製のものは使用期間が長いので、小さな木幣をつくってともに炉辺に下げ、火の神を通じてこれまでの労苦をたたえ、心おきなく昇天することを伝えてもらう。次いで家の上手にある*幣棚に向かって左端の幣前に運び、小さな木幣を地表に刺して、塵取を脇に置き、再度感謝を述べて結束を解き、あらためて再生を祈願する。　　　　　　　　　　〈藤村〉

図10　塵取

いろりようちりとり[囲炉裏用塵取]　ウナウイペルラプと称す。*囲炉裏の隅に寄せ集められた塵や灰の塊などは、マカバ、シラカバ、サクラ、ヤチダモ、シナノキ、ハルニレなどの樹皮を採取し、内面を内側にして3方を折り曲げ2隅に穴をあけ、細紐を通して結ぶ。このほかに、樹皮の四方を折り曲げた容器型のもあるが、いずれも底面は20cm方形で高さ5～10cmとする。これを塵や灰の塊などの上手へあてがい、手で寄せ入れて炉灰の納め場へ運ぶ。使用後は*火棚の下手に伏せておく。誤って人が踏まない限り簡単に壊れないが、使用不能になれば、小さな*木幣を添えて謝辞と再生を願って、*幣棚に納める。　〈藤村〉

図11　囲炉裏用塵取

ごみいれ[塵入]　コムンオマレプ、コポンチオマレプなどと称す。素材は、樹皮や板などを利用したほかに、海浜に漂着した小型の*樽や*桶、*箱なども利用した。しかし、屑籠や塵入は、本来の目的に活用し、使いこんで傷んだ古いものを再利用することが多かった。所定の置き場所は出入り口に近い*囲炉裏の下手で、囲炉裏の周囲が暮らしの中心であったから、塵もその周辺が最も多かったことと関連している。使用に耐えなくなった屑籠や塵入は、長期にわたって人々の暮らしに貢献したとして、小さな*木幣をつくって添え、火の神を通じてこれまでの労苦をたたえ、心おきなく昇天することを伝えてもらう。次いで家の上手にある*幣棚に向かって左端の幣前に運び、小さな木幣を地表に刺して、屑籠や塵入を脇に置き、再度感謝を述べて結束を解き、樽や桶なら底板を打ち抜いてまとめ、あらためて再生を祈願する。　　　　　　〈藤村〉

あしふき・くつふき[足拭・靴拭]　チキリピリパプ、ウレピリパプ、ケマピリパハ、キロピリパハなどと称す。かつて、家の近くや歩行に支障のない砂地、草原、河原などは、夏季には素足で歩き、人通りの少ない山中などは*草鞋を履き、冬季には魚皮や獣皮の*靴を履くのが通常であったから、屋内の*茣蓙への上框や母屋の戸口付近には足拭が置かれた。厳寒のサハリンでは冬季中、幼少児は靴を脱がずに靴に付着した汚れをなすりつけ、汚れがひどい場合には親が*雑巾などで拭

き取って、そのまま屋内に入った。足拭や靴拭は、敷莫産の古いものや、エゾシカの首の皮、キタキツネの古皮、川に入ったサケの鱗つき皮、ブドウヅルの皮束、トクサの束などが利用された。
〈藤村〉

みずいれ［水入］ パケチ、ワッカオマレプ、ニヤトウシ、ハンカタ、ヤルキッチ、オンタル、ポンタルなどと称す。明治以降に量産された*バケツが市販されると、購入して使用したが、それ以前は海浜に漂着した*樽や*桶も利用した。しかし、掃除用のバケツや桶・樽は別の目的に活用し、使いこんで傷んだ古いものが使われることが多かった。一般的には1枚の樹皮の4辺を内側に折り曲げ、2辺が重なる四隅の部分は折り曲げて細い紐を通して綴ってとめるが、樹皮の裂けを防ぐことを合わせて、外側や内側に薄板を添えて糸でとめることもある。出来上がった容器は、直方体のほかに、手を中に入れて*雑巾を揉み洗いすることから、使いやすいように逆台形や広口の長方体につくることもある。また、水を入れることから、樹皮の裂けるのを防ぐために外側に薄板を糸で綴り、持ち運びやすいように、への字形の取っ手をつけることが多い。水は、屋内に汲んである水を利用することもあるが、樽に受けた雨水や近くの川水を使うこともある。汚れた水は外庭の土埃を抑えるのを兼ねて打ち水にしたり、近い畑への給水としたりすることもある。 〈藤村〉

図12　水入

ぞうきん［雑巾］ ソーピリパプ、ソーピリパハなどと称す。拭き掃除に使用する布切れ。素材は使い古した衣服の端切れを用い、大きいものでもハガキ大くらいが普通であった。また、家によって

図13　雑巾

ては擦り切れた獣皮の端切れを使うこともあった。使用に耐えなくなると、たいていは口頭で謝辞を述べ、畑から引き抜いた草類などと合わせて燃やして魂を昇天させ、その灰は貴重な肥料となった。燃やす際には、もう一度感謝を述べ再生を促した。 〈藤村〉

せんざい［洗剤］

はいじる［灰汁］ ウナワッカ、ウイナワッカ、ウナワハカなどと称す。*囲炉裏の灰を容器に入れて水を加え、掻き混ぜて放置し、その上水を別容器に掬って水を加えて濃度を調節する。その液に洗濯物を漬けておき、のちに真水で洗い流す。廃液や洗い水は、外庭の土埃を抑えるのを兼ねて打ち水にしたり、近い畑への給水としたりすることもある。 〈藤村〉

みがきずな［磨砂］ オタと称す。金属製品の粗い汚れを落とすのに、河川の淀みに溜まる粒子の細かな砂を利用する。たいていは、品物を砂のある場所の近くへ持っていき、川の神に事の次第を話し、必要量を分けてもらうことと、思いどおりに汚れが落ちるように応援を依頼する。その後に採取した砂は、汚水が川に流れ込まない距離で磨きを行い、川水を汲んできてその場で洗い流す。
〈藤村〉

みがきこ［磨粉］ ウナ、ウイナなどと称す。物の汚れを落とすには*囲炉裏の灰を使うことが多い。利用に先立って、火の神に事の次第を話し、必要量を分けてもらうことと、思いどおりに汚れが落ちるように応援を依頼する。その後に用意した容器に炉灰を掬い取り、屋外の洗い場へ持参し、水で濡らした指先を容器に入れ、指先で汚れをこすって取り除く。面積が広い場合には*雑巾に灰をまぶして使うこともある。 〈藤村〉

しかのつの［鹿の角］ ユクキラウと称す。金属製品の錆は▼砥石で研いで落とすこともあるが、粒子の細かな砥石でも目に見えない細かな傷をつけることが多い。特に貴重なものの錆は、夜露の晩に外の高みに数夜晒すと錆が浮き上がってくる。そこでエゾシカの角でゆっくりと時間をかけてこする。錆が少なくなると再び夜露に当てて、錆を浮かしては研ぎ落とす。これ以上に錆が落ちなくなると、魚油や獣の脂を塗り込め、十分に乾燥させて獣皮・鳥皮などで包んで*箱に納める。

〈藤村〉

和人資料

家屋防護具には、火事を消したり防いだりするための消防用具、家屋を雪害から防ぎ、通路を確保するための除雪具、家の中や屋外の清掃に用いる掃除具がある。 〈氏家 等〉

しょうぼうようぐ［消防用具］

一般的に都市部で町火消しが組織され、▼火の見櫓が設置されるのは18世紀前半以降と考えられている。また、地方においては若者集団を中心として消火活動が行われていた。これらの組織は1894（明治27）年、「消防組規則」の公布によって全国的に統一された。さらに、1948（昭和23）年、「消防組織法」の施行により各市町村に消防署が整備され、村人による消防団を組織化し、火の見櫓、消防番屋を中心に活動が継続された。

野外博物館北海道開拓の村（札幌市厚別区）には消防番屋と火の見櫓（大正後期建築、1970年ごろまで使用、札幌市厚別区山本）が再現されている。この消防番屋には消防車が普及する以前に使用されていた消火器や*竜吐水、それらを乗せて運ぶ▼荷車、冬季に運ぶための▼橇、▼馬橇などが展示保存されている。また、大きな商店などでは、自家で*桶、竜土水、消防団扇、火扇、防火布、*鳶口、火事装束、*草鞋などの消防用具を備え、玄関や裏口、蔵などに防火用の水を蓄えていた。しかし、これら消火用具はあくまでも初期消火に役立つ程度のものであり、現実的には家を倒壊して火災の広がりを防ぐしかなかったのである。 〈氏家〉

てんすいおけ［天水桶］ 防火用に雨水を溜めておく*桶で、江戸時代の初期から屋根の上、軒下、町角などに設置されるようになったと考えられている。野外博物館北海道開拓の村（札幌市厚別区）には天水桶が屋根の上に設置されている旧来正旅館（1918年建築、旭川市永山）が移築復元されている。 〈氏家〉

バケツ［バケツ〈bucket〉］ トタンなどで製作された*桶状の運搬具で、運びやすいように弦状の持ち手がついている。名称は英語のバケット（bucket）に由来する。明治期、亜鉛引き鋼板の使用とともに生産され普及する。用途は掃除・消火（バケツリレー）などに代表されるように主として水を運ぶために使用された。なお、軍隊や登山用などには携帯しやすいように厚手の布製のものが使用された。 〈氏家〉

りゅうどすい［竜吐水］ 主として消火用や船のアカ（船底に溜まった水）取りなど、水を汲み上げることに使用された木製の手押しポンプ。オランダから伝わったともいわれ、1764（明和元）年江戸の火消しに支給され、その後、急速に広まったとされている。大型のものは水を入れる箱の上に押し上げ式のポンプを取り付けたもので、天秤状の横木を交互に押し空気圧によって放水する構造で、小型のものは取っ手を上げ下げして水を吸い上げ、放水する。札幌でも1872（明治5）年に5台の竜吐水が配置され、蒸気ポンプが導入された後の1909年にも8台が使用されていたようである。また、漁村の大きな商店や大規模漁家では、必ずこれら消火用具を備えていた。消防車が配備され、道路の除雪が行き届くようになったのは近年のことであり、それまでは重要な消火用具のひとつであった。 〈氏家〉

とびぐち［鳶口］ 鳶とも呼び、町火消しや消防夫（往時の呼称）が防火のため、主として家屋の構造材などを壊すために使用した。形態的には手短な場所に使用する短い鳶口と、高い場所や遠くのものに使う長い鳶口とがある。本来は穂先を木材に打ち込んだり、木材の下に差し込んで梃子にして移動する道具。名称は鳶の口先のように鋭い穂先であることに由来する。（→Ⅱ巻 集材・運材用具［鳶口］） 〈氏家〉

写真1 天水桶

写真2 竜吐水

はしご［梯子］　高い場所に上り下りするための道具。一本梯子、丸木梯子、竹梯子、縄梯子などがある。すでに弥生時代の遺構から出土している。また、アイヌ民族では＊高床式倉庫に丸木梯子が使用されていた。梯子の名称が定着するのは近世で、それ以前は「ハシノコ」、あるいは「カケハシ」と呼ばれていた。最も一般的な梯子は2本の縦に長い木に手足をかけるため横木を一定間隔に取り付けたものである。（→213頁　アイヌ資料［梯子］）　　　　　　　　　　　　〈氏家〉

ゆきかき［雪搔］

　除雪作業、あるいは除雪具を指す。除雪は人力・畜（馬）力・機械によるものに区分される。人力による除雪具には雪踏み、さらに竹製や木製除雪具とスコップ、木製・鉄製で箱型に柄がつき、押して雪を捨てる＊雪押などがあり、畜力によるものには三角形の箱型のものに人が乗り、馬に引かせ、三角の部分で雪を搔き分ける三角橇、機械には除雪車、鉄道のラッセル雪搔車、路面電車の前に取り付けて線路を中心に除雪するササラなどがある。人力で使用する除雪具は一枚板で製作した＊こすき、箆状の部分を竹で編み、木か竹の柄を取り付けたもの、箆状部分の側面と後方に側板を取り付けたもの、後方だけに側板を取り付けたもの、箆状部分を湾曲した柄の後方に横板を凹に組み合わせて固定したもの、旧国鉄構内で使用されたものなど、様々な形態のものがある。これらは一枚板で製作されたこすきを基本とし、北海道のさらさらした雪質、あるいは堅雪に合わせて工夫されたものである。北海道での雪搔の名称は雪搔、カエシキ、＊ジョンバなどであるが、本州では地域によって様々な名称が分布している。

　また、日本の多雪地帯において、屋根の雪降ろしは家屋を防護する重要な仕事であった。さらに、風雪、あるいは屋根の雪から家屋を守るために冬囲い・雪囲いをするのが農村・漁村の一般的な風景である。これら冬囲いには、板、茅、唐黍殻などが使用されている。　　　　　　　　〈氏家〉

ジョンバ［―――］　北海道の方言で主として除雪具を指し、シャベル（shovel）が訛ったともいわれるが明らかではない。一般的に雪をはねる箆状の部分の両側と後方、あるいは後方だけに側板を取り付け、柄と組み合わさる除雪具で、箆状部分を竹で編み、柄を取り付けた除雪具を指すことが多い。　　　　　　　　　　　　　　〈氏家〉

写真4　ジョンバ

こすき［こすき、木鋤］　一枚板の箆状の除雪具で、地域によってゆきすき（雪鋤）、バンバ、ナガゴシキ、テンツキ、ツエゴシキなど様々な呼び名があり、地域や用途によって形態も多様である。日本で最も伝統的な除雪具の一つで、漢字で「木の鋤」と表記することから「こすき」と呼ばれると考えられている。北陸・東北地方中心に分布し、ブナ材で製作されたものが多く、箆状の表面は小さく凹凸状に削ってあるものもあり、水分を多く含んだ湿った雪を四角く切って投げ捨てられるように工夫がされたものである。北陸・東北地方の豪雪地帯では屋根の雪降ろしの際、危険な箇所の除雪に2m前後の長い除雪具（福島県ではコーシキと呼ぶ）を使用している。もちろん北海道でも屋根の雪降ろしはするが、同様の長い除雪具は残存していない。こすきは北海道でも道南地方を中心に江戸時代から明治・大正時代まで使用されていた。また、子供の遊び道具に箆状部分の後方に側板、さらに柄を取り付けた小型のものが使用されていた。北陸地方から団体移住をした地域ではこすきを使用していないにもかかわらず、除雪具を指す際にはこすきの名称が残存していた

写真3　三角橇

写真5　木鋤

事例が確認されている。　　　　　　　〈氏家〉

ゆきおし［雪押］　雪箕とも呼ばれる箱型の除雪具。1950年代、北海道でも雪深い旧国鉄の深名線などで使用されていた。特徴は雪を固まりで遠くへ押して運び、捨てることができることにある。当初は木製で保線区の職員が製作していた。しかし、次第に底に鉄板を張るようになり、1960年代には鍛冶屋で柄もすべて鉄で製作されるようになり、やがて一般家庭へも普及するようになった。このように旧国鉄から注文を受けてつくり始めたころは、3尺×6尺（91cm×182cm）の鉄板から1個つくっていたが、値段が高く、1枚の鉄板から2個製作する過程で箱状部分の大きさがどこの鍛冶屋で製作してもおおむね同じようになった。なお、北陸地方においてもほぼ同じころ、同様な除雪具が製作され使用されていた。これら除雪具も近年ではプラスチックやアルミニウム製のものが普及し、鉄板製のものは使用されなくなった。
〈氏家〉

写真6　雪押

ゆきふみたわら［雪踏俵］　藁で製作した雪踏み具。雪を踏み固めて道をつけることから、雪踏み、あるいは炭俵や米俵（▼俵）と同様に編み、底部の内側と外側に桟俵（炭俵や米俵の両側に取り付ける藁で編んだ蓋）を取り付けることから「踏俵」とも呼ばれていた。また、足で踏み固める作業を手で補助するため、持ち上げる紐が取り付けられている。雪国では朝、子供たちが学校へ行く前に雪踏みで道付けすることが一般的であった。北陸地方の雪深い地域では大型の*橇（ス

カリと呼ぶ）に一般的なカンジキを重ねて履き、道付けを行っていた。北海道でもカンジキを使用して道付けを行っていたが、農家では▼馬橇を走らせ、その跡を歩くことが一般的であった。
〈氏家〉

そうじぐ［掃除具］

塵や埃、汚れを取り除く道具。年末の大掃除の煤払は年間の厄を祓うものと考えられている。各家庭、あるいは仕事場などの日常においては朝、ないし夕方に掃除をするのが一般的である。もちろん、家の外、庭などの掃除もおおむね同様である。また、掃除の仕方、道具類も座敷、床、土間、庭などによって異なってくる。例えば、座敷などでは埃が舞い上がらないように茶殻や濡らした新聞紙を撒いて掃く工夫がされていた。また、学校では雪を教室に撒いて掃除をするようなことも行われていた。北海道ではこのような掃除のほかに、*薪ストーブや石炭ストーブを使用していた時代は、煙突の掃除が、家庭や職場、学校などでも重要な仕事であった。したがって、各家庭には必ず煙突掃除具を備えてあった。しかし、石油ストーブが普及し、電気掃除機など電化製品が普及すると掃除内容、あるいは主婦の日課も大きく変化した。　　　　　　　〈氏家〉

ほうき［箒］　家の内外のごみを掃く道具。座敷箒、庭箒、炉箒、*竈用など用途によって様々である。材質も藁、シュロ、モロコシ、ホウキグサ、竹などである。また、箒は妊婦の枕元に立てたり、箒をまたぐことを禁忌としたり、客を早く帰らせるために箒を逆さに立てるなどの俗信がみられる。これらは箒が霊の依代であったり、お産の神であったことによるものと考えられている。
〈氏家〉

はたき［叩き］　埃や塵を払う道具。竹などの柄の先端に羽毛・和紙・布を取り付け、塵を払い、あるいは障子の桟などをはたいて埃を取り除くもの。　　　　　　　〈氏家〉

ちりとり［塵取］　*箒で掃き集めた塵やごみを取り除く道具。▼箕の形態に類似し、持ち手の柄が取り付けられている。一般的に座敷など家の中で使用するものは小型で、玄関や庭で使用するものには大型のものが多い。いずれも木製のものが多かったが、ブリキが普及すると、それらで製作

写真7　雪踏俵

したものが出回るようになった。　　　　〈氏家〉

ぞうきん［雑巾］　拭き掃除に用いる布。一般的に濡らして使用するものは主に木綿の古布を重ね合わせ、刺したものである。しかし、調度品などの乾拭きには薄手の布を使用し、つや出しには米糠、あるいは菜種油を用いた。また、板間などの拭き掃除には灰や米のとぎ汁を用いた。〈氏家〉

せんざい［洗剤］　洗濯、洗い物の際に汚れを落とすために効果を上げるもの。代表的なものは石鹸である。石鹸は16世紀後半の南蛮貿易によってもたらされたとされている。日本で生産が開始されるのは明治初期である。しかし、高価なため庶民が使用するようになるのは後年である。それまではムクロジなどの木の実の煮汁、あるいは米のとぎ汁・灰汁などを利用していた。また、体を洗うのには糠などが使用されていた。　　　〈氏家〉

ごみばこ［塵箱］　ごみや紙くずを入れる箱。室内用として、木製や竹などで編んだものが多いが、なかには衛生面を考慮した琺瑯引きで、ペダルを足で踏んで蓋を上げるものもある。屋外に関しては1885（明治18）年、札幌区が「札幌市街道路掃除法」を制定し、道路掃除のごみは住民が＊桶や＊箱にまとめておき、それを請負業者がごみ捨て場に運搬することとした。さらに1950（昭和25）年、札幌市は全国に先駆け、「清掃条例」で共同ごみ箱の設置を決め、収集効率を高めた。この屋外の共同ごみ箱は木製で、約1坪（3.3m^2）の大きさであった。　　　　　　　　〈氏家〉

Ⅰ．生活用具

4．年中行事・信仰用具
(1) 年中行事具

アイヌ資料

　アイヌ民族の人たちは、毎日が神とのかかわりによって成り立っていると考えていたので、朝夕の祈りや感謝への*木幣（イナウ）づくりなど神との対話そのものが年中行事であった。主な年中行事・祭礼などは次のとおりである。
　新年の儀礼　暦そのものは和人から入手せず、自作もしていなかったが、月の満ち欠けを基にした太陰暦風のものは広く認知され、地方によって月名を使って様々な行事が行われた。特に年が終わり、新年を迎える準備が各戸でできると、日時を決めて深夜に若水を汲み、清水をもって火の女神を通じて旧年中を見守ってくれた諸々の神々へ感謝を述べ、新年を迎えることができた喜びを報告し、変わらない慈愛で加護されるように祈願する。
　春秋の大祭　1年を四季で分けるほかに、さらに大別して2季（夏季と冬季）とし、その変わり目である早春と初秋とに加護を受けた神々にそれぞれ木幣を1本ずつ立て、村人が村長の家に集って大祭を開く。早春には厳寒期を無事に乗り越え、春を迎えたことへの感謝と、夏季に十分な食料を確保できるよう神々に伝達する木幣を捧げ、謝辞と祈願を述べ、あわせて応援してくれている祖先に対しても盛大な供養を行う。
　悪魔払い　病気は、病気の神がもたらす病気の素を、各地を徘徊しながら風紀を乱すために散布し、人がそれを吸飲することによって感染するものと考えていた。病神は1種類ではなく、無限に近い種類の病神が集団で世界中を往来するので、常に空腹の状態にあるとして、ささやかな食材を用意し、木幣棚（*幣棚）をしつらえて捧げ、次の視察地へと向かわせる。かつては春秋の大祭のほか、随時行われてもいた。
　漁労の祈願　鮭鱒をはじめ、季節ごとに遡上する魚種や、潮の流れに乗って沖合を回遊する魚群・海獣群の捕獲にあたって、海洋神、魚種・海獣ごとに統括する神それぞれに木幣を捧げ、操業の安全と必要量の確保を依頼する神事を行う。
　狩猟の祈願　秋末から春先にかけてはエゾシカ、タヌキ、キタキツネ、ユキウサギ、カワウソ、晩冬から早春にかけてのヒグマ、テン、春先のワシ、タカ、シマフクロウ、タンチョウヅル、晩秋のガン、カモ、ハクチョウなどの捕獲にあたって、山岳神、動物種ごとに統括する神それぞれに木幣を捧げ、狩猟の安全と、必要量の確保を依頼する神事を行う。
　植物採集の祈願　早春から晩秋にかけて採集される山菜のほとんどは初夏に集中するので、その時期に山菜を統括する神および、その往来の途中に鎮座する神々にも木幣を捧げ、採集の安全と必要量の確保を依頼する神事を行う。また、秋にはガマやスゲ、フトイ、サンカクイ、ミクリなどの*茣蓙材、ヒシやコウホネ、イケマ、ガガイモ、エゾノテンナンショウ、エゾノリュウキンカなどの採集に直接関与する神々に木幣を捧げて同様の神事を行う。
　祖先供養　先祖に対する供養は、春秋の大祭をはじめ、重要な動物送りの儀礼や、それに対応する儀式の際にも行われる。それは、儀礼が祖先からの絶大な援助により成功したと考えたからである。また、故人の命日、夢やまどろみに先祖や亡くなった人を見たときには、供養をしてほしいので姿を見せたと考えて、執り行う。夢に見ることは自分の意識の深層に思いがあるからとして、故人たちが好んでいた飯や粥、汁、団子、和え物、煮しめ、甘粥などと、意思や供物の魂を搬送伝達する木幣を供えて神事を行う。
　移転の祈願　一つの河川流域に居住する人たちが、その流域と沖合に広がる空間を一つの生活領域として、そこに生活のあらゆる物資を求めていたころは、食材を入手するために、海浜から深山までの要所にいくつもの住居（*仮小屋）を構

え、季節ごとに移動を繰り返しながら1年を送っていた。したがって、次に利用することを念頭において、それぞれの場所で収穫した食材の一部を残し、消費した燃料を補充し、家屋の補修や補強を行う。一通りの準備ができると、新たに木幣を数本削り、*囲炉裏に火を焚き、祭祀用具を炉辺に下げ、手厚い拝礼の後に、その家屋に対し、これまでの利用に感謝し、今後の留守を頼み、次に来たときには再び温かく迎えてくれることを祈願する。

豊年祈願 群れで行動する動物の捕獲、群生する植物、畑作物などの採集・狩猟期を迎える20～30日くらい前に、豊猟・豊漁・豊作を祈願するために行う祭事。自分たちの希望を叶えるために、神々に捧げる木幣にもいっそうの誠心を持ち、細心の気配りをしながら作製する。祈願の言葉も練り上げて朗々と述べ、すべてが終了するまでは、暮らしの行動にも制限や自粛をもって臨み、神々の絶大な恩恵に浴するように注意と努力を払った。

春秋の大掃除 春の4月末から5月の初旬にかけ、秋は10月の小春日和の時期に、屋内の大掃除を行った。床は地表に干し上げた枯れ草を平均50cmくらい敷き、その上に芦簾（*簾）を敷いて木串を曲げた*止串でとめ、その上へ茣蓙を敷き並べていた。秋には晩秋に刈った草と交換し、屋外に搬出した枯れ草は畑で焼いて肥料とし、家壁には隙間風が入らないように刺し草をし、ネズミの穴へは詰め物をして閉ざす。時には柱を補修して越冬に備え、*雪囲、風除け、便所の容量の確認、暖房用*薪材の搬入など、準備が完了したら、家の女神に*木幣を捧げ、火の女神を通じて来春までの屋内での暮らしに支障がないように祈願する。春には敷き草を取り替え、家の周りをきれいに片づけ、秋と同様、晩秋まで屋内で無事に暮らせるよう家の女神に木幣を捧げ、火の女神を通じて祈願する。

これら年中行事・祭礼などに使う用具は、次項の信仰用具や他の分類に含まれる用具が少なくないので、そちらも参照されたい。〈藤村 久和〉

どうぶつのれいおくりようぐ [動物の霊送り用具]

人は動物性タンパク質や油脂、植物性の炭水化物や繊維、動植物性ビタミンなど、食材である他の生命の提供を受けて自らの生命を維持していることを、心底から感謝するだけではなく、生命を人によって絶たれた動植物への鎮魂と、早期再生を可能とする祈願とを合わせた神事を挙行する。特に大型で、威力や影響の大きい動物に対しては、目に見える様々な料理や食材、土産用の*木幣、*花矢、装飾具などを用いた。しかし、その種類や量よりも何より重要なのは、その思いを厳粛な儀式のなかで表現する言葉であり、その後に人が奉納のために歌舞を見せ、夜を徹して物語などを聞かせ、熱くたぎる気持ちを表現した。

なお、動物の霊送りに関する用具のうち、木幣、*削掛、頭骨、木偶、*護符などについては、アイヌ民族の信仰とかかわりが深いので、信仰用具の項でまとめて触れることにする。〈藤村〉

はなや [花矢] ヘペライ、ヘペレアイ、エペレアイ、チトッパアイ、チノイェアイと称す。家庭で養育した動物の霊魂と肉体を分離する際の儀式の後半に、あの世へ持参するお土産用の矢として射当てたり、束ねて祭壇に吊り下げて飾ったりする▼矢。▼矢柄と▼中軸の二つからできている。矢柄の素材は手弓（▼弓）の矢の矢柄と同じで、オニガヤ、（オトコ）ヨシ、シノダケ、ササ、ヨモギ、ハギなどの茎や、ヤナギ、ミズキなど地域に生育する木を使う。矢柄の太さは0.8～1.0cmくらいで、長さもつくり方も手弓のものとあまり変わりない。地域や人によってはきれいに見せるために、まれに▼矢羽をつける場合もある。また、地域によっては矢柄にオオバイラクサやシナノキの内皮を螺旋状に巻いたり、それを折り返して巻き上げ*囲炉裏の煙でいぶし、のちに内皮などを取り除いて、そこに螺旋状や菱状の模様をつけたり、矢柄の中ほどから矢筈の部分にかけて所々の表皮を幅狭く3cmほどの枝根のように剝いたり、同様な*削掛をつけたりもする。中軸の太さは2～3cmで、長さは10～18cmもあり、全体の形は大根とその葉の付け根から2cmほどのところを切ったような形をしているが、断面は円または楕円なので、長めの円錐形や楕円錐形をしている。中軸の素材はサビタ、エリマキ、ミズキなどで、太めの木をおおよそに割って乾燥させ、木のひねりや狂いを見ながら彫刻刀のような形に整える。さらに*消炭を粉末にして、それに少量の油脂を加えて練り上げたものを、彫刻刀の刃に当たる部分

以外の表面に何度も塗りつけては乾燥させ、真っ黒く染め上げる。また、＊炉鉤に空鍋をかけ鍋底の下でシラカバの外皮を燃やし、鍋底に付着する油煙を指先に取って塗り込めて黒く染めることもある。＊火棚の上で数カ月も乾燥させたのち、塵や埃を樹皮布の破片できれいに拭き取る。なお、明治以降は学童が使用する墨や墨汁、最近では黒のフェルトペンも使われている。

　中軸に描かれる模様は大きく分けて2種類あり、その一つは各地域・各家に伝承された何種類かの絵模様で、もう一つは各家の家紋を中心としたものである。前者が圧倒的に多く後者はきわめて少ない。この矢を射るのは、儀式に招待された男性および挙式した村落の子供を含む男子のなかから指名された人たちに限られる。後者の矢は動物を飼育した一族の者や、儀式のなかでも主要な役割を担った者だけに許される特別な矢である。表面の模様ができると、中軸の先端に突出する直径0.8〜1.0cm、長さ3〜4cmほどの円柱状の先端から2.5〜3.0cm角の赤い絹布・綿布を、穴をあけたり、突き刺したりして根元まで下げ降ろす。▼木幣削り小刀を使って円柱状の表面を薄く細く削りながら根元にごく小さい削掛をいくつもつくり、仕上がりはアフロヘアのようにし、残った軸心から1〜3cmほどの針や剣状などに削り出すと完成する。古くは赤い布地を入手することができなかったが、赤く染めた絹布の古布が物々交換で得られるようになると、その小さな端布を▼鏃の根元に差してその上をとめるようになった。

〈藤村〉

図1　花矢

あくまをいるや［悪魔を射る矢］　トウアイオアイ、トウアイヨアイ、チホマアイと称す。一般に神様は、人を見守る役割を担うと考えられているが、人間と同様に喜怒哀楽の感情を持ち、それも人間に比べて感情の起伏がきわめて穏やかで気長な性格とされている。したがって、よほどのことがない限り急に腹を立てることはないが、堪忍したあげくの恨みや憤りは容易に収まらず、人間への対応も当を得ている場合と、誤りや誤解による場合がある。いずれにしても、何らかの事象に脅威を抱く人間は早い解決を要するので、自分を含む家族がその原因を理解できないときは祈願しての夢占い、最後には神様と意思を疎通する巫術行為のできる人を通じ、託宣によって事態を解決しようとした。しかし、神様にとっては積年のことであっても、人間にとっては突発的な事象で早急には対処しがたい。そうしたときに一時的にその不都合を遠ざけるものとして、この矢が使われる。

　矢は▼矢柄と▼鏃からできていて、矢柄には刺のあるタラ、ハリギリ、バライチゴ、クロイチゴ、ウラジロイチゴ、ハマナスなどや、臭気のあるニワトコ、エンジュ、キタコブシ、ナナカマド、ハシドイなどの茎や細枝を切って樹皮を剥き、湿り気のあるまま粗くつくる。しかし、遠くに飛ぶように慎重に矢筈を刻み、矢柄は通常の長さの倍くらいにする。鏃は共木（残った木片）やササ、ネマガリダケで、大きな二等辺三角形状につくり、返しも鋭くしたあとに、鏃の先端から数mm幅に刃物を入れ、その部分を取り除くと二股の鏃が完成する。鏃には思いを込めて火で焦げ目をつけることもある。矢柄の先端を二つに割って鏃を差し挟み、紐で巻いてとめ、その矢を火の神の前に安置して、身に覚えのない脅威への対処であることを述べ、悪神・悪気を一時的にせよ退散させるよう長々と祈願する。

　この矢はよいものではないので、人も動物も通らない川下の場所に向かって射放す。悪神がどこにいても、悪気がどこからやってきても、使命を受けたこの矢がこの世の果てまで隈なく調査して対応するといわれている。なお、通常の矢とは全く異なるので、素材の天地上下は逆にしてつくら

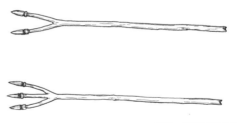

図2　悪魔を射る矢

れる。　　　　　　　　　　　　　　〈藤村〉

くまおくりのさいぐばこ［熊送りの祭具箱］　イソシポホ、イソハクフなどと称す。節のないマツ材を薄く割り、柾目板を中心に被せ蓋で、やや長方体状の箱をこしらえる。板と板との合わせ目は揉錐で穴をあけ、そこへマツ、イタヤ材などの木釘を打ち、残って突出している部分を削り取ると出来上がる。白木の箱には、大型の模様を線彫りし、そこへヒグマの血液を塗りこんで、ヒグマ専用の宝物入れとする。霊送りに使用した祭具類（*帽子、*耳飾、*胸飾、背中当、腹帯、木偶、飾刀、飾矢筒、食材入れなど）を収め、必要に応じて再利用をするほか、次回に作製するときの見本とする。なお、動物を頻繁に捕獲する家では主な動物ごとに箱をつくり、それぞれに別納した。　　　　　　　　　　　　　　〈藤村〉

ぎしき・さいれいようのいふく　［儀式・祭礼用の衣服］

へいかん［幣冠］（→7頁　被物類）
ぎしきようはちまき［儀式用鉢巻］（→8頁　被物類）
はれぎ［晴着］（→16頁　着物・洋服類）
もんつき［紋付］（→17頁　着物・洋服類）
ふりそで［振袖］（→17頁　着物・洋服類）
こそで［小袖］（→17頁　着物・洋服類）
はおり［羽織］（→17頁　着物・洋服類）
じんばおり［陣羽織］（→17頁　着物・洋服類）
ぎしきようししゅうい［儀式用刺繍衣］（→17頁　着物・洋服類）
かんぷく［官服］（→18頁　着物・洋服類）
ぎしきようかみどめ［儀式用髪止］（→94頁　装身・着装具）

ぎしき・さいれいようのいんしょくようぐ　［儀式・祭礼用の飲食用具］

さいしようはし［祭祀用箸］（→150頁　食器）
ぎしきようきせる［儀式用煙管］（→173頁　行事・嗜好用具）
さかずき・しゅわん［盃・酒椀］（→175頁　行事・嗜好用具）
つるもんようのさかずき［蔓文様の盃］（→175頁　行事・嗜好用具）
あつでのさかずき［厚手の盃］（→176頁　行事・嗜好用具）
じゅうようきしんへのさかずき［重要貴神への盃］（→176頁　行事・嗜好用具）
あかうるしのしゅわん［赤漆の酒椀］（→176頁　行事・嗜好用具）
くろうるしのしゅわん［黒漆の酒椀］（→176頁　行事・嗜好用具）
なしじのさかずき［梨子地の盃］（→176頁　行事・嗜好用具）
きんぱくのしゅわん［金箔の酒椀］（→176頁　行事・嗜好用具）
きんぞくせいしゅわん［金属製酒椀］（→177頁　行事・嗜好用具）
こがたのさかずき［小型の盃］（→177頁　行事・嗜好用具）
かけたしゅわん［欠けた酒椀］（→177頁　行事・嗜好用具）
こうだいのたかいしゅわん［高台の高い酒椀］（→177頁　行事・嗜好用具）
こだいさかずき［古代盃］（→177頁　行事・嗜好用具）
もくはい［木盃］（→177頁　行事・嗜好用具）
こうだいのたかいさかずき［高台の高い盃］（→178頁　行事・嗜好用具）
せともののさかずき［瀬戸物の盃］（→178頁　行事・嗜好用具）
さかずきとてんもくだいのくみあわせ［盃と天目台の組み合わせ］（→178頁　行事・嗜好用具）
てんもくだい［天目台］（→178頁　行事・嗜好用具）
こしきのてんもくだい［古式の天目台］（→178頁　行事・嗜好用具）
ほうしゅひ［捧酒箆］（→179頁　行事・嗜好用具）
うるしぬりほうしゅひ［漆塗捧酒箆］（→179頁　行事・嗜好用具）
けいたいようこがたほうしゅひ［携帯用小型捧酒箆］（→179頁　行事・嗜好用具）
けずりかけつきほうしゅひ［削掛付捧酒箆］（→180頁　行事・嗜好用具）
そせんくようのほうしゅひ［祖先供養の捧酒箆］（→180頁　行事・嗜好用具）
みみだらい［耳盥］（→180頁　行事・嗜好用具）
かなわつきみみだらい［金輪付耳盥］（→181頁

行事・嗜好用具）

つのだらい［角盥］（→181頁　行事・嗜好用具）

たらい［盥］（→181頁　行事・嗜好用具）

はち［鉢］（→181頁　行事・嗜好用具）

ふたつきばち［蓋付鉢］（→182頁　行事・嗜好用具）

こがたのふたつきばち［小型の蓋付鉢］（→182頁　行事・嗜好用具）

かたくち［片口］（→182頁　行事・嗜好用具）

きんぞくせいかたくち［金属製片口］（→182頁　行事・嗜好用具）

ゆとう［湯斗］（→183頁　行事・嗜好用具）

きんぞくせいゆとう［金属製湯斗］（→183頁　行事・嗜好用具）

ひしゃく［柄杓］（→184頁　行事・嗜好用具）

じゅひせいひしゃく［樹皮製柄杓］（→184頁　行事・嗜好用具）

そうこうしゃく［双口杓］（→184頁　行事・嗜好用具）

しんじようぐ［神事用具］

はまや［破魔矢］（→226頁　建築習俗用具）

はまゆみ［破魔弓］（→227頁　建築習俗用具）

はまやのゆづる［破魔矢の弓弦］（→227頁　建築習俗用具）

たくさ［手草］（→227頁　建築習俗用具）

けっこんしきようぐ［結婚式用具］（→359頁　婚礼用具）

あまごいのいのり［雨乞いの祈り］（→Ⅱ巻　防除・揚水用具）

和人資料

　人は、家族などの小さな集団から集落などの地域集団、あるいは広く国の範囲で、時間・日・週・月・季節に合わせて、1年間に様々な行事を繰り返しながら歳月を積み重ねる。このように家庭や特定の集団のなかで、周期性を持って行う行事や儀礼を総称して年中行事という。古くは、宮中における祭政一致的な公式行事を指した。

　年中行事は、1年の太陽や月の運行、あるいは暦をもとにして、歳時・節・折り目などに組み込まれる。言い換えると、集団のメンバーが、共通の時間認識のもと、目的や価値観を共有しつつ、一定の様式に従って、生業や生活の各段階にかかわる行事や儀式を、個人から集団の単位で周期的に行うのである。日本では一般的には稲作を主とする生産暦に対応した年中行事が多くみられる。しかし、特に近世期に稲作が定着しなかった北海道では、他地域とは異なる生産暦に合わせた年中行事を培ってきた。

　第一次幕領期（1807～21年）ころの成立とされる『松前歳時記草稿』によると、松前地では、2月の春分から4月の立夏までが鯡（鰊）漁、5月から7月の立秋までは海鼠漁、8月の秋分ごろから10月ごろまでが鮭漁、そして11月から1月の立春ごろにかけてはヒバ（ヒノキアスナロ）や蝦夷松伐採などの山仕事と、太陰暦の季節に見合った生産暦があり、そこに年中行事が組み込まれていたのである。同史料によると、1月には元旦・店開き・女年越、2月には涅槃会、3月には桃の節句、5月には端午の節句、6月には氷室の礼・地蔵参詣・名越祓、7月には七夕・精霊祭り、8月には八朔・月見・七社祭礼、9月には重陽の節句、10月には恵比寿講、11月には湯立神事・報恩講、12月には煤払・餅搗・門松祝い、大晦日などがみられる。

　道南や東西の沿岸部では、明治期以降も近世期からの風習を踏襲していることが多いものの、大正期にかけて本州以南の移住者が急増した結果、北海道には日本各地の年中行事が混在するようになった。しかしながら、本格的な稲作が明治後期まで定着しなかった北海道では、＊注連縄に麦藁や菅を代用したり、稲作に関する予祝行事が少ないなど、年中行事においても、積雪寒冷地という自然環境の影響を受けていたといえる。

　また、暦法が太陽暦へと改正され、明治5（1872）年12月3日が明治6（1873）年1月1日となり、それまでの暦が旧暦となったことで、年中行事の日程にも変化が生じた。改正当初には、旧暦のとおりに年中行事を実施することもあったが、次第に新暦にあわせて行うようになった。旧暦では、元旦が新月であり、満月となる15日の夜を小正月として祝っていた。この正月行事も、新暦で行うことが一般化し、月の満ち欠けには関係なく、年越しから午前零時をもって元旦の行事を行うところが多い。反対に七夕は、新暦の7月7

日に行う地域と、旧暦に近い8月7日を七夕とする地域に分けられる。あるいは、中秋の月見のように、月の満ち欠けに直結する行事などは旧暦で行われており、今日においても新旧の暦に頼る行事が混在している。

さらに、2月のバレンタインデー、12月のクリスマスのように外来の行事が日本流にアレンジされて年中行事のなかに定着している。旧来の行事においても、風習の内容が新しいものに変化したり、地域差が少なくなり画一化へと進みつつある。
〈舟山　直治〉

しょうがつようぐ［正月用具］

太陰暦では一般の人が正月を正確に知ることが難しい。1カ月を月の満ち欠けだけに頼ると、太陽の1年の軌道との誤差が生じて季節が合わなくなるのである。1年の正確な周期を知るには、科学的データを基礎に大小月や閏月などを設けて修正した暦が必要となる。暦で最も代表的なものは伊勢神宮のもので、大暦（神宮大暦）と小暦（神宮暦）がある。いずれも「伊勢暦」とも呼ばれ、全国各地に神札を配布していた伊勢神宮の御師が土産として持参した。神宮の暦は、天体や気象の詳細な値を記載しており、文字が分からなければ役に立たないため、東北地方の南部絵暦のように、暦の内容が絵で理解できるような判じ物としての絵暦もあった。近世には店の宣伝用として絵暦（商業用考）を得意先に配った商家もみられた。

松前地（和人地）においても1年の始まりである正月を知るために暦が使われ、年中行事の基準となった。武士だけでなく場所請負人らの大きな家では、生業から暮らしの細部まで「年中行事記」にまとめて、1年の約束事として家内が怠りなく過ごすようになっていた。なかでも、年神様を迎える正月行事については、年末の準備から詳細に記録されている。したがって、各家では正月の諸道具は年の暮れまでに用意する必要があった。12月13日は煤払、20日過ぎからは、餅搗が始まる。27日・28日ごろには門松を立てる。晦日は、他地域に変わることなく神仏に灯明をあげて、鏡餅・お神酒を供えて、夜を護る。また、『松前歳時記草稿』（19世紀初期）には、「年始礼の図」と「獅子舞ひ市中囃し歩行の図」の挿絵がある。両図とも戸口の両側に門松（*松飾）、上部には*注連縄を飾っている。
〈舟山〉

まつかざり［松飾］　正月に家の門戸に飾る松。門松とも言う。『松前歳時記草稿』（19世紀初期）では、戸口の両側に一対の枝松を立てている。かつては、年末に山に入り、形のよい枝松を用意して手づくりしたが、年の市で入手するのが一般的である。年の市は年末の風物詩のひとつといえる。
〈舟山〉

しめなわ［注連縄］　トシナとも言う。正月に家屋や施設の入り口、水や火にかかわる場所に飾る。『松前歳時記草稿』（19世紀初期）では、戸口の上部に紙で包んだ枝松と、四手を垂らした注連縄が描かれている。松前地では、入口左右の柱に雄蝶、雌蝶の折り紙で松の根元をくるんだ松の小枝を打ちつけたという。稲作定着以前は、本州から藁を購入するか、俵などの藁を再利用したり、菅や麦藁で代用したりする必要があった。菅江真澄は『智誌魔濃胆岨』（1792年）に、松前では注連縄の四手に昆布を代用したと記している。〈舟山〉

わかみずおけ［若水桶］　元旦に初めて水を汲む際に使用する*桶。取っ手のついた曲物（▼曲物製作用具）あるいは箍でコマ板を固定した手桶。家の主や長男、あるいは干支の年男などが正装して、未明に水を汲む。その水を年神様への供え物や家族の飲食に利用する。

19世紀初めごろの秋田で、伏せた*臼に曲物製の若水桶をのせる風習を見た菅江真澄は、松前の「かもかも」の曲物製の桶と同じであると記して

図1　「年始礼の図」（『松前歳時記草稿附図』函館市中央図書館蔵）

写真1　若水桶

おり（菅江真澄『氷魚の村君』1810年）、このころには曲物製の手桶を若水桶に利用していたといえる。

おとしだま［お年玉］ ウマコ、ヤセウマとも言う。幕末期の松前地では、馬にのせると称して、子供に松の小枝に穴あき銭を数枚通して与える風習があった（松浦弘＝武四郎『秘女於久辺志』1850年）。

〈舟山〉

図2　お年玉〈うまこの図〉（『蝦夷日誌附録　秘女於久辺志』三重県松阪市・松浦武四郎記念館蔵）

とこかざり［床飾］ 正月を迎える前に床の間を飾った。飾り物は天照大神や、宝船の*掛軸、縁起のよい*置物、オソナエなどである。オソナエは、供物全般を指すほか、御供餅の略称であり、大小二段重ねの鏡餅を指す。鏡餅は半紙を敷き、餅の間に松やユズリハをはさみ、上にミカンをのせて供える。鏡餅は歳神棚、*神棚、*仏壇などにも供える。

〈舟山〉

写真2　三社御神号の掛軸

はつうりのぼり［初売幟］ 近世期から、正月2日は店開き・蔵開きと称して、松前などの商家では新しい帳簿を床の間に飾りつけ、得意先を招待して宴を開いていた。当初は儀礼的な要素が強かったが、後には実際に商売を始める日となり、「初売り」などと染め抜いた幟を店舗に立てて買い初めの客を迎え入れたり、祝儀を届けに得意先を回る際、橇に初荷の色旗などを掲げたりした。

〈舟山〉

まゆだま［繭玉］ 水木の枝に紅白の餅をつけたもの。餅のほか一杯蛸、ゆでたアワビ、するめ、ミカンなどを下げた。あるいは紙製の七福神や千両箱などの縁起物の飾りを下げる。名前のとおり、本来は繭生産などの予祝のために飾られていた。現在では、神社や年の市などで形式化した飾り物が売られている。

〈舟山〉

ふなだまようぐ［船玉（船霊）用具］ フナダマサマ、船玉大明神、船霊神、船神などと呼ばれる。祭日は正月11日で、航海安全・大漁祈願として神官や客を招き祝宴を開いて盛大に祭る。祭日には、船玉の*掛軸を床の間にかけ、祭壇にお神酒、米、水、塩、野菜、魚、鏡餅などを供える。船には大漁旗を飾り、祭壇と同様の供物を供える。掛軸は、竜神、稲荷、弁天、恵比須、船玉などの掛字あるいは掛絵である。ご神体は夫婦雛・髢などで、船中に納める。

〈舟山〉

こしょうがつようぐ［小正月用具］ 正月15日の小正月は女性を休ませる日とされ、女正月とも呼ばれた。三元のひとつ、上元にあたる。旧暦の小正月はその年の最初の満月にあたる。14日が小正月の年越し、16日が鏡開きである。このころに*松飾などを焼くドンド焼きが行われる。一般に小正月には、農作業を模擬的に行う庭田植、祝棒、作況占い、成木責など豊穣を願う予祝行事が行われることが多い。近世の北海道では、稲作など本格的な農業は発達していなかったが、豊穣、厄除を祈願する祝棒などの小正月行事が行われていた。

　菅江真澄は『智誌魔濃胆岨』に、1792（寛政4）年旧暦1月14日の夕方から棒の先に粥をつけた「ごいはい棒」という粥杖を手に持って群れた子供たちが、「年に一度の御祝い、三度祝って三度」と歌いながら、町内から海辺まで練り歩き、さらに翌日の夜明け前からも歌い歩き、最後には

写真3　初荷旗

図3　祝棒（『松前歳時記草稿附図』函館市中央図書館蔵）

粥杖を神酒で清めてから屋根に投げ上げる、と記載している。祝棒は水木やにわとこの木でつくったすりこぎ状の削りかけである。形態的には、石・木・金製の陽物をご神体とした金精様・金勢神と同様である。

〈舟山〉

はつうまのようぐ［初午の用具］

初午は2月最初の午の日に行う祭りで、北海道の場合鰊漁とのかかわりが深く、この日に大漁祈願祭を行うところが多い。道南や西海岸の地域では、戸口に「正一位稲荷大明神」と記した幟に、青・赤・黄・白・黒の五色旗を篠竹に結んで下げた。また、漁家は皿鉢に魚を山盛りにして稲荷神社に供え、大漁祈願した。このとき、粢を顔に塗って「ニシンが群来たぞ」と叫んでニシン豊漁を願うオシロイ祭りがある。

〈舟山〉

写真4　初午の幟

せつぶんのようぐ［節分の用具］

節分は立春・立夏・立秋・立冬の前日を指し、四季の変わり目にあたる。このなかで行事を行うのは立春の節分だけである。新暦では2月4日ごろが立春で、節分はほぼ3日となる。旧暦では一定ではなく、その年によって正月の前後になる。

北海道教育委員会『日本海沿岸ニシン漁撈民俗資料調査報告書』（1970年）によると、熊石町（現・八雲町）では、年男が*羽織*袴で盛装して母屋や付属の建物に豆をまいて清めた。豆まきは「福は内、鬼は外」と叫びながら行うが、その後に男の子が*擂粉木を持って「ごもっとも、ごもっとも」と言いながら、ついて回ったという。節分では、一升枡の大豆、小豆飯ともに*神棚に供えてから撒いた。家族は年齢より一つ多い数の豆を食べる。漁家では炉などに月数の大豆を並べ、豆の焦げ方で漁占いを行った。北海道ではまく豆を、落花生に替えている地域が多い。近年では恵方巻きという新しい習俗も定着しつつある。

〈舟山〉

ねはんえのようぐ［涅槃会の用具］

『松前歳時記草稿』（19世紀初期）によると、旧暦2月15日は、釈迦入滅の日で法会が行われた。近世にはほかの地域と同様に五穀飯を仏へ供えるとしている。当時の風習として、彼岸から4月中旬ごろまで鰊漁の期間であることから、寺の鐘つきは禁じられていた。場合によっては12月の達磨忌に合わせて参詣することもあったという。

〈舟山〉

ひなぜっくのようぐ［雛節句の用具］

雛節句は3月3日の上巳の節句で、桃の節句とも呼ぶ。中国では旧暦3月最初の巳の日の節句を指した。平安時代には、禊祓いのひとつで、後に女児の祝い日となった。1783（天明3）年に松前へ渡り越冬した平秩東作の『東遊記』によれば、上巳の節句は鯡の漁期を避けて正月に飾る家があるとしている。しかし、『松前歳時記草稿』（19世紀初期）には明和年間（1764～72年）末以降、前浜では鯡が不漁となり、「近き頃は菱餅を製し、桃の節句なれは、桃枝を添へ親戚、朋友え贈るなり」、と菱餅に桃の枝を添えて贈答するようになっていることを記している。

近世において、ひな人形を飾る家は限られており、蛯子七郎衛門編『箱館風俗書　附函館月次風俗書補拾』（1855年ごろ）によると、箱館では雛見物と称して家々の雛人形を見歩く風習があったという。しかし、雛人形が一般化するのは昭和になってからで、しかも少しずつ買い足したり、手持ちの人形を雛壇に飾ったりすることもみられた。

〈舟山〉

写真5　雛飾り

はなみのようぐ［花見の用具］

　小玉貞良の宝暦年間（1751〜64年）作という『松前、江差屏風』には、江差の鴎島で桜の花見をしている風景が見える。ここでは幔幕に赤い毛氈を敷き、*重箱、▼酒樽などを用意して花見に興じている。

　また菅江真澄『智誌魔濃胆岨』(1792年)に、3月に花見で和歌を詠み楽しむ一方、地元の老婆が松前城下の阿吽寺の桜が咲いたことで、もう今年の鯡漁は終わりと嘆いている場面がある。

　松前にあって桜は、その年の鯡漁の良し悪しによって感じ方の異なる行事だったのであろう。

〈舟山〉

図4　花見（『松前屏風』函館市中央図書館蔵）

ころもがえのようぐ［衣替えの用具］

　旧暦4月1日、10月1日は衣替えとなるが、ただ単衣から袷に、あるいは袷から単衣にと着替えるだけではなかった。特に冬季の衣装は綿入れ重ねの上に袷を着るというように、松前地が寒冷であることを物語っている。

〈舟山〉

たんごせっくのようぐ［端午節句の用具］

　『松前歳時記草稿』(19世紀初期)によると、5月5日の端午の節句には、出しからくり物で飾った幟を1日から6日朝まで立てる。当時、*菖蒲、太刀、鉾などの飾りものは武家の風習で商家にはみられず、一般の家々では軒に菖蒲や蓬を挿して、佳節を過ごしたという。この節句には、粽を笹などに包んで贈答するほか、腹に虫がつかないようにホトと称した芋の料理を食べた。

　また、この時季の松前地（和人地）は、ようやく温暖となり、男子は*凧を揚げ、女子は羽根突きや鞠で遊ぶなど江戸では正月に行うような行事がみられる。市中では壮者が飾りつけた馬に乗って、見物人の前を疾走する菖蒲乗りがあったようで、『模地数理』(1816年)や『松前歳時記草稿』の「端午菖蒲乗の図」などにその様子がみられる。また、菅江真澄が『えみしのさえき』(1789年)に、松前地と西蝦夷地の境界に近いヒラタナイ（平田内、現・八雲町熊石平町）の家の軒に蓬や萱草（忘れ草、エゾカンゾウ）を挿していると記しているように、蓬などを使った魔除けの風習がみられた。

〈舟山〉

図5　端午の節句の幟（『松前歳時記草稿附図』函館市中央図書館蔵）

ひむろのれいのようぐ［氷室の礼の用具］

　氷室の礼は6月の朔日を祝う行事で、歯固めとも呼ぶ。『松前歳時記草稿』(19世紀初期)によると、松前では「ムケカラの朔日」と称し、一般には氷の朔日と称するが、歯固めとして氷餅を食べる風習がある。この日に固いものを食べると歯が丈夫になり、子供が元気に育つという謂がある。松浦弘(武四郎)の『秘女於久辺志』(1850年)によると、貴賤に関係なく各家で米餅を供え、煎り餅を食べるとある。松前藩士の近藤家においても神前へお神酒、灯明、干餅を供えることが『年中行司帳』(明治初年)に記されている。

〈舟山〉

なごしはらいのようぐ　　［名越祓（夏越祓）の用具］

　名越祓は毎年6月の晦日に半年の穢を祓う行事で、12月晦日の年越祓と対となる。旧暦の6月から水無月祓、あるいは茅輪を通り抜けて祓う神事があることから茅輪祓とも言う。『松前歳時記草稿』(19世紀初期)によると、6月18日から24日まで神明社で名越祓が行われていた。また、菅江真

澄は『えぞのてぶり続』(1791年)で、6月30日に現在の函館市汐泊川の河口の海辺で禊祓いをしている様子を和歌に詠んでいる。さらに、『松前神明社白鳥氏日記抄』(1802〜54年)には、1803(享和3)年6月14日から16日にかけて、疫神を祓う行事として禊祓いや名越神楽を行っていることが記されている。北海道では、祓いの神は川下神、川濯神、川裾神と称し、道南から小樽の範囲に点在し、主に女性に信仰されている。

〈舟山〉

写真6　茅輪

さいれいようぐ［祭礼用具］

　一般に祭礼は、豊作祈願から収穫祝いまでの農耕の生産暦に合わせて行われることが多い。北海道においても同様で、春と秋に祭日がある。しかし、近世においては、漁業や交易などの生産暦に合わせて祭祀が行われていた。『松前歳時記草稿』(19世紀初期)によると、6月以降に祭日を持つ社寺がみられる。6月は、神明社が18日から24日、地蔵山が23日夜から24日、愛宕社が24日である。7月は、羽黒社が7日、馬形社が10日、熊野社が15日である。

　8月には、15日に惣鎮守弁財天と松前城下の神明宮、八幡宮、馬形社、熊野社、羽黒社、浅間社、稲荷社の七社による大祭が隔年で行われる。この大祭には小松前から東側の町が船家台、西側の町が山家台を受け持ち、それぞれの子供たちによる踊り狂言が披露される。そのほかにも花山、山伏のいでたちで法螺貝を鳴らす子供たち、金剛杖を持って峰入姿の修験者が供奉するほか、馬形町からは七つ道具を振りながら青年たちが神輿渡御に連なる。14日の宵宮祭には、八幡宮に仮屋をかけて、阿吽寺から神輿二つを迎え、七社および東在・西在の神職による神楽が奉納される。本祭日には、八幡宮を起点に生符町を折り返す神輿渡御となる。途中、大松前町橋の上、二ノ丸赤門の内の土手に桟敷をかけ、山と船の家台で行われる子供狂言やその他の練り物を見物する参拝客がみられる。

　このように神社祭礼の神輿渡御に供奉する山車は、各町内が用意するもので、相当の財力が必要となる。北海道では函館市・松前町・江差町など道南地域、札幌市や旭川市など都市を中心に、現在でも大きな祭りをみることができる。参拝客でにぎわう祭りには、出店や芝居小屋が多数並ぶ。

〈舟山〉

たなばたのようぐ［七夕の用具］

　旧暦7月7日は七夕の節句で、七日盆である。北海道で七夕は、函館市のように新暦の7月7日に行う地域と、旧暦に近い8月7日を七夕とする地域に分けられる。平尾魯僊の『箱館紀行』(1856年)によると、1855(安政2)年の函館の七夕は、6日の夜、手に額灯籠を持ち、太鼓・鉦・三味線の囃子に合わせて町を練り歩いている。これは平尾の出身地である弘前地方で「額ねふた」と称するものと同様であるとしている。額は表側を中心に飾り、中央には七夕祭、裏には姓名を記した。額の上部には5〜6尺(約150〜180cm)の葉竹を刺し、下には五色の紙でつくった短冊を数十枚下げる。なかには五色の紙をつないだ長さ7〜8尺(約210〜240cm)、あるいは1丈あまり(約3m)の紙に七夕の詩歌を記して、2間余(約365cm)の長さの青竹につけるものもあった。「七

図6　山車行列（『松前歳時記草稿附図』函館市中央図書館蔵）

図7　七夕祭りの図（『蝦夷日誌附録　秘女於久辺志』三重県松阪市・松浦武四郎記念館蔵）

夕祭ホウイヤイヤヨ」と掛け声をかけながら練り歩いたという。

このような掛け声は、「竹に短冊七夕祭り、オーイヤイヤヨ　蝋燭出せ出せよ　出さぬとかっちゃくぞ　おまけにくっつくぞ」など、地域によって歌詞が違うものの、現在でも「ローソクもらい」として見ることができる。しかし、七夕灯籠は、空き缶などでつくった*カンテラや*提灯などに代わっている。また、七夕飾りは、短冊に願い事を書いて、柳の木にほかの飾り物と一緒に吊るす。

〈舟山〉

ぼんぎょうじのようぐ［盆行事の用具］

盆は盂蘭盆とも言う。『松前歳時記草稿』(19世紀初期)に「中元盆踊の図」があるように、盆行事の中心は旧暦の7月15日の中元にあった。同書によると13日は精霊祭りで、夕刻に墓参りしてから、霊魂を家に迎えて、14日と15日の両日祭り、16日の早天に寺へ送り帰す。また15日から20日までは三足踊り、あるいは能代踊りといった盆踊りが行われる。囃子は、太鼓、三味線、打拍子である。打拍子にはドラ、乳鉢、銅鑼、*薬缶の蓋などでも間に合わせる。装束は少年が顔に彩色し異様な衣服、少女が黒や白などの衣服に金銀の紙を張りつけて、袖や裾には鈴をつけ、白の木綿や絹地の鉢巻をする。富家などの女子は被り物で顔をかくし、高い*駒下駄を履いて踊る。この盆踊りは、松前において第一の遊楽であると記されている。

〈舟山〉

図8　盆踊り（『松前歳時記草稿附図』函館市中央図書館蔵）

つきみのようぐ［月見の用具］

旧暦8月15日には中秋の月見として、薄や萩の秋草を飾り、コクワ、ヤマブドウ、あじ瓜、枝豆、玉蜀黍、トマト、団子を三方に供えて、月を眺めて楽しむ。月にかかわる行事には、ほかに旧暦9月13日の十三夜、主に旧暦11月23日の二十三夜などがある。

〈舟山〉

ちょうようのせっくのようぐ［重陽の節句の用具］

旧暦9月9日は重陽の節句である。『松前歳時記草稿』(19世紀初期)によると、家々では菊酒で祝うが、これは礼式五節の趣としている。松前では「クンチモチ」とも称し、最後の節句として各家で粟餅やあん餅を食した。

〈舟山〉

えびすこうのようぐ［恵比須講の用具］

旧暦10月20日は恵比須講で、恵比須の掛絵を飾り、供物を供えた。松前では、鮭尽くしの料理が供された。

〈舟山〉

だいしこうのようぐ［大師講の用具］

大師講は旧暦11月23日夜に行われた。デヤシコとも称する。この日を月待ちの二十三夜講とする地域もみられる。子供が丈夫に育つようにと、粳米と糯米をまぜた粉で団子をつくり、小豆粥や汁粉に入れ、茅の箸を長短にして供えた。*掛軸を掛け、*床飾を設けた。

〈舟山〉

Ⅰ. 生活用具

4. 年中行事・信仰用具

(2) 信仰用具

考古資料

　北海道の先史時代は基本的には狩猟・漁労・採集を生業とする社会であり、与えられた自然環境に依存・適応した文化を成熟させた。その一方で、自然の恵みに感謝する自然崇拝や自然がもたらす災害から、自然に対して畏敬(いけい)の念を抱いていたにちがいない。遺跡から発見される資料のなかには、実用品とは思われない用途不明な遺物がしばしば出土することがある。これらの非実用的な遺物には、自然観・他界観に基づく信仰に関連性があると考えられるものも少なくない。その出土状況や類似した民族誌的な事例から用途が論及されている。

　しかし、考古学は遺跡・遺物・遺構などの物質文化に基づいており、「もの」から「心」を理解して、その精神文化を把握するには限界を想定しなければならない。現在までに確認されている信仰にかかわる考古学的な資料の大部分は推測の域を出ないものである。また、これらは特殊な遺物であり、当然のことながら出土例が少なく、遺構に伴って検出されるケースも概して僅少(きんしょう)である。しかも地域や時代を問わず、多種多様なものが存在する。これらを仮に系統的に分類したとしても、同一の系譜に属するものであるかどうかを判断することは困難である。したがって、ここでは便宜的に「人を表現した用具」「動物を表現した用具」「威信財(いしんざい)となる用具」「その他の用具」に区分して述べることとする。 〈杉浦　重信〉

ひとをひょうげんしたようぐ　[人を表現した用具]

　人を直接的に表現したものとしては、縄文時代では*土偶(どぐう)・*岩偶(がんぐう)・*石偶(せきぐう)・骨偶、続縄文時代では石偶、オホーツク文化には*牙製女性像(げせいじょせいぞう)がある。また縄文時代には*土面(どめん)をはじめ人の顔が描かれた*人面付土器(じんめんつきどき)、子供の足形をつけた*足形付土製品(あしがたつきどせいひん)、人面を模した*土版(どばん)などがあり、これらも人体の一部をシンボライズした遺物であり、通過儀礼・葬送儀礼・宗教祭祀(さいし)など人と生活にかかわりの深い儀礼・祭祀に用いられたと思われる。

　土偶は縄文時代を代表する遺物で、北海道では早期の段階から出現する。時代が進むにつれて抽象的な表現から写実的になり、特に後期・晩期に盛行する。岩偶は出土例が少ないが、縄文前期から晩期の所産で形状も土偶に近似することから、土偶と同じ性格のものとみなしてよいと思われる。

　石偶は小型の打製石製品で、縄文時代後・晩期のものと続縄文時代前期の両タイプがある。晩期の石偶には小孔があけられた例があり、出土例も少なく不定形なものもある。函館市戸井貝塚の骨偶は小孔があることから、このタイプの石偶に属すると思われる。続縄文の石偶は形状が定形化して頭・手・足を明瞭(めいりょう)に表現した例が多く、その分布は全道的に拡大し、類例は東北北部・北千

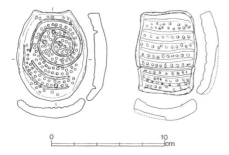

図1　オロシガネ状土製品（左：小樽市忍路土場遺跡　右：千歳市美々4遺跡）

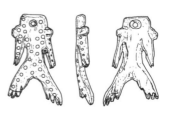

図2　骨偶（函館市戸井貝塚）

島・カムチャツカでも確認されている。続縄文時代の小樽市手宮洞窟や余市町フゴッペ洞窟には人物像や四足獣などが岩面に描かれている。擦文文化には人を表現した資料は見当たらないが、オホーツク文化には牙製女性像がある。〈杉浦〉

どぐう[土偶] 縄文時代の人を表現した土製品で、主に東日本に分布する。北海道では縄文時代早期から晩期にかけて土偶がみられ、特に後期・晩期に盛んにつくられる。時期によって大きさ・形状・表現・分布などに差異が認められる。通常は直立姿勢・左右対称につくられる。一般的に土偶は乳房や下腹部・腰部の膨らみを表現する例が多いことから、成人女性を形象化したものと思われる。安産や多産を祈願するための呪術具、あるいは病気や傷害の治癒祈願のために身代わりとして患部を意図的に打ち欠くためのものとしてつくられた可能性も指摘されている。

縄文早期の土偶は単純な逆三角形・バイオリン形で手・足・顔などが表現されていない。縄文前期は芽室町小林遺跡から好例が出土しており、それには手・足はないが頭部と乳房がつけられている。縄文中期は道南・道央部の円筒式土器文化に伴う十字形土偶が多く出土するが、顔・足を表現した例は僅少である。縄文後期の土偶は少ないが、函館市著保内野遺跡から発見された中空土偶は高さが41.5cmもあり、しかも顔の表現や胸・胴・足の装飾文様が秀麗で、国宝に指定されている。縄文後期末から晩期初頭の時期になると、土偶は板状で顔・体・手・足を両面ともリアルに表した例が増えるようになる。墳墓とその墓域から土偶が出土する場合が多く、墓との関連が濃厚であったと思われる。

縄文晩期には道南部で亀ヶ岡文化に伴う土偶が多出する。土偶には亀ヶ岡式土器と同様な文様があり、全体的に厚みがある。手足は短いが足をしっかりつくり出して自立する例も多くなる。亀ヶ

図3　土偶（函館市著保内野遺跡）

岡文化圏外の道央部の江別市大麻3遺跡では板状で手足の短い土偶が2体重なって検出されており、千歳市ウサクマイA遺跡からは全国的にも希有な男性の土偶が出土している。石製や骨角製もあり、土偶と区別して前者を*岩偶、後者を骨偶と称する。〈杉浦〉

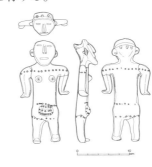

図4　土偶（千歳市美々4遺跡）

がんぐう[岩偶] 縄文時代の人を表現した磨製石製品。打製のものは*石偶と言う。*土偶のように縄文文化を通じて認められるが、土偶よりも出土数は少ない。北海道では函館市戸井貝塚が前期のもので最も古く、土偶が盛んにつくられる後・晩期にも数例出土している。土偶と同様な文様・形状を持つことから、岩偶は土偶を石に置き換えたもので、基本的に両者は同一の性格を有すると思われる。〈杉浦〉

図5　岩偶（函館市戸井貝塚）

せきぐう[石偶] 縄文時代後期・晩期から続縄文時代前期の人を表現した石製品。石器の原材として多用される黒曜石・頁岩・チャート・メノウなどの剝片を素材とし、人の形に成形した打製石製品である。大きさは小さいもので約3.0cm、大きいものでも約7.5cm程度で*土偶・*岩偶と比べるとかなり小型である。そのほとんどは両手両足を広げた伸身姿勢で左右対称に表現されており、まれに動物をモチーフとした例もある。北

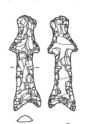

図6　石偶（北見市常呂川河口遺跡）

海道では縄文後期から出現するが、定型化したものは続縄文前期に多くみられる。北海道の石偶に類似した石製品は東北地方北部、北は北千島・カムチャツカ半島でも検出しており、その関連が指摘されている。墳墓から出土する例があることから、土偶と同様な用途も考えられるが、小孔があるものもあり、被葬者に護符のような意図で供されたとする説もある。　　　　　　　　〈杉浦〉

どめん［土面］　縄文時代後期・晩期の人間の顔を表現した土製の仮面。「土製仮面」とも言う。そのほとんどは東北地方北部で発見されており、北海道では千歳市ママチ遺跡第310号＊土坑墓から1点出土し国の重要文化財に指定されている。ママチ遺跡の土面は国内最大級の大きさで、高さ17.9cm、幅18.4cm、厚さ5.1cm、重さ413.6g、顔は目・口・鼻・眉が写実的に表現されている。その表情から成人男子をモデルとしており、顔と耳には紐通し穴があり、装着も可能である。縄文時代晩期末葉の土坑墓の上から検出されたことから、埋葬儀礼に使用したのちに墓標につけられたものが地表に落下したと推定される。縄文時代の土面では最北の出土例であり、シベリア・極北地域の諸民族に見られる仮面文化と関連するとの説もある。　　　　　　　　〈杉浦〉

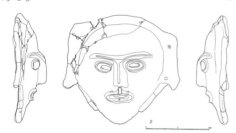

図7　土面（千歳市ママチ遺跡）

じんめんつきどき［人面付土器］　人面がつけられた縄文土器。土器には動物意匠が描かれたものがあるが、ごくまれに人面がつけられた土器がある。道南部の函館市サイベ沢遺跡・北斗市茂辺地遺跡・森町オニウシなどで出土している。サイベ沢遺跡・オニウシの出土例は縄文中期の円筒上層式土器、茂辺地遺跡の例は縄文後期末の御殿山式土器で、いずれもこの時期の＊土偶の特徴を持つ人面がつけられている。なかでも茂辺地遺跡出土の人面付注口土器は頸部に2カ所の人面、胴部に人面と人体がセットで2カ所つけられた特異な土器で、祭祀に用いられたと考えられる。墓から出土する縄文後期末の御殿山式土器には朱塗りで複雑な構造の異形土器があり、儀礼に用いられたと思われる。　　　　　　　　〈杉浦〉

写真1　人面付土器（北斗市茂辺地遺跡）

どばん［土版］　縄文時代晩期の板状土製品。東日本の縄文晩期の遺跡から出土する。北海道では少なく、縄文晩期の亀ヶ岡文化に伴い、その文化圏の道南部に分布する。楕円形ないしは長方形を呈し、大きさは10〜15cm前後で、表裏両面に渦巻文・三叉文・連弧文などの沈線文が施される。左右に懸垂用の小孔をあけた例が多くあることから、身体に装着したと考えられる。呪術的な用具で護符のように用いられたと推定される。土版のなかには目や鼻が表現されるものもあり、＊土偶を板状に抽象化したとする説もある。岩版と称する同種の石製品もあり、主に東北地方北部に分布する。　　　　　　　　〈杉浦〉

あしがたつきどせいひん［足形付土製品］　子供の足形がつけられた縄文時代の板状土製品。粘土板に子供の足形を押捺して焼成した土製品で「足形付土版」とも称する。手形をつけた例も見られる。形状は楕円形ないしは四角形で、大きさは全長12〜21cm、幅8〜14cm程度で子供の足のサイズに応じて異なり、縄文早期と縄文後期の所産とに分けられる。両面に足形がある例や文様がない例もある。東北地方では縄文時代後期のものがほとんどであるが、北海道では縄文時代早期末葉の

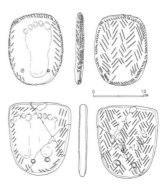

図8　足形付土製品（函館市垣ノ島遺跡）

＊土坑墓に伴って発見される場合が多い。これまでに道央部の千歳市美々5・美々7遺跡、江別市吉井の沢2遺跡、道南部の函館市垣ノ島遺跡、同豊原4遺跡などで出土している。土版には小孔があけられており、孔には紐擦れが認められることから、子供の足形を写し取り、紐を通して吊り下げられて保管されたと考えられる。おそらく亡くなった子供の形見となった土製品はその所有者が葬られる際に副葬品として納められたと推定される。　　　　　　　　　　　　　　　〈杉浦〉

がせいじょせいぞう[牙製女性像]　オホーツク文化の牙製の女性彫像。「牙製婦人像」とも言う。マッコウクジラやセイウチなどの牙を素材にしており、現在までに利尻町亦稚貝塚・礼文町浜中2遺跡・網走市モヨロ貝塚・根室市オンネモト遺跡・同弁天島遺跡などで11例が知られる。これと同様の土製女性像が枝幸町目梨泊遺跡からも出土している。成人女性をモデルとした座像で、両手を前で合わせた姿勢で精巧に彫刻される。スカートのような衣装を身につけた例もある。オホーツク文化には大陸からもたらされた青銅製の帯飾(＊青銅製帯金具)・鐸・鈴などのようにシベリア諸民族のシャーマンの存在を想起させる用具があることから、女性像はシャーマニズムに関連があるとする説がある。また、類例が北東アジアのモンゴルにあることから、シベリア・沿海州の民族を通して北海道のオホーツク文化に伝播したとする説もある。　　　　　　　　　　　　　　　〈杉浦〉

図9　牙製女性像（礼文町重兵衛沢遺跡）

どうぶつ・ものをひょうげんしたようぐ[動物・ものを表現した用具]

農耕民が農耕儀礼を必ず持っているように、狩猟・漁労民も様々な儀礼を持つことは民族誌的な事例から明らかである。特に北方狩猟採集民の諸民族には人間界と自然界が一体となった自然観があり、北海道の先史時代でも動物にかかわる儀礼や祭祀が行われたと思われる。遺跡や貝塚などから検出される動物遺存体の分析やその出土状況から狩猟・漁労に関連する動物儀礼が行われた跡が確認されている。また、先史時代の各期には動物をモチーフとした多種多様な土製品・石製品・骨角器がある。このように動物は単なる食料ではなく、信仰の対象として生活のなかで重要な位置を占めていたと考えられる。動物意匠を有する様々な遺物は当時の人々と動物とのかかわりを象徴的に表している。

縄文時代の＊動物形土製品や動物形石製品は稀少で、早期から中期は住居跡の覆土や遺物包含層から出土する。後期・晩期になると墳墓とその墓域から検出する例が多いことから、埋葬儀礼と関連すると考えられる。続縄文時代では動物意匠がつけられた土器・骨角器・石製品などがあり、恵山文化の骨角器や土器にはクマの意匠が多くみられる。また、余市町フゴッペ洞窟の前庭からは本州の弥生文化にみられる占いの道具であるシカの肩甲骨の卜骨が出土している。

オホーツク文化の＊竪穴住居内には＊骨塚があり、クマの頭骨などが集積して祀られる。クマの霊魂を天の世界に送り返す動物儀礼が盛んに行われたことがうかがわれる。それに関連してクマをモチーフにした骨・角・牙を素材とする＊動物形骨製品が製作される。

擦文時代には動物意匠を持つ遺物は確認されていないが、羅臼町オタフク岩遺跡ではクマ送りの跡が発見されている。擦文文化においてもクマは特別な存在として取り扱われたと推定される。クマのほかには、ラッコ・クジラ・フクロウなどがある。

このように動物のなかでもクマが北海道では各時代を通して代表的なシンボルとして多用される。その動物観はアイヌ文化と共通する面がみられる。土製品のほかに石製の動物形石製品もあり、動物以外では＊舟形土製品・＊家形石製品・靴形土製品・キノコ形土製品などがあるが、出土例はいずれも稀少である。　　　　　　〈杉浦〉

どうぶつがたどせいひん[動物形土製品]　縄文時代の動物の形をした土製品。縄文時代全般にみられるが、出土例は少ない。クマを表現したものが多く、クマ以外では函館市桔梗2遺跡でシャ

チ形土製品、同古武井9遺跡ではミミズク形土製品、千歳市美々4遺跡からはカメないしはカモ類のような中空の動物形土製品、函館市日ノ浜遺跡ではイノシシの幼獣を模した土製品が出土している。まれな例としては余市町大川遺跡の貝形土製品、森町鷲ノ木遺跡のイカ形土製品がある。

　縄文時代には動物を表現した骨角製や牙製のものはないが、続縄文時代の恵山文化には動物意匠がつけられた骨角器が出現するようになる。また、土製品は姿を消して石製品となり、その大部分がクマをモデルにしている。珍しい例には貼付文で描いたカエルがつけられた土器が美幌町福住・中標津町計根別から出土している。〈杉浦〉

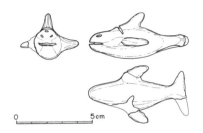

図10　動物形土製品・シャチ（函館市桔梗2遺跡）

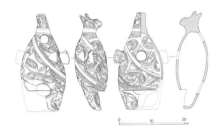

図11　動物形土製品（千歳市美々4遺跡）

どうぶつがたこつせいひん［動物形骨製品］　骨角を丸彫りした動物の彫像。オホーツク文化に特徴的にみられる骨製品で、牙・角製のものも多い。表現された動物はクマ・シャチ・ラッコ・アザラシ・オットセイなどで、そのなかでもクマが圧倒的に多い。クマ像のなかにはアイヌ民族のクマ送りの際、クマに着せる晴れ着を表現した例もある。ラッコは毛皮が交易品として重要であり、その豊猟を祈願してつくられたと思われる。
〈杉浦〉

ふねがたどせいひん［舟形土製品］　縄文文化・オホーツク文化の舟を模した土製品。函館市戸井貝塚では縄文時代後期初頭、帯広市暁遺跡では縄文時代晩期前葉の舟形土製品が出土している。戸井貝塚の例は全長約10cm程度で、舳先に相当する部分に張り出しがあり、準構造船の可能性も指摘されている。石製のものは木古内町釜谷遺跡で縄文時代前期の例がある。オホーツク文化の香深井1遺跡でも縄文文化と同様な舟形土製品があり、豊漁や漁の安全などを祈願するためにつくられたと推定される。〈杉浦〉

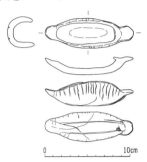

図12　舟形土製品（函館市戸井貝塚）

いえがたせきせいひん［家形石製品］　縄文時代の家を模した石製品。八雲町栄町1遺跡で出土した縄文時代中期の家形石製品が全国でも唯一の例である。軽石を全面加工して入母屋造の家を表現している。大きさは高さ13.8cm、長さ14.9cm、幅11.26cmで、平面形は隅丸長方形ないしは隅丸方形を呈する。縄文時代の＊竪穴住居の上屋構造を示す資料として貴重である。〈杉浦〉

いしんざいとなるようぐ［威信財となる用具］

　縄文時代の社会においても集団を統率・指導するリーダーが存在していたと考えられている。環濠をめぐらした苫小牧市静川遺跡、千歳市丸子山遺跡・キウス＊周堤墓群などにみられるような大規模な土木工事を成し遂げるには集団を指揮する指導者が必要である。また、縄文時代は祭りや呪術に支えられた社会であり、信仰をつかさどる者も集団内での地位が高く位置づけられたと思われる。墓（周堤墓）に死者とともに埋納された装身具や副葬品は死者の生前の社会的な地位を反映しており、それらに厚薄の差があることは階層の分化が進んでいたことを意味している。

　集団内での社会的な地位を持った指導者は権威の象徴となる威信財を保持するようになる。その威信財となる可能性があるものとしては＊石棒・＊青竜刀形石器・＊骨刀・＊棍棒形石器・＊石刀・＊石剣・＊独鈷石などがあげられる。〈杉浦〉

せきぼう［石棒］ 縄文時代の棒状磨製石製品。断面形が円形・楕円形を呈する棒状の磨製石製品の総称で、規模・形状はバラエティーに富む。北海道の場合、道南・道央部に広がった縄文時代中期の円筒土器文化とその影響を受けた道北・道東部の平底押型文土器文化に伴う石棒と後期・晩期の石棒の２種がある。前者は大型で円柱状をなし、両端に同心円状の彫り込みがある例が多い。中央に膨らみを有するものや男性性器を連想させるものもある。*竪穴住居の祭壇に立てられ、呪術的な祭祀や信仰のシンボルであったと推定される。後者は細身で精巧な加工が施された石棒で、一端ないしは両端に膨らみのあるものとないものがあり、それによって単頭・両頭・無頭に大別される。頭部には精巧な文様が陰刻される例が多い。石棒は晩期になると断面が扁平になり、*石剣や*石刀に変化する。道内では主に縄文後期の*土坑墓から出土する例が多く、呪術・祭祀に関連した用具あるいは権威のシンボル的な性格を持つと思われる。 〈杉浦〉

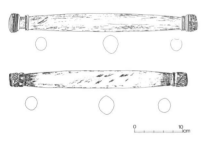

図13　石棒（北見市常呂川河口遺跡）

せきとう［石刀］ 縄文時代の刀子状磨製石製品。縄文後期の*石棒の系譜を受け継いで小型・扁平化した石製品で、全長は通常のタイプで30～40cmである。一端に柄頭があり、柄頭には三叉文・渦巻文・短刻文・沈線文などの文様が印刻される。柄部と刃部の境に段があり、内反りの刃部の側辺には丹念に研磨された刃がつけられる。石材は主に片岩・粘板岩が用いられる。*石剣と同様に縄文時代晩期の亀ヶ岡文化の特徴的な遺物で、東北北部から道南部で出土する。大陸系の金属器を模倣したとする説もある。実用品ではなく呪術や祭祀に関連した儀礼用具と考えられる。 〈杉浦〉

せっけん［石剣］ 縄文時代の剣状磨製石製品。北海道で石剣と呼ばれているものは縄文前期の円筒下層文化と晩期の亀ヶ岡文化にある。縄文前期の石剣は全長25～35cmで、一端に刻線をめぐらして柄部とし直線的な刃部の両側面に刃がつけられる。縄文晩期の石剣は後期の*石棒の系譜を受け継いで小型・扁平化した石製品である。一端に柄頭があり、両側辺に丹念に研磨された刃がつけられる。*石刀と同様に縄文時代晩期の亀ヶ岡文化の特徴的な遺物で、主に東北地方北部から道南部で出土する。呪術や祭祀に関連した儀礼用具と考えられる。 〈杉浦〉

せいりゅうとうがたせっき［青竜刀形石器］ 縄文時代の磨製石製品。名称は形状が中国の青竜刀に類似することに由来する。刃部は幅広く弧状を呈するが、青竜刀のように弧状部分に刃がつくられるのではなく、内側に反った反対側に刃部を有する。通常刃部の基部が柄部に接する部分に顎状に段があり、細身の柄部がつけられる。全長30cm前後で、石材は安山岩・粘板岩・泥岩が多い。八雲町コタン温泉遺跡・函館市戸井貝塚などからは「青竜刀形骨器」と呼ばれる鯨骨製のものも出土している。

縄文中期末から後期初頭の所産で、主に東北北部から道南部に分布する。函館市臼尻B遺跡、同戸井貝塚からは多量に出土しており、精粗の差がみられる。縄文人自身の発想で製作したとする説と、大陸からもたらされた青銅器を模倣したとする説がある。遺構に伴って検出する例は僅少で、松前町寺町貝塚では*竪穴住居内の祭祀壇と思われる張り出し部から出土しており、家屋内祭祀のための用具と考えられる。また、加熱された例も多く、タール状の物質が付着した例もあるこ

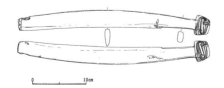

図14　石刀（木古内町札苅遺跡）

図15　青竜刀形石器（松前町寺町貝塚）

図16　青竜刀形骨器（八雲町コタン温泉）

とから、火を用いた動物儀礼にかかわる可能性もある。　　　　　　　　　　　　　　　　〈杉浦〉

こつとう［骨刀］　縄文時代前期・中期・後期の骨製の刀。クジラ骨製で全長30〜40cm、柄部と刃部からなる。柄部は握りやすいように整形されており、柄頭も方形ないしは円形に作出される。柄部と刃部の境に段差や浮き彫りによる隆起帯があり、刃部は直刀状をなすものと▼鉈状のものがある。主に道南部で出土しており、伊達市北黄金貝塚の出土例は精巧に彫られた秀品で、縄文前期の円筒下層b式土器と伴出したとされる。この骨刀の柄頭は方形で刻みがあり、その中心に紐を通すための小孔があけられている。通常は紐で吊るされて保管されたと思われる。八雲町コタン温泉遺跡・函館市戸井貝塚などの例は縄文中期末から後期初頭の所産で、*青竜刀形石器とともに出土することから、同種の儀礼・祭祀具と考えられている。　　　　　　　　　　　　　　　〈杉浦〉

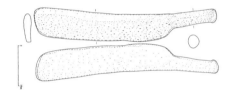

図17　骨刀（函館市戸井貝塚）

こんぼうがたせっき［棍棒形石器］　北海道の縄文時代中期の棍棒状を呈する石製品。縦長で扁平な石材の両側辺を大きく打ち欠いた鋸歯状の刃部を有する。柄部は手で握りやすいように敲打調整される。大きいもので全長35cm、重さは1.5kgにもなり、手に持って振り回したり、振り下ろしたりして使用したと思われる。石器には使用痕がみられないことから、実用的な石器ではなく、祭祀や儀礼に関係する特殊な石器と思われる。北海道でしか発見されておらず、苫小牧・赤平・富良野・遠軽など石狩低地帯以東で出土する。道南部に分布する*青竜刀形石器と関連があるとの説もある。　　　　　　　　　　　　　　　〈杉浦〉

どっこいし［独鈷石］　東日本の縄文文化の特殊な石製品。名称はその形状が仏具の独鈷に類似することによる。ツルハシ状をなし、中央部がくびれて両側に隆起した節を有する。両端には*石斧様の鋭利な刃をつけるものやとがるもの、丸みを持つものなど変化に富む。中央のくびれ部に柄を装着したと思われる。石斧状の刃部を持つものは両頭石斧の一種に属する。一般的には縄文時代の後期・晩期の所産で、実用的なものから次第に宗教的な用具に変化したと考えられる。北海道では江差・札幌・釧路などで十数例確認されているにすぎない。　　　　　　　　　　　　　　〈杉浦〉

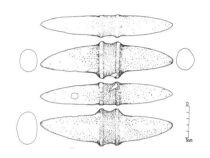

図19　独鈷石（釧路市幣舞遺跡）

その他

その他の用具としては縄文時代の*卸金状土製品・*スタンプ形土製品・円盤状土製品・鐸形土製品・分銅形土製品などがあり、その用途に関しては諸説がある。　　　　　　〈杉浦〉

おろしがねじょうどせいひん［卸金状土製品］
縄文時代の北海道特有の土製品。平面形は円形・楕円形、大きさは長径10cm、厚さ1cm前後で、板状ないしは皿状を呈する。正面に平行沈線文・渦巻文・連弧文・短刻文・刺突文などが単独または複合された文様がある。背面と側面にも縄文が施される場合もある。一端の中央に懸垂用の小孔をあけたものもある。多孔質の石製品もあり、卸金状石製品と称される。

名称は全体の形状や文様が*卸金に類似することに由来する。手稲式・ホッケマ式土器に伴って出土することから、縄文時代後期中葉の所産で、

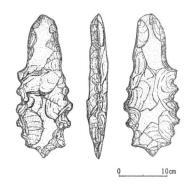

図18　棍棒形石器（赤平市奈江沢遺跡）

存続期間も比較的短かったと思われる。分布は石狩低地帯とその周辺地域（余市・小樽・登別・深川・富良野など）に限られており、地域性のある特殊な用具で、用途には諸説があり、実用説と非実用説に大別される。実用説としては、草本の根や食物をすりおろすための用具説、使用痕がないことから練ったり調合したりするための用具とする説、クッキー・ハンバーグ類の型説などがある。非実用説は通過儀礼や祭祀に関連した儀礼用具とする考えが有力である。　〈杉浦〉

スタンプがたどせいひん［スタンプ〈stamp〉形土製品］　東日本の縄文文化の特殊な土製品。スタンプ状土製品とも言う。その名のとおり、手に持って文様をつける用具で、キノコのような形状を呈する。つまみに相当する柄部と文様が印刻された版部からなり、高さ3〜5cm、版部の長径5cm前後のものが最も多い。版部の形状はバリエーションに富み、円形・楕円形・長円形・十字形・菱形・三角形・不定形のものがあり、文様も渦巻状・同心円状・円弧状などをなす多種多様な沈線文や円形刺突文が単独ないしは複合して施される。文様のなかには女性性器を模したと思われる例もある。また、柄部には紐を通すための小孔がつけられており、なかには形状が男性性器をモチーフにしたと思われる例もみられる。このことから多産・安産を祈願する護符、通過儀礼の祭具とする説もある。

　東日本一円に分布するが、北海道や東北地方の宮城県・岩手県の縄文時代中期後葉〜後期後葉の遺跡から多く出土する。北海道では石狩低地帯に濃密に分布するが、それ以外では道南部で数カ所出土するにすぎない。縄文時代後期中葉の*卸金状土製品とは時期・分布が重なり、両者がともに出土することから、その関連が指摘されている。　〈杉浦〉

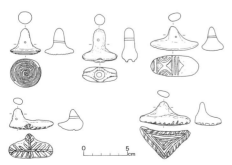

図20　スタンプ形土製品（小樽市忍路土場遺跡）

アイヌ資料

もくへい［木幣］

　イナウと称す。削り花。若木の表面を花のように薄く削り掛けたもの。製作を依頼した人の意思を受け、希望や祈願する内容を神に伝える役割を持つ。依頼の内容によってはその文章を推敲して届けることもある。木幣の魂は早速神の元に向かうが、人間には見えない。あえて見ようとすれば、それは鳥の姿になって神々が住まう天界に向かうとされている。神の元に到着した木幣は、自分がどこの誰に何を依頼されたかを詳細に伝える。その後、人から届けられた木幣を、個人ごとに用意した箱に一つずつ丁寧に納め、その本数（票数）が多いほど、多くの支持者を抱え、その数によって神の地位が位置づけられるとしている。支持者からのものが確かである証拠として、多くの地域では、重要なつくりの木幣の上部表面に、宛先となる神の紋章（神紋）を刻み、その裏面には差出人である家の紋章（家紋）を刻む。定期・不定期にかかわらず、神は人から重要な依頼を受け、その成果に対し相当の返礼を受けることでかかわりが密になり、神もその人や一族へ関心を持って見守ることで、人はより安全な暮らしを営むことができる。

　木幣材はイナウニ、イナウネニ、イナウカラニと呼ばれる。神々が好む素材は、通常ヤナギやミズキなど、その地域に多く生育する樹種を使用するが、基本的には若木で、製作が可能であればあまり樹種を選ばない。しかし、刺のあるタラ・センノキ・キイチゴ類、臭気のある木、毒のある木などは魔除け用に、ニワトコなどは葬用に使う。植林のために移入された外来種、街路樹などは一切用いない。木幣は木製なので時間とともに朽ちてしまうが、最も古い記録は1356（延文元）年の『諏訪大明神画詞』（「諏訪大明神絵詞」）に見ることができる。木幣の形態については、「木幣のような草」と呼ばれる植物がツクバネソウや、クルマバツクバネソウを指しているので、今日に伝承されている*棒状木幣の類が古く、木幣の語源からは、多くの枝状であったことが想像される。

枝を利用した木幣は鳥類の神、海神、狩猟神にも捧げられ、＊手草（たくさ）などにもみられることから、本州などにみる玉串（たまぐし）などと共通し、古代では神聖な小枝を木幣とし、その後の時期に外皮に若干の傷をつけて削り、後世に金属製の刃物が入手されるようになってから、今日にみられる削掛（けずりかけ）の長い木幣が誕生したものと考えられる。（→Ⅱ巻　木工品製作用具［木幣製作用具］）　〈藤村　久和〉

けずりかけをねじったもくへい［削掛を捻った木幣］　キケチノイェイナウ、チケイナウ、シロマイナウ、シケイナウ、ピンネイナウ、キケイナウなどと称する。素材はヤナギかミズキで、直径3〜4cm、出来上がりの長さ60cmくらいで、節（ふし）のない材を利用する。材の根元を手前にし、切り出し小刀の刃を向こうへ向け、材をゆっくり回転させながら、ごく近い部分から梢（こずえ）側へ向かって一直線に一筋ずつ外皮を削ぎ落とす。おおよそできたら逆向きにして根元側に残っている外皮を削り落とす。全体の外皮を取り除いたら、梢を手前にしたまま専用の▼木幣削り小刀（もくへいけずりこがたな）で、木質部の表面に残っている内皮の一部や甘皮もきれいに削る。木の水分が刃物にまつわるようであれば、夏場なら太陽や風に当て、冬場なら焚き火の傍や、＊火棚（ひだな）に上げて干す。

水分がほどよければ、梢を手前にし、梢先を切り落とす部位から、一握りあまりのところへ左手の親指爪先（つめ）を当てる。そこから向こう側の50cmくらい先に小刀の刃を手前に向けてあて、木質部を滑らせるようにして長い＊削掛（けずりかけ）1枚を左手の親指爪先へ掻き寄せる。次いで、やや右、または左の稜線（りょうせん）を利用して同様に親指爪先へ掻き寄せ、角度を少しずつ変えながら6〜12枚くらいを1カ所に寄せる。

必要な枚数ができたら、左手で削掛の根元のごく近くを親指先と人差し指先で挟みながらいくぶん引き、右手に持った背の厚い＊山刀（やまがたな）や＊出刃包丁（でばぼうちょう）の背などで削掛の根元をそろえるように斜め上からたたきつける。次いで、左手で削掛の根元を親指先と人差し指先でしっかりつまみ、右手の親指と人差し指を使って削掛の根元から先端の方へしごくようにして捩（ねじ）れを直す。削りはじめから10cmくらいの間をまっすぐ張ったあと、右手に削掛を持って左から右へ回し撚りをかける。1本の削掛になったら、梢先へ時計回りに回して絡みつかせる。続いて、1本になった削掛の根元の右側

へ削り面を移し、同様に1本の削掛をつくり、それ以降も同様につくっては梢側に絡ませ、削り面が1周するまで行う。

次に反りのある部位を木幣の腹として、撚りをかけた削掛の根元から3〜10cm下の部分に、新たな削掛6〜8枚を削り取り、撚りをかけて1本にまとめたあと、半分に折り曲げて「§」状にし脇に置く。この削り取ったあとの削ぎ（そぎ）面は、木幣の心臓にあたるという。

続いて木幣をやや斜めに立て、根元の近くを左手で持ち、梢側に絡めてあった削掛を次々と手前に下ろしていく。左手でそれらの削掛を抑えながら、脇に置いてあった「§」状の削掛を横方向に1周させて片結びする。最後に緩んでいる縦方向の削掛の下を引いて撓（たわ）みをなくする。

出来上がった木幣は、壁に立てかけて風に当てる。やがて乾いた削掛の付け根が外に張るが、それを木幣の肩とする。なお、古老の話では昔は削掛を2周させたといい、製作に時間と手間がかかる分だけ、この木幣は最高位の木幣とされ、採取した素材のなかから必要本数を真っ先につくらなければならない。どの神へ捧げるかは、祭事に必要な木幣がそろった段階で決め、神事の内容によって最も重要な神から順に、最上の木幣から充当する。削掛を捻った木幣は、脚を組み合わせる場合が多いが、用途によってはそうでないこともある。このため根元側の処理は木幣の全体がそろったあとになるので、そのままの状態にしておく。

ある程度の数量ができると、木幣の頭づくりの作業に入る。まず削掛の根元から梢側に向かって左手の4指で握り、さらに左手の親指を梢側に伸ばした爪先あたりを木幣の頭部とし、そこから先の梢を山刀や▼鉈（なた）の刃を当てて切り落とす。最近では手折り鋸（のこ）を使う。次いで小刀で面取りをし、刃物の傷や、鋸目（のこめ）を消す。地域によっては、腹側に捧げ先の神の紋章を刻み、その背面には捧げ手の家の紋章を刻み込むことが多い。　〈藤村〉

けずりかけをながくねじったもくへい［削掛を長く捻った木幣］―北海道型　キケタンネイナウと称す。素材や作り方は＊削掛（けずりかけ）を捻（ねじ）った木幣（もくへい）と変わらないが、削掛の長さが80cm以上と長く、素材の長さは1m以上もある。この木幣は、洪水、津波や噴火、山火事、台風など災害が発生する以前に製作する。

出来上がったものは言葉の達者な長老が精進し

た数人の若者を従え、途中で交替をしながら日本の大幣のように、左右に大きく振り上げて集落の外側を時計回りに１周する。災害の影響を受ける方角に刺し立て、昼夜を問わず適宜巡回と巡視を繰り返し、危険が迫るか、沈静化の見通しが立つまでは儀礼を続ける。危険が迫ると木幣に事を託して逃げる。災害は木幣の傍らまで迫っても村を襲うことはない。村に被害が及ぶときには木幣が一身に替えて、被害を最小に抑えるという。こうした秘事に当たる人は、村はずれの近くに*仮小屋を建ててこもり、家族とも接しない。必要な物資や食事は仮小屋近くまで村人が運び、持参したことを告げて去る。秘事に当たる人は人影が見えなくなってから小屋に運び込む。

　災害が落着すると、あらためて削掛を長く捩った木幣と同様に削掛の長い木幣を数本用意して祭壇をこしらえて、功績をたたえ謝辞とともにその霊を神の国に送る。同じことは仮小屋にも行い、その霊を送るが、祭壇も仮小屋もそのままに自然に帰るのを見守る。また、サハリン（樺太）では太陽神への木幣ともなる。　　　　　　　〈藤村〉

けずりかけをながくねじったもくへい［削掛を長く捩った木幣］—サハリン型　キケターネイナウ、オターネイナウ、ターネイナウなどと称す。素材の長さが１ｍ以上もあるヤナギで、つくりは、*削掛を捩った木幣と変わらないが、木幣の衣装、外套となる削掛の長さが80cm以上と長い。削掛のすぐ上部（１cmくらい上）には、梢側から小さな削掛を１周させて外套の襟とし、その上３cmくらいの部位は首にあたる。

　また、首の上部にはソフトボール大の珠をつくる。梢側から最初は５mmの小さな削掛を１周させ、次から１mmずつ長くした削掛を重ねるように１周させていく。最大４～５cmの削掛を１周させたあたりから徐々に長さを短くし、最後には４～５mmにして木幣の顔とする。顔から上は頭や毛髪、あるいは小さな削掛を縦横につくりながら*帽子様のものを表現する。全体が出来上がると、胴体にあたる木部のおよそ半分を削ぎ落とし、残った部分を薄身に削って木幣の上半身とする。　　　　　　　　　　　　〈藤村〉

みじかいけずりかけをねじったもくへい［短い削掛を捩った木幣］—サハリン型　キケイナウ、オタハコンイナウ、イナウエプシ、エプシなどと称す。素材は長さ50～60cmほどのヤナギ材で、つくりの仕様は、*削掛を長く捩った木幣—サハリン型と全く同じである。ほぼ１周させた削掛の長さは30cmほどで、木幣を人と見た場合の衣装、外套となる。削掛の直上部には、0.5～1.0cmくらいの間隔をあけてピンポン球大の削掛の房をつくって木幣の顔とし、その上に頭や毛髪、あるいは*帽子様のものを削る。全体が出来上がると、胴体にあたる木部のおよそ半分を削ぎ落とし、残った部分を薄身に削って木幣の上半身とする。　　　　　　　　　〈藤村〉

ねじったけずりかけのうえにささくれをいっしゅうさせたもくへい［捩った削掛の上にささくれを１周させた木幣］　ヤヤンイナウ、コケラコロイナウ、コケラウシイナウなどと称す。北海道の東部や北部には、*削掛を捩った木幣の上部に上向きのささくれを１周させたものがある。素材や製作方法は、削掛を捩った木幣とほぼ同じであるが、捻った削掛の付け根の直上に、梢側から1.0～1.5cmの小さな削掛を１周させる。根元も脚木に結束するため斜めに削り、それを横向きにしてＶ字状に削り落とす。また、人によっては中央部分に、梢側から根元側に向けて長さ10cmくらいの別の削掛を一房つくることもある。　〈藤村〉

けずりかけをねじったみみつきもくへい［削掛を捩った耳付木幣］　ポロチカピナウと称す。*削掛を捩った木幣とほとんど同じつくりであるが、さらに上部の両脇腹にあたるところに長さ８～10cmの短い削掛を数枚つくり、その上を木幣の頭部として梢側の不要な部分を切り落とす。刃物の傷や鋸目を消すために面取りをすると、木幣の頭部の左右に耳様の削掛が立つ。位は削掛を捩った木幣と同様に第１位であり、耳状の削掛が立つことで、大型の猛禽類、重要な鳥類を主体とする鳥の神に捧げる木幣となり、腹側に捧げ先の神の紋章を刻み、その背面にはその家の紋章を刻み込むことが多い。　　　　　　　　　　〈藤村〉

ねじったけずりかけのうえにささくれをいっしゅうさせたりょうみみつきもくへい［捩った削掛の上にささくれを１周させた両耳付木幣］　チカプイナウ、キサルシイナウなどと称す。北海道の東部や北部には、捩った削掛の上部に上向きのささくれを１周させ、頭部に両耳をつけた木幣がある。素材や製作方法は*削掛を捩った耳付木幣とほぼ同じであるが、上部の両脇腹にあたるところに長さ８～10cmの短い削掛を数枚つくる。さらに、捻った削掛の付け根の直上に、梢側から1.0～

1.5cmの小さな削掛を1周させ、その上を木幣の頭部として梢側の不要な部分を切り落とす。次いで刃物の傷や鋸目を消すために面取りをすると、木幣の頭部の左右に耳状の削掛が立つ。根元も脚木に結束するため斜めに削り、それを横向きにしてV字状に削り落とす。また中央部分に、梢側から根元側に向けて長さ10cmくらいの別の削掛を一房つくることもある。　　　　　　　〈藤村〉

けずりかけをひろげたもくへい［削掛を広げた木幣］　キケパルセイナウ、マッネイナウ、ヤヤニナウ、ヤヤンイナウなどと称す。必要な本数の＊削掛を捩った木幣を製作したあとにつくられる。木幣の途中に小さな節や逆目、腐れなどがあって、きれいな仕上がりにならない場合、位を下げてこの木幣へと転用してつくることがある。素材はヤナギかミズキで、直径3〜4cm、出来上がりの長さは60cmくらい。作り方は削掛を捩った木幣に似ているが、大きく違う点は1カ所に掻き寄せた6〜12枚の削掛を捩らずに広げたまま1周させる。削掛を捩った木幣と同じように、反りのある部位を木幣の腹とし、その面から新たな削掛6〜8枚を削り取り、撚りをかけて1本にまとめたあと、半分に折り曲げて「§」状にし脇に置く。削り取った削ぎ面は、木幣の心臓にあたる。

次に、木幣をやや斜めに立て、根元近くを左手に持ち、削掛を一房ずつ手前に下ろす。左手でそれらの削掛を抑えながら脇に置いてあった「§」状の削掛を横方向に1周させて片結びする。最後に緩んでいる縦方向の削掛の下を引いて撓みをなくする。

出来上がった木幣は、壁に立てかけ風に当てる。乾くと縦方向の削掛の付け根が外に張るが、それを木幣の肩とする。古老によると昔は削掛を2〜3周させたという。製作には削掛を捩った木幣に比べて時間と手間がかからないので、第2位の木幣とされ、採取した素材のなかから2番手に必要本数をそろえる。どの神へ捧げるかは、祭事に必要な数の木幣がそろった段階で、神事の内容によって最も重要な神から順に、最上の木幣から充当していく。あらかじめ、どの神用の木幣と決めて削ることはしない。脚を組み合わせる場合が多いが、用途によってはそうでないこともある。このため根元側の処理は木幣の全体がそろったあとに行われるので、そのままの状態にしておく。

ある程度の数量ができると、木幣の頭づくりの作業に入る。削掛の根元から梢側に向かって左手4指で握り、さらに左手の親指を梢側に伸ばした爪先あたりが木幣の頭部となり、そこから先の梢を＊山刀や▼鉈の刃を当てて切り落とす。最近では手折り鋸を使う。次いで、＊小刀で面取りをし、刃物の傷や鋸目を消す。地域によっては腹側に捧げ先の神の紋章を刻み、その背面には捧げる家の紋章を刻み込むことが多い。　　〈藤村〉

けずりかけをひろげたみみつきもくへい［削掛を広げた耳付木幣］　ポンチカピナウ、チカプイナウ、ポンキサルシイナウなどと称す。＊削掛を広げた木幣とほぼ同じつくりであるが、さらに上部の両脇腹にあたるところに、長さ8〜10cmの短い削掛を数枚つくる。その上を木幣の頭部として梢側の不要な部分を切り落とし、面取りをすると、木幣の頭部の左右に耳状の削掛が立つ。位は削掛を広げた木幣同様に第2位であり、耳状の削掛が立つことで、中型・小型の鳥類、重要な鳥々を主体とする鳥の神に捧げる木幣となる。腹側に捧げ先の神の紋章を刻み、その背面には捧げる家の紋章を刻み込むことが多い。　　　　　〈藤村〉

ぼうじょうもくへい［棒状木幣］―日高南部〜道東・東北型　シュトゥイナウ、トゥラプコルなどと称す。この木幣（シュトゥイナウ）は、種類が無限に近く存在する。小さなものは1cm、大きなものは2m弱にも及び、イナウの格としては第3位に位置づけられる。素材はヤナギ、ミズキ、キハダなどで、直径2〜3cm、出来上がりの長さが40〜60cmで、節があまりない材を採取する。

材の根元を手前にし、節の有無を確かめる。根元から幅15〜20cmの部分は外皮を残し、専用の▼木幣削り小刀、または切り出し＊小刀の刃を向こうへ向け、梢側へ刃物を滑らせながら長さ40〜50cmの外皮を削ぎ取る。人によっては逆に、梢を手前にし、木幣を立てる際に足となる部分を考えて根元から15〜20cm手前の部分を起点に、専用小刀の刃を体の方へ向け、刃物を引いて40〜50cmの外皮を削り取る。

次いで木質部に付着している内皮や甘皮もきれいに削る。水分が刃物にまつわるようであれば、夏場なら太陽や風に当て、冬場なら焚き火の傍らや＊火棚に上げて干す。水分がほどよければ、根元を手前にし、残した外皮の縁（削りはじめの部分）から10〜15cmあたりに刃物を当て、手前に引いて＊削掛を何枚も掻き立てる。かつては直径

4cmくらいのものを削ったので1カ所に50枚もの削掛を掻き立てた。

さらに、その反対面にも削掛を掻き立てて一対とし、そこから一握り先の梢側にも一対をつくる。次に梢側にある削掛の少し上の2カ所に、斜め20°～30°下に向けて刃物を入れ、最後にその切れ目の部分を膝頭に当てて折る。

こうしてできた棒状木幣は神々用となるが、日高南部では最上部の削掛よりも2～3cmほど上の部分から斜め20°～30°下に向けて刃物を入れて折り、祖先供養用の木幣とする。本格的な儀式では、いずれも上部の折った部分に酒粕を円錐状に盛り上げる。この木幣は日高南部から北海道東部・東北部でつくられ、ほとんどは地表や炉辺などに突き立てられる。このため根元を削るが、一度の使用量は1～40本にもなるので、数が多いときには、すべての数がそろってから足を削り高さを均等にしながら仕上げる。　〈藤村〉

図1　棒状木幣－日高南部～道東・東北型

ぼうじょうもくへい［棒状木幣］－日高北部～道西南型　チェホロカケプ、レラプコルなどと称す。*棒状木幣－日高南部～道北・東北型でつくった2段目*削掛の直上に1段目と同じ向きに一対の削掛を立てる（残った材の断面は方形となる）。さらに最上部の削掛から2～3cmほど上の4カ所の角から、それぞれに刃物を20°～30°くらい下に向けて入れ、その部分を膝頭に当てて折る。逆方向からも手前へ引いて折ることもあるが、それでも折れない場合には、▼鉈や*山刀の背でたたき折る。

本格的な儀式では、上部の折った部分に酒粕を円錐状に盛り上げる。この木幣は日高北部から北海道西南部でつくられ、祖先供養用の木幣ともなるが、できのいいものは神様用に使う。この木幣も日高南部～道東・東北型の棒状木幣と同様に地表や炉辺などに突き立てることが多く根元を削るが、使用量が多い場合には、すべての数がそろってから足を削り高さを均等に仕上げるので、出来上がった木幣を壁に1列に並べ、最も低いものから削る。

足は、削った木を横から見て膨らみのある面を前腹、反り身の面を後背とし、立てたときに胸を張った形になるように削る。左手側に前腹を向けると、根元尻が右側に張り出すように15°左側に上部を傾ける。さらに左手で木幣の上部をつまみ、右手に持った鉈や山刀で根元側の外皮、木質部を含め、中心の髄を越えて斜めに削る（長い楕円形断面の中央部に髄が位置する）。その平面の両端脇を2面削り落として三角錐状にする。次に、やや不調整の部分をわずかに削り落として変形の四角錐状に削り落とすと棒状木幣が完成する。　〈藤村〉

ふこうよけのめじるし［不幸除けの目印］　ウェニナウ、ウェンイナウ、ウェンレラオケウェイナウなどと称す。近村で病気がはやる、凶事が連続して起こる、災害が続く、生霊・死霊に魅入られている感じがするなどの際に、臭気のあるエンジュ、ニワトコ、ヨモギ、切れ味のよいスゲ、ササやネマガリダケの削いだ茎、刺のあるセンノキ、タラ、エゾイチゴ、クマイチゴ、エビガライチゴ、ハマナス、ミゾソバ、イシミカワ、ママコノシリヌグイ、ケヤマウコギ、サンショウなどの小枝、毒のあるトリカブト、ナニワズ、ドクゼリ、ドクキノコ、イケマ、ショウブの根、センダイカブラなどを、地域や状況によって1種または数種を組み合わせて採取する。それらの茎に刃物を入れて枝葉のように逆に立て、隣接する集落への通路や山手に通じる道の口などに刺し、あるいは浅い穴を掘って根元を埋める。時には長い茎の先に紐でまとめてくくりつけて立て、*盃をもって村の守り神として使命を依頼する。さらに鎌（▼耕墾用鎌）、▼鋸、*刀、魚類のハリセンボン、カガミダイ、ワラズカ、マメフグ、トゲウオなどを混ぜ合わせることもある。各戸でも出入り口や窓辺に刺し、状況が沈静するまでそのままにしておく。病気などの流行が沈静した段階で、村の上手と下手の大樹に寄せ集めて極上の木幣を数本新たに添えて功績をたたえる。必要時に再び帰依することをお願いし、少しの休息ののちに再生することを祈願してその霊をあの世に送る。それぞれ数

年かけて自然に朽ちる間は効力があり、朽ちたものは昇天し、残ったものはまだ魂を持って見守っているとされた。　　　　　　　　〈藤村〉

しゅりょうしん・ぎょろうしんにささげるもくへい［狩猟神・漁労神に捧げる木幣］　ハシナウ、ハシイナウなどと称す。一般的にはたくさんの枝が相互に生育しているヤナギの木を切り、不要な枝を剪定して5〜8本を残す。それぞれの股と股との間の幹に切れ込みを入れ、根元あたりを三角錐、または四角錐状に削って足とする。枝全体の膨らみがある面を前とし、胸を張ったように立てる。北海道の西南部（千歳など）では、長さ150cm、太さ1〜3cmのヤナギを2本一対にして切り出し、梢側に長さ10cmくらいの小枝を2〜3本残して先を切り落とす。かつては枝が5〜8本もあり、長さも30〜60cmと長かったが、飾ると他の神への木幣と重なるので遠慮して短くしたという。

　この木幣の類は、素材の反りを見て腹と背を見分け、根元を削って足ができると120cmほどの長さに切る。次いで梢から8〜10cmのところに刃物をあて、腹から背に向けて斜めに削ぎ落として長楕円形の切り口をつくる。さらに切り口の真ん中あたりに刃物を直角に交差させて、髄に深く切れ目を入れる。古老の説明によれば長楕円は顔、横一文字は口、髄は鼻の穴にあたり、上方の白身は眉、下方の白身は頬、上方の外皮は左右に分けた前髪、下方の外皮は顎の輪郭である。

　顔ができたら、顎下やその後方など数カ所に外皮および木質部を削り立てる。木幣の腹を正面にすると、顔の下に1翼、その下は両脇に2翼、その下に1翼があるようになり、それらは上から心臓、両手、陰部を象徴する。横一文字の口などに、長さ20〜30cmの短い削掛（チメスイナウ）を差し挟んで吊り下げると出来上がる。　〈藤村〉

うみがみへのもくへい［海神への木幣］　アトゥイコロカムイエプニイナウと称す。沖合漁に出かけるときは漁運と安全操業、無事の帰還などを海神に願って小型の*木幣を1〜2本用意する。▼船神への木幣の脇に立て、船が沿岸流を越えたあたりで▼櫂を止め、被り物を取り着物の乱れを直す。それから海神へ祈りを捧げながら船首から海へ流す。人によっては木幣材を1〜2本用意し、大物をしとめたときや、大漁のときに現場で削って、その海域の神に艫先から送ることもある。

〈藤村〉

わきがみ・じゅうしんのもくへい［脇神・従神の木幣］　エラペロシキ、シュトゥイナウなどと称す。北海道の西南部などでは祭る主要な神の両脇を守る神、従者の神として、2本一対、または3本一組、4本一組の木幣を立てるが、数は神によって異なる。長さ150cm、太さ1〜3cmのヤナギを主神用2本と計算して切り出す。この木幣は*狩猟神・漁労神に捧げる木幣と違い、脇から伸びる小枝は不要であり、先の若枝も払い落とす。ただし、若枝は木幣材を伐採した一帯の地表に挿し木をして若木に生育するよう手当てする。素材は、木の反りを見て腹と背を判断し、次いで根元の下から10〜15cmを三角錐、または四角錐に削る。全部の足ができたら主神の従神からつくりはじめ、足を削り終えたもののなかから最も太いものを必要な数だけ選び出す。足を削ったもののなかで一番短いものを左手に取り、その梢側を下に向けて細工台に立てる。反りの膨らんだ面を前腹として10〜15°斜めに傾け、*山刀や▼鉈を使って切り口が長さ5〜10cmの縦長の楕円状になるよう腹面から背面へ斜めに削り落とす。出来合いの長さは、およそ70〜120cmに切りそろえる。巧者は梢側を下に向けて打ち下ろして一刀でつくる。

　次いで材の顔（切り口）を細工台の上に置き、縦長の顔の真ん中あたりに髄があるが、*小刀の刃で浅い割れ目を入れて木幣の口とする。古老の説明によれば長楕円は顔であり、横一文字は口、髄は鼻の穴にあたり、上方の白身は眉、下方の白身は頬、上方の外皮は左右に分けた前髪、下方の外皮は顎の輪郭である。

　すべての長さと顔ができたら、顎下から左手4指で握って親指を伸ばし、顎の真下にあたる5cmほどの外皮・内皮および木質部を梢側から浅く根元側につけて3〜5cmくらいに浅く削り立てる。材の1周を3等分し残る後方2カ所にも同様に削りを立てる。上段の3翼の付け根下から左手4指で握って親指を伸ばし、上段の3翼から60°横にずれた場所に3翼を同様に立てる。さらにその下方にも同様に3翼を立てる。木幣の腹を正面にすると、顔の下に1翼、その下は両脇に2翼、その下に1翼があるように見え、上から心臓、両手、陰部を象徴している。

　出来上がったものは、1組ずつヤナギの皮や*削掛の屑などを利用して1カ所を結び、主神と

の組み合わせができるまでは、壁にまとめて立てておく。なお、日高南部（静内東別）では、足の長さが20〜25cmのやや多角面を持った角錐形に削り、長楕円の顔の眉間から縦に割れ目を入れ、口とする。前者は横一文字の口に、後者は頭頂の割れ目に20〜30cmの短い削掛（チメスイナウ）を差し挟んで下向きに下げると出来上がる。〈藤村〉

だんけいそせんくようのもくへい[男系祖先供養の木幣]　エカシイナウ、アライシリイナウ、シンリッイナウ、キケタンネイナウ、サチナウなどと称す。その集落の男系祖先に捧げる木幣。北海道の十勝地方から東北部における男系祖先供養の木幣は、*削掛を捩った木幣と似ているが、異なる点は、直径が4cmほどと太く、出来上がりの長さが1m前後で、削掛の長さが80cmほどになるようにし、足は下から25cmほどから多面的な角錐形に削ることである。出来上がった木幣の反りを見て背面に一族の共通する紋章を刻み込み、削掛の全体をまとめ、削掛の屑で胴部を軽くしばっておく。供養が始まるときに所定の場所へ立て、胴部を結んでいた削掛の屑を解いて、頭部には酒粕を円錐形に盛りつける。素材はヤナギが多い。この木幣は春秋の大祭に立てられるが、不定期の供養には木幣をつくらずに、この根元に供物を散布して男系の祖先を祭る。向かって右側には*女系祖先供養の木幣が若干の間を置いて立てられる。〈藤村〉

図2　男系祖先供養の木幣

だんけいそせんくようのもくへい[男系祖先供養の木幣]―サハリン型　シンヌラハパイナウ、ヘンケイナウなどと称す。素材はヤナギで、直径3〜5cm、出来上がりの長さ65〜70cm。節のないものを1本用意し、外皮をすべて取り除く。頭頂とする部分を起点に、そこから左手4指で握り親指を伸ばす。材の根元あたりから*小刀の刃を手前に向けて*削掛1枚を左手の親指の爪先へ掻き寄せる。続いて、やや右、または左の稜線を利用して同様に親指の爪先へ掻き寄せ、角度を少しずつ変えながら10〜12枚を1カ所に寄せる。必要な枚数ができたら、背の厚い*山刀や*出刃包丁の背などで削掛の根元をそろえるように斜め上からたたきつける。次いで、右手の親指の先と人差し指の先で、削掛の根元近くを押さえ、先端に向かってしごくようにして捩れを直す。さらに、削り始めから10cmほどの間を張り、手を左から右へ回しながら削掛に撚りをかけて1本の削掛にし、梢先へ時計回りに回しながら絡みつかせる。次に、1本になった削掛の根元の右側へ新たに削り面を移し、同じように1本の削掛をつくる（1周をおよそ14等分して同様の削掛を14本つくる）。

　撚って1本にした削掛ができたら、その2本をさらに撚り合わせて1本にする。これと同じものを1周させて7本つくる。削掛の下端から5cmくらいを残し、ヤナギの細く裂いた樹皮を巻いて片結びしたあと、壁に立てかけて乾かす。

　もう1本の*女系祖先供養の木幣が出来上がると、男系木幣の頭づくりの作業に入る。削掛の根元から梢に向かって左手4指で握り、さらに左手の親指の爪先を伸ばしたあたりを木幣の頭部として、そこから先の梢を山刀や▼鉈の刃で切り落とすが、最近では手折り鋸を使う。次いで小刀で面取りをし、腹側に捧げる祖先の家紋を刻み込む。続けて反りのある部位を木幣の腹として、足は細長い円錐形に削る。祖先供養を行う場所には腹を手前に向けて立て、供養の開始時に片結びにした樹皮を引っ張って解く。解いた樹皮は根元にまとめて置く。〈藤村〉

じょけいそせんくようのもくへい[女系祖先供養の木幣]　フチイナウ、スチイナウ、アライシリイナウ、シンリッイナウなどと称す。その集落に嫁入りした女系祖先に捧げる*木幣。北海道十勝地方から東北部におけるこの木幣は*削掛を広げた木幣と似ているが、異なる点は直径が4cmくらいと太く、出来上がりの長さが1m前後で、削掛の長さが80cmほどになるようにし、足は下から25cmくらいから多面的な角錐形に削ることである。出来上がった祖先供養の木幣の反りを見て背面に一族の共通する女系の紋章を刻み、削掛の全体をまとめ、削掛の屑で胴部を軽くしばっておく。供養が始まるときに所定の場所へ立て、胴部を結んでいた削掛の屑を解いて、全体の削掛をパラッと広げ、頭部には酒粕を円錐形に盛りつけ

る。素材はヤナギが多い。この木幣は春秋の大祭に立てられるが、不定期な供養には木幣をつくらずに、この根元に供物を散布して女系の祖先を祭る。向かって左側には*男系祖先供養の木幣が若干の間を置いて立てられる。　　　　　　　〈藤村〉

図3　女系祖先供養の木幣

じょけいそせんくようのもくへい［女系祖先供養の木幣］－サハリン型　シンヌラハパイナウ、アハチイナウなどと称す。女性用の木幣は*男系祖先供養の木幣と同じ要領で製作するが、材1周をおよそ10等分して5本の撚り合わせた*削掛をつくることと、高さがやや低いことが多い。男系木幣に向かって右側に木幣の腹を手前にして立てる。　　　　　　　　　　　　　　　　〈藤村〉

そせんくようのぼうじょうもくへい［祖先供養の棒状木幣］　イチャルパイナウ、イアレイナウ、シヌラッパイナウ、シンヌラッパイナウ、シヌナルパイナウなどと称す。北海道の日高北部から西南部および、石狩川水系、天塩川水系にかけての男女系祖先供養の木幣は、*削掛を捩った耳付木幣を使い、北海道の日高南部では、*捩った削掛の上にささくれを1周させた両耳付木幣を用いる。製作したもののなかから、祭りの対象となった神様に必要な本数を除き、次に神事の一般に用いる本数をよけ、最後に残った*棒状木幣のすべてを祖先供養用として使用する。　　　　　　〈藤村〉

たいようしんへのもくへい［太陽神への木幣］－北海道型　リコマカムイイナウ、カンドオレネオマンイナウなどと称す。日高南部における太陽神への木幣は、何枚かの*削掛を紐状に撚ったものを使う。同じ型に削った*木幣のなかから、最も立派なものに長さ1m強の台木をあてがい、ヤナギの外皮を細く裂いた紐で結び合わせ*幣場に立てる。東部では削掛を紐状に撚り、先端には両耳を立てた木幣の頭に太陽を象った神紋、その反対面には家紋を入れ、それにも長い台木を組み合わせて幣場に立てる。ときには神紋を左側に、家紋を右側に来るようにする。　　　〈藤村〉

たいようしんへのもくへい［太陽神への木幣］－サハリン型　チュフカトイナウ、リコマカムイイナウ、カーリシコロイナウなどと称す。長さ4～6mくらいのエゾマツの若木を切り倒し、梢の最先端にある若枝から3段下の枝までをそのまま残す。左右に伸びる細枝の青葉を残して付け根まで外皮を剥き、太陽の左右の手とする。ここに削掛の長い木幣の木芯部を、細く裂いたヤナギの外皮で紐状に結びつける。その巻き紐は*木幣の帯にあたる。その下にある直径3～4cmで左右に伸びる一対の枝とその枝先だけを残し、その間の枝は付け根から切り取る。その一対の枝先の青葉を残し、その枝の中間部の皮を剥き、細枝も払う。この一対2本の枝を上方に曲げ、両枝を軽く一重結びに交差させて輪をつくり、その交差部を中心にしてヤナギの外皮を使って幹に結びつける。枝先の近くで輪と重なるあたりの左右部に、木幣材から削ぎ取った長い削掛の△部分（削掛を掻き寄せたところ）を1本ずつ差し挟み、長い削掛を下方に垂らす。

この輪の下方にある枝はきれいに取り除き、根元側は地中に立てるように多面状に削り落とす。また、両枝を交差させた輪の下を、やや長い筒状に削り取る。その上下に1～3条の横溝を加えて家紋とし、筒状の削り面の両脇の外皮と木質部を4～5回薄く削り立てる。こうした家紋を、その下方に二つ、等間隔につくる。地域によっては輪の下枝1本を残し、この枝に*鏡や丸い板を吊り下げることもあり、それを長い削掛の木幣で包むようにする場合もある。　　　　　　〈藤村〉

たいようしんへのじゅうしんもくへい［太陽神への従神木幣］－サハリン型　チュフカトイナウケマ、リコマカムイイナウケマ、カーリシコロイナウケマなどと称す。長さが2.0～2.5mほどに成長したエゾマツの若木を2本切り倒し、梢の最先端にある若枝から1～2段下までの枝を払う。外皮はそのまま50～60cm残し、その下の50～60cmは枝も外皮も取り払い、左右に広がる梢の若枝を従神の両手とする。

それを正面に見立てて、*木幣材から削ぎ取った長い削掛の△部分（削掛を掻き寄せたところ）を下に向けて合わせたあと、ヤナギの外皮を細く裂いて紐（▼丸紐、▼平紐）状にして結びつけ、長い削掛を前側に垂らす。外皮を剥いだ部分

の木質部両脇には8～10cmくらいの間隔をおいて、梢側から根元側に向かって5～6cmほどの削掛を下から順に6段削り立てるが、作り手や地域によって段数の数に違いがある。次いで削り立ての下20cmほどから根元側に向かって、20～25cmほどにやや長い筍状に削り取り、その上下に1～3条の横溝を加えて家紋とし、太陽神の両脇に立てて従神とする。　　　　　　　　　　　〈藤村〉

つきがみへのもくへい［月神への木幣］—北海道型　クンネチュプイナウ、クンネチュプカムイイナウなどと称す。北海道東北部における月神への木幣は、両耳を立てたやや細身の*木幣のなかから選び出し、頭部に半月または三日月を象った神紋と、その反対面に家紋を入れる。それに長さ1m強の台木を組み合わせ、細く裂いたヤナギの外皮で結び合わせる。*幣場に立てるときには、神紋を左側に、家紋を右側にする。〈藤村〉

つきがみへのもくへいとじゅうしん［月神への木幣と従神］—サハリン型　チュフカムイイナウと称す。素材や製作技法、家紋の刻み方などは*太陽神への従神木幣、*月神への木幣と大きな違いはない。しいていえば、背丈や輪を太陽神に比べてやや小さくするほかに、月の形に合わせて左右の枝で輪の形を変え、時には片方の枝だけを曲げて半月にすることもある。　　　　〈藤村〉

べんじょにたてるもくへいぐん［便所に立てる木幣群］　イカキクイナウチパと称す。体調が悪くて巫者に占ってもらい、魔性などが取り憑いているとみなされた場合、それを払い落とすために、便所に立てる*木幣。臭気のある木、刺のある木、魔性が嫌う木などで一対2翼、または3翼の*棒状木幣を1組2本として、症状や託宣によって2～6組つくり、大便用の便所の脇に立て並べ、2枚の*便所の跨板を裏返しにする。屋内の*囲炉裏の傍らに体調の悪い人を座らせ、博識で言葉の達者な長老を招き、*盃いっぱいに注いだお神酒を*捧酒箆で火の女神に捧げて事の経過を告げ、快癒を願う神事を行う。それから盃や捧酒箆を便所に運んで裏返しにした跨板の上にのせ、便所の女神に同様の祈りを捧げたあと、体調の悪い人を便所に背を向けて立たせる。それから脇に立てておいた木幣1組を左右の手に持ち、魔除けの掛け声とともに、頭の先から足先までをたたき払う。前側が終わると背中側も同様に行い、用意した木幣すべてを使って体を打ち払う。打ち払われた人は、便所の前で用意しておいた衣服に着替え、今まで着用していた衣服を便所の壁にくくりつけて便所の女神に除魔を依頼する。体を打ち払った木幣は便所の周囲に立てかけ、あるいは1カ所に寄せ集める。場合によっては、別の用意した一対の棒状木幣を立てて、快方に向かうまでの守り神とする。それまで着用していた衣服は数日間、風雨に晒したあと、洗濯をして着用する。

快癒したら、屋外での守り神に、功績に応じて真新しい木幣を捧げる。さらに、お神酒の素材である穀類や糀をわずかながら土産として捧げ、その労をねぎらい、体を打ち払った木幣とともに神の国に戻し、再生することを祈願してそれらの霊を送り、すべての木幣は便所の裏手にまとめる。便所の女神にも感謝し、その功績と増力となる偶数の*削掛を左右の内壁に差し、裏返してあった2枚の跨板も元のように返して、丁重な拝礼を行って儀礼を終える。　　　　　　　　〈藤村〉

どうぶつのほねをおさめるばしょにたてるぼうじょうもくへい［動物の骨を納める場所に立てる棒状木幣］　イソキヨホニウシ、カムイケウェウシ、オブニレウシ、オプニカウシ、ホプニレウシなどと称す。北海道では、捕獲した動物の頭蓋は可能な限り二股の棒に差し込んで*幣場に立て納め、食べ残しの骨格などもその根元にまとめる。幣場が手狭になると、多量の骨を大きな*編袋に集めて入れ、人があまり行かない山中の汚れの少ない場所を選んで持っていく。そこで人の背丈前後の木を切り出し、2翼2段、または3段の*削掛をつくって骨の納め場とし、大木の脇や根元、岩場、岩陰などに骨を山積みにして自然に朽ちさせる。骨の量が少なければ小型の*木幣とする。サハリン地方では、動物の霊送りを無事に終え、その後に何事もなく、神からの求めもなく、物事が落ち着いたと感じると、時期を見計らって、動物の頭蓋や四肢骨、背骨、肋骨などをまとめて、祖先代々からの骨納め場に持参する。そこには3～6mくらいもある何本もの台木の先に木幣を結びつけてあるので、遠くからでも目印となる。頭蓋は木の枝に掛けて通し、難しいものは根元に山積みとする。　　　　　　　　　　　〈藤村〉

せいかつようぐのおくりばにたてるぼうじょうもくへい［生活用具の送り場に立てる棒状木幣］　イワクテウシと称す。日常生活で使用される多様な用具が使用に耐えなくなると、それに代わる新

しいものをつくり、新旧の交代がある。古いものは長年の功績に応じて一対２翼２段、または３段の*棒状木幣のほかに、タバコやお神酒の材料である穀類や糀などを添えて月祭りの際にその霊を神の国に送る。その際には、長期間にわたり暮らしを支えてくれたことに感謝し、「これからはあの世で一時の休息をしたのち、再びこの世に生を受けて、立派に生育したなら、また役立つように」などの言葉を添えて家の上手に設けられた*幣場で送り出す。量が増えて手狭になると、人里に比較的近い川上に、人があまり入らない清浄な場所を探し出し、そこを物送りの場所として、高めの木材を切り出し、一対２翼２段、または３段の*削掛をつくる。そこの大木の脇や根元、岩場、岩陰などへ、各戸から*編袋に分け入れて出された古い用具や、添えた供物類もすべて運び納め、最終の送り場とし、その後は自然に朽ち果てるままとする。　　　　　　　　　　〈藤村〉

いぬつなぎのはしらにむすぶもくへい［犬繋ぎの柱に結ぶ木幣］
セタクマイナウ、セタコホニイナウ、タクサイナウなどと称す。サハリン（樺太）地方では、猟犬とは別に春〜秋季は舟を、冬季は橇を引かせるための犬を多く飼育している。子犬のうちは放し飼いにするが、成長過程で橇用に選ばれた犬は、所定の場所に配置され、数本をつないだ横長棒に先導犬から順にイラクサを撚った*綱でつないだ。横長棒は、その前後や中間に立てられたＹ字状の柱で受け、すべての柱の先端（片方１カ所のみ）に短めの*削掛を捉った木幣を紐で結ぶ。春秋の大祭をはじめ、必要に応じて新しい木幣に取り替え、古いものは*幣場の隅や裏手に納めた。なお、イヌの病気が流行すると、もう片方の柱先に病魔除けの木幣をつくって結ぶこともある。（→Ⅱ巻　養畜・酪農用具―犬の飼育具［犬の守護神］）　　　　　　　　〈藤村〉

はんちかしきじゅうきょにたてるもくへい［半地下式住居に立てる木幣］
ソパイナウ、ソパウンイナウ、タクサイナウ、ソバコロカムイなどと称す。サハリン（樺太）地方の越冬用の家の新築や修理が終わり、家屋全体に土盛りした最頂部に立てる*木幣。多くの地域では夫婦神２神２本であるが、１神１本の地域もある。この木幣は越冬する家の主人や家族、同居人などを守護する神で、サハリン南部では、直径５〜10cm、長さ1.0〜1.5mのハンノキ、ヤナギ、シラカバなどを適宜組み合わせて脚木とする。その両脇面の根元側に向かって６cmくらいの間隔を置いて、梢側から根元側に向かって*小刀で長さ５〜６cmくらいの*削掛を下から順に６段削り立てるが、人や地域によって段数に違いがある。削り立ての下腹面20cmくらいから根元側に向かってやや長い筒状に削り取り、その上下に１〜３条の横溝を加えて家紋とする。サハリン西海岸北部では、同じ樹種１本の外皮を取り除き、木質部の上方に男女の顔と頭をつくり、胴部には削掛や家紋をつける。古い木幣は新しいものと取り替え、古い木幣は*幣棚の脇や裏手に納める。　　　　　　　〈藤村〉

ひぐまをほかくしたさいにかしんにささげるぼうじょうもくへい［熊を捕獲した際に家神に捧げる棒状木幣］
シュトゥイナウ、チショルンイナウ、ソパカムイネイナウ、ソパウンイナウなどと称す。北海道東部では、ヒグマを捕獲した場合には、雌雄の*棒状木幣を一対つくって*家の神（家神）に捧げて報告し、春の大祭のときに*幣棚にまとめて納める。素材は直径３cm、出来合いの長さ50〜60cmほどのヤナギで、雌雄の材は外皮を*小刀で取り除く。雌の木幣は根元側を手前にして、左手で棒の中央部分を握ったあと、梢側から根元側に向かって*削掛を８〜12枚ほどつくり、その反対側（裏面）へも同様に削掛を削ると上向き両枝状になる。その削掛の付け根から一握りくらい離れた根元側のあたりに、両枝状の削掛と向きが交差するように両面を削って上向きの２段目をつくる。さらに２段目の削掛の付け根から一握りくらい離れた根元側のあたりに、同じ方向に両枝状の上向き削掛を削る。次いで木幣を立てて左手で梢側を、右手に*山刀や鉈などを持って、最上段の削掛の付け根の上部あたりから斜め下に深く切れ目を入れる。木幣の根元を左手に持ち、右手の刃物の背で深く切れ目の部分をたたくと、最上段の削掛上部から折れる。それから木幣を立てて中央部を左手で握り、右手に持った刃物で根元側を多角錐状に削ると雌の棒状木幣が出来上がる。

雄の木幣は雌の木幣のつくりとは逆に梢側を手前にして、左手で棒の中央部分を握る。根元側から梢側に向かって削掛を８〜12枚ほどつくり、その反対側（裏面）へも同様に削掛を削ると下向きの両枝状になる。その削掛の付け根から一握りくらい離れた梢側のあたりで、両枝状の削掛と向き

が交差するように両面を削って下向きの２段目をつくる。次に木の梢側と根元側を逆向きに持ち替えて、雌の木幣の最上段と同じく上向きに削り、上部あたりから刃物で斜め下に深く切れ目を入れて折る。根元側を多角錐状に削りながら雌の木幣と高さを合わせると、雌雄の棒状木幣が出来上がる。

〈藤村〉

おくないのかみへのもくへい　［屋内の神への木幣］

ひのかみへのもくへい　［火の神への木幣］　アペイナウ、アペフチイナウ、カムイチイナウ、アペシュトゥイナウ、アペソキッカマカイイナウ、アペフチイナウ、アベウチイナウなどと称す。北海道の日高北部から西南部にかけては、＊削掛を捩った耳付木幣を使い、日高南部から東北部にかけては、＊捩った削掛の上にささくれを１周させた木幣を用いるが、後者の場合、地域によっては＊火の女神への木幣の従神である護衛神を代用する場合もある。

〈藤村〉

ひのめがみへのわきがみ・ごえいしん・じゅうしんのもくへい　［火の女神への脇神・護衛神・従神の木幣］　ポンシュトゥイナウ、ポンアペシュトゥイナウ、ピンネシュトゥイナウ、マッネシュトゥイナウ、ウムレクイナウ、ウルメクイナウなどと称す。北海道の日高北部から西南部における火の女神へ捧げる木幣の従神となる木幣は、＊削掛を捩った耳付木幣（＊棒状木幣）と同じつくりの小型のもので、直径１cm、長さ15～20cmでヤナギやミズキ、ハシドイ材などを使用する。大型の木幣を製作した残り材を半割り・四つ割りなどにして削ることが多い。普通の神祭りにはつくらず、酒を醸造したとき、祈願の内容が普通でないとき、人側に非があって謝罪するときなど、正規な神事には欠かせないものである。その数は３～７と多様で、同一人であっても、状況によって数を倍に変える場合があり、重要な神事ほど従神の数は多くなる。

日高南部から東北部におけるものも同じような素材を使うが、削り方に違いがある。削掛の向きを上向きにするもの（男神）、下向きにするもの（女神）、そのつくりは同じでも男神と女神が逆になる地方、削掛の向きが上向きと下向きを組み合わせて女神とする地方がある。左右の面につくる削りも２翼一対から六対まであって、複雑ではあるが、通常は男神と女神を一組として、内容によっては組数が増す。足の削りなどは長い円錐形に整える場合が多い。従神を立てる場所は＊囲炉裏の下手から奥にある＊炉縁の手前。正規の祭りの場合には横一列に並べ、儀式のときは、花状の中央部に酒糟を円錐状に盛りつける。儀式が終わった時点で、この木幣は火に捧げ、その形を変えて火の神の宝物とする。

また、日高南部から東北部における略式の神事では、簡単な男神の木幣１～５本の場合もある。人によっては根元から25cmほど上のところへ梢側から長さ８～14cmの削掛を１周させて削り寄せる。全体の形がよければ、残りの材も木芯まで何十周となく削り寄せて木芯が折れるまで削る。木芯が折れると棒の先に花が咲いたような木幣が出来上がる。儀礼に際しては、花状の中央部には酒糟を円錐状に盛りつける。足は根元の上10～15cmあたりから下に向かって、ほぼ多面体の角錐形に削ると出来上がる。この１本は囲炉裏を下手から見て左上隅に立てる。通常はこの１本でもいいが、正規な場合には、脇神・従神として３～５本の同じ形の小型木幣を組み合わせて立てることもある。

〈藤村〉

図４　火の女神への脇神・護衛神・従神の木幣

ひのめがみへのもくへい　［火の女神への木幣］－サハリン型　ウンチイナウ、ウンチナウ、ウンチプシ、アベコロカムイプシなどと称す。火の女神へ捧げる＊木幣の素材は長さ50cmくらいのヤナギで、出来上がりの長さ25～30cm、二股あるいは三股になった部分を使う。股下が20cm、股上が30～35cmの部分を伐採し、枝は股（付け根）から20cmくらいを残して枝先を払う。反りと枝ぶりを見て材の前と後ろを決め、突出する節をよけて梢側の樹皮に横一筋の傷をつけたあと、その傷の上下からそれぞれ斜め鋭角に削ると横長のレンズ状に

なった溝ができる。この溝（刻み目）の数は１～３本であるが、それは地域によって、また同一の男系血縁集団によって違いがある。

　また股や節、瘤の上に、やや深い横一筋の傷をつけたあと、その上部３～５cmのところから横一筋の傷に向かって削り、縦長の筍型の削り面をつくる。サハリン（樺太）西海岸北部では上辺にも深い横一筋の傷をつけて、全体に浅い長方形に削る。筍型の削り面の上には、わずかに離して刻み目を１～２本つける。これを一組として同じものを幹に１～２段に刻み、１～２本残した脇枝にも同様の一組を刻む。枝先はレンズ状に削り、その削り面から少し離れたところを斜めに削り落として爪状にする。人によっては爪先を＾状に削り落とすことで、それぞれが肩口、腕、手首、手のひらのようにする。

　この段階でおよその木幣の形ができると、足の削りに入る。不要な部分が多ければ、材を細工台に寝かせ、＊山刀や▼鉈を材に対し45°くらいの角度に寝かせて打ち下ろす。材を回して同じことを数回くり返し、傷を入れたあたりを刃物の背でたたいて折る。材を縦にして根元を円錐形や、多面の角錐形に削り落とし、人によっては＊小刀で面を調整する。

　次にレンズ状の溝から少し離れた梢側の樹皮を丸剥きし、その表面にごく小さな＊削掛を１周させる。さらに、削り始めの間隔を広げたり狭めたりして、たくさんの小さな削掛を掻き立て鞠状のものをつくる。多くの地域では鞠状のものを一つつくるが、地域によっては間隔をあけて二つとする。鞠状の上部には傷や刻み目を入れ、その近くを刃物の背でたたいて折り、折れ面を削って面取りをする。

　終わりに筍型の削り面の両脇にある樹皮を剥き、そこに何枚ものごく小さな削掛を縦に積み重ねるようにつくって飾り立てる。なお、南サハリンの北部では、両枝先をカーネーションのように削り立てたり、別木で同様のものをつくったりして胴体に穴を穿って差し込む。　〈藤村〉

ひのめがみへのわきがみ・ごえいしん・じゅうしんのもくへい[火の女神への脇神・護衛神・従神の木幣]－サハリン型　ウンチケマ、ウンチナウケマ、ピーネイナウ、マハネイナウなどと称す。火の女神へ捧げる＊木幣。出来上がりの長さ21～24cmで、素材は太いヤナギ材。これを割って魚串

状に粗取りし、材の反りを見て膨らみのある方を木幣の前側・腹側とし、背面は蒲鉾のように丸みを持たせ、足は＊囲炉裏に刺しやすいように長い円錐形に削る。次に木幣の胴部に、横長のレンズ状刻み目、縦長の筍型の削り面、わずかに離して一組の紋章を刻む。地方や条件によっては刻まないこともある。刻む場合には３等分した中央部に、上の刻み目を入れ、筍型の削り面、その下に刻み目を入れる。それから上の刻み目からわずかに離したところを目安に、梢側の５mm先から刻み目に向かってごく小さな＊削掛をつくり、材を回しながら１周させる。さらに、１～２mmずつ先の方から小さな削掛を掻き立て、削り始めの間隔を１～５cmと徐々に広げ、下段の削掛の上へ重ね、トウキビやマンゴーのような縦長の穂状につくって火炎に似せる。また、神様の体の部分とし、終わりごろには再び間隔を狭く数段にすることで、穂先の部分ができる。それから上１～２cmをあけるが、これは神様の首にあたり、再びその上に鞠状のものを作り出して顔とする。鞠状の上部は、その境目へ傷や刻み目を入れたあと、その近くを刃物の背でたたいて折る。折れ面を周りから木芯の方に向かって削り面取りをすると、神様の頭部が出来上がる。

　終わりに縦長に削った筍型削り面の両脇に、短い削掛を梢側から根元へ削り立てる。紋章を省略する場合には、紋章を刻むはずの両脇に短い削掛を縦長に積み重ねるように削り立てることがある。正規の神事、重要な儀式では、２本の従神を主神の両脇に一組として立てるが、向かって左の従神が男神、その反対側が女神となる。通常の祈りや略式でよい場合には、主神をそのままに従神だけを木幣１～２本（男神、または男女神）を加えるか、従神の新旧を交代させて祈ることもある。　〈藤村〉

いえのかみ[家の神]　チセコルカムイ、チセコロイナウ、チセコロカムイ（カムイエカシ、カムイフチ）、ソパウシカムイ、ソパウンカムイ、ソパイナウ、ソバコロカムイ、ウレシパカムイ、ウレシパプンキカムイ、ポロイナウ、カムイエカシなどと称す。戸主やその家族および同居人らを守護する神。日高地方北部から西方地域では、１神としてつくるが、日高南部から東方およびサハリン（樺太）地方にかけては夫婦神２神とする。１神とする地方の形は男神であり、その妻は家屋の

女神、または火の女神という。夫婦神とする地域では、家屋の川上側半分を男神とし、川下側半分を女神とする。家の神の素材はヤナギ、ミズキ、キハダ、ニワトコ、ナナカマド、エンジュ、ハン、ハシドイなどと多様であるが、これは家主の思いや希望、作り手の考え、神からのご託宣などによるものなどと考えられる。

新築の家が出来上がると、家の神づくりに取りかかる。＊囲炉裏に燃える火の女神にこれまでの経過を述べ、希望する樹木と出合うように祈願する。翌朝早くに山に出かけ、目が引きつけられた樹種を最上の素材とし、直径２〜４cm、長さ50〜60cmの長さとし、眼前の樹木に出来上がりの形を重ね合わせて切り場所を決める。被り物、手にはめた物などをとり、身繕いをして立ち木の前に座り、前日の祈り言葉を繰り返し述べ、家の神として製作する意思を伝えてから伐採を始める。家の神の本体と、それに着装する＊削掛をつくる部位などをおよその長さに切り、素材の残りは再生を願って周辺の地中に枝を刺し立て、小枝は根元にまとめて肥やしとする。

家に持参したら、＊神窓から屋内に入れ、素材を＊膳にのせて＊炉縁の上座に置き、火の神に製作の予告をする。＊山刀、＊小刀、▼木幣削り小刀などを用意し、台木の上で本体の長さに整え、頭頂を平面にし、あるいは「厂」のように一部を斜めに削いで男神の顔とする。木の反りを見て、出ている面を腹、逆面を背中に見立て、平面から３〜５cm下に上から根元に向かって外皮と浅い木質部を削ぎ起こして１翼を立てる。その後方に２翼を立てて３翼とし、それから３〜５cm下に60度ずらして同様に３翼を立てる。そこから３〜５cm下にも３翼を立てて３段とする。別の素材で削掛の小束を削り、それを根元から削ぎ起こすようにとって、削いだ部分を二等辺三角形状にするために不要部を削り落とす。これをたくさんつくり別置する。

次に家の神が力量を発揮するための心臓をつくる。事前に良質の木炭材となるイタヤ、ナラなどの木片を燃やし、囲炉裏の燠火の中から＊燠の塊を＊火箸で探り出す。膳に水の入った＊盃を用意し、それに燠を入れて木炭をつくる。次に木炭の硬さを確かめ、小塊にして削掛でグルグル巻きにし、最初に削った１翼と木質部の間に挟み、１翼の上部を削掛でしっかりと結ぶ。その２〜３cm上にも削掛を少し緩く結んで首巻とし、そこへ削掛の付け根（二等辺三角形状の部分）を刺し込んで本体の衣服とする。それらで適当に胴部を覆い隠すと、腰のあたりを別の削掛で一〜二回しして縛り帯とする。足は粗い多面体の角錐形に削る。家の神を夫婦神とする地方では、女神の顔を斜めに削ぎ、地域によっては上部切り口の左右辺を斜めに削いで、左右に分かれた前髪とする。男神に対して材の太さがやや細身であり、顔面の中下あたりに横一文字の線を加えて口とする。

本体が出来上がると丁重に神事を行い、家の神として十分に活躍し、異変が発生する場合には夢見で、あるいは言葉、感性で告知するように指示し、祝儀の膳を捧げ、神事に集った一同とともに飲酒や食事をしたのちに上座へ安置する。男神は家の奥に向かって右側、女神は左側に座らせて月祭りを行い、言霊によって後押しをする。春秋の大祭では新しい削掛を重ね、大事を過ごしたあとには、各種の木幣を恩賞として受け、数年後には削掛を一新するなどの行為が繰り返される。当主が亡くなると、葬儀を終えた７〜10日後に親族が集って長期にわたり当主を支えてくれた功績を再確認し、儀礼を行うとともに、功労に見合った祝儀の膳を捧げる。一同とともに飲酒や食事をしたのちに、家の山側にある＊幣場へ神窓から送り出し、もう一度、幣場の中央で謝辞と盃を各人が思い思いに上げ、死後の世界に旅立った戸主の守りを継続するために家の神の霊魂送りの儀礼を行う。

家の神に対し、不足な物やしてほしい行為があると、誰彼かまわず夢に見せて必ず実行するが、それらがなければ、十分に満足して我々の願いを引き受けたものと理解する旨を言い含め、着装していた部材を解きながら魂抜きをする。これは、先代の人々の知恵や製作過程を学ぶ貴重な場とな

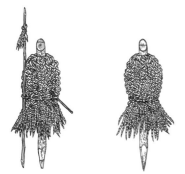

図５　家の神

り、その技は新しい家の神の製作に引き継がれる。解体された部品はその場にまとめて置き、軽い飲食のあと、参加した人々が各戸に戻る。その翌日の午後から再び集って、相互に予告や予知の有無を聞き合い、何もなければ無事に一同の意を得て神の国に到着したものとして後祭りを行い、家の神送りが完了する。なお、地域によっては*削掛を捻った木幣や、*削掛を広げた木幣に頭や顔をこしらえ、樹皮つきの樹種に変えて家神とすることもある。　　　　　　　　　　〈藤村〉

いえのかみへちからぞえするもくへい[家の神へ力添えする木幣]　チセユプイナウ、ソパウシセレマハ、チセエプンキネイナウ、チショロンイナウなどと称す。北海道では春秋の大祭にあたって新しく*削掛をつくって6〜20本重ね着させる。ほかに、必要に応じて*家の神の威力増加を図って難局を乗り切り、その功労に対する恩賞として*棒状木幣をつくって添える。古くなったものは*幣場でその霊を送るが、この際の樹種はヤナギ、ミズキが一般的である。しかし、最悪の場合にはニワトコ、ナナカマド、エンジュ、ハン、センノキ、タラ、エビガライチゴなどで家の神を守護する木幣を作製して*護符とすることがある。こうした異常時の木幣は、事が終わったのちに、困難をよくしのいだことを褒めたたえ、それにふさわしい木幣を添えて功をねぎらい、今後十分休息をしたのち、再びこの世に再生して成育し、人のために役立つことを祈願する祭事を行う。その後、家の山側にある幣場へ*神窓から送り出し、護符の木幣に傷をつけながら魂抜きをして霊を送る。

サハリン(樺太)地方では、春秋の大祭にシラカバ、エゾマツ、トドマツの枝つきの若木3本を使って、左右に伸びる2枝を手に見立て、それに削掛を1本ずつ樹皮で結んで不要な枝を払い、▼木幣削り小刀を使って頭頂を平らにする。その3cmくらい下に上向きの小さな削掛を3cmくらいの塊に重ね削ってボンボリ状にし、さらにその下3cmくらいを空白にし、その下の1周には10ヵ所以上にわたって長い削掛をつくる。足は細長い円錐形にしたものを三つつくってそれぞれの樹皮に結束し、主神は1m強、従神は90cmほどの長さに整えて捧げる。場合によっては、梢の先に結束したものだけを1m強に大型化して捧げ、さらに事情が悪化すると北海道と同様にニワトコなどで

逆木にして作成した木幣を添え、後日に他の木幣と同じ手法で、その霊魂をあの世に送り届ける儀礼を行う。　　　　　　　　　　〈藤村〉

とぐちのかみ[戸口の神]　アパコロカムイ、アパチュンカムイ、アパサムカムイ、アパサムンカムイ、アパサムンイナウなどと称す。家は一間の母屋と*土間の*前小屋に分かれ、家族構成によっては下屋を出して、そこに寝室、娘部屋、息子部屋などをつくる場合がある。戸口は通常、家(前小屋)と母屋の二つである。日高南部以東は2翼2段の*削掛を捻った耳付木幣を、日高北部以西は2翼3段の*捻った削掛の上にささくれを1周させた両耳付木幣の*棒状木幣をそれぞれの戸口左右の柱脇に立てる。略式の場合には、削掛をそれに代行させる。普通は春秋の大祭に新たに削り、家によって追加や新旧を交代させ、古い木幣や削掛は家の上手に立ち並ぶ*幣棚の後方にまとめて納める。風邪の流行時や、付近の集落での不祥事除けなどにもつくって加えるほかに、定例の月参りに普通に倍して祈ることもある。〈藤村〉

まどべのかみ[窓辺の神]　プヤラコロカムイ、ピヤラコロカムイ、プヤルコルカムイ、アハプイコロカムイなどと称す。母屋には、川上側の*神窓(上窓)、長軸の壁に2〜3ヵ所の窓が設けられていて、夏場の猛暑日には全開することがあるが、必要があっても半開き程度が普通で、閉じていることも多い。窓は通気よりも採光が重視され、屋内は火力を落とすと薄暗い。したがって、男性の彫刻や細工、女性の縫い物・織物などを行うときには窓辺の下を利用するほか、土間口、屋外の外庭、*高床式倉庫の中や床下、入り口の板場などを利用することが多い。2〜3ヵ所の窓両脇には、日高南部以東は2翼2段の*削掛を捻った耳付木幣、日高北部以西は2翼3段の*捻った削掛の上にささくれを1周させた両耳付木幣の*棒状木幣をそれぞれの戸口左右の柱脇に立てるが、略式の場合には削掛を代行させる。普通は春秋の大祭に新たに削り、家によって追加や新旧を交代させ、古い木幣や削掛は家の上手に立ち並ぶ*幣棚の後方にまとめて納める。不定期には風邪の流行時や、付近の集落での不祥事除けなどにもつくって加えるほかに、定例の月参りに普通に倍して祈ることもある。　　　　　　　　　　〈藤村〉

やしきないがいのけいごしん[屋敷内外の警固神]　ソホキコロカムイ、チセソイウシイナウン

ドと称す。サハリン（樺太）地方では屋敷全体、屋内全体を管理掌握する神がいる。その神のつくりは、素材となるヤナギの外皮を除き、*木幣の頭頂部になるところを想定し、木の反り面を顔とし、その面をはずした残りの面をおよそ10面以上に分ける。▼木幣削り小刀を使って根元から梢側に向かい長さ40～50cmの*削掛を削って髪の毛とし、それを上に向けて軽く結ぶ。次いで背の面を、木芯を越えて削掛よりも短く削り、厚みがよければ腹の両脇をV字状に削る。上げた削掛を下ろし、削掛の付け根の直上を梢側5mmくらいのところから下に向かって小さく削って1周させて眉とする。その上3cmくらいを空白にして額、その上5mmくらいのところから下に向かって小さく削って1周させ、徐々に間隔をあけながら削りを積み重ねて3cmくらいの鞠状にして頭部の髪毛に似せる。その上部は不要なものとして刃物で傷や溝をつけたあと、*山刀や▼鉈の背などでたたいて折る。さらに、やや斜めに削いで面取りをすると、少し丸みのある木幣の頭頂が出来上がる。

こうしたものを3本こしらえ、脚木としてシラカバ、エゾマツ、トドマツの枝つきの若木3本を使い、左右に伸びる2枝を腕に、真ん中に伸びる幹を首や脊髄に見立て、残る枝を払う。枝の上部にはヤナギでつくった顔と頭を樹皮で結び、左右の両枝先には削掛1本ずつを樹皮で結んで両手とする。両手の下は地中に突き刺すように多角錐に削る。主神の長さは出来合いで120～150cm、従神はその半分くらいに整え、主神を中央にその左右を雌雄の従神が脇を固めて*幣場に捧げるのを春秋の大祭の常とする。場合によっては、梢側の先に結束したものだけを長さ1m強に大型化して捧げ、さらに事情が悪化すると北海道と同様にニワトコなどの樹種を逆木にして作成した木幣を添え、後日、他の木幣と同じ手法で、その霊魂をあの世に送り届ける儀礼を行う。〈藤村〉

ねどこのかみ［寝床の神］ オマイソカムイ、オマイソコロカムイ、ソッキパエプンキネカムイ、ソッキエプンキネカムイなどと称す。床に入っても熟睡できない、悪夢や、うなされる夢をよく見る、金縛りやこむらがえりにかかる、死人や動物が迫ってくる、なかなか身ごもらないなどのことが頻繁に起こった場合に寝床を見守る神を製作する。こういう場合には、祖先、水子、不慮の死者、遺恨に思う動物の霊、前世の因縁などがあるとして、巫者のご託宣を聞いて原因を探り、性別も確かめ、謝罪や対処する手法の指示に従い、巧者が神事を並行させながら作業を進める。素材を選定し、言われたとおりに製作して完成すると、巫者に何日かをかけて魂入れや職務を示唆してもらう。

数日後には巫者からもらい受けて自宅に持ち帰り、本人の希望を受けて期間を定め、食事の*膳を捧げて、祈願の巧者に祈ってもらったあとは、*寝台の上手に祭り、膳を移動させて供える。翌朝に寝床の神や膳などに変化がなければ、こちらの希望を受け入れたとして、午後から感謝の祈りを捧げ、昨夕に捧げた食事を一鍋に入れて煮立て、寝床の神が手をつけた食事をいただくことで、自分に力を授け、意思を共有した印とする。依頼した期間中は、食事のたびに自分の食事膳に盛って神前に捧げ、感謝の言葉を述べ、膳を下げて食べる。

こうした一定の期間内に希望が叶い、任期が終わると、寝床の神に感謝して供物を供え、祈願の巧者に祈ってもらったあとに供物を携え、祈願の巧者とともにあまり人の行かない山中へ出向く。そこで寝床の神を解体し、これまでの功労をたたえ、労をねぎらってその魂を天界に送り、必要があればいつの日にか人の苦渋に応えてくれるように祈願する。そのあとには月参りに*盃を捧げて感謝の意を述べる。また、送らずに期間の延長を祈願する場合もある。〈藤村〉

たくさ［手草］

タクサ、ムンムイェタクサなどと称す。人に取り憑いた魔性、病魔、生霊、死霊、想い、呪などを払い去るためのもの。最も普遍的な除魔の手草は、ササの茎とヨモギの茎を組み合わせ、手のひらで握れるほどの大きさに束ねたもの2本を左右の手のひらに握って、取り憑かれた人の前面・背面を頭から足先まで打ち払う道具である。状況によっては、エビガライチゴ、キイチゴ、センノキ（ハリギリ）、タラノキ、エンジュなどの茎、松葉などを加えたり、種別ごとにつくったりする場合もある。（→227頁　建築習俗用具［手草］）〈藤村〉

どうぶつのれいおくりのたくさ［動物の霊送りの手草］ タクサイナウと称す。直径3cm、長さが

1.5〜2.0m近いヤナギの棒の1〜3面の外皮を刃物で縦長に剥ぎ、梢側の棒先にササの葉を、地域によっては松葉を加えて紐で2〜3カ所結んでボンデン風につくったもの。飼育した幼獣・幼鳥などの霊を送るために飼育檻（▼熊の飼育檻、▼鳥の飼育檻）から人々が集まる広場に誘導する際、進行する先々を左右に振りながら払い清める。また、広場を時計回りにめぐる過程で、幼獣が体にかけ結んだ引き綱を噛み切ろうとするのを防ぐために、手草の持ち手が棒先のボンボリを顔に近づける。すると、幼獣などはそれを噛んでよけようとするので、綱を噛みそうになるとその動作を幾度も行う。やがて幼獣などが骸になると、使用した手草は*幣棚に立てかけ、本数が多い場合には、幣棚の裏手に納める。　　　　　　〈藤村〉

どうぶつのずがいこつにそえるたくさ [動物の頭蓋骨に添える手草]　タクサイナウ、ルウェシュトゥイナウと称す。2m近い股木に挿入して飾りつけた頭蓋骨は、*幣棚の中央部に刺して立てる。その両脇に直径8〜10cm、長さが1.5m近いヤナギの棒を2本切り出し、その1〜3面の外皮を縦に剥ぎ、梢側の棒先にササの葉を、地域によっては松葉やヨモギの茎などを加えて紐で2カ所を結んでボンデン風につくって立てる。これは、神の国である来世に到着するまでの過程であたかも人が行っていたかのように、ゆったりと前後左右に振りながら払い清める役割を担う。
〈藤村〉

ぬさだなのりょうわきにたてるたくさ [幣棚の両脇に立てる手草]　タクサイナウ、ヌサタクサなどと称す。北海道の東北地方にあっては、直径3〜5cm、長さが2m近いヤナギの棒2本を用意し、その1〜3面の外皮を縦長に削り取る。梢側の棒先にササの葉を、地域によっては松葉を加えて紐で2カ所を結んでボンデン風につくり、*木幣を作製して立てるたびに*幣棚の両脇に立てる。幣棚に立て並べた木幣に悪さを試みようとする者を追い払う役割を持つ。　　　　〈藤村〉

けずりかけ [削掛]

もくへいざいからそぎとったながいけずりかけ [木幣材から削ぎ取った長い削掛]　タンネイナウキケ、タンネイナウル、タンネキケ、タンネキケイナウ、タンネチメスイナウなどと称す。素材の多くはヤナギやミズキで、ほかの材も使われる。まず、素材の外皮を剥いだのち、梢側を手前に向けて左手で握り、木質部の表面に専用の▼木幣削り小刀で削掛をつくることから始める。場所によって長さに差異があり、短いものは10cm、長いものは50cm以上にも及ぶが、たいていは素材の長さを利用して削り取れる最も長いものからつくりはじめる。

　根元側から梢側に向かって小刀を長く引き、左の親指の爪先まで持ってくる。すると1枚の削掛ができるので、続けて親指先をめがけて削り6〜10枚ほどつくる。次いで削掛のまとまりの下へ刃物を入れ、少し抉るように剥ぎ起こして木質部から分離する。この剥ぎ起こした削掛の基部が二等辺三角形状（△）になるよう不要な部分を削ぎ取り、切れ目などに差し込みやすいよう△状の先を薄く削って調整すると1本の削掛が完成する。さらに、△状の先とカールのかかった削り始めを巻いたり重ね合わせたりして棒状や、ねじったドーナツ状の削掛にする。この削掛は多くつくれないので、貴重品として重要な部位に使用する。そのために、10本をひとまとめにして、削掛の屑の長い1枚で結び別置しておく。長物の包装用、紐用、下げ飾り用と、用途は広い。　〈藤村〉

図6　木幣材から削ぎ取った長い削掛

もくへいざいからそぎとったけずりかけ [木幣材から削ぎ取った削掛]　イナウキケ、イナウルキケ、キケイナウ、チメスイナウなどと称す。50cm以上の長い削掛6〜20本ほど（素材の長さによって2〜3周分）を削ぎ取ったあと、残った*木幣材の剥ぎ面を*山刀や▼鉈で削ぎ落とすなどして、最も使用量の多い平均40cmくらいの削掛を作製する。削掛のまとまりを剥ぎ取り、不要な部分を調整して出来上がると、*膳に並べ、あるいは積み重ねる。長さのそろった削掛が膳からあふれる前に、削掛の屑のなかから選んだ1枚を使って

10本、20本と結んで束にする。そうしながら数を増やし、その束を膳に盛り、あるいは井桁に数段を重ねていく。ヒグマの霊送りなどでは1,000本以上も使う。包装用、紐用、下げ飾り用、木幣の代用品など用途は広い。　　　　　　　〈藤村〉

もくへいざいからそぎとったちいさなけずりかけ〔木幣材から削ぎ取った小さな削掛〕　タクネイナウキケ、オタハコンイナウキケ、タクネイナウル、タクネキケ、タクネキケイナウ、オタハコンチメスイナウ、タクネチメスイナウなどと称す。出来合いが20cm以下のものをいい、使用量はあまり多くはなく、数十本程度である。*棒状木幣の下げ飾り、お守りの包装などに使われる。〈藤村〉

もくへいざいからそぎとりにほんよりをかけたけずりかけ〔木幣材から削ぎ取り二本撚りをかけた削掛〕　タクサイナウ、チノイェイナウキケ、チノイェイナウル、チノイェキケ、チノイェキケイナウ、トゥノイェタクサ、トゥノイェキケなどと称す。*木幣材から削ぎ取った長い削掛を2分して△状の付け根を左右の親指と人差し指で挟み、時計回りに回すなどして端の方まで撚りをかける。道東北やサハリン（樺太）では削掛の屑、あるいはヤナギの内皮などで撚った削掛をグルグル巻きにしてしばる。時には、別の削掛の△状の付け根を割って、それを継ぎ足しながら撚りをかけることもある。これは位のある神へ力あるものとして動物の頭蓋骨や*木偶、什器、*神事用具などへの巻きつけや、包装に使われる。　　〈藤村〉

もくへいざいからそぎとりさんぼんよりをかけたけずりかけ〔木幣材から削ぎ取り三本撚りをかけた削掛〕　タクサイナウ、チノイェイナウキケ、チノイェイナウル、チノイェキケ、チノイェキケイナウ、レノイェタクサ、レノイェキケなどと称す。*木幣材から削ぎ取った長い削掛を3等分して△状の付け根から、そのうちの二つに緩い撚りをかけて端を削掛の屑で仮にとめる。左手で撚った部分を持って時計回りに回しながら、右手で残る一つに撚りをかけ、それを△状の付け根から撚りと撚りの間へ挟み込むと出来上がる。これは二本撚りの削掛よりも力あるものとして動物の頭蓋骨や*木偶、什器、*神事用具などへの巻きつけや、包装に使われる。　　　　〈藤村〉

とぐちのいぬがみ〔戸口の犬神〕　アパチュンカムイ、アパサムカムイ、アパサムンカムイなどと称す。その家に功労のあった老犬の魂を真冬に肉体から分離したのち、犬の首から頭を切り放し、後頭部から目の下、咽喉側は口脇まで皮を剥き、耳は付け根から切り落とす。両眼は抉り出し、左右の目玉を間違えないように置いておく。咽喉側は下顎をはずさないように舌や気管をはずす。後頭部は雌の場合は右側、雄はその反対側を刃物の背や石などで打ちあけて木の篦で脳漿をきれいに取り出す。その後、削掛の屑を脳漿の代わりに隙間なく棒で押しながら詰め込み、終わりごろに割った後頭部の骨片を入れ、その上にさらに削掛を押し込んで穴を塞ぐ。目玉は眼球を裂いて中の水晶体だけを取り出し、それを削掛で包んで眼球の大きさにして、元の眼窩に差し込む。抜き出した舌の代わりに削掛何本かを舌の長さに折り曲げ、適当な太さにして縦長の削掛にし、その端の方から削掛の長い屑で丁寧に巻いていく。時々元の位置に挿入して具合を見ながら合わせ、時には刃物の背でたたいて形を整える。人によっては上下をササの葉で覆って挿入し、剝いだ皮を元に戻す。次に口の中ほどを削掛で二回ししてしばり、別の削掛を使い左右に耳を立つようにして先に結んだ口の削掛に引っ掛けて全体の形を整える。

整えた頭は膳にのせ、この家の戸口を守る神として立派に働くように、そのためにはしばらく火の神に仕えて古くからの家柄を学ぶように言い聞かせ、*火棚の上に上げて乾燥と燻製作業に入る。時々乾燥具合を見て、形を整えながら、火の神からの学びの終わりごろを推定し、秋末に乾燥すると、火の神から学び終えたとして、丁寧な拝礼とともに火棚から膳に下げ下ろす。古い削掛を取り去り、真新しい削掛を口先付近に二回しし、削掛の余りが左右に跳ね上がるように結ぶ。この口輪状のところに、ほかの削掛を次々と刺し込んで後頭部の方にまとめ、その端を別の削掛で本結びにして結びの端を跳ね上がるようにする。両方の耳と目は削掛の隙間から出すようにする。

削掛で立派に飾り終えると、その日は*囲炉裏の上座に敷いた*茣蓙の上に鼻面を火の神の方に向け、*盃を持って主人や長老がこれまでの経過と今後に侵入しようとする悪い精神の持ち主や、病魔を威嚇し、家族の者が被害をこうむった場合には、地獄の果てまでも追いかけ、絶対に再生が不可能になるまで噛み殺すように指示する。その後に、*炉縁との間にその日に食べる家族と同じ食事膳を捧げ、家族は幼児を除いて、盃を手に

取って*捧酒箆の先からお神酒を鼻先に垂らしてあらためて犬神にあいさつし、今後の守りを祈願する。その晩は、犬の頭蓋も膳もそのままにし、就寝前まで代わる代わるお神酒を捧酒箆で捧げて犬神にお酌をする。夜は戸主が何か不足があれば夢に知らせるように祈ってから眠りにつく。翌朝に主人は犬神や膳の状態を見極め、家族の夢を聞き、何事もなければ犬神も快く承諾したとして、朝食時に膳を替え、昨晩捧げた膳から一品でももらい受けながら感謝する。残りの夕食と朝食は、養っているほかの犬に犬神からのおすそ分けとして食べさせる。朝食が終わったあと、主人は再び火の神を通じて謝辞を述べ、手厚い拝礼後に母屋の入り口の真上に犬神の鼻先を*神窓に向けて安置する。春秋の大祭時のほかに、犬神を頼ったあとは、日高南部以東では2翼2段の*削掛を捩った耳付木幣の*棒状木幣を脇へ立て、功労に合わせて削掛を重ね、その力量を増加させる。飼育した犬のうち功労の多いものは犬神として、母屋の戸口や家の出入り口の上にそれぞれ並べて祭る。

〈藤村〉

図7　戸口の犬神

ごふ［護符］

しゅっせいへいしのごふ［出征兵士の護符］　アイヌモンカエヌプルカムイと称する。戦時下に出征する兵士の無事な帰還を願って、個人を守護する*木幣を作製し祈願した。出征が決まると、さっそく火の女神に事の次第を詳細に話し、素材となる最良のハシドイ材に出合うよう祈願する。翌朝早くに山に出かけ、目が引きつけられたハシドイを最上の素材とし、直径3〜5cm、長さ50cmほどを目測し、出来合いの形を重複させて切り場所を決める。被り物を脱ぎ、身繕いをして立ち木の前で、前日の祈りを繰り返し、護符の製作意思を伝えて伐採に取りかかる。護符の本体と、それに着装する*削掛をつくる部位などをおよその長さに切り、必要に応じて*刀や槍、弓・矢、銃などの素材も採る。残りは再生を願って周辺の地中に立て、小枝は根元にまとめて家路に向かう。

家に着くと素材を*膳にのせ、*炉縁の上座に置いて火の神に報告し、製作予告をする。*山刀、*小刀、木幣削り小刀などを用意し、台木の上で本体の長さに整え、頭頂を平らにして面をとって男神とし、木の反りを見て出ている方を腹（前側）とする。頭頂から3〜5cm下に上から根元側に向かって外皮と浅い木質部を削ぎ起こして1翼を立てる。その後方に2翼を立てて3翼とし、それから3〜5cm下に60cmずらして同様に3翼を立て、その3〜5cm下にも3翼を立てて3段とする。別のハシドイ材を木幣削り小刀を使って削掛の小束を削り、それを起こすように削ぎ取る。削いだ部分を二等辺三角形状に整形したあと、その削掛を頭頂近くに二回ししてきつく結び鉢巻とする。その下2〜3cmくらいにも削掛を少し緩く結んで首巻とする。*囲炉裏の中から、*熾の一塊を*火箸でつまみ、水を張った*盃に入れて黒炭とする。水の中から取り出して硬さを確かめ、それを削掛で包んで、最初に削った1翼と木質部の間に挟み込んで心臓とし、1翼の上を削掛で結ぶ。たくさんつくった削掛の二等辺三角形状の部分を首巻に刺し込んで本体の衣服とする。適当に胴部を覆い隠したら、腰のあたりに削掛を回してしばり、帯とする。帯には刀を差し、弓矢や銃を背負わせ、槍を削掛の屑で帯にくくりつけ、刀の鍔、弓頭、銃の引き金あたりや銃口、鎗の刺し止めなどには削掛の屑を結ぶ。足は多面体の円錐形に削る。

本体が出来上がると重厚な神事を行い、本人の護符として活躍し、時によっては本人の身代わりをするように使命を言い含め、祝儀の膳を捧げる。一同とともに飲酒や食事をしたのちに、上座に座らせ、月祭りを行って言霊による後押しをする。後日に本人が無事に帰還した場合には、月祭りに替えて感謝の祭礼を行い、日を改めて送りの儀礼を行う。その日には家族や身内親戚、護符の製作に携わった人たちが一同に集い、まずは業務を果たしたことを絶賛し、今後に十分な休息をしたのち、再びこの世に再生して成育し、人のために役立つことを祈願する祭事を行う。功労に見合った祝儀の膳を捧げ、一同とともに飲酒や食事を

して、家の山手側にある*幣場へ*神窓から送り出す。もう一度、幣場の中央で謝辞の盃を各人が思い思いに上げ、不足な物やしてほしい行為があれば、誰彼にかまわず夢に見せて必ず実行するが、それらがなければ、十分満足して昇天したと理解する旨を言い含めたのちに、着装していた部材に傷をつけながら、魂抜きをしてまとめて置き、軽い飲食ののち家路に向かう。翌日の午後から再び集い、相互に予告や予知の有無を聞き合い、何もなければ、無事に一同の意を得て神の国に到着したものとして後祭りを行い、すべてが終了する。

なお、帰還が長引けば、月祭りに消耗した削掛の衣装を加え、場合によっては*棒状木幣を贈って気を高め、言霊で念を強くするように手当てする。本人からの手紙などの報告内容によっては、*削掛を捩った木幣や、棒状木幣などを功績のあかしとして添えて送り、本人が帰還した際には、それらも合わせて送る。〈藤村〉

ぎょしゅりょうのごふ[漁狩猟の護符] チコシラッキ、シラッキカムイ、チコシンニヌプ、マクワカムイ、マクタロクカムイ、テッコロチコシラッキ、チコセニシテヘなどと称す。漁労や狩猟を行うなかで、漁網にかかった奇妙な石を捨てても同じものが再び網にかかる、▼釣針が使えなくなったが最もよい漁に恵まれた、山道を歩いていて突風が吹いて異形の木片が足元に落下する、先祖代々解体用に使っていた刃物が付け根から折れる、▼罠を仕掛けに行ったら夢で見た木の瘤を偶然見つける、海浜や山中で魚や昆虫、鳥、小獣類のミイラや、頭蓋骨など珍奇なものを拾う―などのことがあると、それらを天の神が善良者に縁起物として授けたもの、あるいは祭ることによって必ず猟運、漁運に恵まれるものとして、大切に保持する。

一般的には自宅で*膳にのせ、正体が分からないように上を樹皮布などで覆って*炉縁の上座に置き、火の神を通じて護符を得た経過を報告するとともに、今後自分の後ろ盾となって幸運に導いてくれるように祈願する。もし霊魂を送ってほしければ、分かりやすく夢で知らせ、そうでなければ護符として末永く持つべきと判断する趣旨を伝える。翌日までに何事もなければ、護符の製作に取りかかる。*削掛材であるヤナギやミズキなどを、*幣棚前で必要量を削って*神窓から屋内に入れ、*囲炉裏の脇で、護符ののった膳を三拝し、覆いを取って削掛で包む。魚・鳥・小獣などは口の周囲を二巻きして、それに削掛を引っ掛けて全体を包むことが多い。北海道東部では*削掛を捩った木幣の中に本体を収納して削掛で落ちないように結束後、戸口から見て左壁奥の壁中上段に刺し立てる。

こうした護符は、春秋の大祭のほかに各月祭りごとに*盃を上げて謝辞と希望を述べ、削掛や小さな*木幣を添える場合もある。護符のなかには世代を超えて加護するもの、一代限りのもの、その年だけのもの、1漁期だけのもの、1季節だけのものなどがあって、守護の期間が終了したものは、それまでの加護に感謝し、休息ののち、再び護符になることを切に願い、功労に応じた木幣を添え、神窓から*幣場へ出す。そこで再度、謝辞と希望を述べて削掛などを解いて魂を解放して昇天させる。ものによっては、子息や後継者が引き継いで護符として用いる。また、護符の中心となるもの、それに次ぐものという位置づけについては本人しか分からない。したがって、護符の数についても他言無用であるが、30以上も所持することがあった。〈藤村〉

あかごのごふ[赤子の護符] 北海道では無事に赤子が生まれると、家の主人が直径3㎝、仕上がりが長さ30㎝くらいのヤナギの木で1翼2段、または3段の*棒状木幣を1本つくって*膳にのせ、*囲炉裏の上手の座に置く。主人が*盃と*捧酒箆を持って火の神に出産を報告し、赤子の健やかな成長を、期限を定めて祈願する。次いで、製作した*木幣を赤子の護符とすることを告げ、木幣に対しても同様に趣旨を述べ、その後に、赤子の枕辺付近の壁に刺す。主婦の床上げが終わって、通常の寝床で就寝するようになると、赤子の護符の木幣もそこへ移動し、春秋の大祭や月祭り、さらには何かの祝い事があってお神酒を入手したときなどにも欠かさず祈って赤子の成長に感謝する。約束の年限がくると、赤子の成長具合がよければさらに加護の期間延長を願う場合もあり、また、一区切りとして、その木幣に供物を捧げ、謝辞を述べてその霊を神の国に送り再生を願う。その後に、赤子の成育状態に応じて、新たに棒状木幣をつくって加護を祈願することもあり、虚弱であれば、長期にわたって加護を願う人形を作製する。(→351頁　産育用具[護符・守神]、→352頁　[サハリンの護符])〈藤村〉

ようじょうのこがたもくぐう・ごふ[幼児用の小型木偶・護符]―サハリン型 セニシテヘ、ハチコセニシテヘ、ケネナンコロペ、オソコニナンコロペ、ポンニポポ、ハチコニポポ、セニシテポンニポポ、セニシテニポポなどと称す。魔除けの木であるエゾニワトコやハンノキ、ヤチハンノキなどの直径1cmくらいの枝や、海浜に漂着する石炭でつくる。樹皮つきの小枝を長さ2～4cmくらいに切り取り、全体の半分または梢側3分の1のところを左右からV字状に削り、あるいは溝を1周させて頭部と胴部を区別する。人によっては、顔に目鼻、口や眉をつくるが、胴部はそのままのものが多い。そのほとんどが誕生した乳児の*下着の襟首内側へ外からは見えないように縫いつける。首が座る、歩くなど子供が成長すると、袖口、前襟、裾周り、腹に当たる帯の内側などへ縫いつけ、糸がすり切れて護符が落ちたとしても補修や補充はあまり行わない。成長すると、下着を新しくつくるので、夫や養父などに小型の護符をつくってもらう。また、石炭製のものは、海浜に打ち寄せられた小さな瓢箪型のものが最良だが、数多く入手するのは難しい。そこで漂着した硬質の石炭塊をいくつも採取し、刃物を入れて割り、それで薄くなったものを縦に割る。凹凸を調整して小枝でつくる小型の護符様に似せて形を整え、衣類に縫いつける。（→351頁　産育用具[護符・守神]、→352頁[サハリンの護符]）〈藤村〉

おとなようこがたごふ[大人用小型護符] ケネナンコロペ、オソコニナンコロペ、ポンニポポ、ハチコニポポ、セニシテポンニポポ、セニシテニポポ、セニシテヘ、ハチコセニシテヘなどと称す。青年期を過ぎた男女が、体の部位や内臓などに問題を抱え、手当てをしてもはかばかしくなければ、巫者にうかがいを立ててご託宣を聞き、その指示によって大人用の小型護符をつくって衣服に縫いつける。しかし、多くは別布を用意し、そこに力量を増加するという*木幣材から削ぎ取った長い*削掛や、円盤状、花弁の大きな花状の*木偶、ガラス玉、鎖、釦などを組み合わせて縫いつけ、*下着の上に着る。大人用に製作される小型護符の素材は、魔除けの木であるエゾニワトコやハンノキ、ヤチハンノキなどが中心で、*幼児用の小型護符に比べてやや大きく、顔には目、鼻、口、眉などを刻んでより人形に近い形にするという違いがある。出来上がったものは言葉の巧みな人に祈ってもらい、体調がよくなったらはずして大切にしまい、補修をしながらほぼ一生世話になる。本人が亡くなったときには、ともに埋葬する。
〈藤村〉

せきたんせいのこがたごふ[石炭製の小型護符] アンチポンニポポ、アンチポンセニシテヘなどと称す。石炭製の小型護符は、海浜に打ち寄せられた石炭片のなかから、小さな瓢箪型のものを採集・利用するのが最も容易な方法ではあるが、整った形のものを数多入手することは難しい。そこで、漂着した硬質の石炭塊をいくつも採取し、刃物で割り、凹凸を刃物の先で細かく調整して顔の部位を刻み込み、あるいは線を引いて護符をつくり上げる。場合によっては、加工しない石炭片を縫いつけることもある。また、力量を増加するという*木幣材から削ぎ取った長い*削掛や、円盤状、花弁の大きな花状の*木偶、ガラス玉、鎖、釦などを組み合わせて別布に縫いつけて*下着の上に着る。託宣によっては魔除けのエゾニワトコやハンノキ、ヤチハンノキなどでつくった顔つき護符を加えることもある。症状によって素材や組み合わせが全く異なるが、出来上がると言葉の巧みな人に祈ってもらい、体調がよくなったら体からはずし、調子が狂い始めると着用することを繰り返す。大切に保管・補修を行い、時折、木幣材から削ぎ取った長い削掛を更新しながら、ほぼ一生世話になり、本人が亡くなったときには、ともに埋葬する。
〈藤村〉

せきたんせいのおおがたごふ[石炭製の大型護符] アンチニポポ、アンチセニシテヘと称す。家主が海浜に漂着する塊炭のなかから、光沢がありしかも硬い15～20cm強のものを見つけたら、それで自分用の護符人形を加工し、線彫りなどもする。また、気に入ったものには括れだけを入れて人形らしくし、人によっては何も加工せずにそのまま護符とする。黒い色は闇に姿を隠して魔から身を守り、表面の光沢は反射して魔性の目を傷め、硬質は人を守る能力の硬さを象徴するので、通常は、▼革紐などで胴部を結び、その紐端は*家の神を祭る付近の柱や壁の高いところなど、屋内がくまなく見える位置に吊り下げておく。家主は、毎回の食事を護符の口に塗りつけ、時には人と同様に小椀に汁を盛りつけて捧げ、お神酒を入手すると*盃に入れて差し伸べ、そのお流れを頂戴する。主人が狩猟や用事で数日家をあける場合

には、主婦が代わって護符の食事の世話をする。
〈藤村〉

おおがたのじゅこんごふ［大型の樹根護符］ ナンコロペ、オンネナンコロペ、ケネナンコロペ、ソコニナンコロペ、オンネオケンなどと称す。天然痘をはじめとする伝染病が流行していることを聞きつけると、その方向の村口へ、場合によっては逆側の村口、あるいは村共同の*幣場に大型の樹根護符を立てて村内への感染防止を祈願する。護符は根元の直径が10～20cmくらいのハンノキやエゾニワトコの周囲を掘って太根ごと取り出し、細根や枝根を粗く刈り取って頭髪とする。それから1.5～2.5mくらいの長さに幹部分を▼鉞で切り落とし、その梢側を円錐や多角錐に削って1本足にする。また、根元近くから左右に伸びる太枝2本を30～50cm残して護符の両手とする。根元付近は外皮をそのまま残し複雑な皺を護符の険しい顔とし、それに続く胸正面の梢側には、筍型や短冊形に削り取って、その上下または上中下に横溝を2～3本刻んで家紋とし、左右の両手にも削り面と横溝を彫る。両手の先には、その樹種の細長い枝を数本まとめて手首に一重に結び、手先に同じ材で削り出した▼槍や▼刀、▼弓・▼矢、手裏剣などを持たせる。また、質のよい部分から削ぎ取った長い*削掛数本を撚り合わせ、髪の生え際あたりと思われる場所に*鉢巻として結束する。立てるときには穴を掘り病気の流行している方角に胸や顔を向けて立てる。時には*木幣の従神を立て、村人を加護するために、忠実な老犬の魂を肉体と分離し、その魂の座り場である頭蓋を一段と高い棒先に掲げて樹根護符を補佐するように準備する。近くの焚き火にはエゾマツやイソツツジの茎葉を燃やして樹根護符に力をつけ、用意された食べ物やお神酒を捧げて病魔退散の使命を告げ、*捧酒箆でお神酒を口に注ぎ、食べ物も口に塗り込める。燻されて流行病が沈静化すると、村長たちが集まって謝辞を述べ、護符の霊魂を神の国に送り届け再生を祈願する。
〈藤村〉

けずりかけのへび［削掛の蛇］ イノカ、イノカカムイと称す。病弱な人や、健康を害した人の回復を願って巫者にその原因を探ってもらう。あわせてヘビ神を守護神として持ち、全快まで、あるいは終身見守られるように指示を受けると、物事に通じた気のいい長老に依頼して守護神をつくる。長老は、自宅の火の神に祝詞をあげて事情を説明し、夢見で啓示を受けてから沢や川に出向きヤナギ材1本を手に入れる。その*木幣材から削ぎ取った数本の*削掛を*膳にのせて火の女神に報告したのち、ご神体の製作に入る。削掛の基部にあたる二等辺三角形状（△状）の部分を利用し、2本を合わせてヘビの上顎と下顎先として、その根元に別の削掛からちぎった1本を巻きつけてとめる。それから削掛をゆるく撚り合わせて体をつくり、その部分にも削掛1本を巻きつけ、それを尻尾まで巻きつけてとめる。長い1本の太いヘビ状のものが出来上がると、とぐろ状に曲げて上顎と下顎とを収め、形を整えるために、細紐で全体を結んで先の膳にのせる。次いで、削掛を取った残り材で、ヘビ神へ添える*棒状木幣を1本つくってご神体の脇に添え、火の神に完成を報告したのち、積み重ねた宝物の最上に膳を置いてしばらく乾燥させると、ご神体が完成する。

この間に、依頼主を訪れてご神体の完成を知らせ、あわせて祈りの日や場所を選び、当日に必要なお神酒や供物、食事などの用意を打ち合わせる。宝物の上から膳を炉辺に下げ、乾燥したご神体に結んでいた細紐を取りはずして形を整える。次にヘビ神の口を火の神に向けて膳を*囲炉裏の上座に置き、依頼人を向かい座に座らせる。長老が*盃を持って火の神に経過を述べ、同じことをヘビ神にも伝え、今後は依頼人の背後に寄り添って健康を回復し、依頼人も月参りをはじめ、ことあるごとに祈願を繰り返し、守護神を祭り地位の向上や神としての力量の向上に努めることを誓う。さらに、その盃を依頼人に渡し、火の神とヘビ神に同様なことを述べさせ、お神酒のお流れを受けて飲むと、長老に盃を返し、長老が締めの言葉を述べて儀式は終了する。その後にご神体と力量を増加する棒状木幣を囲炉裏越しに依頼主へ渡し、依頼主は膳を両手に持って三拝して用意した入れ物へ移し、膳にお礼の品物を入れてから長老に戻す。依頼主は自宅に戻ってからご神体を膳にのせて囲炉裏の上手に置き、お神酒を盃に入れて火の神に報告し、ヘビ神を火の神と対面させて協力関係を結ばせ今後の加護を祈る。儀式が終わると、ご神体を祭る場所に膳ごと安置し、脇に棒状木幣を立て、用意した食事や供物を添え、後ろに下げてご神体の食べた食事を押しいただいて食べる。その後は、ことあるごとに祈り続けて健康の維持に感謝し、春秋の大祭には木幣材から削ぎ取

った数本の削掛を、お礼と力量の増加のためにご神体へ添え、あるいは包んで祭り続ける。古くなった削掛は、*幣棚の裏手に納める。　　〈藤村〉

おまもりのてくびだま [お守の手首玉]　テクンタマと称す。手や腕の筋・筋肉の痺れや痙攣、筋違い、肉離れ、打撲、神経痛、疼痛、四十肩、五十肩、握力低下、腱鞘炎などを解消しようと明白な色のガラス玉と糸で*数珠風のものを拵えて手首にはめる。これは全快までのものであり、物事に通じた気のいい長老や老婆に守護神の製作を依頼する。*膳に用意するものは、手に負担の少ない中玉・小玉を1個から手首を回るほどの数と、長さ30㎝ほどの白と黒や紺の*木綿糸、ときには赤や緑のガス糸、仕付糸、抜き糸2〜3種を6〜9本だけである。老婆は膳を*囲炉裏の上座に置き、依頼人を向かい座に座らせ、火の神に製作の事情を説明する祝詞をあげると、さっそくご神体の製作に入る。2色の糸端を前歯で嚙み、両手で撚りをかけて1本の糸にする。糸ができると玉を通し、依頼人の手首に結びながら調節する。よければ、仮に結んで膳にのせて火の神に完成を報告したあと、紐の両端に火をともして火の女神に清めてもらい、すぐに振って消し、依頼人の希望する手を囲炉裏ごしに差しのべてもらい、煙が燃え立っているうちに手首にしっかりと結ぶ。まだ、火がついていれば指でつまんで消す。その後は、よほどのことがない限り手首からはずすことはない。体調が回復した段階ではずし、重ねた手のひらの中に入れて謝辞を述べ、今後の見守りを依頼し、自分の物入れに納めて大切に保管する。不安になると再び取り出してはめる。　　〈藤村〉

おまもりのくびかざり [お守の首飾]　レクトゥンペと称す。精神面に不安があり、周囲に凶事が続く場合や、病気がちな人、加齢に伴い健康面での心労が絶えない人などは、心身ともに気丈になるためにお守が必要となり、物事に通じ性格のよい長老や老婆にお守の首飾の製作を依頼する。*膳に用意するものは、長さ1mの白と黒の*木綿糸3本ずつと、輪切りにして中央部に紐穴をあけて乾燥させたイケマ（魔除けに用いる植物の根）の根茎6個である。長老は膳を*囲炉裏の上座に置き、依頼人を向かい座に座らせ、火の神に製作の事情を説明する祝詞をあげると、*首飾の製作に入る。2色の糸端を前歯で嚙み、両手で撚りをかけて1本の糸にし、それを輪切りにしたイケマ玉の穴にすべて通す。糸の両端を合わせ、イケマ玉の中央部に下げ下ろし、中央のイケマ玉二つだけを糸で本結びにする。片方の糸に残っているイケマ玉を中央部から3指、または4指の幅をあけて一つずつ結びつけ、もう片方の糸に残っているイケマ玉も同じようにとめる。首飾ができると依頼人の首へ仮にかけながら糸の長さを調節する。よければ、仮に結んで膳の上にのせて火の神に完成を報告したあと、紐の両端に火をともして火の女神に清めてもらい、すぐに振って消し、依頼人の首へ囲炉裏ごしにかける。まだ、火がついていれば、長老が指でつまんで消す。撚り糸は玉結びにしたところから長く残す。これは、第六感的に嫌な気持ちになったり不安になったりした場合、黒い糸端をわずかに嚙み切って後方へ吹きつけ、白い糸端も同様にして前方へ吹きつけることで、後ろから迫る魔性の目先を暗くして居場所を晦ませ、その間に自分の目先を明るくして逃走するという故事に習い、いつでも魔性を回避できるように糸端を長く残すのである。　　〈藤村〉

ごふつきのおび [護符付の帯]　セニシテクフと称す。内臓が悪い場合にその部分の臓器の活力が低下しているとして、直径4〜8㎝ほどのハンノキ材で、ツバキの花のように4〜5弁の花びらと中心に高く集合した雌しべ様のものをつくる。気管、心臓、肺、鳩尾などの場合には、花弁に1個の割合で紐穴をつくり、そこに幅1㎝ほどの布紐を通して首から肌に下げ、ほかの紐穴には房飾りや色鮮やかな小玉をいくつも縫いつける。首から下げると、動きによっては守るべき部位から護符がずれるので、必要な部位に固定しておくためには帯が適している。そのために、腹部であれば、幅20㎝、長さは身につける人の腹囲にあわせてつくり、片方の端の上下2カ所に15〜20㎝ほどの結び紐を縫いつける。着物同様に前で重ね合わせたあたりの上下2カ所にも15〜20㎝ほどの結び紐を縫いつけて結ぶようにする。胴巻き（帯）が出来上がると、それに護符を縫いつけて着用する。胸部の場合も同様に作成するが、帯だけではずり落ちてしまうので、背中側に1㎝幅の布紐2本を衣服の肩甲骨のあたりに縫いつけ、まっすぐ胸元へ回し、胸側につけた紐輪に通して結ぶ。背中で布紐を交差させることもある。また、背中側の布紐の下あたりで、帯の中央部に小型の*木偶（*幼児用の小型の木偶・護符―サハリン型）を偶数縫い

つけることもある。
〈藤村〉

ごふのようき [護符の容器]　カムイスポプ、カムイエロキシポプ、カニスポプ、ウッシスポプなどと称す。何枚もの*削掛に包まれた護符は*膳にのせ、上を布などで覆い、宝物の最上部にのせて目鼻を屋内に向けて安置するほかに、護符の大きさに合わせてつくった専用の木箱や、樹皮製の入れ物、漆塗りの文箱、銅製やブリキ製の空き缶などの中に収める。わずかに蓋をあけるか、ずらして箱の中から外界が見えるようにしておくことが多い。なかには1箱に2～5の護符が一緒に納められている場合もある。また、護符の数があまりにも多い人は、専用の大箱を用意して、そこに重ねて納め、宝物の直上にある梁と桁を利用して渡した棚に大箱を乗せて安置することもある。
〈藤村〉

ちょうじゅうのとうこつ [鳥獣の頭骨]

あほうどりのとうこつ [アホウドリの頭骨]　レプンシラッキ、シラッキカムイと称す。アホウドリやコアホウドリは容易に見ることのない大柄の海鳥であり、魚群を追って食餌するところから漁運をもたらす神として古くから信仰され、その神を自宅に招き漁運にあずかりたいと思っていた。これらの鳥が沖合を回遊する時期に▼弓・▼矢で捕獲したほか、▼延縄の餌を誤って食べて死んだものや、海浜に漂着した頭蓋骨つきの死骸を見つけたときは、早速漁運を授かる守り神にしようと試みる。

　死骸は丁重に持ち帰り、家の中ほどにある窓から屋内に運び入れ、*膳に受け取って*囲炉裏の上手の賓客の座に安置する。家の主人は汚れた手足を洗い、身繕いをして常座に座り、火を焚きながら、賓客として漁運の神様を迎えられたことに感謝し、末永く漁運に恵まれるように手のひらを揉みながら朗々とした節にのせて語る。その後、頭蓋骨をはずし、膳にのせ、食用になる部分が残れば家の者に調理させる。食用に耐えない場合や骨格だけのときは、頭蓋骨だけをはずし、残りは家の川上側にある*幣場に納める。家の主人は、豊漁神としてつくり変えるために、*削掛の素材であるヤナギ、ミズキなどを山手から切り出し、上座の窓から屋内に入れ、戸口から見て上座左側に*茣蓙を敷き、削掛をいくつもつくる。次に膳に

のせたままの頭蓋骨を上座に持ってきて、*小刀を使って頭部の後ろから前側に皮をめくり剥がし、後頭部を*山刀の背や適当な叩き石で打ち破る。割れた骨片を丁寧に*椀に拾い、中の脳漿は*木幣材を割ってつくった細長い*篦で別椀に取り出す。中空になったところへは、削掛をつくる際に出る屑片を詰め込み、篦先を使って隙間なく奥に押し込んで脳漿の代わりとする。穴口の近くまで詰めたら椀にまとめておいた骨片を入れて削掛で塞ぎ、前側に剝いた皮を元のようにかぶせる。次いで嘴の根元へ1本の削掛を二重の輪にして結び、結び目が鼻筋にくるようにする。用意した複数の削掛の先を二重輪の下に差し込み、残りを後頭部の方に向けて整え、髪を束ねる要領で削掛のまとまりを別の削掛で結ぶと、豊漁神としての化粧が終わる。

　再び膳にのせて賓客の座に戻し、後片付けをしたのちに常座に戻り、見事な豊漁神となったこと、今後豊漁に恵まれた場合には、さらに削掛を着せ、感謝の祈りを継続することを火の女神を通じて伝えてもらう。その後、座を窓下に敷いた賓客用の茣蓙に移し、一対の*棒状木幣を添え、特別に用意した一の膳、二の膳、そのほかに酒やタバコ(酒が用意できなければ、その素材である穀類や糀)、それに生魚などを捧げて、手厚い礼拝を繰り返す。豊漁神用につくった*箸で食べ物をつつき、汁物は濡らして神の口元に運んで食事をさせたのち一緒に食べ、余興なども行って神をもてなす。その後も何度も食事や酒を勧め、就寝時には、何か必要なことがあれば、夢やまどろみによって知らせてくれるように言い、何もなければ、われわれの思いを聞き届けてくれたものと考えて眠りに入る。翌朝になって何も夢に見なければ、豊漁神として加護を引き受けたとして、膳ごと宝物壇の最上部に安置し、後日、神を納める箱や容器に移し、*神棚や吊り棚の大箱の中に納める。

　漁の際には、炉辺に必ず下げて祈願し、帰宅後に漁の模様を報告し、感謝の言葉を添え、大漁の場合にはさっそく削掛をつくって着せて容器に戻す。春秋の大祭や年の変わり目には、古い削掛を取り去り、真新しい削掛を着せ、棒状木幣も添えて力量の増加を図りお神酒を上げて丁重な祈りを捧げ続ける。夢で神の国に戻りたい旨を知ったときは、周囲の人たちとも相談し、日を決めて送り

の準備に取りかかる。*神窓の真下に用意した賓客用の茣蓙に座を設け、ご神体の入った容器を膳の上にのせ、嘴を囲炉裏の方に向ける。両脇や前面には功労に見合った料理、各種の食材、木幣、土産用の供物を並べ、古式にのっとっておごそかな神事を行う。終えて食事・余興をしたのち、深夜に豊漁神の頭蓋を家の主人が上手の窓から嘴を先に向けて屋外で待機する人に渡し、家の主人も屋外へ回って膳を受け取り、*幣場の中央で再度の感謝と拝礼を行う。最後に、何か不足があれば夢に知らせてくれることを願ったあと、容器からご神体を取り出し、幣場の根元に置いて、幾重にも包んだ削掛を一つずつ取りはずし、嘴を結んでいた二重の輪を解くことでご神体の霊魂は、頭蓋から遊離して神の国に向かうものとしていた。
〈藤村〉

図8 アホウドリの頭骨

うみがめのとうこつ［海亀の頭骨］ レプンシラッキ、シラッキカムイ、エチンケカムイ、ヘチュンケカムイと称す。アオウミガメ、アカウミガメ、オサガメなどカメ類が捕獲され、あるいは漁網にかかり、または死骸となって海浜に漂着したものを発見したときは、魚群とともにやってくることから、豊漁をもたらす神とされた。特に6月以降の雨天にも呼吸のために海上に姿を現し、上陸後は涙を多量に流すことから、雨とかかわりのある神ともされた。その肉の味はシマフクロウと同じであるといい、元は兄弟であったが、仲たがいをしたので、この時期にシマフクロウは海浜に下がって低く泣き、カメは陸地に寄ってきて涙を流して、兄弟が久しぶりに再会するのだともいう。

その頭蓋はアホウドリと同様に屋内に迎え入れて脳漿を取り、そこに*削掛片を詰める。削掛で大きな眼球をつくって眼窩にはめ、口脇のあたりを削掛の輪で結び、その結び目が鼻筋にくるようにする。用意した複数の削掛の先を口の輪の下に差し込み、残りを後頭部の方に向けて整え、髪を束ねる要領で削掛のまとまりを別の削掛で結ぶ

と、漁運と雨との仲介役をする神としての形が出来上がる。アホウドリの場合と同様に、料理や*木幣を供えて祈願を行い、そのあとは*膳に頭蓋をのせて宝物台に安置して、事あるごとに祈願を繰り返す。旱魃、長雨、地震後にやってくる津波、山津波、鉄砲水などへの対処、山火事、火山の噴火時などの沈静役として、油脂がしみ出る期間は活躍するとして珍重された。春秋の大祭や年の変わり目には、古い削掛を取り去り、真新しい削掛を着せ、*棒状木幣も添えて力量の増加を図り、お神酒を上げて丁重な祈りを捧げ、油脂がしみ出なくなる時期を見計らい、アホウドリと同様に盛大な神事を行って、その霊魂を神の国に送り返した。
〈藤村〉

きつねのとうこつ［狐の頭骨］ キムンシラッキ、シラッキカムイ、シトンピカムイ、シトンペカムイなどと称す。キタキツネは人里に近い山手に生息しているため、人との接点が多く、毛皮を目的とした捕獲の対象にされる。時折、目色や毛色が違うものもいて、普通のキツネと違い、巫術力のある猟運の神の力を備えているものとして、アホウドリやカメなどと同様に、頭蓋を屋内に持ち込む。*小刀で後頭部の皮を前頭部の方にめくり剝がし、後頭部に穴をあけて脳漿を取って*削掛片を詰め、眼球も取って中の水晶体を削掛で包んでから眼球として眼窩にはめる。舌を切り取って、削掛やササの葉などを加工して代わりに挿入し、口脇のあたりを削掛の輪で結び、その結び目が鼻筋にくるようにする。ほかに用意した複数の削掛の先を口脇に締めた輪の下に差し込み、残りを後頭部の方に向けて整え、髪を束ねる要領で削掛のまとまりを別の削掛で結ぶと形が出来上がる。

アホウドリと同様に、料理や*木幣を供えて祈願を行い、その後は、容器が得られるまで*膳にのせ積み重ねた宝物の上に置く。沖漁を行う場合には船先に容器ごと安置して鼻先を沖に向け、航海の安全と豊漁を導かせる。山猟に向かうときは、容器を*盆や膳にのせて鼻先を火に向けて*囲炉裏の上座に置く。猟運を祈ったのち、下顎をはずして頭上にのせ、頭を下げて落ちた下顎の状態から猟模様を判断し、帰宅するまでそのままにしておく。また、腹痛・頭痛などの場合にも、同様に回復の状況を占ったのち、下顎の下辺を小刀で搔き削って骨粉を妙薬として服用する。家の主人

の思いがかなったときには、感謝の辞を述べ、真新しい削掛を着せて威力を高める。効力がなくなってきたと感じると、アホウドリと同様に神事を行い、その霊魂が親元たちの待つ神の国に向かったのち、親から倍の威力をもらって、この世に再生し、再びこの家で働くように言い聞かせて送り返した。　　　　　　　　　　　　　　　　〈藤村〉

もくぐう・にんぎょう［木偶・人形］

ひぐまのもくぐう［羆の木偶］　カムイノカ、イノカなどと称す。サハリン地方では、ヒグマ、子熊にかかわらず、解体する以前あるいは霊を送る間にイチイ（オンコ）・マツ類の複雑に枝根が入り組んだ部分を割り取り、ヒグマ状の形につくる。顔や目鼻、耳、背瘤、尾などを削り出し、捕獲して解体したヒグマの陰部の生皮をかぶせて覆い、ヒグマの両耳の間に置く。その後は*火棚で乾燥させてから、これに*削掛や長い削掛を二つ撚り・三つ撚りにしたものを何重にも巻きつけ、霊送りをしたヒグマの代わりとして屋内に祭る。短期間のうちに再びヒグマを捕獲すると新たなヒグマ（羆）の木偶を作製するが、先の木偶は猟運のある縁起のよい木偶として、さらに削掛を着せて祭る。長期間ヒグマを捕獲できずに、久しぶりにヒグマを捕獲すると、前の木偶には猟運の力がないものとして、新旧を交代させて祭る。送る木偶は*幣場近くの木から吊り下げられた木箱に納める。　　　　　　　　　　　　　　　　〈藤村〉

図9　羆の木偶

こぐまのもくぐう［子熊の木偶］　イソノカと称す。子熊を飼育する過程で、食欲がなく下痢などが続き、手当てをしてもうまく回復しないときには、その子熊の身代わりとなる小型の木偶をつくって火の神に祈り、毎日食事を与え、月参りに合わせて子熊の健康を祈願する。そのつど新しい*削掛をかけ回し、立派な霊送りができるように、何かあった場合には、この木偶がその代わりとなるように願う。その後、この木偶がその子熊の守りとして気力を増加させる二つ撚りの削掛、状況に応じては三つ撚りにしたものを上座に安置し、半月、または一月おきに1本ずつを木偶に巻きつけて祈る。

毎回の食事には、用意した食事を給仕する前に木偶の子熊用につくった*箸で料理の一部を木偶の口に運んで食べさせ、それから子熊に給餌する。子熊が成長して霊送りが終わると、この木偶の魂送りを行い、そのときに製作された小型の*木幣などは、まとめて*幣場近くの木から吊り下げた木箱に納める。　　　　　　〈藤村〉

ごふのにんぎょう・ひなにんぎょう［護符の人形・雛人形］　ニポポ、セニシテニポポ、セニシテヘ、シエニシテヘなどと称す。サハリン（樺太）では赤子、特に女の子が生まれると、風邪の神にとりつかれて不妊にならないように、健やかな少女期の髪型、豊かな胸や尻を想定した人形がつくられる。素材は*木幣材となるハンノキ、シラカバ、ナナカマド、ヤナギ、魔除けのエゾニワトコ、エゾウコギ、タラ、センノキなどで、長さは15～30cm、太さ4～8cm。ガラス玉の目を入れ、帯のほかに着衣も線彫りなどで表し、なかには首がはずれ、中にガラス玉やきれいな小石を入れたものや、布で*首飾や衣服を縫って着せたものもある。

本体が出来上がると、*膳にのせて火の神に対面させ、今後は嬰児の守りになることを祈り、火の神の祝福を受けるべく、イワツツジや松の葉などを組み合わせて火にくべる。立ち上がる煙で香りと色をつけ、その付着具合を見ながら火の神の了承を確認する。特に、子供を何人も亡くした人や、子供があまりにも弱そうであれば、連日、産湯を使うように煙をかけ、健やかな胃腸を祈願し、護符の人形にも「子供よ、成長しなさい」と声をかける。人形の帯には針金などを曲げて小さな▼釣針風の鉤を結び、それに細紐を結び、紐端を赤子の手首に結びつけて同体とする。赤子が離乳食をとるようになると、護符の人形にも離乳食を与えるように母親はその口に塗りつけ、すでに乾燥したものは母親が代わって食べ、まだ軟らかいようであれば、赤子の額に塗りつける。

成長して自由に歩けるようになると、屋内の柱に子供の背丈と同じ高さに▼木釘を取り付け、そこから護符の人形を吊り下げる。子供は食事の前に自分の護符の口に食事を塗りつけ、一礼をして

から自分の食事に取りかかる。また、護符と心を通わせるために、屋内では一緒に遊び、寂しいときには一緒に寝る。ほかの子供と遊ぶようになり行動範囲も広がると、護符の人形を木幣の苞に納め、子供の成長に合わせて柱の木釘の位置も高くしていく。少女期を迎え、青年期になるころには護符の人形は木釘からはずし、個人の品物と合わせて保管しながら月参りや身の回りの世話をし、衣装などを手づくりして着せて相互に加護し合う。重病で回復のきざしが見られないときには、すでに護符の人形が身代わりとして病魔におかされているとして、謝礼の木幣や米、乾燥したユリの根などを添えてその人形の魂を送る。また、巫者に素材や製作の留意点をうかがってつくり、火の神への祈りを通じて加護の役割を伝え活躍を祈願する。

また、10年、20年と歳月を重ねるうちに護符との関係にもひずみや理解の違いが生じ、相互の信頼関係がうまくいかなくなると、これ以上に修復が不可能だと判断し、これまでの守護に感謝し、様々な供物とともにその霊を神の国に送り返す。しばらくして、護符の人形と新たな暮らしを切望する場合には、巫者のご託宣を得てから新しい護符の人形をつくって終身の相棒とし、本人が亡くなったときには人形もともに埋葬された。〈藤村〉

ごふのにんぎょうをつつむもくへい [護符の人形を包む木幣] ニポポイナウ、セニシテイナウ、セニシテイナウへなどと称す。素材はヤナギやシウリザクラなど節目のないもので長さ40〜50cm、直径3cmほどのものを切り、それを*神窓から屋内に入れ、上座に*茣蓙を敷き、*小刀で外皮を取り除き内皮も掻き取る。梢側を手前にして左手で握り、▼木幣削り小刀を向こうから手前に引き、撚った*削掛の上部に上向きのささくれを1周させた*木幣をつくる。次いで根元側の端を上にして持つと、削掛の全部が下に垂れるので、削掛の付け根に近い部分を左手で握り、その付け根下1〜2cmあたりの木質部を切り離す。削掛で衣装ができると、その上部に上向きのささくれを1周させて衣装の襟とし、さらにその上部1〜2cmのあたりに刃物で穴をあけて耳の穴をつくり、紐通しの穴にする。そこの上部にも上向きのささくれを1〜3周ほどさせ、木幣の髪とし、頭頂部はやや緩い曲線状に削って頭の形に似せる。

削掛の衣装の中に*護符の人形を包み納め、人形と削掛全体を木幣材から削ぎ取った長い削掛を1周させて人形の帯の位置でしっかりと結ぶ。木幣の穴に紐を通して▼木釘から吊り下げる。春秋の大祭には、新しい削掛をかけて力を増量する。護符の人形を包む木幣も年月とともに折れ、ちぎれてみすぼらしくなると、数年ごとに新しいものをつくって取り替え、古いものは神の国に謝辞とともに霊を送り再生を願う。〈藤村〉

うでつきごふにんぎょう [腕付き護符人形] テヘコロニポポ、ヘカチイナウ、テヘコロセニシテヘなどと称す。*護符の人形を持つ女の子でも、持たない男の子でも、健康状態が悪いと、巫者に行く末を聞いて、新たな護符をエゾニワトコや託宣のあった樹種を探して製作する。*護符の雛人形は乳幼児を直立不動の形にして布で包んだようにつくり、手足が全く描かれていない。手足がない人形は病魔の思いのままにされ、同時に人が健康を害しているとし、こういうときは木の股を利用して「卜」の逆字状の木を探し、新しい護符を製作する。長さは護符の人形の約2倍の40cm、なかには1mほどのものもある。腕は1枝が多いが、これは目に見える手であり、半面、魔性にも見えない片手の存在は脅威となる。男の子はこの1枝を体の前面中央につくることが多い。根元は円錐や多角錐に削って一本足にする。両足であれば歩くか、走ることしかできないが、一本足は跳躍して飛ぶので、どんな魔性でもすぐに追いつくのが難しいことを意味している。護符の人形は壁や柱から紐で吊り下げるが、腕のある護符人形は台木に穴をあけて一本足を軽く刺し、いつでも行動できるように上座の床上に安置される。

素材の上部には顔や目、鼻、眉、口などを刻んで、頭頂近くには上向きのささくれを左右脇につくったり、1周させたりして頭髪とする。腹のあたりには家紋を刻み込む。また、地方によっては、腕の1枝のあたりから下部の外皮をそのままにして一本足をつくる。1枝の先は外皮を取り、そこの枝先から*削掛を1周するように削り立て、その先にも削掛を左右の両面に立てて、それから先は鋭く削る。二つの削掛の間には色鮮やかな裂き布を2〜3種一重結びにして垂らす。ほかに正面を削って横溝を刻んだり、両脇にささくれを重ねたり、赤や黄などの裂き布を結んで垂らすなどして仕上げる。

完成したものは火の神に対面させ、病魔を払う

危急の護符としての役割を告げ、火の神と緊密な連絡を取り合い、病魔を退散させるよう祈願する。子供が健康を取り戻すまでは、この人形の世話は家族が代行し、願をかけて連日祈る。場合によっては2重、3重に撚り合わせた削掛をかけ下げ、従神を添えることもあり、それらは巫者との相談や、親の思いによって様々に変化する。子供が元気を取り戻すと、世話を子供にさせ、巫者の託宣によって従神の送りを行う。健康をすっかり取り戻すと、世話をする子供の意見を尊重しながら多くの料理や供物などを添え、付近の長老らを招いて全快祝いを行う。そのなかで、護符人形の功労をたたえ、その尽力に深謝して腕のある護符人形の魂を神の国に送り、再生を祈願する。
〈藤村〉

うでつきごふにんぎょうのだいぎ［腕付き護符人形の台木］ キシマニ、ウキシマニと称す。長さ40～50cmくらいの丸太材を半割りにし、割面に残る凹凸を*山刀で削り、最上部に山刀を使って四角錐状に穴を穿って*腕付き護符人形の一本足を挿入する。中心部が腐って洞になっている木を輪切りにして使うこともある。腕付き護符人形の魂を送る際に、一緒に台木の霊も送る。〈藤村〉

ふたごのびょうまよけもくぐう［双子の病魔除け木偶］ トゥポセニシテへと称す。一つの家で双子を育てるとき、片方の子の健康に問題が生じると、もう片方から不足分の熱量を奪い、ともに病魔におかされるとして、エゾニワトコやハンノキなどの1本の木から双子の木偶をつくる。出来上がった木偶は*腕付き護符人形と同様に神事を行って加護を願い、効果が現れて健康が回復すると、謝辞を述べ同じようにその魂を神の国に送って再生を願う。〈藤村〉

もくへいせいさくようぐ［木幣製作用具］（→Ⅱ巻　木工品製作用具）

じょうぞうようもくへい［醸造用木幣］（→196頁　貯蔵・加工用具）

にごりざけようもくへい［濁酒用木幣］（→196頁　貯蔵・加工用具）

さけこしようもくへい［酒漉用木幣］（→197頁　貯蔵・加工用具）

にわのかみへのもくへい［庭の神への木幣］（→198頁　貯蔵・加工用具）

べんじょのめがみへのもくへい［便所の女神への木幣］（→211頁　住居）

だんせいようべんじょのだんしんへのもくへい［男性用便所の男神への木幣］（→211頁　住居）

ぬさだなのめがみにささげるもくへい［幣棚の女神に捧げる木幣］（→225頁　建築習俗用具）

ぼうじょうもくへい［棒状木幣］（→226頁　建築習俗用具）

はたけのかみへのもくへい［畑の神への木幣］（→Ⅱ巻　整地用具）

ふながみへのもくへい［船神への木幣］（→Ⅱ巻　漁船）

いえのかみ［家の神］（→227頁　建築習俗用具）

ねどこのしゅごしん［寝床の守護神］（→228頁　建築習俗用具）

にわのかみ［庭の神］（→228頁　建築習俗用具）

おもやのとぐちのかみ［母屋の戸口の神］（→228頁　建築習俗用具）

いえのとぐちのかみ［家の戸口の神］（→229頁　建築習俗用具）

まどのかみ［窓の神］（→229頁　建築習俗用具）

みちのかみ［道の神］（→229頁　建築習俗用具）

ごふ・まもりがみ［護符・守神］（→351頁　産育用具）

サハリンのごふ［サハリンの護符］（→352頁　産育用具）

あかごのごふ［赤子の護符］（→353頁　産育用具）

こぐまのしゅごしん［子熊の守護神］（→Ⅱ巻　養畜・酪農用具）

いぬのしゅごしん［犬の守護神］（→Ⅱ巻　養畜・酪農用具）

かおくのごふ［家屋の護符］（→391頁　薬・医療用具）

まどべのごふ［窓辺の護符］（→391頁　薬・医療用具）

おくないのごふ［屋内の護符］（→391頁　薬・医療用具）

ぬさだな・ぬさば［幣棚・幣場］

ヌササン、ヌシャサン、イナウサンなどと称す。*木幣（イナウ）を並べ立てた屋外の祭壇。棚の構造は、山野にある樹種のなかから腐食しにくいものを選ぶ。柱材2本と柱材に渡す横材1本の簡単なものから、何本もの補助材を加え、複雑で丈夫なつくりのものまで、様々な作り方があ

る。また、作り手が同じでも素材によっては作り方に変化があり、祭る神様の数によって横幅の長さにも違いがある。構えた棚も地域により、個人によって数が異なり、常設のものから仮設のものまであって、柱材も直径3〜30cm、高さ50〜200cm、横幅30〜300cmと多様である。

柱材は直状のほかに、梢側が二股状・三股状のものがあり、二股も、片仮名のトの逆字型やローマ字のY字型がある。柱の根元は▼鉞、*山刀、▼鉈などで多面の角錐状にし、立てる場所や素材の樹種、個人の意思などによって外皮を剝ぎ、根元側を焚き火で焼くこともある。立て方は突き刺すほかに、貝殻や▼鍬などを使って穴を掘り埋めることもある。棚用に準備した2本のうち、太いものを棚の左側の柱とし、やや細いものを右側に立てる。そして左側を男神、右側を女神とし、立てる際には素材の反りを見て胸を張った状態、すなわち前反りにする。2柱に渡す横木や横棒は、左側に根元側を、右側に梢側を向ける。この棚には木幣を最低でも1年に春秋2度立てかけるので、数年後には立て替えや補強が必要になる。北海道東部の美幌では、柱の上部、横木の左右の切り端近くから逆剝け風の小さな削りを1周させ、横木は梢側を左に、根元側を右にする。

〈藤村〉

図10　幣棚・幣場

ふくすうのしゅうらくがしようするぬさば・おくりば［複数の集落が使用する幣場・送り場］　チパ、イナウチパ、カムイチパ、イナウカラウシ、イナウシ、イナワシ、ヌサウシなどと称す。一つの河川流域の集落が同一の男系血縁集団で構成されていたころには、季節を追って幾多の小集落を移動して生計を立てるにしても、もともとの母村から分かれて各地で生活するにしても、流域内に暮らす人々は、その地域ごとに、そこに鎮座する神を祭っていた。特に越冬する集落では、従来行われてきた年中行事や各種動物の霊送りなど、主要な祭事のほとんどを行っていた。この越冬する集落が世代交代するなかで人口の増加に伴い、十分な食料を確保するために分村する。その際、流域内の他の地域に移動して、そこに鎮座する神の祭場の集落となり、その分村もいつしか中興の母村となり、さらに分村が誕生すると、その分村が移動先に鎮座する神の祭場の集落となっていった。

そうした過程で、病気や災害によって人口が大きく減少し、出生率の低下や男女の比率の偏りから村落としての機能が難しくなると、近村との統廃合や、母村への移動が行われ、そこで人口が増加すると再び分村を繰り返してきた。こうした村落の変遷があっても、その中心的な祭場は母村の幣場、送り場であり、広大な流域では母村はもとより母村から分かれた中興の母村、さらには遠隔地における分村などが時期を若干ずらし、お互いに招待しながら流域全体に共通する祭礼を行ってきた。この母村の幣場は、母村が常時使用するのは当然のことながら、周辺の近村での重要な祭りに立てた*木幣群や、ヒグマなどの重要な霊送りに使用されたものいっさいの納め場所であり、母村から分かれた各村落に設けられている祭場を整理した際の余剰物の搬送先にもなっていた。また、ものによっては、母村の幣場使用を願って、そこへ赴いて神事を行った。こうした同一の血縁集団が利用する幣場・送り場は、一つの河川流域内に数多く点在していた。

〈藤村〉

しょうしゅうらくのぬさば・おくりば［小集落の幣場・送り場］　ヌサ、ヌシャサン、ヌササン、イナウサン、ポンチパ、ポンイナウチパ、カムイポンチパ、イナウエロシキウシ、イナウシ、カムイサン、サケヌサなどと称す。母村から分かれた人々が、移住先に集落を形成して、そこに鎮座する神の祭りを実施する中心的な存在になると、日々の暮らしにおける衣食住に関する資材の調達儀礼や、通過儀礼などもあわせて挙行しなければならない。その際に、母村の許しを得て、母村の幣場・送り場の土壌を一握りでも持参・分霊して、新しい村の幣場・送り場の種とする。そこは母村で祭っていた神々のほかに、その地区に鎮座する神を加えた構成となる。さらにこの村での暮らしに必要な祭りに使用する*木幣群や、ヒグマ

をはじめとする動植物、器物の霊送りなどに立てた木幣も加わる。　　　　　　　　　　〈藤村〉

こべつのぬさば・おくりば［戸別の幣場・送り場］　イナウサン、イナウエロキウシ、イナウシ、イナワシ、ポンヌサ、サケヌサなどと称す。同一の男系血縁集団の小集落で行われる共通した儀礼以外に、家ごとに行われる月参り、家で使用した壊れ物の霊送り、家族が捕獲した中小動物の霊送り、家族にかかわる供養、家の補修などに関する儀礼、吉凶占い、病魔除けの呪い、護身の呪いなど、その家と家族に関する儀式だけを執り行う幣場・送り場が家の川上側に設けられた。漁狩猟の巧者が家族にいる場合には、＊小集落の幣場・送り場とは別に自宅に漁狩猟に関係する神々を祭る場合もあった。

戸別の幣場も、所属する小集落の幣場から土壌を一握りでも持参・分霊してつくる。したがって自宅の祭場を整理した際の余剰物は、小集落の幣場へ持参して納めた。また、自宅の幣場よりも小集落の幣場が適当であると判断した場合には、村長に使用を願い、そこで神事を行うこともあった。越冬用の家、あるいは常駐の各戸に設けられていた主要な＊木幣の数は、3～5本と統一的ではなく、同じ村内でも違いがあり、各幣場に祭られる神様の種類や数も一定していない。それは、かつての母村の違いや地区ごとの特異性によるのかもしれない。

また、明治以降の近代化によって、神祭りそのものが否定され、継承が断絶されるに及んで、心ある人や信仰心の強い家では、小集落の幣場で祭られていた神々、村落共同体で祭っていた神々を各戸の幣場に取り入れた。その数も増加や統廃合をした結果で異なり、したがって、今日までに記録された各戸の幣場の数や、そこに祭られた神様の数の大部分はもともと、小集落の幣場や村落共同体で祭られていた神々であったことを暗示している。そして実際の神祭りでは、村落の生活に直接関係する火の神を先に行い、続いて幣場の神、家の神、土地の神、森林の神、集落を見守る神、水の神、食材を授ける神などを祭り、その後に村落での生活を支える遠距離の河口の神、海洋の神、海浜の岬の神、湖沼の神、河川の神、山岳の神、丘陵の神、峠の神、深山の神、狩猟の神などを祭る。最初の神祭りは、小集落でも村落共同体でも共通するが、後者は村落共同体と共通する神のほかに、その小集落の地理的環境から特別に祭る神々が存在するので、それが後世になって統合された村落内で祭る神や数の違いとなる。〈藤村〉

おくがいのここのぬさだな［屋外の個々の幣棚］　ヌサコロカムイヌサ、ヌサ、ヌサコルカムイヌサ、ポンヌサ、ラムヌサ、ムルクタヌサ、シロニアヌサ、サケヌサなどと称す。＊木幣群の集合体（幣棚）の全体を統括する女神の幣棚。北海道では幣場全体の左端または左側に位置し、独立して設置される地域（日高北部以西）と、他の数神と合祀される地域（日高南部以東）とがあるが、この女神の職務は、設置されている他の幣全体を管理掌握し、人に代わって、そこに祭られる神との仲介の労をとることになっている。この女神に捧げる木幣は地域・家系などによっても違いがあるが、日高北部以西では、＊削掛を撚った木幣に脚木を添え、樹皮付きの棒に3翼3段を立てるもの（＊脇神・従神の木幣）を2～4本と、2翼3段を立てるもの（＊棒状木幣）1～2本と組み合わせて幣棚に立てかける。普通であれば、幣場に立てた木幣は祭る神への伝令者であり、役目を終えたのちには祭る神の宝物となるが、この幣場の木幣は、伝令者であると同時に幣場の神としての偶像ともなる。　　　　　　　　　　〈藤村〉

たすうのかみをまつるぬさば［多数の神を祭る幣場］　リーヌサ、ラムヌサ、サケヌサ、ヌササン、イナウチパなどと称す。この幣場は、各幣場のほぼ中央に位置し、幣場で行う様々な儀礼の中心的な祭場として使用されていたが、社会の変容によって本来は＊小集落の幣場・送り場で祭られていた神々をここに移動、招聘して祭っている場合が多い。したがって、その家やその地区で祭らなければならない神のほとんどがまとめられている。例えば、日々の暮らしに直接関係する土地の神、森林の神、集落を見守る神、水の神、食材を授ける神などをはじめ、村落での生活を支える遠距離の神々である河口の神、海洋の神、海浜の岬の神、湖沼の神、河川の神、山岳の神、丘陵の神、峠の神、深山の神、狩猟の神などを集約して祭る。その数は地域によって、家によって異なるが8～16神にも及ぶ。したがって、その神々を2～3手に分けて祭ることもある。丁寧な方法としては、1神ずつ幣場を設けるのが最良なのだろうが、集合化しても1神ずつの連続と考え、春秋の大祭にはすべての神に＊木幣を捧げて祭り、時

と場合によっては必要な神だけを選んで祭ることも行われていた。〈藤村〉

りくせいどうぶつしんなどをおくるぬさば［陸棲動物神などを送る幣場］ カムイヌサ、キムンカムイヌサ、ヌプリカムイヌサ、キムンヌサ、コタンコロカムイヌサ、チロンヌプヌサ、モユクヌサ、ユクヌサ、イナウチパなどと称す。日高北部以西では、陸棲動物の神を祭る際に、幣場の中央にある*多数の神を祭る幣場を恒常的な祭場として活用したが、日高南部以東北部、千島、サハリン（樺太）にかけては、大型および中型の陸獣に対しては、飼育した場合は無論のこと、山で捕獲した大型・中型動物に関しては1頭ごとに幣棚を設けることを原則とし、種別にエゾシカ、クズリ、タンチョウヅル、シマフクロウ、エゾフクロウ、オオカミ、キタキツネ、タヌキ、カワウソ、トナカイ、ジャコウジカ、オオヤマネコ、オオワシ、オジロワシなどの頭蓋骨および食べ残した骨類をまとめて送っていた。

　小型の動物は、古い幣棚を利用して1猟期ごとにまとめ、各種の一つを種の代表として祭り、そこへ全体の頭蓋骨や骨などを合わせて送った。大型・中型動物の頭蓋骨はY字状の股木に挿入し、両枝先には削掛を撚った*木幣を結び、動物神によっては大小何本もの従神を並べ立てた。小型の動物は、*棒状木幣に代表の頭蓋骨を*削掛で包んで吊り下げた。〈藤村〉

いろりのはいをおさめるぬさば［囲炉裏の灰を納める幣場］ ウナクタウシ、ウナヌイェウシ、ウイナウシ、ウナウシ、ウナヌサ、ウーナウシ、ウナッタウシなどと称す。夏季は炊事のときに、冬季は暖房を中心に*囲炉裏の火を焚き続け、就寝時には灰の中に火種を埋め、季節ごとの移動がない限り火は絶えることがない。ほぼ連日の焚き火の結果、囲炉裏の周辺には白いほこり（灰）が舞い、灰は焼き固まって硬くなるので、早朝に火種を起こして焚き木をくべ少し火が燃えはじめると、清掃が始まる。*火箸で焚き火の周辺の灰を起こし、塊があれば砕いているうちに灰の中に隠れていたごみ、焚き木の屑、燃え残りの炭などが浮かび上がってくるので、燃えるものは焚き火にくべる。不要な塵や髪の毛、砕けなかった灰の塊などは炉尻に寄せ、灰均しや*炉扇を使い、炉尻から見て左奥から右奥方向にならす。焚き火まで来ると、左側*炉縁の奥から炉尻に向かって灰をならし、囲炉裏の中ほどまできたら、右側炉縁の奥から炉尻に向かってならすと作業は完了する。
*塵取風のもので、炉尻に寄せた塵を除き戸口近くに置いておく。

　焚き火は火の神の住まい、その周辺の灰は庭、炉縁は塀とする。屋敷を汚くすると火の神が戒めに火炎を伸ばして周囲を燃やすといい、どこの家でも囲炉裏の中や周辺をきれいにした。囲炉裏へ気を遣うのは女性に限らず、家族の使命となっていた。幣場へは女性も遠慮して近づかないので、男性が囲炉裏の中から出た塵を幣場から離れた右手の灰を納める幣場に持っていってあける。この幣場へは春秋の大祭に山盛りの頂上に小型の*木幣1～2本を添え、2翼2段の*削掛を撚った耳付木幣、2翼3段の撚った削掛の上にささくれを1周させた両耳付木幣、*棒状木幣（ピンネシュトイナウ、マッネシュトイナウ）を立てて謝辞を述べる。この幣場の木幣は、伝令者であると同時に幣場の神としての偶像ともなる。サハリン（樺太）地方では、山手側で家の左右角斜め先のいずれかにある*囲炉裏の木幣を納める幣場の浜手に納める。〈藤村〉

いろりのもくへいをおさめるぬさば［囲炉裏の木幣を納める幣場］ アペヌサ、ウンチイナウアシンケウシなどと称す。主神の火の女神に捧げる*木幣1本と、従神2～6本の木幣のうち、儀式や祈願が終了すると従神のほとんどは、主たる役割である伝令を終えたものとして、すぐに火の女神へくべて燃やす。その霊魂が火の神に届くことで、元の木幣に戻って火の女神の宝物となるものと考えていた。また、日高南部以東では、多くは主神の木幣を燃やさず、炉尻から見て左奥隅に主神を立て集めておく。春秋の大祭にそれをまとめて屋外にある*囲炉裏の灰を納める幣場のさらに右か、その近くに納める場所をつくってひとまとめに立て、その中央か、すぐ脇に少し背の高い2翼2段の*削掛を撚った耳付木幣、*棒状木幣や他の木幣を立てて謝辞を述べる。この幣場の木幣は伝令者であると同時に、幣場の神としての偶像ともなる。サハリン（樺太）地方では、山手側で家の左右角斜め先のいずれかに納める。〈藤村〉

せいかつようぐおくりのぬさば［生活用具送りの幣場］ イワクテヌサ、イワッテヌサ、オプニレヌサなどと称す。日々の暮らしを支える多くの器物が使用できなくなると、使命を終えたものとし

て、鎮魂と感謝および再生を祈念する儀礼を行い、長年の功労に見合った*木幣や酒造りの素材、食材などを添えてその霊を送る。送る器物は個別に送るのではなく、多くは溜め置きをして、時期を見て行う。その送りは、各戸に設けられた幣場の中央前で行うが、その日の夢にもなく、翌朝の木幣や安置の状態に何も変化がなかったら、われわれの思いを受け、十分に満足してそれぞれの霊魂が昇天したものと考え、午後から後祭りを行い、数日後に本来的に納める場所へ移す。その場所は木幣群の集合体（幣棚）の全体を統括する女神の幣棚裏、幣場の中央、幣棚の裏、幣棚の右端に別置することもある。幣場を別置する場合には、送るときに器物それぞれの霊魂を案内する役、人からの言葉を伝令する役として必要な本数の雌雄の木幣を製作し、中央やその脇に立てる。この幣場の木幣も使命を全うするほかに、幣場の神としての偶像ともなる。　　　　〈藤村〉

にちじょうせいかつのごみすてば［日常生活の塵捨場］　ムンクタウシと称す。日々の食事に伴う生ゴミや食べ残し、傷んだものなどは、煮合わせて犬の餌とする。屋内や*前小屋の*土間、家の周辺を清掃したときの塵などをまとめて納める場所は、家の下手（川下側）に設け、同じ川下に建てられている便所の近くとすることが多い。そこへの道は踏み固められ、捨てる場所の草叢には春秋の大祭に草丈よりも高い70〜100㎝くらいのヤナギの上部の外皮を取り、そこへ日高南部以東では2翼2段、日高北部以西では2翼3段の*棒状木幣を1〜2本立てて目印とする。海浜地域では海岸近くの砂地にあるが、風で集めた塵が四散するので、多くは砂地を適当に掘って塵を捨てたあとに、砂をばら撒き、飛散を防ぐ。家によっては春秋の2回の大掃除に出る多量の敷き草とともに、立ててあった木幣に謝辞を述べ、塵に火をつけて燃やし、近くに新たな塵捨場をつくって新しい木幣を立てる。古い塵捨場は畑に転用されることが多い。ここに立てられた木幣は、塵の飛散を防ぐ使命を全うするほかに、幣場の神としての偶像ともなる。　　　　〈藤村〉

みずがみのぬさば［水神の幣場］　ペッカムイヌサ、ペッコルカムイヌサ、ペッコロカムイヌサ、チワシコロカムイヌサ、ワッカウシカムイフチヌサ、ペトレンサンヌサ、ワッカウシカムイヌサ、ペトルンヌサなどと称す。飲料水には湧水も利用したが、河川の水が最も利用された。*越冬用の家、▼猟小屋、▼漁小屋、▼畑小屋、▼燻製小屋でも水は必需品であったから、全生活の場を川から一段と高い平坦地に構え、豊富な水を十分に使用していた。したがって川への小径は水汲みの道であり、舟による交通路への入り口でもあった。水汲み場は川中へせり出した舟着場でもある桟橋の先端であり、流れのあるところで水を汲むために、その場には舟着場を守る*木幣が杭に結ばれ、水汲みの安全も見守る。水神を祭る幣は、川端に幣棚を設け、そこに水神への木幣（*削掛を捩った木幣に脚木を結束したもの）1本、その護衛役としての従神である3翼2〜3段を立てた木幣数本、*棒状木幣1〜2本を立てる。後世になって集落の統廃合が行われると、川端の水神も*戸別の幣場や*小集落の幣場の右端につけ加えて立てるようになり、遠隔地では、旧来の使用場所を踏襲し、そこへ*盃を捧げていた。　　　　〈藤村〉

そせんくようのぬさば［祖先供養の幣場］　エカシヌサ、シヌラッパヌサ、サチナウヌサ、エカシイナウヌサ、イチャルパヌサ、シンヌラッパヌサ、シヌナルパヌサ、シンヌラハパヌサ、イアレヌサなどと称す。死別した人たちを祭る幣場で、設置場所は地域によって異なる。家の上手に設けられた幣棚に向かって最左辺に置く地方（日高北部以西）、最右辺に置く地方（北海道東部、サハリン）、家の下手に置く地方（十勝・石狩南部）、家の南側での供養が終わったらすぐ片づける地方（日高南部）などである。

　定期的な祖先供養は春秋の大祭に引き続いて行い、無事に夏冬を過ごせたのは祖先の見守りによるとし、もろもろの動物の霊送りのあとにも、難渋する霊魂を滞りなく送れたのは先祖の後押しによるものとして執り行われた。これも本来的には流域全体に共通することなので、村落共同体で使用する幣場で流域全体の供養を行い、遠い分村では*小集落の幣場で挙行していた。しかし、故人の夢を見た、急に酒やタバコが飲みたくなる、故人の大好きだった食べ物がほしくなる、無性に人が恋しくなる、人の顔や容姿に故人を見るなどのことがあると、早速供物をつくって故人たちを供養するが、村落共同体の幣場や小集落の幣場では事が大きくなるので、たいていは個々の家や、個人にかかわることとして、*戸別の幣場で実施されていた。

祖先供養は大祭や霊送りに合わせて行うことが多いので、祖先供養用の供物は一切を神用の供物とは別置しておき、大祭や霊送りの神事が終わった翌日の報告後の祖先供養の儀礼で捧げる。供物を運び、人々の思いや言葉を伝える木幣、手づくりの食べ物・飲み物などを並べ、＊盃(さかずき)になみなみとお神酒を受け、司祭が祖先供養を執り行う口上を述べる。次に一同が幣場に用意した＊木幣や供物を運び出し、祖先供養の幣場に用意した木幣を立て並べ、その脇に火を焚き、木幣の前には＊茣蓙(ござ)などを敷いて供物を並べ、再び司祭が焚き火に向かって同様のことを言う。参列者は酒杯のお神酒を＊捧酒箆(ほうしゅへら)で垂らしながら祖先の応援に感謝し、別の人に盃を渡すと、用意された供物を手にとって「自分は遠祖の誰それの子孫で、何という者の子や孫であり、今日のためにこれこれをつくって用意してきたので、ご先祖さんは、これを受け取って、親族一堂に会して宴を催してほしい。また、自分の知らない祖先の故人にも供物が行きわたるように手配してほしいし、わずかな供物も天界では6倍になるということなので、近所に住まう他系の人々にもお裾分けして仲良く食べてもらいたい」などと言いながら、供物のほとんどを天界に運ぶ木幣の周辺に散布する。

　一通り供物の散布が行われたのちは、供物の一部を集った人たちがもらい受けて食べ、安堵(あんど)して屋内に戻る。無事に祖先供養を終えたことを司祭が報告し、最後に「ご先祖に対しわれわれは十分に手当てしたつもりではありますが、何か不足、不満、すべきことがあれば、誰彼かまわず夢やまどろみの中で告知してくれれば、明日にも挙行いたします。それもなく、立てた木幣、敷き茣蓙などに何の変わりもなければ、祖先が十分満足したと判断をするので、どうぞ、何かがあればお知らせください」と、締めの言葉を述べる。丁重な拝礼ののち、＊酒器(しゅき)などを上座に寄せてこの日の祭事を終えるが、祭具は洗わず、幣場に敷いた茣蓙もそのままとする。これは、祖先たちが快く人々の意図を受けてくれた場合にはよいが、万一不服で、追加を求められれば、すべてやり直しとなるので、そのままにしておくと、追加だけを行えばよいからである。

　翌日の早朝には司祭が祖先供養の幣場を巡回して昨日との変化を調べ、何もなければ先祖がこちらの意を汲み、十分納得して満足したことを確認する。前日の供養開始時・終了時、司祭の締めの言葉の最中に雨や雪が降る、突風が吹く、にわかに暗くなる、よい天気なのに遠くの雷鳴を聞くなどをもって、先祖からの知らせと受け取る。午後から前日に集まった人々が集い、司祭が参列者に夢や、何かを感じたかを聞き合い、何もなければ祖先が思いや供物を受けてくれたことへの謝辞と、機を得て祖先供養を行うことを述べて儀式が終わる。各戸の幣場で行われる祖先供養もほぼ同様の流れで執り行われる。
〈藤村〉

うみがみのぬさば[海神の幣場]　ピシュンヌサ、アトゥイコロカムイヌサなどと称する。一つの流域に居住する人たちの山手の生活領域は隣接する生活領域との間にある山の稜線(りょうせん)を境界としていたが、沖合や海洋の場合は、隣接する生活領域との境界線を沖合へ延長していた。海浜の幣場(ぬさば)には、河口の神、舟着場の神、渚(なぎさ)の神、内海の神、外海の神、海洋を掌握する神、岬の神など海漁に関する主要な神々を村落共同体として祭り、春秋の大祭に合わせて漁運と安全操業を祈願していた。ここに立てられる＊木幣(もくへい)は、＊削掛(けずりかけ)を捩(ねじ)った木幣および＊削掛を広げた木幣に脚木を添えて結び、その護衛役としての従神である3翼2～3段を立てた木幣と＊棒状(ぼうじょう)木幣とを組み合わせて祭るが、地域によって異なる。
〈藤村〉

かいせいどうぶつしんをおくるぬさば[海棲動物神を送る幣場]　カムイヌサ、レプンカムイヌサ、アトゥイコロカムイヌサ、エチンケカムイヌサ、フンベヌサ、トゥワユクヌサ、イナウチパなどと称する。日高北部以西では、海に棲息する動物神を祭る際に、海浜に設けられた幣場を恒常的に活用したが、日高南部以東北部、千島、サハリン(樺太(からふと))にかけての地域では、捕獲した大型・中型動物に関しては1頭ごとに幣棚(ぬさだな)を設け、大小何本もの従神(じゅうしん)を並べ立てることを原則とし、種別ごとにクジラ、シャチ、イルカ、バショウカジキ、メカジキ、サメ、海亀、トド、セイウチ、各種アザラシ、オットセイ、ラッコ、アホウドリ、コアホウドリなどの頭蓋骨(ずがいこつ)(＊鳥獣(ちょうじゅう)の頭骨(とうこつ))および食べ残した骨類をまとめて送った。特に流氷などとともに来る海獣類や大型の鳥類を捕獲した場合には、海浜の幣場に＊木幣を立てたまま、頭蓋骨や食べ残しの骨などをまとめておき、沖に舟を漕ぎ出し、舳先(へさき)から海中へ戻していた。小型の動物は1猟期ごとにまとめ、各種の一つを種の代

表として祭り、そこへ全体の頭蓋骨や骨などを合わせて送った。海洋の大型・中型動物の頭蓋骨は*削掛(けずりかけ)で丁寧に包み、種別にしつらえた棚に並べ、あるいは山積みにし、小型の動物は種別に代表の頭蓋骨を削掛で包み、各種をまとめて山積みした棚の最上部に置いて送った。　　　　〈藤村〉

ふねおくりのぬさば[舟送りの幣場]　ニマンカムイイワクテウシ、チプオプニカウシなどと称す。長期間利用した▼丸木舟(まるきぶね)や沿岸用の▼磯舟(いそぶね)、▼漁猟用板綴船(ぎょりょうよういたとじぶね)、▼航海用板綴船(こうかいよういたとじぶね)などで、使用に耐えなくなったものは、使命を果たしたものと考え、日を選び、送り儀礼の準備が整うと、舟の持ち主の家族をはじめ利用者や村人が集い、舟の女神、舟材の樹木の神、木が生育する大地の神など関連する神々を主神とし、それを取り巻く数多くの従神を立て並べ、司祭がおごそかに儀式を執り行う。功労をねぎらう言葉のほかに、酒造りの素材、食材などを添えてその霊を送り、休息ののちに再びこの世に再生し、立派な舟材として成長し、われわれの子孫に役立ってくれるように祈願する。

この送り場所は、その集落の海浜や河川の河原に設けられた幣場の中央前で、儀式後に舟に傷をつけ、あるいは一部を破壊して霊魂を分離し、その日の夢に何の知らせもなく、翌朝の*木幣(もくへい)や安置したものの状態に変化がなかったら、われわれの思いを受け、満足して霊魂が昇天したものと考え、午後から後祭りを行う。儀式の完了後は自然に朽ちていく状態を静観し、舟材の再生の準備が進んでいることを確認する。　　　　〈藤村〉

ひのかみのぬさば[火の神の幣場]　アベフッヌサ、アペエトクヌサ、アベヌサ、カムイチヌサなどと称す。火の女神は地域を超えて人に暖を与え、食材を調理加工し、人を加護し、人の願いや意思を相手方に伝え、あるいはそのように手配し、常に人の傍らにあって仕える最も親愛なる神・女神として、朝夕に祭られる。その女神への仲介の労をとるのが*火の神への木幣(ひのかみもくへい)であり、その常設の場所は*囲炉裏(いろり)の下手から見て左奥隅である。

そこに木幣を常時立てるが、北海道の日高北部から西南部にかけては、儀礼を行うたびに新しいものを立て、古いものをその際に燃やし、形を失った木幣は姿を変えて火の神の宝物となり、火の神は所定の箱に納めて人からの支持数とする。地域によっては火の神へ捧げる木幣のほかに、その従神もそこにまとめて置き、春秋の大祭や葬儀後に家の上手にある幣場に向かって最も右端の離れた場所に*棒状木幣(ぼうじょうもくへい)を1本添えて火の神へ捧げた木幣の魂を火の神に送り届ける。　　　　〈藤村〉

ぬさだな[幣棚]（→225頁　建築習俗用具）

ぬさだなのござ[幣棚の茣蓙]（→232頁　建具）

ぬさだなのござのきぐし[幣棚の茣蓙の木串]（→235頁　建具）

かみだな[神棚]　チセヌサと称す。北海道東部やサハリン（樺太）では、母屋の戸口から見て正面*神窓(かみまど)の左側で、左奥の隅柱に寄ったところへ、*家の神へ捧げる*木幣や家の神の木幣を祭る。また、人によっては、そこへ戸主の*護符や狩漁の守り神なども合わせて祭壇とする。（→227頁　建築習俗用具[家の神]）　　　　〈藤村〉

和人資料

日本の家屋、特に古い民家には*神棚(かみだな)や*仏壇(ぶつだん)があるように、日常生活のなかで神や仏へ祈るといった行為が取り入れられてきた。日本人は、一家において神仏を区別なく混交して祭るといった信仰観を古くから持ってきたのである。このような民衆レベルで培った信仰は、民間信仰と呼ばれ、祖霊観、霊魂観、来世観など、日本人が地域で古くから伝えてきた考え方を包括している。

民間信仰は、一般民衆の心意を発端に生まれたものであり、日常生活のなかで伝承されるといった性格を持っている。狭義には、高度の教理をもとに組織化された既成の宗教とは区分されるが、全く性格を異にしているというのではなく、伝承の過程において様々な行事のなかで相互に関係を持ってきた。しかも現状の日常生活に現れる信仰現象や信仰行為は単層ではなく、各時代において流行と廃(すた)れといった影響など盛衰があり、伝承の過程で途絶えたものも少なくない。

一般に民間信仰は、日本人の精神性、いわゆる民俗を示すものである。しかしながら、信仰の対象となる神霊のように目に見えないものから、聖地、神仏、あるいは神像・偶像類や信仰施設の有り様を実際に見ることができるものもある。神事・法会や祈願・参拝・巡礼なども、式の次第や

祭祀の方法があり、祈願者あるいは信仰集団など享受する範囲、イタコなどの職能者介在の有無や祭祀者とのかかわりなど、それぞれに形態を把握することもできる。さらに、奉納物など有形物は、過去の遺物として、かつての信仰形態の一面を示しているのである。したがって、民間信仰は単に無形民俗文化財だけを取り上げるのではなく、関連する有形の民俗文化財をあわせて検討することが必要である。

物心両面から整理してこそ、日本人の信仰観についても総合的にとらえることができる。さらに、伝承された事象の層を見極め、時系列に区分することによって、古い形態の層を導き出すこともできるであろう。しかし、本州に比べて和人の歴史が浅い北海道では、日本人の原形となる信仰観を導き出すことは難しい。北海道において、和人社会の信仰形態を示すことが可能な範囲は、中世以降なのである。

社寺の縁起のなかには、12世紀以降の建立とある堂宇が少なからずあるが、いずれも口碑によるものが多い。北海道においては、祭られる対象、祭る人、祭祀の内容について金石文のほか、文献や*棟札などで具体的に中世の由来を特定できる史料はきわめて少ない。しかし、道南の沿岸部には和人の拠点となる館が少なくとも12あり、それぞれの館には館神が祭られていた。さらに、函館市には1367（貞治6）年の板碑や1439（永享11）年の鰐口なども現存している。このように道南地方では、近世以前にはすでに供養や祈念といった本州以南と同質の信仰形態を持っていたといえる。

近世になると、松前藩あるいは幕領期における和人の信仰形態を示す絵画なども増加し、視覚的に確認することができる。これらの史資料によると、松前地や東西蝦夷地の場所では弁天を中心に妙見、稲荷、恵比寿、金比羅などが祭られるようになった。

明治期には、政府のとった神道国教化政策の一環で神仏分離がなされ、廃仏毀釈や社名変更に至るなど、それまでに培ってきた信仰形態が大きく変化した。さらに、開拓使や道庁による移住政策に伴って本州各地からの移住者が急増し、出身地の影響を受けた信仰も少なからず伝承した。また、漁業、林業、商業、農業などの生業のほか、積雪寒冷地という自然環境の影響を受けて、北海道の信仰形態は多様なものとなっている。

〈舟山　直治〉

おふだ［御札］

神仏の守り札。*護符、神符、あるいは*御守。御札には霊力があると信じられており、伊勢神宮の天照大御神を中心に、地域の氏神社やかかわりのある神社の御札などを*神棚などに納めて家内一般の加護や除災を願う。護符には、紙製、布製、木製のほか金属製のものがあり、社寺で入手することが多い。しかし、北海道移住者のなかには、小さな祠に参拝して、境内の小石などを護符として懐中に入れたという話も残っている。

御札は毎年入手し、古くなった御札は神社に納め焚き上げる。しかし、道南地方などでは、土蔵に*金刀比羅宮札などの近世からの御札を大事に保管している旧家もあり、必ずしも焚き上げをする必要はなかったようである。

現在、大きな神社では、商売繁盛、大漁満足、家内安全、交通安全、海上安全、学業成就、心願成就、良縁成就、母子平安、諸災消除、身体健全、会社繁栄、厄難消除、合格祈願、園芸豊作、当病平癒、工場安全、工事安全、作業安全、講中安全、養殖蕃栄、選挙必勝など、参拝者の様々な願い事に対応している。

〈舟山〉

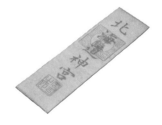

写真1　御札

おまもり［御守］　個人の悪霊や悪魔を防ぐために身につける護符。衣服に縫いつけやすいように布製が多いが、紙や木などのほか、用途により多様な形態の御守がみられる。また、身につける

写真2　御守

だけではなく、車などの乗物用や、携帯電話のストラップなど所持品につける御守もある。〈舟山〉

たいま［大麻］ 伊勢神宮などで授かる神符。そのほか大麻には神社の祭祀修祓に使う「おおぬさ」という*御幣がある。これは榊の枝のほか、竹や木の串に麻苧をつけたものである。串の長さが約1mのものは大麻で他祓用、約30cmのものは小麻で自祓用である。〈舟山〉

写真3　三日市大夫次郎配札の一万度御祓大麻

おみくじ［御神籤・御御籤］ 神仏のお告げとして吉凶を知るために引く籤。各社によって大吉から大凶まで細かく区分されている。鰊漁家が集まる大漁祈願祭などでは、神職が修祓に使った*大麻を使って「オミクジトリ」を行うこともある。これは神のお告げを聞くとして、漁の出来不出来や作況を占うほか、神社の別当などの世話役や神輿渡御における山車供奉の順番を決めることなども行われていた。〈舟山〉

写真4　御神籤

ぜんぽうじふだ［善宝寺札］ 善宝寺は山形県鶴岡市にある曹洞宗の古刹で、八大龍王尊を祭っている。北海道でも近世期から海上安全や豊漁を祈願する海の守護神として広く信仰されている。また、明治以降、鰊漁家のなかでも山形県出身者の信仰が篤く、階段や玉垣の寄付者には小樽などの漁家の名前がみられる。写真の御札は、25cm×97cm、厚さ4mmである。〈舟山〉

写真5　善宝寺札

ことひらぐうふだ［金刀比羅宮札］ 金刀比羅宮は、親しみを込めて「こんぴらさん」とも呼ばれる。特に近世に日本海西回り航路が整備されてから、北前船の船主、船頭、水夫にいたるまで航海安全を祈って、四国讃岐の金刀比羅宮を篤く信仰した。また、明治期の鰊漁家の信者も多く、境内の奉納物には、北海道の奉納者からのものが少なくない。この御札は、自ら参拝するか、代参でも入手する。御札は木製の大きなものが多い。道南地方を中心に場所請負人が祭った神社、大きな商人、あるいは船頭らの旧家では、土蔵に多数の古い御札を保管していた。写真の御札は約100cm×25cm、厚さ1cmである。〈舟山〉

写真6　金刀比羅宮札

しんじんのたいしょうぶつ［信心の対象物］

人が神仏に加護や救済を願って祈るときの対象は*神仏像などの神体のほか、*御幣などの依代、護符などの*御札、*神棚、祠堂などの建造物、聖地など特別な場所、あるいは山、岩、樹木などの自然物など様々である。近世の武家や商家では、正月から年越しまでの年中行事のなかに、神仏への祈りが細かく取り決められていた。「ケ」という普段の生活では、朝夕に灯明、水を欠かさず供えて祈りを捧げ、「ケ」の対義語となる「ハレ」の日には、供物を供えて祭った。さらに、祈りだけではなく、形あるものを寄進し、信仰心を表したのである。〈舟山〉

ごへい［御幣］ 幣帛（みてぐら）、幣束、幣とも称する。白色や金・銀の紙などを、細長く切り、三角形や四角形などの形をつくって麻苧とともに串に挟んだもの。北海道では白紙が多く、斎

写真7　御幣

場を清めたり、お祓いなどに用いる。道南地方で行われる松前神楽の幣帛舞では採物として使われる。　〈舟山〉

けさ［袈裟］　僧侶の衣服で、衣の上に左肩から右脇下にかけてまとう長方形の布。五色の正色を避けて濁色の布を用いるが、宗派によっては華美で装飾的なものがある。縫い合わせた布数によって、五条袈裟・七条袈裟などがある。仏に帰依したあかしに、袈裟などの法衣や仏具を、信者が寄進したものがみられる。特に北海道では、近世期の山丹交易により蝦夷錦が流通し、これを利用した七条袈裟や打敷が、道南をはじめ日本海沿岸の古い寺などにみられる。これらは、北前船の船主や場所請負人らから寄進されたものが多い。　〈舟山〉

写真8　袈裟

じゅず［数珠］　念珠、じゅじゅ、ずずとも称する。寺などで礼拝するときに手にかける仏具。宗派によって違いがみられるが、108個の小さい玉をつないだ輪。玉の数から、念仏を唱えることで百八の煩悩を除くといわれる。宗派によって数を54や27などに減らしたものもある。

北海道では、寒の入りのころ、年配の女性が集まり、地蔵講や観音講を開く。講の宿と辻境で、百万遍と称して念仏を唱えながら大きな数珠を回し、無病息災を祈る。（→392頁　薬・医療用具［百万遍の数珠］）　〈舟山〉

写真9　百万遍の数珠（積丹町）

じゅうじか［十字架］　キリスト教徒が尊敬・名誉・犠牲・苦難などのシンボルとし、また、礼拝の対象とする十字架やロザリオ（*数珠）の類は、1612（慶長17）年および翌年の江戸幕府による禁教令により御法度となった。しかし、1639（寛永16）年に、現在の道南の福島町と上ノ国町にまたがる大千軒岳の金山番所などで、松前藩が多数のキリシタンを処刑しているように、信者が存在していた。現在、金山番所跡に大きな十字架が建てられ、殉教者へのミサが行われている。　〈舟山〉

えんぎもの［縁起物］

達磨、招き猫、*熊手、*破魔矢など縁起を祝うための品物。社寺の境内、酉の市など季節の市で参詣人に売られる。また、年末には、しめ飾り、門松などが年の市に並ぶ。北海道では、道南を中心に*神棚を飾るため縁起のよい絵柄を透かしにしたランマ（欄間）がみられる。このほか、上棟式などの儀式につくられるものがある。　〈舟山〉

はまや［破魔矢］　正月の縁起物で、厄除けの*御守。社寺や年の市などで購入する。また、上棟式の「チョウダテ」という屋根飾りがある。上棟式の飾り物は棟梁が用意するもので、建主への祝儀となる。破魔矢は鏑矢と雁股で、いずれも幅1寸5分（4.5cm）の角材でつくり、棟筋の両端の妻壁側に建てる。鏑矢には亀と波を描き、矢の先を地に向け、南西とする。雁股には鶴と雲を描き、矢の先を天に向け、北東とする。しかし、上棟式の飾り物は簡略化して、吹き流し程度のものとなっているようである。（→229頁　建築習俗用具［破魔矢］）　〈舟山〉

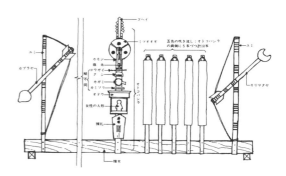

図1　上棟式の飾り付け

えま［絵馬］　祈願や報謝のために、社寺に奉納する絵の板。画題には馬、狐、船、武者などが描かれる。北海道には、沿岸部を中心に近世から

の絵馬を見ることができる。なかでも▼弁財船を描いた船絵馬が多く、奉納者がかかわる場所などの風景や、アイヌ民族らが描かれるのも北海道の特徴である。明治以降になると、武運長久を願った画題が多くなる。神への祈願の内容は、病気平癒、合格祈願など多様であり、各社とも祭神の神徳に合わせて絵馬がつくられている。現在でも境内の棚に下げられた絵馬を見ることができる。

〈舟山〉

図2　船絵馬

くまで［熊手］　落ち葉やごみを掻き集める道具で、熊の手に似ていることからこの名がついた。さらに、福を掻き集めるという意味で正月の縁起物となり、年の市や酉の市などで販売されるようになった。長い柄の先に竹製の曲がった棒を扇形につけ、宝船、大判、小判、千両箱、おかめの面などを飾りつけている。

〈舟山〉

ふくぶくろ［福袋］　開運札を入れる袋。社寺で販売している。あるいは、正月の初売りに、袋にいろいろな商品を入れ、中身が見えないように封をして各人に販売する袋。新春の客寄せの余興であり、夢を売る袋でもあるといえる。

〈舟山〉

じしゃみやげ［寺社土産］　寺社で縁起物として参詣者に売られる土産。北海道神宮では初詣客に販売するために、毎年干支の土鈴が焼かれている。

〈舟山〉

写真10　七福神の土鈴（北海道神宮）

しんぶつぞう［神仏像］

神や仏の姿を、彫刻や絵画などに表したもの。

神道では、礼拝の対象に偶像を持たず、自然物や鏡などの器物を崇拝する。しかし、北海道では近世から明治初期まで神仏混交で培った信仰形態を有していた。のちに札幌神社（現・北海道神宮）宮司となる菊池重賢が、1872（明治5）年に渡島、胆振、後志の神社を悉皆調査し、神仏混交を改めるように指導した。当時、大部分の神社では、弁天、妙見、稲荷などそれぞれ神像を祭っていたのである。北海道でも、このころ廃仏毀釈、神仏分離の考え方が進み、弁天社は厳島神社へと名称を変えている。

〈舟山〉

ぶつぞう［仏像］　北海道の仏像には、国の重要文化財に高野寺（函館市住吉町）の木造大日如来坐像、道指定の有形文化財に阿吽寺（松前町松城）の不動明王立像、光善寺（松前町松城）の木造阿弥陀如来立像、法華寺（松前町豊岡）の木造日蓮聖人坐像、善光寺（伊達市有珠）の釈迦如来立像などがある。また、17世紀中ごろの鉈彫りで素朴な作風の円空仏や、18世紀中ごろの木喰仏があり、海難除けとして貞伝仏や意全仏など鋳型でつくられた高さ約5cmの仏像が船乗りの*御守となった。

〈舟山〉

しんぞう［神像］　神社の祭神。ご神体。近世の北海道には、松前城下、箱館、江差はもちろんのこと、沿岸地域を中心に多くの神社が建立された。神社には主神のほか、様々な祭神が合祀されている。明治期の廃仏毀釈によって偶像の規制を受けるまで、各社には神体となる像があり、現在まで残っている神像も少なくない。しかし、佐女川神社（木古内町）など一部の神社祭礼を除いて祭祀に神像が現れる場面はなく、また神輿渡御で神を遷すにあたっても、人の目に触れることもないことから、その形態は分からないものが多い。ただ、佐女川神社や厳島神社（釧路市）では、円空仏が祭神の一つとなっているように、近世の祭祀形態の一端を見ることができる。〈舟山〉

写真11　川下様（積丹町来岸）

ぶつが［仏画］　仏の姿や仏教にかかわる事柄や場面を描いた絵画。礼拝の対象となる。釈迦、阿弥陀、薬師、観音などを描いた尊像画、教典を分かりやすく描いた変相図、曼荼羅図、六道絵、仏

教説話画などの種類がある。北海道では、道の有形文化財指定となっている蠣崎波響筆「釈迦涅槃図」(函館・高龍寺蔵)が有名である。　〈舟山〉

けんぞうぶつ［建造物］

寺社には、祠堂のほか様々な付属建築物が見られる。18世紀の「松前江差屏風」には、松前と江差の社寺を見ることができる。松前湊には、松前城の背面に、法幢寺、光善寺、法源寺などの寺や八幡宮を見ることができ、法幢寺境内には、藩主松前家の位牌堂なども描かれている。
　〈舟山〉

図3　松前城下の宗教施設(『松前屏風』函館市中央図書館蔵)

とりい［鳥居］　神社の参道入り口などに建てる門。神明鳥居、伊勢鳥居、明神鳥居、両部鳥居など様々な形態がある。基本的な構造は、左右2本の柱に笠木を渡し、その下に柱を連結する貫があるもので、伊勢(神明)などの鳥居がある。柱の基礎部分を漆喰などで饅頭形に固めた亀腹のあるものや、柱上部の笠木の下に島木、額束、台輪があるものもみられる。笠木が反り、島木や額束を備えたものが明神鳥居で、北海道でも多くみられる。石製のものには、場所請負人や船頭が寄進したものもみられる。特殊な例としては、柱に稚児柱(控え柱)を設置して安定をはかった四脚鳥居とも称する両部鳥居がある。この鳥居は、神仏混交の神社に多くみられるという。　〈舟山〉

写真12　鳥居(松前神社)

ちょうずばち［手水鉢］　手を清めるための水を溜めておく石鉢。北前船の船主だけでなく、廻船問屋などの商人は、地域の神社に様々な奉納物を寄進している。江差町の鴎島の厳島神社には方向石の手水鉢がみられる。　〈舟山〉

写真13　方向石の手水鉢(江差町厳島神社)

いしどうろう［石灯籠］　石造りの灯籠。台灯籠と釣灯籠に分かれ、笠石、火袋、脚石、台石からなっている。北海道内の各社には、様々な石灯籠が寄進されている。また、福島県伊達市には、福島県梁川に移封されていた松前藩の旧領復帰のお礼として、家老蠣崎波響が梁川天神社境内へ献納した石灯籠がある。　〈舟山〉

だいもくいし［題目石］　即身成仏を願って題目を唱える石。函館市の日蓮宗実行寺境内に日持上人によるものと伝わる「南無妙法蓮華経」の7字を自然石に刻んだ題目石がある。　〈舟山〉

こうしんづか［庚申塚］　道ばたなどに庚申会の祭神を祭った塚で、3匹の猿を刻んだものが多い。この信仰は道教と仏教の青面金剛・帝釈天などの信仰が混合したもので、干支の庚申の日の夜に庚申待(庚申会)を行った。余市町豊浜には自然石に「庚申」と刻まれた塚がみられた。現在では祭祀は途絶えているが、かつては輪番制で宿をとり、庚申講を行っていた。　〈舟山〉

ばとうかんのんひ［馬頭観音碑］　馬頭観音碑は、馬が開拓の動力源であった時代に多く建立された。祭祀は、貴重な馬の息災を願ったり供養したりするためのもので、全道的にみることができ、総数は2,000を超える。北海道では、1805(文化2)年の入江馬頭観世音碑(洞爺湖町入江)が最も古く、道の有形文化財となっている。

写真14　馬頭観世音碑(虻田町)

現在では、道路拡幅などで移動を余儀なくされたり、馬だけではなく、牛魂碑のほかペットを含めた獣魂碑など、供養の形態が変わりつつある。
〈舟山〉

やまのかみひ［山神碑］ 北海道の近世にはヒノキアスナロやエゾマツの伐採、鰊(にしん)漁の釜(かま)焚(た)き用薪(まき)、あるいは特に明治期以降農閑期の副業としての造材や炭焼きなどで山神を祭った。祭日は12月と1月である。また、近世期の年中行事記には、12月12日は山神の年取りとなっている。〈舟山〉

ちじんひ、じがみひ［地神碑］ 地神は、じちん、ちがみなどとも呼ばれる。北海道、特に空知・上川・十勝地方の農村では、春と秋の社日に地神を祭る。社日は春分と秋分に最も近い戊(つちのえ)の日に、春に五穀の種子を供えて豊作を祈り、秋には初穂を供えて収穫を感謝する。祭神は、自然石に「地神」と刻んだ碑や、天照(あまてらす)大神(おおみかみ)など五柱の祭神を刻んだ五角柱の石碑がある。〈舟山〉

写真15 地神祭（妹背牛町）

くようづか［供養塚］ 人や家畜にとどまらず、生活のなかで使いきった道具にいたるまで供養する信仰がみられ、多くは自然石で塚、塔、碑を造り祈祷する。北海道には、1757（宝暦7）年の茅部の鰊(にしん)供養塔（森町）、寛保津波の碑（江差町、八雲町）のほか、神社や寺の境内で包丁、櫛(くし)、筆の塚やクジラ骨の奉納物などがみられる。
〈舟山〉

Ⅰ．生活用具

4．年中行事・信仰用具

(3) 郷土芸能用具

アイヌ資料

　様々な祭礼は、対象となる神祀りを中心に手順に従って粛々と進められ、その神への祀りに合わせて、手落ちのないように、通常に祀る神々へ援護の依頼も行う。祀りが一段落する夕食後から朝方にかけては、賓客の神に対し、お神酒やその他の供物を供え、参加している人たちが心からもてなすことが最も大切なこととなる。神へのもてなしには、まず、人の言葉から神の言葉へと変える必要がある。あまり抑揚のない人の言葉は、神にとっては容易に理解しがたいものであるとされ、その逆に神の言葉は人間には全く理解できない。例えば、50種余りも鳴き分けて仲間と交信しているスズメの鳴き声を人は聞き分けることはできないが、まねすることは可能である。そして、人がそれぞれの声帯を上手に使って歌うことによって楽器の限界を越え、神々への祈りも個人特有の節にのせて祝詞を上げていく。宴にあっては、独唱、合唱、輪唱、掛け合いなどを行い、短い文句をのせて歌う旋律の音符の一部を換え、音符や休拍の長さを換え、音の強弱も微妙にずらしながら1曲で数十分も歌い続ける。個人が演ずる即興詩、踏み舞いの歌、酒の酔い舞いの歌、神々の語り、英雄の語りなどもすべて、神の言葉に似せて歌い語る。したがって、各地域に発達した芸能の中心は、あくまでも声帯を活用した歌いものであって、拍子を取るための手拍子や、それに代行する拍子棒や*酒造樽の覆い蓋、*行器の覆い蓋などが、補助用具として使われるだけである。

〈藤村　久和〉

よきょうのようぐ［余興の用具］

　宴もたけなわになってくると、徐々に余興の部へと移行していく。前段は踊りが中心となるので、体を十分に使って相互に手を打ち、跳躍し、屈伸や髪振り、足掛け、ウサギ飛び、などで競い合うことが神に対する奉納となる。全員が汗をかき、踊りに疲労が見えてくるあたりから、余興の後半に移る。その代表的なものとしては、剣の舞（*刀）、弓の舞（▼弓と▼矢）、ネズミ罠（*紐、食物、*酒造樽の覆い蓋）、棒踊り（棒）、盆踊り（*盆）、笊踊り（*笊）、皿踊り（*皿）、馬追い踊り（*紐、瓶や*徳利、足踏み用の*茶碗）、瓶踊り（瓶）、色男（*手拭）、などを挙げることができる。ここでは数人が集って競うことになり、その多くにはカッコ内に示したように、宴の会場にある用具類を余興の内容を明確にするための補助用具として利用する。

〈藤村〉

がっき［楽器］

　一般的な楽器としては、五弦琴や*口琴、ヨブスマソウの笛、樹皮笛、太鼓などを挙げることができるが、音声に勝る楽器はないものと考え、太鼓は巫術（シャーマンの占い用）を行う際に巫者が手にする用具で、楽器としての利用は全くない。また、ほかのものも神祀りと関係なく、単独に遊具や魔除け具として使用され、心の寂しさを解消することや、魔を感じたときにそれを排除するため夜通し演奏されるものであった。これらが郷土芸能に取り込まれたのは、観光客へアイヌ文化を披露するようになってからのことである。明治以降、本州からの音曲やその演奏に触れるようになってからは、徐々に歌や踊りに合わせて演奏されるようにもなってきたが、豊かな音声を補助することは難しい。

〈藤村〉

和人資料

　郷土芸能は、民間で伝えられている音楽や舞踊

を言い、1957（昭和32）年以降には民俗芸能とも呼称されるようになった無形民俗文化財の一つである。師弟制のある古典芸能とは違い、それを専門の職業としているのではなく、地域社会の一般構成員が祭礼などの行事の際に、豊年・長寿・悪疫退散などを祈って奉納する芸能の総称である。

郷土芸能には神楽、田楽、風流、語り物・祝福芸、延年・おこない、渡来芸・舞台芸、大道芸・見せ物などがあり、それぞれ地域的、信仰的、娯楽的、集団的な性格などを持って各地で伝承している。一見、無形のようでもあるが、行事の次第、構成、演目、芸態、囃子、台詞、舞などにも、毎年繰り返されていく形が必ず含まれている。あわせて、被り物、面、衣装、採物、履物、楽器、施設、といった有形の道具や装置などもある。さらには、各芸能を伝承するための保存（伝承）団体といった組織など数多くの取り決めが総合的に組み合わされて成り立つ。

北海道教育委員会が1995（平成7）年に全道の市町村に対して行ったアンケート（北海道教育庁『北海道の民俗芸能―北海道民俗芸能緊急調査報告書―』1998年）によると、神楽が102件、一人立ちの獅子舞（鹿子踊り）などを含めた風流系が72件、語り物・祝福芸が2件、アイヌ古式舞踊が15件、音頭などのその他が23件となっている。これらの分布と由来からみると、松前神楽、鹿子踊り、奴行列、杵振舞、タナバタ（七夕）、祇園囃子などは道南地域にみられ、近世期から続いているものも少なくない。しかし、神楽や獅子舞などの多くは19世紀後半以降に本州からの移住者が故郷の郷土芸能を伝承したものである。

北海道の民族芸能の伝承について時間軸で分けると、1に先住民族であるアイヌ民族の舞踊、2に松前神楽や鹿子舞など近世期の和人が伝承した芸能、3に19世紀後半以降の道外からの移住に伴って郷里から取り入れた芸能、4に1と2が融合した芸能とに区分することができる。

先のアンケートの目的は、少なくとも50年以上にわたって伝承され、かつ緊急に調査を必要とする郷土芸能の掌握にあったため、全道の総数ではない。さらに、第2次世界大戦中と戦後の人手不足、高度経済成長期以降の過疎化や高齢化などで伝承が途絶えた芸能や、1960年代以降に多く創設された太鼓、1992（平成4）年から始まったYOSAKOIソーラン祭りなども含まれていない。

しかし、新しく創作されたものであっても、道内外の祭りをはじめ、各種の行事のなかで取り上げられている状況を考慮するならば、今後は新旧にとらわれることなく、郷土芸能の現況を記録する必要がある。

無形民俗文化財の郷土芸能としては、アイヌ古式舞踊が1977（昭和52）年に、松前神楽が2018（平成30）年に国の重要無形民俗文化財になっている。道指定の無形民俗文化財には、1958（昭和33）年に松前神楽が指定されたほか、1977年には松前祇園ばやし、五勝手鹿子舞、江差沖揚げ音頭、江差追分が、1982年には江差三下り、江差餅つき囃子が指定されている。市町村では1960年以降に、神楽、獅子神楽、獅子舞、駒踊り、鹿子踊り、奴行列、杵振舞、タナバタ、祇園囃子、音頭、太鼓など74件の指定を受けている（北海道新聞社『北海道の文化財』1992年）。

郷土芸能にかかわる道具類の製作について、道外では専門の職人が地域に根ざした工芸品を生産している場合もある。北海道では、見よう見まねで手づくりした頭などの用具がみられる程度で、職人や製作技術が定着することはごくまれで、必要に応じて伝承元や京都の業者から入手していることが多い。

〈舟山　直治〉

写真1　手づくりの獅子頭（利尻富士町・南浜獅子神楽）

かぐらのようぐ［神楽の用具］

神楽の語源は、神座（かむくら、かみくら）にあるという。古くは神遊びとも称した。神座を設けて神々を勧請して招魂・鎮魂の神事を行ったのが神楽の古い形とされている。神、楽、とあるように、神前に奏して神を楽しませる舞楽である。天照大神が天岩戸に隠れたとき、天岩戸の前で天鈿女命が舞ったという故事により、これが神楽の始まりとする説もある。平安時代には、宮中の御神楽として、榊、幣、杖などの採物を

持って舞う形が整えられた。

御神楽は、内侍所で和琴、大和笛（神楽笛、かぶらぶえ）、笏拍子、篳篥を使って奏せられ、これに合わせて舞う。代表的な舞人が人長で、巻纓の冠に老懸をつけ、白い袍を着て、行事の進行をつかさどる。人長は、韓神や其駒の舞を舞う。神楽は、この御神楽と、諸社や民間で行われる里神楽に区分される。さらに里神楽は、巫女神楽、出雲流神楽、伊勢流神楽、獅子神楽に細分できる。巫女舞は、榊などの採物や鈴を手に持ち振りをつけて舞うものである。これには、神事舞として1940（昭和15）年につくられた「浦安の舞」などがある。

写真2　浦安の舞（旭川市・永山神社渡御祭）

出雲流神楽は、御幣などの採物の舞や神話の縁起を中心に舞うものである。北海道の出雲流神楽は、新潟県から明治期に伝承した住吉神社（小樽市）、北海道神宮（札幌市）、室蘭八幡宮（室蘭市）、野幌神社（江別市）の神楽、島根県から1917（大正6）年に伝承した大国神社（中札内村）の神楽と、いずれも神社祭礼に奉納される。

写真3　野幌太々神楽五穀撒（江別市）

伊勢流神楽は、潔めの湯立を行うものである。北海道では、道南地方で多く行われる松前神楽のなかに湯立神事がみられる。この神事は、水神の御幣を奉り、＊鍔釜に湯を沸かし、笹で清める。

獅子神楽は、悪魔祓や火伏せの祈願に、獅子（権現）が各種の舞を演じるものである。北海道では、富山県からの獅子舞が最も多く、香川県、青森県、岩手県、宮城県、宮城県と続く。獅子舞は、頭持

図1　湯立神事（『松前歳時記草稿附図』函館市中央図書館蔵）

写真4　永山獅子舞（旭川市・永山神社渡御祭）

ちと尻尾持ちの二人立ちが多いが、富山県から伝承した獅子舞のなかには百足獅子舞のように、胴の中に10人前後の人数が入る舞もある。

また、青森県、岩手県、宮城県、福島県などから伝承した山伏神楽や法印神楽などと呼称される神楽には、演目の一つに獅子舞が行われる。これらの神楽は、番楽舞、武士舞、能舞とも称される。演目には権現舞のほか、翁舞、機織・天女などの女舞、鞍馬・曽我・大江山などの番楽舞、山の神・八幡舞・岩戸開などの神舞、薬師・注連切などの荒舞、盆舞、杵舞などと多数ある。南部神楽として伝承したものには木直神社（函館市）、蘭越八幡神社（蘭越町）、旧狩太神社（ニセコ町）などの奉納神楽がある。仙台神楽として伝承したものには、伊達神社（伊達市）、成香神社（洞爺湖町）などがある。

神楽や獅子舞は、その舞だけではなく、囃子、台詞、面、衣装、採物などを必要とする。台詞については、いずれも舞人は無言の舞が多く、囃子方が歌詞や台詞を担当する。囃子は、笛、太鼓、鉦からなる。笛は横笛で、指孔が六孔と七孔の篠

写真5　木直大正神楽の三番叟（函館市南茅部）

写真6　利尻麒麟〈きりん〉獅子舞の囃子（利尻町）

笛で六調子、七調子のものが多い。太鼓は、締太鼓と鋲太鼓である。鉦は、摺鉦や「ジャガラカネ」と称する手平鉦がある。

舞う場所は、神社拝殿、神社境内の神前や舞台が多いが、神楽殿を有するところもある。さらに、渡御祭の際に、神輿に供奉して御旅所などで舞うことがある。

写真7　神楽殿（室蘭八幡宮）

衣装や道具は伝承当初、面や頭が手づくり、衣装は未婚の女性からの借り物ということも少なくなかった。しかし、生活が落ち着くと、一式をそろえるために購入先を故郷に求めることが多い。いわば神楽などの芸能は、郷里における伝統的な工芸品の継承にも役立っていたといえる。〈舟山〉

まつまえかぐらのようぐ［松前神楽の用具］　国の重要無形民俗文化財（2018年）の松前神楽は、道南および日本海沿岸地域における神社祭礼の神事や正月の門付などで舞われる。この神楽は、御幣を使った幣帛舞や福田舞に始まり、神話に取材した神代の舞、湯立神事、▼弓や▼矢といった採物の四種舞、翁や三番叟など能狂言にかかわる舞、権現舞など、舞の内容は豊富である。演目のなかには、松前藩とアイヌ民族のかかわりを表した舞もある。このように、松前神楽は、権現舞など東北の山伏神楽、湯立など伊勢流神楽、神代神楽など出雲流神楽、そして能狂言と様々な神楽の要素と地域に根ざした演目を取り入れていると考えられている。

起源は、『福山秘府』（1780年）によると1674（延宝2）年に湯立神楽の記録があることから、少なくとも17世紀初頭に始まるといえる。1665（寛文5）年と1773（安永2）年に熊野宮（松前町）へ奉納された獅子頭が現存している。そのほか社家の旧家には、場所請負人ら松前の有力商人から寄進された翁面や三番叟の黒の尉面がみられる。

近世以降、この神楽は松前藩や有力商人の庇護のもと、祭祀や祈禱の神事として神官が中心となって伝えられてきた。囃子は、七孔の下孔を埋めた龍笛、大小の締太鼓、手平鉦からなる。台詞は、舞では翁だけあるが、そのほかは囃子方が歌詞や台詞を担当する。衣装は、基本的に神官の装束となり、烏帽子、狩衣、大口袴である。山の神など一部の舞いには、前掛けをかける。〈舟山〉

図2　獅子神楽（『松前歳時記草稿附図』函館市中央図書館蔵）

のっぽろだいだいかぐらのようぐ［野幌太々神楽の用具］　江別市の野幌神社祭礼に境内の神楽殿で奉納される神楽。野幌太々神楽保存会・野幌太々神楽伝承会が伝承している。北越殖民社の一員として入植した五十嵐金作が、新潟県南蒲原郡栄町（現・三条市）在住時に習得した神楽を有志に伝授し、1898（明治31）年の野幌神社の秋祭りに奉納したことに始まる。演目には、悪魔祓、雑議（杵樹）、鎮護鉾、五穀撒、神勇、福神遊、地久楽、泰平楽、岩戸開、稲田宮のほか稚児舞など計23幕がある。発足当初から中断もなく活動を継続しているが、現在では舞われなくなった演目もある。

写真8　野幌太々神楽の悪魔祓（江別市）

囃子は、七孔の篠笛、締太鼓と鋲太鼓からなる。台詞は、巫女舞や悪魔祓にはないが、稲田宮や雑儀には舞詞がある。衣装は基本的に、神や神官を示すときには、烏帽子、狩衣、大口袴となり、農民らを示すときには千早や立付袴となる。
〈舟山〉

おかだまししまいのようぐ［丘珠獅子舞の用具］

丘珠獅子舞は、富山県東礪波郡福野町（現・南砺市）から1892（明治25）年に移住者の心のよりどころとして伝承した神楽である。毎年、9月の丘珠神社例大祭に境内で奉納される。百足獅子舞の一つで、獅子頭振りと尾持ちのほか、カヤと称する獅子の胴内に6人ほどが入る。そのほかには、獅子取り子供と中供が各3人、獅子の先頭で警護役となる天狗と般若がつく。囃子は、笛と太鼓である。

この獅子舞には、神社までの「道中」、神社鳥居から拝殿までの「行列」、および拝殿前の「にらみ」の所作がある。舞の演目は、小薙刀の舞、剣の舞、扇の舞、鎌の舞、棒の舞、引き棒の舞、跳び棒の舞、太刀の舞、二人太刀の舞、大薙刀の舞、唐傘の舞、乗り獅子と12の舞がある。採物は、演目にあるように小薙刀、剣、扇、鎌、棒、太刀、大薙刀、唐傘である。札幌市には、このほかにも1901（明治34）年に富山県から伝承したという烈々布獅子舞がある。この獅子舞も篠路神社の秋祭りに奉納される。
〈舟山〉

写真9　丘珠獅子舞（札幌市）

ふりゅうのようぐ［風流の用具］

風流は「ふりゅう」と言う。華やかな衣装に、傘や鉾で仮装するなど、囃子にのりながら群舞を行う。風流には祭礼の山車行列や盆踊りなどがある。風流は中世芸能の一つで、現在の念仏踊り、雨乞い踊り、盆踊り、獅子踊りなどにつながっているともいえる。北海道には、盆踊りのほかに、鹿の頭をかぶって舞う鹿子踊り、馬をかたどった作り物をつけて舞う駒踊り、祭礼の神輿渡御につく奴行列、祇園囃子など祭の山車で奏する囃子、七夕踊りの一つであるタナバタや荒馬、太鼓、餅搗踊りや餅搗き囃子などがある。

北海道教育委員会のアンケートによると（北海道教育庁生涯学習部文化課編・発行『北海道の民俗芸能—北海道民俗芸能緊急調査報告書』1998年）、風流系72件の内訳は、盆踊り18件、駒踊り9件、鹿子踊り12件、奴行列などが16件、祭囃子が6件、七夕踊りが4件、太鼓が4件、餅搗踊り（餅搗囃子）が3件である。

なかでも、鹿子踊り、奴行列、祇園囃子、七夕踊りといった芸能の多くは北海道西南部で近世から伝承されているものが多い。一方、内陸部にみられる駒踊りや盆踊りなどは、19世紀後半以降に、移住者の故郷から伝承したものである。
〈舟山〉

ししおどりのようぐ［鹿子踊の用具］

鹿踊、鹿子踊り、鹿子舞、獅子舞とも言う。獅子や鹿頭をかぶって衣装を着けた一人立ちの獅子舞で、3匹、5匹で組んで群舞する。3匹の場合は、若獅子、女子獅子、老獅子の組み合わせが多い。5匹の場合は、三匹鹿子を基本に色違いの若獅子3匹であったり、色違いの若獅子2匹に母獅子が加わる組み合わせもある。

北海道では、松田伝十郎の『北夷談』（1822年）の1818（文政元）年の項に、「七月盆中に盆踊と号し市中におどりあり。厚澤部の村々より獅子おどりと称し百姓ども手前拵の頭を被り、江さしへ来て踊りをなすに何やら唱ふ事あり。ひんささらを以て拍子をとり、尤笛、太鼓もあり。至て古風の事にて、私領の節は役所へ入て踊しといふ。御料になりてはいれず、會所におゐておどらせ、御役所より鳥目弐百銅、白米壱升を出す事仕来りと云」とあり、第一次幕領期以前から盆行事として鹿子踊を舞っていたことが理解できる。現在では

写真10　土橋鹿子舞（厚沢部町）

神社祭礼で舞っているところもある。

　これらの鹿子頭は、現在でも手製の頭をかぶって舞う。伝承地は、北海道の南西部、しかも檜山地方南部の乙部町、厚沢部町、江差町、上ノ国町の4町に集中している。

　囃子は、びんささらで拍子を取り、笛と太鼓が伴奏する。ほかにヤンコほめの役があり、言祝ぎをする。三匹鹿子の名称は、「オジシ」「メジシ」「シラサギ」と呼称している。　　　　〈舟山〉

こまおどりのようぐ [駒踊りの用具]　竹や木枠の胴体に馬頭と尻尾をつけた模型の馬を肩にかけたり、腰にくくりつけたりして、あたかも駒に騎乗している具合に、手綱を引いたように見せながら踊る群舞である。岩手県北部から青森県三八上北（南部）地方、秋田県鹿角市と北秋田市および北秋田郡、福島県相馬市などの地域にみられる。

　北海道では、七夕踊や荒馬踊に模型の馬をくくりつけて踊る群舞が、白神三社神社（松前町）、白符大神宮（福島町）、小谷石神社（知内町）などの祭礼にみられる。いずれも松前藩の軍馬を表現した舞とされ、風折烏帽子をかぶり、前掛けには丸に武田菱の紋が入れられている。また、安浦稲荷神社（函館市）祭礼に奉納される駒踊りは、江戸時代末期に青森県（旧南部地方）出身者によって伝えられたという縁起を持つ。

　しかし、最も多いのは、大正から昭和初期にかけて移住者が娯楽のため郷里の駒踊りを伝承したものである。さらに、本別町や白糠町など軍馬補充部の所在地では、昭和期に慰労と娯楽をかねて東北地方から駒踊りを伝承した。白糠町駒踊りは、白糠産業祭りで、駒12頭ほどで群舞する。囃子は、太鼓、笛、手平鉦である。採物は、杵、薙刀、拍子があり、円陣を組んで踊る勇壮活発な舞踊である。　　　　〈舟山〉

写真11　安浦駒踊り（函館市安浦）

のぼりべつほっかいだいこのようぐ [登別北海太鼓の用具]　創作芸能。北海道の太鼓には、1902（明治35）年に富山県の行事を取り入れた厚真町軽舞の「軽舞熱送り」のように、熱送り、虫送り、五穀豊穣などを祈願するため、太鼓を打ち鳴らすといった風流の郷土芸能もある。しかし、多くは、観光の活性化、学校教育における邦楽学習として、1960年代以降に新しく創作された芸能である。胆振地方を中心に道内外へ波及した登別北海太鼓においても、大場一刀が1963年に福井県の奥越太鼓をもとに創作したという。

　奥越太鼓は、祭りの宮太鼓、豊年太鼓、雨乞い太鼓を原型にしたものであり、地域の祭りの神事や祈願といった信仰行事にのっとった風流系の郷土芸能であった。大場は、伝承にあたって旧来の信仰行事にはとらわれず、北海道の風土や登別温泉の観光的なイメージを盛り込んで、登別を代表する郷土芸能へと創り上げた。

　演奏曲には、石狩川の流れを示した「北海流れ打ち」、牧場で戯れる若駒を示した「北海勇み駒」、北海道の四季を示した「北海四季打ち」、登別のいで湯を表現した「いで湯太鼓」、登別温泉を流れるクスリサンベツ川を表現した「清流太鼓」などがある。芸態は、太鼓の音をただ聞かせるのではなく、桴さばきなどのように視覚的な要素を取り入れたものであるという。大場一刀は、1997（平成9）年に没するが、その後に後進らが中心となって、「国際太鼓道連盟」を発足させ、国内外で活発に活動している。　　〈舟山〉

写真12　登別北海太鼓（登別市）

Ⅰ．生活用具

5．通過儀礼用具

(1) 産育用具

アイヌ資料

にんしん・しゅっさんようぐ [妊娠・出産用具]

いわたおび[岩田帯]　ポエクッコロと称す。人にもよるが、お産の重い人、早産・死産を経験した人が胎児の発育を願い、体調と安産を気遣って祝い帯を腰にしめる。送り主は実家や嫁ぎ先、あるいは近所の人など、男女を問わないが、祝い帯の作り手は女性であることから、女性が、できれば夫婦で祝い物とともに持参し、妻や夫らも立ち会いのうえ、舅や姑に納める。祝い帯の長さは、臨月のことを考えての二巻きと蝶結び分で、幅は5〜8cmで一般的な帯よりも若干広い。時には多産で、お産の軽い主婦の古帯をもらい受けて祝い帯とすることもある。素材は、オヒョウニレで織り上げた帯のほかに、無毛の獣皮や布も使う。獣皮は、お産が軽いヒグマやイヌの端皮を縫い合わせてつくる。帯の中央裏面には、名刺か、タバコ箱大の布や、皮を当てて「凵」状に糸で縫い、そこへ、乾燥させたヒグマやイヌの大腸や小腸を2〜5cm程度に切ったものを布片に包んで入れる。出来上がった祝い帯は火の神へ安産祈願の儀礼をしてから妊婦に帯を締めさせるが、何人かの子を出産している場合に、仲のよい友達らは、遊びに来たついでにひそかに手渡すこともある。

〈藤村 久和〉

ちからづな[力綱]　ヌワプタラと称す。お産の体位は座産が一般的であったので、妊婦が出産にあたって力むときの補助材として、力綱と同質の焚き木採り用につくられた4.5〜5.0mの長い*荷縄が活用された。荷縄は妊婦が出産する産床の真上にある梁の上を通して荷縄の両端を蝶結びに結んで高さを調節して輪状にし、妊婦が力むときは、荷縄の紐の部分を両手に一絡みさせて握り締めながら行う。休息時には両方の前腕の中ほどまでを輪の中に入れて支え、上半身を伏せる。この荷縄は、嫁いできて以来の手になじんだ品だけに頼みの綱となるし、力むときには最も重い焚き木を背負って、立ち上がるときの様相を回想することでいっそう力を込めやすくなる。無事に出産が終わった時点で結び目を解き、両端から幾重にも折り曲げて回し結ぶと、妊婦はこの荷縄に対しお産の協力に感謝の辞を述べて、枕辺や赤子の脇に並べ、握り締めながら一夜をともに過ごす。翌日には所定のところに掛け下げるが、床上げ後にも折に触れて謝辞を述べ、酒杯を儀礼で受け取ったときは欠かさずお神酒を捧げる。

〈藤村〉

へそきりぐ[臍切具]　マキリ、エピリケヘ、カミスリ、イトゥイェカニ、アンチ、セイなどと称す。臍帯を切るときは、臍から二握り（約20cm）のところを糸で二重、三重に巻いてしばると、結び目を片手で抑え、もう一方の手で臍帯をしごきながら臍帯血を赤子の方へ徐々に送り込み、それが終わると赤子側の根元を糸で二重、三重にきつく結び、その中央部分を自分の*小刀、剃刀（*剃刀類）、握り鋏（*鋏）で切る。人によっては3指分の長さにする。また、金物が入手できなかったころには、黒曜石片やカワシンジュガイなどの殻を▼砥石で研いで利用した。臍帯を切ったあとは、臍の緒全体をオヒョウニレや、シナノキの糸屑、ボロ布で覆ってにじみ出る臍帯血を吸い取り、穏やかな臍の緒の乾燥を促し、半乾きになるとボロ布を取ってお産の汚れ物などとともに処理した。

〈藤村〉

むすびいと[結糸]　ヌイト、カー、エカなどと称す。臍帯を切るために結ぶ糸は、滑りにくく、締まりやすいものが使われる。時代が新しくなると網糸、*木綿糸、ガス糸、絹糸、凧糸、*抜糸などが使われたが、古い時代にはムカゴイラクサ、オオバイラクサ、オヒョウニレ、シナノキなどの繊維に撚りをかけた糸が使われた。結び方は人に

よって様々だが、締まりのよい結び方は、糸を臍帯の上から右回りに1回転させ、次に若干ずらして×に交差させ、さらに1回転させた糸先を、手前の糸輪の下を通して左右に糸を引く。糸は手を放してもゆるくならないので調節しながら締め、最後に玉結びにして残り糸を切る。オヒョウニレやシナノキなどは、木綿糸に比べ吸水性が高く、臍の緒が切りやすいとして珍重した。　〈藤村〉

えな・あとざんいれ［胞衣・後産入］　イフンケポプ、カムヨホなどと称す。お産の産床は、事前に母屋の戸口のすぐ左手に用意し、お産が近くなるとそこに寝床を移し、火の神から種火を分けてもらって火尻に小火を焚いて暖をとったり薬湯を煎じて飲んだりする。産床は汚れてもいいように、古*茣蓙を何枚も重ね、物のある人は古い獣皮を尻に当て、周囲にオオカサスゲの茎を寄せ集めておいて体を冷やさないようにする。*力綱も梁を回して用意し、陣痛がひどくなって出産すると、まず赤子の処置を行って後産の下がるのを待つが、人によってはすぐに下がる場合と、しばらくかかる場合とがある。後産の処置が終わると薬湯を煎じて患部を洗浄し、助産師や付き添い人が、すぐに汚れ物を古莫蓙ごと引き出して土間へ移し、女性の体を休ませるため寝床をつくる。赤子を添い寝させ、冷えた体を温める薬湯を服用させるほかに、*囲炉裏の熱い灰に硬質の手ごろな石を入れて温めたものを布や獣皮で包んで女性の腰や腹を温める。土間に移した胞衣（胎盤など）や後産は汚れた古莫蓙に巻いて日没後や夜明け前に、人が歩かない家の裏手や古い*便所の脇、あるいは土間の通路に穴を掘って埋め、埋めきれない莫蓙やオオカサスゲの茎などは畑の隅で腐らせて畑の肥料とする。　〈藤村〉

うぶゆいれ［産湯入］　ヤルキッチ、ハンカタなどと称す。妊娠が分かった時点から妊婦の近くにいる男性は、山に出かけるときに産湯入用の樹皮を採集しておき、出産が近づくとひそかに作製

図1　産湯入

し、出産当日に妊婦の元に届ける。樹種は生育の早いヤナギや、まっすぐなヤチダモ、肌に優しいハルニレやシナノキなどの樹皮を樹木に断っていただく。赤子が成長して歩けるようになると、それまで使用していた容器は小さな*木幣を添えて無事に出産できたことを感謝し、いつの日か再生して人の役に立つように言葉を添えて*幣棚に納める。　〈藤村〉

み［箕］　ムイと称す。出産後、呼吸をしていない赤子に対し、さっそく土間から箕を持ってきて、その中に赤子を寝かせて前後左右に揺り動かして呼吸させるが、それでも呼吸がない場合には、鼻や口を吸って詰まっているものを吸い出し、最悪の場合には心臓を押して蘇生を試みる。（→Ⅱ巻　脱穀・調整・収納用具［箕］）　〈藤村〉

うす［臼］　ニスと称す。難産の妊婦には、日常使用している臼の女神に安産を願い、臼にアワ、ヒエなどの穀類を入れて▼杵で搗かせる。疲れると臼を横にしてもたれかけさせ、臼の口のように産道が開くようにと祈願する。古いものほど人とのつき合いが長いので、人の願いも聞き届けやすいとし、臼ほど霊験があらたかなものはないとされて重用した。また、呼吸が停止して生まれた赤子や、物を飲み込んだり、ひきつけなどを起こしたりして呼吸の止まった乳幼児らを臼に入れ、前後左右、あるいは右回り・左回りなどに揺すって息を吹き返させ、ことがおさまると改めて感謝の辞と、心のこもった*木幣を添えて労をねぎらった。（→191頁　貯蔵・加工用具［餅搗臼］、→Ⅱ巻　脱穀・調整・収納用具［堅臼］［杵］）　〈藤村〉

いくじようぐ［育児用具］

うぶぎ［産着］　ヤルペ、ソマ、オソルコクンペ、イレスルシなどと称す。産湯を使った赤子は、繊維が古くなり綿状になってできる空気の層と柔軟な肌触りを利用して、保温に最適の古布やボロ布、さらには、ウサギ、タヌキ、子犬などの綿毛や毛足の長い毛皮にくるむ。赤子が誕生したときの季節によって素材を選び、それが産着ともなる。その際に、赤子は足を伸ばし、手を脇腹に当て、直立不動の姿勢にして包み、それに紐をかける。これは赤子の骨を固める効果があるとし、このままの形で授乳を行い、*揺籃にもこの状態を保持して紐でくくる。この包みをあけるのは、

＊襁褓の交換時だけである。　　　　　　　〈藤村〉

ふくろいずこ［袋いずこ］　イルラルラプ、イルラプクル、イフンケヘなどと称す。母親の床上げが終わって通常の生活に戻ると、屋内での手作業に忙しいときや、外出にあたっては、買い物用の手提げ袋（＊編袋）に似た袋へ赤子の包みを入れて屋内の壁から吊るしたり、手に提げて移動したりする。寒い時期は赤子を保温し、外気に当てないために、別の毛皮を頭まで巻いて、足の方から肩のあたりまで別の紐で結んで、残り紐を対角線のところに結んで苞状にして下げたり、袋に入れて手に提げたりして歩く。　　　　　〈藤村〉

図2　袋いずこ

きゅうにゅうぬの［吸乳布］　イトノンテプと称す。赤子は生後間もなく乳を飲もうとする。食道や胃に羊水や余分なものを吸い込んでいる可能性があるとして、フキの根を採集してきて小鍋で煎じた汁を木綿布や絹布、麻布などに染み込ませ、赤子の口に入れると勢いよく吸いはじめる。水分がなくなると再び汁に浸して吸わせ続ける。一定の量を飲み、少しすると飲んだものを吐き返す。このときに胃まで到達していた汚れ物を吐き出すので、腹の中がきれいになると同時に、しばらくは空腹をおさえることになる。母乳が出なかったり、出ても量が少なかったりした場合には、母乳の代用品を与えるが、その際も布片に汁を浸して吸わせる。また、汁の一部は腸に流れ込んで胎便も出やすい効果がある。地域によってはケヤマハンノキの内皮を煎じて飲ませる。　〈藤村〉

おむつ［襁褓］　ソマ、ヤルペと称す。明治以降、布類が豊富に入手できるようになると、晒木綿を60〜80cmの長さにそろえ、2〜3枚重ねに縫い合わせたもの。ほかに倍の長さに切った布を輪状にしたり、3倍の長さをS字やe字状に折って縫ったりした。自分で大小便ができるまで襁褓（おしめ）を使った。　　　　　　　〈藤村〉

おむつカバー［襁褓カバー〈cover〉］　ソマオマプと称す。木綿布が貴重な時代には、なめした獣皮、ボロ布、オヒョウニレやシナの端布で襁褓カバーをつくり、吸水性のあるオヒョウニレやシナノキの糸屑、ミズゴケの乾燥したものなどを肛門や陰部にあてがった。これらを使うのは骨格が落ち着く数カ月の期間で、それ以降は＊襁褓（おしめ）なしの状態となる。

俗にいう、首が据わるころになると、母親は自分が着用するワンピース風の肌着（＊女性用全身下着）と肌の間に裸の赤子を入れ、前襟を少し後ろにずらして赤子の首を出し、背負った状態にしておく。赤子は尿意をもよおすと手足を動かし体をくねらせて合図を送るので、背中から左右の脇肌を滑らせながら前腹に回し、肌着の裾から赤子を取り出すと、母親は両太腿の下に両手をあてがってかがみ、大小便をさせたり、大小便を促す言葉をかけたりしながらさせる。用を足し終えたら、用意した水で尻を洗って、再び肌着の裾から腹にあてがい、脇腹を滑らせながら背中に上げ入れる。赤子の動きに気をつけていれば肌着を汚すことはない。　　　　　　　　　　〈藤村〉

しりあらいみずいれ［尻洗水入］　オソルフライェワッカオプと称す。赤子の尻を洗う水を入れる容器。直径20cm、高さ8〜10cmのシラカバの樹皮製で口の広がった逆台形である。水は家から容器に汲んで、家の下手（川下側）にある＊便所まで持っていき、便所の一角に吊り下げられた容器に水を3分の1から半分くらい入れて使う。使った水は周辺に捨て、必要ならさらに水を入れた。水は手で拭いたが、後世にはボロ布を使い、樹皮容器を下げる壁のヨシやササなどに差し挟んでいた。　　　　　　　　　　〈藤村〉

てんかふん［天花粉］　コホ、ニーコホなどと称す。汗疹や湿疹の防止には、オヒョウニレの腐った木の塊を取ってきて揉みほぐしたものを天日で乾燥させ、さらに手で揉んで粉末にして、それを患部に振りかけた。古くなった焚き木の虫食いかす、マツクイムシの食いかす、ホコリタケ、上質の珪藻土、オオウバユリの澱粉なども状態によって使い分けた。また、糜爛がひどい場合には、ヒグマの油や犬の油、練り薬も用いた。　〈藤村〉

ようじようべんき［幼児用便器］　オソマプと称す。＊便所は家の下手にあたる川下側に建てられているので外へ出るが、幼児には利用が難しいため、おまる（便器）を使わせた。素材は細長いシラカバの樹皮を折り曲げて、幅10〜12cm、長さ

30cmくらい、高さ10cmくらいの長方体型、あるいは楕円型の容器をつくり、これに少量の水を入れて枕元や近くの壁際に置き、使わせた。使用後は容器を便所に持っていってあけたのち、再び水を入れて所定の場所に置き、日中に一人でも便所を使えるようになると、夜間だけおまるを使わせる。人によっては特別にあつらえずに、古くなったシラカバ容器で代用することもあった。〈藤村〉

ねしょうべんようしきもの〔寝小便用敷物〕 オクイマルシと称す。先天的・後天的な要因によって寝小便などをする子供には保温と尿漏れを防ぐために、有毛や無毛の獣皮を敷物としてあてがった。濡れた皮は天気がよかったら天日干しし、風に当てて臭いを消す。雨天が続く場合には屋根裏の垂木にかけ火の熱気で乾燥させる。夜尿の回数の多い子供には、何枚かの皮を用意して代わるがわる使う。〈藤村〉

こもりなわ〔子守縄〕 パッカイペ、イエオマㇷ゚、パッカイニ、パッカイタㇻなどと称す。赤子を背負って運んだり、寝かせたりするときに使用する専用の*荷縄。搬送用の荷縄に比べると全体的に小ぶりである。シナノキやイラクサなどで編むが、後者の方が丈夫で長持ちする。子守縄から左右に伸びる紐端の途中に直径4〜5cm、長さ30〜40cmくらいの丸棒をくくりつけ、残りの紐を垂らしておく。この丸棒の両端には太めの溝を刻んだり、バットの柄のように括れをつくったりして、絡めた紐がはずれないように工夫してある。荷縄の中央から丸棒までの位置は背負う人や赤子の大きさによって異なる。幼児は女性の肌着の下から腹に上げ、脇腹を通して背中に送り、肌着の襟から赤子の首を外に出す。子守縄の中央を前頭部に当て、着物の背側に下ろした丸棒に赤子を座らせ、左右の残り紐を腹の方に持ってきて、前で軽く蝶結びにする。子供を背負う機会がなくなったら丁重に感謝の辞を述べ、時には*木幣を添えて霊魂を送るが、丈夫な子供を育て上げた子守縄は縁起をかついで初産の人へお産祝いとして贈る。寝ている赤子を木陰などに置いて母親が作業をする際は、子守縄から丸棒の片方をはずし、縄の両端を蝶結びにして赤子を囲むようにし、丸棒が囲みの外に出るように配置する。子守縄は赤子を守り、棒は近寄るものをたたきのめす役割を果たすので、赤子は不安なく眠り、母親は安心して作業をすることができる。(→Ⅱ巻 人力運搬具〔荷縄〕)〈藤村〉

しょいひも〔背負紐〕 パッカイペ、パッカイアッなどと称す。赤子を肌着に入れた母親が、屋内外で手仕事をする際に母親の背中から滑り落ちないように、赤子の背に当てた紐を母親の両肩から胸元で交差させ、赤子の足のひかがみを回して交差させ、母親の腹前で軽く結ぶ。この紐は専用のものをつくるよりも、身近にある布紐、▼革紐、樹皮紐、藁縄などを応用することが多い。(→Ⅱ巻 人力運搬具〔結束具〕)〈藤村〉

ゆりかご〔揺籃〕 シンタと称す。誕生した赤子は長時間眠り続けるので、その間に骨格を落ち着かせるために、使い古した布や毛皮に包まれた赤子を紐でくくりつけておくもの。大きさは長さ50〜70cm、幅25〜40cm、厚さ2〜3cm程度。素材はイタヤ材を割って厚さ2〜3cmの板を2枚つくり、根元側から梢側に向かって高さ2cm程度にしながらスキーのように先端を緩く反らす。各板の途中には吊り紐を通すため弧の形、または下向きのコの字状に彫り抜いた突起を二つつくる。次いで板に柄を三〜四つ彫り、そこに薄板（幅2cm、厚さ0.6〜1.0cm）を横にはめ込んで、板と薄板が交差するように組み合わせる。柄から突出した薄板の部分には孔を穿ち、短めの▼木釘を打ち込んで固定する。*梯子状の木枠ができると、その上に、幅を合わせた薄い割板や太いヨシ、オニガヤなどで編んだ*簾を敷く。ヨシやオニガヤは堅いので赤子が傷つかないように切り端の全体を布で覆う。赤子用の枕はなく、緩やかな反りが低い枕の役割を果たす。赤子を結束する細紐は上から見て左や右上の突出部にあり、そこから斜め下の突出部に下から上へ紐を回したあと、さらに斜め下の突出部に下から上へ回すというやり方で九十九折に紐をかける。最下部までいくと再び下から上の方へ九十九折に紐をかけていく。吊り紐

図3 子守縄

2本は左右列突起部の穴に通して結び、左右の紐を合わせ、梁などから下げた紐先にくくられた木製のレ状鉤に吊るす。

野外では三脚から下げた*木鉤や、直接の強い日差しを避けて木漏れ日の下枝に結ぶこともある。揺籃から人が離れる場合には、揺籃に*小刀や鎌（▼耕墾用鎌）などの刃物を結びつける人もいる。揺籃の近くで母親が仕事をする場合や子守りは、揺籃に眠る赤子の足近くにある突出部に別の紐を1本結び、これを引くと揺れるので、母親や子守りの子供は自分の手首に紐端を結んで、適宜手を引いて揺らした。また、外出の際には吊り紐2本を母親の両肩に通して上げて背中合わせに背負うこともある。　　　　　　　　〈藤村〉

図4　揺籃

もくせいいずこ［木製いずこ］　チャハカと称す。赤子入れの袋、*袋いずこの木製型。赤子が起きているときは容器を立て、寝るときには容器を横にし、母親が仕事をするときには壁から吊り下げる。断面が弧状の容器の左右縁にはいくつかの穴があけられているので、外出時はその片側の上下に別紐を通して結び、その紐を使ってリュックサックと同じ要領で背負うので、母親と赤子は背中合わせになる。容器は直径20〜30cm、長さ60〜70cmのイタヤやナナカマド、ヤチダモ、シナノキ、サクラ、バッコヤナギなどの丸太を切り、細いものは3分の1を、太いものは半裁する。根元は2〜3cmの厚さを残して、中を上までくり抜き、上部は∧や弧状に狭める。最上部に穴をあけ、そこに▼革紐などを通して*木鉤から下げるようにする。左右の縁には15cmくらいの間隔で穴があけられていて、ここには紐や革紐を通して包まれた赤子が飛び出さないように九十九折に紐をかける。赤子を寝かしつけるときは木製のいずこを倒し、断面が馬蹄状になっているので、片方の縁に手をかけて軽く押すと、いずこは左右にゆっくりと揺れて心地よい眠りを誘う。　〈藤村〉

ぬのぼんぼり［布ぼんぼり］　チキムイェプ、センカキムイェへなどと称す。素材は端切れを彩りよく寄せ集め、布端の部分に糸を通し、さらにその部分へ糸を巻いては、時折*針を刺して大人の片手の中に入るほどの布束をつくって*揺籃に吊り下げる。特に女の赤子に祝い物として贈ることが多い。また、布の大きさを少しずつ変えた正方形の色布片をたくさん用意し、それを斜めの対角線に折って三角形をつくる。さらに、それをもう一度内側に折り曲げ、小三角形にして、その頂点の部分を小さい順に重ねる。適当な厚みになると、また少しずつ大きいものから小さい布へと重ね合わせて、全体を糸でしっかりと縫いとめる。残った糸はすべてを吊り紐用にして、針を抜き取ったあと、三角形の頂点を左手でつまんで、外側の布から1枚ずつ丁寧に四方へ開くと出来上がる。　　　　　　　　　　　　　〈藤村〉

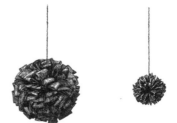

図6　布ぼんぼり

図5　木製いずこ

おしゃぶり［―――］　テッコッペと称す。赤子が大きくなって指をなめたり、手近なものを何でもつかんで口に入れたりするようになると、イタヤ、ハンノキの小枝を素材としたおしゃぶりを与えた。直径2〜3cm、長さ3〜9cmに皮つきのまま切って木口の面を取り、赤子に傷がつかないようにする。中央部分を全体に抉って小さな堅杵（*杵、*小杵）のようにつくる。これを二つ用意して中央を紐でくくり、赤子の手首に結びつけておくとそれをいじくりまわし、なめることができる。また、テクシペ、ニータマサイと呼ばれるおしゃぶりは、ニワトコやサビタの若枝で木質部が

１cmくらいのものを、長さ１～３cmに▼鉈などでぶつ切りにする。赤子に傷がつかないように木口の面取りをし、スポンジ状の髄を細棒で抜き、撚った糸で数珠状に仕立てる。＊揺籃の紐にくくりつけたり、玩具として手首に結びつけたりして与える。　　　　　　　　　　　　　　　　〈藤村〉

図７　おしゃぶり

せいちょうぎれいようぐ［成長儀礼用具］

ふろ［風呂］　ニートンプリと称す。赤子を清潔に保ち、早い成長を願って風呂が使われた。丸太を半裁して中を抉って全体を薄くしたもの。これに、＊薬缶や＊鍋でお湯を沸かし、時には薬草を煮立てて容器に注ぎ、水を加えて温度を調節して入浴させる。薬草としてはウドの茎葉、ハコベなどのほかに、ヤチダモやサビタの皮があり、熱湯を容器に注いでから浮かべる薬草にはショウブ、バイケイソウ、ヨモギなどがある。　　　〈藤村〉

図８　風呂

ぞうきん［雑巾］　ソーピリパプと称す。人見知りをする子供は、まだ神の世界の名残や意識があって、この世の世事に慣れていないためであるとして、雑巾で顔や手足を何度となく拭くことで次第に神の世界から疎くなると信じられていた。　　　　　　　　　　　　　　　　〈藤村〉

ふるふんどし［古褌］　フシコテパと称す。人慣れしない赤子には古褌で顔や身体を拭き、この世の汚れを刷り込むことによって早く人の世界になじむものであるとした。地域によっては＊雑巾よりも効果があるとして、捨てずに大切に取って置いてあった。　　　　　　　　　　　　〈藤村〉

たばこのやに［煙草の脂］　キセリタイペと称す。子供の疳の虫が強い場合には、キセルに詰まった脂を容器に入れた水の中に落として指で掻き混ぜ、その汁を赤子の足の裏の全面に塗るなどした。地域によっては中型の魚の胆嚢を同様にして使った。　　　　　　　　　　　　　　　〈藤村〉

ぼろ［襤褸］　ヤルペと称す。あまりにも夜泣きがひどい場合には、勘の鋭い赤子が魔性に怯えて安眠できないことを訴えているとして、＊囲炉裏にヨモギやカタバミ、キツリフネなどの野草を火にくべて煙を上げて魔性のものを追い払う。また、襤褸布や糸屑などを長さ８～10cm、直径１～２cmの太さに撚って、手で一端を押さえ、その先端に囲炉裏の火をつけて燃やす。握った襤褸を手ごと振り消すと煙だけが立ち昇るので、その煙を赤子の体全体にかける。煙の勢いがなくなると息を吹きかけて煙を立ち上げ、すっかり火が消えたことを確認のうえ、襤褸布で頬や額、時には顔全体に○、△、▽、＋、－、矢印、点線、カゴメなど、それらを単独で、または組み合わせて模様を描いたり、まんべんなく墨を塗ったりして夜泣きを封じた。燃え残りを夜泣き除けとして、襟や胸に糸で縫いつけることもした。　　　〈藤村〉

おさんいわい［お産祝］　ポホイワイと称す。お産祝には妊婦と赤子両者の健康を第一に考えて、日々の暮らしに役立つ食品、薬、赤子の着物などの素材を持参した。また、久々の再会に昔の思い出や他村の状況、お産の経過や子育てへの示唆など、様々な話題に触れることで、精神的な転換や明日からの暮らしにはずみをつける絶好の機会となった。　　　　　　　　　　　〈藤村〉

ごふ・まもりがみ［護符・守神］　セレマクカムイ、スクパシヌエプンキネカムイなどと称す。北海道地域では誕生した赤子を虚弱などで失っている親は、子供の成長を願い、人形様の＊木幣をつくる。まず、その趣旨や期間を指定し、火の女神に丁重に申し上げ、その許可を依頼し、夢で何事もなければ作製を宣言する。翌日以降に子供の守り神であると同時に身代わりとなって災難や病魔、時には死を代行する人形の素材を採集するため山に出かける。樹種は一定しないが、これと思う木に出合ったら、被り物、嵌め物、時には履物をはずし、身繕いをして樹の前に座る。事の次第を丁重に述べて愛児の守神になることを依頼し、その枝や幹を分霊として押しいただく。また、近くに巫術者がいる場合には、その原因をうかが

って対処するほかに、指定された樹種で護符をつくる。

木を採取して帰宅すると、経過を火の女神に報告し、*囲炉裏の上手で護符の作製に取りかかる。採集した材は生育していたときと同様に梢側と根元側はそのままにし、枝先を回しながら縦長の断面の様子を観察する。若干でも反身になっている方を腹とし、守神を横から見た状態を確かめ、枝先を斜めに切って顔をつくり、根元は多面体の縦長の円錐形に削る。

顔のつくりは斜めに削った3分の1のあたりや、真ん中に横一文字に線を引いて口とするほかに、への字のように2段に削って口とする場合もあり、人によっては顔の上部を八の字に面取りをして、額中央から左右に分けた髪を表すこともある。次に、顎下1〜2cmから5〜6cmにかけて外皮を剝いでとめたあと、囲炉裏から燃えている*燠の一塊を*盃に汲んだ清水に入れて*消炭をつくる。この消炭の小塊をヤナギの*削掛で包んで、外皮を剝いだ部分の上から別の削掛でしっかりと結び、守神の心臓と魂の宿るところとする。そこの左右後方にも2翼を削り左右の肩甲骨とし、若干下方にも3翼を立て、両脇腹と脊椎に見立て、さらにその下方にも3翼を立てて、陰部と左右の腰骨とする。顎下の部分には、削掛を2〜3周させて結んで肩をつくり、ここから前後左右に削掛を何本となく挟み下げて守神の衣服とする。また、胴部のあたりを別の削掛で2周させて結び、結び目を前に持ってきて帯とする。

人によっては心臓の直上に数本または5本のヨモギの茎を一括して前面・背面、あるいは分けて本体を挟むように削掛を襷がけに結んで両腕とする。次にヨモギの両端1cmくらいを削掛で結んで手首をつくる。手首には、別の削掛で小さな輪をつくって腕輪をはめ、あるいは手先から短めの削掛を下げて魔性を捕獲する縄とする。帯には、短めのヨモギの茎を切って斜めに差して*刀を結束させる。刀は梢側の半分くらいのあたりから茎を薄く削いで刀の鞘尻をつくり、根元側の木口から1cmくらいに削掛を結んで刀鍔とする。また、守神よりも長いヨモギで*鉾または▼槍をつくり本体の右手に添える。根元側の四方から浅く刃物で削って石突（鞘尻を包む金具）とし、梢側は斜めに削って鉾や槍先とし、それから1cmくらい下に削掛を結んで刺し止めとする。

完成した守神はお*膳に入れて炉辺に下げ、火の神に完成を報告して対面させる。その日は囲炉裏の真奥にある神々が出入りする*神窓の真下に模様入りの*茣蓙を敷いて守神を安置し、二の膳、三の膳を用意し、家族ともどもに饗応して一夜を過ごす。翌日には戸口から見て左壁奥にある屋内の神々を祭る一角に移して安置し、誕生した赤子が毎日口にする食べ物を守り神に食べさせる。大きくなった子供は食前に自分用に盛り分けられた食事のなかから、*箸先につけて護符の口のあたりに運んで食べさせ、月参り、春秋の大祭に合わせて新しい削掛を体につけ加える。人によっては、こうした行為が一生続くことになる。

この護符は生命が絶たれた段階で、葬儀後に、遅くても7〜10日の間に解体してその霊を、亡くなった人を別の世界で見守るように祈願する儀礼を行う。様々な準備を整えたら、前日に火の神を通じて、明日に儀礼を行うことを了承してもらい、これまでの労に報いて、相応の木幣を別に添える。お神酒のほかに二の膳、三の膳をつけ、最後の食事を家族とともに行い、食後に霊送りの祈りを捧げる。終わると神様専用の出入り口である奥壁の窓から、屋外の*幣棚の前へ供物とともに並べ、最後の祈りの後に人形を解体する。それを幣棚の前に広げ、屋内に戻った人はすべての儀礼が終了したことを伝え、不足を夢やまどろみに提示するように依頼する。翌日に家族や関係者が、何事もなければ、人形の魂が無事に昇天したとして後祭りを行った。　　　　　〈藤村〉

サハリンのごふ［サハリンの護符］　ニポポと称す。サハリンにおける*護符をつくる目的は、北海道と変わらないが、護符の製作には相違点がある。採集した材から10〜30cmのこけし型の人形をつくり出すが、その際に顔を赤子の安らかな寝顔に似せ、髪型は成長したときの様相を想定して彫り込む。この人形にはほとんど手足がなく、足が隠れるほどの長い衣服を着せて胴には帯を締める。人形のなかには首から上を共木でつくって挿入できるようにし、体の方には首の付け根から中を刃物で抉って空間をつくり、そこにきれいな青色のガラス製小玉、海浜や河原で採集した小石を二つ入れてから首を差し込んで、人形の心臓に鼓動を与える。一つがだめになった場合には、もう一つの心臓が鼓動を開始して人形の生命を維持させて、子供を見守ってもらうことになる。この人

形は顔を除き、＊木幣で全体を包んで衣装とし、別の＊削掛で帯を結ぶ。木幣の先端には穴を貫通させて紐を通し、家の太い柱に▼木釘を打ってそれにかける。子供の背丈に合わせて木釘を上に移動させ、いつもその子供を見守らせる。順調に成長して成人すると柱から取りはずし、自分用の収納箱に納めるが、人形作製後の饗応、日々の食事、月参り、春秋の大祭の削掛つけなどは全く同様に行う。　　　　　　　　　　　　　〈藤村〉

図9　サハリンの護符

あかごのごふ［赤子の護符］　セニシテヘ、イノカなどと称す。巫術者によって赤子の憑き神が判明した際には、木、＊削掛、竹、骨、牙、金属、自然石などを駆使してその神形に似せて護符を製作した。幼いうちは親が管理して祭り、子供が成長すると本人に趣旨を詳細に語り、祭りの手順を伝授して、入れ物をつくって与え、以降は月祭りを励行させる。　　　　　　　　〈藤村〉

せまもり［背守］　セレマッコレと称す。赤子が腰を下ろして座ることができるようになると、着用している衣服の襟の外側に、輪切りにしたイケマの根やニワトコの茎を糸で十文字のように縫いつけて背守とする。これは、魔性のものが視界に入らない背後から忍び寄って、意のままにしようとする試みから守るためのものである。また、流行性感冒（風邪）が流行すると、エンジュの皮を剝いて三つ編み、四つ編み、二～三重の輪、四つ組紐などを3～4cmにつくって、襟の外側やその下部に糸で縫いつけて特別目立つように吊り下げる。さらに、風邪が流行すると、耳先に黒毛のある冬毛のウサギの耳や、人に味方して救済した病魔神が仲間から犬にされた、という故事に基づいて、老犬の皮の切れ端を縫いつける。この際、背守が目立つ白い犬の毛皮が珍重された。〈藤村〉

むねまもり［胸守］　ペンラムノカオと称す。魔性のものが赤子を前面から襲うことを考えて、襟合わせの上の部分に白糸で三～八方に放射状の模様を描く。これは菱やウニ、ゴボウの種などを連想させて魔性を追い払う効果があるとした。乳幼児の死亡のほとんどが風邪によるものであったから、母親はそれぞれに思い思いの絵柄を簡単に縫いつけ、糸が汚れたり切れかかったりするとすぐ取り替えた。　　　　　　　　　　　〈藤村〉

和人資料

　医学の発達していなかった古い時代に出産は命がけであり、また、乳幼児の死亡率が高かったこともあって、無事に出産することを神に祈り、様々な禁忌を守っていた。また無事出産できたことを神に感謝し、祝う気持ちは今日の比ではなかった。

　出産が様々な儀礼や俗信に満ちているのは、生まれた子供が無事に育つことへの祈りも付加されており、祝事は単なる形式的なことではなく、日常生活でどうしても行わなければならない必要性を持つと認識されることが多かった。子供の誕生にまつわる様々な伝承や習わしが現在でも受け継がれているのは、こうした願いや祈りの強さを物語っている。民俗事象の継承が少ないといわれる北海道でも、産育に関する俗信は多く守られてきた。ことに産の穢を忌み、いろいろな禁忌が行われてきた。ことに道南地方や漁村部、炭鉱地帯でこの傾向が強く、お産にかかわる穢をほかの人に移さないように仕事を休んだり、場合によっては他人の家に泊まったり、火を別にして食事をすることが多い。産婦に対しても様々な禁忌がある。ほかの民俗事象が場所や社会的背景を必要としたのに対して、産育の俗信が比較的簡単にどこででも行えるという面を持っていたからであり、また、素人産婆（助産師）らが、俗信をより伝承しやすい傾向にあったと考えられる。したがって農漁村などで1940年代（昭和15～24年）までのお産に使われた用具の多くには、古い時代からの名残を示すものがみられる。　　　〈宮内　令子〉

しゅっさんどうぐ［出産道具］

いわたおび［岩田帯］　妊娠して5カ月目の戌の日に、安産を祈願して腹に巻く腹帯。妊娠して初

めての祝いの儀式で、「帯祝い」ともいう。岩田帯は実家の母親から送られることが多く、腹帯を巻くときは、親しい人々を招いて簡単な祝宴をすることもあった。岩田帯は「斎肌帯」ともいって、この帯を締めることから神事への参加や神社の参拝が禁じられる、いわゆる「産の忌み」に入るといわれている。岩田帯は7尺（約2.6m＝鯨尺換算）から1丈（約3.8m＝同）くらいの白い晒木綿を用いることが多く、地方によっては七尺五寸三分（約2.9m＝同）としているところもある。布は普通そのまま使うが、端に赤い布を縫いつけて紅白とする地方も多い。巻き方は晒を一幅で巻く方法と、二つに折って巻く方法があり、二つ折りのときは折り目を下にして腹の子が落ちないようにするという俗信があり、ゆるく巻くと胎児が大きくなりすぎて難儀するので、強めに締めるといわれていた。

戌の日を選ぶのは、犬（戌）のお産が軽いからそれにあやかるという理由で、全国的に共通したものになっている。また晒の端に「犬」という字を書いたり、蛇の抜け殻やクマの腸を乾燥させたものなどを入れたりする習慣もある。1848（嘉永元）年ごろの『松前方言考』には「昔ハ婦人妊娠するとき男が下帯を女の腹帯とてさせたることあり」の記述があり、夫の下帯や、棺の白布、あるいはお地蔵さまのよだれ掛けを借りるなどの習俗が行われていた。自宅分娩から病院での出産と時代が変化するにつれて岩田帯は伸縮性のあるガードルタイプのものが市販され、産婦人科医の指導でつけられるようになった。このころから母子手帳の公布や検診を受けるようになり、妊婦は出産を意識しはじめる。お産が軽くなるよう、また安産を願って食物の制限や行動の制限が様々になされたが、現在では迷信として実行されることも少なくなっている。　　　　　　　　　　〈宮内〉

あんざんのおふだ［安産の御札］　＊岩田帯の中に安産を願って神社や寺の御札をお守り（＊御守）としてはさんだり、縫い付けたりして締める習俗も古くから一般的に行われてきた。お産の神様と考えられているのは、水天宮、塩釜神社、川濯神社、鬼子母神などで、妊娠後にはお守りを身につけたり、岩田帯を持参してお払いし、朱印を押してもらったりした。また安産祈願の対象となったものに古木や地蔵がある。渡島管内知内町の姥杉さま、函館市の銭亀沢の橡の木さま、小樽市塩谷のオタモイ地蔵などは、安産・育児の神様として信仰を集めている。難産のときにお守りを用いることも多く、「難産の時は水天宮のお札を清水で飲ませる」「とげ抜き地蔵の護符を顔に張る」などの習俗が伝えられている。　　〈宮内〉

ちからづな［力綱］　出産のときにつかまる綱。現在の出産は病院出産で、仰臥による出産が常識であるが、昭和20年代ごろまでは、北海道の農漁村部を中心に、出産は自宅で産婆（助産師）の介助を受けて座った姿勢で出産する、いわゆる「座産」によってなされていた。このとき、天井から「力綱」と呼ばれる綱を吊るし、これにつかまって出産した。産綱などとも呼ばれており、力綱の代わりに力棒や巣（産褥場所）の前に置いた木箱につかまってお産をする地域もあった。〈宮内〉

すあぶらがみ［巣油紙］　出産の際に産褥場所（寝床）で使う用具。産婦がお産をする産褥場所は俗に「巣」や「スッコ」と呼ばれていた。北海道では一般的に、奥の寝室や納戸などを使い、畳1枚を上げたり裏返したりして、むしろを敷き、その上に米俵の糸を切り取って、ほぐしたわら・油紙・新聞紙・使い古した布などを置き、産褥の場としていた。北海道の開拓地では産婆（助産師）や免許のない「取り上げ婆さん」の手を借りずに、自分で赤子を取り上げた例が多く聞かれるが、このような出産の多くは座産によるものであった。札幌・旭川・函館などの都市部では、昭和に入ると、医療の改善がなされ、正式な産婆が配置され、次第に古い習俗が否定されて、衛生面を重視した産育に変わり、薬屋や雑貨店で巣油紙などの出産用具が売られるようになった。しかし、農村部においては昭和20年代においても一部にこのような習俗が残されていた。　〈宮内〉

さいとう［臍刀］　出産においてへその緒を切る臍帯刀。免許のない「取り上げ婆さん」ら、素人産婆（助産師）がへその緒を切る場合、全道的にカナモノ（刃物）を嫌う習俗があり、竹の刀を用いた地方が多い。産児を取り上げた経験のある古老によると、臍帯を切る場合、赤子の体から2寸（約6cm）程度のところを麻糸でしばり、竹の刀

写真1　川濯神社の御守（函館市）

で切ったという。なお、落ちたへその緒は臍箱と呼ばれる小さな木箱に入れて保存した。子供が大病したとき、へその緒の一部を煎じて飲ませると一命を取り止めるという言い伝えがあった。

〈宮内〉

いくじどうぐ［育児道具］

うぶぎ［産着］　新生児のために調えられる晴れ着。生まれたばかりの赤子は神と人との間の存在と考えられ、魂は弱く、体から抜け出しやすいので、死亡率が高いと考えられてきた。そのため様々な習俗が残されてきた。生まれる前から赤子の産着をそろえておくことを忌む習慣は全国に分布していた。また産湯を使わせたあとは袖のない、綿や使い古した布に包んでおいて、3日目から7日目ごろに三つ目着物として初めて産着を着せる習慣があった。

　産着に使う布地は木綿が多く、「木綿地の赤い花染の肌着を着せ、花染の頭巾をかぶせた」（余市町、北海道教育委員会編『ニシン漁労』）との記述があり、花染めや麻の葉模様のものを子供に着せると丈夫に育つといわれていた。成長が早く丈夫な麻は日本各地で魔除けの呪法として使われてきたものである。赤子が弱いときや、子供の育たない家では、近所の丈夫な子供のいるうちから端布をもらって産着に使うことも行われていた。元気な子供にあやかる風習といわれている。産の忌みが産婦を中心に3日・7日・21日を大きなくくりとして薄らいでいくのに並行して、赤子の出生祝いも同じ区切りのなかで行われてきた。〈宮内〉

おむつ［襁褓］　赤子の尻に当てて大小便を受ける布。おしめ、むつきともいう。子供が生まれたときにおむつを届けることも古くからの習慣で『松前方言考』（1848年ごろ）に「シメシ、是は出産の赤子をつゝみ、又はこの大小便の不浄を拭ふ衣なり。則襁褓なり。之をシメシといふ。（略）凡児出生の時外祖母の方より贈る。但し十二枚とぞ。閏月あれば十三枚、是風俗なりと」と記述されている。〈宮内〉

たな［───］　赤子を背負うための紐。近世末期の松前地の風俗を記した『松前方言考』（1848年ごろ）に「タナ・タンナ　たなとは幼き児を背に負ふて其子の尻より負ふ。人の肩へかけて〆かゝへるものをいふなり」とある。これによると、近世から乳幼児を背負う紐であるとともに荷物などを背負うときにも用いられたと考えられる。木綿布を堅く編んだものや、重ねた木綿布に芯を入れて刺子の帯にしたものなどが使われた。なお、タナは座産による出産の際に*力綱としても使われた場合が多い。〈宮内〉

いずこ［───］　主として藁で編んだ育児用具。地域や出身地の違いによって、イズコ、エジコ、エズメ、ツグラなどと呼ばれていた。由来は冬季のご飯の保存用として使う「飯詰」と同じつくり方をするからとも、円いことを意味する「つぶら」がなまったとも、「嬰詰」からきているともいわれている。人手のない開拓地では、農繁期や漁期は家族総出で働かなければならず、足手まといになる子供は、いずこに入れられて家の中に残された。赤子が這い出さないように周囲に使い古した布や*布団などを詰め、自力で這い出すようになると紐をかけて十文字にしばり、紐を柱などにくくりつけることもあった。赤子は*襁褓を取り替えてもらえず、また授乳も母親が家に帰るときだけで、不自由な姿勢で放置されていることもままあった。汚物で藁が腐り病気にならないように底には木灰などを敷き詰めていた。生まれてから3歳ごろまでの子供にとって、最も大事な時期をこうした劣悪な環境でしか育てられなかったのも実情で、北海道の農漁村における幼児の死亡率が全国に比して高かったこともうなずける。また、木製のいずこを利用した例もみられる。（→156頁　食器［飯いずこ］）〈宮内〉

写真2　いずこ

いくじぎれいようぐ［育児儀礼用具］

めいめいふだ［命名札］　赤子が生まれて7日目を「お七夜」と言い、名前をつける「名付け祝い」の日でもあった。生まれた赤子を人間として初めて認めてもらうため、知人や親戚などに披露する儀式だった。産婦も7日目には産の忌みも薄らいでくる。奉書紙や半紙に名前と生年月日を書

いて、＊神棚やかもい、大黒柱などに貼りつけ、産婦の床上げ（21日間）までそのままにしておく。今日では生後2週間以内に名前をつけて出生届を出すことが義務づけられているため、この間に名付けることが一般的になっている。〈宮内〉

ちがた［乳形］　母乳の出をよくするため、木綿の布で乳房のような形をつくり、中に米を入れて神仏あるいは樹木に供えて祈願した。一般的な祈願の方法は白布で乳房のような袋をつくり、これに白米を入れ、地蔵尊などの神仏に供えて祈願したあとに、米を煎じて服すると乳が出るというまじないがあった。母乳の出が悪いことは、赤子の発育や生死にかかわるだけに、乳の出をよくするため様々な言い伝えや神仏祈願が行われた。渡島管内知内町の「姥杉さま」は、幹の中央に乳房のような瘤が二つ出ていて、乳神としての信仰を集めている。やはり乳形に米を入れ、姥杉さまに供え、翌朝そのひとつを持ち帰ってこの米を入れた粥を産婦に食べさせると乳の出がよくなるといわれた。姥杉は乳神としてでなく女の守り神としても信仰され、十七夜講が続けられていた。また函館市石倉町の白木神社の「橡の木さま」は2本の幹が途中で結びついていることから縁結びの神として、また安産の神、乳神として大正期から昭和期にかけて祈願の対象となった。

小樽市塩谷オタモイの地蔵堂は、古くから安産あるいは子育ての祈願所として信仰を集めてきた。この地蔵堂の由来は、1847（弘化4）年、浜に妊娠7〜8カ月の身重の女性が打ち上げられ、乳房から乳が流れ出ていたことを哀れんで、場所請負人の西川家が手厚く葬り、翌年国許の近江から地蔵を取り寄せて地蔵堂を建立し供養したのが始まりと伝えられている。明治中期になって小樽市に住む女性がこの地蔵堂の夢を見て参詣したところ、乳の出がよくなったという話が広まって、妊産婦の信仰を集めた。〈宮内〉

おさんいわい［お産祝］　赤子の出生祝いは3日・7日・21日のどの日かを選んで行う地方が多く、大正期ごろまでは21日に産婦の巣上がり（巣＝産褥場所）を兼ねてお祝いをする地方が多かったようである。時代とともに産の服忌の期間が短縮されて3日・7日にする地方が増えたともいわれる。出生祝いは産の忌みと大きな関連を持っており、「ニシン漁場のように産の禁忌がかなり後まで厳しく守られていた地方では二十一日ごろに行うことが多く、内陸の農村部のように、仕事の関連から産の忌みを短縮した地方では七日目ごろに行うことが一般的な傾向として見られるのである」と『北海道の神事』（1978年）にある。

「お七夜」「出産祝い」に続いて百日前後に「宮参り」「お食い初め」、さらに「初誕生」「初節句」と、生まれた子供の誕生を祝う習俗が続く。道内では初誕生のときに一升餅を子供に背負わせ、転ばなかったら無理にでも親が転ばせる儀礼が行われている。いずれも子供が授かったことを感謝し、丈夫に育つことを祈願する気持ちが強かったことの表れである。現在は病院から退院した日や、21日目に出産祝いの返礼として、子供の名前を書いた「内祝」の名札をつけて品物を贈る習慣が全道で行われている。〈宮内〉

写真3　内祝

せもり［背守］　＊産着などの後襟につける三角の裁ち出し布。これは子供が川や炉に落ちそうになったときに、「神様がこの小布をつかんで引き上げてくれる」といういわれからである。また「疳の虫が強い子供には、この三角布を引っ張るとおさまる」ともいわれ、いずれも病気や怪我という災いから子供を守り、丈夫に育つようにという祈りが込められていた。〈宮内〉

せいちょうぎれいようぐ［成長儀礼用具］

医学が普及せず子供の成長が難しかった時代、親ばかりでなく家や村全体にとっても無事な成長を祈る気持ちが強く、子供の成長に合わせ種々の行事や儀礼が行われていた。近世には3歳・5歳・7歳と成長に合わせ祝いが行われていたが、3歳は帯祝いという地方が多く、それまで付け紐がついた幼児用の着物をやめて新たに帯でしめる着物を着せる行事で、赤子（乳幼児）から幼児へ移る祝いであった。また、5歳は袴着の祝いといわれ、初めて＊袴を着用し男児の成長を祝うが、女児の帯祝いを5歳とした地方もある。さらに7歳の祝いは幼児期最後の祝いであり、正月に

盛装して宮参りをする風習があったが、この年齢を境に幼児から少年・少女に移る重要な祝いであった。

　このような幼児の成長儀礼が、今日のような七五三の祝いになったのはさほど古い話ではなく、近世後期以降に江戸・大坂など都市部の町民の間で成立した風習といわれ、特に呉服屋などの商法が大きな影響を与えたと考えられている。北前船(きたまえぶね)による海運および商業が発達していた近世の松前地では、このような習俗を早くから取り入れ、祝っていた様子が種々の記録類からうかがえる。明治以降の北海道の都市や農漁村でも開拓地の生活が安定してくる明治40年代（1907～1916年）以降になると、家の祝いとして七五三がさかんとなり、晴れ着を着せて宮参りをした地方が多い。
〈宮内〉

ちとせあめ［千歳飴(あめ)］　紅白2本の棒状の飴で、七五三の祝いの宮参り土産とした。千年飴とも言う。1610（慶長15）年代に大坂の平野甚左衛門が江戸に出て浅草寺の境内で売りはじめたという説や、1700年代に江戸の飴売り七兵衛が千歳飴、寿命飴という飴を売ったのが初めという説がある。どちらにしても古い歴史を持つ飴で、寺社参詣(さんけい)の土産であった。特に神社では飴が重要な供物(くもつ)の一つであり、明治以降に一般に定着した七五三の宮参りの土産となり、今日では七五三用の飴となった。
〈宮内〉

Ⅰ．生活用具

5．通過儀礼用具

(2) 婚礼用具

アイヌ資料

　どんな親でも自分の子供の幸せを願い、理想の人物を追い求めるのが一般的であるが、現実は必ずそうなるとは限らない。当人同士のつき合いや結婚に関しては、息子の意向に対する決定権は父親が、娘に対しての決定は母親が一応持っていた。しかし、相互の家庭が親交を深めている間柄では、父親の意思が尊重された。ただ、姑（しゅうとめ）と母親、あるいは父親同士が同祖同系に属し、しかもごく近い間柄にあった場合は近親婚として嫌い、男女相互に異系であることを大前提に、近親の場合には２～３代を隔てていることを原則として婚約を成立させていた。そうしたことを踏まえて、幼少時に親同士がお互いの家庭を理解したうえで、婚姻（こんいん）の契りを口約束で結ぶことがあった。さらに後日の証拠として、樹皮布や絹地、帯の小片や*腕輪（うでわ）、大玉などを二つに割って分け合い、一対になっている*耳輪（みみわ）、*手袋（てぶくろ）、二枚貝などを一つずつ所持し、相互の子供が成長した段階で、連れ添う相手のいることを親が子供に話して理解させる。

　どちらかの子供が成長段階で亡くなった場合には、子供を失った親が仲人を立てて相手側に婚約の破棄を申し入れる。また、立派に成長したものの、当人同士が相手を気に入らないとか、好きな人が別にいるなどの場合には、嫌う方から仲人を立て、それ相応の賠償品を提供して婚約を破棄する。親の取り決めのほかに、見合いや自由恋愛、通い婚、押しかけ婚、同棲婚、妊娠に伴う結婚もある。年齢も近い年代から、姉さん女房、親子ほどに違う場合もあるが、男女双方が結婚の条件として相手に求めることは、まじめに働く、よく体を動かして仕事をすることであり、男子は相手方の家に通って無料奉仕してその資格を得る労働婚の場合が多かった。

　結婚の儀礼は、両家の状況を調整して日取りが決まると、仲人とともに新郎とその家族や親戚の代表数人が、そろって新婦の家を訪れ、新婦の家にかかわる神々や祖先への報告、新婦の親戚である村人への披露宴が執り行われる。新婦の家ではすでに儀式に用いる祝儀の濁酒がかなりの量醸造されていて、初日は神々へ、翌日は祖先へ、その翌日は披露宴、さらに数日間は相互の交流の宴が設けられる。その後に新婦の家族や親戚の代表数人が、手土産を持参し、仲人とそろって新郎の一族に案内されて新郎の家を訪れる。それからは、新婦の家で行ったように、儀式を執り行ったのちに、新婦の家族や仲人が新郎の家から自宅に戻る。仲人は、両家の調整に奔走するほかに、若い２人の仲人親として、実親の死後には親代わりを務め、両家に代わって折に触れて訪れることになっている。仲人親のかかわりは両家で行われる神々や祖先への報告時に取り決め、村人との宴で披露される。

〈藤村　久和〉

ゆいのうひん［結納品］

　ウサンケプ、マッコサンケプ、マッエイカラ、ホクコサンケプ、ホクエイカラなどと称す。結婚式が近づくと、仲人は２人の媒酌人（ばいしゃくにん）と双方の家を訪問し、経過報告して決定した。双方から家の事情に詳しい叔父を媒酌人として立て、その２人の媒酌人が１人の仲人を立てる。仲人は両家が何事も了解できるように２人の媒酌人と相談しながら進め、下打ち合わせは媒酌人がそれぞれの家と話し合って承諾を得て、結納の儀や結婚式の日取りなどを手順よく決めていく。結納品は双方から贈り合うが、その品は両家の家宝や資産ではなく、新しく独立する家庭の必需品や基礎財産となるものなので、若い２人の将来を考えて供出した。男子には儀礼に参加するときに佩く刀、▼太刀（たち）、短刀、儀礼に使用する漆器類の*行器（ほかい）、*酒造樽（しゅぞうだる）、*鉢（はち）、*盒（ごう）、*盆（ぼん）、*膳（ぜん）、*盃（さかずき）、*片口（かたくち）、*湯斗（ゆとう）、

▼矢筒、刀鍔などを、女子には儀礼に参加するときの首飾（*首・胸飾）、咽喉飾、*腕飾、*耳飾、*小袖、刺繍衣（*儀式用刺繍衣）、美しく彫刻された*箱や、農具としての*臼、▼杵、*箕、草刈鎌（▼除草鎌）、*鍬や▼鋤などが用意された。
〈藤村〉

こうかんひん［交換品］

ウエイタサ、ウエイクキキライェなどと称す。自分の情愛の度量を品物という形に変えて相手に贈り、自分の力量を知ってもらう機会にする。男女とも贈答品の多くは身近な実用品や装飾品が多く、女性へは*糸巻、*針入、鞘つきの*小刀、食椀、食笥、*箸、機織具、帯織具、茣蓙織具、木製の*腕輪や*指輪などの木製品を、男性へは*頭巾、狩猟用の*鉢巻、*脚半、*手袋、*手甲、*腕巻（*犬橇用腕巻）、*小物入、小型の鞄などの裁縫品が中心となる。お互いに将来の結婚を確認する意味で、同じような物をつくって分け合い、一対の耳輪を半分贈り合うこともする。〈藤村〉

けっこんしきようぐ［結婚式用具］

結婚式には火の神をはじめ、屋内外の神々や祖先への伝令者としてたくさんの*木幣が製作される。親戚である村人やそれへの供物をはじめ、飲み物の濁酒などがたくさん用意される。儀礼が中心となるので、そこに用いられる用具は次のとおり、先祖伝来の神事にかかわるものばかりで特別な用具は一つもない。*盃、*捧酒箆、*膳、足高膳、神事用*茣蓙、神事用*行器、神事用*片口、神事用*湯斗、神事用*鉢、神事用盃、神事用木幣などである。（→301頁　信仰用具）〈藤村〉

和人資料

北海道においては婿入り婚などの古い時代の結婚習俗はほとんど見られないが、松前・江差・函館などの松前地では、江戸時代から嫁入り婚による婚礼が華やかに行われていたようである。大きな商家などでは婚礼用具を京都や大坂から取り寄せることもあり、大勢の客を招いて行われていたと考えられる。

また漁村部においてもこの影響を受け、特に鰊漁の網元の家などでは、最盛期には金にあかせて道具をそろえていた。一方、農村部では、明治後期になって生活に余裕が生まれるにつれて、出身地の習俗を受け継いだ婚礼が行われるようになった。北海道の婚礼は農作業や漁期の最盛期を避け、晩秋から冬にかけて行われることが多く、▼馬橇に嫁入り道具を積み込んだ行列も見られ、固めの*盃や披露宴などの折に使う、床飾りなども礼法にかなったものがそろえられるようになった。大正・昭和期、そして第2次世界大戦後の高度成長期を経て、年々婚礼が衣装や道具を競い合うようになるが、一時は「新生活運動」などの影響もあって、集会所などを使った仲間の手づくり結婚式が行われたり、会費制が多かったりするのも北海道の特色の一つである。しかし、自宅での婚礼がなくなり、会館やホテルで挙式・披露宴が行われるようになって、結婚式はショーアップされ、婚礼習俗も消えていわれを知る人も少なくなった。
〈宮内　令子〉

こんれいようぐ［婚礼用具］

ゆいのうひん［結納品］　婚約のしるしに取り交わす金品。明治期の結納品は、「決め酒」といって酒1升と魚2尾をつけておさめた（函館）ということもあったが、酒、反物、スルメといったものが一般的であった。北海道では結納金を入れることも比較的早くから行われていたようである。昭和初期には「古式による帯地・羽織等は近来金一封に変わった。金額は五十円乃至百円普通にして、これに型の如く寿留女、子生姉、勝男武士、友志良賀、末広、家内喜多留の七品目を添へて贈る。嫁方にては受書を出す。嫁方よりは、婿方同様結納の品を贈るが、袴料として婿方の半額に達する結納金を送るのが普通である」と『余市町郷土史』（1933年）にあり、今日行われているような結納の形式が定着していたことが分かる。
〈宮内〉

つのだる［角樽］　角のように、2本の大きな柄のついた▼酒樽。漆塗りのものは祝い事に使われた。道南の漁村部では、結納の際に角樽に酒を満杯にして嫁方の家に持参し、受け取った嫁方では半分を取り、残りに自分の家の酒を足して一杯に

写真1　角樽

よめいりどうぐ［嫁入道具］　北海道の嫁入りは時代や移住者の出身地によって大きな違いがある。開拓の始まったばかりの内陸部の農村では「生活の逼迫から嫁入り道具とてなく、それこそ風呂敷包みをたずさえて嫁入りしたようである」(『東旭川町史』1962年)とある。明治後期から大正期になって生活に余裕が出てきた段階で「馬橇は正式には三台とか五台とか奇数の台数をそろえるといわれていた。1台目に花嫁、仲人、両親が乗り、2台目には花嫁の兄弟や親戚、3台目に嫁入り道具を積み、婚家に向かった。先頭の馬橇には提灯をつけた」(旭川市　調査資料)と形を整えるようになっていく。このころになると*衣裳簞笥、*鏡台、*行李に入れた衣類などが代表的な嫁入り道具といわれた。　　　　　　　　〈宮内〉

すずりぶた［硯蓋］　祝儀用の広蓋盆。もとは硯箱の蓋だったが、菓子や花を盛るのに使われ、次第に寸法の大きいものがつくられ、婚礼や祝いごとの品や口取肴などを盛る祝儀盆として使われるようになった。松前や江差の旧家で使用された硯蓋を見ると、上質な漆塗り・黒塗りの漆器である。　　　　　　　　　　　　　　〈宮内〉

ふくさ［袱紗］　茶の湯で使う小形の布および祝事などに使用する風呂敷状の布。婚礼では*硯蓋にのせた結納品の上にかけて出すことが多い。ちりめん、錦紗、羽二重などでつくられ、仕立ては単と袷があった。大袱紗・中袱紗・小袱紗があり、結納などには約70cm正方形の家紋入り袷の大袱紗が使われた場合が多い。　　　　　〈宮内〉

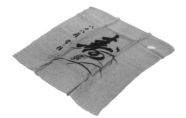

写真2　袱紗

しまだい［島台］　婚礼祝いの席の飾りもの。州浜形の台の上に蓬莱山を模し、松、竹、梅、鶴、亀、高砂の尉・姥などを配置した飾り台。明治時代の江差や函館の旧家では古希や喜寿などの年祝いに飾った例もある。　　　　　　　〈宮内〉

写真3　島台

とこかざり［床飾］　挙式や披露宴などで床の間に飾る縁起物の飾り。床の間に日の出や高砂などのめでたい婚礼用*掛軸をかけ、その前にお供え餅、夫婦固め(三三九度)に使う三つ組みの*盃、おみき徳利(瓶子)一対、雄蝶・雌蝶をつけた*銚子(提子)一対、三方にのせた肴など、旧家や漁場の親方衆の家では、小笠原流の礼法に沿って正式な床飾をする家もあった。しかし漁民や農民の婚礼は「炉ぶち婚」「炉ぶちお膳」などといわれて、式は特別なく、親戚や知人を呼び、炉を囲んで嫁披露の酒盛りをするくらいで、形式的なことは生活が落ち着くまではほとんど見られなかった。　　　　　　　　　　〈宮内〉

しきようぐ［式用具］

さんさんくどのさかずき［三三九度の盃］　婚礼において夫婦固めの*盃、親族固めの盃事に使用した盃。盃は盃台のついた朱塗りの三つ組が使われることが多く、近世松前地の時代から庶民の婚礼にも使用されていた。明治以降の農漁村でも広く使われるようになるが、家での婚礼の場合、漁村では網元など大きな漁家や商家が所蔵するものを借りることが多く、農村では商家などから借りたが、団体移住に始まる農村ではその地域で購入した盃を共有の財産として管理していた地方も多い。　　　　　　　　　　　　　　　　　〈宮内〉

こんれいようちょうし［婚礼用銚子］　*三三九度の盃のときに酒を注ぐ容器。*銚子と提子(ひさげ)が対となり、それぞれに折紙で折った雄

蝶と雌蝶をつけるしきたりである。正式には銚子に雄蝶、提子に雌蝶をつけるといわれているが、北海道では古くから対となっている鉄製の銚子や錫などの瓶子を用いることが多く、庶民は陶磁器製の銚子を使用していた。　〈宮内〉

写真4　婚礼用銚子

にらみうお［睨魚］　婚礼の席に飾ったソイや鯛などの生魚。婚礼の祝宴が始まる前は背中合わせに並べ、宴がたけなわとなったところで、仲人が腹合わせに並べ変えるのを作法とした地方が多い。このためにサハチ（大皿）や朱塗り金模様入りの大盆を用意した漁家もある。　〈宮内〉

つのかくし［角隠］　婚礼のとき花嫁がかぶる飾り布。古くは顔の隠れる綿帽子をかぶったが、次第に簡素化され角隠になったといわれている。明治時代に広く普及するが、大きさは手ぬぐいとほぼ同じで、表は白の紗や生絹、裏地に紅絹を用いたものが多かった。これを二つに折って島田髷の上に飾った。　〈宮内〉

ふりそで［振袖］　未婚女性の礼装。花嫁衣装は時代や地方、職種などで様々に変遷してきたが、開拓期で生活に余裕がない時期には、自分の持っている一番よい*着物を着たり、それもできない場合は働き着のまま、母親や仲人だけで送っていくなどということもあった。明治期末期になってからは黒紋付の振袖、裾模様の*留袖が多く、黒・白・赤の三枚重ねが婚礼衣装の主流となっていった。婚礼での格式の高い衣装は白無垢、綿帽子とされている。「婚礼は人倫の大本、白は五色の本也」といわれ、白装束は死装束につながり、聖の世界に入ったことを示し、三日目に俗世界に戻るといわれる。このことを「色直し」といい、現在の単なる衣装替えとは意義が違う。（→26頁　着物・洋服類［振袖］）　〈宮内〉

うちかけ［打掛］　もとは武家の女性の礼装で、*帯を締めた上に着る裾の長い*小袖。金襴や唐錦の織物を用いたものから、めでたい地紋のある綸子や緞子に刺繍や金箔を入れたものなど、華やかで豪華なことから、現代の婚礼には欠かせない。（→26頁　着物・洋服類［打掛］）　〈宮内〉

ウエディングドレス［ウエディングドレス〈wedding dress〉］　本来はキリスト教結婚式の式服。近年は宗派に関係なく結婚式で着られ、純白の決まりも薄れて色物を着ることもある。基本的には肌を出さないデザインがフォーマルとされているが、最近はデザイン優先で選ばれている。　〈宮内〉

おはぐろどうぐ［お歯黒道具］　お歯黒は鉄漿とも言い、鉄片を茶汁などにつけた金気の液に筆をひたし、五倍子の粉をつけて歯に塗ると黒光りに染まる。江戸時代には庶民の女性の間にも広く行われるようになったが、婚礼を機に既婚女性の印としてつけられた。平尾魯僊『松前記行』(1855年)には、「女子は夫を求むるとも、又二十余にして年更るとも、鉄漿親と云ものなければ自分に歯を染めることあたはず」とある。お歯黒道具は蒔絵の入った漆塗りの物が残されている。

〈宮内〉

写真5　お歯黒道具箱〔右〕とお歯黒溶かし

Ⅰ．生活用具

5．通過儀礼用具

(3) 年祝い用具

アイヌ資料

　人によって日々の生き様はそれぞれ違うが、男女問わず心身が衰弱したり、良運に恵まれず、不幸なことが続いたりする場合には、人生の、あるいは精神的・肉体的な岐路に遭遇しているとして厄落としを行う。その因果関係と対処法は、ほとんどが心身的な要因から悪夢を見る一方、亡き親や祖父母から、あるいは当人に思いを寄せる人や守護霊から何らかの夢による啓示を受けていて、さらに巫術師の託宣によってすべてが明らかになると、託宣のとおりに厄払いを行う。内容によっては、神祭りや鎮魂、憑依しているものの払い、祖先供養、雛人形のこしらえ、*手草による払い、守護神の所持などと一様ではないが、証言からは、不思議なことにほぼ厄年の前後の時期と一致する。

〈藤村　久和〉

和人資料

　人がある年齢に達すると、人を招いて祝ったり、あるいは厄払いをしたりする習慣が全国にある。この習慣を総称して年祝いといっている。厄といえば災厄につながる表現で、年祝いというと祭事を意味して二律背反的な要素がある。これは人間の肉体が衰弱しかかった、いわば汚れた状態の年回りととらえられ、古い習俗では厄払いをしたのち親戚、知人を招いて祝宴を張ったりする。また本来は「役年」と書くべき重い役目につく年との考え方もある。
　厄年は男女で違う、男は25歳と42歳、女は19歳と33歳が一般的で、男の42歳と女の33歳が大厄といわれている。厄年には神社や寺に参拝し、厄払いの祈祷を受けたり、身につけたものを置いてきたり、厄年に当たる人が豆まき役を務めたりした。年祝いは長寿の祝いで、還暦、古希、喜寿、米寿、卒寿、白寿など年齢によって名称が異なる。ことに、還暦は代表的なもので、中国の陰陽思想の五行説からきている。大陰暦の基本である十干十二支の循環が60年を単位にしており、61歳になると、自分の生まれた干支に戻る、暦が還るということで還暦という。干支が一回りして赤ん坊に戻るということから、赤い頭巾と赤いちゃんちゃんこを着る習俗が広く分布している。「本卦還り」「六十一の祝い」などともいわれる。満70歳の祝いを古希というのは、中国の詩人・杜甫の「人生七十古来稀なり」に由来し、77歳の喜寿は七十七を重ねて書くと草書体の「喜」になることから名付けられている。88歳の米寿も喜寿と同様で、八十八を組み合わせると「米」となるからで、99歳の白寿は百から一を引くと「白」になるからといわれている。北海道では特に厄年の方が厄払いの習俗を伴って受け継がれており、長寿の祝いはむしろ近年の方が盛んに行われるようになった。

〈宮内　令子〉

ちゃんちゃんこ［———］　還暦の祝いに着る赤い*袖なしの*羽織。赤い色は身を守る魔除けの意味を持つ呪術のひとつといわれている。近年は赤いセーターやベストなどを贈ることも多い。

〈宮内〉

やくどしぞうり［厄年草履］　厄年の人が身につけているものを神社に置いてくることが行われたが、履いていた*草履の*鼻緒を切って、後ろを見ないで帰る習俗。葬送習俗のなかにもあり、厄や死の汚れを断ち切るためであったといわれる。

〈宮内〉

とかきいわい［斗搔祝］
　かつて、米寿の祝いに斗搔を祝い客に贈る行事があった。この斗搔は枡

写真１　斗搔祝

で穀類を計量するとき、盛り上がった穀類を落として平らにするための棒である。　〈舟山　直治〉

Ⅰ．生活用具

5．通過儀礼用具

(4) 葬送用具

考古資料

　墓は死者を葬ったところで、死者に対する悲しみや敬愛の情が込められている。北海道では後期旧石器時代終末期の知内町湯の里4遺跡から墓が発見されており、直径約1mの円形の土坑には蘭越型石核・*琥珀玉・カンラン岩製の垂飾と*玉類が副葬されていた。土坑には赤色顔料が散布されており、縄文文化のベンガラ（酸化鉄）を墓に撒く埋葬儀礼は旧石器時代にさかのぼる可能性がある。

　縄文時代の墓は円形・楕円形・長楕円形を基調とした土坑で、時期や地域によって様相が大きく異なる。縄文早期の段階からすでに集団墓が営まれており、早期から前期は集落から離れたところに墓域があったと思われる。早期末葉の墓からは足形土製品と呼ばれる幼児の足形をつけた円盤状の土製品が出土している。道南部の縄文前期・中期では、廃棄された*竪穴住居の窪みを墓に利用する*廃屋墓がみられる。後期には墓域を石・溝・土手で区画する集団墓が構築される。*環状列石（ストーン・サークル）・*周堤墓・積石墓などがあり、土器・*石棒・装身具・着装具などの副葬品を豊富に埋納する墓が数多く検出されている。

　晩期には大規模な集団墓から群集する*土坑墓群となり、晩期終末期の石狩低地帯以東では*石鏃を多量に副葬する特異な墓も出現する。また後期・晩期の墓にはごくまれにではあるが、火葬墓ないしは火を用いた葬送儀礼が行われた例も検出されている。続縄文時代では晩期の伝統を引き継いだ大規模な土坑墓群があり、副葬品の種類・量も豊富になる。玉類では前期には琥珀製の平玉、中期には碧玉製の*管玉、後期になると硝子玉が副葬される。

　擦文時代の墓は極端に少なく、主に石狩低地帯で発見される。平面形も隅丸長方形となり、蕨手刀・刀子・袋状▼鉄斧・鎌（▼鉄鎌）・▼鍬先などの金属器が土器とともに副葬される。これとは別に江別市江別古墳群・恵庭市柏木東遺跡などには*北海道式古墳と呼ばれる、東北地方北部の末期古墳の系統を引く古墳が群集する。円形・楕円形の墳丘と周溝を持つ古墳で、主体部や周溝からは土師器・須恵器をはじめ蕨手刀・直刀・刀子・斧・鍬先などの金属器が豊富に出土する。

　オホーツク文化の墓は集落の周辺に墓域があり、網走市モヨロ貝塚・枝幸町目梨泊遺跡などから良好な墓が多数検出されている。目梨泊遺跡では集落と墓域を区画する柵列と思われる柱穴列が確認されている。墓は屈葬と伸展葬があるが、屈葬が主体で被葬者に土器を逆さまにしてかぶせる被甕の風習がみられる。ほとんどが土坑墓であるが、配石を伴うものも多く、モヨロ貝塚には木枠を立て並べた木槨墓・石組みを施した石槨墓もある。副葬品も豊富で日本製の蕨手刀・刀子類、大陸製と思われる青銅製の帯飾・鐸・鈴・耳環（*耳飾）・曲手刀子、鉄鉾などの金属器がある。

　中近世アイヌ文化の墓は伸展葬で副葬品は性別で異なり、男子には武具や狩猟具、女子には*鉄鍋・鎌・▼鉈などの採集用具が主体的に副葬される。刀子・漆器・*煙管・装身具などは男女共通してみられる。一方、14世紀ごろから道南部の和人の居住地では仏教の普及に伴い火葬墓がみられるようになる。　　　　　　　　　　〈杉浦　重信〉

しゅうていぼ[周堤墓]　北海道特有の縄文時代後期後葉の集団墓。かつては環状土籬と呼ばれたが、墓地であることからこの名称がつけられるようになった。円形に竪穴を掘り、その周囲に土堤を盛り、内部の竪穴と周堤に死者を埋葬する。*土坑墓からは*石棒・*石斧・漆塗りの*櫛などの副葬品が出土する。規模は周堤外径20〜30mのものが多いが、千歳市キウス周堤墓群には外径75m、周堤の高さ5.4mにも達する巨大な周堤墓

もある。道央部の石狩低地帯に多く分布し、道央部ではキウス周堤墓群・末広遺跡・美沢川流域遺跡群・柏木B遺跡がある。道南部では現在まで確認されていないが、石狩低地帯以東では芦別市野花南周堤墓・斜里町朱円環状土籬・標津町伊茶仁ふ化場第1遺跡がある。〈杉浦〉

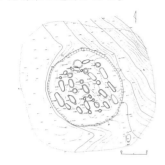

図1　周堤墓（苫小牧市美沢1遺跡JX-3）

はいせきぼ［配石墓］　*土坑墓の内外に礫を配置した墓。縄文時代からオホーツク文化期の墳墓に広くみられる。礫が集中的に置かれるものを集石墓・積石墓と称して区別する場合もある。縄文後期末葉から晩期初頭の御殿山式期には静内町御殿山遺跡・斜里町朱円環状土籬などにみられるようなケールン様の積石墓が発達する。立石を有する環状の配石遺構を規模の大小にかかわらず*環状列石と呼ぶ傾向があるが、北海道では配石墓が群集・散在した遺跡がほとんどであり、秋田県の大湯環状列石のように単独の配石墓を環状に配置する例はみられない。〈杉浦〉

かんじょうれつせき［環状列石］　縄文時代前期から後期の環状に配石した遺構の総称。ストーン・サークルとも呼ばれ、*土坑墓を伴うものと伴わないものに大別される。前者はさらに土坑墓の配石を環状に配した*配石墓と個々の配石墓を環状に配列した環状配石墓に区分される。後者は墓と直接的な関係はなく、配石をめぐらす例で環状囲繞列石と呼称される。知内町湯の里5遺跡・森町鷲ノ木遺跡・斜里町オクシベツ川遺跡などがあり、宗教的な祭祀場と考えられる。北海道の環状列石のほとんどはこのタイプに属する。北海道では縄文時代後期初頭から道南部に出現して後期中葉には全道的に分布するようになる。後期後葉にはオクシベツ川遺跡を除いて姿を消し、石狩低地帯以東では環状列石に代わって*周堤墓が盛んに造営されるようになる。〈杉浦〉

どこうぼ［土坑墓］　地面に穴を掘っただけの墓の総称。最も普遍的な墓で日本では後期旧石器時代から現代に至るまで全国各地でみられる。北海道の墓の大部分は土坑墓で占められるが、貝塚や砂丘の遺跡以外では通常人骨は腐朽する場合が多く、坑内から出土する例は少ない。形状・規模・深さは屈葬・伸展葬・座葬などの埋葬姿勢、単葬・合葬・多葬などの被葬者数、再葬・洗骨葬などの改葬、さらには性別や年齢によって様々である。一般的には平面形が円形・楕円形の場合は屈葬・座葬、長方形・長楕円形の場合は伸展葬の可能性が高いとされる。〈杉浦〉

はいおくぼ［廃屋墓］　廃棄された*竪穴住居跡の窪みに掘り込まれた*土坑墓。関東以北の縄文時代前期・中期にみられる墓制で、北海道でも道南部の遺跡で類例が確認されている。縄文前期・中期・後期の集落では周辺の丘陵斜面や低地がごみ捨て場として利用される傾向がある。そこには動物や貝などの食料の残滓や破損した土器・石器などの遺物が堆積して盛土遺構が形成される。盛土遺構には焼土群があり、アイヌ民族の「送り」のような儀礼があったと考えられる。廃絶した竪穴住居でも同様な祭祀や儀礼が行われるようになり、神聖な場として墓もつくられるようになったと思われる。擦文時代にも廃屋墓が確認されており、竪穴住居内に墓坑がある例や竪穴住居の窪み

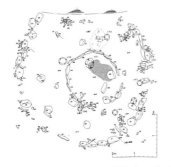

図2　環状列石（知内町湯の里5遺跡）

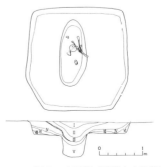

図3　廃屋墓（千歳市末広遺跡IP-57墓坑）

を利用した例がある。　　　　　　　　〈杉浦〉

ほっかいどうしきこふん［北海道式古墳］　東北地方北部の末期古墳の系統を引く北海道特有の古墳。直径約3～7mの円形ないしは楕円形の墳丘と周溝がめぐる。墳丘の中央に主体部の墓坑があり、平面形は長方形をなし、遺体は木槨に安置されて埋葬されたと思われる。主体部や周溝からは土師器・須恵器をはじめ蕨手刀・直刀・刀子・斧・鍬先などの金属器が豊富に出土する。墳墓の形態や副葬品は東北北部の末期古墳に類似する。分布は道央部に限られており、遺跡の数も少ないことから存続時期も比較的短く、8世紀中葉から9世紀後葉までと推定される。江別市江別古墳群・同町村農場遺跡・恵庭市柏木東遺跡が知られているが、これに近似した盛土や周溝を持つ墳墓が千歳市ユカンボシC15遺跡・恵庭市西島松5遺跡・平取町カンカン2遺跡などで発見されており、その関連が注目される。北海道式古墳の被葬者が在地者か、それとも外来者なのかをめぐっていくつかの説があり、古くから論争の焦点になっている。　　　　　　　　　　　　　　〈杉浦〉

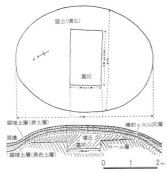

図4　北海道式古墳（恵庭市柏木東遺跡9号墳）

アイヌ資料

しぼうれんらくようぐ［死亡連絡用具］

あみぶくろ［編袋］　サラニプ、カーサラニプなどと称す。成人が亡くなると身内兄弟、親戚、実家、知人、友人、懇意であった人たちへの連絡に出向く（アスッタサ、ウェンアスルコル、ロルンベアスルコロ）が、このときの連絡係は、長老が村内から2人一組の若者を何組か選んで命ずる。1人は死亡の報告者、もう1人は見習いを兼ねた従者である。2人の組み合わせには同性や異性があり、遠方や日暮れ後は男性、近村や日中は女性である。遠くに出かける場合には、2人は首や肩から小さめで扁平な編袋を提げ、そこに食べ残しの魚の部分（尾、鰭、皮、中骨など）、魚の焼き干し、刻みタバコ、使い古した布片、酒粕やその原材料、イケマやショウブの根、エンジュの小枝などを入れる。日帰りができなければ、ゆでた扁平の団子を何枚も持参させる。

日暮れ前に寝場所を確保し、軽い食事をすませると、火を焚き続け、魔除けのイケマやショウブの根、エンジュの小枝、古くなった布片の入った編袋を枕にして休む。連絡が終わって帰ってくると、自分の村へ続く道の分かれ口に袋の中の供物をすべてあけて盛り、無事の帰還と魔性のものが村に近寄らないように道路の神に祈願し、帰宅後2人は連れ添って、長老に帰還の報告をする。（→Ⅱ巻　人力運搬具［編袋］）　　　　　〈藤村　久和〉

もえさし［燃えさし］　アペケシ、ウェンアペケシ、ロルンベアペなどと称す。夕方から夜間にかけて、近所への連絡、物の貸借などに出かけるときは、※囲炉裏の中から、手に持ちやすく、よく燃えている焚き木を1本選んで携え、夜道の明かりと火の神の加護を受けて往来する。この燃えさしは、忌中を知らせる家前の小火に寄せ掛け、無事の帰還を報告してから屋内に入る。この場合、1人で出かけることが多いが、10歳前後であれば2人で出かけることもある。　　〈藤村〉

たいまつ［松明］　ウェンチノエタッ、ロルンベタッムイェ、ウェンペンタチなどと称す。用事を言いつけられた男子2人が、少し遠方に出かけるときや風があるときなど焚き木では火持ちが悪い場合がある。そのときはシラカバの樹皮を撚って扁平に潰した松明を直径3cmくらい、長さ60cmくらいの手に持ちやすい棒先に割れ目を入れて挟み込み、火をつけて持ち歩く。松明の火は家前で燃やしている小火に用事があって出かけることを告げ、何事もなく帰ってくることを祈りながら火種をもらって出かける。松明の先を下に向けると火は大きくなり、上に向けると小さくなるので、暗い場所、悪路、風の通り道などでは、松明を上下に調整しながら往来する。火がパッと消えたときは魔性の仕業と考え、魔性が松明に近寄らないよ

うに松明の挟み棒に使い古した布を巻いたり、しばったりすることもある。さらに、必ず懐にイケマやショウブの根を入れていく。松明は予備に数本持参し、燃え残しは帰宅後に家の前で焚いている小火に寄せ掛け、無事の帰還に対し謝辞を述べてから屋内に入る。松明を差し挟んだ棒は、次に使う人のために屋内の戸口に立てかけておく。
（→Ⅱ巻　その他の通信具［松明］）　　〈藤村〉

しにしょうぞく［死装束］

　シピンパㇷ゚と称す。遺体に装着する装束の多くは通夜に参列した女性が中心となって製作し、手の器用でない人でも一針は死者を悼んで縫うことが基本とされ、死者への思いのある人は男性でも一針を縫うことがある。古い時代には獣皮、鳥皮、魚皮、植物繊維、樹皮などを駆使して装束が作製されていたが、明治中葉以降は布類が豊富に入手できるようになったので、白の晒木綿や黒木綿、縞柄を反物で購入し、布地も木綿のほかにメリンスや絹地、ビロードなどと多様になり、糸も白黒の木綿のほかに赤や青、緑などのガス糸が使われた。このように素材は大きく変わっても形態や縫い方、着せ方などにあまり変化はみられない。全地域に共通することは、縫い糸の尻には糸玉をつくらないで返し針で糸をとめ、縫い終わりも同じようにして糸をとめ、出来上がりは亡くなった人に喜んでもらえるように心を込めて縫い上げることにある。紐は結ばず軽く一重に絡んで紐端を垂れ下げるか、紐端を挟み込んだり縦結びにしたりする。着物の合わせ方は通常と変えて右前に重ねる。また、あの世は季節がこの世とは逆になることから、夏には冬の装いを、冬には夏の装いをさせ、野辺送りも夕方になってから行ったり、参列する人たちも上着を裏返しにしたり、着装するすべての左右を逆にすることもあった。
〈藤村〉

かおおおい［顔覆］　ナンカムㇷ゚と称す。死後間もなくは遺体の顔を覆うことはめったにないが、顔色が変わったり、怪我などをして無残な状態だったり、顔に傷がある場合には仮に布片、手ぬぐい、タオルなどで覆う。正式な死装束用の顔覆は、地域によって作り方が大きく異なる。30cm幅の白布をハンカチ大に切って顔を覆い、女性が生前使用していた*鉢巻や細紐を後頭部から回して前頭部で一重結びにして残り紐の端を顔脇から胸元に垂らしたり、縦結びにしたりする。布片に細紐をT字に縫いつけ、その紐を後頭部で交差させて額に結んだり、白と黒の布片を縫い合わせて顔を覆うほかに、袋様に布を縫ってかぶせることもある。なお、サハリンの東海岸南部では、亡くなった成人に対しライクルハハカという少し大きめの蛸帽子をつくって、目または鼻先までを覆う。この帽子にはかぶせた前側の額や後頭部に、それぞれ大きめの模様を単独に色糸で刺繡をする。布は紺や黒などの単色で暗い色の布地に裏地をつけることもある。かつては獣皮、魚皮、鳥皮、樹皮布などでもつくられていた。
〈藤村〉

図1　顔覆

あたまおおい［頭覆］　パケカムㇷ゚と称す。太平洋の沿岸では、幅30cm、長さ1mくらいに切った黒布の真ん中の幅の端を額の上部から前頭部に当て、左右に余る布を手前へ折り曲げて両頬に沿い、顎の下で布の両端を合わせて、前襟の合わせ目に差し込むほか、両乳の上に布端をのせる。また、地域によっては顎下で布片を交差させ（女は左手側を上に、男はその逆に）、両脇腹へ垂らす。なお、頭に大きな傷があるときや、病気での脱毛やでき物だらけになっていると、ライクルコンチという布を袋に縫ったり、サンタクロースのような三角帽子をつくったりしてかぶせる。
〈藤村〉

図2　頭覆

まくら［枕］　ライクルエニヌイペ、ライクルムㇽなどと称す。本人が長年使用した枕や、体を横たえたときに使う木箱型の枕をそのまま使用することもある。新たにつくる場合には、▼茣蓙編機でガマ（男用）やスゲ（女用）で幅30cm、長さ70〜80cmの*茣蓙を編んで、編み始めのところから巻いて端を糸で縫いとめる。その両端の膨れ

や、巻いた部分の飛び出しをとめるために、一文字、十文字、「＊」「米」の形のように、幅のある布や、細く裂いた布を三つ編み・四つ編みなどにして、直径をまたいで縫いつける。また、長さが30cmの茣蓙を編んで、その両端を縫い合わせて、円筒形の筒状とする。その中にスゲ、ガマ、ヨシなどを隙間なく両端から差し込み、余分に飛び出ている部分を切りそろえる。筒状の両側へ布をあてがって茣蓙と縫い合わせたり、前と同様に細幅の布片で覆ったりすることもある。〈藤村〉

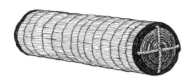

図3　枕

だんせいのしたおび［男性の下帯］　ライクㇽテパ、シピンパテパ、シピンパチョッキなどと称す。幅30cm、長さ70cmの布片に細い紐を縫いつけてT字帯のようにつくる。尻からあてがって端を胸元へ回し、次に左右の紐を臍下あたりで一重に結んで両端を垂れ下げ、胸元の布端を折り返して下げる＊越中褌型がある。また、幅30cm、長さ50cmの布片の両端を少し内側に折って紐通しをつくり、その両方へ1本の細紐を「0」状に通し、左または右の脇腹で紐を締める＊畚褌型という方法もある。（→39頁　下着類［下帯］）　〈藤村〉

じょせいのしたおび［女性の下帯］　ライクㇽマチテパと称す。幅15cm、長さ70cmの布片に細い紐を縫いつけてT字帯のようにつくる。尻からあてがって端を胸元へ回し、次に左右の紐を臍下あたりで一重に結んで両端を垂れ下げ、胸元の布端を折り返して下げる（＊越中褌）。また、幅30cm、長さ50cmの布片の両端を少し内側に折って紐通しをつくり、その両方へ1本の細紐を「0」状に通し、左または、右の脇腹で紐を締める（＊畚褌）という方法もある。〈藤村〉

きょくしょおおい［局所覆］　ホセシケプと称す。オヒョウニレの軟らかい内皮を1cm幅に細く裂いて縦糸とし、二つ折りにして30cmくらいの長さにする。内皮の折り目を2本の横糸で挟み、2本の糸を交差させて一捻りして次の内皮を挟んでは、2本の糸を交差させて一捻りすることを繰り返す。全体の幅が15cmくらいになったら、2本の糸を撚り合わせたあと、折り目から2cmくらい下の部分に糸を伸ばす。そこからまた2本の糸の間に内皮を挟み、2本の糸を交差させるようにして腰に結ぶ紐通しをつくる。次に3〜5cm幅に、「己」や「Z」の形のように2本の糸で編み上げ、半分くらい編んだらそこで2本の糸を結んでとめる。縦糸の下辺で長いものは鋏で切りそろえ、上辺に糸を通す。あるいは、縦糸を二つ折りにしたあたりを縫うように紐を通し、左または右の脇腹で紐を結んで覆いを前に垂らす。（→40頁　下着類［局所覆］）　〈藤村〉

じょせいのしたひも［女性の下紐］　ポンクッ、イシマなどと称す。女性は家系別にその祖先神を象徴化した下帯を所有している。組紐の糸数、全体の長さ、出来上がった紐の回し方、引っ掛け方、あるいは房の形や枚数などは女性の家系によって全く異なっている。したがって、母娘は同じでも、祖母や父の姉妹、父方母方兄弟の妻娘とは全く異なることになるが、ただ、葬儀用の下帯は生存中のものに比べてきわめて簡単なつくりである。紐3〜4本で三つ編みや四つ編みをして長さが5〜6cmになったら、真ん中あたりを折り曲げて編み始めの部分と重ね合わせ、二つを一つに編み込んで直径が2〜3cmほどの小さな輪をつくる。それ以後は60〜80cmの長さに編んで、胴回りを1周して、さらに10〜15cmあまり編む。編み終わりの部分と小さな輪の周りには、布の残りを巻いて糸でしっかりと縫いとめる。これは、編み終わりの部分の糸がほつれないために、小さな輪のところは、通した紐で擦り切れないための手当てである。さらに、地方によって、家系によって、編み終わりの先に三角や四角、あるいは裂き布を幾枚か糸でくくりつける。下紐は胴を1周させ、臍下のあたりで小さな輪に房つきの部分を通し、房を前に垂れ下げる。当人が生前、身体につけていた下帯は、湯灌の段階で取りはずし、それに鋏で切れ目を入れてから、小さくまとめて懐に忍ばせたり、副葬品の物入れに入れたりして埋葬する。（→41頁　下着類［下紐］）　〈藤村〉

図4　女性の下紐

だんせいようはだぎ[男性用肌着] ラワアンチミㇷ゚、ライクルチパンなどと称す。出来上がりは和服の*襦袢と変わらないが、おくみがなく、横長の小さい布を当てて襟立てをしている点に違いがある。素材は、新しくは布（木綿、ビロード、メリンス、ネル、化繊など）を使い、古くは植物の内皮を織った反物、なめした無毛皮、鳥皮などを用いた。布は1枚で縫う単や2枚縫いの袷があるが、あの世は季節が逆であるとして、冬に単を、夏に袷や獣皮でつくることもあった。また、亡くなるころの状態や年齢、本人が寒がりであることを考えて、季節に関係なく袷を縫うこともある。袖は筒袖が多いが、鉄砲袖や緩いむじり袖もあり、身八つ口をつける人もいる。丈は腰中や腰下までであり、前を重ね合わせて帯を締めることから、結び紐は取り付けない。　〈藤村〉

図5　男性用肌着

じょせいようはだぎ[女性用肌着] モウル、シピンパモウルなどと称す。縫い上がったものはワンピースのように*襦袢と*腰巻を縫い合わせたような形をしている。素材も古くは植物の内皮を織った反物、なめした無毛皮、鳥皮などを用いたが、物資が豊かになって布類（木綿、ビロード、メリンス、ネル、化繊など）が容易に入手できるようになると布地になり、1枚で縫う単や2枚縫いの袷、あるいは厚地と薄地でつくったものがある。袖は筒袖やむじり袖で身八つ口をつけない。襟は胸元まであり、それ以下の襟は裾まで縫い合わせになっている。亡くなった人が太っている場合には、左右の脇や前に差し輪を入れて広くゆったりとしたつくりとし、裾は足底から10～20cm上がっている。着装は、湯灌を行った際に古いものを裾から捲り上げ、背中から頭、両腕をはずして脱がせる。着せる手順は逆である。　〈藤村〉

図6　女性用肌着

ももひき[股引] オモンペと称す。素材は時代とともに布（木綿、ビロード、メリンス、ネル、化繊など）を使い、古くは植物の内皮を織った反物、なめした無毛皮などを用いた。布は1枚で縫う単や2枚縫いの袷のほかに、厚地や薄地で縫い上げることもある。布地を使ってつくる場合には、幅30cm、長さ1mくらいの布を4枚用意する。まず布2枚の長辺の3分の1ぐらいを重ねる。前側の布の重なりは小便用にそのままとし、上辺に1周半くらいの幅狭い帯と縫い合わせる。次に、後ろ側となる2枚の布は、前側の縫い合わせた布よりも5～10cmほど広くして尻を覆うくらいにする。2枚が重なっている部分を縫って左右に開いてとめたり、片方に折り曲げて針で掬ってとめたりしたあと、上辺に1周半くらいの幅の狭い帯と縫い合わせる。次に縫い上げた2枚の表面を向かい合わせに重ね、胴部から15cmくらいの下の外側左右を足裾まで縫う。股間から足裾までを斜めに縫って、余分な部分をふくらはぎ側に織り込んで針で掬ってとめる。足裾を折り曲げて縫うと完成する。履かせるときは先に左足、次いで右足の順に通し、前後の胴部まで引き上げたあと、紐を回して結ぶ。　〈藤村〉

こぶくろ[小袋] ポンプクル、ライクルポンプクル、ライクルプシクスリなどと称す。小さなものは名刺入れ、大きなものは角食パン1枚くらいの大きさがある。それに極細の紐をつけて首から鳩尾くらいまでに下げる。作り方は布を二つに折るもののほか、1枚の布を3等分にして3分の1を内側に折り曲げて両脇を糸で縫い、次いでに細紐を縫いつけ、残る3分の1を蓋として内側に折り曲げるものがある。この袋の中には、死の旅路の途中で、死者が感謝して物を与えたくなるときに、すぐに使えるように喫煙用のタバコなどを入れる。ほかに飯や酒の原材料となるヒエ、アワ、コメ、コウジ、オオウバユリの鱗片などの刻んだもの、魔性のものに近寄られたときの魔除けとしてイケマやショウブの根茎を刻んだもの、それに、裂き切れの途中で出る抜き糸、縫い糸の屑などを入れる。特に葬具の作製中に出る抜き糸、糸屑はまとめておいて、縫い物の道具が完成したの

ちにこの袋にまとめて入れる。この糸屑は、魔性に追いつかれたときに黒糸の屑を自分の後ろに投げると、黒糸は呪文によって黒雲となって魔性を覆うので、闇夜に死者を探すのに苦労する。死者は自分の前方に白糸屑を投げつけると、あたりが日中のように明るくなるので、魔性が闇でもがいている間に、安全なところに逃げるための必需品とされている。素材は獣皮や樹皮布、魚皮、鳥皮、シラカバなどの樹皮でもつくられる。なお、今日では三途の川の渡船料入れとしても使われている。 〈藤村〉

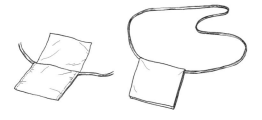

図7 小袋

しょくりょういれ[食料入] ライクルハルオプ、ライクルハルオプクル、ライクルハルオタパラ、ライクルカリピンキなどと称す。死者のあの世への土産として、最低でも六つの縦長の布袋に穀物を入れて持たせる。幅5cm、長さ10cmくらいの袋をつくり、袋の口を内側に折って糸で縫い紐を通す。それぞれの小袋にはヒエ、アワ、コメ、オオウバユリの円盤を砕いたもの、ジャガイモの繊維や澱粉を発酵させてまとめた円盤を砕いたもの、乾燥させた果実類、ドングリ、クルミ、マメ、干し魚、干し肉、干した海藻、小さな団子、亡くなった季節に採取可能な食材などを詰めて紐を引いて口を閉める。紐は口の回りの左から右へ回し、1周したところで余った紐の中ほどを引いて絞る。古い時代では、ガマやスゲ、フトイを編み、シラカバの樹皮、樹皮布、獣皮などは縫い合わせて袋をつくった。 〈藤村〉

図8 食料入

おび[帯] ライクルッと称す。着物の上から締める帯は、幅3〜6cm、長さ1mくらいに縫い上げ、後ろから前に回して臍のあたりで一重結びにし、帯の両端をそろえて股間に延ばしたり、縦結びにしたりする。帯に刺繍をするときは、通常と異なり、模様を孤立させ、連続模様にならないようにするところもある。地方によっては男の帯を女性の帯に比べて細めにつくることもある。和人の帯が流行して当人もそれを好んでいた場合には、反物の布を1.5〜2.0mに切って、幅の広いまま左脇から背中を通して2〜3回巻く。残りの端を絞ったまま、または布巾を半分、さらに半分と上手に折って帯の下辺に差し挟む。 〈藤村〉

図9 帯

てぶくろ[手袋] ライクルテクンペ、シピンパテクンペなどと称す。手袋は労働に際して手を冷気から守り、切り傷を予防するためのもので、死者があの世に旅立つ過程でも、防御用として着装させる。形態は数種類あり、指がそれぞれ分かれた冬季用の手袋は、布（木綿、ビロード、メリンス、ネル、化繊など）やなめした獣皮や無毛皮から、手の甲と手のひら面の2枚を手形に切り取る。それらの合わせ目を縫い合わせ、手の甲や手首の部分に刺繍を施すが、結束の紐はない。

スキー手袋のように親指と残り4指をはめる形態のものは、素材に布を使う。手の形に合わせて布を裁断し、合わせ目を縫い合わせ、手首の甲側に細い紐を縫いつけるなどする。さらに手の甲には刺繍や裂き切れ、切り抜きの布をあてがって模様をつくる。

ライクルパトゥウェレ、シピンパマトゥメレなどと呼ばれるものはスキー手袋に似ているが、違う点は毛皮を内側にして縫うこと、手首の隙間から雪が入らないための工夫として10cmくらいも長いこと、手のひらの手首のところに手を自由に出し入れできる切れ目があることである。手袋を手にはめたまま一時的に指先を使う場合の手袋で、犬橇の操舵、狩猟の仕掛け、漁労の網はずしなどにきわめて有効である。手甲や手首には刺繍をつけるが、紐はなく、生前愛用していたものがあれ

ば、それに刃物や鋏で切れ目を入れて死者に持たせることもある。また、つくりは似ているが、親指と4指の指先を鋏で切ったように指先のない形をしたものがある。布の裁断、縫い方、親指の縫い合わせ方、刺繍の仕方、紐のつけ方、紐の結び方などはそれ以外のものと変わらない。(→62頁 履物類［手甲・手袋］) 〈藤村〉

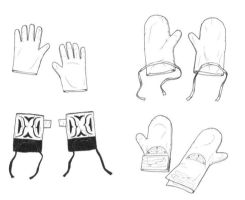

図10　手袋

てっこう［手甲］ ライクルテッカシ、シピンパテクンペなどと称す。小手や手甲当で、手の甲を覆うほどの小さな布切れ1枚に刺繍や裂き切れ、切り抜きの布をあてがって模様をつくり、少し長めの紐を親指側の布端に縫いつける。それを小指、手の甲と回し、1周させて手のひらの手首のところで紐を挟む。(→62頁 履物類［手甲・手袋］) 〈藤村〉

図11　手甲

うでまき［腕巻］ ライクルモイシナハ、シピンパモイシナハなどと称す。袖口から風雪や蠅などの浸入を防ぐためにはめた*手袋の手首から肱、またはその中間までを巻くゲートル(西洋風の巻*脚半)様のものである。幅は7～10cm、長さは30～80cmと、着用した上着の袖の長さによって異なり、一方が半円形をした中央部に1本の細長い30～40cmの紐が取り付けられている。手袋をはめ

た上から手首を1周させ、それから徐々に螺旋状に巻き、肱のところで紐を2～3回と巻いて、その端を、巻いた紐に挟む。 〈藤村〉

くしろ［釧］ ライクルテクンカニ、シピンパテクルンカネなどと称す。死者が生前愛用していたC字状の*手首輪を副葬品として、そのまま持たせるほかに、入手しがたい貴重品として代用品を添えたり、着装させたりすることがある。代用品の形態は薄手の銅板を細長く切って手首輪状にしたもの。または、ヨシやオギを短く輪切りしてビーズ状のものをつくる。ヨシやオギなどを縦に半分や4分割にして刃物でしごいて角を落とし、手首を1周するよりも長めに切って、脈拍をとるところに置いたビーズにその両端を差し込むと出来上がる。 〈藤村〉

ゆびわ［指輪］ ライクルアシケペチカニ、シピンパモンペヘカネなどと称す。死者が生前愛用していた○やC字状の指輪をそのまま副葬品として持たせるほかに、代用品を添えたり着装させたりすることがある。代用品の形態は薄手の銅板を細長く切って指輪状にしたもの。またはヨシやオギを短く輪切りにしてビーズ状のものをつくる。ヨシやオギなどを縦に半分や4分割にして刃物でしごいて角を落とし、指を1周したよりも長く切って、その両端を指の付け根の内側に置いたビーズに差し込むと出来上がる。 〈藤村〉

みみわ［耳輪］ ライクルニンカリ、シピンパニンカリなどと称す。死者の耳たぶに孔のない女性の場合、ひときわ大きな耳輪の両方を細紐でくくり、死者の額から耳元までの長さを調整してその上から*鉢巻を締める。いかにも耳輪をしているように見せるが、遺体を包装する際にははずし、ヨシなどでつくった耳輪を持たせる。はずした耳輪は家の裏壁などに吊り下げて風に当ててから、もともとあったところに収納する。また、死者が生前愛用していた耳輪をそのまま副葬品として持たせるほかに、代用品を添えたり着装させたりすることがある。代用品の形態は針金や銅線、鉄線

図12　耳輪

をそれに似せて曲げたもののほかに、ヨシやオギを短く輪切りしてビーズ様のものをつくる。ヨシやオギなどを縦に半分や四つ割りにして刃物でしごいて角を落とし、円形の耳輪のように、直径５㎝よりも長く切って、その両端をビーズに差し込むと出来上がる。(→96頁　装身・着装具［耳輪］)
〈藤村〉

くびかざり［首飾］　ライクルチムッペ、シピンパタマサイなどと称す。死者が生前愛用していた首飾や、その家に伝承されている首飾のうちから動物の霊送りに使う物の次に該当する首飾を死者にかけて遺体を飾る。遺体を※茣蓙で包装する際に取りはずし、ヨシなどでつくった首飾を持たせる。はずした首飾は家の裏手の壁などに吊り下げて風に当ててから、もともとあったところに納める。また、死者が生前愛用していた首飾をそのまま副葬品として持たせるほかに、代用品を添えたり着装させたりすることがある。代用品の形態はヨシやオギ、大型鳥類の羽軸などを短く輪切りにし、たくさんのビーズをつくる。オヒョウやシナノキの糸１～３本を使って、それぞれにビーズを通して多重の首飾をつくって死者の首にかける。
〈藤村〉

図13　首飾

かたな［刀］　ライクルエムシ、シピンパタムシなどと称す。死者が生前愛用していた刀や太刀、その家に伝承されている刀、太刀、短刀などのなかから、動物の霊送りに使うものの次に価値があるとしたものを死者に佩かせたり、遺体に添えたりして飾る。遺体を茣蓙で包装する際に取りはずし、身を木で、鞘をシラカバの樹皮でつくった刀剣類を持たせる。遺体からはずしたものは、家の裏手の壁などに吊り下げて風に当ててから、もともとあったところに納める。(→Ⅱ巻　狩猟用具［刀］)
〈藤村〉

やまがたな［山刀］　ライクルタシロ、シピンパタシロなどと称す。死者が生前愛用していた山刀を、死者を飾る刀や葬用の刀に換えて死者に持たせたり、遺体に添えて置いたりする。個人が愛用した山刀を子息が受け継ぐ、形見分けをすると決めていた場合には遺体を茣蓙で包装するときにはずして、鞘をシラカバの樹皮で、身を木でつくった山刀を持たせる。遺体からはずしたものは一時的に家の裏手の壁、木の枝などに吊り下げて風に当ててから、受け継ぐ人に渡す。(→Ⅱ巻　狩猟用具［山刀］)
〈藤村〉

こがたな［小刀］　ライクルマキリ、シピンパエピリケへなどと称す。死者が生前愛用していた小刀を死者に持たせたり、遺体に添えて置いたりするが、個人が愛用した小刀を子息が受け継ぎを希望していたり、持ち主が誰かに形見分けを決めていたりした場合には、遺体を包装するときに小刀をはずして、鞘をシラカバの樹皮で、身を木でつくった小刀を持たせる。遺体からはずしたものは、一時的に家の裏手の壁、木の枝などに吊り下げて風に当ててから、受け継ぐ人に渡す。(→Ⅱ巻　木工品製作用具［小刀］)
〈藤村〉

きゃはん［脚半］　ライクルホシ、シピンパホシなどと称す。労働の際に足や脛を寒さから守り、草藪を歩いても切り傷を負わないための予防具。死者があの世に旅立つ過程でも、同様の目的で着装させる。仕立は筒状のものとハンカチ大の大きさで１枚ものの２種類がある。また、素材は布（木綿、ビロード、メリンス、ネル、化繊など）や植物の内皮を織った反物、なめした獣皮や無毛皮、魚皮などがある。紐は筒状の場合、細い長めの紐の中央を上辺の脹脛や脛に縫いつけ、紐が後ろに縫いつけてあれば、紐を脛へ回し、そこで紐端を一重結びにして紐端を垂らす。脛側に取り付けた紐は、両端を脹脛に回して交差させ、再び前へ回して脛のところで紐端を一重結びにして垂らす。一枚物の脚半は、上下の四隅に細い紐を取り付け、脛に脚半を当てたあと、上下の紐はそれぞれ後ろで交差させて前へ回し、脛の上下で紐端を一重結びにして垂らす。なお、脚半の上部や前

図14　脚半

面に刺繍や裂き切れ、切り抜きの布をあてがって模様をつくる。また、筒状の脚半は女性用、一枚物は男性用と使い分けをする地域や、筒状のものを男女兼用とする地区もある。(→61頁 履物類[脚半])　　　　　　　　　　　　　　〈藤村〉

あしわ［足輪］　ライクルチキリカニ、シピンパケマカネなどと称す。死者が生前愛用していた○やC字状の足輪をそのまま副葬品として持たせるほかに、代用品を添えたり着装させたりすることがある。代用品の形態は、薄手の銅板を細長く切って足首にはめるようにしたもの。またはヨシやオギを短く輪切りにしてビーズ状のものをつくる。ヨシやオギなどを縦に半分や4分割にして刃物でしごいて角を落とし、足首を1周したよりも長く切って、その両端をアキレス腱側に置いたビーズに差し込むと出来上がる。　　　　　　〈藤村〉

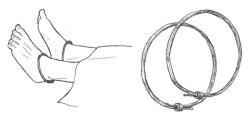

図15　足輪

かわぐつ［革靴］　ライクルケリ、シピンパケリ、ライクㇷ゚キロなどと称す。一般的に履物は労働にあって、足場が滑りやすい、ごつごつした岩場で歩きにくいときに安全な歩行を確保したり、防寒から足を守ったりするためのものであり、死者があの世に旅立つ過程でも必要なものとして着装させる。また、死者が生前愛用していた*長靴、*短靴があれば刃物で切れ目を入れ、副葬品として履かせるほかに、手づくり品を着装させることがある。素材は布（木綿、ビロード、メリンス、ネル、化繊など）や植物の内皮、それを織った反物、なめした獣皮や無毛皮、魚皮など。実用の靴と同じつくりのものであれば、紐はつかない。　　　　　　　　　　　　　　〈藤村〉

図16　革靴

ぬのぐつ［布靴］　ライクルケリ、シピンパケリなどと称す。布を素材とする靴は、2枚の布を使って縫い上げる。*短靴の場合の1枚は足の甲から足首くらいまでの幅12～15cm、長さ30cmくらいと、もう1枚は足底から踵を通って足首までの幅12～15cm、長さ45cmくらいの布を用意する。縦長にした2枚の布端を重ねて緩い弧状に糸で縫って足先とし、内外のくるぶしまでを縫い合わせる。踵になるあたりから布を直角にすると、そこに重複する部分ができるので、指でつまみながら踵からくるぶしにめがけて斜めに折り曲げ、その部分を糸で縫って踵をつくる。足の甲の布と足底の布とを重ねて縫い合わせ、足首の布端を内側に折り曲げて履き口をそろえる。縫い上がったら内外をひっくり返し、足首のアキレス腱のところに、細紐の中央を縫いつけ、紐を後ろから前へ回し、そこで紐端を一重結びにして紐端を足の甲に垂らす。出来合いは靴というより靴下風のものとなる。　　　　　　　　　　　　　　〈藤村〉

図17　布靴

じゅひぐつ［樹皮靴］　ライクルケリ、シピンパケリなどと称す。オヒョウニレやシナノキ、ハルニレなどの軟らかい内皮を細く裂いて撚り合わせ糸をつくる。これを縦糸として、別に用意した横

図18　樹皮靴

糸と交差させるなどして足先を編み込んでいく。白と黒または紺の2色の*木綿糸を使って模様を編み、それと足先の部分を組み合わせて、さらに足底などを編み込んで仕上げる。

親指側と小指側がそれぞれ10cmほど開いていて、模様をつけた手前の部分が左右に分かれた形となる。足の挿入は、模様の前を左右に開き、足先を入れると踵の部分から折り返し、前の左右の開きを閉じ合わせるが、このままでは手を離すとばらついてしまうので紐でとめる。60～70cmに撚った細い紐を、模様の下で左右に開くあたりの編み穴に通す。紐の両端の長さを整えたら、2本の紐をすぐに交差させ、内と外のくるぶしに沿って、後ろのアキレス腱で交差させる。手前の足首のところで一重結びにして、残りの紐端をそろえて指先の方に垂らしたり縦結びにしたりする。樹皮靴とは言うが、編袋状の靴下である。〈藤村〉

そうそうようぐ［葬送用具］

人の死がいつ、どこで訪れるものかは誰にも分からないが、その準備をするのは家事を任された主婦の役割とされる。主婦は余暇を利用して手間のかかる用具を少しずつ作製する。*編袋、*遺体包装薬産、*遺体包装紐、*水入包装紐、墓標巻き紐、食器包装紐、*葬用細紐・極細紐、葬用の*樹皮靴、葬用*脚半、葬用の*手袋、葬用の*手甲、葬用の*腕巻、*女性の下紐、副葬品入れ、葬具の*背負縄などがある。人によっては家族分のほかに近親者のものも万一に備えてつくる。これらは凶事に用いるものなので、屋内の神々にいやな思いをさせるとして、屋内ではもっぱら糸つくりを行う。準備ができたら屋外にある*高床式倉庫の中や、その下を主な作製場所とし、人目を忍んでこっそりとつくり、完成の一歩手前で終えておく。例えば、物は出来上がってもしつけ糸は抜かない、細紐を縫いつけない、糸の結びを仮の結びにするなどである。これは、完成させると、その物が十分に役目を果たそうとして、死や死者をつくり出すことにつながるとして、あえて最終の工程を残す。〈藤村〉

まよけのはもの［魔除けの刃物］ イオケウェマキリ、ホイチョウなどと称す。亡くなった遺体は、ほぼ1日そのままの状態で置いておく。これは、当人の魂が一時的に何かのことがあって遊離や離脱をしたために、今は死んだ状態か仮死にあるものとする。万が一魂が元に戻る際には、肉体が離脱したときの状態のままでなければならないという条件があるので、蘇生を願ってそのままにしておく。それはまた、死期に間に合わなかった人々が、そのときの様子を知る手がかりにもなるからである。魂が体に戻るまでの間に、魔性が遺体に侵入することがあるとして、それを避けるために胸元に短刀や*小刀、*出刃包丁、*剃刀、*鋏、*針などの刃物、切れ物、刺突類に遺体の警備を依頼しておく。人によっては枕や枕の脇、枕の下に置くこともある。〈藤村〉

まよけのかみそり［魔除けの剃刀］ レキヒトゥイェカニ、カミスリなどと称す。日本剃刀を持っている人は、それを遺体に添えて魔除けとする。大正・昭和期以降は、*西洋剃刀や、替え刃などを代用することもあった。（→99頁　結髪・化粧用具［剃刀類］）〈藤村〉

まよけのはさみ［魔除けの鋏］ イトゥイェカニと称す。古くは本州産の握り鋏、日本鋏であったが、大正・昭和期以降は、*西洋鋏を代わりに用いることもあった。（→108頁　洗濯・裁縫用具［鋏］）〈藤村〉

たましいをよびもどすたからもの［魂を呼び戻す宝物］ ラマッタクイコロと称す。短刀、太刀、▼矢筒などを木でつくったもので、本来は先祖代々、様々な霊魂送りの儀礼に欠かすことのできない高価な飾り物の代用品として、似せた形に作製して飾りたてた。多くの神を喜ばせたことから、それなりの力があるものとして、その用具の本来的な機能を活用して、遊離した死者の魂を遺体へ戻す儀礼用具として使う。魂を呼び戻す宝物は、*膳に入れて宝物が積まれていたところからおごそかに炉辺へと下げ下ろし、博識の人が雄弁に火の神と魂を呼び戻す宝物に対し、長時間祈願をして使命を与える。その後、魂を呼び戻す宝物を遺体の胸元に置いて経過を待つ。巫術者がいれば、先に死者の魂を呼び戻すことができるかどうかをうかがってから儀式を執り行う場合もある。〈藤村〉

たましいをおいかけるかたなつば［魂を追いかける刀鍔］ ラマッノシパセッパと称す。その家に伝承された小型の刀鍔を使って*魂を呼び戻す宝物と似たような行為を行う。巫術者が、その家の所蔵している刀鍔のなかから託宣によって1

枚を選び出し、それに必要な供物や付属物を聞き出してそろえる。*膳にそれらをのせて火の神の前に捧げ、博識の人が雄弁に火の神と魂を追いかける刀鐔に長時間祈願をする。亡くなりかけている人がいればいつまで延命をしてほしいとか、病気であれば仲直りをしてほしい旨を祈願する。亡くなった人であればいつまでに蘇生させ、無理なら夢枕に立って故人が思いを話すように依頼する。その後、膳にのせたすべてを、亡くなりかけた人や、死者の枕辺に置いて経過を待つ。結果はどうであっても儀礼に使用した刀鐔と付属品はそのまま大切に保存し、供物は家の上手の祭壇（*幣棚、幣場）に納める。　　　　　　　　〈藤村〉

いたいをおおうきもの［遺体を覆う着物］　シリカムプ、ポネオッカシアエトムテプ、ポネカムプなどと称す。湯灌後に、遺体の上にかける上着。当人が生前に常用していたものや、本人への思いを込めて、所持する衣類のなかから特別によいものを選んで遺体にかける。かけ方は、通常の*丹前や夜着を着るように体を覆うほかに、さらにもう1枚を少し下げて足を覆う。また、凶事なので裾を咽喉元に、襟を足元へと逆に向けることもある。1枚は通常に、その上の着物が逆に、あるいは2枚とも逆にし、ずらして足をすっぽり覆うこともある。　　　　　　　　　　　　　　　〈藤村〉

いたいをおおうかたな［遺体を覆う刀］　チエトムテイコロと称す。男性は湯灌して*死装束を着せ、上着をかけた上に*刀や太刀をのせて晴れの装いをさせる。選ばれた刀や太刀は男系の家宝や由緒ある品が選ばれるが、神々を祭る際に使う物の次に価値ある物をあてがうことになっている。刀掛けを通常は右肩から左脇腹に袈裟懸にかけるが、凶事では逆に左肩から右脇腹に刀掛けを佩かせ、刀を右下に置くほか、通常のように刀に刀掛けを巻きつけて左脇に添える。また短刀は胸の上にのせ、鞘尻を死者の左下に、柄を右上に斜めに置く。　　　　　　　　　　　　　　〈藤村〉

いたいをおおうくびかざり［遺体を覆う首飾］　チエトムテシトキ、チエトムテタマサイなどと称す。女性は湯灌して*死装束を着せ、上着をかけた上に*首飾をのせて晴れの装いをさせる。選ばれた首飾は女系の家宝や由緒ある品が選ばれるが、神々を祭る際に使うものの次に価値を認めたものをあてがう。そのなかには、飾り板のついたものや、大玉を連ねたもの、時代の古い玉だけを綴った玉飾りなどがある。　　　　　〈藤村〉

いたいをおおうみみわ［遺体を覆う耳輪］　チエトムテニンカリと称す。男性の場合には、男系の宝物のなかから、立派な*耳輪を死者の耳たぶの穴に下げる。女性の場合もかつては男性と同様であったが、時代とともに耳たぶに穴をあけなくなった。そこで、女系の宝物のなかから直径が10cmもある大きな耳輪に長めの紐をかけ、額から耳たぶあたりまで下がるように紐を調節して下げ、その上を*鉢巻で覆う。耳輪や太刀、短刀などは、*茣蓙に遺体を包装する際に取り除き、別のヨシや木でつくったものと取り替えた。遺体を飾っていた宝物は、上窓から外へ出して家の壁にかけて風に晒し、凶事を取り払ったあとに屋内に入れて保管したり、形見分けとして分与したりする。　　　　　　　　　　　　　　　　〈藤村〉

ふくそうようかま［副葬用鎌］　イヨッペと称す。市販されている草刈鎌（▼除草鎌）であるが、鎌は物を切るという機能から、魔性を切り刻む力があるとし、また鎌で切り刻まれた魔性は二度と再生しないと考えられていたので、亡くなった女性に苦労させないためにすぐ使用することができる鎌を必要な道具として持たせた。もっとも草刈作業は主に女性の仕事であったことなどから、副葬品として墓の足元に鎌先を刺し、柄を地表に置いた。死者が自由に鎌を使用できるように刃をこぼし、刃を曲げ、時には柄を折ることもあった。　　　　　　　　　　　　　　　　　〈藤村〉

ふくそうようなべ［副葬用鍋］　ス、シューなどと称す。炊事用の*鍋は煮炊きをする機能から、近寄る魔性に熱湯をかけながら追い払う道具とし、あるいは、それを手に持って振り回すことで魔を遠ざけると考えた。炊事は女性の仕事であったことから、埋葬し盛り土した女性の足元あたりに伏せて置く。その際、死者が自由に鍋を使用できるようにつるを曲げ、鍋の底や縁を刃物の背でたたいて抜いたり、欠いたりする。　〈藤村〉

じゅひなべ［樹皮鍋］　ヤラス、ヤラシューなどと称す。鉄や銅製の*鍋が高価で入手しがたい貴重品だったころには、女性に副葬品として持たせる鍋をシラカバの樹皮でつくり墓に添えた。シラカバの樹皮は30～50cm四方に外皮を切り取って、火に炙りながら全体を軟らかくし、4辺を5～15cm内側に折り曲げる。辺と辺の重なるところはつまんで外に引き出し、それを一対に折り曲げ、

縁に添え木を当てながらイラクサの繊維を撚った糸で絡めて締める。への字型の曲り木を利用して取っ手状に、その両端に溝を切って糸かけの部分をつくり、本体と紐で絡み結ぶと出来上がる。埋葬の際には、盛り土した女性の足元のあたりに伏せて置くが、そのときには、死者が自由に樹皮鍋を使えるようにつるを折り、鍋の底を刃物の背でたたき割る。（→119頁　炊事用具［樹皮鍋］）
〈藤村〉

どせいなべ［土製鍋］　トイス、トイシューなどと称す。鉄や銅製の*鍋が高価で入手しがたい貴重品であったころには、女性に副葬品として持たせる鍋を、粘土をこねて焼いてつくった。形態は底の平らな牛鍋風のものが多いが、取っ手となる鍋弦を取り付ける位置が鍋の周縁ではなく、器の内側につけた。いわゆる内耳式の鍋である。また、場合によっては農耕時に採集した土器や土器片を代用品として添えることもあった。埋葬後の盛り土した女性の足元と思われるところに伏せて置くが、そのときには、死者が自由に土製鍋を用いることができるように、鍋の底や縁を刃物の背でたたいて打ち抜き、欠き割った。
〈藤村〉

どなべ［土鍋］　トイス、トイシューなどと称す。第2次世界大戦後、鉄や銅製の*鍋が姿を消し、それに代わってニューム鍋、アルマイト鍋、ジュラルミン鍋が市販されると、それらを副葬品に使うこととなった。しかし、壊れにくい半面、最後には無残な状態の鍋となってしまうことを嫌った人たちが、かつての*鉄鍋や*銅鍋に似ていて、かつ壊れやすい行平鍋や土鍋の底を抜いて添えるようになった。（→119頁　炊事用具［土鍋］）
〈藤村〉

あみがさ［編笠］　ヤラコンチと称す。死者を悼んで喪に服する期間は地域によって異なるが、*墓地から家に帰ってきた際に、喪に服する印として頭髪を切る。喪主や遺族は男女に限らず、ほぼ坊主頭のように毛を短く、しかも虎刈りにすることが多いので、頭髪が生えそろって理髪が可能になるまでを喪の期間とした。また、人によっては頭髪の伸びに限らず喪を続け、2〜3年にも及んだが、それも日常生活を支えてくれる人がいてこそ可能だったので、家族の代表者1人が長期の喪に服することもあった。こうした人たちも、用便のほかに焚き木取り、水汲み、食べるだけの裏山での山菜採集や人から受けた食料の処理など手を使うことが多いときは、頭を覆うためにオヒョウやシナノキ、ブドウヅルの内皮などで編笠をつくり、それをかぶって作業した。編笠は全体が末広がりの形状で、顎紐がついている。喪明けには、その終わりを告げる神事を行い、かぶっていたものなどを後日、畑の隅で塵芥とともに焼却した。
〈藤村〉

いたいほうそうござ［遺体包装茣蓙］　オッキナ、ライクルトマ、ライクルキナ、ヤットイ、ライクルサなどと称す。寝具としての*布団は柔軟さと保温・吸湿に優れた、厚手に編んだ*茣蓙を使用していた。死者にはたいてい2枚の茣蓙を重ねて敷いてあり、この敷き茣蓙を遺体包装に使う場合もあるし、余剰の茣蓙のなかから選ぶほか、特別に用意することもある。余剰の茣蓙から選ぶ場合にはできる限りゆったりと包装できる大きさのものを選び、長すぎるものは切り、短い2枚の茣蓙を縫い合わせて使うこともある。幅が広いものなら1枚でもよいという人もいる。多くの人たちが無地の茣蓙であるのとは対照的に、死者が年長者であったり、若くても多くの村人に貢献した人や苦労した人らには、赤や黒の染色した樹皮を織り込んだ茣蓙を用意した。また、事前に編んで用意してひそかにしまっておくこともある。また、地方によっては、男性にはガマ、女性にはスゲやオオカサスゲ、フトイなどと素材を区別して使うこともある。

遺体包装用に用意された茣蓙2枚を、湯灌した際に敷いていたものと取り替えて遺体の敷き茣蓙とする場合と、遺体の壁際に上下を逆にして平行に立てかけて死者への屏風とするなどして、死者への茣蓙を披露する場合とがある。茣蓙には編み始め（茣蓙の下側）と編み終わり（茣蓙の上側）があって、通常に茣蓙を敷く際には、編み終わりを上手側や、奥側か、自分から見て左側に向けることになっているが、凶事の葬儀では上下を逆にして編み始めの方に頭を向ける。茣蓙を2枚重ねて包装する場合は、包み終わって表側が外面になるように茣蓙の裏面に遺体をのせる。模様入りの茣蓙を2枚重ねる場合には、それぞれの裏面を合わせ、遺体をのせた面にも包装した外面にも模様が出るようにする人もいる。茣蓙の折り方は、2枚に重ねた上の茣蓙を足側から内側に折り、次いで頭側を折ったら、遺体の左側を折り曲げた上に右側を重ね合わせる。下の茣蓙も同様に

するが、地方によっては茣蓙の折り方は同じでも、最後に頭側と足側を折り曲げたり、2枚を一緒に折り曲げたりすることもある。また、茣蓙の幅が狭いために折り曲げた茣蓙の合わせ目が開いて、中の遺体が見えることがある。そのままでもいいという人もあるし、死者に気の毒であるとして下の茣蓙に遺体をのせ、もう1枚を上からかぶせて覆い、下の茣蓙を上下左右に折り重ねる人もいる。　　　　　　　　　　　　　　　〈藤村〉

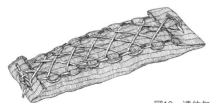

図19　遺体包装茣蓙

いたいほうそうひも［遺体包装紐］　ムリリ、パラムリリ、クンキウコユプカなどと称す。遺体を包装する紐は、オヒョウ、シナノキ、オオバイラクサ、ガマ、フトイ、オオカサスゲ、ハマニンニク、ブドウヅルの外皮などを糸によって編むが、組紐の数を6〜10と変えるほかに、平織り、丸織りなどもある。出来上がった紐は、必ず2本一組として使うが、そのうちの1本には、黒や茶に染色した糸を1〜2本織り交ぜる地方もある。長さはおよそ375〜400㎝もあって、片方に径3〜5㎝の輪をつくってから紐を組み、組み終わりの15〜20㎝は糸のように全体を二つに分けて撚り合わせ、最後は糸玉をつくったり、玉結びにしたりする。＊茣蓙で包んだ遺体は包装紐2本で結束する。茣蓙の左右に刺した数本の串に次々と紐をかける。2本の紐は途中で交差させることが多く、紐がたるまないように引き合いながらかけていく。地域によっては、2本をかけたのちに、頭の串と足の串との間を長方形の口字のように別の紐でくくり、交差する箇所を葬用の細紐で玉結びにしばることもある。　　　　　　　　　　〈藤村〉

図20　遺体包装紐

とめぐし［止串］　クンキ、ケッ、ヤッ、シニンヌプ、カンザシ、シルバウシニなどと称す。素材となる木はヤナギ、サワシデ、クルミ、ハンノキ、ニワトコ、トドマツ、イタヤなどいろいろあるが、魔性のものが近づけない力があるとされているニワトコを最上とする。ニワトコの茎を二つ割り、四つ割り、六つ割り、八つ割りにして厚さをそろえて削り、長さ30㎝（子供は成長によって15〜20㎝）ほどとする。人によっては、逆木にしたり、皮をやや半分残したり、剝いで白身でつくることもあり、全体は皮つきの爪楊枝風にもする。また、地方によっては、串の付け根に「く」字型の刻み目を左右から入れて括れをつくり、布切れを結ぶようにしたり、＊針のように穴をあけたりする作り方もある。　　　　　〈藤村〉

図21　止串

みずいれ［水入］　シントコポ、ワッカオプなどと称す。水は、死者があの世に到着するまでの飲料水となるほかに、遺族らが＊墓地の土を＊墓標になすりつけたあとの手洗い水ともなる。入れ物は、蓋つき、または蓋なしの曲物を使うことが多い。大きさは直径15〜20㎝、高さ20〜30㎝が一般的であり、白木のほかに漆塗り、さらには、巴、井桁、笹竜胆などの模様が描かれたものがある。使用後は、蓋や、＊桶の底を墓標の先にたたきつけて抜き、胴は墓標に通し、たたきつけたときに4辺に飛び散った破片や割れた底板・蓋板を拾い集めて、墓標の根元に寄せかけておく。
　　　　　　　　　　　　　　　〈藤村〉

図22　水入

みずいれほうそうひも［水入包装紐］　ポンウトキアッ、ポンフトキアッなどと称す。＊葬用細紐

と同じものであるが、1本の紐を切らないで*水入をしばる。紐のかけ方は、2方・3方・4方の3種類であるが、3方縛り（レイキリコテ、レイキリチュプ）が圧倒的に多い。

2方縛り（トゥイキリコテ）は、器が小さい、紐が太い、水が少ないなどの場合には好都合だが、そうでなければ、水入が傾いたり、紐が切れたりする心配がつきまとう。葬用の細紐は、6〜8mmと細いので3方結びが一番安定し、紐も2本取りなので一番丈夫だったことから、このしばり方が好まれ、広く採用されるようになったと思われる。水入は手にぶら下げて*墓地に運ばれ、用がすんだら残り水を*墓標の先からかけ流し、口の両端を左右の手に持ってひっくり返し、突き出た墓標の先端めがけて一気に振り落として底を抜く。胴部は墓標の根元へ静かに下ろし、付近に散乱した水入の底を寄せ集める。墓標が棒型でない地域では、刃物の背で底を打ち抜いてから、墓標に引っ掛けたり、墓標の根元に寄せて置いたりする。

〈藤村〉

図23　水入包装紐

そうようみずいれ［葬用水入］　ニヤトゥシと称す。本州からの杉板製の*曲物が入手できなかったころは、シラカバの樹皮でつくった。皮を方形に切って内側に折り曲げ、四隅の重なる部分を外側につまみ出して対に折り曲げる。それに添え板をつけてイラクサ製の糸で縫い合わせ、への字型の木を取っ手に加工して取り付ける。なお、この水汲みの役は若い男女が一組となって行い、家を出るときに、凶事の水汲みに出かけることを火の神を通じて、外の神々や、特に水神が気分を害さないように依頼する。水を汲む前には水神に凶事の水汲みにやってきたことと、死者のために清らかな水を恵んでくれるように祈願する。水汲み役は女性で、普段は、流れの早い箇所で川上側から川下へと音もなく右手で掬い取るが、凶事の水は左手で川下から川上側へ音を立てながら掬い取って右から左へと水入にあける。適量になったら水神に水汲みが終わったことを告げ、水入を男性に渡す。女性は汲んだ*柄杓を手にして男性のあとか

ら家へ戻り、水は水入のまま*墓標などの脇に置かれる。*墓地での使用が終わると、曲物の水入と同様にする。また、刃物の刃で底をたたいて裂け目をつけてから墓標に刺した。この水入は新しくつくらずに、死者が利用していたものや、余分につくってある水入を用いることもあった。（→128頁　炊事用具［樹皮製水汲］）

〈藤村〉

図24　葬用水入

そうようひしゃく［葬用柄杓］　カックム、ピシャクなどと称す。シラカバの樹皮の上質な部分を使ってつくった10〜15cm立方の樹皮容器に、40〜45cmの柄をつけたもの。葬用の柄杓も死者が使用していたものがあれば、あえて新しくつくることはないが、葬用であることを明示するように、*葬用細紐の切れ端を柄に結びつける。用が終わった段階で、容器の底に刃物の刃先で裂け目を入れ、柄を折って墓標の脇に添える。（→151頁　食器［柄杓］）

〈藤村〉

図25　葬用柄杓

みずいれのだいようひん［水入の代用品］　トックリ、アマムオプ、シントコなどと称す。杉板の曲げ物が入手できなくなり、樹皮製の*水入をつくれるほど太いシラカバが近くにないときは、代用品として陶製の*徳利、杉・桐板製のご飯を入れるお鉢、価値のなくなった*行器などが採用され、紐のかけ方などは旧来のやり方を踏襲し、*墓標に打ち当てたあとの始末も旧来に準じて行われた。

〈藤村〉

ししゃようしょっき［死者用食器］　チシナオッチケ、パケカイなどと称す。死者があの世で食事をする際、食器に困らないように最低の用具である*膳、*椀、*箸を*葬用細紐でひとまとめする。

膳は脚の高いものは高貴な神様用として遠慮するが、低い足つきの膳や脚なしの膳1枚を使う。ひびが入ったものや漆の剥げたものでもよく、古いものほど壊れやすくこの世への再生が可能であるとして、あえて選ぶこともある。また、用意された膳がしっかりしたものであれば、刃物で内側や外側の面の中央部に大きく傷をつけてその魂を弱くもする。椀は生前に当人が使用していたものや*盃の縁や台が欠けたり、ひび入りでもよく、形がしっかりしたものは椀の内側や外面に傷をつけるが、すでに欠けたりひびが入るなど、使用できないものはそのまま使用する。古くは*汁椀と*飯椀を二つ重ねて結束したが、後世には入手できなくなったことから椀は一つになった。箸はできる限り本人が使い慣れたものを使うが、特定の箸を使っていなかったならば、割箸や塗り箸でもよい。採集した材を割ってつくることもあるが、包装の際はそれぞれに傷を軽くつけたり、傷をつけるまねをしたりすることもある。

　出棺までは参列者とともに食事を死者に供え、最後の食事が終わると食器の包装に取りかかる。始めに葬用の細紐の端を膳の角に固定して、膳の縁を一〜二回ししたのち、しっかりと結び、残りの紐はそのままにして、後で背負いの紐とする。次に膳の中央に椀やその代用品の盃を伏せたまま、椀の底に別に用意した葬用の細紐の端をあてがい、縦に二回しして手元に紐を戻す。今度は横に向きを変えて紐を二回しし、紐が戻ってきたら十文字の紐が解けないように結ぶ。十文字の下に右上から左下に向けて箸を斜めに刺し込む。残った紐端を左から右へと時計回りに回し、十文字の紐と箸一本一本の計8本の間を上下に縫うようにし、回転した紐が終わったところで作業は完了する。紐端は前に折り返して挟んだり、十文字の紐に巻きつけたりして終わらせ、結ぶことはない。紐は、よほど短いもの以外は別紐を足すことはしない。背負う紐は、膳の4辺を二回しして残った紐を対角のところに結びつけるほか、残り紐が短い場合には、それをどこかに挟む。背負うことができないほどに紐が短い場合には、別の紐を継ぎ足すこともあるが、望ましくはない。また、別紐で十文字に結んだ横どうしを背負うように結ぶこともある。　　　　　　　　　　　　　〈藤村〉

くもついれ［供物入］　イメクソー、イペウシなどと称す。死者が出たあとに、指名された炊事係の女性が、遺族、身内親族、弔問者、知己らへ食事を出すが、死者へも普段どおりに用意した料理を盛りつけ、*膳にのせて差し出す。喪主は、死者に食事ができたことを告げ、添えられた*箸を手にとって、箸先を汁物に入れて濡らす。介護するときの要領で死者に話しかけながら、用意された料理を一通り口に運ぶまねをして食事を終え、枕辺に用意された器に半分以上もあけ、残りを喪主が食べる。食後に出す菓子や果物なども、食べさせる行為ののちに、器に入れる。これは出棺前まで行われる。入れ物が山盛りとなると、それを別容器にあけて空にする。

　出棺後に、この供物の食事は、家の近くの人も歩かない草原や、大木の根元、畑の隅などへ運ぶ。代表者が死者に供えた食事で、この場を借りて供物をあの世に送る旨を告げたあと、2人が入れ物の両端を持って一気に投げ捨てるように器をひっくり返してあける。用意してきた水で入れ物の中をきれいに洗い、その水もその場へあけ、後は、そ知らぬふりをして家へと帰る。古い方法は、戸口から見て*囲炉裏の左下角のあたりに死者の食事をあけていたが、時代とともに、ここへ器を置いたり、箱を置いたりするようになり、ついには容器を枕辺に用意するまでになったため、食事をあける場所名が容器の名称にもなっていった。したがって、特定の入れ物はなく、汁物を入れても漏れなければ、木器、漆器、陶器、金属器でもかまわない。また、容器としたものが、その家で不必要なものであると、刃物で壊して食事の上にのせてその霊も送った。　　　　　〈藤村〉

そうようほそひも［葬用細紐］　ウトキアッ、フトキアッなどと称す。素材はオヒョウニレやシナノキの内皮を水や温泉で晒し、ぬめりを落として細く裂き、2本に撚りをかけて適当な長さにした細めの糸と、茶色や黒に染めた内皮を裂いて適当な長さに撚った細めの糸との2種類を用意する。

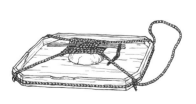

図26　死者用食器

この2本の糸に撚りをかけて白黒まだらの1本の糸にし、別色の糸を折り込んで撚るなどして長さ375〜400cmの紐に仕上げる。

　手間のかかる葬用のものや紐などは、普段から人目を避けて作製しておく。また、地域によっては、2色を1本に撚り合わせてから黒糸の1本に白い内皮を織り交ぜ、4本編みをする。この細紐は、主に*墓標、食器の包装、水入の包装に使われる。葬用の細紐には、このほかにポンウトキアッ、ポンフトキアッ、タクネウトキアッなどと呼ばれる極細のものがある。素材、色合い、編み方などは細紐と何ら変わりないが、紐幅がわずかに0.5cmと狭いことと、長さが240cmしかないことである。この紐の用途は、*遺体包装紐の重なる部分をしばったり、樹皮製の*水入（*葬用水入）の取っ手や*柄杓の柄に葬用であることの証にしばったり、葬用の細紐が不足したときのつなぎや、食器を包装したときの*背負紐（*背負縄）にしたりするなど、葬用の細紐の補助をする役割がある。

　また、染め粉が容易に入手できなかった昔は、クルミの実の皮を秋に採集して*鍋で煮詰め、その汁にオヒョウやシナノキの内皮を漬け染めしたり、泥沼に漬けたりして黒色になったもので葬用の細紐や極細紐に使う黒糸を撚っていた。あるいは、春先になって木の芽が吹くころにブドウヅルの内皮を採集し、それを細く裂いたものや、撚って糸にしたものが黒糸の代用として使われていた。　　　　　　　　　　　　　　　〈藤村〉

そうようしょどうぐ[葬用諸道具]　ポンイコイキㇷ゚、ポンチエイキㇷ゚、ノカンエイワンケヘなどと称す。遺品の多くは貴重品として博物館に寄贈したり、使い手がいないので本人に持たせるために*仮小屋とともに焼かれたりするようになったが、かつては成人男性であれば、生前に得意としていた生業にかかわる▼銛、突鈎（*突銛、▼曳鈎）、狩猟網、弓・矢、矢筒、▼樏、船、▼櫂、▼橇、*スキーなど、女性であれば機織機（▼アットゥㇱ織機）、茣蓙編機、楽器、裁縫用具、調理用具などを新しく作製して*墓地に供えた。故人が使用していた遺品類は形見分けをするとともに、物を使うたびにその人を思い出し生前をしのぶよすがとした。それらが使用できなくなると、故人への感謝を心に刻み、物として機能してくれた貢献を褒めたたえ、その魂をあの世に送り届けるとともに、いつか再生して再び人の役に立つように言葉を添える。〈藤村〉

ふくそうひんいれ[副葬品入]　ケトゥシ、アイセチャタルペ、ライクルカロㇷ゚などと称す。素材は獣皮のほかに植物のガマ、スゲ、フトイ、オオカサスゲなどを使い、大型の蓋つきの鞄をつくって、それに細かな副葬品を収納する。仕様は幅50〜70cm、長さ80〜90cmの皮や*茣蓙を三つ折りにし、二つに折り曲げたところに幅15〜20cmの獣皮や布を差し輪としてあてがう。合わせ目を糸で縫って鞄をつくり、残った3分の1を折り返して鞄の蓋とする。鞄の表面に当たる獣皮には糸で刺繍をし、植物の素材には、編み始めの部分に赤や茶、黒に染めた植物の内皮を使って模様を編み込む。後世になると古布で代用した。〈藤村〉

図27　副葬品入

せおいなわ[背負縄]　ライクルタラ、アイセタラなどと称す。素材は獣皮のほかに、オヒョウ、シナノキ、オオバイラクサなどの繊維。適当に糸を撚ってつくるが、額当ての部分から三つ編みにする本数を3本とし、全体の長さも230〜250cmとする。（→Ⅱ巻　人力運搬具［荷縄］）〈藤村〉

いたいかつぎなわ[遺体担縄]　ポロカ、ルウェカなどと称す。包装遺体を*墓地までかついで行くときに遺体にかける細綱や縄。素材は、オヒョウ、シナノキなどの内皮を撚ってつくるが、ありあわせの藁縄や余分にある*遺体包装紐を使うこともある。かける紐数は2〜3カ所で、2本の場合は肩と太腿、3本の場合は肩、胴、膝のあたりとする。遺体が家を出る直前に、葬儀の司祭は火の神と遺体に墓地へ向かうことを述べる。続いて、紐の太さによって一重、あるいは二つ折りから三つ折りにして、遺体を左右から2人が持ち上げ、その下を次々と通す。その脇に別の2人が*遺体担棒をかつぐ高さに持っているので、それに合わせて高さを調節し、およそに縄を蝶結びや片結びに結ぶ。次に、4〜6人が頭の縄から足

元の方に順に上げ、死者の目の先を常に外へ向けるようにしながら、足の方から屋外へ向かう。その際に昔は、戸口の脇壁を破って遺体を屋外に運び出したが、木造建築になってからは、普段は開かない玄関の逆の戸をあけたり、窓から外へ出したりすることに変わった。

屋外に出た遺体には、遺体のかつぎ手の先頭になる人が、足先の縄輪から頭の方へ担ぎ棒の根元側を抜く。担ぎ棒を上にあげて、頭が足よりも高くなっているか、かつぎやすい高さになっているかを確かめて縄の調節を行う。この間、縄の持ち手は遺体に近い部分の縄を握り締め、調整が終わると静かに握った手を足元から離していく。遺体のかつぎ人は、ほぼ背の高さが同じような人があたり、墓地までの距離が相当にある場合には、かつぎ手の交代要員を遺体に付き添わせ、途中で交代することもある。それを嫌う地域では、かつぎ手を遺体の前後に2人ずつ配置したり、歩きながら肩を入れ替えたりということもする。

墓地に着いた遺体は、そのまま墓穴の左側から墓穴へ静かに下ろし、遺体が底に着いたことを確認してから、縄を足元から解いて紐端を墓穴に投げ入れる。また、遺体の右側から縄を引き抜いて鎌（▼除草鎌）で切り、あるいは切るまねをして墓穴に投げ入れる。古い形式は、遺体のかつぎ人が、遺体を墓穴の底近くにまで降ろしたら、葬儀の司祭が担ぎ棒の縄を足元の方から一気にたたき切って遺体を落とすようにする。さらに古い形式は、墓穴の長軸方向にあたる頭と足側の地表面2カ所に、50cmくらいにしたY字状の木を、穴幅の中央線上に打ち込み、地上30cmくらいの高さにして置く。ここに遺体担ぎ棒を静かに下ろして宙吊りとしたあとに、司祭や命じられた人が縄を一気に切り落とし、その反動で死者の魂は一気に昇天するものと考えていた。　〈藤村〉

のべおくりようぐ［野辺送り用具］

野辺送りは、*墓標を先頭に、それに導かれるように遺体が続き、遺族・近親者による葬具類、包装した食器、*水入、小物の葬具入、その後に村人、他村からの弔問者と続くのが古い形式であったが、和人の葬法も取り入れられると、塔婆、写真、位牌、*膳、死花花（*四華花）、幟などが葬列に加わるようになった。　〈藤村〉

きゅうそくござ［休息茣蓙］ イシニレキナ、ヤイシンネカルサなどと称す。死者がこの世に思いを残さないようにゆっくりとした足取りで葬列は進む。*墓地までの要所要所や死者の思い出の場所を利用してかつぎ手が交代する場合、包装遺体を一時的に路上に降ろすときの敷き茣蓙として、数ある茣蓙のなかから1枚を選んで持参する。この茣蓙は墓地に着いた包装遺体を墓穴に納めるまで安置する敷き茣蓙ともなる。墓穴の準備が整って包装遺体を墓に入れたあとに、横たわる*遺体担棒の上へ縦長にかぶせて墓穴の屋根とする。　〈藤村〉

いたいかつぎぼう［遺体担棒］ イアンパニ、イルラニ、ウアンパニ、チホマニ、オッアニニ、ヤニニなどと称す。包装遺体をかつぐ棒の素材は多様であるが、刺のある木、折れそうな木や、かついだときにしなる生木などは避け、よく乾燥してしっかりした木が選ばれる。根元の直径が8〜10cm、長さは2〜4人がかついで少し余裕がある長さである。埋葬後は、途中から刃物で切って二つにし、墓の両脇に添えたり、盛り土の上に2本を並べたりもする。少し前は、盛り土の上にかついだときのように縦長に置いたり、*墓標代わりに根元側を下にして頭付近に立てたりした。さらに古いころは、墓穴外の両側（穴の中央部分に棒が通るような位置）に、長さ50cmくらいにしたY字状の木を打ち込み、地上30cmくらいの高さにする。ここに棒を静かに下ろし、遺体を吊り下げていた縄を一気に切り落としたのち、この棒を家の棟木に見立てて用意されたたくさんの柴（ニヤシ）を寄せ掛け組み合わせる。頭や足側も柴で覆って死者が休む家の屋根のようにし、それに墓穴から掘り出した土を可能な限り寄せかけて盛り上げた。頭側と足側にも土を寄せるが、いくぶんあいたところは、家の煙出しとした。　〈藤村〉

いたいおおい［遺体覆い］ ポネカオプ、ポネカムプ、ポニカムレへなどと称す。包装遺体が屋外に出たあと、遺体を吊り下げる縄の調整が終わって野辺送りに出発する際に、遺体全体を包んで覆う方形や長方形の大きな覆い。下地の上に刺繍や裂き布、切り抜きなどによって見事な模様がつけられている。この成人用の覆いの目的は、魔性のものから死者を覆い隠すほかに、遺体を嫌う自然界の神々に対し、日ごろの恩恵に配慮して覆い隠すためでもある。古い時代の素材はシラカバの

樹皮、樹皮布や獣皮、鳥皮、金具などを色鮮やかに組み合わせて飾り立て、包装遺体とともに埋葬していたが、間に合わない場合には、*樹皮衣や刺繍衣で代用することもあった。また、後年に作製者が減少して遺体覆いの作製ができなくなり、布製のものなどは使い回されるようになった。　　　　　　　　　　　　　　　　〈藤村〉

たくさ［手草］　タクサ、カシケキヶ、エピル、フッサカルなどと称す。埋葬がすべて終了すると人々は泣くのをやめ、声も出さず、お互いが目配せをし、袖を引き合い、指での指示などによって帰路につく。*墓地の入り口付近や、それから下がったところに、2〜3人がヤマヨモギやササなどを茎の根元あたりから鎌（▼耕墾用鎌、草刈鎌）で刈ったり、手折りなどして両手に握って待機する。やって来た人の前や後ろに回って頭の先から足元までを少し強めに打ちたたきながら、「フッサー、フッサー」「フッソー、フッソー」「フシ、フシ」などと口で唱え、死者の思いや、人に取り憑こうとする魔性のものを呪文とともに払い落とす。打ち払われた人は、軽く会釈しながら振り返らずに家へと向かい、打ち払っていた人も手草を外の人に手渡して打ち払ってもらい、最後の1人は自分で体の前後を打ち払う。終わると前から後方に投げたり、束先を一部交差させ、それを跳び越えたりする。あるいは道の両脇から伸びる蔓や草を絡ませたり、結んでそれをまたいだりして帰る。これらは死者の思いを妨害し、諦めの気持ちを持たせる役割がある。　　　〈藤村〉

もようずきん［喪用頭巾］　チシコンチと称す。遺族は1〜3年ほど喪に服し、特に夫を失った妻や女子が、やむをえず外出する際には人目をはばかって顔を深く隠す頭巾をかぶり足下を見ながら歩く。仕様は30cm幅の布を二つ折りにして、長さ30〜40cmにそろえ、後頭部にあたるところを幅1cmくらいの縫いしろを取って縫い合わせる。肩に当たる下辺や顔に当たるところも内側に一重、二重に折り曲げて、それを糸で縫い合わせたり、絎けたりする。顎下に当たる部分には紐を取り付けて結ぶ。屋外に便所がつくられていたころは、*着物を裏返しにして頭からかぶったり、袖口から外を見たりして歩くこともあった。妻を失った男性や男子たちは、女性と違って食材を探し燃料の薪などを調達しなければならないので、袋状に縫い上げたものを頭にはめたり、サンタクロースの帽子のように円錐形の帽子をかぶったりする。地域によっては、色布を螺旋状に縫って使用する。　　　　　　　　　　　　　　　　〈藤村〉

まいそうようぐ［埋葬用具］

ぼけつけいそくぐ［墓穴計測具］　イテメテメニと称す。墓穴を掘る人は直接遺族との関係はないが、その家の祖先が眠る*墓地の位置を知り、遺族の意向を聞いて埋葬場所を決める。いっさいを取り仕切る熟年の男性を責任者とし、その助手1〜2人が出棺以前に墓地に行って墓穴を掘る。墓穴は包装された遺体よりいくぶん広くつくるが、大きすぎると死者が1人での旅立ちを嫌って、隙間に身内を連れとして引き寄せる（巻きを引く）といって戒め、狭すぎると死者が窮屈がって改善を求めてさまよい歩くといわれるので、こうした点に注意する。また、包装遺体の正確な寸法を測定するのは、物を計るとすべてが頭打ちとなるという考えから忌み嫌うので、壁からヨシやササの茎を1本（30〜50cm）引き抜き、それで遺体から20〜30cm離れたところにあてがいながら大よそを計る。墓地へはその測定に使ったものを持っていって掘り、出来上がると、責任者が手折ったり、手のひらで揉んでグチャグチャにしたりして近くの藪に投げ捨てる。　　　〈藤村〉

ぼけつほりぐ［墓穴掘具］　イオウリプと称す。新しい時代になるとスコップがその主役となったが、それ以前はホタテガイやホッキガイの殻などを使用した。夏場は草を刈り、包装遺体を計ったヨシやササの茎で大よその大きさを決めると、その大枠にしたがって*山刀で地表を切り裂き、足に当たる方から草をロールケーキのように頭の方へ巻きながら、草や木の根を切っていく。巻いた草は頭の方に置いたままとし、巻けない場合には表皮を墓穴となる左右の脇に離して並べ、それ以

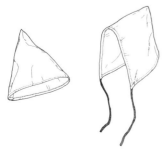

図28　喪用頭巾

上に掘土が崩れない境界とする。草木の根が伸びている場合には切りながら掘り進めるが、途中で以前に埋葬された人骨にぶつかった場合、少量であれば壁際に寄せたり、壁に差し込んだりする。量が多いときには新しく埋葬する包装遺体の頭脇にまとめ、土(た)を寄せて覆(お)う。今日では、火災を考慮して焚き火をすることはなくなったが、かつては墓掘りの責任者が墓穴の脇に火を焚き、事前に祈ってから穴掘りを開始した。掘り上げたあとに作業の完了を報告し、人がいなくなっても葬列の到着までの見張りを依頼し、小火になって類焼の危険性がないことを確かめてから、家に戻った。また、冬季の穴掘りには、まず雪を脇に捨て去って表土を出す。そこに枯れ木を集めて大火を焚いて表土を溶かし、残り火を足元の方から頭の方に寄せながら表土を剥(は)がし墓穴を掘り続けた。スコップの入手によって、墓穴の深さは人の背丈ほどになったが、かつては夏季で50cm、冬季では30cm、豪雪地帯では雪穴をできるだけ深く掘って埋葬し、雪を埋め戻して埋葬を終えた。　〈藤村〉

ぼけつようほうき [墓穴用箒]　ソーカヌイェプと称す。墓穴が掘り上がると、近くからササやヤマヨモギ、ハギ、ススキなどを鎌(▼除草鎌(じょそうかま))で刈ったり、手折ったりして片手で握れるほどの大きさの箒(ほうき)にする。それで足元から頭の方へ掃き清めて墓の床面を一通り平らにし、足跡などを消す。箒の葉が床面に散乱していても、それは魔払いの破片であるとしてあまり気にしない。さらに床面にはショウブやイケマを口で噛(か)んで吹きつけたり、エンジュやハマナスの枝葉などを鎌で刻み、枯れたイタドリの茎を手で折り砕いて散乱させる。人によっては、焚き火の灰や細かな*燠(おき)なども使う。一通りの作業が終わると箒を頭のところに置いて、穂先を墓穴の方に向け、人がいなくなったあとの見張りを依頼する。地域によっては箒を墓穴に差し渡して魔性のものが入るのを防ぐ。　〈藤村〉

ぼけつようござ [墓穴用茣蓙]　キナ、キナロシキ、キナコアシなどと称す。墓穴の床面の清掃が終わると、持参してきた無地の*茣蓙(ござ)を床幅に合わせて鎌(▼除草鎌(じょそうかま))で切り落とし、茣蓙の編み始め(足)を遺体の頭に、茣蓙の編み終わり(頭)を遺体の足の方に向け、両端が余るようであれば下に巻き込む。次いで、模様入りの茣蓙を墓穴の4辺に立てるが、この茣蓙の頭と足を逆に向ける。茣蓙の真ん中を遺体の頭の面に当て、「Π」字状に茣蓙を回し、その上に別の茣蓙を⊔字状に重ね、*止串(とめぐし)で要所をとめる。人によっては床茣蓙に模様入りを、壁に無地を使うこともある。　〈藤村〉

ぼけつようとめぐし [墓穴用止串]　キナラリプ、キナチュイペ、ルサチウペなどと称す。墓穴に張り終わった*茣蓙(ござ)の*止串(とめぐし)は、付近に自生するササやヤマヨモギ、ハギ、ススキなどの茎を15〜20cmに切ったり、手折ったりして使う。通常は先の細い方から差し込むのに対し、根元側を▼鎌(かま)で一削りして根元側を刺す。その際に、下から斜め上に向けて刺すのが本来の方法である。　〈藤村〉

もっかん [木棺]　ハコホ、ハクフなどと称す。遺体を納める木棺は、本州から多量の移民が居住し、寺院の建立、葬儀業の普及に伴って急増したが、1950年代後半になっても、伝統ある*茣蓙(ござ)で包装した遺体をそのまま納棺することが多かった。その後、葬具のつくり手の減少などによって遺体を直接納棺し、葬具の一部を遺体の脇に添える程度になった。古い木棺は、節目のない質のよい木を選定して切り倒し、家の裏手で何年も乾燥させたものを板材に加工し、それを組み合わせてつくる。時代が下がるにつれて引き板や合板ベニヤを使うようになった。サハリンでは底板があるものとないものの2種類の木棺がある。棟持ち柱を箱の外側に立て、屋根には千木(ちぎ)を3〜4カ所に取り付けて、その全面へ彫刻を施した木棺をつくる。それに遺体を納棺し、底のないものは、墓地へ運んでそこで組み立てて遺体の上にかぶせる。　〈藤村〉

図29　木棺

そなえわん [供椀]　イプニイタンキ、トイトイソナピイタンキ、イチゴウイタンキ、ポンイタンキなどと称す。墓穴に土を寄せる際に、遺族、身内親戚、知己の順に一通り一握りでも土を寄せるが、喪主は土を寄せたあとで持参した*椀(わん)の1〜2個に土を高く盛っておく。墓穴に土を寄せ終わり、建てた*墓標(ぼひょう)の前にこの椀を供える。椀

は墓場用のものなので、ひびが入ったり欠けたりしていてもよく、*盃（さかずき）や陶器なども使われる。参列者全員が完成した墓にお別れとして、墓標をなでさすったあとで、この椀は喪主が墓標へ一気にたたきつけ、そのまま墓標の根元に置いて死者との決別とする。　　　　　　　　　　　　　　　〈藤村〉

せうちぼう［背打棒］　シュトゥカル、シュトゥアニウカキゥなどと称す。記録によると、かつては遺体を埋葬したあとに、死者はこの世の人々に未練を残さずあの世での新しい生活を目指し、この世に残った人々も故人の存在を捨てて心新たな暮らしの構築を目指すために、墓場で参列した男性の遺族と近親者が出血を伴う背打ちの儀礼を行っていたとある。さらに、弱気になっているときは、性悪な魔性がつけ入る絶好の機会を窺（うか）っているとして、その対策として憑依（ひょうい）した魔性に背打ちという過激な儀礼によって追い出されることを認知させた。滴り流れる血液は、その結果であることと併せて魔性のものを遠ざける力があるものとされていた。　　　　　　　　　　　　　　　〈藤村〉

図30　背打棒

せうちようかたな［背打用刀］　エムシアニウカキゥと称す。山や海での遭難や不慮の事故で人が亡くなるのは、魔性のものがその人物に好意を寄せ、自分の連れ合いや子供、下僕などとして迎え入れようとした結果であると考えた。魔性の手から人の霊魂を浄化して取り戻すための儀礼として、*刀（かたな）の峰で額や背中などを打って血を流し魔性を退散させ、ニワトコの*手草（たくさ）で遺体を打ちたたいてから、葬儀に取りかかった。これをエムシアニウカキゥと呼んだ。また、遭難などから何とか生還したとしてもまだ魔性の手中にあり、いずれ魔性に生命を奪われ、生き長らえたとしても魔性の思いのままで、幸せになれないということから、帰還した人たちへも同じような儀礼が行われていた。　　　　　　　　　　　　　　　〈藤村〉

そうそうしせつ［葬送施設］

ぼち［墓地］　トゥシリ、セットンバウシ、ニクルなどと称す。一つの河川流域にはいくつもの男子の系譜があるが、一つの集落は1人の男子の子孫とその家族で構成され、40～50人くらいになると、少し離れたところに分村する。病気の流行などによって人数が急激に減少して村としての機能が低下すると、人数の多い縁戚（えんせき）の村へと移動する。墓地も人の移動に伴って移転をするが、本来的な墓地は各戸の川上側に設けられた神祭りの*幣棚（ぬさだな）よりも少し川上側の離れた場所にあった。幕末期に季節的な就労のために各流域の人々が河口や港周辺に移動すると、それとともに共同の埋葬墓地をその周辺に設けた。

明治以降にはそうした墓地がそのまま使われたほかに、新たに指定された墓地へ埋葬するようになり、さらに最近の都市整備計画、墓地の区画整理などによって墓地や墓石の移転・改葬などが行われている。かつて墓地に埋葬されるのは5～6歳以上の成人で、通常の死者に限られ、乳幼児は再生を願って川上の墓地に納めず、親や家族の会話が聞こえる母屋（おもや）や*土間（どま）、玄関の通路に穴を掘って埋めた。また、家屋から離れた場所で遭難した人は、その現場に埋葬することを原則としたが、水場で亡くなった人は自宅や共同の墓地に埋めた。漂着した遺体は、鎮魂のできる人は賓客として丁重に自宅に引き取って葬儀を行い、埋葬するが、そうでない場合は、放置されたままだった。このように不特定多数の墓所は、多くの人に語り伝えられ、心ある人は供養の*木幣（もくへい）を作製し、供物を携えてそこへ参ったり、通行の折に衣服を正して悔やみの言葉を投げかけたりしていた。　　　　　　　　　　　　　　　〈藤村〉

図31　墓地

ぼひょう［墓標］

おとなのぼひょう［大人の墓標］　チホマニ、アシニ、クワ、イルラカムイ、セットンバなどと称す。素材は、エンジュ、ハシドイ、カシワ、エゾニワトコ、エゾヤマザクラ、ヤチダモ、ナナカマド、シラカバ、エゾマツ、トドマツ、グイマツ、イヌエンジュなど。形態は、大きく分けて、板碑型（サハリン東海岸、北海道北部＝以上男女とも）、丸太型（サハリン西海岸、日本海岸、北海道南部、日高北部、十勝＝以上男女とも、網走地区は女性用）、Y字型（日高南部、十勝、北海道東部、クリール列島、サハリン西海岸北部＝以上男子だけ）、T字型（北海道南部、日高南部、十勝、北海道東部、千島などでは女子だけ、網走地区は男性用）の四つである。墓標の大きさは、地域・河川流域によって全く異なるが、同じ*墓地内ではきわめて均質であることから、植物の生育状態がそれを決定していると思われる。

　まず、死者が出ると親戚から葬儀に詳しく男物や女物の作製を指示できる男女2人にいっさいを依頼し、ほかに炊事関係の引き受け手を指名する。その人たちはさらに多くの助手を委嘱するが、墓標は、男性が行う物づくりのうちの誰かを任命し、その人が推薦する者を助手として2人で素材の伐採に出かける。墓標づくりの責任者は、家を出かける際に、自宅の火の神に責任者として、期待される仕事をなしとげたい旨と、安全を祈願する。助手も自宅の火の神と必要な神々に同様の祈りを捧げる。

　2人そろって採取に出かけると、責任者は死者の年齢や性別、死亡の原因、村への貢献度などを勘案しながら選木をするが、納得のいく木に出合うまでは遠目で見るだけで決して近寄らない。心で決めたならば、まっすぐにその木のところに行って、かぶり物を取り、衣装の乱れを正す。2人そろって丁重な礼拝と、これまでの経過や、選木に値する木であることを告げ、期待に応える墓標になることを祈願する。責任者が指図しながら、刃物で墓標として必要な部位を切り取るほかに、作製する葬具を考え、最後に残った不要材や枝葉は切り倒した根元にまとめておく。2人は、それぞれの材をかついで死者の家へと下がっていくが、ほとんど会話せず、必要なときには小声で話すことになっている。物づくりを依頼された男性は作業小屋を屋外に建ててあるので、その中へ持ち込み、責任者の小声による指示のもとに、助手と2人で墓標の作製に取りかかる。小屋を立てない場合には、太陽の光が届かない家の北側や*便所の陰、*高床式倉庫の下などを利用することもある。

　墓標は、立ち木のように、梢側を上に、根元側を下に見立て、形をあらあらつくり終えると、彫刻や細かな仕上げに移る。そのあと、墓標へ紐を巻き、房飾りを垂らすが、布が入手しがたいときはシナノキやブドウヅルの内皮を使い、*消炭での染め込みがなされる。墓標が完成すると、依頼された2人か、助手と別人の2人が墓標の根元側を先にして屋内に運び込み、寝かせられた死者の右手にあたる壁に立てかけ、倒れないように葬用の紐や縄、綱などで壁のヨシ材を押さえている横木に軽く結んでおく。葬儀の司祭が恭しく火の神に墓標の完成を報告し、墓標には数ある樹木のなかから選木され、名誉ある使命を受けたことを褒めそやし、立派にその役割を果たすことを依頼する。死者には、立派な似つかわしい墓標が出来上がったことを報告し、これを頼りの友としてあの世に向かうことを告知する。墓標を立てる位置は、地方によって墓穴の内と外に分かれる。墓穴内の場合は、故人が男性であれば、遺体の頭の左側、女性は右側（ニブタニ、チトセ、フシコ、シラオイ）、死者の右隅（アツベツ）、死者の頭の上あたり（シュマカ、ウナベツ）。また墓穴の外では、頭の真上（ライチシ）と様々である。〈藤村〉

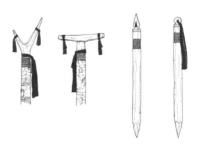

図32　大人の墓標

こどものぼひょう［子供の墓標］　ポンチホマニ、ポンアシニ、ポンクワなどと称す。乳幼児期を過ぎた10歳未満の子供は*墓地に葬ったとしても、人生が終わったわけではないので、子供の魂をあの世に向かわせず、この世での再生を願い、墓標は立てない。12〜15歳までの子供には、人

いえおくりようかりごや［家送り用仮小屋］　カソマンテ、カシホプニレなどと称す。中高年の当主、または主婦が亡くなったときには、葬儀を終えて10〜15日もすると、家送りを行うのが普通である。しかし、家を送ったあとは遺族の住まいの用意がない、初冬から早春の葬儀のため季節柄、家の資材調達や、家づくりが間に合わない、最近では家屋を立てる資金がない、消防法で家焼きができないなどの事情がある。このため、当主や主婦が長年住みなれた家屋の霊魂を送ることができないときの対処法として、*仮小屋を建てて、それを本家屋の代わりとする。

葬儀の際に、狭い屋内では男の仕事である*墓標や遺体包装の*止串づくり、水桶への紐かけ、食器への紐かけなどができないうえに、たくさんの木屑、糸屑などが出る。このため、仮小屋を屋外に作製して、そこで仕事をし、男が携わる仕事の指示もここで行う。また、木屑などを燃やす火は、男たちが暖をとり休息の場にもなるが、その煙は凶事をあの世に知らせるだけでなく、弔問にやって来る人の目印ともなる。仮小屋は、*片屋根小屋、*拝小屋、東屋、*壁付小屋などがある。素材もヤナギなどの身近な樹種の細い幹を使い、*簾や莚、古い*茣蓙などで雨露をしのぐという簡単なつくりから、故人のために本格的な家づくりをする場合もある。

最近では、柾板、ベニヤ、コンパネ、ダンボール、ビニールシートなどが使われ、葬儀後に、この仮小屋へ、故人に持たせる生活用具や、故人が使用・愛用したものに傷をつけてから、それらをびっしり詰め込んで火をつけて燃やしてしまう。戦後になって、火葬をする際に燃えにくいものは棺（*木棺）に入れないという要請によって、故人の遺品は大型のごみとして出すくらいなら、本人に届くように仮小屋に入れて持たせる傾向が強くなった。葬儀も葬儀業者が執り行うようになると、仮小屋は、あまり問題のない河原や、自分の畑に形ばかりの仮小屋を立て、消防署、警察署、消防団の許可などを取って行っている。仮小屋の送りは、家送りに準じた簡単なものになっている。
〈藤村〉

和人資料

死者を送る儀式が葬送である。仏式・神式・キリスト教などで行われるが、圧倒的に多いのが仏式である。科学が発達していない時代に人間の死は恐れと悲しみをもって迎えられていた。肉体と魂は別個なものとして考えられていたようで、死の直前には肉体に魂を呼び戻そうとする様々な呪術が行われていた。これを「魂呼ばい」というが、古くはある期間遺体を安置して生き返るのを待った。死は穢であり、死者の近親者はその穢のうちに入り、大きな忌みを伴っていた。葬式の穢が最も強いものとされ、一定期間謹慎しなければならない。いわゆる殯の期間が、通夜や四十九日や忌年といった習俗に受け継がれてきた。現代では祭りや婚礼への出席を控え、年賀状を出さないなどの形で残っている。

松前・江差・函館などの道南地方や漁村部では東北・北陸からの出稼ぎ者の定着により、各時代の習俗が受け継がれているが、明治以降の内陸の農村や都市部では生活の逼迫などから省略、簡略化されて変則的な形を見せていた。一部故郷の習慣を取り入れた部分も見られるが、家や集落を単位とすることが多く、葬式などは寺の葬法に従うことが多かった。このような傾向を持つ北海道の葬送習俗も、大正期になると、生活様式の変化に応じながら、現在の形に受け継がれてきた。

近年、葬儀社による葬儀主導になってから、古い形の習俗が忘れられつつある。また身内だけで弔う密葬や宗教色のない葬儀が行われるようになったのも最近の傾向である。
〈宮内　令子〉

そうぎようぐ［葬儀用具］

まくらかざり［枕飾］　遺体の枕元に小机か経机を置き、その上に*枕団子、一膳飯（*枕飯）、*四華花、線香、ロウソク、水などを供える。死が確認されると、親戚や近所の人たちに知らせて遺体の処理や通夜・葬儀の準備をした。死者は北

枕で顔を西向きに寝かせ、顔に白布をかける。この際、遺体に逆さ着物をかける。胸元か枕元に刃物を置く習俗もあった。　　　　　　　　〈宮内〉

まよけかみそり［魔除剃刀］　遺体の胸元か枕元に置いて魔除けとした。短刀の場合もある。古い考えから見れば、死体は魂が抜け出た亡骸であり、付近をうろついている悪霊や魔物が遺体に入らないための呪術といわれている。　〈宮内〉

まくらめし［枕飯］　*枕飾に使う一膳飯。一杯分だけ別火で炊き、炊いた分だけ残さず*茶碗に山盛りにし、真ん中に*箸を立てて供える。箸を立てた飯は、特定の神や霊に供えたことを意味するといわれる。米の飯はハレの日の食べ物であり、飯の力によって魂を呼び戻し、この世にとどめようとする呪術であったとされる。現在でも普段は飯を山盛りにしたり、箸を立てることが嫌われている。　　　　　　　　　　　〈宮内〉

きちゅうふだ［忌中札］　家に死者が出たことを知らせる札。自宅で葬儀をする際、玄関先に裏返した簾を吊り、「忌中」あるいは「忌」と書いた黒枠の紙を貼る。通夜や葬儀の日時などを書くところもある。　　　　　　　　　　〈宮内〉

まくらだんご［枕団子］　*枕飾に使う団子。小さい丸い団子を*皿に山盛りにして供えるが、数は下から九、七、五、三、一といった奇数を並べるところもある。製粉した粉の分だけ適当な大きさに丸め、小皿の上に奇数で一番上が一つになるように杉形に盛って供えるところも多い。枕団子用の粉を必要なだけハタク（製粉）したことから、日常に急いで1回分の粉をつくることを嫌う地方があった。　　　　　　　　〈宮内〉

しにしょうぞく［死装束］　死者の装束。死装束は身内の女性たちの手で縫われるものであった。晒は1反だけを買って使い切ることとされた。*鋏を使わずに手で引き裂き、縫い糸（*糸）には結び玉をつけず、大きな針目で縫われた。結び玉をつけると死者の魂がいつまでもこの世に残るからといわれた。縫い上げた装束は湯灌のあとに着せられるが、左前に着せて帯は縦結びにする。故意に日常と違う縫い方や着せ方にすることも全道的な習俗となっていた。したがって*着物を左前に着ることや、しつけ糸を取らないで着ること、逆さ着物をかけることは禁忌とされている。　　　　　　　　　　　　　〈宮内〉

もふく［喪服］　喪に服している人や、葬式のときに着る衣服。最近の葬儀では遺族の男性は黒の礼服、女性は和服形式の黒の喪服を着ることが多く、会葬者は黒の洋服が一般的になった。しかし昭和20年代ぐらいまでは北海道でも遺族は白の*着物と*羽織、あるいは*上下（裃）を喪服として着用していた。白の喪服をイロという地方が多く、1848（嘉永元）年ごろに蛯子吉蔵が書いた『松前方言考』には「イロキル　これは葬礼の時に親属ども白衣を着をいろ着るといふ」とある。松前地の喪服は男が白布で仕立てた裃、肩衣が多く、女は頭に白布をかぶり、着物の襟に白布を巻くことが代表的であった。こうした形式の喪服は、道南地方はもとより内陸の農村部にも様々に形を変えて、浸透していたようである。しかし昭和20年代、洋装が広まったこともあって、急速に喪服は白から黒に変わっていった。　〈宮内〉

かん［棺］　死者を納める箱。ひつぎ。近年ではどの地方でも寝棺だが、昭和20年代くらいまでは座棺（屈葬）も使われていた。棺の形式は早い時期には*桶もあったが、板を合わせてつくった白木の箱型四方棺であった。遺体がちょうど納まるものがよいとされ、周囲に空間ができるようなものは嫌われ、また節のない板を使うという言い伝えもあった。晒などで巻き上げる習俗も広い分布を示している。『松前方言考』（1848年ごろ）には「メデタシロ、是は人の死したる時に棺にも巻」とあり、この習俗が広がったものとみられる。　　　　　　　　　　　　　　〈宮内〉

しかばな［四華花］　葬送のときに使用する白い紙でつくった造花。死花、四華、紙花などの字が当てられている。白い紙を四つに折り、端を*剃刀などの刃物で切れ目を入れ、葦の茎やクマザサの茎に巻きつけてつくられることが多かった。4枚の紙を使ってつくり、4本を1組として供えられた。葬儀社が代行する昭和30年代以降でも、シカバナだけは自分たちの手でつくるという地方もあった。古くは霊魂をそこにとどめるための依代だったと考えられている。　　　〈宮内〉

せんこう［線香］　線状の香で、香炉に立てて使用した。白檀、安息香、沈香などの香料を練り固めたもので、古くから死者の供養や葬送儀礼には欠かせないものである。　　　〈宮内〉

いはい［位牌］　死者の法名（戒名とも言う）を記して祭壇や*仏壇などに安置するもの。種々の形式がみられるが、一般に、新霊には白木の位牌

を用い、四十九日がすむと黒塗り・金箔の位牌を安置した場合が多い。位牌には個人のもの、両親を連名としたもの、先祖代々を列記したものなどがある。大きさもまちまちである。　〈宮内〉

じゅず［数珠］　仏を礼拝するときに手に持つ玉をつないだ輪。念珠とも呼ばれ、木製・金属製や水晶、珊瑚、木の実など、種々のものでできている。普通は煩悩の数である108個の珠をつないで輪としたものであるが、略式として54個あるいは27個のものもある。　〈宮内〉

のべおくりようぐ［野辺送り用具］

りゅうとう［龍頭］　葬送・野辺送りのとき行列の先を歩く5～6人が手にした長い柄のついた龍頭をかたどった板絵。「鬼」と呼ぶ地方もあり、魔除けの意味があったと考えられる。例えば1933（昭和8）年の『十勝郡大津村郷土誌』には、現在の豊頃町大津の野辺送りとして、「提灯、龍頭、花、供物、香盤、僧侶、導師、位牌、棺、遺族、一般会葬者」と記されている。昭和20年代ごろまでは輿や天蓋などとともにその地域の共有財産のような形で寺に保管されていた例が多い。
〈宮内〉

はか［墓］

ぼせき［墓石］　死者の戒名・俗名・没年などを刻んで建てる石。墓碑、石塔。近世の松前地の都市部を中心に墓碑を建てることが普及しはじめ、全道に広がっていった。墓石は北前船で佐渡や北陸方面から運ばれてきたものもあるが、内陸の農村部では自然石を利用し、自分たちで碑銘を彫って建墓した。大正時代以降になると石屋（当時の呼称）に頼むことが多くなったといわれている。
〈宮内〉

くようとう［供養塔］　死者を埋葬して墓碑を建てる習俗は、古代に墓制が定められたこともあり、古くから行われていたとされる。今日のような墓碑の起源は中世ごろからといわれ、代表的な墓碑は宝塔・五輪塔などのような供養塔であり、必ずしも死者を埋葬した土地の上に建てるとは限らなかった。　〈宮内〉

そとば［卒塔婆］　死者の供養のために立てる上部を塔型にした板。サンスクリット語のストゥーパから起こったものといわれる。北海道では石の卒塔婆は見られず、年忌ごとに建て直すことが行われていた。現在でも年ごとに建てられた卒塔婆が※墓石の後ろに朽ち果てている光景がみられる。
〈宮内〉

Ⅰ．生活用具

6．民俗知識用具
(1) 薬・医療用具

アイヌ資料

くすり［薬］

　クスリと称す。薬は心身の健康や、その向上に役に立つもの、治療や手当てに用いる素材の総称だが、これまで科学的に効果が立証されたものはわずかである。しかし、恒常的に使用されているもののなかには、苦痛が消えて快方に向かい、治癒しつつあると自覚させるものも相当数にのぼる。ただ、なかには、効能が信じがたいものもある。薬は自生する植物の茎葉、根菜、果実、樹皮、樹液類が過半を占め、動物では、油脂、血液、骨や爪、角や牙、心臓、肝臓、胆嚢などの内臓、卵や腹子、筋や筋肉、筋膜などがあり、鉱物では、鉱石類、高師小僧、煤や脂、化石、硫黄、灰などがある。単品で使うことが多いが、症状によっては複数の素材を調合、あるいは併用することもある。　　　　　　　　　　　〈藤村　久和〉

ともぐすり［共薬］
　ウエヤムペと称す。共薬には2様あって、体調がすぐれないときに用いる場合には、多くは保存してあった自分の臍の緒の表面を削ったり、細かく刻んで粉末状にしたものを粉薬のように飲んだり、髪、体毛、爪などの伸びきった部分を黒焼きにして服用する。小便も利用することがある。もう一つは、生焼けの魚や魚卵、肉、傷んだ飯などで、体調をくずしたら、それらを黒焼きにし、粉末をつくって服用する。
〈藤村〉

やくようしょくぶつ［薬用植物］
　クスリキナ、イテムカキナなどと称す。人は様々な病気にかかるほか、食中毒や、食物の好き嫌いによる成人後の影響、幼少時からの体質、思わぬ怪我や事故などによる身体の苦痛や嫌悪感の手当てには、身近に生育する多種多様の植物が活用されている。利用の経緯は、神である動物が食べることで人に示唆を与える、夢のなかで亡くなった人や、憑き神などが教示する、巫術者の託宣による、偶然の利用で効果を確認する、などである。こうして得られた情報は、世代を超えて検証され、より細やかな対処法が確立されてきた。草類は草全体のほかに、根、茎、葉、果実。樹木類は、外皮、内皮、細枝、葉、果実。ほかに菌糸類をはじめ、海藻類、コケ類などはすべてを使う。保存用の採集時期は秋ごろの1～2週間に集中するが、必要があれば随時採取して使用する。
〈藤村〉

しょくぶつのは［植物の葉］
　キナハムと称す。打撲や捻挫、打ち身、乳腫れの熱取りなどには、家の周りに生育するハコベ、オオバコ、フキ、バイケイソウや、湿地に生育するザゼンソウ、ミズバショウなどの広がりのある葉を採取する。葉の裏表を軽く火に炙ってしんなりさせたものを患部に何枚も重ね、布や紐でゆるく結んでおく。
〈藤村〉

やけどのねつとり［火傷の熱取り］
　オソマと称す。火や熱湯による皮膚の損傷が軽～中度の状態であれば、夏季は、水や火で炙った葉を使い、冬季は雪や氷を利用するが、重度ならば人糞を直接塗って熱をとり、火傷や湯傷の進行をとめる。熱が下がった時点で、ぬるま湯で洗ってヒグマの油脂を塗り、火で炙った葉で覆って布や紐でゆるく結び、状況を見ながらヒグマの油脂を塗り、汚れた葉を取り替えて手当てする。
〈藤村〉

くまのあぶら［熊の脂］
　カムイスム、カムイシュム、エペッスムなどと称す。中火または、それ以下の熾火の上に*薬湯鍋をかけ、薄切りのヒグマの脂肪層を少しずつ入れながら*箸で炒ると脂肪層から油がにじみ出てくる。鍋に油が溜まると別の容器に移し、作業を続けて油を採る。別の容器に溜まった油を冷やすと滓が沈殿し、きれいな油と分離するので、その上澄みの一部を薬用として用いる。古くは、動物の胃袋や膀胱を加工した容器に入れて*行器の中に収納し、後世には*徳

利やガラス小瓶などに入れて、※土間の片隅に穴を掘って埋め、地温で保存する。　〈藤村〉

いりょうようぐ［医療用具］

やくとうなべ［薬湯鍋］　クスリポイス、クスリポンス、クスリスーなどと称す。銅板をたたき伸ばしてつくった片口つきの小型鍋で、本州からの移入品であった。用途は、薬湯やお茶を煎じるほかに、主要な薬剤となる植物の刻んだものを空炒りする際にも利用する。また、入墨の施術の際に煤をとったり、消毒薬湯をつくったりするのにも活用した。（→118頁　炊事用具［薬湯鍋］）
〈藤村〉

やかん［薬缶］　カーマ、カマなどと称す。本州との交易によって入手したものを利用していた。古くは、銀、白金、銅、鉄でつくられるなど時代とともに素材は変化したが、湯沸かしのほかに、薬缶として本来の用途にも使われた。　〈藤村〉

ひょうのう［氷嚢］　イヤムテプ、イナムテプ、イヤムテヘなどと称す。大型の陸海獣を解体するときに、膀胱を取り出して水洗いをし、尿の出口から息を吹き込んで膨らませ、出口を糸できつく結んで乾燥させる。乾燥したら吊るしておき、必要に応じて結んだ紐の部分を水に濡らして水を入れ、中の空気を抜きながら口を紐で結ぶと完成する。そのままでもよいが、紐を長くつけて吊るすこともした。また、それを頭の下に入れたり、陶器に水を入れたりして水枕の代用とした。
〈藤村〉

こおりいれ［氷入れ］　コンルオマレヘと称す。トドの大腸を40〜50cmに切って水に晒し、ふやけたものを縦に裂いて広げると、時間とともに何枚かの薄皮に分かれていく。それを両手で薄く剥がし、板や太い柱に巻きつけるようにして乾燥させる。使うときには皮の四隅やその周辺を水で濡らし軟らかくして氷を入れ、四隅を紐で結び、頭や患部の上にのせて熱をとる。　〈藤村〉

しっぷようぬの［湿布用布］　イヤムテセンカキ、イナムテテパ、イヤムテヘなどと称す。木綿布が移入されるようになると、それをハンカチや※手拭の大きさに切って、冷水に浸し軽く絞って頭や患部を冷やした。それ以前は、樹皮布の余りを使っていた。特に、シナノキやオヒョウニレ、ハルニレなどには保水状態が長く続き、木綿布よりも長く冷やすことができた。　〈藤村〉

いしのねつとり［石の熱取り］　イヤムテスマ、イヤムテシュマなどと称す。河原で、額に当てることができるような、厚さが平均4〜5cmの割れにくい硬質の石を見つけて採集しておく。患部を冷やすときには、その石を清水につけたり、寒風に当てたり、水をかけて冷却し、患部にのせて熱取りに使った。逆に、※炉扇で掘った※囲炉裏の灰の穴に石を埋めて加熱し、それを厚い布で何重にも巻いて患部にのせると温める役割を果たす。（→114頁　寝具類［温石・焼石］）　〈藤村〉

やくそうてもみぶくろ［薬草手揉袋］　イコネレプクロ、ルシプクルと称す。煎じ用粉末加工具。十分乾燥させた植物の茎葉から、薬効成分を加熱して抽出しやすくするため粉末にする。その植物は、天日に当ててよく乾燥させ、さらに※火棚に上げて干し上げ、それを木製の容器や毛皮などの上で、両手で揉みほぐしながら細かい破片にし、砕けにくい軸や芯などは取り除く。それが終わると、両手で適量を掬い、別の容器の上の少し高いところに持っていき、両小指の付け根を少しあけて、そこから少量ずつこぼしながら、小破片をさらに粉末状のものと、粗い破片や付着していた泥とに選別する。粉末状のものは服用に、粗いものは煎じ用や粥や飯の炊き込み用にする。

　これほどの細かいものを求めないときには、目の粗い樹皮布の袋に干し上げた植物を入れ、下に置いた容器の中で強く揉む。ある程度破片状になったら、中から砕けにくい軸や芯などを取り出し、必要な部分を指でしごいて袋に入れ戻し、硬いものは脇に寄せておく。そうしたことを何度か繰り返すうちに、目の粗い袋から粉末だけが容器の中にこぼれてくるので、袋を振るいながら粉末だけを払い落とす。それを集め、手からこぼしながら選別をしたものを服用し、袋に残ったものは、煎じ用や粥、飯の炊き込み用とする。袋は、目の粗い樹皮布のほかに手揉みした薄い革や皮袋も使う。粉末を得たいときには、揉んだ皮袋の中から粗いものをつまみ出し、袋の底に残ったものを、また別の容器にあけ、それを選別して取り出して使う。残りは袋に戻して口を締めると虫も湧かず、湿気も防げる。　〈藤村〉

やくそうきざみだい［薬草刻台］　イフンパニと称す。煎じ用粉末加工具。長期にわたって薬用品を服用している場合には、専用の刻台を用意す

る。一時的な場合には、*調理台（叩き台）や*煙草刻台、*囲炉裏の炉杙や*薪を利用することもあった。〈藤村〉

こがたな［小刀］ マキリ、クスリカラマキリ、イケレヘと称す。服用粉末加工具。植物の根茎や樹皮、動物の骨や爪、角・牙、内臓や筋などの乾物、鉱物では、軟らかい高師小僧（褐鉄鉱の塊）などへ小刀の刃を直角に立て、刃を手前へと削るように何度も引くと粒子の細かい粉末ができる。これを服用、あるいは患部への散布、練り合わせの薬の原料とする。〈藤村〉

やげんふうせきせいつぶしぐ［薬研風石製潰具］ イニナプ、イニナシュマなどと称す。服用粉末加工具。容易につぶれそうな煤の塊、魚の黒焼きなどは、*囲炉裏の炉杙の上にのせ、*小刀の柄尻を使って搗くように砕く。手揉みした薬草や昆虫の殻などは、河原から扁平な石と、それに見合った摺り石を見つけ、手揉みや小刀で刻んだ薬用品をさらに服用しやすいように粉末に加工する。使い勝手がよければ宝物棚などに収納し、世代を超えて利用する。〈藤村〉

ぼうはり［棒鍼］ イオッケニと称す。本来は按摩や指圧で筋や筋肉の凝りを揉みほぐすが、手や指では扱いにくい狭部の凝りを取り除き、健康を取り戻すために、直径2〜5mm、長さ5〜8cmの棒や木片を加工し、先端の尖りを丸くした爪楊枝状の細棒をつくる。痛みを感じる部位にこの細棒をやや刺すように押しつけて刺激を与え、場合によっては、真っ赤な燠を*火箸で挟んで、患部に近づけて熱を加えることもある。〈藤村〉

ほおんいし［保温石］（→114頁　寝具類［温石・焼石］）

ゆたんぽ［湯湯婆］（→114頁　寝具類［湯湯婆］）

ほうそうよけのまじないようぐ［疱瘡除けの呪い用具］

かおくのごふ［家屋の護符］ チセコシンニヌプ、チェーセニシテヘなどと称す。疱瘡（天然痘）の神は赤い斑点のついた小鳥になってやって来て、家の棟にとまって疱瘡の菌を散布するものと考えていた。このため、様々な儀礼を終えたのちに小鳥の弱点を利用して、屋根を小鳥が引っ掛かりそうな網目の古網で覆い、余分があれば、窓の上辺からもぶら下げた。さらに、近隣の村に患者が出た場合には、家の周りには糞尿を撒き散らし、すべてを焼却・消滅する「火の神の垢」と言われる灰を容器に入れて水を加える。その灰汁を屋根や家壁、窓、戸口の周りに*柄杓で散布し、家の上手にある*幣棚や食糧庫（*高床式倉庫）、外便所（*便所）への通路や、その両脇にこぼして守りとした。また、避難が可能な場合、各家庭は、それぞれが所持する▼漁小屋、▼猟小屋、*仮小屋、*岩屋の仮小屋などに分散して病状がなくなるまで村に戻らず、それぞれの避難所でも同様の対策を行った。その際に、かつて疱瘡に感染したが、完治した人は、少し人数の多い家族や、子供の多い家庭に同行して疱瘡の苦渋を経験した集団に見せかけ、すでに罹患した仲間であることを暗示した。感染者が出た場合、既感染者が看護し、自分の体験を語りながら患者を励まし、治癒に導いた。〈藤村〉

まどべのごふ［窓辺の護符］ プヤラコシンニヌプ、プイセニシテヘなどと称す。形相の悪いものにも疱瘡（天然痘）を回避する能力があるとして、ハリフグや、トクビレ（ハッカク）、ヤツメウナギなどの全身や干し首、カニの甲羅や爪、それに小鳥を捕獲する猛禽類の足爪などを戸口や窓に下げ、太陽光線を反射させて小鳥に化身した疱瘡の神の目をくらませると考えた。カガミダイ、鱗の大きなニシンやイワシ、光沢のあるアワビ、不自由な手を連想させるエゾキンチャクガイ、女性の正装に使う*首飾に和鏡のついたものも同様に活用した。また、においのきついギョウジャニンニクやセンダイカブの葉、有毒植物の根や茎葉、有刺植物の茎葉も下げ、エンジュの小枝の外皮を刃物で起こしたものや、エゾニワトコの茎葉、ショウブの根や葉、アサの茎葉などを壁に刺して魔除けとした。〈藤村〉

おくないのごふ［屋内の護符］ チセウプソルコシンニヌプ、チェーオンナイケセニシテヘなどと称す。屋内ですべてのものを焼却する火の威力を示すために、反射効果のある漆器類、金属製の*耳輪、ブレスレット、金輪やメダルで綴った帯、ガラス玉を綴った*首飾、金属製の*刀や刃物、▼槍、▼鍼や▼斧などを、磨いたり、研ぎ澄ませたりして切れ味を高める。普段はしまってある色鮮やかな上着も壁から吊り下げ、これらの一部は就寝時に身につけ、*晴着で身体を覆って眠りについた。食材も香りのきついギョウジャニン

クやセンダイカブ、猛禽類の肉、形相のきついトクビレ（ハッカク）やヤツメウナギ、カニ、ニシン、イワシ、アワビ、エゾキンチャクガイ、それに似たホタテ、陸海で最大の獣であるヒグマ、トドの肉を利用してカロリーの高いものを摂取して体力の増強を図る。また、*囲炉裏では、臭気のある樹種や、有刺植物、ギョウジャニンニクやセンダイカブの枯葉、魔除けのヨモギの全体、ショウブやその根、アサの茎葉などを時折、交ぜて火にくべ、煙を屋内に立てて、燻煙による除菌を行っていた。　〈藤村〉

きけんくいきのめじるし［危険区域の目印］　ミンタルコルイナウ、ポロイナウなどと称す。疱瘡（天然痘）の神は、小鳥に化身して移動すると考えられている。そこで、この集落に近寄ったり立ち寄ったりすれば、多種多様な方法で病魔を攻撃する準備が整っており、相当な被害を受けるだろうということを知らせるための目印をつくる。集落の入り口や、疱瘡の神がやって来る方角の、見通しのよい場所にある高さ5～8mくらいの木の枝を払い、樹皮を剝いて穴を掘って立てる。その先端に、70～80cmの長さの*削掛をつくった*木幣を固定し、屋内外の魔除けに使った品物の余りを削掛に結んで、魔除けとした。　〈藤村〉

いぬのれいこんおくり［犬の霊魂送り］　レイェプシンタ、セタサパニなどと称す。遠吠えをして、疱瘡（天然痘）が流行することを、人々に告げていた犬がいた場合、疱瘡の病神を集落から遠ざけ、第2、第3の病魔の集団を自由自在に追い払うものとして、この犬の霊魂を肉体から分離する儀礼を行う。儀礼のあとに、*削掛で飾った犬の頭蓋骨を、疱瘡の神がやって来る方角で見通しのよい場所に穴を掘って埋める。また、先端に犬の頭蓋骨の頰骨を挿入できる左右2本に別れた小枝がある木を切り出し、枝を払い、樹皮を剝いて立てる。2本の小枝の下方に、犬の顎を受ける長さ10～15cmほどで両端に短い削掛をつけた横棒を紐でくくり、2本の小枝の先から削掛で飾った頭蓋骨を顎受けの横木まで下ろす。2本の小枝の先には長めの削掛を削った*木幣を1本ずつ、小枝の隙間に挿入し、木幣をつくったときに削り落とした樹皮で結束する。これは犬の立った耳にあたるが、これは犬の*耳飾のように見える。また、人によっては、十分な活躍ができるために、十分にお腹を満たすようにと、食糧となる干し肉や、干し魚を顎の受け木から吊り下げることもある。また、適当な犬がいなければ、かつて、その家で多大な功績があって、今では戸口の守り神として、古くから祭ってきた犬の頭蓋骨を代用することもある。　〈藤村〉

和人資料

まじない［呪］

ひゃくまんべんのじゅず［百万遍の数珠］　三月の彼岸のころに女たちで行う病送りなどの行事で、使用する直径3mほどの大きな*数珠。北海道でこの病送りは道南地方や日本海沿岸の地域を中心に行われてきた。百万遍の数珠はクルミ材などを径5cmほどの大きさに成形し、糸で通してつなげ1カ所だけ目印となる大きな数珠玉をつける。クルミの実などを数珠玉とし、1カ所にホタテ貝をつけたものもみられる。女たちは念仏を唱えながら車座になってこの大きな数珠を回し、自分のところに大きな数珠玉が回ってきたときに、体の痛いところにつけると痛みが治るなどといわれた。（→336頁　信仰用具［数珠］）〈池田　貴夫〉

写真1　百万遍の数珠（積丹町）

ごふ［護符］　神名を記した木の札や紙の札。「御符」とも書く。この札を身に携帯することにより、様々な厄災から逃れるためのお守りとなる。身に携帯できるよう、小型のものが多いが、護符のなかには家の*神棚に納めて家の厄災を逃れるようなものもあり、これらは携帯用のものよりもやや大型である。護符には、風邪除護符、疱瘡除護符ほか、様々なものがある。　〈池田〉

かいがら [貝殻]　貝殻をお守りや魔除けに使用する民俗は、全国各地にみられた。例えば、タカラガイは安産のお守りとする俗信があることから、子安貝とも呼ばれてきた。また、アワビは、戸口に吊るすなどして疱瘡ほか疫病の魔除けに用いられたほか、アワビの*絵馬を奉納して下の病が治るよう祈願するようなこともみられた。
〈池田〉

にんにく [葫・大蒜]　ユリ科の多年生植物。強い臭気を持ち、地下の鱗茎と葉は食用、薬用に使用される。臭いがきついことから邪気や疫病神を払う効果があるという俗信があり、戸口や軒下などに吊るしておく習俗が日本各地でみられる。また、滋養強壮剤、胃腸薬として使用される場合もある。
〈池田〉

いわし [鰯]　イワシ科の海魚。節分の日 柊の枝に焼いたイワシの頭を刺したものを、玄関や窓など家の入り口に挿し、イワシと柊の臭いで悪霊が家庭に入らないよう退散させるなどという習俗は、ヤイカガシなどと呼ばれ、西日本に多く分布してきた。北海道へも、四国などからの団体移住者により持ち込まれ、昭和初期ごろまでは故郷と同様の方法で行ってきた集落が各地にあった。そのほか、家庭によっては、チカやキュウリウオを使うところもあったという。
〈池田〉

こんにゃく [蒟蒻]　サトイモ科の多年生植物。または、この植物の球茎を粉にして、アクを混ぜて固まらせた食品。四国などには、節分で豆をまいたあと、こんにゃくを食べると体の毒がとれるなど、こんにゃくを食べて厄災除けにする俗信がある。北海道においても、四国から団体移住があった地域（洞爺湖町洞爺、妹背牛町、雨竜町ほか）では、節分の日にこんにゃくを食べる食習が伝わり、継承されてきた地域がある。
〈池田〉

しょうぶ [菖蒲]　サトイモ科の多年生植物。細長い葉を出し、初夏に薄黄緑色の小さな花をつける。日本では旧暦5月5日の端午の節句に、ちょうど出始めた香りのよいショウブの葉を入れた湯につかる風習があり、これを一般的に「菖蒲湯」と言う。この湯に入ると1年間病気をしないとされる。また、端午の節句の日には、悪病退散のために、ショウブを屋根に挿したり、身につけたりもした。ショウブのほかヨモギも端午の節句では同様にまじないなどに使用された。

北海道でも、端午の節句の日に、ショウブを使ったまじないを行う風習は道南地域を中心に定着した。土用の丑の日などに菖蒲湯に入る風習がみられる地域もある。現在でも、銭湯などで、菖蒲湯につかる風景がみられる。
〈矢島〉

あさのは [麻の葉]　衣服の模様として用いる正六角形を基本としたデザイン。大麻の葉の形に似ていることから、「麻の葉」と呼ばれる。麻のように丈夫に育つことを願い、*産着や晒にこの模様が染められた。
〈池田〉

かぼちゃ [南瓜]　ウリ科の一年生植物。夏、黄色い花が咲き、実は食用となる。全国的に、冬至には、カボチャを食べると風邪をひかない、中風（脳出血による運動神経のまひ）にならないなどの伝承が残ってきた。北海道においても、冬至まで大切にカボチャを貯蔵し、カボチャの塩煮、カボチャ汁、カボチャ粥、小豆カボチャ（小豆と煮たもの）、カボチャの煮付けなどを食べ、病気除けにする風習が広がった。一方、北海道の日本海沿岸部には、冬至以降にカボチャを食べると体に悪いなどという言い伝えも認められた。〈池田〉

ゆず [柚子]　ミカン科の常緑低木。実は薬味、香料に使用される。全国的に、冬至の日には柚子を浮かせたいわゆる「柚子湯」に入ると病気にならないなどと言い伝えられてきた。現在でも、家庭や銭湯で、冬至に柚子湯につかる風景がみられる。
〈池田〉

くすり [薬]

傷や病気を治したり、健康を保つために飲んだり、塗ったり、あるいは注射したりするもの。なかには、人間の体に害を与え、場合によっては死に至るような毒薬もある。

北海道のヒグマの胆嚢（熊の胆）は、薬の原料として近世以前から高価な値で本州方面に移出されてきた。また、薬品も乏しい開拓地の移住者の生活においては、自生する薬用植物が作業で負った傷の治療などに活躍した。*薬研などの製薬・調剤道具は、近世以前において和人地の医師のもとに持ち込まれ、近代以降においては医師や薬店の移住・開業とともに、全道に広がった。また、江戸時代以来、昭和期に至るまで越中富山などの薬売りは、近世和人地・北海道へと行商に出てきた。その際、*薬行李を背負って得意先に各種の薬を渡すとともに、紙風船（*風船）や九谷焼の

湯呑み、漆塗りの*箸、氷見（富山県氷見市）の*針などのおみやげ品を置いていくなど、文化や情報を配信した。〈池田〉

いりょうようぐ［医療用具］

やげん［薬研］ 製薬や煙硝製造に使用する粉砕用具。舟底形の台に薬の素を入れ、両側に取っ手のついた円盤を前後に回転運動させながら、薬種を粉砕する。鉄製が多いが、陶製、木製、石製もみられる。〈池田〉

にゅうばち・にゅうぼう［乳鉢・乳棒］ 乳鉢は、乳棒とセットで薬品や顔料などをすりつぶす*擂鉢状の粉砕用具。*薬研などですりつぶした薬剤をさらに細かく粉砕・調整する役割を持つ。磁器製、ガラス製が多い。〈池田〉

せんじなべ［煎じ鍋］ 薬用植物などを水に入れ、煮出すことによって薬種の成分を抽出するための*鍋。成分を含んだ湯は薬湯として飲む。〈池田〉

くすりごうり［薬行李］ *行李は竹やヤナギを編み込んでつくった入れ物で、そのなかでも富山の薬売りなどが薬を入れて行商に運ぶための行李を薬行李と呼ぶ。多くは5段重ねのつくりで、1段目には*算盤、▼印鑑、薬懸帳、全国宿場案内などの携行品、2段目には紙風船などのおみやげ品、3段目には得意先で回収した古い薬、4段目、5段目には得意先に新しく配置する薬を入れて運んだ。薬売りは、出稼ぎから帰る春、そして収穫の終わる秋の2回、行商の旅に出るのが普通だった。（→Ⅱ巻　商業用具［薬行李］、→Ⅱ巻　人力運搬具［行李］）〈池田〉

あずけばこ・あずけぶくろ［預箱・預袋］ 各家庭で薬を保管する箱ないし袋。箱状のものを預箱、袋状のものを預袋と呼び、薬売りが各家庭に薬を配置する際にこれらの箱、袋に保管させていた。預箱は使用人を多く抱える商店などで、預袋は一般の家庭などに置かれた。これらには、「越中富山　家庭常備薬函　〇〇堂」、「越中富山　家庭薬　〇〇堂」などの文字が書かれた。現在で言う、家庭の救急箱のようなものである。〈池田〉

くすりだんす［薬箪笥］ 薬店や医院で、薬を分類して収納しておくための箪笥。多くの引き出しが数段、数行にわたって配置されているものが多く、薬を種類ごとに分類し、薬の名称を書いた紙をそれぞれの引き出しに貼りつけて保管した。〈池田〉

くすりばこ［薬箱］ 医師が病人の家を往診する際に薬を入れて携帯する箱。〈池田〉

はり［鍼］ 金属製の針を体の特定箇所に刺して、病気の治療をする療法で、金、銀、白銀、鉄などの針が使用される。中国で発達し日本へは古代の欽明天皇の時代に伝わり、平安時代から術式の体系化が進んだとされる。室町時代には『鍼灸集要』などの書物も著され、医療手段として一般化、江戸時代以降は様々な流派が生まれた。近代に至っては、1911（明治44）年に制定された内務省令第11号「鍼術・灸業営業取締規則」により医療類似行為として認められ免許制となった。現在においても、鍼治療は民間療法の一つとして普及している。〈池田〉

きゅう［灸］ ヨモギの葉を乾かして綿状にしたもぐさを体の特定箇所に置き、火をつけてその箇所を焼き温めることによって疾病を治療、予防する療法。*鍼と同様、中国から伝わったもので、室町時代には『鍼灸集要』などの書物も著され、医療手段として一般化した。1911（明治44）年に制定された内務省令第11号「鍼術・灸業営業取締規則」により医療類似行為として認められ免許制となった。また、神社や寺院の病気を払う信仰とも結びついた。民間療法として、現在でも広く普及している。〈池田〉

Ⅰ. 生活用具

6．民俗知識用具

(2) 占術用具

アイヌ資料

ほうびきうらないぐ［宝引き占い具］ イエタイェ、イコロエタイェと称す。北海道では、数人で遠い山中に赴いてヒグマを捕獲し、解体が終わり、各部位の肉塊を家へ下げる用意が完了すると、先にはずしたヒグマの第一頸骨の穴に紐を通して結び、ほかに人数分の紐を加えて、全員が紐を引く。ヒグマの第一頸骨を引いた人は、ヒグマの神が次回に訪問したい意思の暗示であり、次にヒグマを授かる確率が最も高い人として祝福され、その頸骨を証拠として所有する。そして、その人は最も重く、一番重要なヒグマの頭蓋骨を背負うことになる。村からの応援を得て搬送する人数が多いときには、短い小枝を2本、それより長い枝を2本、最も長い枝を1本、木の皮1枚を用意して、それぞれ手、足、脊椎、肋とし、それぞれの部位と運び人とを神からの指名として占いで決めることもした。利用した枝や木皮は利用した木の根元にまとめて戻して感謝するとともに、再び占いができるように祈願した。〈藤村〉

たからちらしうらないぐ［宝散らし占い具］ パンガと称す。サハリン（樺太）では、屋内で山猟や海漁を行う時期を占う際に、適当な木片、長さの違う小枝、棒状、または穴やくびれのある小石などを用意し、それらをほぼ同じ長さの紐先に結びつける。それぞれに占うべき動物の種類と量を想定し、自分の前を漁場として、それぞれの方角に見立て、遠近の距離を時期や日数として、火の神にうかがいの祈りを述べ、イソツツジやエゾマツの枝葉を火にくべ、煙を立てて祭具を清める。心が落ち着き無心になると、左手に紐束を握り、右手の親指と人差し指でものを結んだ近くをつまみ、もう一度、この占いに判断を委ねることを念じてから気を入れて空に投げ出す。それぞれがバラバラに落ちた状態を見て、山海での成果を占う。場合によっては病気の回復や見込み、服用植物なども占う。〈藤村〉

いとうのしたあご［イトウ（鮠）の下顎］ チライノッケウと称する。北海道の東部では、川に遡上し＊銛で捕獲した1mくらいのイトウで身の色がサケのように赤いものの下顎を解体時に刃物ではずし、＊火棚の上で乾燥させたあとに、＊膳にのせて賓客の座に置く。主人は常座に座って重厚な拝礼を繰り返したのちに身を食べる。その頭の骨も＊幣場で送ったあとであるが、そのイトウに、下顎を占い具に使用したい旨を、火の女神を通じて伝え、そのことが嫌であれば、夢で何かを伝えるように、何も夢を見なければ占い具として使用することを了承したものと考えたいと、判断を仰ぐ。翌朝まで夢を見なければ、自分の思いを聞き届けてくれたものと考え、早速ヤナギの＊木幣材から削ぎ取った＊削掛を幾本も使用して飾り立て、容器を得るまでは膳にのせて宝物の上部に置く。下顎を納める箱や容器の用意ができると、あらためてそれへ移し、＊神棚や吊り棚の大箱の中に収める。

自分の意志が揺れ動くときには、炉辺の上座に置いた膳に下げ降ろし、火の女神を通じて占いの経過を述べて、判断を仰ぐ。「よい」となったら、重厚な拝礼を行いながら、歯が上に向く、歯が下になる、顎が横になるような状態を、吉、凶、否定などと決めて語る。その後に下顎を恭しくいただいて自分の前頭部に顎先を前にしてのせ、再度、下顎に言い聞かせ、自分の心を落ち着ける。それから、無我のなかに頭をゆっくり、または急に下げて下顎を前方に落とし、その結果を尊重する。しかし、当たる確率があまりにも低い場合には、すぐに小さな＊棒状木幣1本を添えてイトウの元に送り返す。逆に高い場合には、その威力が落ちるまで削掛を加えて力を増量させ、大切に秘蔵して折々に祈りを欠かさない。

しかし、夢で神の国に戻りたい旨を知ったときは、日を決めて送りの準備に取りかかる。＊神窓

の真下に用意した賓客用の＊蓙座に座を設け、占い具の入っている容器を御膳の上にのせ、顎先を＊囲炉裏の方に向け、両脇や前面には功労に見合った料理、各種の食材、木幣、そのほか土産用の供物を並べ、古式により厳かな神事を行う。儀式が終わると、主人は占い具に対座して食事を共にしながら、回顧談を語りかけ、酔いが回れば余興に移り、深夜ころにその下顎を家の上手の窓辺に顎先を先に向けて置く。主人は戸口から家を回って窓辺の容器をその方向のままに持って進み、幣場の中央で今一度の感謝と拝礼を行う。最後に、何か不足があれば夢に知らせてくれることを願ったあと、おもむろに容器からイトウの下顎を取り出し、幣場の根元に置いて、幾重にも結んだ削掛を一つずつ取りはずすことで神の国に向かう。
〈藤村〉

うらないのもくわん［占いの木椀］ ニヲクイタンキ、ニモクタンキと称す。地域を超えて共通する占い具の一つに木椀がある。この木椀は、場合によっては特別に用意することもあるが、毎日の食事に自分が使用しているものは、つき合いが古く気心が知れているうえに、扱いも丁寧で愛情が深いこともあって、普段使用していない木椀よりも的中率が高いとされている。老若男女にかかわらず、悩みの多いのが人間で、不安に駆られるとそれから容易に抜けきれない。家の主人を除く家族は、密かに木椀を持ち出し、人気のない場所、人目につかない場所を選ぶ。身近にある立木の神、建物、あるいは火の神、水の神、川の神、巌の神などに自分の思いを伝えて椀が上向き、臥せ、斜めなどにそれぞれの思いを込め、屈んで一息を入れて頭上に乗せた木椀を前に落として判断をする。自分の気持ちを落ち着かせ、家族が知らない間に木椀を所定の場所に戻しておく。自分自身に納得がいかなければ、翌日に木椀で再び占うこともあり、そのままにすることもある。〈藤村〉

ふたまたのうらないぐ［二股の占い具］ イフシパニと称す。＊木幣や魔除けにする素材の二股の部位で、長さ４〜６cm、直径1.5cmくらいのものの外皮を＊小刀で剝ぎ、そこに神紋や家紋を刻み、その両側にごく小さな＊削掛を立てる。それを懐に入れ、人気がなく、人目にもつかない海浜の砂場に行って前に置く。占うべき事柄を丁寧に話し、知りたいことを占いの状況により見とれるように祈り、占い具が根元を下にして立つ、逆に立つ、左斜めになる、右斜めになる、手前に小枝が来て横になる、小枝が向こう側になって横になるなど様々な状態について占いの答えを仮定し、それぞれの結果から答えを出す。さらに、利き手の曲げた人差し指の下に親指の爪先をわずかに重ねて「D」の形にし、親指の上に占い具をのせ、心を無にしてひと呼吸を置いてから親指で後方に弾き飛ばす。振り返って砂上に落ちた占い具の形を見て判断をする。
〈藤村〉

うらないのこがたもくへい［占いの小型木幣］ ポンシュトゥイナウ、ニウォクイナウ、コニウォクイナウなどと称す。北海道東部では、子熊の霊送りを行っている最中に、司祭が儀礼の内容や進行過程に不安を感じたとき、＊木幣材の残り屑から長さが15cm以上もある材を二〜四つ割りにして、直径５mmくらいの棒を３本用意する。それに３翼３段の上向き＊削掛をつくり、足も多面体の円錐形に削る。出来上がったものは＊膳にのせて＊囲炉裏の上手に根元側を火の方に向けて置き、司祭は心の不安を火の神に述べる。それは子熊の神や、火をはじめとする神々に何か不満があるものと思われるので、ここに用意した小型の木幣で占う。火の神側にすべてが倒れれば何事もないが、＊炉縁側であれば不満が大いにあるし、その中間に倒れたものの向き具合によって、その問題点を熟慮して、今後に対処することを長々と述べる。そして膳を両手に持って重厚な三拝をしたあと、再度、心に念じて燃える火の傍の灰をならし、そこに等間隔に３本を立てる。時間とともに熱せられた小型木幣に火が燃え移り、燃え尽きて倒れた状態や向きで吉凶や今後の対応、協議を行う。３本とも火の方に倒れた場合には、単に取り越し苦労であったことに安堵して、儀礼は粛々と執り行われることになる。
〈藤村〉

つりさげてうらなうどうぐ［吊り下げて占う道具］ パンガと称す。素材は８〜15cmくらい、直径が0.5〜2.0cmくらいの細棒を用意する。小さな金属、貝殻、ボタン、鈴、ガラス玉、貫孔のある小石、魚の下顎、動物の牙や歯、小動物の頭蓋骨、昆虫などを適宜収集して長さの違う細糸で結び、その細糸の端を細棒の梢側の先端近くに結びつける。心に迷いがあって判断に苦慮し、あるいは解決法が見いだせず悩む際に、この占い具を＊膳に取り出して、恭しく炉辺に下げ、火の神に小声で心中を話し、啓示や教示を乞い願う。おも

むろに両方の手のひらで取り上げ、片手で細棒の根元側を持って火炎の近くに先端を寄せてあぶるようにする。火の熱で暖めることで、火の神の力が占い具に及ぶ。この間に今一度、思いを話し、言い終わると占い具を手前に引いて吊り下げたまま、立ち上がる火炎を背景にして、個々のものに、ある方法や、様々な処置の仕方を託す。それぞれの揺れや動きをしばらく観察するなかで、対処法を見いだし、場合によっては脳裏にひらめきを感じとる。一定の結論が得られると、占い具を両方の手のひらで抱えて火の神に重厚な拝礼を行って膳に戻し、さらに宝物台へと持ち運ぶ。すべてが終わると、お礼に*削掛を加えて所定の場所に収める。なお、人によっては、股の多い木の枝や木の根、奇形の細枝、あるいは魔除けの樹種を選ぶこともある。吊り下げるものも病気であれば2～8cmくらいまでの象徴する木偶をつくって吊り下げ、あるいは占いたいことに関係するものをあえて結びつけることもあった。占いの内容が極めて困難なものであれば、イソツツジ、松葉、乾したドクゼリ、ハマナスの茎などを単品、または組み合わせて火にくべ、その煙で占い具を清めてから占うこともあった。　　　　　　　〈藤村〉

ほうりなげてうらなうどうぐ［放り投げて占う道具］　パンガと称する。細棒の長さや、吊り下げる小物類は*吊り下げて占う道具と変わらないが、吊り下げる箇所を分散する点が異なる。深い祈りのあとに、占い具を上座の方に無心で放り投げ、糸の絡み合いや小物の重なり、物の方向などを見て占う。占い後の処置も前項の吊り下げて占う道具と同じである。　　　　　　　　　　　〈藤村〉

うらないのこのは［占いの木の葉］　ニハムコニウォク、ニヤムニモクと称す。長旅などで家を離れ、双方の状態を知り合おうとするときに、占いで理解しようと心に決めると、目についた広葉樹の葉を1枚占い用に樹種の神に願って押しいただく。ゆったりしてくつろげる状態になったら、その葉を焚き火の前に持ち出して、占う訳を申し述べ、どういう状態は何を暗示するか、細かなことを自分なりに取り決める。自分の心が落ち着くと、火力の弱った*燠の上に重厚な三拝をし、用意した木の葉をのせ、色の変わり方、焦げていく状態、炭化の具合などをじっくりと見つめながら、そこから必要な情報を読み取る。納得がいった段階で、火の神からの暗示に感謝して今一度、重厚な拝礼をしてから、残りの葉を、燠の中心に*火箸で差し込む。あるいは燠を木の葉の上にのせて燃やし、火炎が上がるにしたがって、感謝の拝礼を再び行って占いを終える。　〈藤村〉

うらないのやきいし［占いの焼き石］　スマニウォク、シュマニモクと称する。中世期には遠く津軽半島の十三湊に、近世初期には松前に交易で出向いていた。往来に長時間を要し、故郷のことや、出向いて行った家族についての心配を払拭する際に、海浜で入手できる石のうち、特に低温でも割れや、ひびの入りやすい石のなかから、これと思うものを選ぶ。食後の落ち着いた時間に、心中の思いを火の神に話してから、穏やかな*燠の上に重厚な三拝をし、用意した石をのせ、時によっては薪をくべ、色の変わり方、ひびの入り方、割れ具合などを見つめながら、そこから必要な情報を読み取っていく。納得がいくと、火の神からの暗示に感謝して再度、重厚な拝礼をし、燠にのって砕けた石片を*火箸で燠から離し、翌日に冷めた石片をまとめて海に戻し、海水で自らを清めてもらう。暗示を与えてくれた石に感謝の礼拝を行い、再生を祈る。　　　　　　　〈藤村〉

うらないのほね［占いの骨］　ポネニウォク、ポネニモクと称す。川漁をしながら汁の実とだしに用いる焼き干づくりのために、家を1週間以上もあける際、家に残る家族を気遣い、暮らしの安否を知りたいときに、釣り上げた魚を処理した残りの骨や、食後の骨のなかから、これと思われる中骨、尾鰭、鰓などをきれに洗い、その魚の力を借りて家族の様子を占う。就寝前に、火の神と選んだ骨の魚の神を頼って教示を乞う祈りを捧げ、重厚な三拝をしたあとに、用意した魚の骨を*燠の上にのせ、徐々に加熱する。骨はくすぶりながら変色し、骨中の脂がにじみ出て泡を吹きながら黒ずみ、脂に火がついて燃え出す様を眺めながら、心にあることを問いかけ、その反応を読み取ってゆく。やがて燃え方が一段落し、心にわだかまりがなくなると、火の神と魚の神に三拝をして感謝と再生を祈る。翌日、燠の周りに燃え残っている骨があったら、主要なものを拾い集めて川の浅瀬に戻し、流水で自らを清めてもらう。暗示を与えてくれた魚の一族に感謝の礼拝をし、再生を祈って占いを終える。山猟などでは小動物の四肢骨、肩甲骨、脊椎骨などを使って占うこともある。

〈藤村〉

うらないのはり[占いの針]　ケムプイニウォク、ケメニモクと称す。目に映った怪しい物影や、疑わしいものの正体を見極めたいと感じたときに、近くに縫い針があれば手にし、針穴を覗き込む目の近くに手を寄せる。片目を閉じて相手を針穴に見いだすと、相手の正体は無論のこと、本心や身勝手な思い、思惑が見抜けるものとしている。相手が遠くであれば、接近するまでに心積もりや身を守る手当てをすることができ、それが後方や脇に感じられた場合には、上半身や体を捻って見回すことで対処できるものとしている。

〈藤村〉

うらないのめしじる[占いの飯汁]　ソナピニウォク、ハルエニモクと称す。行方不明になっている人の生死を確かめる方法の一つに、家族用に用意した食事の一汁一飯をその人への供物として捧げて占うことがある。それに先立ち、火の神を通じて幾度となく祈ってきたことを報告し、最後の手段として食事を供物として占うことについて長老や言葉に長けた人に依頼して祈願する。祈りが終わると、熱々の一汁一飯を供え、再度、食材の神に祈って、言い終わると早速に合わせ椀で蓋をする。翌日、供え物に向かって可否の判断をもう一度お願いしてから、蓋をあけてその内側に水滴が付着していれば生存を示し、水滴もなくきれいに乾いていた場合には当人の死が確実である、ということになり、家族や親戚が協議し、あらためて遺体の捜索に切り替え、場合によっては半ば諦めて葬儀や供養などの諸準備に取りかかる。

〈藤村〉

ふじゅつしゃのぼうし[巫術者の帽子]（→3頁 被物類[巫術者の帽子-]）

和人資料

近世の松前藩の領地では稲作農業が定着せず、領民の多くが漁業および交易に依存する生活であった。このため鰊、鮭、昆布を中心とした漁業が発達するとともに、日本各地の港と松前地を結ぶ北前船の航路が確立し、▼弁財船と呼ばれる大型の木造船が蝦夷、松前地の産物を大坂などの港に運び、また各地の港から米、味噌はもとより生活物資のほとんどが松前地に運ばれるという生活の基盤が近世中期ごろに確立している。したがって、ここに住む者にとって鰊漁など漁の豊凶や北前船の運航は大きな関心事であり、漁労や海運に関する信仰が発達するとともに、海や漁にまつわる占いやまじないが盛んに行われ、明治以降の漁村に受け継がれている。また、明治以降の開拓に始まる内陸の農村部では日本各地からの移住者によって古い俗信や占術が受け継がれるが、自然環境も含めて生活が厳しかったことを反映し病気や子育てに関するものが多く、なかには人の命にかかわるような迷信を信じる人も多いという傾向があった。

〈矢島　睿〉

おふだ[御札]

えびすくじ[恵比寿籤]　漁労の始まる前に大漁を願って引いたおみくじ（*御神籤）。鰊漁では大漁祈願のお神酒あげの日や、漁の直前の網卸の祝いの日（3月下旬）にその年の漁を占う恵比寿籤を引いた漁場が多い。稲荷神社などに漁場の親方や船頭が集まり、神職が大漁祈願の祝詞を奏上したのち、あらかじめ用意しておいたおみくじを引いて漁の具合を占った。おみくじは三方にのせられた半紙の小片に大漁の日などが墨字で書かれた形式が多い。漁を占うという神事であったが、不漁などの文字はほとんど書かれなかったといわれている。場所によっては、中に番号や「大漁」などと書かれた棒が入っているおみくじ筒を用意していた神社や寺もあった。

〈矢島〉

写真1　恵比寿籤

しとぎいわいぐ[粢祝具]　しとぎは粳米を水で浸し*擂鉢や*臼でつぶし餅のような形にして神前に供えたものである。鰊漁では漁期の直前に網元の親方や関係者が稲荷神社に集まり、大漁祈願のお神酒あげを行ったが、参列した者たちが神前に供えたしとぎをお互いの顔に塗り、「思い大漁、大漁」と騒ぐしとぎ祝いを行った地方が多い。鰊漁場では漁期に鰊が大量に浜に押し寄せることを群来と言う。鰊が群来るときには雄の鰊の

出す白子で海が白くなることから、白い色はめでたい色とされている。しとぎの色も白であり、しとぎ祝いも鰊大漁の予祝行事の一つであったと考えられている。〈矢島〉

まめうらない［豆占い］ 節分（せつぶん）行事の一つとして、大豆を炉の灰の上などに12個（1年の月の数）ほど並べ、それぞれの豆の焼け具合で1年の天候（晴天・雨天、風の強さ、日照りなど）や豊凶を占う占術。この豆占（まめうらな）いは、九州では希薄だが、日本列島の多くの地域に分布してきた。

北海道においても、12カ月分の豆を並べて、その焦げ具合で天候や豊凶を占うという行為と精神は同様である。しかしながら、日本各地からの北海道への移住に伴い本州以南の出身者の特徴的な慣（なら）わしを受け継ぎ、きめ細かに行ったのは、昭和初期ごろまでといわれている。また、多雪寒冷な気候条件に適合した生活手段が構築されてきたという独自性から、北海道の豆占いにも、その行い方や精神に様々なバリエーションが生じた。

漁村部では、漁の豊凶のほか、網を仕掛ける場所や漁の方向などを占い、畑作主体の地域では、小麦、馬鈴薯（ばれいしょ）、甜菜（てんさい）などの作物をめぐる占いをするようになったのは当然のことである。豆は、炉の灰の上に限らず、明治時代後半以降から発達し始めたストーブの上などでも焼かれるようになっていった。

豆まき、ヤイカガシ、厄災除（よ）けなど一連の節分行事が簡略化された現代の北海道においては、もはや豆占いを行う家庭はほとんど残っていない。

〈池田　貴夫〉

写真2　豆占い

Ⅰ．生活用具

7．教育・娯楽用具

(1) 教育用具

和人資料

　1872（明治5）年に学制が公布され、近代的学校制度の基礎が定められ、全国各地に学校が設置される。だが、新開地であった北海道は旧松前藩領時代からの歴史を持つ松前、江差、函館の町や開拓地の中心都市である札幌など限られた地域を除くと、正規の小学教育は行われず4年課程の変則小学や村落小学、さらに従来の寺子屋や私塾などが大部分を占めていた。このような傾向は道庁時代になっても続き、明治中期の開拓地などでは子供たちも家の手伝いをしなければならず、修業年限3年、授業時間1日3時間の簡易科小学校が大部分を占める有様であった。したがって校舎も笹葺屋根の粗末な小屋のような建物が多く、教材・教具もほとんどそろっていない状況であった。また、教科も当時普通の小学校では読み書き、習字、算術、地理、歴史、修身などであったが、開拓地の生徒たちは読書、習字、*算盤を地面や木箱に入れた砂に字を書いて勉強するような有様であった。

　開拓が進む明治後期以降になると農村の生活も改善され、児童の就学率も高くなり学校教育も大きく進展することになる。だが、農漁村では貧しい家が多く、弟や妹の子守をしながら勉強する児童が多かった。このころになると学校用具や教材もいくぶん充実し、教室には*黒板、*学校机・椅子、掛図、学校用算盤のほか*オルガン、理科教材、実験用具、運動用具などを備える学校が増えている。また、学童たちは主として*石板・石筆で勉強したが、明治後期ごろになると、値段も安く持ち運びの簡単な紙製石板が普及している。また、*鉛筆、ノート、*消ゴム、*下敷、*筆箱、クレヨンなども明治後期ごろから都市部を中心に使われるようになるが、このような学用品が農漁村を含め全道的に広く普及するのは大正時代中期ごろからである。また、学童の服装は都市と農漁村では時代による差が大きいが、大正中期ごろまでは*着物、*袴、*下駄、*草履といった和服がほとんどで、大正中期から昭和初期にかけて男児の学童服、女児のセーラー服、ズック靴、*ゴム靴に変わった地方が多い。　　〈矢島　睿〉

きょうざい・きょうぐ［教材・教具］

こくばん［黒板］　*チョークを使用して書くための黒ないし深緑色の板。明治時代から学校教育の現場で使用されてきた。木の板にウルシを塗ったものは、明治初期の寺子屋で使用されていたが、同じく明治初期、当時の大学南校の教師となったアメリカ人スコットがブラックボードと呼ばれていた板を日本に持ち込んだのが、日本における西洋式黒板の使用の始まりとされている。まもなく、国内においても、板に墨汁を塗り、さらに柿渋を上塗りした黒板が製造されている。明治10年代（1877～86年）ごろには「ブラックボード black board」を直訳した「黒板」という名で、全国に広まったとされる。1954（昭和29）年、黒板のJIS規格が制定され、また、合成塗料の開発により黒板の板面が黒から深緑色に変わっていった。現在に至っても、学校などでは主要な教育用具の一つであり、より使いやすい機能を持った黒板が開発・製造されている。　　〈池田　貴夫〉

はくぼく（チョーク）［白墨（チョーク〈chalk〉）］　焼いた石膏ないしは白亜の粉を水でこね、棒状に固めた筆記用具。黒板にものを書くのに適している。粉に色素を混ぜ、赤、黄、緑、青などの色のついたものもある。蝋石とともに、アスファルト上の落書きなどにも使われた。　〈池田〉

がっこうづくえ・いす［学校机・椅子］　学校で生徒が学習するために教室で一人一人に与えられた机と椅子。明治期以降長らく、木製で天板の下に*教科書などのものを入れる空間を取り付けた机と、同じく木製で背もたれが座る面に対して直

角に取り付けられた椅子が、学校教育の現場で使用されてきた。何年にもわたって生徒が代わる代わる使用するため、木目が浮き出て天板が凸凹になったり、穴をあける生徒たちがいたりと、机はだんだん傷んでいくため、*下敷は欠かせないものであった。　　　　　　　　　　　〈池田〉

写真1　学校机・椅子

ふりすず［振鈴］　学童に授業の始まりや、終わりを告げるために鳴らす鈴。木製の柄に釣鐘の鈴を取り付けたもので、係は時刻が来ると柄を持ってこの振鈴を大きく振って回り、カランカランという音で学童に知らせた。明治期以降、比較的規模の大きい学校で使用され、昭和中期まで使用するところもあったが、のちにチャイム放送による方法に変わった。

写真2　振鈴

〈池田〉

オルガン［オルガン〈organ〉］　鍵盤楽器の一種。構造的にはパイプオルガン、ハルモニュームオルガン、アメリカンオルガン、電気オルガンなどに分けられる。最も古いのはパイプに風を送って音を出すパイプオルガンで、紀元前2世紀のギリシャにはすでにあったとされている。ハルモニュームオルガンはパイプを使用せず足踏み▼鞴で風を吹き出しリードを鳴らす仕組み、アメリカンオルガンは風を吸い込むときにリードを鳴らす仕組みで、ともに近代以降の開発により登場したものである。

明治初期にアメリカ人宣教師により、日本の教会に導入、その後、全国の小学校に配置されるようになり、学校唱歌の伴奏など、日本の洋楽普及に大きな役割を果たした。電気オルガンが登場するまでの日本のオルガンといえば、ハルモニュームオルガン、アメリカンオルガンのリードオルガンが主流で、初め「風琴」と訳された。北海道においても、大正・昭和期には国産YAMAHA製などのオルガンが道内各地の学校で活躍した。

〈池田〉

写真3　オルガン

もうひつひっきようぐ［毛筆筆記用具］　初期の学校教育では筆、硯、墨、文鎮が正式な筆記用具であり、試験や習字は毛筆で行われていた。だが、毛筆による筆記は紙が高価なため経済的な負担も大きく、一般に普段の勉強には*石板・石筆などが使われ、明治後期以降の*鉛筆、ノートの普及とともに習字の授業だけに毛筆が使われるようになった。このため児童は習字の授業がある日には習字用具を持って登校したが、筆はそのままでは穂先の部分が乱れてしまうので竹籤を簀子状に編んだ筆巻を使用した。だが、硯が重いため各自の教室に保管した学校が多い。　〈矢島　睿〉

せきばん・せきひつ［石板・石筆］　学校の授業で現代のノート代わりに使用された勉強道具の一つ。黒灰色のスレートの板に木枠を取り付けたもので、紙がまだ貴重であった明治時代から昭和初期にかけて多く出回った。*鉛筆代わりには、白い蝋石を細切りにした石筆が使用された。石板はその素材から、ずしりと重く、また割れやすかった。そのため、大正期ごろになるとボール紙を黒い特殊な塗料で塗った紙製石板が出回るようになった。　　　　　　　　　　　〈池田　貴夫〉

写真4　石板・石筆

えんぴつ［鉛筆］　黒鉛と粘土でできた芯を木の軸で囲んだ筆記具。日本には、明治初期に*消ゴムとともに輸入された。初期は輸入品が質量ともに勝っていたとされるが、のちに北海道産を含め国産の鉛筆も量産されるようになる。明治30年代（1897～1906年）になると鉛筆は文学者らの間で

一般的なものとなってくる。また、大正期には「勉強鉛筆」と称し、全国各小学校向けの鉛筆も売り出されているが、すべての生徒が購入して使えるわけではなかった。まして、当時の北海道は開拓途上であり、寺子屋的な教育も残っていたなかで、鉛筆が使われたのは都市部の一部の生徒にすぎなかった。なお、色鉛筆がいつごろ日本で使用されはじめたかは定かではないが、明治20年代ごろまでには色鉛筆・赤鉛筆・青鉛筆が登場し、明治末ごろからさらに一般的なものとなっていった。また、明治末においては、小学校用6色色鉛筆も売り出されている。

北海道の学校教育の現場で全生徒が一般的に鉛筆を使用できるようになるのは、第2次世界大戦後、日本国民の生活が向上するまで待たなければならなかった。また、昭和末にはシャープペンシルが登場し、その後鉛筆を使用しない子供が増えていった。〈池田〉

こがたな（ナイフ）[小刀（ナイフ〈knife〉)] 鉛筆削りや工作で使用されたナイフで、明治時代から学校教育に欠かせない用具であった。初期には特に学校用というものはなく、柄も鞘もなく、刃は幅広く斜状で先がとがった切り出しが多く使われていた。昭和に入るころになると児童の安全を考え刃の部分を納めることのできる折り曲げ式の肥後守といわれたナイフが普及している。戦後になると、鉛筆削りや学校用としての工作道具が広く普及し小刀は姿を消した。〈矢島　睿〉

けしゴム [消ゴム〈gum〉] 鉛筆で書いた文字や線を消すためのゴム。1770（明和7）年にイギリスで考案され、日本には、明治初期に*鉛筆とともに輸入されている。だが初期の学校教育では、ノートや鉛筆は貴重なものであったため*石板などを利用し、紙や鉛筆はあまり使われていない。したがって消ゴムも普及していない。ノートや鉛筆が普及するのは明治後期以降であり、これに伴い明治40年代に国産の消ゴムが製造されるようになった。〈矢島〉

ふでばこ [筆箱] *鉛筆、*消ゴムなどをまとめて収容する箱。昭和40年代以降になるとプラスチック製、さらにはビニール製で、かつアニメキャラクターなどの絵入りの筆箱が出回るようになったが、それ以前はブリキ製、さらには木製の筆箱が使用されてきた。〈池田　貴夫〉

したじき [下敷] 筆記をする際に、文字や絵を書く紙の下に敷く薄い板。昭和40（1965）年～50年代以前の*学校机は、仕上げが行き届いたものではなく、机の上面には様々な凸凹があり、平らではなかったので、紙に書く際には、下敷は必需品であった。一方、昭和30年代以降プラスチックの下敷きが、さらにはアニメキャラクターなどの絵入りの下敷が出始めたが、それまではボール紙などの下敷が使われた。〈池田〉

まんねんひつ [万年筆] インクをペン軸の中に入れ、使用するにつれペン先にインクがしみ出すことによって文字などを書く文房具。万年筆の登場により、従来のように逐一ペン先にインクをつける必要がなくなった。19世紀初頭にイギリスで考案されたもので、明治期に諸外国から日本に輸入されるようになった。輸入元の一つであった丸善が明治中期に特定のゼンマイ仕掛けのものを「万年筆」と名付けて売り出したことに始まり、それがこの種のペンの一般名称となっていった。国産のものがつくり出されるのは、大正期ごろからである。〈池田〉

えのぐ [絵具] 絵を描く際に、彩色するために使用する顔料。墨、ベンガラ、金箔、銀箔、紅、藍、岩絵の具、泥絵の具、水絵の具などが日本の従来の彩色具であったが、18世紀にオランダ経由でヨーロッパの合成顔料が輸入され、絵具も多彩になった。明治以降、油絵の具、各種の色素を蝋などと混ぜ、棒状に固めたクレヨン、色鉛筆なども輸入され、新しい画材として使用されていった。初等教育では、クレヨン、水彩絵の具、色鉛筆などを中心に、美術教育の彩色用具として使用されてきた。〈池田〉

がくしゅうちょう [学習帳] 筆記帳。近代学校教育の初期には*石板がノートがわりに使用されてきた。のちに、日本の製紙業の発展とともに、学校教育に合わせた学習帳が売り出され、教科により、また学年により、それぞれに合わせた升目、行数の学習帳が市販されていった。〈池田〉

じょうぎ [定規] ものの長さをはかったり、線や角度を書いたりする際に使用する計量・筆記用具。木製、竹製、金属製の様々な定規がそれぞれの目的に合わせ製作されてきた。1966（昭和41）年のメートル法への転換により、従来の尺寸法による定規にかわり、メートル法に直された定規が一般化していった。学校教育においては、木製の直線定規、三角定規などが算数や工作で使用

されたが、第2次世界大戦後にプラスチック製の安価なこれらの定規が市販され、生徒一人一人がこれらの定規を学校に持参するようになった。
〈池田〉

コンパス［コンパス〈kompas〉］　自由に角度を変えることができる2本足の製図用具。一方の足先に針を、もう一方の足先に黒鉛を取り付け、針を軸として回しながら円を描くことができる。数学の作図などに使用されてきた。
〈池田〉

そろばん［算盤］　東洋に特徴的な計算器。日本へは室町時代末ごろに中国から伝わったとされる。初期の算盤は、珠が上2個・下5個で、江戸時代を通じて一般的に使われていたが、のちに珠が上一つの算盤が登場し昭和期にわたって使用された。江戸時代における算盤の種類はきわめて多様であったという。1938（昭和13）年、文部省は珠が上1個・下4個のいわゆる四つ珠算盤を算数教育に取り入れ、昭和20年代に至って徐々に四つ珠算盤が算盤の主流となっていった。算盤の主要産地は兵庫県小野市である。
〈池田〉

ランドセル［ランドセル〈ransel〉］　小学生が使用する通学用背負いかばん。学校通学でランドセルが使用されはじめたのは、明治時代中期の学習院が最初であった。一般の小学校では、大正時代ごろまで、▼風呂敷包みや肩掛けかばんが使用されていたといわれている。その後、児童通学服の洋式化に伴い、都市部の男児を中心にランドセルの使用が始まり、やがて女児にも及んでいったが、地方では風呂敷などに包んで通学する時代が続いた。第2次世界大戦前においては、ランドセルの多くは豚革からつくられていた。また、サメやアザラシの革を材料としたもの、さらには戦中戦後のもののない時代には、革の廃物やボール紙を使用してつくられたものもみられた。ランドセルが全国的にまんべんなく普及するようになったのは、第2次世界大戦後の昭和30年代（1955〜64年）からであり、以降、ランドセルは牛革製が一般的になり、男児は黒色、女児は赤色が定着していった。昭和30年代には小さかったランドセルも、1980年のB5判教科書の登場、その後のA4判読本の登場などにより、大型化した。また素材としては、軽量の合成皮革製のものが普及し、さらには茶色や紺、ピンクやレンガ色など多色化の傾向もみられる。
〈池田〉

うわばき［上履］　校舎内で履く履物。屋外の土などで校舎内を汚さないように使用される。開拓期の寺子屋的な土間の教室、板の間、畳張りの教室では必要のないものであったが、近代学校建築の進展により、上履が必要になっていった。第2次世界大戦後間もないころまでは、裸足や*足袋姿で授業を受けることも珍しくはなく、また底を厚くした布製の上履などが使用されたりもした。その後は学校により規格が決められ、ゴム、化学繊維でつくられた上履が主流となり、市販されてきた。
〈池田〉

うんどうぐつ［運動靴］　学校の体育の時間に履く、運動をするのに適した*靴。現代でこそ、様々な種類の運動靴が使われているが、第2次世界大戦前あるいは戦後間もないころは、白い布製で底面をやや厚めに仕立てたいわゆる「運動*足袋」などが使用されていたが、全生徒が持っているというわけでもなかった。それ以前は、裸足や足袋姿で体育の授業を受けるのも珍しいことではなかった。
〈池田〉

写真5　運動足袋

はちまき［鉢巻］　額から後頭部にかけて巻く、幅が短く長い布。学校教育では、明治期以降、運動会などで使用された。赤や白の鉢巻、ないしは片面が赤、片面が白などの鉢巻があり、のちに、片面が赤、裏返すと白であごにかけるゴムのついた運動帽子に取って替わった。紅白の鉢巻きや帽子は、紅白2組に分かれて対抗戦を行うのに適していた。
〈池田〉

きょうかしょ［教科書］　明治初期の普通小学校の教科は、読み書き、習字、算術、地理、歴史、実業、修身などであるが、教科書は学校によって異なり、文部省や開拓使が刊行したもののほかに民間で編集したものなども使われていた。その後、1886（明治19）年の「小学校令」に「小学校ノ教科書ハ文部大臣ノ検定シタルモノニ限ルベシ」と教科用図書検定規則が制定され、翌年から検定が実施されるようになる。このようななか、新開地である北海道教育の特殊性が反映され、

1896年には文部省が『※北海道用尋常小学読本』8巻を刊行している。さらに1904（明治37）年には教科書疑獄事件が契機となって教科書の国定化が始まる。文部省が著作権を有する国定教科書は、終戦の1945（昭和20）年まで続けられるが、第1期は1904年から1909年の6年間、第2期は1910年から1917（大正6）年の8年間、第3期は1918年から1932（昭和7）年の15年間、第4期は1933年から1940年の8年間、第5期は1941年から1945年の5年間である。また、北海道では郷土教育運動の一環として、1931年に『北海道小学郷土読本』16巻（尋常科12巻・高等科4巻）が編纂されている。

〈矢島　睿〉

写真6　教科書

［北海道用尋常小学読本］

北海道庁の設立以降、北海道の初等教育政策は「小学校令」など国の政策の動向とともに、新開地を多く持つ北海道の情勢をふまえて推移した。そのような北海道の地域的特性と開拓途上の実状を考慮してつくられた教科書が『北海道用尋常小学読本』であり、1897（明治30）年から1904年にかけて、文部省において編纂された。『北海道用尋常小学読本』は全部で8巻作成され、一学年で2冊使用することになっていた。文部省教科書『小学読本』などと比べると、簡略化されている傾向がある一方で、北海道の地理や産物などの内容も盛り込まれた。

〈池田　貴夫〉

写真7　北海道用尋常小学読本

Ⅰ．生活用具

7．教育・娯楽用具
(2) 遊具・玩具

アイヌ資料

　子供たちの遊びは、大人の社会で行われている生活の縮図であり、成長後の生活の訓練でもあった。すなわち日常生活に必要な資材、食材などを調達する作業を行うために、それぞれの生態を山野・海浜で学び、遊びを通じての相互協力は、共同作業遂行上での気心を知り合うことになり、個々人の秀でた能力や特技を実見しておくことで、男女別・個人別の役割分担に自信を持つことになる。遊びの罰則や取り決めなどは、思考の創造力を発達させ、時によって偶然に生じる優劣や勝敗は、感謝や祈願の祀りに通じ、遊んだあとの始末は物への思いやりを育む。幼いころから遊びを通してこうした「生き抜く術」を学ぶのである。　　　　　　　　　　　　　　　〈藤村　久和〉

ゆうぐ［遊具］

　自然に存在する素材をそのままに創意工夫して利用し、場合によっては*山刀や*小刀など少ない工具を十分に活用し、それらで加工したものを遊具として使った。　　　　　　　　〈藤村〉

こどもようゆみ［子供用弓］　シノック―、シノッポンク―と称す。男の子が成長して5～6歳くらいになると、周囲にいる男系の大人たちが、その子供に専用の弓をつくって与える。素材は*木幣の残り材のヤナギやミズキ、あるいは身近にある樹種の枝や太いハギを使う。木幣の材だと直径が3㎝強もあるので縦長に半裁して、中芯を削り取って断面をD字状にする。また、直径が1.5㎝の丸棒だとそのままの形で使い、梢側を弓先に、根元側を弓尻とし、弓尻側はやや長めの円錐形、梢側は先が細身になった円柱形に削る。(→Ⅱ巻　狩猟用具［弓］)　　　　　　　　〈藤村〉

こどもようゆづる［子供用弓弦］　シノック―カ、シノッポンク―カと称す。弓弦は、主にオオバイラクサの内皮を細く撚り合わせるが、弓尻にはめるように、長さが4～5㎝撚りあがると、その端を重ね合わせて輪をつくる。それから繊維を2本に分けて撚り合わせていき、弓の長さに合わせ1mくらいの長さで止める。先に弓弦の端につくった輪は、弓尻に引っ掛ける。輪が大きければ、弓尻に2巻き、3巻きして弦をとめる。次に棒状の弓を梢側から力を入れて押し曲げ、弓の端に弦を1度回し、交差したところの内側から外側へ弦を通して手前に引く。すると弦の緩みがなくなるので、張りを固定できる。余りの部分は長ければ、ぐるぐるに巻いてから弦端をとめる。弓弦は使用後に必ず解いて、弦も弓も伸ばして休ませておき、使用時に弦を張って具合を体に覚えさせる。切れそうになった弓弦は、少し解いて撚り方を覚え、親から糸材をもらって弦づくりに挑戦する。何度も使用しながら要領を確実に会得していく。遊んでいるうちに弓が折れると、それだけ体力や能力が身についたといって、成長や上達を褒め、力に合わせた新しい弓をつくって与える。折れた弓は*幣棚に同行して指導しながら子供に納めさせ、感謝と再生を祈らせる。(→Ⅱ巻　狩猟用具［弓弦］)　　　　　　　　　　　　　〈藤村〉

こどもようや［子供用矢］　シノッアイ、シノッポナイと称す。矢の素材はオニガヤ(オギ)、ヨシの硬いもの、ヨモギ、ヤナギの細枝、ハギなどを使う。オニガヤやヨシは袴を除き、ヨモギ、ヤナギ、ハギなどは不用な小枝を落とし、節目を刃物で丁寧に削り落とす。紐で根元側をしばり、残り紐を螺旋状にきつく巻き上げ、梢側で1～2度ぐるぐるに巻く。紐の残りがあれば、螺旋状に根元側に下げてから、さらに残りの紐尻をどこかに引っ掛け、それを引き揚げてとめる。巻き上げた矢材は、炉棚(*火棚)やその上のあたりに下げて、よく乾燥させ、曲がりを矯正する。十分に乾燥すると、紐を解き硬さを確かめて握り拳の先から肘尻の長さを▼矢柄とし、それよりも3～

5cmくらい長い根元側を矢先として、やや凸レンズ状に削る。誤って人に当たっても怪我をしないように工夫し、梢側を矢尻として不用な長い部分を切り落とす。全体の出来合いや根元側の重さの片寄り、微少な反りや歪みを片目で見通し、*弓弦を挟む部位をV字状、あるいは凹状に削ると出来上がる。矢は4〜5本持たせるが、遊んでいるうちに矢先が欠け、あるいは曲がり、折れるなどすると、それだけ体力や能力が身についたといって、成長や上達を褒め、力に合わせた新しい矢をつくって与える。使用に耐えなくなった矢は*幣棚に同行して指導しながら子供に納めさせて感謝と再生を祈らせる。

初めて弓矢を持った子供には、射た矢が目標をはずれないよう、的は動かないものにし、形の大きな木や柱のほか、砂で動物の形をつくって射る。上達するにつれて、的を徐々に小さいものに変えていく。屋内では自分の座った場所から、太い柱、細い柱、垂木、壁、壁に張ってある1枚の*莫蓙、莫蓙に織りこまれた模様の部分に的を替える。子供用の弓は小さいので、長い距離で射ることは難しい。近づいて射ると確実に当たるので、射ることに自信を持ちながら、徐々に距離を取っていく。このような練習を通じて弦の引き具合、矢先の角度や弓矢の高さなどを習得する。動かない目標に飽きると動きのあるものを射る。同じ年頃の子供が、草束に長い紐をつけ、その紐端をある子供の胴に結びつけて走らせ、自分の前を通過する時に草束を射る。射当てると、その子に替わって自分が草束の紐を胴に結んで走り回る。また、草束を胴に結んである子供に走ってもらい、自分も追いかけながら草束を射る。こうして動きのあるものを射ることに自信がつくと、屋内では蝿の群れ、屋外では蚊柱などを射る。ついには家近くに飛来するスズメ、シジュウカラ、ゴジュウカラ、アカゲラ、カラスなどを射る。

サハリン（樺太）地方の子供用の矢はエタント、ノカオエタント、エチロシアイ、アイサパウシアイなどと称し、矢柄の先は大型のラッキョウに似ており、直径は最大2cm、長さ10cmくらい。細長く円錐状に削り、その部分に矢柄を挿入する。材は*木幣製作の端材や、焚き火用の*薪などから割ってつくることが多く、身近に男子がいる場合には大人が作成しておくことになっている。十分に乾燥すると、壊れることはないので矢先を大切にして矢柄だけを取り換えて使用する。同じ形だけでは変化がないといって、作り手は矢先の先端部に小さな突起を一〜三つ重ね、あるいは同心円、蛇の目、螺旋状の溝、格子や市松模様など様々に彫り込む場合が多い。（→Ⅱ巻 狩猟用具［矢］）

〈藤村〉

へらや［箆矢］ ペラアイと称す。幅3〜4cm、長さ6〜10cm、厚さ0.6〜1.0cmくらいの薄い板状で、上から見た全体の形は釣鐘に近く、文字でいえば「角」や「Д」状の上部が細長く円錐状に削ってあり、その部分に▼矢柄を挿入する。下辺の断面は刃物で鋭いV字状に削り取り、この部分が矢先となる。矢柄は身近に生育するヨモギ、ヨシ、オギ、ハギなどの茎などを使い、細枝や袴をきれいに取り除き、弓を押さえる指間を矢柄が何の障りもなく飛びぬけるように調整する。箆矢を差し込む切り口近くをシナノキの薄皮を細く裂いてキリッと結ぶと、矢先の尻を挿入しても裂けたり抜けたりしない。この矢は、川中の浅瀬にいる10〜20cmくらいの小魚の後頭部を目掛けて射て失神、即死させ、浮上してくる魚を捕獲し、弓術の向上を図る。捕獲した魚を串などに刺して焚き火で炙って遊びでの空腹を満たすこともある。

〈藤村〉

とげつきへらや［刺付箆矢］ アユシペラアイ、カネシカイウサイと称す。前項の*箆矢に似ているが、厚さが1.0〜1.5cmくらいもあり、下辺の断面はЦ状に削る。その底面にササや海浜に漂着したモウソウチクで竹籤をつくり、先をとがらせ5cmくらいの長さにしたものをЦ状の底面に適当な間隔を置いて打ち込む。箆矢の材は木質がやわらかく軽いヤナギが最上であり、漂着したキリ製の浮き木、同系のタランボやセンノキ（ハリギリ）を素材とすることもある。凹凸状に打ち込んだ竹籤の先端を*小刀で削ってとがらせ、先をそろえると刺付きの箆矢が完成する。▼矢柄は身近に生育するヨモギ、ヨシ、オギ、ハギなどの茎などを使う。細枝や袴をきれいに取り除き、弓を押さえる指間を矢柄が障りなく飛びぬけるように調整し、箆矢を差し込む切り口近くをシナノキの薄皮を細く裂いて結ぶ。この矢は、川中にいる15〜30cmくらいの魚を捕獲するのにも利用し、狙う場所は後頭部に近い背中を狙い、箆矢よりも水中に深く矢先を入れて魚に近づけて勢いよく打ち込む。刺が一つでも刺されば、逃げても矢をつけた

ままなので居場所がはっきり分かり、取り逃がすことはない。魚体や隠れ場所によっては少し時間を置いて、弱ったころに矢柄をわずかに引っ張り、浮いてくるようであれば、やや体を浮かせて別の子が第二の矢を放つ。深みに入ったままであれば、弱ってくるのを待つが、待ちきれないときは裸になって潜って捕まえ、場合によっては小刀を口にくわえて潜ることもある。竹籤が石や岩などに当たって先端が潰れる、裂ける、折れるなどするとその刺を引き抜いて、新しい竹籤に取り替える。根元から折れたり、竹籤が抜きにくかったりする場合には、脇に竹籤を打ち込んで調整することもある。後世になり、洋釘が入手可能になると、3cmくらいの釘を打ち込み、頭をペンチで斜めに切り取り、その尖りに▼鑢をかけて刺さりやすくするようになった。　　　　　　　〈藤村〉

のべいと・ひも・なわ［延べ糸、紐、縄］ カー、カハ、アネハリキカなどと称す。延べ糸・*紐・▼縄は次のような遊びに用いられた。

①**紐跳び、糸跳び、縄跳び（カーペカオイカ、カーカマ、カハカマ、カハオイカ）**

家の近くでは、家からオヒョウ、シナノキ、オオバイラクサなどの繊維を持ち出し、海浜ではハマニンニクの葉を細く裂いて糸や細縄を長さ2mくらいに撚り、2人がその両端を持ってピンと張る。遊びに加わった子供が順番にそれを跳び越え行き来する。高さは膝から肩口くらいまでの段階があって、跳び越える子が高さを指定し、幼い子には糸の持ち手が高さを調整する。糸に着物や体が触れても問題にしないが、失敗は2度までで一巡すると持ち手が交代する。

②**糸潜り（カーポソ、カハポソ）**

4mくらいの糸や細紐を2本用意し、持ち手1人の左手首と左足首とを1本の糸で結び、右手で相手の糸の中ほどを持つ。もう1人の持ち手も別の糸で同様にする。用意ができると、遊びに参加した子供が一斉に「一つ、二つ、三つ」とゆっくり声をかけ、それに合わせて糸を結んだ手足を上下左右に空を描いて止める。空中に張られた糸の間を順次通り抜ける。着物や肌を糸に触れずに通り抜けた者は巧者となるので、幼い子や男の子は着物を脱いで素裸で挑戦する。一巡すると再び声をかけ、それに合わせて新しい形に糸を張り、通り抜けさせる。3度、糸張りをすると、巧者2人が進んで糸の持ち手に変わり、持ち手がいない場合には、下手な子たちが持ち手を決める。

③**紐跳び、糸跳び、縄跳び（カーペカオイカ、カーカマ、カハカマ、カハオイカ）**

4mくらいの糸や細紐を2本用意し、持ち手1人の左手首と左足首とを1本の糸で結び、右手で相手の糸の中ほどを持つ。もう1人の持ち手も別の糸で同様にし、2人の持ち手が腰を落とした格好で待つ。用意ができると、遊びに参加した子供が一斉に「一つ、二つ、三つ」とゆっくり声をかけ、それに合わせて糸を結んだ手足を上下左右に空を描いて止める。その上や低いところを見つけ、勢いをつけて跳び越える。糸に接触した子供は敗者となり、接触部は怪我をした箇所として苦痛に満ちた顔つきをし、足を引きずり、手を当てるなどの演技をして戻る。上手な演技に皆がどっと笑う。

④**綱に結ばれた神（トゥシコテカムイ）**

長さが5～10mくらいの細縄を用いる。オオバコの穂茎で籤を引いて、ヒグマ（場合によっては、オオカミ、ワシなど）の役や、何人を捕獲すれば、遊びが終わりになるかを決め、細縄の一方を胴に結び、片方を棒杭や細い立ち木に結びつけてヒグマの真似をする。残りの子はヒグマをからかいに近づき、捕らえられないように逃げ回る。しかし、運悪く捕まると杭や立ち木に連れていかれ、見えない糊で離れなくなる。残りの子は捕まった子を助けようとするが、ヒグマも取られまいと防御しながら、別の子を捕らえる。ヒグマがまた、別の子に気を取られている隙に、逆方向から近づいて手刀で見えない糊を切りながら、「俺が切ったよ」と言って共に逃げ去る。取り決めた人数を捕獲すると、ヒグマの役を再び籤で選ぶが、その日にヒグマの役をした子は、籤引きは免除される。

⑤**雪釣り（ウパシコイキ）**

直径1cm、長さ50～70cmくらいのヤナギなど身近にある細枝の先に50～60cmくらいの撚った糸を結び、その先に*消炭を結びつける。雪の中に幾度も落とし、吊り上げては落としながら消炭に雪を付着させ、大きな雪団子をつくっていく。遊びに加わる子供が多い場合には、行司役が「いいよ」と掛け声をかけると一斉に雪団子をつくり始め、徐々に大きくし、行司役が「終わり」の掛け声をかけて作業を止め、最も大きな団子をつくった子が勝者となる。

⑥川越え(ペッオイカ、ペッァマ、ナイオイカ、ナイカマ)

　長さ10mくらいの縄の両端を2人が持ち、2人の間隔を狭めて屈み、縄端を左右に大きく、時には小さく揺り動かすと縄がヘビのようにうねり始めるが、これは海岸に打ち寄せる波や、川の流れ、人によってはヘビの行動を真似たともいう。そのうねる中を順番に、縄に接触しないように避けて跳び越え、触れたものは敗者となって縄の持ち手の背後に座る。縄を持つ手が疲れてくるので、人が来ないうちは緩やかに、人が来ると激しく動かして全員が敗者になると、新しい縄の持ち手を、自薦、他薦、じゃんけん、籤引きで決めて再び始める。

⑦波越え(コイカマ、コイオイカ、リリカマ、リリオイカ)

　身近に縄がない場合には、付近に生育する草類を抜き取り集めて縄綯いのできる子が草縄をつくり、あるいは長さ1m強のものをつなぎ合わせ、細長い棒を縄と縄との間に入れて長さを調節する。2人が縄の両端を握り、中央の棒を地表から10〜30cmも浮かせ、ゆっくり左右に大きく振って波をつくり、それを遊びに加わった子が順次、往来して跳ね越える。初めの波は緩いが、徐々に波のうねりをきつくする。

⑧縄跳び(シカリクシ、シカリカリクシ)

　長さ10mくらいの縄の両端を2人が持ち、縄を大きく回転させる。遊びに加わった子供は、縄の動きに合わせて縄の中に入って出るが、巧者になると両足、片足、片手つきなど様々な体勢を取りながら行き来する。縄を足に引っ掛けた子は、罠に足を取られたとして敗者となり、縄の持ち手の後ろで休息をするが、2人になると縄の持ち手と交代して縄を回す。

⑨綱引き(トゥシエタイェ、ハリキカエタイェ)

　遊びに参加する子供たちを性別、身長別に二手に分け、長さ10mくらいの縄の中央部分から50cm離れたあたりからそれぞれが縄を握り、行司役の子供の合図に従って一斉に引き合って力の差を競う。また、1対1での綱引き(トゥシエタイェ、ハリキカエタイェ)は、縄を手に握って引くほかに、縄の端を胴に結びつけ、双方が外側や、内側に顔を向けて引き合うこともある。1人の子と残りの子らが引き合うと、1人の子が大勢に引きづられて相当の距離を走ることになる。引く方は平坦な路面よりもやや起伏がある砂浜の方が面白く、引かれるのも楽しい。加速がついたところで手を離すことになっているので、引く方はもうそろそろ手を離すのでは、と思いながら走るが、下手をすると引き手が転ぶことになる。

⑩ブランコ(トゥシシスイェ)

　5〜10mくらいの長い縄をつくり、樹木の下枝が横に太く伸びている場所を見つけ、縄の端を胴に巻いて上っていって、縄の両端を結ぶ。高ければ梯子を使う。また、梯子がなければ、縄端に割った薪を結びつけ、それを放り投げて枝を交わし、垂れ下がる縄を一回しして輪をつくって結ぶ。解けないことを確認して垂れ下がる縄をしっかりと引くと結んだ輪がスルスルと上がっていって枝を締めるように止まる。縄のもう一方も同様にして縄を枝に掛け、縄がU字状に下がったところに腰を掛けてブランコとする。長時間遊ぶ場合には腰幅の板を用意して、それを当てがって漕ぐ。また、垂れ下がる縄の端を幾重にも玉結びにし、そこから1mくらい上方にも玉結びをして全体に地表よりも若干高くする。その縄を木の枝と直角になる方向に引き寄せ勢いをつけて走りながら、地表に近い玉結びの箇所に両足を掛け、上方の玉結びに手を掛けながら、上昇、下降に膝を屈折させて反動をつけてブランコとする。

⑪宝引き(イコロエタイェ)

　革紐や撚り糸、大型鳥類の羽軸などを使い、糸や紐は30〜60cmの長さのものを遊びに参加する人数に応じて5〜20本用意する。その中の1本の端に撚りを少し戻して布切れを挟み込み、反対側の端をまとめ、誰かがそれを手で握る役となる。決めた順番に糸を引かせ、誰かが布切れを挟んだ1本を引くと、用意したクルミやドングリ、小石などの一つをその人が得る。はずれた場合には、最後に握り手が引く。籤引きが一巡すると、握り手も変わり、用意した宝物がなくなった段階で、所持数の多い子が勝者となる。布切れの代わりに刀鍔などを結ぶこともある。　　　　　　　　〈藤村〉

わじょうのいと・ひも・なわ[輪状の糸・紐・縄]　カリプカー、カリプカハ、カリプアネハリキカなどと称す。これらは、次のような遊びに用いる。

①耳輪落とし(ニンガリハチレ)

　長さ30cmくらいの細紐や糸を輪状に結び、中ほどで捻って8の字にし、できた両輪を両耳にかけ

る。顔をゆがめて百面相をし、首を振ったり耳を下げたりするなどして手を使わず、はずし落とす。両耳に両輪をかけても緩い場合には、捻りを何度も行って緩みを調節する。

②耳輪引き（ニンガリエタイェ）

　長さ80cmくらいの細紐や糸を輪状に結び、相対する2人の耳に輪の一方を掛け、行司役の「いいよ」の合図で、2人は相手の掛けた耳から輪をはずそうと努力し、はずれた方が敗者となる。人数が多い場合には、勝者同士が競って最強の勝者を決め、敗者同士も同様に競って序列を決める。

③ネズミ捕り（エルムンコイキ）

　細紐の中央に一重の輪をつくり、その両端を2人の子が手を宙に浮かせて持ち、輪の片側に手でつかみやすいものを置く。遊びに参加する子供たちのなかから1～3人（単身、夫婦、親子など）が輪の手前に座り、輪の中に手を通してから向こうにあるものを盗みに行く。残りの子たちは、一斉に歌を歌う。盗みに行く者は、その歌の「嘘の延縄、偽りの延縄のちょっと手前（の罠）を越えたら、その向こうには、食べ物があるぞ。あるぞ。チュウ、チュウ」に合わせ、ネズミの生態を真似ながら、面白おかしく演技し、笑いのなかを進行する。罠に近づいたら、罠を調べ、手を半ば差し伸べて取るしぐさをし、左右に座る紐の持ち手に手を合わせて頼み込み、あるいは色仕掛けの愛想を振り、ちょっとした隙に、罠輪の向こうにあるものを瞬間的に盗み取る。取ったものを見せびらかしながら、意気揚々と帰っていく。しかし、紐の持ち手がうまく引いて輪に伸ばした腕や、物をつかんだ手が引っ掛かるとネズミが罠にかかったことになり、逃げ惑う男ネズミは持ち上げられて落とされ、女ネズミは尻や体を紐の持ち手が残り紐を鞭の代わりにして打ちたたく。散々に懲らしめてから、手にはまった紐を解いて、遊びを再開する。遊びが一巡すると、紐の持ち手が交代する。

④綾取り（ウコカウク、カーウコウク）

　50～60cmくらいの糸の両端を結んで輪にし、これで綾取りを行い、取り違えて形を壊して糸が絡まると、最初からやり直して遊びが続く。綾取りは1人綾取りのほかに、数人で円陣をつくって次々と取り合う遊び方もある。

⑤指切り（イトゥイェ、アシェペットゥイェ）

　50～80cmくらいの糸の両端を結んで輪にし、左手の親指の付け根に掛ける。手のひら側の親指に掛けた紐の下から右手の人差し指を、左手の親指と人差し指の間に差し込んで、手の甲側にある紐を手のひら側に引き出す。その紐を時計回りに1回捻ったあと、左手の人差し指に手前から掛ける。次に人差し指と中指の間から紐を引き出し、同様にして捻った紐を中指に手前から掛ける。同じ要領で、小指まで捻り輪を掛けると、残りの紐を引いても動かない。そこで親指に掛けた紐の輪をはずし、小指の下に垂れ下がる紐のうち、手のひら側の紐をゆっくり引くと、紐は絡まずに指間をすり抜けて元の輪に戻る。　　　　　〈藤村〉

こんぼう［棍棒］　ウコカルカル、ウカラと呼ぶ背中を打ち合う男の子の遊びに用いる。直径5～7cm、長さ55～120cmほどの丸棒。遊びに参加するのは男女や年齢を問わないが、棒で打つ方、打たれる方は、およそ8歳以上のたくましい男子に限られる。子供は長い毛が厚く密生するエゾシカ皮の首から背筋にかけての部分を筒状に丸め、それを襷がけに背負ったあと開脚して背筋を伸ばし、仁王立ちになる。両側に人を抱え、あるいは前に屈んだ人に腰を抑えられ、また、前に立つ人の両肩に手を置くなど、様々な体勢をとることもある。

　練習を重ねて次第に要領を体得すると、毛皮を四つ折り、三つ折り、二つ折り、縦長に切った皮などと徐々に薄くしていく。打つ方は一～三打ちまであって、慣れないうちは、離れたところから助走をつけて一打ちする。打つときの力加減はおよそ5段階あり、一打ちされた子は立場を替えて打ち手となり、打ち手は打たれ側となる。一打ちされた子は、同じ程度の力量で同様の手順に従って打ち込むが、開始時には「棍棒が行くぞ」と声をかける。打たれる方はこの掛け声を聞いて覚悟を決め、いよいよ打たれるころに筋肉を張り、呼吸を止めて一撃を受け、それが終わると力を抜いて深呼吸する。

　二打ち、三打ちの場合には、打たれる子の傍らに立って棒を構え、相互に準備や気構えができると、打ち手は「棍棒が行くぞ」の掛け声を発し、ゆっくりと二打ち、あるいは三打ちを行うなど、5段階の強弱を組み合わせて打つ。打たれて耐える男の子に対して、女の子は一斉に「アウチョー」と、甲高く檄を飛ばす。この声が切れるあたりに、2度目の打ち込みがあるが、必ず強弱にな

っているので、それに合わせて身構える。

　痛みがあっても我慢するが、「痛い」という言葉を口にすると、それで敗者が決まる。特に同年の子や、女の子の前では禁句で、もしも言おうものなら一生、陰でそのことに触れられる。年少の子供たちは、丸棒では痛すぎるので、立ち枯れたイタドリ（虎杖）の茎を加工して用いる。（→426頁　[虎杖―イタドリの体打ち]）　　　〈藤村〉

ながいぼう [長い棒]　タンネニッ、タンネニと称す。この棒を用いた遊びは次の通りである。

①棒高跳び（カーテルケ、カハテレケ、ハリキカテレケ、カーオイカ）

　太さ直径２cm、長さ２mほどの２本の細棒の先端部分に長さ５～６mほどの細紐を括りつけて張る。２本の棒を斜めに上げて、細紐の高さを定める。120～150cmほどの低さから始め、徐々に棒を立てて、紐の高さを上昇させる。この紐を跳び越える人は、直径３cm、長さ２～３mほどのヤチダモの若生いを切って高跳び用の竿とし、銘々に助走をつけて竿を使って跳び越える。衣服や体の接触は問題にせず、跳び越えることができればよい。棒高跳びは年長の子供が行うので、年少の子供が棒の持ち役となり、年長者や跳ぶ者の指示に従って高さを調節しながら、高跳びの技を理解して、機会があれば仲間に入れてもらって初挑戦をする。

②棒押し、丸太押し（ニーオッケ、チクニオッケ）

　太さ直径２～３cm、長さ２mほどの細棒を地表に置き、その両端から１mほどの外側に直線を引く。遊びに参加する子供が少なければ、１対１となり、棒を握って思い思いの体勢で立つと、行司役の子の合図で相手方に向かって押す。棒の端が引いた線よりも外側に出ると敗者となる。また、遊びの人数が多い場合には、２人１組となって競い、勝者同士が対抗して最強の勝者を決める。一方、敗者同士を組み合わせて、第２位の勝者、第３位以下の序列も決める。また、女の子が加わる場合には、女の子の順位も同様にして決める。

③棒立て（ニーアシテ、チクニアシテ、ニーエタラシテ）

　棒を片手に握って垂直に立て、棒の尻を利き手や人差し指の指先に乗せたあと、握っていた手を離し、均衡を取りながら棒が立ち続ける時間を競う。巧者になると、頭上、額、肩、手の甲、親指先、腰脇、膝頭、足の甲などにのせて技を見せ、巧者同士が技を競って披露する。見る者は、技ごとに拍手をして楽しむ。

④棒持ち回り（ニーコカリ、チクニコカリ）

　地表に直径１mくらいの円を描き、円に沿って浅い溝をつくる。左右の手の間隔をあけて棒を持ち、それを宙に浮かせた状態で円の中心に立てる。棒に目をすえながら、足裏に円の溝を感じながら時計回りに円を駆け回り、回転の数や早さ、時間の長さなどを競う。　　　〈藤村〉

つちさしぼう・ねっき・ねぐい [土刺し棒、根木、根杭]　トイチウニ、カチウニ、オプニと称す。笄打ち、ねっき打ち（ニテシノッ、オペシノ）と呼ぶ遊びに用いる。太さ1.5～2.0cm、長さ25～35cmほどで、身近な樹種であるアオダモ、シナノキなど、枝になっている股木部を利用してつくる。Ｙ字状の脇枝を残して本枝を股木部から削ぎ落とし、股木部が全体の長さの下方に位置するよう根元側を鋭い円錐形に削り、砂地や軟らかい土に刺さるようにする。脇枝の梢側は、子供の手で握りやすいように先細りの円柱形に削り取るが、幹部の外皮は残したままとする。

　これを各自が十数本持ち寄って仲間同士で打ち合いをする。順番を決めて最初の１人が力を込めて棒を土に深く刺し立てる。次の子が刺さっている棒の根元側をめがけて棒を打ち込むが、先の棒が倒れずに自分の棒が跳ね返って倒れたら、そのままにしておく。次の子が立っている根元側をめがけて棒を打ち込むが、先の棒脇に寄り添うように刺さる。次の子が立っている棒の１本に当てると、自分の棒が立ったままで、誰かの棒が倒れたら、倒れた棒は自分のものとなり、続けてもう一度、棒を打つ権利を得る。立っている棒の１本に当て、自分が立ったままで、相手の棒が倒れたら、倒した１本と、倒れている棒の１本を、「場」をさらえるといって自分のものにできる。「場」には棒が立っていないので、勝者の子が１本を土に深く仕込むと、次の子が、立っている棒を狙って自分の棒を打ち込む。こうして、棒を打ち合い、手持ちの棒がなくなると、そこで敗者となるが、仲間から棒を幾本か借りて再び参加することができる。

　勝者は多くの棒を持ち帰るが、軽くて先の丸まったものや、握り部分が手の大きさに合わないもの、刺さり具合の悪いものなどは、自宅の*囲炉

裏に鎮座する火神の子供たちの遊具として利用を願って火にくべて奉納する。手になじんで、勝利を導く棒はきれいに磨きをかけ、大勝負のときに使用することにして、自慢の逸品と決め、宝物として大切に保管する。

棒は父親や長兄、叔父たちがつくるが、負けの多い子の関係者は、棒を幾度も失うのは、自分のつくりの技が悪いためとして、良質のものをつくるように励み、その子の腕を向上させ、一家の汚名を返上するために相手になって特訓も行う。いつも勝者となる子の家族は子供の遊びとはいえ、少々鼻が高い。冬には積雪を利用して行う。

〈藤村〉

つきぼう[突き棒] カチウニ、ポンレパオプ、カリプカチウニ、カリプペカプなどと称す。この棒は次のような遊びに用いる。

①**草束突き（ムンノカコイキ、イノカコイキ）**

直径2.0〜2.5cm、長さ1.5〜2.0mほどで、おおよそ子供が直立して片手先を上方に伸ばした長さの丸棒である。梢側をやや細身に削るが極端に鋭くとがらさない。突き棒の遊びに参加する子供のうち、棒を使えない幼い子供には、青草やヨモギ、ヨシを刈って長い紐で根元を直径15cmほどに硬く束ね、紐の残りを、その胴に結びつける。草束の長さは0.7〜1mほどあるので草の先の方を紐で結んで筆先のようにつくる。青草の草束をつけた子は、自由に走り回って突き棒から逃れる大型魚の役を演じ、突き棒を持った子は持ち場に待機して、その魚が自分の前を通過するときに突き棒を投げて当てる。さらには草束と一緒に走って追いかけながら突き棒で刺すのを競う。

②**砂形突き（オタノカコイキ、イノカコイキ）**

海浜では、干潮時に海辺に下がって濡れ砂を手で盛って1mくらいの大きさのカジキマグロ、サメ、カメ、イルカ、クジラ、アザラシ、トドなどの形をつくる。突き棒の初心者は5〜6m、巧者は10〜15m離れた場所から狙って突き棒で刺して競う。

〈藤村〉

またじょうつきぼう[又状突き棒] カリプカチウニ、カリプペカプ、クワニ、カチウニ、アウニ、アウコロニなどと称す。直径2.0〜2.5cm、長さ1.5〜2.0mほどの丸棒で、梢側がY字状にそろった形や、トの字を逆にしたような二股の突き棒。子供の身長に合わせ、おおよそ直立して片手先を上方に伸ばした長さとされている。2本の枝先はやや細身に削ってあるが、極端に鋭くとがってはいない。この棒は、もっぱら*輪を掬い取るか、受け取るのに使われる。

〈藤村〉

わまわしぼう[輪回し棒] カリプチャシテニ、カリプパシテニ、アカンチャシテニッなどと称す。直径1.0〜1.5cm、長さ50〜80cmほどで、梢側が二股状で10cmほどのクワの若枝を切り取る。早速、小鍋で熱湯を沸かし、それに梢側の二股部を浸して柔らかくし、やや自由に動かせるようになると、二股に直径10cmほどの丸太を挟み、その上部を細紐でくくる。股状の部分がU字状になるように調整したあと、*火棚に上げ、あるいは梁などからかけ下げて十分に乾燥する。乾燥したら下げ降ろし、細紐を解いて全体の形を見ながら輪の大きさに合わせて削る。あるいは輪を細身にして輪回し棒と合わせ、不用部分を削り取りながら調整をする。

輪を片手で回転させ、回転する輪の真ん中よりもやや下の部分に棒をあてがい、輪を押しつける要領でやや加速をつけて走る。すると、輪は棒の手さばきでどこまでも走り続ける。遊びに飽きて家に持ち帰ると、輪回し棒の根元側を土間の壁や、壁材を押さえる横木との間に刺し込み、壁と棒との間に輪を挟めて置く。

〈藤村〉

わ[輪] カリプ、アカムと称す。輪を用いる遊びは次の通りである。

①**輪回し（カリプチャシテ、カリプパシテ）**

ブドウヅル、コクワヅル、ヤナギなどの細枝や太いものは半割りして、屋内用は直径10〜20cm、屋外用は直径30〜50cmくらいの輪に仕上げ、材の端を差し込み、あるいは紐でとめる。また、海浜に漂着する*樽にはめられた竹の箍を利用することもある。出来上がった輪は、兄弟で共用するか、個人のものとする。屋内では、床や幅のある*炉縁、屋外では外庭などの平面を利用し、輪を軽く片手で握って、その手を後方から前方へ振って輪を投げ、転がして1人遊びをする。上達すると仲間を誘って輪を回転させて走行距離を競う。屋内外には平坦面が少ないので、砂丘や家裏の坂を利用して輪を転がすこともある。

②**輪の射通し（カリプチョッチャ、カリプトゥカン）**

小さな子が輪を転がし、年上の子が弓に矢を持って待機し、目前にやってくる輪の中を矢で射通す。

③輪を棒で刺す（アカムカチウ）

　小さな子が輪を転がし、年上の子が長い棒を持って待機し、目前にやってくる輪の中に*突き棒を投げて突き通す。また、輪を地表に立てて静止させ、5～6m離れた場所から突き棒を投げて輪の中を通す。さらに、輪を空中高く放り上げ、落下する輪の中をめがけて突き棒を投げて突き通す。遊びに加わる人数が多い場合には2組に分かれ、どちらの組が多く突き通したかを競う。落下する輪の中をめがけて突き棒や又状突き棒で受け取る、あるいは落下する輪の中に何本の突き棒を刺せるかを争うこともある。

④輪投げ（アカムウイナ、カリプウコテレケ）

　人数が少なければ間隔をあけた円陣や、向かいあって横列に並び、誰かが相手側に対して輪を空中に放り投げると、落下するあたりの子が又状の突き棒を駆使して輪を受け取る。さらに受け取った子が別方向の子に対して突き棒を使って輪を空中に放り、輪投げの遊びが続く。人数が多ければ横列の対面式に並び、あるいは逆三角形に受け手を配置し、輪が地表に落下するまでを1ゲームとして競い合う。輪を上手に受け取れず地上に落とすと、その組の1人が相手側の召使いとなり、相手側が輪を落とすと召使いを取り戻すことができるというやり方もある。　　　　　　　〈藤村〉

わさしけんだま［輪刺し剣玉］　アカムカチウと称す。ノブドウの蔓やササ、樹木の細枝などを利用して直径5～10cmほどの輪をつくり、残りの部分を輪に螺旋状に巻き、端は挟み込むか、切り落とす。この輪に長さ30cmほどの細紐を結び、もう一方は、直径0.5～1.0cm、長さ20～30cmの丸棒の上から4分の1くらいに結びつける。丸棒はできるだけ節がなく、まっすぐな材を選び、梢側を刃物で細長い円錐形に削り、先端は刺さらないように仕上げる。遊ぶ要領は剣玉に似ていて、丸棒を強く引き上げて輪を宙に浮かせて丸棒の先で輪を突き刺し、あるいは輪を前方に放り上げ、輪が落ちて来るところを突き刺して受け止める。巧者は丸棒の梢側と根元側とで交互に輪を受け止めたり、輪の縁を「Φ」状にしたりすることもある。また、中型、大型の猛禽類の爪の付け根に刃物で二つ穴をあけて糸や極細の紐を通し、そこへ別の爪先を差し込み、先の糸端で二つの穴を通す。もう一方の糸端を反対側の穴から通すという要領で爪を次々につなぎ合わせて輪をつくることもあ

る。　　　　　　　　　　　　　　　〈藤村〉

さやさしけんだま［鞘刺し剣玉］　サヤカチウと称す。*輪刺し剣玉が上手な子は、さらに難しい鞘刺し剣玉を行う。*小刀とそれを収める鞘を使い、小刀の柄や鞘に穴のない場合は、60cmほどの細紐の片端を結びつけ、もう片方の端を鞘の紐に仮にしばり、輪刺し剣玉の要領で遊ぶ。〈藤村〉

りゅうぼく［流木］　ヤンニ、モンニ、モムニなどと称す。海浜に打ち上げられた流木は、シーソー、ギッタンバッコ（ン）（ウコリキン）に用いられる。直径10～15cm、長さ2～6mほどのまっすぐな細い丸太の長材を見つけ、さらに、直径30～60cmの太い丸太を見つけて運ぶ。長材の中心部を丸太と直角に交差させ、幾人か跨がって全員の体重を平均になるように配置換えをし、足を屈伸させながら相互に上下に跳ねて楽しむ。材が短ければ両方に1人ずつ跨がって遊ぶ。　〈藤村〉

みじかいぼう［短い棒］　ニッ、ポンニッと称し、次のような遊びに用いる。

①触った棒を言い当てる（ウコニレッテ、ウロルケレニ）

　直径が*箸くらいの太さに成長したヤナギの若生いを5～6本採取し、枝の曲がりを矯正するために、根元をそろえて細紐で結ぶ。残りの紐を梢側に向かって螺旋状に巻きながら、全体を細長い円錐状にまとめ、紐に余裕があれば、梢側から根元の方に逆に巻いて結ぶ。これを*火棚や、近くの梁から下げて十分に乾燥させる。まっすぐになった乾燥した細枝を、箸または、それよりやや長めに切りそろえ、外皮を削って白木にし、5本を1組の遊具とする。ヨシ、オギ、ハギ、ヨモギなど身近な素材も活用した。直接遊びをするのは*囲炉裏を挟んで相対する2人で、ほかの子は不正がないように監視役や、伯仲する熱気、真剣な勘の冴えを見守る観客となり、自分も挑戦者と同じく勘を働かせる。

　戸口に立って左側の座は、奥にその家の神を祭り、その下手に主人が座る。右側の座は来客用であることから、右側の子が挑戦者、左座の接客する子がそれを受けて立つ。まず、左座に座った子が自分の前にある*炉縁の付近の灰をきれいに均し、そこに5本の棒を等間隔に立て並べたあと、灰均しを相手に渡し、挑戦者も同様に棒を立てる。用意ができると、挑戦者は向かい側に立つ5本の棒をしっかりと記憶し、やがて顔を上げて屋

根裏に目をやり、時には目を瞑る。この間に、受け手は5本のなかから、心に決め、「はい（始める）」と声をかけてある棒の頭を人差し指の先で、そっと触れる。地域によっては軽く棒の頭を親指と人差し指の腹で押さえ、「よい」となったら軽く咳払いをする。地域によっては「もう、いいよ」と言うと、指し手を引いた場合の挑戦者は顔を下げ、5本のどれに指先で触れたかを考証し、勘を働かせて何本目かを言う。両指で押さえている場合には、顔を上げたまま言ってから顔を下げて正否を確認する。当たっていれば拍手と歓声が沸きあがり、言い当てた棒は挑戦者のものとなる。傍観者も心の中で自分の勘を言い、当たっていれば、自分の憑き神の暗示に感謝する。

　挑戦者の勘が当たっていても、はずれていても、次は受け手の順になり、同様に顔を屋根裏に上げている間に、挑戦者は先と同様にして答えを待つ。このようにして交互に言い当て、早く棒を失った人が敗者となる。巧者であれば、顔を上げたままで言い当てる子もいる。5本の棒には、個々の名前があり、4本、3本、2本と数を減らすと、それぞれに名前が変わる。地域によっては残りの2本のうち1本を横にして「立つ」と「横たえる」で言い分ける。

②棒の形状を言い当てる（ニチヒアイイェ、ニッアイェ）

　皮付きの棒と白木の棒を5本ずつ、合わせた10本を無作為に選んでまっすぐに立て、炉縁に枕を置き、相手側にもはっきり分かるように、棒を右に傾け、左曲げなどと組み合わせて配置する。挑戦者は奥から戸口に向かって順番に皮の有無、棒の状態を記憶して、屋根裏を見ながら、すべてを言い当てるが、誤ると嘆息の声があがる。挑戦者がうまく言ったあとに配列者が棒の状況をそのままに言い当てると、今度は挑戦者が棒を配列する。年少者には棒の数を減らし、あるいは皮なしの棒で状況だけを変えて言わせる。要領が上達すると、数を増やし1人ずつに棒の状態を工夫して言わせ、時にはヒントを出して応援する。

③棒当て（ニチヒオシマレ、ニチヒチョッチャ）

　遊びの人数にもよるが、20本ほどの棒を用意し、そのうちの1本を炉縁近くに立てる。反対側の炉縁から正座して尻を浮かさず、体を前に出さない姿勢のまま、利き手に持った1本の棒で投げ当てる。当たると1本の棒を獲得し、順に次の子が挑戦する。棒がなくなると、数の多い子が勝者となる。人数が多いと籤引きで2組に分かれ、棒の本数も20～50本所持し、相互に相手側の炉縁前に立てた1～5本の棒に挑戦し、当たると自分たちのものとなる。はずれるまで何本でも挑戦ができるが、同じ子がはずれるまでできるか、別の子が挑戦するかは、取り決めによる。こうして手持ちの棒を取られて失うと敗者となるが、その逆に、当てたらその棒を相手の組に渡し、早く手持ちがなくなった方が勝者となる遊び方もある。

④陣取り（ウコニアシ、ウコスマアマ）

　戸口に近い炉尻に*火箸で田の字を書き、升目とする。対角線に「×」や、中の「＋」の部分を結んで「◇」を描き、場合によっては「×」や「◇」を組み合わせることもあり、用の字の下辺に線を1本引くこともある。2人が炉縁を挟んで座り、外皮の有無や、上部の削り方などを変えた3本をそれぞれの手前に立て、先行を決めて1本の棒を1升ずつ相手側へ進め、早く向かい側に3本を立てた方を勝者とする。

　棒の数を4～6本で競うこともある。その場合には、升目を増やし、1升ごとに「×」を描いたり、特定の箇所に限って描いたりすることもある。木の棒のほかに、扁平な石と塊状の石を使い分ける遊びもある。また、炉尻に火箸で田の字を書き、対角線に「×」を引く。2人が炉縁を挟んで座り、外皮の有無や、上部の削り方などを変えた3本の棒を自分の好きな場所に立て、先行を決めて1本の棒を1点ずつ移動させて、違う場所へ3本の棒を一直線に並べ立てた方を勝者とする。棒を使わずに石で行うこともあり、遊びに参加する人数が多ければ、升目を増やして「×」をつけ、並べる数も変えて囲炉裏を挟んで早く直線状に並べて競うこともある。　　〈藤村〉

おれしば〔折れ柴〕　エカイチャイチャイ、ヘカイニと称す。折れ柴は次の遊びに用いる。

①魚と子供（チェプネワポホ）

　焚き付けの柴のなかから長さ10～20cm、直径0.3～1.0cmのものを見つけ、時には壁材のヨシなどを1本抜き取って、梢側3～5cmで軽く折って「Γ」状にし、両方の手のひらに挟む。曲がりは鳥の嘴、縦は鳥の首に当たる。この鳥は冬季に波静かな入り江や河口に集う「ホホジロガモ」だともいわれる。両手をゆっくり前後させて揉むと、それに合わせて「Γ」状の上部が左右に回転

し、2羽の鳥が向かい合って会話をしているように見える。

そこで、両手を揉みすりながら、「エー、エー、エアウワー、エー、エー、エアウワー、エー、エー、エアウワー、エー、エー、エアウワー…（今日）あんたは何匹魚を見つけたの。（今日は、大きい魚を）私2匹見つけたの。（まぁ、うらやましい、1匹も見つけられないから）その1匹を私にご馳走して頂戴な（私が魚を取った時は必ずご馳走するからさ）。エー、エー、エアウワー、エー、エー、エアウワー、エー、エー、エアウワー…何人お子さんをお持ちなの？　私には2人の子供がいるの。（まぁ、うらやましい、私は、まだ子供がいないの。寂しいから）1人私にくれて頂戴な（私が身籠って子供ができたら必ずお返しするからさ）。エー、エー、エアウワー、エー、エー、エアウワー」と歌いながら様々に会話を続ける。

②犬数え（セタピシキ、シタピシキ）

折れ柴を2人の子が回しながら、相互に数え歌として答え、3人の子が1節を分担する場合もある。その数え歌は、「アウオー、エーアウワー、アウオー、エーアウワー、アウオー、エーアウワー、アウオー、エーアウワー、お前は犬を何匹持っているの。1匹子犬を持ってるよ。1匹の子犬だけかい。アウオー、エーアウワー、アウオー、エーアウワー、アウオー、エーアウワー、アウオー、エーアウワー、お前は犬を何匹持っているの。2匹子犬を持ってるよ。2匹の子犬だけかい」というように数を10までを一区切りとし、ほかの身の回りにある品物を思いついてはそれを犬に置き換えて延々と続ける。　　　　　　〈藤村〉

こいし［小石］　ポンシュマ、ポイスマと称す。小石は次の遊びに用いる。

①小石入れ（シュマオマレ、スマオマレ）

砂浜や軟らかい土の表面に30〜100cmの間隔に直径5〜8cmほどの浅い窪みをいくつもつくる。その窪み全体は屈曲した形に配置する。遊びに加わる子供は、自分が拾ってきた扁平な小石を窪みへ次々に入れていき、最後の窪みに早く到達した子が勝者となる。小石の入れ方は穴の2〜3歩前から両足をそろえ、あるいは片足を上げて放り投げたり、その場所に立って目の位置から落とし入れたりする。残りの子はついて回って不正がないように、落ちた場所が有効か否かを判定する。幼い子が多い場合には窪みをつくらずに、棒で円や四角を描くこともある。

②小石入れ（シュマオマレ、スマオマレ）

直径1mほどの円陣を棒で描き、それを中心として周囲にも1mほどの円を8〜10個描くが、中央の円陣からの距離はまちまちにし、遠いものは10mほど離す。自分の手に合った手ごろな小石を一つ選び、順番を決めて、中央の円陣から各円へ時計回りに石を投げ入れて1周した者が勝者となる。投げ手が中央の円陣に入ると、ほかの子は中央の円陣から投げ手の足先が出たか否か、投げ入れる円に石が入ったか否かの確認係となる。失敗するとその子は円陣から出て、次の子の番となる。遊びに飽きると、自分の石を拾った方向に投げながら円を足で消していく。

③小石入れ（シュマオマレ、スマオマレ）

棒で地表に直線を1本引き、そこから5〜10mくらい先に、直径30cmほどの窪みをつくり、その穴をめがけて球形の小石を順に転がし、入れた子を勝者とする。

④小石転がし（シュマカルカルセ、スマカルカッセ）

棒で地表に10〜15mほどの間隔を置いて2本の直線を引き、向こう側の直線をめがけて小石を転がし、最も近づけた子を勝者とする。屋内では小石やクルミ、ドングリの実を使って遊ぶ。

⑤小石採り（シュマウイナ、スマウク）

川原、家の軒下、路傍などで拾い集めた直径2〜3cmほどの小石を20cmくらい山積みにする。順番を決めてから、少し大きめの石を親玉とし、真上に放り投げると、周りの子が一斉に「ひとーつ」と言う。その間に親玉を放り投げた手で山から石を一つ取って反対側の手に渡し、落ちて来る親玉を放り投げた手で受け取る。次に親玉を放り投げると、周りの子が「ふたーつ」と言うので、山から石を二つ取って反対側の手に渡し、落ちて来る親玉を受け取る。こうして数を増していくが、親玉を受け損ねたり、言った数だけ取れなかったりする場合には、次の子の番となる。こうして石の小山が言った数と合わなくなると、遊びを中断し、自分の持ち分から持ち出して継続する。遊び飽きるか、誰かの手持ち石がなくなった時点で、敗者が決まり、遊びが終了する。遊びに使った石は、軒下に並べて次回の遊具とする。

⑥小石採り（シュマウイナ、スマウク）

扁平な石、丸い石、角ばった石などを無作為に

掻き集めて山にする。順番を決めて1人1個ずつ取り去って自分のものとするが、ほかの石に触れると1回、崩すと2回休みとなる。こうして石の山がなくなると、持ち数の最も多い人が勝者となり、量によって順位を決める。次いで10個ずつを2〜3回、場に出し、持ち数があれば残りのなかから5個ずつ、あるいは3個ずつ出し合って誰かの持ち数がなくなると、場への供出が終わり、手元に残った数が真の持ち数となる。場に出た多様な石は最優勝者が両手で中央に掻き寄せて高い山をつくり、敗者から順に石取りを行い、遊びを継続する。遊びに飽きると、参加した子が適量を手に抱え持ち、尻を内側にして円陣をつくる。最下位の子の「ばらまくよ」の掛け声を聞いて、一斉に「ばらまくよ」と言いながら、宙高く四方へ散らし、家路に着く。

⑦小石当て（シュマチョッチャ、スマチョッチャ）

　直径2〜3cmほどの小石を決めた数だけ採取し、砂上や地面に3〜4mの幅を隔てて棒で線を2本描く。次に自分の持つ小石のなかから1個を取り出して、線の中心部に放り投げる。遊ぶ子同士が順番を決め、自分の小石の場所に短い棒を立てて小石を取り、線の外側から、遊び場に散らした小石のなかのこれと思う小石に狙いを定めて投げる。うまく当たって小石と小石がぶつかり合う音を聞くと、その子が当たった小石を自分の物として、次の小石を狙う。はずれると次の子の番となる。小石を取られた子は、自分の持つ小石1個で小石当てを行う。遊びに飽きたころに所持する小石の数の多い子を勝者とする。遊び終わった小石は各自が遠くへ放り投げて距離を競って終わる。

　また、屋内に敷いた横長の*茣蓙1枚を遊びの場とし、遊びに加わる子が川原や浜で採取したきれいな小粒の石のなかから各自が持つ石の数を定め、順番も決める。小石の1個を自分の小石として茣蓙の上の好きな場所に置くと、最初の子が最も近い石を狙い、人差し指の先を親指の腹に当てて弾き、相手の小石に当てると、その持ち主の子から小石を一つもらうことができ、続けてほかの小石を狙うことができる。当たって跳ねて別の小石にも当てることがあると当てた2人から小石をもらう。はずれると次の子の番となる。なかには勢いあまって茣蓙からはみ出すと、飛び出した茣蓙の端に小石を置いて1回休みとなる。弾き方には親指と残りの4指とを組み換えて遊ぶこともある。
〈藤村〉

こいしとばしぼう［小石飛ばし棒］　シュマトゥッセニと称す。直径約1cm、長さ60〜70cmほどの細い棒の梢側の先に、長さ100〜120cmほどの細紐を結びつける。川原や海浜で扁平な小石を見つけ、それを細紐の先から棒の根元あたりまでグルグルと巻く。紐で巻いた小石と棒の根元側とを片手で握り、勢いをつけ、立った姿勢で前方に向かって巻いた石だけを投げつける。小石は遠くに飛んでいき、水面に落ちて消える。また、身をやや屈めて横に投げると石は、水面を2〜3度跳ね飛びながら沈んでいく。仲間がいる場合には、飛行距離や、何度水面を跳ねたのかを競い合う。
〈藤村〉

いし［石］　スマ、シュマと称す。石は次の遊びに用いる。

①石探し（シュマフナラ、スマエシタン）

　握り拳からソフトボールくらいの大きさで、色や形に特徴ある石を川原で探し、年上の子が、泳げない子や、泳ぎの未熟な子供たちを集め、その石をしっかりと覚えさせる。次に、その石を遠くの浅瀬に向かって投げ、落下地点をおおよそ記憶させてから、一斉に探し出す。人数が多い場合には、石を2〜3個用意し、流れの上手と下手に分けて探させる。フキやミズバショウの葉で包み、紐で結んで見つけやすくすることもある。ご褒美は、年上の子たちが捕獲した魚の焼き干し、集めた果実、焚き火で焼いたオオウバユリの球根、成長したフキノトウなどの食べ物である。泳ぎができ、潜り初めの子供には、草の葉を巻き紐で結んだ石を浅い箇所に投げて潜水を練習させる。海岸の岩場の波が静かで透明度のある場所でも、同様に訓練させる。

②石投げ（シュマエヤプキリ、スマヤプキリ）

　各人が手のひらに入るくらいの大きさと手ごろな重さの石を見つけ、遠くへ放り投げて、その距離を競う。
〈藤村〉

③採集比べ（ウパクテ、イウイナパィテ）

　海や川で素潜りができるようになると、きれいな石を拾い上げ、潜らない子供たちの評価を受けて勝者を決める。人気のあった石を除き、残りの石は各人が海や川面の遠くへ願いを込めて放り投げてその距離を競う。また潜って石を拾い、よい

ものを選んで先のものと比べ、優れた方を残して遠くに放る。こうして、最後まで残った石を見つけた人が勝者となり、宝物として持ち帰り保存する。こうした採集比べは、石に限らず、木の実、キノコ、コクワ、ヤマブドウの房、オオウバユリの球根、魚体、昆虫、鳥の抜け羽など、身の回りのすべてがその対象になっていた。　〈藤村〉

いしなげき〔石投げ機〕　シュマエヤプキリニ、スマヤプキリニと称す。海浜や川原などの流木のなかから、幹と根、あるいは幹と枝が付け根から挟れて取れたスプーンやお玉状のものを見つけ、幹部を手に握りやすい太さに削るほか、根や枝の付け根を削り、あるいは*熾で焼くなどして、そこに石が収まるような窪みをつくる。その窪みに石を入れ、ちょうど、テニスのラケットのように自由に駆使して石を前方へ投げつけその距離を競い、的を定めて当て比べる。巧者になると、高い梢の果実や群れ飛ぶ鳥、泳ぐ魚などに当てて容易に入手する。　〈藤村〉

いしなげになわ〔石投げ荷縄〕　シュマエヤプキリタル、スマヤプキリタラと称す。*荷縄の額当ての部分に手ごろな大きさの石を入れる。額当ての両端から伸びる結び紐を重ね合わせ、その端を持ってグルグルと回して勢いをつけて投げ、その距離を競う。特定の岩や梢の枝間をめがけて石投げの練習をし、巧者になると、高い梢の果実や群れ飛ぶ鳥、泳ぐ魚などに当てて手に入れる。　〈藤村〉

いしうちぼう〔石打ち棒〕　シュマキク、スマキクニと称す。直径２～３㎝、長さ60～100㎝の棒と直径４～６㎝の塊様の石を各自が用意し、1.5～10ｍの間隔を適当にあけて棒で地表に円や四角を描く。出発点を決めると、そこから自分の石を棒先で１度だけ打ち、あるいは転がして所定の枠内に入れる。うまく枠内に入ると、次の枠に石を進めることができるが、入らなければ、次の番まで待たなければならない。最終の枠に石を入れた子が勝者となる。　〈藤村〉

みず〔水〕　ワッカと称す。水を利用した遊びは次の通りである。

①堤作り（テシカル、トシカラ）

流れの緩やかな小川や細流に、付近にある大小の石、木枝や木片、木やササの葉などを寄せ集めて小さな堤を築き、流れを止め水溜まりをつくる。さらに砂や小砂利、泥などを寄せて水溜まりを大きくして嵩を競う。海浜では、波打ち際の砂を手で掘り下げて海側に堤を築き、打ち寄せる海水を窪みに溜め量を比べ合う。

②樋作り－ヨブスマソウの水流し（ワッカサンペカル）

川の流れの中の砂を掻き寄せて堤を築き、水を溜める。適当な嵩になると、成長したヨブスマソウの根元を堤の上部に置き、それを覆うように砂などで上を盛る。溜まった水はヨブスマソウの根元から梢に流れ出てくるので、ヨブスマソウの中ほどや梢側の高さを石などで調節して、その先に別のヨブスマソウの根元を差し込んで水を先に送る。こうしてヨブスマソウを幾本も継ぎ足した樋を使って水を流す。ササの葉でつくった水車を動かすこともある。

③樋作り－イタドリの水流し（ワッカサンペカラ）

枯れたイタドリを10本ほど集めて刃物で半割りにし、指先で節を押しつけてつぶし、小川や細流に築いた堤からイタドリの根元の茎を伝わせて水を流す。イタドリの二股を使って流れを二つに分けることを繰り返して小流をいくつもつくり、その下にまた、堤をつくって流れを受け、その下にも小流を幾筋もつくって遊ぶ。遊び飽きると、堤を壊し、使ったイタドリの茎が流れ去るのを見送る。

④搗臼作り（イウタプカル）

小川や細流に堤を築き、途中にイタドリの上下の節を指で突き、あるいは刃物で切り抜いた筒を挟めて水を流す。別に用意した長いイタドリの１節間を使って舟をつくるように緩いカッコ状に削り、ここに流れ落ちる水を溜めるようにする。水溜めの先にある節のあたりにＹ字状の木の枝２本を挟むように立て、その間に細木を１本渡してシーソーの支点とする。

それより先の梢側に刃物の先で茎の上下に穴をあけて、そこへやや長めの棒を１本挿入して縦杵とする。その下にはイタドリの節からやや近い部分を横に切って浅い筒をつくり、それを臼として落下する杵の下に来るように配置する。

流れ込んだ水の重さで水溜が下がると、反対側の杵が上昇する。水溜めの水がいっぱいになって流れ出ると、軽くなった水溜めは上昇し、反対側の杵が臼の中に落ち込む。こうして水の流れを利用した搗臼が完成する。遊び終わると堤を壊し

て、使ったイタドリの茎や木の棒などを流して見送る。　　　　　　　　　　　　　　〈藤村〉

ささのすいしゃ［笹の水車］　ハムカリカリプと称す。脇枝がなく太いササの茎の根元近くにある節目を折り、梢側は適当な箇所で切る。梢側から刃物を十文字に入れて、根元近くの節まで茎を割る。ササの葉を幾枚か用意し、1枚ずつ茎の十文字の割れ目に刺し入れたあと、梢側の割れ口を細い草などで結ぶ。付近の枯れ木のなかから上部がY字状になった枝木を2本見つけ、水の流れを挟んだ両側の地中に刺す。そこへ水車（茎）を掛け渡し回転させて遊ぶ。

　遊びに飽きると水車を取り上げ、地中に刺した股木を抜く。ササの茎に差し込んだササの葉は1枚ずつ根元側を引っ張って取り、川面に浮かべて流れ去るのを競いながら見送る。最後に残ったササの茎や股木を川原の四方に投げ、誰が遠くまで投げたかを確認しあう。水の流れや場所によって、ササの茎の長さや挿入するササの葉の枚数が変わる。　　　　　　　　　　　　　　〈藤村〉

ささぶね［笹舟］　イキタラチプ、フッタプチプと称す。ササの葉の光沢面を上にして、葉の根元と先の部分3～4cmほどを内側に折り曲げ、できた折り目の2カ所に切れ目を入れる。切れ目は中軸の部分を狭く、その両側は広くなるように指先で裂いて3分する。中軸部分の両側を内側にやや曲げ、どちらかを「∩」状にあけて、もう一つをその中に刺しはめ、もう片方も同様にすると、笹舟が出来上がる。また、ササの両端を内側に折り曲げ、折り目の中軸を除く両側の4カ所を均等に指先で裂いて5分し、中軸を内側にして、その両側を上記のようにしながら組み合わせて「田」状に組み合わせると丈夫になる。こうして1人で笹舟を幾艘もつくり流して楽しむほかに、幾人かが自分の舟を拵え、流れに立って舟を押さえ、行司役の子の発声で一斉に放して、流れ下る速さを競う。また、イチゴなどの果実を持ち帰る器としても使われる。　　　　　　　　　　〈藤村〉

みずでっぽう［水鉄砲］　ワッカトゥルセプと称す。細長い筒先から水を飛ばす遊具で、次のような種類がある。

①ヨブスマソウの口の吹き水鉄砲

　ヨブスマソウの成長した茎を根元から切り、葉も落とす。中空になっている茎の根元を水に漬け、葉の付け根を口に含んで水を吸い上げる。付け根を空中へ斜めに向けて勢いよく吹くと、水は弧を描いて飛ぶ。肺活量のある子は、茎を逆にして遠くへ飛ばす。また、左右に回りながら水を吹き散らす。

②イタドリの口吹き水鉄砲

　イタドリの太く長い茎の1節を刃物で切り取り、さらに、上の節下と、下の節下とを丁寧に切り捨てて、下の節の中央部分に刃物の先で小さな穴をあけ、*火吹竹のようにつくる。左手の人差し指先で下の節の穴を塞ぎ、右手で上の方を握って、そのまま川の流れに沈めて筒の中を川水で満たす。取り上げて筒を縦にし、そこへ口を付け、鼻から吸った空気で頬を膨らませると筒を横にする。左手の人差し指先で抑えていた下の節穴からはずすと、強く吹いて水を遠くへ飛ばして1人で遊ぶ。

　また、人数がそろっている場合には、誰が一番遠くへ飛ばすかを競い、また、水を吹きながら片手で吹き出す水を手刀で切って、切った数を競う。遊びの参加者が多ければ、誰彼なく追いかけて水を吹きかけることもある。水鉄砲が上手な子供は、川岸の木の根や台の上にものをのせ、一定の距離から水を吹き当てたり、のせたものを吹き落としたりする。さらに、雪合戦のように2組に分かれて、水をかけられた者が組から抜け、残った人数の多い組が勝者となる。遊び終わると、使いよい水鉄砲は家に持ち帰って宝物として次回にも使用するが、そうでなければ太い木の根元に裂いたり、折ったりして納め、遊んだことに感謝し再生を願う。つくりかけのものや失敗作もまとめて送る。

③イタドリの指押さえ水鉄砲

　大きく生育したイタドリを切り取り、その根元から3節目を斜め鈍角に切って親指の腹が入るくらいの口をつくる。次ぎに細い棒を筒に差し込んで中の1節を抜き、そこに8分目ほど水を入れる。親指の腹で口を押さえたまま筒を横にし、前後に揺すって中の圧力を高めていき、頃合を見計らって筒を前に出すと同時に親指を離すと、口から勢いよく水が前方に走り飛ぶので、その距離を競う。

④ヨブスマソウの指押さえ水鉄砲

　ヨブスマソウの茎の切り口を刃物で整え、茎を水に沈めて水を入れる。水から茎を上げるときに、茎の片方に小指の腹を当て、茎を握って取り

出すと水は零れ落ちない。その筒を空中へ斜めに向け、筒を前後に激しく揺すると、筒中の水が勢いよく飛び出すので、その距離を競う。筒を立てれば噴水となる。　　　　　　　　　　〈藤村〉

すな[砂]　オタと称す。砂を利用した遊びは次の通りである。

①砂山崩し、棒倒し（ニーホラクテ）

海浜や川岸の砂を掻き寄せて山をつくり、漂着した手ごろな棒をその中央に立て、その棒が倒れないように気遣いながら順番に砂を取り合って、その量を競う。棒を倒した者が敗者となり、その子が確保した砂は、砂の持ち分が最も少ない子の所有物となる。それぞれの量の多少によって、次の砂取りの順序が決まり、敗者は順番の最後となる。砂を戻して砂山をつくり、砂取りが再開する。遊び終わると、砂をならし、元のように戻す。浜砂は海浜の、川砂は川原の神のお庭を拝借して遊ばせてもらったことによる。目にごみが入ると、遊びの後始末が悪かったからといって反省する。

②罠遊び（アクペエシノッ）

オオバコの穂茎で籤を引いて、▼罠（場合によっては、クモ、アリジゴクなど）の役や、何人を罠で接触や捕獲すれば、遊びが終わりになるかを決める。罠の役に決まった子が、砂上に足を伸ばしてＬ字状に座り、下半身を砂で厚く覆う。残りの子が獲物の役を演じながら、罠の子にどれだけ近づき、盛り砂した子の下半身を何度通り越すことができるかを競い合う。罠の子との接触をできるだけ避けようと、着物の裾をまくりあげ、あるいは着物を脱いで挑むが、罠役の子の手に触られた子は、罠に捕獲されたとして罠の後ろに座って遊びの終わりを待つ。取り決めた人数を確保すると、次の罠役は、捕獲された子供のなかから、自薦、他薦、籤引、じゃんけんなどで決めて、遊びが再開する。

③互いに落とし穴へ招く（ウコホタヌカル）

幾人かの子が２人１組となり相互に見えない場所を選んで膝ぐらいの深さの穴をいくつも掘り、付近にある素材で穴の上を覆う。砂が乾き、他の組も出来上がったころに、相互にみんなを招待して歩かせる。誰が見ても落とし穴と分かる近くに浅い穴を設けたり、足跡があるように見せかけたりして、安心させて穴にはめることもある。１組が終わると、次の組がみんなを自分の穴へと招き

合う。

④砂滑り（オタトゥルセ）

夏場に急傾斜の砂丘上に股を広げて座り、着物の裾を股の間から手前に両手で引き寄せて、尻滑りを楽しむ。また、両足を宙に上げ着物の背中を利用して背中滑りも行う。さらに、体を斜面に対して直角（横向き）に長く伸ばして寝て、自分で、あるいは誰かに体を押してもらい、体を回転させながら砂丘を降下した。前転や後転をしながら降下することもあった。（→420頁　遊具・玩具[尻滑り・雪滑りの毛皮]）

⑤棒で砂丘を滑り降りる（クワエトゥルセ、ニテトゥルセ）

*輪遊びに使用した*突き棒や*又状突き棒を、水竿を両手に握る要領で、左脇腹につけ、傾斜面を軽く跳ね、着地するときに棒の尻を大地に当てて勢いを緩めて体勢を維持しながら降りる。棒の扱いが下手な子は、杖に跨がり両手をわずかにずらして握りしめ、軽く跳ねて着地する。冬には雪の急斜面を降りる遊びにも応用する。〈藤村〉

かいがら[貝殻]　セイ、ヤンペセイ、ヤンペと称す。貝を用いた遊びは次の通りである。

①貝合わせ（ウムレッカル、ウサム）

岩場の砂溜まりや、その付近の砂浜には無数の貝が打ち上げられている。このなかから二枚貝で、中身はないが、２枚の殻がくっついたものだけを数多く拾い集める。一定の数がそろうと、２枚の貝殻をバラバラにはずして混ぜ合わせ貝殻の小山をつくる。遊びに加わる子供は各自その山から貝殻を二つ取って組み合わせ、ぴったりと合うと自分のものになるが、合わなければ、どちらかを山に戻して別の貝殻を取って合わせる。最後に手にしたものが合わなかったり、一つは手にしたが、もう１枚を手にできなかったりすると、遊びは終わる。取得したものをほかの子が精査して数が多い子を勝者とする。この貝殻は、家に持ち帰って、雨天の屋内でも遊んだ。

②伏せ貝（ウプシセイ）

波によって打ち上がった二枚貝のうち、直径２cmほどのものばかりを広い集め、くっついているものは剝がしてバラバラにして小山にする。そこから片手で握ったものを両手で軽く振って砂上に散らし、伏せた貝だけを自分のものとする。上向きの貝だけを得ることにしたり、量の多い子を敗者としたりすることもある。これも家に持ち帰

って雨天の屋内で遊ぶ。
③巻貝当て（セイチョッチャ）

　巻貝のうち、球状に近く粒の小さなものを10～20個ほど所持し、それぞれが1個ずつ出して順番を決め、誰かの貝をめがけて指先で弾く。うまく当たるとその貝は自分のものとなり、次を当てることができるが、はずれると次の子の番となる。自分に番が回ってきたが、すでに自分のものが取られている場合には、手持ちのなかから1個出して当てる。貝がなくなると残りの子は貝を1個ずつ出し、そろうと再び続ける。手持ちの貝がなくなった子が出ると終了し、数の多い子が勝者となる。遊んだ貝は、その場に捨てることもあるが、弟妹の遊び道具として持ち帰る。

④貝の数当て（セイピシキ）

　雨天や吹雪が幾日も続き、あるいは風邪を引き屋外に出られないときに、豆粒くらいの巻貝を出し、胴元の子が10個の貝を小袋や*前掛などで覆って、全部、または数個を握って太腿の上に置く。残りの子は手中に貝がいくつあるかを予想して数を言う。数が出そろったところで手を開いて見せ、正解者は、当てた数を自分の物とする。取るだけの貝がなくなると遊びは一時終わり、貝の持ち数の多い子が勝者となり、新しい胴元となって持ち数を出して遊びを継続する。5個の貝を使って同様に数当てをし、言い当てた子にはその数を渡し、言い違えた子からは1個をもらう場合もある。*囲炉裏の中に磯の小砂利を敷いている家では、その小砂利を使って行う。

⑤貝掬い（ポイセイニセ、ポンセイニセパ）

　海浜に流れ寄った小さめの貝殻を遊びに加わる子が各自で拾い集め、ついでに自分の手のひらに合わせた大きさのエゾイガイ、マテガイ、イタヤガイ、ホッキガイなどを1枚拾う。適量の貝が集まると、それを出し合い順番を決めて、各自が持つ貝で小さな貝を掬う。残りの子は、「ひとーつ」の声に、貝を一つ掬うがついでに砂も掬うので、掬ったものを宙に放り投げて貝だけを左手で受け取ると、その貝は自分のものとなる。この際に誤って二つの貝を掬っても戻すことはできず、掬ったなかから左手では1個しか受け取ることができない。取り損じや、2個手にした場合には、その2個を戻し次の人の番となる。掬った数が少ない場合にも同様である。数えは10までを一区切りとし、10個までうまく手にした場合には続けて取ることはできるが、数は1から始まり、貝がなくなると貝の所有量の多い子を勝者とする。

〈藤村〉

かいげた・がっぱ［貝下駄］　セイピラッカと称す。海浜に寄り上がった大きなホッキガイを見つけると、自分の足幅より幅広いものを2～4個拾い集める。実際に使うのは2個であるが、穴をあける途中で割れることを想定し、余分に確保する。貝を平面に伏せて最も高い部分に*囲炉裏から硬い*燠を*火箸で取り出して置き、真っ赤な燠火が黒ずんでくると息を吹きつけて温度を上げる。貝が加熱され、焼けてくると貝の層が剥がれてくるので、剥げたところへ再び新しい燠火を置いて熱を加えて、ついには穴を貫通させる。次に、シナ皮で綯った粗縄の端を貝の外側から穴の中へ押し入れ、内側から引っ張って端を玉結びにして抜けないようにし、合わせて縄端を貝の内側に固定する。片足の親指と人差し指の間にシナ縄を挟み、残りの縄を鳩尾で折り返してもう一つの貝穴に通す。それから先と同様に貝の内側で縄端を結んで調整する。出来上がると、左右の足の親指と、人差し指の間にシナ縄を挟んで歩く。また、一定の距離を一斉に駆けて早さを競い、先着の子を勝者とする。

〈藤村〉

かいのくびわ［貝の首輪］　セイレクトゥンペ、セイシトキと称す。手のひらに入るほどの大きさの巻貝で、岩などにぶつかり胴部に紐が通るくらいの穴があいた貝を拾い集める。形よく順番に並べ、場合によっては二枚貝の穴あきの貝殻を加え、その穴に浜ニンニクを撚った細紐を通して首輪をつくる。出来上がったものは男女に関係なく首にかけ、歌に合わせて踊り跳ねながら、貝殻の触れ合う音を楽しむ。遊んだあとは、草紐を抜いてバラバラにするが、気に入ったものや、幼い弟妹や親戚の幼児の土産として持ち帰ることもある。

〈藤村〉

かいのすず［貝の鈴］　セイコンコと称す。海浜で高さ3cmほどのユキノカサ（笠状の貝）をたくさん拾い集めて持ち帰り、口の大きさが同じくらいの貝を二つ組み合わせて置く。母親から布切れをもらって6～8cm四方ほどに切り、1枚の布の中央にカサのとんがりを下にして布を貝の中に折り込み、そこに大きさが小豆くらいの小石を少々入れる。それを二つ合わせ、*針と*糸で掬い縫いをして1周すると、貝殻の布飾りができる。自分

の持ち物の飾りにするほか、つくり貯めておいて、7〜10個になると、お手玉としても遊ぶ。
〈藤村〉

むし[虫] キキリと称す。浜辺ではヨコノミ、家の付近ではアリジゴク、コメツキムシなどを見つけると、捕獲した場所の近くの砂地や軟らかい土を指で少し掘って、そこに入れる。それから「お前の咽喉を、切ろうとするお方が（山から）さがってきたぞ。お逃げ、お逃げ」と歌ってやると、虫は後ろ向きに入っていく。体が隠れると、虫を取り出し同じ穴に置いて先の歌を歌って脅かすと、再び体を隠す。遊び飽きると、そのままにして帰る。
〈藤村〉

かたつむり[蝸牛] キナモコリリ、セイエッポと称す。雨上がりに、木の葉にカタツムリを見つけると、葉の付け根から取る。不意を襲われたカタツムリは、両方の目玉をあわてて引き隠し、少したつと再び目玉を出して、あたりを見ながらゆっくり移動する。葉を揺さぶると、急いで両方の目玉を引き隠す。子供たちは、隠した目を片方ずつ出そうとする動作に合わせて、「太い（皮を縫う）※針を、私は借りたいのだが、（皮針よりも）細い（木綿）針を、私は借りたいのだが」と言う。両目をそろえたら、また葉を揺さぶるとカタツムリは再び目を隠す。遊びに飽きると、「またね」と言って葉を採取したあたりの葉に重ね置く。木綿針や皮針が高価で入手が困難だった状況を、カタツムリの目に似せて遊んだのである。
〈藤村〉

ことり[小鳥] ポンチカプ、チカッポ、ポンチカッポなどと称す。小鳥を用いた遊びは次の通りである。

小鳥の踊り（チカッポリムセ）
家の周りにやってくる小鳥（スズメ、シジュウカラ、ゴジュウカラ、カケス）を餌で▼罠におびき入れて捕獲するなどの遊び。捕獲した小鳥を解放する前に後頭部の羽毛をつかんで宙に浮かせると、小鳥は勢いよく羽ばたく。そこで爪楊枝か※箸の太さで、長さ8〜10cmほどの小枝を足に近づけると爪をかけて強く握り、やや落ち着くので、軽く上下に揺すると、先ほどよりは緩く羽ばたく。それに合わせて「兄さんよ。踏み舞をしてみな。してみな。姉さんよ。踏み舞をしてみな。してみな。お前さんの村の踏み舞をしてみな。してみな」と歌うと、小鳥たちは不安定になるたびに、羽を広げて大きく羽ばたく。大人たちが酒宴の中座で行う踏み舞を連想して楽しむのである。上手に踊る小鳥に対しては、「ヒエのお神酒を（まぁ、1杯）飲みな。飲みな。アワのお神酒を（まず、1杯）飲みな。飲みな。コメのお神酒を（まぁ、1杯）飲みな。飲みな」とか、「渡来のお酒を（まぁ、1杯）飲みな。飲みな。日本の清酒を（まず、1杯）飲みな。飲みな」と言って酒を勧める。それから、「お神酒に（体が）撚れるよ。撚れる。お神酒に（体が）揺れるよ。揺れる」と言って、小鳥をつかんでいた子が地上や床に倒れる。短時間休息してから、起き上がり、「（山から、ご馳走の）お肉が（里に）下がってきたよ。下がってきたよ。（海から、ご馳走の）脂身が（浜に）上がってきたよ。上がってきたよ。みんなして手伝うに行きましょう。行きましょう」と小鳥を誘って走りだし、勢いよく小鳥を宙に放り出すと、飛んで逃げ去る。子供はその方向を目で追い、時には手を大きく振って見送る。飛ぶ方角によって近々のご馳走を予想する。
〈藤村〉

しりすべり・ゆきすべりのけがわ[尻滑り・雪滑りの毛皮] ウパシチャルセルシ、オシッテシュルシ、クイチャルセルシ、オラッルシなどと称す。屋外が一面の銀世界になると、家の付近の急な坂を利用して雪滑りを楽しむ。春先の堅雪になれば、毛の擦り切れた皮や無毛皮でもいいが、新雪では体の重みで皮が雪中に埋まり、滑りが悪いので、毛のある皮を用いる。大きな皮だと4〜5人も乗れるが、たいていは1〜2人用の小型の毛皮を使う。小さなものは50cm四方、大きなものは幅70cm、長さ1mもある。滑る方向と毛並みの方向とを合わせ、動物の頭側を両手で持って毛皮に跨がり、左右の膝を曲げて足で勢いよく掻きながら加速する。勢いが出ると仰向けになり、足を浮かせて滑り降りる。止まると毛皮を背負って坂を上り、先に滑ったあとを何度も滑ると雪が締まり加速する。そうなれば、仰向けにならず、軽く前足を浮かせたまま滑る。さらに、雪が締まり堅くなると立ったまま滑る。
〈藤村〉

しりすべり・ゆきすべりのじゅひ[尻滑り・雪滑りの樹皮] ウパシチャルセニヤル、オシッテシュヤラ、クイチャルニヤル、オラッニヤラなどと称す。シラカバ、マカバ、ヤマザクラ、シナノキ、ヤチダモなどの樹皮を毛皮と同様に使って尻滑りを楽しむ。
〈藤村〉

いたぞり [板橇] イタヌソ、オシッテシュイタ、オラクイタなどと称す。次のように遊ぶ。

①板橇滑り（イタヌソチャルセ、オラキタチャルセ）

年上の子は体力があるので、幅広で薄い板を見つけ、毛皮の4辺に穴をあけ、皮の内側にその板を入れる。4辺の穴の相向かい同士に紐を通して綴じ、板の片面を包むように板橇をつくり、それに乗って傾斜地を滑り降りる。板の大きさは、小さなものは30cm×40cm、大きなものは幅40～50cm、長さ70cmくらいで、雪解けごろには紐を解き乾燥させて保管する。

②板橇引き（イタヌソエタイェ、オシッテシュイタエタイェ、オラクイタエタイェ）

板橇に長めの紐を結び、幼児を乗せて平地を走り引き、楽しませる。板橇が二～三つそろうと、年上の子は体力や要領を競う。乗る子供の体重をおよそ均等にし、引き手の力量に合わせて走行距離を調整し、現在の「人間輓馬」のように技と速さを競って遊ぶ。　　　　　　　　　〈藤村〉

しばぞり [柴橇] チャソリ、イチャシテプと称す。雪の重みで折れた木の枝や、*薪用に集めた柴のなかから幾枚かを重ね、その付け根を紐で結束し、橇として傾斜面を滑り降りる（チャイヌソ、ニテクトゥルセ）。また、年長の子は、柴橇に跨がり両手で結束した紐のあたりを握り締め、軽く跳ねて着地するときに柴の尾が傾斜面につくようにして勢いを調整しながら雪の急斜面を下る。（→Ⅱ巻　人力運搬具［柴橇］）　〈藤村〉

ゆきだま [雪玉] ウパシタクタクと称す。雪玉や雪を用いる遊びは次の通りである。

①雪合戦（ウコエヤプキリ、ウコイヤプキリ）

遊びに参加する子供は年齢・性別を均等にして二手に分かれ、それぞれが雪玉をつくって貯める。適量になると、雪玉を抱え持って接近し、相手めがけて雪玉をぶつけ、体に当たった者は、群れから抜ける。当てた数の多い組が勝者となる。

②雪塊落とし（ニカオレプハチレ）

2組がつくり貯めた雪玉を木の枝についた雪の塊にぶつけ、どちらが完全に当て落とすことができるかを競う。

③雪玉作り（ウパシタクポロレ）

湿り気のある雪が降ったあとで、各自がつくった雪玉を傾斜地の頂から転がし落とすと、回転しながら雪玉は雪を付着させ大きく成長する。誰の雪玉が最大か、最小か、最も距離を延ばしたかを競い合う。

④雪玉割り（ウパシタクペレパ）

大小様々な雪玉をつくり、それを弓矢で射当て、雪玉を欠き、あるいは砕き散らした人を勝者とする。

⑤雪玉落とし（ウパシタクハチレ）

広場の中央に小さな雪山をつくり、その頂上に雪玉をのせ、そこから大股で10～15歩ほどの距離に棒で円陣をつくり、それから内側には入れないことにする。円陣の周りに遊びに加わる人を適宜配置し、そこで各自が雪玉をつくり貯めたころに、替わり順番に雪玉を投げて頂上の雪玉を当て落とす。当て落とした子は勝者となり、勝者が山頂に雪玉を据える権利を獲得し、雪玉を据えると遊びは再会する。

⑥雪像作り（イノカカラ）

雪に湿り気があると固まりやすいので、大きな雪の塊で男女の体をつくる。口、耳、鼻、眉、腕などは枯れ木をはめこみ、目は雪玉で、髪の毛や髭はササを刺し植える。道東ではあまりササが広く生育していないので、そこではサルオガセや樹皮のコケ類を利用する。胴体には模様を描き、頭には女性なら*鉢巻、男性なら狩用の鉢巻を締めさせる。日暮れになって家に帰るときには、雪像を解体して形をなくする。これは物をつくると魂が入り、放置されることで、それが必ず人に仇をするといって恐れ嫌ったことによる。ほかに陸海獣、鳥、昆虫、樹木などもつくって楽しむ。

〈藤村〉

ゆきのかたまり（ゆきのいえ）［雪の塊（雪の家）］ ウパシラシと称す。雪の多い地方では、寒さ除けに雪を踏み固めた部分を刃物で長方形に切り、厚い板状の雪の塊（雪塊）をたくさんつくって丸、三角、多角に積み上げ、隙間には雪塊の小片や周りの雪を詰める。屋根には長い棒を渡し、その上に薄い雪塊を並べ周りの雪を掻き集めてかまくらをつくる。中には生木を敷き並べて*囲炉裏を設け、枯枝を集め、*樺皮で火をつけて暖をとる。焚き火で家から持ち出した干し魚を炙って食べ、空腹を満たすなど冬季の間、子供たちの遊びの空間となる。大きくつくり変えたり、別のかまくらを廊下でつないだりもする。春が近づくと、みんなが集まり、男の子が中心になって、これまでの利用に感謝し、来冬には、また立派な

かまくらができるようにと、食器に清水を汲み、*箸を*捧酒箆の代わりに使って祈る。歌や踊り、物語などを披露して楽しんだあとは、みんなで崩して元の雪に戻す。　　　　　　　　　　〈藤村〉

▶ふえ［笛］

チレッテプと称す。次のような種類の笛がある。

よぶすまそうのふえ［夜衾草の笛］　クッタルレクテ、クトゥレッテ、クッタラレッテなどと称す。70〜100cmに成長したヨブスマソウを根元から切り取り、葉も落とす。中空の茎の梢側を斜めに*小刀で切って、その切り口に唇を当てて息を吹きかけ「ボー、ボー」と鳴らす。巧者は歌を吹く。　　　　　　　　　　　　　　〈藤村〉

くりぶえ［栗笛］　ヤムレクテ、ヤムレッテと称す。茹でた大きなクリの実の上部を刃物で横に切り取り、中身を焚きつけの柴や、爪楊枝風の木片を利用して穿り出す。洞になったクリの殻に唇を寄せ、息を吹きかけて鳴らす。得意な人は歌を吹く。　　　　　　　　　　　　　　〈藤村〉

くさぶえ［草笛］　2種類ある。ハムフレクテ、ニヤムレッテと称するものは、木や草の薄い葉を1枚とって、伸ばし合わせた左右の手のひらの間に挟む。葉の先端部を左右の人差し指の先で押さえ、葉の下部は両方の親指の付け根の盛り上がった部分で挟む。親指の第二関節の間にできる縦長の隙間に、唇をあてがって息を吹きかけると葉が振動して鳴るのを楽しむ。

コムニハムフレクテ、トゥンニヤムレッテと称するものは、カシワの葉であれば2枚を縦横に重ね合わせて二つ折りにし、半月状に切り取るなどしてつくる。　　　　　　　　　〈藤村〉

ささぶえ［笹笛］　フッタプレクテ、イキタラレッテと称す。幅広いササなどの若葉を葉先から巻いて筒状にし、吹き口を親指と人差し指の先で押さえ潰し、そこに唇を当てて吹く。また、ササの先端に若葉が巻いた状態で顔を出すころに、ササの茎を節から折り取り、巻いた若葉を引き抜き、すでに開いた葉を下へ折り曲げて茎を包んで軽く握る。その葉の付け根へ唇を当て、茎を下顎につけて縦長にして吹く。　　　　　〈藤村〉

いたどりぶえ［虎杖笛］　ポンクトゥフレクテプ、ポンクッタラレッテプなどと称す。若生いのイタドリの茎を途中から切り落とし、下の節を残し上の節下から切り取って筒状にし、その口に唇を当て、吹いて鳴らす。また、枯れたイタドリの茎も同様にする。さらに、枯れたイタドリの茎でいくつも筒をつくり、それぞれを吹いて音色の違いを比べる。筒の長さ、太さ、底にある節の歪み、唇の当て方、吹き加減によって音色が変わるので、同じくらいの細さで筒の長さの違うものをいくつか集め、割ったイタドリの板で前後を挟み、糸で絡めて笛をつくり楽しんだ。　〈藤村〉

にまいがいのふえ［二枚貝の笛］　セイレクテ、セイレッテと称す。小型のホッキガイやアオヤギ（アブラガイ）など、片手に入る大きさの二枚貝を見つけ、貝の口を上に向けて合わせ目に隙間がないのを選ぶ。貝の尻を硬い石にのせて擦ると小さな穴があくので、口を下に向けて両手でつかむ。尻穴に唇をつけて強く吹くと、貝の中で反響しよい音がする。尻部をヒトデに食べられたアサリを見つけると、早速、鳴らした。　〈藤村〉

まきがいのふえ［巻貝の笛］　モコリリレクテ、モコリリレッテと称す。巻貝のなかから、壊れていないものを見つけ、それを吹いて様々な音色を楽しむ。　　　　　　　　　　　　　　〈藤村〉

このみぶえ［木の実笛］　ニヌムレクテ、ニヌムレッテと称す。スモモの種を上に向け、合わせ目の頂を硬い石にのせて擦り適当な大きさの穴をあける。中の身を食べ、残りの殻口に唇を当てて吹くと、殻の中で反響してよい音が出る。また、ネズミやリスなどがふくらみの部分に穴をあけたものを見つけると、片方に唇を当て、もう一つの穴を人差し指の先で押さえ、わずかな開き加減を調節して甲高い音を出し、小鳥を呼び寄せて遊ぶ。　　　　　　　　　　　　　　〈藤村〉

くりのうなり［栗の唸り］　ヤムレクテ、ヤムレッテと称す。秋にクリの実をたくさん拾って茹で、大きな実のとがった頭を真横に刃物で切り落とし、中の実を穿り出して食べて空にし、しばらく*火棚で乾燥させる。その後、穴の幅よりも少し長い棒を*付木の柴から折り取り、その中央に長さ1mほどの細紐を結びつけてT字状にする。折り取った柴棒をあけた穴の中に入れ、紐を引いてクリの皮をぶら下げる。細紐の端に指を入れる輪をつくって結び、中指や人差し指に輪をはめて手から抜け飛ばないようにすると、紐をゆっくり時計回りに回して調子をみて、よければ腕を自由

奔放に回しながら鳴り音を楽しむ。　　〈藤村〉

いたどりのうなり［虎杖の唸り］　クトゥレクテ、クッタラレッテと称す。枯れたイタドリの1節を使い、下の節はそのまま筒状に切り、長さ4〜10cmほど、太さは子供の腕力に合わせ、筒の上辺に一対の穴をあける。そこに長さ70〜120cmほどの細紐を通してしばり、紐の端は輪状にして指をはめるようにする。また、細くて丈夫なイタドリの切れ端を持ち手として手幅に切って結び、それを握り、細紐を中指と薬指の間から外に出し、前後左右へ自由に回転させ風音を立てて競い合う。鳴り音が悪いときや、穴が壊れて補修がきかない場合には、筒だけを取り替え、古いものは火にくべて再生を願う。　　〈藤村〉

うなりいた［唸り板］　マワシイタ、レラシイタと称す。幅2〜4cm、長さ4〜10cmの薄い板片の前後に紐が通るほどの穴をあけ、長さ100〜150cmの紐端の一方を結んで玉をつくる。一方の穴に玉のない方の紐端を通してから、もう一つの穴にも通して手前に引き、紐を軽く玉に結んで穴からはずれないようにして板片に固定する。さらに、握る部分にあたる紐端も玉に結ぶが、これは勢い余って手から紐が抜け出さないための工夫である。紐端を握って紐を体の上方や左右、斜め、あるいは縦「8」、横「∞」などの軌道を描くように回転の速度を変化させることで、薄い板片が空を切って「ブーン」という鳴り音をたて、音の強弱を競って遊ぶ。縦長にした板の左右辺にも大きさの違う穴をあけて複雑な音をつくり出すこともある。鳴り音は人に害を与える動物への威嚇にも使われる。鳴り音の競いに飽きると、回転をより速めて放り投げ、その飛行距離を競うこともある。　　〈藤村〉

くさのはでっぽう［草の葉鉄砲］　ハムフアニフマシと称す。オオバコのように葉の広い若生え(わかばえ)を採り、破れないように手で揉んで柔らかくしたものを、左手の親指と人差し指の先で輪をつくり、残る3指も輪に合わせて曲げ筒状にする。手揉みした葉の中央部分を左手の親指と人差し指の指先でつくった輪の下からあてがって指よりも高く突き出す。右の手のひらを左手の筒状に合わせて手のひらの重なる位置を確認してから、勢いよく右の手のひらを筒状の左手に合わせる。圧縮された空気が柔らかい葉を「ポン」という音とともに下から上へはじき出し、音の大小を競う。また、輪や横列に並び、息を合わせて一斉に鳴らすほか、間を置かずに連続に音を「ポン、ポン、ポン」と打ち鳴らすこともある。　　〈藤村〉

▶**こうきん［口琴］**

ムックリ、ムックン、ムックルなどと称す。次の種類がある。

たけせいのこうきん［竹製の口琴］　トプムックリ、トプムックン、トプムックルなどと称す。ネマガリダケや海浜に漂着したモソウチクの帆桁(ほげた)、＊桶(おけ)や桶の箍(たが)などを利用し、節に＊小刀(こがたな)を当て、そこから梢(こずえ)側の上部を幅1cm、長さ5〜16cm、厚さ4〜5mmほどの籤(ひご)に切り取る。

外皮側の節より梢側に細長い二等辺三角形、長い舌状、あるいは横から見たビール瓶状などの弁を切り出す。弁の裏面は付け根あたりから薄く削り取る。梢側の先端は「＜」「く」「［」「⊏」「⊂」「{」などの形に削り、根元側は「コ」「}」「⊃」「 」などの形につくる。次に左の小指に引っ掛けて持つ紐(ひも)の輪を取り付ける。紐は梢側の先端近くに穴を穿(うが)って通し、あるいは弁の刳(く)り抜いた部分に紐を通して輪状にする。また、弁の付け根に小刀の先で穴をあけ、そこに外皮側から糸玉をつくった長さ20〜25cmほどの糸を通す。その紐端には演奏時に弁を引く細い棒（直径3mm、長さ3〜4cmほど）を結びつける。紐が長ければ、この細棒に絡みつけて調節する。

この細棒は右手に持つが、持ち方は三様ある。最も多いのは細棒を手で握り、紐を人差し指と中指の間から出して横に引く。二つ目は細棒を手で握り、紐を中指と薬指の間から出す。三つめは、紐を親指と人差し指で挟み、2指にかけて細棒を縦に位置させ中指の第一関節で挟むようにして横に引く方法である。また、樺太地方では、径8〜10mm、長さ8〜15cmほどの円柱状の細棒の先に弁から伸びる紐を結びつけて、それを横に引いて演奏する。　　〈藤村〉

いたやせいのこうきん［板屋製の口琴］　トペニムックリ、トペニムックン、トペニムックルなどと称す。イタヤの割板を薄く削って、幅1cm、長さ5〜16cm、厚さ4〜5mmほどの薄板をつくり、＊竹製(たけせい)の口琴(こうきん)と同様につくる。　　〈藤村〉

はまにんにくせいのこうきん［浜大蒜製の口琴］　マチャハチムフクンと称す。よく成育したハマニンニクの葉の幅のあるところを二つに折り、葉

の中ほどにある、太くて硬い1本の葉脈の左右をできるだけ細く8cmほどに指で裂いて口琴の弁とする。二つ折りにした葉の根元と先を重ね、左手に持って左の口脇に当て、二つ折りにした部分は右の口脇よりも頬寄りに位置させる。右の人差し指の先で硬い葉脈を頬側から前方に弾き、弁が跳ね戻って空気を押す動きを利用し、膨らませた口内に反響させて音を出す。 〈藤村〉

きんぞくせいのこうきん［金属製の口琴］ カネムフクナ、カニムックリと称す。形は「∈」のように、狭い口に続いて、やや細長い首があり、そこからは丸瓶状になっている。このような形状の外輪を径3〜6mmほどの鉄棒でつくる。さらに丸瓶の底の部分から狭い口までは、鉄の薄い板（後世には鋼板）を細長い二等辺三角形状に切って金鎚で根元をたたきとめる。この長く伸びる鉄板（鋼）の先は瓶の口のあたりで120°の角度に曲げ、その先は2〜3cmあたりで切り取るか、先端を内側に丸めて人差し指の弾きとする。本来は大陸からサハリン（樺太）へ移入され、さらに蝦夷地にもたらされた交易品であったが、明治以降、各地に入植した和人の鍛冶屋も依頼を受けて製作した。樺太地方では、貴重品として布や革でこれを収める袋をつくり、木彫の巧者は木を刳り貫き、蓋をつけた入れ物などを、口琴の大きさに合わせてつくった。 〈藤村〉

◇　　　◇

くきつづみ［茎鼓］ クッタラルレクテ、クッタラレッテ、クトゥレッテなどと称す。イタドリの枯れた太い茎を刃物で上手に抜き取り、一番太く節の長い部分から上下節をそのまま切り出す。次いで、上の節の仕切り膜を*小刀の刃先を使ってきれいに切り落とすと立派な筒が出来上がる。筒を左手に持ち、右手を筒口に打ち当てて「ポン」と音を出す。歌に合わせ、あるいは手拍子に合わせて打つことで楽器となる。秋末に身長に倍する大きさに成長したシシウドも利用する。音のよいものは子供の宝物になった。

また、枯れたイタドリの茎をいくつか折り集め、下の節を残し、上の節の3〜4cm上から切り離す。こうしたものを茎の太さ、長さを変えて幾本もつくり、上の節膜はそのままにし、下の節膜だけを刃物で抉り抜いたあとで、節の上部を持ち、細い棒で筒をたたいてみる。あるいはその切り口に唇を当てて吹き鳴らしてみる。

音色のよいものを集め、節の上部に小刀の刃先で穴をあけ、そこに糸玉をつくった紐を通してぶら下げ、ノブドウやコクワ、ヤマブドウ、ツルウメモドキなどの細い蔓で輪を拵えて吊り下げる。さらに、蔓輪に2〜4本の紐をつけて吊り下げ、ゆっくり回転させながらそれぞれの筒の部分を細棒でたたいて音色を楽しむ。時には急に回転させ、細棒を筒に軽く当てて変わる音色に興じた。

それとは逆に下の節膜をそのままにして上の節膜だけを刃物で抉り抜いたものを集め、節の上部の一部を残して削る。そこに紐穴をあけて細紐を通し、*物干の杙に細紐を張ってぶら下げ、幾人かの子が細棒を1〜2本手に持って合奏したり独奏したりもした。 〈藤村〉

きつりふねのはな［黄釣船の花］ カッコクアパッポ、カッコクノンノ、カッコクエプイなどと称す。強い日差しを好まないこの草は、家の脇や裏手に生育し、緑の葉のなかで黄色い花が目立つ。それを見つけた子供は花をとり、人差し指の先にはめ、指先をピクピク曲げながら、「カッコク（カッコー）」を繰り返し、自分もカッコーのように跳ね回って鳥の真似をし、飛び方や鳴き声は誰が上手かを競う。遊び疲れると花を裂き、中にある白玉の蜜腺を、真似した代償として、「ご馳走様」と言って口にほおばると、口中に甘味が広がる。 〈藤村〉

おおばこ［車前草・大葉子］ エルムキナ、エヌムキナ、エルムンキナなどと称す。オオバコを用いた遊びは次の通りである。
①成熟したオオバコの穂茎を決めた数だけ採取し、それを2人が引っ掛け、引き合って茎を引き切った者が勝者となる。太い部分が必ずしも強くなく、むしろ硬くて折れやすいことがあり、細い茎がしなやかで伸びにも耐えることもある。さらに、曲げる部位、力の入れ方、相手の引きを利用して一気に引いて勝つこともある。一見、単純そうに見えるが、駆け引きや、要領が必要である。多くは2人で引き合うが、3〜6人引きもあり、2本を重ねた2本引きもある。屋外での遊びであるが、雨降りには屋内で遊ぶこともある。
②オオバコの茎引き（ウコカプトゥイェ、ウコセタトゥイェ、ウコンケペッテ）

子供たちが物事を決めようとしていても、容易に決めることができない場合には、オオバコの穂茎を2本引き抜き、穂の長さで「する」「しない」

を決定した。茎の根元を上に向けて握りしめ、誰かが、その茎を籤のように引いて決定する。遊びの種類、取り決めづくり、鬼の抽出、順番などは、それぞれの状況に応じて本数の加減を行う。また、身近にあるヨモギ、ヨシ、オギ、草の葉などの長さを変えて誰かが握り、それを籤として引いて事を決めることもあった。

③攣り目（シケリクテ）

成熟して茎が硬く、長くなったオオバコ2本を引き抜き、それぞれの根元を目尻や眉尻に当ててつり上げ、種のある花穂側を口のところで交差させて歯で噛み、唇で押さえると、口脇に伸びる花穂が牙のように見える。攣り目の状態をお互いに見せ合い、顔をゆがめて恐ろしく、時にはおかしく見せ、相手がおかしくて笑い、オオバコの茎が目尻などからはずれると負けになる。

④吹き出物の手当て（イテムカ）

吹き出物、腫物の多い幼児には、年上の子がオオバコの若い葉を両手で揉んで柔らかくし、患部に当ててフキの繊維で結ぶ。時には若葉を口でよく噛んで、その汁を患部に落とし指でよく擦り込んだ。特に葉が紫色になっているのは効果が高いとして、見つけると遊びを中止して手当てした。茂みや森に入ると必ず切り傷をし、目にはゴミが入る。こうした遊びのなかでの怪我に対し、身近な植物の葉や汁、時には唾液、尿、歯糞などを駆使して手当するのも遊びの一つであった。〈藤村〉

すすきのほ［薄の穂］ ラペンペエプイ、フルカウシオホチャラと称す。ススキの穂を用いる遊びは次の通りである。

①鳥の真似（チカプネ、トリネ、チリポネ）

晩秋にススキの穂の下につながる茎の中ほどを刃物で切り採って集め、根元を紐で束ねて、背中に差し込み、両手を左右に広げてゆったりと大きく羽ばたく。足もゆっくりと膝を曲げて飛び上がるような仕草をしながら、1人ずつ、あるいは2人1組になり、時にはトンビやシマフクロウの真似をし、「ピーヒョロロロ」や「フン、フン」などと鳴き声を発しながら、円座の中央で鳥になって舞い競う。座っている子は、替わって鳴き声を出したり、手拍子を打ったりして囃し立てる。カラスやスズメ、アオバト、ヤマバト、シジュウカラ、カケスなどの真似もした。

②キツネの真似（スマリネ）

サハリン（樺太）では、ススキの穂を10本紐で結んで小束にし、それを帯の中央に結んで、尾のようにぶら下げる。遊びに加わった子供たちは2～3mの間隔をあけて円陣（輪）をつくり、「カウ、カウ、カウ」「コウ、コウ、コウ」などとゆっくりとした調子で鳴き声を発し、それに合わせて手をたたき、時計回りにその場で跳ねる。3歩前進すると、前屈みになって立ち止まり、両手で両膝を3度たたきながら掛け声をかける。掛け声とともに3歩前進すると立ち止まり、今度は両方の臀部を3度両手でたたき、次の3歩で立ち止まったままで両手を頭上に上げて手拍子を3度打つ。次の3歩で前屈みの体勢で両手を後方に回して手拍子を3度打つ。こうした踊りを繰り返しながら、途中で輪の半数の人が輪の中央に向かって進み、交差しながら輪全体が反時計回りになる。途中で同様にして向きを元に戻し、徐々に歌や動作を加速させ、輪を縮め、間隔を詰めていく。

やがて自分の前にいる子供の尻穂へ手を伸ばし触れて「付いたよ」、次につかんで「つかんだよ」、さらに引っ張って「引っ張るぞ」と言い、機会があれば穂を1本ずつ引き抜く。うまく抜き取ると「むしり取った。むしり取った」と声をかける。一方、触れられ、つかまれ、引っ張られる子は、そのつど「ヘヘー」や「アチャー」などと言い、むしり取られると「痛いよ。痛いよ」と言って、全部抜き取られた子が敗者となる。〈藤村〉

たんぽぽ［蒲公英］ ホノノイェプと称す。タンポポを用いた遊びは次の通りである。

①花飾り（イトムテ）

花をつけたタンポポの太目の茎の花から4～5cmほどのところを人差し指の腹に当て、親指の爪を上から押し当てて斜めにちぎり、花を髪に挿す。あるいは耳たぶにあけた*耳輪用の穴や耳の上部と髪の生え際の間に茎を差し込み、花で飾った。

②花の手首飾り（イトムテ）

花付きの茎を二つに裂き、長く裂けたものは、手首や腕、足首に当てて結び、*手首輪や*腕輪、*足輪とし、裂き方が失敗して短くなったものは指に結んで*指輪として体を飾った。

③種飛ばし（ピイェウク、ピイェヘトゥルセカ）

花が終わり、綿毛が開いているタンポポの茎をあまり動かさず、茎の下部へ右手の人差し指の腹を当て、親指の爪を茎の上から爪で押すように切り取る。その茎を手に持ち、綿毛に息を勢いよく

吹きかけて種子を空中に飛ばし、時には何人かがそろって息を吹きかけて飛行距離を競う。〈藤村〉

いたどり［虎杖］ クッタル、クトゥ、クッタラなどと称す。イタドリは遊びの道具として広く利用された。(→422頁 ［虎杖笛］、→423頁 ［虎杖の唸り］、→424頁 ［茎鼓］)

①イタドリの体打ち（コッタルコイキ、クッタラコイキ、クトゥコイキ）

立ち枯れたイタドリの茎を用い、相手を適当に選んで互いに体を打ち合い、砕けて使用に耐えなくなると、次のイタドリで挑戦し、取り決めた本数を早く失った子が敗者となる。負けた子は観戦者となり、最後まで打ち抜いた子が勝者となる。

遊び終わると、あたり一面にイタドリの砕けた屑が散乱する。そこで自信のある子が出そろい、行事役の子が「開始」の相図をする。観戦する子供は一斉に「頑張って」と声援を送り、参加した子供は身の周りのイタドリの屑を走り回って掻き集め、量を競って勝者を決める。少ない分量の子から順に、イタドリの屑を両手に抱え「再び、生育せよ」と言って空中高く放り投げ、落下するイタドリの屑を観戦していた子供たちが両手で受け、放り投げるたびに量を競って勝者を決めて楽しむ。

②イタドリの組み籤飛ばし（イホプニレ）

枯れたイタドリの茎を1～2本折り取り、*小刀で縦に割って幅1～2cm、長さ30～40cmほどの籤をたくさんつくる。節を手で取ったあとに刃物で面取りをし、それを交差させて田の字形に組み合わせ、さらに対角線に「×」状に叉手を入れて丈夫にする。また、田の外枠を「＋」の中心に寄せる場合もある。こうしてできたものの一隅を利き手の人差し指を曲げたところに置き親指の腹でガッチリ握り、肩上から前方へ、あるいは胴の後方から前方へと打ち投げ、空中に飛ばして距離を競う。巧者は弧を描いて飛ばし1周させることもある。 〈藤村〉

こま［独楽］ ジングリと称す。秋に拾い集めたオオナラの実（ドングリ）のなかから、大きなものを選んで笠を取り、そこに硬木を削って爪楊枝のような形にした軸木を差し込み、とがった先を突き抜けてからとめる。軸木の柄を親指と人差し指の腹で押さえて捻るとドングリ独楽が回転する。外では平らな石の上や割板の上で回して遊び、何人かの遊び仲間がいると一斉に回して回転時間の長さを競い、あるいは、ほかの独楽にぶつけて倒したり、弾き飛ばしたりして勝者を決める。屋内では*炉縁や*膳が独楽の遊び場となる。後には市販された独楽を購入し紐で回して遊んだ。(→431頁 和人資料［独楽］) 〈藤村〉

くるみ［胡桃］ ネシコと称す。クルミを用いた遊びは次の通りである。

①クルミ当て、ドングリ当て（ネシコチョッチャ、ニヌムチョッチャ）

床に敷かれた*茣蓙の2～3枚を遊びの場とし、食用として保存してあるドングリ（またはクルミ）のなかから10個を取り出し、場に9個を散らして残った1個を自分が当てるものとして所持する。次に順番、茣蓙の枚数を基にした投げる場所（距離）を決め、茣蓙の端から散らばっているクルミやドングリに狙いを定めて投げる。当たると自分のものとなり、次に狙いを定めて投げつける。はずれた場合には、自分の当てたものを手にして次の順番を待つ。場にものがなくなると、自分の所有するもののなかから、各自が所持する最低の数を場に出して遊びは続く。持ち数がなくなった場合や、遊び終えるときには各自が所有するドングリのなかで最も数の多い子を勝者とする。

また、ドングリやクルミのなかから自分の打ち玉を1個選び、適当な量を茣蓙の境目に並べ、順番や茣蓙の枚数を決め、2枚目なら2枚目の茣蓙端から並んでいるドングリやクルミに狙いを定めて投げつける。投げたものが、並んだドングリやクルミに当たったならば、自分のものとなり、跳ねてもう1個に当たると、それも自分のものとなる。はずれた場合には、自分の当てたものを手にして次の番を待つ。場にものがなくなると、各自が所持する最低の数を出して茣蓙の境目に並べると遊びは続く。持ち数がなくなった場合や、遊び終えるときには各自が所有するドングリのなかで最も数の多い子を勝者とする。

②椀入れ（ニヌムオマレ、ニセウオマレ）

食事用の*椀1個とクルミならば1人5個ずつ、ドングリならば10個ずつを持ち駒として各自が持ち、順番と茣蓙幅を2枚か3枚かを決めて椀を置き、それを目指して持ち駒を投げ入れる。早くなくなった子が勝者となり、2位以下も決まることになる。巧者と初心者がいる場合には、茣蓙1枚や、その半分と投げる場所の距離を調整することもある。 〈藤村〉

やなぎ［柳］ ススと称す。ヤナギはチャンバラごっこ（ウコロルンペ、ウコトゥミサンケ）の刀の素材として用いる。ヤナギの若枝のなかから直径２㎝ほどで、細枝のないものを60〜80㎝に切り、根元の10〜15㎝ほどのところに刃物を当て、枝を転がして切れ目を一巡させる。そこから先まで皮を剥き、男の子は腰帯に挟んで*刀とし、人数が少ないときは、味方なしに相手と切り合う。遊びに参加する子が多いときは２〜４手に分かれて、相互に切り合うほか、女子を守り、時には相手の隙に乗じて僕や捕虜として奪い取ることもある。　〈藤村〉

ねこやなぎ［猫柳］ ポンセタ、ポンシタ、ポイセタ、ポイシタなどと呼ぶ。ネコヤナギを用いた遊びは次の通りである。

①数当て（ポイセタピシキ、ポンシタピシキ）

春先にネコヤナギを小袋や▼小出しに２〜３握りほど採取し円座になって座る。誰か１人が袋の中に手を入れ適当に握って取り出し、それが偶数の「０」か、奇数の「１」かを言い当てる。各自がそのどちらかを言ってから手を開き、手中にあったネコヤナギを二つずつ除いて残りの数を見守る。言い当てた子は、ネコヤナギを一つ自分のものにし、袋の中にネコヤナギがなくなると、それぞれの所有するなかから同じ数だけをみんなが出し合う。早く手持ちがなくなった子は敗者となり、残り数の多い子が勝者となる。飽きるとネコヤナギを袋や小出しに入れて次回の遊び道具として壁に吊るしておく。また、*茣蓙の上に山積みしたものの上に手を重ねて伸ばし、上の手で覆い、下の手で握って同じように数当てを行う。

②子犬分け（ポンセタコレ、ポンシタコレ、ポイセタコレ、ポイシタコレ）

春先に川縁でネコヤナギの銀毛に包まれた花を、年上の子がたくさん採り集め、遊びに加わる子に子犬として同じ数を分け与える。それぞれが相手を選んでジャンケンをし、負けた者は勝者に子犬（花）を１匹（一つ）与える。誰かの手持ちの子犬がなくなると遊びは一旦終わり、また同じ数のネコヤナギの子犬を配分して再開する。　〈藤村〉

まめさや［豆鞘］ 豆を用いた遊びの一つに、豆の入った豆鞘を使って勘を競い合う豆鞘遊び（マメピシキ）がある。秋に収穫した豆鞘のなかから鞘が爆ぜていないものを選び、口の広い袋に入れる。屋内にいる子供たちが円陣をつくって座り、１人の子が袋の中に手を入れて豆鞘をつかんで取り出す。

周りの子供たちは、それぞれの子に対し、それが偶数で割り切れるか、割り切れないかを「１本」「０本」とで言い表す。手を開いて豆鞘を２本ずつ除いて、偶数で終わると言い当てた子は袋の中から豆鞘１本を取って自分のものとするが、はずれると当たるまで入手できない。次の子供も同様にし、はずれた場合に手持ちの豆鞘があれば、１本を袋の中に返す。遊びに飽きると、手持ちの鞘の多い者を勝者とする。

また、袋の中に残った数を当てるほか、二つ取りに飽きると、鳥足の三つ取り、動物の足の四つ取り、指の五つ取り、上下唇、左右の上下まぶたの六つ取りなどを取り決め、つかんだ数を予想する。言い当てた人は、その数を袋の中からもらい、言い違えた人は、その数だけ袋に戻す。遊びをやめるときには、手持ちの豆鞘を２本ずつ袋に入れ戻し、１本の豆鞘を残し持っていた者が勝者となる。　〈藤村〉

ごぼうのたね［牛蒡の種］ イパコカリプと称す。ゴボウの種子を用いた遊びは次の通りである。

①コボウの種投げ（イパコカリプエヤプキリ）

晩秋にゴボウの種が枯れるころ、それを採取する。*高床式倉庫の脚や、飼育する動物檻の脚柱などに絡み付けてネズミ除けや、魔性を除けるものとして多量に集めるが、その作業の途中でお互いに投げつけあって遊びながら採集する。

②ゴボウの種の腕輪（イパコカリプテケカリプ）

採取したゴボウの種子をつないで輪をつくり、腕や手首にはめて飾って遊ぶ。　〈藤村〉

みずきのは［水木の葉］ ウトゥカンニハムフと称す。ミズキの葉を付け根から採り、葉の下の軸端からできるだけ幅の狭い部分に親指と人差し指の爪を立てて軸の外側を切り、２〜３㎜ほど引き抜くと細い水管が見えてつながっている。同様のことを繰り返してミズキの軸で玉簾（タマサイカル）のようにつくって、その長さを競う。途中で切れた場合には、新しい葉を採って再挑戦する。　〈藤村〉

ほおのみ［朴の実］ プシニエプイ、プシネプイと称す。晩秋に梢から落下したホオノキの穂実を薬用として拾い集めるが、飽きると開いた鞘のな

かから真紅の種子が見えるものを選び、幾人かの子が集まって順番に種子を勘で選んで引き出す。すると、種子の尻にほつれた糸状のものがついて出てくるので、その長さを競う。これを「ホオの実の糸引き（ヌイトエタイェ）」と呼ぶ。同じことはキタコブシの穂実でも行う。　〈藤村〉

てありまめのは［手有豆の葉］　マメハムフと称す。豆の蔓が豆の手（蔓を絡ませる棒など）に絡みついて多くの葉を茂らせると、その葉を採って、二～八つ折りを繰り返しながら要所を歯で強く噛む。それを開くと歯型の模様（ノカカル、シリキカラ）ができる。模様が不足であれば折って噛み足す。いい模様ができると葉を着衣に貼りつけて美しさを競う。　〈藤村〉

おき［燠］　ウサッと称し、燠を用いて遊ぶ。

何々尽くし（コルレヘパクテ）
　天候が悪く屋外で遊べないときに、*炉縁の周りに座る子供たちが、鳥尽くし、魚尽くし、草尽くし、貝尽くし、樹木尽くし、虫尽くし、哺乳動物尽くし、屋内外の物尽くしなど「尽くし物」を一つ、と言う順番を決める。燃えている火の中から*火箸で小さな燠を選んで挟み、自分の前の灰の上に置いて、名前を言って、次の子に燠を火箸で挟んで渡す。こうして燠が黒ずむまでに名前を言い合い、ほかの子がすでに言った名前を口にしたときには、手の甲や顔に*消炭を塗られる。燠が燃え尽きると、新しい燠を取り出し、尽くし物の題を変えて言い続ける。　〈藤村〉

ろばい［炉灰］　ウナと称す。屋内で、最も明るい場所は焚き火が燃え盛る*囲炉裏であったから、炉の中は子供たちの遊びの場所でもあった。炉の灰を用いた遊びは次の通りである。

①**灰山崩し、棒倒し（ウナウイナ、パスイホラクテ）**
　炉尻の一角に灰を掻き寄せて山をつくり、中央に*火箸を立て、火箸が倒れるまで灰を取り合って、その量を競った。遊び終わると、灰をならし元のように戻した。炉の中は、火の女神の屋敷庭と考えられ、庭を汚さぬよう心がけ、汚れを見つけると常に掃除をするのが慣習になっていた。もしも汚したままにしておくと、火の神が戒めに火を放ち、やがては火事を起こすとして、火の周りは口うるさく注意されていた。

②**模様描き（イノカカル、シリキカラ）**
　炉尻の平面は、火箸を使って様々な模様を描くのには格好の場であり、女の子は衣服の刺繍、男の子は器物への彫刻を想像して模様を描き、出来上がると相互に評価をして褒め、終わると*炉扇で掻き消しては模様を描いて楽しんだ。また、火箸でいくつかの枠をつくり、そこに模様を描いて妙を競った。屋外では砂上に描くほか、海浜の波打ち際を使い、海浜に漂着した手ごろな棒を持って、次の大波が来るまでにどれほどの面に模様を描けるかを競った。　〈藤村〉

めかくし［目隠し］　シケセシケプと称す。遊び仲間の1人が身の周りにある*手拭、布袋、*前掛などで目や顔を覆い、掛け声と匂いを頼りに人を捜し当てる。残りの子は手拍子をとりながら、「人の匂いを、匂いを」と掛け声をかけて、歩行に安全な場所へと誘導しながら、誰かが片手を差し出して目隠しをした子に触らせ、誰かを言い当てさせる。言い違えると、再び掛け声とともに人探しが始まる。言い当てると、目隠しを交代する。また、目隠しした子を取り囲み、手をつなぎ、輪になって掛け声をかけ、徐々に加速して一斉に円座になる。その音を聞いて自分も座り、かすかな物音や呼吸、さらには近づいて体温や匂いを感じ、差し出す片足に触れて誰かを言い当てる。はずれると目隠しをした子を座の中央に立たせ、再び、やり直す。天気がよいと、屋外でも同様にして遊ぶ。

　その他の目隠しの遊びには、次のようなものもある。

①**物当て（コルレヘアイェ、コロレヘアンイェ）**
　目隠しをした子に左右の人差し指を宙に差し伸ばさせ、別の子が屋内からある物を持ってきて目の前に座る。行司役の子が、その品物の2カ所に左右の人差し指を置く。残りの子が「これはなーんだ」と言って問いかける。指は曲げてもいいが、左右にずらしてはいけない。1度で当てなければ、もう1度だけ別の2カ所に左右の人差し指を置き、再び「これはなーんだ」と問いかける。2度目も間違うと、残りの子が「これは〇〇だ」と言い、行司役の子が全体を触らせて目隠しの子を納得させ、正解が出るまで目隠しを続ける。品物を持ってくる子の動きを聞き分けて品物を想像しなければならない。

②**輪受け（ポンカリプウコウク、ポンカリプウイナ）**
　遊び手が6人いると、3人を1組とし、そのうちの2人が目隠しをして、それぞれが利き手では

ない手に細い棒を持つ。目隠しをしていない子が、どちらかの棒先にノブドウの細い蔓で6cmほどの輪を一つつくってかける。それを目隠しをした別の1人が、目隠しをしていない子の誘導によって上手に輪を棒先で受け取ることを競う。輪を落とすとその組は敗者となる。5人であれば、2人が1組となり、残る1人が誘導する役を担う。

〈藤村〉

こもの［小物］ チエイワンケプポンペと称す。小物を用いた遊びに、物隠し（イヌイナ）がある。遊びに加わるときに、各自が小物を一つずつ用意し、それを場に出して、みんながそれぞれの物を確認する。そこで探し主を決め、目隠しをしたり、着物を被ったりして視界を閉ざす。その間に、残りの子が母屋の中や天井裏、※土間などに自分の物を隠し、一定の間をとって「探してもいいよ」と一斉に声を掛ける。探し主は、隠すときの足音、物音を頼りに、順番に探し出し、誰のものかを言い当てる。品物を半分見つけると、探し主は交代できるが、見つけられなければ、大まかな隠し場所を教えてもらって探し出し、探し主をもう一度続ける。

〈藤村〉

になわ［荷縄］ タル、シケタラ、ニナタルなどと称す。荷縄を用いた遊びは次の通りである。（→Ⅱ巻　人力運搬具［荷縄］）

①荷縄引き（タルエタイェ、タラエタイェ）

どの家にも採った※薪を背負って持ち帰る長さ4～6mほどの荷縄が土間に吊り下げられている。その荷縄を使って、座り縄引きを行う。人数が多いと3～5人ずつ2組に分かれ、先頭の子同士が足裏をぴったりつけ合い、荷縄の額当ての部分を足の境目に置いて持ち、それに続く子は開脚して前の子供の後ろに順番に座る。最後の子は正座して後ろ向きに座り、縄端を肩から胸元に回して両手で握る。行司役の子の掛け声で一斉に引き合う。ほかの子供たちは「引っ張れ」「力を入れて」などの掛け声で応援する。先頭の子の上半身が前に折れ曲がると、その組は敗者となる。

②1対1の荷縄引き

荷縄の端を握って引くほかに、荷縄の端を胴に結びつけ、双方が外側や、内側に顔を向けて引き合うこともある。応援の掛け声は、①の荷縄引きと同じである。

③四つんばいの荷縄引き

2mほどの短い荷縄を2本用意し、2本の両端をそれぞれ結んで大きな輪にする。引き合う2人が四つんばいになって外側へ顔を向け（逆向き）、額当ての部分をそれぞれが額に当てて、行司役の掛け声で引き合って体力を競う。応援の掛け声は、①の荷縄引きと同じである。

④頭や首の荷縄引き

荷縄2本の両端をそれぞれ結んで大きな輪とし、2人が向き合って座り、荷縄の額当ての部分をそれぞれの後頭部や首にあてがい、それぞれが後方へ引き合う。応援の掛け声は、①の荷縄引きと同じである。

⑤舟漕ぎ（チポー）

遊びに加わる子が円陣をつくり、足を中央に投げ出し、荷縄をみんなの太腿に及ぶくらいの小さい輪に結び、両手で荷縄をしっかりと握る。船頭役の子が「判官（源義経）様が舟に乗る。そら、舟に乗る」と歌いながら、それに合わせて上半身をゆっくり前に屈め、後ろに反らして舟の▼車檋（ボートのオール）を漕ぐ動作をし、舟が沖合に出たのに合わせて、大きく激しく屈伸して大波を乗り切って進む。やがて風が出て波浪となると、歌は「（力を合わせて）漕ぎ抜けよ。漕ぎ抜けよ」と変わり、漕ぎ手も、その状況に合わせて当初は前屈みから右斜め後ろに反り、次は前屈みから左斜め後ろに反る。さらに右斜め前に屈んで、左斜め後ろに反り、次いで左斜め前に屈んで、右斜め後ろに反らすようになると、歌は「車檋が（▼タカマに摩擦し、きしんで）キリギリと、檋の臍棒が（車檋に擦れ、きしんで）キリギリと（音を出す）」と変わる。人によっては、「船首は（ぶつかる波が砕けて）ダダーンと。船尾に（その波が当たって）ババーンと（音を立てる）」や、「高みに吹き付ける風は、髪毛を躍動させ、耳に当たる風は渦を巻く。低く吹き付ける風は、裾をはためかせ、腰に当たる風は体を浮かす」を加える。

大海原の中ほどからは、歌が逆に戻り、動作もそれに合わせ、舟が沿岸に近づき、最後に「判官（源義経）様の舟が（浜辺に）乗り上げた。そら、乗り上げた」、次に「舟を引き上げろ。そら、引き上げろ」と変わり、船頭が「（今まで頑張ってくれて、どうも）ご苦労さん」と言うと、一斉に縄から手を放して後方に仰け反って、手足を思いっきり伸ばし、舟遊びは終了する。腹筋を鍛え、協調して最後までやりぬく心の持続力を養うことになる。

〈藤村〉

くさにんぎょう[草人形]　クフキナアイヌと称す。成長したバイケイソウの双生の葉などを使って草人形の家族をつくる。2枚の葉がついた茎をいくつか切り、根元の太い茎は男性用、梢側の細いものは女性用の素材とする。祖父の人形は、やや太めの茎を選び、2枚の葉を手前と向こう側（後ろ）に位置するようにする。後ろの葉を茎から1cmほど残して手前に折り曲げ、茎を包んで頭髪とする。次いで前の葉を手前に折って後ろの葉を包んで髭とする。葉の下方を紐でしばり、その下を*前掛に見立てる。父の人形は、祖父より茎の太いものを選び、祖父との違いは後ろの葉を2cmほど残して曲げる。祖母や母は細身の茎を使い、後ろの葉を手前に折り曲げたあと、前の葉を取って茎に当てて後ろの葉を包み紐で結ぶ。伯父（叔父）や伯母（叔母）、子供は細い茎で同様につくる。また、人によっては茎を斜めに刃物で切り、傾斜の強弱で性別を作り分けたり、茎の高さを8～16cmほどに切り分けたりすることもある。できた人形で家族遊びをし、それが飽きると葉をむしってバラバラにし、空中高く放り投げて「来年に生えよ」と言葉を添える。　　〈藤村〉

うす[臼]　ニス、ニシュイと称す。*臼を用いた遊びは次の通りである。

①馬乗り（ウンマオー）
　親の留守中に臼を土間に倒し、あるいは外に転がして出し、臼の括れ部分に跨がってヒグマやウマなど陸海獣の背中に乗った気分を味わう。親が戻るころには元の位置に戻して知らん顔をする。

②臼を駆け巡る（ニスコカリ、ニシュイコカリ）
　臼を外庭に立て、それを時計回りや逆回りにめぐり、その回数を競ったり、鬼ごっこをしたりした。　　〈藤村〉

しゅはいとほうしゅひ[酒盃と捧酒箆]　トゥキネワパスイと称す。*酒盃と*捧酒箆を用いた遊びに犯人探し（イッカクルエシタン）がある。大人の余興に行われていたのを、子供の遊びに応用したものである。1人対複数人、2組に分かれての言い合いなどの形式があり、酒盃と捧酒箆、あるいは*膳と棒を使い、さらに、拳でたたく、押し合う、つかみ合う、組み打ちなどを取り交ぜて遊ぶ。歌詞にも様々な言い方がある。「ヘヨー、ヘヨー」の節を挟み、時計回りに輪踊りしながら、訴える子が「干した魚の荷物、六つの荷物を、井戸のそばに、私は置いた。小便をしたら、誰かが盗んだ。ない。ない（どこにもない）」と言うと、残りの子が一斉に「知らない。わからない。知らない。わからない」と言う。すると「本当かなぁ。嘘かなぁ。嫌だ。嫌だ」と言うと、残りの子が一斉に「知らない。わからない。知らない。わからない」と首を大きく横に振る。

　訴える子が業を煮やし、隣の子に「あんたかい？」と問う。隣人は「知らない。わからない」と言うと、訴える子は懐に入れていた酒盃と捧酒箆を隣人に渡す。隣人はそれを受け取り、捧酒箆を酒盃の上に渡し、両手で酒盃を斜め前方に差し出して三拝する。その後、左手に酒盃、右手に捧酒箆を持ち、捧酒箆を上下に揺らしながら四方の神に身の潔白を訴える仕草をしたあと、酒盃を頭上にのせて床の*茣蓙上に落とす。酒盃の口が上を向くと、盗っていないことの証明となり、捧酒箆を両手に持って三拝する。この間、残りの子が「知らない。わからない」を歌い続ける。

　すると訴える子は、その次の子に対し「あんたかい？」と問う。その次の子も「知らない。わからない」と言うと、隣の子が所持していた捧酒箆と床に落ちた酒盃を拾って次の子に渡す。次の子はそれを受け取り、捧酒箆を酒盃に渡し、両手で酒盃を斜め前方に差し出して三拝し、前の子と同様な仕草をしたあと、酒盃を頭上にのせて床の莫蓙上に落とす。酒盃の口が下向きになると、盗ったことになる。訴える子は、盗んだ子を追いかけ、体をたたき魔性を追い払いながら「フッサ、フッサ」の掛け声を出し、残りの子たちも唱和する。訴える子や盗った子が輪に戻ると、訴える子は、その次の子に「あんたかい？」と問いながら、共犯者を探り出す。地域によっては「あんたかい？」の歌詞を替えることがある。　　〈藤村〉

和人資料

　北海道の子供の遊びを古文書類からみると、近世の松前地でも江戸などと同じように種々の遊びが行われていたことが記録に残されている。例えば近世後期の松前地の風俗を記した『松前方言考』（1848年ころ）には当時の子供の遊びとして、ヂグリ・ゼニコマ（こま）、サカモコ（ままごとあそび）、クギウチ（釘打ち）、ユキスベリ（雪滑

り）、ユキナゲイクサ（雪合戦）、ゾリキキ（草履遊び）、アヤドリ、イシナンコ・ハジキ（おはじき）、タコアゲ、イチマタ（将棋の駒遊び）、ナンゾ（なぞなぞ）、ブランコ、テジマ（手品）、アナウチ・ブチ（銭石投げ）が挙げられている。これらの遊びの多くはその後も北海道における子供の遊びの主流として受け継がれたものであるが、遊びの内容は同じだが名称が今日と異なるものもある。サカモコ、イエコナンコについては同書に「子供等打よりて莚などうち敷、つねに持遊ぶ処の器物に餅菓子あるひは草などをつみ入れて世帯などのさまをして遊ふをサカモコあるひはイエコナンコをしてあそふといふ」とあり、今日のままごとと同じ遊びである。また、イシナンコは今日のおはじきと同じ遊びである。さらに、積雪地帯であるため雪に関する遊びもみられ、特に雪投げいくさ（雪合戦）や雪滑りが盛んであったようである。雪滑りは町の坂などで子供たちが木の枝や板にまたがり「サレヨー」と叫びながら滑り降りる遊びである。サレヨーの掛け声はその後に受け継がれスキー遊びのときの掛け声として昭和30年代まで使われていた。

また、明治以降の開拓に始まる内陸の農村部には、日本各地からの移住者によって各地の遊びや風習がもたらされたが、開拓時代には経済的にも生活が厳しく子供の遊びも魚釣り・山遊びが主で、木や草、石など自然を利用した遊びと*竹馬、*水鉄砲、*お手玉など自分たちの手で遊具をつくる遊びが多かった。だが、開拓時代の終わる大正時代中期以降になると生活もいくぶん改善され、カルタ、双六、着せ替え人形、ブリキの玩具など遊具を購入する遊びも増えている。また、このころに夏季の野球、冬季のスキー・スケートが普及し子供の遊びが大きく変化した。〈矢島　睿〉

めんこ（ぱっち）[面子（パッチ）]　近代においては、ボール紙などを円形ないし方形に裁断し、絵を貼りつけた遊具の一種。鎌倉時代からの遊びで、古くは「めんうち（面打）」「めんがた（面形）」などと呼ばれ、芸能で使われた面を小型化し泥製の面形だったとされる。地上に円を描き、ほかのものに打ちつけて、円外にはじき出すもの、投げ合って表が出た方が勝ちとなるものなど、様々な遊び方があった。明治時代になると、鉛製、木製、さらには紙製のものがつくられ、形も円形・方形のものが出回り、以降現代までボール紙製のものが主流となった。人気役者、漫画・劇画・テレビのヒーローなどのモチーフの描かれた面子が、駄菓子屋や祭りの出店などで売られた。北海道では、この遊具をパッチと呼ぶところが多い。
〈池田　貴夫〉

こま[独楽]　主に円錐形に成形された本体の中心に軸を通し、その軸を中心に回して遊ぶ遊具の一種。古くは平安朝時代から使用した道具で、中国から高麗を経て日本に伝わったとされる。南北朝時代ごろから子供の遊びとして一般化し、現代に至るまで、主に男児の間で歓迎されてきた。歴史的には、木の実に芯をさしたもの、木を削ってつくったもの、貝殻でつくった貝独楽など、素材も形態も多様なものがつくられ、曲独楽（反転独楽など）や競独楽（ベーゴマなど）など遊び方も多い。なお、いわゆるベーゴマは貝独楽をまねて木や鉄でつくった競独楽である。また、浅虫独楽（青森県）などのように、地域の伝統工芸として発展してきたものも多い。

北海道でも、江戸時代には、松前・江差などの道南地方でヂグリ、ゼニコマなどと呼ばれ、遊ばれてきたことが記録に残っている。また、北海道の開拓地では、木を自分で削って木製ベーゴマをつくるなど、独楽遊びは盛んに行われていた。現代では、木製の本体に金属軸を通したものを木綿紐で回す独楽がポピュラーな独楽として、売られている。またブンブンゴマは、厚紙、古ボタン、竹、牛乳の蓋、プラスチック板などを円形などに切り、2カ所に穴をあけて凧糸を通し輪にして結んでつくるものであり、両手の指に紐をかけ、コマを回して糸を撚り、両端を引っ張ったり戻したりして、勢いよく音を出しながら回す動作を続けるというものであった。また、対抗して糸を切り合ったりする勝負もあった。〈池田〉

写真1　独楽

おはじき[お弾]　主に女児が用いるチップ状の遊具。明治後期以降はガラス製のおはじきが使われ、今日ではプラスチック製が使われているが、それ以前においては小石や貝殻などが使われてい

たようである。遊び方はおはじきの一つを弾いてほかのおはじきにぶつけて取ったり、上に放り上げて手の甲で受けるなどの遊びがあった。近世の記録『松前方言考』(1848年ころ)によれば、松前地ではイシナンコ・ハジキと呼ばれるおはじきと同様の遊びがあったことが記述されている。
〈矢島 睿〉

ままごとセット[飯事セット〈set〉] 炊事、洗濯、掃除など家庭生活をまねた女児を中心とした遊びに用いる用具。子供の遊びのなかには、大人の仕事をまねたものが多いが、ままごとはその代表的な遊びである。北海道でも子供の遊びの歴史は古く、近世の松前地でもサカモコ・イエコナンコなどと呼ばれていたと記録に残されている。明治以降も都市・農漁村を問わずこの遊びがさかんであり、開拓が大きく進む大正期以降になると、ままごと遊びの遊具なども普及するが、多くは古くなった家庭用品を親からもらい、草花を材料として料理のまねをするなどの遊びが盛んであった。男の子が遊びに入ることもあったが、多くは客の役などあくまでも脇役であった。〈矢島〉

びーだま[ビー玉] 直径1～3cm程度の真ん丸のガラス玉。明治期以来、主に男の子の遊び道具として愛好されてきた。それ以前には、ビー玉遊びに似たものとして、アナウチ・ブチと称する木の実、貝、石、泥玉を投げ打つ遊びがあった。明治期、文明開化の飲み物であったレモネード(ラムネ)のビンの中にガラス玉が入っていて、子供たちはその不思議な玉に興味を持ったという。以降、ガラス玉の量産が可能になると、ビー玉(「ビー」はビードロの略)として、一般化していった。ビー玉の遊び方には、転がしたり投げたりしてほかの玉に当てたり、穴に入れたりするなど様々なものがあった。ビー玉はその美しさから、子供たちの宝物でもあった。〈池田 貴夫〉

たこ[凧] 竹ひごなどを骨にして紙を貼り、長い糸で操作しながら、風力を利用して浮揚させる遊具。世界各地の諸民族の間に広がった遊具で、呪術具、実用具などとしても使用されてきた。日本でいつから凧揚げが行われていたかは明らかではないが、平安時代にはその記録がみられ、江戸時代においては、子供の遊びとして、さらには商売繁盛を願って、盛んに行われていた。形態は、長方形、五角形、六角形、蛸形、烏賊形、扇形、軍配形、奴形、飛行機形、*行灯形などのものがつくられ、正月の遊戯として定着している。

北海道においても凧は、近世の道南地方、さらには近代の開拓地における季節的な娯楽であった。『松前歳時記草稿』(19世紀初期)の五月朔日の項に「此頃男児は凧を専ら上る也。江都のこと く角凧は稀なり。多くは鳥獣の体にかたとり、又は人物なとに作りて弄る也。大小数種なれと、大は西の内紙にて三、四十枚張なり」とあり、このころにはすでに道南地域において凧揚げが盛んに行われた情景がうかがわれる。近代以降、北海道に移住した人々は、開拓地で材料が乏しいながらも故郷の凧を思い出してつくったとされる。その後も故郷の凧の再現は各地で行われ、例えば礼文島の三上豊造(1895=明治28年生まれ)が子供のころからつくっていた故郷の津軽凧が礼文島の凧として根づくなど、地域の凧として定着したものもある。また、1968(昭和43)年の北海道百年記念諸行事に合わせ太田比古象が「五稜郭凧」「いかのぼり」「蝦夷凧」を考案するなど、北海道独自の創作凧も生み出され、その後も「ソーラン凧」「旭川凧」「札幌凧」など、様々な人により、創作凧が考案されている。〈池田〉

写真2 いかのぼり

みずでっぽう[水鉄砲] ポンプの原理で水を筒に入れ、それを押し出すことによって先端の小さな穴から勢いよく飛ばす遊具。竹を利用して自分でつくることが多かったが、明治期のブリキのおもちゃの登場後、ブリキ製のものが出回ったり、第2次世界大戦後のプラスチックの普及に伴ってプラスチック製のものが市販されたりするようになった。また、ピストル型の水鉄砲は、男の子には人気を博した。主に、夏に流行る遊戯であるが、風呂場などでも遊ばれた。〈池田〉

たけうま[竹馬] 2本の竹竿に足がかりをつけた道具、また、それを使った遊戯。足がかりに足をのせ、竹竿の上部を両手で握り歩く。上手になると、ただ歩くだけでなく、走ったり、片足で歩いたり、いろいろな遊び方があった。平安時代にはすでに行われていた遊戯である。全国的に竹を使うため竹馬と呼ばれるが、北海道ではネマガリダケ以外の竹が手に入りにくかったこともあり、

その代用として西洋の竹馬と同じ木の角材で組み立てた重厚な竹馬がつくられた。　〈池田〉

写真3　竹馬

たけわり［竹割］　竹を長さ20cm、幅1cmほどに切った遊具。例えば、5〜6本の竹の棒を片手、あるいは両手で握り、歌に合わせながら離してすぐに持ち替えたりし、持ち替えることのできなかった棒の数で勝負が決まるなど、様々な遊び方がある。また、遊び方や歌は地域により異なっている。主に、女の子の遊びとして北海道においても伝承されてきたが、現在では竹割を日常的に遊ぶ子供たちはほとんどいない。　〈池田〉

てまり［手毬］　手でついて遊ぶ毬。ゼンマイ綿、オガクズ、イモガラ、小繭などを芯とし、木綿糸をまんべんなく巻きつけ球形に整え、色糸を使って表面に様々な模様をつけたもの。糸毬などとも呼ぶ。奈良・平安時代に中国から蹴鞠が伝わったが、江戸時代に木綿糸による毬が生まれ、弾みがつくようになったので、手で地上につく動作を繰り返す遊びとして、主に女の子の遊びとして広まった。明治10年代（1877〜86年）以降、木綿糸の毬に代わってゴム毬が普及した。本来手毬は家庭でつくるものであったが、その美しさから飾り物としても認められ、全国各地で売られている。　〈池田〉

おてだま［お手玉］　小さな布袋に、小豆、小石、籾殻、米糠、蕎麦殻などを入れたもの、また、それを使った遊戯。複数個のお手玉を持ち、1個を上に投げ上げ、それが落ちてこないうちに次のお手玉を投げ上げ、最初に投げたお手玉が落ちてくるとそれを受け取る。このような動作を連続して進めていく。古くは石を使って遊んでいたといわれるが、江戸時代中期ごろから、美しい布に小豆などを入れるようになった。また、男女の区別なく行われていた遊びであったが、現在では女の子の遊びというイメージが強い。　〈池田〉

はごいた［羽子板］　正月などの羽根突き（核となる珠に鳥の羽を数枚つけたものを板で突きあう遊び）に使用する、柄のついた板。羽根突きの起源は明らかではないが、室町時代には宮中などで行われていたとする記録がある。江戸時代以降、庶民の遊びとして普及した。また江戸時代には、板の表面に絵を描いたり、豪華な飾りつけをした立派な羽子板がつくられるようになり、遊具としてのみならず飾り物としても製作された。

北海道においては、上ノ国町勝山館跡近くの宮の沢川右岸地点で、16世紀末〜17世紀初頭ごろの羽子板が出土しており、近世和人地での当時の娯楽がしのばれる。一方、北海道の開拓地では、立派な羽子板を買えるところも少なく、親が身近な木を使い手製でつくってくれた羽子板で、どんぐりの実などを羽根代わりにして遊んだ。　〈池田〉

わまわし［輪回し］　直径50〜60cmほどの鉄の輪を柄で操作して転がす遊具。江戸時代に＊桶や＊樽の古い箍（桶や樽の外側にはめる竹などの輪）を横倒れしないように、先端がY字形の竹の柄で操作して押しながら転がすという遊びがあり、「たがまわし」などと呼んだ。明治時代になり、鉄製の輪回しの道具が売られ、名称も「輪回し」となった。また、太い針金を樽などに巻いてつくったり、古自転車の車輪のフレームを使ったりもした。速さを競争したり、石を並べてジグザグに進むなど、遊び方は様々であった。北海道でも雪解けとともに流行る遊びの一つであったが、現在その姿を見ることは少なくなった。　〈池田〉

写真4　お手玉

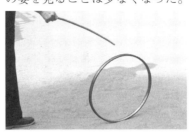

写真5　輪回し

ふうせん［風船］　紙やゴムの袋状のものに空気やガスを入れて膨らませる遊具。紙風船は和紙を数枚張りつけてできたもので、そっと手のひらにのせ、やさしく上方に突いて遊ぶ。また、富山の

薬売りなどの行商が、おみやげ品として渡して回った遊具の一つでもあり、子供たちは薬売りの行商が来るのが楽しみであった。ゴム風船については、明治初頭に横浜や神戸で売られており、また、1875（明治8）年には国産のゴム風船も売り出されるようになった。縁日で売られる水の入ったヨーヨーもゴム風船を利用してつくられている。ガスを入れ空に浮かばせるゴム風船は、現在でも特に幼児のお気に入りのアイテムである。
〈池田〉

まめでっぽう・たけでっぽう［豆鉄砲・竹鉄砲］
大豆や紙を丸めた玉などをはじいて打つ竹製の遊具。細めの竹を節が一つ残るように長さ30cm程度に切り、節に大豆や紙玉がすんなり通らない程度の穴をあけてつくった。押し棒で強く押すと、勢いよく音を立てて玉が飛び出すようになっていた。
〈池田〉

ぱちんこ［―――］ 小石や豆などをはじき飛ばす遊具。主に男児の遊びで、子供たちは木の枝の二股部分を切り、二股の先に太めのゴムを取り付け、ゴムの中ほどに革などの玉当てをつけて自作した。ゴムを後方に引っ張り、的などの標的に向かって小石や豆などをはじき飛ばした。縁日の出店などでも、パチンコセットが売られたりもした。なかには、鳥などの動物や、人や家に向かってはじく子供たちもいたため、学校や親から注意を受ける子供たちも少なくはなかった。〈池田〉

たけとんぼ［竹蜻蛉］ 竹をプロペラ型に削り、その中心に穴をあけ、ひごなどの柄を垂直に取り付け、両手で柄を勢いよく回して飛ばす遊具。羽根の回転によって生じる揚力で浮き上がるヘリコプターと同じ原理で、数秒間浮いて、徐々に地面に落ちていく。このような竹とんぼとほぼ同型のものは、奈良時代の平城京跡から発掘されている。北海道では、ネマガリダケ以外の竹が自生していなかったことから、開拓期の子供たちは、適当な木片を小刀で削って竹とんぼを自作することも多かった。のちに、竹製のものが、さらにはプラスチック製のものが売られるようになった。
〈池田〉

がっぱ［―――］ 長めの紐の両端に、貝殻や缶詰の空き缶などを結びつけ、紐を持ちながら貝や空き缶に両足をのせて歩く遊具。歩く際に「ガッパ、ガッパ」と音がするため、このような名称になったとされる。貝はウバガイ（ホッキガイ）、ホタテガイなどを、また紐は麻紐などの太い紐を使用した。これらに穴をあけ、歩きやすい長さに切った紐を通し、とれないように結びつけるだけの自作遊具であった。のせた足の親指と人差し指の間に紐を挟み、歩いたり、競争したりした。北海道では、雪解けとともに流行る遊びの一つであったが、現在その姿を見ることは少なくなった。
〈池田〉

写真6　がっぱ

けんだま［けん玉］ 独特の十字形をした持ち具と長い穴のあいた玉を数十cmの糸でつないだ遊具、またそれを使った遊び。江戸時代以前に中国から日本に伝わり、江戸時代になってから流行した遊びと考えられている。現在のけん玉は、持ち具の左右および底面は面積を違えて凹状に削られ、ぶら下がっている木の球をそれらにのせられるようになっている。また、上部はとがった棒状で、玉の穴がちょうどその棒に突き刺さるようになっている。一方、江戸時代からのけん玉の持ち具は左右の枝がなく、一方がとがっていて、一方が凹状に削られた棒状のものであり、昭和初期の北海道でも見られたという。ふりけん、野球、世界一周、とまりけん、灯台、鍛冶屋など、様々な遊び方がある。
〈池田〉

ヨーヨー［ヨーヨー〈Yo-Yo〉］ ヨーヨーと呼ばれる円形の本体に身長の半分くらいの糸を巻きつけた遊具。中指などに糸を結びつけ糸をヨーヨーの溝に巻き、上から勢いよく落とすと反動でヨーヨーが上に戻ってくる仕組みになっている。昭和初期に外国から伝わって以降、根強い人気のある遊具で、金属製、プラスチック製、木製のものがある。ヨーヨーを下で空回りさせて地面をはわせる「犬の散歩」、前や後ろに回転させながら操る遊び方などもある。
〈池田〉

かざぐるま［風車］ 風が吹くと、くるくると回る仕掛けの遊具。風速を目で確かめる際にも使用する。江戸時代には日本の子供たちの遊び道具としてあったことが記録されている。折り紙などを4枚羽根に加工し、少しの力で回るように柄を取り付けてつくった。風に吹かれて回るのを楽しん

だり、息を吹きかけて羽根を回したりして遊んだ。美しくつくられた風車も市販された。〈池田〉

ゆきすべりぐ [雪滑具]　雪の積もった小山や坂道などを滑る遊具。冬の長い北海道では雪滑りの遊びの歴史も古く、*スキーや▼子供用橇が普及していなかった時代には松などの木の枝や板にまたがって坂道などを滑り降りる遊びがあった。近世の松前地でもこの遊びが盛んで『蝦夷島奇観』(1799年) などの古文書に子供たちが「されよー」と叫びながら坂を滑り降りる絵が残されている。この遊びは明治後期ごろまで盛んであったといわれているが、大正から昭和初期にかけてスキーや*スケートが普及し、子供たちも手づくりのスキーや*竹スケート、子供用の橇で雪滑りをするようになる。山や坂の上から滑り降りるときに「されよー」と叫び、下にいる子供に注意を促す風習は昭和20年代まで続いた。　〈矢島 睿〉

げたスケート (げろり) [下駄スケート〈skate〉(げろり)]　下駄スケートは「げろり」とも呼ばれ、*下駄の裏側に竹や鉄で現在の*スケート靴の刃に似たものを取り付け、雪の上を滑る遊び道具。「げろり」という言葉は、長野県、福島県、青森県、北海道などで使われる方言であるが、語源は不明である。近世後期の松前地、蝦夷地の風俗を記録した『蝦夷島奇観』(1799年) には、子供たちが下駄を履いて坂を滑る様子が描かれている。また、「げろり」という言葉が文献に出現するのは1854 (安政元) 年で、箱館御役所から「げろり」で坂を滑る子供の遊びは危険なのでやめるように、との御触書が出ている。これらのことから、下駄で雪の上を滑る遊びないしは「げろり」は近世後期においてはすでに、一般的な子供の遊び道具であったことが考えられる。しかしながら、この時期鉄が貴重品であったことを考えると、鉄の刃が下駄に取り付けられていたかどうか、疑問の残るところであり、下駄スケートはスケートの普及から生まれたと考えられる。以降、下駄スケートは明治・大正・昭和初期にかけて、

写真7　下駄スケート (げろり)

北海道の冬の子供たちのお気に入りの遊び道具であり、当時の下駄スケートが道内の各地の博物館などに収蔵されている。現在に至っては、下駄スケートで遊ぶ子供の姿はもちろん見られず、その製作もなされてはいない。　〈池田 貴夫〉

たけスケート [竹スケート〈skate〉]　竹を長さ50cm弱、幅3〜5cm程度に割り、先端を曲げてつくった*スケート。竹スキーとも呼ぶ。竹を曲げるときには、その部分を小刀で薄く削り、湯につけたり、火にあぶったりして少しずつ曲げた。雪と接する面にロウを塗るとよく滑り、*靴の下に履いて、坂を滑った。雪国独特の遊びで、竹が自生しかつ多雪な東北地方・北陸地方に伝統的に分布したが、のちに移住者が北海道に持ち込んだ。しかし、北海道には太い竹が自生していなかったため、ほかの地方に比べ、竹スケートの普及は遅かったと考えられる。　〈池田〉

写真8　竹スケート

おめん [お面]　子供の遊び道具としてつくられた仮面の一種。動物やアニメ、テレビキャラクターなどを模したものが多く、プラスチック製のものが縁日の出店や街の駄菓子屋などで売られ、第2次世界大戦後の子供たちのお気に入りの遊具の一つであった。1958 (昭和33) 年に、川内康範作『月光仮面』がラジオ東京TVで放送開始されると、月光仮面のお面をかぶり風呂敷をマント代わりにした子供たちが屋根から飛び降りて怪我をするなどの問題も起こった。　〈池田〉

フラフープ [フラフープ〈hulahoop〉]　直径90cmほどの輪を落ちないように腰で回す遊び、またその輪。1958 (昭和33) 年に発売され、爆発的なブームとなった。はげしく腰を動かすことによってフラフープを回転させるため、胃痙攣を起こす子供がいたり、また道路で遊んで交通事故を起こす危険性があったため、警察が注意を促すほどであった。　〈池田〉

かみしばい [紙芝居]　物語の進行を何枚もの絵に描き、順にめくって見せながら、絵の裏に書かれた語りをしゃべり聞かせる見せ物。昭和初期ご

ろから、自転車で紙芝居台と紙芝居を運びながら演じる街頭紙芝居が増えはじめ、当時の子供たちの数少ない娯楽メディアの一つとなった。街頭紙芝居人は、拍子木を鳴らして子供を集め、お菓子や飴などを配り、紙芝居を聞かせた。この街頭紙芝居も、昭和30年代中ごろ以降になると、テレビの普及に伴い、子供集めに苦労するようになったが、その後も紙芝居は保育園や幼稚園などで使用されてきた。　　　　　　　　〈池田〉

くさばなゆうぐ[草花遊具]　子供たちが遊ぶのに用いる、道ばたなどに生えている身近な植物の花、葉、茎、実など。例えば、オオバコの茎と茎を2人で引っ掛け合わせ、それをこすり合ったり、引っ張り合ったりして切れた方が負けという勝負遊びは全国的に行われてきた。笹の葉に切れ目を入れ舟形に編み込んだ笹舟を水に流す遊びも全国的である。そのほか、ペンペン草（実のついたナズナ）の花柄をとれない程度に剝いで垂らし、茎を揺らして音を楽しむ遊び、カラスノエンドウの莢から実を取り出し、莢の端を切り、唇をあてて吹くと音が出る笛遊び、秋に熟したホオズキを丁寧に揉んで柔らかくし、小さな穴をあけ中身を取り出した皮を膨らませ、口に含んでつぶし音を出す遊びなど、身近な植物は、子供たちの昔からの遊び道具であり、様々な植物を使い、数え切れないほどの遊び方が生み出された。〈池田〉

にんぎょう[人形]　様々な素材を加工して人の形に成形したもの。玩具や飾り物となる。人形は、世界各地の諸民族の間で信仰、玩具、美術の対象として製作されてきた。日本では、3月の節句、端午の節句で人形を飾る風習が根づいているのをはじめ、御所人形、衣装人形、嵯峨人形、木彫人形、押絵人形、藁人形、人形芝居などの芸能にみられる操り人形、見せ物としてのからくり人形など様々な人形が近世以前からつくられてきた。素材としては、土製、張り子製、木製、練製・紙製などがあり、地方の伝統工芸として根づいているものも少なくはない。なお、北海道伊達市には、伊達邦成が移住時に北海道に持参した寛永雛が残り、伊達市開拓記念館（閉館、後継施設の「だて歴史文化ミュージアム」が2019年春に開館）に収蔵されている。また、江戸時代の松前地の商家などでは、人形遊びが行われ、特に衣装を自分で縫ってつくり、それを人形に着せる三折人形は人気があったとされる。

近代以降、洋式人形の移入をはじめ、日本における人形も素材・形態とも多様化するが、北海道の開拓地では故郷から持ってきた土人形や、自分で使い古した布を使ってつくった人形で遊んだ。セルロイドの玩具がドイツ玩具の伝統を踏まえて明治期に取り入れられ、大正期以降に多く出回り、そのなかから、おきあがりこぼし、キューピー人形などが登場するが、可燃性の危険から1955（昭和30）年に販売中止となった。「青い目の人形」は、1927（昭和2）年に日本との親善のためにアメリカから贈られたもので、約1万2,000体の人形が全国の幼稚園や小学校に届けられたが、1941（昭和16）年の太平洋戦争の勃発により、多くは処分されてしまった。北海道では、643体の青い目の人形が届けられたが、現存するのはわずか24体となった。昭和期には、そのほかに文化人形、着せ替え人形、ぬいぐるみなど様々な人形が出回った。　　　　　　〈池田〉

ひゃくにんいっしゅ（いたかるた）[百人一首（板歌留多）]　北海道では、百人一首といえば、厚さ5mmほどに裁断された木製の板に下の句が墨書ないし墨書風に印刷された取り札を取り合う、いわゆる板かるたが一般的に普及し、冬の室内娯楽として広がった。板かるたのもう一つの特徴としては、読み札を下の句しか読まないというルールがあり、一般的に「下の句かるた」とも呼ばれる。読み札は紙製であるが、下の句のみを記したものと、上の句と下の句の両方を記したものの2種類がある。

この板かるたの風習は、一般的には明治時代後期ごろから北海道に普及したと理解されているが、その背景には謎が多い。取り札を板にした理由の一つとしては、当時紙が貴重であったことがあげられるが、板かるたの普及が北海道に集中していることを考えると、そればかりでは説明はつかない。板かるたのルーツとしては、板かるたの素材がホオノキであることから、福島県の会津地方で*下駄ないしは*重箱などの製作の際に出るホオノキ材の余りを利用してつくられたものが北海道に伝わったとする説、現在でも板かるたが残

写真9　人形

るとされる石川県の金沢あたりがルーツという説などがあるが、確証は得られていない。また、北海道内においては、日本海側や炭鉱で栄えた地域で現在も板かるたが比較的楽しまれていることから、鰊場(にしんば)の漁民により漁場伝いに広がり、その後炭鉱や内陸の農家などにも伝わったという考え方も提唱されている。なお、板かるたが北海道においてどれほど自作ないし生産されていたかどうかも、明らかにはなっていない。第2次世界大戦後、道民生活の変化とともに、板かるたも徐々に行われなくなっているが、熱烈な愛好者も少なからずいる。現在でも、板かるたは北海道で販売されており、北海道外に転出した人々からの取り寄せの注文もまれにあるようである。〈池田〉

写真10　百人一首（板歌留多）

スポーツようぐ［スポーツ〈sports〉用具］

スキー［スキー〈ski〉］　2本の板に足を固定し、雪の上を歩行、走行、ないしは斜面を滑走すること、およびその板。世界で発祥して以来、木製のものが長らくつくられてきたが、現代に至っては様々な化学材料によって生産されている。

　スキーは北方ユーラシアの諸民族やヨーロッパ諸国において、形態の地域差を伴いながら製作、使用されてきた。日本における本格的なスキーの使用は、1911（明治44）年にオーストリアのレルヒが高田市（現・新潟県上越市）の帝国陸軍第13師団に軍事研究のため派遣され、将校たちにオーストリア式のスキーの指導を行ったことに始まるとされる。北海道においては、1908（明治41）年にすでに、スイス人のコラーが東北帝国大学農科大学（現・北海道大学）にドイツ語教師として赴任し、学生たちにノルウェー式のスキーを指導している。その後、1912（明治45）年にレルヒが旭川の第7師団に転任し、様々な人々にスキーの講習会を行って以降、本格的に普及していったものとされる。

　初期のスキーはおおむねオーストリア式とノルウェー式の2種類があった。オーストリア式のスキーは、主に山岳地帯用のアルペンスキーで、大型かつ重厚であり、ストックは長い竹の棒の先に突き金具を取り付けた1本杖であった。一方、ノルウェー式のスキーは平地での歩行、走行用が多かったため、それらは細く小さめのものであり、ストックは2本杖であった。足を固定する締め具にも、両者にそれぞれの特徴が認められた。当初は1本杖が多かったが、大正期からは2本杖のストックが主流となっていった。

　北海道におけるスキーの生産に関しては、1912（明治45）年に札幌で、ツバメ印の中野スキーにより製作がなされ、これが北海道におけるスキー生産の最初とされている。以降、大正期になると、小樽の音崎鉄工所をはじめ、北海道の各地でスキー生産が行われるようになる。戦前期においては、日本国内の製造業者の約半数、生産量の約70％を占めるなど、北海道はスキー生産の中心地となった。生産初期においては大工、家具、指物、建具、馬橇(ばそり)など、木材を扱う職人が副業で製作するような状態であったが、後にスキー専門のメーカーも現れた。

　大正期から昭和40年代ころまでは、イタヤなどを使った木製の単板スキーや合板スキーが製作された。スキー職人が、スキー製作専用の様々な種類の鉋(かんな)を使って製作してきたのである。また、スキーの普及に伴い、スキー靴が靴職人によって製作された。（→Ⅱ巻　木工品製作用具［スキー製作用具］）〈池田〉

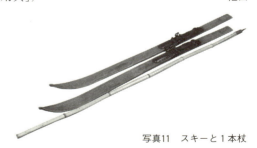

写真11　スキーと1本杖

スケート［スケート〈skate〉］　履物や履物をのせる台に鉄などの刃をつけて氷の上を滑走する用具。

　北海道でスケートに関する最初の記録は、1792

（寛政4）年、ロシアのラックスマンが根室への来航時、松前藩の応接使として派遣された藩医加藤肩吾が、その際の見聞をまとめた『魯西亜実記』の図絵である。この図絵にあるスケートは「エギヲイドロバス」と呼ばれ、刃をつけた台に履物を紐で固定するようになっている。

北海道においては、近世後期の和人地ですでに、*下駄スケート（げろり）を履いた子供の遊びがあり、それは昭和初期ごろまで使用されてきた。

一方、現代のスケートに直接的につながる西洋式のスケートの始まりは、札幌農学校の外国人教師ブルックスがスケートをアメリカから持参し、札幌で滑った1877（明治10）年のこととされている。その後、1891（明治24）年に、新渡戸稲造がアメリカから、金属の刃と*靴をのせる台からなる機械スケートを持ち帰ると、学生たちが札幌農学校内の小川、豊平川結氷部分、北海道庁前の池などで盛んに滑走し、これが一般市民への普及のきっかけになったとされている。

以降、日本国内でもこのような機械スケートが生産されるとともに、運動具店で輸入品のスケートが販売されるようになっていった。機械スケートは、雪スケート、ガチャスケートとも呼ばれ、氷上だけでなく硬雪の上でも滑ることができる。機械スケートの台に長靴のつま先と足首を固定する。昭和30年代まで使用された。大正中期ころになると、札幌でもフィギュア用、アイスホッケー用など様々なスケートが本格的に生産されるようになり、その品質にも定評があったとされる。

〈池田〉

写真12　機械スケート

参考文献

1．2010年ごろまでに発表、発行された主な引用・参考文献およびそれ以外の主な関係文献を記載した。
2．文献の記載順は、①編・著者、②文献名（著書・論文など）、③発行所、④発行年（西暦）とし、論文などの場合は、出典を記した。編者と発行所（者）が同一の場合は、発行所を省略した。
3．文献の配列は、①民具全般、複数の分野に関わる基本文献は、まとめて最初に載せた。②考古資料、アイヌ資料、和人資料に大別し、各分野の全般に関わる文献は、それぞれ最初に載せ、さらに、大・中・小分類の順に配列した。

■民具事典全般（Ⅰ、Ⅱ巻）

民俗学研究所編『綜合日本民俗語彙』　1955
常民文化研究所編『日本の民具』角川書店　1958
渋沢敬三先生追悼記念出版『日本の民具1－4』慶友社　1964－1967
祝　宮静編『日本の生活文化財』第一法規出版　1965
北海道教育委員会編『北海道開拓記念物概要　第1・2部』　1967・1968
宮本馨太郎『民具入門』慶友社　1969
祝　宮静・関敬吾・宮本馨太郎編『日本民俗資料事典』第一法規出版　1969
高倉新一郎編『日本庶民生活史料集成　第四巻　探検・紀行・地誌　北辺篇』三一書房　1969
内田武志・宮本常一編『菅江真澄全集　第二巻』未来社　1971
磯貝　勇『日本の民具』岩崎美術社　1971
磯谷　勇『続・日本の民具』岩崎美術社　1973
アチック・ミューゼアム編「民具収集調査要目」（『日本常民生活資料叢書1』）三一書房　1972
宮本馨太郎編『民具資料調査整理の実務』柏書房　1975
北海道開拓記念館編「北海道の伝統的生産技術に関する調査報告」（昭和49－53年度中間報告）『北海道開拓記念館調査報告』10・12・14・16・18号　1975－1979
民具研究会編『民具』1－4　1976～1977
北海道開拓記念館編『北海道開拓記念館一括資料目録　第12・14集　熊野喜蔵氏資料目録Ⅰ・Ⅲ』　1979・1981
松下　亘・君　尹彦編『アイヌ文献目録－和文編－』みやま書房　1978
宮本常一『民具学の提唱』未来社　1979
北海道開拓記念館編『北海道の伝統的生産技術』（『北海道開拓記念館研究報告』5号）　1980
上ノ国町教育委員会編『史跡上之国勝山館跡Ⅰ～ⅩⅩⅡ、昭和54年～平成12年度発掘調査整備事業概要』1980～2001
北海道開拓記念館編『第20回特別展　雪と氷と人間』　1981
中村たかを『日本の民具』弘文堂　1981
北海道新聞社編『北海道大百科事典　上・下』　1981
戸川安章ほか『北海道・東北地方の民具』明玄書房　1982
北海道開拓記念館編『北海道開拓記念館収蔵資料分類目録』4－13　1984－1993
矢島　睿編『北海道の研究　第7巻　民俗・民族篇』清文堂　1985
森浩一ほか編『技術と民俗　上・下』（日本民俗文化大系13・14）小学館　1985・1986
岩井宏美・河岡武春・木下　忠編『民具調査ハンドブック』雄山閣　1985
大塚民俗学会編『日本民俗辞典』弘文堂　1987
北海道開拓記念館編『日本海－空白の中世蝦夷世界をさぐる－』（第30回特別展図録）　1987
関　秀志「開拓移民と木の文化」　札幌学院大学文学部編『北海道・森と木の文化〈公開講座〉北海道文化論』　1988
岩井宏美・神崎宣武・佐々木高明・角山幸洋・三輪茂雄・渡辺　誠『民具が語る日本文化』河出書房新社　1989
松崎水穂「道南の和人の館」　菊地徹夫・福田豊彦編『よみがえる中世4－北の中世　津軽・北海道－』平凡

社　1989
関　秀志「民具研究のうごき　2.北海道」　神奈川大学日本常民文化研究所編『民具マンスリー』25－9　1992
北海道開拓記念館監修・大久保一良画『北海道の民具』北海道新聞社　1993
北海道教育委員会編『北海道の諸職－諸職関係民俗文化財調査報告書』　1993
北の生活文庫企画編集会議編『北の生活文庫３　北海道の民具と職人』北海道（北海道新聞社）　1996
日本民具学会編『日本民具辞典』ぎょうせい　1997
北海道開拓記念館編『雪と寒さと文化－北の暮らしと技術－』（第46回特別展図録）　1998
福田アジオほか編『日本民俗大辞典　上・下』吉川弘文館　1999・2000
氏家　等「物質文化からみた北海道の中世社会」　北海道開拓記念館編『「北の文化交流史研究事業」研究報告』　2000
北海道開拓記念館編『知られざる中世の北海道－チャシと館の謎にせまる－』（第52回特別展図録）　2001
印南敏秀・神野善治・佐野賢治・中村ひろ子編『もの・モノ・物の世界－新たな日本文化論』雄山閣　2002
関　秀志「北海道の民具」　札幌学院大学人文学部編『特集　第二十一回北海道文化論』（『フォーラム人文』4号）　2002
関　秀志「北海道民具史研究と『松前方言考』〈上・中・下〉」　北海道開拓記念館・開拓の村文化振興会編『とどまつ』45・47・48号　2002・2003・2004
北海道開拓記念館編『北海道の基層文化をさぐる－北から南から－』（第57回特別展）　2003
氏家　等「物質資料からみた北海道の近世以前の生活文化－臼・杵、運搬具、踏鋤、カンジキを中心に－」日本民具学会編『民具研究』129号　2004
北海道開拓記念館編『北海道の馬文化』（第61回特別展図録）　2005
氏家　等『ものとテクノロジー　北海道の物質文化研究』北海道出版企画センター　2006
氏家　等『移住とフォークロア　北海道の生活文化研究』北海道出版企画センター　2007
関　秀志「北海道民具－アイヌ・開拓民具－」　日本民具学会編『民具研究』特別号　2007

■考古資料

全般（Ⅰ、Ⅱ巻）

大沼忠春編『続縄文・オホーツク・擦文文化』（『考古資料大観』11）小学館　2004
小杉康「列島北東部の考古学」佐々木憲一ほか『はじめて学ぶ考古学』有斐閣アルマ（株）有斐閣　2011
（財）北海道埋蔵文化財センター編『遺跡が語る北海道の歴史　（財）北海道埋蔵文化財センター15周年記念誌』（財）北海道埋蔵文化財センター　1994
（財）北海道埋蔵文化財センター編『遺跡が語る北海道の歴史－（財）北海道埋蔵文化財センター25周年記念誌－』（財）北海道埋蔵文化財センター　2004
潮見　浩『図解　技術の考古学』　有斐閣選書913　（株）有斐閣　1988
長沼　孝・越田賢一郎「考古学から見た北海道」（長沼　孝ほか『新版　北海道の歴史』上　古代・中世・近世編）北海道新聞社　2011
野村　崇『北海道』Ⅰ（『日本の古代遺跡』40）保育社　1988
野村　崇『北海道』Ⅱ（『日本の古代遺跡』41）保育社　1997
野村　崇『北の考古学散歩』北海道新聞社　2000
野村　崇「考古学からみた北海道」　『北海道の地名』（『日本歴史地名体系』1）平凡社　2003
野村　崇・宇田川　洋編＜新北海道の古代1＞『旧石器・縄文文化』北海道新聞社　2001
野村　崇・宇田川　洋編＜新北海道の古代2＞『続縄文・オホーツク文化』北海道新聞社　2003
野村　崇・宇田川　洋編＜新北海道の古代3＞『擦文・アイヌ文化』北海道新聞社　2004

Ⅰ．生活用具

１．衣　服
（２）着物・洋服類

阿部千春・坪井睦美『垣ノ島Ｂ遺跡』南茅部町埋蔵文化財調査団　2002

氏家 等「近世にみられる物質資料の発生と伝播－踏鋤・運搬具・かんじきを中心に－」(北海道開拓記念館編『第57回特別展「北海道の基層文化をさぐる－北から南から－」図録』)(社)北海道開拓記念館・開拓の村文化振興会　2003
中田節子「繊維製品の分類とその内容」　『小樽市　忍路土場遺跡・忍路5遺跡』第4分冊（『(財)北海道埋蔵文化財センター調査報告書』第53集)(財)北海道埋蔵文化財センター　1989
中田裕香「土製品」(大沼忠春編『続縄文・オホーツク・擦文文化』『考古資料大観』11) 小学館　2004
松田 猛「擦文文化の新しい織物資料」　『古代文化』第45巻第4号　(財)古代学協会　1993
三浦正人「木・繊維製品」(大沼忠春編『続縄文・オホーツク・擦文文化』『考古資料大観』11) 小学館　2004
吉本 忍「編みと織りの痕跡－北海道とその周辺地域における南からの文化と北からの文化－」(北海道開拓記念館編『第57回特別展「北海道の基層文化をさぐる－北から南から－」図録』)(社)北海道開拓記念館・開拓の村文化振興会　2003

（9）装身・着装具
青野友哉「碧玉製管玉と琥珀製玉類からみた続縄文文化の特質」『北海道考古学』第35輯　北海道考古学会　1999
青柳文吉「北海道出土のひすい製玉について」　『北海道考古学』第24輯　北海道考古学会　1988
石川 朗「釧路市幣舞遺跡調査報告書Ⅱ』釧路市埋蔵文化財調査センター　1994
乾 芳宏「北海道における中世墓について」(宇田川洋先生華甲記念論文集刊行実行委員会編『アイヌ文化の成立』) 北海道出版企画センター　2004
浦幌町立博物館編『浦幌町立博物館第2回特別展　縄文アクセサリー』図録　浦幌町立博物館　2001
上屋真一編『カリンバ3遺跡（1）』恵庭市教育委員会　2003
大島直行編『図録　有珠モシリ遺跡』伊達市教育委員会　2003
金子浩昌・忍沢成視『骨角器の研究　縄文篇』Ⅰ・Ⅱ　慶友社　1986
木下尚子「装身具と権力・男女」(都出比呂志・佐原 真編『女と男、家と村　古代史の論点③』) 小学館　2000
長沼 孝「北海道の垂飾と玉」　『考古学ジャーナル』No.358　ニューサイエンス社　1993
西本豊弘編『礼文町船泊遺跡発掘調査報告書』礼文町教育委員会　2000
野村 崇「北日本の玉文化」　『季刊　考古学』第89号　(株)雄山閣　2004
前田 潮・山浦 清編『北海道礼文町浜中2遺跡の発掘調査』礼文町教育委員会　1992
三浦正人「玦状耳飾」　『川上B遺跡』(『(財)北海道埋蔵文化財センター調査報告書』第13集)(財)北海道埋蔵文化財センター　1983

2．飲食用具
［共通］
甲野 勇『縄文土器のはなし』世界社　1953

（1）炊事用具
越田賢一郎「東日本・北海道と北方地域の鉄鍋・土鍋」(前川 要編『北東アジア交流史研究－古代と中世－』) 塙書房　2007
長田佳宏「北方域における内耳土器編年について」　『北方島文化研究』第6号　北方島文化研究会　2008

3．住生活用具
［共通］
林 謙作・岡村道雄編『縄文遺跡の復原』学生社　2000
小林孝二『アイヌの建築文化再考－近世絵画と発掘跡からみたチセの原像』北海道出版企画センター　2010

4．年中行事・信仰用具
（2）信仰用具
宇田川 洋「動物意匠遺物とアイヌの動物信仰」『東京大学文学部考古学研究室研究紀要』8　東京大学文学部考古学研究室　1989
久保 泰『寺町貝塚』松前町教育委員会　1988
国立歴史民俗博物館編『落合計策縄文時代遺物コレクション』(『国立歴史民俗博物館資料図録』1) 国立歴史

民俗博物館　2001
（財）北海道埋蔵文化財センター編『美沢川流域の遺跡群Ⅶ』（『（財）北海道埋蔵文化財センター調査報告書』第14集）（財）北海道埋蔵文化財センター　1984
（財）北海道埋蔵文化財センター編『小樽市　忍路土場遺跡・忍路5遺跡』（『（財）北海道埋蔵文化財センター調査報告書』第53集）（財）北海道埋蔵文化財センター　1989
園部真幸編『高砂遺跡（8）』（『江別市文化財報告』44）　1991
武田　修編『常呂川河口遺跡（3）』常呂町教育委員会　2002
千歳市教育委員会『末広遺跡における考古学的調査（下）』（『千歳市文化財調査報告書』Ⅷ）　1982
西秋良宏・宇田川　洋編『北の異界　古代オホーツクと氷民文化』東京大学総合研究博物館　2002
西　幸隆・石川朗「北海道釧路市幣舞遺跡出土の独鈷石について」　『釧路市立博物館紀要』17　1992
野村　崇『北海道縄文時代終末期の研究』みやま書房　1985
野村　崇・杉浦重信「棍棒形石器について」　『物質文化』30　物質文化研究会　1978
古屋敷則雄ほか『戸井貝塚Ⅲ』戸井町教育委員会　1993
古屋敷則雄ほか『戸井貝塚Ⅳ』戸井町教育委員会　1994
北海道教育委員会『美沢川流域の遺跡群Ⅰ』　1977
北海道教育委員会『美沢川流域の遺跡群Ⅲ』　1979

5．通過儀礼用具
（4）葬送用具
西秋良宏・宇田川　洋編『北の異界　古代オホーツクと氷民文化』東京大学総合研究博物館　2002
野村　崇『北海道縄文時代終末期の研究』みやま書房　1985
南茅部町埋蔵文化財調査団『垣ノ島遺跡』　2004

■アイヌ資料

全般（Ⅰ、Ⅱ巻）
［資料目録・展示図録］
河野常吉「アイヌ風俗」　河野常吉編『国産振興博覧会　北海道歴史館陳列品解説』東武　1926
アイヌ文化展委員会編『アイヌ文化展』毎日新聞社　1963
埼玉県立博物館編『アイヌ文化展』（展示品図録）　1972
北海道開拓記念館編『北方民族展－アイヌとその隣人たち』（第4回特別展目録）　1972
市立旭川郷土博物館編『市立旭川郷土博物館所蔵品目録』Ⅲ・Ⅳ・Ⅵ・Ⅷ　1973・1975・1978・1980
松下　亘・君　尹彦編『アイヌ文献目録－和文編－』みやま書房　1978
市立函館博物館編『蔵品目録－1－〈民族資料編〉』　1979
北海道開拓記念館編『北海道開拓記念館資料分類目録－1　民族』　1981
網走市郷土博物館編『収蔵民族資料目録』　1981
美幌町教育委員会編『美幌町郷土資料館収蔵品目録　第1集』　1983
斜里町教育委員会編『所蔵資料目録－3　民俗資料（一）』　1983
美幌町教育委員会編『美幌町郷土資料館収蔵品目録　第2集』　1985
帯広百年記念館「帯広百年記念館アイヌ民族関係資料所蔵目録」『帯広百年記念館紀要』3号　1985
市立函館博物館編『児玉コレクション目録Ⅱ　アイヌ民族資料編』　1987
北海道開拓記念館編『日本海－空白の中世蝦夷世界をさぐる－』（第30回特別展図録）　1987
北海道ウタリ協会アイヌ史編集委員会編『アイヌ史　資料編2　民具等資料所蔵目録（1）』　1988
苫小牧市博物館編『アイヌ民族資料目録』（苫小牧市博物館所蔵資料目録2）　1988
アイヌ民族博物館編『児玉資料目録Ⅰ・Ⅱ　故児玉作左衛門北海道大学名誉教授収集資料目録』　1989・1991
穂別町立博物館『穂別町立博物館　収蔵資料目録Ⅱ』　1989
北海道開拓記念館編『北海道開拓記念館所蔵　北方民族資料展』（第38回特別展目録）　1990
東北福祉大学芹沢銈介美術工芸館編『アイヌ文化展図録』　1990
幕別町教育委員会編『吉田菊太郎資料目録Ⅰ』　1992
北海道開拓記念館編『北海道博物館等施設所蔵資料等概況－民族関係－』（北海道博物館等施設ネットワーク事

業報告2号)　1992
東京国立博物館編『東京国立博物館図版目録・アイヌ民族資料篇』東京美術　1992
北海道立北方民族博物館編『アイヌ文化に見る猟と漁』(第3回特別展図録)　1992
アイヌ民族博物館編『田中忠三郎コレクション目録』　1992
アイヌ民族博物館編『亮昌寺資料目録』　1993
東京国立博物館編『アイヌの工芸』(特別展観図・目録)　1993
国立民族学博物館(大塚和義)編『アイヌモシリ　民族文様から見たアイヌの世界』(企画展図録)　1993
アイヌ民族博物館編『描かれた近世アイヌの風俗』(第10回企画展図録)　1994
財団法人北海道ウタリ協会編『ピリカ　ノカ　ＰＩＲＩＫＡ　ＮＯＫＡ－アイヌの文様から見た民族の心－』(世界の先住民の国際10年記念特別展図録)　1994
標津町ポー川史跡自然公園編『矢島家資料』(標津町ポー川史跡自然公園所蔵目録1)　1995
北海道開拓記念館編『山丹交易と蝦夷錦』(第42回特別展図録)　1996
北海道開拓記念館編『一括資料目録　第30集　妻沼コレクション資料目録』　1997
北海道開拓記念館編『一括資料目録　第32集　小倉・北海道観光物産公社・Ｗ・カーテイスコレクション他』1998
財団法人アイヌ文化振興・研究推進機構編『アイヌ工芸展－サハリンアイヌの生活文化』　1998
SPb-アイヌプロジェクト調査団編『ロシア科学アカデミー人類学民族学博物館所蔵アイヌ資料目録』草風館　1998
財団法人アイヌ文化振興・研究推進機構編『収蔵品目録1～4』　2000～2004
北海道開拓記念館編『先史文化と木の利用－遺跡からのメッセージ－』(第50回特別展図録)　2000
北海道立北方民族博物館編『美しき北の文様』(第16回特別展図録)　2001
財団法人アイヌ文化振興・研究推進機構編『海を渡ったアイヌの工芸－英国人医師マンローコレクションから－』　2002
北海道開拓記念館編『一括資料目録　第37集　旧拓殖館所蔵民族資料コレクション資料目録』　2003
小谷凱宣・荻原眞子編『海外アイヌ・コレクション総目録』南山大学人類学研究所　2004
小樽市博物館編『描かれた岸辺のアイヌ－旅の絵師がのこしたスケッチ－』(57回特別展図録)　2005
財団法人アイヌ文化振興・研究推進機構編『ロシア民族学博物館アイヌ資料展－ロシアが見た島国の人人－』2005
アイヌ文献目録編集会編「アイヌ文献目録　2003～2007」　『北海道立アイヌ民族文化研究センター研究紀要』11～15号　2005～2009

[アイヌ絵関係]
越崎宗一『アイヌ繪』　1945
高倉新一郎「蝦夷風俗画について」北海道大学北方文化研究室編『北方文化研究報告』8輯　1953
西川北洋『天然生活と資源の活用　アイヌ風俗繪巻』トミヤ澤田商店　1954(再版、初版1941)
越崎宗一『アイヌ絵志』　1959
泉　靖一編『アイヌの世界』鹿島研究所出版会　1968
高倉新一郎編『アイヌ絵集成〈図録巻×解説巻〉』番町書房　1973(夷酋列像・蝦夷風俗十二ヶ月屏風・蝦夷国風図絵・蝦夷島奇観・北夷分界余話・アイヌ風俗絵巻・蝦夷紀行図譜・アイヌ絵巻・夷酋列像粉本・熊祭の図・酒宴の図・漁撈の図・狩猟の図・ゑぞ人うゑほうそうの図・衝魚図・蕗の葉の下の小人・漁撈の図・狩猟の図)〔高倉新一郎「アイヌ絵の世界」・越崎宗一「アイヌ絵の画家たち」・更科源蔵「描かれたアイヌ風俗」・北尾義一「肖像画集「夷酋列像」」・桜井清彦「図録巻収録全図版解説」〕
間宮倫宗口述・秦貞廉編『北蝦夷図説』名著刊行会　1970
多氣志樓(松浦武四郎)『蝦夷漫畫』国書刊行会　1972
秦　檍麿自筆、佐々木利和・谷澤尚一研究解説『蝦夷島奇観』雄峰社　1982
啄木展・波響展実行委員会編『蠣崎波響〈夷酋列像〉フランスからの里帰り展　謎を秘めた幕末期の箱舘』(展示会図録)図書裡会　1988
村上貞助秦一貞謹誌・秦　檍丸撰・間宮倫宗増補　河野本道・谷澤尚一解説『蝦夷生計圖説』北海道出版企画センター　1990
佐々木利和「描かれた近世アイヌの世界－蝦夷風俗十二ヵ月屏風によせて－」　リッカー美術館編『蝦夷風俗

画展』　1980
谷　元旦記・大塚和義監修『蝦夷風俗圖式・蝦夷器具圖式』安達美術　1991
北海道立函館美術館編『蠣崎波響とその時代』(展示会図録)　1991
五十嵐聡美「小玉貞良『蝦夷風俗画巻』について」　北海道立近代美術館ほか『紀要1991』　1991
北海道立旭川美術館・北海道立近代美術館編『蝦夷の風俗画－小玉貞良から平澤屏山まで－』(展示会図録)　1992
佐々木利和「在欧米のアイヌ絵について」　小谷凱宣編『在米アイヌ関係史料の民族学的研究』名古屋大学教養部　1993
アイヌ民族博物館編『描かれた近世アイヌの風俗』(開館十周年記念・第十回企画展図録)　1994
松浦武四郎『蝦夷訓蒙図彙』『蝦夷山海名産図会』(秋葉　実翻刻・編『松浦武四郎選集二』)北海道出版企画センター　1997
芳園（橋本）筆『北海道土人風俗画』〔復刻〕(全32図、明治30年写)古書村田書店　1998
北海道開拓記念館編『描かれた北海道－18・19世紀の絵画が伝えた北のイメージ－』(第54回特別展図録)　2002
五十嵐聡美『アイヌ絵巻探訪－歴史ドラマの謎を解く』北海道新聞社　2003
北海道開拓記念館編『絵画史料に見る近世中期から明治初期の北海道生活誌』(『北海道開拓記念館研究報告』18号)　2003
佐々木利和『アイヌ絵誌の研究』草風館　2004

[共通]
村尾元長『アイヌ風俗略志』北海道同盟著訳館　1892
鳥居龍蔵『千島アイヌ』吉川弘文館　1903
Frederick Starr "AINU GROUP At the Saint Louis Exposition"(セントルイス万国博覧会のアイヌ・グループ)、The Open Court Publishing Company, 1904
河野常吉「蝦夷の刀剣」　『考古学雑誌』4－5　1914
河野常吉「アイヌの古代風俗の研究に就て」　『札幌博物学会会報』6－1　1915
杉山寿栄男『アイヌ文様解説』工芸美術協会　1926
犀川会編『北海道原始文化聚英』民俗工芸研究会　1933
杉山寿栄男『北の工芸』河出書房　1934
名取武光「北大附属博物館所蔵アイヌ土俗品解説一～五」　岡書院編『ドルメン』3－3・7・10・12、4－6　1934～1935
米村喜男衛『北見アイヌ人－アイヌ人模型解説』(北見郷土館資料　第一号)　1937
金田一京助・杉山寿栄男『アイヌ芸術（木工篇）』第一青年社　1942
同　上　『アイヌ芸術（刀剣漆器篇）』第一青年社　1942
河野広道「樺太アイヌ、ギリヤーク、オロッコの工芸、特に樹皮工芸について」　『工芸』107・108号　1942
西鶴定嘉『樺太アイヌ』樺太文化振興会　1942
葛西猛千代『樺太アイヌの民俗』樺太文化振興会　1943
山本祐弘『樺太アイヌ・住居と民具』相模書房　1945
知里真志保「ユーカラの人々とその生活（1）（2）－北海道の先史時代の生活に関する文化史的考察－」　北海道歴史協議会編『歴史家』2・3号　1953・1954
日本人類学会・日本民族学協会連合大会編「アイヌ問題シンポジウム」　『第8回紀事』　1955
児玉作左衛門・高倉新一郎・工藤長平「蝦夷に関する耶蘇会士の報告」　北海道大学北方文化研究室編『北方文化研究報告』9輯　1954
河野広道「北の文様」　『カラーデザイン』4－12　明治書房　1958
米村喜男衛「網走郷土資料館所蔵　アイヌ土俗品解説」　網走市史編纂委員会編『網走市史　上巻』網走市　1958
名取武光「アイヌの民具」　物質文化研究会編『物質文化』2号　1963
北海道教育委員会編『アイヌ民俗資料調査報告』　1968
M・リボー「アイヌの国へ」　H・チースリク訳『宣教師の見た明治の頃』(キリシタン文化研究シリーズ2)キリシタン文化研究会　1968（原著1897）

更科源蔵『歴史と民俗　アイヌ』社会思想社　1968
アイヌ文化保存対策協議会編『アイヌ民族誌　上・下』第一法規出版　1969
E.S.モース著・石川欣一訳『日本その日その日2』平凡社　1970（原著1917）
児玉作左衛門「外国人が書いた蝦夷に関する記録・本邦人が書いた蝦夷調査記録」　明治前日本科学史刊行会編『明治前日本人類学・先史学史』日本学術振興会　1971
名取武光『アイヌと考古学（一）（二）名取武光著作集Ⅰ・Ⅱ』北海道出版企画センター　1972・1974
知里真志保「樺太アイヌの生活」　『知里真志保著作集』3巻　平凡社　1973
イサベラ・バード著・高梨健吉訳『日本奥地紀行』（東洋文庫240）平凡社　1973（原著1885）
藤村久和「民族調査ノート（1）（2）新冠地方の慣習」　堅田精治編『季刊　北海道研究』9・10号　1975・1976
北海道教育委員会編『昭和51〜55年度　アイヌ民俗文化財緊急調査報告（有形民俗文化財1〜5）』　1977〜1981
萱野茂著・アイヌの民具刊行運動委員会編『アイヌの民具』〔すずさわ書店〕　1978
知里真志保・山本祐弘・大貫恵美子「樺太アイヌの生活」　山本祐弘編著『樺太自然民族の生活』相模書房　1979
上ノ国町教育委員会編『史跡上之国勝山館跡Ⅰ〜ⅩⅩⅡ、昭和54年度〜平成12年度発掘調査整備事業概報』　1980〜2001
トーマス・W・ブラキストン著・高倉新一郎校訂・近藤唯一訳『蝦夷地の中の日本』八木書店　1979（原著1883）
北海道教育庁社会教育部（生涯学習部）文化課編『アイヌ民俗文化財調査報告（アイヌ民俗調査）』1〜17　1982〜1998
更科源蔵『アイヌの民俗　上・下』（アイヌ関係著作集Ⅳ・Ⅴ）みやま書房　1982
菊池徹夫『北方考古学の研究』六興出版　1984
静内町教育委員会編『静内町アイヌ民俗資料館』静内町　1984
R・ヒッチコック著・北構保男訳『アイヌ人とその文化－明治中期のアイヌの村から－』六興出版　1985（原著1890）
A・ヘンリー・サーヴィジ・ランドー著・戸田祐子訳『エゾ地一周ひとり旅』未来社　1985（原著1893）
石附喜三男『アイヌ文化の源流』みやま書房　1986
ヨーゼフ・クライナー「ヨーロッパにおけるアイヌ関係コレクションの歴史と現状」　『国立民族博物館研究報告別冊』5号　1987
ヤン・ハヴラサ著・長奥進訳『アイヌの秋－日本の先住民族を訪ねて』未來社　1988（原著1930）
菊池徹夫・福田豊彦編『よみがえる中世4－北の中世　津軽・北海道－』平凡社　1989
梅原猛・藤村久和編『アイヌ学の夜明け』小学館　1990
札幌学院大学人文学部編『アイヌ文化に学ぶ〈公開講座〉北海道文化論』札幌学院大学人文学会　1990
北海道開拓記念館編『「北の歴史・文化交流事業」中間報告』1〜4号　1991〜1993
アンドレ、アルレット・ルロワ＝グラーン著・山中一郎訳『アイヌへの旅－北海道　一九三八年－』大阪文化研究会　1992
小谷凱宣編『在米アイヌ関係資料の民族学的研究』（文部省科学研究費補助金研究成果報告書）名古屋大学教養部　1993
アイヌ民族博物館監修『アイヌ文化の基礎知識』草風館　1993
北海道開拓記念館編『「北の歴史・文化交流研究事業」研究報告』　1995
佐々木利和『アイヌの工芸』（『日本の美術』No.354）至文堂　1995
大塚和義『アイヌ　海浜と水辺の民』新宿書房　1995
ジョン・バチラー著・安田一郎訳『アイヌの伝承と民俗』青土社　1995（原著1901）
小谷凱宣編『アイヌ文化の形成と変容』（文部省科学研究費補助金研究成果報告書）名古屋大学大学院人間情報学研究科　1996
出利葉浩司「博物館資料はいかに収集されたか－明治年間に残された外国人の記録から－」　『北海道開拓記念館研究紀要』25号　1997
古原敏弘・出利葉浩司「アイヌ民族の暮らしと自然」　北の生活文庫企画編集会議編『北海道の自然と暮らし』（北の生活文庫2）北海道　1997

佐々木利和「東京国立博物館のアイヌ民族資料（上）（下）」『北海道立アイヌ民族文化研究センター研究紀要』3・4号　1997・1998
堺　比呂志『菅江真澄とアイヌ』三一書房　1997
静内町教育委員会編『静内地方のアイヌ文化』　1997
財団法人アイヌ無形文化伝承保存会編『アイヌ文化を学ぶ　THE CULTURE OF AINU』（ビデオ）　1997
宇田川　洋『アイヌ文化成立史』北海道出版企画センター　1998
北海道開拓記念館編『「北の文化交流史研究事業」中間報告』　1998
古原敏弘・ヴィルヘルム　ガーボル編『ブダペスト民族学博物館所蔵　バラートシ　バログ　コレクション調査報告書』　北海道立アイヌ民族文化研究センター・ブダペスト民族学博物館　1999
財団法人アイヌ文化振興・研究推進機構編『アイヌの四季と生活－十勝アイヌと絵師・平沢屏山』（十勝毎日新聞創刊80周年記念展覧会図録）　アイヌの四季と生活展帯広実行委員会　1999
沖野慎二「北海道大学農学部博物館のアイヌ民族資料（上）（中）（下）」　『北海道立アイヌ民族文化研究センター研究紀要』5・6・7号　1999～2001
北海道開拓記念館編『「北の文化交流史研究事業」研究報告』　2000
藤村久和・高橋　規編『アイヌ民俗文化財調査報告書（アイヌ生活技術伝承実態調査Ⅰ～Ⅴ）』北海道教育委員会　2000～2004
宇田川　洋『アイヌ考古学研究・序論』北海道出版企画センター　2001
佐々木利和『アイヌ文化誌ノート』吉川弘文館　2001
出利葉浩司「博物館が語るアイヌの生活用具」　東北電力編『白い国の詩』　2001
小谷凱宣『在外アイヌ関係資料にもとづくアイヌ文化の再構築』南山大学人類学研究所　2001
財団法人アイヌ文化振興・研究推進機構編『よみがえる北の中・近世－掘り出されたアイヌ文化－』社団法人北海道ウタリ協会　2001
網野善彦・石井　進『北から見直す日本史　上ノ国勝山館跡と夷王山墳墓群唐見える物』大和書房　2001
北海道開拓記念館編『知られざる中世の北海道－チャシと館の謎に迫る－』　2001
北海道立アイヌ民族文化研究センター編『ポン　カンピソシ8　民具』　2002
荻原眞子・古原敏弘編『ロシア・アイヌ資料の総合調査研究－極東博物館のアイヌ資料を中心として－』（研究成果報告書2000～2001年度〈基盤Ａ－1〉）千葉大学文学部　2002
大井晴男『アイヌ前史』北海道大学図書刊行会　2003
大塚和義編『北太平洋の先住民族交易と工芸』思文閣出版　2003
西本豊弘編『アイヌ文化成立過程についてⅠ・Ⅱ』（国立歴史民俗博物館研究報告85・107集）　2003
榎森　進編『アイヌの歴史と文化Ⅰ・Ⅱ』創童社　2003・2004
小谷凱宣編『海外のアイヌ文化財：現状と歴史－第17回「大学と科学」公開シンポジウム発表収録集－』（研究成果公開促進費〈Ａ〉2003年度）南山大学人類学研究所　2004
セバスティアン・ドブソン「チャールス・ロングフェローの蝦夷画写真集」　チャールズ・A・ロングフェロー著・山田久美子訳『ロングフェロー日本滞在記－明治初年、アメリカ青年の見たニッポン』平凡社　2004（原著1998）
宇田川洋先生華甲記念論文集刊行実行委員会編『アイヌ文化の成立』北海道出版企画センター　2004
野村　崇・宇田川　洋編『新北海道の古代〈3〉擦文・アイヌ文化』北海道新聞社　2004
藤村久和・高橋　規編『アイヌ文化財調査報告（伝承聴き取り調査Ⅰ～Ⅳ）』北海道教育委員会　2005～2008
萱野　茂（文）・清水武男（写真）『アイヌ・暮らしの民具』クレオ　2005
菊池俊彦『東北アジア古代史の研究』北海道大学図書刊行会　2005
氏家　等編『アイヌ文化と北海道の中世社会』北海道出版企画センター　2006
宮武公夫「博覧会の記憶－1904セントルイス博覧会とアイヌ－」　北海道大学文学研究科編『北大文学研究紀要』118　2006
出利葉浩司「写真に残されたアイヌ資料－セントルイス万国博覧会に参加したアイヌの人々とその道具－」『北海道開拓記念館研究紀要』34号　2006
福岡イト・本間愛之編『上川アイヌの研究Ⅰ・Ⅱ』旭川龍谷高等学校郷土部　2008

Ⅰ．生活用具

[全般]

藤村久和・平川善祥編『民族調査報告書　資料編Ⅰ・Ⅱ・Ⅲ』(『北海道開拓記念館調査報告』2・5・8号) 1973・1975

1．衣　服

河野常吉「アイヌ自製の衣服」　『北海道人類学会雑誌』1号　1919
河野広道「アイヌの織物染色法」　田代茂樹編『蝦夷往来』3号　尚古堂　1931
河野広道「アイヌの下帯」　北方郷土研究聯盟編『北方時代』2－6　1931
金田一京助・杉山寿栄男『アイヌ芸術（服装篇）』第一青年社　1941
杉山寿栄男『アイヌたま』今井札幌支店　1936
鷹部屋福平「アイヌ服飾紋様の研究」　北海道帝国大学北方文化研究室編『北方文化研究報告』6輯　1942
名取武光「アイヌの貞操帯」　『毎日情報』6－5　1951
河野広道「アイヌの文様」　暮しの手帖社編『暮しの手帖』21号　1953
児玉作左衛門・大場利夫「所謂クックルケシについて」　北海道大学北方文化研究室編『北方文化研究報告』14輯　1959
犬飼哲夫「千島アイヌの鳥皮衣」　北海道大学北方文化研究室編『北方文化研究報告』18輯　1963
鷹部屋福平「アイヌ服飾紋様の起源に関する一考察」　北海道大学北方文化研究室編『北方文化研究報告』19輯　1964
児玉作左衛門「江戸時代初期のアイヌ服飾の研究」　北海道大学北方文化研究室編『北方文化研究報告』20輯　1965
児玉とみ「樺太アイヌの首飾りについて」　北海道文化財保護協会編『北海道の文化』11　1967
児玉作左衛門・伊藤昌一（児玉マリ・三上マリ子）「アイヌ服飾の調査」　北海道教育委員会編『アイヌ民俗資料調査報告』　1968
更科源蔵・児玉作左衛門・児玉マリ・三上マリ子「服飾」　アイヌ文化保存対策協議会編『アイヌ民族誌』第一法規出版　1969
犬飼哲夫「旅行（履物）」　アイヌ文化保存対策協議会編『アイヌ民族誌　上』第一法規出版　1969
角田東耕「アイヌの晴着について」　郷土研究会編『郷土研究』No.9　1970
蠣崎波響「夷酋列像」　高倉新一郎編『アイヌ絵集成』番町書房　1973
市立函館博物館編『アイヌの服飾品』(国指定重要民俗文化財「アイヌの生活用具コレクション」整理報告書第4編)　1977
田中忠三郎「下北地方に残存したアイヌ衣服」　『青森民俗・民具研究』創刊号　1978
岡田路明「アイヌ民族の用いた鮭皮製靴の製作について」　『北海道・東北民具研究会報』3－1　1980
秦　檍麿「蝦夷島奇観　一　古説部」　谷澤尚一・佐々木利和解説『蝦夷島奇観』雄峰社　1982
北海道開拓記念館編『アイヌの装い－文様と色彩の世界－』(第25回特別展目録)　1984
児玉マリ「アイヌ民族の衣服と装飾品」　矢島　睿編『北海道の研究7　民俗・民族篇』清文堂　1985
福岡イト子「アイヌのはきもの－ケリー」　同　上
北海道教育委員会社会教育部文化課編『アイヌ衣服調査報告書』Ⅰ～Ⅳ　1986～1989
中村和之「北海道神宮旧蔵「満州古衣」について－蝦夷錦研究覚書（1）」　『北海道札幌稲西高等学校研究紀要』3号　1986
クライナー・ヨーゼフ「北海道における和人とアイヌとの文化接触に纏わる諸問題－ヨーロッパに所蔵されている通称『アイヌ帽子』を例にとって－」　北海道みんぞく文化研究会編『北海道を探る』12号　1986
中村和之「蝦夷錦と山丹交易」　『北海道高等学校教育研究会研究紀要』24号　1987
児玉マリ「木綿衣－ルウンペという晴着について」　『アイヌ民俗博物館研究報告』創刊号　1987
難波琢雄「千島アイヌの鳥皮衣（チールル）について」　神奈川大学常民文化研究所編『民具マンスリー』20－1　1987
小林幸雄「北海道における伝世ガラス玉の材質・技法について」　『北海道開拓記念館研究年報』16号　1988
由水常雄『トンボ玉』平凡社　1989
小林幸雄「アイヌ文化における金属製首飾り玉の材質・技法について－北海道開拓記念館所蔵資料の分析か

ら-」　『北海道開拓記念館研究年報』18号　1990
児玉マリ「女性に伝えられたアイヌの衣服と文様」　札幌学院大学人文学部編『アイヌ文化に学ぶ』　1990
出利葉浩司「『白布切抜文衣』の誕生-技術論からみたアイヌ衣服の編年にむけての基礎的試論」　『北海道開拓記念館調査報告』30号　1991
出利葉浩司・手塚　薫「北海道松前町に所在する"蝦夷錦"の調査」　北海道開拓記念館編『「北の歴史・文化交流研究事業」中間報告』1号　1991
矢島　睿・山形裕之・手塚　薫「福井県南条郡河野村金相寺における蝦夷錦七條袈裟など北方関係資料について」　同　上
海保嶺夫「"北蝦夷地御引渡目録"について-嘉永六年（1853）の山丹交易」　同　上
村井不二子編『アイヌ衣服の復元的調査研究』（文部省科学研究費補助金研究成果報告書）昭和女子大学家政学部　1991
アイヌ民族博物館編『アイヌの衣服文化　着物の地方的特徴について』　1991
天理大学・天理教道友社編『ひと　もの　こころ　天理大学附属天理参考館　アイヌのきもの』　1991
北海道新聞社編『蝦夷錦の来た道』　1991
菊池勇夫「アイヌのハレ着と幕府権力」〈陣羽織・ジットク（蝦夷錦）・羽織・上下〉　菊池勇夫『北方史のなかの近世日本』校倉書房　1991
児玉マリ「アイヌ民族の衣服」　アイヌ民族博物館編『アイヌの衣服文化-着物の地方的特徴について　増補版』　1992
中村和之「蝦夷波響『夷酋列像』の蝦夷錦について」　北海道文化財保護協会編『北海道の文化』64号　1992
田中忠三郎編『図録　北の文様』（稽古館創立15周年記念特別企画展）稽古館　1992
矢島　睿「蝦夷錦の名称と形態について」　北海道開拓記念館編『「北の歴史・文化交流研究事業」中間報告』3号　1992
佐々木史郎「北海道、サハリン、アムール川下流域における毛皮及び皮革利用について」　『狩猟と漁撈』雄山閣　1992
武田佐智子「律令国家と蝦夷の衣服-民族標識としての衣服」　荒野泰典ほか編『アジアの中の日本史Ⅴ　自意識と相互理解』東京大学出版会　1993
小原敏弘編『静内地方のアイヌ衣服-1993国際先住民年記念事業-』静内町・北海道ウタリ協会静内支部　1993
岡村吉右衛門編『アイヌの衣装』（日本の染織16）京都書院　1993
大塚和義「アイヌ風俗の和人社会における受容・模倣について-アットウシ衣を中心に」　埴原和郎編『日本人と日本文化の形成』朝倉書店　1993
近藤雅樹「近代の和製厚司の登場」　大塚和義編『アイヌモシリ　民族文様から見たアイヌの世界』国立民族学博物館　1993
福山和子「北海道服飾文化史資料の調査研究　アイヌ衣服コソンテについて」　『北星学園女子短期大学紀要』　1993
畠山歌子「樺太アイヌの魚皮衣」　松本成美編『久摺』2集　釧路生活文化伝承保存研究会　1993
畠山歌子「釧路市立博物館の収蔵衣服　1．アイヌ民族の魚皮衣」　『釧路市立博物館々報』No.339　1993
畠山歌子「同　上　　2．山丹服」　同　上　No.344　1994
畠山歌子「アイヌ民族の魚皮衣」　北海道文化財保護協会編『北海道の文化』66号　1994
高野啓子「エムシアッ（刀掛け帯）を3本編んで」　アイヌ無形文化伝承保存会編『アイヌ文化』18号　1994
福岡イト子「アイヌのはきもの-チェプケリchep-keri＝鮭皮・靴について-」　住吉栄樹ほか編『環オホーツク』（第1回環オホーツク海文化のつどい報告書　1993・No1）北のシンポジウム・オホーツク・もんべつ　1994
大塚和義「アイヌの首飾り」　『月刊みんぱく』18-11　千里文化財団　1994
アイヌ民族博物館編『シンポジウム　アイヌの衣服文化』　1994〔児玉マリ「アイヌ衣服の地方的特色」、中村和之「山丹服とアイヌの衣文化」、難波琢雄「アイヌ衣服の素材について」、萩中美枝「口承文芸にみられるきもの」〕
宮　宏明・青木　誠「サメの歯とサパンペ-余市町大川遺跡墓擴伴出例をめぐって」　動物考古学研究会編『動物考古学』2号　1994
矢島　睿「山丹交易品"蝦夷錦"の名称と形態」　北海道開拓記念館編『「北の歴史・文化交流研究事業」研究

報告』　1995

氏家　等「北東アジアにおけるカンジキの発生と伝播」　北海道開拓記念館編『「北の歴史・文化交流研究事業」研究報告』　1995

昭和女子大学アイヌ衣服調査研究班編『アイヌ民族の服飾展－その"わざ"と"美"－』昭和大学光葉博物館　1995

児玉マリ「アイヌの衣服」　『市立函館博物館研究紀要』5号　1995

畠山歌子「釧路市立博物館の収蔵衣服　3．アイヌ民族の樹皮衣1」　『釧路市立博物館々報』No.351　1995

畠山歌子「外国から帰ってきたアットゥシ」　松本成美編『久摺』4集　釧路生活文化伝承保存会　1995

岡田路明「アイヌの着物の地方的特徴をさぐって－胆振西部地域製作の着物の所在調査－」　アイヌ無形文化伝承保存会編『アイヌ文化』19号　1995

下村　郊「アイヌの左襟」　日本歴史学会編『日本歴史』　1995

佐々木利和「疑問の衣服アトゥシーアトゥシは固有の衣服であったか」　小谷凱宣編『アイヌ文化の形成と変容』名古屋大学大学院人間情報学研究科　1996

児玉マリ「樺太の衣服の素材と名称」　『アイヌ民族博物館研究報告』5号　1996

小川早苗・かとうまちこ『アイヌ紋様を曾祖母から継いで五代』アイヌ文化伝承の会手づくりウタラ　1996

手塚　薫「絵画史料にみるアイヌ盛装風俗の変遷とその背景」　『北海道開拓記念館調査報告』35号　1996

松田　猛「擦文時代以降の織物について」　北海道立北方民族博物館編『博物館フォーラム　アイヌ文化の成立を考える』　1996

矢島　睿「山丹交易品蝦夷錦の基準資料」　『北海道開拓記念館研究紀要』25号　1997

手塚　薫「アイヌ民族の衣服」　北の生活文庫企画編集会議編『北海道の衣食と住まい』(北の生活文庫5) 北海道　1997

旭川市博物館編『民族資料／衣服関係』(旭川市博物館所蔵品目録Ⅸ)　1997

村井不二子編『アイヌ民族服飾の復元・保存および文化に関する研究－山丹服・蝦夷錦を中心として』(文部省科学研究費補助金研究成果報告書) 昭和女子大学文学部　1997

北海道立アイヌ民族文化研究センター編『ポン　カンピソシ2　着る』　1997

咲山まどか・赤沼英男「美々8遺跡出土ガラス玉の蛍光X線分析法による分析」　『北海道埋蔵文化財センター調査報告』10　1997

氏家　等「カンジキの発生と拡がり－瓢箪型カンジキを中心に－」　北海道開拓記念館編『「北の文化交流史研究事業」中間報告』　1998

旭川市博物館編『民族資料／服飾関係』(旭川市博物館所蔵品目録Ⅹ)　1999

同　上　『民族資料／携行品関係』(同　上　ⅩⅠ)　2000

出利葉浩司「『白布切抜文衣』再考－アメリカ合衆国東部にある博物館の資料を中心に－」　『北海道開拓記念館研究紀要』　2000

出利葉浩司「アイヌ社会における毛皮の利用について－在北米博物館所蔵資料と『蝦夷島奇観』の検討をとおして」　北海道開拓記念館編『「北の文化交流史研究事業」研究報告』　2000

小林幸雄「北海道中世のガラス玉の材質的研究」　北海道開拓記念館編『「北の文化交流史研究事業」研究報告』　2000

国立民族学博物館（大塚和義）編『ラッコとガラス玉－北太平洋の先住民交易』(特別展示解説書) 財団法人千里文化財団　2001

河野本道『装いのアイヌ文化誌－北方周辺地域の衣文化と共に』北海道出版企画センター　2001

太口　尚「低湿地遺跡から出土したアイヌのガラス玉」　大塚和義編『北太平洋の先住民交易と工芸』思文閣出版　2003

本田優子「近世北海道におけるアットゥシの産物化と流通」　『北海道立アイヌ民族文化研究センター研究紀要』8号　2002

津田命子「アイヌ衣服の文様構成と製作、発達、展開を探る－特に伊達、虻田、有珠地方の資料を見る（北方諸民族文化のなかのアイヌ文化－文化交流の諸相をめぐって）」　『北方民族文化シンポジウム報告』16　北方文化振興協会　2002

本田優子「近代北海道におけるアットゥシの産出の様相を解明するための予備的考察－開拓使の統計資料の整理と分析を中心に－」　同　上　9号　2003

本田優子「アイヌ口承文芸にあらわれる衣服について」　同　上　10号　2004
児玉マリ「ロシアのアイヌ文化財調査－衣服関係資料」　小谷凱宣編『海外のアイヌ文化財：現状と歴史』南山大学人類学研究所　2004
津田命子「アイヌ衣服と文様の変遷」　『繊維製品消費科学』45－12　日本繊維製品消費科学会　2004
本田優子「近世北海道におけるアットゥシ着用の様相」　『北海道立アイヌ民族文化研究センター研究紀要』11号　2005
出利葉浩司「セントルイス万国博覧会で『展示』されたアイヌ衣服について」　『北海道開拓記念館研究紀要』35号　2007

2．飲食用具

馬場　脩「アイヌの土鍋（Toi-shu）に就いて」　『東京人類学会・日本民族学会聯合大会第二回紀事』　1937
馬場　脩「日本北端地域のアイヌと煙草」　『古代文化』13－11　葦牙書房　1942
河野広道「アイヌの食物飲料その他の嗜好品器具技術服飾」　帝国学士院東亜諸民族調査室編『東亜諸民族要誌資料』2輯　1944
西川北洋「アイヌ風俗絵巻」　『天然生活と資源の活用　アイヌ風俗絵巻』トミヤ澤田商店　1954
河野広道「アイヌの喫煙儀礼」　六人社編『民間伝承』22～24　1960
林　善茂「アイヌの食生活」　北海道大学北方文化研究室編『北方文化研究報告』20輯　1965
林　善茂「アイヌ食生活の調査」　北海道教育委員会編『アイヌ民俗資料調査報告』　1968
林　善茂「食料」　アイヌ文化保存対策協議会編『アイヌ民族誌　上』第一法規出版　1969
市立函館博物館編『アイヌの喫煙用具』(国指定重要民俗文化財「アイヌの生活用具コレクション」整理報告書第3編)　1977
越田賢一郎「北海道の鉄鍋について」　物質文化研究会編『物質文化』12　1984
大塚和義「アイヌの木盆」　『月刊みんぱく』10－2　千里文化財団　1986
赤沼英男「鉄鍋の材質」　菊池徹夫・福田豊彦編『よみがえる中世4－北の中世　津軽・北海道－』平凡社　1989
萩中美枝ほか編『聞き書　アイヌの食事』(日本の食生活全集48)　社団法人農山漁村文化協会　1992
大塚和義「アイヌの煙草入れ」　『月刊みんぱく』17－6　千里文化財団　1993
田中　尚「アイヌの木器とその源流」　『季刊考古学』47号　雄山閣出版　1994
藤村久和・加藤篤美「オオウバユリの採取とその利用」　矢島　睿編『北海道の研究7　民俗・民族篇』清文堂　1985
北海道立アイヌ民族文化研究センター編『ポン　カンピソシ3　食べる』　1998
舟山直治「アイヌ民族におけるカモカモについて－本州産漆製容器を利用する経緯とその変遷－」　北海道開拓記念館編『「北の文化交流史研究事業」研究報告』　2000
本田優子「オオウバユリの加工における多様性の再検討－『発酵』の位置づけを中心に－」　『北海道立アイヌ民族文化センター研究紀要』6号　2000
宇田川　洋「北方地域の煙管と喫煙儀礼」　宇田川　洋『アイヌ考古学研究・序論』北海道出版企画センター　2001
旭川郷土博物館編『民族資料／飲食関係』(旭川郷土博物館所蔵品目録ⅩⅢ)　2002
藪中剛司「ロシアのアイヌ文化財調査－食関係資料」　小谷凱宣編『海外のアイヌ文化財：現状と歴史』南山大学人類学研究所　2004
舟山直治「カモカモの形態と利用からみたアイヌ民族と和人の交易と物質文化」　氏家　等編『アイヌ文化と北海道の中世社会』北海道出版企画センター　2006
藤村久和『民俗技術調査（2）(山菜採集技術)』北海道教育委員会　2010

3．住生活用具

鷹部屋福平「アイヌ屋根の研究と其構造原基体に就いて」　北海道帝国大学北方文化研究室編『北方文化研究報告』1輯　1939
鷹部屋福平「アイヌ住居の研究」　北海道帝国大学北方文化研究室編『北方文化研究報告』2輯　1939
鷹部屋福平「アイヌ住居の研究－アイヌ家屋の地方的特性（附録アイヌ建築語彙）」　北海道帝国大学北方文化研究室編『北方文化研究報告』3輯　1940

参考文献

鷹部屋福平「アイヌ住居の研究－日高平取方面に於ける地方性」　北海道帝国大学北方文化研究室編『北方文化研究報告』5 輯　1941
鷹部屋福平「アイヌ文様とアイヌ建築の特殊性」　日本放送協会札幌中央放送局編『北海道文化史考』日本放送出版協会　1942
鷹部屋福平『アイヌの住居』彰國社　1943
同　上『北方圏の家』(東亜建築撰書 7)　同　上
山本祐弘『樺太アイヌの住居』相模書房　1943
知里真志保「アイヌ住居に関する若干の考察」　『民族学研究』14 － 4　1950
馬場　脩「樺太アイヌの穴居家屋「トイチセ」について」　『九学会年報』3 号　1950
馬場　脩「樺太アイヌの穴居（トイ）家屋（チセ）」　北海道考古学会編『北海道考古学』4 輯　1968
高倉新一郎「アイヌ家屋の調査」　北海道教育委員会編『アイヌ民俗資料調査報告』　1968
鷹部屋福平・高倉新一郎・犬飼哲夫「住居」　アイヌ文化保存対策協議会編『アイヌ民族誌　上』第一法規出版　1969
犬飼哲夫「発火・灯火」　アイヌ文化保存対策協議会編『アイヌ民族誌　上』第一法規出版　1969
高倉新一郎「家屋の建築に伴う儀式（チセイノミ）」　同　上『アイヌ民族誌　下』同　上
小寺平吉「アイヌの住居」　小寺平吉『北海道の民家』明玄書房　1969
間宮林蔵（倫宗）・村上貞助「北夷分界余話」　高倉新一郎編『アイヌ絵集成』番町書房　1973
西川北洋「アイヌ風俗絵巻」　同　上
萱野　茂・須藤　功『アイヌ民家の復原　チセ・ア・カラ　われら家をつくる』未来社　1976
秦　檍麿「蝦夷島奇観　四　居家部」　谷澤尚一・佐々木利和解説『蝦夷島奇観』雄峰社　1982
大塚和義「アイヌの木彫り熊」　『月刊みんぱく』6 － 4　民族学振興会　1982
内田裕一「帯広・伏古におけるチセと付属施設について」　『アイヌ民族博物館研究報告』2 号　白老民族文化伝承保存財団　1989
村上島之允「蝦夷生計図説　チセカルの部」　河野本道・谷澤尚一解説『蝦夷生計図説』北海道出版企画センター　1990
谷元　旦「蝦夷器具圖式」　大塚和義監修『蝦夷風俗圖式・蝦夷器具圖式』安達美術　1991
遠藤明久「アイヌ住居の構造に影響を与えた松前藩の施策」　『日本建築学会大会梗概集』　1992
大塚和義「発火具・アイヌ」　『季刊民族学』62 号　千里文化財団　1992
福岡イト「上川アイヌの物質文化－建築習俗－」　旭川市市史編集事務局編『旭川研究〈昔と今〉』4 号　1993
遠藤明久「アイヌ民族の住宅」　遠藤明久『北海道住宅史話（上）』住まいの図書館出版局・星雲社　1994
瀬川拓郎「擦文時代住居の上屋について－アイヌ住居の成立を考えるための一作業」　『アイヌ民族博物館研究報告』5 号　1996
小林孝二「アイヌ民族の建造物に関する諸問題－その 1 、いわゆるケトウンニ構造を中心とする住居（チセ）の構造について－」　『北海道開拓記念館研究紀要』25 号　1997
越野　武「アイヌ民族の住まい」　北の生活文庫企画編集会議編『北の生活文庫 5　北海道の衣食と住まい』北海道　1997
アイヌ民族博物館編『アイヌのすまいチセを考える』　1998
北海道立アイヌ民族文化研究センター編『ポン カンピソシ 4　住まい』　1999
小林孝二「アイヌ民族の住居（チセ）に関する研究－近世・近代アイヌ民族の住居に関する検証とその成立過程に関する一考察－」　北海道開拓記念館編『「北の歴史・文化交流研究事業」研究報告』　2000
旭川市博物館編『民族資料／住居関係』(旭川郷土博物館所蔵品目録ⅩⅡ)　2002
小林孝二「アイヌ民族の住居（チセ）に関する研究－ 2 －北海道における民家研究史の検討と竪穴住居から平地住居への変容過程についての考察－」　『北海道開拓記念館研究紀要』30 号　2002
小林孝二「絵画史料に描かれたアイヌの住居（チセ）について」　北海道開拓記念館編『絵画史料に見る近世中期から明治初期の北海道生活誌』(北海道開拓記念館研究報告　第 18 号)　2003
内田裕一「チセにおける「結界」のシステムについて－アイヌ文化に見る空間認識の一考察－」　宇田川洋先生華甲記念論文集刊行実行委員会編『アイヌ文化の成立』北海道出版企画センター　2004
福士廣司「ロシアのアイヌ文化財調査－住関係資料」　小谷凱宣『海外のアイヌ文化財：現状と歴史』南山大学人類学研究所　2004

小林孝二「アイヌ民族の住居（チセ）をめぐる視点－近世の絵画資料を中心として－」　氏家　等編『アイヌ文化と北海道の中世社会』北海道出版企画センター　2006

4．年中行事・信仰用具

阿部正已「アイヌの鍬先に就きて」　『北海道人類学雑誌』1号　1919
米村喜男衛「アイヌと熊祭」　『郷土風景』9月号　1932
河野広道「アイヌのキケイクパシュイ　アイヌのイナウの研究Ⅰ」　『東京人類学雑誌』48－7　1933
河野広道「イナウ概論」　犀川会編『蝦夷産業図説　イナヲカルの部』（犀川会資料　第十八号）　1933
河野広道「アイヌのイナウシロシ（1）　イナウの研究Ⅱ」　『人類学雑誌』49－1　1934
河野広道「貝塚人骨の謎とアイヌのイオマンテ」　『人類学雑誌』50－4　1935
犬飼哲夫・名取武光「イオマンテ（アイヌの熊祭）の文化的意義とその形式（一）（二）」　北海道帝国大学北方文化研究室編『北方文化研究報告』2・3輯　1939・1940
名取武光「削箸・祖印・祖系・祖先及び主神祈より見たる沙流川筋のアイヌ」　『人類学雑誌』55－5　1940
名取武光「沙流アイヌの熊送りに於ける神々の由来とヌサ」　北海道帝国大学北方文化研究室編『北方文化研究報告』4輯　1941
犬飼哲夫「アイヌのベカンベ祭（菱取り祭）」　北海道帝国大学北方文化研究室編『北方文化研究報告』4輯　1941
犬飼哲夫「シシャモカムイノミ（柳葉魚祭）」　北海道帝国大学北方文化研究室編『北方文化研究報告』5輯　1941
名取武光「アイヌ民族の精神生活」　日本放送協会札幌中央放送局編『北海道文化史考』日本放送出版協会　1942
犬飼哲夫「アイヌの信仰及び儀礼に関する習俗行事」　帝国学士院東亜諸民族調査室編『東亜民族要誌資料』2輯　1944
河野広道「熊祭」　吉岡一郎編『熊の話』観光社　1952
米村喜男衛編『アイヌの熊祭』（網走市立郷土〔博物〕館叢書第3号）　1952
西川北洋「アイヌ風俗絵巻」　『天然生活と資源の活用　アイヌ風俗絵巻』トミヤ澤田商店　1954
更科源蔵『熊祭』（北方文化写真シリーズ1）楡書房　1955
和田　完「樺太アイヌの偶像」　北海道大学北方文化研究室編『北方文化研究報告』14輯　1959
名取武光「樺太千島アイヌのイナウとイトクパ」　北海道大学北方文化研究室編『北方文化研究報告』14輯　1959
Neil Gordon Munro "AINU Creed and Cult"（アイヌ信仰と儀礼）、Routledge and Kgan Paul Ltd　1962
伊福部宗夫「沙流アイヌの熊祭」　北海学園大学編『学園論集』8・9・10号　1964・1965・1966
久保寺逸彦「アイヌの建築儀礼について」　北海道大学文学部附属北方文化研究施設編『北方文化研究』3号　1968
犬飼哲夫・名取武光「イオマンテ（くま送り）」　アイヌ文化保存対策協議会編『アイヌ民族誌　下』第一法規出版　1969
久保寺逸彦「アイヌの祖霊祭り（シヌラッパ）」　同　上
犬飼哲夫「ししゃもカムイノミ、ベカンベ（ひし）採取の祭事」　同　上
高倉新一郎「イナウ」　同　上
伊福部宗夫『沙流アイヌの熊祭』みやま書房　1969
久保寺逸彦「沙流アイヌのイナウに就いて」　金田一博士米寿記念論集委員会編『金田一博士米寿記念論集』三省堂　1971
市立函館博物館編『樺太アイヌのひげべら』(国指定重要民俗文化財「アイヌの生活用具コレクション」整理報告書　第1編)　1974
藤村久和『民族調査報告書　総集編』(『北海道開拓記念館研究報告』2号)　1975
藤村久和「アイヌの海獣猟における霊送りについて」　田中　基編『季刊　どるめん』6号　ＪＩＣＣ出版局　1975
市立函館博物館編『北海道アイヌのひげべら』(同　上　第2編)　1976
藤村久和「山と森のコスモロジー　アイヌの山をめぐるコスモロジー」　『どるめん』12号　ＪＩＣＣ出版局　1977

釧路市立郷土博物館編「博物館収蔵資料（民族Ⅰ）－捧酒箸－」　『釧路郷土博物館々報』No.272　1981
秦　檍麿「蝦夷島奇観　二　礼部・六熊祭部」　谷澤尚一・佐々木利和解説『蝦夷島奇観』雄峰社　1982
藤村久和「アイヌの宇宙観」　江上波夫ほか編『シンポジウム　アイヌと古代日本－北方文化を考える』小学館　1982
藤村久和「アイヌの神話　静内町K家にまつられる神々の由来」　『国文学　解釈と鑑賞』47－3　至文堂　1982
釧路市立郷土博物館編「博物館収蔵資料（民族Ⅱ）－木幣－」　『釧路市立博物館々報』No.291　1985
名取武光『アイヌの花矢と有翼酒箸』六興出版　1985
村上島之允「蝦夷生計図説 イナオの部・チセカルの部」　河野本道・谷澤尚一解説『蝦夷生計図説』北海道出版企画センター　1990
アイヌ民族博物館編『イヨマンテ－熊の霊送り－報告書Ⅰ・Ⅱ』　1990・1991
大塚和義「アイヌの酒箸」　『月刊みんぱく』16－8　千里文化財団　1992
戸部千春「パスイ集成　基礎分類篇」　『紋別市立博物館報告』7号　1994
戸部千春「パスイ集成　斜里町立知床博物館篇」　『知床博物館研究報告』15集　1994
三村　伸「当館所蔵・捧酒箆の文様について（2）（3）」　『苫小牧市立博物館研究報告』4・5　1994・1995
藤村久和「アイヌの動物観」　河合雅雄・埴原和郎編『講座「文明と環境」8　動物と文明』朝倉書店　1995
貝澤太一「沙流川筋中流域におけるイナウに使用する樹木に関する報告（その1）（その2）」『北海道立アイヌ民族文化研究センター研究紀要』2・3号　1996・1997
古原敏弘「エムシについて－とくに鞘と柄の製作技術について－」同　上　2号　1996
苫小牧市博物館編『アイヌ民族資料目録　イクパスイ（捧酒箆）篇』　1998
北海道立アイヌ民族文化研究センター編『ポン カンピソシ5　祈る』　1999
和田　完『サハリン・アイヌの熊祭』第一書房　1999
藤村久和・加藤篤美「アイヌの聖地と神まつり－十勝池田町のカムイエロキヒ」　谷川健一編『日本の神々　神社と聖地』白水社　2000
池田貴夫「アイヌ民族のクマ儀礼形成像」　北海道開拓記念館編『「北の文化交流史研究事業」研究報告』2000
宇田川　洋「動物意匠遺物とアイヌの動物信仰」　宇田川　洋『アイヌ考古学研究・序論』北海道出版企画センター　2001
北原次郎太「（覚え書き）樺太アイヌの火神の祭壇」　『千葉大学ユーラシア言語文化論集』5号　千葉大学ユーラシア言語文化論講座　2002
池田貴夫「熊祭り図の構図について」　北海道開拓記念館編『絵画史料に見る近世中期から明治初期の北海道生活誌』(北海道開拓記念館研究報告　第18号）　2003
内田裕一「ロシアのアイヌ文化財調査－儀礼－祭祀具・霊送り儀礼に関する資料について」　小谷凱宣編『海外のアイヌ文化財：現状と歴史』南山大学人類学研究所　2004
手塚　薫・池田貴夫・三浦泰之「接触・交錯するアイヌと和人のまつり－『北役紀行』記載、文久3（1863）年ハママシケの神社祭礼とクマ送りから－」　『北海道開拓記念館研究紀要』33号　2005
旭川市博物館編『民族資料／儀礼関係：捧酒箸』(旭川市博物館所蔵品目録ⅩⅥ)　2006
旭川市博物館編『民族資料／儀礼関係：木幣類1』(旭川市博物館所蔵品目録ⅩⅦ)　2007
旭川市博物館編『民族資料／儀礼関係：木幣類2』(旭川市博物館所蔵品目録ⅩⅧ)　2008
木村英明・本田優子編『アイヌのクマ送りの世界』（ものが語る歴史シリーズ⑬）同成社　2007
内田裕一「イクパスイの機能についての一考察－特にイクパスイの彫刻における機能－」　氏家　等編『アイヌ文化と北海道の中世社会』北海道出版企画センター　2006
北原次郎太「火の神の夫－apekamuy・cisekorkamuy・cisekamuy」　『千葉大学ユーラシア言語文化論集』10号　千葉大学ユーラシア言語文化論講座　2008
池田貴夫『クマ祭り－文化観をめぐる社会情報学－』第一書房　2009

5．通過儀礼用具

坪井正五郎「アイヌの墓標」　『人類学雑誌』10－105　1894
吉田　巌「死に関するアイヌの観念と習俗」　『人類学雑誌』28－4・5　1912
河野常吉「アイヌの副葬品」　『人類学雑誌』29－2　1914

石漁郎（井黒弥太郎）「アイヌの墓標」　田代茂樹編『蝦夷往来』2号　尚古堂　1931
河野広道「墓標の型式より見たるアイヌの諸系統」　田代茂樹編『蝦夷往来』4号　尚古堂　1931
河野広道「アイヌの一系統サルンクルについて」　『人類学雑誌』47-4　1932
名取武光「沙流川筋アイヌの家紋と婚姻」　『民族学研究』9-1　1943
名取武光「生死冠婚等に関する習俗行事－アイヌの一生－」　帝国学士院東亜諸民族調査室編『東亜民族要誌資料』2輯　1944
河野広道「アイヌの一生－出産・冠・婚・祭・葬－」　観光社編『アイヌの話』　1951
土佐林義雄「アイヌの墓標」　『民族学研究』16-3・4　1952
西川北洋「アイヌ風俗絵巻」　『天然生活と資源の活用　アイヌ風俗絵巻』トミヤ澤田商店　1954
久保寺逸彦「結婚・妊娠と出産」　アイヌ文化保存対策協議会編『アイヌ民族誌　下』第一法規出版　1969
児玉作左衛門・久保寺逸彦「育児、命名、教育、成人」　同　上
久保寺逸彦「成年・成女」　同　上
久保寺逸彦「アイヌの死および葬制」　同　上
田畑アキ（述）・藤村久和（注）「白老アイヌの社会生活慣習について」　『季刊　人類学』1-4　社会思想社　1970
間宮林蔵（倫宗）・村上貞助「北夷分界余話」　高倉新一郎編『アイヌ絵集成』番町書房　1973
秦　檍麿「蝦夷島奇観　二　礼部」　谷澤尚一・佐々木利和解説『蝦夷島奇観』雄峰社　1982
藤本英夫「アイヌの墓標」　戸川安章ほか『北海道・東北地方の民具』明玄書房　1982
原田喜世子「アイヌの葬送習俗」　矢島　睿編『北海道の研究7　民俗・民族篇』清文堂　1985
大塚和義「19世紀中葉以前におけるアイヌの通過儀礼－松浦武四郎筆画『蝦夷風俗画誌』稿本を中心に－」『国立民族学博物館研究報告』12-2　1987
藤村久和「アイヌの生死観」　『老年精神医学雑誌』91号　ワールドプランニング　1997
藤村久和「アイヌにおける母系と父系」　赤坂憲雄ほか編『いくつもの日本Ⅵ　女の領域・男の領域』岩波書店　2003
藤村久和「アイヌの葬送儀礼について－死亡から湯灌までの流れ」　『万葉古代学研究所年報』6号　奈良県万葉文化振興財団万葉古代学研究所　2008

6．民俗知識用具

犬飼哲夫「天災に対するアイヌの態度（呪いその他）」　北海道帝国大学北方文化研究室編『北方文化研究報告』6輯　1942
和田　完「ブロニスラフ・ピルスツキ著　樺太アイヌのシャーマニズム」　北海道大学北方文化研究室編『北方文化研究報告』16輯　1961
児玉作左衛門「病気と治療」　同　上
犬飼哲夫「占術・巫術」　アイヌ文化保存対策協議会編『アイヌ民族誌　下』第一法規出版　1969
秦　檍麿「蝦夷島奇観　三　礼部」　谷澤尚一・佐々木利和解説『蝦夷島奇観』雄峰社　1982
村上島之允「蝦夷生計図説　ウカルの部」　河野本道・谷澤尚一解説『蝦夷生計図説』北海道出版企画センター　1990
木下良裕『アイヌの疾病とその治療法に関する研究』私家版　1983
大谷洋一「ロシアのアイヌ文化財調査－儀礼－巫術やまじないに関わる道具について－」　小谷凱宣編『海外のアイヌ文化財：現状と歴史』南山大学人類学研究所　2004

7．教育・娯楽用具

西川北洋「アイヌ風俗絵巻」　『天然生活と資源の活用　アイヌ風俗絵巻』トミヤ澤田商店　1954
谷本一之「アイヌの五弦琴」　北海道大学北方文化研究室編『北方文化研究報告』13輯　1958
谷本一之「アイヌの口琴」　北海道大学北方文化研究室編『北方文化研究報告』15輯　1960
近藤鏡二郎・富田歌萌「アイヌの弦楽器"トンコリ"」　音楽学会『音楽学』9巻（1）　1963
富田歌萌「アイヌの弦楽器"トンコリ"」　北海道文化財保護協会編『北海道の文化』10号　1966
更科源蔵「楽器」　アイヌ文化保存対策協議会編『アイヌ民族誌　下』第一法規出版　1969
更科源蔵「遊戯」　同　上
更科源蔵『コタンの童戯』風書房　1976

秦　檍麿「蝦夷島奇観　三　礼部」　谷澤尚一・佐々木利和解説『蝦夷島奇観』雄峰社　1982
金谷栄二郎・宇田川　洋『樺太アイヌのトンコリ』(常呂文庫２)　常呂町郷土研究同好会　1986
北海道教育委員会編『アイヌ古式舞踊調査報告』Ⅰ～Ⅲ　1990～1992
谷元　旦「蝦夷風俗図式」　大塚和義監修『蝦夷風俗図式・蝦夷器具図式』安達美術　1991
直川礼緒「口琴－人間と共鳴する小さな音の道具」　『季刊民族学』18－２　千里文化財団　1994
沖野慎二「アイヌ民族に"うなり板"は実在したか？」　『北海道立北方民族博物館研究紀要』３号　1994
藤本英夫「"うなり板"のことなど」　筑波大学民俗学研究室編『比較民俗研究』11号　1995
青山俊生「標茶のムックリ製作方法」　『標茶町郷土館報告』８号　1995
千葉伸彦「藤山ハルのトンコリ演奏について（１）」　常呂町樺太アイヌ文化保存会編『北海道東部に残る樺太アイヌ文化Ⅰ』　1996
沖野慎二「失われた千島アイヌの弦鳴楽器について」　北の文化シンポジウム実行委員会編『第５回　環オホーツク海文化のつどい報告書』　1998
谷本和之『アイヌ絵を聴く－変容の民族音楽誌』北海道大学図書刊行会　2000
宇田川　洋「北方地域の古代弦楽器試論－弓弭形角製品の解釈－」　宇田川　洋『アイヌ考古学研究・序論』北海道出版企画センター　2001

■和人資料

Ⅰ．生活用具
〔共通〕

北海道教育委員会編『日本海沿岸ニシン漁撈民俗資料調査報告書』北海道教育委員会　1970
渋谷道夫『北海道の衣と食』明玄書房　1974
高倉新一郎『日本の民俗・北海道』第一法規出版　1974
野幌部落会編『野幌部落史』北日本社　1974
矢島　睿『北海道の祝事』明玄書房　1978
札幌市教育委員会編『さっぽろ文庫７　札幌事始』　1979
北海道みんぞく文化研究会編『北海道を探る』創刊～32号　1982～1999
矢島　睿編『北海道の研究７　民俗、民族編』精文堂出版　1985
宮良高弘『北の生活文化』第一書房　1992
宮良高弘『北の民俗学』雄山閣出版　1993
小山内忠司『エゾ開拓生活誌』苫小牧企画　1997
札幌市教育委員会編『さっぽろ文庫82　北の生活具』　1997
日本民具学会『日本民具辞典』ぎょうせい　1997
北の生活文庫企画編集会議編『北の生活文庫５　北海道の衣食と住まい』北海道　1997
北の生活文庫企画編集会議編『北の生活文庫４　北海道の家族と一生』北海道　1998
宮良高弘編『訓子府町の生活と文化』訓子府町教育委員会　2001

１．衣服
〔共通〕

平秩東作『東遊記』　1784　高倉新一郎編『日本庶民生活史料　第４巻　探検・紀行・地誌　北辺篇』三一書房　1972
『箱館問屋儀定帳』　1804～18　函館市編『函館市史　史料編第２巻』　1975
『松前歳時記草稿』　1807～1821頃　北海道編『新北海道史　第七巻　史料１』　1969
淡斎如水『松前方言考』　1848頃　安田健編『江戸後期諸国産物帳集成［諸国産物帳集成　第Ⅱ期］第Ⅱ巻　蝦夷（２）』科学書院　1997
喜田川守貞著『守貞漫稿』　1853
『礎日記』　江差町史編集室『江差町史　第三巻資料三』　1979
片山淳之助『西洋衣食住』　1867
木村昇太郎『札幌繁昌記』前野玉振堂・石塚書店　1891（復刻版、みやま書房　1975）
大橋又太郎編『日用百科全書　第六編　衣服と流行』博文館　1895

札幌史学会編『札幌沿革史』　1897
藤波孝成『北海道風俗研究』アカシヤ発行所　1953
五十川重義「或る開拓者の記録　鍬と斧（1）・（2）」　北海道文化財保護協会編『北海道の文化9・10』1965・1966
宮本馨太郎『かぶりもの・きもの・はきもの　民俗民芸双書』岩崎美術社　1977
澤田幸子・斉藤祥子「北海道の衣服の一考察－北海道福島町白符における明治・大正・昭和にかけての聞き取り調査から－」　『北海道女子短期大学研究紀要』23号　1988
澤田幸子・斉藤祥子「衣の民俗」　『北の民俗』雄山閣　1993
矢島　睿「近世松前地の衣服・漁民の衣服・農民の衣服・防寒着の変遷・戦中戦後の衣生活」　北の生活文庫企画編集会議編『北の生活文庫5　北海道の衣食と住まい』北海道　1997

（1）被物類
舎人親王ら編『日本書紀』　720
松浦武四郎『初航蝦夷日誌　巻之三』　1850　秋葉實翻刻・編『校訂　蝦夷日誌［一編］』北海道出版企画センター　1999
松浦武四郎『西蝦夷日誌』　1850　吉田武三編『蝦夷日誌（下）』時事通信社　1962
平尾魯僊『箱館紀行』　1856　森山泰太郎校訂『洋夷茗話・箱館紀行』八坂書店　1974
大蔵省編『開拓使事業報告第三編　物産』　1885（復刻版、北海道出版企画センター　1983）
『時事新報』　1892
望洋散士編『北海道名所案内』小島大盛堂　1901
齋藤新太郎・武田廣『上川便覧』　1902
『北海タイムス』　1906.6.28
舟山直治『北海道開拓記念館　第132回テーマ展　豆本32　かぶりもの』　2002

（2）着物・洋服類
市川十郎『蝦夷実地検考録』　1854～1860　函館市編『函館市史　史料編第1巻』　1974
『箱館風俗書－附函館月次風俗書補拾』　1855　函館市編『函館市史　史料編第1巻』　1974
古川正雄『絵入智慧の環』岡田屋嘉七　1870
大蔵省編『開拓使事業報告附録　布令類聚』　1885（復刻版、北海道出版企画センター　1985）
『時事新報』　1886
『風俗画報』東陽堂　1889
『北海道毎日新聞』1891.8.12
佐々木鉄之助編『最近之札幌』札幌実業新報社　1909（復刻版、みやま書房　1975）
『後志国要覧』北海出版社　1909
早坂義雄『趣味之北海道　自然と人文』北光社　1926
朝倉治彦・樋口秀雄・安藤菊二・丸山信編『事物起源事典・衣食住編』東京堂出版　1970
矢島　睿・氏家　等「北海道における防寒衣と仕事着」　『北海道開拓記念館年報』1号　1972
北海道開拓記念館編『第155回テーマ展　豆本55　お茶の間からリビングへ－家族をとりまく道具の変化』2010

（3）下着類
宇喜多練輯『開化往来』文栄堂　1872
『北海タイムス』　1910.1.3
三省堂百科辞書編集部編『婦人家庭百科事典　上・下』　1937（復刻版、筑摩書房　ちくま学芸文庫　2005）

（4）帯・前掛類
佐山半七丸『都風俗化粧伝』　1813（復刻版、東洋文庫414　1982）

（5）履物類
東窜元穣『東海参譚』　1806　高倉新一郎編『日本庶民生活史料集成　第四巻』三一書房　1969
『嘉永六年　蔵鋪定』　1853　江差町史編集室『江差町史　第4巻資料4（関川家文書）』　1981
玉蟲左太夫『入北記』　1860　稲葉一郎解読『蝦夷地・樺太巡検日誌　入北記』北海道出版企画センター　1992
大蔵省編『開拓使事業報告　第壱編　戸籍』　1885（復刻版、北海道出版企画センター　1983）

『札幌区実業家案内双六』精巧堂半田勝之丞　1903
「本道に於ける藁製品の需要」　北海道庁編『殖民公報』90号　1916
沢　石太編『開道五十年記念北海道』鴻文社　1918
潮田鉄雄『はきもの』法政大学出版局　1973
紺谷憲夫『北海道ライブラリー6　北海道のわら細工』北海道出版企画センター　1977
氏家　等「北東アジアにおけるカンジキの発生と伝播」　北海道開拓記念館編『「北の歴史・文化交流研究事業」研究報告』　1995
氏家　等「カンジキの発生と拡がり－瓢箪形カンジキを中心として－」　北海道開拓記念館編『「北の歴史・文化交流研究事業」中間報告』　1998

（7）仕事着
貞光公明編『鷹栖村史』鷹栖村役場　1914
札幌村史編纂委員會『札幌村史』　1950
鷹栖村史刊行委員会編『鷹栖村史』　1963
北海道開拓記念館編『常展解説書6　北のくらし』　1978
芦野トシ・福山和子ほか「北海道の労働着衣について－明治・大正期を中心に－」　北海道文化財保護協会編『北海道の文化』55号　1986
矢島　睿・氏家　等「漁場の仕事着－いわゆるドンザについて－」　『北海道開拓記念館研究年報』15号　1987

（8）防寒着
「北海道住民の衣服」　北海道庁編『殖民公報』4号　1901
五代まゆみ「北海道における角巻の定着過程について」　『北海道開拓記念館研究紀要』25号　1997
矢島　睿・氏家　等「北海道の防寒着と仕事着」　『北海道開拓記念館研究年報』1号　1972
矢島　睿「近世後期における松前地の生活習俗について（1）－服装習俗－」　『北海道開拓記念館調査報告』4号　1975

（9）装身・着装具
喜多村信節・長谷川　強・江本　裕・渡辺守邦・岡　雅彦・花田富二夫・石川　了校訂『嬉遊笑覧』　1830（復刻版、岩波文庫　2002）

（10）結髪・化粧用具
菊岡沾凉『本朝世事談綺』　1734

（12）寝具類
串原正峯『夷諺俗話』　1972　高倉新一郎編『日本庶民生活史料集成　第四巻』三一書房　1967

2．飲食用具

〔共通〕
田所哲太郎『食生活の研究』北海道科学普及協会　1946
北海道新聞社『北海道たべもの文化史』本田出版社　1975
矢島　睿「しのちうの食事～鰊漁場における食生活」　北海道史研究会編『北海道史研究』15・16号　1978
矢島　睿『北海道の祝事』明玄書房　1978
矢島　睿他編『日本の食生活全集1　北海道の食事』農山漁村文化協会　1986

（1）炊事用具
舟山直治・氏家　等「曲物の製作工程と技術」　『北海道開拓記念館研究年報』15号　1987
舟山直治「曲物・曲輪の製作技術」　『北海道開拓記念館研究報告』15号　1997

（2）食器
松下　亘「『焼酎徳利』の覚書」　北海道地方史研究会編『北海道地方史研究』39号　1961
久本春雄「三平皿について」　釧路考古学研究会編『釧路の古代文化』　1963
越崎宗一「越後の焼酎徳利」　『日本の民芸』148号　1968
松下　亘「三平汁・三平皿考」　北海道文化財保護協会編『北海道の文化』16　1969
姫野英夫「三平皿雑考」　『市立函館博物館友乃会々報』4　1971
松下　亘・氏家　等・笹木義友「焼酎徳利について－明治期における新潟と北海道における関連資料－」　『北海道開拓記念館研究年報』6号　1978

松下 亘・氏家 等「駄知産三平皿について」　『北海道開拓記念館研究年報』9号　1981
舟山直治・氏家 等「北海道における沖弁当箱の利用」　『北海道開拓記念館調査報告』29号　1990
（6）貯蔵加工用具
松下 亘・氏家 等「酢の古い容器酢徳利について」　『北海道開拓記念館研究年報』5号　1977
三輪茂雄『臼』法政大学出版　1981
舟山直治「木製の小型の臼と杵について」　『北海道開拓記念館研究年報』14号　1986
北海道開拓記念館編『第30回特別展　日本海－空白の中世蝦夷世界をさぐる－』　1987
舟山直治「石製の小型臼について」　『北海道開拓記念館研究年報』16号　1988
氏家 等・池田貴夫・舟山直治・右代啓視「臼・杵類の分布、形態、用途に関する調査報告」　『北海道開拓記念館調査報告』40号　2001
舟山直治・池田貴夫・氏家 等・小林孝司・村上孝一「寒冷地における食料保存の変遷に関する研究」　『北海道開拓記念館調査報告』42号　2003

3．住生活用具
（1）住居
北海道庁衛生課『北海道ノ冬季住居ニ関スル調査竝ニ研究』　1938
遠藤明久『開拓使営繕事業の研究』私家版　1961
北海道教育委員会編『北海道文化財シリーズ13　建造物緊急保存調査報告書』　1972
文化財建造物保存技術協会編『花田家番屋修理工事報告書』小平町　1975
文化財建造物保存技術協会編『旧下ヨイチ運上屋保存修理工事報告書』余市町　1980
久末進一「柾屋の習俗　諸職聞き取り調査記録」　北海道みんぞく文化研究会編『北海道を探る6　個人の生活史』　1984
北海道開拓記念館編『北海道開拓の村整備事業のあゆみ』　1992
越野 武『北海道における初期洋風建築の研究』北海道大学図書刊行会　1993
遠藤明久『北海道住宅史話　上・下』住まいの図書館出版局　1994
越野 武・角 幸博・野口孝博「住まい」　北の生活文庫企画編集会議編『北の生活文庫5　北海道の衣食と住まい』北海道　1997
北海道開拓記念館編『北海道開拓記念館常設展示解説書』3～7・8　1999～2001
（2）建築習俗用具
小林孝二「建築にかかわる儀礼・信仰と職人・組織」　『北海道開拓記念館調査報告』28号　1989
（5）灯火具
北海道電力三十年史編纂委員会編『北のあかり　北海道電力創立三十周年記念誌』北海道電力　1982
（6）暖房具
矢島 睿「北海道における石炭ストーブの製造と普及－貯炭式ストーブを中心として－」　『北海道開拓記念館調査報告』16号　1978
矢島 睿「ストーブ」　北海道開拓記念館編『北海道開拓記念館研究報告5　北海道の伝統的生産技術』　1980
阿部要介『ストーブ物語』北海道テレビ放送　1982
新穂栄蔵『ストーブ博物館』北海道大学図書刊行会　1986
大久保一良「カマダストーブについて（1）」　北海道史研究会編『北海道史研究』39　みやま書房　1987
大久保一良「北海道のぬくもり－ストーブの歴史（1）～（8）」　北方圏センター編『北方圏』72～79号　1990～1992
小林幸雄「北海道における鋳物製造技術（2）－鋳物ストーブ製造の実際－」　『北海道開拓記念館調査報告』31号　1992
小林幸雄「鋳物ストーブの製造技術」　『北海道開拓記念館研究報告15　北海道における職人技術』　1997
大久保一良『北海道のストーブに関する記録』旭図書刊行センター　2000
北海道開拓記念館編『2006移動博物館　暮らしのなかのストーブ』　2006
村上孝一・舟山直治・池田貴夫・東 俊祐『北海道開拓記念館　第147回テーマ展　豆本47　暮らしのなかのストーブ』　2007

（7）家屋防護具
江差町編『江差町史　第六巻通説二』　1983
氏家　等「除雪具（雪かき）の変遷と雪押しの発生と発達過程」　『北海道開拓記念館研究年報』17号　1989
札幌市教育委員会編『さっぽろ文庫75　札幌の冬』　1995
札幌市教育委員会編『さっぽろ文庫91　ごみとリサイクル』　1999

4．年中行事・信仰用具
〔共通〕
西角井正慶編『年中行事辞典』東京堂出版　1957
小寺平吉『北海道の民俗地理』明玄書房　1971
矢島　睿「ニシン漁場における習俗の定着過程について」　『北海道開拓記念館調査報告』3号　1974
桜井徳太郎編『民間信仰辞典』東京堂出版　1980
仲井幸二・西角井正慶・三隅治雄編『民俗芸能辞典』東京堂出版　1981
北海道新聞社編『北海道の文化財』　1992
高橋秀雄・宮良高弘『祭礼行事・北海道』桜楓社　1993
北の生活文庫企画編集会議編『北の生活文庫9　まつりと民俗芸能』北海道　1995

（1）年中行事具
矢島　睿「近世後期松前地における年中行事習俗」　海保嶺夫編『北海道の研究3　近世編Ⅰ』精文堂　1983
矢島　睿「離島における漁民の信仰と年中行事」　『北海道開拓記念館研究報告』8号　1988
舟山直治・小林孝二「江差の虫送り行事について」　『北海道開拓記念館調査報告』31号　1992
北の生活文庫企画編集会議編『北の生活文庫6　北海道の年中行事』北海道　1996
為岡　進『江差姥神大神宮祭礼写真集』北海道出版企画センター　2002
千龍正夫『北海道百科3　祭り』北海道新聞社　2005

（2）信仰用具
阿部たつを「北海道の円空仏　その一異型について」　北海道史研究会編『北海道史研究』9号　みやま書房　1954
越崎宗一「網走の絵馬」　北海道地方史研究編『北海道地方史研究』56号　1965
越崎宗一・高木崇世芝「森町の船絵馬」　北海道地方史研究編『北海道地方史研究』76号　みやま書房　1969
越崎宗一「余市町の絵馬」　江沼地方史研究会編『えぬのくに』16号　1971
小寺平吉『北海道の民間信仰』明玄書房　1973
白山友正「北海道網走市応永板碑の研究」　北海道文化財保護協会編『北海道の文化』29　1973
会田金吾『北海道　庚申塚縁起話』函館文化会　1976
森川不覚『北海道　南茅部町の仏像』南茅部町教育委員会　1977
空知地方史研究協議会編＜空知文化財シリーズ9＞『空知の郷土芸能』　1980
矢島　睿「礼文町の神社信仰について」　『北海道開拓記念館調査報告』22号　1983
矢島　睿「利尻町の神社信仰について」　『北海道開拓記念館調査報告』23号　1984
矢島　睿・赤松守雄「近世蝦夷地西海岸における弁天社の建立について」　『北海道開拓記念館調査報告』24号　1985
渋谷道夫「道南の民間信仰」　矢島　睿編『北海道の研究7　民俗・民族篇』清文堂　1985
滝沢　正「北海道農村の部落祭祀」　矢島　睿編『北海道の研究7　民俗・民族篇』清文堂　1985
鷹田和喜三「開拓村落における氏子圏と村落祭祀の類型（試論）」　北海道民族学会編『北海道民族学会通信』85-2号　1986
矢島　睿「積丹半島の神社信仰について」　『北海道開拓記念館調査報告』25号　1986
林昇太郎「積丹半島の絵馬」　『北海道開拓記念館調査報告』25号　1986
林昇太郎「小樽市・寿都町の絵馬」　『北海道開拓記念館調査報告』26号　1987
林昇太郎「北海道の船絵馬調査ノート（1）」　『北海道開拓記念館研究年報』15号　1987
舟山直治・氏家　等「カワシモサマ信仰（1）－余別町のカワシモサマ行事を中心に－」　『北海道開拓記念館調査報告』27号　1988
矢島　睿「余市町豊浜の庚申信仰－昭和48年9月21日の庚申待ちを中心に－」　『北海道開拓記念館調査報

告』28号　1989
舟山直治・氏家 等・小林孝二「積丹町のイタコ、オシラサマ」　『北海道開拓記念館調査報告』28号　1989
舟山直治「カワシモサマ信仰（2）－北海道積丹町と福井県カワシモ信仰について－」　『北海道開拓記念館調査報告』31号　1992
森 雅人「北海道の地神信仰と祭祀－開拓村落の事例を中心として－」　日本民俗学会編『日本民俗学』189号　1992
森 雅人「北海道の地神信仰について」　北海道民族学会編『北海道民族学会通信』92－1・2号　1993
高久 賢『後志の馬頭さん』北海道馬頭観音研究会　2008
高久 賢『十勝の馬頭さん』北海道馬頭観音研究会　2009
高久 賢『空知の馬頭さん』北海道馬頭観音研究会　2010

（3）郷土芸能用具
北海道教育委員会編『北海道文化財シリーズ第八集　民俗芸能』　1966
岡田祐一「開拓時代の農村芸能（1）・（2）－新山梨歌舞伎について－」　『北海道開拓記念館調査報告』3・4号　1974・1975
矢島 睿・岡田祐一・氏家 等「郷土芸能と継承と定着（1）－野幌太々神楽と丘珠獅子について－」　『北海道開拓記念館調査報告』13号　1976
矢島 睿・氏家 等「郷土芸能の継承と定着（2）－野幌太々神楽の装束について－」　『北海道開拓記念館調査報告』19号　1980
氏家 等・舟山直治「積丹町の神楽（1）－神岬神楽と来岸神楽－」　『北海道開拓記念館調査報告』27号　1988
氏家 等・舟山直治「積丹町の神楽（2）－野塚、日司、入舸、幌武意の獅子神楽－」　『北海道開拓記念館調査報告』28号　1989
西谷栄治「利尻の麒麟獅子」　北海道文化財保護協会編『北海道の文化』64　1991
舟山直治・寺林伸明・小林孝二・村上孝一「北海道の祭りと民俗芸能（No１）－道南地方を中心に－」『北海道開拓記念館調査報告』31号　1992
寺林伸明「函館八幡宮大祭の実況概況について」　『北海道開拓記念館調査報告』32号　1993
舟山直治・小林孝二「厚沢部町の祭りと民俗芸能」　『北海道開拓記念館調査報告』32号　1993
北海道教育庁編『北海道の民俗芸能－北海道民俗芸能緊急調査報告書－』　1998
江別市教育委員会編『野幌太々神楽百年史』　1999
舟山直治「茂入神社の獅子頭について」　余市水産博物館『余市水産博物館研究報告』7号　2004
舟山直治「香川から北海道へ伝承した獅子舞について」　『北海道開拓記念館調査報告』43号　2004
北海道開拓記念館編『第59回特別展　北海道の民俗芸能－舞う・囃す・競う－』　2004
舟山直治「北海道における鹿子舞とその伝承－物質文化から見えるもの－」　『北海道開拓記念館研究紀要』36号　2008

5．通過儀礼用具
〔共通〕
北の生活文庫企画編集会議編『北の生活文庫4　北海道の家族と人の一生』北海道　1998

（1）産育用具
小田嶋政子「出産・産育儀礼－士族開拓の地、北海道伊達市の事例から－」　女性民俗研究会編『女性と経験』19号　1994
（2）婚礼用具
矢島 睿『北海道の祝事』明玄書房　1978
（3）年祝い用具
矢島 睿「古平町沖村における通過儀礼－八反田善助氏聞取り資料－」　『北海道開拓記念館調査報告』28号　1989
（4）葬送用具
矢島 睿「焼尻島における葬送風俗史料について」　『北海道開拓記念館調査報告』20号　1981

6．民俗知識用具
〔共通〕
　小田嶋政子『北の生活文庫6　北海道の年中行事』北海道　1996
　北海道教育委員会編『日本海沿岸ニシン漁撈民俗資料調査報告書』北海道教育委員会　1970

（1）薬・医療用具
　朝倉治彦・安藤菊二・樋口秀雄・丸山 信編『事物起源辞典　衣食住編』東京堂出版　1970
（2）占術用具
　池田貴夫「大豆から落花生へ－節分豆の変化をめぐる一考察－」　『北海道開拓記念館研究紀要』29号　2001

7．教育・娯楽用具
〔共通〕
　北海道開拓記念館編『常設展示解説書5　開けゆく大地』　2000

（1）教育用具
　朝倉治彦・安藤菊二・樋口秀雄・丸山信編『事物起源辞典　衣食住編』東京堂出版　1970
　北海道開拓記念館編『第18回特別展　教科書と子どもたち』　1979
　林 丈二『型録・ちょっと昔の生活雑貨』晶文社　1998
（2）遊具・玩具
　酒井 欣『日本遊戯史』建設社　1933
　札幌市教育委員会文化資料室編『さっぽろ文庫16　冬のスポーツ』札幌市・札幌市教育委員会　1981
　佐藤徹雄『名寄叢書4　北海道のスキーづくり』市立名寄図書館　1983
　長岡忠一『日本スキー事始め』ベースボール・マガジン社　1989
　札幌市教育委員会文化資料室編『さっぽろ文庫82　北の生活具』札幌市・札幌市教育委員会　1997
　中浦皓至「北海道スキーの発祥地・旭川（上）－明治45年のレルヒによるスキーについて－」　旭川市史編集事務局編『旭川研究＜昔と今＞』11号　1997
　中浦皓至「北海道スキーの発祥地・旭川（下）－レルヒ後大正時代の旭川スキーの発展について－」　旭川市史編集事務局編『旭川研究＜昔と今＞』12号　1997
　北海道開拓記念館編『第46回特別展　雪と寒さと文化－北のくらしと技術－』　1998
　北海道開拓記念館編『2000移動博物館　北の職人－手仕事と道具－』　2000
　北海道開拓記念館編『常設展示解説書7・8　戦後の北海道／新しい北海道』　2001

図・写真一覧

- 各図・写真の記載順は、掲載ページ、本文中の図・写真番号と説明文、「…」以降に所蔵機関、作成者、出典、その他の付随情報などを記した。
- 執筆者が所蔵、撮影、作成した図・写真は一覧から除外した。
- アイヌ資料の図は、朝木俊一氏が全図を作成した。

1．衣服

（1）被物類－［和人資料］◇11頁・図1　ともこう頭巾…『松前歳時記草稿附図』、函館市中央図書館◇11頁・写真1　御高祖頭巾…北海道博物館◇12頁・写真2　風呂敷頭巾…北海道博物館◇12頁・写真3　防空頭巾…北海道博物館◇13頁・写真4　菅笠…北海道博物館◇13頁・写真5　三度笠…北海道博物館◇14頁・写真6　中折帽…北海道博物館◇15頁・写真7　麦藁帽子…北海道博物館

（2）着物・洋服類－［和人資料］◇25頁・図1　上下…『松前歳時記草稿附図』、函館市中央図書館◇26頁・写真1　振袖…北海道博物館◇27頁・写真2　留袖…北海道博物館◇27頁・写真3　羽織…北海道博物館◇28頁・写真4　火事羽織…北海道博物館◇29頁・図2　馬乗袴…北海道新聞社◇29頁・写真5　行灯袴…北海道博物館◇30頁・写真6　胴着…北海道博物館◇30頁・写真7　綿入半天…北海道博物館◇30頁・図3　革半天…北海道新聞社◇34頁・写真8　セーター…北海道博物館

（3）下着類－［和人資料］◇46頁・写真1　股引…北海道博物館

（5）履物類－［考古資料］◇55頁・図1　杏形土器（斜里町宇登呂）…北沢実　実測◇55頁・図2　草鞋（札幌市K39遺跡）…札幌市埋蔵文化財センター編『K39遺跡第6次調査』（第4分冊）（『札幌市文化財調査報告書』65）札幌市教育委員会　2001◇55頁・図3　かんじき（札幌市K39遺跡）…札幌市埋蔵文化財センター編『K39遺跡第6次調査』（第4分冊）（『札幌市文化財調査報告書』65）札幌市教育委員会　2001

［和人資料］◇67頁・写真1　草鞋…北海道博物館◇68頁・写真2　雪駄…北海道博物館◇68頁・写真3　爪甲…北海道博物館◇69頁・写真4　爪甲型…北海道博物館◇69頁・写真5　深靴…北海道博物館◇70頁・写真6　樏…北海道博物館◇71頁・写真7　駒下駄…北海道博物館◇71頁・写真8　足駄…北海道博物館◇71頁・写真9　草履下駄…北海道博物館◇72頁・写真10　開墾足袋…北海道博物館◇72頁・写真11　草鞋掛…北海道博物館◇73頁・写真12　双六に描かれた靴…北海道博物館◇74頁・写真13　ゴム長靴…北海道博物館

（7）仕事着－［和人資料］◇79頁・写真1　みちか…北海道博物館◇80頁・写真2　もんぺ…北海道博物館◇80頁・写真3　脚半…北海道博物館◇80頁・写真4　袋脚半…北海道博物館◇81頁・写真5　どんざ…北海道博物館◇81頁・写真6　手掛…北海道博物館◇82頁・写真7　職人の仕事着…北海道博物館◇83頁・写真8　商人の仕事着…北海道博物館◇83頁・写真9　鉱夫の仕事着…北海道博物館

（8）防寒着－［和人資料］◇85頁・写真1　赤ゲット…北海道博物館◇85頁・写真2　角巻…北海道博物館◇86頁・写真3　二重回し…北海道博物館◇87頁・写真4　てっかえし…北海道博物館

（9）装身・着装具ー［考古資料］◇89頁・図1　左：玦状耳飾（芽室町小林遺跡）…左：大橋毅編『芽室町大成2遺跡』『芽室町埋蔵文化財調査報告』第3輯芽室町教育委員会　2004◇89頁・図1　右：土製耳飾（苫小牧市柏原5遺跡）…右：苫小牧市教育委員会・苫小牧市埋蔵文化財センター編『柏原5遺跡』苫小牧市教育委員会・苫小牧市埋蔵文化財センター　1997◇90頁・図2　首飾をつけた土偶（新ひだか町御殿山遺跡）…古原敏弘『御殿山遺跡とその周辺における考古学的調査』静内町教育委員会　1984◇90頁・図3　環状漆製品（1〜4）やサメの歯（5）が縫いつけられたヘアバンドの出土状況（恵庭市カリンバ遺跡）…上屋真一編『カリンバ3遺跡（1）』恵庭市教育委員会　2003◇91頁・図4　竪櫛（恵庭市カリンバ3遺跡）…上屋真一編『カリンバ3遺跡（1）』恵庭市教育委員会　2003◇91頁・図5　貝製腕輪…礼文町船泊遺跡◇92頁・図6　珀珀出土状況（芦別市滝里4遺跡P—5底面から）…（財）北海道埋蔵文化財センター編『滝里遺跡群』Ⅷ（『（財）北海道埋蔵文化財センター調査報告書』第123集）（財）北海道埋蔵文化財センター　1998◇93頁・図7　帯留具…礼文町浜中2遺跡◇93頁・図8　青銅製帯金具（枝幸町目梨泊遺跡）…佐藤隆広編『貝梨泊遺跡』枝幸町教育委員会　1994

（10）結髪・化粧用具ー［考古資料］◇99頁・図1　湖州鏡（釧路市材木町5遺跡）…釧路市埋蔵文化財調査センター『釧路市材木町5遺跡調査報告書』釧路市埋蔵文化財調査センター　1989

（11）洗濯・裁縫用具ー［考古資料］◇104頁・図1　針入れ…礼文町香深井1遺跡
［和人資料］◇110頁・写真1　盥…北海道博物館◇110頁・写真2　洗濯板…北海道博物館◇110頁・写真3　張板…北海道博物館◇110頁・写真4　伸子針…北海道博物館◇110頁・写真5　火熨斗…北海道博物館◇111頁・写真6　アイロン…北海道博物館◇111頁・写真7　和鋏…北海道博物館◇111頁・写真8　裁板…北海道博物館◇112頁・写真9　絎台…北海道博物館◇112頁・写真10　針箱…北海道博物館◇112頁・写真11　鏝…北海道博物館◇112頁・写真12　手回しミシン…北海道博物館

（12）寝具類ー［和人資料］◇116頁・写真1　蚊帳…北海道博物館◇116頁・写真2　湯湯婆…北海道博物館◇116頁・写真3　行火…北海道博物館

2．飲食用具
（1）炊事用具ー［考古資料］◇117頁・図1　深鉢形土器（新ひだか町御殿山遺跡）…『御殿山遺跡とその周辺における考古学的調査：静内町遺跡分布調査報告書　その2』静内町教育委員会　1984◇117頁・図2　甑形土器（岩見沢市由良遺跡）…杉原荘介・大塚初重「土師式土器集成」4　1974◇117頁・図3　内耳土器（上ノ国町ワシリ遺跡）…斉藤邦典・加賀谷央『町内遺跡発掘調査事業報告書』Ⅶ　ワシリ遺跡分布調査　上ノ国町教育委員会　2004◇118頁・図4　石小刀（礼文町船泊遺跡）…『礼文町船泊遺跡発掘調査報告書−平成10年度発掘調査の報告』礼文町教育委員会　2000
［和人資料］◇131頁・写真1　鉄鍋…北海道博物館◇131頁・写真2　銅鍋…北海道博物館◇131頁・写真3　琺瑯鍋…北海道博物館◇131頁・写真4　アルミ鍋…北海道博物館◇132頁・写真5　行平…北海道博物館◇132頁・写真6　貝鍋…北海道博物館◇133頁・写真7　鍔釜…北海道博物館◇134頁・写真8　電気釜…北海道博物館◇135頁・写真9　米揚笊…北海道博物館◇135頁・写真10　亀甲笊…北海道博物館◇135頁・写真11　掬笊…北海道博物館◇135頁・写真12　味噌漉笊…北海道博物館◇136頁・写真13　角型蒸籠…北海道博物館◇137頁・写真14　擂鉢…北海道博物館◇137頁・写

真15　擂粉木…北海道博物館◇137頁・写真16　捏鉢…北海道博物館◇138頁・写真17　包丁…北海道博物館◇138頁・写真18　鯖裂…北海道博物館◇138頁・写真19　俎板…北海道博物館◇139頁・写真20　卸器…北海道博物館◇140頁・写真21　弁慶…北海道博物館◇140頁・写真22　天火…北海道博物館◇141頁・写真23　洗桶…北海道博物館◇141頁・写真24　米研桶…北海道博物館◇141頁・写真25　手桶…北海道博物館

（2）食器ー［考古資料］◇142頁・図1　浅鉢形土器（木古内町札苅遺跡）…野村崇編『札苅遺跡　北海道上磯郡木古内町札苅の国道拡幅に伴う緊急発掘調査報告』木古内町教育委員会　1974◇142頁・図2　皿形土器（木古内町札苅遺跡）…野村崇編『札苅遺跡　北海道上磯郡木古内町札苅の国道拡幅に伴う緊急発掘調査報告』木古内町教育委員会　1974◇142頁・図3　高杯形土器（釧路市北斗遺跡）…松田猛『北斗遺跡』　2009、同成社◇142頁・図4　注口形土器（新ひだか町御殿山遺跡）…『御殿山遺跡とその周辺における考古学的調査：静内町遺跡分布調査報告書　その2』静内町教育委員会　1984◇143頁・図5　壺形土器（木古内町札苅遺跡）…野村崇編『札苅遺跡　北海道上磯郡木古内町札苅の国道拡幅に伴う緊急発掘調査報告』木古内町教育委員会　1974
［和人資料］◇153頁・写真1　茶碗…北海道博物館◇154頁・写真2　汁椀…北海道博物館◇155頁・写真3　三平皿…北海道博物館◇156頁・写真4　飯櫃…北海道博物館◇157頁・写真5　杓子…北海道博物館◇157頁・写真6　箸…北海道博物館

（3）食事用具ー［和人資料］◇162頁・写真1　箱膳…北海道博物館◇163頁・写真2　会席膳…北海道博物館◇164頁・写真3　盆…北海道博物館◇164頁・写真4　茶碗入…北海道博物館◇164頁・写真5　鰊漁場の茶碗入…北海道博物館◇165頁・写真6　重箱…北海道博物館◇165頁・写真7　組蓋物…北海道博物館

（4）携帯用食器ー［和人資料］◇168頁・写真1　弁当行李…北海道博物館◇168頁・写真2　曲物の弁当入…北海道博物館◇168頁・写真3　鰊漁場の沖弁当箱…北海道博物館◇169頁・写真4　アルマイトの弁当箱…北海道博物館◇169頁・写真5　飯盒…北海道博物館

（5）行事・嗜好用具ー［和人資料］◇186頁・写真1　徳利…北海道博物館◇186頁・写真2　銚子…北海道博物館◇186頁・写真3　盃…北海道博物館◇187頁・写真4　銅壺…北海道博物館◇187頁・写真5　急須…北海道博物館◇187頁・写真6　土瓶…北海道博物館◇188頁・写真7　薬缶…北海道博物館◇188頁・写真8　煙管…北海道博物館◇189頁・写真9　煙草盆…北海道博物館

（6）貯蔵・加工用具ー［考古資料］◇190頁・図1　石冠…洞爺湖町入江遺跡◇190頁・図2　石皿…洞爺湖町入江遺跡
［和人資料］◇199頁・写真1　醬油樽…北海道博物館◇199頁・写真2　漬物樽…北海道博物館◇199頁・写真3　酢徳利…北海道博物館◇199頁・写真4　塩壺…北海道博物館◇200頁・写真5　米櫃…北海道博物館◇200頁・写真6　冷蔵庫…北海道博物館◇200頁・写真7　水甕…北海道博物館◇201頁・写真8　竪臼…北海道博物館◇201頁・写真9　餅搗臼と横杵…北海道博物館◇201頁・写真10　米搗臼と横杵…北海道博物館◇202頁・写真11　石臼…北海道博物館◇202頁・写真12　蒲鉾臼…北海道博物館◇202頁・写真13　薯餅臼…北海道博物館◇202頁・写真14　薯擦器…北海道博物館◇202頁・写真15　ミキサー…北海道博物館

3．住生活用具
（1）住居ー［考古資料］◇203頁・図1　縄文

時代前期の住居跡…函館市ハマナス野遺跡◇203頁・図2　続縄文時代の住居跡…瀬棚町南川1遺跡◇204頁・図3　オホーツク文化期の住居跡…枝幸町目梨泊遺跡◇204頁・図4　擦文時代の住居跡…北海道開拓記念館『雄武竪穴群遺跡』1995
[和人資料]◇218頁・図1　旧下ヨイチ運上屋平面図…『旧下ヨイチ運上屋保存修理工事報告書』所収、余市町、1980年◇219頁・図2　旧花田家番屋平面図…『花田家番屋修理工事報告書』所収、小平町、1975年◇219頁・写真3　旧秋山家漁家住宅外観…北海道博物館◇219頁・図3　旧秋山家漁家住宅平面図…『北海道開拓の村整備事業のあゆみ』所収、1992◇220頁・写真4　旧樋口家農家住宅外観…北海道博物館◇220頁・図4　旧樋口家農家住宅平面図…『北海道開拓の村整備事業のあゆみ』所収、1992年◇221頁・図5　十戸続坑夫長屋平面図…『幌内炭坑建物登記書類付図』所収、北海道博物館◇221頁・図6　獄舎平面図…『幌内炭坑建物登記書類付図』所収、北海道博物館◇222頁・写真6　棟割長屋（模型外観）…北海道博物館◇222頁・図7　戦後の炭鉱住宅（平面図）…『炭鉱住宅及厚生施設建築基準（第二部）　建設院建築局炭鉱住宅課』所収、北海道博物館◇224頁・図8　旧納内屯田兵屋平面図…『北海道開拓の村整備事業のあゆみ』所収、1992

（3）建具－[和人資料]◇236頁・写真1　半紙判ガラス6枚入建具…北海道博物館

（4）家具・調度品－[和人資料]◇242頁・写真1　机と椅子…北海道博物館◇243頁・写真2　本箱…北海道博物館◇243頁・写真3　茶箪笥…北海道博物館◇244頁・写真4　長持…北海道博物館◇244頁・写真5　行李…北海道博物館◇244頁・写真6　下駄箱…北海道博物館◇245頁・写真7　額…北海道博物館◇245頁・写真8　神棚…北海道博物館◇245頁・写真9　仏壇…北海道博物館

（5）灯火具－[和人資料]◇249頁・写真1　行灯…北海道博物館◇250頁・写真2　弓張提灯…北海道博物館◇250頁・写真3　ランプ…北海道博物館◇250頁・写真4　カンテラ…北海道博物館

（6）暖房具－[和人資料]◇262頁・写真1　囲炉裏…北海道博物館◇262頁・写真2　炉鉤…北海道博物館◇262頁・写真3　炉鍋…北海道博物館◇263頁・写真4　竈…北海道博物館◇263頁・写真5　火吹竹…北海道博物館◇264頁・写真6　火鉢…北海道博物館◇264頁・写真7　長火鉢…北海道博物館◇264頁・写真8　手焙…北海道博物館◇264頁・写真9　炭入…北海道博物館◇265頁・写真10　炉扇…北海道博物館◇265頁・写真11　七輪…北海道博物館◇266頁・写真12　箱館で製作された初期のストーブの図面…『北蝦夷地御用留』、北海道立文書館◇267頁・写真13　薪ストーブ…北海道博物館◇267頁・写真14　ローランドストーブ…北海道博物館◇268頁・写真15　ルンペンストーブ…北海道博物館◇268頁・写真16　寸胴ストーブ…北海道博物館◇269頁・写真17　達磨ストーブ…北海道博物館◇269頁・写真18　貯炭式ストーブ…北海道博物館◇270頁・写真19　客車用地球型ストーブ…北海道博物館◇270頁・写真20　石炭箱…北海道博物館◇270頁・写真21　十能…北海道博物館◇270頁・写真22　デレッキ…北海道博物館◇271頁・写真23　湯沸…北海道博物館

（7）家屋防護具－[和人資料]◇279頁・写真1　天水桶…北海道博物館◇279頁・写真2　竜吐水…北海道博物館◇280頁・写真3　三角橇…北海道博物館◇280頁・写真4　ジョンバ…北海道博物館◇280頁・写真5　木鋤…北海道博物館◇281頁・写真6　雪押…北海道博物館◇281頁・写真7　雪踏俵…北海道博物館

4．年中行事・信仰用具

(1) 年中行事具－［和人資料］◇288頁・図1　年始礼の図…『松前歳時記草稿附図』、函館市中央図書館◇288頁・写真1　若水桶…北海道博物館◇289頁・図2　お年玉＜うまこの図＞…『蝦夷日誌附録　秘女於久辺志』＜うまこの図＞、三重県松阪市・松浦武四郎記念館◇289頁・写真2　三社御神号の掛軸…北海道博物館◇289頁・写真3　初荷旗…北海道博物館◇289頁・図3　祝棒…『松前歳時記草稿附図』、函館市中央図書館◇290頁・写真4　初午の幟…北海道博物館◇290頁・写真5　雛飾り…三渓谷の四季-関三雄　写真集（1985）◇291頁・図4　花見…『松前屏風』、函館市中央図書館、写真：北海道博物館◇291頁・図5　端午の節句の幟…『松前歳時記草稿附図』、函館市中央図書館◇292頁・写真6　茅輪…北海道博物館◇292頁・図6　山車行列…『松前歳時記草稿附図』、函館市中央図書館◇292頁・図7　七夕祭りの図…『蝦夷日誌附録　秘女於久辺志』、三重県松阪市・松浦武四郎記念館◇293頁・図8　盆踊り…『松前歳時記草稿附図』、函館市中央図書館

(2) 信仰用具－［考古資料］◇294頁・図1　オロシガネ状土製品（左：小樽市忍路土場遺跡、右：千歳市美々4遺跡）…左：（財）北海道埋蔵文化財センター編『小樽市　忍路土場遺跡・忍路5遺跡』（『（財）北海道埋蔵文化財センター調査報告書』第53集）（財）北海道埋蔵文化財センター　1989◇294頁・図2　骨偶（函館市戸井貝塚）…戸井町教育委員会『戸井貝塚Ⅲ－縄文時代後期初頭の貝塚の発掘調査報告　1993』戸井町教育委員会　1993◇295頁・図3　土偶（函館市著保内野遺跡）…函館市著保内野遺跡◇295頁・図4　土偶（千歳市美々4遺跡）…（財）北海道埋蔵文化財センター編『美沢川流域の遺跡群Ⅶ』（『（財）北海道埋蔵文化財センター調査報告書』第14集）（財）北海道埋蔵文化財センター　1983◇295頁・図5　岩偶（函館市戸井貝塚）…戸井町教育委員会『戸井貝塚Ⅳ－貝層部周辺の後期及び前期包含層を中心とした発掘調査報告　1994』戸井町教育委員会　1994◇295頁・図6　石偶…北見市常呂川河口遺跡◇296頁・図7　土面（千歳市ママチ遺跡）…（財）北海道埋蔵文化財センター編『千歳市　ママチ遺跡Ⅲ』（『（財）北海道埋蔵文化財センター調査報告書』第36集）（財）北海道埋蔵文化財センター　1987◇296頁・写真1　人面付土器（北斗市茂辺地遺跡）…北斗市教育委員会提供◇296頁・図8　足形付土製品…函館市垣ノ島遺跡◇297頁・図9　牙製女性像（礼文町重兵衛沢遺跡）…大塚和義「オホーツク文化の偶像・動物意匠遺物」「物質文化」11　1968◇298頁・図10　動物形土製品・シャチ（函館市桔梗2遺跡）…（財）北海道埋蔵文化財センター編『函館市　桔梗2遺跡』（『（財）北海道埋蔵文化財センター調査報告書』第46集）（財）北海道埋蔵文化財センター　1988◇298頁・図11　動物形土製品（千歳市美々4遺跡）…北海道教育委員会編『美沢川流域の遺跡群Ⅰ』北海道教育委員会　1977◇298頁・図12　舟形土製品（函館市戸井貝塚）…戸井町教育委員会『戸井貝塚Ⅳ－貝層部周辺の後期及び前期包含層を中心とした発掘調査報告　1994』戸井町教育委員会　1994◇299頁・図13　石棒…常呂川河口遺跡◇299頁・図14　石刀（木古内町札苅遺跡）…北海道開拓記念館『札苅』　1976◇299頁・図15　青竜刀形石器（松前町寺町貝塚）…松前町教育委員会『寺町貝塚』　1988◇299頁・図16　青竜刀形骨器…八雲町コタン温泉◇300頁・図17　骨刀（函館市戸井貝塚）…戸井町教育委員会『戸井貝塚Ⅲ－縄文時代後期初頭の貝塚の発掘調査報告　1993』戸井町教育委員会　1993◇300頁・図18　棍棒形石器（赤平市奈江沢遺跡）…野村崇・杉浦重信『棍棒形石器について』『物質文化』30　1978◇300頁・図19　独鈷石（釧路市幣舞遺跡）…西幸隆・石川朗「北海道釧路市幣舞遺跡出土の独鈷石について」『釧路市立博物館紀要』17　1992◇

301頁・図20　スタンプ形土製品（小樽市忍路土場遺跡）…（財）北海道埋蔵文化財センター編『小樽市　忍路土場遺跡・忍路5遺跡』（『（財）北海道埋蔵文化財センター調査報告書』第53集）（財）北海道埋蔵文化財センター1989
［和人資料］◇334頁・写真1　御札…北海道博物館◇334頁・写真2　御守…北海道博物館◇335頁・写真3　三日市大夫次郎配札の一万度御祓大麻…北海道博物館◇335頁・写真4　御神籤…北海道博物館◇335頁・写真5　善宝寺札…北海道博物館◇335頁・写真6　金刀比羅宮札…北海道博物館◇336頁・写真8　裂裟…北海道博物館◇336頁・写真9　百万遍の数珠…北海道博物館◇336頁・図1　上棟式の飾り付け…小林孝二『積丹半島を中心とする建築儀礼・信仰と大工職の特色』（『北海道博物館研究報告　第13号』）所収、1993◇337頁・図2　船絵馬…北海道博物館◇337頁・写真10　七福神の土鈴…北海道博物館◇338頁・写真11　川下様…北海道博物館◇338頁・図3　松前城下の宗教施設…『松前屏風』、函館市中央図書館、写真：北海道博物館◇338頁・写真12　鳥居…北海道博物館◇338頁・写真13　方向石の手水鉢…北海道博物館◇338頁・写真14　馬頭観世音碑…北海道新聞社◇339頁・写真15　地神祭…北海道博物館

（3）郷土芸能用具―［和人資料］◇342頁・写真2　浦安の舞…北海道博物館◇342頁・写真3　野幌太々神楽五穀撒…北海道博物館◇342頁・図1　湯立神事…『松前歳時記草稿附図』、函館市中央図書館◇342頁・写真4　永山獅子舞…北海道博物館◇342頁・写真5　木直大正神楽の三番叟…北海道博物館◇343頁・写真6　利尻麒麟獅子舞の囃子…北海道博物館◇343頁・写真7　神楽殿…北海道博物館◇343頁・図2　獅子神楽…『松前歳時記草稿附図』、函館市中央図書館◇343頁・写真8　野幌太々神楽の悪魔祓…北海道博物館◇344頁・写真9　丘珠獅子舞…北海道新聞社◇344頁・写真10　土橋鹿子舞…北海道博物館◇345頁・写真11　安浦駒踊り…北海道博物館◇345頁・写真12　登別北海太鼓…北海道新聞社

5．通過儀礼用具
（1）産育用具―［和人資料］◇354頁・写真1　川濯神社の御札…北海道博物館◇355頁・写真2　いずこ…北海道博物館◇356頁・写真3　内祝…北海道博物館

（2）婚礼用具―［和人資料］◇360頁・写真1　角樽…北海道博物館◇360頁・写真2　袱紗…北海道博物館◇360頁・写真3　島台…北海道博物館◇361頁・写真4　婚礼用銚子…北海道博物館◇361頁・写真5　お歯黒道具箱とお歯黒溶かし…北海道博物館

（3）年祝い用具―［和人資料］◇362頁・写真1　斗搔祝…北海道博物館

（4）葬送用具―［考古資料］◇365頁・図1　周堤墓…苫小牧市美沢1遺跡JX-3◇365頁・図2　環状列石（知内町湯の里5遺跡）…（財）北海道埋蔵文化財センター編『湯の里遺跡群』（『（財）北海道埋蔵文化財センター調査報告書』第18集）（財）北海道埋蔵文化財センター1985◇365頁・図3　廃屋墓…千歳市末広遺跡IP-57墓坑◇366頁・図4　北海道式古墳…恵庭市柏木東遺跡9号墳

6．民俗知識用具
（1）薬・医療用具―［和人資料］◇392頁・写真1　百万遍の数珠…北海道博物館

（2）占術用具―［和人資料］◇398頁・写真1　恵比寿籤…北海道博物館

7．教育・娯楽用具
（1）教育用具―［和人資料］◇401頁・写真1

学校机・椅子…北海道博物館◇401頁・写真2　振鈴…北海道博物館◇401頁・写真3　オルガン…北海道博物館◇401頁・写真4　石板・石筆…北海道博物館◇403頁・写真5　運動足袋…北海道博物館◇404頁・写真6　教科書…北海道博物館◇404頁・写真7　北海道用尋常小学読本…北海道博物館

（２）遊具・玩具―［和人資料］◇431頁・写真1　独楽…北海道博物館◇432頁・写真2　いかのぼり…北海道博物館◇433頁・写真3　竹馬…北海道博物館◇433頁・写真4　お手玉…北海道博物館◇433頁・写真5　輪回し…北海道博物館◇434頁・写真6　がっぱ…北海道博物館◇435頁・写真7　下駄スケート（げろり）…北海道博物館◇435頁・写真8　竹スケート…北海道博物館◇436頁・写真9　人形…北海道博物館◇437頁・写真10　百人一首（板歌留多）…北海道博物館◇437頁・写真11　スキーと一本杖…北海道博物館◇438頁・写真12　機械スケート…北海道博物館◇

索　引

- 項目の配列は五十音順とし、「……」以降の数字は掲載ページを示している。
- ＊印が付いた数字は項目の解説文があるページを、それ以外は項目名（見出し）のみ、本文中に※印付きの項目があるページを示している。
- 説明や注意がある場合は「(→　)」で示した。

あ

アイロン［アイロン］〔和〕…………109，＊110
あか・くろうるしぬりのまだらしるわん
　　［赤・黒漆塗の斑汁椀］〔ア］……………＊143
あかうるしぬりわん［赤漆塗椀］〔ア〕
　　………………………………＊143，144
あかうるしのしゅわん［赤漆の酒椀］〔ア〕
　　………………………………＊176，286
あかげっと［赤ゲット］〔和〕
　　………………………68，80，84，＊85，115
あかごのごふ［赤子の護符］〔ア〕
　　………………………＊319，327，＊353
あくまをいるや［悪魔を射る矢］〔ア〕……＊285
あさぬの［麻布］〔ア〕………………………＊105
あさのは［麻の葉］〔和〕……………………＊393
あさばちがたどき［浅鉢形土器］〔考〕……＊142
あしかざり［足飾］〔ア〕………＊94，238，239
あしがたつきどせいひん［足形付土製
　　品］〔考〕…………………………294，＊296
あしだ［足駄］〔ア〕……………………………＊56
あしだ［足駄］〔和〕……………………70，＊71
あしつきまないた［脚付俎板］〔ア〕………＊122
あしのまきぬの［足の巻布］〔ア〕……………＊60
あしふき［足拭］〔ア〕………………………＊277
あしわ［足輪］〔ア〕…………………＊373，425
あずけばこ［預箱］〔和〕……………………＊394
あずけぶくろ［預袋］〔和〕…………………＊394
あたま・くびまき［頭・首巻］〔ア〕…………＊10
あたまおおい［頭覆］〔ア〕…………………＊367
あたまかざり［頭飾］〔ア〕……………………＊93
あつでのさかずき［厚手の盃］〔ア〕
　　………………………………＊176，286

あっぱっぱ［―――］〔和〕……………34，＊35
あてすこ［―――］〔和〕……………………＊83
あとざんいれ［後産入］〔ア〕………204，＊347
あぶらざら［油皿］〔ア〕………＊247，248，249
あぶらどっくり［油徳利］〔和〕……………＊199
あほうどりのとうこつ［アホウドリの頭
　　骨］〔ア〕……………………………………＊323
あまごいのいのり［雨乞いの祈り］〔ア〕……287
あまど［雨戸］〔和〕…………………………＊236
あみがさ［編笠］〔ア〕………………………＊376
あみぶくろ［編袋］〔ア〕……58，59，60，214，
　　　　　　　　260，309，310，348，＊366，374
あらいおけ［洗桶］〔ア〕……………………＊127
あらいおけ［洗桶］〔和〕……………＊140，141
アルマイトのべんとうばこ［アルマイト
　　の弁当箱］〔和〕……………………………＊168
アルミなべ［アルミ鍋］〔和〕………130，＊131
あわせばちつきまないた
　　［合鉢付俎板］〔ア〕…………………………＊122
あんか［行火］〔ア〕…………………＊255，257
あんか［行火］〔和〕…115，＊116，260，＊265
あんざんのおふだ［安産の御札］〔和〕……＊354
あんどん［行灯］〔和〕…………29，＊249，250，
　　　　　　　　　　　　　　　　265，432
あんどんばかま［行灯袴］〔和〕………………＊29

い

いえおくりようかりごや［家送り用仮小
　　屋］〔ア〕……………………………………＊386
いえがたせきせいひん
　　［家形石製品］〔考〕…………………297，＊298
いえのかみ［家の神］〔ア〕…………＊227，310，

＊312, 314, 320, 327, 333
いえのかみへちからぞえするもくへい
　［家の神へ力添えする木幣］〔ア］………＊314
いえのささえぼう［家の支え棒］〔ア］……＊274
いえのとぐちのかみ［家の戸口の神］〔ア］
　…………………………………＊229, 327
いえのほしゅうざい［家の補修材］〔ア］
　………………………………………＊274
いくじぎれいようぐ［育児儀礼用具］〔和］
　…………………………………………355
いくじどうぐ［育児道具］〔和］…………355
いくじようぐ［育児用具］〔ア］…………347
いこう［衣桁］〔ア］………………………＊240
いこう［衣桁］〔和］………………244, ＊245
いし［石］〔ア］……………………………＊415
いしうす［石臼］〔ア］……………………＊192
いしうす［石臼］〔和］………………200, ＊201
いしうすうけ［石臼受］〔ア］……………＊192
いしうすのおおい［石臼の覆い］〔ア］…＊192
いしうちぼう［石打ち棒］〔ア］…………＊416
いしこがたな［石小刀］〔考］……………＊118
いしざら［石皿］〔考］……………………＊190
いしどうろう［石灯籠］〔和］……………＊338
いしなげき［石投げ機］〔ア］……………＊416
いしなげになわ［石投げ荷縄］〔ア］……＊416
いしのねつとり［石の熱取り］〔ア］……＊390
いしまくら［石枕］〔ア］…………………＊114
いしょうだんす［衣裳箪笥］〔和］…＊243, 360
いしんざいとなるようぐ［威信財となる
　用具］〔考］………………………………＊298
いす［椅子］〔ア］…………………………＊241
いずこ［―――］〔和］……………156, ＊355
いたいおおい［遺体覆い］〔ア］…………＊381
いたいかつぎなわ［遺体担縄］〔ア］……＊380
いたいかつぎぼう［遺体担棒］〔ア］
　…………………………………380, ＊381
いたいほうそうござ
　［遺体包装茣蓙］〔ア］……………374, ＊376
いたいほうそうひも［遺体包装紐］〔ア］
　………………………………374, ＊377, 380
いたいをおおうかたな
　［遺体を覆う刀］〔ア］…………………＊375

いたいをおおうきもの［遺体を覆う着
　物］〔ア］…………………………………＊375
いたいをおおうくびかざり［遺体を覆う
　首飾］〔ア］………………………………＊375
いたいをおおうみみわ［遺体を覆う耳
　輪］〔ア］…………………………………＊375
いたざら［板皿］〔ア］……………………＊146
いたぜん［板膳］〔ア］……………………＊160
いたぞり［板橇］〔ア］……………………＊421
いたど［板戸］〔ア］……………209, 212, ＊233
いたど［板戸］〔和］………217, 224, ＊235, 236
いたどり［虎杖］〔ア］……………………＊426
いたどりのうなり［虎杖の唸り］〔ア］……＊423
いたどりぶえ［虎杖笛］〔ア］……………＊422
いたやせいのこうきん
　［板屋製の口琴］〔ア］……………………＊423
いちよくつきしるわん［一翼付汁椀］〔ア］
　………………………………＊144, 145, 147
いと［糸］〔和］…………＊111, 113, 387, 419
いとうのしたあご［イトウ（鮠）の下
　顎］〔ア］…………………………………＊395
いとまき［糸巻］〔ア］……………＊106, 107, 359
いぬぞりのぎょしゃのずきん［犬橇の御
　者の頭巾］〔ア］……………………………＊9
いぬぞりのぎょしゃようももおおい［犬
　橇の御者用腿覆］〔ア］……………………＊43
いぬぞりようあおり［犬橇用泥障］〔ア］…＊52
いぬぞりよううでまき
　［犬橇用腕巻］〔ア］………………＊63, 359
いぬぞりようがいとう［犬橇用外套］〔ア］
　…………………………………………＊22
いぬぞりようてぶくろ［犬橇用手袋］〔ア］
　…………………………………………＊63
いぬつなぎのはしらにむすぶもくへい
　［犬繋ぎの柱に結ぶ木幣］〔ア］…………＊310
いぬのしゅごしん［犬の守護神］〔ア］………327
いぬのつなぎさく［犬の繋柵］〔ア］………217
いぬのひよけ［犬の日除］〔ア］……………217
いぬのれいこんおくり
　［犬の霊魂送り］〔ア］……………………＊392
いはい［位牌］〔和］……………………＊387
いもすりき［薯擦器］〔和］……………＊202

いもつぶし ［芋潰］〔ア］……………… *124
いももちうす ［薯餅臼］〔和〕… 200, 201, *202
いりょうようぐ ［医療用具］〔ア］……………390
いりょうようぐ ［医療用具］〔和〕……………394
いれずみようぐ ［入墨用具］〔ア］…………… *100
いろり ［囲炉裏］〔ア〕……20, 62, 64, 66, 76, 100, 101, 104, 105, 114, 119, 121, 124, 125, 127, 149, 150, 170, 175, 191, 195, 196, 197, 207, 209, 214, 217, 225, 226, 227, 228, 231, 247, *252, 253, 254, 255, 256, 257, 260, 262, 263, 264, 265, 270, 275, 277, 278, 284, 309, 311, 312, 313, 317, 318, 319, 321, 322, 323, 324, 330, 333, 347, 351, 352, 366, 379, 390, 391, 392, 396, 410, 412, 419, 421, 428
いろり ［囲炉裏］〔和〕……130, 131, 139, 187, *261
いろりのはいをおさめるぬさば ［囲炉裏の灰を納める幣場］〔ア〕………………… *330
いろりのもくへいをおさめるぬさば ［囲炉裏の木幣を納める幣場］〔ア〕………… *330
いろりばい ［囲炉裏灰］〔ア〕……………… *127
いろりようちりとり ［囲炉裏用塵取］〔ア〕………………………………… *277
いわし ［鰯］〔和〕…………………………… *393
いわたおび ［岩田帯］〔ア〕………………… *346
いわたおび ［岩田帯］〔和〕………… *353, 354
いわやのかりごや ［岩屋の仮小屋］〔ア〕……391
（→第Ⅱ巻）

う

ウエディングドレス ［ウエディングドレス］〔和〕………………………………… *361
うす ［臼］〔ア〕……137, 199, 200, 201, 214, 288, *347, 359, 398, *430
うすぐちをおおうござ ［臼口を覆う莫蓙］〔ア〕………………………………… *192
うちかけ ［打掛］〔和〕……………… *26, *361
うちぼうき ［内箒］〔ア〕……… 255, *275, 277
うでかざり ［腕飾］〔ア〕…… 94, 238, 239, 359

うでたま ［腕珠］〔ア〕……………………… *94
うでつきごふにんぎょう ［腕付き護符人形］〔ア〕………………………… *326, 327
うでつきごふにんぎょうのだいぎ ［腕付き護符人形の台木］〔ア〕……………… *327
うでまき ［腕巻］〔ア〕………… 359, *371, 374
うでわ ［腕輪］〔考〕……………… 88, *91, 92
うでわ ［腕輪］〔ア〕……………… *94, 358, 425
うなりいた ［唸り板］〔ア〕………………… *423
うぶぎ ［産着］〔ア〕………………………… *347
うぶぎ ［産着］〔和〕………………… *355, 356, 393
うぶゆいれ ［産湯入］〔ア〕………………… *347
うまのりばかま ［馬乗袴］〔和〕……… *28, 29
うみがみのぬさば ［海神の幣場］〔ア〕…… *332
うみがみへのもくへい ［海神への木幣］〔ア〕………………… *306
うみがめのとうこつ ［海亀の頭骨］〔ア〕… *324
うめがめ ［埋甕］〔考〕……………………… *204
うめぼしつぼ ［梅干壺］〔和〕……………… *199
うらないのこがたもくへい ［占いの小型木幣］〔ア〕………………………… *396
うらないのこのは ［占いの木の葉］〔ア〕… *397
うらないのはり ［占いの針］〔ア〕………… *398
うらないのほね ［占いの骨］〔ア〕………… *397
うらないのめしじる ［占いの飯汁］〔ア〕… *398
うらないのもくわん ［占いの木椀］〔ア〕… *396
うらないのやきいし ［占いの焼き石］〔ア〕………………………………… *397
うるしぬりほうしゅひ ［漆塗捧酒篦］〔ア〕………………… *179, 286
うわじきござ ［上敷莫蓙］〔ア〕…………… *232
うわばき ［上履］〔和〕……………… 74, *403
うんじょうや ［運上屋］〔和〕… 121, 122, 123, *218
うんどうぐつ ［運動靴］〔和〕……… 74, *403

え

えだぐし ［枝櫛］〔ア〕……………………… *100
えっちゅうふんどし ［越中褌］〔ア〕… *39, 368
えっちゅうふんどし ［越中褌］〔和〕… *44, 45

えっとうようのいえ［越冬用の家］〔ア〕
　　……………………………………＊208，331
えないれ［胞衣入］〔ア〕……………204，＊347
えのぐ［絵具］〔和〕………………………＊402
えびすくじ［恵比寿籤］〔和〕……………＊398
えびすこうのようぐ
　　［恵比須講の用具］〔和〕………………＊293
えま［絵馬］〔和〕…………………＊336，393
えりまき［襟巻］〔ア〕………………………＊51
えんぎもの［縁起物］〔和〕………………＊336
えんとう［煙筒］〔ア〕………………………＊256
えんとうけいほかい［円筒形行器］〔ア〕…＊194
えんぴつ［鉛筆］〔和〕………400，＊401，402
えんびふく［燕尾服］〔和〕…25，31，＊32，35

お

おうぎ［扇］〔ア〕……………………………＊76
おうきゅうようせいりたい［応急用生理
　　帯］〔ア〕…………………………………＊41
おうせつセット［応接セット］〔和〕……＊242
おおがたあみぶくろ［大型編袋］〔ア〕…＊190
おおがたいっぽんやきぐし
　　［大型一本焼串］〔ア〕…………………＊125
おおがたつぶしばち［大型潰鉢］〔ア〕…＊124
おおがたのじゅこんごふ［大型の樹根護
　　符］〔ア〕…………………………………＊321
おおがたはさみやきぐし
　　［大型挟焼串］〔ア〕……………………＊125
おおがたみみわ［大型耳輪］〔ア〕…………＊97
オーバーコート［オーバーコート］〔和〕…＊86
おおばこ［車前草・大葉子］〔ア〕………＊424
おかだまししまいのようぐ［丘珠獅子舞
　　の用具］〔和〕……………………………＊344
おがみごや［拝小屋］〔ア〕…………＊208，386
おき［燠］〔ア〕……100，101，120，123，144，
　　175，＊195，228，＊252，253，254，255，
　　257，258，260，313，318，352，383，391，
　　　　　　　　　397，416，419，＊428
おきもの［置物］〔和〕…………244，＊245，289
おくがいのここのぬさだな［屋外の個々
　　の幣棚］〔ア〕……………………………＊329
おくないのかみへのもくへい［屋内の神
　　への木幣］〔ア〕……………………………311
おくないのごふ［屋内の護符］〔ア〕
　　…………………………………327，＊391
おくないようくつ［屋内用靴］〔ア〕………＊60
おけ［桶］〔ア〕……104，127，144，175，191，
　　210，211，215，273，277，278，377，423
おけ［桶］〔和〕………109，110，130，＊140，
　　155，198，199，200，279，282，288，387，
　　　　　　　　　　　　　　　　433
おこそずきん［御高祖頭巾］〔和〕……＊11，85
おさんいわい［お産祝］〔ア〕……………＊351
おさんいわい［お産祝］〔和〕……………＊356
おしゃぶり［―――］〔ア〕………………＊350
おてだま［お手玉］〔和〕……………431，＊433
おとこおび［男帯］〔ア〕……………………＊48
おとしだま［お年玉］〔和〕………………＊289
おとなのぼひょう［大人の墓標］〔ア〕…＊385
おとなようおむつ［大人用襁褓］〔ア〕……＊43
おとなようこがたごふ［大人用小型護
　　符］〔ア〕…………………………………＊320
おはぐろどうぐ［お歯黒道具］〔和〕
　　……………………………………102，＊361
おはじき［お弾］〔和〕……………………＊431
おび［帯］〔ア〕…………＊48，50，239，＊370
おび［帯］〔和〕………………………＊52，361
おびあげ［帯揚］〔和〕……………………＊53
おびじめ［帯締］〔和〕………………53，＊54
おびど［帯戸］〔和〕………………………＊235
おびどめぐ［帯留具］〔考〕………16，88，＊93
おびまくら［帯枕］〔和〕……………53，＊54
おふだ［御札］〔和〕……………＊334，335，398
おまもり［御守］〔和〕…＊334，336，337，354
おまもりのくびかざり
　　［お守の首飾］〔ア〕………………95，＊322
おまもりのてくびだま
　　［お守の手首玉］〔ア〕……………94，＊322
おみくじ［御神籤・御御籤］〔和〕…＊335，398
おむつ［襁褓］〔ア〕…………………105，＊348
おむつ［襁褓］〔和〕………………………＊355
おむつカバー［襁褓カバー］〔ア〕………＊348

おめん［お面］〔和〕……………………＊435
おもやのとぐちのかみ［母屋の戸口の
　神］〔ア〕………………＊228, 229, 327
おもやのとぐちのすだれ［母屋の戸口の
　簾］〔ア〕…………………………＊233
オルガン［オルガン］〔和〕…………400, ＊401
おれしば［折れ柴］〔ア〕………………＊413
おろしがね［卸金］〔ア〕………………＊128
おろしがね［卸金］〔和〕……………＊139, 300
おろしがねじょうどせいひん［卸金状土
　製品］〔考〕…………………＊300, 301
おろしき［卸器］〔和〕………………＊139, 300
おんじゃく［温石］〔ア〕………………＊114
おんなおび［女帯］〔ア〕………………＊48

か

カーテン［カーテン］〔和〕……………＊236
かいがら［貝殻］〔ア〕…………………＊418
かいがら［貝殻］〔和〕…………………＊393
かいがらざら［貝殻皿］〔ア〕…………＊147
かいがらわん［貝殻椀］〔ア〕…………＊145
かいげた・がっぱ［貝下駄］〔ア〕……＊419
かいこんごや［開墾小屋］〔和〕………220, 221,
　　　　　　　　　　　　223, ＊224, 250, 261
かいこんたび［開墾足袋］〔和〕…＊72, 79, 81
がいしゅつようじゅうひ［外出用獣皮
　衣］〔ア〕…………………………＊22
かいせいどうぶつしんをおくるぬさば
　［海棲動物神を送る幣場］〔ア〕……＊332
かいせきぜん［会席膳］〔和〕………161, ＊162
がいとう［外套］〔和〕…………22, 49, 84, 115
かいなべ［貝鍋］〔ア〕…………………＊119
かいなべ［貝鍋］〔和〕…………………＊132
かいのくびわ［貝の首輪］〔ア〕………＊419
かいのすず［貝の鈴］〔ア〕……………＊419
かいろうがたしんだい
　［回廊型寝台］〔ア〕……………＊234, 240
かおおおい［顔覆］〔ア〕………………＊367
かおくのごふ［家屋の護符］〔ア〕
　………………………………327, ＊391

かおくのふぞくせつび［家屋の付属設
　備］〔ア〕…………………………209
かがみ［鏡］〔考〕………………………＊99
かがみ［鏡］〔ア〕……………………＊101, 308
かがみ［鏡］〔和〕………………102, ＊103
かきね［垣根］〔ア〕……………………＊217
がく［額］〔和〕…………………244, ＊245
かくおび［角帯］〔和〕…………………＊53
がくしゅうちょう［学習帳］〔和〕……＊402
かくまき［角巻］〔和〕
　………………………………11, 84, ＊85
かぐらのようぐ［神楽の用具］〔和〕
　……………………………………＊341
かけじく［掛軸］〔和〕…＊244, 245, 289, 360
かけたしゅわん［欠けた酒椀］〔ア〕
　……………………………………＊177, 286
かご［籠］〔ア〕…………………123, 127, 191
かご［籠］〔和〕…＊134, 156, 164, 242, 244,
　　　　　　　　　　　　　　　　250
かこうようぐ［加工用具］〔和〕………＊200
かさ［笠］〔ア〕…………………………＊3
かさ［笠］〔和〕…………………………＊12, 13
かざぐるま［風車］〔和〕………………＊434
かざりいた［飾板］〔ア〕………………＊95
かざりいたつきくびかざり［飾板付首
　飾］〔ア〕…………………………＊95
かざりつきしょくべら［飾付食箆］〔ア〕…＊151
かざりつきはし［飾付箸］〔ア〕………＊148
かざんばいのとぎすな
　［火山灰の研砂］〔ア〕……………＊127
かじばおり［火事羽織］〔和〕
　………………………………27, ＊28, 30
がせいじょせいぞう［牙製女性像（牙製
　婦人像）］〔考〕…………16, 294, ＊297
かたいけしずみ［硬い消炭］〔ア〕……＊252
かたくち［片口］〔ア〕…………118, ＊182, 183,
　　184, 193, 226, 239, 240, 287, 358, 359
かたくち［片口］〔和〕…………………＊137
かたつむり［蝸牛］〔ア〕………………＊420
かたな［刀］〔ア〕…179, 305, 318, 321, 340,
　　　　　　352, ＊372, 375, 384, 391, 427
かたなばこ［刀箱］〔ア〕………………＊237

かたやねのかりごや
　　［片屋根の仮小屋］〔ア］……………＊208
がっき［楽器］〔ア］…………………………＊340
がっこういす［学校椅子］〔和］……………＊400
がっこうづくえ［学校机］〔和］……＊400，402
がっしゅく［合宿］〔和］……………………＊221
かっぱ［合羽］〔和］……………………81，＊86
がっぱ［―――］〔和］………………………＊434
かなかんじき［金樏］〔ア］………………63，＊65
かなわつきみみだらい
　　［金輪付耳盥］〔ア］………………＊181，286
かばかわ［樺皮］〔ア］……………＊248，249，421
カフス［カフス］〔和］………………………＊77
かぶと［兜］〔ア］………………………………＊5
かべござ［壁茣蓙］〔ア］……………………＊232
かべござのきぐし［壁茣蓙の木串］〔ア］
　　………………………………………232，＊235
かべつきごや［壁付小屋］〔ア］……＊208，386
かぼちゃ［南瓜］〔和］………………………＊393
かま［釜］〔和］…129，130，＊133，136，155，
　　　　　　　　156，256，263，271
かまど［竈］〔考］……………………………＊204
かまど［竈］〔ア］………209，216，＊256，260
かまど［竈］〔和］…130，131，133，134，135，
　　　　　　　　＊263，265，270，271，281
かまぶろ［釜風呂］〔ア］……………………＊216
かまぼこうす［蒲鉾臼］〔和］………200，＊202
かみかざり［髪飾］〔考］……………88，＊90，99
かみかざり［髪飾］〔ア］……………………＊93
かみざぼうき［上座箒］〔ア］………………＊275
かみしばい［紙芝居］〔和］…………………＊435
かみしも［上下］〔和］……＊25，28，105，387
かみそり［剃刀］〔和］………………100，＊102，108，
　　　　　　　　346，374，387
かみそりるい［剃刀類］〔ア］………………＊99
かみだな［神棚］〔ア］………………323，＊333，395
かみだな［神棚］〔和］…＊245，262，289，290，
　　　　　　　　333，334，335，336，356，392
かみまど［神窓］〔ア］…＊207，227，229，231，
　　232，234，235，240，313，314，318，319，
　　　　　　　　324，326，333，352，395
かめ［甕］〔和］………………………………200，215

かめのこざる［亀甲笊］〔和］………134，＊135
かめのこばんてん［亀の子半天］〔和］
　　………………………………………30，＊31
かや［蚊帳］〔和］……………………………＊115
かやばし［茅箸］〔ア］………………………＊149
かゆさまし［粥冷まし］〔ア］………＊193，194
カラー［カラー］〔和］………………………＊77
ガラスだま［硝子玉］〔考］…………88，＊92，364
ガラスど［硝子戸］〔和］……………235，＊236，243
からびつ［唐櫃］〔ア］………………………＊237
がらりど［がらり戸］〔和］…………235，＊236
かりごや［仮小屋］〔ア］…207，225，255，283，
　　　　　　　　303，380，386，391
かるいし［軽石］〔ア］………………………＊127
かるさん［軽衫］〔和］…………………28，＊29
かわおび［革帯］〔ア］………………………＊49
かわぐつ［革靴］〔ア］………………………＊373
かわたび［皮足袋］〔ア］………………＊60，61
かわばおり［革羽織］〔ア］…………27，＊28，30
かわばんてん［革半天］〔和］………28，＊30
かわほりばおり［蝙蝠羽織］〔和］……27，＊28
かわわらじ［皮草鞋］〔ア］…………………＊57
かわをぬいつけたうわぎ［皮を縫いつけ
　　た上着］〔ア］………………………………＊22
かん［棺］〔和］………………………………＊387
がんぐう［岩偶］〔考］………………294，＊295
がんくび［雁首］〔ア］…172，＊173，174，175，
　　　　　　　　188，189
かんざし［簪］〔和］……………………95，＊103
かんじき［樏］〔考］…………………………＊55
かんじき［樏］〔ア］…………………＊63，380
かんじき［樏］〔和］……………………＊69，281
かんしゃ［官舎］〔和］………………………＊221
かんじゃようけずりかけのぼうし［患者
　　用削掛の帽子］〔ア］………………………＊3
かんじょうれつせき［環状列石］〔考］
　　………………………………………364，＊365
かんちじゅうたく［寒地住宅］〔和］………＊223
カンテラ［カンテラ］〔和］……249，＊250，293
かんぷく［官服］〔ア］……16，17，＊18，105，
　　　　　　　　239，286
かんむり［冠］〔ア］……………………………6

き

きかぎ［木鉤］〔ア〕………109, 122, 150, 208, 211, 215, ＊225, 240, 253, 275, 276, 350
きけんくいきのめじるし［危険区域の目印］〔ア〕……………………………＊392
ぎしき・さいれいようのいふく［儀式・祭礼用の衣服］〔ア〕………………286
ぎしき・さいれいようのいんしょくようぐ［儀式・祭礼用の飲食用具］〔ア〕………286
ぎしきようかみどめ［儀式用髪止〕〔ア〕……………………………＊94, 286
ぎしきようきせる［儀式用煙管］〔ア〕……………………………＊173, 286
ぎしきようししゅうい［儀式用刺繍衣］〔ア〕…16, ＊17, 286, 359
ぎしきようはちまき（じょせいよう）［儀式用鉢巻（女性用）］〔ア〕…………＊8, 286
きせいふく［既製服］〔和〕……………＊33
きせる［煙管］〔ア〕……108, 171, ＊172, 173, 174, 175, 364
きせる［煙管］〔和〕…………158, ＊188, 189
きせるいれ［煙管入］〔ア〕……………＊174
きせるさし［煙管差］〔ア〕………172, ＊174
きせるのやにとり［煙管の脂取］〔ア〕……＊175
きちゅうふだ［忌中札］〔和〕…………＊387
きつえんぐ［喫煙具］〔ア〕……………＊171
きつえんぐ［喫煙具］〔和〕………185, ＊188
きつねのとうこつ［狐の頭骨］〔ア〕……＊324
きつりふねのはな［黄釣船の花］〔ア〕……＊424
きぬばり［絹針］〔ア〕…………………＊107
きね［杵］〔和〕…………………＊201, 345
きばち［木鉢］〔ア〕………………＊123, 191
きべらじょうさじ［木箆状匙］〔ア〕………＊150
きまくら［木枕］〔ア〕……………＊114, 115
きもの［着物］〔和〕……＊26, 32, 46, 50, 87, 109, 115, 245, 361, 382, 387, 400
きゃくしゃようちきゅうがたストーブ［客車用地球型ストーブ］〔和〕…………＊270
きゃはん［脚半］〔ア〕…＊61, 371, ＊372, 374
きゃはん［脚半］〔和〕………29, 45, ＊72, 79, ＊80, 81, 83, 84, 85, 359
きゃはんつきながぐつ［脚半付長靴］〔ア〕……………………＊59, 60
きゅう［灸］〔和〕………………………＊394
きゅうしゃくふんどし［九尺褌］〔ア〕……＊39
きゅうす［急須］〔ア〕…………………＊170
きゅうす［急須］〔和〕……………171, ＊187
きゅうすいとう［吸水筒］〔ア〕…………＊152
きゅうすいぶつ［吸水物］〔ア〕…………＊43
きゅうそくござ［休息茣蓙］〔ア〕………＊381
きゅうにゅうぬの［吸乳布］〔ア〕………＊348
きょうかしょ［教科書］〔和〕………400, ＊403
きょうぐ［教具］〔和〕…………………400
きょうざい［教材］〔和〕………………400
きょうだい［鏡台］〔和〕………＊102, 103, 360
きょうわりょう［協和寮］〔和〕…………＊222
ぎょかじゅうたく［漁家住宅］〔和〕………218
きょくきゃくぜん［曲脚膳］〔ア〕………＊160
きょくしょおおい［局所覆］〔ア〕…＊40, ＊368
ぎょしゅりょうのごふ［漁狩猟の護符］〔ア〕……………………＊319
ぎょひい［魚皮衣］〔ア〕……………16, ＊24
ぎょみんのしごとぎ［漁民の仕事着］〔和〕……………………＊81
きりだめ［切溜］〔和〕…………………＊165
きんぞくざら［金属皿］〔ア〕……………＊146
きんぞくせいかたくち［金属製片口］〔ア〕………………＊182, 287
きんぞくせいしゅわん［金属製酒椀］〔ア〕………………＊177, 286
きんぞくせいのこうきん［金属製の口琴］〔ア〕…………………＊424
きんぞくせいパイプ［金属製パイプ］〔ア〕……………………＊173
きんぞくせいゆとう［金属製湯斗］〔ア〕………………＊183, 287
きんぞくせいゆのみ［金属製湯呑］〔ア〕……………………＊170
きんぞくばし［金属箸］〔ア〕……………＊149
きんぞくわん［金属碗］〔ア〕……………＊145
きんぱくのしゅわん［金箔の酒椀］〔ア〕………………＊176, 286

く

くきざら［茎皿］〔ア〕･･････････････････＊147
くきつづみ［茎鼓］〔ア〕････････････････＊424
くけだい［絎台］〔和〕･･････････････････＊111
くさにんぎょう［草人形］〔ア〕･･････････＊430
くさのはでっぽう［草の葉鉄砲］〔ア〕････＊423
くさはなべ［草葉鍋］〔ア〕･･････････････＊120
くさばなゆうぐ［草花遊具］〔和〕････････＊436
くさぶえ［草笛］〔ア〕･･････････････････＊422
くさりかたびら［鎖帷子］〔ア〕･･････････＊24
くし［櫛］〔考〕･････････････88，＊90，99，364
くし［櫛］〔ア〕･･･････････････････････＊100
くし［櫛］〔和〕･･････････････････102，＊103
くしろ［釧］〔ア〕･････････････････････＊371
くすり［薬］〔ア〕･････････････････････＊389
くすり［薬］〔和〕･････････････････････＊393
くすりごうり［薬行李］〔和〕･･･････393，＊394
くすりだんす［薬箪笥］〔和〕･･････････＊394
くすりばこ［薬箱］〔和〕･･････････････＊394
くだたま［管玉］〔考〕･･･88，90，＊91，92，364
くちおおい［口覆い］〔ア〕････････････5，＊6
くちふき［口拭］〔ア〕････････････････＊76
くつ［靴］〔ア〕･･･････････････････57，277
くつ［靴］〔和〕･････69，70，72，＊73，74，75，
　　　　　86，244，262，269，403，435，438
くつがたどき［沓形土器］〔考〕････････＊55
くつした［靴下］〔和〕･･････34，＊74，84，109，
　　　　　111
くつのしきくさ［靴の敷草］〔ア〕･････････＊60
くつのなかじき［靴の中敷］〔ア〕･･･････＊60
くつふき［靴拭］〔ア〕････････････････＊277
くび・むねかざり［首・胸飾］〔ア〕･･･94，＊95，
　　　　　237，359
くびかざり［首飾］〔考〕･････････88，＊89，92，97
くびかざり［首飾］〔ア〕･･･････････94，＊95，322，
　　　　　325，＊372，375，391
くびかざり［首飾］〔和〕･････････････＊97，98
くびかざりのしきりいた［首飾の仕切
　　　　　板］〔ア〕･･････････････････＊95
くまおくりのさいぐばこ［熊送りの祭具
　　　　　箱］〔ア〕･････････････････＊286
くまで［熊手］〔和〕･･････････････336，＊337
くまのあぶら［熊の脂］〔ア〕･････････＊389
くみふたもの［組蓋物］〔和〕･････････＊165
くもついれ［供物入］〔ア〕･･･････････＊379
くようづか［供養塚］〔和〕･･･････････＊339
くようとう［供養塔］〔和〕･･･････････＊388
くりぬきがたえんとうけいほかい［刳抜
　　　　　型円筒形行器］〔ア〕･･････＊238
くりのうなり［栗の唸り］〔ア〕････････＊422
くりぶえ［栗笛］〔ア〕･･････････････＊422
くるみ［胡桃］〔ア〕････････････････＊426
くろうるしぬりしるわん
　　　　　［黒漆塗汁椀］〔ア〕･･････＊144
くろうるしぬりにものいれわん［黒漆塗
　　　　　煮物入椀］〔ア〕･･････････＊144
くろうるしのしゅわん
　　　　　［黒漆の酒椀］〔ア〕･･････＊176，286

け

けいたいひん［携帯品］〔ア〕･････････････77
けいたいようこがたな［携帯用小刀］〔ア〕
　　　　　････････････････････････＊77
けいたいようこがたほうしゅひ［携帯用
　　　　　小型捧酒篦］〔ア〕･･･････＊179，286
けいたいようといし［携帯用砥石］〔ア〕･･･＊77
けがわ［毛皮］〔ア〕･･････････････････＊114
けさ［袈裟］〔和〕･････････････････････＊336
けしゴム［消ゴム］〔和〕･････････400，401，＊402
けしずみ［消炭］〔ア〕･･･＊127，284，352，385，
　　　　　407，428
けしょうようぐ［化粧用具］〔和〕･･･････････102
けずりかけ［削掛］〔ア〕･･･1，3，4，7，10，
　　　　129，150，180，196，197，198，211，225，
　　　　226，228，229，235，254，255，256，258，
　　　　260，272，276，277，284，302，304，305，
　　　　306，307，308，309，310，312，313，314，
　　　　315，316，318，319，320，321，323，324，
　　　　325，326，329，330，333，352，353，392，
　　　　395，396，397

けずりかけつきほうしゅひ［削掛付棒酒
　篦］〔ア〕……………………＊180，286
けずりかけのかさ［削掛の笠］―北海道
　型〔ア〕…………………………＊4
けずりかけのかさ［削掛の笠］―サハリ
　ン型〔ア〕………………………＊4
けずりかけのへび［削掛の蛇］〔ア〕………＊321
けずりかけをながくねじったもくへい
　［削掛を長く捩った木幣］
　―北海道型〔ア〕………………＊302
けずりかけをながくねじったもくへい
　［削掛を長く捩った木幣］
　―サハリン型〔ア〕……………＊303
けずりかけをねじったみみつきもくへい
　［削掛を捩った耳付木幣］〔ア〕…＊303，308，
　　　　　　　　　311，314，318，330
けずりかけをねじったもくへい［削掛を
　捩った木幣］〔ア〕……＊302，303，304，307，
　　　　　　　310，314，319，331，332
けずりかけをひろげたみみつきもくへい
　［削掛を広げた耳付木幣］〔ア〕…………＊304
けずりかけをひろげたもくへい［削掛を
　広げた木幣］〔ア〕……＊304，307，314，332
げた［下駄］〔ア〕…………………＊56，57
げた［下駄］〔和〕………67，＊70，71，74，87，
　　　　　　　　　244，400，435，436
げたスケート（げろり）［下駄スケート
　（げろり）］〔和〕………………＊435，438
げたばこ［下駄箱］〔和〕…………………＊244
けっこんしきようぐ［結婚式用具］〔ア〕
　…………………………＊359，287
けっぱつようぐ［結髪用具］〔和〕………102
けんぞうぶつ［建造物］〔和〕……………＊338
けんだま［けん玉］〔和〕…………………＊434
けんぷ［絹布］〔ア〕………………………＊105

こ

こいし［小石］〔ア〕………………………＊414
こいしとばしぼう［小石飛ばし棒］〔ア〕…＊415
こうがい［笄］〔和〕………………………＊103

こうかんひん［交換品］〔ア〕……………＊359
こうきん［口琴］〔ア〕……………340，＊423
こうじあえ［麹和え］〔ア〕………………＊193
こうじおり［麹折］〔ア〕…………………＊194
こうしど［格子戸］〔和〕…………………＊235
こうしんづか［庚申塚］〔和〕……………＊338
こうす［小臼］〔ア〕………………＊191，192
こうだいのたかいさかずき［高台の高い
　盃］〔ア〕……………………＊178，286
こうだいのたかいしゅわん［高台の高い
　酒椀］〔ア〕…………………＊177，286
こうふながや［坑夫長屋］〔和〕…………＊221
こうふのしごとぎ［鉱夫の仕事着］〔和〕…＊83
こうり［行李］〔和〕…………＊244，360，394
こおりいれ［氷入れ］〔ア〕………………＊390
こがたえんとうけいほかい［小型円筒形
　行器］〔ア〕…………………………＊238
こがたな［小刀］〔ア〕……5，8，48，49，50，
　66，99，＊100，108，118，＊120，121，
　123，128，147，149，171，180，196，197，
　247，253，254，259，304，306，307，310，
　312，313，318，323，324，326，346，350，
　359，＊372，374，＊391，396，405，406，
　　　　　　　412，422，423，424，426
こがたな（ナイフ）［小刀（ナイフ）］〔和〕
　………………………………＊402
こがたのさかずき［小型の盃］〔ア〕
　……………………………＊177，286
こがたのしゅぞうだる
　［小型の酒造樽］〔ア〕……………＊193
こがたのふたつきはち
　［小型の蓋付鉢］〔ア〕……………＊182，287
こきね［小杵］〔ア〕……………124，＊192，350
ごくしゃ［獄舎］〔和〕……………………＊221
こくばん［黒板］〔和〕……………………＊400
こぐまのしゅごしん［子熊の守護神］〔ア〕…327
こぐまのもくぐう［子熊の木偶］〔ア〕……＊325
こくるいあらいづつ［穀類洗筒］〔ア〕…＊127
ござ［茣蓙］〔ア〕……43，109，113，115，192，
　195，196，206，207，210，212，213，214，
　216，226，＊231，234，235，241，273，
　274，276，277，283，284，317，323，326，

332，347，352，359，367，372，375，376，
377，380，383，386，396，406，415，426，
427，430
ござまくら［茣蓙枕］〔ア〕･････････････････＊113
こしき［甑］〔和〕････････････････････････135，＊136
こしきがたどき［甑形土器］〔考〕････････＊117
こしきのてんもくだい
　　［古式の天目台］〔ア〕･･･････････＊178，286
こしきり［腰切］〔ア〕･･････････････････････＊18
こしひも［腰紐］〔ア〕･･････････････････････＊50
こしまき［腰巻］〔和〕････････＊45，46，47，369
こしょうがつようぐ［小正月用具］〔和〕･･･＊289
こすき［こすき、木鋤］〔和〕････････････＊280
こそで［小袖］〔ア〕･･････････16，＊17，105，239，
286，359
こそで［小袖］〔和〕･･････････＊26，44，53，361
こだいさかずき［古代盃］〔ア〕･････＊177，286
こたつ［炬燵］〔和〕･････････････116，260，＊265
こっかくばし［骨角箸］〔ア〕･･････････････＊149
こつせいしょくべら［骨製食篦］〔ア〕･････＊151
こつづか［骨塚］〔考〕･･･････････････＊204，297
こつとう［骨刀］〔考〕･････････････････298，＊300
こて［鏝］〔和〕････････････････････････････＊112
ごとく［五徳］〔和〕････････････････119，261，＊264
ことひらぐうふだ［金刀比羅宮札］〔和〕
･･････････････････････････････････････334，＊335
こどものぼうし［子供の帽子］〔ア〕･････････＊2
こどものぼひょう［子供の墓標］〔ア〕･････＊385
こどもようしたぎ［子供用下着］〔ア〕･･････＊38
こどもようや［子供用矢］〔ア〕･･･････････＊405
こどもようゆづる［子供用弓弦］〔ア〕
･･･････････････････････････････････＊405，406
こどもようゆみ［子供用弓］〔ア〕･･･････＊405
ことり［小鳥］〔ア〕････････････････････････＊420
こねばち［捏鉢］〔和〕･･････････････････････＊137
このみぶえ［木の実笛］〔ア〕･･･････････＊422
こはくだま［琥珀玉］〔考〕･･･88，90，91，＊92，
364
ごはんむし［御飯蒸］〔和〕･････････････････＊136
ごふ［護符］〔ア〕･･･211，237，284，314，318，
327，333，＊351，352
ごふ［護符］〔和〕･･･････････････････334，＊392

こぶいたざら［瘤板皿］〔ア〕････････････＊146
こぶくろ［小袋］〔ア〕･････････････････････＊369
ごふつきのおび［護符付の帯］〔ア〕･･･50，＊322
ごふのにんぎょう［護符の人形］〔ア〕
････････････････････････････････＊325，326
ごふのにんぎょうをつつむもくへい［護
　　符の人形を包む木幣］〔ア〕･･･････････＊326
ごふのひなにんぎょう
　　［護符の雛人形］〔ア〕･････････＊325，326
ごふのようき［護符の容器］〔ア〕･･･････＊323
ごへい［御幣］〔和〕･････････････････229，＊335
こべつのぬさば・おくりば［戸別の幣
　　場・送り場］〔ア〕････････････････････＊329
こぼうき［小箒］〔ア〕･････････････････････＊276
ごぼうのたね［牛蒡の種］〔ア〕････････＊427
こま［独楽］〔ア〕･･･････････････････････＊426
こま［独楽］〔和〕･･･････････････････････＊431
こまおどりのようぐ［駒踊りの用具］〔和〕
･･＊345
こまげた［駒下駄］〔和〕･････････････････＊70
ごみいれ［塵入］〔ア〕･･････････････････＊277
ごみのおさめば［塵の納場］〔ア〕･･････＊214
ごみばこ［塵箱］〔和〕･････････････････＊282
ゴムぐつ［ゴム靴］〔和〕････････67，＊74，81，400
ゴムながぐつ［ゴム長靴］〔和〕･･･68，71，＊74，
84，87
こめあげざる［米揚笊］〔和〕･････････134，＊135
こめつきうす［米搗臼］〔和〕･････････200，＊201
こめとぎおけ［米研桶］〔和〕･････････140，＊141
こめびつ［米櫃］〔和〕･････････････････＊200
こもの［小物］〔ア〕････････････････76，＊429
こもの［小物］〔和〕････････････････････＊77
こものいれ［小物入］〔ア〕･････＊76，196，359
こもりなわ［子守縄］〔ア〕･･･････････････＊349
ころもがえのようぐ［衣替の用具］〔和〕･･･＊291
こんにゃく［蒟蒻］〔和〕････････････････＊393
コンパス［コンパス］〔和〕･････････････＊403
ごんべ［―――］〔和〕････････････････＊69，87
こんぼう［棍棒］〔ア〕･･････････････････＊409
こんぼうがたせっき［棍棒形石器］〔考〕
････････････････････････････････････298，＊300
こんれいようぐ［婚礼用具］〔和〕･････････359

こんれいようちょうし［婚礼用銚子］〔和〕
　………………………………………＊360
こんろ［焜炉］〔和〕………………263，＊265

さ

さいしようはし［祭祀用箸］〔ア〕…＊150，286
さいとう［臍刀］〔和〕……………………＊354
さいばし［菜箸］〔ア〕……………………＊150
さいばし［菜箸］〔和〕………………157，＊158
さいほうあみかご［裁縫編籠］〔ア〕………＊109
さいほうかご［裁縫籠］〔ア〕……………＊109
さいほうかばん［裁縫鞄］〔ア〕…………＊108
さいほうどうぐいれ［裁縫道具入］〔ア〕……108
さいほうばこ［裁縫箱］〔ア〕……………＊109
さいほうようぐ［裁縫用具］〔和〕………＊111
さいれいようぐ［祭礼用具］〔和〕………＊292
さかずき［盃］〔ア〕……＊175，176，177，178，
　　198，210，226，228，229，238，239，240，
　　286，305，309，313，315，317，318，319，
　　320，321，331，332，352，358，359，379，
　　384
さかずき［盃］〔和〕……＊186，186，359，360，
　　360
さかずきとてんもくだいのくみあわせ
　［盃と天目台の組み合わせ］〔ア〕…＊178，286
さぎょうだい［作業台］〔ア〕………＊241，252
さけこしざる［酒漉笊］〔ア〕…193，＊194，195
さけこしざるのうけだい［酒漉笊の受
　台］〔ア〕……………………………………＊195
さけこしようもくへい
　［酒漉用木幣］〔ア〕………………＊197，327
さげじゅうばこ［提重箱］〔和〕……167，＊169
さけのめがみのまもりがま［酒の女神の
　守鎌］〔ア〕…………………………………＊196
さけのめがみのまもりこがたな［酒の女
　神の守小刀］〔ア〕…………………………＊196
ささのすいしゃ［笹の水車］〔ア〕………＊417
ささぶえ［笹笛］〔ア〕……………………＊422
ささぶね［笹舟］〔ア〕……………………＊417
さじ［匙］〔ア〕………………………147，150，159

さじ［匙］〔和〕……………………………＊158
さしこ［刺子］〔ア〕…………………………＊18
さしこたび［刺子足袋］〔ア〕………………＊61
さしこたび［刺子足袋］〔和〕………………82
さしこてぶくろ［刺子手袋］〔ア〕…………＊63
さしこばんてん［刺子半天］〔和〕……＊30，33，
　　79
さしみほうちょう［刺身包丁］〔和〕………＊138
さとうつぼ［砂糖壺］〔和〕………………＊200
さばさき［鯖裂］〔ア〕……………………＊121
さばさき［鯖裂］〔和〕……………………＊138
サハリンのかなおび
　［サハリンの金帯］〔ア〕…………………＊49
サハリンのごふ［サハリンの護符］〔ア〕
　………………………………………327，＊352
ざぶとん［座布団］〔ア〕……………195，＊232
ざぶとん［座蒲団］〔和〕…………………＊115
さやさしけんだま［鞘刺し剣玉］〔ア〕……＊412
さら［皿］〔ア〕………………………………146
さら［皿］〔和〕…152，＊154，162，185，340，
　　387
さらがたどき［皿形土器］〔考〕…………＊142
ざる［笊］〔ア〕……………………………＊122
ざる［笊］〔和〕……………129，＊134，191，340
さんかくふろしき［三角風呂敷］〔和〕………82
さんかくぼうし［三角帽子］〔ア〕…………＊2
さんきゃく［三脚］〔ア〕…………………＊225
さんさんくどのさかずき［三三九度の
　盃］〔和〕……………………………………＊360
さんどがさ［三度笠］〔和〕……………12，＊13
さんとくほうちょう［三徳包丁］〔和〕……＊138
さんぺいざら［三平皿］〔和〕………154，＊155，
　　164，247

し

しおいれ［塩入］〔ア〕……………………＊191
しおつぼ［塩壺］〔和〕……………………＊199
じかたび［地下足袋］〔和〕……＊72，79，＊82
しかのつの［鹿の角］〔ア〕………………＊278
しかばな［四華花］〔和〕………381，386，＊387

じがみひ ［地神碑］〔和］	＊339
しきいた ［敷板］〔ア］	＊233
しきようぐ ［式用具］〔和］	360
しきりすだれ ［仕切簾］〔ア］	＊234
しごとぎ ［仕事着］〔ア］	＊18
しごとぎ ［仕事着］〔和］	33，＊79
じざいかぎ ［自在鉤］〔和］	＊262
ししおどりのようぐ ［鹿子踊の用具］〔和］	＊344
じしゃみやげ ［寺社土産］〔和］	＊337
ししゃようしょっき ［死者用食器］〔ア］	＊378
ししゃようはし ［死者用箸］〔ア］	＊150
ししゅういと ［刺繍糸］〔ア］	3，6，8，9，40，49，62，＊106
したおび ［下帯］〔ア］	39，81，216
したぎ ［下着］〔ア］	37，320
したじき ［下敷］〔和］	400，401，＊402
したひも ［下紐］〔ア］	＊41
しちりん ［七輪（七厘）］〔和］	132，139，140，263，＊265
しつけいと ［仕付糸］〔ア］	＊106
しっぷようぬの ［湿布用布］〔ア］	＊390
しとぎいわいぐ ［粢祝具］〔和］	＊398
しにしょうぞく ［死装束］〔ア］	＊367，375
しにしょうぞく ［死装束］〔和］	＊387
じはくようきせる ［自白用煙管］〔ア］	＊173
しばぞり ［柴橇］〔ア］	＊421
しぶうちわ ［渋団扇］〔和］	＊263
しぼうれんらくようぐ ［死亡連絡用具］〔ア］	366
しまだい ［島台］〔和］	＊360
しめなわ ［注連縄］〔和］	287，＊288
しゃくし ［杓子］〔和］	110，＊156，157，161，163，168，240
シャツ ［シャツ］〔和］	32，34，＊35，46，77，79，81，83
しゃもじ ［杓文字］〔和］	＊156
じゅうきょないしせつ ［住居内施設］〔考］	204
じゅうきょのふぞくしせつ ［住居の付属施設］〔考］	＊204
じゅうじか ［十字架］〔和］	＊336
しゅうていぼ ［周堤墓］〔考］	298，＊364，365
じゅうのう ［十能］〔和］	＊270
しゅうのうぐ ［収納具］〔ア］	237
しゅうのうぐ ［収納具］〔和］	＊242，244
じゅうばこ ［重箱］〔和］	161，162，163，＊164，165，169，291，436
じゅうひい ［獣皮衣］〔ア］	16，＊21
じゅうようきしんへのさかずき ［重要貴神への盃］〔ア］	＊176，286
しゅき ［酒器〈神事・祭祀用酒器〉］〔ア］	127，175，332
しゅき ［酒器］〔和］	＊185
じゅず ［数珠］〔和］	95，98，322，＊336，＊388，392
しゅぞうおけ ［酒造桶］〔ア］	＊193
しゅぞうだる ［酒造樽］〔ア］	＊193，194，195，196，239，240，340，358
しゅぞうだるのきもの ［酒造樽の着物］〔ア］	＊195
しゅぞうだるをつつむおび ［酒造樽を包む帯］〔ア］	＊195
しゅぞうだるをつつむござ ［酒造樽を包む茣蓙］〔ア］	＊195
しゅぞうようぐ ［酒造用具］〔ア］	193
しゅちゅう ［主柱］〔ア］	＊206
しゅっさんどうぐ ［出産道具］〔和］	353
しゅっさんようぐ ［出産用具］〔ア］	＊346
しゅっせいへいしのごふ ［出征兵士の護符］〔ア］	＊318
しゅはいとほうしゅひ ［酒盃と捧酒篦］〔ア］	＊430
じゅばん ［襦袢］〔和］	24，29，＊44，46，81，369
じゅひい ［樹皮衣］〔ア］	＊20，22，84，382
じゅひがさ ［樹皮笠］〔ア］	＊5
じゅひぐつ ［樹皮靴］〔ア］	＊373，374
じゅひざら ［樹皮皿］〔ア］	＊146
じゅひせいしょっき ［樹皮製食器］〔ア］	＊166
じゅひせいひしゃく ［樹皮製柄杓］〔ア］	＊184，287
じゅひせいみずくみ ［樹皮製水汲］〔ア］	＊128，151，216，217
じゅひなべ ［樹皮鍋］〔ア］	＊119，166，＊375

じゅひぬのざる［樹皮布笊］〔ア〕……………＊123
じゅひぬのせいのふるい［樹皮布製の
　篩］〔ア〕……………………………………＊123
じゅひわん［樹皮椀］〔ア〕………＊145，166
シュミーズ［シュミーズ］〔和〕………46，＊47
しゅりょうしん・ぎょろうしんにささげ
　るもくへい［狩猟神・漁労神に捧げる
　木幣］〔ア〕………………………………＊306
しゅりょうようずきん［狩猟用頭巾］〔ア〕
　………………………………………………＊9
しゅりょうようはちまき
　［狩猟用鉢巻］〔ア〕………………………＊8
しゅわん［酒椀］〔ア〕…＊175，176，177，178，
　　　　　　　180，182，183，184，185，286
しょいひも［背負紐］〔ア〕………………＊349
しょうか［商家］〔和〕……………………＊220
しょうがつようぐ［正月用具］〔和〕………＊288
じょうぎ［定規］〔和〕……………………＊402
しょうきぼぎょかじゅうたく［小規模漁
　家住宅］〔和〕……………………………＊219
しょうじ［障子］〔和〕……………＊235，242
しょうしゅうらくのぬさば・おくりば
　［小集落の幣場・送り場］〔ア〕…＊328，329，
　　　　　　　　　　　　　　　　　　331
じょうぞうようもくへい
　［醸造用木幣］〔ア〕…………＊196，198，327
しょうてんまえかけ［商店前掛］〔和〕……＊54
じょうとうしきのようぐ［上棟式の用
　具］〔和〕…………………………………＊229
じょうとうながぐつ［上等長靴］〔和〕……＊59
しょうにんのしごとぎ
　［商人の仕事着］〔和〕……………………＊82
しょうねんようふんどし［少年用褌］〔ア〕
　………………………………………………＊39
しょうぶ［菖蒲］〔和〕……………291，＊393
しょうぼうようぐ［消防用具］〔和〕………＊279
しょうゆだる［醤油樽］〔和〕………193，＊199
しょくだい［燭台］〔和〕……………249，＊250
しょくたくテーブル
　［食卓テーブル］〔和〕…………＊163，242
しょくにんのしごとぎ
　［職人の仕事着］〔和〕……………………＊82

しょくぶつのは［植物の葉］〔ア〕…………＊389
しょくりょういれ［食料入］〔ア〕…………＊370
じょけいそせんくようのもくへい［女系
　祖先供養の木幣］〔ア〕…………………＊307
じょけいそせんくようのもくへい［女系
　祖先供養の木幣］－サハリン型〔ア〕…＊308
じょせいのしたおび［女性の下帯］〔ア〕…＊368
じょせいのしたひも［女性の下紐］〔ア〕
　……………………………………＊368，374
じょせいようぜんしんしたぎ［女性用全
　身下着］〔ア〕……………………＊37，348
じょせいようたんぐつ［女性用短靴］〔ア〕
　……………………………………………＊58
じょせいようはだぎ［女性用肌着］〔ア〕…＊369
じょせいようももひき［女性用股引］〔ア〕
　……………………………………………＊42
じょせいようれいふく［女性用礼服］〔和〕
　……………………………………………＊32
じょせつぐ［除雪具］〔ア〕…………………272
しょっきあらいぐ［食器洗い具］〔ア〕………126
しょっきだな［食器棚］〔ア〕………………＊240
しょっこうながや［職工長屋］〔和〕………＊221
ジョンバ［―――］〔和〕…………………＊280
しらきわん［白木椀］〔ア〕…………………＊144
しりあらい［尻洗］〔ア〕……………………＊211
しりあらいみずいれ［尻洗水入］〔ア〕……＊348
しりすべりのけがわ［尻滑りの毛皮］〔ア〕
　……………………………………………＊420
しりすべりのじゅひ［尻滑りの樹皮］〔ア〕
　……………………………………………＊420
しりふき［尻拭］〔ア〕………………………＊211
しるしばんてん［印半天］〔和〕………30，＊31，
　　　　　　　　　　　　　　　　　　＊82
しるわん［汁椀］〔和〕……130，140，150，152，
　　　＊153，161，162，164，167，168，379
ジンギスカンようなべ
　［成吉思汗用鍋］〔和〕……………………＊132
しんしばり［伸子針］〔和〕…………………＊110
しんしふく［紳士服］〔和〕…………………＊32
しんじようぐ［神事用具］〔ア〕……＊226，287，
　　　　　　　　　　　　　　　　　　317
しんじんのたいしょうぶつ［信心の対象

物〕〔和〕……………………＊335
しんぞう［神像］〔和〕………………＊337
しんだい［寝台］〔ア〕…………＊234，315
じんばおり［陣羽織］〔ア〕……16，＊17，286
しんぶつぞう［神仏像］〔和〕………335，＊337
じんめんつきどき［人面付土器］〔考〕
　　……………………………294，＊296

す

すあぶらがみ［巣油紙］〔和〕………＊354
すいくち［吸口］〔ア〕………172，173，＊174，
　　　　　　　　　　　　　　175，188
すいとう［水筒］〔ア〕………………＊167
すいとう［水筒］〔和〕………………＊169
スカート［スカート］〔和〕…＊35，36，47，52
スキー［スキー］〔ア〕……………＊66，380
スキー［スキー］〔和〕………………435，＊437
すきぐし［梳櫛］〔ア〕………………＊100
ずきん［頭巾］〔ア〕………………＊8，359
ずきん［頭巾］〔和〕…………………＊10，13
すくいざる［掬笊（柄笊）］〔和〕……134，＊135
スケート［スケート］〔和〕…………435，＊437
すげがさ［菅笠］〔和〕………3，4，12，＊13
すじこつぶしばち［筋子潰鉢］〔ア〕………＊124
すすきのほ［薄の穂］〔ア〕…………＊425
すずりぶた［硯蓋］〔和〕……………＊360
すだれ［簾］〔ア〕……23，126，194，206，209，
　　　　　　　　212，216，232，＊233，234，273
すだれ［簾］〔和〕……＊242，273，274，284，
　　　　　　　　　　　　　　349，386
スタンプがたどせいひん［スタンプ形土
　　製品］〔考〕…………………300，＊301
ストーブ［ストーブ］〔和〕…109，132，139，
　　　　　　　　218，223，261，262，263，＊266
ストッキング［ストッキング］〔和〕…74，＊75
ストック［ストック］〔ア〕…………＊66
すどっくり［酢徳利］〔和〕…………116，＊199
すな［砂］〔ア〕………………………＊418
すねあて［脛当］〔ア〕………………＊61
スプーン［スプーン］〔和〕……140，153，＊158

スポーツようぐ［スポーツ用具］〔和〕………437
ズボン［ズボン］〔和〕…32，＊33，34，35，36，
　　　　46，47，75，77，79，80，81，82，83，84，
　　　　　　　　　　　　　　115
ズボンした［ズボン下］〔和〕………＊46
ズボンつり［ズボン吊］〔和〕……35，＊36，77
すみいれ［炭入］〔和〕………………＊264
すみおとしせいほうけいおおがたほかい
　　［隅落し正方形大型行器］〔ア〕…………＊239
すみおとしせいほうけいこがたほかい
　　［隅落し正方形小型行器］〔ア〕…………＊239
すみおとしせいほうけいほかい［隅落し
　　正方形行器］〔ア〕……………＊238，239
すみつぶしぐ［炭潰具］〔ア〕………＊253
すりこぎ［擂粉木］〔和〕……………＊137，290
すりばち［擂鉢］〔和〕…129，＊136，137，175，
　　　　　　　　　　　　　　394，398
ズロース［ズロース］〔和〕……………46，＊47
ずんどうストーブ［寸胴ストーブ］〔和〕…261，
　　　　　　　　267，＊268，269，270

せ

せいかつようぐおくりのぬさば［生活用
　　具送りの幣場］〔ア〕…………………＊330
せいかつようぐのおくりばにたてるぼう
　　じょうもくへい［生活用具の送り場に
　　立てる棒状木幣］〔ア〕………………＊309
せいちょうぎれいようぐ［成長儀礼用
　　具］〔ア〕……………………………351
せいちょうぎれいようぐ［成長儀礼用
　　具］〔和〕……………………………＊356
せいどうせいおびかなぐ［青銅製帯金
　　具］〔考〕……………………16，＊93，297
せいはっかくけいほかい［正八角形行
　　器］〔ア〕……………………………＊239
せいふんようぐ［製粉用具］〔ア〕……＊191
せいようかみそり［西洋剃刀］〔ア〕…＊99，374
せいようばさみ［西洋鋏］〔ア〕……＊108，374
せいりたい［生理帯］〔ア〕…………＊40，209
せいりゅうとうがたせっき［青竜刀形石

器〕〔考〕……………………298，*299，300
せいろう［蒸籠］〔和〕………130，135，*136
せうちぼう［背打棒］〔ア〕………………*384
せうちようかたな［背打用刀］〔ア〕………*384
セーター［セーター］〔和〕……*34，84，109，111
せおいなわ［背負縄］〔ア〕…………374，*380
せきぐう［石偶］〔考〕………………294，*295
せきたんせいのおおがたごふ［石炭製の大型護符］〔ア〕…………………………*320
せきたんせいのこがたごふ［石炭製の小型護符］〔ア〕…………………………*320
せきたんばこ［石炭箱］〔和〕………………*270
せきとう［石刀］〔考〕………………298，*299
せきばん［石板］〔和〕…………400，*401，402
せきひつ［石筆］〔和〕………………400，*401
せきふ［石斧］〔考〕…………………300，364
　　　　　　　　　　　　　　（→第Ⅱ巻）
せきぼう［石棒］〔考〕…………298，*299，364
せっかん［石冠］〔考〕………………………*190
せっけん［石剣］〔考〕………………298，*299
せった［雪駄（雪踏）］〔和〕…*68，70，71，87
せつぶんのようぐ［節分の用具］〔和〕……*290
せともののさかずき［瀬戸物の盃］〔ア〕
　…………………………………*178，286
せびろ［背広］〔和〕……32，*33，35，77，78，111
せまもり［背守］〔ア〕………………………*353
せもり［背守］〔和〕…………………………*356
ぜん［膳］〔ア〕…127，149，150，*159，170，226，228，239，240，314，316，317，319，320，322，323，324，325，326，354，360，361，377，378，381，382，384，398，399，429，433
ぜん［膳］〔和〕……152，154，*161，163，165
せんこう［線香］〔和〕………………………*387
せんごのたんこうじゅうたく［戦後の炭鉱住宅］〔和〕…………………………*222
せんざい［洗剤］〔ア〕………………*104，278
せんざい［洗剤］〔和〕………………………*282
せんじなべ［煎じ鍋］〔和〕…………………*394
せんすぐるま［扇子車］〔和〕………229，*230

せんたくいた［洗濯板］〔和〕………109，*110
せんたくおけ［洗濯桶］〔ア〕………………*104
せんたくき［洗濯機］〔和〕……………84，*110
せんたくきづち［洗濯木槌］〔ア〕…………*104
せんたくようぐ［洗濯用具］〔ア〕…………*104
せんたくようぐ［洗濯用具］〔和〕…………*109
せんぱつぐ［洗髪具］〔ア〕…………………*101
ぜんぽうじふだ［善宝寺札］〔和〕…………*335

そ

そうい［草衣］〔ア〕……………………………*19
そうぎようぐ［葬儀用具］〔和〕……………386
ぞうきん［雑巾］〔ア〕………277，*278，*351
ぞうきん［雑巾］〔和〕………………………*282
そうこうしゃく［双口杓］〔ア〕……*184，287
そうじぐ［掃除具］〔ア〕……………………274
そうじぐ［掃除具］〔和〕……………………*281
そうしんぐ［装身具］〔和〕……………………97
そうそうしせつ［葬送施設］〔ア〕…………384
そうそうようぐ［葬送用具］〔ア〕………88，89，90，91，92，93，203，*374
そうひい［草皮衣］〔ア〕………………………*20
そうようしょどうぐ［葬用諸道具］〔ア〕…*380
そうようひしゃく［葬用柄杓］〔ア〕………*378
そうようほそひも［葬用細紐］〔ア〕…374，377，378，*379
そうようみずいれ［葬用水入］〔ア〕
　…………………………………*378，380
ぞうり［草履］〔ア〕……………………………56
ぞうり［草履］〔和〕…*67，68，70，71，244，362，400
ぞうりげた［草履下駄］〔和〕…………………*71
そこだかのもくわん［底高の木椀］〔ア〕…*144
そせんくようのぬさば［祖先供養の幣場］〔ア〕…………………………………*331
そせんくようのほうしゅひ［祖先供養の捧酒匕］〔ア〕……………………*180，286
そせんくようのほうじょうもくへい［祖先供養の棒状木幣］〔ア〕………………*308
ソックス［ソックス］〔和〕……………74，*75

そでなし［袖無］〔和〕……………＊29，84
そとば［卒塔婆］〔和〕………………＊388
そとぼうき［外箒］〔ア〕………272，＊274，277
そなえわん［供椀］〔ア〕………………＊383
そばきりほうちょう［蕎麦切包丁］〔和〕…＊138
そろばん［算盤］〔和〕……394，＊403，400

た

だいしこうのようぐ［大師講の用具］〔和〕
　………………………………………＊293
たいま［大麻］〔和〕……………………＊335
たいまつ［松明］〔ア］………216，247，＊248，
　　　　　　　　　　　　　　252，＊366
たいまつぼう［松明棒］〔ア〕……………＊249
だいもくいし［題目石］〔和〕……………＊338
たいようしんへのじゅうしんもくへい
　［太陽神への従神木幣］
　—サハリン型〔ア〕………………＊308，309
たいようしんへのもくへい［太陽神への
　木幣］—北海道型〔ア〕………………＊308
たいようしんへのもくへい［太陽神への
　木幣］—サハリン型〔ア〕……………＊308
だいようふとん［代用布団］〔ア〕………＊113
だえんけいかんじき［楕円形樏］〔ア〕
　……………………………63，＊64，65
たかつきがたどき［高杯形土器］〔考〕……＊142
たかゆかしきそうこ［高床式倉庫］〔ア〕……41，
　＊212，213，214，280，314，374，385，391，
　427
たからちらしうらないぐ［宝散らし占い
　具］〔ア〕……………………………＊395
たきつけ［焚付］〔ア〕……………………＊260
たくさ［手草］〔ア〕…＊227，287，302，＊315，
　　　　　　　　　　　362，＊382，384
たくといす［卓と椅子］〔ア〕……………241
たけうま［竹馬］〔和〕……………431，＊432
たけかんじき［竹樏］〔ア〕…………63，＊65
たけスケート［竹スケート］〔和〕………＊435
たけせいのこうきん［竹製の口琴］〔ア〕…＊423
たけせいパイプ［竹製パイプ］〔ア〕………＊173

たけせいゆのみ［竹製湯呑］〔ア〕………＊170
たけでっぽう［竹鉄砲］〔和〕……………＊434
たけとんぼ［竹蜻蛉］〔和〕………………＊434
たけばし［竹箸］〔ア〕……………………＊148
たけわり［竹割］〔和〕……………………＊433
たこ［凧］〔和〕……………………291，＊432
たすうのかみをまつるぬさば［多数の神
　を祭る幣場］〔ア〕………………＊329，330
たたみ［畳］〔和〕…………………219，＊236
たちいた［裁板］〔和〕……………………＊111
たっつけばかま［裁付袴］〔和〕………28，＊29
たてあなじゅうきょ［竪穴住居］〔考〕…16，88，
　　89，91，92，99，104，117，＊203，204，
　　　　　208，234，297，298，299，364，365
たてうす［竪臼］〔和〕………………＊200，201
たな［──］〔和〕…………………………＊355
たなばたのようぐ［七夕の用具］〔和〕……＊292
たばこいれ［煙草入］〔ア〕……48，＊171，172，
　　　　　　　　　　　174，175，259
たばこいれ［煙草入］〔和〕…………＊188，189
たばこいれのおじめ［煙草入の緒締］〔ア〕
　………………………………………＊172
たばこきざみだい［煙草刻台］〔ア〕
　……………………………………＊171，391
たばこのひだねいれ［煙草の火種入］〔ア〕
　………………………………………＊175
たばこのやに［煙草の脂］〔ア〕…………＊351
たばこぼん［煙草盆］〔和〕………188，＊189，264
たばこようひばち［煙草用火鉢］〔ア〕……＊257
たび［足袋］〔ア〕………………………＊61，62
たび［足袋］〔和〕…60，68，＊72，81，82，83，
　　　　　　　　　84，262，403，403
たましいをおいかけるかたなつば［魂を
　追いかける刀鍔］〔ア〕………………＊374
たましいをよびもどすたからもの［魂を
　呼び戻す宝物］〔ア〕…………………＊374
たまつきしるわん［玉付汁椀］〔ア〕………＊144
たまつきめしわん［玉付飯椀］〔ア〕………＊145
たまるい［玉類］〔考〕………88，89，91，364
たらい［盥］〔ア〕…………………104，＊181
たらい［盥］〔和〕………109，＊110，141，287
たる［樽］〔ア〕……127，191，193，210，211，

215, 216, 273, 277, 278, 414
たる［樽］〔和〕……140, 157, 198, 199, 202, 436
（→貯蔵用具）
だるまストーブ［達磨ストーブ］〔和〕
……………………261, 267, ＊269, 270
たわし［束子］〔ア〕…………125, ＊126, 127
たんいれ［痰入］〔ア〕………………………＊76
たんきゃくぜん［短脚膳］〔ア〕……………＊159
たんぐつ［短靴］〔ア〕……………＊57, 60, 373
たんぐつ［短靴］〔和〕………………73, ＊74
だんけいそせんくようのもくへい［男系祖先供養の木幣］〔ア〕………＊307, 308
だんけいそせんくようのもくへい［男系祖先供養の木幣］－サハリン型〔ア〕…＊307
たんこうじゅうたく［炭鉱住宅］〔和〕……＊220
たんごせっくのようぐ［端午節句の用具］〔和〕………………………………＊291
だんせいのしたおび［男性の下帯］〔ア〕…＊368
だんせいようシャツ［男性用シャツ］〔ア〕
…………………………………………＊38
だんせいようじゅばん［男性用襦袢］〔ア〕
…………………………………………＊37
だんせいようはだぎ［男性用肌着］〔ア〕…＊369
だんせいようべんじょ［男性用便所］〔ア〕
…………………………………………＊210
だんせいようべんじょのかこい［男性用便所の囲い］〔ア〕……………………＊210
だんせいようべんじょのだんしんへのもくへい［男性用便所の男神への木幣］〔ア〕……………………＊211, 327
だんせいようももひき［男性用股引］〔ア〕………………＊42, 43
たんぜん［丹前］〔和〕…106, ＊115, 245, 375
たんぽぽ［蒲公英］〔ア〕……………………＊425
たんもの［反物］〔ア〕………………＊105, 106

ち

ちがた［乳形］〔和〕…………………………＊356
ちからづな［力綱］〔ア〕………＊346, 347, 355

ちからづな［力綱］〔和〕……………………＊354
ちくおんき［蓄音機］〔和〕…………………＊246
ちしまのかわおび［千島の革帯］〔ア〕……＊49
ちじんひ［地神碑］〔和〕……………………＊339
ちとせあめ［千歳飴］〔和〕…………………＊357
ちゃき［茶器］〔ア〕…………………………＊170
ちゃき［茶器］〔和〕…………………185, ＊187
ちゃしゃく［茶杓］〔ア〕……………………＊171
ちゃたく［茶托］〔ア〕………………＊171, 178
ちゃだんす［茶箪笥］〔和〕…………………＊243
ちゃっかぐ［着火具］〔ア〕…………………＊260
ちゃづつ［茶筒］〔ア〕………………………＊171
ちゃづつ［茶筒］〔和〕………………187, ＊188
ちゃぶだい［卓袱台］〔和〕……161, ＊163, 164
ちゃわん［茶碗］〔和〕…134, 140, ＊153, 154, 164, 167, 171, 178, 185, 340, 387
ちゃわんいれ［茶碗入］〔ア〕………………＊160
ちゃわんいれ［茶碗入］〔和〕………………＊164
ちゃわんかご［茶碗籠］〔和〕………………135
ちゃんちゃんこ［―――］〔和〕……………＊362
ちゅうこうがたどき［注口形土器］〔考〕…＊142
ちょうし［銚子］〔和〕…………＊186, 187, 360
ちょうじゅうのとうこつ［鳥獣の頭骨］〔ア〕……………………323, 332
ちょうずばち［手水鉢］〔和〕………………＊338
ちょうちん［提灯］〔和〕………249, ＊250, 293
ちょうどひん［調度品］〔和〕………………＊244
ちょうばだんす［帳場箪笥］〔和〕…………243
ちょうひい［鳥皮衣］〔ア〕……………16, ＊23
ちょうようのせっくのようぐ［重陽の節句の用具］〔和〕………………………＊293
ちょうりだい［調理台］〔ア〕………＊122, 391
チョーク［チョーク］〔和〕…………………＊400
ちょぞうようぐ［貯蔵用具］〔ア〕…………＊190
ちょぞうようぐ［貯蔵用具］〔和〕…………＊198
ちょたんしきストーブ［貯炭式ストーブ］〔和〕………………261, 266, ＊269
チョッキ［チョッキ］〔和〕……………30, ＊33
ちりとり［塵取］〔ア〕…………255, ＊276, 330
ちりとり［塵取］〔和〕………………………＊281
ちりれんげ［散蓮華］〔和〕
…………………………………………＊158

つ

ついたて［衝立］〔和］……………………＊242
つきがみへのもくへい［月神への木幣］
　―北海道型〔ア］……………………＊309
つきがみへのもくへいとじゅうしん［月
　神への木幣と従神］―サハリン型〔ア］
　………………………………………＊309
つきぼう［突き棒］〔ア］………＊411, 412, 418
つきみのようぐ［月見の用具］〔和］………＊293
つくえ［机］〔和］……………………………＊241
つけぎ［付木］〔ア］……………………＊260, 422
つけものだる［漬物樽］〔和］………………＊199
つちさしぼう［土刺し棒］〔ア］……………＊410
つちむろ［土室］〔ア］………………………＊213
つっかけぐつ［突掛靴］〔ア］……………＊58, 60
つづら［葛籠］〔和］…………………………＊244
つのかくし［角隠］〔和］……………………＊361
つのだらい［角盥］〔ア］………………＊181, 287
つのだる［角樽］〔和］………………………＊359
つばがま［鍔釜］〔和］…＊133, 134, 135, 342
つぶしぐ［潰具］〔ア］………………………＊124
つぼがたどき［壺形土器］〔考］……＊142, 190
つまがけ［爪掛］〔和］……………………＊71, 72
つまご［爪甲］〔ア］…………………………＊57
つまご［爪甲］〔和］……67, ＊68, 69, 70, 74,
　　　　　　　　　　　　 84, 85, 87, 115
つまごがた［爪甲型］〔和］…………………＊68
つめかんじき［爪樏］〔ア］………63, ＊64, 65
つめきり［爪切］〔和］………………………＊99
つりさげてうらなうどうぐ［吊り下げて
　占う道具］〔ア］…………………＊396, 397
つるしかぎ［吊鉤］〔ア］……………………＊240
つるもんようのさかずき
　［蔓紋様の盃］〔ア］……………＊175, ＊286

て

てあぶり［手焙］〔和］………………………＊264
てあらい［手洗］〔ア］………………………＊216
てありまめのは［手有豆の葉］〔ア］………＊428
ておけ［手桶］〔ア］…………………………＊127
ておけ［手桶］〔和］………………………140, ＊141
てがけ［手掛］〔和］………………………＊81, 82
てくびだま［手首玉］〔ア］…………………＊94
てくびわ［手首輪］〔ア］………＊94, 371, 425
てせいのめしわん［手製の飯椀］〔ア］……＊145
てっかえし［―――］〔和］…………………＊87
てつかぶとなべ［鉄兜鍋］〔和］……………＊132
てっこう［手甲］〔ア］…＊62, 359, ＊371, 374
てっこう［手甲］〔和］……………………79, ＊80
てつなべ［鉄鍋］〔和］…129, ＊130, 131, 132,
　　　　　　　　　 133, 166, 175, 262, 364, 376
てつびん［鉄瓶］〔ア］………………＊170, 183
てぬぐい［手拭］〔ア］…＊1, 167, 340, 390,
　　　　　　　　　　　　　　　　　　　　　428
でばぼうちょう［出刃包丁］〔和］…137, ＊138,
　　　　　　　　　　　　　　　　　302, 307, 374
てぶくろ［手袋］〔ア］……＊62, 63, 358, 359,
　　　　　　　　　　　　　　＊370, 371, 374
てぶくろ［手袋］〔和］……34, ＊84, 87, 109,
　　　　　　　　　　　　　　　　　　　　　111
てまり［手毬］〔和］…………………………＊433
デレッキ［―――］〔和］……………………＊270
テレビジョン［テレビジョン］〔和］
　………………………………………244, ＊246
てんかぐ［転火具］〔ア］……………………＊260
てんかふん［天花粉］〔ア］…………………＊348
でんきがま［電気釜］〔和］………………84, ＊133
でんきスタンド［電気スタンド］〔和］……＊250
てんすいおけ［天水桶］〔和］………………＊279
てんぴ［天火］〔和］…………………………＊140
てんもくだい［天目台］〔ア］…127, 175, 176,
　　　　　　　　　　　177, ＊178, 226, 240, 286

と

と［戸］〔和］………………………235, 242, 331
どうぎ［胴着］〔ア］…………………………＊18
どうぎ［胴着］〔和］…………………＊29, 33, 84
とうきざら［陶器皿］〔ア］…………………＊146

どうこ［銅壺］〔和〕……………＊187, 264
どうじまげた［堂島下駄］〔和〕……………＊70
とうしん［灯心］〔ア］……………＊247, 248
とうせいこなべ［銅製小鍋］〔ア］…………＊166
とうだい［灯台］〔和］……………＊249
どうなべ［銅鍋］〔ア］……………＊118, 376
どうなべ［銅鍋］〔和］……………130, ＊131
どうぶつ・ものをひょうげんしたようぐ
　［動物・ものを表現した用具］〔考］……＊297
どうぶつがたこつせいひん［動物形骨製
　品］〔考］……………297, ＊298
どうぶつがたどせいひん［動物形土製
　品］〔考］……………＊297
どうぶつのずがいこつにそえるたくさ
　［動物の頭蓋骨に添える手草］〔ア］……＊316
どうぶつのほねをおさめるばしょにたて
　るほうじょうもくへい［動物の骨を納
　める場所に立てる棒状木幣］〔ア］………＊309
どうぶつのれいおくりのたくさ［動物の
　霊送りの手草］〔ア］……………＊315
どうぶつのれいおくりようぐ［動物の霊
　送り用具］〔ア］……………＊284
とうみょう［灯明］〔ア］………＊247, 248, 260
とうみょうけし［灯明消］〔ア］……………＊247
とうみょうだい［灯明台］〔ア］……………＊247
どうらんがたたばこいれ［胴乱型煙草
　入］〔ア］……………171, ＊172, 175
とかきいわい［斗掻祝］〔和］……………＊362
とぎすな［研砂］〔ア］……………＊127
とぎつち［研土］〔ア］……………＊127
どぐう［土偶］〔考］…55, 88, 294, ＊295, 296
とぐちのいぬがみ［戸口の犬神］〔ア］……＊317
とぐちのかみ［戸口の神］〔ア］……………＊314
とぐちのすだれ［戸口の簾］〔ア］…………＊234
とげつきへらや［刺付箆矢］〔ア］…………＊406
どこうぼ［土坑墓］〔考］…92, 204, 296, 297,
　　　　　　　　　　　299, 364, ＊365
とこかざり［床飾］〔和］……………＊289, 360
としじゅうたく［都市住宅］〔和］…………＊223
どせいなべ［土製鍋］〔ア］……………＊376
とだな［戸棚］〔和］……………＊243
とっくり［徳利］〔和］…114, 167, ＊185, 186,

　　　　　　　　187, 199, 340, 378, 389
どっこいし［独鈷石］〔考］…………298, ＊300
どなべ［土鍋］〔ア］……………＊119, ＊376
どなべ［土鍋］〔和］……130, ＊131, 132, 133
どばん［土版］〔考］……………294, ＊296
とびぐち［鳶口］〔和］……………＊279
どびん［土瓶］〔ア］……………＊170
どびん［土瓶］〔和］……………＊187
どま［土間］〔ア］…＊207, 331, 384, 390, 429
とめぐし［止串］〔ア］…234, 284, ＊377, 383,
　　　　　　　　　　　386
とめそで［留袖］〔和］……………25, ＊26, 361
どめん［土面］〔考］……………294, ＊296
ともぐすり［共薬］〔ア］……………＊389
ともこうずきん［ともこう頭巾］〔和］……＊11
とりい［鳥居］〔和］……………＊338
とりうちぼう［鳥打帽］〔和］……………13, ＊15
とりかわせいしたぎ［鳥皮製下着］〔ア］…＊37
どんざ［─────］〔和］……………＊81, 85
とんでんへいおく［屯田兵屋］〔和］………＊223
どんぶり［丼］〔和］……………＊154

な

ないじどき［内耳土器］〔考］………………＊117
ナイフ［ナイフ］〔和］……………140, 155, ＊158
ながあしぜん［長脚膳］〔ア］………………＊159
ながいぼう［長い棒］〔ア］……………＊410
なかおれぼう［中折帽］〔和］……………13, ＊14
ながぐつ［長靴］〔ア］……＊58, 60, 80, 273,
　　　　　　　　　　　　373
ながし［流し］〔ア］……………＊215, 216
ながしとい［流樋］〔ア］……………＊215
ながじゅばん［長襦袢］〔和］……………＊44, 47
ながひばち［長火鉢］〔和］……………187, ＊264
ながもち［長持］〔和］……………＊243
なきりほうちょう［菜切包丁］〔和］………＊138
なごしはらいのようぐ［名越祓（夏越
　祓）の用具］〔和］……………＊291
なごやおび［名古屋帯］〔和］………………＊53
なしじのさかずき［梨子地の盃］〔ア］…＊176,

286
なつようぼうし［夏用帽子］〔ア］…………＊1
なべ［鍋］〔ア］…＊118, 127, 128, 129, 149,
　　191, 216, 225, 240, 252, 253, 256, 351,
　　　　　　　　　　　　375, 376, 380
なべ［鍋］〔和］…＊130, 133, 136, 140, 141,
　　　　155, 157, 167, 262, 263, 264, 394
なべのつりて［鍋の釣手］〔ア］…………＊118
なべぶた［鍋蓋］〔ア］……………………＊118
なわ［縄］〔ア］……………………………＊407
なわおび［縄帯］〔ア］………………………＊50

に

にくきりほうちょう［肉切包丁］〔和］
　　……………………………………137, ＊138
にくさしぐし［肉刺串］〔ア］……………＊129
にくひきき［肉挽機］〔和］………………＊202
にごりざけようもくへい
　　［濁酒用木幣］〔ア］……………＊196, 327
にじゅうまわし［二重回し］〔和］
　　…………………………………………84, ＊85
にしんぎょばのおきべんとうばこ［鰊漁
　　場の沖弁当箱］〔和］………………＊168
にしんぎょばのちゃわんいれ［鰊漁場の
　　茶碗入］〔和］…………………………＊164
にしんばんや［鰊番屋］〔和］…139, 141, 168,
　　　　　　　　　　　　＊218, 245, 262, 263
にしんばんやのめしべら［鰊番屋の飯
　　箆］〔和］………………………………＊157
にちじょうせいかつのごみすてば［日常
　　生活の塵捨場］〔ア］…………………＊331
になわ［荷縄］〔ア］………109, 217, 241, 346,
　　　　　　　　　　　　　　　349, 416, ＊429
にまいがいのふえ［二枚貝の笛］〔ア］
　　………………………………………………＊422
にゅうばち［乳鉢］〔和］…………………＊394
にゅうぼう［乳棒］〔和］…………………＊394
にゅうようじようくつ
　　［乳幼児用靴］〔ア］………………＊59, 60
にゅうようじようしたぎ［乳幼児用下
　　着］〔ア］…………………………………＊38
にゅうようじょじようまえおおい［乳幼
　　女児用前覆］〔ア］………………………＊40
にゅうようだんじようまえおおい［乳幼
　　男児用前覆］〔ア］………………………＊40
によくつきしるわん［二翼付汁椀］〔ア］
　　………………………………………＊144, 147
にらみうお［睨魚］〔和］…………………＊361
にわのかみ［庭の神］〔ア］…………＊228, 327
にわのかみへのもくへい［庭の神への木
　　幣］〔ア］…………………………＊198, 327
にんぎょう［人形］〔ア］……………………325
にんぎょう［人形］〔和］…………………＊436
にんしんようぐ［出産用具］〔ア］………＊346
にんにく［葫・大蒜］〔和］………………＊393

ぬ

ぬいいと［縫糸］〔ア］…………62, ＊106, 145
ぬかのおさめば［糠の納場］〔ア］………＊214
ぬきいと［抜糸］〔ア］………………＊106, 346
ぬさだな［幣棚］〔ア］……96, 150, 170, 180,
　　182, 183, 184, 185, ＊214, ＊225, 227,
　　232, 235, 253, 256, 258, 272, 276, 277,
　　283, 310, 314, 316, 319, 322, ＊327,
　　333, 347, 352, 375, 384, 391, 405, 406
ぬさだなのござ［幣棚の茣蓙］〔ア］
　　………………………………………＊232, 333
ぬさだなのござのきぐし［幣棚の茣蓙の
　　木串］〔ア］………………………232, ＊235, 333
ぬさだなのめがみにささげるもくへい
　　［幣棚の女神に捧げる木幣］〔ア］…＊225, 327
ぬさだなのりょうわきにたてるたくさ
　　［幣棚の両脇に立てる手草］〔ア］………＊316
ぬさば［幣場］〔ア］…96, 183, 184, 191, 195,
　　214, 308, 309, 310, 313, 314, 315, 319,
　　　　　　321, 323, 324, 325, ＊327, 395
ぬのきりこがた［布切小刀］〔ア］………＊108
ぬのぐつ［布靴］〔ア］……………………＊373
ぬのじ［布地］〔ア］…………………………105
ぬのぼんぼり［布ぼんぼり］〔ア］………＊350

491

ね

ねぐい［根杭］〔ア〕……………………＊410
ネクタイ［ネクタイ］〔和］……………＊77
ねこやなぎ［猫柳］〔ア〕………………＊427
ねじったけずりかけのうえにささくれを
　いっしゅうさせたもくへい［捩った削
　掛の上にささくれを1周させた
　木幣］〔ア〕…………………＊303，311
ねじったけずりかけのうえにささくれを
　いっしゅうさせたりょうみみつきもく
　へい［捩った削掛の上にささくれを1
　周させた両耳付木幣］〔ア〕……＊303，308，
　　　　　　　　　　　　314，330
ねしょうべんようしきもの［寝小便用敷
　物］〔ア〕………………………＊349
ねずみがえし［鼠返し］〔ア〕…………＊213
ねっき［根木］〔ア〕……………………＊410
ネックレス［ネックレス］〔和〕………＊97，98
ねどこのかみ［寝床の神］〔ア〕………315
ねどこのしゅごしん
　［寝床の守護神］〔ア〕………＊228，327
ねはんえのようぐ［涅槃会の用具］〔和〕…＊290
ねんねこばんてん［ねんねこ半天］〔和〕
　…………………………………30，＊31

の

のうかじゅうたく［農家住宅］〔和〕……＊219，
　　　　　　　　　　　　　　220
のうみんのしごとぎ［農民の仕事着］〔和〕…79
のしいた［伸板］〔和〕…………………＊202
のしぼう［伸棒］〔和〕…………………＊202
のっぽろだいだいかぐらのようぐ［野幌
　太々神楽の用具］〔和〕………＊343
のど・むねかざり［喉・胸飾］〔ア〕……＊94
のどまき［咽喉巻］〔ア〕………………＊51
のばかま［野袴］〔和〕…………28，＊29，79，81
のべいと［延べ糸］〔ア〕………………＊407
のべおくりようぐ［野辺送り用具］〔ア〕…＊381
のべおくりようぐ［野辺送り用具］〔和〕……388
のぼりべつほっかいだいこのようぐ［登
　別北海太鼓の用具］〔和〕……＊345
のれん［暖簾］〔和〕……………106，242

は

はいおくぼ［廃屋墓］〔考〕…………364，＊365
はいざら［灰皿］〔ア〕…………………＊175
はいじる［灰汁］〔ア〕…………………＊278
はいせきぼ［配石墓］〔考〕……………＊365
はいせん［盃洗］〔和〕…………………＊186
はおり［羽織］〔ア〕………16，＊17，18，286
はおり［羽織］〔和〕……14，25，＊27，28，30，
　　　　　31，32，83，290，362，387
はか［墓］〔和〕…………………………388
はかま［袴］〔和〕………25，26，＊28，29，31，
　　　32，44，46，80，87，290，356，400
はくぼく［白墨］〔和〕…………………＊400
バケツ［バケツ］〔和〕…………278，＊279
はこ［箱］〔ア〕…144，189，191，198，＊237，
　　　　　242，273，277，278，282，359
はごいた［羽子板］〔和〕………………＊433
はこぜん［箱膳］〔ア〕…………………＊159
はこぜん［箱膳］〔和〕…………161，＊162
はこまくら［箱枕］〔ア〕………＊113，115
はさみ［鋏］〔ア〕…77，100，＊108，346，374
はさみ［鋏］〔和〕………102，＊111，112，387
はさみふさ［鋏房］〔ア〕………………＊108
はさみやきぐし［挟焼串］〔ア〕………＊126
はざら［葉皿］〔ア〕……………………＊146
はし［箸］〔ア〕……21，144，＊147，151，159，
　174，210，240，248，254，323，325，352，
　　　359，378，379，389，412，420，422
はし［箸］〔和〕…＊157，158，161，162，387，
　　　　　　　　　　　　　　394
はしいれ［箸入］〔ア〕…………114，148，＊149
はしいれ［箸入］〔和〕…………157，＊158
はしご［梯子］〔ア〕……＊213，214，349，408
はしご［梯子］〔和〕……………69，＊280
はたき［叩き］〔和〕……………………＊281

はだぎシャツ［肌着シャツ］〔和〕……＊46，47
はたけのかみへのもくへい［畑の神への
　木幣］〔ア〕……………………………………327
はち［鉢］〔ア〕…123，＊181，182，184，287，
　　　　　　　　　　　　　　358，359
はちまき［鉢巻］〔ア〕…＊6，239，321，359，
　　　　　　　　　　367，371，375，421
はちまき［鉢巻］〔和〕……………………＊403
ぱちんこ［──］〔和〕……………………＊434
はつうまのようぐ［初午の用具］〔和〕……＊290
はつうりのぼり［初売幟］〔和〕…………＊289
はっかぐ［発火具］〔ア〕……………48，＊258
はっかぐいれ［発火具入］〔ア〕…………＊258
はっぴ［法被］〔和〕…………………30，＊31
ばとうかんのんひ［馬頭観音碑］〔和〕……＊338
はなお［鼻緒］〔ア〕……………………＊56，57
はなお［鼻緒］〔和〕…………67，70，＊71，362
はなふき［鼻拭］〔ア〕……………………＊76
パナマぼう［パナマ帽］〔和〕………13，＊15
はなみのようぐ［花見の用具］〔和〕………＊291
はなや［花矢］〔ア〕………………………＊284
はねつきのうわぎ［羽付の上着］〔ア〕……＊23
はねはたき［羽叩］〔ア〕…………………＊276
はまにんにくせいのこうきん［浜大蒜製
　の口琴］〔ア〕……………………………＊423
はまや［破魔矢］〔ア〕……………＊226，227，287
はまや［破魔矢］〔和〕……………＊229，＊336
はまやのゆづる［破魔矢の弓弦］〔ア〕…＊227，
　　　　　　　　　　　　　　　　287
はまゆみ［破魔弓］〔ア〕…………＊227，287
はもの［刃物］〔ア〕………………………120
はらがけ［腹掛］〔ア〕……………………＊50
はらがけ［腹掛］〔和〕……………………＊82，83
はらまき［腹巻］〔ア〕……………………50，＊51
はり［針］〔ア〕…＊107，145，272，350，374，
　　　　　　　　　　377，419，420
はり［針］〔和〕……………………＊111，112，394
はり［鍼］〔和〕……………………………＊394
はりいた［張板］〔和〕……………………110
はりいれ［針入］〔ア〕……………48，＊107，359
はりいれつきいとまき［針入付糸巻］〔ア〕
　…………………………………………＊107

バリカン［バリカン］〔和〕………………＊102
はりさしつきいとまき［針刺付糸巻］〔ア〕
　…………………………………………＊107
はりばこ［針箱］〔和〕……………………＊112
はれぎ［晴着］〔ア〕………＊16，20，196，226，
　　　　　　　　　　237，240，286，391
ハンカチーフ［ハンカチーフ］〔和〕………＊78
はんぎりおけ［半切桶］〔和〕………140，＊141
はんごう［飯盒］〔和〕……………………＊169
はんじゅばん［半襦袢］〔和〕……………＊44，47
はんだい［飯台］〔和〕……………………＊160
はんだい［飯台］〔和〕……………………163
はんちかしきじゅうきょにたてるもくへ
　い［半地下式住居に立てる木幣］〔ア〕…＊310
はんてん［半天］〔ア〕………………16，＊18
はんてん［半天］〔和〕……………27，＊30，79，81，
　　　　　　　　　　　　　　83，85
ハンドバッグ［ハンドバッグ］〔和〕………＊78
はんば［飯場］〔和〕………………………＊221

ひ

びーだま［ビー玉］〔和〕…………………＊432
ひうちいし［火打石］〔ア〕……252，253，258，
　　　　　　　　　　　＊259，260
ひうちがね［火打金］〔ア〕……258，＊259，260
ひおおい［日覆い］〔ア〕…………………＊6
ひきりいた［火鑽板］〔ア〕………………＊258
ひきりぼう［火鑽棒］〔ア〕………………＊258，259
ひきりぼうおさえ［火鑽棒押え］〔ア〕
　……………………………………258，＊259
ひきりゆみ［火鑽弓］〔ア〕………………＊258
ひぐまのもくぐう［羆の木偶］〔ア〕………＊325
ひぐまをほかくしたさいにかしんにささ
　げるぼうじょうもくへい［羆を捕獲し
　た際に家神に捧げる棒状木幣］〔ア〕……＊310
ひしゃく［柄杓］〔ア〕……＊151，＊184，193，
　　　　　　200，217，226，287，378，380，391
ひじょうぐち［非常口］〔ア〕……………＊207
ひだな［火棚］〔ア〕……4，41，62，125，126，
　　　129，148，150，167，191，196，197，214，

　　　　248，＊253，254，277，285，302，304，317，
　　　　325，390，395，405，411，412，422
ひだな［火棚］〔和〕………………140，＊262
ひとをひょうげんしたようぐ［人を表現
　　した用具］〔考〕…………………………＊294
ひなぜっくのようぐ［雛節句の用具］〔和〕
　　……………………………………………＊290
ひのかみのぬさば［火の神の幣場］〔ア〕…＊333
ひのかみへのもくへい［火の神への木
　　幣］〔ア〕………………………96，＊311，333
ひのし［火熨斗］〔和〕……………………＊110
ひのめがみへのもくへい［火の女神への
　　木幣］―サハリン型〔ア〕…………96，＊311
ひのめがみへのわきがみ・ごえいしん・
　　じゅうしんのもくへい［火の女神への
　　脇神・護衛神・従神の木幣］〔ア〕………＊311
ひのめがみへのわきがみ・ごえいしん・
　　じゅうしんのもくへい［火の女神への
　　脇神・護衛神・従神の木幣］―サハリ
　　ン型〔ア〕…………………………………＊312
ひばさみ［火挟］〔ア〕…120，248，＊254，260
ひばさみ［火挟］〔和〕……………………＊265
ひばし［火箸］〔ア〕………41，149，195，252，
　　＊254，255，313，318，330，391，397，413，
　　　　　　　　　　　　　　　　419，428
ひばし［火箸］〔和〕……………261，264，＊265
ひばち［火鉢］〔ア〕…………175，256，＊257
ひばち［火鉢］〔和〕………………260，＊263
ひふき［火吹］〔ア〕………………………＊260
ひふきだけ［火吹竹］〔和〕……260，＊263，417
ひみつのくら［秘密の倉］〔ア〕…………＊213
ひむろのれいのようぐ［氷室の礼の用
　　具］〔和〕…………………………………＊291
ひも［紐］〔ア〕………………274，340，＊407
ひゃくにんいっしゅ（いたかるた）［百人
　　一首（板歌留多）］〔和〕………………＊436
ひゃくまんべんのじゅず［百万遍の数
　　珠］〔和〕…………………………………＊392
びょうしょうぐ［屏障具］〔和〕……＊242，244
ひょうたんがたかんじき
　　［瓢箪型樏］〔ア〕……………………63，＊65
ひょうのう［氷嚢］〔ア〕…………………＊390

びょうぶ［屏風］〔和〕……………………＊242
ビロード［ビロード］〔ア〕………………＊105
ひんきゃくようしるわんうけざら［賓客
　　用汁椀受皿］〔ア〕………………………＊147
ひんきゃくようわんうけざら［賓客用椀
　　受皿］〔ア〕………………………………＊147
びんどめ［鬢止］〔ア〕……………………＊93

ふ

ふうせん［風船］〔和〕………………393，＊433
ふえ［笛］〔ア〕……………………………＊422
フォーク［フォーク］〔和〕……140，153，＊158
ふかぐつ［深靴］〔和〕………11，67，＊69，70，
　　　　　　　　　　　　71，74，85，87，115
ふかばちがたどき［深鉢形土器］〔考〕
　　……………………………………＊117，190
ふきがさ［蕗笠］〔ア〕………………………＊5
ふきのはなべ［蕗の葉鍋］〔ア〕…………＊119
ふきのひしゃく［蕗の柄杓］〔ア〕………＊152
ふきみの［蕗蓑］〔ア〕………………………＊19
ぶぐ［武具］〔ア〕……………………………24
ふくさ［袱紗］〔和〕………………………＊360
ふくすうのしゅうらくがしようするぬさ
　　ば・おくりば［複数の集落が使用する
　　幣場・送り場］〔ア〕……………………＊328
ふくそうひんいれ［副葬品入］〔ア〕………＊380
ふくそうようかま［副葬用鎌］〔ア〕………＊375
ふくそうようなべ［副葬用鍋］〔ア〕………＊375
ふくぶくろ［福袋］〔和〕…………………＊337
ふくろいずこ［袋いずこ］〔ア〕……＊348，350
ふくろおび［袋帯］〔和〕………………52，＊53
ふくろきゃはん［袋脚半］〔和〕……………＊80
ふくろぼうし［袋帽子］〔ア〕………………＊2
ふこうよけのめじるし［不幸除けの目
　　印］〔ア〕…………………………………＊305
ふじゅつしゃのぼうし
　　［巫術者の帽子］〔ア〕………………＊3，398
ふじんふく［婦人服］〔和〕…………………＊34
ふすま［襖］〔和〕………………235，＊236，242
ふたごのびょうまよけもくぐう［双子の

病魔除け木偶］〔ア］……………………＊327
ふたつきはち［蓋付鉢］〔ア］………＊182, 287
ふたまたのうらないぐ
　　［二股の占い具］〔ア］………………＊396
ふたまたやきぐし［二股焼串］〔ア］………＊126
ふだんぎ［普段着］〔ア］………………16, ＊18
ぶつが［仏画］〔和］………………………＊337
ぶっさきばおり［打裂羽織］〔和］……27, ＊28
ぶつぞう［仏像］〔和］……………………＊337
ぶつだん［仏壇］〔和］…＊245, 289, 333, 387
ふでばこ［筆箱］〔和］………………400, ＊402
ふとん［布団］〔ア］……106, ＊113, 355, 376
ふとん［蒲団］〔和］………………＊115, 116, 265
ふながみへのもくへい［船神への木幣］〔ア］
　　………………………………………………327
ふなだまようぐ［船玉（船霊）用具］〔和］
　　……………………………………………＊289
ふなだんす［船箪笥］〔和］…………………243
ふねおくりのぬさば［舟送りの幣場］〔ア］
　　……………………………………………＊333
ふねがたどせいひん［舟形土製品］〔考］
　　………………………………………297, ＊298
ふゆのでいりぐち［冬の出入り口］〔ア］…＊274
フライパン［フライパン］〔和］……＊132, 140,
　　　　　　　　　　　　　　　　　　153, 155
フラスコじょうピット［フラスコ状ピッ
　　ト］〔考］……………………………………＊205
フラフープ［フラフープ］〔和］……………＊435
ふりすず［振鈴］〔和］……………………＊401
ふりそで［振袖］〔ア］………………＊17, 286
ふりそで［振袖］〔和］………………＊26, 361
ふりゅうのようぐ［風流の用具］〔和］……＊344
ふるあみ［古網］〔ア］……………………＊233
ふるい［篩］〔ア］…………………………＊123
ふるふんどし［古褌］〔ア］………………＊351
ブルマース［ブルマース］〔和］……………＊47
ふろ［風呂］〔ア］…………………＊216, ＊351
ブローチ［ブローチ］〔和］…………………＊98
ふろしきずきん［風呂敷頭巾］〔ア］………＊10
ふろしきずきん［風呂敷頭巾］〔和］…＊11, 12
フロックコート［フロックコート］〔和］
　　…………………………………………14, ＊31

ふんどし［褌］〔和］…………………＊44, 46, 81
ふんまつすみいれ［粉末炭入］〔ア］………＊253

へ

へいかん［幣冠］〔ア］…………………＊7, 286
へこおび［兵児帯］〔和］……………………＊53
へそきりぐ［臍切具］〔ア］………………＊346
べったく［別宅］〔ア］………………＊207, 255
へら［箆］〔ア］……………150, 240, 272, 323
へらや［箆矢］〔ア］………………………＊406
ベルト［ベルト］〔和］……………＊35, 77, 81
ベルベット［ベルベット］〔ア］……………＊105
べんけい［弁慶］〔和］……………………＊140
べんじょ［便所］〔ア］…104, ＊209, 210, 211,
　　　　　　　　　　　347, 348, 385, 391
べんじょにたてるもくへいぐん［便所に
　　立てる木幣群］〔ア］……………………＊309
べんじょのしりなぎ［便所の尻な木］〔ア］
　　……………………………………………＊211
べんじょのまたぎいた
　　［便所の跨板］〔ア］………………＊210, 309
べんじょのめがみへのもくへい［便所の
　　女神への木幣］〔ア］………………＊211, 327
ベンチじょういこう［ベンチ状遺構］〔考］
　　……………………………………………＊204
べんとうごうり［弁当行李］〔和］…167, ＊168,
　　　　　　　　　　　　　　　　　　　　169
べんとうばこ［弁当箱］〔ア］………………＊166
べんとうばこ［弁当箱］〔和］………………＊167
べんばち［紅鉢］〔和］……………………＊137

ほ

ほうかんぐつ［防寒靴］〔和］………………74
ほうかんてぶくろ［防寒手袋］〔和］………87
ほうかんはきもの［防寒履物］〔和］………＊87
ほうき［箒］〔和］…………………………＊281
ほうきぐさ［箒草］〔ア］…………………＊276
ほうくうずきん［防空頭巾］〔和］………2, 11,

ほうし［帽子］〔ア〕……………1，286，303，＊12
ほうし［帽子］〔和〕………………＊13，34，109
ほうしゅひ［棒酒篦］〔ア〕…148，149，＊179，180，198，226，286，309，318，319，321，332，359，422，430
ほうじょうもくへい［棒状木幣］〔ア〕……211，214，215，＊226，228，229，301，308，309，310，311，314，317，318，319，321，323，324，327，329，330，331，332，333，395
ほうじょうもくへい［棒状木幣］－日高南部〜道東・東北型〔ア〕………＊304，305
ほうじょうもくへい［棒状木幣］－日高北部〜道西南型〔ア〕…………………＊305
ほうせつぐ［防雪具］〔ア〕…………………272
ほうそうよけのまじないようぐ［疱瘡除けの呪い用具］〔ア〕…………………391
ほうちょう［包丁］〔ア〕………＊121，129，158
ほうちょう［包丁］〔和〕…………………＊137
ほうはり［棒鍼］〔ア〕………………………＊391
ほうびきうらないぐ［宝引き占い具］〔ア〕…………………………………＊395
ほうもつだい［宝物台］〔ア〕…………147，237，＊240，276，277
ほうりなげてうらなうどうぐ［放り投げて占う道具］〔ア〕………………＊397
ほうろうなべ［琺瑯鍋］〔ア〕………………＊119
ほうろうなべ［琺瑯鍋］〔和〕………130，＊131
ほおのみ［朴の実］〔ア〕……………………＊427
ほおばげた［朴歯下駄］〔和〕………………＊71
ほおんいし［保温石］〔ア〕…………………391
ほおんぐ［保温具］〔ア〕……………………114
ほかい［行器］〔ア〕………143，144，160，171，193，196，226，＊237，238，239，340，358，359，378，389
ほくち［火口］〔ア〕…………………………＊259
ほくちいれ［火口入］〔ア〕…………253，＊259
ぼけつけいそくぐ［墓穴計測具］〔ア〕……＊382
ぼけつほりぐ［墓穴掘具］〔ア〕……………＊382
ぼけつようござ［墓穴用茣蓙］〔ア〕………＊383
ぼけつようとめぐし［墓穴用止串］〔ア〕…＊383

ぼけつようほうき［墓穴用箒］〔ア〕………＊383
ぼせき［墓石］〔和〕…………………………＊388
ぼち［墓地］〔ア〕…376，377，378，380，381，382，＊384，385
ほっかいどうしきこふん［北海道式古墳］〔考〕………………90，92，364，＊366
ほっかいどうしきせっかん［北海道式石冠］〔考〕……………………………＊190
ほっかいどうようじんじょうしょうがくとくほん［北海道用尋常小学読本］〔和〕……………………………………＊404
ぽっくり［―――］〔和〕………………＊71
ほねせいパイプ［骨製パイプ］〔ア〕………＊173
ぼひょう［墓標］〔ア〕……377，378，380，381，383，385，386
ほまえかけ［帆前掛］〔和〕………………＊54，83
ほろ［襤褸］〔ア〕……………………………＊351
ぼん［盆］〔ア〕…＊159，＊160，239，324，340，358
ぼん［盆］〔和〕………………161，＊163，165
ほんぎょうじのようぐ［盆行事の用具］〔和〕……………………＊293
ほんたく［本宅］〔ア〕………………………＊205
ほんばこ［本箱］〔和〕………………………＊243

ま

まいそうようぐ［埋葬用具］〔ア〕…………382
まえかけ［前掛］〔ア〕……50，＊52，239，419，428，430
まえかけ［前掛］〔和〕…………………＊54，82
まえごや［前小屋］〔ア〕……206，＊207，209，212，213，215，226，227，229，231，314，331
まき［薪］〔ア〕……49，50，207，252，＊255，259，260，273，284，391，406，408，421，429
まきがいのふえ［巻貝の笛］〔ア〕…………＊422
まきストーブ［薪ストーブ］〔和〕……261，265，266，＊267，269，270，281
まくら［枕］〔ア〕……………………113，＊367

まくら［枕］〔和〕……………………………＊115
まくらかざり［枕飾］〔和］…………＊386，387
まくらだんご［枕団子］〔和〕………386，＊387
まくらめし［枕飯］〔和〕……………386，＊387
まげもののべんとういれ［曲物の弁当
　入］〔和〕……………………166，167，＊168，169
まさせいあしつきまるどうほかい［柾製
　脚付丸胴行器］〔ア〕……………………＊240
まさせいまるどうほかい［柾製丸胴行
　器］〔ア〕……………………………………＊239
まじない［呪］〔和〕…………………………392
またじょうつきぼう［又状突き棒］〔ア〕
　……………………………………＊411，418
まちばり［待針］〔ア〕………………………＊107
まちや［町屋］〔和〕…………………………＊220
まつかざり［松飾］〔和〕………………＊288，289
マッチ［マッチ、燐寸］〔ア〕………………＊260
まつまえかぐらのようぐ［松前神楽の用
　具］〔和〕……………………………………＊343
まどのかみ［窓の神］〔ア〕……………＊229，327
まどのござ［窓の茣蓙］〔ア〕………………＊232
まどのすだれ［窓の簾］〔ア〕………………233
まどべのかみ［窓辺の神］〔ア〕……………＊314
まどべのごふ［窓辺の護符］〔ア〕…327，＊391
まないた［俎板］〔ア〕………………………＊122
まないた［俎板］〔和〕…………110，＊137，＊138
まほうびん［魔法瓶］〔和〕…………………＊169
ままごとセット［飯事セット］〔和〕………＊432
まめうらない［豆占い］〔和〕………………＊399
まめさや［豆鞘］〔ア〕………………………＊427
まめでっぽう［豆鉄砲］〔和〕………………＊434
まもりがみ［守神］〔ア〕………………327，＊351
まゆだま［繭玉］〔和〕………………………＊289
まよけかみそり［魔除剃刀］〔和〕…………＊387
まよけのかみそり［魔除けの剃刀］〔ア〕…＊374
まよけのはさみ［魔除けの鋏］〔ア〕………＊374
まよけのはもの［魔除けの刃物］〔ア〕……＊374
まるおび［丸帯］〔和〕…………………52，＊53
まるごや［丸小屋］〔ア〕………………＊207，225
まんじゅうがさ［饅頭笠］〔和〕………12，＊13
マント［マント］〔和〕…………………85，＊86
まんねんひつ［万年筆］〔和〕………………＊402

み

み［箕］〔ア〕……191，214，273，277，＊347，
　　　　　　　　　　　　　　　　359
みがきこ［磨粉］〔ア〕………………………＊278
みがきずな［磨砂］〔ア〕……………………＊278
みがきようこがたな［身欠用小刀］〔ア〕…＊121
ミキサー［ミキサー］〔和〕…………………＊202
みじかいけずりかけをねじったもくへい
　［短い削掛を捩った木幣］─サハリン
　型〔ア〕……………………………………＊303
みじかいぼう［短い棒］〔ア〕………………＊412
ミシン［ミシン］〔和〕……………109，111，＊112
みず［水］〔ア〕………………………………＊416
みずいれ［水入］〔ア〕………＊278，＊377，378，
　　　　　　　　　　　　　　　380，381
みずいれのだいようひん［水入の代用
　品］〔ア〕……………………………………＊378
みずいれほうそうひも
　［水入包装紐］〔ア〕………………374，＊377
みずがみのぬさば［水神の幣場］〔ア〕……＊331
みずがめ［水甕］〔和〕………………………＊200
みずきのは［水木の葉］〔ア〕………………＊427
みずくみば［水汲場］〔ア〕…………………＊216
みずたる［水樽］〔ア〕……………167，＊215，217
みずでっぽう［水鉄砲］〔ア〕………………＊417
みずでっぽう［水鉄砲］〔和〕………431，＊432
みそこしざる［味噌漉笊］〔和〕……134，＊135
みそだる［味噌樽］〔和〕……………193，＊199
みだればこ［乱箱］〔和〕……………244，＊245
みちか［―――］〔和〕…………………＊79，81
みちのかみ［道の神］〔ア〕……………＊229，327
みの［蓑］〔ア〕………………………………＊18
みみおおい［耳覆い］〔ア〕………………＊5，9
みみかけ［耳掛］〔ア〕………………………＊6
みみかざり［耳飾］〔考〕………………88，＊89，364
みみかざり［耳飾］〔ア〕…96，238，239，286，
　　　　　　　　　　　　　　359，392
みみかざり［耳飾］〔和〕………………97，＊98
みみたぶのせん［耳たぶの栓］〔ア〕………＊96
みみだらい［耳盥］〔ア〕………＊180，181，286

497

みみのつるわ［耳の蔓輪］〔ア］……………＊96
みみのふさかざり［耳の房飾］〔ア］
　………………………………………＊96
みみわ［耳輪］〔ア］……95，＊96, 358, ＊371,
　　　　　　　　　　　　375, 391, 425
みやここしまき［都腰巻］〔和］……………＊45

む

むぎわらぼうし［麦藁帽子］〔和］………1，14,
　　　　　　　　　　　　＊15, 79
むし［虫］〔ア］………………………………＊420
むしき［蒸器］〔和］…………………………＊135
むしすだれ［蒸簾］〔ア］……………………＊128
むしぶろ［蒸風呂］〔ア］……………………＊216
むすびいと［結糸］〔ア］……………………＊346
むなふだ［棟札］〔和］………………＊229, 334
むねかざり［胸飾］〔ア］………………94, 286
むねまもり［胸守］〔ア］……………………＊353
むねわりながや［棟割長屋］〔和］
　………………………………………＊222

め

めいめいふだ［命名札］〔和］………………＊355
めおおい［目覆い］〔ア］………………………5
めかくし［目隠し］〔ア］……………………＊428
めざる［目笊］〔和］……………………134，＊135
めしいずこ［飯いずこ］〔和］………………＊156
めしかご［飯籠］〔和］…………………135，＊156
めしぢゃわん［飯茶碗］〔ア］…………＊145, 146
めしびつ［飯櫃］〔和］…………140，＊155, 156,
　　　　　　　　　　　　161, 162
めしべら［飯篦］〔和］………………………157
めしわん［飯椀］〔ア］……………＊143, 150, 379
めしわん［飯椀］〔和］…………130, 152，＊153,
　　　　　　　　　　　154, 161, 162, 168
めんこ（ぱっち）［面子（パッチ）］〔和］…＊431
めんし［綿糸］〔ア］…………………………＊106
めんぷ［綿布］〔ア］…………………………＊106

も

もうひつひっきようぐ
　［毛筆筆記用具］〔和］…………………＊401
もうふ［毛布］〔ア］…………………………＊114
もうふ［毛布］〔和］…………………………＊115
もえさし［燃えさし］〔ア］…………………＊366
モーニングコート
　［モーニングコート］〔和］……14，＊31, 33
もくぐう［木偶］〔ア］……317, 320, 322, 325,
　　　　　　　　　　　　327
もくせいいずこ［木製いずこ］〔ア］………＊350
もくせいさらじょうしょっき［木製皿状
　食器］〔ア］……………………………＊145
もくせいしょくべら［木製食箆］〔ア］……＊151
もくせいパイプ［木製パイプ］〔ア］………＊173
もくせいゆのみ［木製湯呑］〔ア］…………＊170
もくはい［木盃］〔ア］………………＊177, 286
もくへい［木幣］〔ア］……52, 108, 118, 119,
　120, 125, 126, 129, 148, 149, 150, 151,
　159, 160, 161, 167, 170, 173, 174, 177,
　180, 182, 183, 184, 185, 191, 197, 207,
　214, 217, 225, 226, 228, 229, 231, 235,
　252, 256, 258, 272, 276, 277, 283, 284,
　＊301, 306, 307, 308, 309, 310, 311, 312,
　315, 316, 317, 318, 319, 320, 321, 323,
　324, 325, 327, 328, 329, 330, 331, 332,
　333, 347, 349, 351, 353, 359, 384, 392,
　　　　　　　　　395, 396, 405, 406
もくへいざいからそぎとったけずりかけ
　［木幣材から削ぎ取った削掛］〔ア］……＊316
もくへいざいからそぎとったちいさなけ
　ずりかけ［木幣材から削ぎ取った小さ
　な削掛］〔ア］……………………………＊317
もくへいざいからそぎとったながいけず
　りかけ［木幣材から削ぎ取った長い削
　掛］〔ア］…………………………………＊316
もくへいざいからそぎとりさんぼんより
　をかけたけずりかけ［木幣材から削ぎ
　取り三本撚りをかけた削掛］〔ア］………＊317
もくへいざいからそぎとりにほんよりを

かけたけずりかけ［木幣材から削ぎ取り二本撚りをかけた削掛］〔ア〕……＊317
もくへいせいさくようぐ［木幣製作用具］〔ア〕…………………………………327
もじり［茂尻］〔和］……………81，＊84
もちつきうす［餅搗臼］〔ア］……＊191, 192
もちつきうす［餅搗臼］〔和］……200，＊201
もちつききね［餅搗杵］〔ア］………＊192
もちつきようぐ［餅搗用具］〔ア］………＊191
もっかん［木棺］〔ア］…………＊383，386
もっこふんどし［畚褌］〔和］……40，44，＊45，368
もとゆい［元結］〔和］………………＊102
ものいれ［物入］〔ア］………………＊241
ものいれのになわ［物入の荷縄］〔ア］……＊241
ものおき［物置］〔ア］…………194，＊211
ものさし［物差］〔ア］………………＊109
ものつりのきぐし［物吊りの木串］〔ア］…＊235
ものほし［物干］〔ア］……121，125，＊213，215，217，424
ものほしざお［物干竿］〔ア］………＊104
ものほしざお［物干竿］〔和］………＊110
ものほしだな［物干棚］〔ア］………＊214
ものほしひも［物干紐］〔ア］………＊105
もふく［喪服］〔和］…………………＊387
もめんいと［木綿糸］〔ア］……8，17，20，42，＊106，107，322，346，374
ももひき［股引］〔ア］…………42，＊369
ももひき［股引］〔和］………29，＊45，46，79，81，82，83
もようずきん［喪用頭巾］〔ア］……＊382
もろみこしき［諸味漉器］〔ア］……＊193
もんつき［紋付］〔ア］…………16，＊17，286
もんつき［紋付］〔和］…………25，31，32
もんつききもの［紋付着物］〔和］……14，＊25，26，28
もんぺ［―――］〔和］…………43，＊79，83

や

やかん［薬缶］〔ア］…………＊170，351，＊390
やかん［薬缶（罐）］〔和］……＊187，262，293
やきあみ［焼網］〔和］………………＊139
やきいし［焼石］〔ア］………………＊114
やきぐし［焼串］〔ア］………………＊124
やきぐし［焼串］〔和］…………＊139，140
やきぼしのあみひも［焼干の編紐］〔ア］…＊198
やきものようぐ［焼物用具］〔和］……＊139
やくそうきざみだい［薬草刻台］〔ア］……＊390
やくそうてもみぶくろ［薬草手揉袋］〔ア］…………………………………＊390
やくとうなべ［薬湯鍋］〔ア］………＊118，389，＊390
やくどしぞうり［厄年草履］〔和］……＊362
やくようしょくぶつ［薬用植物］〔ア］……＊389
やけどのねつとり［火傷の熱取り］〔ア］…＊389
やげん［薬研］〔和］………………393，＊394
やげんふうせきせいつぶしぐ［薬研風石製潰具］〔ア］………………………＊391
やしきないがいのけいごしん［屋敷内外の警固神］〔ア］………………………＊314
やなぎ［柳］〔ア］……………………＊427
やまがたな［山刀］〔ア］……48，66，149，233，254，273，276，302，304，305，306，307，310，312，313，315，316，318，323，327，328，＊372，382，405
やまたかぼう［山高帽］〔和］……13，＊14，15
やまのかみひ［山神碑］〔和］………＊339
やわらかいけしずみ［軟らかい消炭］〔ア］………………………………………＊252

ゆ

ゆいのうひん［結納品］〔ア］………＊358
ゆいのうひん［結納品］〔和］………＊359
ゆうぐ［遊具］〔ア］…………………＊405
ゆかござ［床茣蓙］〔ア］……＊231，233，235
ゆかござのとめぐし［床茣蓙の止串］〔ア］…………………………………＊234
ゆかしきすだれのとめぐし［床敷簾の止串］〔ア］………………………………＊234
ゆかた［浴衣］〔和］………………＊27，245

ゆがま ［湯釜］〔ア］…………………… ＊170
ゆきおし ［雪押］〔和］………………280, ＊281
ゆきかき ［雪掻］〔ア］………………＊272, 273
ゆきかき ［雪掻］〔和］………………………＊280
ゆきがこい ［雪囲］〔ア］……………＊273, 284
ゆきげた ［雪下駄］〔和］……＊71, 84, 85, 87
ゆきすべりぐ ［雪滑具］〔和］………………＊435
ゆきすべりのけがわ ［雪滑りの毛皮］〔ア］
　……………………………………………＊420
ゆきすべりのじゅひ ［雪滑りの樹皮］〔ア］
　……………………………………………＊420
ゆきだま ［雪玉］〔ア］………………………＊421
ゆきのかたまり（ゆきのいえ）［雪の塊
　（雪の家）］〔ア］…………………………＊421
ゆきひら ［行平］〔ア］………………………＊119
ゆきひら ［行平］〔和］………………130, ＊132
ゆきふみ ［雪踏］〔ア］………………………＊273
ゆきふみたわら ［雪踏俵］〔和］……………＊281
ゆきほうき ［雪箒］〔ア］……………………＊272
ゆきみ ［雪箕］〔ア］…………………………＊273
ゆきみちのめじるし ［雪道の目印］〔ア］…＊273
ゆざまし ［湯冷まし］〔ア］…………………＊171
ゆず ［柚子］〔和］……………………………＊393
ゆたんぽ ［湯湯婆］〔ア］……………＊114, 391
ゆたんぽ ［湯湯婆］〔和］……………＊116, 199
ゆとう ［湯斗］〔ア］……127, 162, ＊183, 184,
　　　　　　　　　　　226, 239, 240, 287, 358, 359
ゆのみぢゃわん ［湯呑茶碗］〔ア］…＊170, 178
ゆびぶくろ ［指袋］〔和］………………81, ＊82
ゆびわ ［指輪］〔ア］…＊94, 239, 359, ＊371,
　　　　　　　　　　　425
ゆびわ ［指輪］〔和］……………………97, ＊98
ゆもじ ［湯文字］〔和］………………27, 44, ＊45
ゆりかご ［揺籃］〔ア］…347, ＊349, 350, 351
ゆわかし ［湯沸］〔和］………………………＊271

よ

ようざら ［洋皿］〔和］………………………＊155
ようじようのこがたごふ ［幼児用の小型
　護符］―サハリン型〔ア］………＊320, 322
ようじようのこがたもくぐう ［幼児用の
　小型護符］―サハリン型〔ア］…＊320, 322
ようじようべんき ［幼児用便器］〔ア］……＊348
ようそうしたぎ ［洋装下着］〔和］……………＊46
ようそうれいふく ［洋装礼服］〔和］…＊31, 77
ようもうぬのじ ［羊毛布地］〔ア］…………＊106
ヨーヨー ［ヨーヨー］〔和］…………………＊434
よきょうのようぐ ［余興の用具］〔ア］……＊340
よこうす ［横臼］〔ア］………………………＊192
よこうすようこきね ［横臼用小杵］〔ア］…＊192
よじればし ［捩箸］〔ア］……………………＊148
よだれかけ ［涎掛］〔ア］………………………＊51
よぶすまそうのふえ ［夜衾草の笛］〔ア］…＊422
よめいりどうぐ ［嫁入道具］〔和］…………＊360
よもぎばし ［蓬箸］〔ア］……………………＊148
よろい ［鎧］〔ア］………………………………＊24

ら

ラオ ［羅宇］〔ア］…172, 173, ＊174, 175, 188
ラジオ ［ラジオ］〔和］………………………＊245
ランドセル ［ランドセル］〔和］……………＊403
ランプ ［ランプ］〔ア］………………………＊249
ランプ ［ランプ］〔和］………………249, ＊250

り

りくせいどうぶつしんなどをおくるぬさ
　ば ［陸棲動物神などを送る幣場］〔ア］…＊330
りゅうとう ［龍頭］〔和］……………………＊388
りゅうどすい ［竜吐水］〔和］………………＊279
りゅうぼく ［流木］〔ア］……………………＊412
りょうつきかんじき ［稜付樏］〔ア］
　………………………………………63, ＊65
りようはさみ ［理容鋏］〔和］………………＊102

る

ルンペンストーブ ［ルンペンストーブ］

〔和〕……………………261, 267, ＊268

れ

れいぞうこ［冷蔵庫］〔和〕…………163, ＊200

ろ

ろ［炉］〔考〕………………………203, ＊204
ローランドストーブ［ローランドストーブ］〔和〕………………261, 266, ＊267
ろかぎ［炉鈎］〔ア〕………100, 119, 130, 133, 225, ＊253, 261, 285
ろかぎ［炉鈎］〔和〕………………………＊262
ろくしゃくふんどし［六尺褌］〔ア〕………＊39
ろくしゃくふんどし［六尺褌］〔和〕…＊44, 45
ろせん［炉扇］〔ア〕……＊255, 259, 330, 390, 428
ろせん［炉扇］〔和〕………………264, ＊265
ろっかくけいほかい［六角形行器］〔ア〕…＊239
ろなべ［炉鍋］〔和〕………………261, ＊262
ろばい［炉灰］〔ア〕………………………＊428
ろはいのおさめば［炉灰の納場］〔ア〕……＊214
ろぶち［炉縁］〔ア〕……197, 232, ＊253, 254, 311, 313, 317, 318, 319, 330, 411, 412, 426, 428

わ

わ［輪］〔ア〕……………………………＊411, 418
ワイシャツ［ワイシャツ］〔和〕………＊35, 77
わかみずおけ［若水桶］〔和〕……………＊288
わかんじき［輪樏］〔ア〕…………63, ＊64, 65
わきがみ・じゅうしんのもくへい［脇神・従神の木幣］〔ア〕……………＊306, 329
わさしけんだま［輪刺し剣玉］〔ア〕………＊412
わじょうのいと・ひも・なわ［輪状の糸・紐・縄］〔ア〕……………………＊408
わたいれきもの［綿入着物］〔ア〕…………＊19
わたいれてぶくろ［綿入手袋］〔ア〕………＊63
わたいればんてん［綿入半天］〔和〕…＊30, 31
わまわし［輪回し］〔和〕…………………＊433
わまわしぼう［輪回し棒］〔ア〕……………＊411
わらじ［草鞋］〔考〕………………………＊55
わらじ［草鞋］〔ア〕……………＊56, 65, 277
わらじ［草鞋］〔和〕……29, ＊67, 68, 72, 81, 83, 279
わらじかけ［草鞋掛］〔和〕…………………＊72
わらはきもの［藁履物］〔和〕……＊67, 85, 87
わりばし［割箸］〔和〕………………＊157, 247
わん［椀・碗］〔ア〕………143, 147, 159, 323, 378, 383, 426
わん［椀・碗］〔和〕……152, ＊153, 154, 161, 163, 200

北海道民具事典　Ⅰ
生活用具

発行日　2018年12月20日　初版1刷発行

編　者　北海道民具事典編集委員会　編
発行者　鶴井　亨
発行所　北海道新聞社
　　　　〒060-8711
　　　　札幌市中央区大通西3丁目6
　　　　出版センター（編集）011-210-5742
　　　　　　　　　　（営業）011-210-5744

印刷所　山藤三陽印刷
製本所　岳総合製本所

落丁・乱丁本は出版センター（営業）に
ご連絡ください。お取り換えいたします。

ISBN978-4-89453-927-3